Provence

BÈN-VENGUDO !

C'est par cette formule en langue provençale que nous vous souhaitons la bienvenue dans notre belle région. Par la même occasion, nous profitons de cet édito pour vous remercier de votre fidélité et d'avoir entre les mains cette édition 2023 de notre guide consacré à ce coin de France si chéri de ses habitants et des visiteurs. Dans un format toujours plus agréable à la lecture et travaillé sans relâche par nos équipes locales, nous allons vous livrer comme chaque année nos meilleurs conseils, vous révéler nos adresses préférées et vous confier nos coups de cœur pour que vos vacances provençales soient encore plus inoubliables que vous ne l'aviez envisagé. De la Camargue au Luberon, en passant par les Alpes du Sud, le Verdon et les ravissements du littoral, nous pouvons vous faire la promesse que jamais, ô grand jamais, l'ennui ne vous guettera. Car au *Petit Futé*, nous avons l'intime conviction que la Provence, à l'image du caractère de ses habitants, est une terre généreuse, convivi... e
vous ... -
rez ... r
sans ...
riche ...
vibre...
grand...
sont A... -
ditions, ... s'offre à vous dans les prochaines pages. Bonne lecture !

W0292645

PEFC
10-31-1895
Certifié PEFC
Ce produit est issu de forêts gérées durablement et de sources contrôlées.
pefc-france.org

OFFERT
CE GUIDE
au format numérique
Retrouvez cette offre en page 73

SOMMAIRE

Oliviers au milieu d'un champs de lavande. © PATY WINGROVE - FOTOLIA

Toits de Provence. © VISUALL2 - ISTOCKPHOTO

6 INSPIRER

Toutes les infos pratiques pour avoir un premier aperçu de la destination : météo, festivités, idées de séjours...

31 DÉCOUVRIR

Une vision d'ensemble de la Provence, son histoire, sa gastronomie, sa culture...

75 ALPES-DE-HAUTE-PROVENCE

Ce magnifique département saura vous séduire par ses beautés naturelles, oscillant entre plateaux et vallées. Au programme : sports d'hiver, balade dans les villages provençaux, visite de l'unesco Geoparc...

201 BOUCHES-DU-RHÔNE

Entre zones montagneuses des Alpilles, plages paradisiaques, territoires sauvages de Camargue, et aussi une grande offre culturelle avec plus de 90 musées et des monuments antiques, difficile de ne pas trouver son bonheur !

© PLPROD - ISTOCKPHOTO.COM

Cassis. © GIANLIGUORI - ISTOCKPHOTO.COM

369 VAR

Dans le Var, vous pouvez profiter des stations balnéaires familiales, des richesses architecturales et archéologiques, et de son arrière-pays aux reliefs escarpés propices tant à la randonnée qu'à la pratique de sports en eau vive.

Côte varoise © BÉATRICE PREVE - FOTOLIA

495 VAUCLUSE

Partir à la découverte du Vaucluse, c'est arpenter le « jardin de la France » où règne la douceur du climat, où à perte de vue s'étendent des vignobles, des forêts, un lieu de prédilection pour les cultures maraîchères et fruitières.

605 ORGANISER SON SÉJOUR

Saint-Tropez. © IMAREVA - SHUTTERSTOCK.COM

Autoroute
Route principale 4 voies
Route principale
Route secondaire
Ville
Sortie d'autoroute
Forêt
DRÔME
ARDÈCHE
Vers Montélimar
Vers Lyon
Vers Montélimar
Vers Nyons
Valréas
Richerenches
Bollène
N7
Ste Cécile-les-Vignes
Rasteau
Entrechaux
Vers Pont-Saint-Esprit
A7
Uchaux
Cairanne
VAISON-LA-ROMAINE
Malaucène
Gigondas
ORANGE
CRILLON-LE-BRAVE
BÉDOIN
Châteauneuf-du-Pape
Sault
MAZAN
CARPENTRAS
VAUCLUSE
Simiane-la-Rotonde
GARD
Sorgues
Pernes-les-Fontaines
VENASQUE
Vers Nîmes
AVIGNON
L'ISLE-SUR-LA-SORGUE
GORDES
RUSTREL
Châteaurenard
Fontaine-de-Vaucluse
ROUSSILLON
ST-RÉMY-DE-PROVENCE
Rhône
D900
Apt
SAIGNON
OPPÈDE
Lacoste
Buoux
Ménerbes
Bonnieux
CAVAILLON
LES-BAUX-DE-PROVENCE
TARASCON
Lauris
LOURMARIN
EYGALIÈRES
ANSOUIS
Vers Nîmes
FONTVIEILLE
Aureille
Puyricard
Rognes
A7
ARLES
N113
N7
A51
St-Martin-de-Crau
A54
Etang de Vaccarès
Miramas
Canal d'Istres
A8
BOUCHES-DU-RHÔNE
Canal d'Arles
VENTRABREN
AIX-EN-PROVEN
Istres
Etang de Berre
Port-St-Louis
MARTIGUES
LE ROVE
SAINTES-MARIES-DE-LA-MER
Sausset-les-Pins
MARSEILLE
Carry-le-Rouet
Mer Méditerranée
CASSIS
LA CI
30 KM
Ferry vers l'Afrique et la Corse

HAUTES-ALPES
ITALIE
Vers Gap
N85
Grenoble
A51
Durance
N75
La Condamine-Châtelard
Jausiers
Le Lauzet – Ubaye
Ubaye
Barcelonnette
PRA-LOUP ★★
Le Sauze
La Foux-d'Allos
ALLOS ★★
Colmars
ALPES-MARITIMES
Verdon
SISTERON ★★
Bléone
Champtercier
DIGNE-LES-BAINS ★★★
N85
LES MÉES ★★
Vers Nice
N202
Entrevaux
RCALQUIER ★★
ALPES-DE-HAUTE-PROVENCE
Lac de Castillon
Oraison
CASTELLANE ★★
D4085
Valensole
A51
MOUSTIERS-SAINTE-MARIE ★★★
Aiguines
Verdon
OSQUE ★★
RÉOUX-LES-BAINS ★★
les Salles-s.-Verdon
La Bastide
Vers Grasse
Verdon
Verdon
BAUDUEN ★★
Quinson
Moissac-Bellevue
AUPS ★★
VAR
Bargemon
Fayence
Montauroux
Vers Nice
Canal de Provence
VARAGES ★★
D96
SILLANS-LA-CASCADE ★★
CALLAS ★★
Barjols
COTIGNAC ★★
Flayosc
DRAGUIGNAN ★★
THOLONET ★★
Châteauvert
Lorgues
Puyloubier
Correns
LE THORONET ★★★
Puget-s.-Argens
FRÉJUS ★★
ST-RAPHAËL ★★★
ROQUEBRUNE-S.-ARGENS ★★
ST-MAXIMIN-LA-STE-BAUME ★★
A8
Brignoles
St-Aygulf
les Issambres
N560
BESSE-S-ISSOLE ★★
A57
PORT-GRIMAUD ★★
STE-MAXIME ★★
N97
Signes
GRIMAUD ★★
ST-TROPEZ ★★★★
émenos
LE CASTELLET ★★★
Cuers
COLLOBRIÈRES ★★
Cogolin
BORMES-LES-MIMOSAS ★★★
RAMATUELLE ★★★
LA CADIÈRE-D'AZUR ★★
LA CROIX-VALMER ★★
A50
LA LONDE-LES-MAURES ★★
CAVALAIRE-SUR-MER ★★
RAYOL-CANADEL-SUR-MER ★★
BANDOL ★★
TOULON ★★
LE LAVANDOU ★★★
la Garde
HYÈRES ★★★
ANARY-S.-MER ★★
A570
Mer Méditerranée
la Seyne-s.-Mer
SIX-FOURS-LES-PLAGES ★★
GIENS ★★★
ÎLE DU LEVANT
ÎLE DE PORQUEROLLES ★★★★
ÎLE DE PORT-CROS ★★★★

QUAND Y ALLER

JANVIER

MARSEILLE

5° / 12°

DIGNE-LES-BAINS

-1° / 8°

OURSINADES
(SAUSSET-LES-PINS)

© JEROME SINQUET - ISTOCKPHOTO.COM

En janvier, à Sausset, l'oursin est roi. Réputé d'une grande finesse, ce mets est dignement célébré sur toute la côte bleue.

MARCHÉ AUX TRUFFES
(APT)

À Carpentras ou Apt, la truffe est le produit phare de novembre à mars. Un vrai rendez-vous gourmand pour les plus fins palais.

FÉVRIER

MARSEILLE

6° / 13°

DIGNE-LES-BAINS

-1° / 11°

OPEN 13
(MARSEILLE)

© LAURENT BOSCHÉRO

La référence du tennis international dans la région provençale ! Un circuit ATP dans lequel les plus grands joueurs s'affrontent.

CORSO FLEURI – BORMES-LES-MIMOSAS
(BORMES-LES-MIMOSAS)

Au rythme des fanfares et danses folkloriques, un défilé de chars magnifiquement décorés de fleurs fraîches et de mimosa.

MARS

MARSEILLE

8° / 17°

DIGNE-LES-BAINS

2° / 14°

CARNAVAL DE SAINT-RÉMY-DE-PROVENCE
(SAINT-RÉMY-DE-PROVENCE)

Chaque fin du mois de mars dans les rues de Saint-Rémy, on célèbre le carnaval en compagnie de la sorcière Chauche vieille.

En haute saison ou en hors-saison, la Provence s'apprécie pour bien des raisons. La douceur de son climat est certainement son atout numéro un. Vous pourrez donc facilement y voyager douze mois par an. Dans cette rubrique, le Petit futé a recensé les événements qui pourront, en plus de la météo, vous inciter à préférer telle ou telle saison. Car si l'été si prisé permet d'apprécier les magnifiques plages, l'hiver a aussi ses atouts, à commencer par Noël et ses nombreuses traditions.

AVRIL

MARSEILLE

9° / 18°

DIGNE-LES-BAINS

4° / 16°

FERIA D'ARLES
(ARLES)
Arles vibre au son de la féria ! Une fête très populaire, des événements autour de la tauromachie et une ambiance unique.

LE FESTIVAL DE PÂQUES
(AIX-EN-PROVENCE)
Une programmation de musique classique d'excellence. Près de 30 concerts, 900 artistes et des prix accessibles pour tous.

FESTIVAL DU FILM REGARDS D'ALTITUDES
(BARCELONNETTE)
Un festival de films dit de montagne qui met à l'honneur l'environnement et toutes les personnes qui vivent en milieu alpin.

$ $

MAI

MARSEILLE

13° / 23°

DIGNE-LES-BAINS

8° / 21°

LE PÈLERINAGE DES GITANS
(SAINTES-MARIES-DE-LA-MER)
Impressionnante manifestation festive, culturelle et religieuse rassemblant gitans et manouches, venus de toute l'Europe.

FOIRE AUX CHEVAUX ET À LA BROCANTE
(BÉDARRIDES)
Une fête traditionnelle aux couleurs de la Provence. Foire aux chevaux et brocante, animations et costumes traditionnels.

LA BRAVADE – SAINT-TROPEZ
(SAINT-TROPEZ)
Commémoration du corps de bravade, milice armée dont la ville se dota en 1558 pour se défendre. Défilé et procession religieuse.

FÊTE DE L'AGNEAU
(SISTERON)
L'agneau de Sisteron fait la fierté de cette cité des Alpes-de-Haute-Provence. Animations, marché paysan et transhumance en ville.

$ $

JUIN

MARSEILLE

17° / 27°

DIGNE-LES-BAINS

12° / 25°

LES CHORÉGIES
(ORANGE)
Festival d'art lyrique qui envoûte le théâtre antique d'Orange, seul édifice de ce genre qui ait gardé son mur acoustique !

LE DÉFI DE MONTE-CRISTO
(MARSEILLE)
Un défi qui a pour but de rallier le château d'If et les plages du Prado. 5 km à la nage inspirés par l'évasion d'Edmond Dantès.

FESTIVAL NUITS MÉTIS
(MIRAMAS)
Un festival entièrement gratuit dédié aux sonorités du monde. Des artistes variés et un public métissé. De belles rencontres.

$ $

QUAND Y ALLER

JUILLET

MARSEILLE

19° / 29°

DIGNE-LES-BAINS

14° / 29°

FESTIVAL D'AVIGNON (IN)
(AVIGNON)
Festival à la renommée internationale, occasion unique pour les acteurs d'investir des lieux patrimoniaux riches en histoire.

MONDIAL LA MARSEILLAISE À PÉTANQUE
(MARSEILLE)
La Pétanque est née à La Ciotat. Le mondial se tient à Marseille. Un sport, un vrai et des champions, rien que des champions.

GRAND PRIX DE FORMULE 1®
(LE CASTELLET)
Un événement international de renom incontournable. La F1 de retour en France sur ce mythique circuit varois de presque 6 km.

FESTIVAL INTERNATIONAL D'ART LYRIQUE
(AIX-EN-PROVENCE)
LA référence en matière d'art lyrique. Aix et ses monuments se mettent au diapason. Des concerts magiques dans des cadres uniques.

$ $ $

AOÛT

MARSEILLE

19° / 29°

DIGNE-LES-BAINS

14° / 29°

FESTIVAL INTERNATIONAL DE PIANO
(LA ROQUE-D'ANTHÉRON)
Un festival international dans un cadre enchanteur. Le rendez-vous des mélomanes, amateurs et pianistes de grande classe.

RENCONTRES INTERNATIONALES DE LA PHOTOGRAPHIE
(ARLES)
Tout l'été, la capitale de la Camargue se met au diapason de la photo. Des expositions majeures dans des lieux insolites.

FÊTE DE LA FIGUE – SOLLIÈS-PONT
(SOLLIÈS-PONT)
Fin août, Solliès-Pont rend hommage au produit phare de son terroir. Expositions, dégustations et rencontres de producteurs.

LES NUITS DE LA CITADELLE
(SISTERON)
Sisteron accueille chaque été concerts, spectacles de danse et pièces de théâtre pour un des plus anciens festivals de l'Hexagone.

$ $ $

SEPTEMBRE

MARSEILLE

16° / 26°

DIGNE-LES-BAINS

11° / 23°

LES VOILES DE SAINT-TROPEZ
(SAINT-TROPEZ)
Depuis 1999, une rencontre réputée de voiliers en tout genre au large de la mythique Saint-Tropez. Une fête en mer et sur terre.

BOL D'OR
(LE CASTELLET)
La mythique course internationale de moto revenue au Castellet en 2015. Un événement sportif couru. La grand-messe de la moto,

SARDINADES
(MARTIGUES)
Dans le quartier de l'île, dégustation de sardines grillées et de sardines à l'escabèche, tous les soirs de juillet et d'août.

GRÉOUX JAZZ FESTIVAL
(GRÉOUX-LES-BAINS)
Un agréable petit festival de jazz à taille humaine, établi avec succès depuis 2015 dans la ville thermale de Gréoux-les-Bains.

$ $

OCTOBRE

MARSEILLE

13° / 21°

DIGNE-LES-BAINS

7° / 18°

FIESTA DES SUDS
(MARSEILLE)
Un festival coloré ouvert à tous les horizons musicaux et culturels. Un événement à l'image de Marseille : métissé et vibrant.

MARATHON ET SEMI-MARATHON MARSEILLE CASSIS
(MARSEILLE)
Une course de 20 km entre Marseille et Cassis. Un marathon dans un décor atypique. Une course pour les braves et les champions.

FOIRE INTERNATIONALE DE MARSEILLE
(MARSEILLE)
Une vitrine méditerranéenne devenue un rdv phare de la Cité phocéenne avec en moyenne 1 200 exposants sur le site du Parc Chanot.

$

NOVEMBRE

MARSEILLE

9° / 16°

DIGNE-LES-BAINS

2° / 12°

FÊTE DE L'HUILE ET DU TERROIR DE SAINTE-MAXIME
(SAINTE-MAXIME)
Une véritable fête de terroir très populaire et purement provençale dans laquelle l'olive et l'huile d'olive sont mis à l'honneur.

FOIRE SAINT SIFFREIN
(CARPENTRAS)
Une foire traditionnelle depuis le XVIe siècle. Artisanat et ruralité s'exposent pendant 4 jours dans Carpentras. A voir !

FÊTE DE SAINT-LÉON
(MARSEILLE)
Une fête religieuse atypique destinée à rendre hommage au saint protecteur de la ville de Sperlonga, dans le sud de l'Italie.

NUITS FLAMENCAS
(AUBAGNE)
La ville de Marcel Pagnol se pare de ses couleurs les plus hispanisantes pendant quelques heures, le temps d'un flamenco !

$

DÉCEMBRE

MARSEILLE

6° / 13°

DIGNE-LES-BAINS

-1° / 8°

GROS SOUPER DE NOËL
(TARADEAU)
Dans le cadre enchanteur du domaine du Château de Saint-Martin, une soirée célébrant la gastronomie provençale et le terroir.

DESCENTE DES BERGERS ET MESSE DE MINUIT
(ALLAUCH)
Depuis plus de 80 ans, Allauch fête Noël avec la descente des bergers. Des centaines de bénévoles pour un moment solennel.

FÊTE DU MILLÉSIME - BANDOL
(BANDOL)
Le vignoble de Bandol est un des plus prestigieux de la région. Son rosé enchante nos étés. En décembre, on le célèbre dignement.

FOIRE AUX SANTONS
(AIX EN PROVENCE)
Les maitres santonniers les plus réputés sont présents. Une messe des santonniers en provençal ouvre la manifestation

$

LES BONNES RAISONS D'Y ALLER

© MACUMAZAHN - ISTOCKPHOTO

UN CLIMAT IDÉAL TOUTE L'ANNÉE

Les départements provençaux sont statistiquement les plus ensoleillés de France.

UNE NATURE PRÉSERVÉE ET SAUVAGE

Entre mer et montagnes, découvrez pas moins de 2 parc nationaux et 7 parc naturels.

© SCHMITZOLAF - ISTOCKPHOTO

© MADZIA71 - ISTOCKPHOTO.COM

UN PATRIMOINE RICHE ET ANCESTRAL

Sites antiques, églises romanes et villages anciens, vivez l'histoire avec un grand H.

© JÉRÔME ROMME - STOCK.ADOBE.COM

UNE CUISINE GOÛTEUSE ET ENSOLEILLÉE

Des recettes familiales issues d'un terroir riche réinventées par des chefs talentueux.

DES MARCHÉS COLORÉS ET ANIMÉS

Miels, huiles, fromages et productions paysannes pour mettre tous vos sens en éveil.

© ROMRODPHOTO - SHUTTERSTOCK.COM

© JUERGEN WACKENHUT - SHUTTERSTOCK.COM

DES PLAGES AUX EAUX TRANSLUCIDES

Offrez-vous le paradis à quelques heures de chez vous, des Calanques aux plages varoises.

© GUMBAO - SHUTTERSTOCK.COM

UN SÉJOUR SOUS LE SIGNE DU SPORT

Méditerranée et Alpes offrent des sites uniques de plongée, escalade, randonnée et ski.

LES BONNES RAISONS D'Y ALLER

UN DYNAMISME CULTUREL SANS PAREIL

Terre de festivals fameux, la région rayonne par ses expositions et événements culturels.

© LAURENT BOSCHERO

© VANOVASAIO - SHUTTERSTOCK.COM

DÉCOUVREZ VOTRE ÂME D'ARTISTE

Plongez-vous dans les inspirations d'immenses artistes comme Cézanne, Pagnol ou Van Gogh.

© S-F - SHUTTERSTOCK.COM

UNE LOCALISATION PRATIQUE ET IDÉALE

À quelques heures de TGV de Paris ou Lille, offrez-vous le dépaysement pour un week-end.

LES 12
MOTS-CLÉS

#AÏOLI

La cuisine provençale est réputée. S'il y a une tradition avec laquelle on ne transige pas, c'est bien l'aïoli du vendredi ! Plat assez simple dans sa conception, il goûte l'ail, saveur incontournable de la Provence. De la morue, des légumes et quelques variantes locales. Son nom proviendrait du provençal « *ai* » pour ail et « *oli* » pour l'huile d'olive.

© M.STUDIO - STOCK.ADOBE.COM

#APÉRO

Plus qu'un simple moment précédant le repas, l'apéro est un art de vivre auquel les Provençaux sont attachés. Expression directe de la convivialité toute méridionale de la région, c'est surtout l'occasion de profiter de la douceur des soirées d'été. Une activité sociale et familiale, pour tous les âges, à laquelle vous vous joindrez volontiers.

#ARTISANAT

Terre de tradition, la Provence est riche de ses nombreux artisans talentueux. Un savoir-faire souvent séculaire, transmis en famille, qui donne naissance à des productions uniques. Poteries, céramiques, santons de Noël, tissus, savons et sculptures, tout cela crée un patrimoine vivant précieux, que vous retrouverez de villages en marchés.

© BRZOZOWSKA - ISTOCKPHOTO.COM

#CALANQUES

L'origine du terme provient de l'occitan et du provençal, calanco. Ces criques plus ou moins vastes se multiplient sur tout le littoral provençal. Des plus célèbres entre Marseille et Cassis aux plus discrètes de la côte bleue, en passant par celles non moins ravissantes de l'Esterel. Un joyau naturel, un écrin pour promeneurs et un enjeu écologique.

#CINÉMA

Si le cinéma y a connu ses premiers balbutiements avec les frères Lumière à La Ciotat, le septième art est plus que jamais ancré dans la région, plus vivant que jamais. Les œuvres cinématographiques de Pagnol, le talent de Fernandel et Raimu ou encore des productions plus récentes, Marseille devenant un lieu de tournage privilégié à l'international.

#FESTIVALS

La région se distingue par une multitude de festivals tous aussi renommés les uns que les autres. Le festival de théâtre d'Avignon, les rencontres photographiques d'Arles, les chorégies d'Orange, le festival d'Art lyrique d'Aix, la Fiesta des Suds et Marseille Jazz des Cinq continents, le festival international de piano de la Roque-D'Antheron...

#HUILE D'OLIVE

Si la Provence n'a pas de pétrole, elle peut s'enorgueillir de produire une huile d'olive d'exception, parmi les meilleures du bassin méditerranéen. Véritable identité culturelle et culinaire, cette huile bénéficie de plusieurs AOP de renom dans la région. Des vertus bénéfiques pour la santé et une touche de soleil à votre cuisine.

#LAVANDE

Sa couleur mauve colore les champs à la belle saison, son parfum délicat embaume les demeures provençales... Les champs du plateau de Valensole font partie du patrimoine commun. Le délicat parfum de cette plante et de son dérivé, le lavandin, est fréquemment utilisé en parfumerie. 84 tonnes d'huile essentielle AOP sont produites chaque année.

#MONTAGNES

Les reliefs provençaux naquirent de mouvements tectoniques millénaires. Ainsi se dressèrent ses fameux sommets : La Sainte-Victoire, les Alpilles, la Sainte-Baume, le Ventoux. Plus au nord, la Provence devient alpine. Les sommets deviennent vertigineux et enneigés en hiver. De Sisteron à Digne, une autre Provence s'offre à vous, montagneuse et montagnarde.

© STÉPHAN SZEREMETA

#NATURE

Impossible d'évoquer la terre de Provence sans évoquer la nature sauvage qui s'y développe depuis des millions d'années. Des paysages uniques, des falaises vertigineuses et des cours d'eau élégants. Séjourner en Provence, c'est l'assurance de prendre un bon bol d'air et de senteurs variées. Celle si caractéristique de la garrigue, des pins et des cyprès.

#PÉTANQUE

Ce célèbre jeu naît en 1907 sur un terrain de La Ciotat. Un joueur, atteint de rhumatismes et ne pouvant pas bouger, traça un cercle autour de lui et lança sa boule « les pieds tanqués » (fixés) dans le sol. Ainsi naquit ce dérivé de la boule provençale que Pagnol évoquait déjà dans ses œuvres. La pétanque est pratiquée par des milliers de Provençaux.

#VINS DE PROVENCE

Développée par les Romains, la vigne couvre le territoire, des collines du Ventoux au littoral varois, en passant par les côteaux du pays aixois. Plusieurs appellations protégées et des vins qui s'adaptent au climat de la région ainsi qu'à sa cuisine. Le rosé y est roi. Le blanc de Cassis se fait une place au soleil. Les rouges du Vaucluse ravissent.

© ALBINA SAZHENIUK - SHUTTERSTOCK.COM

VOUS ÊTES D'ICI, SI...

- **Pour vous,** le savon n'est que marseillais, le riz camarguais et le melon ne vient que de Cavaillon
- **Dégun (personne) ne comprend** quand vous vous engatsez (énervez) comme un fada (fou)
- **Vous cuisinez exclusivement à l'huile d'olive.** Avec une bonne touche d'ail.
- **Pour vous,** les plages provençales valent 1000 fois celles des Caraïbes.
- **Noël rime avec santons** et 13 desserts.
- **Le Nord commence à Montélimar** (ou Avignon pour les Marseillais, c'est selon où vous vivez)
- **La convivialité est un art de vivre** qui se cultive chaque jour que la vie fait.
- **Vous voyez la vie en « rause »** plutôt qu'en « rôse ». Et que l'accent pointu est aussi étonnant qu'une averse au moins de juillet.
- **Vous avez été biberonné à Marcel Pagnol,** vibré avec l'OM ou le RC Toulon, c'est selon.
- **Skier c'est la porte à côté** : Ubaye, vallée de la Blanche ou le Val d'Allos, pas besoin d'aller bien plus loin.
- **La fleur d'oranger est une senteur qui vous renvoie en enfance,** telle une vraie madeleine qui s'appelle navette.

MA PROVENCE

Avec Alexandre Andréo, co-auteur du guide

Interview

Profondément marseillais et méditerranéen, Alexandre est passionné par l'histoire et les voyages. Auteur et guide touristique polyglotte, il aime partager son amour pour sa région, les bons plans et adresses qu'il prend plaisir à découvrir. Après une expatriation de dix ans à Berlin, il choisit de revenir sous le soleil de sa région tant aimée. Pour lui, la Provence sonne comme une évidence.

TOP 10

SE RESTAURER

Indissociables de bonnes vacances, les bons moments à table font partie de ces souvenirs qui marquent un séjour. En Provence, les bonnes adresses gourmandes ne manquent pas. Entre cuisine traditionnelle et innovante, cuisine venue d'ailleurs et inspirée du terroir local, le *Petit Futé* vous offre une sélection de quelques adresses coup de cœur. Ces bonnes tables, situées aux quatre coins de la région, vous permettront de vous faciliter la tâche et de vous rendre les yeux fermés dans quelques-unes de nos meilleures recommandations culinaires. Il ne vous reste plus qu'à vous régaler !

LA CAVERNE

Gréoux-les-Bains
Dans la belle salle au mobilier jaune soleil et brun chocolat ou sur la terrasse, vous apprécierez la cuisine inventive et raffinée qui est servie à la Caverne.

HOSTELLERIE LES GORGES DE PENNAFORT****

Callas
Hôtel d'exception dans un cadre naturel enchanteur, une des meilleures tables de la région également, une étoile au Michelin.

LE SAINT MARC

Aups
Cet hôtel-restaurant vous accueille dans un cadre typiquement provençal. La cuisine du chef Alexandre Dimitch rend hommage au terroir.

LA MAMMA

La Ciotat
La famille Piga propose du 100 % frais et du 100 % maison avec produits locaux et italiens. La *dolce vita* !

LA MIRANDE

Avignon
La plus romantique des tables de la cité des Papes ! Le charme opère à la fois dans le cadre et l'assiette.

© EGI – STOCK.ADOBE.COM

510

© HÔTEL SAINTE VICTOIRE

227

LA TABLE DE L'HÔTEL SAINTE VICTOIRE

Vauvenargues
Le chef brésilien Mateus Marangoni démontre tout son talent à cette table de Vauvenargues. Sa cuisine créative mêle l'exotisme de sa terre natale et les saveurs de la Provence.

PIZZERIA LA PINÈDE

Les Arcs sur Argens
Cette pizzeria familiale avec terrasse excelle dans la fabrication des pizzas cuites au feu de bois avec plus de 30 propositions.

© PIZZERIA RESTAURANT LA PINÈDE

472

LA VAGUE D'OR

Saint-Tropez
Le chef Arnaud Donckele aime rendre hommage à Saint-Tropez et à la Provence en magnifiant des produits locaux.

© EGI – STOCK.ADOBE.COM

330

LA CHASSAGNETTE

Arles
Dans son restaurant arlésien, Armand Arnal cuisine des légumes de son potager bio de 2 ha. Les recettes sont originales et le lieu agréable.

© R. HAUGHTON

419

© ANTHONY LOUET

288

LE VIVIER

Marseille
Ce petit restaurant spécialisé dans les produits de la mer est tenu par Alexis, cuisinier voyageur passé par le Japon, avec deux associés.

TOP 10

SE LOGER

Vivre le meilleur de la Provence, voilà une mission qui nous tient plus que jamais à cœur. Et dans cette optique, vous aider à bien vous loger fait partie d'un des points incontournables de nos prospections chaque année. Emplacement idéal, confort maximal, gamme de services complète, autant de critères qui nous permettent d'esquisser la liste de nos logements favoris pour cette édition. Une sélection d'hôtels de charme, de chambres d'hôtes exceptionnelles, d'appart-hôtels confortables et fonctionnels, pensée pour vous, dans le seul but de vous offrir tout ce que la Provence offre de mieux.

© HÔTELS DU SUD

494

LA BASTIDE DU CALALOU****

Moissac-Bellevue
Lieu de villégiature d'exception, cet hôtel-restaurant 4 étoiles offre luxe et confort dans un écrin de nature unique.

© CAROLINE CONTOZ

272

CASA ORTEGA

Marseille
Dans cette maison d'hôtes urbaine règne un esprit design et délicieusement vintage. Un lieu magique !

CAMPING DOMAINE DU CEINTURON III****

Hyères
Camping près de la mer dans un domaine arboré et calme proposant une tente et des habitations, ainsi qu'un restaurant sympa.

© EVELYNE COUTTOLENC

163

CHALET LA PROVIDENCE

Sauze-Super-Sauze
Parmi les chalets-hôtels qui bordent les pistes, celui-ci est un véritable havre de paix. On s'y sent bien été comme hiver.

© CAMPING DOMAINE DU CEINTURON III

398

LA GIRAFE APPART HOTEL

La Penne-sur-Huveaune
Cet appart-hôtel 3 étoiles, paisible et convivial, offre des chambres équipées, modernes et confortables avec terrasse.

© HÔTEL & SPA DES GORGES DU VERDON

© MARINE KEVORKIAN

HOTEL&SPA DES GORGES DU VERDON****

La Palud-sur-Verdon
Dans ce havre de paix, 30 chambres à la décoration contemporaine offrent un grand confort et un panorama exceptionnel sur le parc naturel régional du Verdon.

HÔTEL DE L'ATELIER***

Villeneuve-lès-Avignon
Cet hôtel de charme a trouvé sa place dans une bien jolie demeure du XVIe siècle, un bonheur pour les touristes !

© CLIC GAUCHE

LODGE SAINTE HÉLÈNE

Saintes-Maries-de-la-Mer
Dans ce lodge, vous logerez dans une cabane camarguaise typée et dotée de tout le confort. Insolite !

© HOTELROYALBONREPOS.FR

HÔTEL ROYAL BON REPOS***

Sainte-Maxime
Cet hôtel 3 étoiles propose des chambres décorées, spacieuses et confortables avec balcons-terrasses.

© LODGE SAINTE HÉLÈNE

© MAISON DAUPHINE

LA MAISON DAUPHINE

Aix-en-Provence
Cette belle bâtisse bourgeoise du XVIIe siècle abrite trois appartements de charme. Chic et élégant !

TOP 10

ACTIVITES

Qu'il s'agisse d'activités dans la nature ou citadines, encore une fois, notre belle Provence se distingue et vous assurera de ne jamais vous ennuyer. Pour vous aiguiller dans vos choix, les équipes du *Petit Futé* vous offrent une sélection d'activités variées, à faire en solo, entre amis ou en famille. Une sélection effectuée par nos auteurs locaux, eux-mêmes adeptes de ces activités choisies. Une randonnée urbaine étonnante, une virée en bateau vers des îles paradisiaques, d'anciennes carrières devenues lieu d'art ou encore un parc ornithologique exceptionnel, laissez-vous inspirer !

© L'ATELIER D'YVAN

368

L'ATELIER D'YVAN

Graveson

Dans le domaine du Breuil, Yvan vous accueille pour un moment unique de partage : des cours de cuisine à vivre en petits groupes avec le chef.

© DR

250

CSLN CASSIS

Cassis

Club historique de Cassis, le CSLN vous accompagne dans la pratique du kayak, du paddle et du wingfoil.

CARRIÈRES DE LUMIÈRES

Les Baux-de-Provence

Un lieu étonnant, grandiose, déroutant. Les spectacles son et lumière qui s'y déroulent sont simplement magiques.

© VIRGINIE OVESSIAN

347

© FERME DU BAS CHALUS

127

DOMAINE DU BAS CHALUS

Forcalquier

La ferme, le moulin et plus d'une centaine d'animaux vous invitent à une véritable immersion qui ravira petits et grands.

GROTTE COSQUER

Marseille
La Grotte Cosquer, trésor de l'humanité englouti depuis des millénaires est aujourd'hui restituée dans la Villa Méditerranée. Immersion totale garantie !

© PANOSUD360 - STOCK.ADOBE.COM

335

© GROTTE COSQUER

265

PARC ORNITHOLOGIQUE DU PONT DE GAU

Saintes-Maries-de-la-Mer
Un parc ornithologique qui s'étend sur plus de 60 hectares. De quoi en prendre plein les yeux et ramener des souvenirs !

© MUSÉE RAIMU

266

MUSÉE RAIMU

Marignane
Une magnifique collection de photos, correspondances, affiches, objets personnels de la famille du célèbre interprète de *La Fille du puisatier* ; Jules Muraire.

LA VIGNE À VÉLO

Les Arcs sur Argens
Bel itinéraire de 5 km, accessible à tous, à parcourir à pied, en roller ou en vélo.

© OH MY DEUCHE

593

OH MY DEUCHE

La Bastide-des-Jourdans
Depuis La Bastide-des-Jourdans, partez pour une virée en Deuche décapotable sur les petites routes de Provence, en mode vintage et bucolique.

© DRACENIE.COM

472

© CHÂTEAU DE SAINT-MARTIN

468

VINOSPIRIT EXPÉRIENCES

Taradeau
Un site unique avec diverses expériences pour découvrir l'univers des spiritueux de manière interactive et ludique.

IDÉES DE SÉJOUR

Aborder un aussi vaste territoire que la Provence n'est pas forcément évident. Par où commencer ? Que privilégier en fonction du temps passé sur place ? Qu'y a-t-il d'incontournable à découvrir dans la région ? Autant de questions que le Petit futé va vous aider à résoudre avec trois propositions de séjours thématiques. D'une durée différente pour chacun d'eux, ils vous permettront de choisir paisiblement une manière d'explorer cette région si riche en points d'intérêts. Libre à vous bien évidemment de modifier légèrement les parcours, selon vos envies et selon les panneaux inspirants que vous pourrez croiser sur votre chemin. Nous vous y incitons. La Provence est une vaste zone qui se découvre en prenant le temps de s'y égarer. Le temps de bien prendre la mesure de ce qui fait sa beauté et sa rareté. Rassurez-vous, elle peut également réellement s'apprécier le temps d'un week-end, ses richesses étant facilement accessibles.

WEEK-END NATURE DE 2 JOURS EN PROVENCE

La Provence est avant tout connue pour son patrimoine historique hors norme. Mais si vous souhaitez opter pour un week-end dépaysant orienté nature, c'est également l'endroit idéal pour fuir la grisaille du quotidien. A travers deux sites naturels emblématiques du sud de la Provence, profitez de cadres naturels authentiques en découvrant de nombreux sentiers de randonnée bien balisés.

> Jour 1 - À la découverte du parc national des Calanques

Entre **Marseille** ★★★★ (p.262) et **Cassis** ★★★ (p.238) s'étend le célèbre parc national des Calanques. Il s'agit du seul parc national périurbain de France. Y accéder sera très facile que ce soit par Marseille (accès par les quartiers de Luminy, des Baumettes ou de Sormiou, y compris en bus) ou Cassis (un peu de marche depuis le port). Les calanques de **Sugiton** (p.264), **Sormiou** (p.264), **Morgiou** (p.262) et Marseilleveyre côté Marseille, **d'En-Vau** (p.239) et **Port-Miou** (p.238) côté Cassis sont de véritables merveilles. Pour une balade sans trop de difficultés, nous vous conseillons le chemin menant à Sugiton, depuis le quartier universitaire de Luminy. Un sentier large et aménagé, puis des chemins plus étroits mais à l'arrivée, la récompense d'une calanque sauvage et inhabitée. Le belvédère y offre également une vue magique sur le parc national. Les falaises blanches et massives plongent dans les eaux turquoise de toute beauté. Toutes les calanques sont belles et offrent des cadres privilégiés pour vos baignades. Randonneurs et sportifs y trouveront également un beau terrain de jeu. De nombreux sentiers bien signalés arpentent le parc, avec notamment le GR98-51 qui le traverse intégralement (8 heures environ).

© TOM PEPEIRA - ICONOTEC

Vue aérienne de la Calanque de Sormiou, aux environs de Marseille.

LES EXPOS
CE N'EST PAS QU'À PARIS

BFM
MARSEILLE
PROVENCE

INFO LOCALE | SERVICES | PROXIMITÉ

Comment voir la chaîne

Le départ s'effectue depuis le port de Callelongue et se déploie sur la côte, avec une vue merveilleuse sur l'archipel du Riou. Aux beaux jours, le parc national est très fréquenté. Depuis 2022, l'accès en été au parc se fait sur réservation gratuite pour contrôler le flux des visiteurs. Veillez à bien respecter l'environnement bien évidemment et privilégiez les balades hors-saison pour un peu plus de tranquillité.

› Jour 2 - Journée balade autour du massif de la Sainte-Victoire

La Sainte-Victoire (p.209), tout à côté d'Aix-en-Provence ★★★★ (p.208), est un site naturel magnifique, classé réserve naturelle nationale géologique. La montagne Sainte-Victoire est surtout connue pour les nombreuses représentations du peintre Paul Cézanne. Le massif est un lieu qui se mérite, moins fréquenté que d'autres sites naturels de la région. Les amateurs de VTT, de randonnée et de balade à vélo peuvent aborder le massif de différents côtés. Le site vous permettra de magnifiques points de vue, notamment depuis le pic des mouches, au sommet (1 011 m). Depuis Aix, une belle balade vous permettra de passer par les carrières de Bibémus (p.208) et le barrage de Bimont. Pour avoir une belle vue d'ensemble du site, nous vous conseillons une balade assez facile d'1h15 au départ du parking du relais Saint-Ser. Vous pourrez alors suivre le sentier rouge jusqu'à la chapelle éponyme. Le sentier continue jusqu'au pic des mouches, mais il devient compliqué et réservé aux plus sportifs.

LA PROVENCE HISTORIQUE EN 4 JOURS

Un parcours de 150 km à la découverte de la Provence historique le temps d'un week-end prolongé. 4 villes au patrimoine unique, 4 jours riches de découvertes et de sensations. Pour aller d'une ville à l'autre, le trajet se fera en voiture ou également très aisément en train, avec un saut en bus pour Aix-en-Provence ★★★★ (p.208). De Jules César à Napoléon III, bienvenue dans la Provence des monuments.

› Jour 1 - Marseille, 2 600 ans d'Histoire et mythique porte de l'Orient

Tout commence sur le mythique Vieux-Port (p.269) ; votre visite, tout comme l'histoire de la ville qui nous intéresse ici. C'est là, sur la rive Nord du port, sous l'actuel quartier historique du Panier (p.265), que des marins grecs fondèrent Marseille ★★★★ (p.262) il y a 26 siècles. Derrière l'hôtel de ville, arpentez les ruelles pittoresques et très méditerranéennes du Panier, plus vieux quartier de la ville. Découvrez la Vieille Charité et sa jolie chapelle centrale, rejoignez le Mucem (p.267), joyau contemporain, en passant par l'esplanade de la cathédrale de la Major, plus grande cathédrale française bâtie au XIXe siècle dans un style romano-byzantin alors très en vogue. Du Mucem, regagnez le Vieux-Port en contournant le fort Saint-Jean (p.266). La vue sur mer y est très belle, avec en point de mire, le palais du Pharo sur l'autre rive. Continuez la journée avec la vue panoramique imprenable depuis Notre-Dame-de-la-Garde (p.263), la célèbre « bonne mère » des Marseillais. Marseille ★★★★ (p.262) se déploie sous vos yeux, avec au loin au sud le massif des Calanques et au large, les îles du Frioul. Pour finir votre journée, rendez-vous pour un apéro au Vallon des Auffes, petit port de pêche hors du temps.

© F. IREN & C. PINHEIRA - AUTHOR'S IMAGE

Le Palais des Papes d'Avignon

SUD RADIO

PARLONS VRAI

ÎLE-DE-FRANCE PARIS 99.9 **ALLIER** VICHY 92.4 **ARIÈGE** AX-LES-THERMES 103 / FOIX 103.7 / PAMIERS 90.3 / ST-GIRONS 88.5 / TARASCON 89.2 VICDESSOS 102 **AUDE** CARCASSONNE 104.7 **AVEYRON** MILLAU 101.4 / RODEZ 104.4 / SAINT-AFFRIQUE 103.1 / VILLEFRANCHE-DE-ROUERGUE 104 **BOUCHES-DU-RHÔNE** MARSEILLE 95.1 / TARASCON 95.2 / **CANTAL** AURILLAC 101 / MAURIAC 88.6 / **CORRÈZE** BRIVE-LA-GAILLARDE 97.8 TULLE 95.4 / USSEL 107.2 **CORSE** CORTE 99.6 **DORDOGNE** BERGERAC 95.5 / PÉRIGUEUX 104.9 / SARLAT 107.1 **DRÔME** VALENCE 95.1 **GARD** ALÈS 95 / LE VIGAN 93.3 / NÎMES 95.2 **GERS** AUCH 102 / CONDOM 102 / MIRANDE 102 **GIRONDE** ARCACHON 100.4 BORDEAUX 106 / LIBOURNE 106 / MÉDOC 103.2 **HAUTE-GARONNE** CHAUM 98.2 / LUCHON 104 / SAINT-GAUDENS 102 / TOULOUSE 101.4 **HAUTE-LOIRE** LE PUY 91 **HAUTES-PYRÉNÉES** ARGELÈS-GAZOST 102 / ARREAU 100.9 / CAUTERETS 96.2 / LOURDES 102.2 / TARBES 102 **HAUTE-SAVOIE** THONON-LES-BAINS 104 / CHAMONIX 106.6 **HAUTE-VIENNE** LIMOGES 90.5 **HÉRAULT** BÉDARIEUX 102.6 / MONTPELLIER 104.7 SÈTE 104.9 **LANDES** DAX 102 / MONT-DE-MARSAN 94.1 **LOT** CAHORS 105 / FIGEAC 103.8 / PUY-L'ÉVÊQUE 96 / SAINT-CÈRE 95.3 / SOUILLAC 93.3 **LOT-ET-GARONNE** AGEN 102.3 / VILLENEUVE-SUR-LOT 102.9 **LOZÈRE** MENDE 101.9 **PUY-DE-DÔME** CLERMONT-FERRAND 88.1 **PYRÉNÉES-ATLANTIQUE** BAYONNE 103.9 / OLORON-STE-MARIE 102 / PAU 102 / ST-JEAN-PIED-DE-PORT 101.9 **PYRÉNÉES-ORIENTALES** FONT-ROMEU 102.3 / PERPIGNAN 103.2 / PRADES 105.7 **TARN** ALBI 101.2 / CARMAUX 102.5 / CASTRES 104.7 / MAZAMET 104.1 **TARN-ET GARONNE** MONTAUBAN 104.7 **VAUCLUSE** AVIGNON 95.2 / APT 95.3 **PRINCIPAUTÉ DE MONACO - MONTE-CARLO** MONACO 97.9 **CÔTE-D'AZUR** NICE 97.9 / MENTON 97.9 / ANTIBES 97.9 / CANNES-EST 97.9 / CAGNES-SUR-MER 97.9 / SAINT-LAURENT-DU-VAR 97.9

EN ÉCOUTE NUMÉRIQUE DAB+ PARIS / MARSEILLE / NICE / LYON / LILLE / STRASBOURG / MULHOUSE / NANTES / ROUEN / LE HAVRE / MONACO / MENTON / BORDEAUX / TOULOUSE / TOULON-HYÈRES / DIJON / CHÂLON-SUR-SAÔNE / AVIGNON / GRENOBLE / NIORT / ORLÉANS / TOURS / POITIERS / BLOIS / ANNECY / CHAMBÉRY / TOULON / HYÈRES

ARLES-AVIGNON : 95.2
AIX-MARSEILLE : 95.1
ET DAB+

ÉCOUTEZ SUR SUDRADIO.FR

La radio généraliste et nationale

Sud Radio est une des sociétés de Fiducial Médias

PATRICK ROGER CÉCILE DE MÉNIBUS YVES DE KERDREL ARLETTE CHABOT YVAN CUJIOUS FRANÇOIS TRILLO TRINA MAC DINH VINCENT FERNIOT DANIEL HERRERO PIERRE CHASSERAY ALAIN MARTY BRIGITTE LAHAIE NATHALIE SCHRAEN-GUIRMA NATACHA POLONY NATACHA HARRY JACQUES PESSIS PHILIPPE DAVID ANDRÉ BERCOFF MARC EZRATI ELISABETH LÉVY ÉRIC MORILLOT VALÉRIE EXPERT LAURENCE PERAUD BENJAMIN GLAISE PHILIPPE ROSSI

> Jour 2 - Aix-en-Provence, l'autre capitale de la Provence

A une trentaine de kilomètres de Marseille, bienvenue à Aix-en-Provence ★★★★ (p.208), longtemps capitale historique de la Provence. Sa vieille ville est très bien conservée. Un trésor de vieilles bâtisses, d'hôtels particuliers et de charmantes fontaines. La place d'Albertas est magnifique. Déambulez sur le célèbre et élégant cours Mirabeau et appréciez un verre en terrasse. Découvrez la cathédrale Saint-Sauveur (p.208) et ses trésors cachés. Enfin, accordez-vous un moment dédié à Paul Cézanne avec la visite de son atelier. Le musée Granet (p.210) vaut aussi qu'on prenne le temps d'une visite, tout comme l'hôtel de Caumont pour ses expositions majeures.

> Jour 3 - Arles, perle du Rhône et ville chérie de Jules César

Votre troisième journée se déroulera à Arles ★★★★ (p.319) ou plutôt « en » Arles. On la surnomme « porte de la Camargue ». La culture y est reine. Librairies, galeries, musées, Arles est une petite ville riche en points d'intérêt dans laquelle on peut passer beaucoup de temps à flâner. Les massives arènes (p.322) romaines sont à admirer en premier lieu, le théâtre (p.323) romain tout à côté, Saint-Trophime (p.321) et son cloître, mais aussi les bucoliques bords du Rhône, la fondation Van Gogh (p.320), les anciens ateliers réhabilités, la très contemporaine tour Luma ou encore le magnifique musée de l'Arles antique, un des plus beaux musées de France consacrés à la romanité.

> Jour 4 - Avignon, terre d'accueil des Papes et ville artistique par essence

Pour finir votre riche week-end culturel et historique, une belle apothéose avec la visite du Palais des Papes (p.504). Un édifice monumental retraçant 60 ans de papauté au fil de ses salles et expositions. A deux pas de là sur le Rhône, le célèbre pont Saint-Bénézet (p.503), le fameux pont d'Avignon de la comptine que vous aurez en tête toute la journée. Prenez le temps de découvrir Avignon, son marché couvert, ses restaurants et nombreux théâtres. Une atmosphère douce et artistique se dégage de la vie avignonnaise. Les plus téméraires feront un saut de 30 min en voiture à la découverte du Pont du Gard, le magnifique aqueduc romain classé à l'UNESCO.

À LA DÉCOUVERTE DES VILLAGES PROVENÇAUX DE CHARME

Certains sont dignes de véritables cartes postales. D'autres sont plus confidentiels. Leur beauté frappe quiconque s'y aventure. Les villages font partie intégrante de la découverte de la région. Aucun n'est identique à un autre et chacun d'eux vous donnera cette impression agréable de temps suspendu. Une semaine de placettes en fontaines, à apprécier sans ménagement.

> Jour 1 - Moustiers-Sainte-Marie et les merveilles du Verdon

Votre point de départ se situe à Moustiers-Sainte-Marie ★★★ (p.102), dans les Alpes-de-Haute-Provence ★★★. Un des plus beaux villages de France, perché sur les hauteurs du lac de Sainte-Croix et partie intégrante du parc naturel du Verdon. Son origine remonte au Ve siècle, lorsque des moines choisirent ce site bien abrité pour fonder un monastère. Une des curiosités du village réside en une étoile dorée suspendue à une chaîne près de la chapelle du sanctuaire. La légende parle d'un chevalier qui s'était engagé à accrocher cette chaîne s'il échappait à son emprisonnement lors des Croisades. Côté shopping, les faïences de Moustiers sont très réputées. Un musée (p.104) créé en 1929 rend hommage à ce savoir-faire.

> Jour 2 - Aups et Cotignac, villages varois de caractère

Quittez Moustiers par le pont de Galetas, qui enjambe le Verdon. Un détour par le village d'Aiguines ★ (p.493) et son beau château Renaissance vous offrira une vue à couper le souffle sur les environs. A 20 km au sud de là se trouve la ville d'Aups ★★ (p.489), ses jolies ruelles et son marché de renom. L'été, le marché est vaste et très animé. On y trouve de nombreux produits locaux et artisanaux. La ville est aussi et surtout connue pour être un haut lieu de la truffe. Chaque année de fin novembre à février se tient le magnifique marché aux truffes. Pour l'occasion, les restaurateurs locaux créent des recettes spéciales. A 17 km, la petite localité de Cotignac ★★ (p.482) est nichée dans des falaises troglodytiques. Un village aux tons pastel à découvrir, typiquement provençal, réputé pour les vignobles qui l'entourent et qui vous offriront l'occasion d'une bonne dégustation.

> Jour 3 - À la découverte du Luberon et de ses châteaux

De Cotignac, 80 km vous séparent de la localité d'Ansouis ★★ (p.587), dans le massif du Luberon. Visitez son beau château du XVIIe siècle ainsi que son jardin à la française, un des plus beaux de Provence. De là, prenez la direction de Lourmarin à 13 km. Les routes du Luberon sont magnifiques, comme les différents villages que vous croiserez (Cucuron (p.590) ou Lauris ★ (p.599) pour ne citer qu'eux). N'hésitez pas à y faire une halte improvisée.

DÉTOURS EN FRANCE

N°1 DES MAGAZINES
consacrés à la France

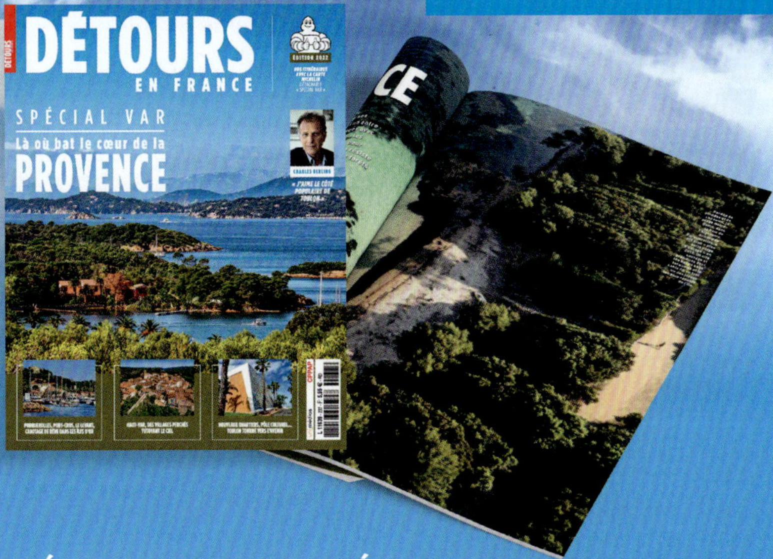

DÉCONNECTEZ ET DÉCOUVREZ LES RÉGIONS FRANÇAISES.

Trouvez une destination inspirante, insolite et pratique en dehors des sentiers battus !

1 AN D'ABONNEMENT À DÉTOURS EN FRANCE

-27 %

49,80 €
au lieu de
~~68,45 €~~

Rendez-vous sur :

STORE.UNI-MEDIAS.COM
OU scannez ce **QR code**

© SAMOT - SHUTTERSTOCK.COM

Gordes est classé parmi les plus beaux villages de France.

› Jour 4 - Lourmarin

À **Lourmarin** ★★★ (p.596), charmante bourgade un brin touristique en saison, offrez-vous la visite du très beau château Renaissance, une virée dans les ruelles commerçantes et un tour gustatif du côté des vignobles certifiés AOC Côte-du-Luberon. Une fois par an, le festival Yeah ! met Lourmarin sous les projecteurs des musiques actuelles.

› Jour 5 - Couleurs ocre et panoramas à couper le souffle

Le Luberon est une région célèbre pour ses villages de caractère ainsi que pour ses sites naturels. Les **ocres de Roussillon** (p.581) y sont à voir absolument. Un sol de terre sablonneuse couleur ocre entoure ce charmant village. Un parcours aménagé vous permet d'évoluer dans ces étonnantes falaises naturelles, au cœur même de ce phénomène naturel insolite. Le village mérite aussi un coup d'œil, notamment pour son panorama depuis l'église, depuis lequel on aperçoit le mont Ventoux. À 11 km de **Roussillon** ★★★ (p.581), le splendide village de **Gordes** ★★★★ (p.569) se déploie sous vos yeux, sur son piton rocheux. Les ruelles y sont pleines de charme. La vue y est somptueuse. Ne ratez pas le **village des Bories** (p.573) à quelques minutes sur la route de Cavaillon. Les Bories sont des habitations de bergers en pierres sèches typiques du Luberon.

› Jour 6 - Les Baux-de-Provence, joyau des Alpilles

Du Luberon, passons au massif des Alpilles à 50 km de là. Une beauté naturelle entre vignes verdoyantes et champs d'oliviers. Puis, au sommet de falaises imprenables, se déploie le village des **Baux-de-Provence** ★★★★ (p.346) et son château médiéval. Le village, ses chapelles et son labyrinthe de ruelles est à voir. D'anciennes carrières, appelées **Carrières de Lumières** (p.347), accueillent des expositions projetées sur ses parois, un peu à l'écart du village. Une halte fraîcheur que l'on peut s'offrir volontiers en plein été brûlant. Tout autour des Baux-de-Provence, s'étendent domaines oléicoles et vignobles AOP. Arrêtez-vous pour un moment dégustation et shopping gastronomique. Vous découvrirez notamment l'art du pressage de l'huile d'olive et tout son éventail de saveurs.

› Jour 7 - Conclusion en apothéose dans les pas de Van Gogh

Dernière étape de la semaine, à deux pas des Baux-de-Provence, le village de **Saint-Rémy-de-Provence** ★★★ (p.342). Assurément un des plus beaux de la région. Le **site archéologique de Glanum** (p.343) nous plonge au temps où Gaulois et Romains y vénéraient une source sacrée. À l'entrée du site, admirez le superbe mausolée romain familial conservé dans un état presque parfait. Une balade d'1 km sur le sentier Van Gogh vous immergera dans la vie du peintre, qui connut la période la plus prolifique de sa carrière à Saint-Rémy-de-Provence. Ce sentier mène notamment au très beau cloître Saint-Paul-de-Mausole. Le cadre est magnifique. Pour vous rafraîchir, une petite baignade au lac du Peiroou plaira aux petits et aux grands.

Douce France !

DÉCOUVREZ L'HEXAGONE SUR PAPIER GLACÉ

Carnets de voyage | City guide | Balades gourmandes | Lieux magiques

En vente chez tous les marchands de journaux

En commande sur la boutique en ligne www.shop-vasco.com

En version numérique sur l'appli VASCO Magazines à télécharger sur l'App Store et Google Play

VASCO

PASSPORT
N
W
E
S

DÉCOUVRIR

Dans les pages qui suivent, la Provence vous est présentée sous ses aspects les plus divers. Nous découvrirons ensemble son histoire, sa géographie, ses traditions, son artisanat mais aussi celles et ceux qui en ont fait la renommée, artistes en tête. Une manière de bien appréhender la région au fil de nos pages, avec encore et toujours nos conseils futés en matière de lecture et de shopping. La Provence se découvrira à votre rythme et à votre guise. C'est une région que l'on aime pour bien des raisons et où l'on se rend aussi bien pour ses produits du terroir d'exception que pour ses événements culturels nombreux. A ce titre, l'huile d'olive et le cinéma provençal sont particulièrement mis à l'honneur à travers deux dossiers passionnants. Bonne découverte !

HUILE D'OLIVE

Produit naturel aux vertus exceptionnelles pour la santé, l'huile d'olive de Provence est prestigieuse et délicieuse. Tout au long de votre séjour, vous la croiserez, que ce soit dans votre assiette ou sur les bordures des routes de la région, parsemées de part et d'autres d'oliviers parfois centenaires. Un véritable don de la nature auquel l'homme n'est pas tout à fait étranger. Impossible pour le Petit futé de rédiger cette édition provençale sans rendre hommage à ce que certains surnomment sans modestie aucune mais à juste titre, « l'or liquide ». Si l'envie vous vient de vous convertir au régime crétois, vous avez donc choisi la bonne région. Plus que jamais, après avoir lu ces quelques explications que nous vous livrons, nous vous invitons à être curieux et à aller à la rencontre des producteurs, afin de découvrir un patrimoine vivant hors-norme d'une part, et de vous régaler en toute simplicité d'autre part.

Aux origines du nectar doré

Toute bonne huile d'olive commence par un bon olivier. Cet arbre emblématique de la région, présent sur la quasi totalité du territoire, est naturellement implanté en Provence mais c'est la main de l'homme qui en a fait une espèce dominante. Il y a plus de 2000 ans de cela, c'est aux colons grecs qui fondèrent Marseille que l'on doit l'introduction de la culture à grande échelle de ces arbres aux reflets argentés, même si quelques fossiles prouvent la présence d'oliviers dans le sud dans la France dès la Préhistoire. Sous l'impulsion des Phocéens, arrivés d'Asie-Mineure où l'olivier était très courant, l'arbre fruitier va réellement s'imposer et les paysages méridionaux, du Rhône aux Alpes, s'en trouveront façonnés à jamais. De la culture antique de l'olivier découlera naturellement la production d'huile d'olive. Les plus anciens vestiges d'huilerie mis au jour datent du IVème siècle avant J.-C. L'huile d'olive y était pressée en bonne entente entre autochtones gaulois et massaliotes. Ces derniers, très influents dans leurs relations avec leurs voisins locaux, installèrent donc cette forme de culture mais c'est avec la romanisation que la production d'huile d'olive va réellement se pérenniser. Les légionnaires puis les colons s'emploieront à planter des oliviers par centaines et par milliers. On peut alors commencer réellement à évoquer une oléiculture en Provence. À Saignon par exemple, dans le Vaucluse, des fouilles ont révélé les vestiges d'un domaine agricole spécialisé datant de l'époque romaine. La renommée de l'huile d'olive provençale trouve donc ses origines dans l'Antiquité et perdura à travers les siècles. Le Moyen-Âge verra la production décliner avant que la Renaissance ne redonne de la vigueur à l'oléiculture provençale. Entre temps, l'histoire retiendra que le roi préféré des Provençaux, le bon Roi René, n'était guère friand de l'huile d'olive. Il lui préférait l'huile de noix et fit même planter des noyers sur son domaine de Gardanne. De nos jours, une telle infamie

© DAVID HUGHES - SHUTTERSTOCK.COM

Oliveraie dans les Alpilles.

© ARTMARIE - ISTOCKPHOTO.COM

Olives sur un marché provençal.

provoquerait le courroux des fiers Provençaux. Elément principal de la composante du savon de Marseille, l'huile d'olive devint très demandée à mesure que la production de savon augmentait dans la région. Les parcelles d'oliviers fleurissent alors et l'on développe considérablement la production d'huile aux XVIIème et XVIIIème siècles. C'est même au cours de ce dernier siècle que la production oléicole atteindra son apogée dans la région. La région se couvre encore davantage de moulins et pressoirs, avant que la révolution industrielle n'automatise le processus et ne provoque le déclin des installations artisanales. Au XXème siècle, les vertus du régime méditerranéen mirent en lumière les bienfaits naturels de l'huile d'olive. Sa consommation devint alors plus courante alors que son prix élevé avait jusqu'alors été plutôt considéré comme un repoussoir par le consommateur lambda. Régionalement, l'huile est consommée dans tous les foyers provençaux. Pour nombre d'ouvriers d'autrefois, petit-déjeuner et casse-croûtes se résumaient souvent à du pain et de l'huile d'olive, parfois agrémenté d'ail, un peu à l'image des petits-déjeuners espagnols traditionnels.

Une appellation d'origine contrôlée prestigieuse

Depuis 2007 et sa parution au journal officiel, l'huile d'olive produite en Provence bénéficie d'une appellation d'origine contrôlée (A.O.C). Tous les départements de la région Sud, ex-PACA, font partie de la zone A.O.C et l'appellation couvre même certaines productions voisines du Gard et de la Drôme provençale. Le climat provençal très sec et les hivers doux garantissent la bonne santé des oliviers, douze mois durant. L'humidité étant le principal ennemi de ces arbres somme toute assez fragiles, les sols arides de la région sont idéaux. De nombreuses conditions strictes sont exigées si une huile veut prétendre à l'A.O.C. A commencer par les variétés d'olives qui la composent. Une bonne huile d'olive A.O.C Provence doit se composer d'un assemblage d'au minimum deux variétés, dont une doit être dominante. Parmi les variétés requises, on citera notamment la salonenque, petit ribier, cayon ou encore aglandau. Le cahier des charges exigeant est à la hauteur du savoir-faire des oléiculteurs et du prestige de l'huile d'olive A.O.C Provence : l'âge des oliviers entre également en compte puisque la récolte des olives doit se faire exclusivement sur des arbres âgés d'au minimum cinq ans. L'entretien et l'irrigation des vergers sont également réglementés. Vous l'aurez compris, on ne badine pas avec l'appellation ! Côté récolte, les olives sont récoltées avant leur complète maturité, entre novembre et janvier exclusivement. Leur conservation avant qu'elles ne soient travaillées ne peut alors pas excéder dix jours. Fait assez fascinant, la technique d'élaboration de l'huile d'olive n'a guère variée depuis le XIXème siècle, de la meule qui broie à la compression dans les scourtins. Un patrimoine vivant précieux perpétué par des générations de passionnés.

En terme de production chiffrée, la région provençale caracole en tête du classement des régions productrices avec plus de 50% de la production nationale. Le nombre total d'oliviers avoisinerait les 2 millions, ce qui représente plus de la moitié du volume d'oliviers dans l'Hexagone. Les localités productrices sont très nombreuses et réputées. Quelques communes comme Mouriès ou La-Fare-les-Oliviers ont des productions très renommées. Certaines productions très spécifiques et locales bénéficient même d'appellations protégées locales comme les A.O.P Vallée des Baux-de-Provence, A.O.P Aix-en-Provence ou A.O.P Haute-Provence.

© SCHNAPPS2012 - SHUTTERSTOCK.COM

Soupe au pistou.

Un produit gourmand et naturellement bon pour la peau

Avec l'ail, l'huile d'olive est l'élément principal et commun à toute la cuisine provençale. Comme dans chaque cuisine traditionnelle, c'est le terroir de la région qui décidera des éléments majeurs de sa composante. Alors en Provence bien sûr, comme l'on trouve davantage d'oliviers que de vaches et de tournesols, l'huile d'olive supplantera le beurre et les autres huiles végétales. L'huile d'olive en Provence, c'est culturel et inscrit dans l'ADN de toute personne née ici, d'Avignon à Toulon, en passant par Marseille et Draguignan. Aussi bonne crue que cuite selon les types d'huile, elle agrémente généreusement salades et poissons grillés. L'huile d'olive entre dans la composition de plats aussi emblématiques que la tapenade, l'anchoïade, l'aïoli, le pistou, la ratatouille, les petits farcis et même quelques douceurs comme la pompe à l'huile, une brioche parfumée consommée principalement à Noël. Une visite sur un domaine oléicole et la dégustation qui s'en suivra vous permettra de différencier les huiles et leurs variations. Un véritable mode de vie dans une région où les arts de la table, les moments passés à table sont une composante primordiale.

Outre la cuisine, l'huile d'olive prouve tout son intérêt par la qualité des produits de soin dans lesquels elle rentre en composition. A commencer par le traditionnel savon de Marseille. Produit phare de la région, produit depuis la fin des Croisades, le savon de Marseille authentique se compose au minimum de 72% d'huile végétale, de préférence d'olive. A la fin du XVIIIème siècle, près de cinquante savonneries fonctionnaient à plein à Marseille. La production d'huile d'olive devait alors suivre la demande massive des industriels qui écoulaient près de 80 000 tonnes de savon en Provence et ailleurs. Aujourd'hui, quelques savonneries traditionnelles continuent de perpétuer ce savoir-faire unique et mettent un point d'honneur à n'utiliser que de l'huile d'olive dans la composition de ces savons. Un gage de qualité et de bonne santé. De nombreux dérivés de produits de beauté ont vu le jour au fil des décennies et les marques commercialisant des soins à base d'huile d'olive sont nombreuses désormais. Les vertus de ce nectar sont désormais connues et reconnues. A une époque où l'on tend vers un retour aux produits naturels, il est certain que l'avenir est radieux pour les oliviers, leurs fruits et l'huile qui en découle.

Recette du Pistou traditionnel

Parmi toutes les recettes provençales qui font le régal des locaux comme des visiteurs de passage, la soupe au Pistou est un grand classique où l'huile d'olive est reine. C'est un plat estival (même si c'est une soupe et que les étés sont chauds en Provence) dont chaque famille provençale a une recette propre jalousement gardée. L'occasion de créer des débats sans fin lorsque ces mêmes familles se rencontrent. Difficile donc d'établir une recette universelle mais le livre référence de Jean-Baptiste Reboul, *La cuisinière provençale*, nous aide à y voir plus clair en jetant les grands principes d'un bon Pistou et ce, dès 1897, date de la première parution de cet ouvrage devenu un classique. Pour réussir cette variante du Pesto génois somme toute très proche, il faut donc mixer de l'ail en bonne quantité, du basilic frais (aux feuilles pointues si possible, comme on le produit en Provence), du parmesan (la touche hommage aux nombreux italiens installés dans la région) et de l'huile d'olive, de préférence A.O.C Provence cela va de soi. Cela crée une sorte de pâte verte qui permet d'agrémenter le bouillon aux légumes de la soupe au Pistou, ou bien encore de s'en servir comme sauce pour des pâtes. Au niveau du dosage, Reboul conseille de piler « 3 gousses d'ail avec les feuilles d'un gros basilic, 1 grosse cuillerée de parmesan râpé » et d'arroser « de 4 cuillerées à bouche d'huile d'olive ». Un délice sain, qui se conserve bien, et bon pour la santé. Fait amusant, le Pistou a sa compétition mondiale chaque été, à Miramas, où nombre de participants croisent le fer pour cuisiner la meilleure soupe au Pistou de l'année.

LE CINÉMA EN PROVENCE

C'est un fait. En France, la production cinématographique, comme beaucoup de choses, se concentre principalement en région parisienne. Et pourtant, la Provence fait bel et bien partie de l'histoire du septième art dans l'Hexagone. D'une part parce qu'elle est depuis toujours très prisée pour y tourner des films, cadre naturel d'exception oblige. D'autre part car c'est ici, dans la région, que le cinéma connut ses premiers balbutiements mais aussi ses grandes heures de gloire de l'entre-deux-guerres. Une époque marquée par l'écriture sans pareille de Pagnol, le jeu d'acteur de Raimu, la gouaille de Fernandel et une ville de Marseille tout entière portée vers le cinéma. Lorsque Chaplin y passa en 1931, ce fut l'événement. Hier comme aujourd'hui, comédies et drames se jouent et se déjouent sur les versants des Alpilles, dans les ruelles du port de Marseille ou dans les villages ensoleillés du Luberon.

Les pionniers du cinéma

Tout commence par un train. L'entrée d'un train en gare. Celle de La Ciotat. Une fameuse scène qui permit aux frères Lumière de devenir les pionniers du cinéma. Ce film très court intitulé sobrement *L'Arrivée d'un train en gare de La Ciotat* fut tourné durant l'été 1895 dans la ville voisine de Marseille. La première projection eut lieu, elle, à Lyon, en janvier 1896, sous les yeux ébahis de quelques chanceux. La légende raconte même qu'elle créa un vent de panique chez des spectateurs pas encore initiés au 7e art. La ville de La Ciotat fut choisie pour le tournage de cette œuvre car c'est là que les frères Lumière possédaient une résidence d'été. Depuis lors, la ville portuaire reste intimement liée au génie des Lumière de même qu'à l'histoire du cinéma. C'est à La Ciotat également que vous trouverez encore, fièrement dressée, la toute première salle de cinéma de l'histoire, l'Eden. Le tournage des frères Lumière n'est donc pas un hasard dans une ville qui vit la première projection cinématographique avoir lieu en septembre 1895, quelques semaines après le tournage du fameux train en gare. Quelques mois plus tard, le 29 février 1896, a lieu la première projection publique à Marseille dans une salle en sous-sol du Grand Hôtel du Louvre et de la Paix, sur la Canebière. Huit films sont projetés, d'une durée très courte, avec des images mettant en scène un chargement de navires sur le port ou encore une baignade en mer. La passion du cinéma est lancée et la cité phocéenne comptera même jusqu'à une cinquantaine de salles durant l'entre-deux-guerres.

L'histoire du cinéma passera de nouveau par la région quand, une trentaine d'années plus tard, Marseille devint un « petit Hollywood » avec la création des studios de Marcel Pagnol au milieu des années 1930. C'est à cette époque, jusqu'au tournant des années 1940, que le boulevard Longchamp à Marseille devient le « boulevard du cinéma ». Pathé, Gaumont ou la Paramount y installeront des bureaux. Les grands acteurs de l'époque se donnent rendez-vous sur le boulevard et la Provence tout entière bénéficie de cette plaque tournante en matière de renommée ainsi qu'en termes de logistique à travers la diffusion de bobines. Le pic de popularité des salles de cinéma sera atteint en 1939 avec plus de 80 salles à Marseille. Un véritable raz-de-marée.

Pagnol et le sourire éternel de Fernandel

Parmi les figures les plus importantes du 7e art en Provence se trouve bien évidemment l'incontournable Marcel Pagnol. Réalisateur et auteur de nombreux dialogues pour d'autres productions que les siennes, il permet de placer Marseille, son port et la région sur la carte mondiale du cinéma. L'histoire raconte que c'est après avoir assisté à une projection à Londres en 1929 qu'il se décida à se lancer dans le cinéma. En 1931, *Marius* est l'un des tout premiers succès du cinéma parlant hexagonal, aussi bien au niveau national qu'à l'international. On y retrouve les comédiens qui avaient jusqu'alors joué la création de Pagnol sur les planches des théâtres : Raimu, Pierre Fresnay et Fernand Charpin, véritables vedettes de l'époque. Notons que le film est réalisé par Alexander Korda et non Pagnol en personne. Les studios Paramount lui ayant imposé une vedette américaine dans le casting, ce sera alors le réalisateur. En novembre 1932, la suite, intitulée *Fanny*, sort sur les écrans, avec à la réalisation Marc Allégret. L'action du film se joue dans le célèbre Bar de la Marine, sur le Vieux-Port. Un café qui existe toujours et qui est devenu mythique pour les scènes qui y furent tournées.

© GIMAS - SHUTTERSTOCK.COM

« La Partie de cartes », sculpture sur la place Raimu à Toulon.

Ces deux films, créés initialement par Pagnol pour le théâtre, constituent les prémices de ce qui sera alors appelé *Trilogie marseillaise*. Ces succès lui permettent de s'enrichir considérablement, ce qui autorise la création des studios de production Pagnol, installés à Boulogne-Billancourt et à Marseille dans le courant des années 1930. Le village de La Treille, où le petit Marcel passait son enfance, devient alors le terrain de jeu préféré de ses projets cinématographiques. Il y tourne ses propres films en tant que réalisateur : *Angèle*, *César* ou *Regain* notamment. *La Femme du boulanger* rencontre un immense succès en 1938. Au casting, toujours l'immense Raimu. A la musique, Vincent Scotto, véritable gloire marseillaise. Aux côtés de Pagnol émergent les stars d'alors. Outre Raimu, on retrouve Fernandel. En 1941, Marcel Pagnol fait l'acquisition du château de la Buzine, dans l'idée d'en faire une cité du cinéma en Provence. C'est ce fameux château qu'il reconnaît comme celui qui effrayait tant sa mère autrefois, lorsque la famille Pagnol rejoignait la Treille depuis Marseille pendant l'été. En 1947, il est le premier cinéaste à entrer à l'Académie française. *Topaze*, sorti en 1951 avec Fernandel dans le rôle principal, est acclamé par la critique. Avec ce film, après quelques échecs, Pagnol revient alors sur le devant de la scène, alors que Fernandel est reconnu comme l'un des plus grands talents en son temps. Ce dernier, brouillé avec Marcel Pagnol, ne jouera finalement pas dans le film *Manon des Sources*, tourné à La Treille en 1951. La carrière cinématographique de Pagnol déclinera lentement au profit de celle de romancier.

Parmi les acteurs principaux de culture provençale, Fernandel fait figure de vedette. Né à Marseille en 1903, il incarne mieux que quiconque le parler provençal, la gouaille méridionale, la bonhommie marseillaise. Personnalité qu'il rendra populaire dans toute la France, l'image du Provençal devenant alors dans la capitale synonyme de Fernand Contandin, dit Fernandel. Après des débuts retentissants dans le milieu du music-hall, il se lance dans le cinéma et devient un véritable aimant à spectateurs. Sa seule présence à l'affiche garantit un véritable succès commercial pendant plusieurs décennies. Les films dans lesquels il joue deviennent des classiques : *Le Schpountz, L'Auberge rouge, Ali Baba et les Quarante Voleurs* ou *La Cuisine au beurre*. Des rôles plus sérieux comme celui qu'il tient dans *La Vache et le Prisonnier* prouveront également à la critique qu'il est aussi bien capable de faire rire que d'émouvoir. Marcel Pagnol dira de lui après sa mort : « Il a été l'un des plus grands et des plus célèbres acteurs de notre temps et l'on ne peut le comparer qu'à Charlie Chaplin ». C'est dire son immense talent et la popularité hors-norme qu'il put connaître.

La Provence, terre de tournage

Riche de sa diversité de paysages et de villages pittoresques, la Provence est, depuis la création du cinéma, un lieu de tournage à ciel ouvert. Nombreux sont les films qui rendirent la région attractive et nombreux sont les films que la région a rendu populaires. 500 à 600 tournages en moyenne ont lieu en Provence chaque année. Marseille, quant à elle, est la deuxième ville française la plus filmée actuellement. Un véritable boom datant de ces dernières années mais débuté très tôt. En 1952, le célèbre film *Crin Blanc* est tourné en Camargue alors que 11 ans plus tard, en 1963, le western à la française, *D'où viens-tu Johnny ?*, met en scène Johnny Hallyday dans le rôle d'un cow-boy en Camargue, censée ressembler au Far-West. Les gardians camarguais sont alors les cow-boys et les gitans, les indiens. Les très photogéniques et fascinantes Alpilles permirent la réalisation de films comme *La Fille du puisatier* (2011) de Daniel Auteuil, *Camille Claudel 1915* avec Juliette Binoche (2013) ou encore *Avis de Mistral* (2014) avec Jean Reno. Quant au grand succès *Le Cœur des hommes*, c'est dans le Luberon que Marc Lavoine et consorts tourneront en 2003. Dans le Luberon toujours, à Cucuron, le film adapté de l'œuvre de Jean Giono, *Le Hussard sur le toit*, fut tourné en 1995.

Parmi les films qui prennent place à Marseille, des succès nationaux comme *À bout de souffle* de Jean-Luc Godard en 1960, *Borsalino* en 1970 avec deux monstres sacrés au casting, Belmondo et Delon, *Taxi*, la franchise de Luc Besson démarrée en 1998, ou encore *la French*, avec Jean Dujardin, en 2015, qui met en scène la cité phocéenne du temps de la French Connection. Quelques films internationaux de renom auront vu les équipes de tournage se poser du côté du Vieux-Port également : le mythique *French Connection* en 1970 avec Gene Hackman, avec des scènes tournées à Marseille et Cassis, *La Mémoire dans la peau* (2002), *Love Actually* (2003) ou *Stillwater* (2021).

Certains célèbres réalisateurs locaux comme Henri Verneuil (1920-2002) ou Robert Guédiguian mettront Marseille à l'honneur tout au long de leur carrière derrière la caméra : les films *Mayrig* et *588, rue Paradis* (1991) du premier, racontant l'installation à Marseille de sa famille réfugiée arménienne, *Marius et Jeannette* (1997), *Les Neiges du Kilimandjaro* (2011) ou *Gloria Mundi* (2019) pour le second. Notons que Guédiguian est à ce jour l'artiste de cinéma le plus emblématique de Marseille, à travers ses fresques sociales et son attachement au quartier de l'Estaque. Son actrice fétiche, Ariane Ascaride, marseillaise de naissance, est également une des figures les plus brillantes du cinéma provençal à l'heure actuelle.

Marseille est particulièrement prisée pour le tournage de films sociaux. Le contexte particulier qu'on peut y trouver, le cadre des cités ainsi que le vivier de jeunes talents encore méconnus ont permis la création de films marquants comme *Shéhérazade* en 2018.

Pour finir avec les tournages en Provence, les adaptations des années 1980-1990 des œuvres de Marcel Pagnol sont indissociables de l'imaginaire collectif quant il s'agit s'évoquer la région : *Manon des Sources* et *Jean de Florette* (1986), deux films inoubliables mettant en scène Yves Montand, Daniel Auteuil et Emmanuelle Béart, avec des scènes poignantes. Les deux films furent tournés dans le Vaucluse, notamment dans les villages de Vaugines, Ansouis et Mirabeau. Quatre ans plus tard furent tournés *La Gloire de mon père* et *Le Château de ma mère* (1990), deux films d'Yves Robert, de grands succès en salle et véritables emblèmes du patrimoine provençal. Le village de Grambois dans le Luberon sera choisi comme reproduction du village d'enfance de Pagnol, La Treille.

Outre le cinéma, quelques séries à succès ont permis à la Provence d'être mise sous le feu des projecteurs. Depuis 2004, les studios de la Belle-de-Mai permettent à Marseille de disposer à nouveau de studios de tournage. C'est là qu'est tournée la très populaire série *Plus belle la vie*, présente sur le petit écran depuis fin août 2004. Le géant américain Netflix choisira Marseille comme théâtre de son drame politique éponyme sorti en 2016 avec Gérard Depardieu au casting. Une série qui reflète une réalité certaine mais qui ne fait pas l'unanimité pour autant dans la région, notamment pour le jeu de certains acteurs. *Fabio Montale* (2002), avec Alain Delon et inspirée des écrits de Jean-Claude Izzo, a également été tourné dans la cité phocéenne.

© NIKOLAY DIMITROV - ECOBO - SHUTTERSTOCK.COM

Le village de Grambois a servi comme reproduction de La Treille, village d'enfance de Pagnol.

GÉOGRAPHIE

La Provence est pleine de contrastes et passionnante pour les amateurs de paysages naturels millénaires ou de nature préservée. Un écrin niché entre mer et montagne, principalement irrigué par deux cours d'eau majeurs, la Durance et le Rhône, qui ont littéralement façonné sa géographie et ont aujourd'hui encore et plus que jamais, une importance primordiale au bon fonctionnement de tout un territoire. Des versants des Alpes du sud, dont les sommets culminent à presque 3 000 m, aux marais naturels de Camargue, parcourons ensemble ce qui rend la Provence si particulière. Une terre sèche marquée par un ensoleillement intense, mais qui ne manque pas, par endroit, de se parer de sa verdure la plus singulière. Loin des idées reçues, plus d'un tiers de la superficie provençale est couverte de forêts. Etonnante statistique qui tranche avec l'image d'Epinal parfois aride que l'on peut avoir des collines de Pagnol et Cézanne.

Un climat méditerranéen au Sud et montagnard au Nord

La région s'étendant des rivages de la grande bleue aux sommets élevés des Alpes du Sud, le climat provençal n'est pas des plus homogène. Bien souvent, les différences de températures entre Digne-les-Bains et Marseille sont conséquentes (de 6 degrés en moyenne). La partie sud de la Provence est baignée par un climat doux, qui se caractérise notamment par un ensoleillement intense (la région est statistiquement la plus ensoleillée de l'Hexagone) tout au long de l'année. Marseille, Manosque et Toulon jouissent de près de 2900 h de soleil par an. L'été est généralement très sec alors que les pluies se concentrent généralement sur quelques jours en fin d'année. Dans le Nord de la région, avec l'altitude, les précipitations sont bien plus abondantes mais l'ensoleillement bon. Le vent est un facteur à prendre en compte dans la région. Le célèbre Mistral souffle par séquence de quelques jours, avec une puissance pouvant aller jusqu'à 110 km/h. Dans ce cas, foi de provençal, même le plus grand soleil ne pourra pas vraiment vous réchauffer. Avignon est la ville de la région la plus exposée avec en moyenne de 120 à 160 jours de vent par an.

Paysages de Provence

Il n'y a pas une mais plusieurs Provence. Une multitude de paysages variés. Les Bouches-du-Rhône sont à l'image des paysages de *La Gloire de mon Père*. Notamment tout autour d'Aix et d'Aubagne, avec le massif de la Sainte-Victoire et celui du Garlaban. Le pays marseillais est lui aussi composé de collines pagnolesques alors qu'au Sud de la ville s'étend le massif des Calanques, jusqu'à Cassis. Des falaises imposantes y plongent dans de grandes criques d'eaux cristallines. Au Nord, la côte bleue offre une succession de calanques et petits ports jusqu'aux roches plus brutes de la côte martégale. Le pays arlésien se distingue : on entre ici en Camargue, cette région plane de

© JACKF - STOCK.ADOBE.COM

Lac de Serre-Ponçon.

marais, rizières et étangs naturels. Plus au Nord, le majestueux massif des Alpilles abrite des villages perchés, alors que de ravissantes routes sinueuses se faufilent entre oliveraies et vignobles. Le Vaucluse, que l'on atteint par le pays d'Avignon au sortir des Alpilles, est dominé par le géant de Provence, le Mont Ventoux et son sommet lunaire (1910 m). A l'Est de Cavaillon, le charme pur du Luberon, ses terres ocre et ses villages élégants. Entrons enfin dans les Alpes-de-Haute-Provence. Le mythique plateau de Valensole et ses lavandes à perte de vue. La citadelle de Sisteron bâtie sur un éperon rocheux contrôlant le cours de la Durance. Plus au nord, les sommets sont élevés. Dans les vallées de l'Ubaye et de la Blanche, les sommets atteignent aisément 2000 m d'altitude. Au sud du département, le parc naturel du Verdon permet la jonction avec le Var. Les gorges du Verdon sont un trésor brut. De là, la Provence verte se déploie entre forêts et cascades, villages et vignes. En passant par le massif de la Sainte-Baume, arrive ensuite le Var côtier et ses noms inspirants : Porquerolles, l'Esterel ou le massif des Maures. Une côte pleine de charme, qui sent bon le mimosa et où criques paradisiaques se cachent à l'ombre de grandes pinèdes. De multiples visages pour une même région mais une identité propre, une provençalité commune.

Trésors naturels et originalités

Outre ses sommets, la Provence dispose de nombreuses particularités naturelles insoupçonnées.

Les volcans. Il y a par exemple dans le Var, du côté d'Evenos, un piton volcanique sur lequel le village est bâti. A Beaulieu, près d'Aix, la trace d'un autre volcan. Un ancien cratère de forme ovale, rempli de lave, entré en éruption il y a 17,5 millions d'années.

Les sources et grottes. Les sources de la Sorgue à Fontaine-de-Vaucluse sont la plus importante exsurgence de France. La grotte de Thouzon, appelée aussi la Grotte aux Fées, se trouve non loin de là. La cavité s'ouvre sur environ 230 m de longueur. Une multitude de stalactites « fistuleuses » la caractérisent. Impossible d'évoquer les grottes en Provence sans parler de celles, nombreuses mais pas toutes accessibles, du massif des Calanques. La plus célèbre est sous-marine, la grotte Cosquer. Des hommes y laissèrent des peintures murales il y a 27 000 ans.

La forêt. Les amoureux de la forêt apprécieront une région couverte à 35% de feuillus, résineux et conifères. Parmi les principales forêts, on trouve celles du Luberon (250 ha), des Maures (100 000 ha), du mont Ventoux, la forêt de hêtre de la Sainte-Baume et celle de Tanneron, appelée aussi la forêt jaune car essentiellement composée de mimosas.

© MARINA VN - SHUTTERSTOCK.COM

La grotte de Thouzon.

Lacs, étangs et marais. La région se vit en eau douce, bien que l'eau de mer y ait une proéminence logique. Le lac de Serre-Ponçon est le deuxième lac artificiel d'Europe par sa capacité (1,272 milliard de m^3) et le troisième par sa superficie (28,2 km^2). Le lac de Sainte-Croix est situé au pied des Gorges du Verdon. Il s'étend sur une superficie de 2 200 ha. Enclavé dans un paysage grandiose, il est devenu un lieu d'attraction touristique très prisé. L'étang de Vaccarès (6 500 ha) est le plus grand de tous les étangs camarguais. Sa profondeur inférieure à 2 m en fait l'aire de repos idéal pour les oiseaux migrateurs. Tout proche, le marais du Vigueirat est un espace naturel protégé où l'on peut observer plus de 2 000 espèces animales et végétales.

Îles et merveilles du Littoral

Du Var à la Camargue, la mer Méditerranée baigne le littoral de la Provence. Cette frontière naturelle n'est qu'une succession de plages de sable fin, de calanques et falaises (les plus hautes d'Europe sont situées à Cassis). Insensible aux variations, avec un marnage de 25 cm en moyenne, et avec une température moyenne de 23° C l'été, la Méditerranée est bien évidemment le lieu idéal pour la baignade. Parmi les plages emblématiques de la côte provençale, citons celle de Beauduc et son impression de bout du monde. Les plages Saint-Clair et de la Fossette, au Lavandou, l'Estagnol et l'Almanarre, la calanque de Port-d'Alon, le Var regorge de merveilles ensablées. Pour finir, la côte se caractérise également par la présence de nombreuses îles préservées. Citons Porquerolles, l'île du Levant, l'île Verte au large de La Ciotat ou encore l'archipel du Frioul dans la rade de Marseille.

NATURE

Le territoire provençal, dans toute sa diversité, propose une multitude de richesses naturelles. Montagnes, collines, forêts denses et bien sûr fonds marins : les sites d'exploration sont nombreux. Quelques kilomètres seulement séparent parfois deux sites si différents que vous aurez l'impression d'avoir changé de pays. La région du Luberon par exemple, vous inspirera des faux airs d'Amérique avec ce qui est appelé le Colorado provençal, sa terre ocre et ses roches aux formes élégantes. A quelques km de là, une immense forêt de cèdres. 250 ha qui vous apporteront de la fraîcheur en plein été et de belles balades en perspective. Les amateurs de photo mais aussi les simples observateurs et promeneurs se régaleront des champs de lavande de Valensole, du paysage lunaire du sommet du Ventoux, des falaises vertigineuses des Calanques. Quelques jours en Provence vous donneront la chance d'effectuer quelques excursions tendance nature inoubliables.

Des parcs naturels et nationaux

La région Sud, ex-PACA, compte pas moins de 9 parcs naturels. Sur le territoire qui nous intéresse, vous en trouverez 7 : Les Alpilles, La Camargue, La Sainte-Baume, le Verdon, le Mont Ventoux, le Luberon et les Baronnies provençales. Chacun d'eux a ses spécificités et s'apprécient aussi bien pour les paysages, que pour la faune et la flore qu'on y trouve. Aux parcs naturels s'ajoutent deux parcs nationaux : celui des Calanques et celui de Port-Cros. Ici ce sont surtout les amateurs de paysages marins qui y trouveront leur bonheur, bien que les plantes et animaux présents dans les deux lieux valent également le coup d'œil. Vous faire accompagner par un guide spécialisé vous permettra de mieux comprendre les enjeux de ces réserves naturelles. Le parc national des Calanques connaît par exemple une fréquentation de plus en plus intense chaque année. Les nuisances générées sont parfois irréversibles. Les prochaines années seront déterminantes dans la préservation de ces écrins verts en Provence.

Faune de Provence

▶ **La cigale.** Si l'on devait choisir un animal emblématique de la région, la cigale pourrait largement prétendre à la première place du podium. Omniprésente dès l'arrivée des premières chaleurs, la cigale et sa parade amoureuse si bruyante font partie intégrante du patrimoine méridional. Une bande-son des vacances incontournable. Vous pourrez avec un peu de chance approcher une cigale d'un peu plus près, bien que leur apparence les confonde souvent avec les écorces des arbres. A votre approche, elles se tairont, contrairement aux Provençaux plutôt loquaces. Ce sont peut-être les bestioles les plus timides de la région. Inutile de préciser qu'il faut absolument les préserver. Ces dernières années, quelques touristes ont défrayé la chronique en se plaignant auprès des hôteliers, des

© EMMANUEL FABISIAK - SHUTTERSTOCK.COM

Cigale sur un olivier.

nuisances sonores générées par nos amies les cigales. Un comble !

D'autres animaux caractéristiques peuplent les terres provençales : les flamants roses et taureaux de Camargue par exemple. Région où l'on trouve également de nombreux élevages de chevaux appelés manades. Les étangs et marais camarguais sont une zone de prédilection pour les oiseaux migrateurs de passage. Les observer vous sera possible au parc ornithologique sur la route des Saintes-Maries-de-la-Mer.

Les fonds marins de la région regorgent aussi de richesse : la tortue caouanne, le mérou, l'oursin diadème ou encore la grande cigale de mer font partie des espèces protégées. Il existe même une espèce de phoque sur les rivages chauds de la grande Bleue, appelée phoque moine. Une plongée dans les eaux claires du Var ou des Calanques vous permettra d'apprécier la diversité, bien que fragile et menacée, des fonds marins. Notez qu'il n'est également pas rare de voir quelques dauphins et cétacés s'aventurer en rade de Marseille.

Lavandes et oliviers

Côté flore, l'emblème de la Provence reste la lavande. Inimitable de par son odeur et sa couleur, les champs de lavande de Haute-Provence sont un ravissement pour les yeux et l'odorat. Dans le Vaucluse, le plateau d'Albion et le Luberon sont deux régions où la lavande prospère également. Plusieurs parcours appelés « routes de la lavande » vous permettront de profiter pleinement des bienfaits de cette plante. À faire à pied, à vélo ou en moto, ces 6 circuits de 950 km vous feront parcourir la Haute-Provence, le Verdon, les Préalpes provençales ou encore le Ventoux. Vous y rencontrerez des acteurs et témoins du travail de la lavande. 30 tonnes d'huiles essentielles sont produites chaque année dans la région. Elles bénéficient même d'une appellation d'origine contrôlée. Pourtant, cette production a été divisée par trois depuis 2005, une bactérie faisant des ravages. Les lavandes sont donc parfois remplacées par du lavandin, beaucoup moins fragile et à l'odeur légèrement plus camphrée. Près de 1 000 tonnes d'huiles essentielles sont élaborées chaque année.

L'olivier est lui aussi indissociable de la région. Ses reflets argentés tapissent le pays de la Sainte-Victoire, des Alpilles et du Haut-Var. Ce sont les Grecs qui, en fondant Marseille, ont développé cet arbre en Provence. On en extrait une huile d'olive rare et bienfaisante, prédominante dans la cuisine provençale et qui bénéficie de nombreuses appellations contrôlées de renom.

Parc animaliers

Vous trouverez dans la région, quelques parcs animaliers de choix :

Le zoo de la Barben, dans les Bouches-du-Rhône, est le rendez-vous des familles de la région, depuis notamment la fermeture de celui de Marseille à la fin des années 80. Plus de 130 espèces animales, soit 700 animaux y sont visibles. Le site est très beau et ravira petits et grands.

© TRATTIERITRATTI - SHUTTERSTOCK.COM
Ragondin dans les marais de Camargue.

Le jardin des oiseaux tropicaux, à La Londe-les-Maures dans le Var, permet aux amoureux des oiseaux de découvrir 6 ha de volières abritant des variétés d'oiseaux exotiques rares. Des collections botaniques ont été constituées dans les années 90 : agaves, yuccas, dasylirions et nolines, le panel de plantes exotiques est un des plus importants de France. Participant à différents programmes internationaux pour la défense des espèces, menant des activités de recherche en aviculture/ornithologie et en horticulture/botanique, le jardin a désormais une double vocation de centre d'acclimatation et de réserve génétique.

Le parc ornithologique de Pont-de-Gau est un autre site naturel animalier majeur en Provence. Situé à 4 km des Saintes-Maries-de-la-Mer, ce parc s'étale sur 60 ha. Deux promenades à travers étangs et marais sont proposées. L'une, très sauvage, appelée sentier du nord, offre une vision assez complète de la diversité de la Camargue. On peut apercevoir une belle densité d'oiseaux de proie, hérons, râles, gros becs et becs fins migrateurs ou sédentaires, accompagnés de ragondins. Le second sentier se faufile entre deux étangs occupés par une grande colonie de flamants roses que l'on peut approcher de très près.

Le majestueux jardin des papillons à Digne. En visite guidée uniquement, vous serez accompagné par des animateurs passionnés, dans des conditions optimales. Ce site est réputé pour sa richesse en espèces de papillons (135 !) d'avril à septembre, soit plus de la moitié de la faune française sur 1 hectare.

HISTOIRE

L'histoire de la Provence est marquée par un territoire qui fut maintes fois remodelé, au gré des conquêtes et des dominations. Une région devenue comté, royaume puis rattachée à la Couronne de France. Une histoire particulière, à contre-courant de celle du pays. Pendant la guerre des Gaules, nulle révolte gauloise : la Provence est romaine depuis plus de 50 ans. Les invasions barbares épargnent relativement la région alors que la France se redécoupe. Une terre où Jules César, le roi René ou encore Jean Moulin laisseront leurs empreintes indélébiles. L'Histoire provençale se joue aussi localement : la rivalité évidente entre cités que sont Marseille, Aix-en-Provence, Sisteron, Avignon ou Arles, l'influencera longuement. Des petites histoires dans la grande Histoire que vous retrouverez dans cette rubrique afin de mieux comprendre 26 siècles qui ont modelé la culture provençale, toujours un peu rebelle envers les pouvoirs centraux.

27 000 AV. J.-C.

Les premiers pas humains en Provence

La présence humaine en Provence remonte au moins à près de 950 000 ans avant J.-C. Avant cela, il est attesté par de riches gisements que les dinosaures foulaient le sol de ce qui allait devenir le territoire aixois. Il y a 27 000 ans, des hommes investissent la grotte Cosquer, dans l'actuel parc national des Calanques, et nommée d'après son découvreur. Aujourd'hui sous-marine, cette cavité ne l'était pas au moment où les premiers artistes provençaux dessinent sur ses parois des représentations animales ainsi qu'une cinquantaine de dessins de mains en négatif. Le climat de la Provence n'a alors rien de ce que l'on connaît aujourd'hui : les dessins attestent de la présence de pingouins sur les côtes.

VIIIème S. AV. J.-C.

Premiers peuplements autochtones

Le territoire provençal est parsemé d'habitats perchés, appelés Oppida. La population est alors principalement composée de peuplements ligures, d'origine indo-européenne, bien structurés politiquement et en contact commercial régulier avec les civilisations méditerranéennes. Les celtes du nord de l'Europe finissent par s'immiscer en Provence, créant une culture très locale dite celto-ligure.

600 AV. J.-C.

Fondation de Marseille

C'est six siècles avant notre ère que des marins grecs venus de Phocée, en Asie-Mineure, s'établissent le long de la calanque du Lacydon (actuel Vieux-Port). Ils créent Massalia, un port qui deviendra très influent en Méditerranée et changera durablement le cours de l'histoire de la région. Les échanges commerciaux sont alors florissants avec les peuples celto-ligures voisins, comme en attestent les découvertes faites dans différents oppida de la région. L'hellénisme se répand par la création de nouveaux comptoirs phocéens : Olbia (Hyères), Agathè (Agde) ou Nikaïa (Nice). Peuple de tradition maritime, les Massaliotes lancent des expéditions de découverte en Europe du Nord et le long des côtes d'Afrique, un exploit pour l'époque.

122 - 118 AV. J.-C.

Rome à la rescousse

Les bonnes relations marseillaises avec les celto-ligures se tendent au fil des siècles. Jugés trop conquérants par les Salyens notamment, établis dans le pays d'Aix, les Marseillais font appel à leurs alliés romains. Les Romains saisissent l'occasion pour s'établir en Provence. Le consul Caius Sextius Calvinus rase l'oppidum d'Entremont, chef-lieu des Salyens, en 122 av. J.-C., et crée tout à côté, Aquae Sextiae (Aix-en-Provence), première ville romaine du pays. Dans la foulée de la fondation d'Aix, les Romains investiront une large bande côtière de l'Espagne à l'Italie, désormais appelée Provincia Romana. La sécurité des échanges commerciaux est assurée et Marseille, fidèle alliée, garde son autonomie.

49 AV. J.-C.

Marseille assiégée et défaite

Jules César assiège Marseille qui avait choisi de soutenir Pompée, son rival et ennemi. Toute la région est définitivement romanisée. César choisit alors Arles comme capitale de la Provincia. Arles la romaine se développera brillamment au détriment de Marseille la grecque.

27 AV. J.-C.

La Pax Romana

Pendant la période de l'Empire romain, la Pax Romana permet à la Provence de devenir une région de renom. De grandes voies commerciales sont développées tout au long du territoire que l'on appelle désormais Narbonnaise. La fameuse voie Domitia relie Briançon, Sisteron à Ambrussum en passant par Arles. La voie Aurélienne passe par Fréjus, Aix, Arles et Narbonne. La quasi totalité de nos routes et villes actuelles existent du temps des Romains. Le génie civil et politique romain s'exprime et traverse le temps jusqu'à nous : les arènes d'Arles, le site de Glanum (St-Rémy-en-Provence), le théâtre d'Orange ou Vaison-la-Romaine.

III - VIÈME SIÈCLE

Développement du christianisme

La religion chrétienne se développe durant l'Empire Romain. Selon la légende, Marie-Madeleine et Marie-Salomé, toutes deux proches de Jésus, accostent aux Saintes-Maries-de-la-Mer et s'installent en Provence pour fuir les persécutions. L'évangélisation progressive voient des clochers se dresser à St-Maximin où Marie-Madeleine repose, ou encore à Marseille avec la fondation de l'abbaye Saint-Victor au Ve siècle. D'après les textes historiques, un premier évêque était déjà en poste à Arles dès le IIIe siècle. Au VIe siècle, les villes sont définitivement christianisées.

IXÈME SIÈCLE

Création du royaume de Provence

Sous l'égide de Guillaume d'Arles, le premier comté de Provence est créé. Son territoire s'étend du Rhône aux Alpes. La principale menace locale vient des Sarrasins, établis dans le massif des Maures, avec notamment La Garde-Freinet comme base arrière. Les Maures resteront établis en Provence durablement jusqu'en 1197.

1309

La Papauté s'installe en Avignon

De 1309 à 1418, Avignon devient le centre du monde chrétien avec l'établissement des papes au bord du Rhône. Le palais des papes est progressivement bâti. Il est aujourd'hui un magnifique témoignage de cette époque faste.

1434

Le bon roi René

René d'Anjou est une figure historique primordiale en Provence. Il fut surnommé *le bon Roi René*, sans doute grâce à une conjoncture bénéfique au niveau économique et politique qui lui attira l'affection de la population. De grands travaux sont entamés. Des constructions importantes sont menées, comme le château de Tarascon où il vécut en 1449. C'est à son initiative que démarre le processus de rattachement de la Provence au royaume de France. Il meurt à Aix-en-Provence en 1480 et sa dépouille est transportée en Anjou, malgré les protestations des Provençaux.

1482

La Provence devient officiellement française

Près de deux ans après la disparition du Roi René, les États de Provence approuvent la constitution provençale. Louis XI, roi de France, proclame l'union de la France et de la Provence, tout en lui assurant une certaine indépendance morale et nombre de privilèges, notamment fiscaux. En 1501 est créé le premier parlement de Provence.

XVIème SIÈCLE

Terre d'asile pour protestants accueillis puis persécutés

Bien que rattachée à la couronne de France, la Provence garde un esprit frondeur. Pendant les guerres de Religion, de nombreux réfugiés protestants s'y installent. Dès la fin du XVe siècle d'ailleurs, les Vaudois s'établissent dans de nombreux villages du Luberon. Sévèrement réprimés à maintes reprises du fait de la présence papale toute proche, nombre de protestants sont massacrés ou enfermés au château d'If. L'édit de Nantes permit la construction d'un tout premier temple protestant, à Velaux (Bouches-du-Rhône).

XVIIème SIÈCLE

Le Roi-Soleil réaffirme son autorité

Louis XIV s'efforce à consolider le pouvoir central de la Couronne de France en Provence. Toulon devient un port de guerre de première importance alors que l'arsenal des galères de Marseille tourne à plein régime.

1720

La grande Peste de Marseille

Décimant près de la moitié de la population de la ville, la Peste noire s'abat sur le port de Marseille. La contagion s'étendra également de manière dramatique à la région. C'est d'un navire en provenance du Levant, le Grand-Saint-Antoine, que partit la contamination. Le laxisme et les intérêts personnels de certains édiles auront eu raison des précautions sanitaires.

1792

La Marseillaise résonne dans la capitale

Pendant la Révolution française, les Provençaux ont la particularité de changer plusieurs fois de fusil d'épaule. Le fait majeur reste cette armée de fédérés marseillais et provençaux qui entra aux Tuileries en entamant un chant, immédiatement qualifié de Marseillaise par les Parisiens et qui deviendra l'hymne national français.

1815

Le retour en grâce de Napoléon passera par la Provence

De retour de son exil forcé sur l'île d'Elbe, Bonaparte débarque à Golfe-Juan et chemine sur ce qui est aujourd'hui appelé la route Napoléon. Elle passe notamment par Grasse, Castellane, Sisteron et Digne.

XIXème SIÈCLE

Modernisation et industrialisation

Le développement du chemin de fer permet aux denrées industrielles produites en Provence (savons, huiles d'olives, sucre, tuileries) d'être exportées facilement. Marseille se modernise. On perce la très hausmanienne rue Impériale (actuelle rue de la République). De grands monuments sont érigés comme la cathédrale de la Major, la basilique Notre-Dame-de-la-Garde, toutes deux de style romano-byzantin. Le majestueux Palais Longchamp est inauguré en grande pompe pour célébrer l'arrivée des eaux de la Durance dans la cité phocéenne. Ces eaux captées dans les Alpes du Sud cheminent notamment via le magistral Aqueduc de Roquefavour (inspiré du Pont du Gard et, encore aujourd'hui plus grand aqueduc en pierre du monde avec ses 400 m de long et ses 83 m de haut !).

XXème SIÈCLE

Vagues migratoires en Provence

Le début du XXe siècle est une période qui voit arriver en Provence, de nombreux immigrants italiens et arméniens. Les premiers viennent trouver du travail et sont rapidement victimes de racisme. Les seconds fuient les persécutions ottomanes. Ces deux communautés deviendront une composante importante de la population régionale.

Une postérité anisée

1932 Pour la première fois, le mot Pastis apparaît sur une bouteille. On le doit à Paul Ricard et depuis, cette boisson anisée idéale pour l'apéritif fait partie du patrimoine provençal.

Un triste 11 novembre

1942 Le 11 novembre, les Allemands envahissent la Provence, jusqu'alors principale base arrière de la Résistance dans la zone libre (Jean Moulin y fut d'ailleurs parachuté près de Mouriès avant de trouver refuge à Eygalières). L'Occupation durera jusqu'au débarquement en Provence, le 15 août 1944, véritable tournant dans le conflit. Entre temps, elle aura vu des atrocités être commises comme le dynamitage des vieux quartiers de Marseille en 1943 ou la mise en place de camps de transit vers les camps de la mort comme aux Milles, à Signes ou à Sorgues. La Libération de la région s'opérera principalement par voie navale sur les côtes varoises. Forces américaines et françaises d'Afrique du Nord rendront finalement sa liberté à la cité phocéenne et par là-même à la région, fin août 1944.

Apparition officielle par décret du nom PACA

1960 La région Provence-Alpes-Côte-d'Azur est créée. Elle englobe le Vaucluse, le Var, les Bouches-du-Rhône, les Alpes-Maritimes, les Hautes-Alpes et les Alpes-de-Haute-Provence. En 2009, une grande concertation est lancée pour modifier le nom de cette région jugé trop long et le diminutif dévalorisant : le terme Pacan en provençal signifie paysan. La dénomination PACA est définitivement abandonnée en 2018. La région devient Région Sud.

Début des travaux du canal de Provence

1964 Malgré une nette amélioration pour certaines communes avec la création du canal de Marseille dans la deuxième partie du XIXe siècle, une grande partie de la Provence souffre de la sècheresse chaque année en ce milieu du XXe siècle. D'immenses travaux sont entamés, des barrages sont bâtis et un réseau de canaux sans précédent arrose la basse Provence, avec un dernier tronçon inauguré dans les années 1980.

Création du port de Fos-sur-Mer

1965 Le Port de Marseille intra-muros voit son activité commerciale déplacée à une soixantaine de kilomètres, à Fos-sur-Mer. Le port de la Joliette et d'Arenc continuera jusqu'à aujourd'hui à assurer principalement le transport de personnes, avec des lignes de ferry, ainsi que le développement des croisières qui y font escale.

Une nouvelle ligne TGV met la Provence à moins de 3 h de Paris

2001 Avignon, Aix-en-Provence, Miramas et Marseille plus que jamais connectées avec la capitale. Du jamais vu niveau rapidité. Cette ligne TGV apporte de nombreux changements économiques et touristiques pour la région.

Marseille, capitale européenne de la culture

2013 Marseille, désignée capitale européenne de la culture, voit son attractivité s'accroître année après année. La ville est mise en lumière. Les regards changent sur une ville devenue innovante. Le Mucem est inauguré. Le quartier de la Joliette, jadis quartier portuaire, est modernisé par les plus grands architectes.

ARCHITECTURE

Forte d'une riche et longue histoire, la Provence peut s'enorgueillir de nombreux chefs-d'œuvre architecturaux disséminés sur son territoire. Plus de 2000 ans d'Histoire et de génie humain ont façonné la région, son urbanisme, son habitat et son tissu routier. De nombreuses villes témoignent de ce fascinant héritage remontant souvent jusqu'à l'Empire romain, et il n'est pas rare de voir à la campagne, des ponts d'un autre âge toujours en service aujourd'hui. De la bastide familiale aux mas ruraux, des hôtels particuliers de la Renaissance aux édifices contemporains d'Euromed, de l'avant-gardisme de Vasarely au génie d'anticipation du Corbusier, le Petit futé vous propose un voyage architectural fascinant dans un patrimoine bien vivant et plus que jamais actif. La Provence, bien qu'ancrée dans son héritage deux fois millénaire, est aujourd'hui une région dynamique où les projets d'architecture ambitieux foisonnent.

Patrimoine antique et religieux

Des Alpes au Rhône, les Romains ont fait de la Provence un des hauts-lieux d'expression de leur génie architectural. Les édifices antiques qui nous sont parvenus aujourd'hui témoignent d'un savoir-faire et d'une science de la construction déjà à la pointe : les arènes d'Arles, le majestueux théâtre d'Orange, le colossal Pont du Gard et les luxueuses villas de Vaison-la-Romaine sont des témoignages précieux. Toute l'histoire architecturale provençale démarre avec les Romains et restera profondément influencée. Au Moyen Âge, c'est le style roman qui prédomine. L'église Notre-Dame-du-Lac du Thor, la basilique Saint-Trophime d'Arles ou la Chapelle Saint-Pierre de Pierrerue sont de superbes exemples d'un art roman provençal caractéristique.

La période médiévale voit la Provence se couvrir d'abbayes monumentales comme Silvacane, Le Thoronet et Sénanque. Profondément pieuse, la région sera tout au long de son histoire, le laboratoire idéal dans la construction d'édifices religieux colossaux. Le style baroque verra en Avignon un terrain propice à l'expression de son génie. Peu connue, la chapelle de l'Annonciade à Martigues en est également un témoignage flamboyant. La ferveur religieuse des Provençaux permettra l'édification de nombreuses cathédrales au fil des siècles : Riez, Digne, Fréjus, Apt, Cavaillon pour n'en citer que quelques exemples. Marseille verra sa cathédrale bâtie au XIXe siècle, à une époque où la ville se modernise et voit également l'édification de la fameuse basilique Notre-Dame-de-la-Garde. Les amateurs d'architecture religieuse seront donc gâtés. Avec bien évidemment comme point d'orgue de votre séjour, une visite du Palais des Papes d'Avignon.

Châteaux et forts

Comme l'ensemble du territoire national, la Provence s'est couverte au fil de son histoire, de places fortes, décisives dans la défense

© ROBERTOGENNARO - ISTOCKPHOTO.COM

Les arènes d'Arles.

d'un territoire convoité. Citons par exemple le château des Baux-de-Provence (XIe siècle), l'imposante citadelle de Sisteron (bâtie à partir du XIe siècle) ou celle de Seyne-les-Alpes qui fut remodelée maintes fois au fil de son histoire. Le célèbre architecte militaire Vauban a œuvré tout au long du XVIIe siècle, pour renforcer les défenses frontalières du royaume de France en Provence face aux envahisseurs (Colmars-les-Alpes, Entrevaux, Embrun, Saint-Vincent-les-Forts ou Toulon). Marseille possède bien sûr quelques forts notables comme le château d'If, bâti sur l'île du même nom (XVIe siècle), le fort Saint-Jean et le fort Saint-Nicolas, protégeant à eux deux l'entrée du Vieux-Port.

Habitat en Provence

On peut distinguer différents types d'habitats en Provence.

▶ **La bastide** est un type de petit domaine familial privé, souvent construit à la campagne par de riches propriétaires en tant que résidences secondaires, très en vogue au XVIIIe siècle. Elles ont depuis été rattrapées par l'expansion urbaine des villes comme dans les quartiers Sud de Marseille.

Aix-en-Provence, Avignon, Manosque ou Arles présentent de très beaux exemples d'hôtels particuliers. Les familles y faisaient valoir leur richesse en rivalisant de luxe. Les plus anciens datent de la Renaissance, la majeure partie datent des XVIIe et XVIIIe siècle. Ces hôtels particuliers sont souvent inaccessibles mais leurs somptueux portails jalonnent les villes provençales.

▶ **Un mas** est le nom donné aux bastides dans la région d'Arles. Il s'agit en général de domaines comprenant une maison et des dépendances. Le nom s'est généralisé dans la région, avec le développement des maisons d'hôtes notamment.

▶ **L'architecture citadine** provençale est marquée par de vieux centres historiques médiévaux. Les bâtiments sont donc relativement étriqués et nécessitent régulièrement des travaux de consolidation. Détail étonnant pour tout visiteur d'une Provence lumineuse, le défi du logement en Provence depuis des siècles a principalement consisté en l'isolation d'une chaleur accablante. Historiquement, aucune grande ouverture sur l'extérieur jusqu'au XXe siècle et l'apparition des villas modernes. L'intérieur provençal est assez sombre, le sol constitué de carrelage ou de tomettes, ces charmants petits octogones de terre cuite produits à Salernes et Apt.

A Marseille, dans les fameux et très nombreux trois-fenêtres marseillais (XIXe siècle), la partie la plus ensoleillée du bâtiment, au dernier étage, était réservée au personnel. Les propriétaires vivaient dans les étages inférieurs, à l'ombre.

© JANNICK TESSIER - ISTOCKPHOTO.COM

Le fort Saint-Jean.

En Camargue, on note un dernier type de logement assez rare : la chaumière. Ces habitations prolétaires blanchies à la chaux se reconnaissent par leurs toits de chaume si typiques.

Architecture contemporaine

Les architectes contemporains ont au XXe siècle, multiplié les créations dans la région. L'avant-gardiste Cité Radieuse du Corbusier, inaugurée en 1952 à Marseille, est un paquebot de béton imaginé comme un lieu d'habitation idéal. Elle se visite aujourd'hui et vous plonge dans une ambiance rétro futuriste assez unique. À Marseille toujours, l'architecte de renom Fernand Pouillon œuvrera à la reconstruction du quai Nord du Vieux-Port après la guerre. On lui doit l'ensemble des immeubles du quai de Rive-Neuve ainsi que l'élégant bien que désuet building Canebière, sur l'avenue du même nom (1952). À Aix, l'artiste contemporain Vasarely fait bâtir à partir de 1971, sa fondation, devenue musée. Un bâtiment étonnant, cubique au style bien reconnaissable de l'artiste hongrois. À la même époque, les collines limitrophes au parc des Calanques se couvrent de tours dans la cité du Roy-d'Espagne à Marseille.

Les dernières constructions les plus audacieuses sont concentrées dans la métropole Aix-Marseille, avec une exception pour la tour Luma d'Arles (2021), conçue par le canadien Frank Gehry. Le Grand Théâtre de Provence à Aix (Vittorio Gregotti et Paolo Colao, 2007), les tours de la Marseillaise (Jean Nouvel, 2018) et cmA-CGM (Zaha Hadid, 2010) qui se dressent dans le ciel marseillais. Enfin, à quelques minutes de là, le célèbre Mucem (Rudy Ricciotti, 2013) reste le symbole de cette modernité nouvelle en Provence. Plus d'un million de visiteurs par an viennent admirer ce cube de béton brut dressé face à la mer.

BEAUX-ARTS

En Provence, on a coutume de penser que chacun y trouve son âme d'artiste. Il n'est pas rare, devant un paysage prenant, de se sentir pousser la fibre artistique. Avec plus ou moins de succès, c'est certain. Mais après tout, si l'âme d'un Van Gogh pousse en vous, exprimez-vous. Au fil des siècles, la Provence s'est couverte d'œuvres d'art. Elles sont aujourd'hui visibles au fil des rues, au détour d'une fontaine et font la richesse des musées de la région. A travers la peinture et la sculpture, découvrez ici les figures tutélaires de l'art en Provence. De grands noms sont nés dans la région ou sont venus exprimer leur génie et font aujourd'hui partie du patrimoine mondial. Sans hasard aucun, de nombreuses écoles de Beaux-Arts parsèment une région dynamique et historiquement attachée à l'expression artistique. Aujourd'hui, à travers le street-art, forme d'expression devenue courante, peut-être émergera bientôt le nouveau Cézanne.

La Provence au bout du pinceau

Les couleurs, la lumière et les paysages sont autant de facteurs qui ont pu inspirer les peintres en Provence. De Van Gogh à Cézanne en passant par Picasso et Matisse, les plus grands ont foulé le sol de la région pour réaliser des œuvres restées dans la postérité.

A Arles, les figures de Van Gogh et Picasso imprègnent la cité antique, capitale de la Camargue. Picasso y réalisa quelques œuvres dédiées à la tauromachie, puisqu'il assistait régulièrement aux corridas dans les arènes de la ville : sa toute première peinture sur le thème notamment, Petit Picador Jaune, réalisée en 1889. Très attaché à Arles, Picasso offrira à la ville en 1971, deux ans avant sa mort, une collection d'une cinquantaine de dessins, aujourd'hui exposés au musée Réattu. En Arles, le génie espagnol aura forcément côtoyé d'une manière ou d'une autre le fantôme de Van Gogh, omniprésent. Le peintre nomade hollandais à l'oreille coupée fut un grand amoureux de la Provence. Son génie put s'y exprimer pleinement, principalement à Arles et Saint-Rémy-de-Provence. Installé en Arles à partir de 1888, il magnifie la ville et ses recoins à travers sa vision de génie. Le célèbre Café la nuit et ses couleurs chatoyantes font partie du patrimoine arlésien et bien des amateurs se pressent encore aujourd'hui place du forum pour admirer les lieux. Psychologiquement instable, il sera interné à l'asile Saint-Paul-de-Mausole à Saint-Rémy-de-Provence. Là encore, l'environnement naturel des Alpilles lui fera réaliser de merveilleux tableaux : *Champ d'oliviers le soir*, les *Iris* ou encore la célèbre *Nuit étoilée*, aux teintes tournoyantes, brutes et fortes. Le meilleur moyen de prendre la mesure du Van Gogh période provençale est de vous accorder une virée sur

© EVERETT COLLECTION - SHUTTERSTOCK.COM

« Ferme en Provence », huile sur toile de Van Gogh, peinte en 1888 à Arles.

© EVERETT COLLECTION - SHUTTERSTOCK.COM

« Mont Sainte-Victoire et le viaduc de la vallée de l'Arc », Paul Cézanne, 1882 - 1885.

l'itinéraire Van Gogh à Saint-Rémy. Le génie hollandais aura été attaché viscéralement à une région qui lui aura aussi permis une réflexion personnelle profonde, comme l'expriment ses nombreux autoportraits réalisés pendant sa période saint-rémoise.

Aix-en-Provence, elle, reste attachée à l'œuvre de Paul Cézanne. Natif de la ville, cet artiste un brin poète exprimera tout au long de son œuvre sa passion pour la nature, les campagnes aixoises et la figure de la montagne Sainte-Victoire. Diplômé de Droit, peu enclin au conformisme de la cité provençale, il se démarque par une personnalité originale. Refusé à l'école parisienne des Beaux-Arts, Cézanne consacrera son œuvre à sa région natale, qu'il magnifie à travers une palette de couleurs douces et vives à la fois. Il peindra près de 80 fois la montagne Sainte-Victoire, avec toujours le même émerveillement pour ce calcaire immuable et la nature chaude qui s'y heurte. Le parcours Cézanne à Aix vous permettra de vous lancer sur les pas du génie, qui a aujourd'hui sa statue sur la place principale de la ville. Son atelier se visite, tout comme les carrières Bibémus qu'il représenta. Un détour par le village du Tholonet s'impose également si vous souhaitez vous immerger dans l'œuvre de Cézanne.

Petit port industriel du nord de Marseille, le quartier de l'Estaque est aujourd'hui un lieu paisible où l'on aime se balader, redécouvrir l'authenticité locale marseillaise. En son temps, ce lieu fut une inspiration sans limite pour bon nombre d'artistes locaux ou non, venus admirer ce côté de la rade phocéenne. Cézanne quitta un temps Aix pour retranscrire à merveille la lumière vive de l'Estaque et ses massifs plongeant dans le bleu profond de la mer. Impressionnistes, fauvistes et d'autres encore posèrent leurs chevalets ici. Un parcours cheminant dans tout le quartier vous permettra de retrouver les lieux peints par ces grands noms venus ici. Au XXe siècle, Derain y attire les fauvistes. Braque, Dufy et les cubistes suivront. Avec comme vecteur commun, cette lumière si particulière au quartier, véritable passion pour tous ces artistes. Picasso et Matisse, occasionnellement, s'aventureront également à L'Estaque. Dans l'histoire artistique de la région, ce petit port marseillais que rien ne prédestinait, a donc joué un rôle majeur.

La sculpture provençale à travers le temps

Louis Botinelly, Jules Cantini, les frères Carli, Pierre Puget ou encore César. Les œuvres de ces sculpteurs hors pair sont nombreuses et décorent admirablement bien les centres-villes provençaux.

La figure de César, de son vrai nom César Baldaccini, est bien évidemment proéminente. Né à Marseille et descendant d'immigrés italiens, il fait partie du mouvement des Nouveaux Réalistes, apparu dans les années 1960. De son vivant et comme nombre d'artistes, il fut snobé et on ne lui rendit hommage que 20 ans après sa mort par une rétrospective parisienne. Et pourtant, le petit César de la Belle-de-Mai nous a laissé quelques chefs-d'œuvre dont le fameux Pouce du rond-point de Bonneveine, à deux pas du musée d'art contemporain à Marseille.

La Provence est parsemée d'œuvres sculpturales précieuses, couvrant une période allant du Moyen Âge, principalement dans les édifices religieux, aux périodes plus modernes, avec des fontaines magistrales et sculptures décoratives.

Louis Botinelly est un artiste né à Digne en 1883. Il possédait un atelier à deux pas du palais Longchamp à Marseille et a offert à la cité phocéenne quelques œuvres majeures : sur les colossaux escaliers de la gare Saint-Charles, les sculptures représentant les colonies d'Asie et d'Afrique, le buste de Frédéric Mistral dans le parc Longchamp, le massif monument commémoratif au roi Alexandre Ier de Yougoslavie et à Louis Barthou tout près de la Préfecture ou encore le dresseur d'oursons, sur l'esplanade de la Tourette, miraculeusement sauvé de la refonte pendant la seconde guerre mondiale. Dans la région, notons par exemple le monument à Frédéric Aillaud à Villeneuve (04), le monument à Auguste et Louis Lumière à La Ciotat ou encore à Bandol, sur l'île de Bendor, la sculpture à Pierre Puget sur laquelle on peut lire la maxime *Nul bien sans peine*. Devise que Paul Ricard adoptera. Botinelly a donc été un sculpteur hors pair en Provence, œuvrant souvent avec le célèbre architecte Gaston Castel et offrant à la région quelques chefs-d'œuvre toujours visibles aujourd'hui.

Son contemporain, Jules Cantini est un sculpteur et marbrier marseillais. Des commandes privées le verront décorer avec le plus grand soin les hôtels particuliers à Sausset-les-Pins. Mais son œuvre principale et la plus spectaculaire reste la réalisation de la splendide fontaine centrale de la place Castellane à Marseille. Un cadeau fait à la ville de Marseille, riche en détails et en parfait équilibre. Au sommet, une allégorie de Marseille et sur ses faces, la mer Méditerranée et le Rhône, représenté de sa source jusqu'à la mer. Cette immense fontaine, réalisée en marbre de Carrare, est probablement la plus belle fontaine de l'agglomération marseillaise. Cantini finira sa vie à Marseille, ville où un musée porte son nom et à qui il offrira aussi une réplique du David de Michel-Ange, placée aujourd'hui tout près des plages du Prado. Cette sculpture classique tournant le dos à la mer, est tellement populaire aujourd'hui parmi les Marseillais qu'il sert de repère voire même de nom de quartier.

© ZYANKARLO - SHUTTERSTOCK.COM

« Le Dresseur d'oursons », sculpture de Louis Botinelly à Marseille.

Enfin, impossible d'évoquer la sculpture provençale sans évoquer Pierre Puget (1620-1694). Enfant du Panier à Marseille, il est célèbre pour son œuvre architecturale mais pas seulement. Le sculpteur Puget se forme à Gênes et devient rapidement la référence française, souvent comparée à Michel-Ange en son temps, ce qui n'est pas anodin. On lui doit le portail monumental de l'ancien hôtel de ville de Toulon, soutenu par deux élégants atlantes. Son célèbre Milon de Crotone (1682) ainsi que le spectaculaire ensemble Persée et Andromède (1684) sont aujourd'hui à admirer au musée du Louvre. Certaines de ses œuvres sont conservées à Cleveland ou à Berlin, ce qui prouve l'importance de l'artiste, un des sculpteurs les plus talentueux en son temps et une figure majeure du classicisme français.

Le dynamisme du street-art

Quelques villes provençales tirent leur épingle du jeu en matière de street-art. Cette forme d'art relativement récente en comparaison aux autres arts picturaux, est particulièrement pratiquée à Marseille, devenue un haut-lieu du street-art européen. Deux quartiers sont particulièrement prisés par les artistes et adeptes à la recherche d'oeuvres : Le Panier et le cours Julien. Les ruelles de ces deux quartiers accueillent depuis quelques années toutes sortes de collages et œuvres peintes, plus ou moins monumentales. Déambulez dans les rues à votre guise ou allouez-vous les services d'un guide spécialisé pour prendre la dimension du street-art marseillais. Au demeurant, il n'est pas étonnant que cet art de la rue ait trouvé un terrain aussi propice dans une ville où l'on est particulièrement sensible à ces formes d'art, hip hop en tête. Vous pourrez constater d'ailleurs que Marseille est une ville où l'on s'exprime beaucoup sur les murs. Au rang des street-artistes les plus fameux de la cité phocéenne, citons Manyoly, dont les visages élégants et multicolores jalonnent le centre-ville, Nhobi ou encore Difuz, tous locaux. Les amateurs de street-art pourront constater également une profusion de « space invaders ». Ces petites mosaïques reconnaissables sont l'œuvre de Franck Slama qui a également gratifié Marseille de petites œuvres à la gloire de la ville en 2020 (portrait de Fernandel, gabian ou encore bouteille de Pastis...).

Autre spot incontournable de la région en matière de street-art : Arles. Cette petite ville hautement culturelle est idéale pour l'expression de talents divers sur ses murs. Autour de la place du forum notamment ou encore dans le quartier de la Roquette, là encore, c'est en déambulant que vous découvrirez ces œuvres parfois éphémères. Aix-en-Provence et Avignon sont également deux villes dotées de belles œuvres murales.

TOP 10

PERSONNALITÉS LOCALES

ARIANE ASCARIDE
Actrice née à Marseille et exilée à Paris, c'est l'égérie du cinéaste Robert Guédiguian.

GABY DESLYS
Star du music-hall, cette chanteuse nous rappelle que Marseille fut un haut lieu du jazz en son temps.

FERNANDEL
Acteur, comique et chanteur, il symbolise la bonne humeur méridionale et la gouaille provençale.

© DENIS MAKARENKO - SHUTTERSTOCK.COM

JEAN GIONO
Né et mort à Manosque, cet écrivain prolifique a notamment mis en lumière le monde rural provençal.

© EUGÈNE MARTEL - WIKIMEDIA COMMONS

GILBERT BÉCAUD
L'immense Gilbert Bécaud, Monsieur 100 000 volts, vit le jour à Toulon qu'il quitte pour Nice à 9 ans.

MAURICE BÉJART
Danseur et chorégraphe de légende, Béjart est toujours resté très attaché à sa région natale.

MARCEL PAGNOL
Ce célèbre Aubagnais, cinéaste et écrivain, incarne mieux que quiconque la région par son talent.

EDMOND ROSTAND
On le souligne trop rarement : l'auteur de *Cyrano de Bergerac* est marseillais de naissance.

© OLEG GOLOVNEV - SHUTTERSTOCK.COM

MIREILLE MATHIEU
C'est la plus célèbre des Avignonnaises. Icône de la chanson française et vedette adulée en Russie.

© DEGTYARYOV ANDREY - SHUTTERSTOCK.COM

FRÉDÉRIC MISTRAL
Ecrivain et poète, il œuvra en son temps pour la sauvegarde de l'identité et de la langue provençales.

© BALONCICI - SHUTTERSTOCK.COM

MUSIQUES ET SCÈNES

En plein cœur de la région Sud, la Provence est ce qu'il se fait de mieux au niveau national en terme de festivals. Ces dizaines de rendez-vous, plus ou moins grands, souvent en plein air, permettent à des centaines de milliers de spectateurs d'apprécier tous les types de musiques, de rencontrer des artistes locaux comme internationaux. Et c'est bien cela qui rend la Provence si particulière dans son rapport à la musique. Une région bien décidée à porter la musique et ses jeunes talents, ouverte aux influences extérieures. Aux festivals s'ajoutent des scènes de première importance dans les villes. Tout cela crée une émulation artistique sans commune mesure, certes toujours dans l'ombre de la capitale, mais primordiale en province. De la musique traditionnelle des fanfares aux créations modernes et urbaines, Marseille et la Provence vous embarquent dans une mélodie de génie, dont vous pourrez découvrir quelques aspects dans les paragraphes suivants.

Musique de génie et métissée

Pour commencer, il est important d'évoquer la musique folklorique traditionnelle provençale. Ces airs, qui de nos jours sont la plupart du temps joués par des fanfares lors de fêtes religieuses, remontent pour certains d'entre eux au Moyen-Âge. Les sonorités du fifre, du tambourin et du galoubet sont caractéristiques de cette musique qui fait partie intégrante de la culture provençale. La figure du joueur de tambourin, le tambourinaire, est d'ailleurs honorée à chaque fête de Noël par la présence d'un santon à son effigie dans les crèches.

L'ère moderne de la musique en Provence s'articule autour de différentes personnalités dont les œuvres ont traversé le temps. Dans les années 1930, l'opérette dite marseillaise connaît un franc succès localement et nationalement. A ce titre, Marseille est la seule ville française à avoir donné son nom à un genre musical. Les figures de ce mouvement sont le compositeur Vincent Scotto et le chanteur Alibert.

▶ **Scotto** composa 4 000 chansons et une soixantaine d'opérettes. On lui doit notamment la mélodie de « j'ai deux amours » interprétée par Joséphine Baker et de nombreuses compositions majeures pour Tino Rossi. Ses mélodies, disait-on, reléguaient les paroles au second plan. Une vraie consécration pour ce fils d'immigré italien.

▶ **Henri Alibert** est l'autre figure de ce mouvement. Ce natif de Carpentras fut l'interprète de succès populaires comme « Cane... Cane... Canebière » ou « Un petit cabanon ». La plus grande partie de son œuvre fut dédiée à sa région bien-aimée.

Pendant l'entre-deux-guerres toujours, il est également bon de rappeler que Marseille et son port, furent influencés par les musiques venues d'ailleurs, à travers ses dockers originaires d'Afrique ou des Caraïbes. C'est ainsi que le jazz connut une période faste dans les cabarets de la cité phocéenne. La figure de Gaby Deslys émerge comme une vedette internationale du music-hall, saluée à New-York, Londres et Vienne.

Artistes, scènes et festivals en Provence

Marseille, et dans une moindre mesure Aix-en-Provence et Avignon, fut l'épicentre de la création musicale provençale moderne. De nombreuses salles mythiques permirent l'éclosion d'artistes. Citons l'Odéon, les Variétés ou le légendaire Alcazar qui vit débuter un certain Yves Montand en 1939.

Aujourd'hui, la musique en Provence suit les tendances mais a également été à l'initiative de tendances nouvelles comme l'émergence du rap à Marseille à la fin des années 80. Le groupe IAM en est le fer de lance. Ses succès des années 1990 trouvent encore un écho de nos jours, parmi les plus jeunes générations. D'autres rappeurs comme la Fonky Family, Soprano et aujourd'hui Jul, SCH ou Soso Maness sont également à l'origine du succès du genre qui voit chaque année émerger de nouveaux talents dans toute la région.

En parallèle, quelques groupes se sont amusés à mêler musique moderne et langue provençale : les rois du ragga provençal, Massilia Sound System bien sûr ou Moussu T e lei Jovents qui reprend les classiques de la chanson régionale avec fierté.

Gilbert Bécaud et Mireille Mathieu, tous deux nés dans la région, sont les plus célèbres représentants provençaux de variété française. A ces deux vedettes succèdent aujourd'hui Camélia Jordana ou Clara Luciani, pour ne citer qu'elles.

Une profusion d'artistes donc et une multitude de scènes et festivals où se produire. L'art lyrique a chaque année son festival internatio-

Danses provençales à Avignon.

nal à Aix-en-Provence. Les musiques actuelles sont célébrées tous les étés à Marsatac comme au Gaou. Quant aux scènes, le Dôme ou encore Le Silo à Marseille permettent aux plus grands interprètes de venir s'y produire (de même que le stade Vélodrome). A Aix, la nouvelle salle 6mic dédiée aux musiques urbaines, est une nouvelle preuve s'il en fallait une, que la région regarde vers l'avenir.

Arts de la scène et arts de la rue

Le théâtre en Provence doit son rayonnement au festival d'Avignon, qui a lieu chaque année au mois de juillet dans la cité des papes. Durant des jours et des jours, les amateurs peuvent apprécier des pièces classiques et contemporaines, jouées par les plus grands et par de nouveaux talents de la scène, dans le cadre du festival IN mais également du OFF. Avec près de 140 salles de théâtre et plus de 1500 pièces jouées pour le festival, Avignon fait donc figure de mastodonte dans la région et constitue une référence nationale et internationale. Marseille compte une quarantaine de théâtres dont le théâtre national de La Criée ou encore le théâtre du Gymnase, superbe théâtre à l'italienne, dont la programmation permet de placer Marseille sur la carte des arts de la scène. Le théâtre Toursky fait figure d'OVNI dans le champ culturel marseillais mais il est très apprécié pour sa programmation originale et son engagement social et politique, en plein cœur d'un quartier défavorisé. Aix-en-Provence compte également quelques petites salles tout comme Toulon et Arles. L'été, le théâtre investit les scènes à l'air libre de petites villes. Enfin notons la présence de nombreux cafés-théâtres, notamment à Marseille, très axés sur la comédie.

Côté danse, la région n'est pas en reste. Maurice Béjart, chorégraphe de génie, voit le jour à Marseille. Mais c'est surtout Marie-Claude Pietragalla qui mettra la région sous les projecteurs de par son travail immense avec le ballet national de Marseille. Ce même ballet fondé en 1972 par Roland Petit, autre référence. A Aix-en-Provence, c'est le ballet d'Angelin Preljocaj qui permet à la ville de briller. Son ballet, installé dans le sublime Pavillon Noir, est à la pointe de la création contemporaine. Danse classique et contemporaine trouvent donc en PACA un lieu de développement inspirant, dont le rayonnement se fait ressentir à Paris comme à l'international.

Des lieux de création originaux

Pour conclure, il est à noter que la région se distingue également par de nombreuses créations qui sortent des lieux habituels et cadres formels. Une véritable scène locale en matière d'arts de rue foisonne d'inventivité, que ce soit dans les quartiers des artistes de Marseille, le cours Julien et La Plaine que dans les autres villes de la région. Il n'est pas rare de tomber, au détour d'une place, sur une troupe en pleine représentation. Toutes ces troupes et artistes indépendants, ce sont aussi et surtout ce qui rend la région si dynamique et vivante culturellement.

LITTÉRATURE

Impossible de résumer la Provence à un seul livre. Mais si la Provence était un livre, elle oscillerait certainement entre poésie et épopée romanesque, c'est une certitude. Les écrits sur la région ne manquent pas et remontent aux temps antiques quand les géographes gréco-romains décrivaient la Provence et les populations qui y vivaient. L'écriture se développa ensuite à travers la religion, la lecture également, ne concernant comme partout en France qu'une infime partie de la population éduquée. Puis vinrent les Lumières et les temps où Provençaux comme ailleurs prirent la plume, nous laissant un patrimoine des plus riches. La Provence est inspirante. Autochtones et voyageurs, natifs et provençaux adoptifs rivaliseront des siècles durant pour arriver à trouver les mots justes. Auteurs de récits historiques, sociologiques et contes populaires, découvrons ensemble ceux qui ont permis à la Provence d'être parée de ses plus belles lettres.

Mistral et le mouvement félibrige

En 1854, sous l'impulsion de plusieurs jeunes lettrés dont un certain Frédéric Mistral, le mouvement félibrige voit le jour sous la forme d'une association. Destinée à faire renaître et par-dessus tout promouvoir les langues des pays d'oc, la langue provençale est rapidement concernée et mise en valeur par cet élan. Le museon Arlaten d'Arles est choisi pour abriter le siège administratif du félibrige. La langue provençale est promue dans toutes les formes d'art possibles, dont la littérature. L'enseignement du provençal est bien évidemment un des combats les plus importants du mouvement qui aujourd'hui encore, œuvre à travers différents colloques et publications variées. *Mirèio*, de Frédéric Mistral, publiée en 1859, est sans doute l'œuvre la plus symbolique du félibrige.

© JORGE ALVES - SHUTTERSTOCK.COM

Statue de Frédéric Mistral à Arles.

Ce poème en douze chants est entièrement rédigé en provençal, et relate la vie et les traditions, ainsi que les légendes de la région du temps de sa publication. Une mine d'informations pour historiens et sociologues, un trésor pour les linguistes. Le prix Nobel de littérature fut décerné à Mistral en 1904 pour cette œuvre majeure. Le poème est précédé d'un avis sur la prononciation provençale et doublé d'une traduction française un peu grossière mais volontaire, afin de laisser la primauté de la beauté poétique au texte provençal. Pour *Mirèio* et l'intégralité de son combat, Frédéric Mistral est une figure littéraire de premier ordre en Provence. Il naquit et mourut à Maillane, dans les Alpilles. Ecrivain et linguiste, il devint membre de l'Académie de Marseille, une société savante créée par des érudits dès le XVIIIème siècle. Notons que Frédéric Mistral n'est pas à l'origine du nom donné au célèbre vent qui balaye la Provence quelques jours dans l'année.

Littérature classique

Parmi les auteurs classiques auxquels on identifie le plus la Provence, on trouve principalement trois noms : Marcel Pagnol, Jean Giono et Alphonse Daudet. Mais pas que.

Cinéaste et producteur d'exception en son temps, Marcel Pagnol (1895-1974) fut également un écrivain brillant. Il est l'auteur dès 1921 de romans, nouvelles et essais. Sa carrière littéraire sera surtout marquée par la publication de ses *Souvenirs d'enfance* en trois volumes, dans les années 1950. *La Gloire de mon père, le Château de ma mère et le Temps des secrets* sont trois chefs-d'œuvre retraçant l'enfance du petit aubagnais devenu marseillais. Un quatrième volet appelé *Le Temps des amours* paraîtra de manière posthume pour compléter cette saga incomplète mais tellement emblématique de toute la région. Pas un petit provençal n'y aura échappé lors de sa scolarité.

www.petitfute.com
1er site d'information touristique
GUIDES DE VOYAGE
ADRESSES ET AVIS
EXPÉRIENCES
IDÉES DE SÉJOURS
JEUX CONCOURS
BONS PLANS
PLUS D'INSPIRATION SUR
petit futé

Jean Giono est lui aussi un auteur fameux, profondément ancré dans le pays manosquin d'où il est originaire. Il y naquit en 1895 et y mourut en 1970. Ecrivain majeur du XXème siècle, il est pourtant quelque peu marginalisé de son vivant. Son œuvre romanesque décrit le monde rural provençal, questionne sur des thèmes moraux auxquels l'homme doit faire face en son temps, comme aujourd'hui. C'est ce qui rend l'oeuvre de Giono intemporelle et universelle. L'intégralité de ses écrits est aujourd'hui publiée dans la Bibliothèque de la Pléïade et parmi eux se trouvent quelques pièces majeures : ***Naissance de l'Odyssée, Fragments d'un Paradis, le Hussard sur le toit*** ou encore ***l'Homme qui plantait des arbres*** pour n'en citer que quelques unes. La maison de l'auteur, parfaitement conservée, se visite à Manosque et permet de plonger encore un peu plus intensément dans la vie et l'oeuvre de Giono.

Nîmois de naissance et donc voisin, Alphonse Daudet effectue plusieurs voyages en Provence et publie en 1866, *Les Lettres de mon moulin*, sous la forme d'un feuilleton appelé Chroniques provençales par le journal qui le publie. Pour la petite histoire, ce fameux moulin se situe à Fontvieille, dans les Bouches-du-Rhône. *Les Lettres de mon moulin* font partie des œuvres que l'on étudie quasiment systématiquement à l'école en France. Elles ont marqué l'imaginaire collectif avec des récits restés fameux comme *La Chèvre de monsieur Seguin*. L'on doit également à Alphonse Daudet, la parution des *Aventures prodigieuses de Tartarin de Tarascon*

© EVERETT COLLECTION - SHUTTERSTOCK.COM

Alphonse Daudet.

à partir de 1872. On y suit les aventures d'un antihéros un brin naïf qui a réellement marqué la littérature régionale.

Enfin, même s'il n'est pas provençal, impossible de ne pas citer Alexandre Dumas et son *Comte de Monte-Cristo*. Ce chef-d'œuvre retentissant permit au château d'If, au large de Marseille, d'acquérir une renommée mondiale. Aujourd'hui encore, de nombreux touristes du bout du monde font référence à cette aventure romanesque.

Auteurs modernes

La Provence a inspiré et continuera toujours à inspirer bon nombre d'auteurs et écrivains, dans tous les types de littérature.

Albert Londres (1884-1932) n'est pas natif de la région. Sa plume de journaliste permettra la rédaction d'une des œuvres les plus importantes sur Marseille et son port : *Marseille, porte du Sud* en 1927. Frappant de réalisme, il est étonnant de voir à quel point certains détails de l'époque sont encore valables dans le Marseille d'aujourd'hui.

Peter Mayle (1939-2018) est un romancier britannique disparu, qui vécut dans le Luberon. Il est l'auteur de nombreux best-sellers, traduits dans le monde entier, comme *Une année en Provence*, son premier vrai succès. Il décrit dans ses différents livres les mœurs et usages de ses congénères provençaux qu'il côtoie au quotidien, notamment dans le village de Ménerbes où il vivait. Preuve ultime de son attachement à la région, il est également l'auteur du *Dictionnaire amoureux de la Provence*, publié en 2004.

Henri Bosco (1888-1976) est une autre figure littéraire majeure moderne en Provence. Né en Avignon et installé à Lourmarin, il reçut le grand prix de littérature de l'Académie française en 1968 pour l'intégralité de son œuvre. Le Luberon, terre où il élut domicile, est au centre de son œuvre.

De nos jours, de jeunes auteurs régionaux ont émergé avec brio au niveau national : Philippe Pujol tout d'abord, auteur connu pour ses analyses acerbes du système politico-social marseillais. Il reçut d'ailleurs le prix Albert-Londres en 2014 pour une série d'articles sur ce sujet. Son grand succès est *La Fabrique du monstre*, ainsi que sa suite, *la Chute du monstre*. Deux livres qui eurent un retentissement majeur parmi le lectorat marseillais et qui directement ou indirectement, ont amené les changements politiques majeurs de 2020 à la mairie de Marseille. Tout récemment, le talentueux Hadrien Bels a fait paraître un récit plein d'humour et de bon sens sur la cité phocéenne également, intitulé *Cinq dans tes yeux*. Il y raconte sa jeunesse dans le Panier d'autrefois et les changements sociaux et urbanistiques que Marseille peut connaître aujourd'hui, à travers le regard ironique d'un local pur jus.

© VINCENT FORMICA

Le moulin de Daudet, Fontvieille.

Marseille, terre de polars

Le port de Marseille, ses recoins sombres et toutes les légendes que l'on peut y trouver, a toujours été une source d'inspiration pour le roman policier local. Jean-Claude Izzo (1945-2000) en est le plus fameux représentant. Sa trilogie marseillaise *Fabio Montale* nous plonge de manière haletante dans les tréfonds du Marseille véreux. Trois tomes qui se lisent facilement et retranscrivent si bien l'atmosphère particulière de certains lieux de la ville, à travers notamment un sens aigu de la description de la mentalité locale. Cédric Fabre et son *Marseille Noir*, ou encore Léo Mallet, sont d'autres auteurs de polars marseillais.

La Provence en BD

De nombreux héros populaires de bande-dessinée sont venus fouler le sol provençal : Astérix et Obélix, dans Le *Tour de Gaule*, font un crochet par Marseille la grecque. Michel Vaillant conduira dans les rues de Marseille et sur les routes de La Crau. Ric Hochet nous plongera dans le doute avec l'album *Mystère à Porquerolles*. Aussi surprenant que cela puisse paraître, même Spiderman, le super-héros de comics américain, passera sa lune de miel à Cassis à la fin des années 80 dans un album. Quant à Spirou, le plus célèbre des grooms belges a son propre parc d'attractions à Monteux, dans le Vaucluse, depuis 2018. Fait unique.

Le plus marseillais et donc provençal des héros de bande-dessinée est sans conteste Léo Loden. Créé par le scénariste aixois Arleston et dessiné par Serge Carrère, Léo Loden est un ex-commissaire devenu détective privé, que l'on suit à travers différentes enquêtes dans la cité phocéenne et la région. Les titres des albums sont pour le moins évocateurs : *Terminus Canebière, Les Sirènes du Vieux-Port, Grillade provençale, Calissons et lumières* ou encore *Barigoule au Frioul.*

Le créateur de Léo Loden, Christophe Arleston est donc un scénariste de BD aixois. En 1997, il crée dans sa ville natale, en compagnie de son acolyte, le dessinateur Tarquin, le Gottferdom Studio, sorte de laboratoire de développement pour les talents de la bande-dessinée locale. On doit notamment à ce brillant duo la plus grande série à succès de heroic fantasy à la française avec *Lanfeust de Troy*, publiée aux éditions du Soleil. Une franche réussite pour un projet qui initialement, ne faisait pas l'unanimité dans le duo.

Depuis quelques années, l'œuvre romanesque et cinématographique de Marcel Pagnol est réinterprétée en BD et publiée par les héritiers de la famille. Les albums sont très beaux, le dessin reconnaissable et ils nous plongent dans l'œuvre du génie provençal : *Jean de Florette, La Gloire de mon père, le Château de ma mère, Le Schpountz, Topaze* ou encore *les Pestiférés*. Ce dernier album nous replonge à l'époque de la grande peste de Marseille en 1720.

Pour finir, les passionnés de BD doublés de férus d'Histoire pourront se régaler d'une série entamée en 2012 et parue aux éditions du Signe : *Histoire de la Provence*. Deux tomes sont parus à ce jour, le tome 1 *Les Premiers Humains* et le tome 2, *Celtes, Grecs et Romains*. Deux épisodes qui en annoncent d'autres bien sûr.

QUE RAPPORTER ?

Et si souvenir de vacances rimait avec autre chose qu'un énième magnet sur votre frigo ? Rien ne vous empêche bien sûr de donner une touche provençale, même un peu cliché, à votre réfrigérateur, mais au Petit futé, nous chérissons tout particulièrement ces petites choses qui font l'identité d'une région. Alors pour vous faciliter la vie et vous éviter ce casse-tête classique de fin de vacances, vous trouverez une sélection d'idées plus ou moins évidentes de produits locaux et artisanaux, parfaits pour un cadeau à vos proches ou pour prolonger encore un peu plus le plaisir de la Provence à la maison. Des produits élaborés dans la région, car mettre à l'honneur les talents locaux nous tient à cœur. Dans une région si riche en traditions ancestrales et en patrimoine vivant, il vous sera très facile de dénicher ce petit plus, ce petit rien qui ensoleillera votre salon ou accompagnera vos moments conviviaux tout au long de l'année.

Savons traditionnels et cosmétique naturelle

Le terroir provençal et la richesse de ses sols ont toujours permis la production de produits de soin de grande qualité.

A commencer par le fameux savon de Marseille, qui constituera sans doute un achat incontournable pendant votre séjour. A Marseille, il ne reste plus que 4 savonneries qui produisent le savon de manière traditionnelle et ancestrale. Au XIXe siècle, on en comptait près de 100. La plus ancienne savonnerie toujours en activité a près de 170 ans. Un vrai savoir-faire transmis de générations en générations. Malheureusement, le savon de Marseille ne bénéficie d'aucune appellation contrôlée et d'aucune protection. Un combat de longue date pour les savonniers marseillais qui souhaiteraient réellement dissocier un vrai savon de Marseille de pâles imitations produites parfois bien loin de la Provence. Dans ce sens, l'UPSM (Union des Professionnels du Savon de Marseille) a déposé une demande de reconnaissance d'IGP (Indication Géographique Protégée) mais la réponse se fait toujours attendre. Rassurez-vous, vous pourrez toujours vous fier aux noms des 4 savonneries marseillaises et des 2 salonaises pour effectuer vos achats : le Fer à cheval, la Licorne, la Savonnerie du Midi, le Sérail, Rampal-Latour et Marius Fabre. Le savon de Marseille authentique ne doit pas contenir plus de 7 ingrédients. La recette de fabrication a été réellement fixée par l'édit de Colbert de 1688. Il doit se composer à 72 % d'huiles végétales exclusivement, dont l'huile d'olive majoritairement, qui lui donnent cette couleur verte naturelle. Bon pour la peau, on y trouve aucun conservateur ni aucun colorant. Enfin l'authentique savon marseillais doit être produit à Marseille ou dans sa région, et élaboré selon le procédé dit marseillais en 5 étapes. Un logo déposé par l'UPSM vous facilitera la tâche. Avant tout achat donc, lisez bien les étiquettes et renseignez-vous.

© LAWRENCE BANAHAN - AUTHOR'S IMAGE

Souvenirs de Marseille.

Fait parfois méconnu, Salon-de-Provence, à une cinquantaine de kilomètres de Marseille, est l'autre capitale du savon en Provence. La ville profita de la richesse de ses sols pour se lancer dans la production. Les deux savonneries salonaises sont garantes d'une intransigeance en matière de qualité et d'authenticité.

Le savon de Marseille est présent dans toutes les demeures provençales et ce depuis des siècles. Il bénéficie d'un retour en grâce parmi les jeunes générations avec son côté écologique et zéro déchet non négligeable. Il permet qui plus est l'hygiène du corps, tout comme l'entretien de la maison et du linge. Un véritable trésor !

Hormis le savon, la cosmétique a la côte en Provence. Des produits naturels et parfois bio sont produits localement à base d'huiles essentielles comme le Lavandin par exemple. Tout près de Manosque, la célèbre marque « L'Occitane » a même son musée.

© ROMRODPHOTO - SHUTTERSTOCK.COM

Vente de produits locaux près de Valensole.

C'est à boire qu'il vous faut (mais avec modération)

En Provence, il fait chaud, et cela attise la soif. De nombreuses boissons locales peuvent constituer le parfait produit à rapporter dans vos bagages.

A commencer par le Pastis bien sûr, véritable emblème identitaire de la région. Né à Marseille, on ne le produit plus majoritairement dans la région, à quelques exceptions près. La marque Janod a toujours sa production à Aubagne, alors qu'à Marseille, la petite fabrique Cristal Limiñana est la dernière usine phocéenne en la matière. Les deux mastodontes qui constituent désormais le même groupe, Pernod et Ricard, ne sont plus produits à Marseille, même si des bureaux s'y trouvent toujours. De petites productions très artisanales, comme le Pastis de la Plaine, sont également le gage d'un produit 100% local.

La région provençale est une région productrice en vin et ce depuis au moins 2000 ans. On y trouve de très bons cépages et des appellations réputées. Ainsi, vous pourrez vous procurer un délicieux vin rosé de Bandol, un vin blanc minéral de Cassis ou encore un vin rouge Gigondas ou Vacqueyras de la vallée du Rhône. Il y en a donc pour tous les goûts même si le climat chaud de la Provence tend plutôt vers des vins frais, rafraîchissants pour des moments conviviaux. Privilégiez donc le rosé et son identité provençale forte. Outre le Bandol, les Alpilles, le pays d'Aix et le Var en produisent à foison et le plus dur sera de savoir dans quel domaine s'arrêter au bord de la route pour faire vos emplettes.

Côté boissons toujours, la fièvre des bières artisanales a également gagné la région depuis quelques années. Nombreuses sont les marques désormais brassées en Provence. Citadines ou non, vous les trouverez chez un caviste et là encore, satisferont toutes vos envies. En vrac, citons la brasserie Zoumaï, la Minotte ou encore les Maltfaiteurs à Marseille, Aquae Maltae à Aix, Bulles de Provence à Puyricard, B.A.P à Rousset, la bière de la Rade à Toulon, la brasserie Sulauze à Miramas, la brasserie artisanale du Luberon ou pour finir, celle du Verdon, de la Durance et la Manosquine. Enormément de choix donc, des créations talentueuses et une touche provençale certaine.

Pour finir, quelques boissons sans alcool typiquement provençales peuvent vous créer de bons souvenirs d'été. Le sirop PAC en premier lieu, un sirop naturel au citron produit dans le Vaucluse et sur toutes les tables de brasseries de la région. On pense aussi au Gambetta, produit par les distilleries Janod à Aubagne. Un sirop à base de fruits et d'écorces qui se consomme principalement dilué dans la bière ou en limonade.

Miel, huile et produits du terroir

La Provence gourmande se transporte aisément et se conserve longtemps. A commencer par les deux produits phares du terroir provençal : le miel et l'huile d'olive.

Le miel provençal égayera vos papilles dès le petit-déjeuner. On en produit sur la quasi-totalité du territoire, avec quelques zones privilégiées. Si le miel de lavande est fortement rattaché à l'identité provençale, les miels toutes fleurs, de garrigue, de thym et de romarin vous permettront de varier les plaisirs. Là encore, il sera déterminant de bien lire les étiquettes de vos achats ou de vous rendre directement chez le producteur pour être sûr que votre miel provient bien de la région.

© STUDIOPORTOSABBIA - SHUTTERSTOCK.COM

Céramique provençale.

Les régions de Valensole et du Verdon sont fameuses pour ce nectar fleuri, mais vous trouverez de très bons miels varois, dans la région d'Oraison ou encore dans l'arrière pays aixois. Un conseil fûté, avant d'acheter, goûtez !

Il en est de même avec les huiles d'olive de Provence. La façon la plus originale et directe de se procurer de la bonne huile d'olive dans la région est de se rendre sur un domaine de production. Guettez les champs d'oliviers si nombreux et prenez le temps de découvrir toutes les variétés et arômes possibles. L'huile d'olive est un produit sain recommandé par bien des diététiciens et largement utilisé dans la cuisine méditerranéenne. Il n'est même pas étonnant de voir les enfants de la région assaisonner leur purée d'huile d'olive à la place du beurre.

Appellation d'Origine Protégée reconnue par l'Union Européenne, l'huile de Provence AOP est un must à ramener dans vos bagages.

Vous croiserez forcément la route d'autres produits de terroir, notamment sur les nombreux marchés de la région. Préparations charcutières, biscuits, bonbons, herbes de Provence ou encore confitures artisanales, tous vos sens seront mis à l'épreuve, sachez-le.

Artisanat local d'excellence

Apporter une touche provençale à votre intérieur n'est pas si difficile. Encore faut-il bien choisir le produit que l'on acquiert.

Tissus et poteries font partie d'un savoir-faire local de longue date. C'est historiquement grâce au commerce du port de Marseille que la région put bénéficier d'étoffes d'exception. En commerçant avec l'Orient et le Levant, Marseille permit la diffusion de tissus de qualité sur tout le territoire, permettant ainsi aux artisans de développer un talent sans commune mesure. Les couleurs de ces tissus sont généralement vives et les motifs ne manquent pas. Aujourd'hui, porter une robe provençale relève davantage du folklore mais les tissus permettent une décoration intérieure chaude, et d'apporter une vraie touche ensoleillée à vos tables.

Côté poteries et céramique, là encore, pléthore de possibilités. Vases, pots, pour vos extérieurs et intérieurs. La ville d'Aubagne, par l'intermédiaire de sa fameuse poterie Ravel est un haut-lieu du genre en Provence. Mais il est impossible de citer ici tous les petits artisans installés ici et là, qui font vivre ce patrimoine et exposent leurs talents au gré des villes et villages de Provence. La vaisselle traditionnelle provençale, que vous trouverez souvent dans les boutiques de céramiques, ravira les amateurs de couleurs vives et estivales.

Jeu provençal par excellence, la pétanque est indissociable de la région. Le jeu fut créé à La Ciotat en 1907. Attention, évitez de froisser les sensibilités locales : la pétanque est un sport qui a sa compétition mondiale chaque année à Marseille. Ce n'est pas qu'un simple hobby. Depuis 2005, elle a été qualifiée de « sport de haut niveau » par le Ministère de la Jeunesse et des Sports. Alors pour exercer vos talents en la matière, le Petit futé vous conseille d'authentiques boules fabriquées dans la région par la fabrique marseillaise de la Boule Bleue. Située dans le quartier de Saint-Menet, cette usine produit les meilleures boules de la région. Différents modèles appréciés des boulistes et des puristes. Vous retrouverez notamment les produits de la marque au petit musée de la pétanque dans le Panier à Marseille.

SPORTS ET LOISIRS

Il est très aisé de pratiquer différentes activités sportives dans la région, en raison de la variété de ressources naturelles, ainsi que de bonnes infrastructures mises en place au fil des décennies par les municipalités notamment. Les amateurs de sensations fortes pourront s'exercer à l'escalade dans des cadres à couper le souffle, les sportifs plus occasionnels trouveront des alternatives douces comme la randonnée qui est un activité incontournable en Provence. L'omniprésence de la Méditerranée permet également de s'initier facilement aux sports nautiques et s'adonner au plaisir de la navigation. Fierté de la région, Marseille accueillera d'ailleurs en 2024 les épreuves de voile des Jeux Olympiques de Paris. Vraisemblablement la seule et dernière fois que les deux villes ne feront qu'une dans le sport. Retrouvez dans les lignes qui suivent, tous nos meilleurs conseils de baignade, marche, plongée, pêche ou de ski. C'est parti !

Le paradis des randonneurs

La région compte plus de 15 000 km de sentiers de randonnées. Quelques sentiers sont à privilégier comme le GR4 qui relie Grasse au Ventoux en passant par le célèbre sentier Martel dans le Verdon. Le GR51 dans les Bouches-du-Rhône, qui relie Marseille à Cassis en sillonnant dans les Calanques. Le GR9 qui permet de découvrir la Sainte-Victoire.

Dans le Var, le sentier du littoral vous fera évoluer tout au long de la côte, entre nature brute et petits ports. Le Vaucluse n'a rien à envier aux départements voisins avec les GRP Tour des monts de Vaucluse, GRP tour des Dentelles et GRP sentier historique du Mur de la Peste, qui longe les vestiges de l'ancienne barrière construite pour limiter la propagation de le peste durant le XVIIIe siècle.

Aujourd'hui, la plupart des petits villages provençaux proposent également des sentiers de découverte. Ces sentiers sont bien balisés et particulièrement adaptés aux promenades en famille. Les randonneurs aguerris et les marcheurs du dimanche trouveront donc des formules adaptées à leurs envies.

Sachez enfin que la Camargue propose une forme de randonnée différente mais insolite : la randonnée à cheval. Un bon moyen de découvrir le temps d'une balade, la vie des gardians. Sentiers muletiers, petits chemins forestiers, drailles de transhumance, on y chevauche nature toute l'année.

Vélo et VTT

Nombreux seront les cyclistes que vous croiserez en Provence, notamment dans le Luberon ou dans la mythique montée du Mont-Ventoux, très prisée et classique de la grande boucle.

Pour la pratique du vélo loisir, le territoire regorge de circuits, vous permettant de découvrir villes et campagnes. Le Vaucluse est un département très bien doté en parcours cyclables.

DÉCOUVRIR

© KRZYSZTOFJ - SHUTTERSTOCK.COM

Cyclistes grimpant le Mont-Ventoux par temps parfait.

© CAMILLE LUSARDI/PHOTONONSTOP

Plongeurs au large de Porquerolles.

Nous vous conseillons de pédaler sur la Via-Rhôna depuis Avignon en direction de la grande bleue ou encore une traversée des Alpilles, de Tarascon à Cavaillon.

Les VTTistes trouveront un terrain de jeu adapté dans les Alpes-de-Haute-Provence, dans les massifs alpins et stations de ski qui durant l'été, se transforment en paradis du VTT. Dans ce sens, Montclar fait figure de modèle. Des parcours VTT selon les niveaux sont détaillés par l'Office de Tourisme du département.

Baignade en eaux limpides

Les eaux de la Méditerranée n'attendent que vous ! Le long du littoral, vous trouverez de nombreuses plages de sable fin ou de galets, certaines surveillées et avec tout le confort (restauration, douche...), d'autres totalement sauvages ! Petite sélection non-exhaustive :

- **La plage de Beauduc**, à 40 km au sud d'Arles. L'accès à cette plage est folklorique ! Comptez près d'une heure de pistes à travers les marais. La plage est un paradis pour surfeurs. Il est tout à fait possible d'y camper.
- **La plage de Piemanson**, située à l'ouest du Grand-Rhône est accessible par Salin-de-Giraud. 6 km de très belle plage de sable. La moitié réservée aux naturistes. Là encore, il est possible de planter sa tente.
- **La plage de la calanque d'En Vau** à Cassis est l'une des plus belles plages des Bouches-du-Rhône, Un décor de rêve qui se mérite : le sentier est relativement escarpé pour s'y rendre. Les moins courageux pourront opter pour la plage du Bestouan, qui offre une jolie vue sur le cap Canaille.
- **Les calanques du Mugel et de Figuerolles** à La Ciotat, sont des pépites, très fréquentées en été.
- **Pour un farniente familial marseillais,** la plage du Prophète, sous la Corniche, dont la digue permet aux nageurs d'avoir pied très loin. Les vastes plages du Prado offrent sur place toutes les commodités (restaurants, cafés, terrains de beach-volley, piste de skate...).
- **La plage Notre-Dame** à Hyères a été désignée comme la plus belle plage d'Europe par European Best Destinations. Située sur l'île de Porquerolles, son eau turquoise permet de voir les profondeurs à l'œil nu.
- **La célèbre plage des Anglais**, du côté de Saint-Raphaël, est sans doute la plage la plus originale avec ses galets rouges.

Les opportunités sont donc nombreuses. Laissez-vous inspirer par les locaux qui vous conseilleront volontiers où faire trempette.

Plongée dans la Grande bleue

C'est ici qu'est née la plongée sous-marine, développée par de grands noms, comme Jacques-Yves Cousteau. Il en est resté une véritable culture de la plongée sous-marine. Pas un port, pas un village côtier qui n'ait son centre de plongée. Il faut dire que le climat, comme la clarté des eaux et la beauté des fonds marins rivalisent avec les plus beaux spots du monde. Vous trouverez nécessairement l'activité qui vous convient : baptême, passage de brevets, exploration. Les épaves sont nombreuses dans cette mer naviguée depuis la plus haute Antiquité, aussi les amateurs de sensations seront servis. La saison parfaite pour passer un brevet de plongée reste le début de l'automne. La plupart des clubs retrouvent leur calme. Mais ne vous y trompez pas, vous ne serez jamais seul, car les locaux plongent toute l'année, hiver compris.

Escalade et via-ferrata

Les grimpeurs peuvent s'adonner aux joies de l'escalade sur de nombreux sites bien aménagés, en toute sécurité. Certaines falaises, comme celles des Calanques, sont d'ailleurs renommées à l'international. Celles du Verdon ne comptent pas moins de 933 voies. La montagne Sainte-Victoire près d'Aix, les falaises de Buoux dans le Luberon, les Dentelles de Montmirail et bien d'autres sites encore offrent de nombreux parcours. Pour ceux qui souhaitent se glisser dans les entrailles de la terre, les possibilités d'exploration souterraine sont nombreuses, avec notamment le plateau de Siou-Blanc au nord de Toulon et ses 400 gouffres. Il est prudent de faire appel à des professionnels expérimentés pour s'encadrer.

Pêche en eau douce ou en mer

- **Les Bouches-du-Rhône** possèdent, en première catégorie, 114 km de cours d'eau. Les pêcheurs locaux gardent jalousement leurs rivières et leurs poissons, notamment la truite, alors que le désir de la fédération est de développer le tourisme pêche. Quant aux parcours de deuxième catégorie, ils sont superbes : 952 ha de plan d'eau et 1 380 km de cours d'eau représentés par l'Arc, la Durance, le Rhône et son delta. Ces eaux riches recèlent 55 espèces de poissons. Dans la Durance, la carpe, dans la partie basse du Rhône, le brochet, le sandre, le black-bass.

Le Var, en terme de cours d'eau, n'est pas très bien irrigué. On y trouve tout de même de quoi attirer un passionné de pêche car carpes, perches et brochets se partagent les fonds. On peut pratiquer la pêche sur quelques plans d'eau de deuxième catégorie : le lac de Sainte-Croix, de Carcès, de Saint-Cassien, pour ne citer qu'eux. Ce qui représente tout de même environ 2 155 ha dans lesquels on pêche carnassiers et cyprinidés. La première catégorie varoise à dominante salmonicole, s'étale sur 517 km de rivières et de fleuves et 5 ha de plans d'eau. N'oublions pas que le Var, c'est aussi la mer avec ses baies et anses qui servent d'asile aux daurades, loups, rougets et autres poissons de roche.

Dans le Vaucluse, coulent de nombreux affluents directs ou indirects du Rhône. La Durance est la plus grande voie d'eau d'un seul tenant du département avec près de 100 km. Ce territoire recèle de plus de 50 espèces de poissons. La pêche de la carpe est un des vecteurs de l'amélioration des cadres de pêche dans le Vaucluse. Pour le plus grand plaisir des pêcheurs, les secteurs de nuit sont en constant développement.

La pêche en eau douce est donc un plaisir que l'on s'accorde facilement en Provence. Les cours d'eau sont d'une grande diversité, tout comme les poissons que l'on peut pêcher. Le Rhône et la Durance, le Verdon et l'Ubaye, les torrents, les nombreux lacs offrent un large éventail de possibilités.

La pêche en mer reste elle incontournable et intimement liée à l'identité provençale. Sur le littoral, la pêche en mer se pratique du bord de mer ou en bateau. Mulets, dorades, loups sont abondants. Certaines stations littorales ont développé la pêche au gros. C'est le cas de Martigues, de Sanary ou du Lavandou où les amateurs de pêche au thon peuvent prendre le large.

Sports d'hiver

Les Alpes du Sud réunissent toutes les conditions pour satisfaire l'ensemble des amateurs de neige. Qu'ils skient sur les pistes ou en dehors, qu'ils aient la passion du snow-board ou celle du skating, qu'ils marchent avec ou sans raquette. La stabilité du manteau neigeux est favorisée par l'alternance de nuits froides et de journées très ensoleillées.

Les Alpes du Sud totalisent près de 2 500 km de pistes de ski alpin, que desservent plus de 800 remontées mécaniques. La qualité de l'enneigement s'explique aussi par le grand nombre de canons à neige dans de nombreuses stations. Les espaces aménagés pour les snow-boards se multiplient et s'ouvrent aux skis courts très en vogue, ainsi qu'au free-ride. Les fondeurs disposent de 1 200 km de pistes. De vastes domaines de ski de fond sont aménagés, dans la Clarée, la vallée de la Blanche...

Sports nautiques

Et voguent les navires, sur la mer bien sûr, mais aussi sur les multiples lacs et plans d'eau que compte la région (comme celui de Serre-Ponçon, plus grande retenue artificielle d'Europe). Planche à voile, dériveur, catamaran, aviron, ski nautique, kayak de mer, le cocktail est tonique. Les centres nautiques et clubs de voile proposent un encadrement de qualité. Torrents, cascades, gorges, canyons, les eaux-vives ont sculpté les paysages, de la Provence aux Alpes du Sud. La région est ainsi devenue une oasis très convoitée pour le canyoning, rafting, hydrospeed et canoë-kayak. Le plus connu des domaines aquatiques riche en aventures est le Verdon et son fameux canyon. D'autres cours d'eau présentent un intérêt tout aussi grand et une diversité de parcours adaptés à la randonnée, aux débutants ou aux pratiquants expérimentés : l'Ubaye, la Durance en amont d'Embrun, la vallée de l'Argens…

Thermalisme

Les eaux thermales des Alpes-de-Haute-Provence (Digne, Gréoux-les-Bains) mais aussi dans les Bouches-du-Rhône (Aix) sont réputées depuis l'Antiquité pour leurs vertus thérapeutiques. Chlorurées, sulfurées, sodiques, elles soignent rhumatismes, traumatismes ainsi que les affections des voies respiratoires. Les pouvoirs salutaires des eaux ont toujours été appréciés et ce, depuis les Romains. Il est très difficile de déterminer le cheminement des eaux qui peut atteindre le plus profond de la Terre et remonter à la surface après des centaines, voire des milliers, d'années. Depuis des siècles, médecins et ingénieurs s'efforcent d'optimiser les bienfaits des eaux au parcours mystérieux.

© PHB.CZ (RICHARD SEMIK) - SHUTTERSTOCK.COM

Les Gorges du Verdon.

GASTRONOMIE

La cuisine provençale est ancrée dans son terroir méditerranéen. A mi-chemin entre les cuisines espagnoles et italiennes, certains plats font désormais partie du patrimoine national. Son atout numéro un est évidemment une région riche en produits nobles et savoureux. L'ensoleillement intense, les vents marins, toutes les conditions sont réunies pour offrir un éventail de possibilités culinaires mijotées chez soi et à la table des grands chefs. Car c'est là tout l'intérêt de la cuisine provençale, des recettes centenaires dont on se délecte, et une propension à se réinventer de par les touches personnelles que l'on peut y apporter sans la dénaturer. L'ail et l'huile d'olive sont rois. Entre terre et mer, vignobles et rizières, goûter la Provence, c'est adopter cette générosité si chère aux gens du midi. Le plaisir de se retrouver autour de plats souvent synonymes de vacances mais qu'on vous invite à déguster 12 mois dans l'année.

Plats traditionnels et spécialités

Les délices de la mer. Tout repas entre amis commence par un apéro, fantasmé toute l'année par les vacanciers et dont les Provençaux ne se privent pas aux beaux jours. Ces moments sont généralement synonymes de deux encas phares : la tapenade, une pâte d'olives broyées, agrémentée de câpres et d'anchois. Ce petit poisson que l'on retrouve comme son nom l'indique dans l'anchoïade, véritable emblème culinaire de la région. Cette sauce se compose d'anchois, d'olives noires, d'huile d'olive et d'ail. Dégustée sur des croûtons, c'est la parfaite mise en bouche pour le reste du repas.

Les plats traditionnels et caractéristiques de la Provence sont nombreux. La bouillabaisse est un plat renommé à l'international. Indissociable de Marseille, on trouve dans la cité phocéenne de très bonnes tables la proposant. Les meilleures ont adhéré à la charte de la Bouillabaisse depuis 1980, garantissant son authenticité. Autrefois, la bouillabaisse était un plat du pauvre, cuisiné par les pêcheurs avec des poissons invendables. Aujourd'hui, déguster une vraie bonne Bouillabaisse coûte cher. Selon la charte, seuls les poissons de roche suivants garantissent l'authenticité de cette soupe de poissons haut de gamme : rascasse, rascasse blanche, araignée (vive), galinette (rouget grondin), saint-pierre, baudroie (lotte), congre ou scorpène. La rouille, une mayonnaise au safran et à l'ail, accompagne généralement votre dégustation. Sachez qu'une version moins onéreuse mais tout aussi savoureuse de la Bouillabaisse est proposée par nombre de restaurateurs sous le nom de bourride.

© MARGOUILLATPHOTOS - ISTOCKPHOTO.COM

La fameuse bouillabaisse.

Le vendredi sur toutes les tables et menus de la région, l'aïoli sera reine. Un nom que l'on associe généralement à la mayonnaise montée à l'ail mais qui désigne en Provence, un plat assez simple de morue accompagnée de légumes bouillis (carottes, patates, haricots verts...). La mayonnaise très aillée est bien là et l'aïoli peut devenir royale lorsqu'on y ajoute crustacés et fruits de mer. Notez que l'aïoli constitue un sujet de discussion sans fin chez les provençaux, notamment sur la composition des légumes accompagnant le poisson.

Les produits issus de l'élevage. En Camargue, le taureau est cuisiné en gardianne. Ce ragoût mijoté à feu doux peut également être appelé daube dans la région. La daube pouvant se cuisiner à partir de différentes viandes et même de poulpe, alors que la gardianne sera exclusivement à base de taureau AOC de Camargue.

Alouettes sans tête et pieds paquets attiseront sans doute votre curiosité. Ces dénominations étranges ne sont reconnues qu'en Provence. Les alouettes sans tête ne sont pas des oisillons décapités mais des paupiettes de bœuf, cuisinées dans une sauce au vin et à la tomate. Quant aux pieds paquets, les amateurs de tripes de mouton [tripes et pieds] seront ravis. C'est un plat caractéristique des cuisines marseillaises et sisteronaises. Dans une sauce au vin blanc et à la tomate, farcies au persil et à l'ail, ces tripes sont très goûteuses.

Accompagnements et gourmandises

Pour la soupe au Pistou, chaque famille a sa recette, y ajoute ses ingrédients, ce qui créé débat et étonnement chez les uns et les autres. Ce potage d'été est un bouillon aux légumes et aux pâtes, que l'on assaisonne de pistou, une pâte piquante préparée à base de basilic, ail et huile d'olive.

La ratatouille, bien que niçoise d'origine, a été adoptée par l'ensemble de la région. C'est un accompagnement à base de courgettes, poivrons, oignons et aubergines, gorgés de soleil. Le tout en sauce tomate.

Autre accompagnement en vogue sur les tables provençales, la panisse qui peut se décliner en frites. Ces tranches frites de pois-chiches sont originaires de l'Estaque, un quartier au Nord de Marseille où on les déguste sur le pouce, en cornet. C'est une excellente alternative aux frites habituelles.

Les becs sucrés ne sont pas en reste avec la navettes [biscuits à la fleur d'oranger], calissons d'Aix [confiseries au melon et à la pâte d'amande], berlingots de Carpentras, nougats de Sault ou encore la célèbre tarte tropézienne.

Produits du terroir et productions locales

La cuisine en Provence s'appuie sur un terroir local riche et généreux. Quelques appellations fameuses le composent comme l'agneau de Sisteron IGP ou le taureau de Camargue AOC. Non loin de là, en Arles, est produit un des meilleurs saucissons du pays. Initialement composé de viande de porc, de bœuf et d'âne, il est désormais principalement élaboré sans âne. Peu gras, il est assaisonné de girofle, gingembre et muscade.

Restons en Camargue avec deux produits fameux et typiques de cette région humide du delta du Rhône : le sel et le riz. Actuellement, 15 % de la superficie du delta du Rhône sont aménagés pour l'exploitation des marais salants. La production de sel alimentaire, sur 10 000 ha, se situe à l'ouest du Petit-Rhône. On y récolte 450 000 tonnes par an de sel naturellement blanc dont la fameuse fleur de sel. Ses petits cristaux, récoltés à la main, apportent un croquant et une longueur en bouche aux plats. Quant au riz de Camargue, c'est au XIXe siècle que sa culture prend véritablement son essor. C'est en effet dans les années 1840 que les rizières vont être très utiles pour absorber l'eau des grandes crues du Rhône, ainsi que pour lutter contre le sel qui menace de transformer la Camargue en désert. Mais la pénurie de denrées alimentaires, pendant et après l'Occupation, incite les producteurs à donner à la culture du riz la place qu'elle mérite. En 1958, les rizières s'étendaient sur 30 000 ha ! Aujourd'hui, on compte encore 200 riziculteurs avec une production de 120 000 tonnes de riz paddy, soit 99 % de la production française. Depuis 2000, le riz de Camargue bénéficie d'une indication géographique protégée [IGP]. Les deux types les plus communs sont le riz long noir et le riz long rouge.

Ratatouille.

Côté mer, la Méditerranée est bien évidemment très généreuse aussi en produits de qualité. De nombreux poissons que vous découvrirez sur les étals des marchés de la région, des sardines qui permettent l'organisation de sardinades géantes l'été sur le littoral, des oursins que l'on célèbre par des oursinades en hiver et également des huîtres en Camargue, dans l'anse de Carteau, à Port-Saint-Louis-du-Rhône. C'est la seule huître labellisée « éco-acteur-réserve de biosphère » garantissant une récolte dans le respect des règles écologiques du parc de Camargue.

Par ailleurs, la Provence est une région assez pauvre en fromages, mais il faut tout de même signaler le fromage de Banon AOC et la brousse du Rove AOP. Tous deux sont élaborés à base de lait de chèvre.

L'ensoleillement intense permet une culture de fruits et légumes prospère, notamment dans le Comtat Venaissin, surnommé le jardin de la France et 1er producteur national pour les pommes, les cerises, le raisin de table, les tomates et les melons. Le Melon de Cavaillon IGP, les abricots et les fraises de Carpentras font partie du patrimoine culinaire local.

Vers la fin du mois de novembre, la Haute-Provence commence à frémir de plaisir. A Carpentras, à Apt, à Richerenches, la saison des truffes commence. Les gourmets lui reconnaissent un arôme subtil capable de communiquer ses parfums à bien d'autres mets : le foie gras, la poularde, les œufs brouillés dont elle décuple les qualités gustatives. La truffe se forme entre mai et juillet et si quelques orages sévissent en août et septembre, elle gonflera vite et sera « mûre » entre mi-novembre et début mars. Aujourd'hui, le Var, le Vaucluse, les Bouches-du-Rhône sont les premiers producteurs de truffe en France.

Outre la truffe, deux autres produits nobles assurent la réputation gourmande de la Provence : le miel et l'huile d'olive. Il existe une grande variété de miels. Dans les Alpilles, par exemple, vous apprécierez des miels de thym, de romarin, de toutes fleurs de prairie. Grâce aux transhumances, les apiculteurs récoltent aussi du miel de lavande, lavandin et d'acacia. Quant à l'huile d'olive, elle bénéficie de quelques AOP de choix comme les Baux-de-Provence, Aix-en-Provence ou Haute-Provence. Constituant la base même de la cuisine locale, cet élixir obtenu à partir des innombrables oliviers de la région (les premiers implantés par les Grecs il y a 2600 ans) varie dans les goûts et la délicatesse. Nous vous suggérons une dégustation sur un domaine producteur ou une visite d'un moulin (la-Fare-les-Oliviers ou de Mouriès).

Vins et alcools

La Provence abrite de nombreuses appellations de renom : Bandol, Baux-de-Provence (Les), Cassis, Coteaux-d'aix-en-provence, Coteaux-varois-en-provence, Côtes-de-provence. Le vignoble Côte-du-Rhône du Vaucluse se découpe en trois zones : AOC Côtes du Rhône, AOC Ventoux et AOC Luberon. Enfin les AOC Gigondas et Vacqueyras au Nord complètent cette richesse que la Provence a su faire apprécier aux 4 coins du globe. Issu d'un savoir-faire provençal ancestral, le rosé est le vin le plus délicat, mais le plus difficile à réussir. Expression directe du terroir, le rosé est bien plus qu'un vin, c'est un art de vivre. Reconnu pour sa convivialité et sa simplicité, le rosé de Provence génère aujourd'hui un chiffre d'affaires de plus de 500 millions d'euros. Les appellations sont : côtes-de-Provence, côtes-de-Provence de Sainte-Victoire, Fréjus, Côteaux d'Aix-en-Provence et Côteaux Varois en Provence. Le rosé de Provence est devenu un vin incontournable de la joie de vivre, c'est comme on le dit ici, la provençale « touch ».Le vin rouge provençal sait se faire vif, fruité et jeune. Il se transforme en rouge de garde, long et complexe sur les préparations hivernales comme les pieds et paquets de Provence, laissant vagabonder sur les palais des arômes de fruits rouges un peu confits et une note vanillée s'il a été élevé en barrique. Il aime également patienter dans le silence des chais pour pouvoir se marier sur le tard avec des plats puissants. Le vin blanc produit ici adore apporter son fruit aux produits de la mer. Il peut devenir vif en bouche avec des notes d'agrumes et un nez de fleurs blanches. Également patient, il saura attendre quelques années pour épanouir les viandes blanches ou certains fromages. Indissociable de la Provence, le pastis est un incontournable de l'apéro. Cette boisson alcoolisée, parfumée à l'anis est le résultat de la macération de deux plantes : le fenouil et la réglisse. On ajoute généralement de cinq à sept volumes d'eau fraîche pour un volume de pastis mais vous pouvez le prendre plus tassé, version « yaourt » ou au contraire délayé version « piscine ». Le groupe Pernod Ricard domine aujourd'hui le marché mondial du pastis avec les marques Ricard et 51. Après une interdiction qui dura près de cent ans, l'absinthe a fait son retour avec, il est vrai, une formule moins agressive. On la retrouve désormais dans de nombreux débits de boisson et dans les boutiques de spiritueux haut de gamme.

© YOH4NN - ISTOCKPHOTO.COM

Apéro provençal avec le verre de pastis.

Le Marché Futé

Par petit futé

Retrouvez tous les meilleurs producteurs de nos régions et découvrez leurs produits sélectionnés par le Petit Futé !

lemarchefute.fr

TOP 10

GASTRONOMIE LOCALE

PANISSE
Spécialité marseillaise du quartier de l'Estaque, ces rondelles frites de pois chiche sont typiques.

© FOOD-MICRO - STOCK.ADOBE.COM

PISSALADIÈRE
Niçoise et provençale, c'est une sorte de pizza sans tomate, couverte d'oignons et d'anchois.

© ZIASHUSHA - SHUTTERSTOCK.COM

CHICHI FRÉGI
Ces beignets également appelés simplement chichis sont délicatement parfumés et accompagneront vos étés.

COCA
Rien à voir avec le soda, la coca est un chausson aux poivrons d'inspiration pied-noire.

FOUGASSE
Pain provençal agrémenté de diverses saveurs : olives, tomates séchées, anchois ou herbes de Provence.

© BENSIB - ISTOCKPHOTO.COM

PIZZA MARSEILLAISE
A Marseille, la pizza est une religion. C'est ici que le concept de camion-pizza a vu le jour.

© VIMA - ISTOCKPHOTO.COM

PIZZA À LA SCAROLE
D'origine napolitaine et devenue marseillaise. Ce sandwich de pâte à pizza est farci à la scarole.

© CARLOFORNITANO - ISTOCKPHOTO.COM

TOURTON
Spécialité des Alpes du Sud, ce sont des chaussons farcis démocratisés avec l'émigration alpine.

© HELENEDEVUN - STOCK.ADOBE.COM

PAN BAGNAT
Ce sandwich niçois composé de crudités, œuf, thon et huile d'olive se déguste partout en Provence.

© MARGOUILLAT PHOTO - SHUTTERSTOCK.COM

GIBASSIÉ
Cette galette à l'huile d'olive et fruitée est proche de la pompe à l'huile, quoique moins molle.

© GALINA GREBENYUK - SHUTTERSTOCK.COM

AGENDA

Nombreuses sont les promesses qu'une virée provençale pourra vous accorder ! Et parmi celles-ci, celle de ne jamais s'ennuyer est garantie. Tout au long de l'année, douze mois durant, le coeur de la région bat la chamade au rythme de manifestations populaires et événements majeurs, prisés des locaux et des visiteurs. Des rencontres sportives aussi réputées que le bol d'or, le grand prix de formule 1 du Castellet ou l'Open 13 (sans parler des rencontres de l'OM et du RC Toulon que nous ne recensons pas ici), mais aussi de somptueux festivals musicaux comme celui d'art lyrique d'Aix, les chorégies d'Orange ou les Suds à Arles. Une sélection fûtée et hétéroclite pour satisfaire toutes vos envies, même les plus étonnantes (qui penserait à fêter le Mexique dans les Alpes ?). A vos agendas donc, organisez votre séjour en fonction ou découvrez à quelles festivités vous pourrez prendre part lors de votre venue.

LES FÊTES LATINO-MEXICAINES

Dans les rues du village de Barcelonnette
BARCELONNETTE © 04 92 81 04 71
www.barcelonnette.com
En août 2022. Manifestation gratuite. Restauration.

Les liens qui unissent Barcelonnette et le Mexique sont si forts que chaque année au mois d'août, la ville tout entière célèbre ce pays et sa culture. Au programme : des concerts gratuits, des cours de danses, des ateliers artistiques, des découvertes gastronomiques et des manifestations culturelles qui permettent à quiconque présent dans la place de se plonger dans l'ambiance originale de la plus mexicaine des villes des Alpes. Vibrez au son des mariachis !

OPEN 13

81, rue Raymond-Teisseire - **MARSEILLE** (9e)
© 04 91 75 93 01
www.open13.org
Chaque année en février-mars. Tarifs évolutifs à découvrir sur le site web de la compétition. Points de vente habituels.

Le Palais des Sports accueille chaque année l'Open 13 qui fait partie du circuit ATP réunissant toutes les épreuves officielles du tennis, à l'exception du tournoi du Grand Chelem... Ce circuit se divise en 3 catégories : les ATP World tour 1000, les ATP World Tour 500 et les ATP World tour 250, dont l'appellation renseigne directement sur le nombre de points alloués au vainqueur. Les matches se jouent en Indoor sur dur et seront présents des joueurs parmi les meilleurs du moment. Un tableau de haut niveau pour une semaine exceptionnelle.

FESTIVAL MARSATAC

Parc Chanot - **MARSEILLE** (3e) © 04 95 04 95 95
www.marsatac.com
Juin. Soirée unique : 42 €. Pass 2 jours : 70 €. 3 jours : 75 €. Billets sur le site ou aux points de vente habituels.

Année après année, le festival Marsatac s'installe comme une référence musicale régionale et nationale. Créé en 1999 avec quelques éditions mémorables du côté de la Joliette et des Docks, il a désormais lieu au Parc Chanot. La programmation est éclectique avec des shows dans tous les styles de musique, dans l'air du temps et un peu plus généraliste qu'à ses débuts. On peut assister à la cohabitation d'artistes confirmés et plus novices sur la même scène. Depuis peu, Marsatac s'inscrit dans une démarche écoresponsable, notamment dans la gestion des déchets.

MONDIAL LA MARSEILLAISE À PÉTANQUE

Avenue du Parc Borély - **MARSEILLE** (8e)
© 04 91 57 75 00
www.lamarseillaise.fr
Courant juillet. Frais d'engagements : 24 € par triplette ou en individuel.

Le Mondial La Marseillaise à Pétanque a été créé en 1962 et s'inscrit dans la lignée des grandes fêtes sportives populaires. La compétition débute chaque année le premier week-end de juillet et se dispute sur cinq jours. Près de 13 000 boulistes, en provenance de toutes les régions de France mais aussi de l'étranger, sont attendus chaque année. Ce fameux concours est ouvert à tous. Cela sans oublier les dames et minots avec le Grand Féminin et le Grand Prix des Jeunes.

LES VOILES DE SAINT-TROPEZ

SAINT-TROPEZ

✆ 04 94 97 30 54

www.lesvoilesdesaint-tropez.fr

En octobre.

En 1999, les Voiles de Saint-Tropez ont repris la succession de La Nioulargue, rencontre de voiliers de tous les types, créée fin septembre 1981. Ces prestigieuses régates et son mélange de prototypes de course, voiliers anciens et modernes, sont devenues un rendez-vous incontournable du yachting, où la fête se retrouve en mer et sur terre ! La ville de Saint-Tropez organise pour l'occasion de nombreuses animations. Le public est au rendez-vous pour cet événement majeur.

MARATHON ET SEMI-MARATHON MARSEILLE CASSIS

1, boulevard de la Pugette - **MARSEILLE** (9e)

✆ 04 91 75 24 24

www.marseille-cassis.com

En octobre. Inscriptions en ligne courant mars. Certificat médical demandé.

Classée dans le top 50 des courses mondiales avec près de 15 000 inscrits, la course nécessite une bonne condition physique ! Précisons tout de même que les inscriptions sont prises d'assaut le premier jour d'ouverture (courant mars), il faudra donc être sur les *starting blocks* pour avoir un dossard. Les coureurs prennent le départ à partir de 9h30 au Stade Vélodrome pour une distance de 20 km sur route. Dénivelé de 327 m jusqu'au passage du col de la Gineste. A vous de jouer !

BOL D'OR

Circuit Paul-Ricard

LE CASTELLET

www.boldor.com

En septembre.

Après quinze années passées sur le célèbre circuit de Formule 1 de Magny Cour, la mythique course internationale de moto a fait son grand retour au Castellet en 2015. En 2016, elle a célébré ici-même sa 80e édition. Chaque année, ce sont près de 70 000 spectateurs qui assistent à la compétition. Une centaine d'exposants, des stands et des expositions animent cette grand-messe de la moto, attirant toujours plus de visiteurs année après année. Un événement immanquable pour les passionnés ou simples curieux. Attention, les places partent comme des petits pains.

LE PÈLERINAGE DES GITANS

SAINTES-MARIES-DE-LA-MER

✆ 04 90 97 82 55

www.saintesmaries.com

En mai (animations). Accès libre.

Cette impressionnante manifestation culturelle est née en 1343. Chaque 24 et 25 mai, de très nombreux gitans en provenance de toute l'Europe avaient pour habitude de se retrouver aux Saintes-Maries-de-la-Mer en l'honneur de Marie-Salomé, Marie-Jacobé et surtout Sara, leur sainte patronne, à ces dates. A une époque plus récente, ce pèlerinage est devenu incontournable. De nos jours outre la venue des gardiens et des arlésiennes, l'événement est l'occasion de retrouvailles et de nombreux baptêmes pour les communautés Roms, Manouches, Tsiganes et Gitanes.

FERIA D'ARLES

ARLES

www.feriaarles.com

De mars à avril (à Pâques).

Deux ferias sont organisées à Arles : la feria de Pâques et la feria du riz en septembre. Pour l'occasion, toute la ville vit au rythme des lâchers de taureaux dans les rues, des corridas et des nombreuses autres animations taurines. Si la feria de Pâques attire près de 500 000 visiteurs, celle de septembre reste plus confidentielle (les aficionados l'appellent la Feria des Arlésiens). Que vous soyez adepte ou non de tauromachie, les ferias c'est surtout l'occasion de faire la fête de jour comme de nuit dans les nombreuses *bodegas*.

LES CHORÉGIES

16, place Sylvain

ORANGE

www.choregies.fr

De juin à août.

Le festival d'Orange possède un nom si particulier qu'il suffit de l'exprimer pour que l'amateur de spectacles situe avec précision un lieu superbe ainsi que des représentations réputées. Indépendamment du répertoire théâtral, surtout constitué à l'origine par des tragédies gréco-latines, c'est le monument lui-même qui fascine. Témoignage de l'architecture théâtrale romaine, c'est le seul édifice de son genre qui ait gardé son mur acoustique. Cultiver, émouvoir, éduquer et faire plaisir par le jeu théâtral fut longtemps l'objectif des directeurs des Chorégies.

FÊTE DU MILLÉSIME - BANDOL

Sur le port
BANDOL
✆ 04 94 90 29 59
www.vinsdebandol.com
En décembre (entrée 5 € (sous forme de verre de dégustation)).

Pour ces festivités traditionnelles, le public, muni du verre gravé du millésime, rencontre les vignerons (déguisés !), découvre et goûte le vin nouveau. Démonstrations culinaires, initiations, dégustations à l'œnothèque et concours des longues gardes, complètent le programme de la journée. La fête a lieu en général le premier week-end de décembre. L'excellente réputation des vins de Bandol attirent la curiosité des novices et les palais plus confirmés.

LES SUDS À ARLES

ARLES
✆ 04 90 96 06 27
www.suds-arles.com
Du 11 au 17 juillet 2022.

Durant une semaine, la ville d'Arles devient un véritable creuset de talents. Depuis 1996, le festival les Suds accueille les grandes voix et sonorités du monde pour une rencontre dont la notoriété s'étend désormais bien au-delà de nos frontières. Au cours de ces sept jours et six nuits, places, monuments, esplanades se transforment, pour quelques heures, en scène de spectacle. Ce sont en tout une soixantaine de concerts et de rencontres musicales, mais aussi des stages et des master classes de chant, danse et musique qui font vibrer la ville.

RENCONTRES INTERNATIONALES DE LA PHOTOGRAPHIE

10, rond-point des Arènes
ARLES
✆ 04 90 96 76 06
www.rencontres-arles.com
De juin à septembre.

A travers plus de 60 expositions installées dans divers lieux patrimoniaux exceptionnels de la ville (parfois accessibles uniquement à cette occasion), les Rencontres d'Arles contribuent chaque été depuis 1970 à transmettre le patrimoine photographique mondial et se veulent le creuset de la création contemporaine. Ce sont aussi des projections au Théâtre antique, des conférences et des débats avec les artistes et la possibilité de pratiquer la photographie dans le cadre de stages.

FÊTE DE LA FIGUE - SOLLIÈS-PONT

SOLLIÈS-PONT
✆ 04 94 28 92 35
www.fetedelafigue.fr
En août. Dîner d'ouverture le vendredi autour de 35 € (sur réservation).

Un repas confectionné à base de figues par des restaurateurs et pâtissiers de la région – le vendredi soir –, un marché avec les producteurs et les artisans, un concours et des démonstrations culinaires, des dégustations, des expositions, des conseils techniques de taille et de traitement sur le figuier et son fruit par des professionnels, ainsi que des animations diverses pour ponctuer ces deux jours de fête autour de la violette de Solliès, à la fin du mois d'août.

FOIRE AUX SANTONS - AIX

AIX-EN-PROVENCE
✆ 06 13 24 48 50
www.aixenprovencetourism.com
Fin novembre jusqu'au 31 décembre, tous les jours à partir de 10h.

S'il y a une tradition régionale bien ancrée, c'est celle des santons de Provence dont le savoir-faire est ancestral. Pour Noël, ils se nichent dans la crèche, souvent héritée des grands-parents, et que chaque année on embellit avec de nouvelles figurines, personnages et animaux. Cette foire est un rendez-vous incontournable. Les maitres santonniers les plus réputés, dont le Santonnier Fouque depuis 1934, Jouve ou Richard y sont présents. Leurs ateliers se visitent toute l'année. Une messe des santonniers célébrée en provençal accompagne l'inauguration de la foire.

FESTIVAL D'AVIGNON (IN)

20, rue Portail-Boquier
AVIGNON
✆ 04 90 27 66 50
www.festival-avignon.com
En juillet. Cour d'honneur du Palais des papes : places numérotées.

Depuis 1947, Avignon s'anime au mois de juillet au rythme des Trois Coups ! Trois coups de bâtons frappés sur les sols des planches qui brûlent sous le talent des comédiens et pour le grand plaisir du public. Trois coups frappés pour annoncer chacune des nombreuses pièces de théâtre. Ce festival, à la renommée mondiale, est l'occasion unique pour les acteurs d'investir la scène de la cour d'honneur du palais ainsi que d'autres lieux patrimoniaux aussi riches en histoire. C'est aussi l'occasion pour le public de se laisser envoûter par la magie des lieux.

FESTIVAL INTERNATIONAL D'ART LYRIQUE

Place des Martyrs-de-la-Résistance
AIX-EN-PROVENCE
✆ 08 20 92 29 23
www.festival-aix.com
En juillet ; abonnement en ligne.

Le Festival international d'art lyrique se déroule chaque été à Aix-en-Provence depuis 1948. C'est l'un des grands rendez-vous lyriques européens de la scène internationale. Historiquement dédié à Mozart - Così fan tutte fut le premier opéra joué au théâtre de l'Archevêché - la programmation s'élargit depuis du baroque au plus contemporain. Pierre Audi, nouveau directeur du Festival, redouble d'ambition pour chaque édition avec des oeuvres inédites et contemporaines.

GRAND PRIX DE FORMULE 1®

Circuit Paul Ricard
LE CASTELLET
www.gpfrance.com
Du 22 au 24 juillet. Billets d'entrée entre 269 € et 375 € pour trois jours. Pass à la journée entre 299 € et 349 €.

Quel événement ! Le retour tant attendu de la Formule 1 sur le territoire français en 2018 après 10 ans d'absence a été une immense bonne nouvelle. Alors pour les provençaux qui ont la chance de le recevoir sur le territoire varois, c'est d'autant plus incroyable. Rendez-vous au mois de juin au circuit du Castellet, autour du mythique tracé de 5,8 km.Trois jours durant lesquels le petit village du Var et son circuit vibrent et vivent F1. Les meilleurs coureurs sont là bien évidemment. Le public aussi, chaque année, des passionnés qui mettent une ambiance unique.

FESTIVAL INTERNATIONAL DE PIANO

Parc du Château de Florans
LA ROQUE-D'ANTHÉRON ✆ 04 42 50 51 15
www.festival-piano.com
Dernière semaine de juillet et trois premières semaines d'août. Navette depuis Aix.

Ce festival internationalement connu rassemble les mélomanes exigeants et passionnés sous les platanes centenaires du Parc du château de Florans à la Roque d'Anthéron mais aussi sur une douzaine de scènes réparties aux alentours, à l'Abbaye de Silvacane, dans les carrières de Rognes, au temple de Lourmarin, à Aix et jusqu'à Gordes. C'est l'occasion de venir écouter les plus grands virtuoses du moment tout comme de jeunes talents prometteurs notamment lors des Master Classes.

MARCHÉ AUX TRUFFES

Place Frédéric-Mistral
AUPS
De fin novembre à fin mars.

Ce 3e marché de France de par son importance, se déroule sur la place Frédéric Mistral et au foyer Romano, tous les jeudis matins du dernier jeudi de novembre à fin mars si la production le permet. Il est ouvert aux grossistes et aux particuliers, le cours est fixé par les courtiers en fonction de la qualité et de l'importance des truffes présentées. Choisissez plutôt janvier ou février pour l'achat, c'est à cette époque qu'elles sont les meilleures ! Le marché aux truffes blanches (truffe d'été) a lieu quant à lui tous les mercredis matin de mi-juin à fin août.

FESTIVAL LES MUSICALES DANS LES VIGNES DE PROVENCE

✆ 06 60 30 32 90
lesmusicalesdanslesvignes.blogspot.com
lesmusicales83@gmail.com
Du 9 juin au 18 septembre 2022.

Ce festival allie la dégustation de vins à un concert musical dans le cadre de lieux d'exception. Pour sa 10ème édition, 69 concerts sont programmés dans 38 prestigieux domaines, du Var au pays d'Aix et jusque dans le Luberon. Le programme musical est éclectique, toujours de grande qualité et souvent l'occasion de belles surprises, du jazz à la musique classique en passant par la musique du monde. Installé dans de confortables transats, on se laisse aller à rêver sous un ciel étoilé.

MARSEILLE JAZZ DES CINQ CONTINENTS

Boulevard Jardin Zoologique
MARSEILLE (4e)
✆ 04 91 48 05 63
www.marseillejazz.com
Du 19 au 21 juillet 2022.

C'est désormais une référence dans le milieu du jazz et ce depuis plus de 20 ans ! Sur la scène du plateau du parc Longchamp, des artistes internationaux reconnus, des pointures jazz et même quelques stars de styles musicaux plus éloignés se réunissent pour le plus grand bonheur d'un public enthousiaste ! Attendues cette année, entre autres artistes, Diana Krall et Anne Paceo. Festival écoresponsable signataire de la Charte d'Engagement de la REGION SUD « Sud Zéro déchet plastique ».

VERSION NUMÉRIQUE OFFERTE

Obtenez votre guide numérique en scannant ce QR code

ou rendez-vous sur le site **www.ebookfute.com** avec le code avantage

7RBZLJ

© ART ALEX - STOCK.ADOBE.COM

OFFRE VALABLE JUSQU'À L'ARRÊT DE COMMERCIALISATION DU TITRE EN FRANCE MÉTROPOLITAINE ET DANS LE MONDE ET SOUS RÉSERVE QUE LE NOMBRE DE TÉLÉCHARGEMENTS SOIT INFÉRIEUR OU ÉGAL AU NOMBRE D'EXEMPLAIRES DE GUIDES PAPIER IMPRIMÉS. FORMATS DISPONIBLES POUR SMARTPHONES, TABLETTES, LISEUSES ET ORDINATEURS PC OU MAC.

PASSEPORT

ALPES-DE-HAUTE-PROVENCE

Les Alpes-de-Haute-Provence, c'est l'image même que l'on se fait de la Provence ! Ce magnifique département, l'un des plus vastes de France, saura vous séduire par ses beautés naturelles, oscillant entre plateaux et vallées, Préalpes, et Grandes Alpes. Vous y entendrez peut-être la voix de Giono, chantre fou de ces montagnes, et vous y sentirez sûrement l'odeur du thym ou de la lavande. Les paysages de moyenne montagne sont magnifiques et tout à fait appropriés à la randonnée, mais il faudra être entraîné. Les hauts sommets vous inviteront, quant à eux, aux sports d'hiver. À moins que vous ne choisissiez plutôt de découvrir ses nombreux villages provençaux remplis du charme d'antan, en parcourant la route des saveurs et des senteurs : une manière originale de visiter la région en stimulant votre odorat autant que votre palais… Et pour finir de stimuler votre vision, ne manquez pas l'Unesco Geoparc de Haute-Provence !

Autoroute
Nationale
Départementale
Ville
Forêt domaniale
Alpes de Haute-Provence
HAUTES-ALPES
VAUCLUSE
BOUCHES-DU-RHÔNE
Durance
D951
LE CAIRE
la Motte-du-Caire
LA MOTTE-DU-CAIRE
BAYON
Vers Grenoble
Vers Gap
A51
D4075
ENTREPIERRES
SISTERON
Noyers-sur-Jabron
D946
D4
SALIGNAC
D4085
Montagne de Lure
AUBIGNOSC
VOLONNE
REVEST-DU-BION
MALLEFOUGASSE-AUGÈS
St-Auban
CRUIS
D951
MONTFORT
Bléone
N85
D950
BANON
ST-ETIENNE-LES-ORGUES
PEYRUIS
D4096
les Mées
SIGONCE
LES MÉES
SIMIANE-LA-ROTONDE
D51
FORCALQUIER
LURS
PUIMICHEL
REVEST DES BROUSSES
D4100
NIOZELLES
LA BRILLANNE
Vachères
MANE
ORAISON
BRAS-D'ASSE
ST-MICHEL-L'OBSERVATOIRE
VILLENEUVE
D8
D4100
ST-MAIME
REILLANNE
Encrème
Asse
SAINT-MARTIN-LES-EAUX
DAUPHIN
VOLX
PUIMOISSON
Vers Avignon
CÉRESTE
MANOSQUE
A51
Durance
VALENSOLE
ROUMOULES
MONTFURON
PIERREVERT
D6
MONTAGNAC-MONTPEZAT
STE-TULLE
ALLEMAGNE-EN-PROVENCE
GRÉOUX-LES-BAINS
CORBIÈRES
ESPARRON-DE-VERDON
Lac d'Esparron
QUINSON
Vers Aix-en-Provence
Vers Toulon

HAUTES-ALPES
ITALIE
ALPES-MARITIMES
VAR
Lac de Serre-Ponçon
Vers VARS
ST-PAUL-SUR-UBAYE
Meyronnes
Parpaillon
D900
Ubayette
LARCHE
Vers l'Italie
LA BRÉOLE
LA CONDAMINE-CHÂTELARD
INASSES
SAINT-VINCENT-LES-FORTS
MEOLANS-REVEL
JAUSIERS
LE LAUZET – UBAYE
FAUCON-DE-BARCELONNETTE
MONTCLAR
D900
D900
ST-PONS
BARCELONNETTE
D109
ELONNET
PRA-LOUP
LE SAUZE
ENCHASTRAYES
Super-Sauze
SEYNE
D900
la Foux-d'Allos
D908
Parc National du Mercantour
LE VERNET
Lac d'Allois
VAL D'ALLOS
PRADS HAUTE BLÉONE
COLMARS
LA JAVIE
Bléone
D908
BEAUVEZER
LE BRUSQUET
VILLARS-COLMARS
Verdon
D900
THORAME-HAUTE
DIGNE-LES-BAINS
Issole
Méailles
N85
ZEL
St-André-sur-Alpes
ANNOT
D4202
Vers Nice
N202
BARRÊME
ENTREVAUX
N202
D4085
N202
Lac de Castillon
SAINT-JURS
Lac de Chaudanne
Blieux
USTIERS-E-MARIE
CASTELLANE
LA GARDE
Parc Régional du Verdon
Verdon
c de Croix
ROUGON
Vers LA MARTRE
D952
D952
Vers Cannes
LA PALUD-SUR-VERDON
Grand Canyon du Verdon
Corniche Sublime
Verdon
20 KM

PAGES

La Vallée de la Blanche doit son nom à la rivière torrentueuse (et ses nombreux ruisseaux affluents) qui la parcourt pour aller se jeter ensuite dans la Durance. Sa beauté vient de ses pâturages verdoyants transformés en pistes de ski en hiver et son atmosphère relaxante du calme de ses forêts et sommets environnants. Un paysage harmonieux et apaisant.

ALPES-DE-HAUTE-PROVENCE

DIGNE-LES-BAINS ★★★

Elle sent bon la lavande, cette ville, située en bordure des Préalpes de Digne. Réputée pour la culture de la lavande dans les environs proches de la ville, on la célèbre le premier week-end d'août lors du Corso de la lavande, une fête à ne pas manquer. Un musée retrace l'histoire de ce symbole de la région : la lavande en pays Dignois de 1900 à nos jours.
Située à 600 m d'altitude, elle est aussi au cœur de la plus grande réserve géologique d'Europe, l'Unesco Géoparc de Haute-Provence, qui vous permettra d'admirer un fossile d'ichtyosaure et la surprenante dalle aux ammonites. Avec une population d'environ 17 000 habitants, cette ville touristique et thermale dispose de plus de 300 km de sentiers de randonnée pédestre ou VTT balisés, d'une via ferrata sur la commune, d'un plan d'eau et d'un complexe aquatique. Dès l'Antiquité, ses sources d'eaux chaudes attirèrent les Romains. Plus tard le christianisme s'y implanta, à l'emplacement de l'actuelle cathédrale Notre-Dame-du-Bourg sous laquelle se trouve aujourd'hui la crypte archéologique (900 m²). Le Musée Gassendi, le Musée-Promenade, la Maison de l'écrivaine Alexandra David-Néel, sont également des lieux de visite incontournables. Sans oublier les refuges d'art d'Andy Goldsworthy qui allient, au cours d'une balade, art contemporain et patrimoine rural sur l'Unesco Géoparc, les Clues de Barles et leurs paysages grandioses ou encore le charmant petit train des Pignes qui permet de rejoindre Nice tous les jours avec sa voie étroite et son franchissement de cols escarpés.

Faune et Flore

L'Unesco Géoparc de Haute-Provence est le premier Géoparc créé par l'Unesco en 2000. Ces sites géologiques naturels qui se répartissent sur 60 communes du département des Alpes-de-Haute-Provence ont servi de modèle au développement de nombreux autres Géoparcs dans le monde. Pour le parcourir dans sa globalité, prévoyez un temps suffisant, car il s'étend sur près de 1 989 km² et plus de 80 zones de terrains variés et parfois plus ou moins facilement accessibles et 130 sites aménagés ouverts au public à partir de 5 routes thématiques qui, elles, sont bien accessibles.
C'est ainsi qu'il s'étend des rives du lac de Sainte-Croix sur le Verdon près de Moustiers-Sainte-Marie jusqu'aux sommets enneigés de Dormillouse au-dessus de Seyne-les-Alpes. Il est composé d'une diversité unique de paysages où se côtoient souvent caractères alpins et provençaux. Pour le découvrir dans son ensemble (l'usage de la voiture est indispensable jusqu'aux nombreux sites aménagés) un départ est possible depuis le musée-promenade qui est aussi le siège du Géoparc, ou bien à partir de Sisteron. Le premier lieu qui domine la ville de Digne du haut de son petit piton de tuf calcaire permet une plongée didactique progressive dans la mémoire de la formation des Alpes du Sud. Prenez ensuite la direction des Clues de Barles qui offrent au regard émerveillé les strates impressionnantes du plissement alpin, des gorges étroites, parcourues par un torrent bouillonnant (avec cuvettes naturelles permettant la baignade en été), mais aussi dalle aux ammonites (énormes et protégées du vandalisme de certains visiteurs), squelette d'ichtyosaure ou empreintes fossiles de petits pas d'oiseaux (attention, prélèvements de fossiles interdits)... En hiver, d'impressionnantes stalactites ! Vous en prendrez plein les yeux ! Mais il ne s'agit là que d'une toute petite partie du parc, la plus facilement accessible pour les personnes ne disposant que peu de temps.
Pour les géologues passionnés, amateurs ou expérimentés, la visite devra se poursuivre par le parcours des 5 routes. Cela les obligera obligatoirement à un séjour prolongé sur cet immense Géoparc. Les routes à thèmes sont : la route d'histoires, de mots et de pierres ; la route des empreintes d'art dans la mémoire de la terre ; la route des galets, des saveurs et des lavandes, ; la route des montagnes et des hommes ; la route du temps.
Une carte interactive située sur le site officiel du Géoparc, permet d'avoir un bref descriptif de chacune ainsi que des sites aménagés à découvrir.

Tourisme

La route des Saveurs et des Senteurs, créée en 2011, fédère aujourd'hui, en 2020, seize établissements (déclinés sur son site Internet) qui se situent en haute Provence sur les communes de Peyruis, Mane, Forcalquier, Banon, Oraison, Manosque, Villeneuve et Valensole. Serpentant entre plateau de Valensole, Durance, haut Luberon et montagne de Lure, elle est riche de paysages remarquables et de savoir-faire séculaires des hommes. Possédant une grande variété d'arbres, de fruits et de fleurs emblématiques de la région telles la lavande, l'olive, la figue, l'amande et bien d'autres, ce territoire magique et féerique est à parcourir. Bonne route !

CATHÉDRALE SAINT-JERÔME

15, rue Tour des Pirsons

✆ 04 92 32 06 48

Ouverte du 15 juin au 30 septembre de 14h à 18h tous les jours (sous réserve).

Alors que les habitants de Digne abandonnent peu à peu la cathédrale Notre-Dame-du-Bourg, trop excentrée et vulnérable à l'heure des guerres de religions, l'évêque Antoine de Guiramand fit bâtir en 1490 cette église sur la colline du Rochas, entre son château et la Tour de l'Horloge qui se dressait alors ici seule depuis 1412. Agrandie et embellie à partir du XVIe siècle, elle fut érigée en co-cathédrale en 1962 et classée monument historique. Aujourd'hui, on accède à son large parvis et à sa belle vue par un escalier majestueux à partir de la rue Saint-Jérôme.

AU JARDIN DE FLORE

754, chemin de la Combe du Noyer - **LE BRUSQUET**

✆ 06 07 09 03 19

www.aujardindeflore.net

Ouvert d'avril à octobre. Stage 2 ou 3j en demi-pension 140 € par personne. Atelier sur la journée, 60 € par personne.

Autour d'ateliers sur les plantes médicinales, Françoise vous promet de riches moments de découvertes dans le pays dignois, depuis plus de dix ans. Diplômée DUMENAT en phytothérapie et aromathérapie, après de merveilleuses balades dans la réserve naturelle géologique de Haute-Provence, Françoise vous apprendra à préparer des macérations, à identifier et à cueillir plantes et fleurs... Pour le stage sur deux ou trois jours, vous préparerez le repas du soir à base de plantes sauvages et du jardin. Attention, pas de possibilité d'hébergement sur place.

LE CENTRE ANCIEN

Certaines rues sont piétonnes, d'autres comportent des escaliers.

Une balade dans la vieille ville se fait d'une petite rue à l'autre, tantôt en descendant ou en remontant dans les quartiers anciens, avec leurs nombreux petits commerces et où les noms de rues font sourire : la rue du Trou-du-Four, le quartier Pied de Ville ou la rue de Pied Cocu. Une plaque apposée rue de l'Hubac rappelle comment Monseigneur de Miollis a inspiré Victor Hugo dans *Les Misérables* ; une autre située rue du Jeu-de-Paume relate l'arrêt de Napoléon à Digne durant quelques heures le 4 mars 1815 de retour d'exil. Un véritable voyage dans le temps !

JARDIN DES CORDELIERS

Place des Cordeliers

✆ 04 92 31 59 59

Ouvert toute l'année de 9h à 18h (19h en juillet-août,) du lundi au vendredi. Gratuit.

Situé dans l'ancienne cour d'honneur du collège Maria Borrély, dont les bâtiments abritaient autrefois l'ancien couvent des Cordeliers, ce jardin botanique de 2 000 m^2 a ouvert ses portes au public en 1996. Il est actuellement divisé en quatre parcelles thématiques entourées de haies de buis centenaires. Intégré au circuit touristique « Les Routes de la Lavande », ce jardin est riche de plus de 450 espèces de plantes sauvages médicinales et alimentaires, ainsi que de plantes aromatiques et ornementales issues du patrimoine végétal de la région.

DALLE AUX AMMONITES

Réserve Géologique de Haute-Provence

Ouvert toute l'année. Gratuit.

Après avoir visité le musée-promenade, faites un kilomètre en direction des clues de Barles. Vous pourrez apercevoir cette dalle de 320 m^2 qui abrite plus de 1 550 fossiles d'ammonites. Les plus grosses font 70 cm de diamètre, preuve que la mer couvrait la région de Digne il y a environ 200 millions d'années. Continuez sur la route, vous découvrirez le squelette de l'ichtyosaure de la Robine, des empreintes de pas d'oiseaux âgées de plus de 20 millions d'années, des paysages exceptionnels et des trous d'eau pour vous rafraîchir. Incontournable et exceptionnel !

JARDIN DES PAPILLONS

10, montée Bernard-Dellacasagrande

✆ 04 92 36 70 70

Haute saison tous les jours de 9h à 19h. Sur demande à partir de septembre. Adulte : 8 €. Enfant de 7 à 14 ans : 5 €.

Parmi les multiples trésors à découvrir dans le riche musée-promenade, se trouve ce passionnant espace appelé Jardin des papillons. D'une richesse unique en France, il permet de découvrir, sur 1 ha environ, une centaine de variétés de papillons indigènes qui s'y sont réfugiées de façon naturelle. Et cela grâce aux jardiniers qui ont tout simplement cultivé ici leurs plantes préférées, donnant un lieu magique pour les observer en toute liberté. Pendant la période de vie des papillons (entre le 15 avril et le 15 septembre), le musée organise des visites guidées.

LAC DE PÊCHE DE GAUBERT

Route du Chaffaut
✆ 04 92 31 00 49
Carte de stage d'initiation : 6 €. Carte de pêche journalière : 15 €. Carte annuelle personne majeure : 74 €.

Le lac piscicole de Gaubert est un lac accessible toute l'année. Sur place, pratiquez la pêche au coup, à l'anglaise ou à l'américaine. Il se situe à proximité de Digne-les-Bains et propose un accès aux personnes à mobilité réduite. Pour les enfants de 7 à 16 ans, l'AAPPMA la Bléone organise des Ateliers Pêche Nature d'initiation gratuite pendant les vacances de Pâques, à la Toussaint, et en juillet et août, tous les après-midi. C'est aussi un endroit agréable pour se promener en semaine avec les enfants qui apprécieront la présence de canards sauvages.

MAISON ALEXANDRA DAVID-NEEL

27, avenue du Maréchal-Juin
✆ 04 92 31 32 38
www.alexandra-david-neel.fr
Basse saison : de 14h à 17h. Haute saison : tous les jours de 10h à 18h. Visite complète 8 €.

Une visite passionnante ! Alexandra David-Neel fut la première femme européenne à pénétrer dans la cité interdite de Lhassa au Tibet en 1924. Anarchiste, féministe et journaliste, née à Paris en 1868, elle a marqué le monde très masculin de l'aventure et de l'exploration. Elle s'installe à Digne en 1928 en sa maison Samten Dzong ou « résidence de la réflexion » où elle rédige ses ouvrages dans sa pièce tibétaine. Cette villa-musée est d'une richesse incroyable !

NOTRE-DAME DU BOURG

Route de la Javie
✆ 04 92 32 06 48
Visites assurées par des bénévoles de l'association paroissiale de Digne-les-Bains.

C'est en 1180 que l'on retrouve pour la première fois la cathédrale Notre-Dame-du-Bourg mentionnée dans des écrits. À la fin du XVIe siècle, Notre-Dame-du-Bourg, moins facile à protéger, est abandonnée par la population et subit des pillages. Aujourd'hui dans ses sous-sols, la Crypte archéologique révèle des traces de construction sur deux millénaires. Cette cathédrale, considérée comme l'une des plus belles églises romanes de Provence, abrite également tout un ensemble liturgique réalisé par l'artiste contemporain David Rabinowitch.

MUSÉE DE LA LAVANDE

32, boulevard Gassendi
✆ 04 92 31 14 90
www.nicolosi-creations.fr
Musée ouvert toute l'année : en été (juillet, août) de 10h à 18h, 7j/7. Adulte : 5,50 €.

Digne-les-Bains fête sa lavande fine au travers de trois manifestations : le corso de la lavande début août, la foire de la lavande fin août et depuis 2015 l'ouverture d'un musée qui lui est consacré. Ou plus exactement, le musée son et lumière de la lavande, en hommage à la petite fleur bleue, emblème du territoire et de la région. Ce très beau musée est situé en plein centre-ville, et on y accède à partir de la boutique en rez-de-chaussée « Les Lavandières en Provence », dont il occupe le premier étage du bâtiment. Il a été créé à l'initiative de Philippe Nicolosi, le fondateur de Nicolosi Créations. Cette entreprise est spécialisée dans la production artisanale de produits olfactifs comme les diffuseurs de parfum, savons, eaux de toilette, bougies, encens, cosmétiques… tous à base de lavande. C'est pour cela qu'ici, musée et boutique cohabitent ensemble.

Le musée propose des spectacles sons et lumières relatant l'histoire du travail de la lavande dans les alentours de Digne-les-Bains, des années 1900 à nos jours, avec projection d'un joli film. Également très prisées, des démonstrations gratuites de distillation de lavandin en juillet-août, dans un cour intérieure ombragée, grâce à un ancien alambic des années 1900. Ludique et très instructif pour les petits comme pour les grands, car les séances qui durent environ 1/2 heure sont commentées par les distillateurs. 2 séances sont organisées tous les jours de 11h à 11h30 et de 16h à 16h30 (sauf le dimanche) en juillet et août. Exceptionnel et à ne pas manquer !

PARCOURS SPORTIF

33, boulevard Gambetta ✆ 04 92 36 62 62
www.dignelesbains-tourisme.com
Ouvert toute l'année. Gratuit. Parking adapté. Cheminements larges et roulants, parcours sans obstacles, sans pentes.

Dans ce parc, vous trouverez des parcours de santé et plusieurs installations : deux courts de tennis et un mur, des aires de jeux goudronnées pour s'adonner au basket, hand-ball, football, une piste d'initiation VTT… Vous profiterez également d'un parcours sportif adapté aux personnes handicapées. Composé de 5 agrès : barres d'étirements, plateau à bascule, cheminement en zigzag, barres parallèles et slalom, il est adapté aux déficients visuels, déficients auditifs, à mobilité réduite et déficients mentaux. Le parcours est ouvert à l'année à tous les pratiquants.

MUSÉE GASSENDI

64, boulevard Gassendi
✆ 04 92 31 45 29
www.musee-gassendi.org
Ouvert toute l'année, tous les jours sauf le mardi. Adulte : 6 € (réduit 4 €). Visite commentée 2 € supplémentaires.

Situé au cœur de la ville dans un ancien hospice du XVIe siècle, ce musée rénové en 2003 se présente comme un cabinet de curiosités. D'une remarquable diversité, il propose cinq siècles d'art, d'histoire et de sciences, et possède des collections naturalistes et artistiques très riches. Il laisse aussi la part belle aux artistes contemporains venus d'ici et d'ailleurs et qui souvent s'inspirent de l'environnement local pour créer des ponts *in situ*. Le musée est organisé en quatre grands espaces : le XIXe siècle, le fonds d'art ancien, les salles de sciences et l'art contemporain. La salle des paysages, particulièrement intéressante, propose des peintures provençales du XIXe siècle et une paroi de terre construite par le maître du *land art*, l'artiste anglais Andy Goldsworthy. Le musée propose son application numérique Gassendi Curiosity qui vous permet de choisir un parcours découverte parmi une quinzaine aux noms alléchants : « La tête dans les étoiles » ou « Contes et légendes animales », et de déambuler ensuite de façon personnalisée dans le musée, de créer votre propre collection et de partager vos coups de cœur et commentaires sur les réseaux sociaux en anglais et/ou français. Ultime particularité de ce musée pas comme les autres : il sort de ses murs en collaboration avec le CAIRN, le Centre d'art informel de recherche sur la nature, étendu sur plus de 200 000 hectares. Vous pourrez ainsi admirer des œuvres d'art permanentes installées en pleine nature. L'occasion de réconcilier art et ruralité, ou aussi art et nature.

MUSÉE PROMENADE GÉOPARC

10, montée Bernard-Dellacasagrande
✆ 04 92 36 70 70
www.geoparchauteprovence.com
Ouvert d'avril à fin novembre 7j/7 de 9h à 12h et de 14h à 17h30 (jusqu'à 19h l'été). Adulte : 8 €.

Le musée promenade de l'UNESCO Géoparc de Haute-Provence, situé dans le parc Saint-Benoît, abrite de multiples trésors archéologiques, naturels et culturels. La Maison des Remparts qui l'héberge dévoile d'abord les 300 derniers millions d'années d'histoire de notre région à travers diverses riches expositions de fossiles, un moulage complet d'un squelette d'ichtyosaure, une collection unique d'ammonites déroulées qui vivaient dans les mers de cette région à l'époque du Crétacé. À proximité de 12 aquariums marins des fossiles d'animaux marins correspondants dont les nautiles descendant plus récent des ammonites. Plus loin, une exposition sur les serpents de la région vous révèle le monde secret de ces petits reptiles actuels. Le territoire du Géoparc en est particulièrement riche... Mais ce musée, si passionnant soit-il, ne doit pas vous faire oublier le parc lui-même avec ses sentiers aménagés, ses jardins (celui des papillons et celui de Kameshi) et les œuvres d'art disséminées d'artistes contemporains. Son parcours est une source ininterrompue de magnifiques découvertes naturelles, de sources, de cascades rafraîchissantes (dont celle de tuf) et de lieux de repos ou de méditation.

Le jeune public n'est pas non plus laissé pour compte, car de nombreuses animations sont organisées pour les enfants : des fouilles à remonter le temps, une chasse au trésor à la poursuite des ammonites ou également la découverte des serpents sympas d'ici. Un musée véritablement passionnant pour toute la famille !

LE SENTIER DE SAINT-PANCRACE

Au centre de Digne, prendre la direction des thermes et faire environ 2 km. Longer les thermes jusqu'au parking.

La chapelle Saint-Pancrace fut à l'origine un sanctuaire païen du IXe siècle. Son site possède un charme magique. Outre ses paysages sublimes et l'attrait de son attachante chapelle, le sentier de Saint-Pancrace offre une vue vertigineuse sur Digne. On peut aussi admirer au loin le pic du Couard culminant à 1 998 m d'altitude avec la barre des Dourbes s'étirant sur sa droite. À signaler : le Refuge d'Art, réalisé par Andy Goldsworthy, une œuvre d'art « à parcourir » le long du sentier.

AGENCE DE DÉVELOPPEMENT TOURISTIQUE DES ALPES HAUTE-PROVENCE

www.alpes-haute-provence.com

Le département des Alpes de Haute-Provence est un terrain de jeu idéal pour la pratique du cyclotourisme et de la randonnée cyclosportive. De nombreux circuits cyclistes sillonnent le territoire : du pays de Forcalquier, en passant par les gorges du Verdon ou les sommets des Alpes. Sur le site de l'Agence de Développement Touristique, vous y trouverez nombreuses informations touristiques et services proposés qui sont destinés à vous aider dans la préparation de votre séjour.

EXCURSIONS EN TAXI LAVANDE OU GÉOPARC

Place du Tampinet
✆ 04 92 36 62 62
Taxis Lavande en juin et juillet. Taxis Géoparc disponible toute l'année. 4 personnes maxi par véhicule. De 45 à 150 €.

Et si vous découvriez les alentours de Digne en taxi ? En partenariat avec l'office de tourisme (qui propose une liste de taxis partenaires), voilà une façon originale de sillonner ce beau territoire. Pour les amoureux de l'or bleu, deux itinéraires sont proposés : le premier vous fait passer par le col de l'Orme, Mézel, Le Chaffaut et Mallemoisson en 1h15 environ et le second – plus long et plus classique – vous fera découvrir durant 2h30 des champs à perte de vue.

LE TRAIN DES PIGNES - CHEMIN DE FER DE PROVENCE

Gare de Digne-les-Bains ✆ 04 92 31 01 58
www.trainprovence.com
Ouvert toute l'année. Direction Nice, départ à 7h15, 10h45, 14h25, 17h35. Tarifs en fonction des trajets.

Voilà une manière très originale de relier les 151 km de Nice à Digne-les-Bains (ou l'inverse) que d'emprunter le fameux Train des Pignes ! Cette ligne mythique conduit les usagers entre Digne et Nice, quatre fois par jour. Avec un point culminant à 1022 m sur les bords du Verdon, la ligne de chemin de fer passe de la montagne à la mer en 3h30. 17 arrêts sont possibles en gare, d'autres haltes sont signalées en bord de voie, au départ de randonnée ou à la découverte de villages.

CAMPING DU BOURG €

20, avenue du Souvenir Français
✆ 04 92 31 04 87
www.campingdigne.com
Ouvert du 30 mars au 31 octobre. Aire camping-cars. Emplacement + véhicule + 2 personnes (avec 10 A) de 15 à 25,50 €.

Ce camping est niché en pleine nature, au bord d'un ruisseau, non loin du centre-ville, de ses commerces. L'ambiance y est chaleureuse et familiale. Emplacements pour camping-car, caravane, tente, dans une ambiance paisible et agréable. Nombreux espaces ombragés. Accès piscine chauffée en mi-saison, mais aussi dans un périmètre restreint : terrains de boules, de tennis, ping-pong, volley. Pour les amateurs de VTT, le Camping du Bourg est tout proche du site réputé des Terres Noires ainsi que de L'EVO bike park. Proche de chemins de randonnée.

HÔTEL CENTRAL** €

26, boulevard Gassendi
✆ 04 92 31 31 91
hotel-central.provencealpes.net/fr
Fermeture en janvier. Accueil jusqu'à 21h. 20 chambres. Chambre simple de 52 à 66 € ; chambre double de 66 à 72 €.

David vous reçoit dans son Hôtel Central situé à l'angle du boulevard Gassendi et de la rue du Colonel-Payant (piétonne et calme). Dans ce petit établissement de 20 chambres aux poutres apparentes et au mobilier rustique, il vous accueille simplement et chaleureusement. Le petit déjeuner, servi en chambre ou en salle, est composé de pain frais et de viennoiseries. Les tarifs sont raisonnables, l'accueil convivial et toutes les chambres, non fumeur, ainsi que disposant de douches et sanitaires privés, vous laisseront un agréable souvenir.

HÔTEL DE PROVENCE** €

17, boulevard Thiers ✆ 04 92 31 32 19
www.hotel-alpes-provence.com
Ouvert toute l'année. 18 chambres. Chambre simple à partir de 51 € ; chambre double de 65 à 75 €.

Bien situé dans le centre-ville, dans une partie d'un ancien couvent du XVIIe siècle, des chambres simples, doubles, twin, triples ou familiales vous sont proposées sur trois étages. Rénovées il y a peu, l'accent a été mis sur l'insonorisation et une décoration unique pour chacune d'entre elles. La quasi-totalité des chambres doubles possède un lit en 160 cm. La décoration partout ailleurs dans l'hôtel est authentique : tomettes de terre cuite, escalier en noyer, meubles provençaux anciens... La terrasse avec ses platanes est un lieu de détente agréable.

L'AUBERGE DE MARIE €€

18, route du pont de l'Asse
BRAS-D'ASSE
✆ 04 92 81 39 32
Ouvert d'avril au 31 décembre. 5 chambres de 75 € à 110 €. Le midi carte de 10 € à 15 €. Le soir, formule à 25 €.

Depuis 2020, Marie, la charmante maîtresse des lieux à l'accueil convivial, vous propose désormais cinq chambres, dont une avec suite. De style moderne, elles sont joliment décorées, personnalisées, avec tout le confort nécessaire. Certaines d'entre elles sont spacieuses, idéales pour les familles. En cuisine, vous dégusterez de petits plats mijotés et faits maison à base de produits frais. Pour se reposer, on adore la terrasse sous la glycine. Un établissement familial, reposant et accueillant à deux pas de superbes balades. À noter : parking derrière l'hôtel.

CAMPING LES EAUX CHAUDES*** €€

Route des Thermes
✆ 04 92 32 31 04
www.campingleseauxchaudes.com

Ouvert du 1er avril au 31 octobre. Emplacement + véhicule + 2 personnes de 17,50 à 24,50 €. Cottage de 71 à 81 €.

Tenu par la même famille depuis plus de 25 ans, il bénéficie d'un cadre agréable et tranquille en bordure de la petite rivière, qui vous offrira calme et repos avec une belle vue sur les différents sommets environnants. Les activités de plein air, sur place ou dans les proches environs (randonnées pédestres, VTT, pêche, golf, plan d'eau…), y sont nombreuses. En 2021, le camping s'est doté d'une piscine chauffée et d'un nouveau restaurant-snacking.

LES LAUZES DU VILLARD €€

1664, rue principale - **LA ROBINE-SUR-GALABRE**
✆ 04 92 31 52 82

Ouvert toute l'année. Chambre double à partir de 80 €. Petit déjeuner inclus. Formule gîte à partir de 440 € la semaine.

Les Lauzes du Villard proposent deux structures d'accueil de qualité labellisées Gîte de France 3 épis et 3 étoiles : une chambre d'hôte pour 2 personnes, complètement indépendante et équipée d'une petite cuisine, et un gîte pourvu de 2 chambres et pouvant accueillir jusqu'à 4 personnes. Terrasse et barbecue sont mis à la disposition des hôtes. L'accueil de Christine et Jacky est convivial et il vous feront partager leurs connaissances du terroir. Ils vous feront goûter leurs recettes et Jacky pourra vous guider lors de vos excursions dans la nature environnante.

GÎTE LE CHÂTEAU €€

760, rue principale - **LA ROBINE-SUR-GALABRE**
✆ 06 37 43 39 43
gite-digne.com/

Ouvert toute l'année. Selon le choix du gîte et la saison, de 450 € à 1200 € la semaine, ou de 80 € / nuitée.

Situés à quelques minutes seulement de Digne, dans le petit village de La Robine, les Gîtes du Château ne manquent pas d'attrait. L'ancienne bergerie du Château, abrite trois gîtes bien équipés pour 2, 4 et 6 personnes (Bergerie, Robines, Grange aux belles) ainsi qu'un pour 9 personnes, (Fournil), et une chambre d'hôtes sous les toits (Prés des étoiles) plus un pigeonnier restauré avec charme dans la cour du château. Tous sont décorés dans un style authentique des anciennes constructions du pays. Ils sont particulièrement adaptés aux séjours familiaux.

HÔTEL LE GRAND PARIS €€€

19, boulevard Thiers
✆ 04 92 31 11 15
hotel-grand-paris.com

Ouvert de mi-mars à fin novembre. 20 chambres. Chambre simple de 85 à 135 € ; double de 95 à 190 €. Demi-pension.

C'est dans cet ancien couvent des Frères de la Trinité datant du XVIIe siècle que la famille Ricaud vous accueille. L'hôtel possède des chambres et des appartements d'excellent confort ainsi que des salons particuliers pour vos repas de famille ou d'affaires. Il vous propose également des séjours alléchants : thermes et huiles essentielles, golf en Provence, sur les traces de l'exploratrice Alexandra David-Neel… Une cuisine familiale raffinée est servie dans la salle à manger à l'ancienne ou sur l'agréable terrasse fleurie ombragée par des platanes centenaires.

HÔTEL VILLA GAIA*** €€

24, route de Nice
✆ 04 92 31 21 60
www.hotel-villagaia-digne.com

Ouvert de mi-avril à mi-octobre. 10 chambres. Chambre simple de 65 à 120 €. Demi-pension à partir de 165 € pour 2.

Cachée au milieu d'un parc ombragé de 3 ha, cette maison bourgeoise construite en 1730 et rénovée au début du XXe siècle recèle de bonnes surprises. Les chambres sont claires et spacieuses. La Villa Gaia possède un espace relaxation et bien-être : bain à vapeur au feu de bois, salle de balnéothérapie, bar nature et solarium abrité. Anne-Françoise et Georges-Eric, vos hôtes, assurent aussi un petit déjeuner et un dîner maison, réservés aux clients de l'hôtel. L'établissement propose enfin des séjours à thèmes et des ateliers (cuisine, peinture…).

LE 28 €€

28, rue de l'Hubac
✆ 04 92 35 23 38

Ouvert le mardi, le mercredi, le vendredi et le samedi le soir de 18h30 à 00h. Tapas entre 3 à 5 €.

Depuis six ans Bertrand et Mireille nous régalent de tapas. Qu'elles soient salées ou sucrées, les habitués ne s'en lassent pas et c'est bien normal : elles changent régulièrement, avec plus d'une vingtaine au choix, à base de produits frais et régionaux. Les deux salles intimistes offrent une ambiance bien agréable de cave et bar à vin. Sur les murs, les artistes viennent exposer leurs œuvres. Les plus : très belle cave à vin au prix caviste et l'été, ambiance musicale deux fois par semaine sur la belle terrasse qui se déploie dans la rue. À retenir !

LE BLEU CERISE €

14, place du Général-de-Gaulle
✆ 04 92 32 31 24
www.restaurant-lebleucerise-digne.fr

Ouvert toute l'année. Menus de 23 à 29 €. Carte : 18 € environ. Terrasse. Plats à emporter.

Donnant sur la place du Général-De-Gaulle, face à la mairie, le Bleu Cerise vous accueille dans un cadre chaleureux pour déguster une cuisine raffinée, au gré des saisons, grâce à son chef Anthony Bonsignori. C'est sur une belle terrasse ombragée en été, ou dans une charmante salle voûtée en pierre le reste de l'année, que vous pourrez savourer des plats traditionnels ou végétariens, changeant au rythme du marché et réalisés à base de produits frais. Les vins sont de la région et le café gourmand à tomber pour une addition guère salée. Allez-y sans hésiter !

LA CHOUETTE GOURMANDE €€

6, rue de l'élise - **CHAMPTERCIER**
✆ 06 32 65 00 69 - http://lachouettegourmande.fr

Ouvert toute l'année, du mercredi au samedi le midi et le soir ; le dimanche midi. Menu à 25 €. Formule du midi : 15 €.

La Chouette Gourmande se situe au cœur du petit village perché de Champtercier, à seulement cinq minutes en voiture de l'entrée sud de Digne-les-Bains et de sa zone d'activité Saint Christophe. Le concept du restaurant voulu par Alice et Nicolas est simple : proposer un menu évolutif où l'on pourra savourer des spécialités corses, arméniennes et traditionnelles provençales avec des produits frais et de saison. Outre la qualité des mets, la convivialité, l'accueil et le bien-être des convives y sont privilégiés, parfait pour effectuer un vrai voyage culinaire !

L'OLIVIER €€

1, rue des Monges
✆ 04 92 31 47 41
www.resto-lolivier.fr

Ouvert toute l'année. Du mercredi au dimanche le midi ; du mercredi au samedi le soir. Plat de 12 à 18 € environ.

À L'Olivier, ce sont Nicolas et Sarah qui vous accueillent midi et soir. Ils proposent une cuisine traditionnelle inspirée du Sud-Ouest, leurs origines, basée sur des produits frais de saison glanés au marché et auprès des producteurs locaux. Si le samedi midi, c'est couscous, les quelques mets élaborés par Nicolas et présentés à la carte sont très variés. Et les bons desserts permettent de terminer votre repas sur un petit nuage. Les mercredis et samedis midi c'est sur le marché de Digne qu'ils proposent également leur cuisine, à emporter cette fois !

LOU MILE SOL €€

Rue Principale - **LE BRUSQUET**
✆ 04 92 34 08 44
www.bistrotdepays.com/lou-mile-sol

Service midi et soir de juillet à août. Fermeture lundi soir et mardi journée le reste de l'année. Plat de 11,50 à 25 €.

Cette ancienne école transformée en Bistrot de Pays offre une grande terrasse avec un beau panorama sur les sommets du pic de Couard et du Cheval Blanc. Il propose une cuisine traditionnelle régionale, goûteuse et 100 % maison. Les vins sont aussi servis en pichet ou au verre, et Raphaël et Marie-Annel vous accueillent chaleureusement. Côté fourchette, des spécialités provençales comme l'aïoli mais aussi du foie gras ou des woks, le tout avec une cuisine faite entièrement maison. L'occasion d'allier les plaisirs gustatifs et la visite des environs de Digne.

LA MARÉCHALERIE €€

16, cours des Ares
✆ 04 92 32 33 57
www.lamarechalerieblog.wordpress.com

Ouvert 7j/7 de 12h à 14h30 et de 19h à 22h. Menus de 18 à 26 €. Terrasse. Accueil de groupes.

Pierre, le maître des lieux, sait accueillir ses convives avec chaleur et convivialité. Grâce à ses plus de trente-deux ans de service, il vous contera volontiers l'histoire de la cité qu'il connaît sur le bout des doigts. Une belle salle vous accueille et l'été c'est au tour de la terrasse donnant sur la place d'être prise d'assaut. On aime cette adresse aux tables joliment dressées et pour sa cuisine variée qui change régulièrement tout comme le plat du jour qui varie au quotidien. Tous les plats sont avec garniture. Buffet libre-service le midi.

LES TROIS CHEMINS €€

7, rue de la Fontaine
BRAS-D'ASSE
✆ 07 82 38 09 67

Fermé dimanche et lundi. Menus de 15 € à 20 €.

Situé sur la route départementale, au cœur du village, Les Trois Chemins ont été repris en 2018 et entièrement relookés dans un esprit sobre et moderne. Marie, la maitresse des lieux, c'est la simplicité même. Son accueil va de soi, familial et convivial et sa cuisine est au diapason. Marie aime vous concocter des mets à base de produits frais autant qu'elle le peut, et de la région. Le plat du jour change au quotidien. La carte traditionnelle s'ouvre côté mer et côté terre, il y en a pour tous les goûts ! Un bon rapport qualité/prix.

ALPES-DE-HAUTE-PROVENCE

LE VICTOR HUGO €€

10/12, boulevard Victor-Hugo
✆ 04 92 31 57 23
www.levictorhugo04.net

Ouvert tous les jours sauf dimanche soir et lundi. Plat du jour : 10 €. Menu : 23 €. Formule du midi : 14 €.

Le chef Jean-Luc Cuvilly a fait du Victor Hugo une adresse incontournable sur Digne. Les récompenses pleuvent et sont à la hauteur de son savoir culinaire. Dans un cadre convivial, avec terrasse l'été, Jean-Luc ne travaille que des produits de qualité rigoureusement sélectionnés par ses soins. Fraîcheur absolue garantie ! Il vous propose une cuisine semi-gastronomique aux accents méridionaux et du Sud-Ouest. Aussi grand choix de burgers et de moules sous toutes leurs facettes. Belle carte des vins. Le plus : possibilité de privatiser cette adresse gourmande.

LE GRAND PARIS €€€

19, boulevard Thiers
✆ 04 92 31 11 15
www.hotel-grand-paris.com

Ouvert d'avril à novembre. Le soir de 19h à 21h30 ; du vendredi au dimanche le midi de 12h à 14h. Menus de 38 à 75 €.

Institution à Digne-les-Bains depuis 1930, l'hôtel-restaurant du Grand Paris vous propose des chambres, des appartements, ainsi que des salons particuliers pour toutes réunions et repas d'affaires ou repas de famille festifs. Sans oublier son sauna, sa salle de sport et son garage fermé... Son restaurant renommé vous accueille aux beaux jours sur sa terrasse ombragée et fleurie. La cuisine gourmande du chef Noémie Ricaud sait régaler ses convives, et le menu Découverte tient ses toutes promesses. Une étape incontournable pour les papilles.

LA BOÎTE À BISCUITS

Zone commerciale Saint-Christophe
✆ 04 92 31 93 47
www.laboiteabiscuits.fr

Boutique ouverte du lundi au samedi de 8h à 19h. Visites guidées l'été les jeudis à 15h avec dégustation : 3 € / adulte.

Ce bel endroit est né en 2007 de la complicité fraternelle de Lionel et Karine. Ils imaginèrent alors un espace à leur image avec des produits simples et artisanaux, un zeste de créativité et une bonne dose de gourmandise. Leur agréable boutique-salon de thé propose une large gamme de biscuits, chocolats et confiseries fabriqués dans leur atelier, dont l'activité est observable à travers une large baie vitrée. La qualité des produits se conjugue à un véritable souci d'éthique, sans conservateurs et avec des arômes naturels glanés auprès d'artisans locaux.

MARCHÉ

Place du Général-de-Gaulle
✆ 04 92 30 52 00

Toute l'année, tous les mercredis et samedis de 8h à 13h.

Digne-les-Bains compte un marché très complet. On retrouve sur ses étals légumes, fromages de la région, volailles, fruits de la vallée de la Durance, produits régionaux à base de lavande ou de miel, livres, accessoires, vêtements et tissus typiques mais aussi la célèbre socca niçoise, délicieuse galette à la farine de pois chiche. A noter : de juin à septembre, le marché du samedi s'étend sur la totalité du boulevard Gassendi, fermé à la circulation pour l'occasion. Il est alors plus grand, plus typique et fait une large place aux commerçants et artisans locaux.

SAVEURS ET COULEURS

7, boulevard Gassendi
✆ 04 92 36 04 06
www.saveurs-couleurs.fr

Ouvert du mardi au samedi de 8h15 à 12h et de 14h à 19h + le dimanche de 9h à 12h.

Depuis 2005, Annick et Rose-Marie proposent, dans cette ravissante épicerie fine, toutes les spécialités provençales culinaires en privilégiant les circuits courts pour garantir la fraîcheur, mais aussi santons et décoration locale. Au menu : fruits confits, olives et tapenade, miels, nougats et calissons, huile d'olive, apéritifs locaux... Avec en prime toutes les bonnes senteurs du pays ! Vous pourrez aussi profiter de la cave à vin de l'établissement dans laquelle vous trouverez une sélection de spiritueux et de champagnes pour accompagner vos produits.

LES EAUX CHAUDES

1, avenue François-Cuzin ✆ 04 92 36 36 00
www.piscine-leseauxchaudes.com

Ouvert toute l'année. Tous les horaires sur le site Internet. Entrée : 5,50 €. Enfants (-16 ans) 4,50 €.

Ce complexe aquatique unique dans le département a vu défiler quelques nageurs célèbres comme Malia Metella, Alain Bernard ou encore Coralie Balmy. Il vous propose un espace complet avec des bassins sportifs ou ludiques (jacuzzi, rivière à contre-courant, canon à eau, pataugeoire, toboggan), un espace de remise en forme et de détente avec au programme cours de fitness, de danses, sauna, hammam... Sans oublier les deux salles de sport avec un plateau de cardio-musculation. Dès les premières chaleurs, les bains de soleil vous accueillent sur les plages extérieures.

GOLF DE DIGNE-LES-BAINS

57, route du Chaffaut
✆ 04 92 30 58 00
www.jouer.golf/digne-les-bains

Ouvert toute l'année. Forfait hébergement + golf : 1 nuit, de 76 à 89 €. Restauration. Boutique. Piscine l'été.

Venez jouer dans un environnement exceptionnel de lavandes et de sommets de Haute-Provence qui associent pins et chênes sur 70 ha. Le golf propose un parcours homologué de 18 trous, un parcours compact de 6 trous et des aires d'entraînement, un parcours 9 trous avec des formules découverte, stages et leçons. Vous pourrez également y passer un séjour très agréable dans l'une des 13 chambres, tout confort et de standing. Le restaurant sert des plats qui varient au fil des saisons. Une piscine d'été est également à disposition de la clientèle.

STATION THERMALE DE DIGNE-LES-BAINS

29, avenue des Thermes ✆ 04 92 32 32 92
www.thermesdignelesbains.com

Ouverture de mars à novembre. Accueil de 8h30 à 12h30 et de 14h à 19h15. Soins à l'espace Zen sur rendez-vous. Boutique.

Les Thermes de Digne-les-Bains sont blottis dans la vallée des Eaux Chaudes au pied d'une falaise d'où jaillit la source thermale. Captées au plus profond de la roche, ses eaux thermales sulfurées, chlorurées et sodiques soulagent efficacement les douleurs rhumatismales et les affections respiratoires. Avec son ensoleillement exceptionnel de près de 300 jours par an, son air pur et son climat sec, Digne-les-Bains est particulièrement recommandée pour les affections asthmatiques, notamment chez l'enfant. En plus des cures médicales prescrites, sont proposées diverses cures préventives d'une semaine à des prix accessibles, comme la cure « prévention voies respiratoires » avec six soins thermaux, ou encore la cure « prévention rhumatologie » avec quatre soins thermaux chaque matin. La cure prévention donne accès à la piscine d'eau thermale, à la salle fitness (avec la Power Plate) et à un cours de gym. De nombreux soins de remise en forme sont également proposés tout au long de l'année, certains mêlant bain bouillonnant d'eau thermale, et soins aux huiles essentielles. On retrouve également le modelage tibétain au bol Kansu, le modelage aux pierres chaudes pour décontractant... La grande innovation de 2021 est l'inauguration d'un magnifique Spa thermal de Haute-Provence. Jouxtant l'établissement thermal actuel, il a permis de créer un espace aqualudique comprenant un bassin intérieur relié à un bassin extérieur, accolé à un espace « Bien-Être » très complet.

LE CHAFFAUT-SAINT-JURSON

Ce petit village typiquement provençal est situé dans la plaine de la Bléone, entre champs de lavande et de tournesols. Son lavoir couvert de tuiles romaines ou encore son église du XVIIe siècle, qui recèle un magnifique ciboire du XIIe siècle, sont à voir. Mais la « star » du village n'est autre que son château : construit au XVe siècle, on aperçoit de loin ses trois (à l'origine quatre) tours carrées de style Louis XIII. Il ne se visite pas car c'est une propriété privée mais vous pourrez admirer sa magnifique porte cloutée, d'époque. Pour y accéder, rien de plus simple : le train des Pignes de Nice à Digne a un arrêt à la gare de Saint-Jurson.

LA BASTIDA FLORA €€

chemin de Mezel
✆ 06 47 78 10 45
https://labastidaflora.blogspot.com

Gite pour 6 personnes maximum de 380 € à 540 € la semaine. Nuitée à partir de 80 €.

Bienvenue dans cette superbe bastide provençale du XVIIe siècle. La maîtresse des lieux, Nathalie, est artiste peintre et c'est elle qui a remarquablement décoré ce magnifique gite de charme qui peut accueillir jusqu'à six personnes, avec deux chambres. Atypique, original, à l'esthétique très sympa, vous ne regretterez pas votre choix. La terrasse offre une vue panoramique incomparable sur la montagne de Lure. Les couchers de soleil y sont sublimes et le hameau de Saint Jurson, tout de pierres, adorable. À la Bastida Flora, vous ne manquerez de rien.

LA JAVIE

Habitées dès la période gallo-romaine, les terres de La Javie sont, au VIIIe siècle, sous le joug de l'abbaye Saint-Victor de Marseille. Au fil du temps, La Javie parvient tantôt à s'émanciper de cette domination sénioriale, tantôt à être sous sa coupe. Au temps de la Révolution française, le village se met au goût des partisans, une société patriotique à tendance jacobine étant créée. Réputée pour son agneau élevé en alpage, le tardon, ses pommes et ses poires de variétés anciennes faisant le sujet de foires connues depuis le Moyen Age, ce chef-lieu de canton a su conserver une structure de village traditionnel avec ses commerces et ses animations.

ÉCOMUSÉE LA JAVIE AUTREFOIS

Le Presbytère
✆ 06 71 52 33 58
www.lajavieautrefois.com
Ouverture de Pâques à la Toussaint sur rdv. L'été, permanences les samedis et dimanches de 16h à 19h. Gratuit.

Ce petit musée atypique se situe, au-dessus de la boulangerie, dans l'ancien presbytère du village de La Javie, près de Digne-les-Bains. 400 âmes à l'année, mais une folle énergie pour ce petit village, et la volonté de ne pas oublier les savoir-faire et les métiers d'antan dans cette vallée du Bès, réputée pour ses trésors archéologiques. Les objets, photographies et documents présentés dans cet ancien presbytère sont dans leur grande majorité issus de dons des habitants et racontent l'histoire du village vers 1900. Grâce à l'acharnement d'une poignée de bénévoles et aux dons des habitants, le musée vous permet, sur trois niveaux d'exposition, de découvrir la vie des villageois il y a 100 ans. On y découvre la salle de classe, l'épicerie, la cuisine, l'atelier du cordonnier, l'étameur, le rémouleur, mais aussi l'engagement des Poilus de la Javie pendant la guerre 14-18. La visite, assurée par les bénévoles membres de l'Association, est vivante, détaillée et accessible aux enfants. Un musée au charme désuet qui mérite le détour pour la synergie des habitants qui ont permis sa création et continuent de le faire vivre. En complément vous pourrez acquérir son livret de délicieuses recettes d'antan (poire Sarteau), pour un prix modique ainsi que le « livret de randonnée des vieux hameaux » en vente à la boulangerie. L'entrée est gratuite, alors n'hésitez plus à décrocher votre téléphone pour planifier le rendez-vous de votre prochaine visite !

LE BON COING €€

Le Village
✆ 07 60 38 52 73
Ouvert tous les midis (sauf le lundi). Le soir sur réservation, à partir de cinq personnes. Carte de 14 € à 20 €.

Morgane et Frédéric, jeune couple dynamique et sympathique, vous réservent un accueil familial. Ici, c'est comme à la maison. Vous prendrez place dans une salle conviviale, esprit bistrot de village ou encore sur la belle terrasse aménagée et ombragée. La cuisine est de terroir avec uniquement des produits frais, suivant les saisons. Le plus souvent la marmite est directement posée sur la table et chacun se sert à volonté. Le soir, pas de restauration, bébés obligent, sauf si vous réservez la veille, à partir de cinq personnes.

MÉZEL

Situé sur les bords de l'Asse, ce petit bourg tranquille charme le visiteur, grâce à ses façades colorées et son grand nombre de magnifiques portes anciennes. Typique village provençal, il fera bon s'y promener pour y admirer les fontaines et les lavoirs, témoins d'une autre époque. On admirera également le mobilier de l'église de Mézel datant du XVIIIe. Pour les plus courageux, empruntez le sentier qui mène à la chapelle Notre-Dame-du-Rosaire, qui date du XVIIe siècle et admirez la vue imprenable sur toute la vallée de l'Asse. La commune partage avec Châteauredon la gare de Mézel-Châteauredon, où le train des Pignes de Nice à Digne y fait arrêt.

AUBERGE ROMAN €

Rue Principale
✆ 04 92 34 91 33
auberge.roman.free.fr
Ouvert toute l'année. Tous les jours en saison. A l'ardoise, plats de 14 à 20 €. Chambre double 64 €.

Alex et Anne Bogossian vous accueillent dans deux belles salles, l'une voûtée et l'autre grande et rustique parfaite pour accueillir des groupes. Aux beaux jours vous pouvez vous installer sur sa terrasse proche d'une belle fontaine rafraichissante. Ils vous proposent des pizzas à déguster sur place ou à emporter tous les soirs, et aussi des plats de cuisine traditionnelle régionale proposés à l'ardoise. Ambiance bistrot garantie : c'est simple et convivial. Une belle adresse qui propose également une possibilité d'hébergement avec neuf chambres au calme.

BAR DE L'AVENUE €

Le Village
✆ 04 92 35 50 14
Ouvert toute l'année. Fermé le mercredi. Restauration d'avril à octobre. Carte de 10 € à 15 € environ.

Bar l'hiver, brasserie aux beaux jours sous l'agréable pergola ombragée, le bar de l'Avenue, situé sur l'avenue principale bordée de platanes multicentenaires, est incontournable à Mézel. Yannick, le maître des lieux, est un phénomène à lui tout seul et rend l'ambiance pagnolesque ! Les habitués y sont nombreux et les discussions animées vont bon train. Quant à l'assiette, elle est simple mais se compose de produits frais. Les bières artisanales sont de Marseille et le vin servi au pichet est bon. Le tout à un excellent rapport qualité/prix.

LE PRESSOIR GOURMAND €

Place Victor-Arnoux
✆ 04 92 35 58 10
Ouvert du mardi au dimanche le midi ; du mardi au samedi le soir. Carte : 25 € environ. Formule du midi : 20 €.

Quelle belle adresse gourmande que voici, à 10 minutes à peine au sud de Digne ! On peut y effectuer à toute heure des achats à emporter. Ce restaurant locavore a tout pour plaire et vous promet une parenthèse gustative bien agréable. Olivier, caviste depuis vingt-cinq ans, est un passionné. Il vous propose une cuisine du marché au fil des saisons et des plats faits maison à base de produits frais. Les végétariens sont les bienvenus et plusieurs choix végétaliens sont toujours présents sur la carte. Aux beaux jours, jardin ombragé. Un délice !

PRADS-HAUTE-BLÉONE

La commune de Prads-Haute-Bléone s'étend sur 16 500 hectares, elle est composée de 9 hameaux dont l'altitude varie de 800 à 1 450 mètres. Elle résulte des fusions successives des communes de Prads et Blégiers en 1978 et de Mariaud en 1973. C'est la commune type des hautes vallées des Alpes du Sud, elle bénéficie d'un climat très ensoleillé, froid sec, et neige à partir de 1 800 mètres environ. Elle s'est fait tristement connaitre le 24 mars 2015, lors du crash de l'Airbus A320, dont le copilote a volontairement précipité l'avion en montagne sur le territoire de la commune, entraînant l'ensemble des passagers et de l'équipage dans sa chute.

AU BOUT DE LA ROUTE €

Hameau de la Favière
✆ 06 80 67 80 52
Ouvert toute l'année. Trois chambres, à partir de 58 € pour deux personnes petits déjeuners compris. Wifi gratuit.

Amoureux de calme et de nature, cette adresse est pour vous. Dans ce fond de vallée de la Haute Bléone, c'est bien simple, la où s'arrête la départementale 107, vous serez arrivés ! Caroline et Jean-Pierre ont rénové avec goût cette ancienne maison paysanne, deux fois centenaire et toute de pierres vêtue, qui a conservé tout son cachet d'antan pour un séjour réussi. Les chambres sont spacieuses à l'ambiance montagnarde. La souste a été aménagée en refuge où l'on peut manger et prendre son petit déjeuner à base de produits frais, confitures et gâteaux maison.

REFUGE DE L'ESTROP €

Lieu-dit Refuge de l'Estrop ✆ 06 32 06 05 65
www.lerefugedelestrop.e-monsite.com
Ouvert sur réservation de juin à octobre selon les conditions météorologiques. Nuitée 17 €. Demi-pension 43 €.

Perché à 2 050 m d'altitude et uniquement accessible à pied, ce refuge fait de pierres et de bois est un ravissement dans son écrin de nature. En 2016, il a fêté ses 30 ans en compagnie de toute la bande d'amis qui a œuvré durant 7 ans pour le construire. Le refuge dispose d'un dortoir de 20 lits, d'un autre de 5 lits, et d'une chambre avec 4 lits ainsi que d'une yourte avec ses 6 couchages. Vous pouvez séjourner en pension, demi-pension, ou simplement prendre le repas, un pique-nique, des boissons.. N'oubliez pas de réserver suffisamment à l'avance.

CAMPING MANDALA €€

Le Village ✆ 06 01 76 93 59
www.camping-mandala.fr
Ouvert de mi-avril à mi-octobre. Location de yourtes (2 à 4 personnes) : de 265 à 470 € la semaine. Restauration en été.

Amoureux de nature, de calme et de montagne, Nina et Yvan ont fait ce lieu à leur image : zen ! Ils se sont rencontrés au Népal et ont voulu s'installer dans les Alpes de Sud pour créer ensemble un lieu d'accueil touristique ayant pour philosophie la protection de l'environnement et le respect de la nature. C'est pour cela que les voitures stationnent sur un parking hors du camping (sauf quelques camping-cars, vans ou caravanes). Ici, vous pouvez également prendre librement des cours de yoga (moyennant donation libre) dans la grande yourte prévue à cet effet.

THOARD

Thoard vient du latin *turris ardua* qui veut dire *tour élevée*. C'est l'ancienne tour fortifiée de l'église Saint-Blaise, dont le début de la construction est antérieur au XIIe siècle, qui lui a donc donné son nom. Thoard, patrie du mouton, est aussi réputée pour ses excellentes charcuteries.

Dominées par l'imposant clocher de son église du XIIe siècle, des ruelles pittoresques bordées de hautes maisons en pierre serpentent dans cette petite cité médiévale où vous découvrez portes anciennes et lavoirs typiques. Saut dans le passé et ambiance médiévale garantie pour ce véritable rempart de l'entrée des Alpes que vous prendrez plaisir à visiter.

L'ÉGLISE ET SA TOUR - VESTIGES DU CHÂTEAU MÉDIÉVAL ✝

Le village

✆ 04 92 34 63 74

Renseignements : mairie de Thoard.

L'église et sa tour, appelée aussi « donjon-clocher », sont d'une hauteur impressionnante. Comme un de ses retables, elle remonte au XIIe siècle, l'autre retable datant de 1677. D'en haut, la vue est fabuleuse. Aujourd'hui encore cernée de remparts et dominant la vallée des Duyes, Thoard vaut le coup d'œil et constitue un bel exemple d'architecture médiévale à l'allure défensive. Le château abrite entre autre une surprenante cheminée en gypserie de 1692.

BARRÊME

Charmant petit village provençal, Barrême s'érige à 722 mètres d'altitude. Desservi par le Train des Pignes, il est situé à une centaine de kilomètres de Nice et à seulement 30 kilomètres de Digne-les-Bains, il garde l'entrée d'un secteur à relief ouvert, où la vallée de l'Asse se partage en plusieurs vallées confluentes. Son relief contraste avec celui des gorges que traverse la vallée plus en aval. Au bord de la N85, une maison avec une inscription rappelle que Napoléon passa ici la nuit du 3 mars 1815. Au beau milieu d'un cadre de verdure, ce charmant petit village abrite une jolie chapelle du XIIe siècle. Profitez du calme lors de votre balade.

LA BANNETTE €

Les Prés du Riou

✆ 04 92 34 68 88

www.aubergelabannette.com

Chambre double à partir de 75 €. Petit déjeuner inclus. Lit supplémentaire : 30 €. Animaux acceptés. Table d'hôtes 25 €.

Cette ancienne bergerie perchée à 1 000 m d'altitude bénéficie d'un cadre grandiose. L'accueil de Marie et Bernard aidés de leurs enfants Frédéric et Clara est familial. Quatre chambres d'hôtes et un appartement avec une vue admirable vous attendent au cœur de la nature. La décoration est soignée. Au petit déjeuner, vous dégusterez des pains maison, mais aussi des gaufres et des crêpes. La table d'hôtes est l'occasion de découvrir les productions de Marie et Bernard et celles de leurs amis producteurs et artisans de la région.

HÔTEL DE LA GARE €

avenue de la Gare

✆ 04 92 34 20 03

L'hôtel est ouvert d'avril à novembre. Quatre chambres de 50 € à 52 €, de 2 à 3 personnes. Menu de passage 19 €.

Un coup de cœur pour cette auberge familiale qui vous reçoit depuis 1909 ! Avec notre adorable Marie-Josée, c'est la troisième génération qui vous régale d'une cuisine mitonnée maison, à base de produits frais et de terroir. Cette ancienne bâtisse a conservé un cadre authentique et une âme. Ici, pas de place pour le moderne. Les meubles anciens participent à cette ambiance chaleureuse. La cuisine de Marie-Jo est goûteuse et savoureuse et vous comblera tout au long de l'année. Aux premiers rayons de soleil, la terrasse sous les tilleuls. Que du bonheur !

LA BÉLUGUETTE €

Boulevard Paul-Avignon

✆ 04 92 34 63 71

Ouvert toute l'année. Sauf le mercredi. Les midis du lundi au samedi, les soirs vendredi et samedi. Formule à 15 €.

Dans son café glacier La Béluguette, Marie propose une cuisine traditionnelle maison à base de produits du terroir. La carte évolue selon les saisons et le marché. Pour les connaisseurs, rien de tel qu'une assiette de saucisses de Thoard, sauce moutarde. Depuis 2019, Marie propose en plus une petite carte de plats à l'ardoise... La Béluguette vous ravira aussi par ses desserts maison. Une cuisine généreuse et inventive servie avec chaleur et bonne humeur. Un espace est réservé aux enfants, pour le plus grand bonheur des parents.

LES TROIS ASSES €

rue Principale

✆ 06 74 25 88 47

Ouvert le lundi et le mardi midi et du jeudi au dimanche midi et soir. Fermé le mercredi. Carte : 15 € environ.

Les Trois Asses sont bien tenus par Laurence et Jean-Claude, comme vous le diront les nombreux habitués qui (re) viennent tester les pizzas. Des propriétaires attentionnés et souriants, juste ce qu'il faut pour se sentir de suite à l'aise dans cette ambiance chaleureuse et conviviale, réchauffée par la présence de bois. Une carte de pizzas impressionnante et variée, à la pâte très fine et bien garnies. Essayez la calzone et vous m'en direz des nouvelles ! Elles sont extra et cuites au feu de bois. Les desserts maison sont au diapason : excellents !

CASTELLANE ★★

Castellane est une petite ville chargée d'histoire. Son nom vient du latin Petra Castellana (ce qui peut se traduire par la roche au village fortifié). Au XIIe siècle, les seigneurs ayant combattu pour sauver la cité des envahisseurs sarrasins sont élevés à la dignité de barons et prennent le nom de leur fief, Castellane. Pendant 2 siècles, ils vont préserver l'indépendance de la cité jusqu'au rattachement en 1262 aux comtes de Provence. Aujourd'hui, la ville est paisible. Devenue sous-préfecture du département des Alpes-de-Haute-Provence, Castellane a la particularité d'être la sous-préfecture la moins peuplée de France avec environ 1 600 habitants.

LA TOUR PENTAGONALE

Place Marcel-Sauvaire
✆ 04 92 83 61 14
www.verdontourisme.com
L'intérieur de la tour n'est pas accessible au public.

Pour défendre la nouvelle ville, on construisit en 1359 une ligne de remparts ayant la forme d'un œuf, partant de la tour Pentagonale, fortifiée de mâchicoulis, descendant jusqu'à la place de la Grave et remontant par la Tour de l'Horloge à l'ouest. Vous pouvez y accéder par 3 chemins dont le plus facile démarre non loin, derrière l'office de tourisme. Lorsque vous vous trouvez au pied de la tour, vous disposez d'une vue magnifique sur le village, le Roc et la vallée du Verdon. N'hésitez pas également à profiter du site des Jardins de la Tour.

MAISON NATURE & PATRIMOINES

Place Marcel-Sauvaire
✆ 04 92 83 19 23
www.maison-nature-patrimoines.com
Ouvert de fin avril à fin octobre. Haute saison : ouvert tous les jours. Adulte : 4 €.

Cette Maison rassemble trois espaces d'expositions, plus le Relais du Parc naturel régional du Verdon ainsi qu'une boutique-librairie. La visite permet d'avoir une vue d'ensemble de la vie dans la région, de sa géologie et notamment de sa richesse paléontologique. L'exposition permanente traite du mythe des sirènes et de l'histoire des siréniens. Des expositions temporaires en lien avec la région, les fossiles et la géologie complètent la programmation très riche des lieux.

OFFICE DE TOURISME

✆ 04 92 83 61 14
www.verdontourisme.com
Du lundi au samedi de 9h à 14h et de 14h à 18h. L'été, ouvert 7j/7. Fermé le mardi et le samedi de novembre à mars.

Situées à la confluence des Alpes et de la Provence, les vallées du Verdon regorgent de paysages, d'activités et de visites. C'est donc un Office de tourisme intercommunal que vous trouverez ici, pour les communes d'Annot, Castellane, Colmar-les-Alpes, Entrevaux, La Palud-sur-Verdon, Saint-André-les-Alpes. Vous y trouverez toutes les informations touristiques et pratiques sur Castellane, mais aussi sa région ainsi que de nombreux services. Pour être sûr de ne rien manquer ! L'équipe est dynamique et l'accueil y est convivial.

© BALKIE - ISTOCKPHOTO.COM

Castellane.

BASTIDE DE L'ESCOULAOU €€

✆ 07 62 15 95 62

www.gites-castellane.fr

Ouvert toute l'année. Chambre d'hôtes : à partir de 70 €. Gîte ouvert de Pâques à la Toussaint, 400 à 600 € la semaine.

Quand s'unissent avec force l'eau, la roche et le soleil, vous serez aux portes du Verdon dans cette magnifique bastide provençale du XVIIe siècle, entièrement restaurée pour y accueillir en son sein deux gîtes confortables et une superbe chambre d'hôtes qui se prénomme Romarin. À 800 mètres d'altitude, la vue se dégage sur Castellane et ses environs. Georges, le maître des lieux, vous reçoit en ami dans ce cadre enchanteur qui nous susurre « reviens, ici il fait bon vivre en pleine nature ». Quant au petit déjeuner inclus, il est à la hauteur du cadre.

CAMPING CALME ET NATURE*** €€

Hameau de La Colle ✆ 04 92 83 61 57

campingcastellane.com

Ouvert de mi-avril à fin septembre. Emplacement pour 2 de 12 à 20 €. Chalets pour 4/6 de 450 à 890 € la semaine.

Edmond et Véronique seront ravis de vous accueillir pour un agréable séjour en plein cœur de la nature dans les gorges du Verdon. Le camping bénéficie de 31 emplacements ombragés dont 14 près du ruisseau sur une superficie d'1 hectare au cœur d'un environnement de 3 hectares vallonnés et boisés. Il propose en location 10 mobil-homes 4 personnes, 3 chalets 4 à 6 personnes et 1 chalet pour 2 à 4 personnes. À noter aussi un espace détente et une terrasse panoramique à disposition.

CAMPING LES LAVANDES** €€

Route des Gorges-du-Verdon

✆ 06 45 98 62 83

www.camping-les-lavandes.com

Ouvert d'avril à mi-octobre. Emplacement pour 2 de 14 à 21 €. Mobil-homes pour 4 à 5 de 300 à 780 € la semaine.

Idéalement situé sur la route des gorges du Verdon, ce petit camping familial propose des emplacements, lodges et mobil-homes. Une place de jeu pour les enfants, un terrain de pétanque et des tables de ping-pong vous garantissent un agréable séjour. À quelques minutes à pied, vous pourrez profiter du centre du village pittoresque de Castellane, des marchés locaux les mercredis et samedis, de la piscine publique chauffée et d'autres activités en plein air. L'établissement propose également un snack où vous pourrez vous restaurer sur la terrasse ombragée.

HÔTELLERIE DU ROC €

3, place de l'Église

✆ 04 92 83 62 65

www.hotel-du-roc04.fr

Hôtel fermé de mi-novembre à mi-décembre. Chambre double : 58 à 80 €. Menu à 26 €. Restaurant fermé le lundi.

© HÔTELLERIE DU ROC

Coup de cœur pour cet hôtel-restaurant 2 étoiles situé sur la place principale de Castellane qui offre un excellent rapport qualité-prix. La générosité d'Isabel se ressent dans les chambres comme dans les assiettes. L'Hôtel offre 10 chambres de 2 à 4 personnes, avec salle de bain et sanitaires individuels. La cuisine est typiquement régionale, mais la maison ne renonce pas pour autant à sa petite spécialité éloignée des saveurs locales : la morue à la portugaise ! Inattendue, la recette du chef fournit un motif supplémentaire de s'arrêter ici.

DOMAINE CHASTEUIL PROVENCE : CAMPING CARAVANING*** €€

8129, Route des Gorges-du-Verdon

✆ 04 92 83 61 21

www.chasteuil-provence.com

Ouvert d'avril à septembre. Terrain de 200 ha. 210 emplacements dont 17 chalets. Emplacement pour 2 de 14,50 à 31 €.

Depuis 1959, la même famille vous accueille chaleureusement dans ce superbe camping de 200 hectares, dans un cadre naturel et préservé. Idéal pour les familles avec enfants ou pour les amoureux de la nature, les emplacements sont très spacieux. Vous vous installerez au bord de la rivière ou encore sur les hauteurs d'où la vue est saisissante. De magnifiques chalets et des écolodges sans vis-à-vis sont proposés au cœur d'un cirque montagneux époustouflant. En plus : piscine chauffée.

NOUVEL HÔTEL DU COMMERCE*** €€

Place Marcel-Sauvaire ✆ 04 92 83 61 00
www.hotel-du-commerce-verdon.com
Ouvert de début mars à fin octobre. 31 chambres. Chambre double de 105 à 150 €. Restaurant. Terrasse. Piscine.

Cet hôtel de charme trois étoiles, autrefois relais de Poste, est tenu par la famille Fradet depuis 1925. La cinquième génération a effectué d'importants travaux de rénovation qui offrent aujourd'hui un établissement moderne et des chambres soignées. Le jardin avec son agréable piscine permet de se rafraîchir pendant l'été. Au restaurant, Jean-Christophe Fradet vous propose une cuisine simple, savoureuse, mettant en scène les saveurs des produits locaux.

LA MAIN À LA PÂTE €

5, rue de la Fontaine
✆ 04 92 83 61 16
Ouvert de début avril à fin octobre. Haute saison : tous les jours midi et soir. Carte, 20 € environ. Plat du jour 12 €.

Situé dans une petite rue animée, ce restaurant au décor provençal logé dans une maison ancienne, propose, entre autres, de belles pizzas faites maison. La carte offre un large choix et contient des propositions originales. Les produits de saison sont privilégiés avec, notamment, les truffes, le foie gras et les cèpes qui accompagnent un risotto... Et pour les gourmands la carte des desserts maison est variée et tous sont excellents. Pour l'été, à déguster sur sa terrasse accueillante déployée au calme et ombragée dans la rue piétonne.

LE LAC DU CASTILLON €€

85, les Roses
✆ 04 92 83 25 78
www.restaurant-lac-du-castillon.com
Ouvert de mars à novembre, fermé mardi et mercredi. Ouvert tous les jours en haute saison. Menus : de 28,50 à 34,50 €.

Ce que nous avons aimé au Lac du Castillon ? Cette ancienne ferme rénovée, sa vue imprenable sur le Roc ou les montagnes, et la cuisine de Mélissa. Vous prendrez place à l'intérieur dans l'une des deux salles habillées de bois, dans une ambiance provençale ou encore sur la grande terrasse ombragée. L'assiette est purement traditionnelle, saupoudrée d'originalité, à base de produits frais de la région. Mélissa vous propose du fait maison, en passant par un grand choix de pizzas et le snack pour les plus pressés. La nouveauté : des vins végan à découvrir.

MA PETITE AUBERGE €€

8, boulevard de la République ✆ 04 92 83 62 32
www.mapetiteauberge.com
Fermé de décembre à avril. Chambre double de 55 à 95 €. Restauration : menu à 27 € environ. Jardin. Terrasse.

Aux portes des gorges du Verdon et au pied de Notre-Dame-du-Roc, cette auberge ne manque pas de charme. Vous n'oublierez pas cette halte gourmande et notamment son jardin où se déploie une terrasse à l'ombre d'un tilleul plus que centenaire. Le calme est au rendez-vous. Les chambres offrent un agréable confort et donnent sur la place du village, ou sur la terrasse. Aux premiers froids, vous prendrez place dans une belle salle rustique avec poutres en bois. Côté restaurant, les mets issus d'une cuisine méditerranéenne revisitée sont remarquablement présentés.

BUREAU DES GUIDES CANYON

3, rue du Mazeau ✆ 04 92 83 05 64
www.procanyon.com
Ouvert toute l'année, de 9h à 20h. Joignables par téléphone ou par SMS. Activités à partir de 35 € la demi-journée.

Ce bureau des guides, c'est une équipe de professionnels à votre service pour vous faire découvrir le Verdon et ses environs d'une autre manière, et qui se fera un plaisir de vous faire partager leur passion. Canyoning, escalade, via ferrata dans le Verdon, nage en rivière, ou autres sports d'eaux vives, il y en a pour tous les goûts, tous les âges et tous les niveaux. Matériel de canyoning, d'escalade, tout est fourni. Venez simplement équipés de chaussures de sport. De débutant à confirmé, chacun trouvera ici de quoi se faire plaisir !

MONTAGNE ET RIVIÈRE

Chemin des Listes ✆ 04 92 83 67 24
www.rafting-castellane.com
Ouvert d'avril à octobre, tous les jours. Réservation recommandée. Activités à partir de 40 € par personne.

Créé en 1993 par Daniel Duflot, Montagne et Rivière est une petite base où une équipe de guides de rivières diplômés d'Etat vous propose une large gamme d'activités : rafting dans le Haut et le Moyen Verdon, canyoning, hydrospeed, nage en eau vive, canoë-kayak, aqua-rando dans le canyon du Verdon, parcours aventure, escalade, VTT... L'hydrospeed et le canyoning sont réservés aux amateurs de sensations fortes. Aux alentours de Castellane dans les Alpes-de-Haute-Provence et les Alpes-Maritimes, les canyons à découvrir font partie des plus beaux de la région.

ALPES-DE-HAUTE-PROVENCE

ENTREVAUX ★

Ancienne place fortifiée que l'on doit à Vauban, Entrevaux a su conserver son authenticité qui lui a valu de recevoir le label d'un des 1 000 « Plus Beaux Villages de France ». Petite ville construite en amphithéâtre sur un éperon rocheux, elle est enlacée par un méandre du Var qui coule au pied de ses fortifications deux fois millénaire. Cette cité fortifiée a gardé intact son charme des temps passés, et l'on aime se perdre dans les ruelles tortueuses témoins de temps anciens. N'oubliez pas de monter à la Citadelle perchée pour profiter d'une vue exceptionnelle à l'entrée des gorges rouges.
Autrefois frontière entre la France et le duché de Savoie à travers le comté de Nice, elle est demeurée une ville aux surprenants vestiges d'art militaire ancien : pont fortifié, remparts et citadelle en nid d'aigle n'ont pas changé depuis les derniers aménagements de Colbert. Son accès s'effectue toujours par l'une de ses trois portes à pont-levis. On retrouve encore les empreintes de son histoire avec ses casernes, ses échoppes médiévales et maisons étroites des XVIIe et XVIIIe siècles, mais aussi ses échauguettes et meurtrières, ponts et tours de corps de garde… Pour finir, mentionnons la renommée culinaire d'Entrevaux avec sa spécialité, la secca, fine tranche de bœuf séché à déguster arrosée d'un filet d'huile d'olive et de citron, un plat qui rappelle le carpaccio venu d'Italie, du temps où la Savoie n'était pas française.

LA CITADELLE

✆ 04 93 05 46 73
www.tourisme-entrevaux.fr
Ouvert toute l'année. 7j/7 en achetant l'accès au distributeur (prévoir de la monnaie). Adulte : 3 €.
Construite sous l'impulsion de Vauban et sur les flancs d'un éperon rocheux dominant le village d'Entrevaux, la citadelle d'Entrevaux offre une vue panoramique remarquable. Le pont-levis date de 1650. De la poudrière jusqu'aux cellules contemporaines des prisonniers de la Grande Guerre, la visite de ce fort permet d'imaginer ce qu'était la vie au sein de cette forteresse. À noter : l'accès se fait uniquement à pied, par 800 m de chemin pavé, réparti en 9 rampes et 156 m de dénivelé... Armez-vous de courage, il faudra compter 25 minutes de marche environ.

MUSÉE DE LA MOTO

Rue Serpente
✆ 06 62 16 12 70
Ouvert tous les jours en juillet et août et les week-ends d'avril, mai, juin, et septembre. Entrée gratuite.
Michel et Franck Lucani, le père et le fils, partagent depuis longtemps la même passion pour la moto. Venez profiter de leur visite organisée gratuitement pour découvrir l'un des plus originaux musées de la moto ancienne. Sur ces deux étages, il y en a partout du sol au plafond avec 75 engins au total en parfait état de marche. Cette superbe collection est originale de par son importance et sa qualité. Le lieu laisse aussi place à bon nombre d'affiches et objets en lien direct avec la moto ancienne. Convivialité et passion, pour les experts et les novices !

ALPES-DE-HAUTE-PROVENCE

© UOLIR - FOTOLIA

Entrevaux.

MUSÉE DE LA POUDRIÈRE

La Citadelle
✆ 04 93 05 46 73
www.tourisme-entrevaux.fr

Ouvert 7j/7. Compris dans la visite de la citadelle (3 €).

Installé dans une ancienne poudrière du XVIIe siècle (au départ de la montée vers la citadelle), le musée rend hommage aux barons de Glandèves, seigneurs d'Entrevaux issus d'une grande famille de la noblesse provençale qui donna à la France bon nombre d'évêques, d'officiers, d'amiraux, de parlementaires et autres hauts dignitaires. Sur place, une dizaine de panneaux d'exposition retracent l'histoire militaire d'Entrevaux. À noter que pendant la guerre de 1914-1918, le fort accueillit des officiers allemands prisonniers : ce fut sa dernière mission militaire.

HÔTEL LE VAUBAN €€

4, place Moreau
✆ 04 93 02 13 05
www.hotel-le-vauban.com

Ouvert midi et soir du mardi au samedi et le dimanche midi. Chambre double : 95 €, petit déjeuner offert. Restauration.

À l'entrée de la cité médiévale, classée « Villages et cités de caractère », cet hôtel restaurant vous ouvre grand ses portes avec une vue imprenable sur le bourg et la citadelle. Les chambres sont confortables. La terrasse située au nord, est bien agréable l'été. L'hiver, vous prendrez place dans la grande salle à l'ambiance provençale et familiale. Tout est fait maison par le chef qui met les recettes traditionnelles au goût du jour, et à base de produits frais. Un accueil chaleureux, souriant et dynamique. Une étape qui vous plaira !

LA VIEILLE VILLE

✆ 04 93 05 46 73
www.tourisme-entrevaux.fr

Visites libres toute l'année. Visites guidées (office de tourisme) en juillet et août le vendredi à 16h. Adulte : 3 €.

Commencez par les remparts, la porte Royale et les deux tours rondes. Sous cette porte, dans la salle des gardes, une bonne adresse : le bureau du tourisme. En empruntant le chemin de ronde, vous pouvez accéder à deux portes : la Royale, celle de France. Pour celle d'Italie il vous faudra faire un détour. L'ancien chemin vous mènera aux séculaires jardins du Moyen Age. Trois rues principales tissent la toile des vieux quartiers. La rue Haute, la rue Basse et la rue du Marché relient le quartier de la cathédrale au quartier Saint-Martin et sa grande place.

LE PONT-LEVIS €€

Place Moreau
✆ 04 93 05 40 12

Ouvert du mercredi au lundi, de 6h à 21h. Bar et cave à vin. Vin au verre à partir de 4 €. Plat et dessert du jour 22 €.

Idéalement situé sur la place face au pont-levis de l'entrée principale d'Entrevaux, ce restaurant accueille ses hôtes depuis bientôt 40 ans. Loïc Lefebvre a transformé le lieu en bar et cave à vin où il met en valeur les vignerons indépendants et présente une sélection pointue de vins issus de l'agriculture biologique et biodynamique, à déguster sur place ou à emporter. Ce passionné des bons produits propose aussi un Class' Croûte pour accompagner vos dégustations, avec plats du jour, assiette fromagère et desserts maison, ou snacking en été.

LA CHAMBRE 21 €€

6, rue du Four
✆ 06 74 74 19 43

Ouverture de mai à fin octobre. Chambre double à partir de 115 €. Petit déjeuner inclus. Animaux acceptés.

Tout est parfait, la literie, l'hygiène, l'accueil de Marie, l'emplacement, la salle de bain moderne et fonctionnelle, le petit déjeuner à base de produits bio ou frais et locaux pris sur la terrasse solarium privée aux beaux jours avec vue imprenable sur la citadelle. C'est une chambre d'hôte de charme aménagée avec goût, lovée dans une maison du XVIIe siècle au cœur du village, de ses remparts et de ses collines environnantes. Le lieu convient particulièrement bien aux amoureux en week-end romantique. Les petits chiens sont acceptés sur demande.

LES VERGERS D'ENTREVAUX

Le plan de Puget
✆ 06 07 80 60 10

Magasin ouvert tous les jours de 9h à 18h30 (19h en été). Ferme auberge : téléphoner au 06 07 80 60 10.

Que ce soit dans leur magasin d'Entrevaux ou dans leur ferme située plan de Puget, Isabelle et Eric Mermet proposent une sélection de légumes frais de saison dont une partie importante sont bio. Chaque semaine, vous pourrez choisir un panier de fruits ou de légumes. Et aussi des fromages de chèvre, brebis et vache de la haute vallée du Var, des confitures maison, des miels produits localement, ou encore du jus de pommes d'Entrevaux. Vous pourrez également vous faire livrer chez vous ou sur un point à proximité de votre domicile, et ce jusqu'à Nice.

ANNOT

Au bord de la Vaïre, à 700 m d'altitude environ, s'est établi ce charmant bourg à double allure : celle de la montagne, avec les Alpes, et celle de la Provence. Les premiers habitants de la cité ont certainement été aussi les premiers de la vallée. Entourés de ces étranges formations de grès, les Annotains se trouvèrent en fait et avant tout sur la voie romaine qui reliait Nice–Cimiez à Digne, via Riez. Ces groupements de rochers inattendus et sculptés par l'érosion, chaotiques, désordonnés, arcs entiers ou coupés, nous promettent de belles promenades en pleine nature. Elle est aussi appelée plus confidentiellement « le paradis des peintres ».

Balade

Comme dans la majorité de ces anciennes villes, on se promène dans la rue Basse et la rue Grande, rue qui s'ouvre sur une porte fortifiée ogivale du XIVe siècle, puis monte vers l'église qui nous accueille avec ses belles portes sculptées des XVIe, XVIIe et XVIIIe siècles. De type romane, hormis le bas-côté datant de 1604, on remarque aussi son joli clocher Renaissance. À sa gauche, l'ancien hôtel de ville nous montre lui aussi une belle porte. Repassant rue des Vallasses, on y découvre un lavoir, et la « tour des peintres ». Pour redescendre, c'est la rue Notre-Dame qui nous reconduit jusqu'à la Grande rue. Tout au long du petit périple, c'est un souffle provençal qui nous promène entre les façades, les maisons enduites à la chaux, souvent modestes, avec greniers et remises, à vocation agricole à tours et fontaines, puis nous arrête devant un ancien hôtel particulier du XVIIe siècle de style génois, « la maison des Arcades » et son décor en trompe-l'œil. C'est au XIXe siècle que la ville est sortie de ses murs et s'y prolongèrent alors faubourgs, places, résidences aux allures piémontaises, propriétés et villégiatures de notables. Aujourd'hui station de vacances appréciée, elle mène comme il se doit sa vie de petite ville commerçante et animée. Une promenade, d'une grosse heure de marche et de raide montée, vous conduira à la « Chambre du roi », un superbe enchevêtrement de grès, ou la mystérieuse « Dent du diable », le « Rocher aux cent marches ». Si vous êtes un grimpeur, vous remarquerez les blocs et voies qui ponctuent cette randonnée : vous êtes sur un site d'escalade sur grès de renommée internationale.

CAMPING LA RIBIÈRE*** €€

Route du Fugeret
✆ 04 92 83 21 44
www.la-ribiere.com

Ouvert de mi-avril à mi-octobre. Emplacement de 16,50 à 19,50 €. Mobil-homes (2 à 6 pers.) de 285 € à 680 € la semaine.

Ce camping est lové dans un écrin de verdure. Les 63 emplacements sont répartis sur 1 hectare de terrain arboré. En sus du bloc sanitaire chauffé et de l'aire de jeux pour les enfants, un snack-restaurant avec salle intérieure et terrasse propose désormais de la petite restauration à consommer sur place ou à emporter. Le camping offre d'ailleurs des possibilités de 1/2 pension ou de pension complète et même la confection de paniers pique-nique. Quant aux berges de la rivière, elles ont été aménagées confortablement avec présence de relax.

HÔTEL DE L'AVENUE*** €€

Avenue de la Gare ✆ 04 92 83 22 07
www.hotel-annot.fr

Fermé de décembre à fin février. 9 chambres. Chambre double de 70 € à 110 €. Demi-pension à partir de 2 nuits.

Entre lacs et montagne dans une nature luxuriante, cet hôtel de charme est venu se lover au cœur du village. Eve, la maitresse des lieux, vous réserve non seulement un accueil chaleureux mais elle a aussi rénové toutes ses chambres dans une ambiance cocooning, entre modernité et authenticité. Le petit déjeuner est à base de produits frais. Côté détente, vous profiterez du salon de l'hôtel dans un esprit comme à la maison pour lire, jouer aux cartes, ou même prendre l'apéro. L'établissement est au départ des plus belles randonnées dans les célèbres grès d'Annot.

PIZZERIA LE CÉSAR €€

Place du Revelly
✆ 04 92 83 31 50

Ouvert midi et soir sauf dimanche soir et lundi. En juillet-août, fermé le lundi midi seulement. Carte : 20 € environ.

Cette pizzeria existe depuis 40 ans à Annot et Olivier, le chef et pizzaïolo y officie depuis 20 ans. Il est aidé au service par des jeunes du pays. Bien située sur une place avec une grande terrasse ombragée sous des platanes, elle dispose à l'intérieur d'une salle décorée sur le thème de la scénographie de Pagnol avec un petit coin musée. À la carte, outre une vingtaine de pizzeria au choix, dont la César délicieuse, Olivier propose une cuisine simple traditionnelle et régionale. Un lieu agréable avec un bon accueil et un excellent rapport qualité/prix.

ALPES-DE-HAUTE-PROVENCE

CENTRE ÉQUESTRE

Promenade de Vérimande ✆ 04 92 83 21 60
www.centreequestreannot.fr

Ouvert toute l'année. Poney : leçon (1h) 17 €, balade (poney tenu en main) 8 €. Cheval : balade ou leçon (1h) 20 €.

Jacques et Nelly, moniteurs diplômés d'État, accueillent les cavaliers de tout âge et tout niveau. Au programme pour les enfants : des leçons pour apprendre à monter (dès 7 ans), des balades en selle ou sur des poneys tenus en main, de la voltige ainsi que des stages équestres. En effet, les enfants (dès 10 ans), comme les ados, peuvent pendant toutes les vacances scolaires s'inscrire à des stages de perfectionnement d'une semaine avec la commodité d'être hébergés sur place. Pour les adultes, des randonnées et des stages sur mesure sont également proposés.

LE POINT SUBLIME

Accès gratuit. Parking gratuit.

En partant de la Palud en direction de Castellane par la RD952, des panneaux au nom évocateur attireront votre curiosité. Le « Point sublime » est probablement un des belvédères les plus beaux du Verdon. Il est très facilement accessible après quelques minutes de marche sur un chemin bien aménagé. Du belvédère haut perché, la vue est à couper le souffle. En contrebas, les gorges du Verdon, le sentier Blanc-Martel, une vue tout simplement... sublime ! En levant les yeux, vous pourrez admirer le vol des vautours très nombreux dans le coin. Grandiose !

LES GRÈS D'ANNOT

Accessibles toute l'année sauf en cas d'enneigement. Attention certains accès sont interdits par sécurité.

Formés il y a près de 40 millions d'années, les grès d'Annot suscitent pour des raisons diverses un intérêt croissant de la part des sportifs admiratifs de cette manifestation géologique unique dans la région. L'aspect grandiose de ces falaises dominant le village ne laisse personne de « marbre »... Les bancs gréseux peuvent atteindre 250 mètres d'épaisseur ! Pour les marcheurs, empruntez le sentier balisé et découvrez ces rochers hors du commun ainsi que la flore qui les entoure. Les grimpeurs, quant à eux, trouveront près de 150 voies équipées.

CAMPING VERDON CARAJUAN** €

Carajuan
✆ 04 92 83 70 94

Ouvert de début avril à fin septembre. Terrain de 4 ha. 90 emplacements. Emplacement 2 personnes de 11,56 à 15 €.

Ce camping municipal est situé en bordure du Verdon à l'entrée du Grand Canyon dans un domaine ombragé de 4 ha idéalement situé en bord de rivière. À quelques minutes du sentier Blanc Martel et à mi chemin du lac de Castillon et du lac de Sainte Croix, toutes les activités de pleine nature vous seront facilement accessibles. C'est un parfait endroit pour des activités de plein air : VTT, kayak, navigation sur bateaux électriques, observation des vautours fauves du Verdon…

ROUGON

De son nid d'aigle, Rougon domine l'entrée du Grand Canyon français. Sa situation en hauteur et à proximité des gorges du Verdon lui assure une parfaite tranquillité. Ce n'est pas pour rien si les centenaires ne sont pas rares dans ce pays de chasse, de pêche et d'excursions. Cette terre appartenait autrefois à la famille Brun de Caille de Castellane. C'est Joseph Brun qui la donna à l'abbaye de Lérins en 1620, et qui la conserva jusqu'à la Révolution. Vous découvrirez ici les vestiges du château féodal, la chapelle Saint-Christophe et l'église Huguenote. Pour les marcheurs confirmés, la route des crêtes, de Rougon à la Palud, est spectaculaire.

LE MUR D'ABEILLES €

Le Village
✆ 04 92 83 76 33

Ouvert d'avril à novembre, tous les jours le midi et le soir. Menus de 15 à 30 €.

Un petit restaurant dans ce charmant village où les crêpes sucrées ou salées sont servies dans la bonne humeur : crêpe au chèvre et au miel, au miel et aux fruits secs, crêpe caramel beurre salé... et également des glaces rafraichissantes. Michèle offre le couvert et son fils propose les services d'un gîte d'étape qui peut vous accueillir en face de la crêperie, avec cinq chambres et deux dortoirs. Le parking municipal est situé à l'entrée du village. On adore la vue sublime sur les gorges toutes proches, tout en observant le vol des vautours fauves.

PIZZERIA JEAN-LOUIS €

Route Départementale 952
✆ 06 08 61 28 80
Ouvert d'avril à octobre. En moyenne saison, fermé le mardi, sinon ouvert 7j/7. Pizzas de 9,90 € à 14,90 €.

Sa superbe terrasse offre une vue époustouflante sur les gorges du Verdon. Dame Nature a signé là un panorama incomparable. Il fait bon chez Jean-Louis, personnage atypique et sympathique à souhait. On s'y arrête pour prendre un verre ou encore déguster une succulente pizza. Pour les inconditionnels, le maitre des lieux vous proposera chaleureusement entrecôtes ou andouillettes d'une qualité irréprochable, que Jean-Louis accompagne de pommes de terre de Noirmoutier ou encore de légumes bio grillés maison. Excellent rapport qualité/prix. Une halte s'impose.

LA PALUD-SUR-VERDON

La Palud est un village touristique à 928 m d'altitude, connu principalement pour ses belvédères sur les gorges du Verdon. En son sein, le château de La Palud, reconstruit et remanié à la fin du XVIIIe siècle, abrite la Maison des Gorges du Verdon, une structure d'information touristique à la fois centre de documentation, d'exposition et d'animation sur l'environnement et l'histoire de la région. À visiter, l'écomusée du grand canyon, au 1er étage, est particulièrement intéressant. La Palud est également le point de départ de la route des Crêtes, qui permet d'admirer les gorges par le haut, avant peut-être d'aller y faire des randonnées.

L'ÉCOMUSÉE DES GORGES

Le Château
✆ 04 92 77 32 02
Ouvert d'avril à octobre. Juillet et août tous les jours de 9h à 13h et de 14h à 18h30. Adulte : 4 €.

Avant de partir randonner sur le célèbre sentier Martel à la beauté saisissante, ou sur le circuit de la route des crêtes et ses 23 km de points de vue magnifiques, offrez-vous une visite de l'écomusée dont les missions sont d'informer et de sensibiliser les visiteurs sur les spécificités de la nature du territoire des Gorges du Verdon. L'écomusée, c'est aussi la découverte de l'homme en relation intime avec la nature, avec la remarquable diversité de la faune et de la flore, la formation des gorges et des hommes qui s'y sont adaptés depuis la nuit des temps.

MAISON DES GUIDES DU VERDON

Rue Grande ✆ 04 92 77 30 50
www.escalade-verdon.fr
En activité toute l'année avec de 3 à 7 professionnels accompagnateurs diplômés. Activités à partir de 40 €/adulte.

Depuis plus de 35 ans, les guides de cette association de professionnels de la montagne sont idéalement placés pour pouvoir proposer un large éventail d'activités en escalade, descente de canyons, parcours aventure et randonnée pédestre et bien décidés à faire découvrir, dans les meilleures conditions, les paysages exceptionnels de la région. N'hésitez pas à faire appel à eux pour vous éclater en toute sécurité, le parc naturel régional du Verdon offrant un cadre idéal.

AUBERGE DES CRÊTES €

Route de Castellane
✆ 04 92 75 88 64
Hôtel ouvert tous les jours de début avril à fin novembre. Chambre double 70 €. Demi-pension : 25 € par personne.

À la sortie du village de la Palud-sur-Verdon, cette auberge à l'ambiance provençale propose des chambres dont certaines profitent de la vue sur le jardin et d'un agréable balcon. L'établissement sert un petit-déjeuner continental, et met à votre disposition un jardin, une terrasse et un salon commun ainsi qu'une aire de jeux pour enfants. Côté assiette, c'est une cuisine d'antan et des spécialités provençales régionales qui vous régaleront. Une étape familiale et conviviale au bon rapport qualité-prix et qui convient particulièrement aux familles.

HÔTEL LE PROVENCE & RESTAURANT LE STYX*** €€

Route de la Maline ✆ 04 92 77 38 88
www.hotel-provence-verdon.com
Ouvert de fin avril à mi-octobre. Chambres double, triple et quadruple supérieure ; 110 à 220 €. Restauration sur place.

Cet hôtel-restaurant situé au cœur du village est un point de départ idéal pour vos randonnées et activités sportives. Entièrement relooké, il vous accueille dans 20 chambres confortables et lumineuses avec vue sur les collines ou le village. Sandrine Gorce est la cheffe de son restaurant Le Styx, disposant d'une grande terrasse ensoleillée et ombragée. Elle y élabore une cuisine que l'on peut résumer en « beau, bon et maison », faisant la part belle aux produits de saison et locaux.

ALPES-DE-HAUTE-PROVENCE

LE PANORAMIC** €€

Route de Moustiers-Sainte-Marie
✆ 04 92 77 35 07
www.hotelverdon.com
Ouvert d'avril à fin septembre. 21 chambres. Chambre double de 104 € à 145 €. Petit-déjeuner inclus.

Situé au calme, à 700 m du village, son emplacement offre des paysages grandioses et une vue plongeante dans les gorges. Vous ne manquerez rien du Verdon depuis le balcon ou la terrasse de votre chambre. Bravo pour l'aménagement d'une chambre pour personnes handicapées. La piscine en plein air est chauffée et les nombreuses terrasses ensoleillées de l'hôtel agrémenteront agréablement votre séjour, tout comme le salon-bar et le parc de trois hectares ! Pas de restauration sur place, mais vous trouverez votre bonheur au cœur du village, à 800 mètres de là.

LE PERROQUET VERT €€

Rue Grande
✆ 04 92 77 33 39
www.leperroquetvert.com
De fin mars à mi-novembre. Chambre double 63 €. Demi-pension : 31 €. Petit-déjeuner : 8 €.

Christine et Olivier, passionnés d'escalade vous accueillent dans 4 jolies chambres d'hôte ou dans leur petite maison d'hôte voisine de leur habitation principale, une bâtisse du XVIIIe. Ils vous proposent aussi un service de restauration en demi-pension. Vous apprécierez de déjeuner dans la salle de restaurant en hiver et admirerez ainsi la belle cheminée double face. L'été, c'est en terrasse que l'on vous servira une cuisine traditionnelle mitonnée par le chef. La boutique attenante propose tout le matériel nécessaire pour les amateurs d'escalade.

MOUSTIERS-SAINTE-MARIE ★★★

Moustiers-Sainte-Marie est classé comme l'un des plus beaux villages de France. Confiné entre deux escarpements rocheux, ce qui attire votre attention sera tout d'abord cette étoile qui surplombe ce village aux allures de crèche. D'après Frédéric Mistral, elle aurait été accrochée par un chevalier croisé emporté par les Sarrasins qui avait promis de suspendre une étoile en hommage à Marie s'il parvenait à rentrer au village. Lors de vos pérégrinations, ne ratez pas l'église paroissiale et son clocher lombard du XIIe siècle ou encore la chapelle Notre-Dame-de-Beauvoir et les remparts. Vous découvrirez que c'est également un centre de faïence réputée.

CHAPELLE NOTRE-DAME-DE-BEAUVOIR

✆ 04 92 74 67 84
Ouvert toute l'année. Tous les jours et les jours fériés. Accès libre.

Comme le disait Marie Mauron, Notre-Dame-de-Beauvoir est une hostie blanche dans le ciel lisse qui bénit et protège Moustiers. Important lieu de dévotion depuis le haut Moyen Âge, elle est perchée au-dessus du village à 15 minutes à pied par des escaliers jalonnés d'oratoires. Nichée au milieu des falaises, elle est entourée d'une terrasse plantée de cyprès ceints de murs. La vue sur le village et la vallée y est magnifique. Une petite promenade à ne pas manquer !

© VINCENT FORMICA

Moustiers-Sainte-Marie.

HOTEL&SPA DES GORGES DU VERDON**** €€€

Route de la Maline ✆ 04 92 77 38 26
www.hotel-des-gorges-du-verdon.fr

Ouvert de fin avril à début octobre. Chambres doubles à partir de 190 €. Demi-pension : 50 € par personne.

L'hôtel jouit d'un panorama exceptionnel sur le village et la nature environnante préservée du parc naturel régional du Verdon. Dans ce havre de paix, 30 chambres à la décoration contemporaine offrent un grand confort. Côté gastronomie, le restaurant du chef François Bargoing propose une cuisine du terroir. Pour compléter votre bien-être, le grand espace spa. Et en accès libre : piscine chauffée avec vue panoramique, hammam et bain bouillonnant, ainsi qu'une salle de fitness.

ÉGLISE PAROISSIALE DE MOUSTIERS

Place de l'Eglise
✆ 04 92 74 67 84
Ouvert toute l'année. Tous les jours et les jours fériés. Tenu par des bénévoles de la paroisse, l'accès est gratuit.

Classée monument historique en 1913, l'église se situe majestueusement dans la partie haute du village, non loin de l'office de tourisme. Son beau clocher, typiquement lombard, est taillé à même le tuf et s'élève à 22 mètres de hauteur. Sa visite procure le plaisir de découvrir une collection unique d'art sacré, de vases de Moustiers, de statues et de peintures du XVIe siècle. Une petite visite agréable à ne pas manquer lors de votre passage au centre.

MUSÉE DE LA FAÏENCE ★★

Rue du Seigneur-de-la-Clue
✆ 04 92 74 61 64
www.moustiers.fr
Fermé en janvier. Juillet et août de 10h à 12h30 et de 14h à 19h. Fermeture hebdomadaire mardi. Adulte : 3 €.

Ce musée, créé en 1929 à l'initiative de Marcel Provence, retrace les époques successives et les différents styles de la faïencerie de Moustiers, depuis le « bleu et blanc » de la fin du XVIIe siècle, jusqu'aux derniers motifs de la fin du XIXe siècle, en passant par les somptueux décors à la Bérain, d'armoiries, de guirlandes, de scènes mythologiques, de « grotesques d'Orélys », de fleurs, d'animaux et de drapeaux. Le XIXe siècle est représenté par les décors de porcelaine, bleuets et guirlandes. On peut y admirer de nombreuses pièces prestigieuses.

VISITES GUIDÉES DU VILLAGE

Place de l'Eglise
✆ 04 92 74 67 84
Du 1er avril au 7 nov. 2022 tous les jeudis, aussi le mardi en juillet et août. Réservation nécessaire. À partir de 5 €.

L'office du tourisme organise l'été des visites individuelles guidées du village afin de mieux faire connaître son histoire. De nombreuses thématiques sont également proposées : la coutellerie, les gorges du Verdon, la découverte de la Haute Provence, la faïence... Renseignements auprès de l'office du tourisme. À noter qu'en raison des restrictions sanitaires, le port du masque est obligatoire pendant les visites, et le pass vaccinal sera demandé.

LE PARC NATUREL RÉGIONAL DU VERDON ★★★★

Domaine de Valx ✆ 04 92 74 68 00
www.parcduverdon.fr
Maison du parc ouverte toute l'année. Du lundi au vendredi de 9h à 12h30 et de 14h à 17h30. Gratuit.

La Bastide de Valx est le navire amiral du parc, puisqu'elle met à votre disposition de nombreux ouvrages et fiches d'information. Avec ses quelque 1 000 km de sentiers de randonnée (dont le célèbre sentier Blanc-Martel), le paysage du Parc naturel régional du Verdon s'ouvre comme un livre d'images dans un relief tourmenté, et raconte 250 millions d'années d'histoire géologique. La rivière Verdon, épine dorsale du territoire a façonné son identité. Les entailles profondes du Grand Canyon côtoient la plénitude des lacs de Sainte-Croix et d'Esparron et les vastes plateaux de lavande du Pays de Valensole ainsi que les collines du Haut-Var. Cinq retenues artificielles, les lacs de Castillon, de Chaudane, en amont des gorges, de Sainte-Croix, de Quinson et d'Esparron de Verdon, concourent à la beauté de cette terre. Visitez son joli site internet, source presque inépuisable de renseignements et d'images de splendides paysages qui vous donneront, n'en doutez pas, l'envie de vous rendre sur place pour admirer ces territoires uniques et si riches naturellement, de vos propres yeux ! Et pour les amoureux de nature préservée rappelons qu'ils pourront y observer ou côtoyer un tiers de la flore française, tant sa richesse floristique est unique. Et la richesse de sa faune n'est pas en reste. L'Outarde Canepetière, le Vautour fauve, le Lézard ocellé (le plus gros d'Europe) et 22 espèces de chauves-souris (sur les 32 répertoriées en France) sont un exemple de la diversité animale présente.

HÔTEL CLOS DES IRIS** €

Chemin de Quinson ✆ 04 92 74 63 46
www.closdesiris.fr
Ouvert de fin mars à mi-novembre. 9 chambres. Chambre double de 85 à 102 €. Formule petit-déjeuner 7 €.

Bien qu'il ne soit classé que 2** (ce qui est peu compréhensible) cet établissement dégage beaucoup de charme au beau milieu d'un parc arboré et fleuri. Il exprime un art de vivre authentique ! Toutes les chambres sont décorées avec goût et personnalisées. Régulièrement rénovées, confortables, elles sont situées en rez de jardin avec pour chacune une terrasse privative où l'on peut déguster paisiblement, au choix un petit-déjeuner à la française, ou bien continental. L'accueil d'Alexia et de sa maman est chaleureux et de bon conseil. Une halte à recommander !

LES GORGES DU VERDON ★★★★

www.lesgorgesduverdon.fr
Gratuit.

Au nord de la Provence verte, entre les communes de Castellane et de Moustiers-Sainte-Marie, les gorges du Verdon sont le plus grand canyon d'Europe. Ces immenses gorges séparent les Préalpes de Castellane des Préalpes de Digne et résultent de l'érosion de la rivière du Verdon. Cette dernière prend sa source à 2819 mètres au col d'Allos et son parcours s'étend sur 175 km. Plus encore qu'une rivière tumultueuse, le site présente de gigantesques falaises de roches calcaires. Leur hauteur varie de 250 à 700 mètres et leur largeur va de 6 à 100 mètres, voire 200 à 1500 mètres au sommet des gorges ! Au milieu d'espaces naturels protégés riches en faune et en flore, le Verdon offre plusieurs visages, tour à tour tonique aux sensations fortes lorsqu'il se faufile le long d'impressionnantes gorges aux eaux vives bouillonnantes, ou calme et serein lorsque son cours rejoint l'un de ses 4 lacs (Esparron, Quinson, Sainte-Croix et Castillon) dont les eaux immobiles et assagies se prêtent à merveille à la baignade. Le lac de Sainte-Croix est le plus fréquenté, pour l'incroyable couleur émeraude de ses eaux due à la présence de micro-algues en suspension. Il prend sa source au col d'Allos et parcourt ensuite 175 km. Ce lac est l'un des sites de baignade les plus prisés des gorges du Verdon, il est aussi voué à la production hydroélectrique et l'irrigation.

▶ **Le Verdon** est un site de choix pour les loisirs en tout genre, mais ce sont les activités nautiques qui sont les plus réputées : canoë-kayak, rafting voire hydrospeed, que vous aimiez les sensations fortes ou que vous préfériez vous reposer dans un cadre naturel unique, vous aurez ici le choix, entre lacs et canyons ! Parmi les autres sports largement pratiqués dans les gorges du Verdon, citons l'escalade. Avec ses 2500 voies, il s'agit de l'un des sites favoris des grimpeurs du monde entier ! L'escalade se pratique dans les gorges du Verdon depuis la fin des années 60, aujourd'hui, les voies ont été réadaptées et certaines fermées afin de préserver la faune sauvage, notamment les vautours fauves et moines – réintroduits il y a quelques années – qui nichent dans les falaises. Autre activité très présente dans les gorges du Verdon, l'incontournable randonnée. Il faut dire qu'avec son cadre naturel exceptionnel, le site s'y prête à merveille ! Il vous faudra choisir entre des sentiers en hauteur, offrant un panorama d'exception, ou des chemins en bord de lac, relaxants et apaisants. Parmi les chemins les plus réputés, citons celui de l'Imbut. Il est nécessaire d'avoir une bonne condition physique et une préparation adéquate car il s'étend sur un peu moins de 10 km et demande environ 5h de marche. Le parcours débute à l'Auberge des cavaliers d'Aiguines puis descend jusqu'à la plage du Baou Béni. Le marcheur se retrouve donc en plein cœur des gorges du Verdon, face à un paysage d'exception. Attention, les roches peuvent être glissantes – cette randonnée est déconseillée aux enfants de moins de 12 ans – et le trajet peut impressionner les personnes sujettes au vertige. Pour une balade, optez plutôt pour le sentier menant à la chapelle Notre-Dame du Roc. Il débute sur le parking de la piscine de Castellane et mène, comme son nom l'indique, à la chapelle Notre-Dame-du-Roc. Cet édifice qui, dans son architecture actuelle date de 1876, a été initialement construit en 1703 sur les ruines d'une

chapelle du IXe siècle. La chapelle Notre-Dame-du-Roc se situe à 903 mètres d'altitude, pour la rejoindre on emprunte un sentier qui offre de belles vues sur Castellane, en quarante minutes. Pensez à prendre de l'eau et de la crème solaire ! Enfin, les sportifs apprécieront la randonnée « Plein voir par le col de l'âne ». Depuis le belvédère de Plein voir, on a une vue unique sur la rencontre entre les gorges et le lac de Sainte-Croix. Le départ a lieu sur le parking de Félines, à Moustiers-Sainte-Marie. Rappelons que, pour randonner en sécurité, il est primordial de toujours rester sur les sentiers balisés. Cela permet aussi de ne perturber ni la faune ni la flore.

▶ **Le parc naturel régional du Verdon** dans son intégralité accueille un tiers de la flore française, la faune présente elle aussi une grande diversité : outarde canepetière, vautour, lézard ocellé – le plus gros d'Europe !, une vingtaine d'espèces de chauves-souris... Le territoire témoigne d'une richesse naturelle remarquable, témoignant de ses influences alpines et méditerranéennes.

▶ **Les gorges du Verdon** peuvent aussi se découvrir au fil des différents villages. Il ne faut pas manquer Moustiers-Sainte-Marie, classé parmi les « plus beaux villages de France » et Aiguines qui surplombe le lac de Sainte-Croix et offre des vues splendides sur ce dernier. On s'arrête aussi à Rougon, spot incontournable d'observation des vautours et à Entrevaux pour son patrimoine. Ce village fortifié par Vauban à la fin du XVIIe siècle abrite notamment une cathédrale de la même époque et une citadelle à laquelle on accède par un chemin à flanc de collines. Citons aussi Quinson, à l'entrée des basses gorges du Verdon, pour son lac et son intéressant musée de la Préhistoire, l'un des plus riches d'Europe. L'histoire humaine de la Provence depuis le Paléolithique inférieur jusqu'à l'âge des métaux y est retracée, vous découvrirez aussi des habitats reconstitués d'après des données archéologiques. Enfin, les villages perchés de Saint-Julien-du-Verdon, Rougon et La Palud-sur-Verdon sont aussi des haltes agréables qui offrent de beaux belvédères sur les gorges.

CAMPING LE MOULIN €€

Quartier Marzols ✆ 04 92 74 66 66
www.camping-le-moulin.com

Ouvert de fin avril à fin septembre. Terrain de 4 ha. 150 emplacements. Emplacement pour 2 de 12,60 € à 15,40 €.

Avec seulement 21 locations (dont 10 sortes différentes au choix) pour 150 emplacements répartis sur 4 hectares, le camping le Moulin est un camping qui privilégie résolument la conservation du cadre naturel. Sur ce domaine boisé de pins, peupliers le long d'une petite rivière et chênes, l'ambiance est familiale, et vos vacances baigneront dans une Provence authentique avec le chant de ses cigales. Tous les aménagements du camping ont été réalisés en prenant soin du cadre naturel. Des activités douces et des animations familiales y sont également proposées.

DOMAINE DU PETIT LAC** €€

Route des Salles-sur-Verdon ✆ 04 92 74 67 11
www.lepetitlac.com

Ouvert d'avril à octobre. Emplacement pour 2 (avec 10 A) de 19 à 27 €. Mobil-homes et chalets : 57 à 125 € la nuit.

Le Domaine du Petit Lac est situé dans un cadre naturel d'exception ! Entre le lac de Sainte-Croix et le village de Moustiers, un plan d'eau de 6 ha jouxte le village de vacances et le terrain de camping. Vous pourrez profiter des plaisirs de la baignade, du golf miniature, du tennis, des terrains de pétanque et beach volley, et aussi des animations tout public en été. L'établissement propose 100 emplacements de camping et 60 hébergements en mobil-home ou chalet. Vous pourrez également vous restaurer dans le restaurant, le bar ou la petite épicerie du camping.

LA FERME ROSE*** €€

Chemin de Peyringues ✆ 04 92 75 75 75
www.lafermerose.com

11 chambres, dont une pour personnes à mobilité réduite. Chambre double de 89 à 169 €. Petit déjeuner : 11,50 €.

Kako Vagh a aménagé cet hôtel magnifique avec vue formidable sur le village en y mêlant sa collection d'objets des années 50 aux tableaux de son grand-père, peintre méridional réputé. Le mobilier est remarquable : tables, chaises et banquettes proviennent de l'ancienne et prestigieuse brasserie Noailles à Marseille. Les chambres, ravissantes, offrent tout le confort, avec des salles de douches en faïence de Salernes. Vous pourrez disposer de la belle piscine de juin à septembre, ainsi que du jardin et du bar pour des moments de détente et de dépaysement.

HÔTEL LE BELVÉDÈRE** €€

Avenue des Lérins
✆ 04 92 74 66 04
www.hotel-belvedere-moustiers.com

Ouvert d'avril à octobre. 10 chambres. Petit déjeuner : 9 €. Chambre de 75 € à 110 €.

Au cœur du village, ce Belvédère mérite bien le nom qu'il porte depuis une trentaine d'années. D'importants travaux de rénovation entrepris il y a quelques années ont permis de lui redonner tout son charme. Rien à redire sur le confort : télévision, douche, WC. Parking privé gratuit. Les animaux sont acceptés. Le Belvédère, comme nous le rappelle Philippe, le maître des lieux, c'est aussi une restauration midi et soir en pleine saison, une pizzeria que les habitués connaissent bien. Vous prendrez place dans l'une des deux grandes salles lumineuses.

LES LAURIERS €€

chemin de Quinson
✆ 04 92 78 07 59
www.chambredhotes-leslauriers.com

Ouvert toute l'année. Une grande chambre pour 2 à 3 pers. de 75 € à 110 €. Wifi gratuit.

Ode et William vous accueillent pour un agréable séjour dans leur grande et confortable chambre d'hôtes, depuis cinq ans. Les habitués connaissent bien l'adresse et notamment les couples et randonneurs. En effet, le GR4 passe au pied de cette villa récente. Une adresse idéale pour un séjour sportif ou de détente aux portes des gorges du Verdon et au calme à 500 mètres à peine du beau village de Moustiers. Les petits déjeuners copieux sont servis sur réservation en chambre ou sur la terrasse. Ode et William prennent soin de leurs convives et ça fait du bien.

MONASTÈRE DE SÉGRIES MAISON D'HÔTES €€

Route Riez ✆ 04 92 74 64 12
www.monastere-de-segries.com

Ouvert toute l'année. Accueil de groupes uniquement. Chambre double : 133€ en demi-pension et 155€ en pension complète.

Ce site de charme peut recevoir jusqu'à 70 personnes, grâce à ses 20 chambres et ses 5 suites. Accueil de groupes à partir de 20 personnes. L'ancien monastère cistercien, reconverti en maison d'hôtes par Annemarie et Dhruv, vous invite à profiter du cloître avec son jardin aux platanes bicentenaires et sa piscine. Ici se déroulent des séminaires, retraites, évènements à thèmes - yoga, danse, jeûne, etc. Le plus : une table gourmande avec produits du potager, de la serre et du verger.

LE RELAIS** €€

Place du Couvert
✆ 04 92 74 66 10
www.lerelais-moustiers.com

Ouvert de mi-avril à novembre. 18 chambres. Chambre double de 75 à 110 €. Petit-déjeuner : 12 €.

Martine et Pierre vous accueillent depuis plus de 40 ans dans leur petit hôtel à l'architecture provençale typique. Les chambres familiales et spacieuses sont dotées d'une mezzanine et d'un balcon d'où vous avez des vues sur le village. Côté restauration, les enfants ont pris la relève. Moussa, d'origine sénégalaise, décline une cuisine provençale revisitée et rehaussée grâce aux épices. Et Aurélie n'est pas en reste pour les pâtisseries. Les repas se savourent dans une superbe véranda ou sous une terrasse abritée du soleil à deux pas de la cascade.

LE VIEUX CASTEL €€

1, route des Châteaux - **ROUMOULES**
✆ 04 92 77 75 42
www.vieuxcastel.com

Ouvert de mi-mars à novembre. Chambre double à 95 €. Chambre pour 4 personnes, 175 à 190 €. Petit déjeuner inclus.

Bienvenue dans la petite Rome ! C'est en effet l'origine du nom du village de Roumoules où Catherine vous accueille dans une ancienne bastide du XVIIe siècle. Celle-ci a appartenu à la famille des Clérissy, célèbres créateurs des faïences de Moustiers. Une demeure historique où vous disposerez de chambres ou de suites familiales. Si chacune a sa personnalité et son propre nom (Lou Cabanou, L'Oustaou, Lou Picardo…), toutes offrent un cadre chaleureux et confortable. La présence de mobilier d'époque a maintenu tout son charme d'antan à la bastide.

LE VIEUX COLOMBIER*** €€

Quartier Saint-Michel
✆ 04 92 74 61 89
www.campinglevieuxcolombier.com

Ouvert du 15 avril au 2 octobre 54 emplacements (et 16 locations). Chalets pour 2 à 5 p., de 413 à 721 € la semaine.

À la tête de ce camping, une famille : Hugo pour le snack, Gilda, Corine et Sébastien pour le camping. Avec son accueil familial, le Vieux Colombier vous ouvre ses portes pour des vacances nature, à quatre kilomètres du lac de Sainte Croix et aux portes des gorges du Verdon. De taille humaine, avec ses 54 emplacements de camping d'un minimum de 80 m² tout en terrasse délimitées par des haies et ses 16 mobil-homes, il offre un parc arboré de plus de 200 arbres. L'établissement propose aussi une aire de service pour les camping-cars.

LA BASTIDE DE MOUSTIERS**** €€€

Chemin de Quinson ✆ 04 92 70 47 47
www.bastide-moustiers.com

Ouvert de début avril à début novembre. 11 chambres, 2 suites. Chambre double à partir de 225 €. Menus à partir de 75 €.

Au pied du village des faïenciers, l'auberge champêtre d'Alain Ducasse coule toujours des jours tranquilles. Dans ce havre de quiétude, toute l'équipe, autour de Sarah Chailan, s'emploie à vous faire passer d'agréables moments. Les chambres évoquent une couleur, une senteur, une image de la Provence. Le raffinement est à son paroxysme. Au restaurant, les menus évoluent en fonction de l'arrivage des produits de saison et de l'imagination débordante du chef Adrien de Crignis.

LA FERME DU PETIT SÉGRIÈS €€€

Lieu-dit Le Petit Ségriès ✆ 04 92 74 68 83
www.chambre-hote-verdon.com

Chambre double de 84 à 94 €. Petit déjeuner inclus. Gîte 14 personnes de 1 183 à 1 890 € la semaine.

Cet hébergement à la ferme propose deux formules, gîte ou chambre d'hôtes. Sylvie, la maitresse des lieux, vous réserve un accueil toujours aussi chaleureux, convivial et de bons conseils. Ses chambres sont tout simplement superbes avec pour chacune des noms de montagnes voisines et un thème de décoration. Le gîte est également très bien pensé pour les groupes. La table de Sylvie propose deux fois par semaine des repas à base de produits frais et locaux.

BRASSERIE CHEZ BENOÎT €€

Saint-Michel
✆ 04 92 77 45 07
www.brasserie-moustiers-benoit.fr

Ouvert de mi-mars à début novembre. Du jeudi au mardi de 12h à 14h30 et de 19h à 21h30. Carte : 35 €. Plat du jour 15 €.

Une brasserie à l'atmosphère décontractée et à la cuisine traditionnelle, savoureuse et authentique qui suit les saisons et privilégie les circuits courts. Entre une visite du village le matin et une descente des gorges l'après-midi, on s'attablera volontiers autour d'une souris d'agneau ou un tartare de bœuf à moins que d'autres plats du jour tout aussi alléchants soient proposés ce jour-là. Que ce soit la pizza, le hamburger maison ou le magret, tout est raffiné et bien présenté. La terrasse est particulièrement agréable pour l'été et les jours ensoleillés.

ALPES-DE-HAUTE-PROVENCE

LA FERME SAINTE-CÉCILE €€

Route des Gorges-du-Verdon
✆ 04 92 74 64 18
www.ferme-ste-cecile.com

Ouvert de mi-avril à début novembre. Fermé dimanche soir et lundi. Formule complète à 42,50 €. Réservation obligatoire.

Dans un cadre naturel à 2 minutes de Moustiers-Sainte-Marie en direction de Castellane, cette ferme du XVIIIe siècle joliment restaurée est un havre de paix où chantent les cigales. Pour le reste, c'est le silence qui prévaut et c'est très agréable. Catherine (la sommelière) et Patrick (le chef) sont les hôtes de cette maison et ils savent recevoir en toute simplicité. Ici tout est fait mains et quotidiennement, le pain pétri tous les matins, les poissons sauvages sont à la fête, et les produits régionaux provenant d'agriculteurs locaux sont à l'honneur.

LES MAGNANS €€

Rue du Courtil
✆ 04 92 74 61 20

Ouvert les midis de février à fin décembre, fermé le soir et le samedi. Carte environ 40 €. Plat du jour : 13,90 €.

Depuis 1986, Stéphane propose aux gourmands de la région une grande variété de plats préparés avec des produits frais. Si vous aimez les salades, vous aurez le choix, mais il y a également de fameuses lasagnes maison. Sans oublier quelques spécialités de la maison : les pieds paquets, le civet de sanglier, le sauté de biche poires au miel… Pour les végétariens : un succulent burger. À déguster dans la véranda qui donne sur la vallée, sur la grande terrasse au soleil ou à l'ombre des platanes. Vous trouverez sur place une épicerie fine et un magasin de souvenirs.

PATISS ET CUISINE €€

Place Pomey
✆ 04 92 74 66 48

Ouvert tous les jours de 11h à 21h. Fermé le mardi de novembre à fin mars. Carte : 18 € en moyenne. Terrasse.

Cette ancienne boulangerie du XIVe siècle située au bord du torrent offre un cadre très agréable. Aux beaux jours, vous apprécierez la charmante terrasse. Ici, tout est fait maison : salades, tartes, bagels, tapas, et pâtisseries. Maxence, le chef du restaurant est un passionné des bons produits locaux et présente une fine sélection de thés, cafés, jus de fruits, bières artisanales et chocolats chauds traditionnels avec le chocolat et le lait de votre choix. Les lundis, c'est sushis ! Et l'été vous pourrez goûter aux cocktails maison soigneusement élaborés.

LA TREILLE MUSCATE €€

Place de l'Église
✆ 04 92 74 64 31
www.restaurant-latreillemuscate.fr

Ouvert du 15 février au 15 novembre. Fermé le mercredi, également le jeudi en basse saison. À la carte : 45 € environ.

La presse en parle et en reparle, tellement cette adresse est cotée et référencée. Mireille, la maitresse des lieux, vous réserve le meilleur accueil, chaleureux et convivial depuis 1999, sous un platane centenaire sur la place de l'église. L'intérieur cosy tout en pierre est agrémenté de faïences et de tableaux. La belle terrasse mérite aussi qu'on s'y attable. Le chef propose une cuisine italienne entre terre et mer, et ce toujours à base de produits frais rigoureusement sélectionnés. Les deux chambres sont confortables et joliment décorées par Mireille.

L'ÉTOILE GIVRÉE

Place Jean-Baptiste Pomey
✆ 06 69 67 33 34

Ouvert d'avril à fin octobre. 3 € la boule, 4 € les 2, 5 € les 3, et 6 € les 4 boules.

Au pied de l'Étoile de Moustiers, succombez à la tentation rafraîchissante et offrez-vous une pause au glacier, sur la place du village. Glaces esquimaux et cornets sont faits maison - l'option pot est aussi disponible. Marion Allègre, la créatrice, utilise avec ingéniosité les produits locaux pour des parfums classiques comme insolites. Sorbet au chocolat, orange sanguine ou encore miel de lavande sont autant de saveurs à faire pâlir le meilleur des glaciers italiens. De succulents entremets glacés peuvent également être commandés.

ATELIER BONDIL À MOUSTIERS - FAÏENCE DE MOUSTIERS

Place Jean-Baptiste Pomey
✆ 04 92 74 67 02
www.faiencebondil.fr

Ouvert tous les jours de 10h30 à 19h d'avril à octobre. Fermeture en janvier, et un jour par semaine en basse saison.

Créée en 1980, l'entreprise est spécialisée dans la fabrication de faïences de Moustiers. Elle propose des objets traditionnels, principalement pour la table, ornés de décors classiques de Moustiers, ainsi que des pièces uniques, des séries limitées et des pièces dorées à l'or. En 2011, les Ateliers Bondil ont reçu la distinction Entreprise du patrimoine vivant en reconnaissance du maintien de ce savoir-faire ancestral unique. Possibilité de visiter l'atelier pour la clientèle.

ATELIER SERRAILLER

Rue du Seigneur-de-la-Clue
✆ 04 92 74 69 24
www.moustiers.fr

Ouvert tous les jours. Fermeture annuelle au mois de janvier. Visite de l'atelier sur rendez-vous.

Créé il y a plus de 22 ans, cet atelier et ses magasins L'Artisanat et La Chaîne vous proposent des pièces de faïence uniques entièrement faites à la main avec des techniques des XVIIe et XVIIIe siècles. Ici, pas de babioles mais des décors raffinés et anciens Louis XIV ainsi que des créations, des reproductions et des antiquités. Autant de « joyaux » nés dans la plus pure tradition entre les mains des parents de Line Serrailler avant que cette dernière ne reprenne l'affaire familiale. Ces boutiques raviront les amateurs de beaux objets et d'artisanat d'art.

LES ATELIERS DE JOHANN FINE ET MLLE POMPONETTE

Place de l'Église ✆ 06 87 39 32 60
www.poterie-moustiers.com

Ouvert tous les jours de mi-avril à fin octobre, de 10h30 à 12h30 et de 14h à 19h. Sur demande en hors saison.

Installés à Moustiers depuis 1976, les membres de la famille Fine sont potiers et céramistes de génération en génération. Johann et Béatrice utilisent la technique de la terre vernissée. Entre leurs mains naissent de nombreuses pièces réalisées par leurs soins avec passion et talent. Il y en a pour tous les goûts, du mug au saladier, des pichets, des assiettes, et bien d'autres. Mlle Pomponette et Johann Fine, deux univers qui bousculent les traditions de la faïence. À découvrir !

BASE DE LOISIRS LA CADENO - PLAGE

route du lac
✆ 07 82 10 67 03

Ouvert du 1er juin au 30 septembre. Location à partir de 10 €/heure.

Cette base nautique a été développée et aménagée récemment à l'initiative de la municipalité. Au cœur d'une région préservée, sauvage et ventée, découvrez les plaisir de la navigation sur l'eau douce et pure du magnifique lac de Sainte-Croix du Verdon. À la Cadeno Plage, vous pourrez pratiquer en toute liberté de nombreuses activités nautiques : canoë, kayak, bateau à pédales et standup paddle ! Sur place vous trouverez également un parking et une buvette - snack.

SAINTE-CROIX-DU-VERDON ★

Historiquement, le village a été créé sur un point de passage du Verdon. Mais Sainte-Croix-du-Verdon a surtout vu son destin basculer en 1973, lors de la mise en eau du lac qui porte son nom. Jusque-là isolé sur son promontoire rocheux, il a depuis vu le tourisme prendre le pas sur les autres formes d'activités. En très grande partie restauré dans la tradition provençale, ce joli village construit à flanc de colline est à présent un centre de villégiature relativement fréquenté qui propose essentiellement des activités nautiques. La vue générale sur tout le lac depuis le village est tout simplement sublime et mérite le détour à elle seule.

BUREAU D'INFORMATION TOURISTIQUE

✆ 04 92 77 85 29
www.stecroixduverdon-tourisme.fr

Ouvert d'avril à septembre. L'été, du lundi au samedi : 9h30-12h30 et 14h-18h et le dimanche : 10h-12h30 et 15h30-17h30.

Bien qu'il ne soit ouvert que de début avril à fin septembre, ce bureau d'information touristique est bien utile pour les nombreux vacanciers présents à la belle saison à Sainte-Croix et tout autour de son lac. Attention il est exceptionnellement fermé, durant cette période, le 1er mai. Sinon, vous y découvrirez le point de départ de nombreuses activités, au bord du lac notamment, ainsi que l'histoire riche de l'ancienne vallée mise en eau dans les années 1970.

LE COMPTOIR €€

Le Village
✆ 04 92 73 74 62
www.lecomptoir04.com

Ouvert de début avril à fin octobre. 7j/7 le midi et le soir de 9h à 23h. Menu à 34 €.

Idéalement situé à proximité du lac avec une vue imprenable en terrasse, le Comptoir propose une belle carte appétissante, avec des plats de Provence faits maison, des viandes et poissons, mais aussi 3 plats à la truffe blanche durant tout l'été. Crêpes et glaces sont proposées toute la saison. Vous pouvez aussi déguster d'excellents cocktails et de délicieux smoothies aux fruits frais. En été, la terrasse s'anime souvent le vendredi soir. Le comptoir propose également 5 chambres confortables, situées au calme, avec un copieux petit déjeuner servi en terrasse.

LES TERRASSES DU LAC €€

Voie communale Le-Cours
✆ 04 92 77 82 42
www.lesterrassesdulac04.fr
Ouvert d'avril à octobre. Ouvert tous les jours sauf mardi soir et mercredi la journée. Carte à l'ardoise et pizzas.

Cette adresse porte bien son nom, elle fait en effet plein feu sur le lac avec une vue superbe et imprenable ! Sur la carte, lasagnes maison au bœuf, farcis provençaux, thon frais poêlé, gambas sauvages flambées, servis avec de généreuses garnitures. Le tout est fait maison, jusqu'au dessert, et à base de produits du terroir, à accompagner de vins de propriétaires récoltants. À noter enfin la belle carte de boissons et apéritifs. L'accueil de Laurent, le nouveau maître des lieux depuis quelques années, ainsi que de ses deux filles Anna et Lauren est extra !

LA MAISON DU LAVANDIN

Le Jas-de-Ménassier
✆ 04 92 77 73 31
www.lamaisondulavandin.fr
Ouvert de Pâques à fin septembre de 9h à 12h et de 15h à 19h. Non-stop en juillet et août. Livraison possible.

Ici, tous les produits sont issus de l'exploitation toute proche. C'est ainsi que l'été on peut visiter la distillerie, les champs de lavandin et assister à la récolte. On y trouve des savons, de la tapenade, des jus de fruits, des sablés à la lavande, du miel de lavande, de l'huile d'olive, des truffes, des sachets de fleurs de lavandin, des confitures, des produits d'hygiène corporelle et bien d'autres surprises. La Maison du lavandin labellisée Bienvenue à la Ferme propose également de la vente en ligne *via* son site Internet et des animations pour les groupes.

ASSOCIATION VOILE ET NAUTISME

Route du Bord du Lac
✆ 04 92 77 76 51
www.voileverdon.fr
Ouvert de début avril à début novembre. Nombreuses locations : planche à voile 18 € l'heure, paddle 12 €, kayak 12 €...

Voile et aviron dans le Verdon, voilà sûrement une idée qui risque de vous traverser l'esprit en arrivant ici... L'association Voile et Nautisme répondra à vos envies en organisant de nombreux stages ou journées de découverte. Naviguez d'une rive à l'autre, bercé par les parfums de Provence, seul sur le lac Sainte-Croix. Sous la douce brise, vous serez éclairé par les falaises des gorges du Verdon. Aucun niveau technique ni aptitude physique particulière ne sont requis.

QUINSON ★

Depuis l'aube de l'humanité, Quinson est habité et ce village est un ravissement pour les amateurs de paysages grandioses autant que les sportifs de pleine nature, prêts à s'adonner à divers sports nautiques, à de nombreuses randonnées, ou à aller grimper dans l'un de ses superbes sites d'escalade environnants. Porte du département des Alpes-de-Haute-Provence, il fait le lien entre le plateau de Valensole et le Haut-Var. Autrefois perché, Quinson est aujourd'hui implanté en plaine, au bord du Verdon. Venez découvrir son riche passé, ses remparts, son superbe musée de la Préhistoire mais aussi ses fontaines qui jalonnent le village de places en rues.

GROTTE PRÉHISTORIQUE DE LA BAUME BONNE

✆ 04 92 74 09 59
Ouvert de début février à mi-décembre. Visite libre du musée. Pour toute autre activité, réservation obligatoire.

Site archéologique majeur du Verdon, cette grotte est classée Monument historique. Habitée à toutes les périodes préhistoriques, elle témoigne de l'évolution des modes de vie depuis 400 000 ans. De très nombreux ossements d'animaux y ont été retrouvés, et ont fourni de précieux enseignements sur les époques climatiques successives. Perchée à 30 m au-dessus du Verdon, on y accède, accompagné d'un guide, par un sentier de garrigue. Des passerelles permettent de pénétrer dans la grotte.

BUREAU D'INFORMATION TOURISTIQUE

Chapelle Saint-Esprit
✆ 04 92 74 01 12
Ouvert toute l'année. Juillet-août, du lundi au samedi de 9h à 13h et de 15h30 à 18h30. Basse saison, lundi au vendredi.

Ce bureau d'information dynamique organise des visites guidées du village. Il gère également une billetterie pour l'entrée au musée de la Préhistoire. Aux beaux jours, le lundi matin, il assure une présence sur le marché de Quinson. Enfin, il propose toute l'année des balades ludiques pour les familles, les Randolands, qui permettent de découvrir Quinson et son histoire grâce à de petits jeux. Et bien sûr, il se tient à votre disposition pour tout renseignement pratique sur le pays.

LAC DE QUINSON ★

Baignade interdite mais lac navigable en bateau électrique, entre autres. Restauration. Aire de pique-nique.

© JUAN CARLOS MUNOZ - SHUTTERSTOCK.COM

Ce lac beaucoup moins connu que ceux de Sainte-Croix ou d'Espadon mérite pourtant votre visite. Généré par le barrage de Gréoux, cette retenue d'eau a créé un lac de près de 13 km de longueur, qui a conservé un aspect sauvage. Ancien canyon étroit et envahi par les eaux, il s'élargit un peu par endroits. Vous pourrez apprécier aussi les grottes dans les falaises, en vous y rendant en bateau. Ces gorges sont aussi accessibles, par le dessus uniquement, en promenade pédestre à partir des villages de Montagnac-Montpezat et Saint-Laurent-du-Verdon.

VISITE DU VILLAGE MEDIÉVAL DE QUINSON

Chapelle Saint-Esprit
✆ 04 92 74 01 12

Visites guidées de juin à fin septembre. 5 personnes minimum. Adulte 6 €. Se renseigner auprès de l'office de tourisme.

En juillet - août, vous pourrez partir à la découverte de la richesse historique du village en faisant un bond de 2 000 ans en arrière. Vous remonterez de l'époque celto-ligure au XIXe siècle, en passant par l'Antiquité et le Moyen Age. Déambulez dans ses jolies petites ruelles avec calades et admirez son centre médiéval, son campanile et ses chapelles. Le reste de l'année cette découverte peut se faire librement grâce à des balades ludiques destinées aux familles, les Randolands.

MUSÉE DE PRÉHISTOIRE DES GORGES DU VERDON

Route de Montmeyan ✆ 04 92 74 09 59
www.museeprehistoire.com

Ouvert du 2 février au 15 décembre inclus. Juillet et août : de 10h à 20h. Adulte : 8 €. Label Tourisme & Handicap.

Ce musée est l'un des plus grands et des plus riches musées consacrés à la Préhistoire en Europe. Il retrace toute l'aventure humaine en Provence depuis le paléolithique inférieur jusqu'à l'âge des métaux. Vous y découvrirez l'histoire des premiers outils : le chopper, la pointe de Quinson, le biface, le racloir, les haches en pierre polie, les poinçons en os, les premières céramiques, jusqu'aux premières formes de métallurgie de l'âge de bronze. C'est une remarquable machine à remonter le temps. De nombreuses vitrines ont permis la reconstitution de scènes de la vie préhistorique, d'un réalisme saisissant. Un troupeau d'animaux préhistoriques reconstitués (taille réelle) trône dans l'entrée du musée. Mammouth et rhinocéros laineux, tigre à dents de sabre, renne et mégacéros accueillent les visiteurs et proposent une approche ludique pour restituer l'Homme dans son environnement.

Les autres espaces d'exposition

Au-delà du musée, dont l'objectif affiché est de comprendre, vous avez aussi accès à la grotte de la Baume-Bonne pour explorer, et au village préhistorique pour vivre la préhistoire. Pensez à réserver pour la grotte, et à prévoir des chaussures adaptées ainsi qu'une bouteille d'eau ! Le village préhistorique reconstitué se visite, lui, librement. À 10 minutes à pied du musée, au bord du Verdon, vous découvrirez 5 constructions (habitats ou sépultures) qui vous feront voyager dans le passé et vous apprendront comment vivaient les hommes et les femmes de la préhistoire.

GÎTE D'ÉTAPE L'ESCARGOT* €

✆ 04 92 74 00 10
www.giteescargot.com

Ouvert toute l'année. Deux gîtes de 100 € à 200 € la nuit. Jusqu'à 17 personnes. Petit déjeuner 6,50 €.

Pendant plus de 23 ans, les propriétaires ont fabriqué des jouets en bois et l'escargot était leur thème de prédilection, d'où l'appellation de leur établissement ! Les gîtes bénéficient de deux cuisines équipées accessibles aux hôtes. Le premier offre trois chambres de 4 lits et le second deux chambres doubles, permettant d'accueillir jusqu'à 17 personnes. Les petits déjeuners savoureux sont agrémentés de fruits du jardin et de confitures maison. Vous pourrez également déguster et acheter sur place une des 2 variétés d'huiles d'olive qu'ils produisent.

ALPES-DE-HAUTE-PROVENCE

LES ALBIZIAS €€

Adrech de Notre-Dame - **MONTAGNAC-MONTPEZAT**
✆ 04 92 77 55 96
www.albizias-lacs-verdon.com
Ouvert de mi-mai à fin septembre. Chambre double de 80 € à 90 € ; suite de 140 € à 150 €. Petit déjeuner : 7 €.

Cette maison d'hôtes provençale vous accueille sympathiquement durant la belle saison sur le plateau de Valensole au milieu des lavandes de Haute-Provence. Elle vous propose deux possibilités d'hébergement : une chambre pour deux personnes à la décoration simple mais raffinée, avec salle d'eau, toilettes et terrasse privée. Vous pourrez également loger dans une suite prévue pour deux à quatre personnes composée de deux chambres et d'une salle de bains centrale. Il est également possible de louer l'intégralité de la maison avec piscine.

CAMPING TOHAPI LES PRÉS DU VERDON*** €€

Allée des Prés-du-Verdon ✆ 04 30 05 15 11
www.campinglespresduverdon.com
Ouvert de mi-mai à fin septembre. 197 emplacements. Mobil-homes pour 4 à 6, de 279,30 € à 705,60 € la semaine.

Au sein de ce camping 3-étoiles, l'hébergement se fait en tentes personnelles sur les emplacements, en mobile-homes ou en tentes équipées de coin cuisine et de lits, un vrai plus pour des vacances confortables. Côté activités : ping-pong, pétanque et football sont en accès libre. Les petits pourront profiter de la pataugeoire et les plus grands de la piscine extérieure. Mais surtout, les Prés du Verdon sont situés à une centaine de mètres à peine de la base nautique du Quinson.

LA GUINGUETTE €

La Treille
MONTAGNAC-MONTPEZAT
✆ 06 76 06 62 06
Ouvert de mi-avril à fin octobre, tous les jours. Salades, 15 € environ. Pizza à partir de 10 €. Terrasse.

À Montpezat, une villa surplombe le lac. C'est en bas de la propriété, au bord du lac et près de la route, que Véronique a décidé d'ouvrir un restaurant. En saison, on retrouve dans ce cadre charmant, qui offre une belle vue sur le lac, toute l'authenticité de la guinguette traditionnelle : une ambiance conviviale, sans chichis, un service souriant et une carte courte qui suit les saisons. Du simple mais bon et fait maison. On retiendra particulièrement les desserts élaborés avec soin par la fille de notre hôtesse ayant suivi une formation en pâtisserie.

CHEZ KINOU €

Route de Montmeyan
✆ 04 92 74 40 29
Fermé de décembre à février. Haute saison : ouvert tous les jours de 9h30 à 23h. Menu à 23 €.

Ce bar/restaurant connu propose un accueil sympathique et une terrasse ombragée avec vue sur le lac et une partie des gorges du Verdon. La clientèle est composée essentiellement d'habitués, c'est bon signe, la table est bonne et la qualité régulière. Le chef nous concocte une cuisine traditionnelle avec un choix de poissons et de viandes mais aussi quelques spécialités en fonction des saisons. Rien ne manque. Chez Kinou, c'est copieux. Les desserts sont maison, optez pour les tartes ou encore le tiramisu. Une adresse à découvrir en famille ou entre amis.

GRÉOUX-LES-BAINS ★★

Gréoux est une station thermale et un village de caractère. Il est difficile de manquer le magnifique château qui surplombe le village. Il fut construit au XIIe siècle par les Templiers, avant d'être cédé aux Hospitaliers de Saint-Jean de Jérusalem, puis passera de mains en mains jusqu'à ce qu'il soit classé monument historique en 1840. En été, il est possible de découvrir son histoire lors de visites théâtralisées. En déambulant dans les vieilles ruelles, vous découvrirez les chapelles, les remparts, la belle église et son campanile, les lavoirs, et évidemment les fameux thermes troglodytiques. Une invitation à voyager dans le temps !

Balade

En vous baladant au cœur du vieux village, vous irez à la rencontre de l'église Notre-Dame-des-Ormeaux au château dit des Templiers, en passant devant plusieurs musées, des armoiries, des vitraux.... ainsi qu'un riche patrimoine thermal, avec la découverte de ses fameux thermes troglodytes. Des visites guidées à thèmes sont possibles pour des groupes et sur réservation auprès de l'Office de tourisme. Et d'avril à octobre, sur inscription préalable, il organise aussi pour des particuliers diverses balades randonnées de quelques heures à une journée et plus ou moins éloignées, avec des guides conférenciers de la Compagnie des Grands Espaces. Laissez-vous guider dans ce lieu que Jean Giono avait qualifié « d'oasis romantique du Verdon ».

LE CHÂTEAU DES TEMPLIERS

Esplanade Cadière
✆ 04 92 78 01 08
Cour du château en rénovation. Seule la salle des gardes est ouverte au public, avec des expositions gratuites.

Tout laisse à supposer qu'au XIIe siècle furent posées les premières pierres qui constitueront le château des Templiers. Au XIVe siècle, propriété du comte de Provence Charles II, il est cédé aux hospitaliers de Saint-Jean-de-Jérusalem, puis à Arnaud de Trian. De la fin du XIVe siècle jusqu'à la Révolution, se succèdent des seigneurs laïcs. Abandonné à la Révolution puis racheté comme bien national par Arnoux Guibert, le château est classé par les monuments historiques en 1840. Désormais, la salle voûtée des gardes abrite des expositions de mars à décembre.

ÉGLISE NOTRE-DAME-DES-ORMEAUX

Place de l'Hôtel-de-Ville
✆ 04 92 78 01 08
www.greoux-les-bains.com
Entrée libre durant la journée. Renseignements auprès de l'office de tourisme.

L'église Notre-Dame-des-Ormeaux est un ancien prieuré de l'abbaye de Montmajour. De style roman, sa construction s'étend du XIe au XIIe siècle. De nombreuses transformations ont été effectuées dans le style gothique entre le XIVe et le XVIe siècle. Le clocher est beaucoup plus tardif : il a été construit vers 1830. L'intérieur de l'église a quant à lui été restauré de 1973 à 1975. Elle renferme aussi le buste reliquaire de saint Sébastien, saint patron de Gréoux.

MUSÉE DES POUPÉES, MINIATURES ET JOUETS DU MONDE

16, avenue des Alpes ✆ 06 84 62 71 23
www.museedespoupees.com
Ouvert de mi-avril à fin octobre. Les lundi, mercredi et vendredi de 16h à 19h. Adulte : 7,50 €, enfant 6 €.

Petits et grands, collectionneurs, créateurs ou curieux, sont unanimes : ce très beau musée est un ravissement pour les yeux. Il vous propose un voyage dans l'imaginaire qui enchantera petits et grands : dans cette magnifique maison ancienne, vous découvrirez quelque 140 mises en scène mêlant passé, présent et futur. Hors des visites, diverses animations sont proposées aux enfants comme aux adultes avec notamment la création de poupées en chiffon et de maisons de poupées pour l'UNICEF.

LES THERMES TROGLODYTES GALLO-ROMAINS ★

Avenue du Verdon
✆ 04 92 78 01 08
Visite libre à l'extérieur.

Les bienfaits des eaux thermales de Gréoux-les-Bains sont connus depuis des millénaires. Les Romains y ont construit les premiers thermes ! Ceux d'aujourd'hui accueillent de nombreux curistes pour des soins thérapeutiques et de remise en forme, dans le nouvel espace dédié au bien-être « Les Sources de Manon ». Au XIXe siècle, de nombreuses personnalités venaient y « prendre les eaux » comme Giono en 1950. On peut visiter librement les extérieurs et le hall d'entrée des thermes actuels.

ALPES-DE-HAUTE-PROVENCE

© VINCENT FORMICA

Fontaine - Gréoux-les-Bains.

PARC ANIMALIER LES AIGLES DU VERDON ★

La Colline de Lineau
✆ 06 75 47 17 06

Ouvert tous les jours et les jours fériés de 11h à 18h. Adulte : 12 €. Enfant de 3 à 11 ans : 8 €.

Ce parc de 12 hectares associe spectacle équestre et fauconnerie. Vous vous laisserez surprendre par le ballet aérien des rapaces et apprécierez la beauté des chevaux pure race espagnol. Évolution en commun et en toute élégance. Des chorégraphies et des spectacles de connivence entre équidés et oiseaux de proie sont proposés avec la fauconnière Bélinda en chef d'orchestre. Buses de Harris, Faucon crécerelle, faucon américain, hibou grand-duc d'Europe, hibou grand-duc du Bengale, hibou grand-duc de Sibérie, caracara de Foster, chouette effraie, chouette Boobook, chouette le programme, milan noir, aigle pygargue à tête blanche et de magnifiques chevaux animent le site, dans le plus grand respect des caractères propres à chacune des espèces. Une alchimie s'est installée permettant de proposer ces magnifiques spectacles. En marge, un petit parc animalier est ouvert dans ce site magnifique de la colline de Linoux, près de Manosque, où se côtoient animaux de la ferme et de la basse-cour, cochons, oies, poules, canards, chèvres que vous pourrez approcher et câliner. Puis empruntez le parcours ombragé pour voir des animaux plus rares perruches, coatis, paons, tortues d'eau, chiens-loups de Saarloos et le buffle. Stages et ateliers découverte des rapaces et de la fauconnerie. Possibilité de fêter votre anniversaire, mariage, baptême, repas d'affaires, vos soirées diverses. Aires de jeux et de pique-nique ou vous restaurer au snack. Terrasse est ombragée l'été, et chauffée en hiver.

BUREAU D'INFORMATION TOURISTIQUE DE GREOUX-LES-BAINS

Place de l'Hôtel-de-Ville ✆ 04 92 78 01 08
www.greoux-les-bains.com

Ouvert toute l'année. Juillet-août : du lundi au samedi de 9h à 13h et de 15h à 19h, dimanche jusqu'à 18h.

Cet Office de tourisme Intercommunal pourra vous fournir tous renseignements pratiques, non seulement pour un passage à Gréoux, mais aussi lors de votre séjour dans le Bas Verdon et notamment le lac d'Esparron. Hébergement, restauration, visites de monuments et musées ou circuits de découverte des environs n'ont pas de secrets pour son personnel qui vous accueillera convivialement et vous renseignera avec plaisir. Il organise aussi diverses balades randonnées ou visites du village.

LE CHEMIN NEUF €

4, avenue du Chemin-Neuf
✆ 04 92 78 01 06
www.hotelgreoux.fr

Fermé de mi-décembre à fin janvier. 10 chambres. Chambre double ou simple de 50 à 70 €. Restauration. Menu à 17,90 €.

Plusieurs années d'expérience et de tradition d'hospitalité vous attendent au Chemin Neuf. Nicole, la maitresse des lieux, est toujours aussi accueillante et pleine de petites attentions. Que vous soyez en vacances, en voyage d'affaire ou en cure, cet établissement familial, aux chambres confortables, donnant pour la plupart sur le château de Gréoux-les-Bains, est fait pour vous. Le restaurant à la salle conviviale propose une cuisine, elle aussi, familiale. À la carte, vous trouverez une offre de pizzas, de burgers, et des plats cuisinés.

LE LOGIS DE LA ROSE €

25, rue Grande
✆ 04 92 78 15 11
www.hotel-logisdelarose.fr

Ouvert toute l'année. Chambre simple de 37 € à 56 €. Double de 53 à 67 €. Wifi. Demi-pension. Tarifs curistes.

Cet hôtel existe depuis 1520 ! Il s'agit d'une adresse avec vue plongeante sur Gréoux. Vous pouvez y séjourner dans l'ambiance d'une pension de famille traditionnelle notamment pour les curistes qui bénéficient de tarifs adaptés. Les chambres, au sol en parquet ou en tomette ancienne sont équipées d'une télévision. Trois d'entre elles bénéficient d'une terrasse. Nombreux tarifs correspondant à des niveaux d'équipements sanitaires différents. Les prix sont dégressifs à partir de 5 nuits. L'accueil est chaleureux et l'ambiance conviviale.

CAMPING LE VERSEAU•••• €€

Route de Saint Pierre ✆ 04 92 77 67 10
www.camping-le-verseau.com

Fermé du 1er décembre au 1er mars. 120 emplacements (dont 68 locations). Emplacements pour 2 de 14,90 € à 23 €.

Vous trouverez ici un accueil de qualité, du calme, un cadre de verdure exceptionnel et une multitude d'activités à faire à proximité de cet établissement. Côté location l'ensemble du parc de bungalows, chalets et mobil-homes est en train d'être renouvelé et a moins de 5 ans. De nombreux services sont proposés : piscine à débordement, espace fitness, terrain de basket sur herbe, jeux de boules et terrain de jeux pour les enfants... Ainsi que des plats cuisinés à emporter ! Une pool house très agréable accueille également les soirées à thème du camping.

CAMPING VERDON PARC**** €€

Domaine de la Paludette

✆ 08 26 96 57 76

www.campingverdonparc.fr

Ouvert de début avril à début novembre. 90 emplacements. 350 mobil-homes de 400 € à 2 220 € la semaine. Restauration.

Ce camping 4 étoiles s'étend en bordure du Verdon sur tout le domaine de la Paludette et a de grands atouts. Outre sa localisation et sa superficie, il offre un grand nombre d'emplacements pour tentes, camping-cars et caravanes mais aussi des locations en cottages de différents standings ainsi que des tentes lodges tout équipées. Son vrai point fort ? La multitude de services et d'animations proposés par une équipe motivée et attentionnée : parc aquatique avec piscine couverte et chauffée, clubs enfants, terrains de sport, restaurant, bar, commerces…

LES HAUTS DE GRÉOUX €€

Chemin des Seigneurs

✆ 04 92 78 00 91

www.hautsdegreoux.com

Ouvert de début mars à mi-décembre. Studio / appartement de 49 € à 124 €. Petit déjeuner buffet : 16 €.

Dans cette résidence hôtelière, les studios à louer sont bien équipés et les prix pour longs séjours adaptés. Ici, chacun effectue son séjour à son rythme dans l'intimité de studios climatisés possédant une terrasse privée, afin de profiter du parc et de la piscine chauffée (de mi-avril à mi-octobre). Géré par la direction de la Villa Borghèse, vous aurez accès à tous ses services : tennis, remise en forme, bar, restaurant où vous pourrez bénéficier à la fois des petits déjeuners et de l'offre de restauration, si vous ne souhaitez pas utiliser votre kitchenette.

HÔTEL RÉSIDENCES LOU PARADOU*** €€

Route de Valensole

✆ 04 92 74 27 70

www.louparadou.com

Fermé de mi-décembre à début mars. Studio / appartement de 75 à 220 €. Petit déjeuner : 14 €.

Excellent accueil dans cette résidence calme qui comprend 30 studios-appartements bien équipés, du standard de 20 m² au supérieur de 30 m² avec vue sur le parc, et 2 villas pour 4 personnes. Chaque logement bénéficie d'une terrasse ou d'un balcon aménagé et d'une kitchenette séparée. Parmi les équipements proposés : piscine chauffée au milieu de la verdure, grand parc arboré, parking privé et fermé, laverie + sèche-linge. Pour se restaurer, un restaurant partenaire est proche.

HÔTEL SPA LES COLONNES** €€

8, avenue des Marronniers ✆ 04 92 70 46 46

www.hoteldescolonnes.fr

Ouvert de début mars à fin novembre. Chambre double de 76 € à 97 €. Demi-pension à partir de 7j, 92 €. Espace bien-être.

L'hôtel Spa Les Colonnes se situe en plein de cœur de Gréoux-Les-Bains. Fraîchement refait, il y règne une ambiance conviviale dans un décor qui mêle design et traditions provençales. Cet hôtel 2 étoiles est labellisé Logis de France, et bénéficie notamment d'un espace bien-être gratuit pour les clients de l'hôtel Une belle piscine avec terrasse incite au farniente derrière l'hôtel, en tout calme et discrétion. Les repas peuvent se prendre au restaurant situé à quelques mètres. Une belle adresse à découvrir ! Des tarifs spéciaux sont accordés aux curistes.

VILLA BORGHESE**** €€€

Avenue des Thermes ✆ 04 92 78 00 91

www.villa-borghese.com

Ouvert de mi-mars à mi novembre. Chambre double de 119 € à 230 €. Restauration. Institut de bien être.

Dans un cadre verdoyant exceptionnel, la Villa Borghèse propose à la fois un hébergement haut de gamme, un institut dédié au bien-être et un restaurant gastronomique, la *Table de Pauline*. Une maison familiale de caractère, nichée au cœur d'une véritable pinède provençale. Les chambres sont spacieuses et élégantes, admirablement équipées. À cela s'ajoutent des prestations propices à la détente : une piscine extérieure chauffée (en saison), un tennis, un espace fitness extérieur, du ping-pong, un boulodrome et un spa avec un institut de bien-être réputé.

LA BRASSERIE DU SOLEIL €

237, chemin Peyresse

✆ 04 92 78 01 53

Ouvert 7j/7 de 9h à 22h. Hors saison fermé le mercredi soir. Carte : plats de 8,70 à 18 €. Plat du jour : 11,50 €.

C'est une véritable institution grysélienne et l'une des rares ouvertes tous les jours. Pour prendre un verre ou y déjeuner : puma de porc ibérique, hamburger, entrecôte, filet de loup crème de courgette, pieds-paquets marseillais… et tiramisu, crème brûlée, tarte au citron ou fondant au chocolat... en dessert. L'établissement porte bien son nom : le soleil est aussi dans l'assiette. Le service est assuré par une équipe jeune, dynamique et souriante. Un très bon rapport qualité-prix dans une ambiance conviviale, avec une agréable terrasse ensoleillée et arborée.

LA BERGERIE €€

Route de Saint-Martin-de-Brômes
✆ 04 92 78 01 33
www.labergeriedegreoux.com

Ouvert de mi-février à fin octobre. Haute saison : ouvert tous les jours sauf le lundi. Menus à 27 et 32 €.

La Bergerie vous ouvre ses portes, dans la campagne du Bas Verdon. C'est dans l'une de ses deux salles aux couleurs provençales ou sur la terrasse que vous aurez le plaisir de déguster une cuisine traditionnelle à base de produits du terroir. À noter que les légumes utilisés pour sa cuisine sont principalement issus du jardin du restaurant, cultivés sans aucun traitement. Une bonne table donc, au beau milieu d'un superbe parc. Et si vous avez envie de vous divertir après le repas ? Un mini-golf est également à votre disposition.

LA CAVERNE €€

15, rue Grande ✆ 04 92 78 19 54
www.lacaverne-greoux.fr

Maître Restaurateur. Disciple d'Escoffier. Ouvert du mercredi au samedi et le dimanche midi. Menus de 27,50 € à 43,50 €.

Dans une belle salle voûtée au mobilier jaune soleil et brun chocolat ou sur un espace réservé dans la jolie ruelle pavée, sous des parasols, vous apprécierez l'accueil de Gabrielle et de Frédéric. La cuisine est inventive et raffinée : Bavarois de noix de saint-jacques, fumé de homard velouté ; Poêlée de gambas sauvages à la persillade et Flambées au Pastis... Pour terminer, Pavlova à la mousseline de châtaignes, crème de marron et chantilly ou Pomme des Alpes-de-Haute-Provence fondante, sablé aux amandes. Péché de gourmandise avoué est à demi pardonné.

HISTOIRE DE CRÊPES €€

5, place des Aires ✆ 04 92 73 22 59
www.creperie-greoux-les-bains.fr

Ouvert de mi-février à mi-novembre, midi et soir. Fermé le lundi. Menu à 18,50 € le midi. Menu à 23,50 € midi et soir.

Crêpes salées ou sucrées, il y a un très large choix de chaque chez Histoire de Crêpes. Pour le goûter ou pour un repas complet, les crêpes sont copieuses, comme la Gargantua : maroilles, crème, champignons, lardons, pommes de terre, œuf, salade ; le service est rapide. Vous pourrez déguster vos crêpes aux beaux jours sur une belle terrasse fleurie et ombragée ou à l'intérieur au cadre chaleureux avec beaucoup de boiseries. Cette crêperie propose également, de belles salades composées et une petite carte snack, pour les petits appétits ou les visiteurs pressés.

LA MARMITE PROVENÇALE €€

12, rue Grande
✆ 04 92 77 66 62
www.greoux-les-bains.com

Fermé de décembre à mi-février. Ouvert du jeudi au mardi le soir ; du vendredi au mardi le midi. Carte : 22 € environ.

Agnès, la cheffe, est une passionnée qui souhaite vous faire déguster la meilleure des cuisines provençales. En été, optez de vous installer sur la grande terrasse, à l'ombre d'un formidable tilleul. La carte change trois à quatre fois par an avec toujours du poisson frais, une viande goûteuse et de délicieux desserts. Sur réservation dégustez sa marmite du pêcheur, comprenant rougets, lotte, cabillaud, gambas, moules, noix de saint-jacques, pommes de terre, et sa rouille. Savoureuse et très copieuse ! Ambiance conviviale et excellent rapport qualité/prix.

LES OLIVIERS €€

41, avenue des Alpes
✆ 09 81 25 49 97

Ouvert toute l'année. Du vendredi au mardi le midi et le soir. Carte : 30 € environ. Terrasse.

À quelques dizaines de mètres du centre de Gréoux-les-Bains, la terrasse des Oliviers offre une vue superbe sur la vallée du Verdon et sur l'oliveraie. L'accueil est toujours souriant et la qualité au rendez-vous. Quant à la cuisine du chef, elle est traditionnelle, régionale aux accents méditerranéens avec cuisson au four à bois chaque fois que cela est possible comme pour des cassolettes, ou les pizzas bien sûr ! La carte change régulièrement en suivant les saisons, avec deux invariables : les ravioles de Champsaur et la daube provençale.

LE PATIO €€

49, rue Grande
✆ 04 92 72 59 42

Ouvert de mars à fin novembre. Ouvert midi et soir du mardi au dimanche midi. Menu 38,50 €. Carte : 26 € environ

Au calme dans le secteur piétonnier de la vielle ville et non loin d'un grand parking, Fabien Cornacchia est heureux de vous accueillir dans son restaurant de charme pour vous faire déguster une cuisine provençale authentique élaborée à partir de produits de qualité. Vous prendrez place en été au frais, dans le cadre serein d'un patio abrité protégé, ou bien dans la jolie salle lumineuse à la décoration raffinée. Dans ce restaurant, la carte change en fonction des saisons et les plats sont cuisinés avec des produits locaux. On adore !

LA TABLE DE PAULINE €€

Hôtel Villa Borghese
✆ 04 92 78 00 91
www.villa-borghese.com

Ouvert de mi-mars à mi-novembre, tous les jours midi et soir. Menus de 26 € à 52 €. Terrasse.

Voilà une halte gourmande, située dans le cadre magnifique de l'hôtel Villa Borghese. Le chef vous propose une restauration gastronomique et colorée, aux saveurs subtiles du terroir. Suivant les saisons, vous dégusterez le carpaccio de daurade au piment et fruit de la passion, le dos de merlu, mangue et noisettes grillées, jus de poivron ou encore la joue de bœuf au vin rouge, pommes confites et choux rouge. Les desserts ne sont pas en reste telle cette nage d'ananas au basilic. Pour accompagner, une carte des vins où la Provence est particulièrement représentée.

LE GELATO

6, place de l'Hôtel-de-Ville
✆ 04 92 78 05 48

Fermé du 15 novembre au 15 mars. Plat du jour 12,90 €. Haute saison : tous les jours de 9h à 23h sauf le vendredi matin.

Cette brasserie-pizzeria est aussi un café-glacier, et un des rares endroits où vous pouvez encore déguster de véritables glaces artisanales maison rafraîchissantes, sur la terrasse ombragée... à faire précéder d'une vaste sélection de pizzas et de salades composées. Depuis l'été 2019, ils vous proposent également un beau choix de différentes bruschettas. Vous serez accueillis chaleureusement par les propriétaires, M. et Mme Hrasko qui proposent une restauration en continu, avec crêpes et gaufres pour un goûter gourmand. Un bon rapport qualité-prix.

CHÂTEAU ROUSSET

1267, RD4 ✆ 04 92 72 62 49
https://chateaurousset.com/

Ouvert du lundi au vendredi, en haute saison de 9h à 19h et aussi le samedi. Boutique sur place. Visite du vignoble.

© CHÂTEAU ROUSSET

Le Château Rousset est un des crus les plus prestigieux de Pierrevert. Depuis 1820, la même famille se transmet le goût de la vigne et de l'olivier. Aujourd'hui, Thomas Emery produit du rouge composé de 85 % de syrah, de 10% de grenache et de 5% de manosquin, du rosé tout en fraîcheur vendangé de nuit, ainsi que du blanc, issu des cépages vermentino, grenache blanc, roussanne et viognier, remarquable par ses notes d'agrumes. L'ensemble du vignoble est labellisé agriculture bio. L'huile du château Rousset est, quant à elle, d'un fruité vert particulièrement ardent.

MAISON DURANDEU

46, rue Grande
✆ 04 92 78 00 01
www.maisondurandeu.fr

Ouvert du mardi au dimanche à partir de 9h30 et jusqu´à 19h30. Fermeture le lundi.

Pour les gourmands, une pause s'impose. La Maison Durandeu, c'est une pâtisserie, confiserie familiale depuis 1857. Autant dire que c'est un monument local de gourmandises ! Toutes les spécialités provençales y sont présentées : les calissons, les croquants au nougat ou au miel, les navettes, les panettones, les mendiants, les calissons, le pain d'épices, les chocolats maison... sans compter les pâtisseries traditionnelles. L'établissement a pris un nouvel élan depuis l'été 2019 en ouvrant un service de petite restauration, salon de thé, en service non stop.

LE MOULIN DE GRÉOUX

chemin de la Rivière
✆ 06 82 08 25 67
www.lemoulindegreoux.fr

Boutique ouverte du mardi au samedi de 9h à 12h et de 15h à 18h. Également vente en ligne.

Dans ce moulin récemment ouvert, Bruno Bracchi, éleveur de chevaux, trouvait dommage que la culture de l'olivier ait été délaissée au fil des années à Gréoux. Il a donc remis lui-même en état une centaine d'oliviers séculaires et initié un élan dans la commune. Il vend ainsi son huile dans la boutique adjacente au moulin. Allez-y faire un tour le matin, car l'après-midi, Bruno emmène touristes et curistes en balade en calèche dans Gréoux. Ses visites, sur le thème de l'eau, se terminent au moulin avec présentation et dégustation des produits.

CHAÎNE THERMALE DU SOLEIL

Rue des Eaux-Chaudes
✆ 04 92 70 40 00
www.chainethermale.fr
Ouvert de début mars à mi-décembre. Haute saison : du lundi au samedi de 6h à 18h30. Spa thermal, hôtels 3 et 4 étoiles.

Depuis 1962, ce très bel établissement appartient à la Chaîne Thermale du Soleil. Bâti en pierre de rogne, il fut construit à l'emplacement des anciens thermes. Il abrite une stèle datant de 175 après Jésus-Christ, attestant d'une présence romaine en ces lieux, ainsi qu'une pierre gravée plus récente témoignant des séjours de Pauline Borghèse (la sœur de Napoléon). Les eaux de Gréoux, aux vertus reconnues depuis l'Antiquité, continuent d'apaiser les pathologies des voies respiratoires et relevant de la rhumatologie. Parallèlement de mini-cures détente et santé, avec un programme adapté d'hydrothérapie et des prestations du type Pilates, aquagym et esthétique, se développent. Ces programmes proposent des forfaits incluant 2 types d'hébergements (en l'hôtel 3 et 4 étoiles ou en studio), ainsi que d'autres formules adaptées à vos besoins alliant forme et bien-être. Depuis 2019 l'établissement offre l'opportunité d'une *mini-cure slow santé Provence*, qui marie soins et activités physiques sur le thème de la Provence et de ses richesses ; et aussi *un atelier santé active* avec un module « sophrologie », une *mini-cure mal au dos* et enfin une *mini-cure sur mesure*. Celle-ci orientée selon vos besoins spécifiques en Rhumatologie et/ou Voies Respiratoires, décline sur 6 jours seulement, un programme de soins choisis par un médecin thermal en fonction de votre pathologie parmi un ensemble de soins ciblés pratiqués habituellement dans l'établissement.

CASINO PARTOUCHE

Avenue des Thermes
✆ 04 92 78 00 00
www.casinogreoux.com
Ouvert tous les jours. De 10h à 2h les vendredis, samedis et à 1h le reste de la semaine et en été. Restaurant.

Boule 2000, 56 machines à sous, 11 jeux électroniques, black-jack, et jeux traditionnels avec 2 tables (ouvertes à 20h du lundi au vendredi et à 17h du samedi au dimanche) : entrez dans l'univers du jeu, glissez-vous dans la peau d'une star le temps d'une soirée ! Le restaurant avec terrasse propose des soirées animées les jeudis (de mai à septembre), karaoké certains vendredis et samedis, et une ambiance musicale (toute l'année) dans la salle de jeux. Vous pouvez aussi vous restaurer sur place, avec le plat du jour ou une des deux formules proposées.

ESPARRON-DE-VERDON

C'est au bord du lac du même nom, situé dans les gorges du Sud Verdon, que l'on découvre Esparron. Ce vieux village pittoresque et son château s'accrochent sur un rocher escarpé. La tour, datant approximativement du Xe ou XIe siècle, a été construite pour surveiller le Verdon. Aujourd'hui, le village est divisé en 3 parties : le quartier de Lou Vière autour du château, le quartier des Fontaines plus récent, construit le long du chemin de transhumance, et le nouveau village qui fut bâti après la création du lac actuel. Vous prendrez plaisir à arpenter chacun de ces lieux en profitant des différentes époques ainsi que du magnifique cadre naturel.

ANCIEN CANAL DU VERDON

✆ 04 92 78 01 08
Renseignements et dépliant auprès de l'Office du Tourisme intercommunal de Gréoux.

De l'autre côté du lac d'Esparron, on peut découvrir l'ancien canal du Verdon. Construit sous Napoléon III par des bagnards (de 1866 à 1875), il longeait le Verdon et alimentait à l'époque Aix-en-Provence en eau. Exploit technique de 82 km, reconnu à l'Exposition Universelle de 1878, il a progressivement été abandonné dans les années 1970, au profit du canal de Provence. Maintenant à sec, il peut se parcourir en passant sous de nombreux tunnels depuis le village de Quinson, en amont des basses gorges, jusque vers la prise d'eau où il disparaît sous la colline.

CHÂTEAU D'ESPARRON

Route d'Esparron
✆ 06 64 65 17 00
www.chateau-esparron.com
Ouvert de juin à septembre. Chambres d'hôtes de 220 à 350 € / nuit pour 2 personnes, petit-déjeuner offert.

En arrivant de Quinson, la vue sur le château est superbe. Comme tant d'autres témoins de l'histoire, le château a évolué au cours des siècles. De maison forte, il a été transformé en résidence à la Renaissance. Il résume ainsi joliment les grands styles architecturaux depuis le Moyen Âge jusqu'au XVIIIe siècle. Son impressionnant donjon, son monumental escalier à vis et sa cour d'honneur sont remarquables. Sa particularité, c'est d'appartenir à la famille de Castellane depuis le Moyen Âge, qui loue aujourd'hui quatre chambres d'hôte et un appartement.

SENTIER BOTANIQUE

Ouvert toute l'année. Gratuit. Achat du livret découverte à la Maison des Gorges du Verdon : 4 €.

Le sentier botanique d'Esparron, créé en 1990, forme une boucle d'environ 4 km, avec 160 m de dénivelé. Du sud du village, il rejoint l'entrée des gorges du Bas Verdon à travers des coteaux boisés, puis revient vers Esparron en suivant les rives du lac. Il est balisé par des traits jaunes sur les arbres ou les rochers. Prenez le temps (2 à 3 h) d'admirer la biodiversité de sa végétation à travers une quinzaine de haltes avec des panneaux didactiques qui vous décriront les plantes rencontrées. Ne pas abuser de la cueillette et faire attention aux escarpements.

CAMPING LE SOLEIL**** €€

1000, chemin de la Tuilière ✆ 04 92 77 13 78

www.camping-esparron-verdon.fr

Ouvert d'avril à octobre. 100 emplacements (dont 13 mobile-homes). Emplacement pour 2 à partir de 96 € la semaine.

Les pieds dans l'eau et une vue à couper le souffle pour ce camping ! Situé dans une nature préservée et un environnement authentique, il se déploie en terrasses avec un accès direct au lac et une plage privée. L'ensemble s'étend sur deux hectares de chênes et de pins. Des tentes et mobil-homes sont à votre disposition en location, et de nombreuses activités sportives et ludiques sont proposées avec notamment la location de canoës. Côté animations, en saison une soirée à thème est proposée chaque semaine comprenant le repas et l'animation musicale avec DJ.

CAMPING NATURISTE VERDON PROVENCE*** €€

Chemin des Cigales

✆ 04 92 78 23 29

www.camping-verdon-provence.fr

Ouvert de mai à octobre. Chalet pour 5 à partir de 350 € la semaine. Cabane pour 2 à partir de 375 €. Restauration

Cabanes, tentes, chalets ou encore emplacements au bord du lac d'Esparron : pratiquez le naturisme de la plus belle des façons au bord du lac, sur les sentiers de randonnée, au bord de la piscine chauffée ou encore en terrasse en sirotant une boisson rafraîchissante. Sur place, un restaurant ouvert l'été jouxte le bar. Les animations organisées par le camping ne sont pas en reste : soirées dansantes, balades découvertes et activités artistiques ou ludiques...

PUIMOISSON

Dans ce village typique des Alpes de Haute-Provence aux portes du Verdon, vous apprécierez la beauté du plateau de Valensole. Puimoisson est en effet situé sur la Route des Lavandes, à proximité donc des gorges du Verdon, de Moustiers-Sainte-Marie, des lacs de Sainte-Croix, Esparron, et Quinson. Rien que pour ça, il vaut le détour. Petite particularité également : vous trouverez un aérodrome à Puimoisson. Alors, pour prendre de la hauteur, vous pourrez survoler les environs en montgolfière... Ou même prendre place dans un ULM, en définissant vous-même votre itinéraire avec le pilote en fonction de votre budget. Une expérience unique !

LE PIGEONNIER DES BANONS €€

Pas de Laval

✆ 04 92 74 32 05

www.pigeonnierdesbanons.eatbu.com

Ouvert d'avril à fin septembre. Une chambre avec suite pour 2 personnes, petits déjeuner compris 130 € la nuit.

Une adresse atypique, au beau milieu de 4 ha de chênes truffiers et de champs de lavande, idéale pour s'évader de la vie quotidienne et plonger dans les visites captivantes de la région. Pour votre séjour, vous choisirez entre la suite, la roulotte ou le gite. Des hébergements qui offrent tout le confort dans une ambiance cosy, décorés avec gout. Jocelyne est décoratrice d'intérieur et son talent signe chaque espace et chaque recoin. Ceci explique cela ! En guise de petit déjeuner, vous sera proposé le panier gourmand composé de produits frais et maison.

AUBERGE CÔTÉ SOLEIL €

Route de Digne

✆ 04 92 74 38 85

www.aubergecotesoleil.fr

Ouvert toute l'année. Le midi et le soir. De juin à août, ouvert tous les jours sauf le lundi. Menu à partir de 29 €.

Une cuisine traditionnelle de terroir pour cette Auberge Côté Soleil. Sa grande salle moderne et chaleureuse avec four à bois peut recevoir les groupes. Aux beaux jours, belle terrasse ombragée. L'assiette se compose de produits du terroir issus de producteurs locaux : farine bio, agneau et veau de la région, fromage de chèvre fermier, miel de lavande... Les pizzas cuites au feu de bois, le soir uniquement, sont excellentes. L'accueil est aux petits soins ! Cette auberge sympathique propose également un gîte pour 2 à 4 personnes en demi-pension uniquement.

AÉRO-PROVENCE

Route de Moustiers-Sainte-Marie
✆ 06 74 70 11 47
www.aero-provence.com
Ouvert toute l'année. Sur réservation. Montgolfière : comptez 250 € par personne, 460 € en couple.

Vous rêvez de découvrir la Haute-Provence vue du ciel ? Vous êtes au bon endroit ! C'est avec Tom que vous vous envolerez pour un moment inoubliable. Aéro Provence a été créée par ce passionné qui, avec ses 30 ans d'expérience dans l'aéronautique et ses quelques 6 000 heures de vol, vous fera découvrir en toute sécurité cette magnifique région et partagera avec vous toutes les facettes du vol en montgolfière, du décollage à l'atterrissage. Vous avez également la possibilité de voler en ULM pour découvrir les majestueux sommets enneigés des Alpes !

VALENSOLE ★

Valensole est un gros bourg bâti en amphithéâtre au VIIIe siècle avant J.-C. Son territoire s'étend sur 12 700 ha, faisant de lui l'une des communes les plus vastes de France. 9 fontaines et lavoirs reflètent dans leurs eaux l'édifice imposant de Sainte-Blaise, qui est l'église du village attestant de la puissance passée de Cluny. Cette vaste terre, située entre Durance et Verdon, est aussi la terre favorite des oliviers, du blé et du miel. C'est dans ce décor unique que Giono a choisi de situer une partie de ses œuvres, véritable palette de tendres couleurs entre ciel et terre, qu'on ose à peine effleurer de crainte de les effacer !

Balade

Pour remonter le passé et plonger dans le quotidien des générations d'autrefois derrière les remparts et les tours de la ville fortifiée, prenez le chemin de ronde au départ de la rue Emile-Dol. Sur la place Saint-Mayeul, admirez la chapelle dédiée à ce Saint, quatrième abbé de l'abbaye de Cluny (1682-1734). Dans la rue de la Juiverie, on voit encore la porte ogivale du ghetto juif. Dans la rue Curet, l'ancien hôpital Saint-Jacques (1630) avec sa porte ogivale des XVIe-XVIIe siècles et son monumental escalier intérieur de gypse : on y soignait les infirmes, les personnes âgées, les femmes et les enfants abandonnés. Les pèlerins en route pour Saint-Jacques-de-Compostelle y trouvaient également un gîte.

LAVANDES ANGELVIN

Campagne Neuve
✆ 04 92 74 80 53
www.lavande-valensole.fr
Ouvert toute l'année. L'été : 9h-19h30, tous les jours. Visites libres ou guidées gratuites. Boutique et e-boutique.

Profitez de l'accueil passionné de la famille Angelvin, présente depuis quatre générations sur son exploitation agricole au milieu des champs de lavandes s'étendant à perte de vue. Pour les curieux, il est possible de visiter la distillerie pendant la récolte. Celle-ci, désormais mécanisée, s'effectue en été selon la méthode de récolte à balles rondes choisie de préférence à celle du vert broyé dans un souci de qualité. Dans la boutique, vous découvrirez des huiles essentielles sous diverses formes, des savons et autres produits locaux sélectionnés.

LES GRANDES AIRES €

8, chemin des Amandiers
✆ 04 92 74 92 88
www.gite-chambre-valensole.fr
Ouvert de mi-mars à mi-décembre. Environ 420 € la semaine pendant toute la période d'ouverture.

Nathalie vous accueille dans deux meublés distincts et entièrement rénovés avec pour chacun cuisine, chambre, salon, salle à manger et salle de bains. Chaque logement peut accueillir deux personnes. Meubles anciens et décoration personnalisée créent une ambiance chaleureuse. Sur place, possibilité de location de vélos à assistance électrique, local pour vélos et abris pour motos. François, le mari de Nathalie est motard, aussi un accueil tout particulier est réservé aux amateurs de gros engins. Une adresse idéale pour des vacances réussies !

© MAICA - ISTOCKPHOTO

Champ de lavande.

LE JARDIN DE CELINA €€

Ancien chemin d'Allemagne
✆ 04 92 74 83 35
www.lejardindecelina.com

Ouvert toute l'année. Chambre double de 139 € à 159 €. Petit déjeuner inclus. Restauration. Espace sauna et fitness.

Offrez-vous une parenthèse *cocooning* dans un cadre enchanteur, au milieu d'un parc de 6 300 m² ! Confortablement installés dans une des trois chambres aménagées dans un style contemporain, vous pourrez profiter d'une terrasse et d'un parking privés. Pour une détente absolue, vous aurez également accès librement à la salle de repos avec solarium et sauna, à la salle de sport ainsi qu'à la piscine extérieure et au SPA. Pour vos repas, les propriétaires aux petits soins vous proposent demi-pension ou pension complète au restaurant du domaine.

BRASSERIE DU PLATEAU €

2, place Frédéric-Mistral
✆ 04 92 74 33 59

Ouvert d'avril à mi-novembre. En saison, ouvert 7j/7 midi et soir. Carte de 16 € à 23 €. Plat du jour : 14 €.

La Brasserie du Plateau a été reprise en 2017 par Olivier pour le plus grand plaisir des amateurs de cuisine de terroir. Les travaux effectués laissent place aujourd'hui à une salle de restaurant panoramique à l'ambiance conviviale et chaleureuse. L'été, on la délaisse pour une belle terrasse qui se déploie devant l'établissement. Depuis septembre 2019, un nouveau chef est venu donner un coup de jeune à la carte, proposant une assiette traditionnelle et qui suit les saisons. Aux beaux jours, de copieuses salades repas sont toujours proposées.

APIOR

4, route de Manosque
✆ 04 92 74 82 35
www.apior.fr/fr

Boutique ouverte du mardi au vendredi et les samedis impairs de 8h à 12h et 13h30 à 16h30. Visites sur réservation.

Apior revendique la mise en valeur de son miel ! Tous les produits de confiserie au miel sont disponibles à la boutique d'usine. Vous trouverez des bonbons durs ou fourrés, des sucettes, des nougats, et des croquants aux amandes... Tout est réalisé sur place avec des produits de qualité et du miel local ou national. Les sucettes sont triées à la main et emballées selon un processus artisanal avec une machine datant de plus de 50 ans. Une vraie caverne d'Ali Baba pour les gourmands, petits ou grands ! Pour visiter l'usine, il est conseillé d'appeler en amont.

CHARCUTERIE ARTISANALE LE PETIT TESTARD

38, rue Jules-Ferry
✆ 04 92 74 82 77

Ouvert du mardi au samedi de 8h à 12h30 et de 16h à 19h ; le dimanche de 8h à 12h30.

La qualité fait la renommée de cette petite charcuterie familiale ouverte en 1979 ! Nicolas Lambert, ancien ouvrier, a pris la suite de son patron depuis juin 2015 et a perpétué la tradition d'excellence (médaille de bronze pour la poitrine roulée en 2016). L'établissement propose une large gamme de charcuterie maison et de bocaux de plats cuisinés dont des spécialités provençales comme la daube ou les pieds et paquets, et travaille majoritairement avec des fournisseurs régionaux.

COULEURS PAYSANNES

Les-Quatre-Chemins ✆ 04 92 72 14 96
www.couleurs-paysannes.fr

Ouvert du lundi au samedi de 9h à 19h. L'été ouverture jusqu'à 19h30. Snack ouvert tous les midis du mardi au samedi.

Un groupement de producteurs locaux ont imaginé et conçu un espace de 300 m² pour mettre en valeur leurs productions : fruits et légumes de saison, boucherie fermière, fromages fermiers, vins du terroir, pains paysans bio, truffes, amandes de Provence... Vous trouverez ici de quoi faire votre marché tout en échangeant avec des producteurs qui se relaient toute l'année pour assurer une présence permanente. Il y a aussi un rayon bien-être avec des fleurs coupées ou des plants de lavande pour égayer votre quotidien, et un snack sur place avec deux belles terrasses.

LES GRANDES MARGES

D6 entre Valensole et Manosque
✆ 06 81 90 16 94
www.lesgrandesmarges.com

Boutique à la ferme ouverte toute l'année. Juin, juillet, août : 7/7 de 9h à 19h. Terrasses ombragées.

Vous voulez tout connaître sur l'huile d'olive, l'amande, la lavande et le lavandin ? Françoise Jaubert et sa famille vous feront partager leur passion et auront le plaisir de vous faire déguster les produits : huile d'olive produite en agriculture bio et certifiée Qualité France 100 % naturel, amandes, pralines artisanales, miel de lavande, vinaigre aux pulpes de fruits, Pastinades de Valensole, huiles essentielles de lavande et de lavandin, savons 100 % naturel, fleurs de lavande... Une véritable étape gourmande aux saveurs et senteurs authentiques de Provence.

LA MAISON DE MARIUS

1, avenue Segond
© 04 92 75 42 90
www.maison-de-marius.fr

Ouvert toute l'année. En haute saison, 7j/7 de 9h à 19h. Fermé le dimanche après-midi et le lundi en basse saison.

Cette épicerie fine, créée en 2017, est membre du groupement des producteurs du plateau de Valensole, gage d'excellence. C'est donc la quintessence de la Provence qui vous attend dans la sympathique Maison de Marius, relookée avec goût et passion. L'accueil y est charmant et le conseil avisé… Le plus difficile est de choisir ! Vous y trouverez un grand choix de produits alimentaires, locaux et traditionnels, rigoureusement sélectionnés. La Maison produit de A à Z sa propre huile essentielle de lavandin et d'immortelle, son huile d'olive et son miel de lavande.

MOULIN BONAVENTURE

la Petite Colle, route d'Oraison
© 06 27 11 52 48
http://www.provence-huile-olive.fr

Ouvert toute l'année. Boutique. Visite gratuite et vente à la ferme sur appel téléphonique préalable.

L'huile d'olive produite ici est un petit bijou. Des 6 ha d'oliviers cultivés en agriculture biologique, Guillaume produit : une AOP Haute-Provence explosive en bouche, 2 mono-variétales à base de bouteillan et d'aglandau, et 2 huiles aromatisées citron ou bergamote. Les olives sont récoltées à la main afin d'assurer une maturité optimum et rapidement pressées pour garder un maximum de saveurs. Et dans un esprit éco-lo, Guillaume se sert de la pâte d'olives restante pour l'épandre sur ses terres en guise d'engrais, et des déchets de noyau pour alimenter le poêle.

OLIVIERS DE NOTRE-DAME

chemin de Saint-Claude
© 04 92 74 95 75

Ouvert tous les jours. Vente sur place sur rendez-vous préalable.

Pendant ses études d'agronomie, Geneviève Auric n'avait aucunement l'intention de reprendre l'exploitation familiale. Et pourtant, 19 ans plus tard, elle ne regrette pas son choix. Avec son compagnon Laurent Bouvin, elle exploite en agriculture biologique une quarantaine d'hectares de lavande et lavandin, des céréales et 1 142 oliviers précisément. Avec leurs arbres, le couple élabore une huile d'assemblage, pressée au moulin Bonaventure, qu'ils déclinent en fruité vert et en fruité mûr. Des nectars vendus à un prix abordable et de très bonne qualité.

ALLEMAGNE-EN-PROVENCE

Ne vous laissez pas avoir par ce nom assez cocasse pour un village provençal, ici vous croiserez bien peu d'Allemands lors de votre visite, mais bien... des Allemagniens (nom donné aux habitants du coin). Impossible de passer devant le village d'Allemagne sans admirer son majestueux château, inscrit sur la liste des Monuments historiques. Rustiques et romanesques, ses façades datant de la Renaissance sont percées de fenêtres à meneaux ornées de griffons sculptés. L'intérieur (non visitable) abrite des gypseries exceptionnelles. Ses jardins médiévaux et son parc d'un hectare, aux arbres centenaires, sont également réputés pour leur beauté.

HÔTEL - RESTAURANT LE MOULIN*** €€

Route de Riez © 04 92 70 77 90
www.hotel-lemoulin.com

Ouvert de mi-avril à fin novembre. Ouvert tous les jours le restant de l'année. Chambre double de 110 € à 130 €.

Cette belle bastide aixoise du XVIIIe siècle, ancien moulin à farine et à huile d'olive, a tout pour plaire. Dans un environnement calme et verdoyant, il offre des chambres spacieuses au confort moderne et au charme d'antan. La salle de restaurant au décor ancien et à l'ambiance chaleureuse nous propose une cuisine familiale goûteuse de tradition provençale. Excellent accueil familial, avec jardin, piscine, et conseils avisés pour découvrir les alentours riches en points d'intérêt.

MAISON DE PAYS DU VERDON

Route de Riez
© 04 92 77 40 24

Ouvert tous les jours de 9h30 à 12h et de 14h à 18h30. De juin à septembre ouverture non stop. Livraison possible.

Née de la volonté d'une trentaine d'agriculteurs, artisans et artistes de la vallée du bas Verdon, cette maison de pays propose de nombreux produits fabriqués par les gens… du Pays de Riez et des environs (aujourd'hui une soixantaine !). Vous y trouverez notamment : huile d'olive, confitures, miels, biscuits, pâtés, vins, fromages de chèvre, bijoux, couteaux, vêtements, cuir, grès, faïence, couteaux, santons, essence de lavande… et beaucoup d'autres bonnes et belles choses ! Belle vitrine des savoir-faire locaux, le stationnement est aisé sur son parking privé.

RIEZ

Au cœur du Plateau de Valensole, Riez est bâti au flanc de la colline Saint-Maxime, qui offre un magnifique panorama en surplombant le confluent de trois vallées. La vieille ville s'ouvre sur de vieilles rues pittoresques jalonnées de splendides demeures. La Grand-Rue est aussi imprégnée d'une ambiance médiévale authentique à vocation marchande, aujourd'hui pérennisée par de nombreux artisans d'art, des faïenciers, des potiers. Le XIVe siècle a légué les vestiges d'une belle architecture militaire, dont il subsiste des pans de murs, la tour de l'Horloge, les portes Sanson et Ayguière. Les visites guidées proposées sont riches d'enseignement.

CHAPELLE DU MONT SAINT-MAXIME ✝

✆ 04 92 77 88 31

Accès libre tous les jours.

Au sommet de cette colline, la vue panoramique est superbe. Du haut de ses 637 m, le mont Saint-Maxime domine trois vallées ainsi qu'une partie du parc Naturel Régional du Verdon. Une jolie promenade qui vous mènera du centre du vieux village à une grande place bordée d'arbres. Elle abrite une chapelle du XVIIe siècle et un monastère qui accueille des sœurs de la fraternité Sainte-Claire qui y tiennent une boutique. Un lieu dont la vue vaut de faire l'effort d'y accéder.

BAPTISTÈRE DE RIEZ

Chemin des Colonnes

✆ 04 92 77 99 00

Ouvert en haute saison. Visite libre. Renseignements office de Tourisme.

Le baptistère est un bâtiment annexe d'une église et destiné avant tout aux baptêmes. Faisant donc partie d'un groupe épiscopal de grande ampleur érigé sur les vestiges de thermes romain antiques, ce baptistère fut élevé au Ve siècle après J.-C. Autrefois entouré d'un portique, il a été remanié et restauré au cours des années. Il demeure l'un des rares témoignages émouvant de cette période, puisque le siège de l'évêché a été démantelé à la Révolution Française. Plus à l'est subsistent quelques vestiges de la cathédrale paléochrétienne.

COLONNES ROMAINES

Chemin des Colonnes

Accès libre.

Dressées en plein champ, ces 4 superbes colonnes en granit monolithe gris, se terminant par des chapiteaux corinthiens en marbre blanc et surmontées d'une architrave sculptée, constituent les restes d'un temple probablement érigé à la gloire d'Apollon, sans doute à la toute fin du Ier siècle avant J.-C. Un majestueux témoignage de la cité fondée par l'empereur Auguste qui portait le nom de *civitas Julia Augusta Reiorum Apollinaris*. Un panneau signalétique rappelle leurs origines et représente ce que fut l'ancien temple où se situaient les colonnes à son entrée.

CATHÉDRALE ANTIQUE

Chemin des Colonnes

Accès libre durant la journée. Renseignements auprès de la mairie.

Riez fut le siège d'un évêché, et un ensemble épiscopal important fut édifié dans le courant du Ve siècle après J.-C., sur les vestiges des thermes antiques romains, en réemployant une partie des pierres de ses murs. Placée dans l'axe du baptistère, cette cathédrale fut démantelée à la fin du XVe siècle et transférée à l'intérieur des remparts du village. De nos jours, seuls subsistent quelques vestiges exhumés lors des dernières fouilles archéologiques permettant de situer son ancienne implantation et les dimensions importantes de l'édifice d'alors.

CAMPING ROSE DE PROVENCE*** €€

Rue Edouard-Dauphin ✆ 04 92 77 75 45

www.rose-de-provence.com

Ouvert de fin avril à fin septembre. Emplacement 2 personnes de 15,90 € à 27,50 €. Chalets de 349 € à 719 € la semaine.

Un véritable camping de rêve à taille humaine ! Il y a possibilité de jouer au baby-foot, de profiter d'un bain bouillonnant, de se baigner dans la piscine chauffée… Nombreuses activités à proximité. À la buvette du camping, Le flamant Rose, vous pourrez déguster de délicieuses crêpes ainsi que des boissons fraiches et des glaces. Côté animation, une fois par semaine, c'est soirée barbecue avec animation musicale. Selon Nadine, pour elle « ce n'est pas un métier, c'est une vocation ».

HÔTEL LES DEUX LIONS*** €€

Rue Hilarion-Bourret
✆ 04 92 77 27 75
www.hotel-les-2-lions-riez.fr

Ouvert de Pâques à la Toussaint. 30 chambres. Chambre double de 99 € à 150 €. Petit déjeuner : 10 € (par personne).

Ce 3 étoiles est bien situé, à proximité des restaurants et à quelques pas du village. Proche des vestiges romains, des marchés de Provence tous les mercredis et samedis matin. L'été, s'y ajoute un marché nocturne tous les jeudis soir. Les chambres sont bien équipées de baignoire, de WC, de télévision de wifi et d'un balcon. Chacune est propre et confortable avec une belle salle de bains. Le buffet du petit-déjeuner est bien agréable servi sur la terrasse avec une jolie vue sur la cité. Attention, pas d'ascenseur pour les personnes à mobilité réduite.

LE CENTRAL

13, allées Louis-Gardiol
✆ 04 92 77 82 60

Ouvert toute l'année. En haute saison, ouvert tous les jours midis et soirs. Menu à 32 €.

Le Central snack-bar est l'une des plus vieilles adresses de Riez. Nous prenons place à l'intérieur dans une salle moderne avec tables hautes et basses ainsi qu'un comptoir imposant ou sur la terrasse couverte et chauffée l'hiver. Les beaux jours ensoleillés, la terrasse extérieure est prisée. Le Central se transforme aussi en snack (le midi seulement) avec des salades composées, des pizzas au feu de bois, des bruschettas, paninis ou encore cheese burgers. Et le matin, les habitués viennent prendre leur petit-déjeuner. Une adresse chaleureuse !

LE CAFÉ €

17, allées Louis-Gardiol
✆ 04 92 72 88 23

Ouvert toute l'année. Sauf le dimanche soir en hiver. Suggestion 16,90 € le soir et 14,90 € le samedi midi.

Dans cette brasserie-restaurant-glacier, on s'y restaure midi et soir d'une cuisine traditionnelle faite maison. Deux belles salles intérieures, une salle bar pour l'hiver et une terrasse pour les beaux jours. Bruno et Franck nous réservent un accueil chaleureux. Au quotidien, deux plats du jour et à la carte, l'éventail est large dans cette cuisine régionale. L'été, d'excellentes glaces sont proposées pour un rafraichissement opportun. Le plus : les personnes à mobilité réduite sont les bienvenues avec un accès prévu pour elles. Excellent accueil familial !

CAMPING À LA FERME BIO DE VAUVENIÈRES

Ferme de Vauvenières - **SAINT-JURS**
✆ 06 50 74 37 11
www.ferme-de-vauvenieres.fr

Camping d'avril à octobre. Visite de la distillerie toute l'année.

Claire et Yann vous accueillent dans leur camping entouré de lavandes et de verdure. Sur place, 25 grands emplacements sont disponibles. En famille ou entre amis, on profite des jeux mis à disposition. Et pour faire rêver petits et grands, on visite la distillerie et la confection d'huiles essentielles bio. Nouveauté : la cabane à services qui propose une boîte à livres et une kitchenette en libre service. Grand coup de cœur pour une expérience d'agritourisme tout en douceur !

LA TABLE TOSCANE €€

30, rue du Marché
✆ 04 92 77 72 67

Ouvert toute l'année. Tous les jours, sauf mercredi soir et dimanche. Menu unique à partir de 24 €. Terrasse.

Dans une ruelle piétonne, à proximité du marché, une adresse sympathique à l'excellent rapport qualité/prix ! La Table Toscane fleure bon les produits frais, comme ce grand choix de pizzas bien garnies faites maison et cuites à la perfection au feu de bois, notamment l'été. Retenez la pizza Salmone, un régal ! Le cadre est agréable, on y vient en famille, entre amis, en amoureux mais aussi en solo pour profiter de cette carte simple qui éveille les papilles et où tout est fait maison. On se régale et on y revient ! Et en plus : tout est également à emporter.

MINI RANCH

Route de Valensole
✆ 06 20 54 34 20
http://mini-ranch.ffe.com

Balade sur rendez-vous de 9h à 12h tous les jours : 50 € par personne. CB non acceptée.

Passionnée depuis sa plus tendre enfance, Fabienne, monitrice diplômée d'État et responsable du ranch familial depuis 1999, propose des cours, randonnées de plusieurs jours, balades de quelques heures, stages ou pension pour les chevaux. Mini Ranch s'adresse à tout public et à tous les âges. Amateurs et professionnels s'y rencontrent. Certains cavaliers viennent ici passer leurs « galops ». Les plus : les journées découverte pour les enfants, les mariages en calèche, l'organisation d'anniversaires avec animation poney, les randonnées avec tour du lac...

FORCALQUIER ★★

Forcalquier, surnommée cité des quatre reines, domine le paysage. On y retrouve les traditions d'une culture authentique, dans des paysages à l'harmonie sublime. Au tout début du Moyen Age, pour certains la ville s'appelait Font Calquier ce qui voudrait dire « la fontaine du rocher » en occitan, et pour d'autres Four Cauquié signifiant « le four à chaux » en langue Mistralienne. Il est vrai qu'une source, aujourd'hui presque entièrement tarie, coulait autrefois sous les rochers de la citadelle. Ses principaux édifices historiques sont la cathédrale Notre-Dame du Bourget, le couvent des Cordeliers et la chapelle Notre-Dame de Provence.

Histoire

Pendant plus d'un siècle, les comtes de Forcalquier ont fait de cette ville la capitale d'un état indépendant dont les seigneurs éditaient leurs propres lois et monnaie. Le XIIIe siècle fut l'âge d'or du pays de Forcalquier, comme en témoignent les nombreux édifices romans de sa région. En 1195, la rivalité qui existait entre les maisons comtales de Forcalquier et de Provence prit fin avec le mariage de la comtesse de Forcalquier, Gersende de Sabran, et du comte de Provence, Alphonse II d'Aragon. Leur fils Raimond Bérenger V hérite des deux comtés et se marie avec Béatrix de Savoie. De leur union naissent quatre filles que l'on nomma joliment « les quatre reines », toutes destinées à coiffer une couronne royale en se mariant à un roi. L'aînée, Marguerite, devint la femme du futur saint Louis. Les deux sœurs suivantes devinrent respectivement reine d'Angleterre et impératrice d'Allemagne. La cadette Béatrix, héritière de Provence, épousa en 1246 Charles d'Anjou et fut ainsi Reine de Naples. Mais rien ne dit que ces quatre reines n'aient jamais foulé le sol de Forcalquier.
La ville a gardé peu de vestiges du temps où elle accueillait dans ses murs diplomates, seigneurs, troubadours et marchands. Après avoir été placés sous l'autorité de la maison d'Anjou dont fit partie le bon roi René, les comtés de Forcalquier et de Provence furent conquis par la couronne de France en 1481 et rattachés officiellement au royaume par Louis XI et un vote du parlement de Provence en janvier 1982. De nos jours, Forcalquier demeure l'un des centres culturels de Haute Provence.

Se restaurer

Plutôt que se restaurer, cette rubrique se concentre sur se désaltérer... Avec modération, bien sûr, car c'est en effet au cœur de Forcalquier que les Distilleries et Domaines de Provence cultivent depuis des décennies le savoir-faire ancestral des marchands d'herbes médicinales installés au pied de la montagne de Lure.

▶ Dans ce contexte particulièrement propice, est né le fameux pastis Bardouin, fort apprécié des connaisseurs. Il faut dire qu'il n'a de commun avec ses concurrents éponymes que le nom. Il assemble pas moins de 65 essences de plantes, des aromates classiques de la Provence au lointain anis étoilé, originaire de Chine ! Résultat ? Il gagne haut la main tous les concours agricoles et il est devenu le « chouchou » des restaurants étoilés et des épiceries fines. Certains grands chefs l'utilisent même pour aromatiser leurs plats. Sur le site de la distillerie on retrouve des idées de recettes et de cocktails. La gamme des produits ne s'arrête pas au pastis Bardouin. Depuis plus de 100 ans, cette distillerie produit également les « grands classiques » comme le RinQuinQuin (un apéritif à la pêche), la gentiane de Lure, la célèbre absinthe et les liqueurs provençales comme la farigoule (liqueur de thym) ou le génépi.

▶ Le RinQuinQuin, mais quel est donc ce curieux nom ?
Il désigne en provençal une boisson revigorante. Étonnant mélange de pêches de la vallée de la Durance, de feuilles de pêchers cueillies à l'automne, de sucre de canne et de vin blanc du Luberon, RinQuinQuin est un apéritif rond et délicat. Il est issu d'une recette familiale affinée par les Distilleries et Domaines de Provence.

▶ À la distillerie, on parle ainsi de cueillette, d'alambic, de sélection, de provenance, de maturité et d'exigence. Héritière d'une tradition plusieurs fois millénaire, avec la cueillette des « simples » dans la montagne de Lure, un environnement préservé et renommé pour la richesse et l'abondance de ses espèces végétales, cette entreprise, autrefois connue sous l'appellation de Distillerie de Lure dès 1898, continue à distiller ces plantes et à fabriquer, pour le monde entier, ces alcools de caractère qui n'existent nulle part ailleurs. Plusieurs de ses marques emblématiques existent depuis l'origine de la Distillerie, comme la farigoule ou la gentiane de Lure. Les autres ont été créées au fil des ans en tenant compte de l'évolution des goûts et des modes de consommation. De nos jours, elles sont vendues dans plus de 78 pays à travers le monde.

ARTEMISIA MUSEUM

Couvent des Cordeliers
✆ 04 92 72 50 68
www.artemisia-museum.fr

Musée et boutique ouverts d'avril à septembre. Haute saison : tous les jours 9h30 à 12h30 et 13h30 à 19h. Adulte : 6 €.

Installé au cœur du Couvent des Cordeliers, le nouveau musée consacré aux plantes à parfum, aromatiques et médicinales qui font la réputation de la Provence depuis des siècles est une véritable invitation à un voyage sensoriel et sensible. Les sept espaces de visites interactifs vous mèneront de la montagne de Lure, jardin extraordinaire entre climat méditerranéen et climat alpin, aux champs de lavande, symbole fort de la Provence. Vous découvrirez ainsi le monde étonnant et parfois méconnu des cueilleurs et colporteurs, ou encore des marchands droguistes. Vous saurez tout sur la distillation et les produits précieux, parfums, baumes ou élixirs, qu'elle permet d'obtenir. Le parcours enfant vous permettra de vivre un moment ludique en famille que vous pourrez prolonger via les différentes propositions d'ateliers vous invitant à créer votre parfum ou un herbier odorant. Les plantes de Provence n'auront ainsi plus de secret pour vous ! Si vous souhaitez continuer l'expérience, trois sentiers d'interprétation ont été créés sur le territoire Pays de Forcalquier/Montagne de Lure. Ces sentiers ont été inaugurés en septembre 2019 et on vous conseille vivement d'aller vous y balader. Ils portent sur les plantes aromatiques et médicinales et sur leurs usages ancestraux et contemporains. Ils abordent la thématique des plantes sous trois dimensions : passé, présent et exceptionnel. Plus de renseignements auprès de l'office de tourisme intercommunal Pays de Forcalquier/Montagne de Lure - Tél : 04 92 75 10 02.

CATHÉDRALE NOTRE-DAME DU BOURGUET

10, place du Bourguet
✆ 04 92 75 02 01

Accès libre et gratuit durant la journée. Respecter les horaires d'offices ou de concerts.

Positionné face à l'une des entrées de la vieille ville, ce monument majeur de Forcalquier impressionne par sa masse et l'atmosphère qui s'en dégage. Doté d'une nef centrale en berceau brisé, d'un chœur, d'un transept roman et d'un clocher qui datent du début du XIIIe siècle, il est considéré comme un premier témoignage d'art gothique. Les nefs latérales et le campanile datent eux du XVIIe siècle. Vous remarquerez un orgue magnifique dont les premiers tuyaux datent de 1629.

CIMETIÈRE CLASSÉ

Avenue Fontauris
✆ 04 92 70 91 19
ville-forcalquier.fr

Entrée libre. Ouvert tous les jours du 1er mai au 30 octobre de 8h à 19h et du 1er novembre au 30 avril de 9h à 17h30.

Site classé en 1946 et célèbre par le cloître de verdure, c'est également ici que repose la famille Drumond, victime de l'affaire Dominici en 1952. Ici repose également Eugène Bouche, un ardent républicain, dont la lecture de l'épitaphe vaut le détour ! Le cimetière s'articule en 3 terrasses, la plus large et la plus intéressante étant la terrasse inférieure. Les ifs taillés et les architectures végétales entretenues avec le plus grand soin, en font désormais un site unique en Europe. L'office de tourisme propose des visites guidées du cimetière (1h30 environ).

COUVENT DES VISITANDINES

Place du Bourguet
✆ 04 92 70 91 00

Actuellement, hôtel de ville et cinéma.

Le couvent et son cloître datent de 1634. Leur construction fait suite à une promesse du conseil municipal : en 1630, alors que la peste fait rage, celui-ci s'était en effet engagé à fonder un couvent de religieuses si l'épidémie cessait. Il fit aussi bâtir une chapelle qui date, elle, de 1687. Derrière sa belle façade rénovée, elle abrite désormais un cinéma d'art et d'essai. Quant au couvent, une de ses ailes a été rebâtie en 1883 pour accueillir l'hôtel de ville. C'est là que se situe le musée municipal et ses collections riches et diversifiées.

HOTEL D'ASTIER

15, Rue Marius Debout ✆ 06 24 33 64 48
https://www.hotel-dastier.org/

Ouvert toute l'année, tous les jours de 10h à 18h. Ateliers d'artiste, évènements, spectacles. Visite libre et gratuite.

Cet hôtel particulier de type Renaissance, témoin du patrimoine architectural, est aussi un lieu de vie et d'art unique. Après des années de restauration, vous pouvez désormais venir admirer sa loggia et ses arches, ses fenêtres à meneaux et sa coursive ; mais aussi visiter les ateliers d'artiste. Les peintres Feng Ge et Michael Knight y sont en résidence permanente, et de nombreux évènements culturels sont organisés tout au long de l'année : théâtre, conférences, expositions et concerts. N'hésitez pas à consulter le site internet pour découvrir la programmation.

MUSÉE MUNICIPAL DE FORCALQUIER

Place du Bourguet ✆ 04 92 70 91 19
www.ville-forcalquier.fr/musee.html
Ouverture de juillet à fin septembre : lundi de 11h à 13h et de 15h30 à 18h30, de mercredi à vendredi de 15h30 à 18h30.

Le musée de Forcalquier a été créé dans l'ancien couvent des Visitandines (l'actuel hôtel de ville) par le maire d'époque, Martial Sicard, en 1912. Aujourd'hui, il partage donc les lieux avec la mairie de Forcalquier. Classé Musée de France, il abrite principalement des collections permanentes qui proviennent de dépôts d'État, de dons et de legs de bienfaiteurs. Les thèmes abordés sont, entre autres, l'archéologie et la culture de la Haute Provence, dont les objets exposés attestent de l'occupation humaine et de son développement depuis la Préhistoire. Concernant les beaux-arts, découvrez le tableau d'Amédée Martin, unique vue de Forcalquier en 1836 ou encore l'ex-voto du pèlerinage à Fougères en 1772, classé Monument historique. Vous pourrez admirer également, des présentations de costumes d'époque, de faïences (dont quelques rares de Mane et Forcalquier dont la fabrication à disparu de nos jours). Des mobiliers témoignant de la qualité de l'ébénisterie bas-alpine, objets de la vie quotidienne d'antan et objets religieux, complètent l'inventaire. Sans oublier les collections d'art contemporain, dont celle de Lucien Henri qui couvre 30 ans d'histoire de l'art 1958-1988. Et chaque année, ce musée propose une nouvelle exposition ESTIVALE : en 2016 « Coiffes et Costumes en Haute-Provence », en 2017 « Les Peintres du Midi », en 2018 « Musique et Art », et en 2019 « Exposition Lucien Jacques, peintre et poète ». En 2022, l'exposition « Serge Fiorio » présentera les décors colorés du peintre.

OFFICE TOURISME INTERCOMMUNAL PAYS DE FORCALQUIER

13, place du Bourguet ✆ 04 92 75 10 02
www.haute-provence-tourisme.com
Ouvert de 9h à 12h et de 14h à 17h. Fermé le mardi et le dimanche.

L'équipe vous conseille afin de vous permettre de profiter au mieux de toutes les richesses de ce territoire exceptionnel. Cet office assure aussi un service de billetterie pour diverses animations et visites de monuments. Vous trouverez sur place une boutique d'objets souvenirs. Et en rez-de-chaussée, une salle d'exposition d'artistes régionaux régulièrement renouvelée. L'office organise aussi des visites guidées de la vieille ville d'une durée de 2h30, sur réservation.

VIELLE VILLE ET CITADELLE

Gratuit. Accès libre toute l'année.

Une balade agréable qui commence dans la partie basse de la ville ancienne de Forcalquier dont les rues, places et maisons ont été agréablement rénovées. Aussi, de nombreux commerces et cafés-restaurants s'y sont-ils installés, dont un glacier artisanal, ainsi qu'un ancien moulin à huile qui se visite gratuitement. Accédez-y de préférence par la rue Mercière... Le lieu est toujours animé, particulièrement en été. Les places Saint-Michel et place de l'Œuf ont été récemment réaménagées avec une belle fontaine gothique au centre de la première. Certaines demeures datant du XIIIe siècle, ses rues possèdent une riche patrimoine architectural. C'est vers ce siècle que la ville connut sa plus forte population, avec environ 10 000 habitants (ce qui est difficile à imaginer de nos jours).

Si vous souhaitez grimper jusqu'au sommet de la colline où demeurent quelques vestiges de fortification de ce qu'on appelle la citadelle et où s'élevait autrefois le château des comtes de Forcalquier, deux solutions s'offrent à vous : la plus directe par des escaliers, plutôt sportifs, au départ de la place Saint-Michel. À moins que vous ne préfériez monter plus progressivement en suivant diverses ruelles. Dans tous les cas, l'effort en vaut la peine car du sommet, le panorama est grandiose et à 360°. Vous y trouverez également une petite chapelle hexagonale de style néo-byzantin, Notre-Dame de Provence, avec un carillon comptant 18 cloches et dont vous pourrez faire le tour pour admirer les vues.

DOMAINE DU BAS CHALUS €

Route de la Brillanne, Chemin des Cerfs
✆ 06 86 91 68 49
www.baschalus.fr
Chambre pour 2 pers. 68 € ; pour 3 pers. 90 € ; pour 4 pers. 112 €. Petit-déjeuner inclus. Parking inclus.

Depuis 1967, la famille Goletto a repris le flambeau de ce magnifique domaine où les familles sont reines. C'est une des premières fermes-auberges du département, qui a d'ailleurs participé à l'émission « Bienvenue à la ferme ». Chambres d'hôtes, gites, camping et piscines sont à votre disposition. Les deux bâtisses, la ferme, le moulin et plus d'une centaine d'animaux vous invitent à une véritable immersion qui ravira petits et grands. Nouveauté : Romain sera aux fourneaux et proposera des assiettes cuisinées à partir des produits du terroir.

CAMPING FORCALQUIER*** €€

avenue Claude Delorme
✆ 04 66 60 07 00
http://camping-routes-de-provence.fr

Ouvert de fin avril à début octobre. Emplacement pour 2 de 17 à 28 €. Mobil-homes de 55 à 120 € / nuit pour 2 à 4 pers.

Vous avez le choix entre de multiples options : emplacement, mobil-home, mobilodge, tente lodge, tente safari, bivouac, ou chalet. Les 4 ha de terrain sont très arborés, avec de nombreuses haies végétales, et les emplacements sont spacieux. Sur place, une piscine chauffée et de nombreux équipements de jeux et animations pour petits et grands, dont un terrain multi-sports, un terrain de pétanque et de volley. Un restaurant de cuisine locale à base de produits frais et locaux est ouvert tous les soirs en juillet-août. Une bonne base pour profiter à fond.

DOMAINE LA CHAPELLE €€

SIGONCE
✆ 04 92 75 83 16
www.domaine-la-chapelle.com

Ouvert toute l'année. 22 chambres. Nuitée 1 personne avec petit-déjeuner à partir de 80 €. Demi-pension : 110 €/jour.

Ce gite de séjour trois épis s'est lové dans un domaine de quatre-vingt hectares, à seulement 7 km de Forcalquier, en pleine nature. Il accueille volontiers familles et groupes dans un cadre exceptionnel. Patricia et Luc vous réservent un accueil irréprochable. Les 3 bâtisses, dont une magnifique en pierres de taille, hébergent des chambres spacieuses et confortables. Au bord de la grande piscine, vous pourrez y fêter les grands évènements de la vie ou y organiser séminaires et réunions. La cuisine est faite maison à base de produits bio du jardin ou du terroir.

LA MAISON DE L'ALOUETTE €€

14, lotissement les Hauts de l'Alouette
✆ 06 16 83 55 02

Ouvert de mi-mars à début décembre. Chambre double de 98 € à 138 €. Petit déjeuner inclus. Pas d'enfants de -12 ans.

La Maison de l'Alouette propose trois chambres d'hôte dont certaines pouvant accueillir jusqu'à quatre personnes, avec connexion Wifi gratuite, télévision à écran plat et jardin. Les hôtes peuvent savourer un petit déjeuner continental. La maison, qui n'a pas de vis-à-vis, possède un grand jardin avec piscine et offre une vue dégagées sur la campagne environnante. Bien que relativement isolée, elle n'est pas éloignée des premiers commerces, ni de la ville. Vous apprécierez ici le calme et la nature préservée en pleine réserve de biosphère.

LE MAS DE FONTEFIGUIÈRES €€

Campagne des Dragons ✆ 04 92 74 04 04
www.mas-de-fontefiguieres.com

Ouvert du 20 mai au 25 septembre. Retraites spirituelles. Chambre à partir de 134€ en pension complète, 2 nuits minimum.

Dans un mas du XVIIIe siècle rénové avec goût, l'établissement propose des retraites spirituelles dans l'une des 13 chambres ou suite tout confort, équipées d'une terrasse. Cet hôtel universitaire du Mieux-Être propose de vous chouchouter à travers de nombreux cours compris dans l'hébergement. Au programme : anti-gym, Qi Gong, reliance à la nature, relaxation, yoga, méditation, gym taoïste, aromathologie… Vous aurez accès à de multiples activités : billard, baby-foot, piano, tennis ou piscine. Côté papilles, une nourriture saine, biologique et végétarienne.

LE VIEUX MOULIN DES CHARMELLES €€

Route de Digne
✆ 06 21 45 14 92
http://gites-charmelles.fr/

Nuit à partir de 125 € (mini 2 nuits en basse saison et mini 4 nuits en juillet et août). Sauna.

Situé aux portes de Forcalquier, venez vous ressourcer dans un ancien moulin en pierre divisé en 4 gîtes tout équipés (le Magnan, le Bambou, l'Ecureuil et la Toscanella). Tous les gîtes ont leur propre terrasse indépendante, un atout de taille pour profiter pleinement de la vue sur le parc qui entoure la propriété. Un espace bien-être avec une petite piscine, un spa, un sauna et une salle de sport permet de prolonger cette expérience de détente et relaxation.

LA BASTIDE SAINT-GEORGES**** €€€

Route de Banon ✆ 04 92 75 72 80
www.bastidesaintgeorges.com

Ouvert de mi mars à mi novembre. Chambre double de 150 € à 410 €. Suite de 295 à 720 €. Restauration. Spa Omnisens.

Cet hôtel luxueux propose de belles chambres bénéficiant de terrasses privées et parfois même d'un jardin à usage exclusif. Toutes s'ouvrent sur un parc d'oliviers centenaires. Vous pouvez accéder au spa très zen et profiter de ses piscines (intérieure et extérieure). Le restaurant, les Terrasses de la Bastide, indépendant, est situé sur le même domaine. Et si vous tenez à cuisiner vous-même, une villa indépendante de près de 60 m² est en location saisonnière sur le domaine.

L'ESPERLUETTE €

28, boulevard Latourette

✆ 04 92 72 53 57

Du lundi au vendredi tous les midis et du jeudi au samedi soir. L'été, aussi le mercredi soir. Menus à 18 et 30 €.

Valérie et son équipe vous accueillent dans une ancienne étable, créée et aménagée en 2016. Se mélangent ici moderne et contemporain épurés, avec de magnifiques voûtes en pierre. Quant à la cuisine, elle est inventive, aux influences méditerranéennes et du monde, goûteuse et à base de produits frais locaux et bio (plat végan sur demande et tous les jours un dessert sans gluten). Un seul menu, préparé le jour même. La surprise est quotidienne et l'accueil extra et passionné. L'occasion de profiter d'une belle terrasse au calme, en plein coeur de Forcalquier.

FIGURE D'ANCHOIS €

3, Rue des Cordeliers

✆ 04 92 79 90 53

https://figure-danchois.business.site/

Ouvert tous les jours midi et soir. Pizzas : 12 € environ. Carte : 21 € en moyenne.

Cette adresse dans la vieille ville de Forcalquier, sous la citadelle propose une carte de spécialités italiennes variées qui saura ravir les papilles de tous. Une cave bien fournie vous permettra d'accorder votre breuvage à vos plats selon vos envies. Ce lieu joliment rénové où des voûtes et murs en pierre contrastent élégamment avec un mobilier moderne est un incontournable des adresses du midi où se retrouve le microcosme de Forcalquier (clientèle d'affaires, locales). Aux beaux jours, profitez d'une terrasse incroyable, caché à l'ombre de la cathédrale.

L'AÏGO BLANCO €

5, place Vieille

✆ 04 92 75 27 23

Fermé de mi-décembre à mi-janvier. Ouvert tous les jours midi et soir. Plat du jour à 13,80€. Menus à partir de 19,80 €.

Ce restaurant plein de charme s'adapte aux saisons. L'été, sur la terrasse couverte d'arceaux fleuris et bâchés, vous dégusterez une cuisine provençale légère, comme la daurade simplement grillée au sel de Camargue et huile d'olive vierge, ou des salades aux légumes frais du pays. Que les végétariens se rassurent, ils ne sont pas oubliés et sont les bienvenus. Les desserts sont aussi maîtrisés et réussis. L'hiver, c'est dans l'une des 3 salles que sa cuisine savoyarde vous réchauffera. L'Aïgo Blanco signifie l'eau blanche (de la couleur du Pastis d'antan).

AUBERGE DU BAS CHALUS €

Ferme du Bas Chalus ✆ 07 77 84 54 05

https://www.baschalus.fr/

Ouvert du mercredi au vendredi midi et soir, mardis et samedis soir et dimanches midi. Variable en été. Menu 28,50 €.

© MARION GUEFVENEU

Une belle surprise que nous offrent Romain et Marion. Formé dans le département, Romain a développé ses compétences à l'international et nous propose une cuisine créative et audacieuse, où tout est fait maison. La formule proposée à l'ardoise varie régulièrement pour intégrer des produits frais et locaux. Un chef à suivre de près ! Marion est au service avec sa bienveillance naturelle et la belle terrasse ombragée en plein cœur de la ferme est une promesse de calme et de sérénité. Après le repas, prenez le temps de saluer Néo le mouflon et Loulou le mouton blanc !

C'FÉE NATURE €€

11, rue Louis Andrieu ✆ 04 92 75 90 28

c-fee-nature.business.site

Écotable. Ouvert lundi, mardi, jeudi et vendredi de 12h à 17h. Carte à l'ardoise de 8 à 20 €. Service traiteur.

Ce nouveau café-restaurant bio végétarien et végétalien offre 20 couverts à l'intérieur et une petite terrasse. Il n'a pas tardé à se faire connaître dans une région où l'on se soucie de l'environnement. Les plats sont principalement végétaliens et certains sont sans gluten. Le plat végan du jour est inspiré. Exemples : risotto de petit épeautre aux épices douces et légumes d'été, dahl de lentilles corail au lait de coco, Buddha bowls, moussaka d'aubergines, falafels *verde*, sauce aux herbes, taboulé libanais, pad thaï (nouilles de riz sautées aux légumes et tofu).

LA CRÊPERIE €€

4, rue des Cordeliers
✆ 04 92 75 01 01

Ouvert toute l'année. Fermé mardi toute la journée et mercredi midi. Menus de 17,50 € à 22 €.

La spécialité d'une crêperie, ce sont ses crêpes... Même si l'on propose ici aussi des salades variées, des pâtes fraîches et de belles grillades, dans une charmante salle voûtée avec des murs de pierres apparentes. On aime l'incroyable choix de galettes dont la « tarti-crêpe », fourrée au reblochon et aux pommes de terre, jambon cru, oignons et crème fraîche. Les assiettes très copieuses, le service rapide et on aime la bonne idée des crêpes glacées ainsi que la qualité des galettes qui n'ont rien à envier à leurs cousines bretonnes !

LA BOCA FORCALQUIER

11, Boulevard Latourette
✆ 07 54 21 63 33

Ouvert tous les soirs. Tapas. Lieu vivant, ouvert à tous. Apéro huitres le jeudi et concert le week-end. Carte, 5 à 20€.

Tenu par Mathias qui a fait ses gammes à Marseille (Longchamps Palace) puis en Thaïlande avant de s'installer avec Clémentine à Forcalquier. C'est une adresse unique, qui détonne dans le paysage de Forcalquier : un lieu de sortie, qui propose une adresse unique dans les environs pour venir faire la fête, danser, avec une programmation musicale conséquente. La Boca propose également des soirées à thèmes. C'est également le lieu idéal pour déguster des tapas accompagnés de cocktails, vin ou bières, avant ou après une séance de cinéma par exemple.

LE LUPIN BLANC €€

Place du village - **REVEST-DES-BROUSSES**
✆ 04 92 73 25 41
www.lelupinblanc.fr

Fermé en janvier. En été, ouvert tous les jours sauf dimanche soir et lundi. Menu à partir de 25 €. Chambre double 70 €.

Situé entre Saint-Michel-l'Observatoire et Banon, Revest-des-Brousses est un village perché provençal typique. Marina et Vincent vous accueillent avec convivialité dans leur auberge du Lupin Blanc, avec 2 chambres récemment rénovées dans un havre de paix. Coté restauration, ce bar-restaurant classé Bistrot de Pays est une halte idéale pour une pause gourmande à midi comme le soir. La cuisine est traditionnelle et à base de produits régionaux. Ce bistrot fait également traiteur, et propose des privatisations pour vos évènements.

GLACIER SAINT MICHEL

5, place Saint Michel
✆ 06 89 62 62 08

Ouvert d'avril à la Toussaint. En juillet et août, de 11h à 22h30, les autres mois de 11h à 20h.

Certainement les meilleures glaces de Forcalquier et des environs ! Depuis plus de 10 ans, le glacier Saint Michel, situé au cœur de la vieille ville sur la jolie place avec sa fontaine, propose des glaces 100 % artisanales. Vous choisirez entre les quarante parfums, glaces et sorbets, proposés. De la classique à l'exotique, elles sont toutes des merveilles gustatives. Goûtez au chocolat rose du Kenya ou encore au sorbet aux figues, avec cette impression délicieuse de manger le fruit. L'accueil d'Emée est juste formidable. On y vient de loin !

RESTAURANT LES MARRONNIERS €€

Avenue Clemenceau - **REVEST-DU-BION**
✆ 04 92 79 80 14
www.lesmarronniers04.com

Ouvert toute la journée, sauf les jeudis et dimanches soir. Menu du jour, 16 €. Menu du Terroir, 20 €. Chambre d'hôte.

Les Marronniers proposent une cuisine régionale authentique avec des produits locaux du terroir et suivant les saisons. Les champignons du pays et les châtaignes y sont évidemment mis à l'honneur ! D'autre part, un four à bois permet de proposer de savoureuses grillades. Autres spécialités, pieds et paquets, civet, fromage chaud, pizza. À noter que dans cet accueillant établissement, Priscillia propose aussi un hébergement avec 4 chambres d'hôte, avec possibilité de pension complète.

L'ABONDANCE

8, place du Bourguet
✆ 04 86 56 61 45

Ouvert les lundi, mardi, jeudi, vendredi et samedi de 9h30 à 13h et de 15h à 19h30.

Du pain, du vin, du fromage et l'amour des produits de qualité du terroir ! Hélène, crémière, Antoine, caviste, et leurs boulangers ont réuni, il y a quelques années déjà, leur savoir-faire dans cette belle boutique donnant sur la place principale de Forcalquier. Le pain est confectionné à base de farine de meule, de levain naturel, certifié bio dans sa totalité. Au choix aussi, une centaine de variétés de fromages artisanaux, fermiers ou laitiers. Quant aux vins d'Antoine, ils sont à 95 % bio. Ici, le maître-mot est la passion que l'on sait avec brio partager.

ALPES-DE-HAUTE-PROVENCE

BOUTIQUE MAISON TELME

11, rue Berluc-Pérussis ✆ 04 92 30 53 45
www.maisontelme.com
Ouvert le lundi de 9h à 13h ; du mercredi au samedi de 9h30 à 12h30 et de 14h30 à 18h30. Boutique en ligne.

Véritable institution, la Maison Telme a été fondée à Oraison en 1947. L'entreprise familiale maintient la tradition de conserveur de Provence. Vous pouvez remplir vos paniers de : terrines artisanales variées, agrémentées de safran, ail confit, figues, poivrons… À compléter par de délicieux légumes à tartiner comme cet original « fenouil, citron, romarin » ainsi que des sels et des riz parfumés. Une offre de vente en vrac (au poids) d'épices et de poivres est venue s'ajouter au choix. Vous hésitez ? Rassurez-vous, des dégustations sont régulièrement organisées.

DISTILLERIES ET DOMAINES DE PROVENCE

9, avenue Saint-Promasse
✆ 04 92 75 15 41
www.distilleries-provence.com
Fermé de janvier à mars. Haute saison : du lundi au samedi de 9h à 13h et de 15h à 19h ; le dimanche de 9h à 13h.

Cela fait plus de 100 ans que les Distilleries et Domaines de Provence imaginent et/ou fabriquent des spécialités apéritives ou digestives tels pastis, rinquinquin, farigoule (liqueur de thym) et absinthe pour les plus célèbres. Ici on parle de cueillette, d'alambic, de sélection, de provenance, de maturité et d'exigence. Ces alcools de caractère qui n'existent nulle part ailleurs sont à découvrir et à déguster dans la boutique dédiée à l'accueil des visiteurs.

BEERSTROT BURGER €€

20, Boulevard Latourette
✆ 06 28 26 45 97
Ouvert midi et soir. Fermé les mardis et mercredis la journée, et dimanche soir. Menu à 17 €. Carte de 12,50 à 18,50 €.

© DR

Mathias et Clémentine, aux manettes de la Boca, animent aussi l'autre côté du boulevard Latourette avec ce bistrot à burger, qui propose aussi une cave à bières. Ils présentent une sélection de burgers signature dont les noms rendent hommage au répertoire de Serge Gainsbourg, et également une carte bistrot. Ce soir là, on a opté pour le Black Trombone (canard confit, coleslaw, salade iceberg, crème cheddar et oignons frits) accompagné de chips de légumes et de frites maison, un délice ! Il est également possible de profiter de la carte en version à emporter.

GRAND MARCHÉ DU LUNDI

Place du Bourguet
www.forcalquier.com
Ouvert le lundi de 8h à 13h. Mise à disposition de parkings gratuits avec navettes durant l'été.

Le marché hebdomadaire de Forcalquier fait partie des marchés les plus réputés des Alpes-de-Haute-Provence. Son origine remonte au Moyen Âge. Chaque lundi, il réunit plusieurs milliers de personnes venues profiter de la présence de 200 à 250 exposants selon la saison. Une véritable institution ! Sur les étals : fruits et légumes, poissons et produits de la mer, produits de boucherie et de charcuterie, produits biologiques et naturels, produits de producteurs locaux et issus de l'artisanat local (terres cuites, étoffes...) mais aussi vêtements, meubles, jouets…

MARCHÉ BIO ET PAYSAN DU JEUDI

place du Bourguet
Toute l'année, tous les jeudis de 14h à 19h. Accès libre. Marché régulier.

Tous les jeudis après-midi, la place du Bourguet accueille le « marché bio et paysan », créé et cogéré par l'association « Se tourne au Sol » et la mairie de Forcalquier. Ce marché est plus restreint que le grand marché hebdomadaire du lundi. Mais ils sont plus d'une quinzaine d'agriculteurs et d'artisans locaux à déployer régulièrement leurs étals ou véhicules marchands pour proposer, toute l'année, des produits de qualité provenant exclusivement de leur propre production.

MOULIN DE GOUVAN

6, rue Marius Debout
✆ 04 92 78 77 51
Visite gratuite de juin à septembre.

C'est un voyage dans le temps que vous propose de faire André-Michel Breger. À l'époque où les olives étaient broyées par des meules actionnées par des ânes ou des mulets, où la pâte d'olives obtenue était ensuite placée dans des scourtins, une sorte de grand béret plat, puis compressée afin de récolter le précieux nectar... Grâce à ce passionné qui a restauré ce moulin datant vraisemblablement du XVe siècle (le dernier qui reste en France) vous pourrez non seulement faire une visite très instructive mais également déguster une huile AOP Haute-Provence de qualité.

SAVEURS DES TRUQUES

Route de Sigonce
✆ 04 92 74 30 01
www.saveursdestruques.com
Ouvert du lundi au samedi.

Il y a une dizaine d'années, Véronique et Thierry Baudrain ont décidé de changer de vie et de s'établir dans une maison du XVIIIe siècle au milieu d'une exploitation agricole de 20 ha, au lieu-dit « Les Truques ». Ils cultivent cette terre en agriculture bio selon la trilogie méditerranéenne : blé, vignes et oliviers. En plus de leur oliveraie, ils récoltent du blé meunier d'Apt, du seigle, des pois chiches et du petit épeautre, sans oublier la vigne (merlot et cabernet sauvignon). Ils exploitent aussi des ruches et une plantation de chêne truffier.

TOSSOLIA

Lieu dit Le Quarri - **REVEST-DU-BION**
✆ 04 92 77 00 99
www.tossolia.fr
Ouverture du point de vente : du lundi au vendredi de 9h à 17h. Sinon vente dans de nombreux magasins ou rayons bio.

Depuis plus de 28 ans, cette entreprise a acquis un savoir-faire rare. Producteur français ayant maintenu une fabrication artisanale Tossolia a choisi de perpétuer les étapes de fabrication traditionnelles du tofu, garantissant ainsi un produit de grande qualité. Mais Tossolia s'est inspirée aussi de la cuisine du monde et du meilleur des céréales et des légumineuses pour offrir production variée de galettes créatives, colorées, et gourmandes. Parmi les produits phares : suprêmes de Tofu cuisinés, haché et burger végétal ainsi que galettes de légumineuses.

UNIVERSITÉ EUROPÉENNE DES SENTEURS ET DES SAVEURS

Couvent des Cordeliers ✆ 04 92 72 50 68
www.artemisia-museum.fr
Musée et boutique ouverts d'avril à septembre, fermés mardi et dimanche. Sur réservation d'octobre à mars. Adulte 6 €.

Le prestigieux Couvent des Cordeliers abrite également cette remarquable université, unique en son genre. Créée en 2002, l'UESS est une référence de la filière des plantes à parfum et aromatiques, de l'industrie cosmétique et agroalimentaire. La boutique du site regroupe des produits issus du savoir-faire et du terroir local ainsi que des ouvrages. Lieu d'initiation, vous pourrez, petits et grands, profiter tout au long de l'année d'ateliers ludiques (parfumeur, herboriste...).

LES ÂNES DE FORCALQUIER

Ancienne route de Dauphin ✆ 06 89 15 08 63
www.anes-forcalquier.com
Ouvert toute l'année. De 25 € à 45 € par âne selon la durée de la balade. Chambre double de 65 € à 75 €.

Dans sa ferme rénovée où poules, chèvres, chiens et chevaux vivent en harmonie, Guillaume Pellenq vous attend avec ses ânes pour des balades découvertes dans la garrigue environnante, au paysage magnifique. Les plus petits des visiteurs (jusqu'à 8 ans) pourront monter sur les ânes, tandis que les plus grands marcheront à côté, les quadrupèdes portant les sacs de pique-nique. Si vous connaissez bien l'animal, vous pouvez tenter les randonnées de 6 km (2h) ou 15 km (5h) avec l'aide d'un topo-guide et armé de patience !

Pas de panique, si vous ne savez pas comment faire avancer un âne, Guillaume propose des activités encadrées : chasse au trésor, atelier découverte de l'animal, randonnée, ou la balade au coucher du soleil qui vous mène sur les hauteurs de Mane d'où la vue à 360° est à couper le souffle. Sur demande, il est possible d'organiser des randonnées sur plusieurs jours et des goûters d'anniversaire.

Et si le lieu vous plaît, vous pouvez également y séjourner ! La belle campagne de Pouvarel propose deux chambres d'hôte avec petit déjeuner, un gîte parfaitement équipé pour 4 à 6 personnes mais aussi, du mois d'avril au mois d'octobre, trois grandes tentes Safari lodges pour dormir confortablement en pleine nature. Les tentes situées au fond du pré sont équipées de couchages pour 4 personnes et d'une petite cuisine, ce qui permet une complète autonomie. Quelle que soit la formule choisie, on profite de la belle piscine et on pourra bien sûr partir en balade en compagnie des ânes du domaine.

AUTOUR DU LUBÉRON À VÉLO

13, boulevard des Martyrs-de-la-Résistance
✆ 04 90 76 48 05

Boucle totale de 236 km à parcourir. Environ 2600 m de dénivelé. Altitude max : 782 m. Chemins thématiques plus courts.

Les Ocres à vélo ? Le pays de Forcalquier et la montagne de Lure ? Ou carrément toute la boucle à votre rythme ? Voilà tout ce que vous propose cette bien belle région ! Choisissez votre itinéraire (carte IGN : Parc Naturel Régional du Luberon, 1/60 000e ; ou carte Michelin : 81 et 84, 1/200 000e). Et pour les curieux qui hésitent encore, une brochure est disponible en téléchargement gratuit en ligne.

Pour ceux qui sont déjà décidés, c'est là une fabuleuse balade en famille, où vous prendrez le temps de découvrir la nature tout en faisant un peu d'exercice. Depuis l'été 2002, 130 km (tronçon Forcalquier, Manosque, Lourmarin, Cavaillon) viennent s'ajouter aux 105 km existants (Cavaillon à Forcalquier, via Apt), pour une boucle totale de 236 km. Si vous ne voulez pas pédaler tout cela, de nombreux tronçons permettent déjà de bien profiter. Par exemple, une voie verte de 22 km qui passe par Apt, ou bien « le pays d'Aigues à vélo », un beau circuit de 91 km, prochainement balisé.

Mais si vous optez pour la boucle de 236 km, vous pourrez partir d'où vous voulez, et n'aurez pas forcément besoin d'une carte. En effet, pour faciliter votre orientation, la boucle est balisée dans les deux sens de circulation. Pensez tout de même à emporter crème solaire, lunettes de soleil, casquette et bouteilles d'eau ! Les étapes sont ponctuées de villages perchés, de paysages provençaux, de bories, de lavande avec des haltes de dégustation de produits locaux, ce parcours de 5 à 7 jours vous garantit plaisir et découverte !

FRANCE MONTGOLFIÈRES

✆ 04 92 75 10 02
www.franceballoons.com

Ouvert d'avril à fin octobre. Vols uniquement le matin. 205 € pour un vol en semaine, 229 € le week-end. Vol duo 425 €.

Ce vol en montgolfière est la promesse de souvenirs indélébiles. Vous partez au lever du soleil au point de rendez-vous où l'équipe vous prend en charge pour trois heures d'expérience, dont une heure de vol. Au gré des vents, vous survolez Forcalquier, les villages alentours et leurs champs de lavande, tandis que la beauté du Luberon se dévoile sous vos pieds, mettant tous vos sens en éveil. Un double-atterrissage en douceur avec le traditionnel "toast de l'aérostier" conclut votre expérience. Le port de chaussures de sport ou de randonnée est recommandé.

BANON ★

La commune de Banon vous promet un bel accueil. Une fois passée la superbe porte fortifiée du XIVe siècle, vos pas vous mèneront jusqu'aux vestiges des remparts, d'où vous pourrez alors admirer la montagne de Lure et les toits de tuiles typiques des maisons du bas du village. Lors de votre visite, ne manquez pas de passer à l'église haute, ouverte au public et organisant parfois des concerts et spectacles, pour découvrir son atmosphère tout simplement magique. Si vous avez besoin de conseils sur les environs, l'office de tourisme intercommunal peut également vous renseigner sur Simiane-la-Rotonde, Saint-Michel-l'Observatoire et Reillane.

© TILIO & PAOLO - ISTOCKPHOTO

Village de Banon et ses champs de lavande.

LES MOURRES DE FORCALQUIER

Lieu-dit Les Mourres
✆ 04 92 75 10 02
www.ville-forcalquier.fr/mourres.html

Accessible toute l'année librement aux familles et enfants. De 2 à 6 km selon l'itinéraire emprunté.

Ne manquez pas ces étranges champignons de pierre sortis de terre à quelques kilomètres seulement de Fourcalquier ! Plusieurs itinéraires sont possibles pour accéder à ce site insolite depuis le départ de l'office de tourisme et en gravissant le sentier qui passe par la chapelle Saint Marc. Le plus court est entièrement balisé de jaune. Un autre associe du jaune, du blanc et rouge puis à nouveau du jaune. Info importante à signaler pour les personnes à mobilité réduite : on peut aussi y arriver en suivant la D 12, dite route de Fontienne.

La géologie des Mourres est spectaculaire, par la présence de nombreux rochers calcaires aux formes originales dénotant dans le cadre paysager environnant traditionnel du Pays de Forcalquier. C'est l'érosion progressive des marnes les enveloppant à l'origine qui les a ainsi révélées. Mais l'intérêt du lieu est aussi dû à la présence d'une faune et d'une flore particulières qui se sont adaptées à l'âpreté de ce milieu naturel semi-désertique. C'est ainsi que l'on peut y observer, entre autres, la présence de lande à genêt de Villars, du lézard ocellé, du marbré de Lusitanie ou du traquet oreillard...

Des panneaux didactiques vous aideront sur place à décrire plus en détail vos propres observations. Un conseil important toutefois : cet espace naturel est fragile. Il est important de le préserver en évitant de vous écarter des sentiers balisés et de grimper sur les rochers. Pensez également à tenir les chiens en laisse.

ÉGLISE HAUTE DE BANON

Vieux village
✆ 04 92 72 19 40

Fermée d'octobre à mars. Haute saison : ouvert tous les jours de 11h à 19h. Expositions et animations.

C'est dans la ville haute qu'a été construite l'église médiévale. D'abord chapelle pour les habitants du château, elle devient officiellement église paroissiale en 1350. Agrandie en 1652 puis en 1733, elle a été saccagée lors de la Révolution avant d'être restaurée en 1826. Depuis 2005, l'Église Haute, désormais « déconsacrée », est un haut lieu de la vie culturelle locale. D'avril à octobre y sont organisés des expositions, des représentations théâtrales, des concerts... permettant à plus de 20 000 visiteurs par an de profiter de son acoustique exceptionnelle.

FLOWER CAMPING L'ÉPI BLEU*** €

Lieu-dit les Gravières ✆ 04 92 73 30 30
www.campingepibleu.com

Ouvert d'avril à fin septembre. Emplacement pour 2 à partir de 19 €. Bungalows pour 2 à 6 de 300 € à 1000 € la semaine.

Ce *flower camping* vous accueille dans un parc boisé de chênes. Les possibilités de location sont diverses et nombreuses : rapid-homes, tentes meublées, chalets et mobil-homes, pavillons, home-flowers, et cabanes-lodges sur pilotis. Il propose également de très nombreux équipements : terrains de volley-ball, de football, animation pour petits et soirées dansantes pour les grands... La pataugeoire et la piscine, avec son grand toboggan, sont chauffées. Une offre décidément très riche.

FERME FONTAINE DE CRÈME €€

Lieu-dit Fouent Crêma
✆ 06 68 88 95 35
www.fontainedecreme.com

Ouvert toute l'année. Chambre double de 85 € à 100 €. Petit déjeuner inclus. Gîte 18 personnes de 1890 à 3024€ la nuit.

La Fontaine de Crème est une ancienne ferme du XVIIIe siècle située en pleine nature et entourée principalement de culture de lavandins. Les chambres décorées avec goût bénéficient de vues panoramiques sublimes. Qu'elles donnent sur la fontaine, le village de Banon éclairé ou sur les champs de lavande, vous serez conquis. Pour parfaire le confort de votre séjour, des repas prix sur place sont possibles avec la collaboration d'un traiteur local. Un gîte est également disponible à la location et peut accueillir jusqu'à 18 personnes. Une piscine est proposée.

LES VINS AU VERT €

Rue Pasteur
✆ 04 92 75 23 84
www.restaurant-caviste-banon-04.fr

Ouvert toute l'année. En juillet-août ouvert 7j / 7 sauf le lundi. Formule à partir de 14,50 €.

Une belle adresse à découvrir pour la cave à vins bien sûr, sa décoration à la fois industrielle et traditionnelle, autant que pour ses assiettes gourmandes et généreuses préparées avec beaucoup de soin. Les plats proposent aussi bien une cuisine du monde avec des plats libanais ou inspirés d'Amérique du Sud, que des recettes du terroir fleurant bon les souvenirs d'enfance (rôti de porc aux pruneaux, curry d'agneau) ou encore la Provence (mesclun cake aux olives noires, fromages et tomates confites). Un beau voyage pour les papilles, accompagné des meilleurs vins.

LES VOYAGEURS €

Place de la République
✆ 04 92 73 21 02
www.les-voyageurs.metro.bar

Ouvert toute l'année. Juillet-août, 7j/7 midi et soir sauf le lundi soir. Menu à partir de 18,50 €. Terrasse.

Les Voyageurs ont toujours été entre de bonnes mains, mais Fanny et Cyril ont désormais bien pris la relève, même si les parents ne sont jamais trop loin ! L'hiver, nous prenons place dans l'une des deux salles, colorée ou plus classiquement boisée. L'été, c'est la terrasse qui est prise d'assaut pour boire un verre ou s'attabler pour une cuisine provençale de terroir. Il est bon de réserver car l'adresse est prisée pour ses produits frais et de saison. Les suggestions changent au quotidien. Le tout s'accompagne d'une sympathique carte des vins.

LES BISCUITS DE BANON

Lieu dit le Serre - route de Simiane
✆ 04 92 73 33 97

Ouvert de 9h à 12h et de 15h30 à 18h. Fermé le lundi.

Francine et Daniel sont des passionnés. On aurait presque envie de dévaliser leur jolie boutique, tellement tout est bon. À ne pas manquer, les soufflés amande noisette, croustillants au goût délicat de noisette. Une merveille ! Au choix encore, les brioches grillées au citron, la frangipane, les macarons, les sablés à la lavande et ceux aux épices.... Le framboisier est un pur délice, sur commande uniquement. La passion et l'amour du travail bien fait, ne peuvent que donner naissance à des produits de qualité. À découvrir et à consommer sans modération !

CHARCUTERIE LA BRINDILLE MELCHIO

Place de la République
✆ 04 92 73 23 05

Ouvert tous les jours sauf mercredi et jeudi (hors saison uniquement) de 9h à 12h et de 14h30 à 18h. (17h le lundi).

Une histoire de famille qui remonte à presque trente ans ! La réputation de cette charcuterie n'est donc plus à faire. Les clients viennent de tout le pays ; tout simplement parce qu'on y retrouve un nombre incalculable de saveurs. La passion du travail bien fait anime Clauvis qui connait son métier sur le bout des doigts. Le bel espace charcuterie se voit complété par un rayon important dédié à l'épicerie fine de produits locaux et rigoureusement sélectionnés.

FROMAGERIE DE BANON

Haut Carniol
✆ 04 92 73 25 03
www.fromagerie-banon.fr

Ouvert l'été. Le reste du temps, commandes à passer par téléphone et à venir récupérer du lundi au vendredi de 9h à 17h.

Depuis 1958, cette fromagerie fabrique et commercialise le célèbre Banon, fromage d'AOP, ainsi qu'une large gamme de fromages de chèvre frais et affinés. Le lait est collecté, les fromages fabriqués et affinés par les maitres des lieux, afin d'en conserver l'authenticité, la subtilité et la saveur d'antan. C'est ce savoir-faire, que vous viendrez ici, au milieu de nulle part sur la route d'Apt, partager et pourquoi pas apprendre à plier le fameux Banon dans son écrin de feuilles de châtaigniers. Sur place un film vous expliquera la fabrication des fromages.

LIBRAIRIE LE BLEUET

Place Saint-Just
✆ 04 92 73 25 85
www.lebleuet.fr

Ouvert tous les jours (du lundi au dimanche, jours fériés inclus) de 10h à 19h non stop et jusqu'à 20h l'été.

Le fonds considérable et varié d'ouvrages répond à toutes les attentes, sans compter la papeterie de qualité, les cartes, guides, et souvenirs de la région. Isabelle et Marc Gaucherand veillent tout particulièrement à la qualité de l'accueil, vous trouverez une équipe de libraires compétents et disponibles, des conseils de lecture et une table des « perles du Bleuet » avec des ouvrages soigneusement sélectionnés. Des évènements culturels sont organisés toute l'année et un espace culturel accueille des expositions de peintures, photographies et sculptures.

SUPER BANON

Place de la République
✆ 04 92 73 39 06

Ouvert de 10h à 12h30 et de 15h à 18h30. Fermé lundis et vendredis. Alimentation générale, épicerie fine, fromagerie.

Jean-Michel, le maître des lieux, n'est pas avare de conseils et de recettes. Les produits de son épicerie fine, il les connait sur le bout des doigts. Il faut dire qu'ils sont rigoureusement sélectionnés par ses soins. À la place d'honneur, fromages de chèvre fermier et brebis. Le banon est mis à l'honneur et vous trouverez une sélection délicieuse de produits très locaux. En parcourant sa petite boutique, on découvre des vins et spiritueux, des confitures, des pâtisseries et de la crème de châtaignes artisanales, du pain, des fruits et légumes.

CÉRESTE ★

À la frontière entre la Basse et la Haute-Provence, vous découvrirez Céreste et ses 1 284 cérestains. Comme souvent par ici, ce joli village provençal est entouré d'une nature verdoyante et de ses douces collines (au nord, ce sont les monts de Vaucluse, et au sud, vous verrez la chaîne du Luberon). Enfin, non loin du village, vous pourrez trouver des vestiges troglodytes... En plus de cela, la visite au Prieuré de Carluc et dans ses environs vaut vraiment le détour ! En chemin vers le prieuré, vous trouverez également un adorable petit pont romain : admirez bien ce beau paysage. Un très bel itinéraire à suivre... Et un parcours prometteur !

Histoire

L'histoire de Céreste passe par son prieuré. Cet antique lieu de culte et de pèlerinage chrétien, situé en pleine nature, fut fréquenté dès le IVe siècle par les habitants de la cité romaine de *Catuiacia*, aujourd'hui Céreste. La chapelle sud datant de 1150 témoigne de la présence de l'ancien prieuré qui fut rattaché à la fameuse abbaye de Montmajour au XIIIe siècle. Particulièrement émouvante, la nécropole creusée dans la roche rassemble plusieurs dizaines de tombes. Creusés pour partie dans la roche également, vous pourrez parcourir les vestiges de 3 églises. Au pied de la falaise, un petit ruisseau est toujours alimenté par l'ancienne source. Un site émouvant, chargé d'histoire que l'on n'attend pas dans ce cadre champêtre.

LE PRIEURÉ DE CARLUC

Ouvert toute l'année. Hormis la chapelle accessible seulement lors des visites guidées. Gratuit.

Vous trouverez le prieuré de Carluc en cheminant depuis Céreste vers le nord-est sur 3 km. Promesse tenue en arrivant : seul, dans un joli cadre boisé, près de la Via Domitia, il était jadis une étape sur la route de Provence qui menait les voyageurs de l'Espagne à l'Italie. Sur place, à côté du prieuré, d'anciennes habitations, une étonnante nécropole creusée dans la roche, les fondations de 2 chapelles, les vestiges d'une muraille du XIIIe siècle et une ancienne source sacrée subsistent. Il semble que les premières constructions aient été édifiées au IXe siècle.

HÔTEL - RESTAURANT L'AIGUEBELLE** €

Place de la République

✆ 04 92 79 00 91

www.hotel-aiguebelle.com

Ouvert toute l'année. Parking devant l'hôtel. Chambres à partir de 48 €. Restauration.

Ce petit hôtel-restaurant vous accueille avec 12 chambres doubles ou triples, avec un bon rapport qualité/prix. Toutes sont équipées d'un l'accès wifi gratuit, TV et ligne directe. C'est un lieu où il fait bon se reposer dans une ambiance conviviale. Pour les gourmets, son restaurant propose une cuisine provençale réputée dans le pays. À noter que pour les clients de l'hôtel, son chef propose pour leurs balades au cœur de la Provence, des paniers repas.

LA MAISON D'EMMA €€

Place Saint Michel ✆ 07 86 89 81 27

www.maison-emma.com/fr

4 chambres : suite Luberon, chambre Calade, Campanile, Bourgade. Petit déjeuner servi dans le patio les beaux jours.

Jean-François et Maryline ont récupéré les clés de cette belle maison de village, à côté de l'église. Ce sont des hôtes chaleureux qui seront ravis de vous présenter le Luberon et ses bonnes adresses. Jean-François vous propose une cuisine simple et authentique, composée de tous les bons produits du terroir. Une fois installé dans l'une des trois chambres ou dans la suite, vous pourrez vous prélasser dans le patio où le bassin vous apportera une fraîcheur idéale pour un repos bien mérité après une chaude journée de balade. Une nouvelle adresse à découvrir.

BOUCHERIE MEGY

Cours Aristide-Briand

✆ 04 92 79 04 11

Ouvert mardi, mercredi, vendredi et samedi de 7h30 à 12h30 et 16h à 19h ; jeudi et dimanche de 7h30 à 12h30.

Depuis 1986, Alain et Christine sont là avec le sourire pour servir une clientèle d'habitués mais aussi de passage, car le bouche à oreille marche à la perfection. Ce sympathique duo nous propose ce qu'il y a de meilleur avec en plus des conseils de connaisseurs. Le slogan de la maison en dit long : consommez local, consommez artisanal. Avec son agneau local, ses volailles des campagnes avoisinantes, ses saucissons (comme celui à la fleur de thym), ses plats cuisinés et bien d'autres encore... Tout n'est que délice et fleure bon la Provence.

LA RUE DES BISCUITS

Lieu-dit la Gare ✆ 04 92 71 00 56
www.laruedesbiscuits.fr

Ouvert du lundi au samedi de 8h à 18h30 et le dimanche de 8h à 12h30. Fermé en janvier et fin août. E-boutique.

La Rue des Biscuits, c'est l'histoire d'un changement de vie : après un accident de travail et sur l'impulsion de sa compagne Carine, Emmanuel, ancien menuisier, crée une biscuiterie artisanale. Dans leur charmante boutique, ils vous accueillent dans un décor digne de Pagnol, imaginé par Emmanuel lui-même. Dans son laboratoire, Carine a imaginé des recettes de biscuits salés et sucrés toutes plus savoureuses et inventives les unes que les autres avec un fil rouge : utiliser au maximum des produits locaux et de qualité comme la farine bio d'un moulin tout proche.

CRUIS

Le joli village provençal de Cruis, classé Villages et Cités de Caractère, bénéficie d'un paysage typique de Haute-Provence, à plus de 700 m d'altitude et au pied de la montagne de Lure, classée réserve de biosphère par l'Unesco. Doté également d'un patrimoine architectural remarquable, le site de la commune comporte quelques monuments remarquables, notamment l'église paroissiale Notre-Dame-et-Saint-Martin, qui est l'ancienne église d'une abbaye de moines augustins. Elle conserve quelques arcades du cloître, datant de la fin du XIIIe siècle. Enfin, le village de Cruis est à 20 minutes à peine en voiture des villes de Forcalquier et Sisteron.

LA BASTIDE DU CLAUS €€

Quartier Le-Claus ✆ 04 92 74 99 32
www.labastideduclaus-vitaverde.com

Chambre double 80 € ; chambre triple 102 €. Petit déjeuner inclus. Gîtes de 340 € à 600 € la semaine selon la saison.

Fondée par un écuyer de Louis XIV, cette demeure a traversé les siècles. Six gîtes de 2 à 5 personnes et quatre chambres d'hôtes très confortables vous offrent une halte dans le calme. À votre disposition de nombreux équipements : une bibliothèque avec jeux de société, une table de ping-pong, un terrain de boules et une aire de jeux pour les enfants. Vous pourrez également vous baigner dans un bassin du XIXe siècle alimenté par la source du domaine, ou tout simplement vous détendre sous la tonnelle afin d'admirer la vue qui s'étend jusqu'aux monts du Verdon.

GÎTE LE PROVENCE €€

Le village
✆ 04 92 77 07 93

Gîtes de France (3 épis). De 380 € à 620 € la semaine de 3 à 6 personnes. Wifi gratuit.

Ce gite agréablement rénové avec amour et passion, avec trois chambres spacieuses, peut accueillir jusqu'à six personnes. Grand séjour, coin cuisine entièrement équipée, coin salon, l'hiver vous pourrez y faire une flambée. Aux beaux jours, vous profiterez de l'agréable terrasse, abritée d'une jolie pergola de vigne et située sud-ouest, avec barbecue. Sous la maison, une cave voûtée avec table de ping-pong. Local à vélo disponible. Les amateurs de patrimoine et de nature seront comblés. Tout est bien pensé, jusqu'aux ustensiles de cuisine de Brigitte.

LE GRANGEON €€

La Palisse
✆ 06 18 54 11 74

Ouvert toute l'année. Chambre double : 98 €. Table d'hôtes possible sur réservation, 30 € avec vin et café compris.

Le Grangeon, une chambre d'hôtes de qualité dans un cadre superbe. Un couple charmant et de bons conseils vous ouvre les portes de leurs deux belles chambres spacieuses décorées avec goût et au confort irréprochable. Vue sur le jardin, la montagne de Lure et la piscine privée à l'entrée du village sous un ciel parmi les plus purs d'Europe. Les petits-déjeuners sont copieux faits maison à base de produits locaux. La table d'hôtes est elle aussi faite de produits du terroir. Un régal ! Un clin d'œil chaleureux à Nicole, la maîtresse passionnante des lieux.

L'AUBERGE DE L'ABBAYE** €€

Le Village
✆ 04 92 76 59 88
www.hotel-restaurantcruis.fr

Restaurant ouvert midi et soir, tous les jours en saison. Plat du jour de 14,50 € à 16 €. 9 chambres.

Après des travaux importants de rénovation de l'hôtel et de relookage du restaurant, c'est avec un nouveau concept adapté à la vie du village que Claudie et Jean-Charles ont le plaisir de vous accueillir avec grande humanité. L'Auberge de l'Abbaye propose une cuisine familiale élaborée à partir de produits frais de qualité suivant les saisons, et prioritairement du terroir, sur le thème « retour du marché » avec un plat du jour changeant quotidiennement. Un beau plateau de fromages complétera la carte. Entre les services, elle propose un service de glacier en été.

DAUPHIN

Le calme de la campagne provençale règne en maître grâce à une belle vue sur la montagne de Lure. Avec ses fortifications du XIVe siècle, ses ruelles, son donjon et ses façades du XVIe, le village médiéval perché de Dauphin parle aussi du passé. Voici un village classé qui a su conserver son caractère médiéval. Il domine la vaste plaine située à proximité de la voie domitienne appelée ici chemin Seinet. Ne manquez pas l'église Saint-Martin du XVe siècle, ancienne chapelle castrale et son orgue de style baroque. On y donne, en été, des concerts de grande qualité. À Noël, Dauphin est réputée pour sa crèche aux santons en habits du XVIIIe siècle.

MAS DU PONT ROUGE €€

chemin du Pont rouge

✆ 06 80 08 75 91

Ouvert toute l'année. Gite pour 19 personnes, à partir de 1 900 € la semaine. Accès handicapé. Wifi gratuit.

Le Mas du Pont rouge peut accueillir jusqu'à 19 personnes, petits et grands, grâce à ses quatre chambres spacieuses, sa petite chambre et son dortoir de neuf couchages avec grand salon et belle cheminée. Philippe, le maître des lieux, est égal à lui-même : toujours de bonne humeur, à l'écoute et disponible. Il se mettra en quatre pour répondre à toutes vos attentes. Ce superbe mas tout en pierre du XIXe siècle, restauré dans les années 1970 et remis à neuf, a élu domicile dans un magnifique parc arboré de 1 ha, piqué d'une piscine magique.

LE MOULIN DES ENCONTRES €

Le Moulin des Encontres ✆ 04 92 79 53 84

www.moulindesencontres.com

Gîtes de France (3 épis). Fermé en décembre. Chambre double de 65 € à 85 €.

Situé dans la plaine entre Dauphin et Mane, cet ancien moulin joliment restauré vous accueille confortablement avec ses 3 chambres à la décoration personnalisée. Chaque chambre dispose d'une entrée indépendante, d'un petit coin cuisine et d'un coin jardin et/ou d'une terrasse. Le petit déjeuner est copieux et inclus : yaourts et confitures maison, miel de lavande et pâtisserie ! Profitez aussi de la piscine et des nombreux hamacs qui vous accueilleront le temps d'une sieste à l'ombre. Location de vélos sur place, terrain de pétanque, football et balançoires.

CAFÉ DU NORD - RESTAURANT LA FORGE €

boulevard du Nord

✆ 06 20 34 33 83

Ouvert midi et soir du mardi au dimanche. Hors saison, ouvert le midi, les week-ends sur réservation. Plats de 13 à 23€.

Jusqu'en juin 2018, le Café du Nord n'était qu'un bistrot jusqu'à ce que David ait la géniale idée d'ouvrir le restaurant La Forge, pour le plus grand plaisir des villageois et des touristes. Vous prendrez place dans un intérieur chaleureux fait de pierre, de fer et de bois à l'ambiance provençale. L'été, vous choisirez l'une des belles terrasses, avec vue sur la montagne de Lure. La carte est courte mais bonne, faisant la part belle à une cuisine à base de produits du terroir.

GÎTE LA VIEILLE GAUDINE €€

✆ 04 92 79 52 93

www.mireille-chopin.com

Ouvert d'avril à novembre. 120 € le week-end et 300 € la semaine. Salon de jardin.

Magnifique ! Cette superbe bastide provençale du XVIIIe siècle a tout pour plaire. Elle a su garder son cachet d'antan et Mireille Chopin, la maîtresse des lieux, y veille. Toute de pierres vêtue, la bastide offre un gîte offrant trois belles chambres, spacieuses et confortables. Celle qui donne sur la cour intérieure est pleine de charme. À la belle saison, vous profiterez du jardin. Tout autour de la propriété sont parqués des chevaux, pour une randonnée ou des leçons d'équitation. Mireille, artiste, propose aussi des initiations à la poterie ou à la forge.

LURS

Quasiment abandonné au début du XXe siècle, le beau petit village de Lurs a été redécouvert par des graphistes, typographes et écrivains, dont Jean Giono, qui lui ont redonné vie. Ainsi sont nées les fameuses Rencontres internationales de Lure dédiées à la culture graphique sous toutes ses formes. Et c'est donc en connaissant l'histoire du village que vous comprenez mieux la présence du chemin des écritures de Lurs, en plein air et pour le moins inattendu… Étonnant mais très réjouissant, n'hésitez pas à aller vous y balader et profitez peut-être d'une visite guidée possible avec un guide du pays (renseignement auprès de l'office de tourisme).

LE CHEMIN DES ÉCRITURES

Village
https://www.delure.org/
Ouvert toute l'année. Gratuit.

En juillet 2010, ont été installés les éléments du Chemin des Écritures. Celui-ci vous invite à déambuler tout en vous familiarisant avec l'histoire de l'écriture latine et de la typographie à travers différentes œuvres d'artistes contemporains. Une façon originale de visiter ce très joli village perché en vous laissant guider par la brochure téléchargeable sur le site web ou disponible auprès de l'office de tourisme de Forcalquier. Et finalement, après avoir parcouru ce chemin vous vous retrouverez devant la Chancellerie, lieu fondateur des Rencontres de Lure.

MOULIN À HUILE DE LA CASCADE DE MONESSARGUES

Route de Sigonce ✆ 04 92 79 95 03
moulin.de.la.cascade.monsite-orange.fr
Ouvert toute l'année. Visite guidée sur rendez-vous. Huile également disponible chez Justine (04 92 79 18 12) à Lurs.

Jérôme Masse vous propose de découvrir une tradition qui date de 1674, année de construction du Moulin de la Cascade. Il vous familiarisera avec les gestes ancestraux permettant d'obtenir une d'huile d'olive de haute qualité, à la saveur fruitée. Vous suivrez les différentes étapes du pressage des scourtins au ramassage de l'huile, en passant par la décantation naturelle dans les bacs en chêne. Une huile à admirer, avant de profiter de la belle cascade et de ses bassins tout proches.

LA PROMENADE DES ÉVÊQUES

Centre village
Ouvert toute l'année. Gratuit. Route du GR 653D.

Au sud du village se dresse la silhouette du château, ancienne résidence des évêques de Sisteron. La promenade leur doit son nom et consiste en un étonnant cheminement matérialisé par une allée bordée de 15 oratoires érigés en 1864. Celle-ci vous conduit à la jolie chapelle Notre-Dame-de-Vie à travers la campagne provençale. La boucle fait 5 km et offre une vue panoramique sur toute la région. Les plus courageux, choisiront peut-être une randonnée plus complète, celle du Pont Romain qui comprend la promenade des Évêques, le Chemin des Écritures et la Via Domitia.

LES COCCINELLES €

Saille
✆ 04 92 79 80 53
www.camping04.com
Ouvert toute l'année. 6 emplacements. Location gîte à partir de 450 € la semaine.

Un lieu insolite et régénérant en pleine nature de haute Provence dans le pays de Forcalquier. La ferme équestre Les Coccinelles est un endroit enchanteur qui vous accueille aussi bien en camping, qu'avec un gîte tout confort, ou tout simplement pour une promenade à poney ou à cheval, au milieu de ses animaux et à proximité de la rivière Lauzon… L'accueil est situé au cœur de ce camping et vous passerez avec Frédéric de forts beaux moments. À vous de belles surprises, comme une baignade dans une cascade naturelle du Lauzon. Un lieu en communion avec la nature.

LA TERRASSE DE LURS €€

Rue de la Mairie
✆ 04 92 87 77 52
www.laterrassedelurs.fr
Fermé de mi-octobre à la Toussaint. Ouverture tous les jours sauf mardi et mercredi à partir de 10h. Plat du jour 13 €.

Au cœur du village perché de Lurs, vous découvrirez avec plaisir ce lieu au décor épuré alliant design et vieilles pierres. Les grandes baies vitrées du restaurant, tout comme sa belle terrasse aux beaux jours, vous permettent de manger avec une vue extraordinaire sur la vallée de la Durance. Dans l'assiette le chef propose des mets élaborés à partir de produits bio, de saison et locaux. En journée, la Terrasse est également un café, et un salon de thé où l'on peut déguster des pâtisseries maison. L'été, des concerts sont organisés dans le jardin.

MANE

Presque tout est construit en pierres de Mane et si flâner dans les rues est inimaginable en talons, c'est un réel plaisir de se balader dans les calades. Ne ratez pas l'église Saint-André et sa façade baroque des XVe et XVIIe siècles. Difficile par contre de passer à côté de son impressionnante tour de pierre et son clocher de 31 m de haut ! L'hôtel particulier Miravail datant des XVe et XVIIIe siècles vaut également le coup d'œil. Surplombant le village, la citadelle de Mane est l'unique fortification féodale complète de Provence. De là-haut, la vue sur la plaine de Mane, les coupoles de l'observatoire Saint-Michel, ou le Luberon, est imprenable !

LES CABANONS POINTUS

Mane Nord et Est
✆ 04 92 75 04 13
www.mane-en-provence.com

Ouvert toute l'année. Gratuit. Circuit de 6 km proposé par la municipalité (renseignements en mairie ou sur Internet).

Cette dizaine de cabanons de 3 à 7 mètres de haut peuvent être qualifiés de véritables chefs-d'œuvre d'architecture rurale, et témoignent de l'habileté des paysans des XVIIIe et XIXe siècles. Construits intégralement en pierres sèches, ils ne possèdent ni cintre ni liant et semblent défier les lois de la gravité grâce à la technique de la voûte d'encorbellement progressif, un peu comme pour un très gros igloo ! Utilisés comme abri, remise ou encore bergerie, ils possèdent parfois des fenêtres, des cheminées et même des placards... en pierre eux aussi !

LE CHÂTEAU DE SAUVAN

Route d'Apt ✆ 04 92 75 05 64
chateaudesauvan.com

Ouvert de début mars à mi-novembre. En juillet et août : visite tous les jours à 15h30, sauf le mardi. Adulte : 11,50 €.

Sauvé de l'abandon en 1981 grâce à la ténacité et l'engagement de ses propriétaires qui ont réalisé d'importants travaux de restauration et d'aménagement, celui que l'on surnomme « Le Petit Trianon de Provence » est un témoignage exceptionnel de l'art de vivre au XVIIIe siècle en Provence. Ses majestueuses façades en pierres taillées abritent un musée qui vous transportera au temps de la famille des Forbin, ses premiers seigneurs. À noter qu'il est possible de séjourner dans un des deux gîtes appartenant à l'ancien hameau de ce palais provençal exceptionnel.

SALAGON, MUSÉE ET JARDINS

Le Prieuré ✆ 04 92 75 70 50
www.musee-de-salagon.com

Musée fermé le mardi en basse saison. De mai à septembre : 10h-19h (nocturne le jeudi l'été). Adulte : 8 €. Boutique.

Classé monument historique, cet incroyable site, dont les parties les plus anciennes remontent au XIIe siècle, vaut autant pour la richesse de son histoire que pour ses jardins. Créé en 1986, c'est un des premiers parcs ethnobotaniques de France. Son objectif : étudier et exposer de manière simple et ludique les relations entre les hommes et leur environnement végétal. L'ensemble est entretenu de manière écologique. Un site d'une grande richesse qui dispose du label Jardin remarquable.

LA MANNE CÉLESTE €

Le Grand-Chemin
✆ 04 92 75 05 70
www.lamanneceleste.fr

Ouvert d'avril à septembre, tous les jours sauf dimanche et lundi. Plats de 14 € à 19 €. Pizzas à partir de 12 €.

En bordure de la route départementale cette pizzeria offre un cadre rustique chaleureux à l'intérieur avec un grand four à bois dans un coin. Et aux beaux jours une agréable terrasse, au calme et ombragée dans un jardin. La carte se partage entre pizzas, cuisine régionale ou du monde et plats thaïs car Christophe le propriétaire, amateur de voyage a vécu quelques temps en Thaïlande. La carte change régulièrement, elle est modeste et gage de fraîcheur. Un restaurant-pizzeria convivial en toutes saisons et doté d'un excellent rapport qualité-prix.

COLLINES DE PROVENCE

Parc Pitaugier
✆ 04 92 76 69 02
www.collinesdeprovence.com

Haute saison, du lundi au samedi de 9h30 à 12h30 et de 14h à 18h30. Livraison possible. Entrée libre et visite gratuite.

Ce parfumeur botaniste présente ses créations depuis 1982. Pour le plus grand plaisir des amateurs de senteurs, c'est ici que l'entreprise a installé sa manufacture. S'inspirant d'une flore unique, elle utilise les plus belles baies et les feuilles les plus riches en essence pour composer des fragrances naturelles venant parfumer l'air des maisons, l'eau du bain mais aussi les peaux qui souhaitent rester belles et naturelles. Des produits de qualité fabriqués par une équipe passionnée. Profitez aussi des visites gratuites des ateliers les mardis et jeudis à 14h30.

MAISON DES PRODUITS DE PAYS

Route de Salagon
✆ 04 92 75 37 60

Ouvert toute l'année, 7j/7 de 10h à 18h non stop.. Animations (expositions, dégustations...).

Cette belle maison des produits de pays regroupe le savoir-faire d'une quarantaine de producteurs, artisans et artistes locaux. Vous y trouverez des produits gourmands : miel, crème de marron, nougats, berlingots, huile d'olive, bière, vins, fromages fermiers, pâtés, tapenades... Côté emplettes, ce n'est pas le choix qui manque : maroquinerie, porteries, livres, bois tourné, santons... Enfin, des huiles essentielles, herbes sauvages, eaux florales et aromathérapie raviront les amateurs.

MALLEFOUGASSE-AUGÈS

Loin des circuits touristiques habituels, ce petit village né au Moyen Age saura vous charmer par ses ruelles ponctuées de passages couverts, ou encore de portes surmontées de linteaux gothiques ou Renaissance, son puits et son four communaux. Pas à pas, vous irez jusqu'à l'église Saint-Jean-Baptiste, rare témoignage du premier art roman, puis jusqu'au château de Consonoves dont vous pourrez admirer les façades (XVIIe et XVIIIe siècles). La route du Grand Venat vous mènera jusqu'à la chapelle Saint-Donat. La découverte de la chapelle d'Augès vous offrira une belle vue sur la vallée de la Durance, et l'incontournable montagne de Lure.

NIOZELLES

Le village est sur un site perché, dans le parc naturel régional du Luberon. La commune de Niozelles fait d'ailleurs partie de l'un des soixante-dix-sept membres du parc naturel régional du Luberon, un parc qui s'étend, de Cavaillon à l'ouest jusqu'à la Durance à l'est, sur deux départements, quatre-vingt-cinq communes et 185 145 hectares. Sur la route de Forcalquier, ce petit village est donc un lieu paisible idéalement situé pour découvrir la Provence. Outre un beau camping naturel, un établissement de confort propose des massages pour votre bien-être, dans le Resort hôtel du golf. Un lieu qui, décidément, ne manque pas d'attraits.

CAMPING LOU PEBRE D'AIL** €

Route des Marquans ✆ 04 92 77 04 17
www.campingloupebredail-04.fr

Ouvert de début mai à mi-octobre. De 15 € à 18 €. Jeux pour enfants. Aire pour camping-cars. Animations.

Vingt-cinq emplacements spacieux pour tentes, camping-cars et caravanes au calme dans un cadre naturel. Vous pourrez aussi louer une caravane. Sur place, un snack, du pain Bio en vente et un jardin de légume bio gratuit. Lou Pèbre d'Ail organise dans une ambiance festive et musicale, en famille ou entre amis, des repas à thèmes et des soirées animées karaoké. Sa piscine gratuite est à disposition des campeurs. Un esprit familial que les habitués aiment à partager chaque année !

CAMPING DOUCE PROVENCE**** €€

Le Moulin de Ventre ✆ 04 92 77 80 31
www.campingdouceprovence.com

4 étoiles. Ouvert de fin mai à mi-septembre. Emplacement pour 2 personnes à partir de 20 €. Restauration.

Voici un camping qui mérite ses 4 étoiles dans un cadre verdoyant et calme ! Arboré, avec son ancien moulin, il propose des emplacements spacieux de 100 m², délimités par des haies. Chalets, mobile-homes, cottages, appartements sont également proposés. Tilleuls, platanes, saules pleureurs, peupliers, participent à l'ambiance. Les enfants pourront s'en donner à cœur joie. Un étang privé de 2 ha comble les amateurs de pêche. A l'extérieur, un bar, barbecue, salons et parkings ombragés.

LE FOUGASSAIS €€

Le Village
✆ 04 92 77 00 92

Fermeture annuelle de mi-décembre à mi-janvier. Fermé le lundi en basse saison. Menu à partir de 25 €. Terrasse.

Une adresse comme on les aime depuis le 1er mars 1999 ! Pas une ride pour ce bistrot de pays, certainement le plus ancien de la région. L'accueil de Sabine et Florent est au diapason, extra comme l'assiette. Vous prendrez place, quand maitre soleil s'invite, sur ces deux terrasses, l'une à l'arrière agréablement ombragée, l'autre plus grande sur le devant faisant plein feu sur la vallée et la plaine. Aux premiers froids, on se réfugie dans une salle typiquement provençale et chaleureuse. Une belle carte ou encore les suggestions qui s'affichent sur l'ardoise.

DOMAINE RIBIERA***** €€

635, Route de Forcalquier
✆ 04 65 10 09 00
https://www.ribiera.fr/

Ouvert 7j/7. De novembre à février, uniquement les week-ends. Chambre double à partir de 219 €. Spa Phytomer. Golf.

Cet hôtel a rouvert en juillet 2021 à la suite de rénovations de grande ampleur. Il a d'ailleurs obtenu une cinquième étoile en octobre 2021. Entouré d'un parc de 14 hectares, il offre repos, calme et douceur pour un moment de déconnexion. Il est également possible de venir découvrir ce lieu pour simplement profiter du restaurant dont la renommée se répand dans la région ou pour boire un verre dans ce cadre idyllique. Ce complexe offre l'accès à un golf avec une école aussi bien pour les adultes que pour les enfants, ainsi qu'un golf interactif avec écran.

LE RELAIS D'ELLE €€

Route de la Brillanne
✆ 04 92 75 06 87
www.relaisdelle.com

Chambre double de 70 € à 90 € ; chambre triple de 90 € à 100 €. Demi-pension : 30 € supplémentaires.

Dans cette ferme très joliment rénovée, Jacques et Catherine vous accueillent avec 5 chambres, et un gîte attenant pouvant accueillir jusqu'à six personnes, offrant de très belles prestations. Les pièces y ont été aménagées en respectant la tradition provençale tout en apportant une touche design et tout le confort moderne. Des terrasses, la vue sur les collines avoisinantes est magnifique. La piscine, commune, est à partager avec les hôtes des chambres voisines. Les plus petits pourront jouer avec les ânes et on profitera d'une table d'hôtes authentique le soir.

L'AUBERGE DU BOIS €€

191, Route de Niozelles
✆ 04 92 76 61 56

Ouvert de début avril à mi-octobre, tous les soirs sauf le lundi, et le dimanche midi. Menus à 29 et 32 €.

Cette auberge authentique installée dans une ferme de la fin du XVIIIe siècle propose, dans un cadre de verdure des plus bucoliques, une cuisine de qualité. Le chef travaille avec des produits frais et locaux en fonction des saisons, les légumes sont issus du potager de l'auberge. À la carte selon le moment : l'agneau de Sisteron, ou le filet de bœuf d'exception. Les desserts sont faits maison. Une belle adresse pour une pause agréable grâce à sa jolie fontaine rafraîchissant la terrasse ombragée. Parking privé, service agréable et bon rapport qualité-prix.

REILLANNE

Reillanne est riche d'un passé issu de la préhistoire. Les vestiges du château médiéval surveillant la vallée et protégeant le village attestent du rayonnement régional de premier plan de Reillanne au Moyen Age. Sur son emplacement, vous découvrez la chapelle Saint-Denis construite au XVIIIe siècle. De la terrasse, vous admirez la Sainte-Victoire. Redescendez pour flâner dans le vieux quartier. Son site archéologique du Moyen Age, les portes et fortifications du XIIe et XIIIe siècles, l'église Notre-Dame-de-l'Assomption du XIIe, XVIe et XVIIe siècles, les bories, les oratoires et le musée des Amis des Arts qui présentent de superbes expositions.

Balade

Ce pittoresque village peut se visiter en suivant une série de plaques en céramique disposées au détour des ruelles. L'itinéraire balisé vous mènera le long des remparts « Long Barri » puis au cœur historique par la porte des Forges, vestige de l'ancien château médiéval. Vous découvrirez les échoppes et plus étonnant, l'ancien ghetto juif. Un beau patrimoine bâti à compléter par des randonnées de durée variables. Ces agréables promenades vous mèneront au prieuré de Carluc, à la rivière du Largue ou au couvent Notre-Dame. Les plus sportifs emprunteront les fameux GR pour se rendre aux gorges d'Oppedette ou sur les Crêtes de Montjustin.

LE CAFÉ DE NIOZELLES €€

Place du village
✆ 04 92 73 10 17

Fermeture annuelle en février. Ouvert de 9h à 15h et de 18h à 22h. Fermé mercredi soir et jeudi. Menu : 30 €.

Cet accueillant café-restaurant de village est tenu avec soin par Roger Blanc, le chef-propriétaire. Roger est un passionné de cuisine : la carte affiche ses spécialités au gré des trouvailles du marché ou selon son humeur… En hiver, vous pourrez même vous régaler d'une rare brouillade aux truffes. Ce jour d'automne, nous avons dégusté une salade de saison et de superbes raviolis chèvre-figue. La cuisine proposée est résolument « de pays », à la fois gourmande et délicate. À la belle saison, on s'attarde bien volontiers sur son agréable terrasse ombragée.

DOMAINE DE PRADAOUS €€€

D 4100
✆ 04 92 74 98 99
www.domainedepradaous.com

Fermé en janvier et février. Chambre de 95 € à 160 €. Petit déjeuner inclus. Restauration.

Cet ancien relais de poste du XVIIe siècle est bien ancré dans son époque grâce à une décoration contemporaine et un excellent niveau de confort. Le domaine bénéficie d'un très grand parc bordé de platanes bicentenaires. Les 4 chambres d'hôte proposées possèdent chacune leur personnalité. Un salon commun avec bibliothèque et billard permet de prolonger les soirées en toute convivialité. Un bar à tapas vous est proposé côté piscine et vous aurez aussi la possibilité d'y prendre votre petit déjeuner. Pour les repas, le lieu dispose aussi d'un restaurant.

AUBERGE DE REILLANNE €€

Lieu-dit Le Pigeonnier ✆ 04 92 72 25 93
www.auberge-reillanne.fr
Ouvert 7j/7, accueil de 16h à 19h. Chambre double de 70 à 130 €. Petit-déjeuner : 15 €. Restauration sur place.

Une grande bastide carrée authentique située à l'un des détours d'une petite route buissonnière. Elle est entourée d'un écrin de verdure d'un hectare avec un vaste jardin qui se fond dans la nature environnante. La sérénité des lieux est la première impression ressentie. Pour vous accueillir Victor dispose de cinq grandes chambres, doubles et triples, toutes décorées différemment, avec goût. Pour les amateurs de *farniente*, des hamacs vous attendent dans le jardin arboré et fleuri de l'auberge. Ici, un seul mot d'ordre : savourer le bonheur des choses simples.

LE CAFÉ DU COURS €

Cours Thierry-d'Argenlieu
✆ 04 92 76 53 84
www.cafeducours.reillanne.fun
Ouvert toute l'année. Haute saison : tous les jours de 7h à 1h. Plat du jour à partir de 9,50 €. Terrasse. Concerts.

Cet établissement toujours accueillant est animé du matin tôt jusqu'à tard dans la soirée. Le Café du Cours vous accueille toute la journée et tous les jours que ce soit pour prendre un petit déjeuner, l'apéritif ou simplement pour vous rafraîchir ou prendre une boisson en terrasse. Son service de restauration propose à midi, et les soirs de concert, ses plats et desserts surprises maison. Le Café du Cours est aussi un lieu de culture et de musique unique dans le village grâce aux nombreux dîners-concerts qu'il organise le soir dans sa belle salle atypique.

CAFÉ DE LA PLACE €€

Place de la Libération
✆ 04 92 76 43 03
www.cafelaplace.eatbu.com
Ouvert toute l'année, restauration tous les jours sauf lundi. Café ouvert de 7h à 22h. Formules de 13 à 25 €.

Vous viendrez au café de la Place comme on vient à la maison. M. Sube, le propriétaire, vous accueille dans une ambiance chaleureuse, vous prendrez place dans un intérieur convivial ou sur la belle terrasse ombragée. Ici, la cuisine est familiale et on aime ça. Au fil des saisons, la carte s'égrène à base de produits frais et régionaux. On se régale d'alouettes sans tête, de magret de canard de belles salades repas, parfois même d'aïoli. Le tout fait maison. L'été, l'équipe met en route le four à bois pour d'excellentes pizzas, au son d'animations variées.

CHEZ VICTOR AUBERGE DE REILLANNE €€€

Le Pigeonnier
✆ 04 92 72 25 93
auberge-reillanne.fr/restaurant/
Ouvert le soir du mardi au samedi et les samedis et dimanches midi. Réservation conseillée. Menus à 50 et 75 €.

© CHEZ VICTOR

Victor est un enfant du pays, qui après avoir fait ses gammes en restauration en France et à l'étranger a décidé récemment de reprendre le flambeau de l'Auberge de Reillanne. Le projet de Victor est de proposer une cuisine libre et soignée où il peut s'exprimer tout en respectant la saisonnalité de ses produits. En mettant la gourmandise au cœur de l'assiette, les plats proposés par Victor sauront ravir vos papilles dans un environnement des plus chaleureux et un cadre exceptionnel.

AU JARDIN €€

Lieu-dit les Granons
✆ 04 92 77 24 15
www.restaurantaujardin.com
Ouvert toute l'année. Tous les jours sauf dimanche soir et lundi. Menus de 20 à 30 €.

Ce restaurant en pleine campagne, au carrefour de deux routes touristiques, apparaît comme une aubaine pour le voyageur imprévoyant que la faim commence à tourmenter. Samuel a repris l'établissement et propose une cuisine traditionnelle avec des produits frais et locaux. Tout est fait maison, et la carte change très régulièrement. Vous prendrez place dans la salle intérieure ou encore à l'extérieur sur la grande terrasse couverte. Au gré des envies du chef, vous pourrez déguster des lasagnes maison, andouillettes, bavette et des pizzas à emporter.

ALPES-DE-HAUTE-PROVENCE

LA CAVE REILLANNAISE

Cours Thierry-d'Angenlieu
✆ 04 92 76 48 02
Fermé le lundi journée et les mercredi et dimanche après-midi. Ouvert de 9h à 12h30 et de 16h à 19h.

Dans un cadre fait de pierres et de poutres en bois, la cave reillannaise fait la part belle aux vins de la région avec un intérêt grandissant pour les crus bio. Le visiteur, sur les conseils avisés de Anne, découvre une quinzaine d'appellations parmi lesquelles : Luberon, Ventoux, Pierrevert, côtes du Rhône mais aussi quelques bordeaux et un joli choix de bourgognes. Cette palette de vins régionaux se voit complétée par des spiritueux (Rinquiquin bio de la distillerie de Provence...), apéritifs, bières de Mont Justin ainsi que par d'autres produits régionaux.

LIBRAIRIE REGAIN

Place de la Libération
✆ 06 52 59 11 60
www.librairie-regain.fr
Ouvert du mercredi au samedi de 10h à 12h et 15h à 18h et le dimanche matin.

Créée en 2008 par Antoine Prohom, la librairie Regain est la première et la seule à s'ouvrir dans ce petit village de 1 400 habitants. Elle a été reprise, en 2022 par Coralie Rouet et l'association « À Livres Ouverts » qui est soutenue par la municipalité de Reillanne. Derrière ses portes, se cache une richesse exceptionnelle avec un fonds extraordinaire de près de 900 titres en musique classique, et un très lumineux rayon de poésie ou littérature. Au total, 2000 ouvrages sur 50m^2 seulement ! Durant toute l'année, des animations régulières sont organisées.

LE MOULIN DU TERROIR

Famille Brunet - Le Roucaou
✆ 06 07 37 66 45
Vente sur rendez-vous téléphonique préalable. Vente par bidon de 5 L ou par lots de bouteilles.

Les huiles d'Isabelle sont à son image : pleines de vigueur et très fruitées ! Il faut dire qu'elle chouchoute ses 4 000 oliviers de variétés aglandau et bouteillan : traitements raisonnés puis ramassage des olives au palpeur. Depuis 2006, elle possède son propre moulin afin de maîtriser entièrement sa production d'AOP Haute-Provence non filtrée, ce qui lui donne une texture incomparable. Son huile d'olive a déjà décroché une médaille d'or au Concours National des Huiles de France de Nyons. Appelez tôt le matin au moulin pour être sûr de sa présence !

LA SOURCE

Cours Thierry-d'Angenlieu
✆ 06 79 95 28 18
Ouvert sur rendez-vous. Réservation possible du lundi au samedi. Soins esthétiques et thérapies.

Cette sympathique Source a élu domicile au cœur de Reillanne. Sarah la maitresse des lieux, esthéticienne et thérapeute, vous promet une belle parenthèse de bien-être avec soins du visage, massages du monde, épilations, maquillage, teinture des cils et sourcils, soin des mains, relaxation, reiki et réflexologie plantaire. Dans ce cadre feutré, vous serez entre de bonnes mains. Sarah est en effet diplômée de l'Institut européen de psychologie appliquée, praticienne en hypnose Ericksonienne mais aussi praticienne en hypnose humaniste. À retenir !

SAINT-ETIENNE-LES-ORGUES

Au cœur des Alpes-de-Haute-Provence, dans les montagnes chères à Giono, la station de la Montagne de Lure (1650 – 1826 m), à proximité du village de Saint-Étienne-les-Orgues, offre un cadre idéal de détente, dans une ambiance familiale sous un ciel d'azur. Et du Moyen Âge à nos jours, l'histoire de Saint-Étienne-les-Orgues s'inscrit dans celle de la Provence. Les plantes médicinales de la montagne de Lure vont contribuer à son essor. Et lors de votre visite, ne manquez pas de découvrir l'abbaye de Notre-Dame-de-Lure : son parc, planté de tilleuls et d'un noyer plusieurs fois centenaires ainsi que de hêtres, abrite une source permanente.

NOTRE-DAME-DE-LURE

D 113
Visible en toute saison. Visite sur demande pour les groupes. S'adresser à l'office de tourisme.

Pour découvrir l'abbaye de Notre-Dame-de-Lure (classée aux Monuments historiques en 1980), prendre la D113, route sinueuse bordée de cèdres en direction de la station de ski. Elle est là, à l'écart des itinéraires traditionnels, au creux d'une combe au cœur du massif forestier protégeant le versant sud de la montagne. Fondée en 1165 par l'abbé de Boscodon Guigues de Revel, ses moines étaient, selon la règle chalaisienne, des bûcherons et des bergers. C'était autrefois un lieu de pèlerinage important. Des travaux de restauration ont su redonner vie à l'église.

LA MONTAGNE DE LURE

D113

✆ 04 92 77 17 21

haute-provence-tourisme.com

Ouvert toute l'année. Station ouverte 7j/7 de 13h à 18h en saisons estivale et hivernale. Restauration.

Monter jusqu'aux grandes étendues sommitales dénudées de la montagne de Lure constitue un immanquable lors de votre séjour dans les environs. Dominant sur son versant sud le Pays de Forcalquier et sur son versant nord la profonde vallée du Jabron, classée Réserve de biosphère Unesco, la montagne de Lure culmine à 1 826 m et s'étend sur une cinquantaine de kilomètres de longueur. Une route pittoresque permet de la franchir d'un versant à l'autre en passant au niveau de la station pour le plus grand bonheur des cyclotouristes aguerris. Elle leur est d'ailleurs entièrement réservée les lundis en été. Des sentiers de randonnée permettent également d'y accéder à pied, à travers bois, à partir du petit village de Saint-Etienne-les-Orgues. Une fois en haut, c'est un panorama exceptionnel à 360° de paysages variés qui s'offre à votre regard : mont Ventoux, Vercors, Cévennes, Alpes du Sud et même, si le ciel est clément, côtes méditerranéennes. Entre Alpes du Sud et Méditerranée s'est développée une végétation exceptionnelle dont la flore, longtemps exploitée, est aujourd'hui laissée à l'appréciation de nombreux troupeaux de moutons. Un peu plus bas (vers 1 600 m), la station de Lure propose des circuits de randonnées thématiques (5 sens, planètes...) et de nombreuses activités au fil des saisons : trottinette sur herbe, tubbing (descente sur bouée gonflable), VTT, séances d'astronomie en été, luge, raquettes à neige, ski... en hiver. À noter : il est possible de se restaurer et de dormir sur place.

OFFICE DE TOURISME

Le Village

✆ 04 92 73 02 57

haute-provence-tourisme.com/fr

Ouvert toute l'année. Du mardi au vendredi de 9h à 12h.

Ce dynamique et convivial bureau intercommunal d'accueil est à la fois un lieu d'accueil, d'information et d'exposition. Il occupe une place centrale dans la vie culturelle de la commune du fait de sa localisation dans le même bâtiment que la bibliothèque et l'auditorium. Vous y recevrez un excellent accueil et des conseils avisés. Le stationnement y est facile sur la place déployée juste devant. C'est l'interlocuteur idéal pour tous les renseignements sur la Montagne de Lure, Réserve de biosphère, et l'activité de sa station en été comme en hiver.

MAISON D'HÔTES DU CHAMPMAILAY €€

Rue du Longeon ✆ 04 92 73 15 99

www.hoteldechampmailay.fr

Ouvert d'avril à octobre. Chambre double 90 €. Petit déjeuner inclus. Tarifs en gîte : de 350 € à 470 € la semaine.

Cet hôtel particulier datant du XVIIe siècle, qui a vu passer bon nombre de célébrités, propose dans ses dépendances cinq très belles chambres pouvant accueillir 2 ou 3 personnes. Trois d'entre elles sont dotées d'un coin cuisine pour vous permettre de profiter au mieux de votre séjour. Toutes disposent d'un balcon et d'une vue ou d'un accès direct sur le magnifique parc. Dans celui-ci plusieurs coins de détente vous attendent pour un instant de repos en toute tranquillité.

D'ICI ET D'AILLEURS €€

Place des ormeaux

✆ 04 92 75 86 98

Ouvert toute l'année, du mardi au dimanche, midi et soir. À la carte : de 15 à 21,50 €. Réservation recommandée.

Sur l'agréable place des Ormeaux, Marjorie et Joris vous reçoivent dans leur établissement à la décoration moderne et en été sur leur terrasse ensoleillée, à l'ombre des platanes. Ils proposent une cuisine traditionnelle et des produits locaux. La carte change régulièrement pour travailler avec les produits de saison. Ici tout est fait maison : souris d'agneau confite pendant sept heures, tartine du pêcheur, couteaux gratinés, et bien sûr les desserts. Les assiettes sont particulièrement soignées ! En été, des soirées à thèmes avec musiciens sont organisées.

LA SAUVAGINE - REFUGE DE LURE €€

Station de la montagne de Lure

✆ 04 92 73 05 02

Ouvert toute l'année. Fermé le lundi, sauf en été. Ouvert les autres jours à midi. Le soir ouverture sur réservation.

A la Sauvagine, seul restaurant au sommet de la montagne de Lure, Audrey vous accueille en hiver comme en été et vous fait partager une cuisine familiale régionale. Un lieu convivial, excellente étape sur votre parcours à ski en hiver ou en VTT, à pieds, en voiture... aux autres saisons. De la terrasse, vous bénéficiez d'une vue extraordinaire ! À signaler aussi, l'organisation de soirées d'astronomie. En hiver, un super refuge chaleureux où l'on peut s'installer au coin du feu.

SOCIÉTÉ ASTRONOMIQUE DE LA MONTAGNE DE LURE

Route de Lure ✆ 06 61 93 82 25
www.astrosurf.com/saml

Entrée : 10 €. Enfant : 5 €. Il est indispensable de contacter la SAML pour confirmer sa venue. Venir bien couvert.

Encore un bel observatoire de montagne, situé à 1 600 m d'altitude. On y accède facilement en voiture (quand il n'y a pas de neige), pour se garer au niveau du refuge. L'observatoire se situe sur la colline juste au-dessus, à une centaine de mètres environ à pied. Les soirées publiques d'observation sont en général programmées deux soirs par mois, souvent en période de premier quartier de Lune. En été, ces soirées peuvent être plus nombreuses et complétées par des conférences.

LE VERGER €

Le Foulon
✆ 04 92 79 46 30
www.levergerenprovence.fr

Chambre simple 60 € ; double 67 € ; triple 80 €. Petit déjeuner inclus. Roulotte pour deux personnes 78 € la nuit.

Que vous optiez pour une des trois chambres aux noms fleurant bon la Provence ou pour l'hébergement insolite qu'est la roulotte, vous apprécierez la tranquillité du lieu au bas du petit village de Saint Maime et l'accueil chaleureux de Christine. Les chambres ont toutes un accès extérieur indépendant par un salon de jardin privatif. Quand à la roulotte, son toit vitré permet d'admirer les étoiles la nuit sous un ciel parmi les plus purs d'Europe (d'où la présence de l'Observatoire de Saint-Michel). Une salle à manger-cuisine est mise à disposition pour les hôtes.

SAINT-MAIME

Saint-Maime est idéalement situé, à faible distance de plusieurs magnifiques territoires à découvrir tels que le Parc Régional du Luberon ou celui des Gorges du Verdon, sans oublier le Pays de Forcalquier avec la Montagne de Lure et, bien sûr, les vastes champs de lavande présents dans toute la région comme toutes les nombreuses oliveraies. N'hésitez pas non plus à découvrir le Musée de la Mémoire ouvrière, qui retrace la vie des mineurs du bassin de Forcalquier en présentant leurs conditions et leurs outils de travail, leur organisation syndicale et leur vie de tous les jours dans la cité ouvrière comme dans les villages environnants.

LE RELAIS DES 4 REINES €€

Chemin du Fosson
✆ 04 92 79 58 03

Ouvert tous les midis sauf le samedi. Plats à la carte entre 15 et 18 € le week-end. Formule du midi, 16 € en semaine.

Le Relais des 4 Reines est une véritable institution à Saint-Maime et dans les environs, avec Valérie toujours derrière le piano depuis 50 ans. Ici, vous dégusterez une vraie cuisine de grand-mère maison. À ses côtés, Émilie, une jeune cheffe passionnée qui nous propose une cuisine plus moderne. Le menu change au quotidien et se concocte à base de produits frais du terroir. Vous prendrez place dans une belle salle avec cheminée ou aux beaux jours sur la terrasse ensoleillée. L'ambiance est chaleureuse à souhait. Le plus : grand parking gratuit juste à côté.

CONNECTEZ-VOUS sur
petitfute.com

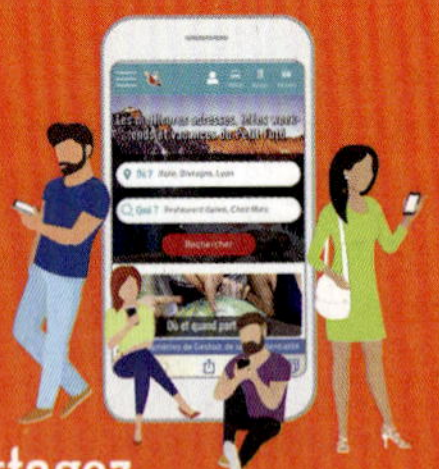

et partagez
VOS AVIS et BONS PLANS

MUSÉE DE LA MÉMOIRE OUVRIÈRE, MINE ET MINEURS

La Tuilière
✆ 04 92 79 58 15

Ouvert toute l'année, les mercredis de 14h à 17h et durant les vacances scolaires. Entrée libre et gratuite.

Le musée revient sur les origines des mineurs, mais aussi les raisons de leur colère ainsi que sur leur incroyable solidarité. Photographies et objets d'époque vous plongeront dans l'univers de la mine, entre 1817 et 1949, et de ses travailleurs d'alors en Haute-Provence. L'aspect géologique est aussi abordé lors de la description de chaque exploitation minière. Précisons que ce musée est accessible aux PMR et qu'une aire de pique-nique est à votre disposition à proximité du bâtiment.

FLOWER CAMPING LA RIVIÈRE*** €€

596, Route des Côtes ✆ 04 92 79 54 66
www.camping-lariviere.com

Ouvert de début avril à fin septembre. Flower Camping. Emplacements pour 2 pers. de 19 € à 42 €. Mobil-homes. Chalets.

Dans le cadre naturel conservé de ce camping 3*, vous pourrez séjourner en tentes, caravanes ou camping-cars, mais aussi en mobil-homes, cabanes-lodges, et la grande nouveauté, des chalets récemment installés pour venir en tribu jusqu'à douze personnes ! La grande piscine de 150 m² avec jeux aquatiques et toboggan feront le plaisir de toute la famille, tout comme l'étang de pêche et la rivière du Largue qui bordent le camping. De nombreux équipements et activités sont proposés.

SAINT-MICHEL-L'OBSERVATOIRE ★

En se promenant dans les petites rues de Saint Michel, on découvre de belles façades du XVIIe siècle, une église basse surmontée du traditionnel campanile, et l'église Saint-Pierre des XIVe et XVe siècles. Plus loin, sur la droite, le « chemin des étoiles » conduit à un magnifique point de vue, tout en narrant l'histoire de l'astronomie. C'est en 1938 que s'est implanté l'Observatoire astronomique de Haute-Provence, l'un des plus importants d'Europe, et accolant ainsi ce mot au nom originel de la commune. En 1998 s'est ouvert sur place le Centre d'astronomie, qui organise des veillées d'observation et reçoit des stagiaires durant l'année.

CENTRE D'ASTRONOMIE

Plateau du Moulin-à-Vent ✆ 04 92 76 69 69

www.centre-astro.fr

Ouvert toute l'année. Calendrier des animations en ligne ou auprès de l'Office de Tourisme. Soirée découverte : 13 €.

Ce centre d'astronomie ne doit pas être confondu avec l'Observatoire de Haute-Provence du CNRS installé à quelques kilomètres plus au nord du centre de Saint-Michel-l'Observatoire. Ainsi, en complément du travail effectué au sein de l'OHP, le Centre d'astronomie assure une mission de diffusion de la culture scientifique, et propose à ce titre des animations thématiques ainsi que des séances à la journée. Ce centre ludique est conçu pour satisfaire tous les publics, quel que soit l'âge, intéressés par l'astronomie. Des conférences sont ainsi proposées, ainsi que des soirées d'observation dans des télescopes de grands diamètres, des observations du Soleil, des week-ends spécifiques, stages d'astronomie, ateliers, expositions… Le champ des possibles est très large !

Tout au long de l'année, vous avez par exemple la possibilité d'observer le soleil ou de passer une soirée « T760 ». Sous cette appellation mystérieuse se cache le plus gros télescope du centre, d'un diamètre de 760 mm. De 21h à minuit, il vous fera découvrir « les splendeurs des galaxies, nébuleuses, amas d'étoiles et autres objets des confins de l'espace, tout en restant intégré dans l'environnement bien terrestre de notre planète ».

Et en été chaque année, de juin jusqu'à mi-septembre, un festival de l'Été Astro est organisé, avec observations en journée et en soirée, veillées aux télescopes, séances de planétarium, et visites de l'Observatoire de Haute-Provence ! Un établissement à ne surtout pas rater pour tous les curieux.

OBSERVATOIRE DE HAUTE-PROVENCE

A 4 km au nord de Saint-Michel-l'Observatoire.

✆ 04 92 70 65 40

www.obs-hp.fr

Visites suspendues en 2022 en raison de la pandémie.

Le ciel étoilé provençal serait, aux dires des spécialistes, le plus pur d'Europe ! Depuis longtemps sa réputation a largement dépassé nos frontières et c'est probablement ce qui est à l'origine de cet établissement. L'Observatoire de Haute-Provence est un site d'observation et de recherche scientifique pluridisciplinaire fondé en 1937. Il fait partie de l'Observatoire des Sciences de l'Univers Institut Pythéas, et est rattaché au CNRS, à Aix-Marseille Université, ainsi qu'à l'IRD (Institut de Recherche pour le Développement).

En astronomie, l'Observatoire est reconnu pour son excellence dans la recherche des exoplanètes, dont la première a été découverte en 1995 avec le télescope de 1,93 m de diamètre et le spectrographe Élodie. En matière d'écologie, l'évolution de la biodiversité face aux changements climatiques est étudiée grâce à un observatoire de la forêt de chênes pubescents. L'observatoire a également été précurseur mondial en matière d'étude de la couche d'ozone, et est pour cela doté d'une station d'observation en Physique de l'Atmosphère appartenant à un important réseau international. La Tour ICOS quant à elle permet de mesurer l'impact des gaz à effet de serre sur le climat. Toute l'année, des étudiants de l'enseignement supérieur, des scolaires mais aussi le grand public sont accueillis à l'Observatoire, qui met un point d'honneur à former et partager ses connaissances. Une visite fortement recommandée.

CAMPING SOUS LES ÉTOILES** €

Plateau du Moulin à Vent ✆ 04 92 75 89 38

www.camping-sous-les-etoiles04.fr

Geopod à partir de 130 €. Tente Lodg'Ing à partir de 60 €. Petit déjeuner : 7 €. Emplacement 15-18 €.

Situé en limite du centre astronomique de Saint-Michel l'Observatoire, au cœur d'un espace boisé de 12 ha, ce camping a tout pour plaire. Une aire naturelle et une aire camping avec de beaux emplacements très bien équipés. Vous opterez pour des vacances traditionnelles en tente ou camping-car ou encore insolites, avec 15 tentes lodg'ing et un géoPod (dôme transparent dans la nature). Les travaux réalisés l'ont été en auto construction dans le plus grand respect de la nature.

LE GALILÉE*** €€

Route de l'Observatoire ✆ 04 65 10 00 26
www.hotelgalilee.com

Ouvert toute l'année. Chambre double de 80 à 100 €. Petit déjeuner : 8 €. Week-end à thème, gastronomie ou astronomie.

Situé dans une ruelle du cœur de, non loin du point d'information tourisme, cet hôtel à taille humaine vous propose onze chambres, dont un grand nombre possède une terrasse privative avec vue sur l'observatoire et la montagne de Lure. La décoration est sobre et moderne dans des déclinaisons de blanc et beige. Le petit déjeuner se prend en salle ou sur la terrasse panoramique en saison. L'établissement est adapté à l'hébergement des groupes (motards et sportifs) qui pourront utiliser le garage fermé de l'hôtel pour y ranger motos, vélos et matériel de randonnée.

LE MOULIN DE LINCEL €

7165, Route d'Avignon
✆ 04 92 76 46 34

Ouvert toute l'année. De 365 € à 850 € la semaine selon saison. Chambres d'hôtes : 80 €. Restauration.

Les gîtes et chambres d'hôtes sont installés dans une superbe maison de caractère (ancien moulin) située dans un parc, au bord d'une charmante petite rivière, le Largue. On apprécie le calme, la sérénité des lieux, l'accueil personnalisé, les confitures et apéritifs maison et le panier de pique-nique bio, loin des sandwiches industriels, pour notre excursion. Anne-Lise, votre hôtesse, accorde en effet une place très importante à l'alimentation. Pour les plus indépendants, quatre gîtes simples et charmants avec pour chacun une terrasse privative et son barbecue.

SIMIANE-LA-ROTONDE ★

Cette petite cité médiévale vous invite à la découverte et à admirer son trésor, l'incroyable Rotonde, une grande salle datant du XIIe siècle, située au cœur du château féodal. En effet, impossible lors de votre visite de rater le château médiéval des Agoult-Simiane, ayant servi de base à la construction du village de Simiane, qui tire donc son nom à la fois de ses occupants et de la fameuse rotonde. Haut de 19 mètres, ce bel exemple d'architecture romane possède une impressionnante coupole nervurée qui atteint pratiquement les 10 mètres de haut. Perché en hauteur, il domine le village et toute la vallée ainsi que les champs de lavande.

LA ROTONDE DU CHÂTEAU

Château médiéval ✆ 04 92 73 11 34
www.simiane-la-rotonde.fr

Ouvert de mai à septembre, et les week-ends et vacances scolaires d'octobre à avril, de 10h30 à 18h30. Adulte : 5,50 €.

Salle noble du château, la rotonde a été édifiée aux alentours de 1200 pour renforcer le dispositif défensif du château, ce qui fait d'elle le plus ancien donjon circulaire de Provence. Ce lieu chargé d'histoire accueille chaque été un très beau festival de musique ancienne. L'acoustique y est en effet exceptionnelle ! Des animations jeune public sont proposées. Les parents peuvent quant à eux découvrir le laboratoire d'aromathérapie Sainte-Victoire qui propose, au sein même du château, des initiations, des conférences, ainsi qu'une boutique d'huiles essentielles.

CAMPING DE VALSAINTES** €

Domaine de Valsaintes
✆ 04 92 75 91 46
www.valsaintes.com

Ouvert d'avril à mi-octobre. Emplacement pour 2 à partir de 16,20 €. 7 chalets pour 4 à 6 de 280 € à 560 € la semaine.

Le camping de Valsaintes est un hébergement de plein air à taille humaine. Ici, les maîtres-mots sont nature et détente. Une vingtaine d'emplacements et sept chalets en bois sont répartis sur le magnifique domaine boisé de l'ancienne abbaye cistercienne de Valsaintes. Vous avez aussi la possibilité de louer un gîte à quelques centaines de mètres seulement du camping. Le maître des lieux se fait un point d'honneur à faire respecter le plus grand calme possible dans ce camping nature. Vous êtes au cœur du plateau de Saint-Christol et de ses champs de lavande !

LE CLOS DE ROHAN €€

Le Clos de Rohan
✆ 04 92 74 49 42
www.le-clos-de-rohan.eu/

Ecolabel européen. Chambre double à partir de 150 €. Petit déjeuner inclus.

Entre Lure, Ventoux et Luberon, cette ancienne ferme du XVIIIe siècle restaurée par Françoise et Bernard est implantée dans un domaine de 65 ha de bois et de lavandes. Idéal pour goûter au plaisir de la *Slow Life* au rythme de la nature. Les chambres sont indépendantes avec salles de bains et wc privatifs, et de belles terrasses avec une vue imprenable. Des massages énergétiques chinois ou traditionnels thaïlandais sont proposés au bord de la piscine. La table d'hôtes propose un apéritif, une assiette gourmande et une bouteille de vin.

RESTAURANT DU JARDIN DE L'ABBAYE DE VALSAINTES €€

Boulinette
✆ 04 92 75 94 19
www.valsaintes.org

Ouvert toute l'année, les midis du mercredi au dimanche, et les vendredis et samedis soir. Menus de 25 à 52 €.

Dans le cadre idyllique du jardin classé, la grande terrasse du restaurant offre une vue panoramique époustouflante. Le chef Valentin Herbet propose une cuisine de haute volée, dans un menu évolutif au gré des saisons. Tout est fait maison, les produits sont locaux, et la démarche environnementale est omniprésente. De la présentation aux saveurs, tout est parfait dans l'assiette. Pour couronner le tout, une carte des vins locaux de Provence. À ne manquer sous aucun prétexte !

© JARDINS DE L'ABBAYE DE VALSAINTES

© JARDINS DE L'ABBAYE DE VALSAINTES

JARDIN DE L'ABBAYE DE VALSAINTES

Lieu-dit Boulinette ✆ 04 92 75 94 19
www.valsaintes.org

Fermeture en janvier. Du 1er mai au 30 septembre, tous les jours de 10h30 à 19h. Adulte : 8 €. Visite guidée. Boutique.

Ce jardin, dit remarquable, l'est sous bien des aspects. Il abrite non seulement une exceptionnelle roseraie riche de 500 variétés de rosiers, mais également des bulbes et plantes vivaces, des sauvages comestibles, un espace dédié aux plantes locales, un autre appelé jardin sec, car laissant place à un espace sauvage préservé, et même un potager agroécologique. Offrant de nombreux abris naturels ainsi que des cavités au sein des bâtiments en pierre, il accueille de très nombreuses espèces d'oiseaux. Des animations sont proposées dès le printemps (visites guidées, concerts, spectacles, stages, conférences, journées portes ouvertes...).

Depuis peu, en été et durant la journée, des séances de découverte du chant grégorien sont régulièrement organisées dans la chapelle. Vous pouvez même y séjourner ! Les chambres d'hôtes et le gîte de cette très belle abbaye cistercienne peuvent en effet accueillir jusqu'à une quinzaine de personnes. Le plus étonnant ? La chambre « méditation » possède un accès direct à l'ancienne sacristie, dans le chœur de l'église. Tout simplement magique. À signaler qu'une époque est particulièrement agréable pour les visites : celle qui correspond à la pleine floraison de la roseraie (autour des mois de mai et juin). Non seulement le jardin de l'abbaye se pare de nombreuses couleurs et senteurs, mais cela va de pair avec de nombreuses animations prévues à cette occasion. Ne manquez donc pas l'occasion d'y aller si vous êtes dans les environs.

LE CLOS DES AMANDIERS €€

Hameau de Cheyran ✆ 04 92 75 99 98
www.leclosdesamandiers.com

Ouvert avril à novembre + entre Noël et jour de l'An. Chambre double et appartements, 125 à 155€. Petit-déjeuner inclus.

Dans une campagne bucolique au cœur d'une bergerie du XVIIIe... Vous ne serez pas prêts d'oublier votre séjour, tellement tout est parfait dans ce lieu magnifique, de la chambre en passant par le petit-déjeuner et le repas où tout est compris de l'apéritif au dessert. Une cuisine inventive selon l'humeur du chef qui n'est pas à sa première expérience culinaire. Dans les chambres se mêlent traditions provençales et notes du monde. Elles sont spacieuses, cosy et lumineuses, avec terrasses indépendantes. À l'extérieur, des terrasses en restanques et la belle piscine.

BARCELONNETTE ★

Sur la route des Grandes Alpes, Barcelonnette est sans doute la ville la plus « inattendue » des Alpes pour qui ne connaît pas son histoire passionnante. Au pied des stations de l'Ubaye que sont Sauze Super-Sauze et Pra-Loup, Barcelonnette est une ville de montagne avec ses ruelles étroites où l'on peut lire plus d'une fois « Attention, chute de neige ! ». Entourée de sommets, la ville n'est pourtant pas enfermée sur elle-même et c'est son extraordinaire ouverture sur le monde, notamment son aventure mexicaine, qui en fait une ville d'exception à découvrir hiver comme été, lors de fêtes magiques et colorées. L'histoire de cette petite ville de l'Ubaye, fondée en 1231 par Raymond Bérenger IV de Barcelone, se confond presque, depuis deux siècles, avec celle des Barcelonnettes. En 1812, des habitants de Barcelonnette et de ses proches environs ont décidé, selon la grande tradition de colportage de la région, de conquérir de nouvelles terres. Ils choisirent le Mexique pour faire valoir leur savoir-faire commercial et technique dans les métiers de la laine et de la soie. Les débuts seront difficiles mais, dès le Second Empire, ceux que l'on appelle les Barcelonnettes réussissent à créer et entretenir un réseau très puissant dans tout le pays. La présidence de Porfirio Diaz, entre 1876 et 1911, va permettre aux émigrants français de connaître un véritable âge d'or. Ce dernier fait en effet tout pour favoriser l'entrée de capitaux étrangers et voue de surcroît une véritable admiration pour la France. Les Barcelonnettes ouvrent d'immenses fabriques, certaines comptant plusieurs milliers d'ouvriers et, parallèlement, s'investissent de plus en plus dans la direction des grandes banques mexicaines. La longue révolution mexicaine marque le début du déclin industriel des Barcelonnettes. Les immigrants continuent pourtant d'arriver – au total, entre 1850 et 1950, ils seront plus de 2 500 à quitter l'Ubaye pour tenter l'aventure –, aujourd'hui il y aurait environ 60 000 descendants de Barcelonnettes au Mexique. Le centre historique de Barcelonnette regorge de superbes maisons, les villas des Mexicains, pour la plupart construites entre 1880 et 1930. Commandées par des fils du pays ayant réussi dans le commerce du textile au Mexique, elles sont à l'origine d'un véritable nouvel urbanisme, s'approchant de celui des villes d'eaux. Les Barcelonnettes les plus riches ont rivalisé, surtout au tournant du siècle, pour construire des villas toujours plus grandes et plus belles. Elles sont, pour la plupart, dans la partie est de la ville.

ÉGLISE SAINT-PIERRE ✝

Place Saint-Pierre
✆ 04 92 81 01 41
Accès libre.

Datant du XIIIe siècle, restaurée au XVIIe siècle après l'incendie de la ville, elle se compose d'une nef unique et un grand auvent s'ouvrant sur la place qui abritait souvent un marché aux grains. Le clocher carré supporte un campanile entouré de quatre pyramides et porte une vierge en métal doré. Avec les fortunes faites au Mexique, l'espace intérieur fut d'abord agrandi et l'église elle-même fut reconstruite en 1912. Outre les remarquables volumes, on peut admirer la grande mosaïque aux inspirations byzantines, ainsi qu'un autel dédié à saint Joseph.

FORT DE TOURNOUX

Site visible depuis l'esplanade Pellegrin au pied du fort, 1 km après la Condamine.

Plusieurs forts composent l'ensemble de la forteresse de Tournoux : l'esplanade « Pellegrin » (1 290 m), la batterie (1 350 m), le fort moyen (1 500 m), le fort supérieur (1 700 m), la batterie des Caurres (1 800 m) et le serre de l'Ault (2 000 m). S'échelonnant sur 700 m de dénivelée et implanté sur un éperon rocheux, le site fut bâti au XIXe siècle pour empêcher l'accès au col de Larche. Actuellement bien conservé, l'ensemble attire incontestablement l'œil du visiteur par sa prestance et son architecture à flanc de montagne.

LES GUIDES DE L'UBAYE

15, rue Manuel ✆ 06 08 46 04 53
www.guide-montagne-ubaye.com
Bureaux ouverts de 9h30 à 12h30 et de 15h30 à 19h30. Ski de randonnée à partir de 50 €, alpinisme à partir de 180 €.

Le Bureau des Guides de l'Ubaye vous ouvre les portes pour toutes les activités de montagne et haute montagne pratiquées été comme hiver, en toute sécurité avec des professionnels reconnus sur tous les cours d'eau, les terrains escarpés et les montagnes de l'Ubaye ou des environs. Ski de randonnée, raid à ski hors piste, cascade de glace, escalade (adultes et enfants de moins de 12 ans), alpinisme, canyoning (Blache, Chaudan, Coste Plane...), via ferrata de la Motte-du-Caire... Laissez-vous transporter et découvrez d'en haut les plus beaux sommets de la région !

MUSÉE DE LA VALLÉE - LA SAPINIÈRE

10, avenue de la Libération ✆ 04 92 81 27 15
www.museedelavallee.fr

Ouvert toute l'année, sauf de mi-novembre à mi-décembre. L'été 7j/7 de 10h à 12h et de 14h30 à 18h30. Adulte : 5 €.

Le visiteur comprendra ici les liens qui unissent Barcelonnette au Mexique, depuis l'installation des frères Arnaud en 1804. On peut y admirer des collections superbes de beaux-arts, les toiles orientalistes des peintres voyageurs Jean Caire et Marie Tonoir, les objets et photographies rapportés par l'émigrant-collectionneur Émile Chabrand de son voyage autour du monde (1882), les céramiques de Chililico (Mexique) données par Guy et Claude Stresser-Péan et les costumes des hauts plateaux indochinois offerts par la famille Louppe-Gassier.

Après travaux en fin 2019, ce Musée de la Vallée à la villa de la Sapinière a fait peau neuve et sa muséographie a été entièrement renouvelée pour 2020. Elle présente en nouveauté deux grandes thématiques sur les Piémontais dans le Pays de Barcelonnette et les Colporteurs de la vallée de l'Ubaye. S'y ajoute un petit trésor archéologique avec la totalité de la Donation Gleize qui comprend 82 pièces (essentiellement des bronzes), accompagnée de 17 photographies inédites de la collection Olivier de Saint-Marcel Esseric datant de 1890. Une salle est consacrée aux Barcelonnettes aux Amériques de 1805 à 2014.

La salle rose expose aussi « 1 000 petits chefs-d'œuvre du Mexique » : statuaire aztèque, objets d'art populaire, d'art colonial ou aussi d'art moderne mexicain. Quant à la salle Chabran, voyageur et naturaliste elle vous permettra de découvrir ses collections d'animaux ramenées de ses pérégrinations en Argentine puis au Mexique.

LE CHEVAL DE BOIS €

28, Les coteaux de Sonnaille
✆ 06 75 74 13 66
chantalmarc.fr

Ouvert toute l'année. Deux chambres de 67 € à 77 € pour 2 personnes. Petits-déjeuners compris.

À 2 km de Barcelonnette, deux belles, confortables, spacieuses, et lumineuses chambres d'hôtes chez l'habitant, avec magnifiques vues sur les montagnes. La Grande épervière récemment réaménagée et le Pain de sucre, totalement repensé, avec coin salon pour chacune, vous garantiront un séjour des plus agréable. Vous y serez comme à la maison, grâce aussi à l'accueil de Chantal et Marc qui répondent à toutes vos envies. Le bois se mêle au moderne avec élégance. Le Cheval de bois est une montagne qui culmine à 2 838 mètres, accessible aux randonneurs aguerris.

CAMPING LE TAMPICO*** €€

70, avenue Émile-Aubert ✆ 04 92 81 02 55
www.letampico.fr

Ouvert de fin avril à fin septembre. Emplacement pour 2 personnes de 14,90 € à 19,90 €. Chalets pour 5 de 495 € à 725 €.

Anne et Thierry vous réservent un excellent accueil dans leur camping 3* ! En mi-saison, comme en été, de nombreuses activités s'offrent à vous : randonnées, promenades à vélo ou sports d'eau vive... Vous pouvez rejoindre facilement le centre-ville à pied avec ses activités et commerces ou, si vous le préférez, profiter du calme environnant. Possibilité d'hébergement à la nuitée dans des Pods et cabanes ! Toutes les locations sont récentes et bien entretenues. Côté restauration, vous pourrez choisir, à la carte, entre pizzas au feu de bois, grillades, salades…

© MARC CECCHETTI - FOTOLIA

Barcelonnette et la vallée de l'Ubaye.

LE CHEVAL BLANC** €€

12, rue Grenette ✆ 04 92 81 00 19
www.chevalblancbarcelonnette.com

Ouvert toute l'année. Chambre double à partir de 65 €. Petit déjeuner buffet : 10 €. Restauration. Relais motards.

Cet authentique relais de diligence est géré depuis 1910 par la même famille. Aujourd'hui, c'est Christophe Barneaud et son équipe qui vous accueillent dans un confort moderne, tout en ayant su conserver le charme du passé. Les chambres sont décorées dans un style classique et champêtre. La réception d'origine, toute en bois, est magnifique. L'hôtel dispose de deux salles de restaurant qui offrent un service attentif et chaleureux. La cuisine traditionnelle de Christophe, maître restaurateur, est préparée avec des produits du terroir selon les recettes maison.

HÔTEL AZTECA*** €€

3, rue François-Arnaud
✆ 04 92 81 46 36
www.azteca-hotel.fr

Ouvert toute l'année. Chambre double de 72 € à 99 €. Petit déjeuner : 12 €. Spa, massages.

Construite en 1888, son nom fait référence au lien historique qui unit Barcelonnette au Mexique depuis cette époque. Récemment rénové, l'hôtel fait également office de galerie d'art : des petites séries à des prix abordables y sont exposées et à vendre. Les chambres, à la décoration soignée et unique, sont confortablement équipées. On aime la bibliothèque avec ses nombreux livres à disposition, la grande salle de réception, les salons, la salle de jeu, le bar, et la sublime terrasse ombragée face aux montagnes. Sur place, un centre de bien-être est accessible.

LE VIVIER €€

La Conchette
✆ 04 92 81 26 85
www.fermeduvivier.com

Ouvert toute l'année. Week-end basse saison à partir de 420 €. Semaine basse saison : 1 470 €.

Le vivier est une grande ferme, située dans ce tout petit hameau à 1500 m d'altitude. Après 25 ans de maison d'hôtes, le gîte vous est maintenant proposé en gestion libre. Vous aurez ainsi à votre disposition les 2 premiers étages de la maison, soit 475 m² pour une capacité de 20 personnes, en pleine nature. C'est l'endroit idéal pour se ressourcer en profitant de la vue sur la montagne et du calme. Il y a quelques départs de randonnées à partir de la maison sans prendre la voiture et de nombreux autres au départ de Barcelonnette.

BISTROT TINTO €€

4, rue Manuel
✆ 04 92 81 47 73

Ouvert toute l'année. L'été, 7j/7 midi et soir de 8h à 1h du matin. Tapas à partir de 7 €. Ardoise de 11 à 33 €.

Ce joli resto-bistrot, situé en zone piétonne, possède une belle terrasse directement installée sur la place Manuel qui accueille chaque été des concerts en soirée. À l'intérieur, une belle salle à la décoration contemporaine et à l'architecture montagnarde avec, aux murs, des pierres et beaucoup de bois. Côté carte, la cuisine se veut simple et de qualité, élaborée à partir de produits frais du terroir. En été, elle privilégie les circuits d'approvisionnement courts de préférence bio. Ses spécialités montagnardes ne vous décevront pas. Ambiance festive assurée.

LE PATIO €€

1, rue Manuel
✆ 04 92 81 36 86

Ouvert toute l'année. Midi et soir, sauf le mardi et le mercredi hors vacances scolaires. Menus à partir de 15 €.

L'atout majeur de ce restaurant est le vaste patio verdoyant et fleuri qui se cache derrière la façade de la rue Manuel. Aux beaux jours, on prend ses repas dans ce jardin privé, calme et protégé, dont on apprécie le cadre vraiment superbe et reposant. Jean-Jacques Serres est aux commandes depuis plus de 15 ans et vous réserve toujours un accueil chaleureux et attentionné. Au choix, pizzas et pâtes qui fleurent bon l'Italie toute proche, grillades de viandes et de poissons et spécialités montagnardes. Tout est fait maison à base de produits frais de saison.

COOPERATIVE LAITIERE DE LA VALLEE DE L'UBAYE

2, digue de la Gravette
✆ 04 92 81 00 30
www.fromagerie-ubaye.com

Ouvert toute l'année. Du lundi au samedi de 9h à 12h et de 14h à 19h. Fromagerie.

Fondée en 1949, la Coopérative Laitière de la Vallée de L'ubaye a été créée pour valoriser le savoir-faire fromager traditionnel montagnard. Actuellement la coopérative compte 2 sites avec point de vente aux particuliers : le siège à Barcelonnette où sont fabriqués les fromages secs, et la Bréole pour les fromages frais et les yaourts. Elle regroupe aujourd'hui 11 exploitations laitières de montagne pour une collecte qui avoisine les 2 millions de litres de lait par an.

MAISON PADIOU

47, rue Manuel
✆ 04 92 81 01 46
www.patisserie-padiou-barcelonnette.fr
Du mardi au samedi de 8h à 12h30 et 15h à 19h ; le dimanche de 8h à 12h30. Vente en ligne de confiseries et pâtisseries.

Nicolas Padiou, maître pâtissier et maître chocolatier, vous invite à découvrir son savoir-faire à travers ses réalisations : Émeraude (praliné noisettes ganache citron vert), Tendresse (pâte d'amandes parfumée au Cointreau)... Au total, plus d'une vingtaine de variétés de chocolats entièrement confectionnés sur place sont à découvrir dans cette fabuleuse boutique ouverte toute l'année. À partir du site Internet dédié, vous pourrez confectionner votre propre panier... La maison fait aussi de succulentes glaces artisanales et des spécialités salées.

RANDO PASSION - MAISON DE LA MONTAGNE

31, rue Jules-Béraud ✆ 04 92 81 43 34
www.rando-passion.com
Label Qualité Tourisme - Esprit Parc National. Ouvert hiver comme été. Haute saison : tous les jours de 9h à 19h.

Bienvenue donc dans ces bureaux, où vous accueillent Chantal, Stéphane et Bruno, tous diplômés ! Une entrée en matière conviviale, pour passer des moments inoubliables en été comme en hiver, dans le respect de l'environnement. Vous partagerez des prestations innovantes de qualité, guidé la passion de vos hôtes et leur bonne humeur. Ubaye et Mercantour, produits locaux, et personnages hors du commun vous attendent. Une adresse que vous n'êtes pas près d'oublier !

BOWLING DE L'UBAYE

route de Pra-Loup
✆ 04 92 81 24 34
www.bowlingubaye.fr
Ouvert toute l'année. Fermetures tardives jusqu'à minuit. Partie commencée avant 20h : 6 € par personne.

Ce bowling vous accueille pour des moments de détente et de divertissement en famille ou entre amis, dans une ambiance chaleureuse, montagnarde et musicale. Vaste avec ses 600 m², il propose de nombreuses activités : 6 pistes de bowling, 4 billards, 2 baby-foots, 1 grande table de ping-pong extérieure et une 1 salle de jeux. Un bar est également à votre disposition pour vous rafraichir avec un large choix de bières, cocktails, jus de fruits... Un lieu festif et accueillant bien équipé pour tous. Idéal en cas de temps peu clément ou pour animer ses soirées !

LA CONDAMINE-CHÂTELARD ★

Le charmant petit village de La Condamine-Châtelard est une place convoitée, qu'il a bien fallu renforcer au cours des siècles. On peut donc y découvrir des restes de fortifications, et on ne manquera pas à cet égard d'aller voir, sur la route de Gleizolles, le superbe fort de Tournoux. À voir également, l'église Sainte-Catherine et le fort de Roche-Lacroix, qui fut une des pièces locales de la défense imaginée par Maginot de 1928 à 1940. Randonnées et cyclisme sont bien sûr possibles. On skie, un peu plus haut, à l'ouest, à Sainte-Anne-de-la-Condamine. La fête de Sainte-Anne a lieu chaque année le dernier dimanche de juillet (www.sainte-anne.com).

FORT DE TOURNOUX

✆ 04 92 61 01 79
www.ubaye.com/le-fort-de-tournoux.html
Inscription en ligne ou aux offices de tourisme. 3 départs de visite quotidiens (durée environ 2h). Adulte : 10 €.

La forteresse de Tournoux est un ouvrage important composé de 6 forts s'échelonnant de 1 290 m d'altitude pour l'Esplanade Pellegrin jusqu'à 2 000 m pour la Serre-de-l'Aut. La batterie des Caures, ouverte à la visite se situe, elle, à 1 800 m. Construites entre 1839 et 1866, ces fortifications de la ligne Maginot sont situées en limite des communes de la Condamine-Châtelard et de Saint-Paul-sur-Ubaye. Elles défendaient l'entrée de la haute vallée de l'Ubaye depuis le col de l'Arche. À noter que la piste forestière de 2 km environ y menant est peu carrossable.

LA CONDAMINOISE €

Route de Sainte-Anne
✆ 06 15 69 90 92
www.lacondaminoise.fr
Ouvert toute l'année. Chambre double de 60 € à 70 € ; suite de 70 € à 110 €. Possibilité de demi-pension.

Ancien hôtel de ses grands-parents, la Condaminoise a été transformée en maison d'hôtes par Virginie. Dans le village calme et reposant de la Condamine-Châtelard, elle vous accueille avec 5 chambres d'hôtes pouvant héberger de 2 à 6 personnes. Il s'agit de l'argousier, l'edelweiss, l'églantine, la gentiane et le génépy. Rénovées récemment, elles sont toutes équipées de télévisions, salle de bain et toilettes individuelles. Les deux dernières offrent une capacité de 6 couchages, pratique pour des familles ou de petits groupes d'amis à un tarif intéressant.

ENCHASTRAYES

Située à 4 km à peine de Barcelonnette, cette charmante petite station de la vallée de l'Ubaye a été fondée en 1934 avec la création d'un premier remonte-pente, le plus long de l'époque. Par la suite, on doit surtout son évolution à Honoré Couttolenc, qui agrandit considérablement le domaine skiable durant les années 1960 à 1980. Cependant et fort heureusement, la station a su conserver son caractère familial grâce à une exploitation privée : c'est d'ailleurs l'une des dernières stations de ski privées françaises. Son développement est toutefois moins marqué que pour les stations concurrentes. Elle se partage entre deux localisations : le Sauze et le Super-Sauze, respectivement situées à 1 400 et 1 700 mètres d'altitude. Labellisée Famille Plus Montagne et P'tits Montagnards, son ambiance est des plus conviviale. Les athlètes y disposent d'un stade permanent de compétition et d'entraînement, aménagé près de la piste du Brec (sur le front de neige de Super-Sauze), célèbre pour ses qualités techniques. Le Sauze et Super-Sauze est en outre une station verte qui s'engage naturellement pour le bien-être de ceux qui la fréquentent en respectant une charte rigoureuse. Entre le village et le domaine skiable, la station s'échelonne jusqu'à 2 450 m d'altitude. Au cœur de ses vallons, les domaines du Brec et de Fours restent les pistes de prédilection des grands skieurs tandis que du côté de l'Alp, la douceur des pistes fait le bonheur de tous les skieurs amateurs. De bons moments de détente en prévision pour les amoureux de la montagne, en été comme hiver.

FAUCON-DE-BARCELONNETTE

Au début du XIIIe siècle, alors que Barcelonnette n'existait pas encore, que les habitants de la vallée obtinrent le droit de leur seigneur de bâtir une nouvelle cité… qui allait se développer et dépasser en importance ses rivales. Faucon, qui était alors un des plus gros bourgs de l'Ubaye, devint progressivement un faubourg de Barcelonnette. À 3 km de Barcelonnette, en remontant l'Ubaye, une superbe tour classée du XIIe siècle et l'église Saint-Etienne au mobilier intéressant, avec notamment des sarcophages gallo-romains. Faucon est la patrie de saint Jean de Matha, qui fonda l'ordre des Trinitaires et dont on trouvera une sculpture dans l'église.

L'ÉTERLOU €€

Villevieille ✆ 04 92 36 15 78

www.ubaye-gite-hote-barcelonnette.fr

Ouvert toute l'année. 14 chambres. Chambre double petit déjeuner 34 €, demi-pension 51 €. Restauration.

Valérie et Serge ont rénové cette ancienne ferme située à 5 minutes du centre-ville de Barcelonnette. Ils vous accueillent dans leur beau bâtiment au style authentique avec 14 chambres (dont une pour personnes à mobilité réduite), aux murs blancs, poutres apparentes au plafond, plancher en bois et une vue magnifique face aux sommets et à la station du Sauze. La restauration est à réserver en même temps que l'hébergement. Ambiance chaleureuse, qualité des prestations et de l'accueil remarquable. Nombreuses activités disponibles en toute saison à proximité.

GÎTE AUBERGE L'ETERLOU €€

✆ 04 92 36 15 78

www.ubaye-gite-hote-barcelonnette.fr

Chambre simple à partir de 56 € ; chambre double à partir de 64 €. Demi-pension : 16 € (en plus par personne).

L'Eterlou vous accueille toute l'année pour une étape, un week-end ou un séjour, en famille ou entre amis dans une belle ferme à l'architecture authentique de la vallée. Toutes les chambres sont équipées de sanitaires privatifs (lavabo, douche et wc) et d'une literie grand confort avec matelas Bultex. À la disposition des hôtes, une salle détente avec bibliothèque, jeux de société et grand écran, idéale pour les enfants. Cette maison d'hôtes vous propose une possibilité de restauration avec une cuisine montagnarde et provençale à base de produits frais et locaux.

MAISON ALPES-MONTJOIE*** €€

Le Village ✆ 07 68 97 29 92

www.alpesmontjoie.com

Ouvert toute l'année. T1 2 couchages à partir de 305 € à 355 € ; T2 3 couchages : 355 €.

Cette maison de famille rénovée par la volonté des religieuses trinitaires propose à la location treize appartements du T1 au T3 entièrement équipés, et deux chambres. Vous pourrez y passer un séjour autonome et agréable en famille entre deux massifs montagneux pour pratiquer randonnées, sports de nature, effectuer visites culturelles et de découverte, ou tout simplement pour vous reposer ou vous ressourcer. Deux chambres, simple ou double, sobres mais charmantes, complètent l'offre. Pour un moment de tranquillité, le choix est excellent.

JAUSIERS ★

Pour l'Histoire, la commune restera celle des frères Arnaud, c'est-à-dire des hommes qui furent à l'origine de l'exode des habitants de l'Ubaye au XIXe siècle. Jacques Arnaud fut le premier à partir et à s'établir en Louisiane – la cité qu'il fonda, Arnaudville, est jumelée avec Jausiers. Son frère s'installa pour sa part à Mexico et connut le succès dans le commerce de l'étoffe. Il fut rejoint par ses deux frères et la famille fit véritablement fortune : c'est leur retour fanfaronnant en « nababs » – les oncles d'Amérique, ce sont eux ! – qui suscita l'enthousiasme des jeunes de l'Ubaye, désireux de conquérir à leur tour une part du Nouveau Monde. On trouve donc tout naturellement de nombreuses références aux frères Arnaud dans toute la vallée, et Jausiers s'enorgueillit, à juste titre, de cette origine. On trouve d'ailleurs plusieurs « maisons de Mexicains » dont l'incontournable manoir de Magnans avec son architecture baroque évoquant de loin un château de Louis II de Bavière.

Ne manquez pas non plus le musée de la vallée, dont le bâtiment a été joliment rénové en 2018. Il raconte les différentes relations entre l'homme et le paysage avec pour fil conducteur l'eau à travers plusieurs expositions, et notamment les risques pris par des habitants qui choisirent de s'établir près de la rivière afin de profiter de sa force vive. Une visite très intéressante et instructive. Outre le musée de la Vallée, vous pourrez voir avec intérêt l'église Saint-Nicolas-de-Myre, joliment ornementée dans le style baroque, et pour les gourmands, un détour par la Maison des Produits de Pays s'impose.

Balade

Plus qu'une simple balade, c'est un véritable défi physique que les 7 majeurs imposent à tous les cyclistes aguerris ! Entrer dans la légende des 7 majeurs, c'est défier 7 cols géants des alpes franco-italiennes à plus de 2000 m d'altitude. Vars, Izoard, Agnel, Sampeyre, Fauniera, Lombarde, Bonette, ces 7 cols appartiennent à la légende du cyclisme. Une épopée cyclomontagnarde qui compte au total 360 km avec plus de 10 000 m de dénivelé positif. Enchaîner ces 7 monstres sacrés en moins de 24 heures tel est le challenge à relever pour devenir Chevalier ou Grand Maître de la confrérie des 7 Majeurs. Alors, serez-vous à la hauteur du défi ?

LES CADRANS SOLAIRES

Dans le village
www.jausiers.com
Visibles en accès libre toute l'année.

Apprenez à lire l'heure du soleil à la découverte des cadrans solaires anciens et nouveaux disséminés dans la vallée de l'Ubaye qui possède un riche patrimoine en la matière. Au détour d'une promenade dans le village de Jausiers, ne manquez pas d'admirer ces « horloges solaires » parfois richement décorées. À voir en particulier, les cadrans de l'église Saint-Nicolas-de-Myre situés de part et d'autre du portail d'accès, celui de la Maison Léon Bosc - Les Mats, sans oublier celui de l'église Notre-Dame-Del-Bosc - Lans, et de la Maison Graugnard - Les Sanières.

ÉGLISE SAINT-NICOLAS DE MYRE ✞

Le Chef Lieu
Accès libre, toute l'année.

Bâtie vers 1686 et classée à l'inventaire des Monuments historiques depuis 1921, il s'agit du plus grand édifice baroque du pays de la Durance. L'église est dédiée à Saint-Nicolas, évêque du IIIe siècle de la ville de Myre (aujourd'hui en Turquie). Si l'extérieur de l'édifice est sobre, ne manquez pas l'intérieur, somptueux : d'inspiration italienne, le décor est baroque. Huit chapelles latérales se font face : toutes décorées de retables et d'œuvres datant des XVIIe et XVIIIe siècles.

MUSÉE DE LA VALLÉE

Grand-Rue
✆ 04 92 84 63 56
Ouvert toute l'année. L'été, tous les jours de 14h30 à 19h, fermé le mardi. Plein tarif : 3 € par personne.

Le thème central du musée est « l'eau au fil du temps », en lien direct avec l'histoire d'un village rebâti au XVIe siècle en plein lit de l'Ubaye, aux confluents de trois autres torrents parfois impétueux. Est aussi abordée le thème de « la vie en l'hiver dans le village et les fermes », une saison où l'on était autrefois coupé du reste de la Vallée, et donc du monde ! Enfin, sont également présentées l'archéologie et la géologie d'une région qui abrita il y a fort longtemps un océan ainsi que l'histoire plus récente du village à travers ses hameaux.

PLAN D'EAU DE SIGURET

✆ 04 92 61 29 97

Entrée payante du 1er juillet au 31 août, de 10h à 17h30. Tarif unique : 2 €. Restauration.

Un beau plan d'eau bordé de pelouses et d'arbres avec plages aménagées et baignade surveillée, terrains de tennis, basket et *beach volley*, mur d'escalade, jeux pour enfants et aires de pique-nique ombragées, mais aussi une tyrolienne géante qui arrive directement dans l'eau et un téléski nautique ! Le prix d'entrée comprend l'utilisation des aires de jeux et l'accès à la plage. On trouve sur place un snack, le Chalet du Lac, ouvert toute la journée et qui, le soir venu, devient un restaurant convivial et accueillant où l'on peut dîner à la carte.

LES VILLAS DES MEXICAINS ★

dans le village et alentours

Ouvert toute l'année. Du lundi au samedi de 15h à 20h. Gratuit. Visite guidée libre et gratuite à l'office de tourisme.

L'économie de la Vallée de l'Ubaye a longtemps reposé sur l'activité textile en Provence, en Dauphiné, en Piémont… avant d'émigrer vers le Mexique ! Au milieu du XIXe siècle, de nombreux entrepreneurs installèrent ainsi de l'autre côté de l'Atlantique leurs boutiques de textiles avant de revenir « au Pays » et d'y construire de belles demeures à l'architecture mexicaine. Ces bâtisses sont les témoins de cette époque glorieuse. Ne manquez pas les villas « Manon », « Morélia », « Javelly » ainsi que celle des « Charmettes » construites au début du XXe siècle.

L'ARDOISIÈRE €€

3, impasse de l'Ardoisière

✆ 04 92 32 03 82

7 chambres, 80 € en double pdj, 120 € en demi-pension, capacité 20 personnes. Table d'hôtes 22 €. Parking privé à 50 m.

© ARDOISIÈRE

A 5 minutes à pied du centre de Jausiers, au pied du col de la Bonette-Restefond, cette ancienne ferme de village, datant de 1789, entièrement restaurée vous accueille dans une ambiance conviviale et un authentique décor de montagne : meubles anciens en bois, piano... l'Ardoisière vous régale d'une cuisine privilégiant les produits locaux et faits maison. Une belle terrasse ensoleillée toute la journée et des chambres équipées de salles de bains avec douche et WC, linge de lit et serviettes fournis. Local fermé pour entreposer skis, vélos.

LES BARTAVELLES €€

51, Grand-Rue

✆ 04 92 84 69 86

www.gite-des-bartavelles.fr

Ouvert toute l'année sauf avril et novembre. Chambre double 74 €, demi-pension 58 €. Table d'hôte 25 €. Jardin, parking.

Une belle bâtisse du XIXe siècle en plein cœur de Jausiers. Convivialité et simplicité des nouveaux propriétaires Céline et Lionel. Le gîte a subi des transformations récemment, avec désormais 9 chambres sur deux niveaux. Une décoration soignée, des chambres personnalisées de niveau 3 épis. C'est une adresse idéale pour une simple étape ou un séjour prolongé plein de charme et d'attentions. Le jardin est très agréable également et la table d'hôtes propose une cuisine simple, familiale et faite maison « avec amour ». Bref on s'y sent comme à la maison.

LA BOUSQUETIÈRE €€

1214, route de sanières ✆ 04 92 31 53 94

www.labousquetiere.com

Ouvert toute l'année. Haute saison : chambre double de 100 € à 115 €, avec petit déjeuner et accès au spa inclus.

Sur les hauteurs de Jausier et au calme dans le hameau de Sanières, cette authentique ferme du XVIIIe siècle a été aménagée avec goût, afin de vous proposer des séjours confortables permettant détente, et relaxation. Elle dispose pour cela de 3 chambres d'hôtes confortables, spacieuses, lumineuses et chaleureuses pouvant accueillir de 2 à 4 personnes. Elle dispose également d'un gîte cosy. Sous les voûtes anciennes, un spa avec sauna infrarouge est mis à disposition des hôtes, ainsi que, pour ceux qui le souhaitent, une table d'hôtes gourmande et généreuse.

HÔTEL LE SANS SOUCI** €€

800, avenue des Mexicains
✆ 04 92 81 06 20
www.le-sans-souci.com

Fermé de mi- novembre à fin décembre. Basse saison : chambre double de 70 € à 72 €. Pension complète. Garages motos.

Le Sans Souci est un bar restaurant hôtel situé à l'entrée du village. Hélène et Alain, tiennent à préserver une ambiance familiale et un service chaleureux et convivial. La carte affiche une cuisine traditionnelle maison élaborée à partir de produits frais. Les chambres, quant à elles, sont entièrement équipées et offrent une magnifique vue côté montagne. Les gérants motards de ce bel établissement agréablement décoré vous renseigneront avec plaisir sur l'histoire du patrimoine local, les coins à visiter. L'hôtel est labellisé « Eco hébergeur de l'Ubaye ».

HÔTEL RESTAURANT BEL AIR** €€

764, avenue des Mexicains ✆ 04 92 81 06 35
www.hotel-belair04.com

Fermé en janvier et du 1er novembre au 26 décembre. Chambre double à partir de 80 €. Restauration (menus de 23 à 30 €).

Avec ses 18 chambres, cet établissement est tenu par la même famille depuis 3 générations, et profite d'une ambiance chaleureuse. La formule en demi-pension est avantageuse, possible à partir de 2 nuitées. C'est un lieu idéal pour s'évader entre amis ou en famille et découvrir les magnifiques paysages d'une nature préservée. L'hôtel a également mis en place un système complémentaire de locations saisonnières d'appartements, pouvant accueillir jusqu'à 4 personnes.

MONTAGNE ATTITUDE €€

465, avenue des Mexicains ✆ 07 68 77 03 57
www.montagne-attitude.fr

Ouvert toute l'année sur réservation préalable. Chambre double à partir de 75 € ; suite de 95 € à 205 €. Sauna 8 €.

Sylvie et Eric vous hébergent dans leur maison d'hôtes authentique construite en pierres de la vallée pour des séjours d'évasion, grâce à des activités en montagne organisées par Eric, accompagnateur diplômé, associées à un hébergement chaleureux. Entièrement rénovée, la bâtisse offre 3 chambres confortables décorées sur le thème des montagnes du monde. L'une d'entre elles, La « *Grande Séolane* », montagne de l'Ubaye, est une suite que vous pouvez partager en famille ou amis jusqu'à 7 personnes. Aux beaux jours vous avez accès à un jardin clos avec sa terrasse.

MAISON DES PRODUITS DE PAYS

325, route des Mexicains
✆ 04 92 84 63 88
www.produitsdepays.fr

Ouvert tous les jours de 10h à 12h et de 14h30 à 18h45. En juillet-août de 10h à 19h30 en continu.

Elle a été créée pour exposer à la vente des produits authentiques de la vallée de l'Ubaye, dans un grand espace de 350 m² ! La maison est née d'un regroupement de 40 producteurs indépendants de la vallée formant cette coopérative dynamique (pas moins de 60 aujourd'hui). Que vous soyez gourmands (chocolats, tartes de montagne, génépi) ou esthètes (artisanat, faïences, sculptures), ou curieux de mieux connaître la région (livres, vidéos, posters), c'est l'endroit à découvrir !

LE LAUZET-UBAYE ★

Un village qui s'est agrandi avec la construction du barrage de Serre-Ponçon à la fin des années 50 et l'engloutissement de la commune d'Ubaye. Surtout connu pour son charmant petit lac et son pont romain qui date du XIIIe siècle, un magnifique ouvrage suspendu au-dessus de l'Ubaye, le Lauzet s'anime l'été avec le début de la pratique des sports d'eaux vives. Le Lauzet est surtout connu des randonneurs pour offrir, après environ 3h d'effort, un petit coin de paradis avec le site de Dormillouse. On y admire ses trois lacs de montagne. Depuis le plateau à près de 3 000 m, on peut jouir d'une belle vue sur le lac de Serre-Ponçon et la vallée de l'Ubaye.

LE LAC DU LAUZET ★★

✆ 04 92 85 51 27
www.ubaye.com/le-lauzet-ubaye.html

Accès gratuit. Baignade gratuite et surveillée en saison. Pêche accessible à tous. Location paddle de 12 € à 27 €.

Voici un petit mais magnifique lac naturel, d'origine glaciaire, entouré de montagnes qui se reflètent dans ses eaux émeraudes. L'été, l'endroit est idéal pour qui souhaite se rafraîchir et se détendre sur les rives aménagées pour la baignade. Les plus sportifs pourront en faire le tour à pied, tandis que d'autres se reposeront quelques instants à l'ombre accueillante des mélèzes. L'endroit est également réputé pour la pêche. Des tables de pique-nique et une buvette sont installées sur les rives pour une halte repas dans ce cadre bucolique enchanteur.

MUSÉE DU LAUZET - UBAYE

Le Village ✆ 04 92 81 00 22

L'été, tous les jours (sauf le mercredi) de 14h à 19h30. Le reste de l'année sur réservation. Adultes 3 €.

Entièrement refait en 2017, ce musée met en valeur la montagne et l'ingénuité de ses habitants au travers des plantes utiles, soit pour se soigner (tisanes par exemple), soit pour varier sa nourriture (légumes sauvages, fruits et baies), soit pour la vie domestique (paniers, balais et manches d'outils). Plus largement, il est dédié aux traditions et à l'actualité de la chasse et de la pêche, et les activités ancestrales y sont remises à l'honneur. À signaler que pendant ses ouvertures le musée abrite aussi un Point Info Tourisme.

LES CABANES DU DOMAINE DE L'ESPERLUETTE €€

Le Villard-Sud

✆ 06 21 08 58 78

5 cabanes sur pilotis à partir de 115 €/nuit pour 4 pers.

Plus près de la nature et des étoiles, qui n'a pas rêvé de dormir dans une cabane ? Sur les hauteurs du Lauzet, sur un domaine écoresponsable tenu par les adorables Fanny et Pascal, 5 cabanes montées sur pilotis pour un séjour entre détente, repos et contemplation. Des cabanes tout en bois particulièrement chaleureuses et cosy, parfaitement équipées et sans trop d'éclairage pour admirer la voûte céleste à la nuit tombée. La table, délicieuse, privilégie les produits en circuit-court.

HÔTEL LA LAUZETANE*** €€

Route de Barcelonnette ✆ 04 92 85 55 00

www.hotellauzetane.fr

Fermé de mi-mars à mi-avril, de novembre aux vacances de Noël. Basse saison, chambre double de 80 € à 139 €. Restaurant.

On vous réserve un accueil chaleureux depuis plus de vingt ans. Les 68 chambres spacieuses, confortables et agréables se répartissent sur trois étages avec ascenseur. Rien ne manque pour un séjour réussi : salles de sport, de ping-pong, cours de tennis, coin jeux pour les enfants, billard, flipper, salon TV grand écran avec console, bar à cocktails, animations, excursions, piscine extérieure chauffée, sauna, jacuzzi, sans oublier, à quelques mètres de l'hôtel, le lac naturel du Lauzet-Ubaye. Le restaurant la Pergola du Lac vous offre sa terrasse aux beaux jours.

LES MILLE ET SENS

RD 900 ✆ 09 81 83 15 40

www.lesmilleetsens.com

Ouvert tous les jours de 9h à 12h et de 14h à 18h. Parking gratuit. Livraison possible (boutique en ligne).

Dans cette savonnerie artisanale et bio, les produits sont élaborés à partir de matières premières soigneusement sélectionnées. Dans ce cadre grandiose du Lauzet, ses parfums naturels environnants particulièrement présents au printemps ont inspiré les fragrances, ce qui donne aux produits leur caractère d'authenticité. Le choix de créations est large : savons et gels douches biologiques, de parfums d'ambiance avec rotin. Ses savons et crèmes au lait d'ânesse ont des composants végétaux 100% naturels. Et tous ses savons sont certifiés Bio par Qualité France.

MÉOLANS-REVEL

Bienvenue à Méolans-Revel, près de Barcelonnette, dans la vallée de l'Ubaye belle en toute saison, dans un coin de nature préservé avec ses charmants hameaux montagnards ! Ici, tous les sports peuvent être pratiqués et les occasions d'activités en plein air dans les environs ne manquent pas, été comme hiver : ski, rafting, raquettes, pêche, kayak, vélo, découverte du patrimoine... Les randonneurs seront ravis de découvrir les splendeurs du sentier des Eaux Tortes. On se perdra également volontiers dans le vallée du Laverq pouvant vous conduire jusqu'aux Trois-Évêchés, un écrin de verdure comme seule la nature est capable d'en fabriquer.

LES TERRES BLANCHES €€

45, Le Village ✆ 04 92 81 94 37

www.les-terres-blanches.com

Ouvert toute l'année. Chambre avec petit déjeuner pour 2 personnes à partir de 60 €. Panier pique-nique : 8,50 €.

Sandrine et Laurent ont repris Les Terres Blanches en juin 2021 et vous accueillent chaleureusement dans leur gîte-auberge, pour passer un séjour simple et convivial. Les chambres sont confortables et conviennent aussi bien aux couples qu'aux groupes. Que vous soyez randonneur sur le GR6 ou le GR56, motard, cycliste, ou tout simplement en vacances en famille dans l'Ubaye, vous découvrirez un lieu authentique, au cœur du village de Méolans-Revel. Très pratique, à côté de la terrasse, vous aurez accès au chalet qui fait office d'abri pour les vélos et les motos.

CHAMBRES D'HÔTES LES MÉANS €€€

490, les Méans ✆ 06 19 25 93 45
www.les-means.com

2 chambres, 3 suites avec cuisine (de 22 à 80 m²) de 80€ à 150€. Ouvert à l'année. Terrasse, jardin, spa. Parking privé.

Diane et Frédéric ont repris cette maison d'hôtes de charme qui comprend 3 suites et 2 chambres. A l'entrée de la vallée de l'Ubaye, le site est exceptionnel : au coeur du hameau des Méans, la maison est une demeure historique du XIIe siècle, ancien monastère bordé d'un parc arboré de 3 000 m². Elle a été rénovée avec goût, avec des matériaux naturels. Les vastes suites sont équipées de poêle écologique. L'espace bien-être vient compléter l'expérience d'un séjour ressourçant.

EAU VIVE PASSION

Pont du Martinet
✆ 04 92 85 53 99
www.allo-rafting-ubaye.com

Tous les jours d'avril à octobre, de 8h à 20h. Tarifs complets en ligne.

Amateurs de sensations fortes ? Voici une sorte de petit paradis pour les amoureux de la nature et plus particulièrement pour les inconditionnels des sports d'eaux vives. La base située directement au bord de l'Ubaye (départ direct pour 30 rapides) vous garantit des sensations fraîches. Son équipe de professionnels de la montagne vous invite à pratiquer l'aquarando, le canyoning, la via ferrata et un nombre incroyable d'autres sports de pleine nature particulièrement ludiques tels l'hydrospeed ou encore le hot-dog. De quoi passer un moment inoubliable !

PRA-LOUP ★★

Agréable et conviviale, Pra-Loup est LA grande station vedette des Alpes du Sud. Son ensoleillement et la beauté de son cadre expliquent aisément son succès. Pra-Loup est aujourd'hui la douzième station française pour son domaine skiable, relié à celui de la Foux-d'Allos par les Agneliers. La station compte une cinquantaine de remontées mécaniques dont 4 télécabines, 80 pistes dont une mauve labellisée Milka… Et le fameux Rider Space, qui offre 40 ha d'aménagements pour les sports extrêmes. La station mise sur une ambiance familiale (Label Famille Plus Montagne en 2006) avec des activités pour tout âge : espace luge aménagé, animations enfants…

AUBERGE DE PRA-LOUP €€

Pra-Loup 1600
✆ 04 92 84 10 05
www.aubergedepraloup.com

Appartement pour 4 personnes de 300 € à 550 € la semaine. Chambre de 60 € à 90 € par personne nuit en demi-pension.

Cette belle ferme fut entièrement rénovée et convertie en auberge par les propriétaires, la famille Arnaud, qui accueille leurs clients depuis trois générations. Bien placé à l'entrée de la station, le gîte offre 16 chambres de 2 à 4 personnes au confort simple. Certaines d'entre elles possèdent une salle d'eau complète avec WC privatifs, pour les autres les toilettes sont collectives. Deux appartements neufs entièrement équipés pour 4 personnes complètent cette offre variée. Dans la grande salle à manger, des repas généreux sont servis midi et soir.

CHALET-HÔTEL LES BLANCS €€

Les Molanès ✆ 04 92 84 04 21
www.chalet-hotel-lesblancs.fr

Fermé de mi-avril à fin mai, et de fin septembre à mi-décembre. Chambre double de 89 € à 136 €. Restauration.

Au pied des télécabines des Molanes, ce chalet-hôtel 2 étoiles est un hébergement agréable. On y trouve tout le confort nécessaire avec des chambres de 20 m² et des suites de 30 m² avec mezzanine. Exposées plein Sud, les chambres sont lumineuses et bénéficient toutes de casiers à ski. L'établissement dispose de deux salles de restauration, avec spécialités de montagne préparées sur réservation préalable. De belles salades-repas peuvent être savourées avec un accès à la piscine, surtout en été. L'espace détente comprend aussi sauna, salle de sport et solarium.

LA CHARLISA €€

Quartier des Marteaux
✆ 04 92 31 34 73

Chambre double de 90 € à 135 € ; suite de 120 € à 135 €. Demi-pension : 25 € (sur réservation). Petit déjeuner inclus.

Isabelle vous accueille toute l'année dans ses chambres d'hôte de charme ! L'ancienne ferme se trouve sur les hauteurs de Pra-Loup, non loin des pistes de ski. Elle offre une vue panoramique sur la vallée et vous pourrez en profiter à loisir sur sa grande terrasse. A l'intérieur, 5 chambres et une véranda où sont pris les petits déjeuners, ainsi qu'un agréable salon, vous attendent. L'ensemble est très confortable avec des matériaux de qualité. Isabelle est très bonne cuisinière et on pourra en profiter en partageant son repas traditionnel de la région.

LA FERME DU COUVENT €€

Pra-Loup 1500
✆ 04 92 84 05 05
Ouvert toute l'année. Sur réservation. Chambre double à partir de 100 €. Demi-pension : 70 €/ pers (dîner, nuit, pdj).

Dans une ancienne ferme du XIVe siècle bâtie par des moines venus de l'abbaye du Laverq, Jean-Pierre et Nathalie vous accueillent chaleureusement dans un cadre charmant et chargé d'histoire. Jean-Pierre étant moniteur de ski vous proposera des balades en raquettes en hiver ou des randonnées estivales aux beaux jours. Nathalie hôtesse attentionnée saura vous conter l'histoire de cette ferme atypique. En table d'hôtes, elle vous proposera de découvrir des spécialités savoureuses du terroir. Dans ce lieu au passé historique chaque pierre, chaque poutre se raconte...

LE LOUP BLANC €€

Front de neige
✆ 04 92 84 10 35
www.hotel-loupblanc.com
Fermé d'avril à juin et de septembre à novembre. Chambres standard à partir de 195 € (en 1/2 pension pour 2). Spa.

Cet établissement aux chambres standard ou supérieure donne directement sur le front de neige au pied des pistes ! Trois formules d'hébergement au choix : une version hôtelière classique en demi-pension pour l'hiver, une formule familiale proposant des suites en terrasse avec entrées indépendantes ou encore des chalets neufs pour 2 à 5 personnes avec des suites dotées d'une vue directe sur les pistes de ski. Le restaurant est ouvert matin et soir en hiver, en self à midi, accessible à la clientèle extérieure, et réservé aux clients de l'hôtel le soir.

L'AIGLE BLEU €€€

Les Molanès
✆ 06 66 04 10 20
www.laiglebleu.com
Accessible toute l'année. Huit chambres, 3000 € la semaine en basse saison, 6000 € en haute saison.

Un vaste chalet entièrement rénové en 2019, idéalement situé dans le quartier des Molanès à l'écart de la route, avec des prestations haut de gamme. Du balcon, et depuis les 8 chambres réparties sur trois étages, vue exceptionnelle sur les montagnes et la vallée. Dans sa magnifique pièce à vivre, on se sent rapidement à l'aise. Avec ses beaux volumes, sa cheminée, son esprit montagne chic, sa cuisine ouverte et ses grandes baies vitrées, l'ambiance du lieu est chaleureuse et sereine. Idéal pour partager un séjour en famille, entre amis ou en tribu.

EDOUARD'S PUB

Immeuble Miraval-Miramont
✆ 04 92 84 07 43
www.edouards-pub.fr
Fermeture annuelle du 1er mai au 30 juin et du 1er septembre au 30 novembre. Bar ouvert de 9h30 à 2h. Restaurant.

Ce pub, est bien connu à Pra-loup. Pina Colada, Mojito, Alésia… c'est toute une gamme très variée de cocktails savoureux qui vous y attendent dans l'ambiance feutrée et musicale de ce pub. Vito, en véritable maître de cérémonie, propose toujours les plus qui font la différence : apéritifs garnis et happy hours maison ! L'Edouard's Pub offre également un service de restauration, largement apprécié. Envie d'une fondue, d'une raclette ou encore d'un Mont d'Or ? Tout est bon au Edouar's Pub ! Le plus : profitez de sa belle terrasse avec vue sur la montagne !

SAINT-PAUL-SUR-UBAYE

Le village de Saint-Paul-sur-Ubaye se situe à 1 470 mètres d'altitude, et le col de Vars marque la frontière avec les Hautes-Alpes. Installé au pied du massif de Chambeyron, il est le plus haut village des Alpes-de-Haute-Provence. Sa commune occupe 22 000 hectares au cœur d'une nature magnifique et préservée, et c'est la seule de France à avoir plus de 30 sommets supérieurs à 3 000 mètres sur son territoire. Vous pourrez y pratiquer diverses activités de plein air : randonnées pédestres en été ou en raquettes et ski de fond en hiver. Enfin, découvrez un lieu riche en histoire militaire avec de nombreuses fortifications à visiter.

CAMPING BEL ISCLE €

Le Village
✆ 04 92 84 38 31
Ouvert de juin à septembre. Emplacement pour 2 de 12 € à 14 €. Mobil-homes de 365 € à 390 € la semaine.

Le camping municipal Bel Iscle est idéalement situé entre deux parcs naturels régionaux, le Mercantour et le Queyras, en bordure de l'Ubaye. Ni trop grand, ni trop petit, sa taille lui confère un cadre où règne la tranquillité. Deux mobil-homes avec terrasse sont également disponibles en location pour ceux qui souhaitent plus de confort. On trouve sur place un jeu de boules et un plan d'eau au bord de la rivière, bien agréable pour se rafraîchir en été. Le Camping vous propose à la belle saison des possibilités d'hébergements intéressantes à deux pas du village.

LE MUSÉE DE SAINT-PAUL-SUR-UBAYE

Grange de l'ancienne Maison-Arnaud
✆ 04 92 81 00 22
Du mi juin à mi-septembre : tous les jours de 14h30 à 19h (sauf jeudi après midi). Adulte : 3 €. Boutique.

Ce musée fait partie du réseau Musée de la Vallée, qui compte au total cinq établissements sur l'ensemble de la vallée de l'Ubaye, un réseau très instructif pour qui veut connaître la vie d'autrefois dans cette vallée.

À Saint-Paul-sur-Ubaye, venez découvrir ici le panorama des machines et outils agricoles collectés en Ubaye. Ce musée expose les outils, les gestes et les travaux de la société rurale ubayenne, avant qu'elle ne soit envahie par la mécanisation et la généralisation des échanges. Il présente également deux activités spécifiques dans ce territoire : le travail du chanvre et celui de la laine à cette époque. Il est dédié au forgeron Albert Manuel qui l'a doté de maquettes à la fois belles et pédagogiques, enseignant les gestes traditionnels de la vallée : transport du bois, moulin à eau... Une cuisine à l'ancienne a également été reconstituée, collection de vêtements anciens et d'animaux naturalisés.

À noter un très bon point : cette structure est sensibilisée à l'accueil des personnes handicapées. Visites commentées, petits ateliers, projection de films... aident à sa découverte. Des expositions temporaires y sont également régulièrement proposées.

Enfin, nous vous signalons que pendant sa période d'ouverture et uniquement en haute saison, il abrite un Point Info Tourisme, ce qui peut être bien pratique sur place, car sinon le plus proche Bureau d'Information Tourisme se trouve à Jausier. Une double raison d'aller visiter ce sympathique petit musée !

GÎTE AUBERGE LES GRANGES €

Hameau de Fouillouse
✆ 04 92 84 31 16
www.gite-les-granges.com
Fermé en novembre. Chambre simple à partir de 74 €. Demi-pension : 65 € (par personne en chambre double).

Inès et Odilon Ferran vous accueillent toute l'année au pied du massif du Chambeyron, dans une belle ferme du XVIIIe siècle, entièrement rénovée selon les traditions de construction locale. Outre les dortoirs, 10 chambres vous y attendent dont 4 doubles, 2 triples et 4 quadruples. Vous pouvez également venir y déguster toute l'année midi et soir, au soleil sur une terrasse panoramique ou près de la cheminée, une cuisine familiale et traditionnelle de montagnes. Le plus : la possibilité de louer des ânes bâtés pour vous accompagner lors de vos randonnées.

MAISON D'HÔTES LES ZÉLÉS - MALJASSET €

Hameau de Maljasset ✆ 09 88 18 84 16
www.leszeles.com
Ouvert en été. Demi-pension 52 € par personne, petit-déjeuner, repas du soir. 2 gîtes 15 personnes de 400 à 450 €.

Ouvert seulement l'été, le lieu est exceptionnel car situé dans la splendide vallée de Maurin, bordée par la rivière Ubaye. Cette maison d'hôtes à l'architecture authentique du pays est idéalement placée sur le GR 5. Les 5 chambres sont bien équipées avec salle d'eau privative. Léa propose une cuisine familiale et traditionnelle. Le reste de l'année, on peut réserver le gîte de Léa et Lucas un peu plus haut, en continuant sur 1 km cette route du bout du monde jusqu'à Combe-Brémond.

RANDONNÉES EN HAUTE-UBAYE

7 km (16 min) seulement entre Saint-Paul et Fouillouse et 8,6 km (12 min) entre Saint-Paul et le col de Vars.

La Haute Ubaye offre des sites particulièrement favorables pour satisfaire les grimpeurs chevronnés tout comme les randonneurs ou les pêcheurs à la ligne. Saint-Paul-sur-Ubaye, bien situé, est un point de départ commode pour ces activités sportives et de nature. Les randonneurs peuvent alors emprunter le GR56, qui rejoint le GR5 à Fouillouse, autre commune typique de Haute Ubaye. On peut aussi accéder en voiture à ce site, à partir de l'extraordinaire pont du Châtelet, à arche unique entre les pans de la montagne.

Fouillouse est une base de départ très appréciée par les alpinistes, car desservant le vallon de Maurin vers les sources de l'Ubaye, le Brec de Chambeyron – 3 389 m –, la pointe d'Aval – 3 320 m – ou la tête de la Courbe – 3 088 m –, par le col de Mirandol. À partir du pont du Châtelet, la grimpette continue jusqu'au hameau de Maljasset (que l'on peut atteindre par le GR6) et qui marque, pour tous les alpinistes, le point de départ de nombreuses autres courses en montagne.

Les simples randonneurs sont également gâtés : de nombreux lacs (lac du Marinet), de beaux points de vue, toute la magie sauvage de l'Ubaye leur sont ici somptueusement offerts.

De nombreux établissements sont présents dans le coin pour vous conseiller si le besoin se fait sentir. Les amateurs du bivouac ne seront pas en reste non plus, car dans l'Ubaye, il est possible de poser sa tente où vous le souhaitez (pour la nuit), tant que vous respectez bien ce beau patrimoine naturel.

SAINT-PONS

De dimension modeste, verdoyant, adossé au bassin versant du Riou Bourdoux et s'étirant le long de la rivière Ubaye, le village de Saint-Pons offre aux amateurs de nature, la sensation « d'être toujours en vacances ». Situé à une altitude de 1157 mètres, à 2 km de la ville de Barcelonnette, c'est ici que la vallée s'élargit pour mieux vous ouvrir les bras d'une chaleureuse hospitalité. Les touristes, comme les résidents, ont à leur portée de multiples activités proposées en toutes saisons, localement, dans la Vallée de l'Ubaye et dans le Parc du Mercantour, voire même chez nos voisins italiens, si l'envie vous en dit de découvrir un autre pays !

REFUGE DE LA PARE €

Accessible uniquement à pied : 45 minutes de marche à partir du parking des Dalis.
✆ 06 59 14 03 91
Ouvert du 15 juin au 15 septembre. Nuitée 12 €. Petit déjeuner 7,50 €. Demi-pension : 42 €. Panier pique-nique : 10 €.

Ce refuge forestier situé à 1 832 m d'altitude, au cœur de l'Ubaye, est gardé en été. C'est une ancienne ferme rénovée avec une agréable terrasse. Les dortoirs peuvent accueillir jusqu'à 18 personnes. On y croise surtout des randonneurs. Plusieurs itinéraires partent du refuge. Il y en a pour tous les niveaux : les plus sportifs monteront jusqu'au col de la Pare. Le refuge est accessible uniquement à pied en 45 minutes de marche facile sur un chemin forestier depuis le parking des Dalis. Pour le panier pique-nique, venez avec votre récipient et vos couverts.

L'ESCALE EN UBAYE €€

Lieu-dit Le Lara ✆ 04 86 49 10 91
www.chambres-hotes-escale-ubaye.fr
5 chambres, double 79 € ; triple 109 € ; suite 145 €. Petit déjeuner inclus. Gîtes à partir de 500 € la semaine.

Cette ferme de 1780 se trouve dans l'un des plus anciens villages de la vallée, à quelques minutes du centre de Barcelonnette. Elle propose un salon voûté chaleureux aménagé dans l'ancienne bergerie, des chambres agréables à la décoration moderne et soignée ainsi que des plats traditionnels et faits maison avec des produits locaux (tartiflette, daube de bœuf…) pour le dîner. De magnifiques appartements sont disponibles à la location. Du jardin, et même de la piscine en été, vous admirerez le panorama somptueux sur les sommets. Garage fermé pour les vélos et motos.

SAUZE-SUPER-SAUZE ★

Le Sauze est une des plus anciennes stations des Alpes du Sud. Créée en 1934 sous l'impulsion de deux frères, complétée dans les années 1970 par Super-Sauze, elle est aujourd'hui une station été-hiver parmi les plus prisées de la région. On apprécie sa proximité avec Barcelonnette et son domaine skiable aux multiples vallons qui donnent à la fois douceur et technicité aux 65 km de pistes ensoleillées s'étalant de 1 400 à 2 450 mètres d'altitude. Moins fréquentée que les grosses stations, elle a plein d'atouts et de charme. On pense notamment à ses nombreuses balades en raquettes. L'été, ce sont les randonnées et les vélos qui sont à l'honneur.

CHALET LA PROVIDENCE €€€

Le Sauze
✆ 06 81 21 91 59
www.chaletlaprovidence.com
Fermé en novembre. Petit déjeuner inclus. Demi-pension sur demande. Locations meublées possibles dans le chalet à côté.

© EVELYNE COUTTOLENC

Parmi les chalets-hôtels qui bordent les pistes, celui-ci est un véritable havre de paix. Sa décoration chaleureuse fait qu'on s'y sent rapidement bien, en toutes saisons : l'hiver, on est réchauffé par l'ambiance cocooning, la cheminée en pierres, tandis que l'été, on déjeune et on se prélasse sur la grande terrasse ouverte sur le jardin et les prés. Les 5 chambres sont douillettes, équipées de salles de bains privatives et d'une TV. Quelle que soit la formule choisie, on profite d'un accueil irréprochable et d'une table de grande qualité le matin comme le soir.

ALPES-DE-HAUTE-PROVENCE

OFFICE DE TOURISME DU SAUZE

Chalet de la Montagne
✆ 04 92 81 05 61
www.sauze.com
Ouvert tous les jours. En intersaison, du mardi au samedi de 9h à 12h et de 14h à 18h.

L'office de tourisme réserve un accueil chaleureux aux familles en particulier. Il met à votre dispostion de nombreux services : ateliers pour enfants, jeux de piste, ludothèque à partir de 2 ans, bibliothèque enfants et adultes, prêt gratuit de poussette, coin change-bébé… Et toutes les informations utiles pour un séjour réussi. Sur sa boutique en ligne vous pouvez acheter directement ses bonnet, tour de cou, bonnet, auto-collant, estampillés Le Sauze.

LA CABANE À JO €

Restaurant d'altitude, chemin du Col-de-Fours
✆ 04 92 81 02 86
www.lacabaneajo.fr
Ouvert tous les jours en hiver comme en été. Plat du jour : 15 €. Carte snack : tarifs très accessibles.

À 2 000 mètres d'altitude, cette « cabane » est un lieu idéal pour une halte bien méritée pendant sa journée de ski. Également accessible par télésiège ou à pied (avec équipement adapté en hiver), elle correspond parfaitement à ce que l'on attend d'un restaurant d'altitude : un cadre rustique magnifique, un accueil chaleureux et des plats revigorants. Depuis 2015, Flo la patronne, aidée de ses parents (anciens hôteliers à l'Isle-sur-la-Sorgue), propose une cuisine familiale. Originaire de la vallée, elle a à cœur de mettre en valeur les produits de sa région.

HÔTEL LES FLOCONS €€

Station du Sauze
✆ 04 92 81 05 03
www.les-flocons.com
Ouvert de décembre à avril et de juin à septembre. Chambre double de 60 € à 75 €. Restaurant ouvert à tous le soir.

Claire et Paul vous accueillent chaleureusement avec 17 chambres au style montagnard, toutes équipées de salle de bains, WC et télévision. Vous pourrez également profiter dans la journée d'une belle terrasse avec vue sur les montagnes et les pistes de ski en hiver (à 100 mètres) ainsi que du bar et du restaurant de l'établissement. Suivant les saisons, il propose une restauration le soir avec plat à ardoise qui change chaque jour en été et une carte de spécialités montagnardes pour l'hiver telles que des fondues, entrecôte, raclette, tartiflette…

L'OFFICE GOURMAND €

Galerie du Sauze
✆ 07 71 12 69 75
Congés en juin et octobre. Ouvert 7j/7 en saison (été, hiver). Service continu de 10h à 22h.

Au cœur de la station, l'Office gourmand propose une cuisine thaïlandaise : poulet citronnelle, pad Thaï Kaï, salade à l'ananas, filet de bœuf sauce thaïe, gambas sauce au curry... Sa chef vous invite à découvrir ses plats authentiquement thaïs. Vous pouvez choisir de vous restaurer sur place ou bien commander en vente à emporter ou être livrés ou même vous rendre dans un de ses dépôts ventes (La Sphère Bio et Délices de Montagne). Parallèlement, l'Office Gourmand propose également une carte de cuisine traditionnelle avec soupes, raclettes, quiches et même pizzas.

LE SOLEIL DES NEIGES** €€

Le Sauze
✆ 04 92 81 05 01
www.soleildesneiges.fr
Chambre double de 70 € à 95 €. Pension complète jusqu'à 128 €. Demi-pension jusqu'à 100 €.

Le Soleil des Neiges, cette vaste bâtisse au cœur du Sauze à 4 km du centre-ville, vous attend au pied des pistes dans un village de montagne naturel et authentique. Les chambres, bien équipées (douche ou bain, TV et Wi-Fi), sont exposées côté vallée ou plein sud. Selon la formule de pension choisie, vous pourrez également profiter d'une cuisine généreuse à base de produits frais dans le restaurant traditionnel de l'hôtel ou d'un simple déjeuner brasserie à midi. À noter pour le début 2012, l'installation d'une piscine couverte réservée aux clients de l'hôtel.

PROMENADE EN RAQUETTES

Chalet de la Montagne
✆ 04 92 81 05 61
De novembre à mars. Gratuit hors location de matériel : à partir de 6 € la paire de raquettes, 10 € avec chaussures.

À ceux qui en ont assez des stations de ski surfréquentées : venez profiter des plaisirs de la neige dans un cadre dénué de toute présence humaine. Le domaine du Sauze dispose de 5 circuits de randonnée balisés mais non damés, dans un environnement préservé. Parmi eux, certains sont même agrémentés de jeux de pistes pour ajouter une dimension ludique à cette activité déjà pleine d'atouts. Si vous êtes débutants, nous conseillons particulièrement le circuit « La Rente-Le Super Sauze-La Rente ». Enfin, vous pouvez vous faire accompagner d'un guide professionnel.

COLMARS ★

Cette ancienne ville frontière entre la Savoie et la France est marquée, comme de nombreux villages des Alpes, par son architecture militaire. Des murailles puissantes qui ceignaient la ville depuis le XIIIe siècle, il ne reste presque rien aujourd'hui. Au contraire, les fortifications menées par les architectes délégués par Vauban à la fin du XVIIe siècle sont demeurées intactes. On remarquera le fort de Savoie – à l'est – et le fort de France – à l'ouest –, ce dernier, contrairement aux plans habituellement dressés par le célèbre ingénieur, n'est pas bâti en étoile. La promenade dans ce petit village de 400 habitants à peine est très agréable.

Histoire

Colmars-les-Alpes frappe par la majesté de ses fortifications. Les forts Saint-Martin et du Calvaire furent édifiés en 1693 et reliés à la ville par des « caponnières ». Vauban, qui avait envisagé des travaux bien avant, reprend le plan et le corrige vers 1700 : deux demi-bastions encadrent la coursive à laquelle aboutit le pont, mais aucune modification ne sera apportée faute de moyens financiers. Après cette date, Colmars ne fut plus jamais attaquée.

Les maisons sont hautes et pourvues de greniers ouverts, les « soleïados », conçus pour dépasser des remparts et permettre ainsi au linge et à la paille pour les bêtes de sécher plus rapidement.

© GUILLAUME BESNARD - FOTOLIA

Tourelle de Colmars.

FORT DE FRANCE

✆ 04 92 83 41 92

www.colmarslesalpes-verdontourisme.com

Inscription aux visites guidées au bureau d'information touristique de Colmars.

Non, il ne s'agit pas d'une erreur, c'est bien le fort de France, et pas question de cocotiers ni d'Outre-mer ici ! En arrivant à Colmars, c'est le premier fort que l'on voit à l'entrée sud de la ville. C'est à la fin du XIVe siècle que Colmar devient, comme Entrevaux, une ville frontière avec le duché de Savoie (allié aux Espagnols) nécessitant alors d'être protégée. Au XVIIe siècle, ses fortifications sont renforcées selon les préconisations de Vauban. Cet ouvrage militaire servait à surveiller la ville et les 2 versants de la vallée.

FORT DE SAVOIE

✆ 04 92 83 41 92

www.colmarslesalpes-verdontourisme.com

Ouvert toute l'année. L'été, tous les jours de 10h à 12h et de 14h à 18h. Fermeture le lundi matin. Adulte : 4 €.

C'est à la fin du XIVe siècle que Colmars devient, comme Entrevaux, une ville frontière avec le duché de Savoie (allié aux Espagnols) nécessitant alors d'être protégée par une enceinte. Plusieurs forts lui sont ajoutés dont le fort de Savoie, situé sur une colline au nord de la ville, construit à partir de 1793. Dominant le village, il possède un pittoresque escalier permettant d'accéder à la tour ronde puis à la salle d'armes. On admirera les charpentes en mélèze. Des expositions sont présentées dans chacune des quatre salles occupées autrefois par la garnison.

GÎTE DE LA COLLE SAINT MICHEL €

Col de La Colle Saint-Michel - **THORAME-HAUTE**

✆ 04 92 83 30 78

www.gite-haut-verdon.com

Chambre double de 47 € à 58 €. Demi-pension. Petit déjeuner inclus.

Au calme, en pleine nature ce gîte-auberge dispose de 2 chambres pour 2 personnes et de dortoirs (ou chambres familiales pour de 4 à 8 personnes). Certaines chambres et dortoirs disposent de douches et sanitaires privés. Pour les autres, les douches et sanitaires sont dans les parties communes. Un sauna est à votre disposition en soirée pour une vraie détente. Les repas se font selon vos envies, régimes et restrictions alimentaires mais sont toujours de qualité.

AUBERGE L'OUSTALET €€

La Colle Saint-Michel - **THORAME-HAUTE**
✆ 04 92 83 23 80
Ouvert toute l'année. Chambre et petit-déjeuner : 30 € par personne. 1/2 pension à partir de 48 €. Restauration

Perchée à 1 450 m entre Vaïre et Verdon, cette ancienne ferme restaurée du XVIIe siècle vous accueille pour un séjour ou un déjeuner des plus agréables. L'auberge propose 8 chambres confortables et spacieuses dont 6 avec douches et WC privatifs et une suite parentale. Un décor magnifique, un cadre chaleureux et une cuisine labellisée Pays gourmand, gage de qualité et de fraîcheur. Vous dégusterez des spécialités locales d'une cuisine orientée nature dans l'ancienne bergerie aux murs voûtés. Les conditions idéales pour passer un agréable moment sont ici réunies !

LES TRANSHUMANCES €€

Quartier Les Espiniers ✆ 04 92 83 44 39
lestranshumances.pagesperso-orange.fr
3 chambres : de 73 € à 130 €. Demi-pension : 130 €. Petit déjeuner inclus. Gîtes ruraux à partir de 480 €/semaine.

Exploitation agricole dès le XIXe siècle, cette belle ferme restaurée s'est lovée dans un site naturel exceptionnel. Perchée à 1 300 mètres d'altitude, elle domine la vallée et offre un panorama superbe sur le Verdon, Colmars et les massifs environnants. Vous résiderez dans des chambres d'hôtes confortables et spacieuses ou dans des gîtes ruraux labellisés Panda. Les petits-déjeuners sont servis dans l'ancienne étable qui a conservé toute son authenticité. Le plus : Colmars est à un kilomètre, avec commerces et services. Un accueil charmant et familial.

LA TABLE RONDE €€

Place Neuve
✆ 04 92 83 41 54
www.tourisme-alpes-haute-provence.com
Ouvert de fin avril à mi-novembre. En juillet-août ouvert 7j/7. Carte de 12 à 22 €. Menu, plat du jour et suggestions.

Depuis dix ans Olivier, jovial enfant du Pays, vous accueille à sa Table Ronde labellisée Pays Gourmand, sur une place au centre de la vieille ville. Vous prendrez place dans la salle à la décoration rustique avec exposition de vieux objets et outils de pays montagnard ou sur son agréable terrasse déployée au calme sur la place piétonnisée. Vous y dégusterez une cuisine traditionnelle régionale à base de produits frais et locaux. À midi, menu du jour, plat du jour et carte. Le soir suggestions avec le génépi offert par le patron ! Un établissement chaleureux.

MIEL ARTISANAL, CHRISTIANE AUVIGNE

Entrée du village sur la route d'Allos
✆ 06 08 70 83 67
Ouvert en juillet et en août : tous les jours de 9h30 à 12h30 et de 15h30 à 19h.

Christiane est devenue apicultrice récoltante, par passion, sur les hauteurs de Colmar-les-Alpes. Il est préférable de l'appeler pour être sûre de la trouver. Sur place vous aurez le choix entre un miel de montagne doux aux saveurs florales et fruitées, et un miel de lavande, un des fleurons de la gamme produite sur ce territoire, connu pour sa puissance et son bouquet. Tous deux récoltés dans les ruches de la vallée, témoignent de la richesse d'un environnement préservé.

BEAUVEZER

Beauvezer, du haut de ses 1 170 m d'altitude, est une commune historique qui fut au siècle dernier l'hôte de la seule industrie du Haut-Verdon ayant connu un essor formidable : les draperies. Cette tradition du Moyen Âge avait une vocation locale au départ, mais elle a connu une ampleur inimaginable, la vente s'étendant même dans les États de Savoie. Une petite industrie naquit donc de cette activité artisanale au XIXe siècle mais, rapidement à bout de souffle, s'effondra au grand dam des nombreux ouvriers et ouvrières qui garnissaient ses rangs. Un fort exode s'ensuivit et aujourd'hui le Haut-Verdon ne conserve pour mémoire que les grandes bâtisses.

LE LACUSTRE €€

Parc du roufleiran ✆ 04 92 83 47 30
www.restaurantlacustre-beauvezer.com
Ouvert 7j/7 en juillet août et vacances scolaires, sinon du jeudi au lundi midi. Menus 28 € et 41 €. Carte, environ 20€.

Émilie et Étienne veulent retranscrire leur passion du métier dans l'assiette, et on le sent ! Ils vous accueillent dans leur restaurant en bordure de lac, dans le parc du Roufleiran. Vous prendrez place dans une jolie salle avec cheminée, ou sur l'agréable terrasse au bord de l'eau. Vous y dégusterez une cuisine traditionnelle française montée en gamme privilégiant les produits de qualité frais et locaux. Tout est fait maison, jusqu'aux pâtes sucrées des crumbles, et une carte des vins soigneusement élaborée accompagne votre dégustation. Une halte conseillée !

SAINT-ANDRÉ-LES-ALPES

Le village de Saint-André-les-Alpes est une porte d'entrée des stations de ski. Cette commune juchée à 900 m d'altitude est surtout la porte des gorges du Verdon et du parc naturel régional du Verdon avec ses belles randonnées, situé sur le territoire de la réserve géologique de Haute-Provence. Sur les hauteurs, qui vous sont accessibles par des sentiers balisés, vous pourrez vous envoler – en parapente, pas tout seul ! – à partir de sites mondialement reconnus et ainsi remplir vos mirettes de somptueuses cartes postales qui resteront à jamais ancrées dans votre esprit. Ce petit village de caractère, qui fleure bon les Alpes, est entouré par la montagne de Maurel et la barre blanche des crêtes de Serres et de Chamatte, bénéficiant d'un climat exceptionnel.

Et en été, on apprécie les rives du joli lac de Castillon où l'on peut pratiquer à loisir voile et canotage. Tout autour du lac, de multiples lieux de baignade sont accessibles pour tous par le biais de plages sauvages et agréables, plus ou moins faciles d'accès, mais sans surveillance. Les amateurs de bateaux à pédales ou à moteurs électriques et autres planches à voile ont la possibilité d'embarquer à bord grâce aux loueurs installés sur les différentes plages. Et si le cœur vous en dit, laissez-vous aller à une petite pétanque entre amis, le terrain s'y prête à merveille ! En somme, qu'importe la saison, vous ne risquez pas de vous ennuyer lors de votre visite de Saint-André-les-Alpes !

LE BARRAGE ET SON CADRAN SOLAIRE

✆ 04 92 89 02 39

www.castellane-verdontourisme.com

Accès libre.

Un barrage hydroélectrique impressionnant qui offre une vue superbe. Une véritable barrière de contrastes entre le paisible lac et la tortueuse rivière qui jaillit une centaine de mètres en dessous de vos pieds. Surtout, le barrage est célèbre depuis 2009 et la mise en place du plus grand cadran solaire du monde. Encore mieux, c'est aussi un cadran de conception originale : l'heure solaire est connue lorsque l'ombre du parapet tangente l'une des lignes horaires.

L'ARDOISE €€

Place Charles-Bron

✆ 06 22 51 88 02

Ouvert toute l'année. Du lundi au dimanche de 11h30 à 15h et 18h30 à 23h (varie suivant la saison). Menu de 12 € à 29 €.

« Gourmet ou gourmand, vous apprécierez notre cuisine simple et raffinée », voici comment les nouvelles chefs Emilie et Joanna aiment présenter l'esprit des lieux. Elles proposent une carte de cuisine traditionnelle mettant à l'honneur des produits frais et du terroir pour de belles suggestions. Les bons desserts finiront de vous décider à y effectuer une halte appréciée. Cette sympathique adresse se situe en plein cœur du village de Saint-André-les-Alpes. Et en été il borde les rives du joli lac de Castillon où l'on peut pratiquer à loisir voile et canotage.

RESTAURANT LAC ET FORÊT €€

Route de Nice ✆ 04 92 89 20 45

https://lacforet.com/le-restaurant

A partir d'avril. Tous les jours midi et soir, fermé le mardi en basse saison. Menus de 22€ à 37€.

Dans l'enceinte de l'hôtel éponyme, sur les bords du lac de Castillon, voilà une belle découverte ! Côté culinaire, la cuisine est inventive, les saveurs subtiles et les assiettes joliment présentées. Le chef travaille des produits de saison et conjugue à merveille les légumes du terroir : poulpe de roche confit à l'huile de chorizo, turbot cuit à la perfection, financier à la pistache et aux fruits rouges... Le menu est digne d'un restaurant gastronomique ! Ajoutez à cela une carte des vins bien étudiée, un personnel au petit soin et une superbe terrasse.

LE LAC DE CASTILLON

Sur la route rejoignant Saint-André à Castellane

Accessible toute l'année. En été, baignades surveillées et location de bateaux, pédalos. Voile possible en accès libre.

Long de 8 kilomètres, le lac de Castillon couvre 500 hectares, enchâssé entre les montagnes. Sous un ciel bleu (le plus souvent) le cadre est splendide. L'extrémité de la partie sud, proche du barrage, est une zone strictement réservée à la Marine nationale.. Les sports nautiques sont autorisés sur toute la partie restante. Les lieux d'embarquement et les mises à l'eau sont situées au Cheiron (4 km de Castellane) à Saint-Julien-du-Verdon (13 km de Castellane) et à Saint-André-les-Alpes (25 km de Castellane). Quelques baignades y sont surveillées en été.

ALLOS ★★

Le Val d'Allos 1400 est constitué autour de l'ancien village d'Allos. C'est là que se trouvent la mairie et l'office de tourisme ainsi que la Poste et la majeure partie de la population résidente à l'année. Il est, comme son nom l'indique, situé autour de 1 400 mètres d'altitude. À 200 m au sud du village, se trouve l'église Notre-Dame-de-Valvert, classée au titre des monuments historiques en 1846. Cette chapelle de style roman datant du XIIIe siècle (avec des vestiges des IXe et Xe siècles) est située à la confluence des rivières du Chadoulin et du Verdon. Comme toutes les églises de style alpin, seul le mur sud est percé de trois baies.

NOTRE-DAME-DE-VALVERT ✝

Le Verger
✆ 04 92 83 02 81
www.valdallos.com
Accès libre. Messe hebdomadaire.

Elle est formée d'une nef unique de trois travées, d'un avant-chœur et d'une abside qui portent sa longueur totale à 28 m. Son décor est à la fois rare et sobre ; les murs sont ornés d'une suite de petits arcs. À l'intérieur : un Christ en bois du XVIe siècle et du XVIIe siècle ainsi qu'une peinture sur bois d'Antonio Vivarini, *Le couronnement de la Vierge* datant du XVe siècle. Ce monument n'est ouvert que pendant l'été lors de célébrations de cérémonies. Se renseigner pour les dates précises auprès de l'Office de Tourisme du Val d'Allos.

LA CHAPELLE SAINT-SÉBASTIEN ✝

Accès libre.

La chapelle Saint-Sébastien est une chapelle des pénitents utilisée au XVIIIe siècle. Egalement appelée chapelle d'hiver, elle date du XVIIe siècle et sa voûte a entièrement été refaite après un incendie en 1833. Richement décorée entre 1857 et 1859 par le peintre Fidèle Patritti qui a laissé son empreinte artistique dans toute la vallée de l'Ubaye, ce dernier y a peint plusieurs fresques, notamment *La Cène* dans la partie centrale et Saint Sébastien sur la coupole.

HÔTEL PASCAL** €€

✆ 04 92 83 00 04
www.hotel-pascal.com
Ouvert toute l'année. Chambre double de 62 € à 76 €. Restaurant labellisé Pays Gourmand. Demi-pension de 56 € à 62 €.

Cet hôtel-restaurant familial vous ouvre ses portes tout au long de l'année dans une ambiance chaleureuse et conviviale. L'Hôtel Pascal dispose de 14 chambres, dont 10 avec douche et WC et 6 avec télévision. Le restaurant Le Goût des Mets appartenant à l'établissement, propose une carte qui évolue au fils des saisons, élaborée à partir de produits locaux, avec pour but de vous faire découvrir les producteurs de la région. La boutique met quant à elle en avant des charcuteries de la vallée de l'Ubaye, des liqueurs, vins et autres génépis biologiques.

© OFFICE DE TOURISME DU VAL D'ALLOS R PALOMBA

Lac d'Allos.

L'ATTRAPEUR DE RÊVES €€

Rue de la Citadelle

✆ 04 92 83 30 16

www.attrapeur-de-reves.com

Chambre double 90 €. Petit déjeuner inclus. Parking inclus. Gîte de 5 personnes de 450 à 750 € la semaine.

L'Attrapeur de Rêves est un gîte de grande qualité. Située au cœur historique d'Allos, cette vaste maison de village a été restaurée avec soin et beaucoup de goût par Jeff et Brigitte afin d'offrir 2 chambres d'hôtes et un gîte indépendant pour 5 personnes. Les lieux sont confortables et rustiques, habillés de bois et de poutres anciennes apparentes. Pendant les vacances d'hiver, une cheminée qui fonctionne avec du bois renforce l'ambiance chaleureuse. Tout est fait pour que vous passiez un bon séjour et les plus petits trouveront de nombreux équipements adaptés.

LE BERCAIL €

Grande-Rue

✆ 04 92 83 07 53

Ouvert 7j/7 en saison, de décembre à avril et l'été. Fermé le reste de l'année. Plats de 18 à 22 €.

Situé au milieu de la Rue Grande qui traverse le village, le Bercail occupe une grande bâtisse en pierres apparentes avec une arcade qui abrite une jolie terrasse, laquelle se prolonge dans la rue aux beaux jours. La salle est superbe, toute en pierres naturelles et la décoration raffinée crée une ambiance accueillante. La cuisine comprend des spécialités de montagne. Au choix, il n'y a pas moins de 10 fondues, des tartiflettes... Les produits sont pour la plupart d'origine locale et tout est fait maison y compris les pizzas et les desserts.

L'EDELWEISS €

Grande-Rue

✆ 04 92 83 41 45

Ouvert toute l'année. Haute saison : tous les jours de 11h à 18h. Menu à 17,50 €. Terrasse.

Cette crêperie est située au sein du vieux village, véritable institution depuis 1934. La carte se décline en plusieurs volets. Si elle fait bien évidemment la part belle aux crêpes, le chef vous propose la spécialité du village : les macarons rôti de porc sauce à l'ail. Amateurs de viandes et de salades composées, vous ne serez pas oubliés. Le choix est également vaste pour les sucrées. Quant au cadre, il est authentique avec son allure de ferme et sa salle typiquement montagnarde. Les beaux jours venus, n'hésitez pas à prendre place sur la belle terrasse.

GAEC DU HAUT-VERDON

L'Allée

✆ 06 77 05 32 74

www.centreequestre-lehautverdon.com

Toute l'année de 9h à 12h et 14h à 17h30 sur rendez-vous. En été fermé le samedi et le dimanche.

Le centre équestre d'Izoline Piazza, monitrice d'équitation diplômée, propose tout au long de l'année des leçons de cheval pour cavaliers débutants ou confirmés, dès trois ans, dans plusieurs disciplines. Balades de 1h, passage d'examens ou encore locations de poneys pour les plus petits, il y en a pour tous les goûts. En hiver, vous aurez la possibilité de découvrir le ski-joering, du ski tracté par un cheval : une autre sensation de glisse. Et en nouveauté les sorties en traineaux : magique. Le centre propose également de l'attelage en leçon ou en balade.

PARCOURS AVENTURE JUNGLE PARC

✆ 06 85 57 95 09

www.valdallos.com

Parcours aventure juniors et séniors. D'avril à septembre. L'été de 10h à 18h. Tarifs : 15 € pour 2h.

Vous découvrirez le site forestier en vous baladant d'arbre en arbre par le biais d'une multitude d'ateliers aériens tels que les filets grimpants, les cabanes, les tyroliennes ou les balançoires volantes. Au total près de quarante-sept ateliers sont proposés (dès 3 ans). Vous testerez également vos qualités de grimpeurs grâce au rocher mobile d'escalade. Label Famille Plus : de 4 à 12 ans, les parcours sont adaptés à l'âge de l'enfant (rocher d'escalade à partir de 6 ans).

SKI DE FOND

Immeuble le Val Benoît

Ouvert en saison. Adulte : 10 € la journée.

Concernant le ski de fond, le Val d'Allos dispose d'un domaine nordique très apprécié avec 12 km de pistes damées et balisées réparties en deux parcours situées au pied du village et de la station. Les skieurs devront s'acquitter des redevances obligatoires en vente aux caisses des remontées mécaniques du Val d'Allos 1 400 – Allos, près du « point info » ski de fond. La marche ou l'usage des raquettes à neige sont interdits sur ces pistes, mais des itinéraires balisés réservés tantôt aux promenades et tantôt aux raquettes, sont accessibles gratuitement.

LE SEIGNUS

Le Seignus est la petite station la plus proche du village. Principalement destinée à recevoir les familles, elle est reliée à Allos par une télécabine (gratuite), et à la Foux par une navette. Justement appelée « station village », elle est située à environ 1 500 mètres d'altitude et constituée de petites résidences complétant l'habitat traditionnel, l'ensemble étant regroupé autour d'un large front de neige auquel on accède en skis.Labellisée « Famille Plus Montagne », la station a développé une grande variété de pistes de tous niveaux. Les enfants découvrent ici leurs premières sensations de glisse sur un domaine skiable adapté et sécurisé… Ou sur les pistes de luge ! Il offre en outre divers parcours en raquettes et 39 km de pistes de ski de fond pour partir sur les traces de la nature sauvage et fragile du Parc National du Mercantour. Mais Le Seignus, c'est également 50 km de pistes pour le ski alpin s'étalant entre 1 500 m et 2 426 m d'altitude où il est possible de dévaler près de 1 000 m de dénivelé en une seule descente magnifique ! Mais le Seignus, c'est aussi une adresse idéale pour des séjours VTT et pour les randonnées l'été. Le pistes sont toutes praticables en chargeant votre vélo sur le remontées mécaniques. Vous aurez la joie de dévaler plusieurs niveaux, et vous y trouverez également des zones de northshore (modules en bois), un boardercross, ainsi qu'un parcours ludique spécialement élaboré et conçu pour les enfants, sans oublier l'itinéraire familial de Prémin. De quoi découvrir pour tous les joies de la descente en bike en toute sécurité !

CHEZ FRANZ €€

✆ 04 92 83 01 06

www.hotel-franz.com

Ouvert en juillet et août et de mi-décembre à début avril. Chambre double de 59 € à 80 €. Demi-pension de 55 à 70 €.

Dominant la place centrale, au pied des pistes, l'hôtel Franz est une adresse incontournable au Seignus, tant pour l'hébergement que pour le restaurant et bar. La salle est accueillante et confortable, divisée en plusieurs espaces plus intimes. Bancs et tables rustiques en bois, décoration soignée et vaste cheminée complètent le décor. Les midis ensoleillés, on peut se restaurer sur la terrasse abritée du vent. Côté hébergement, l'hôtel propose des chambres individuelles avec bain, douche et WC pour 2 à 6 personnes ou des dortoirs de 5 personnes pour les groupes.

L'OURS BLANC** €€

✆ 04 92 83 01 07

www.hotel-loursblanc.com

Ouvert toute l'année. Chambre double de 60 à 85 €. Demi-pension : 65 €. Restauration.

Depuis que Corinne et Patrick ont repris les rênes de cet hôtel-restaurant, l'adresse a changé de mine. Douze chambres sont disponibles, de la simple à la quadruple. La salle de restaurant a été entièrement rénovée, tout comme le bar et le hall d'entrée. L'accueil, quant à lui, n'a pas changé, il est toujours aussi chaleureux. L'assiette est intéressante avec une cuisine de montagne, mais aussi des spécialités comme ces pâtes à la meule de parmesan l'hiver ou encore les spécialités du Nord (d'où sont originaires Corinne et Patrick), carbonnade, welsch…

ALLOS FORME & DÉTENTE

Le Mazot ✆ 06 75 37 61 75

www.allos-forme-detente.com

En saison uniquement, tous les jours de 9h à 12h et de 14h à 19h. Massages de bien-être de 35 € à 70 €.

Ancienne membre de l'équipe de France junior de ski de fond, Isabelle Pellissier est une sportive accomplie. Elle s'est tournée ensuite avec le même enthousiasme vers le bien-être et après un diplôme d'État des métiers de la forme. Véritable instructeur de Zumba, elle vous fera découvrir ce phénomène fitness. Côté détente, succombez aux différentes formules massages bien-être aux pierres chaudes, drainant ou relaxant aux huiles essentielles. Allos Forme et Détente dispose également d'un hammam privatif personnalisé avec chromo-thérapie. Avouez que ça donne envie !

BIKE PARK

Station du Seignus

✆ 04 92 83 02 81

www.valdallos.com/bike-park-le-seignus

Accès par les remontées mécaniques ouvertes 7j/7 l'été, et les week-ends en juin. Accès VTT : 7,20 € la montée adulte

Grâce à ses 1 000 mètres de dénivelé, Le Seignus devient, durant la saison estivale, le lieu de prédilection des vététistes ! Avec 8 itinéraires de descentes balisées, débutants comme vététistes confirmés y trouveront leur compte. Le téléphérique et les deux télésièges du Clos-Bertrand et du Gros-Tapys permettent d'accéder facilement aux sommets des pistes : trois vertes, deux bleues, trois rouges. Le site est également labellisé par la Fédération française de cyclisme pour ses nombreuses boucles et itinéraires de cross-country ou boardercross.

ÉCOLE DU SKI FRANÇAIS

Rond-point des Pistes
✆ 04 92 83 00 65
www.esf-allos.com

Ouvert de mi-décembre à mi-avril. Horaires variables selon les âges et les périodes. Cours privés à partir de 45 €.

L'ESF au Seignus existe depuis 1973 et dispose du label « Famille Plus Montagne ». Son équipe de 18 moniteurs permanents passe à 45 en période de vacances pour satisfaire la demande croissante et participer au développement de la station. Les cours collectifs ou individuels sont bien adaptés au niveau de pratique des élèves et en fonction des périodes de vacances. L'ESF propose un « tout compris » pour les enfants de 3 à 12 ans. Pour les personnes à mobilité réduite, l'ESF vous propose des séances assis sur un fauteuil ski, guidé par un moniteur.

LA FOUX-D'ALLOS ★

Le Val d'Allos 1800, (ou plutôt, la Foux d'Allos comme l'appellent ses fidèles fréquentations), est une belle station de ski en hiver et de montagne en été. Baignée de soleil et de lumière en toute saison, vous y découvrirez le plaisir des grands espaces et d'une nature encore préservée, ou de l'immensité de l'horizon avec ses sommets escarpés... Sachez que vous êtes ici au cœur d'un des plus beaux domaines skiables des Alpes du Sud, et surtout le plus grand. En effet, son domaine skiable est relié à celui de la Station de Pra-Loup, dans la vallée de l'Ubaye, et se dénomme désormais l'Espace Lumière : une appellation bien méritée !

BUREAU ANNEXE D'INFORMATION TOURISTIQUE

Maison de centre station
✆ 04 92 83 80 70

Fermé en basse saison. Ouvert été et hiver en saison.

Ce bureau annexe de l'office de tourisme du village d'Allos offre en saison les mêmes prestations que le bureau central ainsi qu'une zone wi-fi sur l'ensemble de la place Ernest Garcin, accessible gratuitement 24h/24. De plus le personnel est accueillant. Vous trouverez sur place à votre disposition, une multitude de brochures informatives. Enfin, et non le moins important, Labellisé Famille Plus, il propose de nombreuses activités pour enfants à petit budget.

LES CHALETS DU VERDON*** €€

Quartier Pont-de-Labrau ✆ 04 92 83 83 14
www.vacanceole.com

Ouvert de mi-décembre à mi-avril et de fin juin à fin août. Studio / appartement de 313 € à 2 078 € la semaine.

Située en plein cœur de la station, cette résidence haut de gamme dispose d'un hébergement mêlant modernisme et tradition. Les trois grands bâtiments abritent 76 appartements meublés, dont 65 appartiennent au groupe Vacanceole, allant du studio au 4-pièces (qui permet un couchage jusqu'à 8 personnes). Tous possèdent une TV à écran plat et une terrasse avec vue panoramique sur la montagne ou la forêt. Le matin, un service de boulangerie est disponible de 7h30 à 10h. Vous apprécierez également la piscine intérieure chauffée avec bassin pour enfants, hammam.

HÔTEL DU HAMEAU*** €€

Val d'Allos 1800
✆ 04 92 83 82 26
www.hotel-du-hameau.fr

Ouvert de mi-décembre à mi-mai et de mi-juin à début septembre. Chambre double de 96 € à 138 €. Espace bien-être : 20 €.

Voici un superbe complexe hôtelier familial 3-étoile. Les chambres sont grandes : de 18 à 42 m² pour les T2 avec mezzanine. Décorées de tons pastels, elles sont lumineuses grâce aux lambris de bois clair qui recouvrent murs et plafond. Dans un cadre cosy, le restaurant propose quant à lui un large choix de plats traditionnels et régionaux. Pour se ressourcer, l'espace bien-être avec spa, sauna, hammam, bain bouillonnant massages et soins est dédié à la détente du corps et de l'esprit. Il complète la belle piscine extérieure chauffée en saison de baignade.

LE 106 €€

L' Edelweiss
✆ 04 92 83 67 62

Ouvert l'été et l'hiver. Menus de 19 € à 23 €. Terrasse.

Le 106 est un bar-restaurant qui vous accueille avec une grande salle habillée de boiseries et de rideaux rouges lui donnant une ambiance cosy et confortable en toute saison. Elle est prolongée par une belle terrasse orientée au sud où l'on s'installe avec plaisir les jours ensoleillés. On peut aussi y arriver directement à ski pour faire une pause. Le 106 propose des spécialités de montagne ainsi qu'une cuisine traditionnelle de brasserie. Le patron a disposé un coin jeux pour tous (jeux vidéo, baby-foot, billard). L'endroit est accueillant, le service attentif.

L'IGLOO €€

Rue Principale
✆ 09 70 92 28 93
Ouvert les saisons d'été et d'hiver, tous les jours midi et soir. Menu de 15 à 45 €. Terrasse. Animations. Salon de thé.

L'Igloo offre un cadre unique pour un bon repas à La Foux. De l'extérieur, on aperçoit un grand chalet en bois. On monte quelques marches pour se retrouver sur une terrasse qui offre une vue splendide sur le village et les montagnes. Mais la vraie surprise est à l'intérieur. Au milieu de l'immense salle circulaire en bois avec poutres et piliers apparents, entièrement vitrée, se trouve une magnifique cheminée moderne entourée par un banc où l'on peut s'asseoir avec un verre pour se réchauffer. Le restaurant propose une large carte de style brasserie.

ÉCOLE DU SKI FRANÇAIS

Maison de la Foux ✆ 04 92 83 81 64
www.esf-valdalloslafoux.com
Ouverture du domaine Espace Lumière de mi-décembre à mi-avril, tous les jours de 9h à 18h non stop

L'ESF de La Foux détient le label Famille Plus Montagne. L'équipe des moniteurs vous propose des cours particuliers ou collectifs, et des stages pour enfants et adultes. Son équipe de moniteurs permanents est renforcée en période haute pour satisfaire la demande croissante. L'ESF propose aussi de pratiquer la montagne en dehors des sentiers battus : raquettes en randos nature, Télémark avec le talon libre, randonnée en peaux de phoques, speed riding offrant le plein d'émotions garanties et *freeride* le ski évasion, hors des pistes, en toute liberté et en confiance.

MERCANTOUR ECOTOURISME

www.mercantourecotourisme.eu
Nombreuses propositions toute l'année. Recommandé par le Parc.

Envie de découvrir la nature autrement ? Sur le site Internet de cette association dédiée à l'écotourisme local, vous trouvez une multitude d'adresses, d'activités, de découvertes et des propositions plus ou moins insolites sur les chemins du Mercantour. Par exemple, louer un âne bâté en partance du Hameau de la Foux. Vous pouvez partir seul sur les sentiers du Haut-Verdon ou accompagné au rythme des ânes, des crêtes ensoleillés aux hameaux oubliés. Un répertoire d'habitants des vallées du Mercantour unis par des passions communes : la nature et la montagne.

PRO VERDON CANYONING

✆ 06 89 87 98 31
www.proverdon.com
Ouvert toute l'année sur réservation préalable, sauf de début décembre à fin mars. Demi-journée, à partir de 45 €.

De leurs sources au lac de Sainte-Croix, descendez le Verdon ou ses affluents de façon ludique et sportive. Rappels sur corde, sauts, toboggans et marche en rivière, le canyoning est une activité complète où se lient esthétisme de l'environnement et dépassement de soi. Que ce soit pour une première expérience de l'activité ou pour un pratiquant chevronné, Julien vous invite à le rejoindre pour vivre des moments intenses en émotions sportives... Lieux uniques riches en biodiversité, les canyons sont des livres ouverts passionnants à découvrir.

SCOOTER DES NEIGES

Au bas de la piste de l'aiguille
✆ 06 16 95 50 52
www.valdallos.com
Ouvert de mi-décembre à mi-avril. Départ des balades à partir de 17h30, sur réservation. 1/2 h : 65 € ; 1h : 120 €.

Après une journée de ski, pourquoi ne pas partir découvrir d'autres paysages en scooter des neiges ? La location d'engins est proposée pour des randonnées guidées, de 1 ou 2 personnes par machine. La balade se fait dans une partie du domaine skiable (secteur des plaines) pendant 30 minutes ou 1 heure, avec vue sur les hauteurs au coucher du soleil. Pour des raisons de sécurité, le premier départ est fixé à 17h30, après la fermeture des pistes. Renseignements et réservations obligatoires en fonction des conditions météo au bas de la piste de l'Aiguille.

SÉOL'ÂNES

Parking de la Chapelle
✆ 06 82 26 10 58
Fermé du 1er octobre au 31 mai. Tous les jours sur la période d'activité, sur réservation. 35 € pour un âne.

Avec Seol'âne vous découvrez le plaisir de randonner avec nos amis les ânes. Le temps d'une demi-journée, ou plus selon l'activité choisie, ils seront vos fidèles compagnons de marche, de sieste et de rêverie. Emilie propose différentes formules originales entre lesquelles vous pourrez choisir : nuit en tente, en cabane, « ane-imations » personnalisés, médiation asine, rencontre avec public porteur de handicap... Les ânes sont de tous les voyages et portent les bagages ! En projet pour les prochaines balades : découverte du hameau de Chasse à Villars-Colmar.

SAINT-VINCENT-LES-FORTS

Outre ses églises et chapelles, la ville se distingue par ses installations militaires importantes, le tout formant un ensemble défensif imposant : forts, redoute, batteries… Les principaux éléments sont le fort de Saint-Vincent, édifié entre 1693 et 1700, le fort Joubert construit entre 1693 et 1700, la redoute de Chaudon datant de 1879-1883, la tour Vauban à mâchicoulis, sur le rocher de Guerre, construite en 1696, la batterie du Châtelard (1883-1885), la batterie du Colbas (1883-1887), la caserne Courtigis, au Chaudon, où logeaient les troupes. L'office de tourisme est à consulter pour pouvoir explorer les sites de près ou de loin.

CAMPING LE LAC*** €€

✆ 04 92 85 51 57

www.camping-montagne.com

Ouvert du 17 juin au 2 octobre. Emplacement 2 personnes de 16,40 à 36,50 €. Mobil-homes de 122 à 326 € le week-end.

Aux Portes de la Vallée de l'Ubaye, le Camping Le Lac, vous accueille sur un beau site naturel de quatorze hectares. Pour des vacances en famille et dynamiques, le camping propose de nombreuses activités grâce à sa situation au bord du lac de Serre-Ponçon : activités d'eau, planeur, escalade, baignade écologique l'été... Vous serez en plein cœur de la nature avec de nombreux espaces ombragés. Des vacances natures et confortables grâce aux hébergements proposés du bungalow au mobil-home avec une vue imprenable sur le lac de Serre-Ponçon, la mer des Alpes du Sud !

SEYNE

Seyne-les-Alpes et ses 1 300 habitants vivent au cœur de la Vallée Blanche. Les premières maisons furent des cabanes construites à flanc de collines, sur le site des Edenats, où diverses peuplades gauloises vivaient alors. La cité s'appelait alors Sedena, ce qui voulait dire « ceux d'Edenats ». Des paysages somptueux entourent le village : la montée vers la crête de la Roche Close passe près de la cabane des Mulets et ses pâturages d'herbe grasse pour parvenir, après le col de la Pierre, jusqu'à 2 739 m d'altitude. Cette crête haut perchée domine la région et permet d'apercevoir à l'horizon, le mont Ventoux et la montagne Sainte-Victoire.

Histoire

Dans le genre alpin Nature et Traditions, Seyne fait partie de ces heureux villages qui ont su préserver au fil du temps leur patrimoine et leur environnement. Seyne-les-Alpes est le cœur d'une région d'élevage et les paysans, du XVIIIe siècle aux années trente, se sont spécialisés dans la production de célèbres mulets qui étaient exportés jusqu'en Espagne. Et aujourd'hui, une certaine quiétude respire de cet endroit.

Mais comme en témoigne sa riche histoire, la vie ne fut pas toujours paisible dans ce petit bourg, frontière entre la Provence et le duché de Savoie, puis entre la France et l'Italie.

Pendant des siècles, Seynes subira le passage des envahisseurs : le hameau de Maure aurait été fondé par les Sarrasins lors des périodes d'invasions pendant lesquelles, 900 ans après Jésus-Christ, ils prirent le village et détruisirent l'église Saint-Pierre. En 1438, la Provence est annexée au royaume de France. Les guerres de Religion verront des luttes sanglantes sur cette place forte concédée aux protestants.

C'est alors en 1691 que Vauban décide, sur les ordres de Louis XIV, de faire renforcer les fortifications et ordonne la construction de nouveaux remparts flanqués de bastions, formant une imposante citadelle de pierre grise. Ce sont eux, dominant encore le village blotti au pied des enceintes, qui attirent le regard en arrivant à Seyne et que vous pourrez parcourir en déambulant dans les vieilles rues qui abritent passages couverts et maisons à colombages.

La ville a également su conserver nombre de monuments du Moyen Âge qu'il ne faut pas manquer de visiter. Promenez-vous par exemple sur la rampe Barri, qui part de la Grande-Rue et court jusqu'aux jardins de la ville, stoppez devant la porte basse datant du XVe siècle, surmontée de ses mâchicoulis moyenâgeux. Voyez aussi la chapelle dominicaine du XVIIe siècle et surtout, l'église Notre-Dame-de-Nazareth, qui est le plus bel édifice religieux de la commune. Datant du du XIIe siècle, Notre-Dame-de-Nazareth a été construite dans le plus pur style de l'art roman, et la grande tour médiévale dans ses environs témoigne de l'importance stratégique de ce lieu de vie.

En continuant dans les ruelles de ce vieux bourg labyrinthique aux façades pastel délavées, vous pourrez admirer quelques maisons en vieilles pierres et remarquer, ici une porte, comme au n° 11 de la Grande-Rue, l'ancien hôtel des Trois Rois, là une voûte médiévale, un encorbellement ou encore un imposant vieux lavoir avec sa toiture faite de poutres de bois.

LA CITADELLE VAUBAN

Montée du Fort
✆ 04 92 35 31 66
http://fortetpatrimoine.free.fr
Ouvert toute l'année. Visite libre 5 € : tous les jours de 10h à 18h. Visite guidée en été : 6 €.

La visite de cet impressionnant ouvrage militaire dû à Vauban et dominant la cité est parfaitement organisée par une association locale *Fort et Patrimoine du Pays de Seyne*. Fort, remparts et bastions ceinturant une tour de guet antérieure au XIIe siècle, la visite est aujourd'hui un « must » pour les enfants comme pour les adultes. Du haut des remparts, éventuellement à travers les meurtrières, vous aurez une vue imprenable sur la vallée… et même la possibilité de faire un petit pique-nique sur une des belles tables de bois disposées à cet effet !

ASSOCIATION FORT ET PATRIMOINE DU PAYS DE SEYNE

Montée du Fort ✆ 04 92 35 31 66
De nombreuses visites guidées l'été : parcours découverte de Seyne (6 €), des village du canton (8 €), écomusées (4 €).

En plus d'organiser la visite de la citadelle, l'association propose de nombreuses autres activités culturelles : au détour d'une ruelle de village, elle vous propose de retrouver aisément le passé de Seyne-les-Alpes en vous guidant dans les écomusées. Elle a également créé un escape-game dans le fort de Seyne. Cette aventure vous emmènera pendant 75 minutes dans les entrailles de ce monument pour en découvrir l'histoire et les secrets (informations : www.fort-escape-seyne.com).

CAMPING DE LA BLANCHE** €

Les Tarettes ✆ 04 92 35 02 55
www.campingdelablanche.net
Ouvert toute l'année. Qualité Tourisme. Tentes, camping-cars, mobil-homes. Camping-car 18 € en été.

Les emplacements sont spacieux, plats et bien équipés. Valérie et Bruno, les sympathiques gérants, proposent des jeux pour enfants, un arboretum, des jeux « découvertes rurales » pour petits et grands et des soirées conviviales en saison estivale. Pour les cavaliers en randonnées, un champ est à disposition pour leurs chevaux. Aire pour les camping-cars. Ce camping est décidément une adresse à connaître pour tous les adeptes de nature et de grands espaces dans ces Alpes du Sud encore sauvages et préservées. Piscine municipale gratuite à 500 m.

GÎTE DE ROCHECLOSE €€

Station Le Grand Puy
✆ 04 92 35 11 11
gite-de-rocheclose.blogspot.com
Ouvert toute l'année. La nuitée + le petit déjeuner pour 2 personnes, à partir de 70 €.

À deux minutes des pistes du Grand Puy, ce beau gite peut accueillir jusqu'à seize personnes. Les chambres d'un style montagnard sont spacieuses, propres, bien équipées et très agréables. Les pièces communes vastes et chaleureuses avec cheminée, et dans la cuisine il ne manque rien pour préparer vos repas. Les enfants sont les bienvenus et se réjouiront de non seulement découvrir la neige mais également chevaux, alpagas, chiens et chats. Carole et William savent chouchouter leurs hôtes et font tout naturellement leur possible pour rendre votre séjour inoubliable.

LE VIEUX TILLEUL** €€

Les Auches
✆ 04 92 35 00 04
www.vieux-tilleul.fr
Ouvert toute l'année (sauf congé en novembre et janvier). Chambre double à partir de 70 € à 78 €. Demi-pension : 70 €.

C'est dans une ancienne ferme rénovée et transformée en élégant hôtel deux étoiles par les propriétaires, que Pascale et son fils Matthieu vous proposent un séjour paisible. Que vous profitiez du parc de 2 hectares qui longe la rivière en admirant les montagnes des alentours ou bien que vous plongiez dans la piscine en été pour vous rafraichir, vous apprécierez la qualité de l'accueil du lieu. Les chambres sont classiques et bien entretenues. Sur place un restaurant, *l'Insolent*, où Matthieu, maître restaurateur, élabore une cuisine moderne et créative.

LA BUGADE €

50, Grande Rue
✆ 04 92 35 10 90
Ouvert du mercredi au dimanche. Menus de 15 € à 22 €.

Vous recherchez une cuisine savoureuse, faite maison à partir de produits locaux et à un prix défiant toute concurrence ? À la Bugade, vous serez agréablement surpris. Tout y est ! La qualité de l'assiette, le fait maison, l'accueil cocooning, l'ambiance familiale dans un cadre chaleureux. Le plus difficile est maintenant de choisir entre les différentes propositions du moment. Mais pour commencer, un kir à la figue, dosé juste ce qu'il faut. Le chef se surpasse et les assiettes sont bien présentées. Il vient en salle s'assurer auprès de chacun que tout va bien.

LA CHAUMIÈRE €

33, Grande Rue
✆ 04 92 35 00 48

Ouvert toute l'année (sauf 15 premiers jours de décembre). Formule du midi : 17,50 €. Chambres de 50 à 120 € la nuit.

Ce petit hôtel-restaurant montagnard sans prétention propose 6 chambres de 1 à 5 personnes, simples et au cadre moderne. Repris depuis mi-2018 par un nouveau gérant, Gwenael, son restaurant pizzeria affiche une nouvelle carte de crêpes salées accompagnées de salades vertes, ou sucrées s'ajoutant à sa large carte de pizzas (une vingtaine au choix). Aux beaux jours, profitez de sa petite terrasse déployée sur la place de la chapelle où vous pourrez faire une halte rafraichissante entre les heures de service. Crêpes et pizzas sont également en vente à emporter.

RESTAURANT L'INSOLENT €€

Quartier des Auches ✆ 04 92 35 00 04
www.vieux-tilleul.fr/restaurant

Ouvert du mercredi au dimanche le midi et le soir. Et tous les jours en saison. Formule du midi en semaine de 19 à 24 €.

Dans son restaurant semi-gastronomique, le jeune chef Matthieu Bonnoure vous propose une carte originale de mets composés principalement de produits locaux, bio si possibles, et soigneusement sélectionnés sur le marché local. Le résultat en est une cuisine de qualité moderne, équilibrée et savoureuse. La carte suit les saisons et l'inspiration du moment du chef avec un menu du jour changeant. La salle de restaurant s'ouvre sur une magnifique terrasse panoramique baignée de soleil, à la vue imprenable sur les montagnes de L'Aiguillette et de Rocheclose.

FERME DES PÉLISSONES

La pointe ✆ 06 72 90 21 02
www.fermedespelissones.fr

Magasin à la ferme ouvert du lundi au samedi de 10h à 12h et de 15h à 18h30. Dimanche et jours fériés de 10h à 12h.

Avis aux amateurs de qualité et d'exigence ! Cette exploitation produit des bovins Angus et des porcins bio transformés sur place et commercialisés en vente directe. Les maîtres des lieux ont choisi l'agriculture biologique non seulement pour la ferme, mais aussi dans leur manière de vivre, de réfléchir et de consommer au quotidien. Au magasin, vous pourrez acheter du bœuf, du veau ou du porc en colis, mais aussi au détail. La charcuterie éveille les papilles, et tout confectionné par Patricia et Anthony. Le plus : les événements à la ferme d'une grande richesse !

BIKE PARK LE GAND-PUY

station du grand-puy
✆ 04 92 35 11 00

Haute saison, du samedi au mardi. Demi-journée (10h15 à 13h30 et 13h à 17h) : 11 €, journée : 15 €. Piéton : 7.00 €.

Cette station du Grand-Puy se trouve à environ 45 minutes des villes de Digne-les-Bains, Gap et Barcelonnette. Elle vous permet de découvrir, en dehors de la saison de ski, grâce aux itinéraires de son Bike Park, de vastes paysages plaisants et une vue époustouflante sur la Chaîne de la Blanche. Le parc propose 1 piste verte, 1 piste bleue, 2 pistes rouges dont une classée enduro et 1 piste noire classée DH avec dévers, souches en sous-bois, épingles… Le télésiège des Crêtes permet d'accéder depuis son sommet à tout le domaine.

LE FANGET

✆ 04 92 34 86 07

13 km de sentiers balisés, des boucles de 1 à 8 km.6 parcours raquettes en accès gratuit. 1 piste de luge.

Situé à 1 450 m d'altitude au cœur du massif des Monges, ce site de pleine nature propose des activités et animations lors des 4 saisons. Le Fanget est le point de départ de nombreuses randonnées dans la réserve géologique des Alpes-de-Haute-Provence. Vous pouvez aussi emprunter la direction des Clues de Barles ou des gorges de la Blanche, en toutes saisons. La station dispose de pistes de ski de fond et des itinéraires dans les sous-bois sont balisés pour les promenades en raquettes. Au foyer de ski de fond, il est possible de manger une cuisine traditionnelle.

STATION DU GRAND-PUY

✆ 04 92 35 19 19
www.seynelesalpes-tourisme.com

Ouvert tous les jours de mi-décembre jusqu'à mi-mars en fonction de l'enneigement. Journée adulte : 19 €.

Quand vous arrivez de Digne-les-Bains, la station du Grand Puy se trouve un peu avant Seyne, sur la gauche, au début de la descente du col de Maure, à 5 km du village. Cette petite station familiale – 5 remontées mécaniques pour 22 km de pistes et 520 m de dénivelé –, n'a pas encore été envahie par les immeubles de béton. Située dans un cadre montagnard, naturel et préservé, elle est dominée par les décors grandioses des montagnes de l'Aiguillette, de Roche Close et du Pic des Têtes. Vous pouvez également goûter aux plaisirs des raquettes ou du ski de fond.

SELONNET

Selonnet est une jolie petite ville possédant un intrigant clocher, séparé de l'église. En dehors de ce monument, vous pouvez également admirer l'antique chapelle Saint-Léger datant du XIIe siècle. À quelques kilomètres, la station de Chabanon vous offre, en hiver, son domaine skiable et ses équipements. En été, vous pouvez ici, comme dans toute la vallée, pratiquer de nombreux sports et randonnées qui vous mèneront peut-être jusqu'au fort de Dormillouse – 2 505 m – où les soldats qui y tenaient garnison entre 1800 et 1900 organisaient pour tromper leur ennui des bals et pour ce faire, allaient chercher toutes les jeunes filles des environs.

LE BLANCHON** €€

Station de Chabanon
✆ 04 92 35 27 79
www.hotelleblanchon.com
Ouvert toute l'année. Chambres à partir de 40 €. Pension complète à partir de 89 €.

A trois minutes à pied des remontées mécaniques, c'est le seul hôtel/restaurant ouvert tous les jours, toute l'année sur la station. Les vingt-six chambres, de la simple à la familiale pouvant accueillir jusqu'à huit personnes, ont été toutes rénovées. À votre disposition : salle de détente avec sauna, fauteuil massant et tapis de marche, bibliothèque et jeux de société. Le restaurant, dans une salle au cadre charmant avec cheminée et terrasse sud, présente une carte aux couleurs locales, avec des spécialités montagnardes et de délicieux plats créoles !

CHEZ LE POÈTE €€

Place du Village
✆ 04 92 35 06 12
www.chezlepoete.fr
Ouvert toute l'année. Chambre simple 52 € ; chambre double 75 €. Restauration (Menu à 16 €).

Vingt-neuf ans et ce Poète, situé dans un ancien relais de poste, n'a pas pris une ride. Derrière le piano, on retrouve avec plaisir Florence, qui nous concocte aussi une cuisine de pays goûteuse à base de produits frais et de terroir. Vous prendrez place dans une salle au décor rustique et aux beaux jours sur l'agréable terrasse. Quant aux onze chambres, elles ont été récemment rénovées et sont spacieuses, lumineuses et confortables. Dans la vallée de la Blanche, cet hôtel/restaurant/bar est une halte incontournable à l'excellent rapport qualité/prix.

LES DRAILLES €€

Le Village
✆ 04 92 35 08 29
Ouvert toute l'année. Restauration tous les midis ainsi que les vendredi, samedi et dimanche soir. Menu 16,5 €.

Marie-Ange et Daniel Blanc vous accueillent à cette table rustique avec pizzas au feu de bois, plats du jour aux accents de Haute-Provence et une série de plats mijotés à partager. Une cuisine de plats simples mais élaborée grâce aux produits frais et locaux. Vous trouverez avec plaisir une terrasse en prairie l'été et un intérieur douillet en hiver avec poutres apparentes et vue sur les pics de la Blanche. Les Drailles c'est également un lieu de rencontre, un magasin de produits locaux, avec presse, tabac et dépôt de pain. Une halte s'impose !

RANDONNÉE ORIENTATION DES AMIS DE LA NEIGE

✆ 04 92 35 09 17
Randonnée généralement organisée le premier samedi de février. Prenez contact avec la mairie pour les conditions.

Les amis de la neige proposent une journée rando orientation à ski de descente ou ski de fond ou orientation en raquettes dans une ambiance bon enfant… Alors, à vos skis ! La situation sanitaire et le fait que les rassemblements soient toujours limités ont contraint de nombreuses villes à annuler ou repousser leurs évènements, alors renseignez-vous auprès des offices de tourisme ou des mairies.

- **Tarif :** 8 €.
- **Distance :** 5 km.
- **Départ :** à 9h30 à Chabanon.
- **Difficulté :** facile.

MONTCLAR

Située dans la vallée de la Blanche, au pied du sommet de Dormillouse qui culmine à 2 500 m d'altitude, et entourée de forêt, la station de Saint-Jean-de-Montclar est née il y a une trentaine d'années de la volonté des habitants de Montclar de sauver leur village d'une diminution de la population et d'une régression économique, tout en respectant l'environnement typiquement montagnard du pays. Cette station sociale et solidaire vous permet donc de profiter de magnifiques panoramas, et de profiter de toute les activités des sports d'hiver en famille, dans un belle environnement naturel et encore à taille humaine. Une réussite actuelle !

LA CHAPELLE DE SAINT-LÉGER

D900 ✆ 04 92 30 92 01
www.montclar.com
Accès libre. Gratuit.

Construite par les Templiers au XIIIe siècle, c'est une des plus anciennes chapelles de la vallée, située dans un site pittoresque tout proche du petit lac de Saint-Léger. Une balade d'environ 2h, balisée par de nombreux panneaux, à effectuer non loin de Saint-Jean : départ de la station par un agréable sentier en sous-bois où l'on croise une étrange pierre aux sacrifices sculptée de croix et de trous, alors qu'un poste d'observation a été aménagé pour admirer les canards sauvages.

LE FORT DE DORMILLOUSE

✆ 04 92 30 92 01
Fort gratuit en accès libre. Restaurant d'altitude ouvert l'été uniquement sur réservation.

Cette forteresse date de 1862 et faisait partie intégrante du processus de défense des Alpes du Sud contre l'Italie, servant de relais sur une ligne de transmission optique qui reliait Grenoble à Toulon. Outre sa situation géographique sur un sommet, Dormillouse, dont le nom évoque la marmotte et situé à 2 500 m d'altitude, on retient un site superbe qui nous offre un panorama dantesque sur l'Ubaye et le lac de Serre-Ponçon. Chaque année, en juillet, une randonnée « ran'dormillouse » est organisée sur le site avec fanfare dans le fort.

LA PETITE BONNETTE €€

Les Piolles ✆ 04 92 31 84 95
www.lapetitebonnette.com
Ouvert toute l'année. Chambre d'hôte de 78 € à 83 € la nuitée pour 2. Table d'hôtes 28 € par personne. Sauna.

Laurence et Patrick ont un sens inné de l'accueil, dans leur chalet en bois avec ses 5 chambres d'hôtes, spacieuses, décorées avec goût dans une ambiance de montagne. Le salon est tout aussi confortable avec vue à 360°. Loin du bruit, de la pollution et du stress quotidien, venez vous ressourcer à cette adresse pleine de charme. Patrick vous régale d'une cuisine maison de terroir, avec des produits de saison. Quant à Laurence, elle vous promet un moment détente dans son espace bien-être. Un clin d'œil à Pauline, leur fille, qui propose des balades à cheval !

LE SAINT-JEAN €€

Col Saint-Jean ✆ 04 92 35 03 28
www.hotelstjean.com
Chambre double de 70 € à 98 €. Pension complète (91 € par personne). Restauration (menus de 19,50 € à 28 €).

Surnommé « un petit coin de Suisse égaré en Provence », toute l'équipe de l'hôtel Saint-Jean, situé au pied des pistes, est aux petits soins pour ses hôtes. Dans une ambiance conviviale, vous pourrez admirer les montagnes de Dormillouse et le lac de Serre Ponçon ! Les chambres sont confortables, spacieuses et faites de bois, ce qui rend l'atmosphère encore plus chaleureuse. Au restaurant le Clos Madarin, on retrouve le chef Bruno Savornin, Maitre Restaurateur, qui propose une cuisine riche en créativité où se mêlent tradition et modernité à base de produits frais.

LES ALISIERS €€

Col Saint-Jean
✆ 04 92 35 34 80
www.les-alisiers.fr
Ouvert 7j/7 pendant les vacances scolaires d'été et de février midi et soir. Menu à 30 €.

Ce restaurant situé au col Saint-Jean est une adresse sûre pour tous les amateurs de bonne cuisine. Les plats, élaborés avec des produits véritablement frais et locaux, par un passionné sont un vrai régal. L'établissement vous suggère, outre sa recette fétiche, les Picatons, incroyablement bons, d'autres spécialités telle son épaule d'agneau de pays confite, ou ses pintades de producteur local. La réputation de la table des Alisiers tient autant à l'art maîtrisé de son chef qu'à la sélection rigoureuse des producteurs, artisans et éleveurs locaux qu'il pratique !

LE CLOS MADARIN €€

Col Saint-Jean ✆ 09 74 56 13 88
www.restaurant-le-clos-madarin.fr

Maître Restaurateur. Fermé le mardi et mercredi soir hors vacances. Menus de 19,50 € à 28 €. Terrasse

Au pied de la station de ski Saint-Jean de Monclar, partez à la rencontre de Bruno Savournin, disciple d'Escoffier et Maître Restaurateur, pour une parenthèse gourmande qui ne compte plus ses adeptes. Bruno ne travaille que le produit frais et de pays, la plupart bio, au goût inimitable, comme ces viandes garanties 100 % pays de Seyne. À chaque jour, une idée de suggestion selon l'inspiration et l'humeur du chef. Des créations culinaires originales aux saveurs d'origines locales et d'ailleurs. Une cuisine moderne et inventive où chacun trouve son bonheur.

CAFÉ DU MOULIN €

Quartier du Moulin
✆ 04 92 35 05 25

Ouvert toute l'année. Du dimanche au vendredi le midi ; le weekend le soir. Formule du jour de 14 à 17,50 €. Terrasse.

Gérard et Jean-Jacques vous accueillent au Café du Moulin pour faire une halte conviviale avec une vue imprenable sur les montagnes environnantes. Ils vous invitent à déguster leur cuisine traditionnelle régionale mettant en valeur les produits de pays et frais. Dans une ambiance montagnarde chaleureuse avec une décoration mêlant harmonieusement pierre et bois, vous pourrez déjeuner et dîner en savourant une cuisine traditionnelle maison et d'inspiration provençale. Le Café du Moulin est également un lieu de vie avec son coin bar ouvert toute la journée.

LE DORMILLOUSE €€

Col Saint-Jean ✆ 04 92 35 37 00
www.hotel-espace.com

Fermé au mois d'avril et de fin septembre à mi-décembre. Le restant de l'année, ouvert 7j/7 midi et soir. Formule 18 €.

Face au sommet de Dormillouse, au cœur de Montclar les 2 vallées, Françoise et Sébastien vous accueillent dans leur hôtel/restaurant. Vous prendrez place à l'intérieur d'une salle au thème de montagne ou encore aux beaux jours, sur la belle terrasse panoramique donnant sur les pistes. C'est une cuisine traditionnelle copieuse et de montagne qui vous attend, et qui suit les saisons à base de produits de terroir comme cette charcuterie artisanale de qualité. Pour prolonger votre séjour, l'hôtel Espace avec spa offre 43 chambres confortables entièrement revisitées.

LA BRÉOLE

La Bréole est une commune déléguée de Ubaye-Serre-Ponçon suite à sa fusion le 1er janvier 2017 avec la commune de Saint-Vincent-les-Forts, pour former la commune nouvelle de Ubaye-Serre-Ponçon. Le village de La Bréole est situé à 998 m d'altitude et domine le lac de Serre-Ponçon. La commune est limitée à l'ouest par les gorges de la Blanche, qui font la frontière avec les Hautes-Alpes. Avant la conquête romaine, la Bréole est une ville des Édenates. Dans son histoire, une tombe de l'Âge du Fer, contenant une épée, a été découverte au XIXe siècle. Au hameau des Masses, il y a plusieurs vieilles maisons, dont une possède un pigeonnier, assez atypique.

LE VERNET

Au bord du Bès qui vient prendre sa source dans les hautes montagnes environnantes, sur un vaste plateau niché à plus de 1 000 m d'altitude, le Vernet bénéficie d'un climat exceptionnel, qui voit briller le soleil plus de 300 jours par an ! Les plantes de montagne sont particulièrement bien acclimatées le long d'un sentier botanique où poussent quelques espèces rares comme le chardon de Bérard ou la primevère à marge blanche. Il faut se promener dans ce village paisible pour goûter au bon air. De beaux points de vue, de jolies façades, une fontaine en bois et une petite église à clocher de style roman finissent de compléter ce tableau idyllique.

L'ARNICA - GÎTE ET CHAMBRES D'HÔTES €€

Route Du Col Des Fillys
✆ 09 74 56 60 15
www.chambrearnica.com

Ouvert toute l'année. 4 chambres. Chambre double de 69 € à 89 €. Petit déjeuner inclus. Gîte à partir de 550 €.

Joanne et Michel ont installé quatre magnifiques chambres d'hôtes dont une suite familiale, spacieuses et lumineuses, où pierres et mélèzes se conjuguent avec élégance et harmonie. Les motards sont particulièrement chouchoutés (garage moto, atelier, service dépannage...). Au petit déjeuner, vous goûterez aux produits du terroir. L'hiver, le petit apéritif servi devant le poêle à bois est convivial. Depuis les chambres ou le gîte, la vue est sublime !

MANOSQUE ★★★

Le Pays de Manosque, où résonnent encore les pas de Giono, bordé à l'est par le plateau de Valensole, et le canyon du Verdon, et à l'ouest par le Lubéron puis le Pays de Forcalquier, vous accueille aux portes de la Haute-Provence. Derrière vous, la montagne de Lure et son pays et devant vous, la Durance qui parcourt sa vaste plaine. Elle faisait jadis barrière, car parfois « indomptable » elle séparait les deux régions. Aujourd'hui, régulée par de nombreux barrages depuis Serre-Ponçon, elle est devenue plus compatissante et facilement franchissable, permettant une libre circulation dans tout le pays aux alentours de Manosque.
Cette petite ville, située à la pointe extrême du Lubéron, est, pour tous les Provençaux, le pays de Jean Giono, le célèbre écrivain. Fils de cordonnier, l'auteur y a vu le jour en 1895 et ne l'a jamais quittée longtemps. Mieux que personne, il a su décrire le caractère spécifique de cette ville où, selon ses mots, « les rues circulaient entre les fermes collées les unes contre les autres ».
Autrefois bourg médiéval protégé par ses remparts et une tour aujourd'hui en ruines (la tour du Mont d'Or, datant du Xe siècle et d'où vous aurez un magnifique panorama à 360°), cette cité n'est plus seulement tournée vers son passé agricole opulent. Les touristes, nombreux à présent, apprécient la cité ancienne à l'ambiance conviviale. Si les remparts de l'enceinte médiévale, qui suivaient le tracé des boulevards actuels, ont disparu de nos jours, l'héritage architectural reste bien présent dans la vieille ville, notamment avec ses fameux « toits » où l'on a tendance à imaginer le Hussard de Giono.
Manosque également accueille aujourd'hui de nombreux travailleurs du centre de recherche nucléaire de Cadarache (le fameux projet ITER, pour le Réacteur thermonucléaire expérimental international). Chercheurs et touristes apprécient donc cette cité à la fois dynamique, animée et paisible aux nombreuses fontaines, placettes et beaux platanes. Ils se plaisent également à se promener dans ses ruelles accueillantes et fraîches comme sur les collines toutes proches : le mont d'Or et la colline de Toutes-Aures, où se situait la ville primitive, et où demeure une chapelle perchée dédiée à saint Pancrace. S'il reste peu de chose de la vaste enceinte fortifiée qui suivait le tracé des grands boulevards actuels, hormis deux portes fortifiées, le patrimoine architectural de la ville est très riche.

LE CENTRE JEAN GIONO

3, boulevard Elémir-Bourges ✆ 04 92 70 54 54
www.centrejeangiono.com
Ouvert toute l'année. D'avril à septembre, du mardi au samedi 10h à 12h30 et 14h à 18h. Visite guidée du Paraïs : 8 €.
Le Centre Jean Giono, regroupe d'une part un espace d'exposition et un centre de documentation abrités par l'Hôtel Raffin (bâtisse provençale du XVIIIe siècle située à l'entrée du centre ancien de Manosque non loin de la Porte Saunerie), et d'autre part Le Paraïs, la maison et les jardins de l'écrivain, qui se trouvent eux au pied du Mont d'Or. Tout au long de l'année, de nombreux évènements y sont organisés (expositions, balades littéraires…) pour mieux faire connaitre auprès du public la vie et l'œuvre de ce célèbre écrivain, ainsi que des visites guidées.

CHAPELLE TOUTES AURES ✝

Colline de Toutes-Aures
✆ 06 74 36 36 50
www.tourisme-manosque.fr
Ouvert pendant les Journées du patrimoine, lors de concerts ou sur réservation pour les groupes au 06 74 36 36 50.
Au Xe siècle, les habitants partent sur les collines environnantes de Manosque et construisent quatre villages, dont celui de Toutes-Aures. Les deux églises qui existaient alors commencent à se dégrader lorsque la population décide de regagner la plaine au XVe siècle. Afin de ne pas perdre ce riche patrimoine, on décide de les restaurer. La voûte de Notre-Dame-de-Toutes-Aures, dite aussi chapelle Saint-Pancrace, est refaite avec les pierres des deux églises. Du sommet de la colline où est perchée la chapelle, on a une belle vue sur Pierrevert et Manosque.

CORBI PARC

Le Moulin - **CORBIÈRES**
✆ 06 87 79 53 86
Fermé de janvier à février. Haute saison ouvert tous les jours de 10h à 18h. Adulte : 10 €. Enfant : 10 €. Boutique.
Caroline, Thierry et Aurélien vous réservent le meilleur accueil dans ce parc animalier et de loisirs pas comme les autres où vivent sur 2 ha quelque 300 animaux domestiques, dont la plupart sont nains. Chameaux, lamas primés à des concours internationaux, vaches naines, bœufs texans, cochons nains, alpagas, ânes nains, volailles et bien d'autres encore. Les enfants prendront un malin plaisir à les caresser et même à les nourrir grâce aux graines offertes à l'entrée. Vous trouverez aussi des jeux aquatiques, manèges, ateliers pédagogiques et deux tyroliennes.

ÉCOMUSÉE L'OLIVIER ★★★

Ancienne route de Forcalquier - D13 - **VOLX**
✆ 04 86 68 53 15
www.mb-1830.com/fr/ecomusee-olivier
Fermeture annuelle janvier et début février. L'été ouvert 7j/7 de 10h30 à 22h. Visite libre. Restaurant.

Cet écomusée, situé dans un un four à chaux du XXe siècle : ancien lieu où l'on transformait le calcaire en chaux vive, est depuis 2006 dédié à la culture vivante de l'olivier, qui propose à la fois un musée et une dégustation.Il mérite une visite pour qui veut tout savoir sur l'histoire et la culture de l'olivier dans ce terroir et la fabrication son huile. Découvrez l'utilisation de cette dernière au fil des siècles : du combustible à la fabrication de savon en passant par la taille de l'arbre... Grâce à une scénographie étudiée qui mêle des vidéos, des vitrines présentant des objets rares et insolites et l'exposition de vieilles machines, vous découvrirez l'histoire et la mythologie de l'olivier en Provence et en Méditerranée. Une visite qui plait aussi aux enfants, avec des quiz adaptés à chaque âge permettant de rendre la visite encore plus ludique.

La boutique attenante est une boutique-épicerie fine avec les produits de Maison Bremond 1830, la Biscuiterie de Forcalquier et de la célèbre Confiserie du Roy René d'Aix-en-Provence. Un espace glacier est également à votre disposition de Pâques à septembre et des animations ont lieu régulièrement (cours de cuisine, marché de Noël, conférences, etc.).

Enfin, un restaurant, Le Petit Ribier propose une cuisine bistrot de produits frais et locaux, juste et inventive, construite sur la qualité de produits locaux et l'attachement à son terroir. En été, on appréciera la jolie terrasse ombragée du restaurant. Si vous passez dans les environs, n'hésitez pas à faire le détour !

FONDATION CARZOU

7-9, boulevard Elémir-Bourges
✆ 04 92 87 40 49
www.fondationcarzou.fr
Ouvert toute l'année. Horaires d'été : du mardi au samedi, de 10 h à 12 h 30 et de 14 h à 18 h. Adulte : 5 €.

En 1984, Manosque fait restaurer le couvent de la Présentation du XIXe siècle avec la volonté d'y faire peindre une *Apocalypse selon Saint-Jean* par un contemporain. Commencé en 1985, le travail de Jean Carzou a duré 7 ans et s'est achevé en juin 1991, date à laquelle la Fondation Carzou (créée en 1988) l'a ouvert au public. L'artiste a représenté l'*Apocalypse* de notre époque : comme la peur de l'an 1000, il montre la peur de l'an 2000 en représentant l'intense développement technologique, la déshumanisation de la terre, les grandes épreuves…

MARCHÉ DE MANOSQUE

✆ 04 92 72 16 00
Ouvert toute l'année. Le samedi de 8h à 13h.

Le marché de Manosque maintient avec panache la tradition des marchés provençaux au cœur des centres-villes et vieilles villes. Il s'approprie diverses rues et places du centre historique : place du docteur Joubert, place de l'Hôtel de Ville, place Marcel Pagnol, promenade Aubert-Millot, esplanade François Mitterrand et jardin Voghera. C'est une explosion de couleurs, d'odeurs et de sons, noyée par un flot incessant de piétons mêlant Manosquins venus s'y approvisionner et touristes se baigner dans cette ambiance typique et conviviale. À ne pas manquer !

LA THOMASSINE, MAISON DE LA BIODIVERSITÉ

Chemin de la Thomassine
✆ 04 92 87 74 40
Ouvert de mai à septembre, de 9h à 18h (visites guidées à 10h et 16h30). Le reste de l'année, sur rdv. Adulte : 6 €.

Le Domaine de la Thomassine est une promenade pédagogique dans l'extraordinaire diversité des cultures végétales. Découvrez un verger conservatoire de 5 ha, abritant 16 espèces d'arbres fruitiers, et un bel exemple de réseau de captage d'eau par des « mines », traditionnel dans la région, alimentant une fontaine. De là, parcourez un ensemble varié : jardins en terrasses, jardin des roses, jardin des eaux vives ou sec, et enfin un jardin potager avec ses variétés légumières oubliées.

LA TOUR DU MONT D'OR

Prendre la montée des Vraies Richesses puis à droite sur le chemin de l'Olivade.
Ouvert toute l'année. Gratuit.

La Tour joliment éclairée la nuit qui surplombe Manosque est le reste d'un ancien château construit au Xe siècle par le comte d'Arles, Bozon. Son fils Guillaume l'a habité mais au fil des siècles, la bâtisse est tombée peu à peu en ruines et aujourd'hui, il n'en reste qu'un pan de mur. La colline était autrefois envahie de genêts (d'où le nom Mont d'Or) mais aujourd'hui les oliviers ont reconquis l'espace. Cela peut être le but d'une agréable balade pour admirer la vue panoramique sur la vallée de la Durance et au loin le plateau de Valensole.

OFFICE DE TOURISME DE MANOSQUE

16, place de l'Hotel de Ville ✆ 04 92 72 16 00
www.manosque-tourisme.fr

Ouvert toute l'année. L'été, tous les jours de 9h30 à 13h et de 14h30 à 18h du lundi au samedi. Qualité Tourisme.

Voilà un point d'information utile aux touristes se rendant sur Manosque et ses alentours. Sur place, vous y trouverez brochures, dépliants, topo-guides et toutes informations pratiques, touristiques ainsi que des renseignements sur les diverses animations locales et leur calendrier pour un séjour réussi dans la ville ou ses environs. Son site internet, très complet et ergonomique, vous permet également, à tout moment, d'être bien informé sur tous ces sujets avant votre venue.

L'OCCITANE EN PROVENCE

Z.I. Saint-Maurice
✆ 04 92 70 32 08

Ouvert tous les jours. Boutique, musée et jardin ouverts 7j/7 d'avril à octobre puis du lundi au vendredi. Adulte : 6 €.

Le champion des cosmétiques *made in* Provence dévoile ses secrets de confection de ses produits au cours d'une visite à ne pas manquer. Sur place, vous trouverez également une magnifique boutique-musée (à prix d'usine), où vous pourrez faire votre shopping en découvrant ses archives, ses valeurs et quelques trésors tout droit venus du passé. Enfin, ne manquez pas son passionnant jardin méditerranéen aux multiples espèces sauvages et cultivées tels de véritables trésors naturels employés quotidiennement pour l'élaboration des produits de soins et parfums embaumant.

VISITE DE LA VIEILLE VILLE

Place de l'Hôtel de Ville
✆ 04 92 74 63 87

Visites guidées uniquement pour les groupes, sur réservation préalable.

Embarquez pour une visite complète de la ville, de portes en portes. En effet, Manosque, cité millénaire, était cernée par un rempart doté de quatre immenses portes. On payait, jadis, la gabelle pour franchir la porte Saunerie, construite en 1382 et symbole des libertés administratives et judiciaires de la ville. Saunerie vient du provençal « sau » qui signifie sel. Au n°14 de la rue Grande, vous apercevez la maison natale de Jean Giono, né en 1895. Rue Grande toujours, vous découvrez l'un des plus beaux hôtels particuliers, l'hôtel de Gassaud, datant de fin de la Renaissance provençale.

Un peu plus loin, Notre-Dame-de-Romiger vous attend, comme l'église Saint-Sauveur, rasée vers l'an 900 pour être reconstruite entre le XIIe et le XIVe siècle. L'hôtel de ville vaut le détour, superbe hôtel particulier de style Renaissance, devenu mairie depuis 1772. En remontant en face de celui-ci la rue du Mont d'Or, se trouve l'hôtel d'Herbès qui abrite la médiathèque. Dans la rue des Ecoles, admirez le Conservatoire, ancien couvent des Observantins. Rue du Bon-Repos, passez sous le porche du premier hôpital de Manosque. Vous pouvez quitter la vieille ville par la majestueuse porte Soubeyran, la plus haute de la ville avec son campanile de 1830. Admirez, en revenant, la rue des Martels qui était le chemin de ronde des remparts. Courage, vous abordez la place du Terreau, autrefois emplacement du palais des comtes de Forcalquier (Guilhem IV en fut le dernier).

ALPES-DE-HAUTE-PROVENCE

LA BASTIDE DE L'ADRECH €€

Avenue des Serrets ✆ 06 18 18 17 18
bastide-adrech.com

Ouvert toute l'année. 5 chambres doubles à partir de 95 €. 2 gîtes pour 4 à 7 personnes, à partir de 165 €.

La bastide de l'Adrech, datant du XVIIIe siècle, se situe au cœur d'un domaine oléicole à 5 minutes du centre-ville, dans un cadre et un emplacement idéaux pour cette chambre d'hôte de charme où Virginie et Manuel vous accueillent cordialement. Au premier étage, un grand salon vous offre son confort avec cheminée conviviale. Sa nouvelle décoration ainsi que celle des 5 chambres a conservé le cachet de la bastide d'antan tout en y introduisant une touche de modernité. Le dîner est possible en table d'hôte, proposant une cuisine du terroir à base de produits frais.

BEST WESTERN LE SUD*** €€

80, boulevard Charles-de-Gaulle
✆ 04 92 87 78 58
www.hotel-lesud.com

Ouvert toute l'année. Accueil 24h/24. Chambre double de 69 à 129 €. Petit déjeuner buffet 12 €. Restaurant.

À 10 minutes du centre historique de Manosque et à deux pas du théâtre Jean le Bleu, cet hôtel trois étoiles est une valeur sûre. Les 44 chambres sont tenues de façon impeccable par un personnel qui privilégie l'accueil personnalisé, ce qui est assez rare pour un hôtel de chaîne. Elles sont spacieuses, climatisées et confortables, décorées dans la tradition occitane. Un restaurant (le Sud) et un bar sont également sur place, ouvert 7 jours sur 7, midi et soir, pour les amateurs de cuisine simple mais savoureuse. La carte change régulièrement avec les saisons.

CAMPING FLOWER PROVENCE VALLÉE*** €€

Avenue de la Repasse
✆ 04 92 72 28 08
www.provence-vallee.fr

Ouvert du 1er avril au 31 octobre. La nuit de 12 à 32 €. Jeux pour enfants. Animations.

Ambiance conviviale et familiale pour ce camping entièrement rénové qui s'étend sur 2,7 hectares, bénéficiant d'une vue imprenable sur les Alpes et la ville de Manosque, située à deux pas. Il vous offre 106 emplacements avec une large choix de locations dont des cabanes lodges sur pilotis, des cocos sweet et des Canada trecks. Emplacements agréables, spacieux et ombragés d'une superficie minimale de 80 m². Piscine de 160 m², aire de jeux pour les enfants, animations, bar, food trucks.

HÔTEL BEL ALP** €€

102, avenue de Lattre-de-Tassigny
✆ 04 92 72 66 82

Ouvert toute l'année. Chambre double à partir de 55 €. Petit déjeuner buffet. Animaux acceptés (3,90 €).

Bien situé à 800 m du centre-ville et à 200 m de la gare, cet hôtel 2 étoiles, de bon rapport qualité prix, propose 37 chambres avec douches, toilettes privées, et TV. Climatisé et doté de transats côté jardin, il dispose d'une terrasse où l'on peut profiter du copieux petit déjeuner-buffet. L'accueil du personnel est particulièrement convivial et l'hôtel Bel Alp est équipé d'une chambre pour les personnes handicapées. Bref, voici une étape idéale pour les déplacements professionnels ou pour passer un week-end à la découverte de Manosque et de sa région.

HÔTEL DU TERREAU €€

21, place du Terreau
✆ 04 92 72 15 50
www.hotelmanosque.fr

Ouvert toute l'année. 18 chambres de 47€ à 90€. Petit déjeuner 8,50€. Animaux acceptés 5€.

Laurence et Patrick vous accueillent chaleureusement dans ce logis de France, ils vous conseillent volontiers les itinéraires pour découvrir la région qu'ils connaissent parfaitement. Chaque chambre est confortable avec climatisation, télé, wifi et salle de bain (douche ou baignoire) et toute sont décorées de façon différente. Le petit déjeuner copieux est servi en salle. Les plus : l'emplacement en plein centre tout proche du grand marché hebdomadaire ainsi que des placettes pittoresques et animées et le garage est gratuit pour les deux-roues sur réservation.

LES JARDINS DE BOUTEILLE €€

chemin de Bouteille
✆ 06 78 25 47 43
www.gites-manosque.fr

Gîtes de différentes capacités et chambres d'hôtes 4 étoiles. Chambre double à partir de 100 €. Petit-déjeuner inclus.

Au cœur d'un domaine de cinquante hectares composés de fruitiers et de maraîchers. Florence a le sens de l'hospitalité. Sa propriété est tout simplement superbe avec un paysage agricole à perte de vue. Les chambres classées quatre étoiles ne manquent de rien. Décorées avec goût, elles sont non seulement spacieuses, mais aussi confortables avec des lits en 180 cm et des douches à l'italienne. La piscine, le jardin, les petits-déjeuners maison et les produits de la ferme proposés en vente directe font de ce lieu un endroit idéal où séjourner au calme.

LES MONGES €€

3627, route d'Apt
✆ 04 92 72 68 41
www.lesmonges.com

Ouvert d'avril à octobre. Gîte pour 4 personnes de 680 à 950 € la semaine.

Dans le parc du Luberon, un conseil, venez à la rencontre de Michèle et Alain, sur leur domaine des Monges, entre la mi-juin et la mi-juillet lorsque leur champ de lavandin est en pleine floraison. Superbe ! Ce mas du XVIIe siècle, remarquablement restauré dans un style typiquement provençal, est lové au cœur d'un domaine de 100 ha. Ici, le temps s'arrête. Détente, découverte, nature calme et sauvage, cadre exceptionnel, panorama unique sont au rendez-vous. D'ailleurs les habitués connaissent bien l'adresse et renouvellent leurs venues chaque année.

LA TARTELIÈRE €

1, place du Terreau
✆ 04 92 78 63 03

Ouvert du lundi au vendredi de 8h30 à 15h. Menus de 8,50 à 9 €.

À la Tartelière, pas de salle mais un comptoir derrière lequel Audrey nous prépare des mets à emporter faits maison. Le concept est simple, vous commandez le matin et venez récupérer vos plats à l'heure du déjeuner. Attention, on se bouscule devant la porte, les Manosquins ont pris le rythme et leurs habitudes. Sur le pouce, sandwichs, tartes salées, pizzas, salades composées, formules à prix doux. Tout est frais et cuisiné du jour. On peut s'attabler sur la terrasse, ou juste à côté à la terrasse du café Mi-Ange Mi-Démon pour accompagner son repas d'une boisson.

L'ATELIER À PIZZA €

Avenue de la République - **SAINTE-TULLE**
✆ 09 53 88 05 96
www.atelier-a-pizza.fr
Ouvert du lundi au vendredi de 11h30 à 13h45 et de 18h à 21h30. Formule du midi : 13 €.

Une adresse qui a de nombreux adeptes. Dans une salle où se mêlent moderne et baroque ou encore sur la petite terrasse, on vient ici pour se régaler d'une cuisine italienne fraîche et de saison. Les amateurs de pizzas seront ravis. La spéciale du patron est un délice (sauce tomate, mozza, tomates fraîches, jambon cru, grana padano, roquette et balsamique). Parmi les crémées, ne manquez pas la biquette de l'éleveur. Au feu de bois encore, les nombreuses grillades servies avec frites maison et salade. Les nostalgique des pâtes fraîches seront également comblés.

LE CORNET LIÉGEOIS €

D 4096
✆ 06 11 07 35 02
lecornetliegeois.business.site
Les horaires peuvent varier selon la saison. Cornet de frites : moyen 3,50 €, grand 4,50 € ; snack dès 2,50 €.

Caroline et Serge ont quitté Liège en Belgique en 2013 et se sont installés à Manosque où ils ont planté leur « baraque à frites », pour proposer de véritables frites belges préparées comme là-bas, cuites à la graisse de bœuf et servies en cornet. Côté dessert, les gaufres de Liège, évidemment, et même des lacquemants (on vous laisse découvrir ce dessert original) ! Le tout accompagné d'une bonne bière spéciale par exemple. La friterie belge ambulante se déplace chez vous sur demande. Le mercredi midi et le vendredi soir, elle sera à Villeneuve.

LA FABRIQUE À BURGERS €

97, avenue de la République
SAINTE-TULLE
✆ 09 86 73 81 48
Fermé 3 semaines en été et 2 semaines à Noël. Ouvert du mardi au samedi midi et soir. Carte : 15 € environ.

Face au théâtre, d'excellents burgers maison vous attendent. Cette Fabrique a tout pour plaire, de l'accueil aux plats. Du fait maison à base de produits frais. Treize burgers au choix avec des incontournables comme l'horloger suisse, le gaillard ou encore le chapelier pané. On se délecte ! Vous pourrez vous régaler aussi de choucroute, de parmentier de canard, de tartare au couteau fait en live, ce jour. Gérald est en cuisine aidé de Jérémy et de son épouse Laura à l'accueil. Une équipe qui mérite le détour, et des plats à emporter si vous le souhaitez.

DELICE LIBANAIS €

30, place Saint-Sauveur
✆ 04 92 72 13 54
www.aupalaisdescafes.fr
Ouvert toute l'année. En pleine saison, ouvert de 7h30 à 23h du lundi au samedi. Formule du midi : 15 €. Menu à 22,50 €.

© DÉLICE LIBANAIS

À la carte de ce restaurant qui a pignon sur rue depuis presque 30 ans à Manosque, un grand choix de plats traditionnels libanais, faits maison, à partir uniquement de produits frais. Ses délicieux mezze se composent d'une quinzaine de plats où légumes, viandes, graine de boulgour (blé) et épices se marient avec bonheur, accompagnés d'un verre d'arach… À la belle saison, vous profiterez de la terrasse ombragée déployée sous les platanes d'une des places les plus typiques de la ville, à côté d'une agréable fontaine rafraîchissante.

LE CASSANDRA €€

23, place du Terreau
✆ 04 92 87 65 09
www.restaurantlecassandra.sitew.com
Menus de 22 à 38 €. Formule du jour de 15 à 17 €. Vin au verre.

En février 2019, Le Cassandra a soufflé sa trentième bougie et Vincent est toujours au piano. Le restaurant est situé sur la place du Terreau au cœur de la vieille ville. Depuis qu'il s'est refait une beauté, vous prendrez place dans une salle spacieuse au mur en pierre avec mezzanine dans une ambiance sobre et chaleureuse. Aux beaux jours, c'est sur la terrasse sous la vigne vierge qu'on s'attable. La cuisine se veut traditionnelle. Les mets sont à base de produits du terroir et de saison. Les desserts maison ne sont pas en reste non plus. Un accueil extra !

L'ORIGINE €€

Place de la Fontaine - **SAINT-MARTIN-LES-EAUX**
✆ 06 63 41 41 55
www.l-origine.com

Du jeudi au mardi le midi ; le vendredi et le samedi le soir. Menu unique à 26,50 € le soir. Formule du midi : 17,90 €.

L'Origine est le premier restaurant de ce joli village situé en hauteur, en plein Luberon. Sandra et Fiona assurent un service efficace, Patrick travaille les produits locaux pour proposer une cuisine savoureuse alliant tradition et modernité. Quelques mets à déguster : brandade maison, roulé d'agneau farci et fondue de choux blancs, caille rôtie au miel et gratinée de butternut, et en dessert succès praline pistache, feuilleté de glace à la vanille. Pour accompagner, une carte de vins locaux soigneusement sélectionnés. Idéal pour conjuguer nature et gastronomie.

SENS ET SAVEURS €€

43, boulevard des Tilleuls ✆ 04 92 75 00 00
www.sensetsaveursmanosque.com

Ouvert le lundi soir et le dimanche midi, le mardi, mercredi, vendredi et samedi midi et soir. Menus de 35 € à 69 €.

En lisière du vieux Manosque, une adresse à ne manquer sous aucun prétexte. Faisant partie des meilleures tables de la cité, on conseille de réserver. Sylvain Nowak, au parcours sans faute, vous accueille dans cet ancien et magnifique couvent transformé en un remarquable restaurant, dont la réputation n'est plus à faire. Confortablement installé dans cette superbe et lumineuse salle voûtée autour de tables joliment dressées, vous vous régalerez d'une cuisine droite et soignée au goût du jour et des saisons, selon l'inspiration du chef et des produits du moment.

RESTAURANT PIERRE GREIN €€€

180, avenue Régis-Ryckebusch ✆ 04 92 72 41 86
www.restaurantpierregrein.fr

Ouvert du mardi au samedi le midi ; le vendredi et le samedi le soir. Menus de 57 à 95 €. Terrasse.

Il ne faut pas se fier à son emplacement. Situé à quelques kilomètres du centre-ville dans une petite zone commerciale, le Restaurant Pierre Grein a bien décroché en 2021 une première étoile au guide Michelin. L'ancien Bistronomique a été entièrement relooké pour offrir un cadre lumineux et confortable. Une carte et des menus originaux auxquels s'ajoute une magnifique présentation des plats qui explorent la tradition provençale avec technique et modernité. Et même plus encore : les desserts en trompe-l'œil sont des œuvres d'art, tout simplement.

LE MOULIN DE L'OLIVETTE

Rond-point de l'Olivette
✆ 04 92 72 00 99
www.moulinolivette.fr

Magasin ouvert tous les jours sauf dimanche et jours fériés. L'été, de 8h30 à 18h30 non-stop.

Créé en 1928, le moulin de l'Olivette a accompagné tout au long du XXe siècle l'histoire, le développement et la modernisation de l'oléiculture locale… Et il accompagne toujours plus de 2 000 coopérateurs de la région ! Après avoir été un des premiers moulins français à acheter une laveuse à olives dans les années 1970, il fait maintenant partie des moulins équipés de système d'extraction en continu. Le moulin produit deux appellations : l'AOP Haute-Provence (avec une variante bio) et l'AOC Provence, ainsi qu'une huile dite de France (au fruité subtil).

L'OCCITANE EN PROVENCE

Z.I. Saint-Maurice
✆ 04 92 70 32 08

Ouvert 7j/7 d'avril à octobre et du lundi au samedi le reste de l'année. Visite guidée de l'usine : 6 €.

L'Occitane en Provence c'est, tout d'abord, une jolie boutique, bien agencée, aux tons chaleureux. C'est ensuite des odeurs délicates qui viennent exciter vos sens. C'est enfin un accueil par de jolis sourires. Sur les rayonnages, on trouve des produits de grande qualité pour femmes et pour hommes : des savons, des baumes hydratants, des huiles pour le corps... bref, tout un panel d'articles pour prendre soin de soi et se sentir bien. Durant la visite, le personnel, discret, mais bien présent est toujours là pour donner de judicieux conseils. On aime beaucoup.

AUX PLAISIRS DES METS

4, rue Grande ✆ 06 74 49 38 12
loufromagiou.simdif.com

Ouvert le mercredi et le jeudi de 8h à 14h30. Marchés : mardi à oraison, vendredi à Pertuis et dimanche à Saint-Auban.

Aux plaisirs des mets souffle sa quatrième bougie en cette année 2022 et c'est toujours autant de plaisir de partir à la rencontre de Denis, un fromager passionné depuis 28 ans ; d'ailleurs, on le surnomme « lou fromagiou ». Dans son temple du fromage, à vous les tommes de Provence, les chèvres fermiers de Valensole, son banon, sa brousse du Rove, ses brebis du Mont Dragon, son parmesan et son comté fruité. Les amateurs de charcuterie 100 % sans conservateurs, ne seront pas déçus en découvrant les spécialités. Tous les produits à la vente sont artisanaux.

PROMENADE LITTÉRAIRE

✆ 04 92 72 16 00

www.ville-manosque.fr

Événement littéraire de l'été. Tarif : 7 € (durée : 1 h).

Il a souvent choisi pour cadre le monde paysan provençal, et aujourd'hui c'est nous, promeneurs, qui le prenons comme prétexte pour découvrir Manosque et ses alentours. Jean Giono (1895-1970), manosquin pure souche, a passionné plus d'un lecteur dans cette charmante cité provençale, et Jean-Louis Carribou en fait partie. Depuis plusieurs années déjà, ce guide littéraire vous emmène, un livre à la main, sur les pas et les mots de l'écrivain. La randonnée prend une dimension soudainement poétique : les mots subliment le paysage, à moins que ce ne soit l'inverse...

PIERREVERT

« Un village d'or semblable à une barque portée par une vague de rochers », écrivait si poétiquement Jean Giono. Pierrevert est perché sur un rocher qui fut autrefois couvert de lierre. Il a su conserver son aspect moyenâgeux avec ses rues étroites et tortueuses. Niché au cœur des vignes, il est aussi la capitale viticole des Alpes-de-Haute-Provence. En 1998, l'obtention de l'appellation d'origine contrôlée témoigne de la capacité des vignerons à se regrouper pour innover et produire des vins de qualité. Ce vignoble d'une superficie de 300 hectares s'étend dans la zone la plus chaude du département. Situé à 450 m d'altitude sur la rive gauche de la Durance et du Verdon, c'est l'un des plus hauts vignobles de France. Il recouvre les communes de Corbières, Gréoux-les-Bains, Manosque, Montfuron, Pierrevert, Quinson, Sainte-Tulle, Saint-Laurent-du-Verdon, Saint-Martin-de-Brome, Villeneuve et Volx. 11 communes donnant 11 cépages sélectionnés pour leur spécificité et leurs qualités aromatiques. Ces vignobles donnent naissance à des vins légers et frais, des rouges charpentés (potentiel de garde de 5 à 7 ans), des rosés pleins d'arômes à boire dans l'année de leur production, des blancs secs (potentiel de garde de 1 à 3 ans), souvent médaillés dans les plus importants concours français et mentionnés dans les plus grands guides du vin malgré leur jeune âge. Vous y trouverez entre autres la coopérative des Vignerons des Coteaux de Pierrevert (regroupant 200 producteurs), Domaine Châteauneuf-la-Blaque, Domaine de Régusse, Château de Rousset, Cave de la Madeleine et Domaine Saint-Jean.

LES MINOTS €

Cours de la Libération

✆ 04 92 72 15 98

Congés de 3 semaines fin septembre et entre Noël et le jour de l'An. Haute saison de 9h30 à 23h. Plat du jour 11,80 €.

Le restaurant familial les Minots vous accueille en toute simplicité et convivialité. Dans la salle ouverte trône un superbe comptoir bleu où sont déployées de grandes tables en bois garnies de tabourets. Sophie et Léo ont fait le choix d'une carte courte qui privilégie les produits frais et de qualité, pour proposer dans l'assiette des couleurs et beaucoup de goût. C'est Kim, d'origine vietnamienne qui officie en cuisine. L'établissement est aussi un bar à tapas accueillant, avec une belle carte de cocktails, où il fait bon s'attarder en terrasse l'été.

CAVE PETRA VIRIDIS

1, avenue Auguste-Bastide

✆ 04 92 73 40 42

www.petra-viridis.com

Ouvert toute l'année De 9h à 12h et de 14h à 18h, sauf les dimanches et les jours fériés. Commande possible en ligne.

La Cave Petra Viridis des vignerons de Pierrevert est une coopérative vinicole qui regroupe plus de 80 producteurs. Ses objectifs sont de mettre en commun les moyens de production afin d'être plus fort sur les marchés de commercialisation et d'aller vers une amélioration de la qualité des crus. Vous trouverez dans sa boutique de nombreux crus des 3 couleurs présentés en bouteilles comme en fontaines à vin de 3 à 10 litres, mais aussi des pétillants ainsi que son délicieux rosé fruité... et même une huile de pépins de raisin et des jus de raisin !

DOMAINE DE RÉGUSSE

Route de la Bastide-des-Jourdans

✆ 04 92 72 81 67

www.domaine-de-regusse.com

Ouvert tous les jours de 9h30 à 12h30 et de 14h30 à 19h. Visite sur rendez-vous. Livraison possible.

Ce domaine d'exception a été créé en 1970 par Claude Dieudonné. 23 cépages se répartissent sur plus de 200 ha englobant deux AOC coteaux-de-pierrevert et côtes-du-luberon. La diversification et la technicité apportées à ces vignobles permettent de présenter une vaste gamme de produits. Régusse s'est engagé dès les années 2000 dans une démarche de Viticulture Raisonnée Contrôlée (VRC). Dans la boutique vous trouverez à la vente toute cette production et également un beau choix de whiskys et de rhums ainsi que de nombreux produits artisanaux locaux.

DOMAINE LA BLAQUE

Route de la Bastide-des-Jourdans
✆ 04 92 72 39 71
www.domainelablaque.fr

Dégustations en semaine de 9h à 12h et de 14h à 18h. Possibilité de commander par le site internet.

Le génie de ces vignerons chevronnés, qui se sont battus pour l'obtention de l'AOC, réside dans leur manière d'exploiter le climat et les sols. Le domaine produit depuis 2012 des vins biologiques labellisés « bio » en 2014. Un vignoble de 50 ha, répartis en AOC Pierrevert (principalement), IGP (5,5 ha) et un hectare de pinot. Syrah et grenache donnent la typicité des rouges, issus d'une vinification classique ou d'une macération carbonique. Quant aux cinsault, grenache, vermentino, ils servent à élaborer d'excellents rosés. Plusieurs cuvées s'offrent aux visiteurs.

GOLF DU LUBERON

La-Grande-Gardette
✆ 04 92 72 17 19
www.golfduluberon.com

Ouvert toute l'année. Été : de 7h à 20h. Boutique. Restaurant La Gardette ouvert 7j/7 de 11h30 à 14h30.

Implanté en 1988 sur la commune de Pierrevert, dans un vallon à 380 mètres d'altitude, à 5 kilomètres de Manosque, le golf de Pierrevert offre un superbe parcours dix-huit trous au cœur du parc régional du Lubéron. Son tracé étant escarpé il demande pour certains trous, une grande précision dans l'exécution du jeu, et beaucoup d'adresse pour franchir certains obstacles. Les novices peuvent aussi profiter de ce golf, avec notamment deux forfaits proposés : Découverte et LiberTee. Le restaurant La Gardette vous accueille pour déjeuner.

VILLENEUVE ★

Le vieux village de Villeneuve est situé à 440 m d'altitude. L'agglomération plus moderne s'est développée sur les pentes descendant vers la vallée de la Durance et dans sa plaine, désormais à l'abri de ses crues redoutables. Le village en ruines de La Roque est l'ancien la Roche-Amère : il offre un panorama sur la vallée de la Durance et le défilé du Largue. Ne quittez pas Villeneuve sans avoir visité cette « Roche Amère », que vous atteindrez à pied en empruntant le sentier pentu qui démarre à 100 mètres au nord du village. Visible de toutes parts, cet énorme rocher calcaire a été détaché de la montagne du Luberon par la rivière Le Largue.

MUSÉE ARCHÉOLOGIQUE ET HISTORIQUE

11, place de la Fontaine-Ronde
✆ 04 92 79 33 89

Ouvert toute l'année. Le dimanche de 10h30 à 12h. Possibilité de visites sur rdv en dehors de ces périodes. Gratuit.

Le musée rassemble des vestiges archéologiques recueillis au cours de fouilles locales ou trouvés par des habitants de Villeneuve, mais aussi des objets, photographies ou documents de l'histoire du village. C'est ainsi qu'il propose une exposition sur le bilan des fouilles archéologiques de 2009 et 2010. Également, de très nombreux outils exposés témoignent de techniques et de savoir-faire anciens. Enfin, des métiers historiques de la terre et de l'artisanat du terroir revivent.

LE MAS DU CADRANIER €€

250, chemin de Saint-Jean ✆ 06 62 65 24 28
www.masducadranier.com

Ouvert toute l'année. Chambre double de 79 à 98 €. Demi-pension : 57 €. Lit supplémentaire : 25 €. Parking inclus.

Dans cette bâtisse ancienne, Odile vous accueille avec chaleur, dans le cadre poétique de ses chambres d'hôtes de charme et ses gîtes, perchés sur une colline. Deux chambres à l'image de la Provence fleuries, naturelles et épurées vous content l'histoire de ce terroir. En complément, Odile propose deux appartements Les Cigales et Les Oliviers. Dans le jardin, une belle terrasse et sa cuisine d'été, et l'indispensable piscine pour un séjour estival de rêve. Un service traiteur est proposé par Odile avec des plats préparés et faits maison, le soir en libre service.

TERRE D'OC

✆ 04 92 79 40 30
www.terredoc.com

Ouvert du lundi au samedi de 10 h à 18 h. Livraison possible.

Terre d'Oc, avec ses cosmétiques, senteurs et thés, est la concrétisation d'un rêve de deux jeunes enfants du pays : Valérie Roubaud et Patrick Lions. Depuis 1995, ils nous ouvrent les portes de leur magnifique boutique aux mille senteurs et aux secrets de beauté issus des cultures du monde. Depuis 25 ans, ses valeurs sont bien ancrées : le commerce équitable, le bio et le développement durable. Dans ce cheminement, les cosmétiques sont à base d'argan, de figue de Barbarie, de karité, de miel... Puis viennent les thés gourmands, sans oublier les tisanes fruitées.

LE CAIRE

Lorsque vous annoncez que vous vous rendez au Caire et que cela ne vous prendra que peu de temps, il est possible que vos amis ouvrent grands leurs yeux, doutant de votre sens géographique. Et pourtant, le Caire est bel et bien un mini-village de 75 habitants situé dans les Alpes-de-Haute-Provence. Doté d'une fantastique et non moins vertigineuse via ferrata (son pont suspendu dans le vide en est la principale attraction), le Caire tire son nom de l'occitan *cairoun* signifiant « pierre rocheuse ». On y visite notamment l'église Saint-Michel du XVIIe siècle et on y admire le paysage de verdure riche en fruits, spécialement en pommes, la richesse locale.

OFFICE DE TOURISME INTERCOMMUNAL

Maison du Tourisme
© 04 92 68 40 39
www.hautesterresprovence.com
Ouvert toute l'année. L'été, tous les jours de 8h30 à 17h30. Label Tourisme & Handicap.

Au cœur de l'Unesco Géoparc de Haute-Provence, le bureau du Caire fournira toutes les informations aux amateurs de randonnées, de via ferrata ou d'autres sports, autant qu'aux amateurs de produits du terroir et de bonnes adresses. Point d'accès public à Internet, cette maison du tourisme gère aussi l'accès à la via ferrata (avec vente de billet et location d'équipements adaptés), ce qui entraine de nombreux moments d'activité soutenue avec parfois un peu d'attente. Soyez patients !

VIA FERRATA DE LA GRANDE FISTOIRE

© 04 92 68 40 39
www.viaferrata-alpes.com
Ouvert toute l'année. L'été 7j/7. Accès : 6,50 €. Location équipement complet : 15,50 €.

Le Caire des Alpes-de Haute-Provence a aussi son impressionnant monument vertigineux et aérien qui mérite le détour, mais ce n'est pas une grande pyramide... Non, ici c'est surtout sa via ferrata qui mérite le détour, à ne manquer sous aucun prétexte pour les mordus de sensations fortes.

Amis sportifs, n'hésitez donc pas à parcourir la Via Ferrata de la Grande Fistoire. Déployée sur une paroi calcaire de 250 m de hauteur, elle comporte une passerelle de 60 m de long. L'accès se fait en autonomie pour les plus confirmés. Pour les débutants, accompagnés d'un guide, ils pourront également découvrir cette randonnée du vertige. Il faut avoir le cœur bien accroché, mais l'aventure en vaut la peine. Attention ! il est dangereux de s'engager dans la via ferrata sans matériel alpin adapté et sans parfaite connaissance de son utilisation. Tout l'équipement nécessaire peut se louer sur place, sur réservation et à des tarifs très raisonnables comme pour celui de l'accès compte tenu des frais d'entretien indispensable du site.

Victime de son succès, en période d'affluence, des délais d'attente pour s'équiper sont possibles. Respectez le sens de l'itinéraire et n'en sortez pas. Pour réserver et disposer de la liste des guides et moniteurs d'escalade disponibles, s'adresser à la Maison du tourisme qui gère sur place cette belle via ferrata. Pour ceux qui ne sont jamais venus, n'hésitez pas à la découvrir sur son site internet particulièrement bien fait et détaillé.

ORAISON ★

Oraison est un gros bourg de tradition agricole grâce aux riches terres de la vallée de la Durance et à leur irrigation. Un canal qui serpente tout le long de la Durance depuis Serre-Ponçon, et alimente plusieurs centrales hydroélectriques, dont une souterraine située dans les « poudingues » du plateau surplombant le bourg, le traverse d'est en ouest. Situé au pied de la colline du Tholonet, il abrite également de nombreuses traces archéologiques d'occupation romaine sur l'ensemble de son territoire. Son église présente un exemple rare de la pénétration gothique dans la région. Enfin, c'est un petit centre administratif pour les communes environnantes.

CHÂTEAU

Place Louis-Pasteur
© 04 92 78 60 80
www.duranceluberonverdon.com
Le château ne se visite pas. La médiathèque est ouverte et quelques salles lors d'expositions ou d'événements.

Avec sa silhouette imposante et ses deux tours, difficile de passer à côté ! Visiblement construit après l'époque médiévale, en galets roulés de la Durance, il a été largement remanié par la famille De Fulque, originaire de Valensole et propriétaire du marquisat d'Oraison à partir de 1720. Cette famille le conserva plus ou moins jusqu'à la Révolution et l'édifice fut dévasté en 1792. Il est alors surélevé d'un étage et transformé en magnanerie. Ordonné par l'Etat, Louis Pasteur vint sur place vers 1868 pour étudier la maladie du ver à soie, appelée la pébrine.

NOTRE-DAME-DU-THOR

Place Clément-Plane
✆ 04 92 78 60 80
www.tourisme-alpes-haute-provence.com
Ouvert tous les jours de 8h à 12h30 et de 14h à 18H. Gratuit.

Construite en 1662, cette église fait la fierté des habitants d'Oraison, avec son imposant clocher de 33 m de haut. Elle abrite 2 tableaux classés au titre des monuments historiques. L'un représente *L'Adoration des Mages* et l'autre *La Mort de saint Joseph*. Ils ont été restaurés respectivement en 1992 et 1993. La cloche du XVIIe siècle vient du village d'Ubaye, englouti en 1958 lors de la construction du barrage de Serre-Ponçon. Cette dernière a été installée en 1862 et a même fait du cinéma puisqu'on peut l'entendre sonner dans le film *L'Eau vive,* de Jean Giono.

PIERRES À CHARRETTES ET DÉCROTTOIRS

Dans toute la vielle ville
Sur le domaine public le long de certaines rues de la vieille ville. En accès libre toute l'année.

Les décrottoirs sont ces lames de fer horizontales fixées aux murs extérieurs des maisons. Petit élément du patrimoine autrefois essentiel mais aujourd'hui oublié, ils servaient à enlever la boue de sous ses chaussures pour éviter de salir l'intérieur des maisons. Et les pierres à charrettes se trouvent en bas des murs des ruelles à angle droit, pour épargner les façades. On en dénombre une bonne dizaine dans le village. À découvrir lors des visites guidées de la ville ou en flânant.

BUREAU D'INFORMATION TOURISTIQUE D'ORAISON

9, allée Arthur-Gouin
✆ 04 92 78 60 80
www.tourisme-manosque.fr
Ouvert toute l'année. En juillet et août, du mardi au samedi de 9h30 à 12h30 et de 14h30 à 18h.

Outre les informations pratiques nécessaires pour votre passage à Oraison, il pourra vous fournir de nombreuses idées d'activités praticables dans le coin ou informations sur le patrimoine local. Enfin il vous propose de nombreux services tels qu'un « service groupe » pour l'organisation de séjours, des visites guidées sur réservation pour des groupes ainsi que la découverte de sentiers botaniques ou l'inscription pour une visite de la fabrique artisanale Perl'Amandes.

LA LEZARDIÈRE €

6, chemin du Thuve
✆ 04 92 76 63 38
Ouvert toute l'année. Chambre double 80 €. Petit déjeuner inclus. Parking inclus.

Cette chambre d'hôtes proche du centre-ville et des commerces permet de laisser votre voiture au parking. Un jardin cultivé en permaculture fournit légumes et fruits bio, et trois poules fournissent les œufs utilisés pour les gâteaux de votre petit déjeuner. Vos hôtes récoltent leurs olives transformées en huile par un moulin local. De même, quatre ruches fournissent du miel que vous pourrez déguster au petit déjeuner. Votre hôte, Jean-Claude, passionné, peut même vous présenter ses diverses variétés de ruches. L'usage de la piscine est partagé avec la famille.

LE BASTIDON DE THÉO €€

Saint Pancrace
✆ 04 92 75 48 83
Ouvert toute l'année. A partir de 340 € la nuitée pour deux pers. Restauration. Bain bouillonnant. Petit-déjeuner.

C'est ici que commence le rêve, dans cette suite de 60 m² avec spa de luxe type canadien trois places et luminothérapie, entièrement privée ! Cette maison de campagne entièrement clôturée et plantée de chênes, d'oliviers centenaires et de lavandes a tout pour plaire. Rajoutez à cela une hygiène parfaite, une décoration chic et raffinée, une ambiance chaleureuse et reposante, une cuisine mise à disposition… Et vous obtenez une adresse idéale qui sort vraiment des sentiers battus. Bravo à Muriel pour ce moment d'exception, à deux pas de la rivière de l'Asse.

CAMPING LES OLIVIERS**** €€

Chemin de Saint-Sauveur ✆ 04 92 78 20 00
www.camping-oraison.com
Ouvert d'avril à octobre. Emplacement pour deux de 21 à 28 € la nuit. Mobil-home jusqu´à 6, de 470 à 830 € la semaine.

Magnifique, le camping des Oliviers offre des emplacements spacieux et parfaitement plats, de 80 à 150 m² environ avec électricité, au milieu d'oliviers principalement, mais aussi de quelques chênes verts et autres… Son offre en locatif est large, allant du confortable mobil-home pour 6 personnes avec 3 chambres aux simples Tithome et eco-lodge Sahari pour 4 et sans sanitaires. Dans tous les cas vous disposerez d'une vue imprenable sur la vallée de la Durance, et de sa belle piscine extérieure pour faire un brin de sieste sur les bains de soleil.

LA GRANDE BASTIDE*** €€

Route de Valensole © 04 92 78 62 56
www.la-grande-bastide.fr
Ouvert toute l'année. Chambre double de 82 à 88 €. Demi-pension (à partir de 2 nuits). Restauration (buffet le midi).

En pleine campagne, au calme, les chambres sont confortables, avec des petits déjeuners copieux, et bénéficient du cadre tranquille de l'hôtel. Côté activités, vous pourrez faire une partie de tennis ou quelques brasses dans la piscine ou bien encore vous accorder une parenthèse bien-être dans l'espace détente (avec bain bouillonnant, sauna, massages...). Coté restaurant, à midi vous bénéficierez d'un large choix de mets de cuisine traditionnelle grâce à 3 buffets (froid, chaud et desserts) tandis que le soir vous pourrez déguster une cuisine plus raffinée.

CONNEMARA, CRÊPERIE & RESTO-ART €

10, rue Chales-Dol © 04 92 79 88 87
pubconnemara.blogspot.com
Ouvert du mardi au dimanche le midi ; le mardi et du jeudi au samedi le soir. Formules à partir de 13 €.

Les habitués vous le diront, tout est remarquablement bon et les années n'y changent rien : pas une ride pour le Connemara. Vous prendrez place dans un intérieur cosy, avec aux murs des expositions régulières d'artistes de la région. L'assiette est savoureuse et faite de produits frais, à la minute. Parmi les spécialités : grand choix de galettes bretonnes, crêpes mais aussi grandes salades fraicheur, burgers, tartares sans oublier la cave de cidres et bières bretonnes artisanales.

LA GRIGNOTTE €

18, avenue Abdon-Martin
© 04 92 79 96 07
Ouvert toute l'année, tous les jours midi et soir en haute saison. Formule du midi : 17,50 €.

Une cuisine à base de produits frais. Des plats savoureux, copieux et bien présentés. Un bon rapport qualité-prix. Un accueil excellent d'Agnès et Dominique. C'est tout ce qui vous attend dans cette sympathique Grignotte ! Parmi les autres spécialités de la maison : pieds et paquets marseillais, marmites du pêcheur, camembert rôti, foie gras maison. Les desserts maison sont aussi à tomber. Vous prendrez place sur l'agréable terrasse ombragée aux beaux jours ou encore dans un intérieur convivial avec des espaces intimistes séparés de balustres en pierres blanches.

DOUCET CONFISEUR

avenue de Traversetolo © 04 92 78 61 15
www.francois-doucet.com
Ouvert du lundi au vendredi de 9h30 à 18h et le samedi de 9h30 à 12h30 et de 13h30 à 18h. Vente en ligne.

C'est dans le dernier cassoir d'amandes encore en activité à Oraison que François et Maggy Doucet ont installé leur atelier de confiserie il y a une cinquantaine d'années. Les chocolats sont excellents, rigoureusement sélectionnées avant d'être enveloppés dans différents nappages. Les pâtes de fruits sont réalisées avec des fruits ramassés au maximum de leur maturité et eux aussi triés sur le volet. Toute une gamme certifiée 100 % bio en chocolat comme en pâtes de fruits (comprenant plus de 50 % de fruits) est également proposée. Dégustations gratuites possibles.

GLACIER SCARAMOUCHE

3, Route des Alpes - **LA BRILLANNE**
© 09 80 42 95 82
www.glaces-scaramouche.com
Ouvert toute l'année. 10h à 12h et 14h à 19h tous les jours sauf dimanche en basse saison et lundi en haute saison.

Scaramouche tire son nom d'un film de capes et d'épées de 1954 et résume bien l'aventure pleine de folie de cet artisan-glacier qui, en quelques années à peine, a réussi à tirer son épingle du jeu. Depuis sa création en 2013, France 2, France 3, la Provence, le Figaro, les récompenses et les reconnaissances pleuvent sur Scaramouche qui le mérite bien. Toutes les glaces et sorbets sont concoctés par la maison à partir du lait cru de vaches jersiaises, d'œufs bio, de fruits frais et d'herbes fraiches locales. Vous vous délecterez de plus de 30 parfums au choix.

MOULIN À HUILE PASCHETTA HENRY

4, avenue Charles-Richaud © 04 92 78 61 02
www.moulinpaschetta-henry.fr
Boutique ouverte du lundi au samedi de 9h à 12h et de 14h à 18h. Visite du moulin possible. Achats en ligne.

Le moulin à huile Paschetta Henry a été créé en 1922. Aujourd'hui, plus de 400 producteurs continuent à apporter leurs olives. Si l'huile de ce moulin ne fait pas partie d'une AOP, c'est volontaire afin de pouvoir proposer à la vente une huile d'olive vierge extra à un prix plus abordable que ses concurrents. À sa boutique, vous pourrez la déguster. Olives, tapenades, miels, confitures ou terrines de producteurs locaux y sont aussi proposés, ainsi que quelques produits cosmétiques.

BAYONS

Après le franchissement d'un étroit et profond défilé vous entrez dans le large terroir de Bayons. Le 26 juillet 1492, une coulée de boue emporta la moitié du village, tuant sur son passage bêtes et villageois, et stérilisant les terres. Bayons se redressa pourtant et en 1777, la communauté racheta les droits seigneuriaux pour la somme alors énorme de 60 000 livres. Quelle force de vie ! Le meilleur témoignage de ce passé courageux, de la richesse et de l'importance du bourg, de sa foi aussi, c'est l'église de Notre-Dame, datant du XIe siècle, qui vous l'offre. Grande et majestueuse, elle a été classée monument historique depuis 1891.

LE MASSIF DES MONGES

Accès libre toute l'année. En hiver l'enneigement peut rendre l'accès difficile ou même quasiment impossible.

Terre secrète, d'espace et de lumière, le massif des Monges s'offre à tous ceux qui sont passionnés de randonnées ou de géologie. Les Monges dévoilent aussi la richesse des faune et flore exceptionnelles de ce massif des Alpes du Sud. C'est également une terre qui accueille les bêtes l'été : elles viennent par milliers en transhumance brouter l'herbe des pâturages encadrés de belles forêts. Hameaux et villages (rares) se sont installés ici dans un respect quasiment religieux de la nature. Ce massif, culminant à 2 115 m, offre un panorama unique.

CONNECTEZ-VOUS sur
petitfute.com

et partagez
VOS AVIS et BONS PLANS

SISTERON ★★

Véritable tableau idyllique, la Provence semble s'arrêter à cette cluse impressionnante où la Durance se glisse entre les fortifications et le prodigieux Rocher de la Baume dont les strates paraissent jaillir à la verticale de la rivière.

Sisteron est un vrai livre d'histoire : village préhistorique, puis évêché au VIe siècle, place forte des comtes de Forcalquier au XIe siècle puis propriété des comtes de Provence. Elle rejoint le royaume de France en 1483. Couronnée par sa citadelle et ses affleurements géologiques hors du commun, elle vous attend pour vous livrer toute son histoire. Coupez le moteur et parcourez la cité où naquit le poète Paul Arène (1843-1896) ainsi que ses alentours… Avant de goûter ses pieds paquets, ou l'agneau de Sisteron, dont la renommée n'est plus à faire. La ville est labellisée Ville et Métiers d'Art et le mérite largement.

Le peintre William Turner, qui y fit un passage en 1836, y réalisa quelques dessins et aquarelles. Le peintre Paul Signac, en visite, fut aussi sous le charme. Patrimoine religieux, châteaux, architecture militaire… C'est sans doute chaque année au moment des Nuits de la Citadelle, festival mêlant théâtre, danse et musique depuis 50 ans, que la ville rayonne pleinement. Une de ses particularités ? Ses nombreuses petites rues étroites en escalier, ses andrones, qui lui donnent du charme. Pour ceux qui se passionnent pour le sujet, le musée municipal Terre et temps, qui se visite librement entre avril et septembre, donne à voir quelques objets rares et insolites tels qu'une horloge à eau avec automates, un pendule de Foucault et des cadrans solaires… le tout dans une ancienne chapelle restaurée des Visitandines du XVIIe siècle.

Plusieurs visites guidées sont proposées par l'office de tourisme pour vous permettre de découvrir les monuments principaux de Sisteron, que sont la cathédrale, la vieille ville et la citadelle. Dans la vieille ville, la rue Droite, la rue Mercerie et la rue Saunerie constituaient le quartier du négoce de cette vieille ville et les quartiers de La Coste et du Bourg Reynaud, ceux habités par les paysans de l'époque. On passait d'un quartier à un autre par les fameuses andrônes.

Lors de votre promenade dans les environs, on vous conseille de vous aventurer dans la vallée du Jabron. Vous pouvez même poursuivre jusqu'aux Omergues afin de profiter de son environnement sauvage et de sa nature préservée. Une magnifique petite vallée qui a su garder le charme d'antan !

CATHÉDRALE NOTRE-DAME ET SAINT-THYRSE

Place du Général-de-Gaulle
✆ 04 92 61 54 50

Ouvert du 1er juillet au 31 août. Ouvert Gratuit. Entrée libre. Visites possibles (se renseigner auprès de l'OT).

Sisteron était un des plus anciens évêchés de Haute-Provence au même titre que ceux de Digne et de Senez. Datant du XIIe siècle, la cathédrale Notre-Dame et Saint-Thyrse, ou plus familièrement Notre-Dame des Pommiers (altération du mot pomoerium, désignant l'espace entre les habitations et les fortifications) est certainement l'un des plus grands édifices religieux de Provence. Elle recèle la mémoire du passage des bâtisseurs venus de Lombardie en mêlant harmonieusement art roman et architecture lombarde. Sa construction a débuté au XIIe siècle. Elle s'est agrandie ensuite par l'adjonction de plusieurs chapelles latérales entre la fin du XIIIe et le XVIIe siècle. Le clocher extérieur, qui abrite une chapelle haute, se termine par une flèche datant du XIXe siècle. Sa coupole est surmontée d'un dôme avec une galerie ornée de délicates colonnettes et son portail principal présente, du côté extérieur, de nombreux motifs architecturaux sculptés remarquables. À l'intérieur, vous découvrirez des toiles de maîtres, et un magnifique retable du XVIIe encadrant deux toiles de Nicolas Mignard. À voir également, un riche ensemble de stalles en noyer avec miséricordes datant de la même époque, diverses sculptures, et aussi l'orgue datant du XIXe siècle ! La proximité immédiate de l'ancien couvent de la Visitation nous rappelle l'emplacement de l'ancien palais des évêques de Sisteron. Cette cathédrale est classée monument historique depuis 1840. Un bel ensemble à voir !

CITADELLE DE SISTERON

Montée de la Citadelle
✆ 04 92 61 27 57
www.citadelledesisteron.fr

Fermé de mi-novembre à fin mars. Le reste de l'année, ouvert 7j/7. Adulte : 6,70 €, enfant 3 €.

Entre les anciens comtés de Provence et Dauphiné, la Citadelle se détache en hauteur dans le ciel et contrôlait le passage dans la vallée de la Durance en dessous grâce à ses enceintes, ses bastions et son donjon. Elle surmonte du haut du rocher qui la porte, la ville de Sisteron. De ses premiers habitants, les Sogiontii, petit peuple de la puissante fédération des Voconces qu'Auguste asservit en 27 avant J.-C., et de leur oppidum, il ne reste aucune trace. Le castrum romain qui fut édifié par la suite n'a d'ailleurs pas eu plus de chance.

Du Ve au XVIIe siècle, la ville de Sisteron fut sans arrêt assaillie, d'où la décision, prise en 1372 par le Conseil de la Ville, de la protéger d'une enceinte, parée de puissantes tours. Mais les guerres de religion ravageant la Provence, la ville fut réduite en cendres. Alors, Jehan Erard, ingénieur militaire d'Henri IV, entreprit des travaux de reconstruction de 1590 à 1597 en imaginant un système de fortifications en dents de scie. Ces travaux furent perfectionnés par Vauban en 1692. Bien plus tard encore la Citadelle sera endommagée par des bombardements, le 15 août 1944.

De nos jours, la Citadelle est admirablement restaurée et vous invite à la visite à travers son parcours sonorisé qui conte sa prestigieuse histoire, en six langues différentes. Un parcours-jeu est proposé aux enfants leur permettant de découvrir le monument à travers des énigmes adaptées à leurs âges. Un musée la fait également vivre, dont une salle évoque le passage de Napoléon au retour de l'île d'Elbe.

MUSÉE DU SCOUTISME BADEN-POWELL

6, rue de la Mission
✆ 06 75 71 94 21
www.sisteron-buech.fr

Ouvert en juillet et août : mardi, jeudi et samedi de 9h30 à 12h30 et 14h30 à 18h. Gratuit.

Lord Robert Baden-Powell (1857-1941) a fondé le scoutisme mondial en 1907. Ouvert en 1994, par Mr Lorenzi alors président de l'association Scout Appel, ce musée en est la mémoire vivante. Trois salles pour vous permettre de découvrir près d'un siècle d'histoire du scoutisme. Le musée est aussi un lieu de rencontre et d'étude sur le sujet. Il n'est ouvert au public qu'en juillet et août, mais il est possible de le visiter sur rendez-vous tout le reste de l'année.

MUSÉE GALLO-ROMAIN

8, rue Saunerie
✆ 04 92 61 58 40

Ouvert toute l'année. L'été, tous les jours de 14h30 à 19h. Gratuit. Visites guidées à partir de 10 personnes.

Ce musée d'Histoire et d'Archéologie gallo-romain est labellisé Musée de France et vaut le détour. L'exposition permanente décrit les pratiques funéraires de l'époque le long d'un parcours thématique fléché. Le culte des morts chez les gallo-romains est illustré pour le public par l'exposition de nombreux objets lapidaires, en métal, en verre, en céramique, ainsi que par des pièces de monnaie. Les expositions temporaires dédiées à diverses formes d'art sont à découvrir dans une belle salle de 100 m². Une boutique librairie complète cette offre culturelle.

MUSÉE TERRE ET TEMPS

6, place du Général-de-Gaulle
✆ 04 92 61 61 30
Ouvert d'avril à septembre inclus. En juillet-août ouvert matin et soir. Visite libre gratuite.

Ce musée original, installé dans la chapelle de l'ancien couvent des Visitandines du XVIIe siècle, retrace l'évolution de la mesure du temps à travers la présentation d'instruments, d'objets et de documents souvent rares, parfois uniques. Un pendule de Foucault ainsi qu'une reproduction de la clepsydre Al Jazari (horloge hydraulique perse du XIIe siècle) sont ainsi ses pièces maîtresses. Le parcours de la Route du Temps, de Sisteron à Beynes (soit 80 km) est le complément logique indispensable pour découvrir les traces géologiques de l'histoire de la Terre.

PROMENADE DANS LA VALLÉE DU JABRON

Sortez de Sisteron côté sud, direction Digne-les-Bains et prenez la direction vallée du Jabron sur la gauche.
Accessible toute l'année en voiture ou à moto, vélo, etc., par la D 946. Gratuit.

Empruntez la D 946 et longez la rivière dans sa vallée, au pied de la montagne de Lure. Faites un crochet par Valbelle sur les flancs de Lure et admirez le cirque de Saint-Pons et sa chapelle rupestre. Le site est grandiose, alternant entre falaises et forêts. Ensuite faites une halte à Noyers-sur-Jabron et montez voir le vieux village et l'église Notre-Dame-de-Bethléem, construite au XIIe siècle. Saint-Vincent-sur-Jabron, Curel ou Montfroc méritent également le coup d'œil.

PALÉOGALERIE DE SALIGNAC

Le Mardaric - **SALIGNAC**
✆ 06 80 78 98 78
salignac04.fr/tourisme/musee/
Ouvert toute l'année. Tous les jours en juillet-août de 10h à 13h et de 15h à 19h. Adulte : 5 €. Visite guidée.

Entre musée et galeries d'art, situé au rez-de-chaussée d'une vieille bâtisse provençale, dans un dédale de caves voûtées transformées, l'histoire géologique de la Provence se dévoile peu à peu. C'est l'œuvre d'un passionné, Luc Ebbo, qui partage tout son savoir afin de découvrir son incroyable collection de fossiles acquises patiemment en une trentaine d'années. Ammonites géantes, poissons, étoiles de mer n'ont plus rien à craindre de leurs prédateurs, crocodiles et ichtyosaures, véritables monstres régnant sur l'Océan Thétys qui recouvrait alors la Provence.

VIEILLE VILLE

Centre-ville, quartier de La Coste, quartier Bourg-Reynaud
Accès libre. Visites guidées avec l'office de tourisme.

Le (très) vieux Sisteron se visite en plongeant dans son passé mouvementé et son histoire glorieuse. Il est blotti derrière le clocher de l'église Notre-Dame, entre la citadelle et la Durance. Ses ruelles escarpées taillées au couteau, sa chiche lumière qui perce mal ses hautes maisons rigides, ses rampes voûtées et ses façades médiévales ouvertes de portes cossues, ses fontaines rafraîchissant de superbes placettes, et ses couvents ayant jadis animé la ville d'une intense vie religieuse, font de Sisteron une ville authentique extrêmement bien préservée.

ALPES-DE-HAUTE-PROVENCE

© CLODIO - ISTOCKPHOTO

Sisteron.

OFFICE DE TOURISME SISTERON BUËCH

1, place de la République ✆ 04 92 61 36 50
www.sisteron-buech.fr

Qualité Tourisme. Ouvert toute l'année. En juillet-août : du lundi au samedi de 9h à 19h, dimanche de 10h à 17h.

Un grand nombre d'informations sur Sisteron, le Buëch, l'UNESCO Géoparc de Haute-Provence, le Parc naturel régional des Baronnies provençales, les Alpes de Haute-Provence, les Hautes-Alpes et la région Provence en général. Des visites guidées gratuites de la vieille ville ou de la cathédrale sont proposées pour les individuels ou les groupes à partir de l'hôtel de ville. L'OT propose aussi de nombreux séjours thématiques sur place : week-end en roulotte, week-end romantique…

OFFICE INTERCOMMUNAL DE TOURISME

Maison du Tourisme (Commune du Caire)
TURRIERS ✆ 04 92 68 40 39
www.sisteron-a-serreponcon.com

Mars-décembre 8h30-12h et 14h-17h, 8h30-17h30 le week-end. Juillet/août : 8h30-17h30. Basse saison fermé le week-end.

Pour avoir tous les renseignements nécessaires afin de réussir votre séjour, adressez-vous à cet office du tourisme intercommunal situé au Caire, où les personnes qui vous y accueillent sont toujours ravies de pouvoir fournir des recommandations sur les activités (sports, randonnées, culture, patrimoine), les hébergements ou les restaurants locaux. On vous donnera toutes les clefs pour découvrir les Alpes-de-Haute-Provence dans les meilleures conditions !

CAMPING LES PRÉS HAUTS**** €

44, chemin des Prés-Hauts ✆ 04 92 61 19 69
www.camping-sisteron.com

Ouvert de début avril à fin septembre. Emplacement pour 2 de 15 € à 22 €. Mobil-home à partir de 280 € la semaine.

Superbe camping municipal bien équipé et idéalement situé en bordure de Durance, à proximité de la ville. Aux alentours, vous trouverez de multiples possibilités de sorties ou de visites guidées. Il constitue une escale pratique à prix mini et à confort maxi, avec piscine, pataugeoire et nombreux jeux pour les petits et les grands. 10 mobil-homes en location permettent d'accueillir confortablement des familles jusqu'à 6 personnes. En saison, de nombreuses animations y sont organisées.

HÔTEL LA CITADELLE €€

126, rue Saunerie
✆ 04 92 61 13 52
www.hotel-lacitadelle.com

Ouvert toute l'année. Chambres avec bains bouillonnants de 120 € à 160 € Demi-pension (à partir de 75 €). Terrasse.

L'emplacement est idéal pour les vues époustouflantes qu'il offre sur le défilé de la Durance et ses magnifiques strates minérales et verticales ou, en levant la tête le surplomb de la Citadelle. L'établissement rénové offre désormais des chambres modernes (dont certaines avec bains bouillonnants), mais aussi des appart'hôtels équipés de petites kitchenettes. Le restaurant-bar, au rez-de-chaussée avec grande terrasse aux beaux jours, permet de se restaurer sur place tout en profitant des vues. La carte est traditionnelle, régionale, et les prix raisonnables.

GRAND HÔTEL DU COURS*** €€€

4, place de l'Église ✆ 04 92 61 04 51
www.hotel-lecours.com

Fermé de début novembre à mi-mars. Chambre simple de 71 € à 82 €, double de 81 € à 97 €. Restauration (demi-pension).

Cet établissement de tradition (il date d'avant 1900 !), abrite des meubles d'époque Louis XIII et Louis XIV que vous pourrez admirer au détour des couloirs. C'est une véritable institution qui a su conserver sa qualité au fil des années tout en se modernisant pour offrir un confort moderne. Toutes les chambres sont ainsi équipées de grands lits en fer forgé, d'une télé écran plat et d'un mini-bar. Le restaurant attenant à l'hôtel, ouvert à la clientèle extérieure, propose une carte variée de spécialités régionales mais aussi beaucoup de poissons frais.

BISTROT DE LA MAIRIE €

18, avenue des Arcades
✆ 04 92 61 31 60

Ouvert toute l'année et tous les jours en saison. Du mardi au dimanche hors saison.

Petite faim, s'abstenir ! Ici, c'est copieux et bon. Le BM, comme on l'appelle ici, est une adresse à retenir pour la qualité de ses produits et son excellent rapport qualité/prix. Noëlle, Rosy et Jean-Philippe vous accueillent comme à la maison. Aussi, les habitués sont nombreux à venir prendre place dans cet espace chaleureux. Le pizzaiolo est diplômé de l'École de Pizzaiolo de France. Sur la carte encore, des salades/repas, des viandes ou du poisson avec la pêche du jour. Les pâtes sont elles aussi maison. Comme toute bonne adresse, mieux vaut réserver !

AU ROMARIN €€

103, rue Saunerie
✆ 04 92 34 88 04
Ouvert toute l'année. Du mercredi au lundi et les jours fériés le midi et le soir. Menu à 33 €. Terrasse.

Sous les parois de granit de sa salle voûtée aux tons champagne, le restaurant propose une petite carte à base de produits frais : déclinaison d'agneau de Sisteron, poissons en lotte… et délicieux desserts maison. Tout est cuisiné en faisant la part belle aux produits locaux, et la carte varie en permanence selon le marché et l'inspiration du chef. Ce qui explique que les avis sur cet établissement soient si positifs. De plus, le service et l'accueil sont sympathiques et vous pourrez y faire une agréable halte pour vous restaurer.

GRAND HÔTEL DU COURS €€

4, place de l'Église
✆ 04 92 61 04 51
www.hotel-lecours.com
Fermé de début novembre à mi-mars. Ouvert 7j/7 le midi de 12h à 14h et le soir de 19h à 21h. Menus de 18 € à 34 €.

Cet établissement est une véritable institution sisteronnaise qui a su se forger une réputation grâce à un accueil chaleureux et à la gastronomie qui sont au centre des préoccupations de la maison. On se laisse charmer par les pierres apparentes et la cheminée de la salle de restaurant, sans oublier la terrasse qui constitue une agréable halte au cœur de la vieille ville, parfaite comme point de chute touristique. Au menu, une cuisine régionale avec notamment des spécialités du pays comme l'agneau de Sisteron, les fameux pieds-paquets ou des plats de poisson.

HÔTEL-RESTAURANT LA MAGNANERIE & CÔTÉ BISTRO €€

RN 85, Les Fillières - **AUBIGNOSC**
✆ 04 92 62 60 11 - www.la-magnanerie.net
Restaurant Côté Bistro ouvert tous les jours midi et soir. Menu de 20 à 28 €. Chambre double à partir de 84 €.

Cet accueillant hôtel de charme, au cœur des Alpes de Haute Provence, s'est doté récemment d'un restaurant *Côté Bistro,* où l'on déguste une cuisine bistronomique de terroir à base de produits frais. La carte change au fil des saisons mais garde toujours une touche sud américaine, une volonté du chef franco-argentin. Le tout à des prix abordables. Vous prendrez place dans une très belle salle lumineuse, moderne sur tons de gris ou encore dans le jardin aux beaux jours.

LE MAS DES SAVEURS €€

55, place Paul-Arène
✆ 04 92 61 01 83
Ouvert toute l'année. En saison ouvert 7j/7. Menus de 24,50 € à 35 €. Terrasse.

Une grande terrasse ensoleillée en après-midi avec un parking juste devant, en plein centre-ville : l'accès au Mas des Saveurs est aisé. Le chef cuisine les produits locaux de saison et revoit sa carte 3 fois par an. Le plat du jour, quant à lui, change au quotidien. L'agneau de Sisteron est la signature de l'établissement, décliné sous toutes ses formes. Une cuisine semi-gastronomique des plus raffinée. À noter la vente à emporter de foie gras maison pour lequel Sébastien Rochel a été récompensé par un prix au Concours des foies gras des Challenges Culinaires.

LE SEGUSTERO €€

7, allée des Frênes ✆ 04 92 34 75 59
www.le-segustero.fr
Maître Restaurateur. Ouvert toute l'année. Du mardi au samedi midi et soir, le dimanche soir. Formules à partir de 18 €.

Ce corps de ferme de la fin du XIXe siècle possède un cachet exceptionnel. À lui tout seul avec sa salle voûtée, son ancienne grange, son ancienne écurie, ses remises et deux dépendances, sans oublier l'enceinte extérieure entièrement fermée, il vaut le détour. En 2014, il fut entièrement transformé en restaurant pour le plus grand plaisir des yeux et des papilles. Et l'assiette, me direz-vous ? Nicolas et son équipe vous promettent une parenthèse gustative à base de produits frais et locaux, suivant scrupuleusement les saisons aux senteurs de Provence.

LA VILLA D'ESTE €€

11, rue Sainte-Ursule
✆ 04 92 31 86 76
Ouvert toute l'année. Du mardi au samedi le midi et le soir. Plat du jour : 10 €.

Dans une ambiance conviviale, vous prendrez place en salle ou en terrasse pour une cuisine italienne, avec vue sur le rocher de la Baume et le plan d'eau. Christophe et Sandra vous réservent un accueil chaleureux et souriant. Ici, pas de chichi, le client est chouchouté et l'adresse prisée par de nombreux habitués. On y vient pour son grand choix de pizzas, une vingtaine au total, sauce blanche, sauce rouge. Du maison pour toutes les spécialités de la Villa d'Este. On se régale d'une cuisine authentique, à tel point qu'il est vivement conseillé de réserver.

PÂTISSERIE LES AMANDINES

131, rue de Provence
✆ 04 92 61 02 49

Ouvert tous les jours en haute saison et du lundi au samedi en basse saison.

Graziella nous accueille pour découvrir les créations d'Olivier Beltramini, comme le cake au chocolat à base de pâte à tartiner maison et de noix de coco. Il faut dire que depuis 30 ans ce salon de thé, pâtisserie, glacier, chocolatier ne compte plus ses habitués. Qui n'a pas goûté à sa brioche sisteronaise, ses chocolats, sa viennoiserie pur beurre, son panettone et à ses glaces artisanales ? Que du fait maison à base de produits rigoureusement sélectionnés. Ne partez pas sans une confiture comme celle au citron fenouil ou encore potiron épices. Que du plaisir !

BOUCHERIE COLETTE ET MANUEL

46, rue Droite
✆ 04 92 61 00 44
boucheriecoletteetmanuel.fr

Fermé dimanche et lundi. Ouvert de 7h à 12h30 et de 15h à 19h15.

Qualité et artisanat ne sont pas de vains mots. La boucherie Colette et Manuel a donné l'exemple de l'excellence depuis plus de 20 ans grâce à l'ancien président des bouchers des Alpes-de-Haute-Provence. Elle compte bien perpétuer cette philosophie sous l'égide de Marie et Jean, ses nouveaux propriétaires. La quasi totalité des produits sont faits maison. Un coin épicerie fine avec une jolie sélection de vins. En projet : la livraison de viande à domicile avec traçabilité...

LE PETIT JABRON

310, route de Noyers
✆ 04 92 62 89 89
lepetitjabron.pagesperso-orange.fr/

Vente à la ferme : du lundi au vendredi de 7h à 11h30. Marché de Sisteron samedi matin, de Saint-Auban dimanche matin.

Installée depuis 1984, la famille Donneaud élève dans cette ferme plus de 200 chèvres provençales et fabrique un fromage de qualité. Produit phare : le petit Jabron, un fromage de chèvre nature qui s'apprécie à chaque stade de son affinage : frais, demi sec, crémeux ou sec, car c'est la durée d'affinage qui déterminera la texture et la saveur du fromage. Du nom de la rivière qui coule près de la ferme il se décline au poivre ou à la sarriette. Excellent ! Elle élabore aussi un fromage similaire au Banon et d'autres fromages aux herbes, basilic, citron et miel.

LA TASTE

224, rue Droite
✆ 04 92 61 28 99

Hors saison, ouvert tous les jours de 9h à 12h15 et de 15h à 19h15. En saison, ouvert non stop de 9h à 19h15.

La Taste a déjà fêté sa trente cinquième année d'existence et ses produits régionaux, rigoureusement sélectionnés par Thierry le maître des lieux, sont toujours d'aussi bonne qualité. Cette épicerie fine provençale répond à tous les goûts et à tous les budgets. Au choix : vins fins, apéritifs, liqueurs, senteurs, cosmétiques, céramiques, cadeaux d'entreprises. Thierry est en perpétuelle recherche d'authenticité et d'originalité pour ses produits. Il est aussi de bons conseils, et sait bien que rien ne vaut une bonne dégustation plutôt qu'une longue explication !

SENTIER BOTANIQUE DU MOLARD

✆ 04 92 61 36 50

Durée du parcours : 2 h 30 environ. Départ derrière la Gendarmerie. 7 stations présentent le milieu forestier.

De nombreuses randonnées pédestres permettent de parcourir les environs de Sisteron. Le « sentier botanique du Molard » est l'un d'eux, que nous vous recommandons vivement, pour son accessibilité, sa beauté naturelle et son aspect ludique. D'une durée deux heures et demi à trois heures environ, il est facile à parcourir avec son balisage de GR6 rouge et blanc, ainsi qu'un balisage ONF. Tout le long, vous découvrirez 7 stations présentant le milieu forestier et ses essences.

Vous allez donc parcourir le massif du Molard, dont la forêt couvre 25 ha échelonnés de 500 m à 748 m d'altitude. Situé aux portes de Sisteron, qu'il domine de sa prestance, il est son jardin, son poumon vert. Il représente un exemple remarquable de régénération du milieu végétal et de protection de l'environnement. Prendre le sentier botanique dénommé « montée du Molard » en lisière de la forêt communale de Sisteron. Le suivre jusqu'au bout. Prendre à droite sur le sentier touristique des Cèdres. Après quatre lacets et une ligne électrique, aller à gauche vers la crête du Molard. Continuer à l'adret de celle-ci jusqu'à la table d'orientation qui permet d'observer l'ensemble du pays sisteronais. Vous trouverez à proximité un petit refuge. Ne pas descendre vers Sisteron par les Combes, mais continuer en crête. Au croisement, à hauteur du pylône à haute tension, poursuivre tout droit vers le point culminant du Molard. Redescendre sur Sisteron soit par le chemin emprunté, soit par les Combes.

LA MOTTE-DU-CAIRE

Au fin fond des Alpes-de-Haute-Provence s'étendent les territoires encore préservés des Hautes Terres de Provence, qui rassemblent une bonne vingtaine de villages perchés à des altitudes variant de 600 m à plus de 1 200 m. Bordés par la Durance à l'ouest et au nord, et côtoyant les environs de Sisteron au sud, les cantons de La Motte-du-Caire et de Turriers se distinguent par une tradition agricole qui maintient une vie rurale autour de l'agriculture céréalière et fruitière, ainsi que de l'élevage. Environ 3 200 habitants résident à l'année dans de tout petits villages – des hameaux, parfois – qui ont conservé toutes leurs traditions.

Histoire

Le nom du village, tel qu'il apparaît pour la première fois dans les textes en 1168 (*la Mota*), fait référence à une colline, ou une construction au sommet d'une colline. La référence au village voisin, Le Caire, est officialisée en 1988. Pour remonter l'Histoire plus ancienne de ces terres, La Motte-du-Caire fait partie des gros bourgs que les comtes de Provence tenaient à garder jalousement sous leur influence. La peste bubonique, le passage dévastateur de Raymond de Turenne qui pilla et ravagea le pays, les guerres de Religion et la Révolution ne laissèrent que quelques vestiges dans la région. Rien n'abattit jamais cependant ces villages de l'arrière-pays, et les XVIIe et XVIIIe siècles furent des périodes de prospérité. L'autarcie était alors de règle : tout ou presque était produit sur place depuis le plâtre rouge pour bâtir les maisons en passant par la laine, les cordes de chanvre, le miel et jusqu'à l'huile de noix et le vin. De ce bel équilibre rompu par la révolution industrielle s'ensuivit l'exode rural. Mais la ténacité des agriculteurs fut telle que dès 1960 l'agriculture s'intensifia grâce à l'irrigation et à l'aspersion, donnant un nouveau visage à ces campagnes authentiques. Il faut parcourir patiemment cette région d'histoire et admirer sa beauté, loin de toutes formes de pollution et d'agression contemporaines. Pour des vacances inoubliables sur une terre sauvage.

LA MAISON DES HÔTES €

94, rue de la République ✆ 04 92 68 42 72
www.sejour-nature-provence.com
Fermé de la Toussaint à mars. Chambre simple à partir de 37,50 € ; chambre double à partir de 67 €.

L'accueil d'Ingrid et Marc est familial et la table d'hôtes d'Ingrid, qui respire la Provence, réserve bien des découvertes. On mange y bien tout en s'instruisant. Marc, accompagnateur de moyenne montagne, propose aussi de nombreux séjours à thème autour de ses sujets de prédilection : faune et flore locales. Cinq chambres, un dortoir, un gîte et un salon de détente avec cuisine sont proposés. Peu importe ce que l'on choisit, on profite à coup sûr d'un accueil optimal et de beaux moments détente dans le jardin avec son potager et sa belle piscine.

LE CAFÉ DE LA POSTE €

Place Pied-de-Ville
✆ 04 92 68 30 54
Ouvert toute l'année. Tous les jours en haute saison et du mardi au dimanche en basse saison. Menu à partir de 12,5 €.

Ce café-restaurant-pizzeria vous permettra de déjeuner d'un plat du jour le midi réalisé en fonction des produits de saison et d'excellentes grillades. Il se transforme en pizzeria le soir avec un beau choix, et le jeudi midi c'est l'aïoli ! Le rapport qualité/prix est particulièrement compétitif. L'ambiance y est très conviviale, en particulier lors des soirées karaoké ! Malheureusement, ses jours et heures d'ouverture sont assez aléatoires, en particulier hors saison où il n'est pas toujours facile de le joindre pour réserver… N'hésitez pas à insister !

SENTIER DES CONTES AU PAYS DES ROCHES QUI PARLENT

✆ 04 92 68 40 39
www.sentierdescontes.com
Les itinéraires sont ouverts et praticables tous les jours du 15 mars au 15 décembre.

Vous avez des enfants de plus de 8 ans et une ou deux journées libres ? N'hésitez pas, évadez-vous au Pays des Rochers qui parlent. Un jeu de piste vous entraîne sur les pas des templiers, des brigands et des sorciers du Moyen Age. Huit parcours automobiles et pédestres, dont un dure trois jours, vous transportent de village en village dans l'univers médiéval des Hautes Terres de Provence. Pour participer, il suffit de se procurer un des livrets du Sentier des Contes.

CHÂTEAU-ARNOUX-SAINT-AUBAN

Sa position favorable sur les rives de la Durance et sur une route fréquentée motive l'implantation d'un château, nommé d'après l'un de ses premiers châtelains. Avec plus de 5 000 habitants, l'agglomération formée par le regroupement de Château-Arnoux et de Saint-Auban constitue désormais la 4e ville des Alpes-de-Haute-Provence. Centre international de vol à voile, elle est riche en événements culturels. Ne pas manquer, entre autres, son festival de jazz ! Aujourd'hui, son château Renaissance abrite la mairie. Construit au début du XVIe siècle par Pierre de Glandevès, il est flanqué de quatre tours. Son parc, aménagé en arboretum, est magnifique.

RÉSERVE ORNITHOLOGIQUE DE HAUTE-PROVENCE

sentier du tour du lac
✆ 04 92 64 02 64
Accès libre toute l'année. Balade du tour du lac, environ 10 kilomètres avec nombreux points d'observation.

Cette réserve ornithologique, située en plein cœur de la Haute-Provence, est un site d'exception, constitué de trois zones humides artificielles situées sur les territoires des communes limitrophes de Château-Arnoux - Saint-Auban, Volonne, l'Escale, Malijai et les Mées. Selon la période de l'année, 140 espèces différentes d'oiseaux peuvent y être observées. Cette réserve concentre plus de 56% des espèces d'oiseaux présentes dans le département, ainsi que plus de 56% des espèces d'oiseaux nicheurs identifiées comme menacées dans la région PACA. Ces oiseaux sont souvent dissimulés dans l'enchevêtrement des roselières, ou cachés dans les bosquets sauvages bordant les zones humides et, parfois même, bien camouflés dans les bancs de graviers de la Durance.

D'autres espèces, moins craintives se laissent admirer sur la surface des eaux du lac. L'office de tourisme de Château-Arnoux propose gratuitement des dépliants décrivant une éco-balade intitulée « de la Ferme à la Chapelle, au fil de l'eau » avec le positionnement des 12 sites, sur un sentier du tour du lac faisant environ 10 kilomètres, qui ont été valorisés dans une « application Écobalade », disponible sur smartphone (et très pratique pour découvrir d'autres belles balades !). Plantes, arbres, insectes, mammifères, et reptiles voire mollusques présents sur son trajet, y sont décrits pour les promeneurs. À télécharger directement sur : www.ecobalade.fr/balade/balade-chateau-arnoux-04. Exceptionnel !

OFFICE DE TOURISME ET BASE VTT DU VAL DE DURANCE

Ferme Font-Robert, Avenue de la Bastide
✆ 04 92 64 02 64
Ouvert toute l'année. L'été : du lundi au dimanche matin de 9h30 à 12h30 et de 14h30 à 18h30. Locations de VTT.

Le BIT du Val de Durance est associé à celui de Provence Alpes de Digne-les-bains, auquel vous pouvez vous adresser en cas de fermeture sur place. À côté des nombreux renseignements et dépliants pratiques ou touristiques qu'il fournit, il gère également une Base VTT importante avec espace de locations de VTT et assure également la commercialisation de séjours plus ou moins longs en VTT tout compris avec hébergement. Plus de renseignement sur le site officiel de l'OT de Digne-les-bains.

L'OUSTAOU €€

Les Petites Filières
✆ 06 67 81 50 61
restaurant-oustaou.fr
Ouvert toute l'année. Chambre double de 55 € à 70 €. Petit déjeuner : 5 €. Animaux acceptés.

Si vous êtes amoureux des pierres, cette chambre d'hôtes est faite pour vous. Située dans un ancien mas à la sortie de Château-Arnoux, Camille vous accueille dans ses 5 chambres, 4 doubles et 1 familiale, au grand confort avec Internet et des salles de bains avec douches italiennes. Une décoration moderne se mélange harmonieusement avec les pierres de la bâtisse. Vous trouverez un grand espace de verdure autour, avec une terrasse où vous seront servis chaque matin des petits déjeuners d'inspiration italienne avec de belles découvertes.

PIZZERIA LA CASA MIA €

10, avenue du Général-de-Gaulle
✆ 04 92 62 63 96
Ouvert toute l'année. Du lundi au samedi uniquement le soir. Pizzas de 10 € à 13 €. Terrasse.

L'accueil de Valérie et Christian est toujours aussi chaleureux, et les pizzas de Yannick sont extra. Vous choisirez à votre convenance l'une des 15 qui sont proposées, toujours copieuses, savoureuses et cuites à la minute dans le four à bois visible en fond de salle. Vous prendrez place dans une ambiance cosy où se mêlent rustique et notes modernes ou encore, aux beaux jours, sur la sympathique terrasse. Il faut dire qu'on est chouchouté par les maitres des lieux. Pour les inconditionnels, vous pourrez déguster également des lasagnes bolognaises faites maison.

LE STENDHAL €

Route de Manosque
✆ 04 92 64 45 56
Lundi midi ; du mardi au samedi midi et soir. Réservation recommandée. Carte : 11 à 22 €. Plat du jour : 9,50€.

Au Stendhal, on peut aller manger une cuisine traditionnelle, mais pas seulement. Situé au cœur du pôle culturel de Château-Arnoux, ce restaurant vous propose une carte avec des salades repas et des plats bien réalisés tels un cabillaud crème de choux fleur ; magret de canard chutney au coing ; tartare et gorille (tartare poêlé toujours très demandé) ou en dessert sa profiterole au chocolat. En été, la grande terrasse est bien agréable. Le cadre est moderne et le mobilier résolument contemporain dans une salle toute de rouge et noir revêtue (Stendhal oblige !).

BISTROT AU GOÛT DU JOUR €€

14, avenue du Général-de-Gaulle
✆ 04 92 64 48 48
www.bonneetape.com/fr/bistrot.html
Fermeture en janvier et mi février. Le reste du temps, ouvert 7j/7. Formules à partir de 30 €.

Le Bistrot du restaurant étoilé la Bonne Etape est une adresse incontournable sur Château Arnoux. Les gourmets ne s'y trompent pas : tout est délicieux, frais, du marché et du potager à l'assiette. La suggestion du jour change en fonction de la saison et de l'humeur inventive du chef. Vous prendrez place dans une salle aux notes provençales ou encore, aux beaux jours, sur la terrasse. Le tout s'accompagne d'une jolie sélection de vins des alentours et d'ailleurs. C'est que du plaisir aux saveurs de la région ! Excellent accueil et bon rapport qualité/prix.

LA BONNE ÉTAPE €€€

Chemin du Lac ✆ 04 92 64 00 09
www.bonneetape.com
Relais & Châteaux. Maître Restaurateur. Ouvert du mercredi au dimanche midi et soir. Menus de 75 à 155 €.

L'excellence depuis 1964 et étoilé depuis plus de 50 ans : bienvenue à la Bonne Etape, où convivialité et authenticité, gastronomie et harmonie se conjuguent avec brio. On ne présente plus Jany le chef qui régale depuis des décennies les innombrables convives venus prendre place dans ce cadre chaleureux, autour de tables remarquablement dressées, pour profiter de cette parenthèse gustative qui laisse place à une cuisine de tradition qui éveille l'émotion. Jany s'inspire des merveilles du grand potager, sélectionne ses viandes et ses poissons rigoureusement.

LES MÉES ★★

Au Moyen Âge, sur le territoire des Mées, grâce à la présence de 2 prieurés, celui de Paillerols, dépendant de l'ordre de Chalais et celui de Saint-Michel, dépendance de Ganagobie, de l'ordre de Cluny, l'olivier s'est développé en nombre et en qualité : les moines apportaient énormément de soins et d'attention à toute sa culture. Et puis, il y a l'église des Mées, dont la première construction semble dater de la fin du XIVe siècle. Appelée Notre-Dame-de-l'Olivier depuis l'an 1400, elle prouve l'importance de cet arbre. Mais LA curiosité de la région, ce sont les Rochers des Mées, un cortège impressionnant dont certains atteignent une hauteur de 100 m.

ÉCO-MUSÉE DU PIGEONNIER

Les Bourelles ✆ 04 92 34 04 80
www.moulinarizzi.com
Ouvert toute l'année. Gratuit. Visite libre du pigeonnier et Visite guidée du moulin à huile, sur rendez-vous.

En Haute-Provence, les pigeonniers sont nombreux et variés. Le pigeonnier des Bourrelles, qui est de taille particulièrement importante, est un magnifique témoignage architectural d'une activité d'élevage rurale autrefois de première importance économique. Il est situé dans le magnifique domaine oléicole du Moulin Arrizi. Entièrement restauré par ses propriétaires, l'association les Amis des Mées y a installé dans la pièce basse un mini-écomusée des pigeonniers de Haute-Provence. Dans la partie haute, les pigeons continuent d'y vivre et d'y roucouler.

CAMPING LITTLE CARPE DIEM*** €€

Hameau Les-Pourcelles ✆ 04 92 34 18 97
www.littlecarpediem.com
Ouvert de Pâques à fin septembre. Emplacement pour 2 personnes de 16 € à 50 € (location de tentes). Bar avec licence IV.

Pour un séjour en toute sérénité, vous pourrez profiter ici d'un environnement parfaitement entretenu au milieu de beaux oliviers tri-centenaires et de bâtiments parfaitement entretenus bien intégrés dans leur environnement. L'engagement en faveur de l'environnement se traduit par une attention particulière portée à l'aménagement paysager et aux économies d'énergie. Le camping offre aussi en location à la nuitée des tentes dôme pour 2 personnes et des tentes safari jusqu'à 5 personnes.

AUX RÊVES DES MÉES €€

chemin des Varzelles ✆ 06 29 45 20 87
www.auxrevesdesmees.fr
Ouvert toute l'année. Nuitée à partir de 160 €. Semaine à partir de 650 €. Possibilité repas. Bain bouillonnant.

Entre vergers et oliviers, Nadège vous accueille chaleureusement dans sa chambre douillette de charme avec spa, à seulement deux kilomètres du village dans un environnement préservé, face aux pénitents. Tout est conçu pour rendre votre séjour romantique et enchanté. Nadège chouchoute ses hôtes. On s'y sent comme à la maison. Cocktail de bienvenue, ambiance feutrée, décoration soignée, lumière tamisée, grandes baies vitrées, spa privatif, terrasse, petits déjeuners maison, sans oublier le repas qui vous attend au frais le jour de votre arrivée. Incontournable !

LA MARMITE DU PÊCHEUR €€

Boulevard des Tilleuls
✆ 04 92 34 35 56
www.lamarmitedupecheur.com
Maître Restaurateur. Ouvert toute l'année. Du jeudi au lundi midi et soir. Menus de 21,90 € à 60 €.

Depuis janvier 2019, Romain Maldonado, et Vincent Pelaia vous reçoivent avec toute leur équipe dans le joli décor contemporain de cet ancien moulin restauré avec goût. Une carte qui, pour rester au cœur de la fraicheur, est à commander 48 h à l'avance pour les poissons et fruits de mer, et plusieurs menus s'offrent à vous, dont un pour les végétariens. Sa fameuse bouillabaisse, spécialité de la maison, se commande aussi à l'avance. Une des adresses sûres du département que ce restaurant semi-gastronomique. Le service est à la hauteur de la cuisine : excellent !

MIEL ET UNE TENTATIONS

Chemin des Varzelles
✆ 06 75 54 46 25
www.mieletunetentations.com
Ouvert du lundi au jeudi de 9h à 18h ; le vendredi de 15h à 18h. Boutique en ligne.

Apiculteurs depuis des générations, Christophe et Pierre prennent soin des ruches et des abeilles, Delphine s'occupe du développement commercial de la marque Miel et Une Tentations. Les miels de crus traditionnels sont tous récoltés en France et mis en pot aux Mées, ainsi que des miels bio, tous originaires du Piémont italien. Ni mélangés, ni pasteurisés, ils sont tels que récoltés à la ruche, pour conserver leurs qualités gustatives. Miels de romarin, d'acacia, de châtaignier, de lavande sont récoltés aux époques de floraison correspondantes.

MOULIN FORTUNÉ ARIZZI

Le Mas-des-Pins ✆ 04 92 34 04 80
www.moulinarizzi.com
Ouvert du lundi au samedi de 8h à 12h et de 14h à 18h, le dimanche matin d'avril à fin septembre. Visite possible.

Vous dégusterez ici dans le Moulin Fortuné Arizzi, magnifique propriété, l'une des meilleures huiles d'olive de France issue de l'assemblage Aglandau, Picholine et Frantoio. En cinquante ans d'expérience, ce moulin a su se doter d'une solide réputation qui dépasse les frontières. Vingt-huit hectares, 8 000 oliviers composent ce superbe domaine au cœur de la Haute Provence et au sein d'un mas typiquement provençal lové au sein d'un parc arboré. Vous aurez la possibilité de coupler la visite avec celle de l'écomusée du pigeonnier, pièce maitresse du domaine.

PEYRUIS

Peyruis est dominé par les vestiges de son château féodal démantelé pendant la Révolution. Les restes de son enceinte sont imposants et témoignent de l'existence passée une véritable forteresse. Dans le village qui a conservé son charme d'antan, vous découvrirez de jolies rues piétonnes, des ruelles étroites aux maisons perchées et de nombreuses fontaines dont les eaux de source déversent une fraîcheur bienfaisante durant les chaleurs estivales. L'église Saint-Nicolas du XVe siècle abrite une nef romane superbement rénovée. Quelques 3000 peyruisiens profitent à l'année de ce beau cadre que vous ne manquerez pas de découvrir lors de votre visite !

LES QUATRE SAISONS €

1, avenue de la Libération
✆ 04 92 68 11 85
Ouvert toute l'année. Du mercredi au dimanche le midi et le soir. Plat du jour : 10,50 € (en semaine le midi).

Dans une ancienne grange ce restaurant pizzeria vous accueille dans sa jolie salle moderne aux murs de pierres apparentes et abritant dans un angle le four à pizzas. Le chef, Thomas Pessin, vous propose un beau choix de pizzas cuites au feu de bois, avec des garnitures cuisinées, mais aussi des loup, dorade entiers, de l'agneau de pays, en grillade.... ou un risotto végétarien. En été, vous apprécierez un burger à l'italienne ou une grande et belle salade repas. La carte à base de produits frais et de saison fait la part belle aux producteurs de la région.

LES COMTES DE PROVENCE

11, espace Saint-Pierre ✆ 04 92 33 23 10
www.comtes-de-provence.com

Boutique ouverte du lundi au vendredi de 9h à 17h. Livraison possible. Visite des ateliers chaque mardi à 9h30, 2 €.

Les Comtes de Provence, c'est une histoire familiale de plus de 30 années d'expérience qui ont permis d'élaborer des confitures et des produits sucrés à base de fruits du bassin méditerranéen et de sucre pure canne, de façon traditionnelle dans des chaudrons pour optimiser le goût. Confitures, compotes, miels, marmelades (comme en Écosse) et une belle gamme bio (confitures, compotes, miels, fruits au sirop et confits) sont proposés en vente sur place à la boutique comme sur Internet. L'usine se visite une fois par semaine le mardi sur réservation préalable.

LOTHANTIQUE

7, espace Saint-Pierre
✆ 04 92 68 60 30
www.lothantique.com

Ouvert du lundi au samedi de 8h30 à 12h et de 13h à 16h30. Livraison possible.

Lothantique, c'est « une plante qui ne pousse que dans les livres » selon Marcel Pagnol, elle est aussi une marque éditrice de parfums, qui produit des savons, des parfums d'ambiance et des bougies qui fleurent bon la Provence. Depuis sa création en 1920 au pied de la montagne de Lure, l'enseigne est tenue par la famille Vogade. L'usine et son magasin sont installés à Peyruis à l'espace Saint-Pierre, et si l'on peut faire ses achats en ligne, il est aussi possible d'acheter ses produits dans la jolie boutique d'Aix-en-Provence.

SAVONNERIE ARTISANALE HENRY PASCHETTA

Le Mardaric
✆ 04 92 78 61 02

Du lundi au samedi de 9h à 12h et de 14h à 18h30. Savonnerie fermée de novembre à février mais boutique ouverte.

Michel Paschetta a installé en 1979 ce moulin à huile familial. Aidé de sa femme Françoise il lui a adjoint en 1985 une savonnerie artisanale. Y sont produits des savons à base d'huile d'olive et d'huile de coco, suivant la méthode traditionnelle au chaudron marseillaise. Résultat : une gamme 100% naturelle, sans colorants ni produits de synthèse. Dans la boutique, vous trouverez des cosmétiques à l'huile d'olive et au lait d'ânesse, des huiles d'olives et d'autres produits régionaux.

VOLONNE

Le long du lac créé par la retenue d'eau du barrage de l'Escale, non loin de Sisteron, de Château-Arnoux, se déploie le village de Volonne. À proximité se trouve une petite base nautique avec location de bateaux électriques, canoë, paddle, et qui permet de s'adonner à des balades, ou à la pêche, sur le lac. Le Sentier de Découverte balisé du Tour du Lac traverse le camping, celui-ci jouxtant la grande réserve ornithologique de Haute Provence. Pour les plus fêtards, la fête se poursuit le soir dans la discothèque insonorisée du camping. La région est également très prisée des amateurs de vélo ou de randonnées, pour des vacances sportives.

CHAMBRE D'HÔTES LA VOÛTE €€

2, Rue du Verger ✆ 06 86 83 04 45
www.gites-maisonhotes-elysa.fr

Ouvert toute l'année. Chambre double de 68 € à 78 €. Gîte de 54 à 76 €.

Sylvie Ferrigno vous propose de vous héberger au cœur du village médiéval dans deux structures proches mais distinctes. Une maison d'hôtes, la Voûte, avec deux chambres d'hôtes l'une pour 2 personnes avec spa et l'autre pour 4 personnes avec balnéo. Bien équipées, elles ont accès à une cuisine également entièrement équipée. Serviettes et linge de maison sont fournis ainsi qu'un petit-déjeuner continental. L'autre structure comprend 2 gites avec 6 couchages labellisés 3 clés, bien équipés également et où les animaux sont admis avec un supplément de prix.

SUNÊLIA L'HIPPOCAMPE***** €€

7, rue de la Durance ✆ 04 92 33 50 00
www.l-hippocampe.com

Ouvert de mai à septembre. Emplacement pour 2 personnes de 20 € à 59 €. Restaurant et snack. Parc aquatique, jacuzzi.

Le domaine s'étend sur onze hectares et offre une ambiance chaleureuse et familiale dans un parc arboré d'oliviers et fleuri. Les emplacements sont spacieux, plats et herbeux. Le parc locatif varie du simple bungalow au mobile-home Deluxe, répondant ainsi à tous les budgets. Les superbes piscines (dont l'une chauffée en mi-saison), le toboggan aquatique offrent toutes les joies de la baignade et des jeux d'eau. Un restaurant est également ouvert durant la haute saison.

BOUCHES-DU-RHÔNE

Avec son climat privilégié, marqué par un fort taux d'ensoleillement et de rares précipitations, les Bouches-du-Rhône sont une destination idéale pour les visiteurs du monde entier. Chaque année, ce sont ainsi plus de huit millions de touristes qui débarquent avec chemisettes, shorts et sandales, pour profiter de la région et de ses atouts. Il faut dire que ces derniers ne manquent pas, tant au niveau des paysages, incroyablement contrastés que des structures d'accueil. Entre zones montagneuses des Alpilles, plages paradisiaques et territoires sauvages de Camargue, difficile de ne pas trouver son bonheur. Mais les superbes panoramas qui se déroulent entre Marseille et Arles ne sont pas les seuls arguments du département. En effet, on compte dans les Bouches-du-Rhône, plus de quatre-vingt-dix musées, des monuments antiques, d'innombrables lieux de culture dotés d'atmosphères différentes. Un département plein de surprises !

Bouches-du-Rhône

Autoroute
Nationale
Départementale
Ville
Forêt domaniale
VAUCLUSE
VAR
Vers Grenoble
Vers Digne
Vers Cannes
Vers Toulon
ORGON
Sénas
Durance
MALLEMORT
Silvacane
PUYRICARD
ROGNES
ALLEINS
AURONS
LAMBESC
PÉLISSANNE
LA BARBEN
Grans
LANÇON-PROVENCE
ST-CANNAT
Chaîne de la Trévaresse
LE PUY-STE-RÉPARADE
Meyrargues
Peyrolles-en-Provence
St-Paul-lès-Durance
JOUQUES
Canal de Provence
EGUILLES
SAINT-MARC-JAUMEGARDE
VAUVENARGUES
LE THOLONET
SAINT-ANTONIN-SUR-BAYON
Montagne Ste-Victoire
AIX-EN-PROVENCE
VENTRABREN
Arc
MEYREUIL
BEAURECUEIL
PUYLOUBIER
Gardanne
ROUSSET
Berre-l'Etang
ROGNAC
Etang de Berre
VITROLLES
BOUC-BEL-AIR
FUVEAU
TRETS
St-Mitre-les-Remparts
MARSEILLE PROVENCE
CABRIÈS
GRÉASQUE
BELCODÈNE
Simiane-Collongue
SAINT-VICTORET
MIMET
MARTIGUES
MARIGNANE
LA BOUILLADISSE
SAINT-ZACHARIE
Châteauneuf-les-Martigues
SEPTÈMES-LES-VALLONS
PEYPIN
LA DESTROUSSE
AURIOL
ENSUÈS-LA-REDONNE
LE ROVE
PLAN-DE-CUQUES
l'Estaque
ROQUEVAIRE
Chaîne de l'Estaque
ALLAUCH
Niolon
CARRY-LE-ROUET
GÉMENOS
AUBAGNE
CUGES-LES-PINS
MARSEILLE
ROQUEFORT-LA-BÉDOULE
Iles du Frioul
LA PENNE-SUR-HUVEAUNE
CEYRESTE
CASSIS
les Calanques
LA CIOTAT
Cap de l'Aigle
A7
A8
A51
D538
D7n
D561
D96
D572
D113
D10
D9
D6
D559
D3
10 KM

BOUCHES-DU-RHÔNE

PAGES

233 PEYPIN

234 CUGES-LES-PINS

234 AURIOL ★

A L'EST DE MARSEILLE — 236

236 GÉMENOS ★

237 ROQUEFORT-LA-BÉDOULE

CASSIS ★★★ — 238

Qu a vist Paris, se noun a vist Cassis, n'ai rèn vist ! Ces vers extraits du poème *Calendal* de Frédéric Mistral sont aujourd'hui la devise de Cassis. Ils signifient « Qui a vu Paris et pas Cassis n'a rien vu ! » et montrent bien que les Cassidains sont très attachés à leur ville aux multiples atouts.

LA CIOTAT ★★ — 251

Élue plus Belle Baie du Monde en 2019, La Ciotat est une ville de 33 800 habitants située à 31 kilomètres à l'est de Marseille ! Elle a vu naître bon nombre d'hommes célèbres dont Louis et Auguste Lumière, les inventeurs du cinéma. La Ciotat regorge de charmes. Vous pourrez le constater en allant voir le Parc du Mugel ou la fameuse Île Verte.

CEYRESTE — 261

Surplombant la baie de la Ciotat, ce village provençal compte environ 5 000 habitants, construit le long de la RD3 il se trouve aux portes d'un domaine forestier de pinèdes, de reliefs rocheux et calcaires. Des débris de poteries attestent une présence humaine dès 800 av J-C. On aime flâner dans le village ancien qui a su garder un cachet authentique, avec une église du XIIe siècle, une fontaine romaine et un abreuvoir en pierre.

LA CITÉ PHOCÉENNE — 262

MARSEILLE ★★★★ — 262

Marseille, capitale de la Provence et plus ancienne ville de France. Ville lumineuse au patrimoine historique et humain sans pareil. Des ruelles méditerranéennes du Panier aux traverses fleuries grimpant vers la Bonne Mère, la cité phocéenne a énormément à offrir. Une culture propre, métissée, une mentalité méridionale des plus charmantes. Laissez-vous porter par 26 siècles d'histoire qui ont façonné cette métropole nichée entre mer et montagnes.

LA CÔTE BLEUE — 300

300 LE ROVE ★★

301 ENSUÈS-LA-REDONNE

302 CARRY-LE-ROUET ★

306 SAUSSET-LES-PINS ★

308 MARTIGUES ★★

PAGES

© JENIFOTO - ISTOCKPHOTO

Survol de Tarascon et de son église Sainte-Marthe.

AIX-EN-PROVENCE ★★★★

Capitale historique de la Provence, Aix-en-Provence a gardé toute sa splendeur et rayonne à bien des égards avec son patrimoine, ses célèbres calissons, ses festivals et son actualité culturelle. Ville d'eau et ville d'art depuis l'*Aquae Sextiae* de l'époque romaine jusqu'à l'*Aïs* en Prouvençou du bon roi René au Moyen Age. Dans une époque souvent qualifiée d'obscurantiste, le comte de Provence y tient une cour raffinée et lettrée. La ville devient un centre culturel et universitaire aux alentours de 1409. Une influence qui ne se démentira jamais à travers les âges. Après le rattachement de la Provence à la France en 1486, le Parlement de Provence y prendra ses quartiers aux dépens de Marseille, la populeuse et la commerçante. La Révolution française sera le point final du rayonnement politique d'Aix-en-Provence. La « belle endormie » sortira progressivement de son sommeil pour retrouver toute son aura. Paul Cézanne, l'enfant de la cité, y rencontrera Émile Zola au collège Bourbon. Le génie et la renommée du peintre vont renforcer l'image de ville d'art. Aujourd'hui Aix-en-Provence est une ville où la douceur de vivre est sans commune mesure, elle attire des touristes en toute saison. Villeuniversitaire enviée (Lettres, Droit, Économie, Sciences Politiques, Arts et Métiers, Beaux-Arts...), la jeunesse sepresse tout au long de l'année dans les ruelles piétonnes et sur le Cours Mirabeau où les terrasses des bars, caféset restaurants sont autant d'invitations à la *dolce vita* provençale.

© VINCENT FORMICA

Aix-en-Provence.

CARRIÈRES DE BIBÉMUS ★★

3090, chemin de Bibémus ✆ 04 42 16 11 61
www.aixenprovencetourism.com
Horaires selon saison. Visites guidées uniquement. Adulte : 15 €. Gratuit moins de 3 ans et City Pass Aix-en-Provence.

De ces carrières d'ocre lumineux, on a longtemps extrait cette pierre dorée qui prend si bien la lumière de Provence. On la retrouve sur de nombreux monuments, édifices et hôtels particuliers d'Aix-en-Provence. Ces carrières, peintes et rendues célèbres par Cézanne, ne peuvent se visiter qu'en partenariat avec l'office de tourisme de la ville, dans le cadre de visites guidées. La visite dure environ 1 heure. Attention, le chemin est escarpé, nécessitant une bonne mobilité et de bonnes chaussures de marche. Sur place, vous admirerez un site naturel de toute beauté.

CATHÉDRALE SAINT-SAUVEUR ★★★

34, place des Martyrs-de-la-Résistance
✆ 04 42 23 45 65
www.paroisses-aixarles.fr
Tous les jours de 8h à 19h.

La cathédrale Saint-Sauveur serait bâtie à l'emplacement d'un temple antique dédié au dieu Apollon, ce qui en fait l'édifice le plus ancien de la ville. La tradition chrétienne rapporte que saint Maximin, venu de Palestine, édifia sur le site païen une modeste chapelle en hommage à saint Sauveur. La cathédrale, dont la construction a pris tout de même près de 2 000 ans, arbore de ce fait une diversité architecturale remarquable. Sa silhouette est marquée par le beau clocher carré qui se dresse à 64 mètres de hauteur. Edifié en 1425, ce dernier fut couronné de huit clochetons en 1880. Parmi les ornements intérieurs, le triptyque du *Buisson Ardent* de Nicolas Froment (1476) situé dans la nef baroque. Il est reconnu comme un chef-d'œuvre de la peinture provençale du XVe siècle. Cézanne aimait paraît-il s'asseoir pour l'admirer. Afin de le préserver, le triptyque est présenté tour à tour ouvert et fermé selon un calendrier précis. Il est notamment visible lors des plus importantes fêtes religieuses. Entre autres trésors, le baptistère du Ve siècle remanié à l'époque de la Renaissance. Ses niches murales sont ornées de tableaux du XIXe siècle représentant les sept sacrements. Le cloître, superbement restauré, est à voir absolument. La magnificence des lieux sert d'écrin à de nombreuses formations musicales. Une autre façon de découvrir la cathédrale. Depuis 1996, la cathédrale d'Aix est jumelée avec celle de Natitigou au Bénin. L'occasion d'échanges culturels, spirituels et humanitaires entre les deux communautés.

CAUMONT CENTRE D'ART ★★

3, rue Joseph-Cabassol
✆ 04 42 20 70 01
www.caumont-centredart.com
De 6 mai au 18 septembre 10h-19h.
Du 19 septembre au 5 mai 10h-18h. 14,50 €.
Gratuit moins de 7 ans.

Au cœur du quartier Mazarin, l'hôtel particulier Caumont qui abritait l'ancien conservatoire de musique d'Aix-en-Provence, s'est métamorphosé en un écrin somptueux de prestigieuses expositions. Pour l'inauguration en 2015, l'artiste italien *Canaletto* fut à l'honneur. Les expos se sont enchaînées *Botero, Nicolas de Staël, Sorolla*, l'artiste franco-chinois *Zao Wou-Ki* et en 2022 *Raoul Dufy*, l'ivresse de la couleur. Egalement des spectacles, des conférences. On flâne dans les jardins à la française ou à la table de Caumont, à l'heure du déjeuner ou du goûter.

FONDATION VASARELY ★

1, avenue Marcel-Pagnol ✆ 04 42 20 01 09
www.fondationvasarely.fr
Ouvert tous les jours et les jours fériés de 10h à 18h. Gratuit jusqu'à 5 ans. Adulte : 12 €. Tarif réduit : 9 €.

Artiste franco-hongrois avant-gardiste des années 1960, Victor Vasarely avait créé cette fondation en 1976 pour mettre l'art contemporain à la portée du plus grand nombre au coeur du quartier populaire du Jas-de-Bouffan. Ce centre « architechtonique » aux sculptures « lumino-cinétiques », pensé comme une cité futuriste du bonheur, avait associé ciment Lafarge, verrerie de Saint-Gobain, acier profilé… Inspiré de l'architecture Bauhaus, le bâtiment abrite une salle consacrée à l'art optique et le Centre de conservation-restauration des œuvres de Victor Vasarely.

FONTAINE DE LA ROTONDE ★★

C'est l'un des monuments les plus connus, les plus emblématiques même, d'Aix-en-Provence. Depuis 1860, date de son inauguration, la Fontaine de la Rotonde domine du haut des 12 mètres la place éponyme et constitue le point d'orgue du non moins fameux cours Mirabeau. Son bassin, de 32 mètres de diamètre est orné 12 lions en bronze qui semblent monter la garde. Au sommet de la fontaine, trois « grâces », qui regardent dans trois directions différentes :, la Justice vers Aix, le commerce et l'agriculture vers Marseille et les beaux-arts vers Avignon.

FONTAINE DES 4 DAUPHINS ★★★

Fontaine baroque, au cœur du quartier Mazarin, elle fut chantée par le poète Émile Sicard : « La fontaine dont l'eau reflète les dauphins est comme une couronne au milieu de la place - Un hôtel l'a fait sienne, un autre l'enlace de sa fenêtre ouverte où tremble un baldaquin ». Ce quatrain suffit à traduire l'ambiance poétique qui régnait jadis à Aix. Elle est composée d'un rocher fleuri de roseaux et d'un petit obélisque flanqué de quatre dauphins rejetant de l'eau. Les dauphins symbolisent le titre qui fut donné aux fils aînés des rois de France à partir de 1349.

LA FONTAINE DU ROI RENÉ ★

La perspective du cours se fixe vers cette majestueuse fontaine, dont la haute statue qui domine le cours Mirabeau est censée représenter le roi René, malgré le peu de ressemblance avec les portraits de l'époque. Ce monarque, venu d'Anjou, fut comte de Provence au XVe siècle. La statue date de 1823 et le représente avec un sceptre et une grappe de raisin car il fut un protecteur des arts, et donna aussi un grand élan à l'élevage et à l'agriculture. Ce roi que l'on disait sage et bon avait son château à Tarascon qui – fait rare – ne fut jamais attaqué.

LA MONTAGNE SAINTE-VICTOIRE ★★★★

Sentier Handicap sur Bibémus - vue du belvédère.
Maison Sainte-Victoire à Saint-Antonin-sur-Bayon (04 13 31 94 70)

A l'est d'Aix-en-Provence, Sainte-Victoire, culmine à 1 011 m d'altitude au pic des Mouches Elle doit son nom à la victoire du consul romain Caius Marius sur les Teutons et les Cimbres en 102 av. J.-C. Paradis des randonneurs et amoureux de la nature ; on recense 900 plantes à fleurs, 27 espèces de mammifères et 126 espèces d'oiseaux différentes, Sainte-Victoire est également connue pour avoir inspiré le peintre Paul Cézanne qui lui dédia près d'une centaine de toiles.

MUSÉE GRANET ★★

Place Saint-Jean de Malte
✆ 04 42 52 88 32
www.museegranet-aixenprovence.fr
Ouvert du mardi au dimanche de 12h à 18h (en hiver), de 10h à 19h l'été. Gratuit jusqu'à 18 ans.
Dans cet ancien palais qui abrite le Musée Granet, les collections permanentes vous promènent des Primitifs à la Renaissance jusqu'aux chefs-d'œuvre d'art moderne dont des œuvres de Giacometti et le *Paysage du Jas de Bouffan* de Cézanne ; le peintre aixois figure en bonne place dans le musée. De belles expositions d'envergure internationales sont programmées tous les ans. Dans la chapelle des Pénitents-Blancs jouxtant le musée, se trouve la collection Planque, superbe, avec près de 300 chefs-d'œuvre de Picasso, Dubuffet, Renoir, Monet, Gauguin...

LE MAS DES ÉCUREUILS*** €€

1170, petite route des Milles ✆ 04 42 24 40 48
www.lemasdesecureuils.com
Chambre double standard à partir de 86 €. Chambres supérieures dès 100 €. Parking inclus. Wifi gratuit. Restauration.
Situé à 5 km du centre historique d'Aix-en-Provence, cet hôtel-restaurant de charme niché dans une belle pinède, à l'écart du bruit, est une invitation au bien-être. L'été on profite des extérieurs, sieste dans un hamac, plongeon dans la piscine. En toute saison, on apprécie le hammam. En famille ou entre amis, on ne s'ennuie pas au Mas des Écureuils ! Les chambres sont confortables, quelle que soit la catégorie, certaines ont une terrasse privative... Le plaisir d'être ici se prolonge à la Table du Mas, l'été les repas sont servis sur la terrasse.

PARC JOURDAN

Avenue Jules-Ferry
Ouvert tous les jours et les jours fériés à partir de 9h. Le soir fermeture entre 17h et 20h30 selon la saison. Gratuit.
Au sud de la ville, c'est le parc où l'on musarde dans les allées gravillonnées et on lézarde sur les pelouses en été. Ses 4 hectares furent aménagés en deux niveaux et inaugurés en 1935. La partie basse du jardin est traitée dans le style classique des jardins à la française et reliée par un double escalier d'eau monumental à la partie haute qui est aménagée en jardin romantique. L'Oustau de Prouvènço, y est le siège d'expositions autour des traditions provençales. Aux beaux jours, le parc accueille spectacles et manifestations telles que le Salon Vivre Côté Sud.

LES QUATRE DAUPHINS** €€

54, rue Alphéran-Roux ✆ 04 42 38 16 39
www.hotel-aix-lesquatredauphins.fr
13 chambres. Chambre simple de 69 à 89 € ; chambre double de 79 à 120 €. Petit déjeuner : 9 € (12 € en plein été).
L'Hôtel des Quatre Dauphins est un établissement de charme, notre coup de cœur pour se loger à deux pas du musée Granet et du centre d'art Caumont. Les chambres se répartissent sur trois étages desservis par un bel escalier, des chambres raffinées où le confort est partout présent : souci du détail, déco, éclairage tamisé, jolies tentures, parquet en bois, salles de bains contemporaines. Certaines sont plus intimes, notamment les chambres mansardées qui font de petits nids romantiques avec vue sur les toits d'Aix. L'accueil est chaleureux. Belle adresse.

HOTEL PAUL** €€

10, avenue Pasteur
✆ 04 42 23 23 89
www.aix-en-provence.com/hotelpaul
Ouvert toute l'année. 23 chambres climatisées. Chambre double de 75 € à 125 € ; Restaurant. Parking Pasteur à proximité
Coup de cœur pour cet établissement récemment redécoré dans un style moderne juste à l'orée du centre-ville, à 150 mètres des Thermes et quelques pas de la cathédrale Saint-Sauveur. L'entrée aux lignes blanches et noires débouche sur une grande salle aux canapés orange confortables et son jardin attenant, un havre de paix à deux pas du fourmillement de la ville. Les chambres joliment rénovées, spacieuses et confortables promettent un agréable séjour. Celles qui donnent sur le jardin intérieur sont un peu plus cher. Seul bémol : le stationnement.

BOUTIQUE HÔTEL CEZANNE**** €€€

40, avenue Victor-Hugo
✆ 04 42 91 11 11
www.boutiquehotelcezanne.com
55 chambres, à partir de 120 €.
Cet hôtel du centre-ville, à côté du cours Mirabeau, a fait le choix du luxe, du charme et de la modernité. Comme le petit salon cosy à gauche de la réception, la déco fait la part belle aux teintes audacieuses sur les murs avec de belles expos aux cimaises. On doit la décoration des chambres, toutes originales et lumineuses, au designer Charles Montemarco. Pour la détente, terrasse extérieure entre jardin particulier et place de marché provençale.

SITE MÉMORIAL DU CAMP DES MILLES ★★★

40, chemin de la Badesse ✆ 04 42 39 17 11
www.campdesmilles.org
Ouvert tous les jours de 10h à 19h. Durée de visite : environ 2h30. Gratuit jusqu'à 9 ans.

Sur trois niveaux, la découverte des bâtiments principaux de la tuilerie donne un aperçu de ce qu'ont vécu les internés. Des témoignages, vidéos et documents complètent la visite et aident à se représenter le quotidien difficile de ces hommes et de ces femmes. On découvre, intactes, les traces qu'ils ont laissées de leur passage, notamment les peintures qui recouvrent les murs du réfectoire des gardiens. La troisième partie propose un volet axé sur la réflexion, pour tenter de comprendre les mécanismes humains de l'horreur et les engrenages qui peuvent aboutir à un crime de masse, dans le contexte de la Seconde Guerre mondiale mais aussi des génocides arménien et rwandais, et surtout dans la société actuelle. Pédagogique, cette partie de l'exposition questionne nos fonctionnements individuels et collectifs et interroge les consciences. Comment retenir les leçons du passé face à la montée des intolérances et des extrémismes pour éviter que l'histoire ne se répète ? Quelles sont les résistances possibles ? Pour finir, le musée accueille une exposition nationale consacrée aux enfants juifs déportés de France, réalisée par Serge Klarsfeld. La visite se termine lorsque l'on emprunte le Chemin des Déportés, qui mène à un wagon-souvenir installé là où avaient lieu les départs pour Auschwitz.

Le Site-mémorial est un lieu de mémoire et d'éducation à la citoyenneté, au parcours muséographique interactif et pédagogique, avec ateliers et conférences, un musée citoyen à découvrir en famille.

En 1940, après la défaite de la France contre l'Allemagne, le pays est coupé en deux. La zone qui n'est pas occupée par les Allemands est dirigée par le gouvernement de Vichy, qui réutilise les lieux et en fait un camp de transit, où se côtoient dans des conditions extrêmement difficiles plus d'une trentaine de nationalités. Ce sont des milliers de personnes, considérées comme des indésirables, qui viennent surpeupler le camp et que Pétain veut expulser. Certaines cherchaient à rejoindre le port de Marseille afin de prendre un bateau pour les États-Unis, et gardent l'espoir de quitter un jour le camp et la France.

À partir de 1942, Pétain accepte de livrer aux Nazis les Juifs présentés comme « étrangers » vivant en zone non-occupée. Le camp des Milles se transforme en camp de déportation et devient un rouage de la machine de mort nazie. C'est l'aboutissement tragique d'un engrenage qui s'est enclenché trois ans plus tôt. Pétain accepte non seulement de procéder à la déportation des populations juives considérées comme étrangères vivant sur le territoire, mais son zèle antisémite le pousse aussi à proposer, sans que cela ne lui soit demandé, de livrer les enfants juifs. Les déportés se font appeler dans la cour, certains tentant, dans un dernier geste désespéré, d'échapper à leur destin tragique. En août et septembre 1942, les déportations se succèdent au camp des Milles. Au total, 2 000 hommes, femmes et enfants juifs sont transférés vers le camp de Drancy puis envoyés à Auschwitz, où une mort certaine les attend. Le gouvernement de Vichy se rend complice de la Shoah en livrant ces innocents à ceux qui vont devenir leurs bourreaux.

Le camp des Milles est aujourd'hui un lieu de mémoire ouvert au public, que l'on visite avec beaucoup d'émotion tant l'atmosphère y semble inchangée. L'exposition se déroule en trois parties. La première est consacrée à l'histoire du lieu et aide à mieux comprendre l'époque particulière à laquelle ces événements tragiques se sont déroulés. Elle présente l'histoire collective du camp en l'illustrant par des destins individuels, et propose de découvrir le contexte ayant mené à la montée des périls en Europe et d'approfondir les thèmes du régime Vichy, de la Shoah, de l'antisémitisme, etc. La seconde partie de l'exposition est consacrée à la visite du camp d'internement.

Seul grand camp français d'internement et de déportation encore intact aujourd'hui, le camp des Milles est depuis 2012 un musée d'Histoire et des Sciences de l'Homme innovant et unique en France, un lieu d'histoire et de réflexion. Un patrimoine historique à double titre puisque, avant de devenir un camp d'internement, ce fut une tuilerie en 1882 qui participa à l'essor industriel régional et dont l'activité reprit après-guerre, en 1947, pour cesser en 2006.

C'est pour les faits qui s'y sont déroulés pendant la Seconde Guerre mondiale que ce lieu mérite absolument une visite. Dès 1939, c'est une tragique histoire en trois volets qui se déploie entre les murs en briques de cette usine désaffectée. Fermée et laissée à l'abandon à cause de la récession économique, la tuilerie est réquisitionnée par la IIIe République, qui décide d'y enfermer les citoyens issus de pays ennemis vivant sur le territoire national. En grande majorité Allemands et Autrichiens, les internés au camp des Milles sont des intellectuels, des scientifiques, des écrivains, des journalistes, des hommes politiques… Preuve de la grande confusion et du climat xénophobe de l'époque, ces hommes sont, pour la plupart, des antifascistes ayant fui la politique antisémite d'Hitler. Parmi les internés se trouvent aussi de nombreux artistes, dont certains sont reconnus internationalement (Max Ernst, Hans Bellmer). Ils laissent une trace de leur passage avec la création d'œuvres d'art que l'on peut, aujourd'hui encore, admirer sur les murs du camp.

HÔTEL LE PIGONNET***** €€€

5, avenue du Pigonnet
✆ 04 42 59 02 90
www.hotelpigonnet.com

49 chambres. Double de 155 à 290 €. Suite de 400 à 780 €. Label Esprit de France. Animaux acceptés. Restauration.

Cette bastide de charme affiche 5 étoiles à deux pas du centre-ville d'Aix. Les 49 chambres et suites sont meublées et décorées entre tradition et esprit contemporain. La suite présidentielle de 85 m² dispose d'une grande terrasse avec vue sur le parc et la Sainte-Victoire. Un jardin luxuriant, une belle piscine à l'écart, et pour les adeptes, l'espace détente et bien-être complet : hammam, sauna, salle de fitness. Autre atout de cet établissement : son restaurant La Table du Pigonnet où l'on s'installe avec plaisir pour goûter la cuisine de Thierry Balligand.

MAS D'ENTREMONT**** €€€

315, route d'Avignon ✆ 04 42 17 42 42
www.masdentremont.com

Chambre double de 170 à 240 €. Appartement dès 275 €. Petit déjeuner : 22 €. Parking inclus. Wifi. Restauration.

A la sortie d'Aix, en direction de Célony, dans un écrin de verdure arboré, le mas d'Entremont (qui tire son nom du plateau et du site archéologique voisin) est un établissement cossu de grand standing pouvant satisfaire une clientèle exigeante. Les chambres sont spacieuses et confortables avec de belles salles de bains et des terrasses privatives. Pour la détente, piscine et court de tennis ainsi qu'un espace bien-être avec du matériel de fitness et la possibilité de massages sur rendez-vous. Le parc a du charme avec son bassin, ses jeux d'eau et ses nénuphars.

LA MAISON DAUPHINE €€€

14, rue du 4-Septembre
✆ 06 51 06 18 75
www.maisondauphine.com

Haute saison à partir de 219 € la nuit. En basse saison, 168 € la nuit.

Cette grande bâtisse bourgeoise du XVIIe siècle abrite trois appartements de charme dans les étages. Une maison d'hôtes différente, ambiance feutrée, déco design et raffinée, le cadre est chic, élégant, c'est ainsi que l'a voulu Véronique Kadri, propriétaire des lieux et galeriste. On vous y assure un service de conciergerie si besoin : babysitting, chef à domicile, réservation d'une table, soins esthétiques, organisation d'excursion, location de véhicule, transferts depuis la gare ou l'aéroport. Petit déjeuner offert si la réservation est faite en direct.

PIZZA CAPRI €

1, Rue Fabrot
✆ 04 42 38 55 43
www.pizza-capri.fr

Ouvert toute l'année. Tous les jours de 7h à 1h. Livraison midi et soir tous les jours

La bâche rouge et des pizzas odorantes… Parmi les pionniers de la pizza à emporter, Pizza Capri est une référence à Aix depuis 1983, les meilleures pizzas d'Aix, dit-on ! Pour satisfaire la clientèle nombreuse, l'enseigne a 3 autres adresses sur Aix qui se rajoutent à l'institution de la rue Fabrot. Un choix important de pizzas – anchois, fromages, champignon, bolognaise… – à emporter entières ou en portions. Également des pizzas sucrées, la Nutella-chocolat blanc remporte tous les suffrages, en dessert aussi Tropezienne et sablé aux pommes.

O'GUSTUS €

7, rue des Bouteilles ✆ 04 42 21 98 37
www.ogustus.com

Ouvert du mardi au mercredi le midi ; du jeudi au samedi le midi et le soir. Formule midi 17 €.

Derrière le Palais de Justice, O'Gustus est une petite adresse qui a nos faveurs depuis ses débuts. Vincent Duplaa, le chef, fait une cuisine du marché avec des plats ensoleillés et aussi des spécialités de son Ariège natale : les pâtés, jambons et charcuteries, le croustillant de canard confit, le boudin noir et les joues de cochon. Sur l'ardoise aussi des noix de st Jacques snackées, un risotto crémeux au piment d'espelette ou à la truffe. On termine avec la tarte feuilletée fraises crémeux citron, la Tatin ou le café gourmand inclus dans la formule de midi.

ONI €

20, rue Paul Bert
✆ 09 81 78 40 40
https://www.oni-aix.com

Ouvert du lundi au vendredi le midi et le soir. Bento Box 10,8 €.

La jeune cheffe Marine revisite makis et sushis avec les produits frais d'ici. Beaucoup de créativité dans les recettes tant sur le plan des saveurs, des alliances, des textures mais aussi de l'esthétique. Les rouleaux de printemps dont les ingrédients changent chaque semaine se parent de fleurs délicates. Les sushis-sandwichs composés d'une garniture de saison enroulés dans une feuille de nori se déclinent aussi sans gluten. On passe commande au comptoir. Menus à prix attractifs à déguster sur place ou à emporter. Service traiteur et livraison Bento entreprise.

SAUVAGE €

24, rue Aumône Vieille
✆ 04 42 91 37 56
www.sauvage-aix.fr/
Ouvert du lundi au vendredi de 19h30 à 22h30. Réservation recommandée. Menus de 59 € à 85 €.

On y vient pour son menu unique en 5 temps : une entrée, un poisson, une viande, un terre-mer, un dessert. Loïc Pétri décide du contenu en fonction du marché et de son inspiration. Après avoir fait ses armes auprès de chefs étoilés comme Joël Robuchon, Loïc est revenu dans son sud natal pour y ouvrir son restaurant. Épaulé par Dominique, sa maman, qui réalise les desserts et nous reçoit en salle. Loïc élabore une cuisine créative avec de beaux produits, on aime ses plats sucrés salés. Plaisir des yeux et des papilles. Gastronomique, cadre élégant, accueil top.

VINTREPIDE €

48, rue du Puits-Neuf ✆ 04 28 31 16 41
www.vintrepide.com
Ouvert du mardi au samedi midi et soir. Formule midi à 27 ou 29€. À la carte : Entrées de 12 à 18€, plats de 23 à 29€.

Au cœur du vieil Aix, ce restaurant bistronomique, installé dans deux petites salles en enfilade façon bistrot propose chaque jour des poissons sauvages et des viandes de race, quatre ou cinq entrées et autant de desserts. Le chef William Aubert qui a fait ses armes dans de bien belles maisons propose une cuisine très raffinée, à base d'ingrédients frais, inspirée et élégamment présentée. La carte change toutes les deux semaines mais les classiques restent. Le lieu est réputé pour sa cave d'exception composée par le sommelier Eric Jaeggy. Tout est cuit minute !

BRASSERIE LE FORUM €€

6, rue Peyresc
✆ 09 73 55 28 85
www.leforum-aix.fr
Ouvert du lundi au samedi de 8h à 1h ; Plat à 15€. Réservation conseillée.

Comptoir en zinc, miroirs, chaises bistrot, Le Forum a l'esprit brasserie, conviviale et branchée. Sur la carte des classiques, steak tartare, entrecôte, frites maison, burger, et sur l'ardoise des suggestions en fonction du marché. Les cuissons sont parfaites, les assaisonnements aussi, tout est fait maison. Le vendredi et le samedi des mois en *r*, on choisit ses coquillages sur l'étal en terrasse, servis en plateau ou à l'assiette avec un petit verre de vin. Située entre la cour d'appel et la place des Prêcheurs, c'est l'adresse que l'on a envie de partager.

CHÂTEAU DE LA GAUDE - LE ART €€

Route des Pinchinats
www.chateaudelagaude.com
Ouvert du mercredi au dimanche le midi et le soir. menus de 97 € à 185 €.

Aussitôt ouvert, aussitôt étoilé ! On connaissait Mathieu Dupuy Baumal, chef au *Domaine de Manville ;* depuis son arrivée à Aix en 2019, tous les yeux sont tournés vers Le Art, le restaurant du château et pour cause : c'est parfait ! Des recettes audacieuses, un cadre raffiné. A découvrir aussi, la brasserie 18e, revisitée sixties ou encore le restaurant gastronomique japonais. Cette superbe bastide provençale située à proximité du centre-ville abrite aussi un hôtel 5 étoiles. Luxueux.

LA MAISON FRANCAISE €€

rue Fernand Dol
✆ 04 42 12 69 09
www.lamaisonfrancaise.com
Ouvert du mardi au samedi de 10h à 23h.

La fondatrice Leila Erdmann voulait offrir aux touristes de passage un endroit chaleureux, à la fois lobby d'un club anglais et restaurant très français ; le chef Pascal Barthelet signe la carte de cette élégante table au calme dans une petite rue du centre-ville, incarnant la gastronomie française, des plats jusqu'aux fabuleux desserts signés Florian Grad. Dans une ambiance feutrée, le cadre se prête aussi bien à des dîners en tête-à-tête qu'à des déjeuners d'affaires. En face, la boutique propose tous les produits de l'excellence à la française.

RESTAURANT MICKAËL FÉVAL €€€

11, petite rue Saint-Jean ✆ 04 42 93 29 60
www.mickaelfeval.fr
Du mardi au samedi midi et soir. Réservation impérative.

Mickaël Féval nous régale d'une cuisine très soignée. La présentation est magnifique, les saveurs et les associations très réussies. Les menus varient avec les saisons, tout comme la carte du déjeuner. Quelques suggestions pour vous mettre en appétit : le lieu jaune, nacré à, la poudre de coriandre, huitre et kumquat, ou le carré de veau, pommes fondantes et navet. Tout est succulent ! Mickaël Féval a ouvert, au printemps 2018, un second restaurant, *Molène,* au 31bis rue Manuel à Aix-en-Provence, avec une carte dédiée principalement au poisson.

CONFISERIE LÉONARD PARLI

35, avenue Victor-Hugo
✆ 04 42 26 05 71
www.leonard-parli.com
Ouvert du lun au sam 9h30 à 19h. Et rue Gaston de Saporta, rue d'Italie, CC du Moulin au Tholonet, et aux Milles.

La maison Parli, réputée pour ses calissons, a pignon sur rue depuis 1874 ! Le secret de leur saveur et de leur fondan inégalé réside dans un savoir-faire artisanal, mais aussi dans des ingrédients de première qualité. Léonard Parli est incontournable aussi pour ses fruits confits, sans oublier les *confits*, une spécialité à base de fruits confits juste chauffés qui se déguste comme une confiture ! D'autres douceurs portent la signature de Parli : nougats, biscotins, pralines, et le fameux Kirshbescué, un cake aux fruits confits trempés dans le Kirsch. Un délice !

LES NAVETTES DE SYLVAIN

30, avenue Charles de Gaulle
PEYROLLES-EN-PROVENCE
✆ 06 51 76 00 80
Ouvert du mercredi au dimanche.

Candidat marseillais du *Meilleur pâtissier* 2017 sur M6, Sylvain Bourletsis qui a ouvert sa biscuiterie artisanale en 2019, revisite les douceurs provençales, navette, macaron, croquant aux amandes… et aussi amaretti, canistrelli, montecao, madeleine, financier… Il met également les mains dans la pâte à brioche, y rajoute des zestes d'orange ou de citron confit, la façonne en colombe à Pâques. Sa pompe à huile est l'incontournable des 13 desserts à Noël. Un anniversaire, un dessert dominical, Sylvain fabrique à la demande. Et on a craqué aussi pour ses confitures.

ATELIER BUFFILE

2 bis, traverse de l'Aigle-d'Or
✆ 04 42 27 23 51
www.buffile-ceramiste.com
Sur rendez-vous.

La matière, c'est l'argile trouvée au pied de la Sainte-Victoire ; le savoir-faire, c'est l'héritage familial de Jean et Léonie Buffile, un couple de céramistes avant-gardistes et passionnés qui ont créé leur atelier à Aix en 1945. Depuis 1984, Vincent puis Romain, son fils, perpétuent la tradition au sein du même atelier, pas loin des Allées Provençales. De l'art de la table (assiettes, tasses et bols) à l'objet décoratif, voire monumental (sur commande), vous trouverez à l'atelier de quoi nourrir vos envies. Un lieu de tradition et de modernité.

LIBRAIRIE GOULARD

37, cours Mirabeau
✆ 04 42 27 66 47
www.librairiegoulard.com
Ouvert le lundi de 10h30 à 19h30 ; du mardi au samedi de 9h30 à 19h30.

Cette librairie tout en longueur est une véritable « rue de livres » avec à mi-passage, un espace convivial où l'on peut s'installer dans des sièges confortables pour feuilleter un bouquin. Le message est clair : vous êtes invités à faire votre choix en prenant votre temps. La lecture est un privilège du bien-être ! Voici une libraire indépendante dont l'origine remonte à 1880 et qui résiste pour offrir aux lecteurs un choix large, ne se limitant pas aux *best-sellers*, osant les petits éditeurs, les auteurs méconnus et livrant à sa clientèle de vrais coups de cœur.

ROSE ET MARIUS

3, rue Thiers
✆ 09 82 59 35 35
www.roseetmarius.com
Ouvert du mardi au samedi de 10h30 à 13h et de 14h à 19h.

Bougies précieuses, parfums d'ambiance, timbales en porcelaine, lampes avec abat-jour en porcelaine, carreaux de ciment, papiers peints, Rose et Marius, ce sont des objets raffinés et des senteurs d'exception qui incarnent l'art de vivre en Provence. Les parfums sont de Grasse, les porcelaines de Limoges, les savons de haute Provence, les bougies d'un maître cirier de la région. Ateliers olfactifs entre copines ou avec les enfants : vous créez votre parfum comme un véritable nez ! Et « bar à fleurs séchées », vous composez votre bouquet et le parfumez.

SANTONS FOUQUE

65, cours Gambetta
✆ 04 42 26 33 38
www.santons-fouque.fr
Visite libre. De 9h à 12h et de 14h à 18h, sauf dimanches et jours fériés. En décembre, ouverture 7j/7 de 10h à 19h.

Les santons Fouque et leur emblématique Coup de Mistral © (création Paul Fouque 1952), berger cape au vent, sont souvent imités, mais jamais égalés. Emmanuel Fouque dirige la maison créée en 1934 par son arrière-grand-père Jean-Baptiste Fouque. Ici, les petits personnages en argile prennent vie. Près de 1 800 modèles sont à découvrir, du petit santon peint aux grandes figurines d'exception. Immanquable : l'exposition permanente de la crèche provençale et la saynète de la veillée calendale installées dans la salle d'exposition, toute l'âme de la Provence.

6MIC

160, rue Pascal Duverger
✆ 07 50 59 36 14
https://www.6mic-aix.fr
La plus grande SMAC (salle de musique actuelle) de France.

2 salles de concert de 800 et 2 000 places, 4 studios de répétition et un studio d'enregistrement, un patio pour la période estivale et les concerts en extérieur. Implantée au cœur du nouveau Quartier de la Constance au Jas de Bouffan, cette nouvelle salle des musiques actuelles est la plus grande de France. L'architecture du bâtiment signée Rudy Ricciotti et Jean-Michel Battesti est un bloc de béton dur dont la forme rappelle la montagne Sainte-Victoire. Rap, reggae, électro, chanson française, une programmation musicale éclectique. Egalement bar et restauration.

LE GRAND THÉÂTRE DE PROVENCE

380, avenue Max-Juvénal ✆ 08 20 13 20 13
www.lestheatres.net/
Billetterie ouverte du mardi au samedi de 13h à 18h et par tél. de 11h à 19h ou en ligne sécurisée sur le site Internet.

Véritable temple dédié à la musique classique, à l'art lyrique et à la danse, ce théâtre fait partie des nouvelles architectures incontournables de la ville. Modernité extérieure et salle à l'italienne, le GTP (Grand Théâtre de Provence) jouit d'un équipement dernier cri : acoustique de qualité, fosse d'orchestre de 105 musiciens et 1 370 places dont 950 au parterre. En juillet, il accueille des opéras du Festival d'Art Lyrique. A Pâques, c'est le festival du même nom qui s'y installe.

CONNECTEZ-VOUS sur
petitfute.com

et partagez
VOS AVIS et BONS PLANS

BEAURECUEIL

Au pied de la Sainte-Victoire, le charmant petit village de Beaurecueil voit filer les jours paisiblement à l'écart du tumulte. A quelques encablures d'Aix-en-Provence, vous apprécierez ses paysages sauvages. Car c'est bien là l'intérêt de se rendre à Beaurecueil. Le Parc départemental des Roques Hautes et ses 650 hectares vous permettront de découvrir un cadre exceptionnel au gré de ses multiples sentiers. Des aires de pique-nique ont d'ailleurs été aménagées pour vous permettre de passer un agréable moment en famille.

EGUILLES

Eguilles est un village niché à 300 mètres d'altitude et à seulement une dizaine de kilomètres à l'ouest d'Aix-en-Provence et qui a su préserver à travers les âges son caractère authentique. Sa position géographique privilégiée offre une vue incomparable sur la campagne environnante. Des traces datées du néolithique prouvent que le site d'Eguilles a été habité dès le 3e millénaire avant J.C., et qu'il a été le théâtre d'une activité intense deux mille ans plus tard, comptant deux oppidums celto-ligures, à Pierredon et aux Mourgues.

DOMAINE DE CAMAÏSSETTE

Route de Pélissanne
✆ 04 42 92 57 55
www.camaissette.fr
Ouvert toute l'année du lundi au samedi de 9h30 à 12h et de 14h30 à 18h30. Vente à la cave et expédition sur demande.

On connaît le domaine Camaïssette pour ses vins classés en AOC Coteaux d'Aix. La propriété abrite également un verger d'oliviers qui produisent des huiles d'olive estampillées AOC Huile d'olive d'Aix en Provence. Ce domaine est dans la famille depuis 1901. Aujourd'hui aidée par son fils Olivier, œnologue, Michelle cultive 4 ha d'oliviers plantés il y a une vingtaine d'années. Les quatre variétés (la salonenque, l'aglandau, la grossane et la picholine) donnent deux sortes d'huile, une AOP et une AOC Provence pressée au moulin de la coopérative de Velaux.

CABRIÈS

Les érudits du coin, boules de pétanque à la main, ne manqueront pas de vous expliquer que Cabriès tire probablement ses origines du monticule rocheux (le « Piton ») sur lequel est établi le village primitif, que seuls les troupeaux caprins peuvent aisément escalader. Emblème de la ville, la chèvre a aujourd'hui déserté les ruelles escarpées de la petite place forte demeure des seigneurs de Cabriès (le dernier d'entre eux fut pendu sur le cours Mirabeau lors de la Révolution). Riche de ses traditions, cette cité cultive à chaque occasion ses racines traditionnelles.

LAMBESC

Située à une quinzaine de kilomètres d'Aix-en-Provence, Lambesc se trouve sur la D67. Blottie dans un écrin de verdure, cette cité a été érigée en principauté par Louis XIV et surnommée le petit Versailles aixois. Capitale politique de la Provence et siège des assemblées générales des communautés de 1639 à 1787, son centre compte de nombreux hôtels particuliers datant de son époque glorieuse. Outre l'église avec ses splendides retables et des œuvres de peintres illustres du XVIIe siècle, vous pourrez également admirer un beau lavoir de 1759, un beffroi coiffé de son jacquemart ainsi que le musée, véritable mémoire de cette ville où séjourna Madame de Sévigné.

BASTIDE TARA €€

375, Route de St Martin ✆ 04 42 58 57 78
https://www.bastidetara.com/

3 chambres de 90 à 125 €/nuit, petit déjeuner inclus. Studio : 350 à 805 € la semaine. Piscine. Jardin. Parking fermé.

Une maison d'hôtes située au cœur de la Provence authentique entre Aix et la Canebière, le vieux port de Marseille. Une belle propriété au style provençal : grande terrasse où sont servis les petits petits-déjeuners, jardin arboré dans un écrin de verdure, piscine. Théâtre parfait pour combiner séjour détente et découvrir un terroir exceptionnel. Avec de beaux espaces et une décoration personnalisée pour chaque chambre, un studio indépendant tout équipé, de copieux petits déjeuners maison. Sans oublier la maîtresse à 4 pattes de la maison, l'incontournable Kim.

VIA BASELI €€

107, rue du baseli
✆ 04 42 69 02 37
www.via-baseli-restaurant-cabries.com

Ouvert le lundi midi, du mardi au vendredi midi et soir, et le samedi soir. Menu et carte.

Une adresse charmante au cœur du petit village de Cabriès, non loin du château de Cabriés, actuel musée Edgar Mélik. Ce restaurant nous transporte tout simplement au cœur de l'Italie, que ce soit à la terrasse ombragée ou à l'intérieur dans la salle. Lors de notre passage, nous avons goûté le vitello à la roquette sauce tomates, les roulés de bœuf avec une salade de blé et aubergines grillées ; le tiramisu parfait, ferme et justement aromatisé au café ou encore la panacotta aux pêches, tout était délicieux. Le service rapide et agréable nous a conquis.

CHÂTEAU DE CALAVON

12, avenue de Badonviller
✆ 04 42 57 15 37
www.chateaudecalavon.com

Ouvert du lundi au samedi de 9h à 13h et de 14h à 18h toute l'année sauf jours fériés (sauf 14 juillet et 15 août).

Ce vignoble en agriculture bio s'étend sur 105 ha de petites parcelles en terrasses. Propriété de la famille Audibert depuis cinq générations, c'est le plus ancien domaine viticole de Lambesc. Les vins sont réputés aromatiques, structurés et puissants : rouges d'exception, blancs d'une grande finesse et élégants rosés. Le caveau est installé dans un ancien relais de poste du XVIIe siècle. Les samedis matin des mois en *r*, dégustation de vins et coquillages devant le caveau, oursinades en février, et en été animations et foodtruck. Convivial !

LA CHOCOLATERIE MATHIEU TABORCIA

4, Place Jean Jaurès
✆ 09 87 16 52 62

Ouvert du mercredi au dimanche matin de 9h à 12h30 et de 14h30 à 19h.

Ici, c'est véritablement le paradis du chocolat. Les fèves de cacao arrivent à l'atelier à l'état brut, soigneusement sélectionnées en amont par Mathieu Tabiorca, il maîtrise toute la chaîne, du tri et de la torréfaction à la confection d'un bonbon, d'une orangette ou d'une tablette de chocolat. Grand crus, pures origines, les amateurs de chocolat n'ont que l'embarras du choix. C'est Noël et Pâques toute l'année pour qui ne peut pas s'en passer !

FUVEAU ★

Fuveau est une charmante bourgade de 9 000 âmes, perchée à 264 m d'altitude, qui a su garder son authenticité provençale. Le village est juché sur son piton rocheux depuis plus d'un millénaire, il se situe à l'est des Bouches-du Rhône, à 16 km d'Aix-en-Provence et 35 km de Marseille. D'en haut, le panorama est exceptionnel. Vous y aurez une très belle vue sur la Sainte-Victoire, l'Olympe et l'Aurélien et la campagne environnante. Les rues du vieux village qui montent vous guideront jusqu'à la chapelle Saint-Michel et son pigeonnier du XIXe et vous apprécierez quelques superbes portes anciennes en allant jusqu'au château des Peyssonels. Vous pourrez ensuite rejoindre la rue Rondet (derrière l'église) où vous aurez de superbes panoramas sur la chaîne de l'Etoile et de la célèbre Sainte-Victoire. Les amateurs de golf pourront découvrir le 18-trous du domaine du Château de l'Arc. Vous pourrez également visiter le musée des Transports urbains qui présente l'histoire des transports à travers une belle collection de wagons, tramways, locomotives et trolleybus. Les petits seront enchantés par l'incontournable tour de « petit train » qui part de la gare SNCF de la Barque. Les plus grands apprécieront le cachet de certains wagonnets qui datent de 1920... En juillet, ne ratez pas le fantastique spectacle « son et lumière » interprété par les habitants de Fuveau et en septembre le Salon des Ecrivains. Pour les dates exactes, se renseigner auprès de l'office du tourisme.

GARDANNE

Sise à 15 kilomètres d'Aix-en-Provence et 25 de Marseille, entre la chaîne de l'Etoile et Sainte Victoire, Gardanne est la 4eme ville du Pays d'Aix avec ses quelque 20 000 habitants. Elle prend véritablement son essor industriel au XIXe siècle avec le développement du bassin minier - fonçage du puits de mine de Biver et installation de l'usine d'aluminium anciennement Pechiney. Si Gardanne tient à sa réputation industrielle, d'autres l'ont marquée de leur passage, comme le marquis de Gueydan, conseiller à la cour des comptes dont la descendante légua à la ville le château et tous ses biens, ou Cézanne qui y vécut juste assez de temps pour l'immortaliser.

TUILERIE BOSSY - MÉTIERS D'ART

1285, Chemin du Moulin-du-Fort
✆ 04 42 50 25 22
www.tuileriebossy.com
Ouvert du lundi au samedi, et sur rendez-vous. Stages proposés.

Une quinzaine d'artistes et d'artisans d'art animent cette ancienne tuilerie transformée en pôle de création depuis 2006. Céramistes-potiers, ferronnier, artiste peintre, maître horloger, tapissier, fleuriste, maroquinier, coutelier, bijoutier, peintre en décor travaillent ici en direct et la porte de leur atelier vous est ouverte toute l'année, pour une simple visite ou une commande particulière : Dans ce cas, ils mettent tout leur savoir-faire au service de vos projets.

GRÉASQUE

Gréasque est un village surtout connu par l'industrie du charbon. Si les premières exploitations remontent à 1650, c'est au XIXe siècle qu'elles se développèrent notamment par l'octroi de concessions. En 1830, le puits Saint-Jacques est foncé, premier puits vertical de grande profondeur, l'extraction du charbon et le pompage des eaux pouvant se faire alors à la vapeur. Le charbon extrait sert au développement de Marseille. Mais c'est avec la construction du puits Hély d'Oissel (1919-1962) que le village connait son heure de gloire industrielle. Il est aujourd'hui transformé en musée de la mine, pour rappeler l'univers très minier de la Provence.

MUSÉE DE LA MINE ★

Puits Hély-d'Oissel
✆ 04 42 69 77 00
www.museeminegreasque.fr
Ouvert du mercredi au samedi. Tous les dimanches de juillet et août. Adulte : 5 €. Enfant -12 ans : 3 €.

Sur les mines de charbon de Gréasque, ce site nous fait découvrir l'histoire d'un territoire, de ses hommes et de leur métier, sur cinq siècles d'exploitation. Créé en 2000 sur l'ancien carreau du puits Hély d'Oissel, le pôle historique minier présente encore son chevalement classé à l'inventaire des bâtiments industriels historiques. Voyage au centre de la terre, le diaporama et la muséographie recréent l'atmosphère du site au temps de son fonctionnement. Des visites guidées aux animations pour les enfants, tout est fait pour un moment historique et ludique !

BOUCHES-DU-RHÔNE

JOUQUES

Entre le Luberon et la Sainte-Victoire, Jouques est un trésor d'architecture. Cette cité de tradition rurale éveille un sentiment d'attachement dès le premier regard. Le village médiéval se découvre petit à petit selon son gré, en flânant à travers les ruelles fleuries, riche d'un patrimoine historique et culturel accessible à tous. Vous découvrirez les terroirs ancestraux qui font de Jouques un village résolument tourné vers la préservation de son terroir : vignobles, distillerie de lavande et moulin à huile, apiculture, plantations d'amandiers, d'oliviers et de lavande. A découvrir en randonnées pédestres (GR9...), à vélo ou en VTT.

MOULIN DE VERNÈGUES & SPA**** €€€

RN 7

✆ 04 90 59 12 00

www.moulindevernegues.com

100 chambres de 115 € à 550 €. Parking ouvert. Hammam, bain bouillonnant, sauna. Restauration : menus de 35 € à 125 €.

Rénovée et agrandie, cette belle bastide du XVIIe mêle avec justesse décor moderne et cachet d'un lieu historique. Les 100 chambres et suites sont spacieuses et élégantes, design et contemporaines dans la nouvelle aile ; pierres apparentes et plafonds mansardés pour celles situées dans le bâtiment d'origine. Le Moulin de Vernègues, c'est aussi deux restaurants : Les Voutes, bistronomique et le Restaurant Le Parc du Moulin au bord de la piscine l'été.

ABBAYE NOTRE-DAME DE FIDÉLITÉ

Chemin du Pey d'Allefort

✆ 06 35 12 30 06

http://www.abbayedejouques.org

Magasin ouvert de 10h à 12h15 et de 15h à 17h15.

Il faut venir prendre de la hauteur sur le plateau au large de Jouques, dominant la Durance pour découvrir ce lieu hors du temps, avec ses champs d'oliviers, de lavande et ses vergers plantés de ruchers. L'abbaye bénédictine accueille tous les pèlerins et diverses personnes pour un séjour de repos mais propose aussi tous ses produits en vente à la boutique : confiture, miel, savon, huile essentielle de lavandin et même son vin, « Louange », en rouge et maintenant en rosé.

LA BARBEN

A 7 km de Salon-de-Provence, dans le massif préservé des Costes, La Barben est un village rural typiquement provençal connu pour son château qui surplombe les eaux de la Touloubre et le val du Maurel et pour son parc zoologique. Il faut voir aussi la petite église romane Saint-Jean datant du XIe siècle puis dédiée à saint Sauveur. Léguée au village par le marquis Antojne Palamède de Forbin, elle contient une *Transfiguration* du peintre Mimault datant de 1632. Votre promenade vous amènera à vous pencher sur les mystères de la source d'Adane, réputée depuis l'Antiquité pour ses vertus guérisseuses, ou continuer jusqu'à Pélissanne et son fameux marché.

MALLEMORT

En bordure de Durance, au pied du Lubéron, Mallemort a gardé son authenticité provençale: ses ruelles pavées, son donjon, seul vestige du château détruit et jusqu'à l'église Saint Michel qui domine le village. Longtemps à la merci des crues de la Durance, la plaine de Mallemort devint fertile grâce au système d'irrigation de l'ingénieur Adam de Craponne et le village connut son apogée au début du XXe siècle pour sa grande production de fruits et de légumes. On venait de loin pour son marché réputé. Mallemort c'est aussi le hameau de Pont royal dont le parc du château abrite le seul parcours français signé de la légende du golf, Severiano Ballesteros.

ROCHER MISTRAL

2376, Route du Château

✆ 04 88 60 22 56

Du vendredi au dimanche, fériés et vacances scolaires. 7j/7 juillet-aout. En ligne 25 et 19 €, en caisse 28 et 22 €.

Avec ses spectacles historiques, son grand marché provençal et son restaurant dédié à Alphonse Daudet, Rocher Mistral vous invite à découvrir la Provence de façon inédite. Situé dans le plus vieux château de la région, le parc Rocher Mistral vous fera découvrir le rocambolesque Claude de Forbin, officier dans la marine royale de Louis XIV, revivre la violente révolte des « Cascaveu » en 1630, voyager en l'an mille avec les moines de l'Abbaye Saint Victor de Marseille. Vous découvrirez aussi les jardins, réalisés par Le Nôtre, lors d'un étonnant spectacle nocturne.

BOUCHES-DU-RHÔNE

© DR

© DR

© DR

PARC ANIMALIER DE LA BARBEN ★★

Route du Château ✆ 04 90 55 19 12
www.parcanimalierlabarben.com

Ouvert tous les jours. Haute saison 9h30-19h. Basse saison 10h-18h. Adulte 18 €. Enfant de 3 à 12 ans 12 €.

Au cœur d'un site classé natura 2000, le parc animalier de la Barben s'étend sur un plateau de 33 ha. Au fil des 9 km de sentiers, on découvre 700 animaux répartis en 120 espèces : lions, girafes, rhinocéros, tigres, loups à crinière, hippopotames, gazelles, gibbons... sans oublier la bergerie du 11ème siècle qui abrite le vivarium. On ponctue la balade d'un pique nique, d'une pause au restaurant ou au snack. Petit train, boutique, animations et spectacles d'oiseaux en vol.

© DR

© LA BARBEN

MEYREUIL

Meyreuil garde le souvenir de la bataille du général Marius contre les Ambrons et les Teutons qui vit la défaite des barbares et le développement de ces coteaux non loin d'Aquae Sextiae. Plus tard, Cézanne découvrit à Meyreuil un nouveau regard sur la Sainte-Victoire et la peignit longuement ainsi que le pont des Trois Sautets qui y enjambe l'Arc ou encore ses célèbres *Baigneuses*. Ce village se distingue par une crèche de Noël animée, célèbre dans la région. Calmes et sereines, ses ruelles sont à parcourir un moment, avant d'aller visiter la chapelle de Saint-Marc-la-Morée datant du XIe siècle, construite sur les vestiges romains d'un temple voué à Mars.

L'AUBERGE PROVENÇALE €€€

Impasse de Provence
✆ 04 42 58 68 54
www.auberge-provencale.fr
Ouvert du jeudi au lundi midi et soir. Menu Saveurs 31 €. Menu Carte 49,5 € et 52,5€. Menu tout truffes 69 €. Terrasse.

Cette jolie bastide jaune, lumineuse et accueillante n'est pas dans le quartier le plus glamour de la ville mais sa table connait un grand succès. A l'intérieur, une salle au décor un peu traditionnel mais une carte alléchante. Des fleurs de courgettes farcies aux deux saumons en entrée, du homard entier et décortiqué en plat ou encore le menu tout truffes ! Vous ne pouvez pas quitter l'auberge sans avoir goûté au dessert au calisson d'Aix-en-Provence. Un délice.. Un de nos coups de cœur, pour les papilles et pour l'accueil d'une rare gentillesse.

CHÂTEAU SIMONE

Chemin de la Simone
✆ 04 42 66 92 58
www.chateau-simone.fr
Sur rendez-vous.

Au XVe siècle, cette superbe propriété était le clos du Roi René. Doté d'un vignoble d'une superficie de 50 ha, le Château Simone est propriété de la famille Rougier depuis 1830. Les caves, creusées au XVIe siècle par l'ordre religieux des Grands Carmes d'Aix, regroupent plusieurs galeries sur différents niveaux ; elles sont remarquables pour l'homogénéité de leur température et leur hygrométrie naturelle. On dit que ce domaine donne l'un des meilleurs vins de toute la région... A noter que c'était l'un des vins préférés de Churchill !

MIMET

Mimet est le plus haut village des Bouches-du-Rhône. Son point culminant se situe à 779 mètres d'altitude. Le territoire de la commune est séparé par le massif de l'Étoile qui offre au village deux facettes : au sud une vue sur Marseille et la Méditerranée, et au nord une plaine parsemée d'habitations rencontrant en chemin le village, qui a su garder son caractère originel : la rue principale Saint-Sébastien, entièrement pavée, est flanquée de maisons anciennes typiquement provençales aux volets de couleur et de quelques magasins ou artisans. En montant jusqu'à la place de la mairie, vous découvrirez la charmante église dominant le village.

PUYLOUBIER ★

En empruntant de route de Cézanne à la sortie d'Aix, et après avoir traversé le Tholonet, montez jusqu'à Saint-Antonin-sur-Bayon par la D17, puis prenez la direction de Puyloubier. Le long de votre route, vous aurez suivi la montagne Sainte-Victoire par sa face sud, traversé des étendues désertiques couvertes de pins et de garrigues, avant d'aller à la rencontre de ce village perdu au milieu des vignes. Resté authentique et en dehors des courants de la mode, il est ombragé de beaux platanes, et sur la place on joue à la pétanque comme dans le meilleur film de Pagnol.

DOMAINE LE LOUP BLEU

Piconin
✆ 07 72 55 91 31
www.le-loup-bleu.com
Ouvert tous les jours de 8h à 18h et dimanche sur rdv.

Marc et Sylvie Dubois, depuis 2012 sur le domaine, ont été rejoints par leurs enfants, Caroline et Maixent. Leur petit domaine de 9 hectares au pied de la Sainte-Victoire est cultivé en bio. Vous ne trouverez pas leurs vins en grande surface, mais chez quelques cavistes de la région et au caveau où ils vous accueillent pour une dégustation. Ils exportent leurs vins en Angleterre, au Danemark et jusqu'au Japon. On vous conseille Croix du Sud en appellation Sainte-Victoire en rosé et rouge, et Vol de nuit, un côtes-de-provence en blanc parfait pour l'apéritif.

LE PUY-SAINTE-RÉPARADE

Ce village de quelque 5 000 habitants est situé au nord du département, en bordure de Durance à quelques kilomètres d'Aix-en-Provence. Il compte plusieurs hameaux à l'extérieur de son centre historique (Saint-Canadet, La Cride, Les Goirands). Bordé à l'ouest par le massif de Rognes, sa frontière naturelle au sud est marquée par la chaîne de la Trévaresse. Découvrez la vie culturelle très animée de ce village et visitez le château d'Arnajon - promenades dans le parc ou soirées musicales - mais aussi la chapelle Sainte-Réparade, qui doit son nom à Saint-Pierre-aux-Liens, en provençal *San Peyre Encadenat*, d'où dérive aussi le nom de Saint-Canadet.

DOMAINE DE LA FANETTE

992/892, chemin Fanette
✆ 06 70 00 98 16
www.domainefanette.com

C'est chez Fanette, une figure du coin, que les Puechens venaient jadis prendre un verre sur la terrasse à l'ombre du marronnier. Les héritiers ont depuis planté de beaux oliviers, 4 ha en agriculture bio, dont ils tirent une huile d'olive en AOP Aix-en-Provence. La production fait la part belle au fruité vert, ardente en bouche, avec des arômes d'artichauts et d'herbe coupée à déguster sur un chèvre frais. L'huile Goût à l'ancienne longue en bouche et d'une incroyable richesse aromatique prend toute sa mesure sur un plat de poisson. L'accueil est chaleureux.

CHÂTEAU DE FONSCOLOMBE***** €€€

Route de Saint-Canadet ✆ 04 42 21 13 13
www.fonscolombe.fr

50 chambres de 350 à 850 € selon la saison et le type de chambre. Animaux acceptés, 25 €. Restaurant. Vente de vin.

Le château de Fonscolombe, élégante demeure du XVIIIe siècle classée monument historique rénovée dans les règles de l'art, se situe dans la campagne aixoise. Dans les 50 chambres, les meubles anciens rappellent que nous sommes dans un château, l'ambiance épurée et le confort de la literie répondent au standing de ce 5-étoiles. On s'attable à l'Orangerie, brasserie de luxe, ou à la Table de l'Orangerie, restaurant gastronomique, dirigés par le jeune chef Quentin Durand.

ROGNES ★

Très attaché à la qualité des produits du terroir, le village de Rognes propose de nombreuses fêtes et marchés qui en font la promotion, et notamment son marché à la truffe le dimanche qui précède le jour de Noël. Un petit marché anime tous les mercredis matin le centre du village : produits du terroir, fromages, fruits et légumes... mais aussi quelques stands textile et d'artisanat. Un marché paysan, directement du producteur au consommateur, a lieu le samedi matin du côté de la poste. Alentour les balades ne manquent pas avec quelques centres d'intérêt : les carrières de pierre, les vignobles classés. Renseignez-vous auprès de l'office de tourisme.

CHÂTEAU LA COSTE

2750, route de la Cride
✆ 04 42 61 89 98
www.chateau-la-coste.com

Basse saison : tous les jours 9h-18h. Haute saison : tous les jours 9h30-20h. Visite guidée des chais : 12 €.

Ce vaste domaine représente un espace unique de près de 200 ha à la fois production viticole et musée d'art et d'architecture. Héritier d'une longue histoire, illustrée par la présence de sentiers pavés gallo-romains et autres vestiges d'un système d'irrigation ancien, le domaine viticole propose des vins bio certifiés Coteaux d'Aix-en-Provence et IGP des Portes de Méditerranée. Au Château la Coste, vous pouvez visiter les chais signés Jean Nouvel, découvrir des installations d'artistes ou encore vous attabler dans l'un des restaurants du domaine.

BONISSON ART CENTER

177, Route des Mauvares
✆ 04 42 66 90 20
www.bonisson.com/bonisson-art-center/

Ouvert du jeudi au samedi de 14h à 18h. Et sur rdv. Entrée libre et gratuite. Visite guidée samedi et dimanche 16h.

Ici l'art et la vigne s'offrent en partage, ce sont les 2 passions de Christian Le Dorze qui a racheté ce domaine viticole en 2017. Victoire sa fille gère les 10 ha du vignoble en AOP Coteaux d'Aix en Provence, Christian lui a créé le Bonisson Art Center dans les anciens chais du domaine. 300 m^2 sur 2 niveaux, avec quatre salles d'exposition. Un lieu immense et intimiste à la fois dédié à l'art contemporain sous toutes ses formes, peinture, sculpture, photo. La création y est de mise avec des artistes en résidence. Greffez-vous sur une visite guidée, passionnant.

LE PRÉAU €€

1, Cours Saint-Etienne
✆ 09 83 94 02 77
www.lepreaurestaurant.com
Ouvert le mercredi soir et du jeudi au dimanche midi et soir. Menus 29€ et 39€. Terrasse

Gros coup de cœur pour Le Préau, son chef Antonin Wishart et sa jeune brigade, la cuisine fraîche et inventive, le cadre et l'ambiance. Antonin, la trentaine, a pas mal bourlingué avant de revenir dans la région. Perfectionniste jusque dans le dressage des assiettes et l'accueil, il prône les circuits courts et se sert autant que faire se peut dans le potager familial. Il travaille les poissons à merveille, et l'art de saucer s'impose si vous optez pour une viande, les jus corsés sont divins. Ne faites pas l'impasse sur le dessert, il est compris dans le menu.

CHÂTEAU BONISSON

177, Route des Mauvares
✆ 04 42 66 90 20
www.bonisson.com
Caveau et centre d'art ouvert au public du mardi au dimanche de 11h à 12h30 et de 13h30 à 19h.

Belle bastide du XVIIIe siècle avec terrasse à l'italienne surplombant le domaine de 10 ha de vignes. Il produit un vin d'appellation d'origine Coteaux d'Aix-en-Provence. Depuis 2017, la famille Le Dorze l'a développé selon ses valeurs propres de qualité, d'authenticité et de partage. C'est Victoire qui gère le domaine, elle a fait le choix de l'agriculture biologique, utilisant le cheval pour le labour des rangs et réalise les vendanges entièrement à la main. Mention particulière pour la cuvée B dans toutes les couleurs 1619 et la Petite Causerie en blanc.

BOULANGERIE BISCUITERIE DE ROGNES

6, route d'Aix
✆ 04 42 50 21 75
www.biscuits-de-provence.fr
Ouvert du mardi au dimanche 6h-13h et 15h30-20h, le dimanche réouverture à 16h.

Cette biscuiterie artisanale est une institution. Adeline Wendzinski, biscuitière dans l'âme, perpétue cet univers de fabrication traditionnelle de spécialités provençales : croquants et navettes, nature ou parfumés (citron, fleur d'oranger, lavande, anis), mais aussi croissants aux pignons et autres biscuits dont les effluves lors de la fabrication au labo attenant, laissent présager les saveurs. Pendant les fêtes, vous trouverez certain des treize desserts des noëls provençaux.

ROUSSET

Rousset est connue de l'Antiquité par la couleur de sa terre, constituée de marnes rouges qui lui donnent son nom. Elle regroupait plusieurs hameaux dont celui de Saint Privat le long de la voie Aurélienne. Aujourd'hui commune rurale au pied de la Sainte Victoire, elle possède plusieurs églises, chapelles et un joli moulin. Près de la mairie se trouve la statue de Paul Borde, un agriculture qui vendit son champs pour en faire la place du village. Le village domine un paysage d'oliviers et de vignes. Située à 16 kilomètres d'Aix-en-Provence, Rousset fait partie de l'agglomération aixoise, comme ses voisines Fuveau et Peynier.

CHÂTEAU BARBEBELLE

RD543 ✆ 04 42 50 22 12
www.chateaubarbebelle.com
Ouvert lundi-samedi de 9h à 12h et de 14h à 18h. L'été 7j/7 de 9h30 à 12h30 et de 14h30 à 18h30. Hébergement.

Au château Barbebelle, l'un des plus anciens vignobles de la région, Madeleine et Valentin travaillent pour le meilleur : l'alliance de la modernité et du savoir-faire transmis depuis 4 générations ! Les 50 ha de vignes en appellation Coteaux d'Aix-en-Provence se situent à 400 m d'altitude sur un sol argilo-calcaire au cœur d'une nature préservée de 300 ha. La production est 100 % maîtrisée, des vignes à la commercialisation, certifiée Haute Valeur Environnementale. En été, le parc accueille les concerts du festival Les Musicales dans les Vignes de Provence.

FERME AUBERGE TERRE DE MISTRAL €€

Route de Peynier ✆ 04 42 29 14 84
www.terre-de-mistral.com
Ouvert mercredi, jeudi et dimanche midi ; vendredi et samedi midi et soir. Formule midi : 17,50 €. Menus 28 et 36 €.

Dans la catégorie ferme-auberge, la Terre de Mistral propose une cuisine bistronomique aux saveurs méditerranéennes. Aux fourneaux Baptiste Donat, un jeune chef créatif qui travaille les produits de la région les volailles et porcs élevés en plein air, les fruits et légumes du potager. La carte fait le tour des saveurs dans des recettes méditerranéennes. Pas de menu, les suggestions du jour et une formule de midi à petit prix. Aux beaux jours on apprécie la terrasse ombragée.

LA ROQUE-D'ANTHÉRON ★

Ce gros village au bord de la Durance, tranquille hors saison, est le cadre d'un événement international qui, chaque été, rassemble les puristes du piano venus du monde entier. En effet, c'est dans le parc du château de Florens que se tient tous les ans en juillet et août le très réputé Festival International de Piano de la Roque. Si vous êtes mélomane et que l'occasion vous est donnée de séjourner ici, réservez à l'avance vos places pour aller écouter (et voir aussi) un concert. C'est magique pour ce cadre unique et pour le plaisir jusqu'à tard dans la nuit d'entendre la musique et le bruit des cigales en contrepoint s'il fait encore chaud.

ABBAYE DE SILVACANE ★★★

RD561 ✆ 04 42 50 41 69
www.abbaye-silvacane.com
Tarif 7,50 €. Réduit 6 €. Gratuit pour les -12 ans. Été, 7j/7 de 10h à 18h. Hiver sauf lundi : 10h-13h et 14h-17h.

© EBASCOL - SHUTTERSTOCK.COM

Dominant la plaine de la Durance et faisant face au Luberon, c'est l'un des joyaux du pays d'Aix. Cette abbaye cistercienne connaît rapidement un important épanouissement spirituel et économique. Son déclin commence à la fin du XIIIe siècle (conflit avec l'abbaye de Montmajour, catastrophes naturelles, guerre de Cent Ans). Classée à l'inventaire des monuments historiques, et aujourd'hui propriété de la commune, l'abbaye de Silvacane est un lieu culturel important du pays d'Aix, qui accueille expositions, rencontres et concerts, réputé pour sa qualité acoustique.

GRIMMLAND - LABYRINTHE GÉANT

✆ 04 42 22 19 15
grimmland.fr
Tarif adulte 12,50 €. Enfant 14,50 €. Ouvert du 5 février au 6 novembre 2022 de 10h à 18h, jusqu'à 20h en été.

Redécouvrez en famille les personnages des contes de Grimm sur 4 ha d'attractions à quelques encablures d'Aix ! Plus d'une trentaine d'activités, le grand labyrinthe reste bien sûr l'attrait principal du parc. Du jardin des lutins pour les plus petits à la rivière à souhait ou les serpents blancs, en bateau, en kart à pédale ou pieds nus, tout est fait pour le plaisir. Possibilité d'organiser un goûter d'anniversaire. Et 2 cabanes insolites pour passer la nuit la tête dans les étoiles.

SAINT-ANTONIN-SUR-BAYON ★

Ce tout petit village de 1 753 ha s'étend sur un plateau entouré de crêtes et de jolis vallons, au pied du versant sud de la montagne Sainte-Victoire. Il est traversé, comme son nom l'indique, par le Bayon, et ne possède que de très rares habitations (135 habitants au dernier recensement). L'unique route en lacets qui mène au village est vraiment magnifique avec ses paysages sauvages et préservés, presque les mêmes que découvrait Cézanne lors de ses promenades ! Profitez du spectacle sans oublier un arrêt à la Maison de Sainte-Victoire, lieu musée sur la Sainte-Victoire, sa géologie, sa nature préservée et quelques produits artisanaux en boutique.

LE DOMAINE DES MASQUES

Chemin Maurely
✆ 06 70 19 54 67
www.domainedesmasques.com
Ouvert du mardi au samedi de 10h à 18h.

Le domaine est implanté sur une ancienne commanderie des Templiers, mais son nom est inspiré des sorcières (*lei masco* en provençal) qui venaient y cueillir des plantes médicinales. Sur les 145 ha que compte le domaine, 25 ha de vignes seulement. Leurs vins ont de la personnalité. Également une huile d'olive verte, au goût d'artichaut. Que des produits labellisés Bio à découvrir au domaine ou chez quelques cavistes ou épiceries fines et à la table de nombreux bons restaurants. Visite guidée sur rendez-vous dans le cadre majestueux du plateau du Cengle.

BOUCHES-DU-RHÔNE

© LE JAS

© STÉPHANIE AVON

LE JAS €€

10 bis, rue de l'Eglise
✆ 04 42 50 50 58
www.lejas-restaurant.fr

Ouvert du tous les jours sauf mercredi et jeudi, midi et soir. Formule midi : 22 €. Menus dès 26 € midi. Terrasse.

Émeric Corbon s'installe après être passé chez Édouard Loubet et Michel Kayser. Sa cuisine méditerranéenne s'inspire des produits de saison et locaux. Fleurs de courgette farcies en été, terrines et pâté en croûte à l'automne, gibier en hiver et poisson toute l'année. Émeric s'est formé en pâtisserie auprès de Jean Christophe Vitte à Sorgues : en dessert il va vous régaler d'un bavarois vanille lait de coco aux fruits rouges, un riz au lait au caramel épicé ou bien une Forêt Noire. Jolie carte de vins. Jolie petite terrasse fleurie pour s'attabler.

© STÉPHANIE AVON

© STÉPHANIE AVON

© STÉPHANIE AVON

SAINT-CANNAT

Saint-Cannat est un joli village provençal qui doit son nom à un ermite du Ve siècle, canus natus - né blanc, c'est-à-dire sage, qui devint évêque de Marseille. Mais le personnage historique de Saint-Cannat est sans conteste le bailli de Suffren. Ce marin exceptionnel est né au château, actuellement siège de la mairie. Il servit sous Louis XVI et fut de toutes les campagnes royales obtenant par sa bravoure la plus haute distinction des chevaliers de l'Ordre de saint Jean de Malte. Saint-Cannat était également sur la route des transhumances et regorge ainsi de fontaines et de lavoirs. À visiter le château de Beaupré ou la commanderie de la Bargemone.

VILLAGE DES AUTOMATES-MONTOPOTO

Chemin de la Diligence - Le Plan d'Aigues
✆ 04 30 30 33 46
www.villagedesautomates.com
Ouvert 7j/7 d'avril à août ; mercredi, samedi, dimanche de septembre à mars et les vacances scolaires de la zone B.

Ce parc de loisirs, à 12 km d'Aix, est situé dans un espace boisé de 8 hectares : le Village des Automates – plus de 500 personnages qui changent tous les ans, des aires de jeux parcours aventure, un petit train, des karts, la ferme des animaux heureux et des spectacles durant les vacances scolaires. Montopoto, la plus grande aire de jeux couverte de France, propose des activités dans un décor de jungle, circuits de voitures et des parcours Aventure pour grimper et escalader.

LE MAS BOTTERO €€€

2340, Route D'Aix
✆ 04 42 67 19 18
www.lemasbottero.com
Ouvert du mercredi au samedi, midi et soir, et dimanche midi. Menus de 30 € à 120 €.

De la couleur, des saveurs dans les assiettes, un accueil charmant, un cadre contemporain pour cette table étoilée. Indéniablement, les raisons pour faire un détour chez Nicolas Bottero. Sa cuisine est inventive, la carte évolue au fil des saisons. Nicolas a aménagé un coin épicerie fine où s'alignent de jolis bocaux cuisinés sur place, des veloutés, des fruits au sirop... de quoi se faire plaisir chez soi ou pour offrir. Et au fond du jardin, il a aménagé deux petites cabanes en bois où s'ébattent quelques jolies poulettes pondeuses.

SAINT-MARC-JAUMEGARDE ★

Saint-Marc-Jaumegarde est un village résidentiel à quelque 15 km d'Aix-en-Provence. Lieu consacré à saint Marc depuis le Xe siècle, il devient le fief de Raymond Béranger V, puis la propriété de grandes familles provençales. Sa richesse fut longtemps basée sur l'exploitation des forêts qui l'entourent et en particulier des chênes utilisés comme bois de chauffage par les Aixois. Aujourd'hui, il n'y a plus de château, détruit au XVIe siècle, mais une commune de différents hameaux réputés pour leur environnement riche et propre. C'est sur la commune que vous trouverez aussi à vous balader en pleine nature entre barrage de Bimont et barrage Zola.

LE BARRAGE DE BIMONT ★

✆ 04 42 24 99 99
Ouvert tous les jours aux piétons et vélos sauf en cas d'opération de maintenance.

© MANUKRO - SHUTTERSTOCK.COM

Sur la D10 en revenant de votre visite à Vauvenargues, jetez un coup d'œil au joli hameau des Bonfillons avant de rejoindre le barrage de Bimont. Construit entre 1946 et 1951 par l'ingénieur Joseph Rigaud, ce barrage-voûte permet le stockage de 40 millions de m^3 d'eau en provenance du Verdon et de l'Infernet. Il alimente les grands centres industriels et urbains de la vallée de l'Arc et de Marseille. D'ici, vous jouissez d'une des plus belles vues qui soit sur la montagne Sainte-Victoire. Plusieurs sentiers de randonnées. La baignade est interdite.

BOUCHES-DU-RHÔNE

LE THOLONET ★★

Sur la Voie Aurélienne entre Rome et Arles, le Tholonet était un péage pratique près d'Aquae Sextiae, au temps des Romains. Situé dans la haute vallée de l'Arc, il offre une vue imprenable sur Sainte-Victoire. Cézanne affectionnait particulièrement ce lieu pour sa palette de couleurs. Les traces de l'artiste se retrouvent au château, siège de la société Canal de Provence, au relais, et à la sortie du village où se dresse une stèle à son effigie, au pied du moulin. N'oubliez pas non plus de faire un crochet par le barrage construit par François Zola, père du célèbre écrivain. Pour les gourmands, le Tholonet produit le remarquable vin de Palette.

CHÂTEAU CRÉMADE

649, Route de Langesse
✆ 04 42 66 76 80
www.chateaucremade.fr

Ouvert du mercredi au samedi de 9h à 12h et de 14h à 18h. Lundi et mardi sur rendez-vous.

L'AOC Palette est l'une des plus confidentielles en France (40 ha au total). Le vignoble du château Crémade s'étend sur 9 ha, au pied de la montagne Sainte-Victoire. Les vins expriment la richesse du terroir et le savoir-faire de ce vigneron alliant tradition et modernisme. Le rouge et le rosé sont issus d'un assemblage de grenache, syrah, cabernet-sauvignon, durif, castet, brun fourcat... Comptez 16 cépages dans le rouge et 10 dans le blanc, ce qui est unique en France. Certains de ces cépages ont même disparu ailleurs. Les vins sont médaillés d'or régulièrement.

LES LODGES SAINTE-VICTOIRE**** €€€

2250, route de Cézanne
✆ 04 42 24 80 40
www.leslodgessaintevictoire.com

Ouvert toute l'année. Chambre double à partir de 210 €. 6 suites dont 1 duplex.

Face à la montagne Sainte-Victoire, une adresse unique pour un séjour d'exception. L'hôtel 5-étoiles et ses villas privatives se nichent au cœur d'un domaine de 5 ha. Les chambres sont élégantes et spacieuses, les suites luxueuses avec une vue à couper le souffle. Les 4 villas sont idéales pour les familles et les groupes d'amis. Pour la détente, piscine à débordement, spa et salle de fitness. Résident de l'hôtel ou non, on s'attable au Saint Estève, doté d'une étoile au *Michelin*.

LA TABLE DU BOUCHER €€

1652, Avenue Paul-Jullien
✆ 04 42 27 08 23
www.latableduboucher.fr

Restaurant ouvert le midi du lundi au samedi ainsi que le vendredi et samedi soir. Carte 30 €.

Les amateurs de viande rouge ont ici leur adresse, à la fois boucherie, traiteur et restaurant. C'est LA table du Boucher au sens littéral du terme, car les viandes sur la carte du restaurant sont celles de la boucherie, des viandes maturées et d'exception, tendres et goûteuses, viandes françaises. Et si le morceau particulier qui vous fait envie n'est pas sur la carte, vous le choisissez sur l'étal de la boucherie, on vous le découpe comme vous le souhaitez et le chef vous l'amène à votre table, à la cuisson désirée. Coup de cœur pour la côte de bœuf maturée.

TRETS

Situé entre la célèbre Sainte-Victoire et le mont Aurélien, Trets est la capitale mondiale de l'iris ! Une fleur dont la floraison dure 3 semaines en juillet, de loin on pourrait confondre les champs violets avec des champs de lavande. 100 tonnes de rhizomes sont récoltées chaque année et distillées pour les grands parfumeurs. Franchissez les portes médiévales et derrière les remparts qui entourent le cœur de la ville vous trouverez de nombreux témoignages du passé à visiter : le château seigneurial, l'église de Notre-Dame-de-Nazareth, ou encore la chapelle Saint-Jean-du-Puy, ancien ermitage isolé sur un pic à 658 m, doté d'une abside romane.

SUR LE COURS €€

26, Boulevard de la République,
✆ 06 15 98 05 48

Basse saison : ouvert du mardi au dimanche midi. Haute saison également vendredi et samedi soir.

C'est une petite adresse sympa, en plein cœur de Trets, avec terrasse sur le cours, et du bon coté en été lorsque le soleil darde ses rayons ! L'ardoise devant la porte annonce 5 plats et 3 desserts au choix à la carte, ainsi que les 2 suggestions du jour dans la formule de midi. Une cuisine pleine de saveurs, inventive et haute en couleurs. Julien Testi travaille les produits frais, poissons du jour, légumes de saison dans des recettes de terroir. Le week-end c'est planche de charcuterie et fromages avec des assortiments de pintxo ou autre variété de tapas.

VAUVENARGUES ★

Ce tout petit village se situe à 12 km d'Aix-en-Provence par la D10. Il est resté authentique et sans fioritures avec son imposant château du village, dernière demeure acquise en 1958 par le peintre Pablo Picasso désormais enterré dans le parc. Hélas, vous ne pourrez pas le visiter : sachez tout de même pour la petite histoire que c'est dans ce château que l'artiste peignit ses célèbres toiles dont « Le déjeuner sur l'herbe ». Empruntez le chemin des Venturiers pour une grimpette sur la montagne chère au peintre Cézanne. Parking à la sortie du village 2 km avant. Au sommet, vous pourrez vous reposer dans le refuge, à côté de la chapelle.

CHEZ LE GARDE €€

Route départementale 10
✆ 04 42 65 19 53

Ouvert le lundi et du mercredi au jeudi le soir ; du vendredi au dimanche midi et soir.Terrasse. Vente à emporter.

Les anciens connaissent ce restaurant en bordure de route avant le village ; un garde-chasse y vivait dans les années 50 et cuisinait paraît-il de bons plats de gibier. Le lieu a gardé le nom, son authenticité, l'ambiance est conviviale voire festive comme une guinguette les soirs d'été. On aime la carte à l'ardoise, selon les produits frais du jour, les grillades ou la pizza cuite au feu de bois. On s'y arrête pour prendre un verre de vin de pays accompagné d'une planchette de charcuterie ou de fromage. La bonne humeur est de mise. On est ici comme chez des amis.

LA TABLE DE L'HÔTEL SAINTE VICTOIRE €€

33, avenue des Maquisards ✆ 04 42 54 01 01
www.hotelsaintevictoire.com/fr/

Ouvert tous les jours le midi et le soir. Menus : 60 et 80 €. Menu découverte en semaine midi : 45 €. Terrasse.

Nichée dans l'écrin d'une nature préservée, face à la Sainte-Victoire et au château où vécut Picasso, l'adresse a quelque chose de confidentiel. Le temps d'un week-end on apprécie le confort douillet et raffiné de la chambre, on y va aussi pour le plaisir du palais, le *Guide Michelin* vient de récompenser Mateus Marangoni à l'issue de sa première saison. C'est dire le talent de ce jeune chef brésilien. Sa cuisine créative mêle l'exotisme de sa terre natale et les saveurs de la Provence.

VENTABREN ★

A 13 km à l'ouest d'Aix, Ventabren est perché sur son rocher escarpé. Ruelles en escaliers, vieilles maisons serrées les unes contre les autres, château de la reine Jeanne, lavoirs anciens, moulin à vent, moulin à huile, bories, four à pain, glacière d'époque font de ce charmant village habité un lieu de visite très agréable. N'oubliez pas de jeter un coup d'œil à l'église du village et d'aller ensuite à l'aqueduc de Roquefavour qui vaut le détour, pour admirer ses 84 m de haut : un véritable chef-d'œuvre inauguré après six années de travaux, le 19 décembre 1847, pour alimenter la ville de Marseille en eau provenant de la vallée de l'Arc qu'il traverse.

LA TABLE DE LA FONTAINE €€

5127, route de Berre ✆ 04 42 92 09 10
www.latabledelafontaine.fr

Ouvert du mardi au samedi midi et soir. Le dimanche midi. A la carte. Plats de 20 à 135 €.

Ce restaurant en contrebas du village célèbre la viande avec une sélection de viandes réputées. Français, uruguayen ou brésilien, vous découvrirez sans doute le bœuf comme jamais vous ne l'avez goûté, avec entrecôte ou onglet de black angus maturé. On ajoute à cela le fameux porc hispanique à pattes noires pluma iberica. Du classique aussi comme le foie gras mi-cuit. Le poisson est également à la carte, que du frais et du sauvage de l'étal d'à côté : une très belle table, un art de vivre à la française. Et la fontaine existe bel et bien, juste devant le bar !

DAN B. €€€

1, rue Frédéric-Mistral
✆ 04 42 28 79 33
www.danb.fr

Menu 4 mets en semaine 71€ et menus en 6 et 8 mets à 109€ et 135€ le week-end.

Déco contemporaine pour cette table étoilée avec de grandes baies vitrées ouvertes sur la plaine et où l'on voit par beau temps jusqu'à l'étang de Berre. A 10 kilomètres d'Aix, Dan Bessoudo continue de nous régaler et de nous étonner. Ce chef formé auprès des plus grands relève le pari d'attirer une clientèle dans un village excentré et il y réussit fort bien. Sa table rend hommage aux produits du terroir et locaux à travers une carte saisonnière. Le menu de midi en semaine est l'occasion de goûter cette cuisine créative à un tarif attractif.

AUBAGNE ★

Située à 17 km de Marseille par l'autoroute Marseille-Toulon, Aubagne est dominée par le massif du Garlaban où les souvenirs d'enfance de Marcel Pagnol, dont elle est la ville natale, résonnent encore. Sa vieille cité a su garder tout son charme d'antan avec ses rues piétonnes et ses vieilles portes d'accès comme la porte Gachiou. Datant de la fin de l'occupation romaine, elle est de nos jours le vestige le plus ancien d'Aubagne. Réputée désormais pour ses poteries, Aubagne accueille le célèbre salon Argila qui a lieu tous les deux ans. Depuis 2019 : à noter, nouveau GR du Pays d'Aubagne, baptisé Sentier Provence, Mines d'Énergies.

L'ARGILLA

59-61, rue de la République
✆ 04 42 04 05 14
Ouvert du lundi au samedi de 10h à 19h. Restauration ouvert (à emporter) du lundi au vendredi.

L'Argilla est un lieu unique en Provence où plusieurs activités sont regroupées dans un espace de 600 m². La première, la galerie des arts de la terre est dédiée à la vente et à l'exposition des potiers, santonniers et céramistes de la région. Grands et petits ateliers se côtoient, une cinquantaine au total... Des pièces uniques « Made in Provence » accompagnées d'un certificat d'authenticité ! A la même adresse, un restaurant, pour une restauration fraiche sans prétention. À l'Argilla, tous les sens sont en éveil, une adresse Futée !

CHÂTEAU DES CREISSAUDS ★

✆ 04 91 24 84 45
https://www.creissauds.com/
Ouvert toute l'année. Visite guidée de la distillerie Ferroni (planning sur le site web). Boutique et Privatisation.

Non loin de Marseille et à quelques minutes du centre d'Aubagne, ce petit château fut habité jusqu'au XIXe siècle et propose désormais des espaces privatisables pour vos événements en tout genre. La distillerie Ferroni s'est également installée sur place et propose une large gamme de spiritueux tel qu'un pastis maison, plutôt apprécié et renommé. La distillerie se visite, accompagné par une guide. Le cadre est splendide, la verdure environnante offre un écrin de nature au lieu historique. Le nouveau millésime du pastis maison est disponible depuis le 13 mars.

CITÉ DE L'ART SANTONNIER THÉRÈSE NEVEU

Cours de Clastres
✆ 04 42 71 17 81
Entrée gratuite. Du mardi au samedi de 10h à 12h et de 14h à 18h. Ouvert les dimanches en saison.

La Cité de l'art santonnier Thérèse Neveu, ancienne demeure de la célèbre santonnière, abrite aujourd'hui Le Petit Monde de Marcel Pagnol et ses 200 santons. La nouvelle scénographie est particulièrement attractive. À ses côtés, la collection permanente livre les secrets de fabrication et l'histoire attachante de ces figurines provençales. Située sur les hauteurs de la ville, la Cité de l'art santonnier est aussi l'occasion de faire un tour dans le vieil Aubagne.

© ERIC MATHIEU - XILOPIX

Aubagne.

DOMAINE DE LA FONT DE MAI

Chemin de la Font-de-Mai
✆ 04 42 03 49 98
Ouvert tous les jours de 6h à 19h sauf instructions préfectorales contraires. Balades à dos d'âne à partir de 10 €.

Découvrez le domaine de la Font de Mai, bâtisse provençale, posée au pied du massif du Garlaban depuis plus de 300 ans. L'illustre Marcel Pagnol a tourné quelques-uns de ses meilleurs films dans ce cadre exceptionnel. Le domaine s'étend sur cent hectares de restanques et de collines, avec de multiples activités : écomusée, ferme à l'ancienne, ruches, sentiers... et bien d'autres points d'intérêt. Le domaine est également le point de départ de nombreuses randonnées.

LE GARLABAN ★

De multiples chemins de randonnées y donnent accès. Se renseigner auprès de l'office de tourisme.
Les sentiers pédestres sont réglementés du 1er juin au 30 septembre.

Immortalisé par Marcel Pagnol, le massif du Garlaban offre un décor majestueux de garrigue et de pierre calcaire qui culmine à 731 mètres et surplombe la ville d'Aubagne. On y accède par cette même ville, mais aussi par Allauch, Roquevaire et La Destrousse. Il est composé de plusieurs sommets, dont celui appelé Taoumé, qui abrite la grotte du Grosibou mentionnée dans *La Gloire de mon père* et *Le Château de ma mère* de Marcel Pagnol. On peut se procurer à l'office de tourisme un topo-guide du massif, qui propose 12 randonnées détaillées de 10 km à 18 km.

MAISON NATALE DE MARCEL PAGNOL

16, cours Barthélémy
✆ 04 42 03 49 98
Ouvert tous les jours de 9h30 à 12h30 et de 14h à 18h. Gratuit jusqu'à 5 ans. Label Tourisme & Handicap. Visite guidée.

Ville natale de Marcel Pagnol, Aubagne ne manque jamais une occasion de rendre hommage à l'écrivain et cinéaste provençal. En 2003, c'est la sœur de Marcel Pagnol, Jacqueline qui inaugure ce musée installé dans une belle demeure bourgeoise du XIXe siècle, où le petit Marcel vit le jour le 28 février 1895. Entre reconstitution, projection et exposition, l'ambiance est authentique. Cette visite est inratable si vous souhaitez en apprendre plus sur la vie personnelle de l'auteur.

MUSÉE DE LA LÉGION ÉTRANGÈRE ★

Chemin de la Thuilière ✆ 04 42 18 10 96
https://www.legion-etrangere.com/
Accès gratuit du mardi au dimanche de 10h à 12h et de 14h à 18h. Visites groupées uniquement sur rendez-vous.

Le musée de la Légion étrangère a été rénové en 2014. Lieu chargé d'Histoire, il rend hommage à ces soldats venus d'ailleurs pour servir la France. Indissociable d'Aubagne, il est également un lieu militaire puisque les nouveaux légionnaires reçoivent leur premier contrat dans la salle d'honneur. Au travers d'un parcours muséographique repensé, le visiteur est invité à découvrir l'histoire de ces hommes qui ont tout abandonné pour servir la France avec « Honneur et Fidélité ».

SUR LES TRACES DE PAGNOL

8, Cours Barthélémy
✆ 04 42 03 49 98
www.tourisme-paysdaubagne.fr/fr
Réservations et renseignements sur le site Internet de l'office de tourisme du Pays d'Aubagne et de l'Etoile.

Au départ de la ville natale de l'écrivain, l'office de tourisme organise plusieurs circuits autour de Marcel Pagnol. En été, un circuit de 7 kilomètres vous fait découvrir les lieux emblématiques des mythiques grandes vacances de l'écrivain. Une autre balade vous propose de revivre l'histoire de *Manon des Sources*. Durant l'hiver, profitez de la belle douceur provençale pour explorer les souvenirs d'enfance de Pagnol ou son œuvre cinématographique avec la découverte des lieux de tournage (*Regain, Angèle, La fille du puisatier*).

CAMPING DU GARLABAN*** €

1915, chemin de la Thuilière ✆ 04 42 82 19 95
www.camping-garlaban.com
Ouvert d'avril à octobre. Tarifs variables selon saison et disponibilité. Animaux acceptés. Wifi gratuit. Restauration.

Le camping du Garlaban est implanté au cœur d'une magnifique pinède de 7 ha, aux portes de Marseille. Les 66 emplacements sont intégrés à la végétation de type méditerranéenne, rendant le lieu très ombragé. Le site permet l'accueil des campeurs, des camping-cars et caravanes. La philosophie You Camp, avec des hébergements confortables et insolites, parfaitement intégrés à la nature, a été réalisée ici. L'ensemble des produits utilisés par l'équipe d'entretien du camping sont éco-labellisés. Un camping atypique avec piscine pour des séjours de 2 à 8 personnes.

LA ROYANTE €€€

340, impasse de La Royante
✆ 04 96 18 99 76
www.laroyante.fr

Ouvert de mars à octobre. De 250 € à 310 € les deux nuits. Parking et Wifi gratuit.

Une imposante bâtisse du XVIIIe, une chapelle néo-gothique, un parc de plus d'un hectare, voilà le décor dans lequel vous allez être hébergé… Bienvenue à La Royante ! Aubagnais d'adoption, Sophie et André y proposent trois grandes chambres d'hôtes (30 m² environ) aux noms évocateurs : Sacristie, Sainte-Catherine et Saint-Thomas. Un authentique petit déjeuner maison est servi en saison sur la grande terrasse, à l'ombre d'un figuier. Vous pourrez vous détendre en profitant de la piscine ou méditer dans la sublime chapelle privée.

LE BOUCHON CHEZ RICHIE €

4, avenue Jeanne-d'Arc
✆ 06 07 76 79 91

Ouvert toute l'année. Du lundi au samedi le midi et le soir. Accueil des groupes. Terrasse.

Le Bouchon chez Richie est un petit bar à vin sans prétention situé à deux pas de la place centrale d'Aubagne et dans la rue faisant face à la gare. La carte compte une cinquantaine de références de vins d'ici et d'ailleurs. La dégustation se fait au verre ou à la bouteille. Dans l'assiette, une déclinaison de tartines, tapas et autres plats à l'ardoise avec des saveurs corses et italiennes. Nous ne pouvons pas nous prononcer sur le changement récent de chef que nous n'avons pas pu tester. Jusqu'ici l'accueil était sympathique pour une soirée sans prise de tête.

BAR-RESTAURANT LE BEAUDINARD €

1850, route de Beaudinard-Ouest
✆ 04 42 82 29 65

Ouvert tous les jours de 6h à 20h30. Pizza à partir de 10 €. Terrasse.

Changement de propriétaire pour ce bar de village qui existe depuis 1890. L'établissement dispose d'une grande terrasse très agréable où il fait bon prendre un verre ou s'arrêter pour une pause gourmande. À la carte, une sélection de pizzas, salades et bruschettas, grillades au feu de bois ou quelques sympathiques suggestions du chef. Également apprécié, l'Aïoli du vendredi ! L'accent est mis sur la simplicité et le goût. Soirées musicales organisées fréquemment en été.

ZEU BURGERS €

5, rue du Colonel-de-Roux
✆ 04 42 08 06 40

Ouvert le midi du lundi au mercredi, jeudi et vendredi midi et soir ; et le samedi le soir. Terrasse. Vente à emporter.

Un bistrot à Hamburger qui s'installe dans le paysage d'Aubagne. Burger oui, mais pas que ! Plat du jour, salades, viandes et poissons, planche de charcuterie… Le tout dans un décor des plus stylés avec comptoir en bois et zinc, carrelage rétro au mur, mobilier industriel et chaises en formica. Chef de cuisine et patron, Stéphane Boscher prend un malin plaisir à proposer à ses clients du fait maison à un prix très abordable. Ne manquez pas, la terrasse et les plats à emporter pour se régaler à la maison avec notamment un super burger Veggie.

ARGILLA LE RESTAURANT €€

59/61, rue de la République
✆ 06 80 85 29 65

Ouvert du lundi au vendredi. Menu adulte : de 12 € à 28 €.

Le restaurant de la Galerie l'Argilla est un lieu unique ! Situé dans la galerie des arts de la terre où sont exposés des artistes locaux, potiers, santonniers et des céramistes de la région, le restaurant permet de déguster une cuisine faite maison dans les pièces des arts de la table « Made in Provence » ! Du local et de l'inspiration pour un déjeuner sur le pouce dans un lieu atypique. Plat à emporter disponible. À l'Argilla, on y va et on y retourne depuis l'ouverture. Une adresse toujours recommandée par le Petit Futé !

L'EFFET MÈRE €€

40, avenue des Goums
✆ 06 64 39 15 34

Ouvert du mercredi au dimanche soir en hiver. En saison, se renseigner. Parking à proximité.

Nouvelle orientation pour l'Effet Mère avec une réorganisation de la direction et de la cuisine. Désormais l'Effet Mère propose de la cuisine 100% sicilienne avec Lucia derrière les fourneaux. On fait toujours abstraction du quartier et de la déco pour se régaler d'une cuisine savoureuse comme sait l'être la cuisine made in Sicile. Les portions sont généreuses et l'addition reste douce. Coup de cœur pour les raviolis à la truffe, les pizzas en apéro et les pâtisseries maison. Qu'on se le dise, ce nouveau concept est validé par le Petit Futé !

VILLA ESTELLO €€

635, D8N

✆ 09 86 74 15 05

Ouvert du lundi au vendredi le midi ; le vendredi et le samedi le soir. Réservation recommandée. Terrasse.

Notre coup de cœur sur Aubagne ! Repensée en lieu et place d'un ancien bar de quartier, la Villa Estello est un lieu majeur de la gastronomie aubagnaise depuis sa création. On s'y attable dans l'esprit bistrot-chic cocooning, en contrebas de l'agitation urbaine. Décoration d'influences nordiques, nuances de gris, de blanc et de bois. Jolie terrasse et cuisine de marché exécutée par le chef. Ici l'ennui a été banni avec une carte qui évolue à chaque service. Une superbe adresse, toujours talentueuse et qui respecte le client.

GELATI NINO

2, cours Barthélémy

✆ 04 42 01 86 96

https://gelati-nino.fr

Ouvert du lundi au vendredi de 11h à 2h ; le week-end de 10h à 2h. 4 euros les deux boules, 5 € les trois boules.

Il faut savoir que comme partout dans la région, la chaleur estivale n'épargne pas Aubagne. Bien heureusement, une halte fraîcheur nous est proposée à deux pas de la maison natale de Pagnol et à l'entrée de la vieille ville. Ce glacier aux couleurs acidulées, spacieux et moderne, dispose d'une belle terrasse panoramique juste au-dessus de la boutique. De quoi apprécier encore davantage un des nombreux parfums proposés, tous concoctés artisanalement sur les hauteurs de Marseille. Coup de cœur pour la glace au calisson, Provence oblige.

DANS LES ARBRES

Château des Creissauds

✆ 04 91 24 84 45

www.danslesarbres.com

Ouvert tous les jours de 18h à 1h. De mi-juin à mi-septembre. Réservation impérative. Cocktails à partir de 10 €.

Déjà révolutionnaire à Marseille avec son concept de bar à cocktails clandestin, le collectif Carry Nation a cette fois investi les arbres d'Aubagne et plus particulièrement le parc d'un château, proposant donc de déguster des cocktails à quelques mètres au-dessus du sol. Les cocktails à base de fruits frais et d'herbes fraîches sont à l'honneur avec de très nombreuses créations. Les plantes utilisées sont d'ailleurs cultivées sur place. Insolite assurément. Belle démarche éco-citoyenne. Réservations impératives car nombre limité d'entrées.

LA MAISON DE FABIANA

8, cours Barthélemy

✆ 04 42 01 56 64

Ouvert du lundi au samedi de 8h30 à 19h. Plat du jour 13,50 €.

Une nouvelle adresse située à deux pas de la maison natale de Marcel Pagnol. Une jolie terrasse et une devanture attirante, la maison de Fabiana est une épicerie fine proposant des produits locaux et de la région par extension. Beau choix de vins de Provence, sélection de rhums, miels de la Sainte-Baume ou encore bâtonnets glacés Emki Pop. Un lieu dans l'air du temps assurément, où vous trouverez le meilleur de la région. En plus de la vente à emporter, possibilité de déjeuner tous les midis avec des suggestions alléchantes sur l'ardoise du patron.

LES ENFANTS GÂTÉS

2435, route de la Légion

✆ 04 42 73 00 19

www.lesenfantsgates.net

Du lundi au vendredi de 9h à 15h ; le jeudi de 18h à 23h ; le vendredi et le samedi de 18h à 2h. Concerts. Restauration.

Un lieu assez peu commun dans la région. Aux Enfants gâtés, on vient aussi bien pour apprécier un concert de musique live que pour s'époumoner sur une karaoké endiablé ou pour se régaler d'une belle cuisine méditerranéenne dans un cadre serein. Ce lieu atypique et hybride oscille donc entre ambiance festive en soirée et déjeuners paisibles avec une clientèle fidèle le midi. En soirée, vous pourrez d'ailleurs aussi dîner au calme tant les lieux sont spacieux. Philippe, Carole et leur fils, Aubagnais pur jus, gèrent les lieux avec talent et passion. Belle pergola.

MARCHÉS LOCAUX

Rien de plus charmant qu'un marché provençal ! Ceux d'Aubagne sont connus dans toute la région. Rendez-vous quatre fois par semaine sur les grands cours du centre-ville et le dernier dimanche de chaque mois à l'Espace des Libertés. Le marché alimentaire, horticoles et de fleurs coupées a lieu les mardis, jeudis, samedis et dimanches. Le marché non alimentaire les mardis de 8h à 13h. Le marché à la brocante, le dernier dimanche de chaque mois (sauf en juillet et en décembre). Renseignez-vous sur les lieux précis auprès de l'office de tourisme.

MOULIN DES AMIS DE LA PICHOLINE

701, chemin de la Royante
✆ 06 60 86 33 81
www.moulindesamis.weebly.com
Ouvert du lundi au samedi de 9h à 13h pour la vente. Visites guidées en saison.

Une adresse futé pour les inconditionnels de l'huile d'olive provençale. Les olives sont cultivées localement sur le domaine, la cueillette est manuelle et l'extraction à froid pour une production d'huile d'olive à partir de différentes variétés : aglandaou, salonenque, caillon, picholine, frantoï, grossane et bouteillan. Plusieurs choix s'offrent à vous, en vrac, en bouteille de verre ou en inox, de 1 à 5 litres. Les particuliers peuvent y faire triturer leurs propres olives !

POTERIE RAVEL

8, avenue des Goums
✆ 04 42 82 42 00
www.poterie-ravel.com
Visite guidée des ateliers tous les jeudis à 10h30. Vente directe de déclassés d'usine à -30 % et -50 %.

La manufacture de poterie Ravel est une institution aubagnaise et provençale depuis 1837. Elle fabrique différents articles en terre cuite avec de l'argile extraite de la carrière Ravel. Un savoir-faire qui se transmet depuis 5 générations avec une qualité qui n'est plus à démontrer. Les lignes sont contemporaines, historiques ou classiques, magnifiques ! Le lieu est par ailleurs superbement mis en valeur par le biais de salles thématiques et de présentations raffinées des céramiques. Possibilité d'acheter sur la boutique en ligne.

SANTONS FLORE

21, rue Rastègue
✆ 04 42 54 31 89
www.santons-flore.com
Ouvert du mardi au samedi de 10h à 18h. Boutique en ligne.

Maître santonnier depuis 1977, Jacques Walser vous accueille dans sa boutique du vieil Aubagne afin d'admirer ses magnifiques créations et comprendre l'art du santon, si cher à la région natale de Marcel Pagnol. De la conception à la fabrication, rien ne vous échappera, tous les secrets vous seront contés. L'occasion également d'apprécier les toutes dernières pièces produites exposées en vitrine. Même si la saison ne s'y porte pas si vous vous y rendez en été, vous pourrez compléter votre crèche de Noël en y incorporant le savoir-faire Flore.

ROQUEVAIRE

Composée des villages de Pont-de-Joux, Pont-de-l'Etoile et Lascours, Roquevaire s'ouvre sur la porte des collines et des paysages de Marcel Pagnol. Un petit paradis pour tous ceux qui aiment marcher. Empruntez les rues étroites et typiques du vieux village pour vous rendre jusqu'aux vestiges du château médiéval (XIIe siècle), d'où vous dominerez la vallée de l'Huveaune. Roquevaire possède deux éléments patrimoniaux forts : la plus ancienne chapelle mérovingienne de Provence et un orgue parmi les plus importants du monde.

LE GRAND ORGUE DE ROQUEVAIRE

6, place de l'Eglise
✆ 04 42 04 05 33
www.orgue-roquevaire.fr
Ouverture pendant les offices religieux du mercredi matin et du dimanche matin. Gratuit.

Internationalement connu, ce magnifique orgue trônant au sein de l'église Saint-Vincent (XVIIIe siècle) se compose de 5 000 tuyaux, propriété de Pierre Cochereau, titulaire des grandes orgues de Notre-Dame-de-Paris de 1955 à 1984. Une pure merveille dont la réputation n'est plus à faire et qui enchantera les amateurs d'instruments prestigieux. Il est à présent équipé d'un nouveau système unique : insérez une pièce de 1 € dans le monnayeur et il joue pour vous !

LA MAISON DE CELLE QUI PEINT

12, CD du Pont de l'Étoile
✆ 04 42 04 25 32
Visite sur rendez-vous.

Voici une œuvre majeure de l'art singulier, une « maison-atelier » décorée de manière insolite par l'artiste Danielle Jacqui. C'est une floraison de trésors colorés : tableaux, broderies, céramiques, sculptures, créations d'une artiste parmi les plus étonnantes de son époque. Artiste reconnue, Danielle Jacqui a notamment exposé à l'American Visionary Art Museum de Baltimore aux États-Unis. Nonagénaire aujourd'hui, cette artiste atypique souhaite que sa maison devienne un musée.

LA PENNE-SUR-HUVEAUNE

Comme son nom l'indique, la Penne-sur-Huveaune est coupée en deux par l'Huveaune, précisément d'est en ouest. Un fleuve de près de 50 kilomètres qui se jette ensuite dans la mer Méditerranée. L'histoire de la commune remonte à plus de 2 000 ans, comme sa très grande sœur Marseille. On y retrouve notamment un vestige romain, *le Pennelus*, datant de la fin du 1er siècle av. J-C dont la fonction n'a pas été cernée avec précision : tombeau ou mausolée... Mystère ! Parfois surnommée simplement *la Penne*, la ville permet également la pratique de la randonnée avec plusieurs petits massifs dont le point le plus haut culmine à 404 m (*la Candolle*).

OUI COWORKING

Allée de la Colombe
www.ouicoworking.fr
Accès abonnés tous les jours 7h30-20h30, autrement l au v 8h-18h. Offre hébergement/session coworking avec La Girafe.

Structure flambant neuve qui propose sur deux niveaux des espaces de travail partagés, nomades et privatifs, Oui coworking est né d'une demande croissante de la clientèle d'affaires. Salle de conférence pour 15 personnes, 12 bureaux privatifs de 2 à 4 personnes, tables de 4 à 8 personnes et des postes nomades dans l'espace partagé, et des balcons aménagés. Parking gratuit et terrasse pour se relaxer. Elsa la fondatrice est créatrice de mode, un espace boutique intégré fait la part belle à sa collection « *1er Septembre* » et aux produits dans l'esprit luxe vintage.

LA GIRAFE APPART HOTEL €€

Allée de la Colombe
✆ 04 91 31 36 36
www.hotel-lagirafe.com
Studio/appart de 89 à 159 €. Suites jusqu'à 249 €. Parking gratuit. Plateau petit déjeuner 12 € de 7h-10h30.

La Girafe est adaptée à une clientèle de tourisme ou d'affaires. La majestueuse girafe en fer qui trône à l'entrée donne le ton. 3 bâtiments (Baobab, Cactus et Le Girafon), 18 chambres dont 3 suites (de 20 m² à 179 m²) entièrement équipées avec coin cuisine, grande douche à l'italienne, bureau, grands placards, TV écran plat, etc. Modernes et confortables, avec terrasse ou balcon, toutes sont décorées et aménagées avec goût. On aime le rooftop hippy chic pour paresser au soleil. Espace coworking « ouiworking » intégré. Difficile de quitter les lieux !

© LA GIRAFE

© LA GIRAFE

PEYPIN

Lou villagi mounté li sien ben, nul besoin de parler le provençal pour comprendre le sens de la devise de Peypin. Il est vrai que Peypin respire à plein nez la Provence authentique et pittoresque, avec ses collines, ses herbes sauvages, et sa douceur de vivre. Le village est construit autour du Château de Peypin, dont les ruines sont à découvrir, au même titre que le pressoir à huile à l'entrée du village. Au nord, le massif du Garlaban, plus à l'est le massif de l'Etoile. De quoi organiser de belles randonnées sur les traces de l'enfant du coin... Marcel Pagnol. Avant 1870, le village était constitué de l'actuelle commune de la Destrousse.

CUGES-LES-PINS

Au pied du massif de la Sainte-Baume, Cuges-les-Pins est une commune rurale typique du pays d'Aubagne. Autrefois appelés les *Cugelais* et les *Culs joyeux*, ses habitants sont aujourd'hui appelés les *Cugeois*. Un changement acquis par référendum municipal. Sa caractéristique principale est d'ordre géographique puisqu'il s'agit du plus grand poljé de France. Le village est ainsi situé dans une cuvette, adossé à la colline, et les eaux sont évacuées par des ponors, des zones d'absorption. Longtemps prospère grâce à de fertiles terres agricoles, le parc d'attractions Ok Corral est aujourd'hui son moteur économique majeur, source de nombreux emplois.

AURIOL ★

Ville de 12 000 habitants située à 25 km de Marseille, Auriol est posée au pied de la Sainte-Baume, des massifs du Garlaban et du Regagnas, véritable paradis pour les amateurs de randonnée. Ça sent bon la Provence sur les bords de l'Huveaune, dont l'eau a toujours été bénéfique pour les industries du cru (moulins à huile, filature, scieries etc.), remplacée au XIXème siècle par la machine à vapeur. Cet ancien village médiéval a su garder son cachet. Pour la balade on aime le passage couvert du centre-ville, les fontaines, les ruines du château médiéval et la tour de l'horloge qui date du XVIème siècle. C'est à Auriol que repose l'acteur Mouss Diouf.

OK CORRAL

DN8 Rue Nationale
✆ 04 42 73 80 05
www.okcorral.fr

De 10h à 18h, tous les jours en haute saison et pendant les vacances scolaires. Adulte : 29,90 €. Enfant : 26,90 €.

C'est le Far-West en Provence ! Bien connu des parents et des enfants, venez jouer aux indiens et aux cowboys à seulement quelques dizaines de minutes de voiture de Marseille. Plus de 30 attractions ouvertes en continu vous assureront de ne jamais vous ennuyer tout au long de la journée. Récemment ouvert, le Flying turtle, l'Alligator island ou encore le Gold rush. Des spectacles sont également proposés au saloon avec duels et danses d'époque. Pour prolonger l'aventure, vous pouvez dormir sur place dans des tipis très confortables.

BULLES DES BOIS €€

DN8 les Menuguets
✆ 06 03 25 24 21
www.bullesdesbois.fr

Fermé de décembre à janvier. Réservation impérative. Terrain de 1,7 ha. 4 bulles pouvant accueillir chacune 2 occupants.

Floriane et Sylvain ont imaginé Bulles des Bois, au pied du massif de la Sainte-Baume. Un hébergement insolite pour une expérience unique dont nous nous souvenons encore. Vous dormirez dans une bulle transparente, en pleine nature avec une vision à 360 degrés. Une nuit à la belle étoile, avec le confort des hôtels étoilés : lits 160 cm, sanitaires traditionnels privatifs, douche à l'italienne, linge de maison... Selon vos envies, la table d'hôtes s'offre à vous, ainsi qu'un service de massages bien-être ayurvédique ou balinais.

HÔTEL OCCITAN*** €€

Quartier la Verrerie - Résidence de la Tuilerie
LA DESTROUSSE ✆ 04 42 18 75 55
www.hotel-occitan-la-destrousse.fr

Ouvert toute l'année. Accueil 24h/24. 30 chambres. A partir de 85 €. Petit déjeuner buffet : 9,50 €. Parking fermé.

Un hôtel qui ne paie pas de mine mais qui fait vraiment bien le job ! Accueil très professionnel et souriant, chambres spacieuses et d'une propreté irréprochable dont certaines avec une terrasse, parking souterrain fermé et gratuit, climatisation, wifi... La liste des atouts est longue pour un séjour en famille ou plutôt orienté business. Si l'on rajoute un restaurant d'une qualité inattendue, dans le bon sens du terme, voici une adresse à ne pas négliger si vous souhaitez séjourner une nuit ou plus dans le secteur d'Aubagne.

L'ENSOLEÏLLADO €€

78, chemin de la Rigaude
✆ 06 07 89 63 83
https://lensoleillado.com

Fermeture de mi-novembre à fin mars. Parking et entrée indépendants. Animaux non admis. Semaine de 650 € à 1 190 €.

L'Ensolleïllado c'est le cocon provençal d'Emmanuelle et Philippe, tombés amoureux de la Provence. Ils ont repensé l'aménagement, la décoration et l'esprit de cette belle villa situé face au massif de la Sainte Baume. Vous séjournerez dans un rez-de-jardin de 50 m², pour 2 à 4 personnes, avec un confort 4-étoiles (lit *king size*, salon, cuisine équipée, coffre-fort, terrasse et jardin privatif avec barbecue, climatisation...). N'hésitez pas à profiter des nombreux atouts du lieu : la piscine, le sauna, le terrain de pétanque, le potager aromatique.

MIELLERIE GÉRARD JOURDAN

Quartier du Pas de l'Avé ✆ 06 83 50 57 32
www.apiculteur-marseille.com
Visite du rucher sur rendez-vous. À partir de 8,50 € le pot de 500 g.

Pour déguster les miels et produits des abeilles (pollens, bougie, propolis...) de Gérard Jourdan, il vous faudra directement aller à la rencontre de Gérard Jourdan ! Pas d'intermédiaire, pas de vente à distance, que du direct, du circuit court. Rendez-vous donc sur les marchés de Provence ou directement à la miellerie d'Auriol. Une quinzaine de miels différents sont proposés (lavande, arbouse, sapin, montagne, Camargue...) dont certains en Label Rouge, et surtout le seul producteur de miel de Marseille, marque déposée à l'INPI.

MOULIN À HUILE MARGIER

Boutique - Rond-point de l'Eolienne - D560
✆ 04 42 04 74 09
www.moulinmargier.com
Ouvert du lundi au samedi de 9h à 12h et de 14h à 19h.

Le moulin est dans la famille Margier depuis 1870, une éternité. Sous l'impulsion de Nelly et Jean-François, il se modernise et investit de nouveaux locaux en dehors du village. Des équipements plus modernes qui permettent de presser près de 600 tonnes d'olives à l'année. Certifié Ecocert (pour l'huile biologique) et AOP d'Aix-en-Provence, le moulin accueille les olives de nombreux producteurs locaux mais également des particuliers qui amènent parfois moins de 10 kg, soit 3 000 apporteurs. La famille Margier produit également du vin dans les trois couleurs.

PARC AVENTURE LE ROYAUME DES ARBRES

1490, chemin Saint-Francet ✆ 07 68 67 47 89
www.royaume-des-arbres.com
Qualité Tourisme. Ouvert d'avril à fin septembre. Horaires : se renseigner au préalable. Réservation en ligne possible.

Après le Castellet et Charleval, le Royaume des Arbres a ouvert un parc à Auriol, au pied de la Sainte Baume. Avec sa grande aire de pique-nique abritée du mistral et son parcours sécurisé pour petits et grands, cet accrobranche dernière génération est une sortie idéale en famille. Plus de 70 ateliers sont répartis sur 6 parcours avec différents niveaux et de difficultés. Également pratique, le parc des jeux avec château gonflable, trampoline, toboggan et table de ping-pong.

LES VIGNERONS DU GARLABAN ET DU GOLFE D'AMOUR

RD560, Route de Saint-Zacharie
✆ 09 67 42 99 64
www.vigneronsdugarlaban.com
Du lundi au samedi : 9h-12h et 15h-19h.

Avec Gémenos, la Ciotat et la Destrousse, il s'agit-là d'un des quatre points de vente de la cave coopérative. C'est également l'emplacement du nouveau chai, inauguré en 2018. Vous aurez le loisir de déguster une large gamme de vins rosés mais aussi des blancs et des rouges, certains crus en agriculture biologique. L'offre est principalement régionale. L'endroit idéal pour découvrir la typicité des vins produits en Provence en y associant des produits en épicerie fine.

© LES VIGNERONS DU GARLABAN

© LES VIGNERONS DU GARLABAN

BOUCHES-DU-RHÔNE

GÉMENOS ★

Gémenos est une charmante petite ville de 6 200 habitants, située à une vingtaine de kilomètres de Marseille. Accrochée aux collines situées au bout du massif de la Sainte-Baume, elle se situe à l'extrême est des Bouches-du-Rhône, presque sur le département du Var dont elle est proche voisine. Sur place, de nombreux de points d'intérêt, à l'image du parc du Fauge, idéal pour se promener ou se reposer à l'ombre des grands arbres, ou encore le lavoir, la rue de la courtine qui a accueilli Maurice Chevalier et qui offre un magnifique point de vue sur la plaine de Gémenos, le Garlaban et, par beau temps, la basilique Notre-Dame de la Garde.

LES CHAMBRES DU MOULIN €€

351, route de St Pons ✆ 06 34 42 91 07

Ouvert toute l'année. À partir de 80 € la nuit. Possibilité de séjours longs ou réguliers. Petit déjeuner : 10 €.

Les Chambres du Moulin, c'est l'assurance d'une déconnexion bucolique à l'entrée de la vallée de Saint-Pons. Les 5 chambres qui composent cette jolie maison d'hôtes sont confortables et accueillantes, avec chacune leur personnalité. Mathilde et Jean se feront un plaisir de vous y accueillir toute l'année, pour une escapade courte ou prolongée. Attenant au Moulin de Gémenos, la philosophie écoresponsable y est largement partagée. Le petit déjeuner est servi dans la salle à manger de la bâtisse ou en terrasse donnant sur le parc.

HÔTEL-RESTAURANT DU PARC €€

Vallée de Saint-Pons

✆ 04 42 72 98 12

13 chambres. Chambre double de 59 à 120 €. Animaux acceptés. Séminaires. Mariages. Terrasse.

Un hôtel idyllique situé au bord d'un ruisseau, dans une vallée débordante de nature. Sobriété et simplicité dans une ambiance feutrée idéale pour la relaxation, la sérénité… rien ne manque à l'Hôtel-Restaurant du Parc. Terrasse, jardin, arbres, fleurs, l'hôtel est ancré dans la tradition provençale avec une dizaine de chambres joliment décorées et confortables. L'hôtel organise des réceptions, des séminaires et autres banquets. La grande salle de restauration ainsi que la terrasse donnant sur le ruisseau invitent à passer un bon moment.

LE BERGO €

12, Place Georges-Clemenceau

✆ 04 42 32 19 93

Fermé le lundi. Ouvert mardi et mercredi le midi ; du jeudi au dimanche le midi et le soir.

En plein cœur du village de Gémenos, on s'installe en terrasse ou chaleureusement accueilli à l'intérieur. Ici, tout est fait maison et avec le sourire. Une cuisine authentique, proche du terroir, où l'huile d'olive, le thym, et le romarin s'invitent volontiers à chaque plats. Ce restaurant familial, allie avec délice les spécialités les plus surprenantes des deux rives de la méditerranée. Tanto italienne, tanto nord africaine, chaque recette est un véritable grand écart culinaire. Touristes, locaux, perdus, curieux, connaisseurs et amateurs sont les bienvenus !

CHEZ MARIUS €€

Quartier du Charron

✆ 04 42 32 22 16

www.chezmariusrestaurant.fr

Ouvert du mardi au dimanche de 12h à 14h et de 19h à 22h. Réservation recommandée. Jardin. Terrasse. Animations.

Chez Marius est une institution qui bénéficie d'un cadre particulièrement agréable ! Appréciez le jardin et ses tables joliment aménagées sous des oliviers en pots. Le restaurant propose une belle carte avec de nombreuses spécialités et formules. Selon vos envies et votre budget, vous pourrez vous régaler d'une excellente pizza au feu de bois, burger façon Marius, tartare de bœuf coupé au couteau, authentique blanquette de veau… Enfin, une très belle sélection de desserts. Le midi, le plat du jour « retour du marché » est une valeur sûre !

LE MOULIN DE GÉMENOS €€

Route de Saint-Pons

✆ 04 42 32 22 26

moulin-gemenos.fr

Ouvert seulement le dimanche midi au brunch. Réservation impérative. Enfant : 11 €. Adulte : 39 €. Jardin. Terrasse.

Magnifique Moulin de Gémenos au pied du massif de la Sainte-Baume ! Une institution qui, depuis 30 ans, reçoit ses clients dans un cadre de verdure à quelques minutes de la ville et propose une cuisine provençale maison à des prix tout doux. Attention, le Moulin de Gémenos vous reçoit les dimanches midi seulement autour d'une formule buffet à prix unique. Après le repas, vous pourrez flâner dans le parc autour de l'étang pendant que les enfants pourront se défouler avec les jeux mis à disposition. A découvrir ou à redécouvrir ! Pensez à réserver.

LA MAGDELEINE - MATHIAS DANDINE €€€

2, Rond-Point des Charrons ✆ 04 42 32 20 16
relais-magdeleine.com/fr/

28 chambres de 150 € à 380 €. Restaurant : menus de 49 € à 135 €. Formule du midi : 75 € (en trois actes)

Le chef Mathias Dandine, natif de Bormes-les-Mimosas, concrétise ici une forte envie de liberté, celle de diriger sa propre maison, appuyé dans sa tâche par son épouse Christel et une solide équipe de professionnels. Tour à tour hôtel 4 étoiles, restaurant gastronomique (couronné d'une étoile Michelin), café restaurant et espace séminaire, l'imposante bâtisse provençale du XVIIIe siècle invite au repos et aux plaisirs épicuriens. Notre dîner à la table gastronomique fut de cet ordre !

MARCHÉ PROVENÇAL DE GEMENOS

Place des Halles
✆ 04 42 32 89 00

Le mercredi matin.

Tous les mercredis, le marché provençal de Gémenos s'installe sous la Halle des Arcades, Cours Sudre. Sur les étals vous retrouverez l'esprit des marchés de Provence avec du frais et du bon : des fruits, des légumes, des poissons, des viandes, des produits de producteurs et des produits locaux. De quoi passer en cuisine pour préparer des bons petits plats du sud. Le marché de Gémenos c'est de la couleur, des odeurs, une ambiance typique de la Provence.

ROQUEFORT-LA-BÉDOULE

À 25 km de Marseille et à quelques encablures de Cassis et de La Ciotat, Roquefort-la-Bédoule a le charme des communes rurales. Le temps et l'Histoire ont façonné son visage actuel. Le village de Roquefort, créé au VIIe s., se développe sur les crêtes dominant les baies voisines. Au XVIIIe s., les populations commencent à s'établir dans la plaine avec la naissance du hameau de La Bédoule. La commune devient officiellement Roquefort-la-Bédoule en 1918. Principalement recouvert de collines de pins et de garrigue, le village est un véritable lien entre les calanques et la Sainte-Baume. Il possède un patrimoine géologique et historique important.

JAS DE LA LÈBRE €€

Petit Rouvrière
✆ 06 81 95 63 15

Piscine extérieure. De 390 à 720 € la semaine selon saison. Formules standard, classique et confort. Wifi.

Le Jas de la Lèbre, ce terme provençal signifiant « gîte du lièvre » est bien approprié dans ce site littéralement posé dans son environnement naturel, constitué essentiellement de forêts méditerranéennes et de belle garrigue. Une adresse où le soleil fleure bon en terrasse ou autour de la piscine traitée à l'oxygène actif (pas de chlore !). Votre petit nid, un studio de 31 m² en rez-de-chaussée, se pare d'une chambre double tout confort et d'une cuisine intégrée et fonctionnelle. Un endroit paisible pour se reposer et profiter de la douceur provençale.

LES VIGNERONS DU GARLABAN ET DU GOLFE D'AMOUR

Route de Saint-Pons - 13420 **GÉMENOS**
✆ 04 42 32 22 15 - www.vigneronsdugarlaban.com
info@vigneronsdugarlaban.com

Basse saison : ouvert du lundi au samedi de 9h à12h et de 15h à 18h. Haute saison : du lundi au samedi de 9h à 12h et de 15h à 19h.

Une jolie cave coopérative nichée sur le bord de la route en direction du parc de Saint-Pons, face au moulin de Gémenos. Un accueil sympathique et connaisseur, avec du choix dans les cépages et les bouteilles, du rosé bien sûr mais également des blancs et des rouges, certains crus en agriculture biologique. L'offre est principalement régionale. L'endroit idéal pour découvrir la typicité des vins produits en Provence avec une gamme pour tous les budgets et pour toutes les préférences.

CHÂTEAU ROQUEFORT

Chemin Bastides
✆ 04 42 73 20 84
www.deroquefort.com

Ouvert du mardi au vendredi de 9h à 12h et de 14h à 17h. Samedi sur rendez-vous.

Bienvenue à Rocca fortis ! Un domaine perché à 350 mètres d'altitude sur 24 hectares conduits en viticulture biologique. Le propriétaire, Raimond de Villeneuve Flayosc, jouit d'un capital-sympathie auprès des amateurs et, en termes viticoles, de températures « calmes » et d'une influence maritime bénéfique à la culture de la vigne. De ces terroirs naît « Corail », un côtes-de-provence rosé, facile d'approche et scintillant. Pour se convaincre de l'excellence du domaine, on pourra s'offrir « Les Mûres », un côtes-de-provence rouge, sorte de best-seller de la maison.

LES VIGNERONS DE ROQUEFORT LA BEDOULE

Route de Cuges
✆ 04 42 73 22 80
www.roquefort-labedoule.fr
Ouvert du lundi au samedi de 8h30 à 12h et de 14h à 19h.

Cette coopérative créée en 1963, regroupe 30 adhérents viticulteurs dont le vignoble est situé sur Roquefort la Bédoule, à deux pas de Cassis. Deux cuvées y sont vinifiées. Fontaines à vin, vins en vrac mais aussi des cuvées cachetées proposées dans toutes les couleurs. La coopérative s'est dotée d'une agréable boutique proposant des produits régionaux sélectionnés. Une bonne adresse pour découvrir les cépages locaux et en ramener un peu avec soi !

CASSIS ★★★

Qu'a vist Paris, se noun a vist Cassis, n'ai rèn vist ! Ces vers extraits du poème *Calendal* de Frédéric Mistral sont aujourd'hui la devise de Cassis. Ils signifient *Qui a vu Paris et pas Cassis n'a rien vu !* Et montrent bien que les Cassidains sont très attachés à leur ville aux multiples atouts. À une vingtaine de kilomètres de Marseille, le petit port de Cassis allie charme et authenticité toute méridionale. C'est un détour obligatoire pour qui visite la région. Flâner dans ses ruelles fleuries, colorées, parfumées, apprécier ses boutiques, admirer le panorama depuis le port et se régaler des restaurants font partie de la carte postale.

CALANQUE DE PORT-MIOU ★★★

50, avenue des Calanques
Parking situé à environ 40 minutes à pied de Cassis. Parking sur place accessible en toutes saisons (payant en été).

C'est la calanque la plus proche de Cassis et donc accessible à condition d'aimer marcher un peu. Le parking est situé juste à proximité. Ce qui la distingue des autres, c'est son port de plaisance où s'alignent de magnifiques voiliers et sa longueur, car elle s'enfonce loin dans les terres. Elle a en effet été étirée sur un kilomètre puis redevient naturelle en s'approchant de la mer. On peut encore voir les traces de son passé de carrière où l'on extrayait de grands blocs de pierre blanche à la dynamite qui ont fait la beauté des constructions de la région.

CALANQUE DE PORT-PIN ★★

Comptez 30 minutes de marche depuis le parking de Port-Miou, 1h15 depuis Cassis.

Tout aussi fréquentée que ses voisines les calanques de Port-Miou et d'En-Vau, la calanque de Port-Pin est peu enclavée dans les falaises, ouverte sur la côte et bordée d'une forêt de pins, comme son nom l'indique, étagée par des petits murets provençaux, des restanques. Les paysages y sont donc différents de ceux des hautes calanques, la palettes des bleus de l'eau est fantastique. On recommande cette plage de sable et de galets pour les familles car elle est facilement accessible, mais allez-y tôt le matin car elle est bondée en été, comme toutes les calanques.

© CARINE KREB

Un port tout en charme et couleurs.

CALANQUE D'EN-VAU ★★★★

Plusieurs accès possibles : environ 1h de marche depuis le parking de Port-Miou, 1h30 depuis Cassis, et aussi, hors été, depuis le col de la Gardiole en passant par le belvédère 2h15, en retour direct 1h15.

Accès règlementé en saison d'été et libre hors saison. Se renseigner au préalable auprès de l'office du tourisme.

La côte entre Cassis et Marseille est ponctuée de nombreuses calanques et En-Vau fait partie des plus célèbres. On découvre cette succession de criques vertigineuses lors d'une randonnée ou bien par voie maritime depuis Cassis ou Marseille. On considère souvent que la Calanque d'En-Vau avec ses falaises de roche rouge et ses eaux turquoise est la plus belle du parc national des Calanques, même si Port-Miou ou Sugiton n'ont que peu à lui envier ! Il est toutefois vrai que la calanque d'En-Vau offre de véritables panoramas de carte postale avec sa jolie plage de galets et ses arbres accrochés aux falaises. Elle a d'ailleurs inspiré plusieurs cinéastes et apparaît notamment dans le fameux *Fantômas* d'André Hunebelle. Située au sud-est du IXe arrondissement, elle s'étend, comme la plupart des autres calanques, sur le territoire de la ville de Marseille – seule la calanque de Port-Miou est à Cassis. Durant l'été, Marseillais et touristes viennent s'y rafraîchir, la plage est alors bondée l'après-midi. Partez tôt le matin pour en profiter (d'autant plus qu'elle passe à l'ombre ensuite) et avoir une chance de vous garer à Port-Miou. L'idéal est toutefois de prendre les transports en commun pour vous y rendre afin d'éviter les problèmes de stationnement. Pour accéder à la calanque d'En-Vau, on emprunte l'un des sentiers de randonnée depuis le col de la Gardiole ou depuis Cassis. Ce dernier est le plus impressionnant puisqu'il passe par la calanque de Port-Miou et celle de Port-Pin. Ces randonnées nécessitent une bonne condition physique. Pensez à emporter avec vous de l'eau, de la crème solaire, un chapeau et de quoi vous restaurer. Par ailleurs, empruntez toujours les circuits balisés afin d'éviter tout risque d'éboulement mais aussi pour respecter la faune et la flore – qui compte des espèces comme le ciste cotonneux, le romarin, l'immortelle ou le lentisque, protégées lors du tracé des sentiers de randonnée. Depuis Marseille, deux bus permettent de rejoindre En-Vau : à partir de l'arrêt « Carpiagne Gineste », comptez deux heures de marche, depuis l'arrêt « Luminy », 2h pour le belvédère et 3h pour la calanque.

Le belvédère est une halte fortement conseillée avant une baignade bien méritée dans la grande Bleue. Il est perché à 170 mètres et offre une vue imprenable sur la calanque d'En-Vau ! Juste en-dessous, vous apercevrez aussi une autre calanque, celle de l'Oule. Son nom vient du provençal *oulo* et signifie « *marmite* » ou « *chaudron* ». Il fait référence au mouvement et au bruit des vagues qui viennent s'écraser contre les falaises lorsqu'il fait mauvais temps. La calanque de l'Oule est inaccessible par voie terrestre, le sentier de randonnée qui y mène débouche directement sur un canyon plongeant à pic dans la mer. Profitez-en donc pour l'admirer depuis le belvédère d'En Vau, à 200 m de hauteur. En revanche, en bateau ou en kayak, vous pourrez aisément profiter de la calanque de l'Oule et de sa grotte marine. Pour rejoindre la calanque d'En Vau, il faut compter une heure de marche en moyenne depuis le belvédère. Autre solution pour y accéder : le kayak ou le bateau, que vous pourrez louer au départ de Cassis. La calanque d'En-Vau est abritée des vents, une arrivée par la mer est donc un très bon moyen de profiter de la nature environnante. Sachez toutefois que le mouillage est, bien évidemment, interdit à proximité du rivage : la calanque d'En Vau jouit d'une nature sauvage à préserver. Les bateaux ont été éloignés et vous ne trouverez pas non plus de poubelles, emmenez vos déchets avec vous lorsque vous partez ! Le tourisme est ici particulièrement développé, il est donc de la responsabilité de tous de ne pas détériorer les beautés naturelles de ce site. Le paysage de la calanque d'En-Vau est idyllique : la plage de galets se trouve entre deux parois à pic, l'eau y est fraîche et claire et les fonds marins, recouverts d'herbiers de posidonie, accueillent de nombreuses espèces (sars, saupes...). Même si les poissons restent ici un peu farouches, c'est le moment de sortir votre masque et votre tuba ! Le parc national des Calanques est réputé pour la richesse et la diversité de sa faune. L'un des emblèmes du parc est l'aigle Bonelli, particulièrement menacé : levez les yeux, avec un peu de chance, peut-être observerez-vous un de ces rapaces dans le ciel ! Sur terre, il est encore plus probable que vous croisiez un sanglier venu se baigner ou se reposer sur la plage. Attention, ne le nourrissez pas, il risquerait de devenir envahissant !

Côté activité, la calanque est évidemment le paradis des amateurs de farniente, de randonnées et de snorkeling. Pour ces derniers, sachez que la forte fréquentation de la calanque d'En-Vau en été rendra votre visibilité moins bonne. Pour admirer les fonds marins dans de meilleures conditions, préférez donc la basse saison si possible. Les passionnés d'escalade trouveront, quant à eux, leur bonheur tout au long de l'année puisque la calanque d'En-Vau est un site de grimpe réputé. Les voies principales se trouvent avant la plage et sur la rive droite. Rappelons que le camping est interdit dans le parc national des Calanques. Pensez donc à réserver dans un établissement à proximité si vous prévoyez un séjour au cœur de cette nature si fragile.

Après avoir profité d'En-Vau, vous pourrez continuer votre randonnée dans les calanques. Pour cela, vous trouverez, sur la rive en face du belvédère, un sentier balisé qui vous mènera jusqu'à Port-Pin par le littoral.

L'EAU DE CASSIS ★

8, rue Saint-Clair
✆ 04 42 04 25 58
www.leaudecassis.com

Basse saison : se renseigner. Haute saison : tous les jours de 10h à 18h30. Visite du musée gratuite. Boutique.

Au rez-de-chaussée d'un immeuble pittoresque du vieux Cassis datant de 1851, ce musée privé du parfum (avec boutique) est une invitation au voyage olfactif. Grâce au savoir-faire ancestral des arômatiseurs du Midi, les effluves délicats sont concoctés sur la base des sept familles : du boisé, du floral, du fruité local mais aussi de l'oriental, etc. La boutique propose une palette de senteurs divines et de nombreux savons. L'Eau de Cassis se décline en eaux de parfum, eaux de Cologne, parfums d'ambiance, bougies, brumes d'oreillers.

MUSÉE MÉDITERRANÉEN ATP

Place Baragnon
✆ 04 42 18 36 78
www.musees-mediterranee.org

Ouvert toute l'année. Horaires : se renseigner. Gratuit sauf visite guidée (3 €). Boutique. Animations. Conférences.

Le principal musée de la ville créé en 1910 par un peintre marseillais amoureux de Cassis, Marius Guindon. Il fit don de ses œuvres et ainsi démarrèrent les collections du musée d'Art et Traditions Populaires. Installé dans un ancien presbytère (début du XVIIe siècle), le musée séduira les amateurs de jolies toiles de l'école provençale mais aussi de fouilles archéologiques sous marines. Le musée participe chaque année aux manifestations nationales, journée des métiers, journée de l'archéologie, et journées européennes du patrimoine.

PLAGE DE LA GRANDE MER ★

Baignade surveillée les week-ends et jours fériés en mai et juin. Tous les jours jusqu'au 1er septembre.

La plage de la Grande Mer de Cassis est la plus grande de la ville, aménagée pour la baignade jusqu'à 150 m du rivage. Elle est centrale, située au pied du château et s'étend sur 200 m. Cette plage publique de sable et de galets a de nombreux atouts : parking, accès handicapés, douches, wc, restaurants, location de kayak et de planches à voile... Il est parfois difficile de s'y faire une place, surtout en été. Notez que l'eau est toujours plus fraîche ici qu'ailleurs. Pour plus de confort, il est possible de louer un transat au Grand Large ou au Bada.

PLAGE DU BESTOUAN ★

A 10 minutes à pied du centre-ville.

Baignade surveillée les week-ends et jours fériés, en mai et juin. Tous les jours jusqu'au 1er septembre.

La plage du Bestouan est une plage de galets étroite de moins de 100 mètres de long. Elle offre une vue époustouflante sur le cap Canaille. Elle plaira à ceux qui aiment lézarder comme aux amateurs de beaux paysages. C'est la seconde plus proche du centre-ville. Pour y accéder : longez simplement la rive Nord du port puis l'avenue Ganteaume. Ceux qui recherchent des fonds pour la plongée avec masque et tuba seront comblés. Deux aires privées, le Same Same Beach et Le Bestouan - P.A.M. proposent restauration et transats à la location.

HÔTEL DE FRANCE LE MAGUY €€

Avenue du Revestel ✆ 04 42 01 72 21
www.hoteldefrancemaguy.com

Accueil 24h/24. De 70 € à 250 €. Wifi gratuit. Service de ménage. Bain bouillonnant. Parking privé.

Un véritable petit hôtel de charme, situé à quelques minutes à peine du magnifique port de Cassis. Les chambres, à la déco contemporaine sont irréprochables, dotées de tout le confort et offrent soit un balcon, soit une terrasse en fonction de la classe choisie : standard, supérieure ou suite. Toutes sont équipées de salles de bains privatives. Pour l'accueil, là encore on est dans le ton. Sabrina et Frank vous reçoivent avec beaucoup de chaleur et de convivialité. Un excellent établissement pour profiter pleinement de la région. Jolie piscine extérieure.

HÔTEL DE LA PLAGE MAHOGANY*** €€

19, Avenue De l'Amiral Ganteaume
✆ 04 42 01 05 70
www.hotelmahogany.com

Ouvert de mi-mars à mi-novembre. 30 chambres. Demi-pension : 35 €. Parking fermé. Animaux non admis. Wifi gratuit.

L'un des plus beaux établissements où séjourner à Cassis. Bâtiment blanc et lumineux, cet hôtel 3 étoiles se déploie tout proche de la plage de Bestouan. Vous trouverez ici des prestations de haut standing, avec plage privée, spa et restaurant réputé. Les chambres et suites sont élégantes et confortables. Celles avec vue mer sont tout simplement à couper le souffle. La suite Petit paradis porte bien son nom avec sa terrasse privée panoramique avec le cap Canaille en toile de fond.

MUSÉE GRANET AIX PROVENCE

MUSÉE GRANET

Aix-en-Provence

museegranet-aixenprovence.fr

AIX EN PROVENCE LA VILLE

Marre des vacances ruinées car tous les bons plans affichaient complet en dernière minute ?
my petit fute
M'A RECONCILIÉ AVEC LES GUIDES DE VOYAGE : SUR MESURE, PAS CHER ET DISPO SUR MON SMARTPHONE
VOTRE GUIDE NUMÉRIQUE SUR MESURE EN MOINS DE 5 MINUTES POU
2,99 €
mypetitfute.fr
© COOLFINGER101 - STOCK.ADOBE.COM

HOTEL LE GOLFE** €€

3, place Grand-Carnot
✆ 04 42 01 00 21
www.hotel-legolfe-cassis.com/

30 chambres de 105 à 125 €. Chèque Vacances. Wifi. Restauration (le midi uniquement).

L'hôtel du Golfe est idéalement placé, à quelques mètres du port de Cassis et de la grande plage. C'est un des hôtels historiques de la ville et on adore son charme très méditerranéen dès son entrée. Vous pourrez y séjourner dans des chambres doubles, triples ou quadruples, équipées d'une salle de bain ou de douche, de wc, d'une télévision, d'un téléphone et indispensable l'été, d'une climatisation. Le plus : le petit déjeuner est servi sur la terrasse qui donne sur le Cap Canaille. De quoi commencer la journée du bon pied. Service et accueil très agréable.

HÔTEL LES VOLETS ROUGES €€

D559 -Route de La Gineste ✆ 04 42 01 02 68
www.lvrcassis.fr

Ouvert toute l'année. Table d'hôtes. Parking et wifi gratuits. Chambre à partir de 68 €. Chambre PMR.

L'hôtel le Jolis Bois a laissé place aux Volets Rouges. Une nouvelle ère mais toujours un emplacement de premier choix sur la Gineste, entre Marseille et Cassis, non loin de la calanque d'En Vau (chemin d'accès à 10 mètres de l'hôtel). Aux commandes, on retrouve Arnaud et Cédric, qui ont mis toute leur énergie à réhabiliter la vingtaine de chambres, certaines avec terrasse privée. L'esprit maison de famille est accentué par le service table d'hôtes. Aux Volets Rouges vous trouverez le calme et les cigales... la belle vie en somme !

THE ADDRESS €€

30, avenue Jules Ferry ✆ 06 95 60 28 28
https://www.theaddress-cassis.com

Chambre spa 238 €, junior suite 268 €, suite 288 €. Fermé du 11 nov au 11 mars. Minimum 2 nuits. Table d'hôte. Parking.

Concept entre boutique-hôtel 4 étoiles et chambres d'hôtes de luxe, The Address est une délicieuse maison d'hôtes d'exception au cœur de Cassis. Imaginée par Eric et Sabine, la demeure sur 2 étages domine le port cassiden et la Méditerranée. Vous logerez au choix dans l'une des 2 suites junior, dans la suite Canaille ou la chambre avec bain bouillonnant extérieur privé. Piscine, jardin luxuriant, table d'hôte privilégiant les filières courtes, équipement de standing, tout est fait pour que vous passiez ici un moment inoubliable. C'est THE address !

VILLA CALANCO €€€

5, avenue des Calanques
✆ 06 84 96 11 07
www.villacalanco.com

Ouverture 1er Avril- 1er Novembre. 4 appartements de 85m² pour 2 à 4 personnes. Parking privé. Jardin. Terrasse.

Tel un navire délicatement posé au pied de la mer, Villa Calanco est à 100 m de la plage du Bestouan. Ce rêve à la décoration chic enchante. Chambres modernes, confortables, lumineuses, en prime belles terrasses de 45 m² et vue époustouflante sur le cap Canaille. 4 appartements de 85 m², de 2 à 4 personnes, cuisine entièrement équipée, salon avenant, belle salle de bains, une à deux chambres. Certains détails sont très appréciables : climatisation réversible, mobilier de qualité, parking privé fermé, linge fourni, ménage fin de séjour. Accueil chaleureux de Stéfanie.

© VILLA CALANCO

© VILLA CALANCO

VILLA ANDREA €€

5, impasse du Pigeonnier
✆ 06 24 73 57 90
www.villa-andrea.fr

Fermé en janvier. 4 chambres de 140 € à 220 € la nuit. Petit déjeuner inclus. Pas d'accès PMR. Animaux non admis.

Catherine et Peter accueillent leurs hôtes dans cette magnifique villa de style provençale, située dans les hauteurs de Cassis. Le salon ouvert au petit-déjeuner et les terrasses privatives offrent un panorama à couper le souffle sur l'immensité de la Méditerranée. Les 4 chambres sont toutes aménagées avec soins, selon une thématique qui leur est propre et possèdent toutes une terrasse privative. La suite solaire se pare de jaune et permet d'accueillir jusqu'à 3 personnes. Selon la saison, vous apprécierez plonger dans la piscine à débordement.

BEST WESTERN LA RADE*** €€€

1, avenue des Dardanelles ✆ 04 42 01 02 97
www.bestwestern-cassis.com

Ouvert toute l'année. Accueil 24h/24. 29 chambres de 95 à 309 €. Animaux non admis.

Un hôtel 3 étoiles avec prestations de luxe à prix abordable pour les chambres les plus simples. Son point fort : ces infrastructures et son emplacement. Depuis sa superbe piscine-solarium chauffée, rehaussée d'une terrasse, vous embrasserez une vue époustouflante : les fameuses calanques de Cassis, le réputé vignoble, le petit port de pêche poétique. Pour ne rien gâcher, on trouve aussi un bain à remous ! Le petit déjeuner buffet est délicieux. De plus, le parking est vraiment pratique en pleine saison. Que des avantages pour un séjour sans souci.

HOTEL RESTAURANTS LES ROCHES BLANCHES***** €€€

9, avenue des Calanques
✆ 04 42 01 09 30
www.roches-blanches-cassis.com

Ouvert à l'année. Accueil 24h/24. 45 chambres de 250 à 2 000 €. Animaux acceptés. Séminaires. Restauration.

Adresse luxe du bassin méditerranéen, l'hôtel Les Roches Blanches impose un esprit Riviera. La récente rénovation de cette bâtisse de 1887 est saisissante, avec une touche d'art déco et le charme des années folles. La vue imprenable sur la falaise du Cap Canaille nous transporte et l'environnement paysager de l'hôtel plonge littéralement dans la Méditerranée (accès direct à la mer). Les 3 restaurants et le spa Sisley rajouteront de l'exceptionnel à votre séjour.

MAISON N° 9 €€€

9, rue Docteur-Yves-Bourdes
✆ 06 66 04 78 81
www.maison9.net

Ouvert d'avril à octobre. 4 suites de 295 à 390 €. Petit déjeuner inclus. Parking. Les animaux ne sont pas admis.

Au cœur du vignoble des Janots, en surplomb de la mer, cette ancienne ferme viticole du XIXe siècle, a été superbement restaurée. C'est aujourd'hui une demeure de prestige qui offre aux hôtes quatre suites indépendantes de grand confort, chacune avec sa terrasse. La décoration a été soignée par Cynthia, propriétaire des lieux et architecte d'intérieur de renom. Le petit déjeuner est servi sur la grande terrasse commune. Les hôtes profitent de la piscine à débordement, d'un parc arboré, cigales en fond sonore, senteurs de lavande en prime.

L'ATELIER GASTRONOMIQUE €

24, rue de l'Arène
✆ 04 42 71 84 72
www.latelier-gastronomique.fr

Ouvert d'avril à décembre du mardi au dimanche de 10h30 à 18h30. Carte : 20 € environ.

Un concept très intéressant, avec, aux commandes, la pétillante Sonia. Ouvert depuis 2016, ce lieu, situé à quelques pas du port, vous accueille dans un très bel espace où l'on apprécie tout particulièrement la cuisine ouverte où officie la cheffe. Une cheffe ouverte à de nombreuses influences, méditerranéennes bien sûr mais pas que ! Sur place, à emporter ou en formule traiteur pour répondre à toutes demandes, voici en tout cas un vrai lieu gourmand qui a déjà largement conquis la clientèle locale. On apprécie également la partie épicerie fine et cave à vin.

LE 8 ET DEMI €

8, quai des Baux

✆ 04 42 01 94 63

Carte : 25 € environ. Vin au verre. Galettes salées dès 4,50 €, pizzas dès 10 €, moules-frites dès 13 €. Terrasse.

Sur le port de Cassis, on a tendance à trouver des établissements plutôt onéreux... Au 8 et demi, c'est clairement le restaurant le plus économique du port, pas franchement gastronomique mais bonne franquette et présentant un double avantage : sa situation sur le port et un service continu. Au menu : galettes de sarrasin, salades, pizzas, moules-frites... Le cidre et le vin sont servis au verre. Les assiettes sont copieuses, le service, aimable et efficace. On regarde passer les touristes et tanguer les bateaux. C'est l'adresse qu'il vous faut selon votre budget !

BAR DE LA MARINE €

5, quai des Baux

✆ 04 42 01 76 09

Basse saison ouvert du mercredi au lundi 7h à minuit. Haute saison de 7h à 2h. Plat du jour de 12 à 15 €.

La Bar de la Marine est idéalement situé sur le port de Cassis. Au menu un grand choix de salades, un plat du jour copieux. Le soir, vous pourrez y déguster un cocktail, goûter à l'un des nombreux whiskies proposés à la carte ou siroter une boisson plus classique (soda, verre de vin ou apéritif). Pour l'anecdote : s'il y a écrit « Chez Dop » sur la devanture bleue, c'est simplement parce que le bar a appartenu à Jean Dop, célèbre rugbyman des années 1950. Aujourd'hui, on peut encore voir de nombreuses affiches à l'intérieur pour les amateurs de ballon ovale.

CHEZ POULETTE €

Place Montmorin

✆ 04 42 71 80 39

Juillet et août : ouvert 7j/7. Ouvert le soir. Plat du jour : 15 €.

Chez Poulette est un très sympathique petit restaurant situé près de la grande plage, derrière la grande place centrale et à côté du manège. Patricia vous accueille tout sourire et propose une petite sélection de plats d'ici et d'ailleurs faits maison. Ce jour là, Chez Poulette proposait un plat du jour très apprécié : calamars et écrasé de pommes de terre. Les calamars frits ou en persillade que vous retrouverez servis dans des cornets le soir à l'heure de l'apéro ! A noter également, un fameux Bo-Bun fait maison ! Une adresse recommandée par le Petit Futé !

À TABLE €€

7, rue du Docteur-Séverin-Icard

✆ 04 42 73 27 51

www.atablecassis.com

Ouvert tous jours midi et soir en saison, fermé le mercredi. A la carte à partir de 22 €.

© A TABLE CASSIS

Installez-vous et dégustez une cuisine de marché concoctée avec des produits frais et nobles, préparés à la minute. C'est la raison pour laquelle la carte change en fonction des saisons. Laissez-vous tenter en entrée par une salade de poulpes marinés suivie d'un risotto de gambas au chorizo. Samosas, wok, burgers sont maison. Dans le verre, des vins de Provence et de Cassis bien sûr ! La décoration est soignée, la terrasse extérieure dans une petite rue piétonne entre ombre et soleil est très agréable à la belle saison. Accueil charmant de Sarah et Selven.

ANGELINA €€

7, avenue Victor-Hugo

✆ 04 42 01 89 27

www.restaurant-angelina-cassis.com

Ouvert du mardi au dimanche le midi et le soir. Réservation recommandée. Menus de 33 à 41 € (selon la saison).

Amis vacanciers, faites l'effort de quitter un instant le port cassiden, et sa vue mer, pour pousser la porte du restaurant Angelina. À la tête de cette belle adresse, le chef cuisinier, Jean Marchal et sa cuisine tonique, travaillée et pleine de saveurs. Incontournable, la soupe de poisson et la bouillabaisse (sur commande)... Un sans faute. À chaque saison, ces nouveautés : pissaladière au printemps, tomates crus et cuites en été, fondants de cabillaud à la betterave et au chou-fleur à l'automne. Desserts gourmands et maisons. Belle carte des vins.

BOUCHES-DU-RHÔNE

LE CALENDAL €€

3, rue Bremond

Horaires variables selon la saison. Se renseigner. Réservation impérative. Terrasse.

Ça bouge au Calendal. Après 31 ans de service, le gérant a passé la main à une nouvelle équipe, celle de La Table d'Albizzi. La carte évolue bien évidemment avec une cuisine d'inspiration italienne plus que méridionale et davantage graphique. Les produits frais restent à l'honneur. Côté vins, le sud est à l'honneur (Cassis, Côtes-de-Provence). Une adresse toujours incontournable, à privilégier pour un dîner en terrasse, que nous ne manquerons pas de vous présenter plus en détails à l'occasion d'une future visite, à la découverte de la cuisine du nouveau chef.

D'UNE RIVE A L'AUTRE €€

9, rue pasteur

✆ 04 42 01 24 84

Ouvert le soir du mardi au dimanche. Le midi : se renseigner.

Avec un nom pareil, il faut s'attendre à voyager. La salle de l'établissement s'est refait une beauté en 2020, et dans les assiettes le dépaysement se fait toujours sentir. D'une rive à l'autre est un excellent restaurant libanais qui plaira sans aucun doute à tous les adeptes de cette cuisine. Comptez plus de 35 euros pour un mezze (traditionnel ou végétal) mais soyez-en certains, vous ne serez pas déçus : houmous, feuilles de vignes, tarama, falafel... Du pur bonheur avec également quelques suggestions plus classiques comme les poissons en croûte de sel.

LE CHAUDRON €€

4, rue Adolphe-Thiers

✆ 04 42 01 74 18

Qualité Tourisme. Fermé de novembre à février. Reconnu Restaurant de Qualité par le Collège culinaire de France.

On pourrait dire que les actuels propriétaires sont tombés dans la marmite, ou plutôt dans le chaudron, lorsqu'ils étaient enfants, puisque c'est la même famille qui gère l'établissement depuis 1970. Un bel exemple de longévité ! Si l'accueil est chaleureux, le cadre agréable, c'est avant tout pour la belle cuisine d'inspiration provençale d'excellente qualité que l'on pousse la porte du restaurant. Les plats sont faits maison, avec des produits de qualité. On recommande sans hésitation pour se régaler dans une ambiance typique de Cassis.

LA DÉFONCE €€

3, rue Laurent Ventron

✆ 04 13 12 63 97

Ouvert du lundi au samedi le soir ; du mardi au dimanche le midi. Réservation recommandée. Carte 35 € environ.

Amis des anciens gérants, Kevin et Agnès ont repris à l'été 2020 cette belle adresse du centre-ville cassiden, bien en retrait de l'agitation du port, dans une ruelle calme. La décoration a été repensée, mélange de bois, de cuir, de pierre... pour une ambiance chic et raffinée. Le chef propose une carte à l'ardoise régulièrement renouvelée dont voici quelques suggestions : wok de poulet, tataki de thon, œuf mollet frit, burger maison, soupe au pistou, pâtes aux saucisses ou foie gras. Une chose est sûre, nous avons hâte de venir nous y installer à nouveau !

LE CLOS DES ARÔMES €€

10, rue Abbé-Paul-Mouton

✆ 04 42 01 71 84

www.leclosdesaromes.fr

Ouvert tous les jours. Réservation recommandée. Plats à la carte de 23 à 32 €. Pizza au feu de bois 8 à 16 €.

Le Clos des Arômes est un lieu charmant dans le vieux Cassis, tout près du port, avec une jolie terrasse ombragée, très agréable l'été. L'hiver, vous opterez pour la salle et sa belle cheminée. La cuisine est savoureuse, fine et originale. On y détecte des influences provençales, bien sûr, mais également méditerranéennes au sens large du terme. Côté accueil, l'équipe du restaurant saura vous mettre à l'aise. Viandes, poissons et même pizzas et pâtes... choisissez en fonction de vos goûts, le chef se chargera de vous régaler.

L'ESCALIER €€

4, rue Frédéric-Mistral

✆ 04 42 32 33 80

www.restaurantlescaliercassis.fr

Ouvert tous les soirs en saison, sauf le jeudi hors saison. Fermé de décembre à mi-janvier. Menu à 24,90 €.

La carte est gourmande est variée, les plats bien présentés, le cadre original avec sa terrasse directement au milieu d'une ruelle. L'Escalier est une très agréable halte gastronomique à deux pas du port de Cassis. Vous y dégusterez une cuisine simple d'inspiration résolument méditerranéenne à base de produits frais et locaux. La déco des deux salles est intimiste, chaleureuse et colorée. On s'y sent vraiment bien. Le rapport qualité-prix est tout à fait honnête, particulièrement le menu. Une bonne adresse en somme ! Pensez à réserver.

MONSIEUR BRUN €€

2, quai Calendal
✆ 04 42 01 82 66

Ouvert toute l'année. Tous les jours de 8h à 2h. Réservation recommandée.

Tout de rouge vêtu, Monsieur Brun fait face au Cap Canaille et au petit port de pêche de Cassis. Du petit-déjeuner au dîner, l'adresse impose son style. Nombre de locaux viennent également s'y installer pour l'heure de l'apéro qui se termine souvent par un plateau de coquillages en saison et un vin blanc de Cassis. On en redemande encore et encore avec l'excellente mayonnaise maison. L'établissement s'est agrandi en reprenant les anciens locaux de la SMC ; désormais la belle et grande terrasse est protégée l'hiver, avec des champignons chauffants !

LA NONNA D'ORO €€

15, quai Jean-Jacques-Barthélémy
✆ 06 99 46 51 84

Ouvert toute l'année. Réservation recommandée. Terrasse. Accueil des groupes.

Voilà une bonne surprise au bout du port ! La Nonna D'Oro fait dans la cuisine méditerranéenne (poisson grillé, gambas au pastis) à tendance italienne (risotto, ravioli, caponata), ne négligeant pas les grands classiques que sont la sole meunière ou le filet de bœuf. À ne pas rater, le cabillaud au citron confit et miel, plat signature de la maison. Toujours bien accueilli par Florent, le capitaine des lieux, on s'installe en terrasse prés du quai, ou l'on prend de la hauteur dans la salle à l'étage (climatisée) avec vue dégagée sur le château et le cap Canaille.

LA VIEILLE AUBERGE €€

14, quai Jean-Jacques-Barthélémy
✆ 04 42 01 73 54

Ouvert toute l'année. Fermeture de la 2e semaine de janvier à mi-février. Fermé le mercredi.

© LA VIEILLE AUBERGE

Cette table située sur le port de Cassis est tenue par la même famille depuis 1978, qui se transmet les secrets d'une cuisine régionale de génération en génération. En terrasse au soleil, la vue est magnifique ! La salle a des allures d'auberge à l'ancienne avec ses tons chauds et ses poutres apparentes. En entrée, optez pour la soupe de poissons ou les noix de Saint-Jacques crues marinées. A suivre côté mer : pavé de thon en croûte aux herbes ou loup grillé au fenouil... Côté terroir les fameux pieds paquets à la provençale. Du fait maison à un prix raisonnable !

LE POISSON ROUGE €€

Impasse Farine
✆ 04 42 71 53 75

Ouvert du mardi au samedi le soir. Vin au verre. A la carte uniquement.

C'est au fond d'une petite impasse que se trouve le poisson rouge. Une jolie petite devanture intimiste qui attire la curiosité et une jolie salle aux faux airs de jardin d'hiver avec ses grandes baies vitrées. Très joli cadre qui se marie à merveille avec la cuisine que l'on sert ici. Du local et du frais, des mariages de saveurs étonnants. Goûtez plutôt : carpaccio de merlan, gyoza aux crevettes, pavé de merlu rôti. Des influences variées que l'on accorde à merveille avec des produits provençaux de première qualité. La carte des vins est essentiellement bio.

POISSONNERIE LAURENT €€

5, quai Jean-Jacques-Barthélémy
✆ 04 42 01 71 56

Fermé en décembre et janvier. Réservation impérative. Terrasse.

Idéalement installée sur le port depuis 1880, cette poissonnerie familiale est devenue un restaurant apprécié des locaux et des visiteurs de passage. Comment ne pas succomber au charme de sa jolie terrasse bleue ou de cette petite salle en surplomb aux faux airs de salon privé. Au menu, des produits de la mer uniquement (et même dans le menu enfant). De généreuses moules frites, des supions sautés en persillade, des tartares de poisson, des gambas et une pêche du jour ultra-fraîche au poids. Service trop pressé et inattentif, bien que poli.

LES BELLES CANAILLES €€€

9, Avenue des Calanques
✆ 04 42 01 01 05
www.roches-blanches-cassis.com
Ouvert tous les jours de l'année le midi et le soir. Carte : 73 € environ

S'asseoir à une des tables des Belles Canailles, c'est l'assurance d'un repas mémorable. Autant dans l'assiette qu'en dehors, avec un cadre exceptionnel et une vue imprenable sur le Cap Canaille. La Grande Bleue est bien là, sous vos yeux et partout dans la carte. Carpaccio de loup, filets de rouget ou encore poulpe sauvage, elle se décline sous toutes les formes. Côté terre, là aussi les gourmets seront gâtés. Impossible d'être déçu avec le filet mignon de veau au thym ou le suprême de volaille contisé à la sauge. Mention spéciale pour la carte des vins.

LOUP BAR €€€

9, Avenue des Calanques
✆ 04 42 01 09 30
www.roches-blanches-cassis.com
Ouvert toute l'année. Tous les jours le midi et le soir. Prix moyen 30 € le plat.

Située à flanc d'eau, la terrasse du Loup Bar offre un moment privilégié à ses clients. Installé au comptoir face au chef, ou à table, vous apprécierez les plats d'inspirations méditerranéennes. Tartare de daurade, ceviche de loup ou encore thon rouge fumé au thym, ici la Grande bleu se décline dans les assiettes. Au Loup Bar c'est la convivialité qui prime, laissez les assiettes se succéder afin que chacun découvre les saveurs, entre inventivité et simplicité. « Bien manger, rire souvent, aimer fort », voici la devise du restaurant.

CHEZ GILBERT €€€

19, quai des Baux
✆ 04 42 01 71 36
www.chezgilbert.net
Ouvert toute l'année. Basse saison : fermé mardi et mercredi. Haute saison : fermé mercredi. Réservation recommandée.

Chez Gilbert est un restaurant à la vue panoramique imprenable sur le port de Cassis, depuis la terrasse ensoleillée ou la salle à l'étage. Des assiettes concoctées dans les règles de l'art provençal. A commencer par la bouillabaisse, dans la plus pure tradition puisque membre de la charte marseillaise. On peut s'ouvrir l'appétit avec une soupe de poisson ou des langoustines. Le menu à 35 euros est déjà d'un excellent rapport qualité-prix. La carte des vins est tout aussi noble et onéreuse, piochant dans les crus les plus raffinés des domaines de la région.

Ô RÊV €€€

5, rue Lamartine
✆ 06 22 09 13 61
www.orevcassis.com/
Fermeture annuelle de janvier à mars. Ouvert du vendredi au mercredi le soir ; le week-end le midi.

On pensait le temps des noms de restaurants en « Ô » révolu, mais c'était sans compter sur ce superbe établissement niché dans les ruelles anciennes de Cassis, à quelques pas du port. Aux beaux jours, l'élégante terrasse se déploie le long de la ruelle aux lumières tamisées. La salle intérieure est épurée et lumineuse. Au menu, une cuisine bistronomique concoctée par le chef Mathieu Dorlac. Produits de prestige comme le caviar et le foie gras qui côtoient un excellent poulpe et les champignons. Suggestions végétales très intéressantes.

LE GRAND LARGE €€€

Plage de la grande mer
✆ 04 84 88 51 77
www.grandlargecassis.com/
Ouvert du lundi au samedi le soir ; tous les jours le midi. Réservation impérative.

Imaginez déjeuner ou dîner face à la mer, les yeux posés vers le large et les pieds quasiment dans le sable. Bienvenue au Grand Large, restaurant inratable situé en surplomb de la plage de la Grande mer. Une longue terrasse s'étire tout le long de l'établissement lumineux, offrant un cadre absolument idyllique à vos repas. Le service est à la hauteur dès votre arrivée et l'on vous accueille avec bienveillance. À la carte, la mer, la terre et les sushis se côtoient. Pour tous les goûts et tous les appétits. Magique le soir en été, avec les derniers baigneurs.

ROCCO €€€

9, Avenue des Calanques
✆ 04 42 01 01 05
www.roches-blanches-cassis.com
Ouvert toute l'année. Tous les jours. En service continu de midi à 21h30. Réservation recommandée.

Le restaurant Rocco vous accueille dans un cadre cosy avec vue sur la mer et le golfe de Cassis, c'est l'adresse informelle avec une belle pergola en bois, un toit végétalisé et une cuisine fusion. Ici les produits sont locaux et de saison. Le chef privilégie les circuits courts et le savoir-faire des producteurs de la région pour proposer une carte qui sent bon la Provence et la Méditerranée. Des courgettes au parmesan et aux amandes, au Pan bagnat en passant par l'incontournable salade grecque, les classiques du genre sont revisités dans les cuisines du Rocco.

LA VILLA MADIE €€€

Avenue de Revestel
✆ 04 96 18 00 00
www.lavillamadie.com
Horaires selon saison. Brasserie du Corton : du lundi au vendredi, menu midi à 38 €. Restaurant 3 étoiles Michelin.

Le restaurant gastronomique aux trois étoiles est emblématique de l'anse du Corton, dominant la plage et la mer et offrant ainsi une vue sublime, au pied du cap Canaille. Dans l'assiette de la Villa Madie, Dimitri Droisneau, récompensé d'une 3ème étoile en 2022, propose des mets raffinés : homard bleu, pigeon royal, Saint-Jacques normandes, ris de veau de lait sous la mère, langoustines, turbot... Une table qui allie gastronomie et cadre. Pour le déjeuner, du lundi au vendredi, optez pour la Brasserie du Corton avec un menu selon l'inspiration du chef.

BRASSERIE LE CENDRILLON

3, Place Georges-Clémenceau
✆ 04 42 01 70 24
Ouvert toute l'année et tous les jours. Menus du midi 16,50 à 18,50 €. Wifi. Animations. Concerts.

La jeunesse locale s'installe volontiers au Cendrillon après la plage pour se rafraîchir avec des coupes de glaces, à l'apéro avec un pastis bien frais ou en soirée lorsque d'élégants cocktails agrémentent des concerts live en saison. Belles salades copieuses et quelques plats typiques comme les gambas sautées et flambées au pastis, à prix vraiment raisonnables. Le restaurant propose également des woks (gambas, bœuf, végétarien). Cafés gourmands délicieux. En soirée, ambiance festive et appréciée. Une adresse cassidaine incontournable.

CHÂTEAU DE FONTCREUSE

13, route Pierre-Imbert
✆ 04 42 01 71 09
www.fontcreuse.com
Ouvert du lundi au vendredi de 8h30 à 12h et de 14h à 18h. Chèques non acceptés.

© CHATEAU DE FONTCREUSE

Le choix de Fontcreuse, un cépage dominant. Pour le Blanc la marsanne, pour le Rosé le grenache, pour le Rouge la syrah. Cette stratégie voulue par Fontcreuse permet d'une année sur l'autre de retrouver le caractère des vins du Château de Fontcreuse. La délicate transformation du fruit en vin, le terroir associé au cépage et le savoir-faire du vigneron sont l'aboutissement des vins de Fontcreuse. Avec passion, Fontcreuse conjugue la tradition, parfait respect du progrès d'hier pour mettre en œuvre le progrès d'aujourd'hui qui sera la tradition de demain.

LES CAVES DU PORT

32, rue Thérèse-Rastit
✆ 06 22 92 75 85
Haute saison : ouvert tous les jours.
Basse saison : ouvert du jeudi au samedi le soir.
Possibilité de privatisation.

Après le succès de leur boutique Pastis & Compagnie, située à deux pas de là, la famille Papazian lance une nouvelle adresse pour découvrir en exclusivité une belle déclinaison de bières estampillée Cassis. Ambrée, blanche, ou brune, elles rappellent les sites emblématiques de la ravissante ville de Cassis. Elles se savourent fraîches au comptoir en soirée ou à l'une des tables installées dans une petite ruelle. A la carte, également, les bières des quatre coins du monde et une très belle sélection de rosés et de blancs locaux.

DIVINO

3, rue Alexandre-Rossat
✆ 04 42 98 83 68
www.divino-cassis.com
Ouvert toute l'année. Droit de bouchon : 10 €.
Terrasse. Restauration. Animations.

Toujours l'une de nos adresses favorites à Cassis. Une cave à manger à seulement 50 mètres du port, orchestrée par le sommelier Philippe Bellec. Un lieu résolument épicurien, avec plus de 200 références de vins : Languedoc, Bourgogne, vallée du Rhône et bien entendu les vignobles de Cassis. On s'installe dans la petite salle à l'esprit bistrot, directement au comptoir ou en terrasse, et on passe la commande : omelette et jambon à la truffe, pata negra, tartine pesto chèvre frais... Idéal en début de soirée ou pour un apéritif improvisé.

LA SAVONNERIE DE CASSIS

13, avenue du Revestel
✆ 09 82 28 79 56
https://www.lasavonneriedecassis.fr
Ouvert tous les jours de 10h à 20h. Visite gratuite de la fabrication du savon tous les jours à 15h 16h 17h 18h 19h.

© SAVONNERIE DE CASSIS 2022

La Savonnerie de Cassis, c'est avant tout l'évocation du bien-être. Le portail passé, nous plongeons tout de suite dans l'univers de Nelly : parfumé, doux, délicat. Avec des produits cosmétiques 100 % français, sans paraben et naturels, on se laisse tenter par tous ces soins de beauté de fabrication artisanale. Et pour percer tous les secrets des produits : huiles de massage, exfoliants, beurre de karité, produits effervescents, masque à l'argile, huiles bronzantes..., vous pouvez visiter tous les après-midi l'atelier-boutique.

MAISON DU NOUGAT

2, Rue Alexandre Gervais
✆ 09 87 38 38 55
https://maisondunougat.com
Ouvert tous les jours de 10h à 19h. Ouvert le dimanche. Livraison possible.

Bienvenue dans le temple de la gourmandise ! Avec deux boutiques à Aix et une boutique dans le Var, la Maison du Nougat s'installe durablement dans le paysage sucré provençal. Ici bien sûr, vous trouverez le nougat sous toutes ses formes, noir ou blanc, à la découpe, en barre ou en sachets pour déguster sans attendre. Attardez-vous un instant sur immenses blocs de nougat garnis de fruits secs, amandes et pistaches, une merveille. Enfin, confitures et crème de marrons viennent agrémenter la gamme de la boutique. En saison festive, sélection de marrons glacés.

KANAYE

26, rue de l'Arène
✆ 06 48 51 68 02
Ouvert tous les jours en été. Fermé le lundi en basse saison.

Kanaye, c'est une marque de mode créée par un local, Kevin, hommage aux immenses falaises incontournables et emblématiques du cap Canaille, surplombant Cassis. Du prêt-à-porter homme et femme, siglé du logo Kanaye, représentant la falaise et un phare. Les casquettes et bonnets peuvent constituer un beau cadeau à rapporter ou un bel élément pour compléter votre garde-robe. Des doudounes, t-shirts et vestes complètent la gamme de cette marque 100 % imaginée à Cassis. Optez pour l'originalité et surtout une identité 100% cassidaine.

LA MAISON DE JO ET GABY

6, rue Séverin-Icard
✆ 04 42 01 99 80
www.lamaisondejoetgaby.fr
Ouvert tous les jours de 10h à 2h. Fermé le lundi en basse-saison.

La Maison de Jo & Gaby est à la fois une cave (la seule en centre-ville), un bar à vins, et une très belle épicerie fine. Outre la sélection de champagnes, de vins et crus de Cassis, de Provence, et de toutes les régions de France, vous y dégoterez de l'excellente charcuterie ibérique, des fromages régionaux, de la truffe dans tous ses états, et même du caviar français. Côté bar à vins, confortablement installé en terrasse ou dans le salon *lounge* & *cosy*, vous dégusterez votre verre sur un fond musical *jazzy*. Des animations sont régulièrement organisées.

LA MAISON DES VINS

Route de Marseille
✆ 04 42 01 15 61
www.maisondesvinscassis.com
Horaires : se renseigner. Comptez 13 € en moyenne un vin de Cassis. American Express. Haute saison d'avril à septembre.

Depuis plus de 25 ans, la Maison des Vins propose une sélection de près de 400 références dans une boutique agréable. Guillaume, le maître des lieux et petit-fils de vigneron, vous conseille en expert. Vous trouvez ici rassemblés bon nombre d'appellations AOC de Cassis : Château de Fontblanche, Clos d'Albizzi, Domaine de la Dona Tigana... Vous trouverez aussi des vins de Provence (Bandol, Côtes-de-Provence, Coteaux d'Aix) et quelques Côtes du Rhône. Les prix sont quasiment aussi compétitifs que ceux des producteurs en direct.

MARCHÉS LOCAUX

- **Marché traditionnel** les mercredis et vendredis de 8h à 13h30 sur la place Baragon, rue Gervais, place Clemenceau et rue de l'Arène.
- **Marché aux fleurs événementiel : « Cassis au jardin »,** en avril.
- **Marché paysan** tous les samedis de 8h à 13h30 sur la place Clemenceau en association avec l'association pour le Développement de l'Emploi agricole et rural. Producteurs locaux et produits de saison garantis.
- **Marché nocturne estival** tous les soirs de juillet/août place Baragnon et place Clemenceau, ainsi que sur les quais avec le travail des artistes locaux.

PASTIS ET CIE

9 bis, rue Brémond
✆ 04 42 83 43 85
Ouvert tous les jours de 10h à 19h. Fermé en basse saison de novembre à janvier.

Créée en 2006, cette enseigne à la devanture rouge brique inratable vous propose des pastis « en vrac » : une idée aussi originale que dans l'air du temps. Roger Papazian vous propose au choix, tous les pastis de la marque Janot : le tradition, le Lou Garagaï, le Bleu... Vous trouverez également des vins de Cassis et des boissons plus fortes ou sans alcool. Sans oublier des spécialités provençales et produits régionaux. Prenez le temps de vous installer à l'une des tables installées dans cette ruelle pour siroter un pastis à accompagner de tapas maison.

JCF BOAT

1, Quai des Moulins
✆ 06 75 74 25 81
https://jcfboat.com
Location de bateaux avec ou sans permis, thermiques ou électriques. À partir de 100 € la demi-journée.

La flotte de 25 bateaux thermiques de JCF Boat s'est étoffée avec deux nouveaux bateaux électriques. Une proposition éco-touristique qui nous réjouit. Afin de découvrir le Parc National des Calanques, vous aurez la possibilité de louer une embarcation avec ou sans permis, du bateau vintage jusqu'à de beaux yachts. Des locations dès la demi-journée avec des cessions de 3h entre 9h et 12h, 13h et 16h ou à partir de 17h pour le coucher du soleil. Une référence de la location sur Cassis.

LO KAYAK

4, place Montmorin
✆ 07 83 80 87 37
https://www.lokayakcassis.com/
Ouvert toute l'année. Location à partir de 20 €/3h en monoplace. Randonnée à partir de 35 €/personne.

Avec le dynamisme et le professionnalisme de l'équipe de Lo'Kayak, vous êtes assurément entre de très bonnes mains. Que ce soit pour de la location ou de la randonnée guidée, tout vous sera expliqué pour vous mettre dans les meilleures conditions de navigation afin d'apprécier la beauté des calanques de Cassis à Marseille, de mars à octobre. Location possible en mono, bi ou triplace (jusqu'à 2 enfants et 2 adultes), et randonnées encadrées de jour ou au coucher du soleil. Les plus sportifs pourront découvrir en kayak, la calanque de l'Oule, tout un programme !

© EVAN DE SOUSA

© EVAN DE SOUSA

CSLN CASSIS

Plage de la Grande Mer
✆ 04 42 01 80 01
https://cassis-kayak.com

Location de kayaks, paddles, cours de wing-foil. Randonnée avec visite des calanques. À partir de 30 €.

Bien plus qu'une base de location, le CSLN est le club historique de Cassis, membre actif du tissu associatif de la ville. Une équipe jeune, dynamique et professionnelle pour vous accompagner dans la pratique du kayak, du paddle et du wingfoil. De la simple location de matériel aux randonnées encadrées au cœur des Calanques, en passant par des stages de perfectionnement, le CSLN est un partenaire idéal. À tester, le paddle géant, jusqu'à 8 personnes en simultané pour une expérience mémorable ! Réservation sur le site Internet de l'association.

© DR

© DR

LES CALANQUES EN BATEAU

Quai Saint-Pierre
www.calanquesdecassis.com

Fermé en janvier. Horaires et parcours à consulter sur place ou sur le site web. Animaux de compagnie acceptés.

Les amoureux de la nature et amateurs de paysages époustouflants vont être comblés par ces balades en bateau. Aborder les magnifiques calanques depuis Cassis plutôt que de Marseille est tout aussi merveilleux, voire même plus intimiste. Il existe différentes formules en fonction des envies et du temps de chacun. Le circuit 3 calanques dure 45 min. Il existe aussi deux parcours très complets de 8 calanques (1h30) ou neuf calanques (2h). A noter que les groupes à partir de 20 personnes doivent impérativement réserver au préalable.

LE CANAILLE

Quai Saint-Pierre
✆ 06 62 37 84 62
www.calanques-cassis-canaille.fr

Apéro / Baignade dans les Calanques durant la saison estivale (25 € par personnes). Privatisation possible sur demande.

La famille Solari a imaginé ce magnifique bateau hybride de 12 m pour vous faire découvrir les Calanques dans le silence et la quiétude. Des balades traditionnelles sont proposées toute l'année mais avec une petite particularité en saison estivale : l'apéro-baignade. Dans le calme retrouvé en fin de journée, nagez dans les eaux bleues et limpides, puis partagez un verre offert par l'équipage dans la convivialité. D'une heure à une heure et demie de balade avant le retour au port. Une très sympathique sortie futée, de surcroît éco-responsable !

CASSIS FOREST

Parc Regis-Vidal
✆ 06 34 37 18 92
www.cassisforest.fr

Ouvert de février à novembre. Tous les jours de 10h à 20h en haute saison.

Cassis Forest est un parc d'accrobranche situé à proximité du centre de Cassis. Il comprend 7 parcours et plus de 160 ateliers. Le parcours baby convient aux enfants de plus de deux ans. Pour les enfants de plus d'1m05, il existe deux parcours qui pourront être faits en 2h30 maximum. Deux parcours, adaptés aux personnes de plus d'1m30 et deux parcours pour les personnes de plus de 1m50 sont aussi proposés. L'équipe de Cassis Forest vous accueillera et vous assurera tout au long de l'activité. Vous serez équipé d'un baudrier, d'une longe et d'une poulie.

ROCHES BLANCHES SPA BY SISLEY

9, Avenue des Calanques
✆ 04 42 01 63 04

Massage à partir de 85 € les 30 min. Formule spa & brunch ou lunch à découvrir. Soins phyto, corps, beauté et rituels.

En collaboration avec la prestigieuse marque de cosmétique Sisley, le spa des Roches Blanches est une invitation au voyage. Surplombant la mer, 4 salles de soins (dont 2 avec vue sur le Cap Canaille) sont proposées pour découvrir les Soins Phyto-Aromatiques Sisley (visage et anti-âge). Une carte de massages et soins spécifiques, pour le visage et le corps. Un sublime hammam, un espace détente et une salle de fitness complètent ce cocon également ouvert aux non-résidents de l'hôtel.

CASINO BARRIÈRE DE CASSIS

Avenue du Professeur-René-Leriche
✆ 04 42 01 78 32
www.casinosbarriere.com

Ouvert toute l'année. Tous les jours de 10h à 3h. Les jeux de table ouvrent à 16h (15h le dimanche).

Derrière cette façade de temple grec se cache un temple du jeu. Le Casino Barrière propose un parc de plus de 250 machines à sous ultramodernes et autres jeux traditionnels, intégrés dans un décor baroque/oriental du plus bel effet. Si le jeu reste l'objectif principal des visiteurs, l'établissement présente également de nombreuses animations, toute l'année : dîners spectacles, concerts live, gogos danseuses... tout un univers festif dans lequel il fait bon passer du temps.

LA PÉTANQUE

9, Avenue des Calanques
✆ 04 42 01 01 05
www.roches-blanches-cassis.com

Ouvert tous les jours de 16 à 21h.

Le plus beau terrain de pétanque du monde, cadre luxueux avec un petit chalet en bois au bord de l'eau. Ce lieu hors du temps dispose d'une vue imprenable sur le Cap Canaille. Au menu : finger food, coktails, vin ou bière, pour une capacité allant de 50 à 100 personnes. Qui dit pétanque, dit aussi forcément pastis. L'établissement en propose six différents à la carte : classique, à la réglisse ou encore à la verveine. Idéal pour un apéro ou un anniversaire. Malgré une situation et un panorama exceptionnel, la bière n'est pas plus chère que sur le port de Cassis.

LA CIOTAT ★★

Élue plus Belle Baie du Monde en 2019, La Ciotat intègre le club très fermé éponyme parmi 42 baies dans 27 pays. La ville de 33 800 habitants est située à 31 kilomètres à l'est de Marseille. Elle a vu naître bon nombre d'hommes célèbres : Louis et Auguste Lumière, les inventeurs du cinéma, Jean Boiteaux, le premier champion olympique français de natation, ou Jules Hugues, inventeur de la pétanque... S'ils ont participé à la réputation de la ville, ils ne sont pas les seuls. La Ciotat regorge de charmes. Vous pourrez le constater en allant voir l'église Notre-Dame-de-l'Assomption, le Parc du Mugel et bien d'autres choses comme l'Île Verte.

LES AMIS DES CALANQUES DE LA CIOTAT ★★

34, rue Grand Madier ✆ 06 09 35 25 68
www.visite-calanques.fr

Accessibles toute l'année. Réservation impérative en été. Durée variable entre 45 minutes et 2h30. Restauration.

On ne présente plus les calanques ! Situées entre Marseille et Cassis, certaines se trouvent sur la commune de La Ciotat et sont tout aussi magnifiques. *Les Amis des Calanques* vous proposent de visiter les calanques à bord d'une mini-croisière commentée avec des circuits d'excursions. 4 circuits proposés : Calanques de Figuerolles (12 km), d'En-Vau (28 km), de Morgiou (39 km) et de Sormiou (46 km). En été, un circuit baignade est proposé avec une pause de 30 minutes pour se rafraîchir.

LES BATELIERS DE L'ÎLE VERTE ★

12, Quai Général-De-Gaulle
✆ 06 63 59 16 35
www.laciotat-ileverte.com

Fermé de novembre à mars. Sur réservation. Groupes. CB non acceptée. Chèque Vacances. Visite guidée. Animaux admis.

Les Bateliers de l'Île Verte vous emmènent en 10 minutes sur la seule île boisée des Bouches-du-Rhône, un petit joyau au large de La Ciotat. Sur place, vous pourrez admirer les paysages en faisant le tour de l'île par le sentier de 2 km aménagé et balisé, lézarder sur l'une des trois plages, pique-niquer ou déjeuner chez Louisette, le seul restaurant de l'île, pêcher en prévision du dîner ou plonger pour admirer les espèces présentes dans les fonds sous-marins.

CALANQUE DE FIGUEROLLES ★

Contraste entre la couleur de l'eau turquoise et celle des falaises ocre de poudingue, la roche sédimentaire constituée d'anciens galets conglomérés aux formes arrondies par l'érosion est unique. La calanque est très encaissée, et ses eaux en conséquence très calmes pour la baignade. Un îlot baptisé le Lion complète le panorama avec le rocher du Capucin surplombant la baie. On y trouve une plage de galets, un restaurant et un hôtel. Les fonds marins sont riches. Départ de multiples sentiers de randonnée.

- **Baignade.** Eaux calmes et peu profondes, d'un bleu idyllique. Les courageux nageront jusqu'à l'îlot du Lion.
- **Plongée.** Au départ de la calanque on peut se rendre à plusieurs spots réputés depuis le bord : l'arche sous-marine Debéné, le Dôme de la Gargouille, le Tombant, la Grotte, le Lion, la faille du Capucin, le trou du Diable, le mur de Little Nemo.
- **Kayak et paddle.** Les eaux sont très calmes, car elle est assez encaissée et protégée du vent. Lorsque la mer n'est pas trop agitée et qu'il est possible de contourner le Bec de l'Aigle, on peut se rendre jusqu'à la calanque du Mugel en passant par l'île Verte et la grotte de Figuerolles (à 150 m à gauche en sortant de la calanque).
- **Via cordata.** Un classique des randonnées verticales des calanques est la via cordata du trou du Souffleur, à travers les canyons secs et falaises sculptées de poudingue. À travers ce « trou » dans la roche, le bruit du vent et des vagues se fracassant sur la falaise est amplifié. Un parcours pour débutants adapté aux groupes d'amis ou familles qui dure 3 h.

CHAPELLE NOTRE-DAME-DE-LA-GARDE ✞ ★

1610, chemin Notre-Dame-de-la-Garde

On y accède par un petit chemin depuis un lotissement. La chapelle est ouverte du 1er mai au 30 septembre. Gratuit.

Accrochée à la colline, la chapelle Notre-Dame-de-la-Garde surplombe La Ciotat, au milieu de la garrigue. Construite au début du XVIIe siècle, par la confrérie des pénitents bleus, elle paraît bien plus récente car entièrement rénovée il y a peu. Elle n'est pas très grande mais charmante, et son intérieur est très sobre. L'intérêt de cette visite est le panorama à 360° avec le Bec de l'Aigle, les falaises de l'archipel du Riou et la vue sur la calanque de Figuerolles.

PARC DU MUGEL

Calanque du Mugel

✆ 06 75 56 99 62

Du 1er avril au 30 septembre de 8h à 20h et du 1er octobre au 31 mars de 9h à 18h. Il peut être fermé suivant la météo.

Parc botanique de 17 hectares qui mêle jardins cultivés et espaces sauvages. Les visiteurs peuvent admirer la bambouseraie, les cactées, l'orangeraie, le jardin exotique, la palmeraie, la châtaigneraie, la suberaie (chênes-lièges)... Pour ceux qui voudraient en apprendre un peu plus sur la nature alentour, rendez-vous à la bastide du parc qui est occupée par un centre d'éducation à l'environnement pour l'initiation des petits et des grands. Côté paysage paysage on domine le golfe de La Ciotat et l'île Verte. Un véritable coin de paradis !

HÔTEL LA ROTONDE*** €

44, boulevard de la République ✆ 04 42 08 67 50

www.hotel-larotonde-ciotat.fr

Ouvert toute l'année. Accueil 24h/24. 32 chambres (dont 16 avec balcon) de 55 à 94 €. Parking privé gratuit.

Proche de la zone piétonne, situé en centre-ville, à 200 m du port et à 500 m des premières plages, l'hôtel La Rotonde propose 32 chambres dont 16 avec un balcon. Confortables, elles disposent de tous les équipements nécessaires : téléviseur écran plat, wifi gratuit, sèche-cheveux, certaine de la climatisation… Les salles de bains sont modernes et très bien entretenues. Deux chambres communicantes, qui peuvent être fermées ou rester ouvertes, seront idéales pour les familles avec enfants. Un excellent rapport qualité-prix et un accueil impeccable.

APPART'CITY CONFORT LA CIOTAT - CÔTÉ PORT*** €€

57, Passage Jean D'Huart

✆ 04 42 70 70 80

7j/ 7 de 7h à 22h. Formules de 1 à 28 nuits et plus (sur demande). Animaux acceptés.

Pourquoi ne pas opter pour un logement spacieux et tout confort en plein cœur de La Ciotat, à une minute à peine du Vieux-Port ? Cet établissement propose des appartements rénovés, équipés de cuisine et décorés avec modernité, certains disposant même d'une terrasse. Le tarif est dégressif en fonction de la durée du séjour. Idéal pour un séjour en famille ou pour une plus longue période professionnelle. L'établissement se situe dans une ruelle calme.

CALANQUE DE FIGUEROLLES €€

Calanque de Figuerolles
© 04 42 08 25 94
www.figuerolles.com

Ouvert à l'année. 2 chambres camping améliorées, 4 appartements et 1 bungalow. De 45 € à 170 €. Animaux acceptés.

La RIF est un hôtel-restaurant extraordinaire qui se mérite. 87 marches depuis le parking pour atteindre ce refuge coupé de la civilisation, sans télévision ni téléphone, où l'on ne se lasse pas d'admirer la vue sur la calanque. Deux doubles basiques avec toilettes communes à petit prix, un bungalow et des appartements plus confortables de 2 à 4 personnes sont proposés. Pour ne rien gâcher, l'endroit est également une table de belle qualité où l'âme de Tania veille au grain. L'émotion passe en phase II avec la procession vers la plage, un écrin de toute beauté !

HOTEL ROSE THÉ*** €€

247, boulevard Beau-Rivage
© 04 42 83 09 23
www.hotel-rosethe.com

Ouvert toute l'année. Chambre double de 110 € à 310 € ; suite de 240 € à 300 €. Restaurant ouvert 7/7.

Plus qu'un simple hôtel, le Rose Thé propose une expérience. Une plongée dans les années 1930, avec une décoration qui en respecte tous les codes, du sol à damier aux murs couleur pastel. Un lieu chargé d'histoire que sa nouvelle directrice, Malika, ciotadenne depuis quatre génération, a découvert étant enfant. Chacune des chambres possède sa propre « personnalité », toujours dans la sobriété, avec une décoration simple et efficace, vue mer, ou côté colline, avec ou sans balcon. Le Rose Thé c'est aussi un restaurant ouvert toute l'année

HÔTEL BEST WESTERN VIEUX PORT*** €€€

252, quai François-Mitterrand © 04 42 04 00 00
www.bestwestern-laciotat.com

Accueil 24h/24. 63 chambres de 99 à 399 € selon la période et les commodités de la chambre. Parking : 11 €.

Situé à un emplacement privilégié sur le vieux port de pêche de la Ciotat, l'hôtel Best Western Vieux-Port dispose de 39 chambres et 22 suites dont 3 avec vue sur mer panoramique. Depuis la terrasse et sa piscine surplombant le panorama, la vue est sublime, donnant sur le port. Un espace bien-être, une salle de fitness et un hammam complètent le cadre. Confort optimal dans les chambres : climatisation, coffre, minibar, wifi, sèche-cheveux, peignoirs, TV à grand écran.

À DEUX PAS DE L'EAU €€

35, avenue Beau-Rivage
© 06 32 97 49 66
www.adeuxpasdeleau-hotel.com

Ouvert toute l'année. 11 suites de 30 à 50 mètres carré (de 2 à 4 personnes). Suite de 119 € à 149 €. Parking privé.

© A DEUX PAS DE L'EAU

Un concept d'appart-hôtel très réussi face à la plage Lumière. De l'ancien hôtel, M. et Mme Solari n'ont conservé que les 4 murs et les magnifiques escaliers intérieurs. Une rénovation totale réalisée avec goût et rigueur, qui a permis la création de 11 suites à la décoration épurée, avec kitchenette fonctionnelle, mobilier de qualité, travertin dans les salles de bains avec douche et/ou baignoire, literie confortable… La suite testée bénéficiait d'une vue imprenable sur la mer, d'autres sont pourvues d'une terrasse privée. Tout est réuni pour un séjour au top.

LA BASE €

356, Boulevard de Narvik
© 09 51 35 35 10

Du lundi au vendredi midi et soir, le samedi soir. Pokebowls, burritos, nachos à partir de 8,90 €.

Les pionniers du *bowl* à La Ciotat régalent nos papilles dans un cadre intimiste et branché. Une myriade de préparations originales et des prix doux. Burritos chauds copieux, tacos de *ceviche* avec daurade fraîche et pas moins de 100 g de poisson, nachos, toast à l'avocat… À tester aussi le porc barbecue, s'il en reste. L'équipe est sensible aux filières, le poisson vient des halles, la viande du boucher et les légumes sont sélectionnés chez le producteur. Une cuisine généreuse et saine aux accents latins, accompagnée de softs, bières, shots et cocktails. *Arriba !*

BRASSERIE DES CAPUCINS €

208, avenue du Président Wilson
✆ 06 25 10 08 82
Ouvert toute l'année du mardi au dimanche de 10h à minuit.

© BRASSERIE DES CAPUCINS 2022 - CAROLINE VOSSE

L'histoire commence avec Véronique et Stéphane qui ont décidé de donner une nouvelle vie à l'ancien casino des Flots Bleus à La Ciotat. Ils fondent ainsi La Brasserie des Capucins, un lieu qui domine la Méditerranée avec une carte variée dans une atmosphère parisienne. Une évidence pour les épicuriens à la recherche de convivialité et de saveurs partageant la même passion pour la gastronomie. Vous dégusterez les meilleurs plats élaborés par le chef Ruben Lavos tout en sirotant le cocktail de votre choix face à la plus belle sur la mer qu'il se doit.

BURGERS DU SUD €

12, rue du Marechal-Foch
✆ 06 95 24 11 66
Ouvert toute l'année. Du lundi au vendredi le midi. Carte : 10 € environ. Terrasse. Vente à emporter.

Les meilleurs burgers du sud de la France ? Certainement dans le Top 3 ! L'adresse revisite les plus fameuses recettes du célèbre sandwich made in USA. Pain à burger 100% maison, viande du boucher, recettes originales et savoureuses (pain à l'ail, burgers alsacien, à la truffe...), chips maison et vraiment excellentes, bref tout y est pour se régaler avec de la *comfort food*. L'accueil n'est pas en reste avec de la bonne humeur et du professionnalisme. Un très bon rapport qualité-prix pour une adresse dont le *Petit Futé* ne se lasse pas.

CARPE DIEM €

21 b, avenue de Saint-Jean
✆ 09 81 19 40 62
Ouvert lundi, mardi et jeudi de 8h à 17h30 ; mercredi de 8h30 à 15h ; vendredi de 8h à 18h ; le samedi midi et soir.

À proximité de l'école primaire, on s'y pose pour le café du matin, on y retourne au déjeuner pour se régaler des plats du jour équilibrés de Julie ou craquer pour une délicieuse galette (sans gluten) ! À l'heure du goûter, on se retrouve autour des crêpes, accompagnées de confitures maison. Le samedi soir (et en été), l'adresse est déjà réputée pour proposer de sacrées belles assiettes : salade burrata & tomate ancienne, tartare de loup sauvage à la mangue et sa salade asiatique et quelques belles suggestions végétariennes. Allez-y sans hésiter.

FOOD PARK LA CIOTAT €

1, Avenue du Président Wilson
✆ 04 91 35 70 96
Ouvert toute l'année. Le mardi et du jeudi au dimanche de 8h à 23h. Burgers de 9 à 13 €. Vente à emporter et livraison.

Après le Food Park Marseille, voici son petit frère qui débarque à la Halle des Flots Bleus de La Ciotat. Le même état d'esprit et la même décontraction animent les lieux. Mais ici, cette équipe de rêve se focalise sur le burger (mention spéciale pour celui à la truffe). L'artisan boulanger de Food Park confectionne lui-même ses pains dans les règles de l'art pour des burgers presque sortis du four. N'hésitez pas à arriver à l'heure de l'apéritif pour partager de délicieuses panisses accompagnées d'une bière pression, avec une vue imprenable sur la Grande Bleue !

LE FOUR POP €

11, rue Edgar-Quinet
✆ 04 42 82 96 81
www.lefourpop.fr
Ouvert du mercredi au dimanche le midi et le soir. Vin au verre. Pizzas de 7 € à 13 € (-2 € pour la vente à emporter).

Le Four Pop, c'est la pizzéria cool et bonne de La Ciotat, moderne et authentique à la fois. Le restaurant est situé dans une ruelle tranquille du centre menant au port de plaisance. On vous conseille d'attaquer par une petite burratina et aubergines grillées avant d'enchainer par une pizz' parmi la douzaine de déclinaisons. Cuites dans un magnifique four à bois, leur pâte est fine et croustillante avec coulis de tomates maison et garniture réalisée à partir de produits de qualité. Terminer par un dessert maison. On adore le soin apporté à la déco.

TRATTORIA DA SERGIO €

11, rue Gueymard ✆ 04 42 83 64 79

Ouvert du mardi au dimanche le midi ; le vendredi et le samedi le midi et le soir.

Inutile d'aller jusqu'en Italie, avec la Trattoria da Sergio c'est l'Italie qui vient à vous. Sofia Agostino et son mari, épaulés par leurs filles, vous proposent une cuisine maison, 100% produits frais. L'accueil est des plus chaleureux. Une décoration transalpine et des produits côté épicerie que vous pourrez tout aussi bien emporter et déguster à la maison. Il faut tester absolument la guest star : « la pizzeta » cuite à la poêle et servie sur une planchette de bois, extraordinaire ! La Trattoria da Sergio, une adresse vivement recommandée par le Petit Futé.

LES 3 SECS €€

8, quai Ganteaume

✆ 04 42 98 69 01

Terrasse. Accueil des groupes. Carte : environ 25 €.

L'adresse idéale pour profiter d'une pause gourmande après une balade sur le quai Ganteaume. En bordure du port, face au chantier naval, on se laisse porter par cette belle ambiance avant de faire son choix. À la carte, que du bon avec un tour d'horizon de plats que l'on adore : burgers, salades repas, pizzetta aux anchois de Collioure, salade, fritto misto, moules et pièce de bœuf. Et les desserts... divins et tous maison ! Une mention pour la tarte aux pommes, juste délicieuse. Service rapide, enthousiaste et parfaitement irréprochable.

LA CASETTA DI BABBO €€

208, avenue du Président Wilson

✆ 07 83 80 31 73

Ouvert toute l'année du mardi au dimanche de 10h à minuit.

© LA CASETTA DI BABBO

La Casetta Di Babbo vous met l'eau à la bouche (Acqua in bocca). C'est l'histoire d'une rencontre entre Flo, le « Babbo » amoureux de la bonne cuisine italienne et « La Casetta », restaurant aux Flots Bleus avec une vue imprenable sur la baie de La Ciotat. Dans cette trattoria, on vous accueille chaleureusement, on adore déguster les pizzas, siroter le cocktail maison *Amaretto Di Sour* tout en admirant le pizzaiolo dompter son four Ceky. Tout en étant dans le Sud de la France, vous y trouverez l'esprit des Pouilles où on se sent si bien.

AQO €€

208, Avenue du Président Wilson

✆ 04 88 39 85 07

www.aqo-laciotat.com/

Ouvert toute l'année. Tous les jours le midi et le soir.

Le Chef Rodolfo Meija (Toques Blanches Internationales) et Francesca Boschetti ont déjà séduit les papilles des Ciotadens avec le restaurant Chirimol dans le centre-ville. Cette fois ils orientent d'avantage leur cuisine vers la fusion entre l'Amérique latine et le Japon. La carte évolue au fil des saisons et garde une empreinte locale. Une cuisine inventive, audacieuse qui vient explorer de nouvelles saveurs, le tout avec des cuissons maîtrisées. Côté salle, chez Aqo on peut profiter d'une vue sur la mer, dans un cadre lumineux et moderne ou une belle terrasse.

AU CHANTIER €€

46, quai Francois-Mitterrand

✆ 04 42 84 44 39

www.auchantier.fr/

Ouvert du mardi au dimanche le midi et le soir. Horaires et jours d'ouverture susceptibles d'être modifiés en saison.

Au Chantier est l'une des belles tables de La Ciotat et bénéficie surtout d'une magnifique, que dis-je, exceptionnelle vue sur le port et sur les toits de la ville. Installé au cœur du chantier naval de La Ciotat, l'établissement a déjà trouvé son public. Dans les assiettes, de la cuisine soignée et gastronomique. Pêche du jour ou poisson à la carte, ceviches et salades rafraîchissantes, sélection de côtes de bœuf ou encore un choix de desserts à se damner... Pour son cadre et pour sa cuisine, une adresse toujours vivement recommandée par le *Petit Futé*.

L'ESCALET €€

21, quai François-Mitterrand
✆ 04 42 08 29 52
www.lescalet-laciotat.fr
Ouvert toute l'année. Tous les jours midi et soir. Menus de 11 € à 15 €. Terrasse.

© CAROLINE VOSSE

L'Escalet est plus qu'une valeur sûre à La Ciotat ! Tout le monde connaît l'Escalet et depuis longtemps. Vous trouverez une carte des plus variées : carpaccio, antipasti, tapas, salades, pizzas, pâtes, poissons, viandes... Tentant et bon. Ne passez pas à côté de la pizza tout simplement délicieuse. Les coupes de glaces sont également très réussies. Un excellent rapport qualité-prix, un accueil chaleureux, dans une ambiance typique des pizzerias du sud de la France, sur le port de La Ciotat ! L'adresse est toujours recommandée par le *Petit Futé*.

LA FERME AUBERGE DE LA BAIE DES ANGES €€

647, Chemin des Plaines Baronnes
✆ 08 21 20 01 26
https://lafermeauberge.fr
Ouvert du mardi au samedi de 12h à 14h30 et de 19h à 22h ; le dimanche de 12h à 14h30. Menus à 39 € ou 55 €.

Ici, les menus varient régulièrement car les plats sont élaborés selon la production locale. Autre point positif : tout est fait maison ! Dans les plats à la carte, vous pourrez trouver de la viande (entrecôte charolaise, porcelet de la ferme, hamburger de la ferme..), des poissons et crustacés (homard, dorade... selon arrivage), et tous les vendredis : aïoli traditionnel. Aussi, il est possible de privatiser la ferme auberge pour vos évènements (mariages, baptêmes, séminaires...)

CÔTÉ MER COQUILLAGES €€

257, avenue Ernest Subilia
✆ 04 42 72 04 59
www.cmc-coquillages-la-ciotat.fr
Ouvert toute l'année. Plateaux de fruits de mer et crustacés à partir de 18,90 €.

Des arrivages permanents, de la fraîcheur garantie et une superbe sélection de coquillages, huitres, crustacés d'ici ou d'ailleurs mais toujours d'une qualité irréprochable ! Voici en résumé le credo de Côté Mer avec à la barre du navire Marie-Laure et Franck. On se régale des plateaux de fruits de mer et crustacés déjà prêts ou à composer, de la paëlla et aïoli maison et des produits sélectionnés de l'épicerie fine. L'emplacement, plus que pratique, sur l'avenue Subilia est un atout en plus ! On adhère sans la moindre hésitation.

KITCH&COOK €€

4, place Esquiros
✆ 04 42 03 91 36
www.kitchandcook.com
Ouvert du lundi au vendredi le midi et le soir ; le samedi soir. Menu à partir de 15 €.

Un établissement tout en couleurs et en saveurs, installé sur la jolie place Esquirol. La cuisine qu'on y sert, provençale et créative, est tout aussi colorée. Entrée, le taboulé de quinoa à la menthe fraiche est plus que tendance, avant la dégustation d'un Wok de saint-jacques et gambas au curry ! Sans oublier le dessert avec pour nous un moelleux au chocolat, coeur spéculoos. Les formules du midi en semaine sont vraiment abordables et les assiettes toujours savoureuses. La salle est aussi très agréable les jours de pluie. Un bon plan.

LE MUGEL €€

Avenue du Mugel
✆ 04 42 08 45 90
Ouvert avril à début octobre le midi, midi et soir mi-juin, juillet et août. Réservation recommandée. Carte 30 env.

Cette adorable petite calanque et ses pins offre un cadre magnifique pour un repas les pieds dans l'eau. À l'heure du déjeuner ou du dîner, vous vous régalerez avec des spécialités de la mer : la sardinade, servie avec une salade verte et de vraies frites maison, les mange-tout, la brochette de scampi, la terrine de saumon bio, les scampis mayonnaise maison. Côté desserts, un tiramisu ou un flan des îles à la noix de coco. Avec un petit rosé local de pays du Var servi bien frais pour arroser ces agapes, nul doute que ce repas ne vous laissera pas insensible !

OYSTER BAR €€

22, boulevard Anatole-France
✆ 04 42 32 91 61
Ouvert tous les jours le midi ; du mardi au dimanche le soir. Terrasse. Vente à emporter. Vue mer.

A l'Oyster Bar de la Ciotat, corner du restaurant le Sud, on déguste sur le pouce ou on commande à emporter. Huîtres en provenance de plusieurs régions (Fines de Claires, Saint Vaast, Gillardeau), coquillages et crustacés (boulots, palourdes, tourteau, crevettes...), tout y est ! En plus des fruits de mer, vous trouverez quelques plats à l'ardoise et des suggestions : moules et huîtres gratinées, beignets de seiches, daube de poulpe. Une belle carte des vins en prime. L'ambiance est conviviale, l'accueil et les conseils de Frédérique sont irréprochables !

ROCHE BELLE €€

Corniche du Liouquet
✆ 04 42 71 47 60
www.roche-belle.fr
Ouvert du mardi au samedi le midi et le soir. Réservation recommandée. Menu unique à 37 € (entrée, plat et dessert).

L'une des meilleures adresses de la ville, portée par un jeune couple talentueux, Edwige et Damien, dans un cadre délicieux, sous les oliviers, à deux pas de la mer ! Dans l'assiette, faites confiance au chef Damien Arnaud pour vous régaler avec une cuisine méditerranéenne fraîche et de saison. La formule du midi est alléchante avec du choix et du renouvellement, pour un triptyque entrée, plat et dessert remarquable. A faire sans hésiter une seconde. Une salle permet désormais l'accueil de repas de groupes jusqu'à 20 personnes.

LA TÊTE D'AIL €€

13, boulevard Anatole-France
✆ 04 42 36 99 20
Haute saison : ouvert du mardi au dimanche le midi et le soir. Formule du midi : 15 € (19 € le week-end). Terrasse.

La Tête d'Ail est un restaurant qui vaut vraiment le détour. Les différents mets sont à la fois raffinés, originaux et délicieusement assaisonnés, à la sauce méridionale cela va de soi. En entrée, il est vivement conseillé de goûter les moules fumées aux ramilles de la garrigue. Tout un poème. En plat, vous ne serez pas déçus par la daube de joue de bœuf et ses pommes de terre fondantes. Pour le dessert, vous nous direz des nouvelles du parfait glacé aux pignons torréfiés et crème de marrons. Produits frais exclusivement et de qualité.

LA MAMMA €€

2, quai François-Mitterrand
✆ 04 42 08 30 08
www.lamammalaciotat.com
Ouvert mardi midi au dim soir en été. Midi et soir du merc au dim de sept à juin. Carte 35 € environ. Terrasse.

© LA MAMMA - LA CIOTAT

Avec un tel nom, inutile de préciser qu'il s'agit d'un restaurant italien. Depuis 10 ans la famille Piga propose une cuisine de saison, en fonction des arrivages. Du 100 % frais et du 100 % maison avec produits locaux et italiens. C'est un peu la dolce vita à la Ciotat avec des pizzas et viandes cuites au feu de bois, des pâtes fraîches et des gnocchis maison ! La carte tapas est idéale pour des apéritifs conviviaux. L'accueil est comme la cuisine : irréprochable. La formule du midi et la suggestion du jour (selon arrivage) sont particulièrement prisées !

LA VOÛTE €€

17, Quai Ganteaume
✆ 04 42 08 00 33
www.lavoute-laciotat.fr
Ouvert tous les jours. Carte : 25 € environ. CB non acceptée. Chèque Restaurant. Terrasse.

Une bonne petite adresse sur le port avec une terrasse proposant un agréable point de vue sur les bateaux et le bec de l'aigle en toile de fond. Service attentionné et sans chichi. Produits très frais, notamment le poisson que ce soit dans le marmiton composé de différents coquillages et poissons ou pour la seiche grillée, fondante à souhait, ce qui ne trahit jamais sur la fraîcheur. Formule du midi plutôt avantageuse. Une adresse à laquelle se fier pour manger correctement sur le port de La Ciotat. Seul bémol, les salades sont parfois pas assez généreuses.

CALANQUE DE FIGUEROLLES €€€

Calanque de Figuerolles ✆ 04 42 08 25 94
www.figuerolles.com

Ouvert toute l'année. Tous les jours midi et soir. Menus de 25 € à 59 €. Menu enfant. Accueil des groupes. Terrasse.

Le restaurant Chez Tania la RIF est une institution. Un lieu magique, une table qui se mérite, après avoir descendu les 87 marches direction la mer, on découvre un restaurant au bord de l'eau avec une vue sublime sur la calanque en contrebas. Un site exceptionnel, au cœur de la verdure. Une cuisine maison, des produits frais et de saison. Aïoli, poisson frais au poids, agneau confit, marmite du pêcheur, côte de bœuf grillée, mais aussi assiette végane et autres douceurs maison. Formule snack et glaces sur place ou à emporter.

LA TABLE DE NANS €€€

126, corniche du Liouquet
✆ 04 42 83 11 06
www.latabledenans.com

Ouvert du mercredi au samedi le midi et le soir ; le dimanche midi. Réservation recommandée. Terrasse.

Le chef Nans Gaillard s'est installé en 2013 dans cette belle bâtisse construite il y a plus de cinquante ans au sommet d'une calanque qui domine la baie de la Ciotat. En toute saison, la vue superbe vous fera passer un bon moment. Récompensée par une étoile au guide Michelin, la cuisine d'inspiration méditerranéenne du chef distille beaucoup de saveurs dans ses plats. Au gré des saisons, on appréciera le pigeonneau et le homard bleu, carte de visite de Nans Gaillard. Une option pour le déjeuner plus attractive niveau tarif serait bienvenue.

CAFÉ DE L'HORLOGE

2, rue Albert-et-Georges-Arnoux
✆ 04 42 83 00 43
www.lecafedelhorloge.fr

Ouvert tous jours à partir de 7h30. L'été fermeture tardive. Vegan friendly. Terrasse.

Un lieu très tendance sur La Ciotat, qui a rouvert ses portes en 2015 après un important relooking. Place à un concept étudié, un joli cadre avec son sol en mosaïque, sa lignée de tables en terrasse... Ici, on fait la part belle aux petites pauses douceurs de la journée : petits déjeuners, brunchs, hot-dog, bagels, soupes, cakes salés, glaces, gaufres et limonades artisanales. Du bio, du local et des propositions véganes. La bonne idée : une librairie solidaire est adjacente au café ! Le Café de l'Horloge a su se réinventer avec brio.

HEMINGWAY'S

Place Sadi Carnot
✆ 04 42 98 40 25

Ouvert le soir du mardi au dimanche et le samedi midi. Horaires susceptibles de varier en haute saison. Terrasse.

Une nouvelle adresse du centre ancien que les amoureux du bourbon ont déjà adopté. Sur la ravissante place Sadi-Carnot, on raffole de l'intérieur cosy de ce bar tenu par un italien amoureux de La Ciotat. A la carte, des spiritueux de renom, du rhum, du gin et du whisky. Il y en a pour tous les goûts. L'endroit où boire un verre avec classe sans que cela ne devienne « m'as-tu vu ». Très belle carte de vins aussi, italiens naturellement et français. On picore aussi avec de sympathiques *piadinas* maison, un véritable enchantement !

O'CENTRAL

Quai François Mitterand
✆ 06 62 89 80 02

Ouvert tous les jours 7h à 2h du matin (3h l'été). Concert vendredi soir. Diffusion des matchs et événements sportifs.

Qu'a vist La Ciotat, se noun a vist Ô Central, pou dire : n'ai rèn vist ! Cette institution du port rassemble autochtones, visiteurs et ouvriers du chantier dès le matin autour d'un café, le midi pour profiter du soleil et le soir pour des apéros dont on se souvient. C'est un peu la maison des copains avec les sympathiques Hervé et Mathieu qui gèrent l'affaire. Le Central a fait peau neuve, une terrasse plus grande bioclimatique et murs végétalisés. En saison on ne peut pas rater les concerts du vendredi si on se promène sur le port.

DÉLICES DE LA CIOTAT

24, rue des Poilus
✆ 04 42 84 41 36

Ouvert du mardi au samedi de 9h30 à 12h30 et de 15h à 19h. Rampe d'accès PMR.

Les Délices de La Ciotat est une épicerie fine de très grande qualité où chaque produit a été minutieusement sélectionné par la propriétaire, une véritable passionnée du bon, voire du très bon. Les spiritueux et rhum locaux (Maison Ferroni, les Canailles, Manikou...) sont notamment à découvrir, de même que les cafés en vrac, torréfiés à la Ciotat, et toute une série de conserves et épices du monde. Vous trouverez également sur place de superbes coffrets à offrir et bien sûr, des vins du cru et bières artisanales pour arroser vos victuailles.

AUX GRAINS GOURMANDS

30, rue des Poilus

✆ 04 42 32 63 43

Ouvert du mardi au samedi.

Et si vous faisiez rimer vos vacances avec bon café, un café du bout du monde ? Aux grains gourmands a tout ce qu'il vous faut. Suivez la délicieuse odeur de café torréfié et pénétrez cette jolie boutique située sur la rue des Poilus. Des cafés de toutes origines, mais surtout de précieux conseils, particulièrement avisés. La boutique fait également la part belle aux infusions et aux biscuits artisanaux. Vous pourrez également déguster un espresso ou un cappucino sur les petites tables installées en devanture. Une adresse gourmande s'il en est !

LAIT TRAIS'OR DE MARIE

4, Rue des frères Blanchard

✆ 06 59 85 82 75

Ouvert du mardi au samedi de 8h30 à 13h et de 15h30 à 19h30 ; le dimanche de 9h à 14h.

Belle adresse gourmande proposant de bons fromages en provenance des quatre coins du pays, sélectionnés avec soin, selon les saisons et certains en provenance de petits producteurs. On trouvera aussi sur place de bons yaourts fermiers (de vache, de brebis et de chèvre), de la (vraie) bonne crème fraîche produite en Vercors, du beurre de baratte et du lait cru que la maîtresse des lieux va chercher toutes les deux semaines en personne. Au sous-sol, délicieuse surprise avec une cave voûtée, un ancien club de jazz, où les meules mûrissent tranquillement.

MAISON CRAQUELIN

✆ 04 42 08 98 11

www.maison-craquelin.com/

Différents points de vente dans la région. A Marseille : Lou Épicerie (13007) et Terre de Provence (13011).

Et si vous goûtiez au biscuit 100% artisanal, made in Provence ou plutôt made in La Ciotat ? Maison Craquelin, c'est l'aventure toute récente de deux amis d'enfance, Nicolas et David, passionnés et grands gourmands devant l'éternel. Un gamme variée et alléchante, principalement inspirée du terroir provençal, fabriquée avec des produits majoritairement issus de productions françaises. Navettes à la fleur d'oranger ou à l'anis, biscuits à l'orange, sablés citron-pavot, palets raisins ou figues et cookies aux pépites de chocolat...

LA MALLE D'ODRIANE

36, rue des Poilus

✆ 09 53 11 67 55

Ouvert le lundi de 15h à 19h30 ; du mardi au samedi de 9h30 à 13h et de 15h à 19h30 ; le dimanche de 10h à 13h.

S'il fallait choisir une unique boutique de souvenirs ciotadenne complète et colorée, vous êtes très certainement à la bonne adresse. Pour faire un joli cadeau ou pour simplement ramener un petit bout de Provence chez vous, vous trouverez ici une large gamme de cosmétiques (savons de Marseille, lait d'ânesse et produits à base d'argile) et d'objets plus décoratifs les uns des autres. Le tout à l'effigie de cigales et à dominante couleur lavande. Jetez-y un œil avec notamment quelques marques made in Provence à ne pas rater !

MARCHÉS

- **Marchés hebdomadaires** (fruits, légumes, condiments, charcuterie, crèmerie, poissonnerie, boulangerie, fleurs, produits de la ferme, habillement...). Le mardi de 8h à 13h30 sur la place Evariste-Gras. Le dimanche de 8h à 14h sur le boulevard Anatole France.
- **Marché des producteurs et produits biologiques**. Le samedi matin de 8h à 13h sur le Port Vieux.
- **Marché aux poissons** et aux fruits de mer, tous les matins sur le Port Vieux.

N'oublions pas de mentionner le marché aux fleurs (en mai), le marché nocturne du port l'été et le marché de Noël.

POPIMADI

44, rue des Poilus

✆ 06 32 64 30 11

Ouvert du mardi au samedi de 10h à 19h. Coupure entre 13h et 15h.

Sur la rue commerçante principale du centre de La Ciotat, Popimadi attire directement le regard avec sa très jolie devanture et ses vitrines parfaitement préparées. Ce pop-up store tout récent ne propose que des produits de créateurs, soigneusement sélectionnés par la gérante, une passionnée. Décoration, sacs, bijoux, mais aussi boules de pétanque et étuis, porte-monnaie et boîtes de rangement divers. Tout est beau et tout donne envie de redécorer son petit ou grand chez-soi. Un bon plan pour se faire plaisir ou faire plaisir.

LES VIGNERONS DU GARLABAN ET DU GOLFE D'AMOUR

Traverse Cantegrillet

✆ 04 42 83 10 02

https://www.vigneronsdugarlaban.com

Du mardi au samedi. Été : 9h-12h / 15h-19h. Hiver : 9h-12h / 14h-18h.

Avec la Destrousse, Gémenos et Auriol, il s'agit là d'un des quatre points de vente de la cave coopérative. Une boutique avec de l'authenticité à l'image des vins produits par les coopérateurs. Rosé, blanc, rouge, les crus des vignerons du Garlaban et du Golfe d'Amour ne manquent pas de charme et de typicité. Certaines cuvées sont issues d'une viticulture menée en agriculture biologique. Nombre d'entre elles sont régulièrement médaillées dans de prestigieux concours.

LA CIOTAT TENNIS CLUB

Avenue Léo Lagrange

✆ 06 29 15 15 86

Cours de tennis 15€/h, padel 32 €/1h30 pour 4. A l'année entre 240 et 300 € (tennis/padel), enfant jusqu'à 210 €.

Dans un cadre typiquement provençal, le LCTC est plus qu'un club de tennis. Règne ici un bel état d'esprit, des équipements de qualité, Club House avec bar-restaurant avec vue sur le jeu depuis les terrasses. Avec plus de 40 ans d'existence, l'association est en perpétuel développement, aux 9 courts de tennis s'ajoutent deux nouveaux terrains de Padel. Un shop propose balles et raquettes, location possible. Terrains de boules. Pendant les vacances, Alexandre le responsable du centre organise des stages tennis et multi-activités pour les jeunes. Vive le sport !

PARC DE LOISIRS DE LA GUILLAUMIÈRE

Boulevard de Lavaux

✆ 04 42 09 55 25

http://parclaguillaumiere.free.fr

Ouvert toute l'année. Horaires : se renseigner. CB non acceptée. Restauration. Terrasse ombragée.

Le parc de loisirs de La Guillaumière propose différentes activités, pour les enfants de 2 à 14 ans : poney, voiture électrique, château gonflable, moto, quad... L'idéal pour passer un bon moment en famille ou pour faire un superbe cadeau à son bout de chou, puisque le parc de loisirs organise des après-midis anniversaires dédiés aux enfants. À noter que les réservations se font directement au parc et non par téléphone. Possibilité de petite restauration et terrasse ombragée.

PLONGÉE PASSION

40, rue Antoine-Pirrodi

✆ 04 42 08 94 13

www.plongeepassion-laciotat.fr

Centre partenaire Aqualung ouvert toute l'année, 7j/7. Formations et baptêmes. Prix dégressifs pour les groupes.

A 37 km de Marseille ou Toulon par l'autoroute A 50 ou la CD 559, ce centre est ouvert toute l'année et tous les jours pour vous permettre de venir découvrir les plus beaux sites de plongée du Golfe d'amour, des Embiez aux îles de Marseille. L'encadrement et la formation sont assurés par des moniteurs ayant un brevet d'Etat. Philippe le propriétaire du centre est réputé pour sa gentillesse et son goût de l'enseignement, il est entouré par une équipe mixte très pro qui saura vous mettre à l'aise rapidement. Le plus : la possibilité de faire des plongées de nuit.

CASINO PLEIN AIR PARTOUCHE

40, avenue du Parc

✆ 04 42 83 40 63

www.casinolaciotat.com

Ouvert toute l'année. Tous les jours de 10h à 4h. 213 machines à sous. 8 tables de jeux. Restauration.

Un casino pas tout à fait comme les autres, classé parmi les plus stylisés au monde. Un établissement à la pointe avec des infrastructures extérieures uniques en Europe. Quatre chapiteaux modulables (chauffés en hiver, fumeurs pour certains), permettent une nouvelle approche du jeux. Un espace à ciel ouvert conçu comme un lieu de vie avec terrain de pétanque, et bain à remous (17 personnes). La salle intérieur fait la part belle à la réalité virtuelle et au *gaming*.

CINÉMA EDEN THÉÂTRE

25, boulevard Georges-Clémenceau

✆ 04 88 42 17 60

www.edencinemalaciotat.com

Ouvert du mardi au dimanche. Horaires variables en fonction des séances. Salle climatisée. Label Tourisme & Handicap.

Vous êtes tout simplement ici face au plus ancien cinéma du monde, eh oui ! Face à la mer, l'Eden a su s'adapter à travers le temps, et propose des nouveautés, des films de patrimoine, des sorties art et essai, des grands événements avec des personnalités du cinéma, et même des *Ciné-Gourmand* pour les enfants : 1 film et un goûter bio, souvent suivi d'un atelier. Si ce n'est pas beau ça. Consultez le site Internet pour la programmation du mois. Un beau et bon moment pour petits et grands, sur les pas des illustres frères Lumière !

CEYRESTE

Surplombant la baie de la Ciotat, ce village provençal compte environ 5000 habitants, construit le long de la RD3 il se trouve aux portes d'un domaine forestier de pinèdes, de reliefs rocheux et calcaires. Des débris de poteries attestent une présence humaine dès 800 av J-C. En 1429 la commune est divisée en deux avec La Ciotat. Au fil du temps les agriculteurs qui travaillent sur les restanques se rapprochent de La Ciotat pour devenir marins. On aime flâner dans le village ancien qui a su garder un cachet authentique, avec une église du XIIe siècle, une fontaine romaine et un abreuvoir en pierre.

© LAURENT BOSCHERO

Fontaine Romaine Ceyreste.

CAMPING DE CEYRESTE**** €€€

Avenue Eugène-Julien ✆ 04 42 83 07 68
www.campingceyreste.com

Ouvert de mi-mars à mi-novembre. Terrain de 2,7 ha. 160 emplacements. Exposition : ombragé. Label Qualité Tourisme.

Situé au cœur d'une pinède, à 3 kilomètres des plages de La Ciotat, le camping de Ceyreste, labellisé Camping Qualité, est une oasis d'ombre et de verdure. Un espace de plein air pour des vacances familiales autour de la piscine à débordements, du toboggan aquatique et du château gonflable mais aussi de l'accro *game* (trampoline géant), du mini golf et du tir à l'arc. Un terrain de tennis et un terrain de football se trouvent à proximité du camping. Les plus : des installations propres et bien entretenues, une équipe attentionnée et un bon restaurant !

¿WINE NOT ? €€

2, place Albert-Blanc
✆ 04 88 42 31 38

Ouvert toute l'année. Du mardi au samedi de 18h à 22h30. Réservation recommandée. Carte : 20 € environ. Vin au verre.

Un nouveau lieu de fête et de convivialité à Ceyreste sur deux étages, dans une ambiance très typique « bar à vins, bar à tapas ». La décoration des lieux a été réalisée par des grapheurs locaux. *Live music* tous les mardis soir en grignotant un burger ibérique, une picana brésilienne ou quelques délicieux tapas. On adore plus que tout la cave à vin vitrée avec sa soixantaine de références de France, de Navarre et d'ailleurs. Une adresse étonnante où vous passerez à très certainement d'excellents moments de partage entre amis.

LA QUINTA €€

10, avenue Louis-Julien
✆ 04 42 83 06 98

Ouvert toute l'année. Tous les jours le midi et le soir. Réservation recommandée. Terrasse.

Une adresse sympathique, ouverte sur Ceyreste il y a plus de 20 ans par Patrick Mariani, photographe au long cours. On y vient pour la grande terrasse, recouverte d'une luxuriante végétation, véritable havre de fraicheur en été. En hiver, retour dans la jolie salle intérieur avec cheminée et expo photos sur les murs. Quant à la cuisine, c'est du tout bon avec un large choix de pizzas (le soir), et de spécialités provençales : gnocchis, raviolis, alouette sans tête, daube, avec une mention pour les pieds paquets chaque premier jeudi du mois !

LA GALETTE CEYRESTENNE

9, place Léopold-Cupif
✆ 04 42 83 33 50

Ouvert du mardi au dimanche.

C'est une sensation que l'on oublie pas ! Déguster les croissants et les pains au chocolat de La Galette Ceyrestenne... Peut-être les meilleurs croissants et pains au chocolat de la ville... C'est en tout cas notre avis de grand gourmand ! La famille Cordou est aussi réputée pour sa fameuse pompe à huile qui, au moment de Noël, se décline en plusieurs parfums. Les premières commercialisations remontent à 1921. Début février, à l'occasion de la Fête de la Saint-Blaise, c'est la Torque qui est à l'honneur, une délicieuse brioche à l'anis.

BOUCHES-DU-RHÔNE

MARSEILLE ★★★★

Bienvenue à Marseille, capitale de la Provence et plus ancienne ville de France. A l'évocation de son nom, celle que l'on surnomme la cité phocéenne, génère passion et curiosité. Passion car c'est une ville qui ne laisse jamais indifférent, peuplé de gens passionnés et passionnants. Curiosité car Marseille attire celles et ceux qui n'y ont jamais mis les pieds. Un état de fait encore plus réel depuis la métamorphose de la ville initiée en 2013 . La question se pose, comment ne pas tomber amoureux d'une ville qui fut créée selon la légende suite à une rencontre amoureuse ? Une passion dévorante entre un marin grec et une jeune gauloise, un mariage et la fondation d'une ville qui puise son essence dans l'ouverture aux autres, le métissage et la richesse des cultures qui viennent s'ajouter à sa mosaïque. Vous trouverez ici du Nord au Sud de la ville, une myriade de villages (111 dit-on), de quartiers, une multitude de visages, une bonne dose de caractère et une convivialité toute méridionale. Alors certes, les clichés vont bon train et sont éternels. Les marseillais s'en amusent et préfèrent vous accueillir l'oeil rieur, en vous parlant de l'amour qu'ils portent pour ce qu'ils ont ici et ne perdraient pour rien au monde. De leur gouaille si ensoleillée, ils évoqueront ce port que l'on dit vieux, qui a pourtant la beauté du coeur battant d'un marin de 20 ans. Port commercial dont l'importance fut essentielle dans l'histoire française. Les bâtiments, rues et monuments de Marseille sont marqués par une histoire tout sauf anodine. Aux bâtiments médievaux rescapés de la destruction des vieux quartiers en 1943 répondent aujourd'hui des bâtiments contemporrains et futuristes le long du front de mer. Marseille se remémore et se réinvente. Des Goudes à la plage de Corbières, Marseille se vit intensément, pour un week-end ou une semaine. Se perdre dans les ruelles du Panier, remonter la légendaire Canebière, vivre une soirée endiablée au cours Julien avant de se baigner aux Catalans le lendemain. La deuxième ville de France a énormément à offrir et est par essence généreuse. Une authenticité propre et sincère que vous retrouverez encore davantage en vous perdant dans des coins plus intimistes comme Malmousque, Montredon ou L'Estaque. Marseille est un voyage en soi, dont vous repartirez en ayant quelque chose de changer en vous. La vie prendra alors un accent plus chantant et d'une manière ou d'une autre, le Mistral vous ramènera un jour au pied de la Bonne Mère.

ABBAYE SAINT-VICTOR ✝ ★

3, rue de l'Abbaye (7e)
✆ 04 96 11 22 60
www.saintvictor.net

Ouvert tous les jours de 9h à 19h. Gratuit sauf crypte (2 €). Visite interdite pendant les offices religieux.

Un des vestiges les plus anciens de de la ville. C'est au Ve siècle que le monastère est fondé et qu'une chapelle est créée sur l'emplacement même des tombeaux de plusieurs martyrs dont Saint-Victor, qui donnera son nom à l'édifice religieux. L'abbaye rayonna au cours de son histoire sur tout le sud de la France et un de ses abbés fut nommé pape en 1362. Aujourd'hui, une visite des lieux permet de prendre la mesure de plus de 1 500 ans d'histoire et de découvrir la crypte, lieu envoûtant contenant des témoignages archéologiques précieux.

CALANQUE DE MORGIOU ★★★

(8e)

Accés à pied toute l'année à partir de Luminy (conseillé, environ 50 minutes) ou des Baumettes (environ 1 heure).

Située entre les calanques de Sormiou et Sugiton, cette calanque est l'une des seules accessibles directement en voiture (hors-saison uniquement, sauf pour les riverains) et qui dispose d'infrastructures appréciables : un bar-restaurant, un petit port de pêcheurs (toujours en activité) et des cabanons marseillais authentiques. Elle est d'ailleurs habitée toute l'année. Morgiou, tout comme sa voisine Sormiou, est une des calanques les plus célèbres du parc national, une de celles que l'on voit le plus en photo et qui donc, est très appréciée des promeneurs et baigneurs. Elle est profonde et enclavée par endroits, ce qui fait qu'elle est aussi assez ombragée. Conséquence directe : tout comme dans les autres calanques, l'eau y est fraîche, même en été. Si vous souhaitez marcher ou randonner, on y trouve un chemin sur la droite menant au cap de Morgiou. Sur la gauche, on découvre la petite plage et le chemin menant à la calanque de Sugiton. Pour l'anecdote, les marches du port furent baptisées « l'escalier Louis XIII » lorsque le roi fit son apparition ici en 1622 pour assister à une pêche à la madrague (méthode traditionnelle importée dit-on par les phocéens de Marseille dans l'Antiquité) pour capturer les thons. L'histoire de Morgiou et de son petit port est intimement liée à la pratique de la pêche. Notons que les jours de grand vent, Morgiou est particulièrement exposée. Il est donc préférable de privilégier les jours où le Mistral ne s'invite pas pour découvrir cette merveille naturelle.

BASILIQUE NOTRE-DAME-DE-LA-GARDE ✞ ★★★★

Rue Fort-du-Sanctuaire (7e)
✆ 04 91 13 40 80
www.notredamedelagarde.com
Ouvert toute l'année. Basse saison : de 7h à 18h15. Haute saison : de 7h à 19h15. Gratuit. Restauration. Boutique.

C'est le symbole de la ville par excellence. Visible des 4 coins de Marseille, la « Bonne Mère » est le monument chéri des Marseillais qui s'y pressent dès l'enfance, pour allumer un cierge et admirer la vue. La basilique est également très appréciée des visiteurs de passage, quels que soient leur pays d'origine et leur confession. Il faut dire que le belvédère entourant la basilique offre une vue à couper le souffle sur tous les environs, du massif des Calanques au port, ce qui convaincra même les moins pieux d'entre nous. L'ascension des marches depuis le parking est difficile, surtout l'été, et peut prendre la forme d'un pèlerinage. Mais une visite à la Bonne Mère est un incontournable absolu de Marseille !

Omniprésente dans la vie des Marseillais, la Basilique domine la ville et surgit à chaque coin de rue. Où que l'on soit, impossible de lui échapper ; tel un phare, elle veille sur Marseille et protège ses habitants. L'histoire de ce monument est intimement liée à celle de la ville. Cette vieille dame chère aux Marseillais a été édifiée au XIXe siècle, mais la colline sur laquelle elle est installée devient un lieu spirituel important dès le XIIe siècle : une première chapelle dédiée à la vierge Marie est en effet érigée sur ce piton rocheux en 1214, selon les volontés d'un prêtre marseillais. C'est déjà un lieu de dévotion cher aux Marseillais, tant et si bien que la chapelle est bientôt trop petite pour accueillir les nombreux fidèles qui s'y pressent. Pour cette raison, l'édifice d'origine est remplacé par une chapelle plus grande au XVe siècle. Culminant à 147 m au-dessus de la ville, le lieu devient ensuite un bastion militaire sous François Ier qui constate, à l'occasion d'une visite de la chapelle, que la ville est mal défendue. Au XIXe siècle, le premier sanctuaire vieillissant s'avère trop étroit pour accueillir tous ses visiteurs. Monseigneur de Mazenod décide alors de faire construire sur l'édifice existant un bâtiment beaucoup plus grand. Marseille est alors en plein aménagement. Les travaux, confiés à l'architecte Espérandieu, débuteront en 1853. A la fin de la Seconde Guerre mondiale, la basilique Notre-Dame-de-la-Garde joue un rôle important dans la libération de Marseille. Le 24 août 1944, le général de Monsabert donne l'ordre de s'emparer de la colline de Notre-Dame-de-la-Garde, lieu stratégique où sont retranchées les troupes allemandes. Mais le site est bien gardé et les tirs allemands rendent son accès difficile. Pour pénétrer dans la basilique, les tirailleurs algériens, qui sont en première ligne, sont guidés par un résistant marseillais qui leur fait emprunter un chemin détourné, inconnu des Allemands, menant au plateau Cherchel depuis l'actuelle rue Jules-Moulet. Les tirailleurs algériens parviennent à prendre d'assaut la colline, pénètrent dans la basilique et hissent le drapeau tricolore au sommet du clocher. Une immense clameur s'élève alors des quatre coins de la ville. Les combats ne sont pas finis, mais la libération de la Bonne Mère redonne espoir aux Marseillais. Aujourd'hui encore, on peut voir les impacts de balles et les éclats d'obus, tristes vestiges de cette bataille sanglante, sur la façade de la basilique.

La basilique est de style typiquement romano-byzantin, comme la cathédrale de la Major. L'édifice se compose d'une église basse, qui abrite la crypte, et d'une église haute décorée de mosaïques et consacrée à la Vierge. A ne pas manquer :

- **La crypte voûtée**, de style roman et entièrement taillée dans la roche, qui présente un décor austère et dépouillé. La première messe y a été célébrée en 1861, plusieurs années avant la fin des travaux. Composée d'une nef voûtée et bordée de six chapelles latérales, elle abrite un crucifix polychrome (XVIe siècle) ainsi qu'une mater dolorosa du sculpteur Carpeaux. D'un point de vue ornemental, le contraste entre la crypte et l'église supérieure, à laquelle on accède par des escaliers latéraux, est très frappant.
- **L'église supérieure**, qui impressionne moins par ses dimensions (la nef présente une longueur de 32 m et une largeur de 14 m) que par son somptueux décor. Les plafonds et murs latéraux de la basilique sont effet ornés de mosaïques : au total, quelque 12 millions de tesselles de toutes les couleurs viennent recouvrir une surface de 2 500 m². Les tesselles des mosaïques byzantines ont été fabriquées par des artisans à Venise, entre 1886 et 1882. Avec son alternance de panneaux de céramique, de marbre rouge et de marbre blanc de Carrare, l'église supérieure présente un décor d'une richesse chromatique extraordinaire. Levez les yeux pour admirer les voûtes aux dorures et détails impressionnants.
- **La collection d'ex-voto**. Les ex-voto de la basilique, dont la tradition prend ses sources au XIVe siècle, sont devenus une curiosité à travers les années. Dans la religion chrétienne, ces objets sont des offrandes pour remercier d'une grâce obtenue suite à une prière. Notre-Dame-de-la-Garde en abriterait plus de 2 500, qui ont débordé de la basilique pour s'installer jusque dans la crypte et sur le parvis. Vous remarquerez notamment la multitude de petits bateaux suspendus sous les voûtes de l'église, offrandes des marins revenus sains et saufs de leurs périples en mer. Les ex-voto se présentent aussi sous la forme de petits tableaux sur lesquels des scènes ont été représentées.

CALANQUE DE SORMIOU ★★★★

(8e)

Parking sécurisé au pied de la calanque, gardé jusqu'à 18h30.

C'est l'une des plus connues, des plus belles et des plus larges calanques de la région, accessible en voiture (sauf en été) et à pied, depuis les parkings des Baumettes ou de La Cayolle. Véritable carte postale dont la beauté ne lassera jamais aucun Marseillais, elle doit sa réputation à ses eaux turquoise éclatantes et à sa plage de sable blanc. La vue depuis les hauteurs est fantastique. Elle est visitée par les plongeurs pour ses beautés sous-marines. On y trouve sur place un restaurant, quelques cabanons à louer et une zone de baignade surveillée en été. Elle est en conséquence très peuplée à la belle saison, surtout par les familles qui apprécient ses infrastructures. Le chemin à droite mène au cap Sormiou, à gauche au petit port de Sormiou. Les plus sportifs d'entre vous pourront y pratiquer une via cordata avec une excursion de 4 heures. Des sensations fortes avec une tyrolienne pour atteindre le grotte du Capelan et une descente en rappel de 15 mètres pour revenir à la calanque. La pratique du kayak et du paddle est très aisée à Sormiou également. On se promène de la calanque de Sormiou à celle de Sugiton, en passant par Morgiou. Location possible depuis les deux points, et balade guidée proposée. On peut visiter la grotte du Capelan à pied ou à la nage. Si votre coeur balance plutôt pour la plongée, vous pourrez exploser les grottes de Capelan et de la Porte de Rome. Enfin, un plan futé pour les cyclistes qui jouiront de la route fermée aux automobiles l'été. Le col est difficile mais la récompense est belle.

© LAMAX-FOTOLIA

CALANQUE DE SUGITON ★★

(8e)

Compter environ une heure de marche depuis le parking du campus de Luminy. Sentier facile et aménagé.

Première calanque : Sugiton. Deuxième calanque : les Roches plates. C'est la dernière calanque du massif du Puget, et l'une des plus spectaculaires, avec de grandes falaises et ses gros blocs effondrés. Elle compte 2 criques avec des plages de galets idéales pour se baigner tandis que la plage en contrebas de la falaise, surnommée la plage des naturistes, est interdite d'accès. Le belvédère à 500 m au-dessus de la mer est magnifique. Attention, à compter de l'été 2022 en haute-saison, réservation en ligne gratuite obligatoire pour accéder au site.

CATHÉDRALE DE LA MAJOR ✝ ★★

10, place de la Major (2e)
✆ 04 91 90 52 87

Du mardi au dimanche de 10h à 18h. En été, ouverture jusqu'à 19h. Entrée gratuite.

Construite dès 381, l'ancienne Major est l'une des plus vieilles églises de Marseille. Amputée au 19e siècle de ses deux travées, on y accola la cathédrale Sainte-Marie Majeure, consacrée en 1893. Le style romano-byzantin rappelle que Marseille fut un port commerçant avec l'Orient. C'est la plus vaste cathédrale française bâtie depuis le Moyen Age. La décoration intérieure est fasteuse. À voir, les quatre évangélistes par Botinelly, le Christ et Ste Véronique par Carli, le Ciborium en onyx et les autels de Cantini, ainsi que le tombeau de Mazenod dans la chapelle.

CENTRE DE LA VIEILLE CHARITÉ 🏛 ★★

2, rue le Charité (2e) ✆ 04 91 14 58 59
www.vieille-charite-marseille.com

Ouvert de 10h à 18h (en hiver), jusqu'à 19h en été. Fermeture le lundi sauf Pâques et Pentecôte. Entrée gratuite.

Le centre de la Vieille-Charité se trouve en plein coeur du Panier. Ancien hospice pour indigents imaginé par l'architecte Pierre Puget, ce bâtiment abrite aujourd'hui le musée d'archéologie méditerranéenne, le musée des Arts africains, océaniens et amérindiens ainsi que le centre international de la Poésie. Admirez la chapelle centrale au dôme ovoïde, dans le plus pur style baroque italien. Les expositions permanentes sont riches et les temporaires aussi variées que passionnantes.

CHÂTEAU D'IF ★★★

1, quai de la Fraternité (1er)
✆ 04 91 59 02 30
www.if.monuments-nationaux.fr/fr
Ouvert du mardi au dimanche de 10h à 17h en hiver. Tous les jours de 10h à 18h en été. Adulte : 6 €. Tarif réduit : 5 €

Préservé dans son environnement et son architecture, connu internationalement grâce au comte de Monte-Cristo, le château d'If est un site exceptionnel, construit sur un îlot de l'archipel du Frioul, proche des îles de Ratonneau et Pomègues. C'est difficile à croire, mais on se trouve toujours dans un arrondissement de Marseille. Classé monument historique depuis 1926, c'est l'une des fiertés du patrimoine de la ville. Le roi François Ier visita l'îlot en 1516 alors qu'il faisait une halte à Saint-Maximin. Il fut attiré par une curiosité dont toute la Provence parlait à l'époque : la présence sur l'îlot encore vierge d'un rhinocéros. L'animal, offert par le roi du Portugal au pape faisait alors escale au large de Marseille. C'est en allant voir l'animal que le roi de France réalisa que le port de Marseille n'était pas suffisamment défendu en cas d'attaque maritime. Le projet du château d'if prit alors forme, indirectement grâce à un rhinocéros. Devenue prison au fil du temps, la citadelle vit quelques célébrités être mises sous les verrous ici-même. Le capitaine Anselme, conspirateur d'État en 1582 ; Mirabeau, de septembre 1774 à avril 1775, qui fut incarcéré sur ordre de son père. Mais c'est bel et bien Alexandre Dumas et son comte de Monte-Cristo qui bâtit la légende du château. Une oeuvre fictive qui habite les murs épais de ces cellules et fait vibrer des visiteurs du monde entier. La vue sur Marseille est très belle depuis les murailles. Notez la présence de cellules plus cossues que d'autres car payantes à l'époque.

GROTTE COSQUER

Promenade Robert Laffont (2e)
✆ 04 91 31 23 12
https://www.grotte-cosquer.com/
Accès PMR. Ouvert 7j/7. De 9h à 21h en haute-saison. Adulte : 16 €. Gratuit jusqu'à 6 ans. Audioguide. Restaurant.

© GROTTE COSQUER 2022

La Grotte Cosquer, trésor de l'humanité englouti depuis des millénaires est aujourd'hui restituée dans la Villa Méditerranée et accessible au public. Ce tout nouveau site culturel et patrimonial vous permettra de découvrir ce joyau, préservé depuis 30 000 ans à 37 m sous la surface de la mer. L'expérience Cosquer Méditerranée se déploie sur 3 niveaux avec, sous l'eau, la grotte préhistorique reconstituée, à admirer à bord de modules d'explorations uniques. Sur une surface de 25 000 m², entrez en immersion totale à la découverte des mystères de la grotte.

ÎLES ET PLAGES DU FRIOUL ★★

Iles du Frioul (1er)
Navette de liaison quotidienne entre les îles et le Vieux-Port. Plein tarif : 11,10 € aller-retour.

Une virée nature et dépaysante au large de Marseille, à moins de 30 minutes du Vieux-Port. Voilà ce que vous proposent les magnifiques îles du Frioul. Les 3 îles de l'archipel déploient leur blancheur dans le bleu intense de la Méditerranée. Un écrin de nature préservé, partie intégrante du parc national des Calanques. Les criques et plages des îles offrent des eaux limpides, dignes des Cyclades. Les amateurs de plongée connaissent d'ailleurs le spot. Les îles sont parsemées de monuments intéressants et la vue sur la rade de Marseille est à couper le souffle.

LE PANIER ★★

Quartier du Panier (2e)
A visiter à pied ou en petit train.

Entre authenticité et décor de carte postale, le Panier s'étend sur la rive nord du Vieux-Port. C'est le cœur du Marseille historique, 26 siècles d'occupation sans jamais avoir été abandonné, malgré les turpitudes historiques. Dans ce dédale de ruelles, vous gravirez escaliers et franchirez des placettes d'un autre temps. Une impression de village, des relents d'Italie et de Corse pour ce quartier historiquement lié aux communautés transalpines et de l'île de Beauté. Le quartier est jalonné de boutiques de créateurs, de galeries et de restaurants sympathiques.

LA CITÉ RADIEUSE DU CORBUSIER ★★★

280, boulevard Michelet (8e)
✆ 04 91 77 14 07
www.marseille-citeradieuse.org
Visites par l'office de tourisme, par le syndic, ou libre. Dernier étage, MoMa, toit terrasse et vue panoramique.

Pénétrez dans un bâtiment architecturalement et historiquement rare. Inauguré en 1952, cette œuvre géniale de l'architecte suisse Charles-Edouard Jeanneret dit Le Corbusier, est née sur un terrain vague. C'est là que cette véritable barre d'habitation collective émerge, à l'ère glorieuse du tout béton brut. Symbole de l'architecture moderne, « La Maison du Fada » comme la surnomment rapidement bon nombre de marseillais, est soutenue par 17 portiques et pèse plus 50 000 tonnes. Un véritable défi. Contrairement à la ville horizontale dévoreuse d'espace, l'immeuble sera vertical. 9 étages, 18 niveaux pour 334 appartements en duplex, emboîtés deux par deux pour une meilleure isolation phonique, c'est l'idée de construction. Ils seront tous munis de terrasses et loggias multicolores pour laisser entrer la lumière. Commerces, services sociaux (école, crèche, poste, chapelle) et des espaces de loisirs (salle de sport, bar, hôtel, restaurant, galerie...), tout a été conçu pour les habitants (1 500 environ). Déambulez dans les couloirs d'un autre temps, appréciez les détails de sculpture et vitraux au coeur du bâtiment. Même sans être sensible à l'architecture contemporraine, un détour par la cité radieuse vous fera plonger dans ce qui a été l'avant-gardisme et la conception idéale d'une certaine époque où la vie en communauté se voulait un concept prédominant. Veillez cependant à la discrétion pendant votre visite afin de ne pas déranger les habitants.

FORT SAINT-JEAN ★★★

201, quai du Port (1er)
✆ 04 84 35 13 13
Ouvert du lundi au dimanche. Fermé le mardi. Accès gratuit. Seul le MuCEM est payant. WC publics.

Situé à l'embouchure du Vieux-Port, le fort Saint-Jean, bâtiment historique de premier ordre, mérite une visite pour le panorama exceptionnel qu'il offre sur la ville, ainsi que pour son intérieur complexe, témoin de siècles de réflexion humaine destinée à la protection de Marseille et de son port. Le fort a été réhabilité depuis 2013 et intégré à l'ensemble du MuCEM auquel il est relié par une imposante passerelle. Auparavant, il n'était pas accessible, endommagé pendant la seconde guerre mondiale, période pendant laquelle l'occupant avait décidé d'en faire un dépôt de munitions. Vous pourrez visiter gratuitement sa partie jardin dans laquelle sont très bien présentées de nombreuses plantes du pourtour méditerranéen et diverses cours et terrasses où les marseillais aiment flâner et lézarder au soleil de longues heures. Les bancs et chaises ici et là sont d'ailleurs une invitation à le faire. Le fort tel que vous le voyez a été bâti au XIVe siècle par le Roy René pour protéger la ville des attaques maritimes. Nous vous conseillons de gravir la tour du même Roy René pour avoir une des plus belles vues sur le Vieux-Port et la ville. Prenez le temps d'explorer tous les passages, les petites cours pour vraiment prendre la mesure de ce monument précieux. De nombreux concerts et festivals y ont lieu aux beaux jours, dans un cadre, vous le verrez vous-même, enchanteur. Dernier conseil futé, promenez-vous au pied du fort, tout au long du chemin en contrebas. Il offre de beaux points de vue sur le Mucem, le Pharo et l'entrée du port.

MUSÉE RAIMU

27, cours Mirabeau - **MARIGNANE**
✆ 04 42 41 52 10
www.musee-raimu.com
Ouvert tous les jours de 10h à 12h30 et de 14h30 à 18h. Fermé le dimanche matin ainsi que le mardi. Adulte 5 €.

Le musée Raimu, anciennement installé à Cogolin, a déménagé à Marignane depuis 2014. Une magnifique collection de photos, correspondances, affiches, objets personnels de la famille du célèbre interprète de *La Femme du boulanger*, de *La Fille du puisatier* et de la trilogie *Marius*, *Fanny* et *César*. Les amoureux de Jules Muraire (*dit* Raimu), « le plus grand acteur du monde » selon Orson Welles, seront comblés ! Le musée occupe une belle bastide du siècle dernier entièrement rénovée en plein cœur de Marignane. Entrez dans l'intimité du comédien pour une visite unique.

MUSÉE REGARDS DE PROVENCE ★

rue Vaudoyer (2e) ✆ 04 96 17 40 40
www.museeregardsdeprovence.com
Ouvert toute l'année, du mardi au dimanche de 10h à 18h. Gratuit jusqu'à 12 ans. Expos temporaires : 7,50 € par adulte.

Les grandes baies vitrées du musée offrent un panorama avec en toile de fond le J4 ou encore la cathédrale de la Major. Tout au long de l'année, le musée révèle une partie de sa collection, renouvelée tous les 5 mois. Un véritable livre ouvert sur l'histoire de l'art influencé par le monde méditerranéen du XIXe siècle à nos jours, avec plus de 200 œuvres. Des expositions temporaires d'art moderne et contemporain présentent des œuvres issues de galeries et collections privées.

MUCEM ★★★★

7, promenade Robert-Laffont (2e)
✆ 04 84 35 13 13
www.mucem.org
Ouvert tous les jours sauf mardi. De 10h à 20h en juillet-août. Gratuit le premier dimanche du mois. Tarif plein 11 €.

Ouvert en juin 2013 à l'occasion de Marseille Provence 2013, capitale européenne de la culture, le MuCEM, dont le nom complet est Musée des Civilisations d'Europe et de Méditerranée, est devenu un des monuments les plus visités de Marseille et un emblème de la cité phocéenne et de son renouveau. Son élégante modernité fascine les amateurs d'architecture et sa réputation est désormais internationale. Constitué de deux ensembles, le bâtiment cubique, signé par l'architecte marseillais Rudy Ricciotti, et le fort militaire Saint-Jean, interdit au public jusqu'à cette rénovation et véritable bijou accessible gratuitement aujourd'hui, offrant des points de vue magnifiques sur le Vieux-Port et le large. Le MuCEM est une véritable réussite architecturale et esthétique, magistralement intégré dans le paysage urbain de la ville. Il est à la fois un lieu de promenade gratuit (l'accès à son toit par la passerelle) offrant une vue spectaculaire sur la cité phocéenne et la mer, et un lieu d'exposition renommé. Quelques expositions événement y ont été organisées ces dernières années (dont celle consacrée à Jeff Koons en 2021), d'autres sont plus confidentielles mais souvent en lien avec le monde méditerranéen, ses cultures et populations. Ce bâtiment, son ensemble est à voir absolument lors de votre séjour marseillais ! L'accessibilité physique, sensorielle et cognitive du musée ont été réfléchies en collaboration entre le MUCEM et des associations marseillaises représentatives du handicap. Outre la collection permanente, des expositions temporaires d'exception sont organisées toute l'année, le programme est à retrouver sur le site du musée et celui de la ville. Notons que des expositions sont également proposées dans le fort Saint-Jean. L'accès au musée et à la billetterie se fait côté esplanade devant la cathédrale de la Major et la Villa Méditerranée. Par le toit panoramique, vous pourrez également y accéder en descendant tout autour du bâtiment et sa dentelle de béton. Un restaurant gastronomique se trouve au sommet du MUCEM. Vous pourrez également y faire une halte pour un café dans la journée. Un autre restaurant se trouve dans le fort, ainsi qu'un pop-up store proposant des articles de créateurs méditerranéens. Petit conseil futé : accordez-vous une balade en contrebas du fort Saint-Jean, le long du bassin sous la passerelle, des murailles historiques et longez l'entrée du Vieux-Port, en admirant le va-et-vient des navires. Sans doute la plus belle manière de pénétrer le Vieux-Port. C'est aussi un lieu où les marseillais aiment lézarder.

MUSÉE D'HISTOIRE DE MARSEILLE ★

2, rue Henri-Barbusse (1er)
✆ 04 91 55 36 00
Ouvert du mardi au dimanche de 9h30 à 18h (19h de mai à septembre). Gratuit. Label Tourisme & Handicap.

Entièrement repensé et rénové, ce joyau culturel est désormais l'un des plus grands musées d'Histoire de France et d'Europe. Sa nouvelle architecture a su recréer un lien intime entre la ville, son musée et le site archéologique du port antique : la façade en verre sérigraphié projette le musée dans une nouvelle dimension, avec une vue exceptionnelle sur les vestiges, là où tout a commencé. Ils sont situés à ciel ouvert dans le jardin, avec un accès par la galerie commerciale du Centre Bourse mais également depuis peu, depuis la rue Henri Barbusse. Le musée parcourt 2600 ans d'histoire de la ville autour d'une collection de 4 000 pièces qui témoignent de chaque époque. Il raconte également les hommes et les femmes, inconnus ou célèbres, qui ont participé à l'histoire de Marseille. Un incontournable, avec une exposition de référence pour bien comprendre d'où Marseille plonge ses racines, des espaces d'expositions temporaires, un atelier pour le public scolaire, un centre de documentation disposant d'un cabinet d'arts graphiques et une librairie-boutique. Egalement à ciel ouvert : la « voie historique » reliant le musée d'Histoire de Marseille jusqu'au MuCEM, est une artère qui permet de traverser la ville ancienne de Marseille à travers un parcours géolocalisé sur smartphones. Des travaux de réaménagement ont récemment été effectués dans le jardin. Des panneaux explicatifs neufs vous permettront de vous localiser dans ce qui fut une des anciennes entrées de la ville antique.

ORANGE VÉLODROME ★

3, boulevard Michelet (8e) ✆ 04 13 64 64 64
www.orangevelodrome.com/visites
Durée de la visite guidée : 1 heure environ. Pas d'incription sur place mais à l'office de tourisme ou à la FNAC.

Avec l'office de tourisme et des congrès de Marseille, plongez dans les coulisses de l'Orange Vélodrome avec l'OM Tour et redécouvrez les principaux trophées et les joueurs qui ont écrit l'histoire du club. Au programme des visites guidées : accédez aux vestiaires, à la salle de presse, aux bords de pelouse et à de nombreux lieux exclusifs ! Nombre d'anecdotes vous seront également délivrées sur l'histoire de l'OM ainsi que sur ce stade mythique. Enfin, comme les joueurs, vous emprunterez le tunnel avec l'ambiance sonore qui vous plonge au cœur du stade.

BOUCHES-DU-RHÔNE

PALAIS ET PARC LONGCHAMP

21, boulevard Claude-Charles-Guillaume-Philippon (4e)

Ouvert toute l'année. Entrée gratuite. Animations pour les enfants. Buvette. Location de voiturettes et poneys.

Le parc Longchamp est ce que l'on peut considérer comme le poumon vert du centre de Marseille. Il a été aménagé tout autour du fameux palais Longchamp, édifié sur les plans de l'architecte Henri Espérandieu (à qui l'on doit également la basilique de Notre-Dame-de-la-Garde) et inauguré en grande pompe en 1869 pour célébrer l'arrivée des eaux de la Durance à Marseille, synonyme d'eau courante dans la ville. Dès lors, l'endroit devint un lieu de promenade et de divertissement. Le jardin zoologique, créé avant le palais en 1856, permit à bon nombre d'enfants marseillais de découvrir des animaux du bout du monde, autrement que par l'imagerie. Le zoo ferma ses portes en 1987 et le jardin devint public l'année suivante. Baladez-vous dans les allées et appréciez les espaces ombragés en été. Les travaux de rénovation menés en 2013 ont permis de remettre les jardins en valeur bien que les pelouses manquent aujourd'hui d'entretien. Le kiosque à musique s'est refait une beauté et accueille des concerts en plein air pendant l'été. Le pavillon de la girafe, de par son aspect orientalisant, vous emmène le temps de quelques secondes de l'autre côté de la Méditerranée. Des animaux en fibre de verre et grandeur nature ont pris place dans les anciennes structures du zoo. Voilà une sortie que petits et grands apprécieront, notamment pour les quelques aires de jeux, manèges et balades à poneys proposés. Une fois par an se tient ici le festival le jazz des Cinq Continents, qui voit de nombreuses pointures internationales faire vibrer le parc.

PARC BALNÉAIRE DU PRADO ★

Avenue Pierre-Mendès-France (8e)

Accès possible en voiture, moto, vélo. Plusieurs parkings payants aménagés souvent complets en été.

Le parc balnéaire du Prado a été créé à la fin des années 1970 en utilisant les déblais extraits lors de la construction des deux lignes de métro de Marseille. Cela a permis de gagner 22 hectares sur la mer en remblayant la côte d'origine, et d'aménager cet immense espace balnéaire de 26 hectares qui reçoit plus de 3 millions de visiteurs chaque année. Plusieurs plages y ont été créées, dont celle de sable du Roucas blanc, la plage de galets du David ou encore celle des véliplanchistes. Proximité de restaurants et du *bowl*, célèbre skatepark.

PLAGE DE LA POINTE ROUGE ★

Avenue de la Pointe-Rouge (8e)

Restauration. Sable, douches et sanitaires.

Familiale, paisible le matin et animée le reste de la journée. Le charme pittoresque de cette plage de sable du sud de la ville provient certainement des petits cabanons préservés donnant directement sur la plage. S'y retrouvent majoritairement familles et bambins, puisque le bain est souvent plus chaud dans cette petite anse sans grande profondeur ni danger notoire. La circulation durant les heures de pointe est parfois difficile (privilégier les transports en commun, car se garer est mission impossible en été), mais le cadre vaut le détour.

PLAGE DES CATALANS ★★

Corniche Kennedy (7e)

Plage surveillée en été. Sable.

A 15 minutes du Vieux-Port, la plage des Catalans, est repassée dans le domaine public ces dernières années. Elle offre l'occasion de se baigner sans vraiment quitter le centre-ville, puisqu'elle est la première plage sur la Corniche. Il vous faudra respecter ses horaires d'ouverture : 8h30 à 20h d'avril à octobre, et, de 8h30 à 18h de novembre à mars. Sable fin, douches et sanitaires, terrains de volley-ball et buvette tout y est. Juste au dessus, vous pourrez admirer le très select Club nautique du Cercle des Nageurs de Marseille.

SAVONNERIE DU MIDI

72, rue Augustin-Roux (15e)

✆ 04 91 60 54 04

www.savonneriedumidi.fr

Du lundi au vendredi 10h à 17h. Visite de la savonnerie et du musée sur réservation du lundi au samedi. Tarifs 7 €/5 €.

La Savonnerie du Midi est l'une des dernières fabriques de Marseille faisant appel au savoir-faire traditionnel d'un maître savonnier. Depuis 1894, elle perpétue un savoir-faire ancestral afin de produire le véritable savon de Marseille. Inauguré en décembre 2018, l'espace musée accueille les visiteurs individuels ou en groupe pour des visites guidées suivant un parcours qui vous permettra de découvrir l'histoire du savon de Marseille, le procédé de fabrication traditionnel qui se perpétue à l'usine, les usages historiques du savon, etc. Certifié Ecocert.

SAVONNERIE FER À CHEVAL

66, chemin de Sainte-Marthe (14e)
✆ 04 91 10 30 80
www.savon-de-marseille.com

Boutique ouverte du lundi au vendredi. Visite guidée gratuite sur réservation (horaires à consulter sur le site web).

Cette institution, fondée en 1856, est la plus ancienne savonnerie à perpétuer la fabrication de l'authentique savon de Marseille selon une recette ancestrale transmise par des générations de maîtres-savonniers. En attendant un label protégé, laissez tomber les ersatz et optez pour les savons du Fer à Cheval. Fabriqués exclusivement avec des huiles végétales, sans aucun ajout de parfum, colorant, ils font partie du patrimoine vivant de la ville. Un véritable héritage culturel labellisé Entreprise du Patrimoine Vivant et détenteur du label Qualité Tourisme.

SAVONNERIE MARSEILLAISE DE LA LICORNE

25-26, quai Rive-Neuve (2e)
✆ 04 96 12 00 91
savon-de-marseille-licorne.com

Boutiques ouvertes tous les jours de 10h à 20h. Visites commentées de l'atelier au Cours Julien.

Inédit et à ne pas manquer, le musée de la Savonnerie de la Licorne sur le Vieux-Port (côté Criée) avec possibilité de participer à la fabrication sur rendez-vous. Les savons de la Savonnerie de la Licorne sont purs à 72% d'huile d'olive, comme l'exige la tradition. Des savons testés dermatologiquement pour les peaux sensibles. Du savon de Marseille vrai de vrai, puisque Serge Bruna, petit-fils de savonnier, se passionne depuis toujours pour une fabrication ancestrale du véritable savon de Marseille. Préparé à l'ancienne dans la petite fabrique du cours Julien, avec des machines du siècle dernier, vous découvrirez toutes les étapes et secrets de fabrication des savons en participant à une visite guidée de l'atelier (plusieurs proposées par jour). A savoir, pour fabriquer votre lessive, une recette simplissime : râper le savon en copeaux, soit 3 cuillères à soupe environ pour 2 litres d'eau (copeaux pour la lessive en vente également à la boutique). Un petit plus écologique et économique. Les savons de la Licorne se déclinent en multiples parfums, formes (boule de pétanque, sardine...) et formats. Bon nombre de produits dérivés également, comme un joli porte-savon qui fera honneur à votre salle de bain sans aucun doute. Pratique, il y a 4 boutiques au total dans la ville, ce qui vous laissera un maximum de chances de vous procurer le sésame (l'une d'elles est même toute proche du MUCEM et du Panier). La Savonnerie de la Licorne, une institution incontournable à Marseille !

VIEUX PORT ET SON OMBRIÈRE ★★★

Quai des Belges (1er)

Accessible 7j/7.

Cœur battant de Marseille, le Vieux-Port est le centre névralgique de la cité phocéenne et ce, depuis sa création. En effet, c'est ici-même que selon la légende, les grecs de Phocée débarquèrent dans la calanque du Lacydon et y créèrent Massalia, sur sa rive Nord (une plaque au sol le signale face à la Canebière). On vient ici y acheter le poisson le matin lorsque les pêcheurs dressent le marché si typique, on vient y flâner, y prendre des selfies entre amis, prendre la navette vers le Frioul, se payer une croisière vers les Calanques et manger une glace en famille. Depuis 2013, sa métamorphose a rendu les lieux plus humains avec plus de place pour les piétons et cette ombrière que l'on doit à Norman Foster, salutaire en plein été. Le Vieux-Port offre un cadre magnifique à découvrir absolument, incontournable lors de votre séjour. Quand vous faites face au port, prenez le temps d'apprécier le panorama tout en profondeur avec la Bonne Mère qui veille sur votre gauche et le quartier du Panier qui vibre sur votre droite. Il est vivement recommandé de prendre le temps d'en faire le tour pour apprécier les monuments (l'hôtel de ville, l'église Saint-Férreol les Augustins, la Criée...). Les moins téméraires opteront pour le ferry-boat afin de couper la distance en deux. Les beaux points de vue sont nombreux sur le port, depuis notamment le fort Saint-Jean ou encore depuis le belvedère devant l'église Saint-Laurent. Nombreuses boutiques et restaurants.

FADA BIKE MARSEILLE

52, rue plan Fourmiguier (7e)
✆ 07 82 00 73 47
www.fada.bike

5 tours privés et 6 en groupe organisés autour de thèmes particuliers, de 1 heure et demie à journée complète.

Que diriez-vous de visiter Marseille en vélo électrique ? Une visite originale et ludique. Visitez des coins secrets connus des Marseillais uniquement, découvrez des points de vue époustouflants pour faire des photos géniales. Des calanques au bord de mer en passant par la montée jusqu'à Notre-Dame-de-la-Garde. Les accompagnateurs locaux commentent chaque point d'arrêt. Certains tours autour de thèmes bien particuliers sont inédits : l'OM Bike tour par exemple ou un tour gastronomique. Le petit tour de Marseille dure 1h30 et le grand, 3h30.

BOUCHES-DU-RHÔNE

FRIOUL-IF-EXPRESS

1, quai de la Fraternité (1er)
✆ 04 96 11 03 50
https://lebateau-frioul-if.fr/
Tarif par personne : 1 aller-retour : 11,10 €. Trajet aller-retour combiné 2 îles Frioul et château d'If : 16,70 €.

Embarquez pour une journée enchanteresse sur l'archipel du Frioul. Grâce aux navettes Frioul If Express, rien de plus simple. Une rotation toutes les heures environ, 7 jours sur 7 au départ de la gare maritime du Vieux-Port. Une petite traversée agréable avec un premier arrêt au château d'If avant de rejoindre les îles du Frioul pour randonner, lézarder ou vous baigner. Pour éviter la queue l'été, pensez à prendre vos billets en ligne. Le retour se fait sur une navette au choix. L'été, réduction pour les navettes tardives. Efficace et rapide.

MARSEILLE VISITE GUIDEE

(1er)
✆ 06 27 96 34 30
www.marseillevisiteguidee.com
10 visites thématiques disponibles. Réservation et tarifs sur le site internet.

Marseille Visite Guidée est un projet né de la passion de Rogerio, un jeune guide conférencier polyglotte, bien décidé à vous faire découvrir la ville et son histoire. Des parcours thématiques à travers différents quartiers comme Endoume, Longchamp, La Treille, Le Panier, La Joliette... Mention spéciale pour la visite autour du cinéma à Marseille. Rogerio tient un calendrier de visites mais est également disposé à répondre à vos demandes de balades privées. Probablement l'un des guides les plus talentueux de la ville. Bons cadeaux à offrir sur le site.

MARSEILLE CALANQUES PASSION

(9e) ✆ 06 05 22 22 94
www.marseille-calanques-passion.com/
Sur demande. Tarifs normaux : 30 € la demi-journée, 40 € la journée. Visite privée dès 270 €. Randonnée, trail.

Le Parc national des Calanques peut vous paraître trop vaste à appréhender. Nous vous conseillons dans ce cas une balade avec Vanina et son projet Marseille Calanques Passion. Des formules adaptées à vos envies et en fonction de votre timing, le tout accompagné par une guide qui saura vous emmener sur les plus beaux sentiers de ce joyau naturel. Différents parcours possibles, sur demande en fonction de la disponibilité. Vanina est flexible et saura vous faire apprécier votre visite.

TRAIN TOURISTIQUE DE MARSEILLE

174, quai du Port (1er) ✆ 04 91 25 24 69
www.petit-train-marseille.com
Ouvert toute l'année. Compter 8 € pour un adulte et 4 € pour un enfant sur les deux circuits. Départs très fréquents.

Au départ du bas de la Canebière, deux circuits à découvrir ! Le premier, le circuit du Vieux Marseille, en direction du quartier du Panier et de la Joliette avec ses Docks réaménagés et bien sur le Mucem. Durée totale trajet aller-retour 1h45. Le second, le circuit Notre-Dame-de-la-Garde, propose quant à lui l'ascension de Notre-Dame (162 m !) par la Corniche. Il dure 1h15. En été, le Petit Train de Marseille vous propose de découvrir un troisième circuit, sur les îles du Frioul.

MARSEILLE GANGSTER TOUR

68, Quai du Vieux-Port (2e)
✆ 06 95 77 10 47
www.marseillegangstertour.com
Visites ouvertes à tous un week-end par mois (consulter le site ou la page Facebook pour les dates). Réserver avant.

Une visite insolite pour voir Marseille au travers de sa légende et sa réputation de capitale du crime. D'avant-guerre aux années 1980, Marseille a joué un rôle central dans le paysage mondial du grand banditisme. Des grands parrains corses à la mythique *French connection*, Marseille Gangster Tour vous propose d'aborder de manière constructive plusieurs décennies qui ont façonné le paysage social et politique de la ville. Sans jamais tomber dans le fait divers ou le sensationnel. Une manière passionnante de parcourir les quartiers du Panier ou de l'Opéra.

URBAN HIKE

13, boulevard Georges Clémenceau (4e)
✆ 07 62 53 15 46
http://urbanhike.fr/
A partir de 8 ans, 34 € par personne (15 € -18 ans). Membre de la charte Safe Welcome. En français et anglais.

Urban Hike vous fait aimer Marseille, avec 3h30 de marche en petits groupes de 6 à 10 personnes, adaptées à tous les niveaux. Des lieux incontournables aux plus confidentiels, des ruelles charmantes aux avenues, des bords de mer aux jardins. Une approche nouvelle de la randonnée grâce aux nombreuses connaissances du guide, urbaniste et cartographe de formation, qui permettent de mieux comprendre la deuxième ville de France et de l'aimer pour sa singularité. Sportive, culturelle et contemplative, une sortie que l'on recommande chaudement.

© MILHAUD

© COMPAGNIES MARITIMES CALANQUES

© MILHAUD

COMPAGNIES MARITIMES CALANQUES

1, quai du port (1er) ✆ 04 91 33 36 79
www.calanques-if.com

De 26 à 32 € pour un adulte selon la formule choisie. Tarifs réduits de 21 à 24 €. Billetterie estivale sur le port.

Au départ du Vieux-Port, plusieurs circuits proposés (la baie de Marseille et le château d'If, l'essentiel des calanques en 2h15 et l'intégrale des calanques en 3h15). L'essentiel des calanques vous permet d'en découvrir 6 alors que l'intégral vous offre la totalité des calanques, soit 12. Notez qu'il n'est bien sûr pas possible de se baigner pendant la croisière (sauf pour la formule spéciale Calanques & baignade). Le meilleur moyen de découvrir les calanques sans randonner.

© MILHAUD

© MILHAUD

VISITES GUIDÉES DE L'OFFICE DE TOURISME

11, la Canebière (1er) ✆ 08 26 50 05 00
www.marseille-tourisme.com

Ouvert toute l'année. Consulter les horaires de visite sur le site Internet de l'office de tourisme. A partir de 10 €.

Passionné d'histoire, simple curieux ou fan de *Plus Belle La Vie* ; on a tous une raison de s'intéresser au vieux Marseille. Ca tombe bien ! L'office de tourisme organise des visites guidées à sa découverte. Flânez dans ses rues, visitez ses monuments emblématiques, allez à la rencontre des artisans d'art… Ces deux heures de marche en compagnie d'un guide conférencier passeront sans même que vous vous en rendiez compte ! Réservation obligatoire, calendrier en ligne.

CASA ORTEGA €€

46, Rue des Petites Maries (1er)
✆ 06 80 62 53 21
www.casa-ortega.com/

Ouvert toute l'année. 5 chambres. Chambre double de 90 € à 120 €. Petit déjeuner inclus. Wifi gratuit.

En pénétrant ce bâtiment dont la façade aux carreaux bleutés est inratable, vous entrez dans un bout d'histoire. La légende raconte qu'un musicien du nom de Juan Sebastián Ortega se réfugia ici en compagnie de sa douce pour préserver leur amour interdit, loin de Buenos Aires. Le lieu devint alors au fil du temps un lieu de rencontre pour musiciens et artistes. Dans cette veine, le lieu conserve un esprit design et délicieusement vintage. Les chambres sont toutes décorées avec goût, colorées et vivantes. Une d'elles propose une ravissante terrasse. Un lieu magique.

HOTEL 96*** €€

96, chemin de la Soude (9e) ✆ 04 91 71 90 22
www.hotel96.com

Réception de 8h à 19h. 12 chambres. Chambre double à partir de 89 €. Petit déjeuner : 14 €. Piscine. Parking.

Ce 3-étoiles unique en son genre, situé au pied du parc des Calanques, allie modernité et tradition provençale. Imaginé par Alice et William, l'idée était de transformer cette maison familiale du XIXe siècle en hôtel de charme de 12 chambres. Paisibles, spacieuses, design, mansardées ou avec une terrasse offrant une vue imprenable sur les collines, les chambres sont toutes équipées. Les toitures végétalisées apportent une fraîcheur naturelle en été. Nouveau, le Sauna 96 et des massages en chambre. Une adresse vivement recommandée par le *Petit Futé*.

HÔTEL CARRÉ VIEUX-PORT*** €€

6, rue Beauvau (1er) ✆ 04 91 33 02 33
www.hotel-carre-vieux-port.com

Accueil 24h/24. Chambre double dès 85 €. 3 chambres accessibles aux PMR. Animaux acceptés. Wifi gratuit. Canal+.

L'Hôtel Carré Vieux-Port propose des chambres modernes et climatisées. Elles sont insonorisées et bien équipées : literie de qualité, mobilier sobre, et écran télé LCD. Certaines chambres sont également accessibles aux personnes à mobilité réduite. Le petit déjeuner sucré-salé est proposé en version buffet mais il peut aussi être pris à emporter en formule express. Le bar est quant à lui ouvert 24h/24. L'équipe est aux petits soins. Une adresse centrale recommandée par le *Petit Futé*.

HÔTEL HERMÈS** €€

2, rue Bonneterie (2e) ✆ 04 96 11 63 63
www.hotelmarseille.com

Accueil 24h/24. 29 chambres (chambre nuptiale 135 €). Chambre simple à partir de 65 € ; chambre double à partir de 85 €.

Entièrement rénové en 2012, cet hôtel en retrait du Vieux-Port propose des chambres climatisées et insonorisées, décorées dans des tons contemporains et disposant d'une belle luminosité. Un hôtel charmant et un accueil très chaleureux. Le coup de cœur du Petit Futé : la chambre nuptiale lovée sur le toit terrasse solarium, où vous pourrez siroter un verre ou prendre votre petit-déjeuner avec vue panoramique sur le Vieux-Port et Notre–Dame de la Garde ! Wifi gratuit et petit-déjeuner copieux servi au rez-de-chaussée. Excellent rapport qualité-prix.

HÔTEL LE CORBUSIER €€

280, boulevard Michelet (8e)
✆ 04 91 16 78 00
www.hotellecorbusier.com

Accueil 7j/7. Chambre double à partir de 87 €. Parking (gratuit). Chambre PMR. Wifi gratuit. Restaurant gastronomique.

Et si vous vous accordiez le plaisir unique de passer une nuit dans un ensemble architectural classé à l'Unesco ? L'ambiance de chaque chambre est inspirée des travaux de Le Corbusier. L'hôtel occupe 2 étages du bâtiment. Vous dormirez dans des chambres cabines, des suites ou des studios duplex, donnant pour les uns sur le bleu de la mer et pour les autres, le vert du parc en contrebas. En quelques mots, une expérience unique en son genre. Il faudrait être un sacré fada pour s'interdire une nuitée dans la maison du fada en personne.

LA LUNA €€

4, impasse de la Lune (7e) ✆ 06 71 62 50 36
www.luna-marseille.fr
4 chambres : entre 105 et 130 €, pdj inclus. Terrasse, piscine à débordement, jacuzzi intérieur creusé dans la roche.

Venir dans ce lieu se mérite ! Mais une fois arrivé, vous êtes tout simplement au paradis… Les quatre chambres d'hôtes, modernes et pleines de charme, sont situées en plein centre-ville et complètement au calme, à quelques minutes seulement de Notre-Dame-de-la-Garde, du parc Chanot, du Pharo, mais aussi de la Pointe Rouge et des calanques. La Luna offre une belle vue sur la mer ainsi que les îles (et même un accès direct à la mer en traversant la Corniche !). Le lieu est également bien desservi par les bus pour profiter de l'ensemble des richesses de Marseille.

UN MAS EN VILLE €€

7, rue des Bergers (6e)
✆ 06 72 70 58 71
www.un-mas-en-ville.com
Chambre double de 89 à 99 € ; suite de 99 à 119 €. Petit déjeuner inclus (bio et sans gluten sur demande). Wifi.

Dans une rue en pente, entre la préfecture et le cours Julien, vous serez surpris de sentir l'odeur de la cire et de la lavande à l'entrée du Mas en Ville. Du sol au plafond, tout a été mis en œuvre pour vous immerger en Provence : des tomettes marseillaises à la pierre traditionnelle. 14 logements au total dont une toute nouvelle suite inaugurée en 2020 mais également un dortoir de 9 lits. Dans ce décor rustique, l'ambiance est zen avec tout le confort moderne. Mention spéciale pour le petit déjeuner bio (sans gluten possible), son miel et sa confiture familiale.

MAISON SAINT-LOUIS €€

2, rue des Récolettes (1er)
✆ 04 91 54 02 74
www.hotel-st-louis.com
24 chambres (insonorisées). Petit déjeuner bio buffet ou en chambre 12 €. Chambre double à partir de 68 €. Wifi.

Idéalement situé au cœur d'un quartier un plein renouveau, Noailles, ce petit hôtel ancien rénové est plein de charme avec sa façade Empire, inscrite aux monuments historiques. A quelques mètres de commerces authentiques, ses chambres sont spacieuses et tout confort. L'architecture intérieure est typique dans cet immeuble bourgeois marseillais. Petit déjeuner bio de qualité ! Laissez-vous également tenter par une pause déjeuner dans la récente brasserie ouverte en bas de l'hôtel, le Petit Saint-Louis ! N'hésitez pas, on vous le recommande.

PENSION EDELWEISS €€

6, rue Lafayette (1er)
✆ 06 27 91 44 25
www.pension-edelweiss.fr
5 chambres (dont une pouvant accueillir 4 personnes). Chambre double à partir de 88 €. Petit déjeuner inclus. Wifi.

Lieu inattendu, l'Edelweiss est un bed and breakfast installé idéalement entre les quartiers Saint-Charles et Réformés. Mais malgré son emplacement central, vous trouverez avant tout ici du calme, un lieu empreint d'une touche très personnelle propre au couple propriétaire des lieux, Véronique et Jochen, un repère à la déco vintage adoré du milieu artistico-culturel qui y séjourne souvent en catimini. Car c'est la discrétion des lieux qui frappe de prime abord. Puis la surprise de découvrir ces chambres spacieuses et confortables.

MAMA SHELTER €€

64, rue de la Loubière (6e)
✆ 04 84 35 20 00
Accueil 24h/24. 127 chambres. Chambre double de 79 € à 399 €. Petit déjeuner 18 €. Animaux acceptés 25 €. Restauration.

Ambiance jeune et branchée pour cet établissement tendance. Proche des commodités et des transports, le Mama Shelter constituera un bon point de départ pour vos escapades. Avec des établissements à Paris, Rio ou encore Los Angeles, cette franchise assure une multitude de services et des standards d'accueil de qualité. Les chambres vont de la « small » à la « XL Mama ». Tout est clean, moderne et neuf, à commencer par une literie renouvelée régulièrement. Le Mama Shelter est un lieu de vie et l'on y trouve des espaces communs colorés et animés.

LA PETITE CALANQUE €€

22, calanque de Saména (8e)
✆ 06 12 03 18 43
www.lapetitecalanque.com
2 chambres d'hôtes et un studio. Chambre double à partir de 85 €, suite à partir de 100 €. Petit déjeuner compris. Wifi.

Une villa, trois chambres et un studio, un jardin tropical et un hôte des plus souriant pour vous accueillir. Bienvenue à la Petite Calanque, qui porte si bien son nom. La décoration intérieure des logements oscille entre tradition provençale Belle Époque et Art déco. Beaucoup d'objets chinés et de détails adorables comme cette baignoire sur pieds du XIXe siècle. Atmosphère paisible avec petite terrasse sur le jardin ombragé et balade possible autour de la calanque, à l'heure où les baigneurs ne sont pas encore là. Le studio comprend une kitchenette.

LE RHUL*** €€

269, corniche Kennedy (7e)
✆ 04 91 52 01 77
www.hotel-restaurant-le-rhul.com

Chambres à partir de 100 € en haute saison. Petit déjeuner buffet ou en chambre : 9 €. Climatisation. Wifi.

Adresse de choix, l'hôtel Le Rhul surplombe la Corniche depuis 70 ans ! Chambres avec vue sur la mer ou encore sur les jolies ruelles du quartier. Les chambres sont climatisées et équipées d'un écran plat, d'un mini-bar et d'une salle de bains avec baignoire. Le restaurant est réputé pour sa cuisine méditerranéenne. La maison propose donc un forfait qui comprend une nuit en chambre double, deux petits déjeuners, deux bouillabaisses et deux desserts. Le petit déjeuner est servi sur la terrasse avec une vue de rêve face à la mer, un souvenir inoubliable !

ALEX HÔTEL & SPA*** €€€

13-15, place des Marseillaises (1er)
✆ 04 13 24 13 24
www.alex-hotel.fr

Ouvert toute l'année. Accueil 24h/24. Chambre double dès 61 €. Spa. Fitness. Piscine intérieure. Bar.

L'Alex Hotel est un établissement 3 étoiles près de la gare Saint-Charles et donc très central. C'est un hôtel récemment repensé et réaménagé en « boutique-hôtel ». L'endroit est cosy, chaleureux, chaque étage a son univers. Literie confortable, junior suites modulables avec un espace chambre et un espace salon. Le matin, vous pourrez prendre votre délicieux petit déjeuner dans la cour intérieure de l'hôtel. Niveau déplacement, deux lignes de métro se trouvent juste en face de l'hôtel. Le Spa by Alex vous accueille pour un moment détente. Une adresse privilégiée !

GRAND HÔTEL BEAUVAU MARSEILLE VIEUX-PORT**** €€€

4, rue Beauvau (1er) ✆ 04 91 54 91 00

Chambre double dès 111 €. Accueil 24h/24. Animaux acceptés (supplément de 20 €/nuit). Wifi. Room-service.

Situé dans une rue proche du Vieux-Port, cet hôtel historique (le tout premier de Marseille dit-on) a subi un beau lifting avec une nouvelle déco en 2016. Les chambres sont lumineuses et certaines bénéficient d'une vue magnifique sur le Vieux-Port. Les suites junior (duplex) possèdent un balcon. Egalement deux appartements avec terrasse. Au bar de l'hôtel, vous pourrez siroter agréablement un cocktail ou un bon vin de Provence. Une très belle adresse pour découvrir Marseille !

HÔTEL BELLE VUE €€€

34, quai du Port (2e)
✆ 04 96 17 05 40
www.hotelbellevuemarseille.com

Ouvert toute l'année. Accueil 24h/24. Chambre simple 110 € ; chambre double de 185 € à 310 €. Wifi gratuit.

Cet hôtel sur le Vieux-Port porte bien son nom. Le charme opère tout de suite avec une magnifique entrée avec un escalier en fer forgé. Les chambres aussi ont leur cachet avec des petits volumes *cosy*, de grandes hauteurs de plafond, de belles fenêtres boisées en alcôves. Vous aurez en outre la possibilité d'aller vous restaurer ou écouter des concerts dans le bar-restaurant de la Caravelle. On adore le soin apporté à l'accueil (produits cosmétiques régionaux dans les chambres). Cet hôtel est le premier a avoir obtenu le label écologique « clé verte » à Marseille.

INTERCONTINENTAL MARSEILLE - HÔTEL-DIEU***** €€€

1, Place Daviel (2e) ✆ 04 13 42 42 42
www.ihg.com

Accueil 24h/24. 172 chambres (22 suites et 72 avec vue sur le Vieux-Port). De 270 à 730 € la nuit. Restauration. Wifi.

Les superlatifs manquent pour décrire cet écrin hôtelier marseillais. Installé dans l'Hôtel-Dieu, cet établissement 5 étoiles est tout simplement hors du commun. Outre les deux restaurants du chef Lionel Lévy qui ajouteront un peu plus de magie à votre séjour, vous profiterez d'un confort et d'un luxe inédit. La décoration des chambres est à la fois moderne et empreinte d'histoire. La suite présidentielle offre la plus belle vue. Une adresse tout simplement somptueuse !

NEW HÔTEL LE QUAI VIEUX-PORT**** €€€

2, Place Gabriel Péri (1er)
✆ 04 91 99 23 23
www.new-hotel.com

Chambre double dès 99 €. Accueil 24h/24. Petit déjeuner 14 €. Tarifs préférentiels sur le site web. Wifi.

Entièrement rénové entre 2018 et 2019, le New Hotel le Quai est un des hôtels les plus élégants de l'hypercentre marseillais. A deux pas du port, du centre commercial Bourse et juste à côté d'une station de métro, il est idéal pour une échappée marseillaise de quelques jours. Les chambres rénovées sont élégantes et confortables. Le petit déjeuner est servi dans la salle à côté de la réception. Buffet varié. Confort et modernité sont à votre portée.

LE PETIT NICE PASSEDAT***** €€€

17, rue des braves (7e) ✆ 04 91 59 25 92
www.passedat.fr
Relais & Châteaux. Ouvert toute l'année. Accueil 24h/24. 16 chambres. A partir de 260 € (variant selon saison). Parking.

Le Petit Nice Passédat, qui existe depuis 1917, est l'un des établissements les plus réputés de la ville. Seul *Relais & Châteaux* de la ville, cette villa néo-grecque possède une vue époustouflante sur le large. Contempler la vue imprenable, prendre des bains de soleil, se baigner en bord de mer et/ou dans la petite piscine chauffée vous feront oublier l'agitation de la ville. Un cadre raffiné, des chambres classiques, spacieuses, d'où vous pourrez entendre le clapotis des vagues !

RADISSON BLU HOTEL MARSEILLE VIEUX-PORT**** €€€

38-40, quai de Rive-Neuve (7e) ✆ 04 88 44 52 00
www.radissonblu.fr/hotel-marseille
La Clef Verte. Ouvert toute l'année. Accueil 24h/24. 189 chambres. Chambre double dès 150 €. Petit-déjeuner 25 €. Wifi.

Sur la rive gauche du Vieux-Port, le Radisson est un bel hôtel au style contemporain ! 189 chambres modernes, toutes équipées des dernières technologies, dont certaines, avec vue sur le port. Situé au premier étage, le solarium offre également une vision panoramique. L'hôtel possède 11 salles de réunion. Radisson vous invite à jouer les VIP avec les prestations suivantes : piscine, salle de fitness, badminton... Un Brunch est également proposé le dimanche. Une adresse à privilégier !

LA RÉSIDENCE DU VIEUX-PORT**** €€€

18, quai du Port (2e)
✆ 04 91 91 91 22
www.hotel-residence-marseille.com
Accueil 24h/24. Chambre double de 160 à 176 € ; suite de 200 à 320 €. Petit déjeuner buffet : 18 €. Accès PMR.

Ce grand hôtel emblématique au style *arty*, épuré et design, proposent des chambres, suites et appartements climatisés, possédant un balcon et donc une vue superbe sur le Vieux-Port. Des chambres sans vue sont plus accessibles pour les petits budgets désirant tout de même jouir son emplacement idéal. Service de haut standing et personnel très à l'écoute. Profitez de la brasserie pour boire un verre et grignoter en admirant la vue sur la Bonne Mère !

MAISON DORMOY €€

43, rue Marx Dormoy (4e)
✆ 07 88 50 42 72
www.maisondormoy.com/fr
Accueil 24h/24. 6 chambres. Chambre double de 65 € à 120 € ; suite de 130 € à 160 €. Petit déjeuner : 12 € (en chambre).

© MAISON DORMOY

Situé dans le quartier très vivant des Cinq-Avenues, non loin du centre, tout en étant au calme, ce séduisant hôtel saura vous combler pour votre séjour marseillais. Le charme de l'hôtel particulier d'autrefois a été conservé par Isabelle, la gérante des lieux, et ce, dès le hall d'entrée. Les chambres allient confort et décoration moderne. Un joyau intimiste trois étoiles, inscrit dans une véritable démarche écoresponsable, voulue par Isabelle. Le petit-déjeuner, très généreux, varie en fonction des saisons. Une vraie perle !

SOFITEL MARSEILLE VIEUX PORT***** €€€

36, boulevard Charles-Livon (7e)
✆ 04 91 15 59 00
Accueil 24h/24. 134 chambres. Chambre double dès 335 €. Parking. Wifi gratuit. Restauration. Hammam, sauna.

Le Sofitel Vieux-Port est un des hôtels les plus luxueux de la ville. En surplomb du Vieux-Port, la vue panoramique, que ce soit depuis les parties communes ou depuis les différents restaurants très réputés, est à couper le souffle. La plupart des chambres bénéficient de la même vue, en plus d'être confortables et spacieuses. Certaines sont dotées d'une terrasse. La qualité du service est digne d'un 5 étoiles. Petites attentions ponctuent votre séjour.

BOUCHES-DU-RHÔNE

BIG FERNAND €€

41, Boulevard Michelet (8e)
✆ 04 88 60 04 55
Ouvert tous les jours midi et soir. Menus de 15,50 à 18,50 €. Menu enfant 12 €. Livraisons.

C'est au dernier étage du centre commercial Prado que vous trouverez le spécialiste du « hamburgé » à la française. Thierry et son équipe vous attendent pour un moment de gourmandise. Le menu présente des burgers aux noms bien franchouillards, composés d'ingrédients de qualité : le Bartholomé à la Raclette, le Paulette au poulet et au Picodon, le Victor au Veau et à la fourme d'Ambert... Les sauces sont maison et goûteuses. Grosses affluences les soirs de match au Vélodrome voisin, mais service efficace et rapide. Commande en ligne et livraison possible.

YO ! STREET FOOD €

15, rue Louis Maurel (6e)
✆ 04 91 81 98 25
Ouvert du mardi au samedi de 12h à 16h. Apéro street le vendredi jusqu'à 21h. Terrasse. Menus de 10 à 16 €.

Avec Yo !, vous allez revoir tous vos principes sur la « street food ». Ici, oubliez tout de suite l'idée même de « junk food », les spécialités concoctées par Jules et Carine côtoient la perfection. Le sourcing est local. Le pain provient du fournil Notre-Dame de Ludivine, les fruits et légumes d'une plateforme paysanne, le fromage de l'Art de la fromagerie... Ce sont tous les acteurs marseillais qui se retrouvent ici. Choix de hot-dog, tartelette courgettes ricotta ce jour-là, club sandwich à base de pain de mie japonais, burger du jour et même plat du jour.

CHEZ FANNY €

27, Grand'Rue (2e)
✆ 04 91 44 25 85
Ouvert du lundi au vendredi de 9h à 22h30. Menus de 8 à 10 €. Sandwichs et burgers seuls de 5 à 6,80 €. A emporter.

Manger sur le pouce, un sandwich qui plus est, n'est plus synonyme de fast-food indigeste. Et ce, grâce à ce snack installé à deux pas du port et du Panier. Une carte composée de sandwichs et burgers qualitatifs et goûteux. Nous avons opté ce jour-là pour le bibimbap : un effiloché de bœuf au soja, des concombres, de la salade, le tout dans un morceau de baguette croustillante. Seuls les desserts sont un peu décevants et mériteraient plus de considération. Accueil très sympa, clientèle jeune et du quartier. Pour le prix, on en redemande. Coup de cœur !

ARROSOIR €

57, Boulevard des Dames (2e)
✆ 09 54 22 65 71
http://arrosoir-marseille.com/
Du lundi au samedi de 8h à 16h. Bol Végan 8,50 €. Supplément viande ou poisson 5 €. Petit déjeuner. Dessert 3,70 €. Bio.

Oh la belle adresse saine et gourmande que voilà ! L'endroit idéal pour déjeuner ou simplement prendre un café, dans une jolie atmosphère de cantine verdoyante. Ici, tout est bio, local et maison. On ne transige pas avec la qualité des produits et on innove chaque jour avec une base de bol végan qui change au gré des humeurs et des envies en cuisine. Ce midi-là, nous avons adoré la base blé, fruits secs, courgettes, fenouil, patate douce agrémentée de poulet mariné au citron. Copieux et délicieux. Belle petite terrasse. Pas de chichi et accueil adorable.

LES FRÈRES BRIOCHES €

35, rue Vacon (1er)
✆ 09 62 58 39 18
Du lundi au samedi de 12h à 22h. Formules de 10 à 13 €. Sandwichs seuls de 9 à 11 €. Grilled cheese 5 à 7 €.

Un nouveau concept apparu à la fin de l'année 2021 en plein centre-ville de Marseille : les frères Brioches, comme le nom l'indique, ont une passion dévorante pour la brioche. Encore plus lorsqu'elle est bio et artisanale, et qu'elle devient sandwich, garnie de pulled pork, de bœuf teriyaki, de crevettes curry mayonnaise ou encore de houmous à la betterave en version végétarienne. Une rencontre étonnante alliant douceur de la brioche et saveurs relevées des préparations maison. Le sandwich est servi chaud passé à la presse. Délicieusement addictif.

BARBOT FISH & FOOD €€

23, rue de la République (2e)
✆ 06 17 18 33 70
Du lundi au samedi le midi ; du jeudi au samedi le soir. Burger au poisson de 12 à 15,50 €. Aïoli du vendredi 15 €.

Ouvert au printemps 2021 sur la rue de la République, ce petit restaurant tenu par Yannick et Antony, est spécialisé dans la street-food de poissons. Au menu, des burgers fameux dont le signature, le « Barbot », au poisson pané au panko maison, sauce tartare, ou encore le « béou » que nous avons adoré, aux supions frits, ail et persil et sauce aïoli. Le tout servi avec des frites fraîches. Un régal. Les amateurs de fish & chips seront ravis également et le vendredi comme le veut la tradition, on sert l'aïoli au Barbot. Belle adresse.

LES BAVARDS €

25, rue Glandevès (1er)
✆ 04 65 97 66 10
www.bouillonnerie.com/lesbavards/
Du mardi au samedi le midi. Vin au verre. Entrées 3,50 €, plats de 11,50 à 13,50 €. Desserts 3,90 €. Terrasse.

Quelle belle surprise que ce bouillon d'un nouveau genre à Marseille, installé dans le quartier de l'Opéra. Une petite adresse encore discrète qui ne le restera pas, tant on aime s'attabler ici pour apprécier une cuisine bistrot franchouillarde réconfortante, à prix très doux. Les classiques de la maison : purée saucisse, croque-monsieur, aïoli (on est à Marseille tout de même)... En entrée, œufs mayonnaise, poireaux vinaigrette... C'est bon, c'est simple, c'est goûteux. Tout ce qu'on aime. Service attentionné. Petite terrasse sympa.

BELLEVILLE-SUR-MER €

18, boulevard Montricher (4e)
✆ 06 64 37 18 71
Du lundi au dimanche de 8h à 22h. Carte : 25 € environ. Entrées de 6 € à 9 €. Desserts de 6 € à 8 €.

Tout à côté du parc Longchamp et de son parc, l'adresse qu'il vous faut et où l'on adore retourner. Depuis quelques années, on nous y régale d'une cuisine bistrot française délicieuse. Le menu se décline à l'ardoise. Quelques propositions fraîches et de saison. Des plats qui deviennent tapas à partager en soirée pour un apéro de fin de journée mémorable. On aime aussi bien le service sympathique que les petites attentions qu'on peut vous accorder. Public local et jeune, ambiance conviviale. Une adresse futée, encore et toujours indétrônable.

LA BOÎTE À SARDINE €

2, boulevard de la Libération (1er)
✆ 04 91 50 95 95
www.laboiteasardine.com
Ouvert du mardi au samedi le midi ; le jeudi et le vendredi le soir. Réservation recommandée. Vin au verre.

Quelle bonne pêche avec cette Boîte à Sardine ! Fabien, Nico et Cie vous accueillent dans un lieu, original et convivial, et un brin burlesque avec ses grandes affiches et peintures, ses centaines de boîtes de sardines, gilets de sauvetage, filets et lampes de pêcheurs. Ici, on mange sur le pouce, en solo ou entre amis, au comptoir ou à table. Choisissez directement votre poisson frais sur l'étal, et pendant sa préparation et cuisson, régalez vous de pistes (petits calamars) et anémones en beignet pour l'apéritif, suivis de clovisses et couteaux. Un grand bravo !

LA CRÉMAILLÈRE €

11, boulevard René-Cailloux
SAINT-VICTORET
✆ 04 42 79 60 90
www.resto-lacremaillere.com
Ouvert du lundi au samedi le midi ; le samedi soir. Midi : formule 15 ou 17 €. Le soir : menu à 28 €.

L'établissement, lové dans un décor typique et chaleureux, une ancienne ferme des années 1960, est un concentré d'âme provençale. Depuis les tableaux jusqu'aux boutis qui nappent les tables en bois en passant par la cheminée et le mobilier, tout y est. Dans l'assiette, une cuisine typique de la ferme, des plats qui changent tous les jours au gré des produits de saison. L'accueil est très sympathique et les prix très corrects. Un excellent rapport qualité-prix, une adresse familiale recommandée sans la moindre hésitation par le Petit Futé.

LA DETENTE €

29, boulevard National (1er)
✆ 04 91 64 45 95
Du lundi au samedi le midi. Formule du midi : 17 € (buffet d'entrées, plat, dessert et vin). Plat du jour 11 €.

Restaurant convivial situé entre la gare Saint-Charles et le quartier Longchamp. L'accueil est sympa et l'on sent que le restaurant est fréquenté et sollicité par les habitués. Carte variée de cuisine française, salades, faux-filet grillé, carpaccio, burger maison et un plat du jour qui ce jour-là était un lapin à la moutarde. Buffet d'entrées à volonté. La formule comprend le 1/4 de vin et même un verre en apéritif. Bon rapport qualité prix. Ce n'est pas 100 % fait maison pour autant mais le prix l'explique sans doute. Cela reste copieux et une bonne cantine.

L'EAU A LA BOUCHE €

120, corniche Kennedy (7e)
✆ 04 91 52 16 16
www.pizzerialeaualabouche.fr
Du mer au dim le midi et le soir. Carte 14,50 € environ. 2 à 3 € de moins à emporter ! Terrasse. Vente à emporter.

Une des meilleures pizzas de la ville. On peut déguster « la pizze » sur place, dans la petite salle à l'étage, sur la petite terrasse à deux pas de l'entrée de Malmousque, ou rapporter la belle italienne à la maison ou même à la plage. L'eau à la bouche… Donc vous comprendrez que si vous patientez un peu, parfois beaucoup, pour déguster votre plat c'est certainement parce qu'ici il y a souvent du monde, mais c'est aussi parce que Emmanuel Salze et son équipe soignent chaque commande. Pizza végétarienne, aux fruits de mer, antillaise, arménienne…

FLOCON DE THÉ €

1, rue Molière (1er) ✆ 07 67 93 94 88
www.flocondethe.fr

Du mardi au dimanche de 11h à 18h. Plat du jour : 10 €. Autre adresse : 2, rue Fontange (6e) 09 81 14 50 95.

Intérieur lumineux, une équipe souriante et une terrasse déployée au soleil avec vue imprenable sur l'opéra. On vient ici déguster une carte de thés exclusivement bio, des bubble-teas et des thés glacés parfumés. Côté repas, le sandwich emblématique de la street-food vietnamienne, le banh mi, bien garni et relevé, dans une baguette croustillante. Votre cœur balancera éventuellement pour un bo-bun ou le plat du jour qui ce jour-là était des crêpes vapeur farcies à la viande. Une autre façon de manger vietnamien, sans tomber dans le cliché du restaurant désuet.

GILBERTE & MARGUERITE €

99, rue de la République (2e)
✆ 04 95 09 15 20

Ouvert du lundi au vendredi de 7h à 16h. Le samedi jusqu'à 14h30. Formule midi 12 €. Plat du jour 10,90 €.

Dans ce restaurant servant petits-déjeuners gourmands et déjeuners sur le pouce, vous prendrez place dans une ambiance salon de grand-mère revisité et modernisé. Salade, quiche maison, sandwichs et bagels, un plat du jour et une soupe du jour pour varier les plaisirs, le tout sur place ou à emporter. Que dire des gourmandises maison, la tartelette aux pralines est divine. Les prix sont raisonnables et la qualité au rendez-vous. Accueil très sympa. Ce midi-là, on a adoré le dhal de lentilles et lait de coco avec pois chiches. Foncez !

MAISON GENEY €

38, rue Caisserie (2e)
✆ 04 91 52 44 82
www.maisongeney.com

Du mardi au samedi de 8h15 à 19h30. Salade et sandwich 6,50 €. Focaccias dès 3,90 €. Plat du jour 8,50 €.

C'est au pied du Panier que Manon et Étienne vous accueillent dans ce cocon coloré au style *vintage* et moderne à la fois. Une adresse sucrée-salée, acidulée, avec une carte fraîche qui change quotidiennement. Pour le petit-déjeuner, Étienne vous concocte une multitude de douceurs maison : quatre quart, cake, cookies, fromage blanc que l'on peut accompagné de granola et jus de fruits frais. Pour la pause du midi, la carte propose plat du jour, salades, focaccias et sandwichs à manger sur le pouce. Fraîcheur et qualité sont au rendez-vous. Service en continu.

O' FANETTE €

11, Place Notre-Dame-du-Mont (6e)
✆ 09 52 19 80 26

Ouvert du lundi au samedi le midi ; du jeudi au samedi le soir. Carte : 28 € environ. Plats de 13 à 20 €. Terrasse.

Une belle adresse à deux pas du Cours Julien. L'accueil et le cadre sont sympathiques. Dans l'assiette, une ribambelle de suggestions à l'ardoise : salade César et poulet crispy, un bibimbap *made by* Fanette, un fish bowl sur une base de riz japonais, un bowl végétarien et un de saison, un tartare de crabe et de thon, un burger Fanette traditionnel et même une option végane, un tataki de bœuf à la truffe ou encore une burratina sur coulis de poivrons ! Tout est bon, tout est frais ! Chez O'Fanette, en salle ou en terrasse, on adore !

LES AKOLYTES €€

41, rue Papety (7e) ✆ 04 91 59 17 10
www.lesakolytes.com

Du lundi au samedi le midi et le soir. Formule midi : 18,50 €. Plat du jour à 12,50 € (18,50 € avec café gourmand)

Une jolie salle à la décoration mi-industrielle mi-salle à manger, avec quelques plantes verdoyantes qui agrémentent un décor réussi. Cette adresse idéalement située face aux Catalans est une des meilleures adresses du coin. Une cuisine méditerranéenne sans pareille, servie en petits plats à additionner selon sa faim. Des panisses ou une assiette de saucisson aux truffes pour la « Kémia » (les tapas d'Afrique du Nord), puis crumble de sardines au parmesan, couteaux grillés à la plancha... Du pur régal approuvé par le Petit fûté ! Que dire de la vue sur la plage !

CHEZ ALDO €€

28, rue Audemar-Tibido (8e)
✆ 04 91 73 31 55
www.restaurant-chez-aldo.com

Ouvert du mardi au samedi le midi et le soir ; le dimanche midi. Bouillabaisse ou bourride sur commande (48 €).

Ce n'est pas la Madrague de Brigitte Bardot, mais le port de la Madrague de Montredon n'a rien à lui envier ! Pittoresque et authentique, c'est un lieu apprécié. Et pourquoi ne pas y manger un morceau ? Chez Aldo, institution du coin depuis 1964, vous proposera une belle terrasse avec vue sur le large. Spécialités de poissons fraîchement pêchés, pizzas et grillades au feu de bois, un vrai plaisir. Homards, langoustes et poissons sauvages sont proposés selon les arrivages. Un vrai gage de fraîcheur. Une adresse encore et toujours recommandée par le Petit Futé.

LES AMATEURS €€

1, rue Méry (2e) ✆ 04 91 91 77 37
https://restaurantlesamateurs.fr/
Tous les jours midi et soir. Formule midi : 20 €. Tapas du soir de 4 à 10 €. Plateau de fruits de mer à partager 70 €.

Le nouveau repère des amateurs de fruits de mer ! Un superbe petit bâtiment design, une belle terrasse ensoleillée ou dans un intérieur cosy. On y déguste des bulots, huîtres et crevettes à toute heure. Des formules sympas permettent de déguster vos huîtres avec un verre de vin blanc. Le midi, les plats à l'ardoise proposent une cuisine bistrot pointue et le soir, on picore sous forme de tapas sophistiqués comme des crevettes saisies au piment fumé sauce maïs ou une poêlée de coques de Méditerrannée en persillade. Belle carte et beau choix de vins.

LA BAIE DES SINGES €€

Chemin des Croisettes (8e)
✆ 04 91 73 68 87
www.la-baie-des-singes.fr
Ouvert d'avril à octobre. Ouvert tous les jours le midi et le soir. Réservation recommandée. Terrasse. Plage privée.

La Baie des singes c'est un peu le bout du monde. Une fois sur place, vous apprécierez le calme de ce lieu, en plein cœur des calanques. Mieux, vous allez prendre un délicieux repas. A la carte, soupe de poisson, poêlée de seiches à la provençale, ravioles de homard au piment d'Espelette, filet de bœuf grillé au poivre mignonnette, loup, daurade, rouget, gambas sautées façon baie des singes... Les spécialités de la maison, à commander 24h à l'avance sont la trilogie de crustacés dont la recette est gardée secrète et la fameuse bouillabaisse marseillaise.

BISTROT GEORGES €€

115, boulevard Chave (5e)
✆ 09 84 30 53 28
Du mardi au samedi de 8h à 21h30. Plats principaux entre 14 et 18 €. Desserts 6 €. Terrasse. Petit-déjeuner 5 €.

Georges, le bistrot du coin qu'on adore. Service jeune et dynamique, cuisine fraîche et inspirée. La terrasse, reconnaissable à sa couleur jaune, superbement ensoleillée, est un lieu idéal pour déjeuner. Les plats du jour changent chaque jour. Ce midi-là, pressé d'épaule d'agneau partageait la carte avec un lieu jaune et sa fondue de poireau. Le soir, on déguste ici quelques tapas maison avec un verre, dans une bonne ambiance animée et jeune : houmous maison, velouté d'asperges vertes et burrata ou encore œuf mimosa, estragon et œuf de truite.

LE PETIT RESTO €€

2, Place Jean Jaurès (1er)
Ouvert du lundi au jeudi de 9h à 16h ; le vendredi et le samedi de 9h à 22h ; le dimanche de 9h à 17h. Carte : 30 € env.

Une belle terrasse ensoleillée qui se déploie sur une place Jean Jaurès rénovée, à l'angle de la rue Saint-Savournin. C'est là que Myriam nous régale depuis dix-sept ans, désormais avec un petit restaurant agréable qui propose une cuisine maison aux accents du Sud. Les plats alléchants changent souvent et sont présentés à l'ardoise : pot-au-feu traditionnel, daube de poulpes, blanquette ou lasagnes au potimarron, magret de canard fumé et gorgonzola. En dessert, nous nous sommes régalés d'une crêpe Suzette. C'est généreux et les prix sont doux. Superbe adresse !

© LE PETIT RESTO

© LE PETIT RESTO

BOUCHES-DU-RHÔNE

BISTROT O'PRADO €€

1, boulevard Périer (8e)
✆ 04 86 12 87 76

Ouvert du lundi au vendredi midi et soir. Suggestions du jour entre 14,50 et 19 €. Desserts 6 €.

Un restaurant bistronomique où déjeuner dans la jolie salle animée ou sur la terrasse ensoleillée donnant sur le Prado. L'accueil est très sympa, naturel et attentionné. Côté assiette, rien que du fait maison. Des suggestions qui changent quotidiennement et très bien présentées par le serveur. Ce midi-là, nous avons craqué pour du boulgour façon taboulé aux tentacules d'encornet, stracciatella, agrumes et fruits de la passion. Généreux et acidulé, un régal. La cuisine ouverte à l'intérieur est un gage de confiance ! Adresse excellente que l'on adore.

BOBOLIVO €€

29, rue Caisserie (2e)
✆ 04 91 31 38 21
www.bobolivo.fr

Du lundi au vendredi midi et soir. Le samedi soir. Formule midi 18 €. À la carte, compter 28 € par personne.

Derrière le Vieux-Port, le Bobolivo c'est une jolie salle rouge au style bistro, et une terrasse pour la belle saison. À l'heure du repas ou de l'apéro, profitez des entrées à partager : croquettes de kiri, croustillants de gambas, sardines grillées, camembert braisé au 51 et moules en persillade... Les spécialités de la maison : les grillades au feu de bois. Vous pourrez également apprécier de délicieuses pizzas au feu de bois et des desserts délicieux. Une adresse qui ne se dément pas année après année, l'assurance de bien manger au Panier.

AU BOUT DU QUAI €€

1, avenue de Saint-Jean (2e)
✆ 04 91 99 53 36

Du mercredi au lundi midi et soir sauf dimanche que le midi. Suggestions entre 25 et 30 € selon arrivage du jour.

Un petit coin de blancheur immaculée au bout du Vieux-Port. Une belle table qui laisse la part belle aux produits de la mer, ultra frais, selon les arrivages du jour. Ici, on propose des suggestions à la carte, variant quotidiennement. Amateurs de poissons et crustacés, vous serez dans votre élément avec une soupe de poisson ou des supions en persillade en entrée, des poissons différents tous les jours mais aussi des pieds et paquets pour ceux qui ne raffolent pas des produits de la mer. Les desserts maison sont délicieux. Une belle adresse assurément.

LA CANTINETTA €€

24, cours Julien (6e) ✆ 04 91 48 10 48
www.restaurantlacantinetta.fr

Maître Restaurateur. Ouvert du lundi au samedi le midi et le soir. Réservation obligatoire. Patio. Carte : 35 € environ.

Quelle merveille ! De l'entrée au dessert, tout n'est que délicatesse, saveurs et superbes produits. Bravo à Pierre-Antoine Denis et Stéphanie Nardoca de maintenir cette excellence après tant d'années de succès. On ne déroge pas avec le goût. La carte, déclinée sur une ardoise, change chaque semaine et est présentée par votre serveur. Craquez pour une divine burrata, des linguines aux palourdes savoureuses ou un ragoût napolitain maison. Finissez sur une note sucrée et cet incroyable pain perdu de panettone et sa glace aux amandes. Un vrai voyage des papilles !

LA CAPITAINERIE DES GOUDES €€

20, rue Désiré-Pellaprat (8e)
✆ 04 91 79 42 17

Tous les jours et les jours fériés le midi de 12h à 14h et le soir de 19h30 à 22h. Carte : 45 € environ par personne.

L'emplacement fait rêver. C'est avec une vue superbe sur le port des Goudes que vous pourrez apprécier les délicieuses recettes de fruits de mer et de poissons de la maison. Pendant que Laurent est aux fourneaux en train de travailler des produits locaux et frais (ici pas de menus, tout est à l'ardoise), c'est Antoine qui nous accueille dans un restaurant au cadre aéré. Pour tous les amoureux du sucré, vous pourrez vous régaler avec les pâtisseries d'Amandine.

LE CARIBOU €€

38, place Thiars (1er)
✆ 04 91 59 05 17

Ouvert tous les jours de 8h à 2h. Plats de 14 à 20 €. Planches de 12 à 26 €. Terrasse. Brunch 14 €.

Institution marseillaise créée au début des années 1940 et fermée en 2016, Le Caribou a récemment rouvert ses portes sous l'impulsion d'une jeune et talentueux duo d'entrepreneurs. Décoration cosy avec fauteuils et lumières chaudes, éléments clins d'œil au fameux animal canadien. Dans l'assiette, du traditionnel amélioré comme ce fabuleux aïoli aux légumes d'automne que nous avons dégusté, mais aussi de la cuisine dans l'ère du temps avec un tataki de boeuf Angus ou un sashimi de daurade. Belles planches à partager. Brunch le week-end.

CATERINE €€

27, rue Fontange (6e)
✆ 04 91 67 72 85

Du mardi au samedi le midi. Carte : 30 € environ par personne. Propositions à emporter.

Sobrement appelé Caterine, la nouvelle adresse de la désormais renommée cheffe Marie Dijon a été un de nos coups de cœur 2021. Associée cette fois à deux acolytes, celle que l'on a connue au Trois-Quarts et au Grain de Sel nous régale encore et toujours de sa virtuosité et de sa vision novatrice de la cuisine. Une vraie appétence pour les produits de la mer, de saison et une ambiance cantine que l'on adore. Fait original, on s'installe en self-service ce qui n'empêche pas un service des plus souriant. Déco épurée, coin épicerie et patio caché.

CÉDRAT €€

81, rue Breteuil (6e)
✆ 04 91 42 94 41
www.cedrat-restaurant-marseille.com

Ouvert du lundi au vendredi (sauf lundi et mercredi soir). Carte : 36 € en moyenne par personne. Patio.

Superbe adresse bien connue des fins gastronomes. Ancien du Petit Nice et d'Albertine, deux adresses de Gérald Passédat, Eric Maillet oeuvre ici pour le bonheur de nos papilles. Le menu varie au fil des saisons et change toutes les trois semaines. La cuisine est de haut-niveau, sans tomber dans le pompeux. L'accent est avant tout mis sur le goût, la présentation, le produit brut. C'est délicieux, maîtrisé et présenté par une équipe des plus attentive à vos envies. Carte de cocktails de haute volée en collaboration avec bar Gaspard.

LA CIERGERIE €€

8, rue de Lodi (6e)
✆ 06 58 44 20 89

Du mardi au samedi le soir, du mercredi au samedi le midi. Carte : 38 €. Plats de 16 à 24 €. Desserts 8,50 à 9,50 €.

Une nouvelle adresse du désormais très culinaire quartier Notre-Dame-du-Mont. La Ciergerie, c'est un petit restaurant installé dans une ancienne fabrique d'objets cultuels, d'où l'appellation. Un intérieur soigné et design, des assiettes au visuel élégant et appétissant, on est ici face à une adresse en passe de devenir incontournable pour les fins gourmets marseillais. Chaque mois un nouveau menu, quelques suggestions bien senties : blanquette de veau traditionnelle, filet de boeuf en croûte aux marrons ou filet de rouget brocolis et banane. Epatante nouveauté !

LE BISTRO VÉNITIEN CHEZ MARIE €€

29 cours Julien (6e)
✆ 04 91 47 34 34
https://lebistrovenitien.com/

Gluten-free et vegan friendly. Ouvert du mardi au samedi de 19h à 0h. Vin au verre. Terrasse.

© BISTRO VÉNITIEN CHEZ MARIE

Installé dès 1992 au Cours Julien, cette adresse est unique. L'intérieur très chaleureux et l'ambiance est conviviale, insufflée par la patronne. Le chef maîtrise la cuisine italienne et la cuisine traditionnelle française. Etonnante rencontre sur la carte, on n'oubliera pas bien sûr les succulentes pizzas au feu de bois. Il y en a pour tout le monde et même pour ceux qui souffrent d'allergies alimentaires ou intolérants au gluten, il suffit de le mentionner à Marie.

COPAINS €€

93, rue de Tilsit (6e)
✆ 09 53 60 99 91

Du lundi au samedi le midi et le soir. Menu unique à 38 €. Vin au verre. Le midi formules de 20 à 25 €. Cave à vin.

Avec un nom pareil et une belle façade comme celle de ce restaurant, tous les ingrédients sont réunis pour avoir envie de s'attabler dans ce nouveau lieu ouvert en 2021 dans un quartier Lodi toujours plus effervescent. Aux manettes, un jeune duo talentueux nous invite à revoir nos classiques de la gastronomie française en version modernisée et travaillée. Le menu découverte est une belle invitation à s'initier à la cuisine savoureuse de Copains. Ris de veau pané, une déclinaison de courges, rôtie, crue, en pickles, en purée, en graines accompagnées de sanguins.

CÔTÉ RUE €€

14, rue Saint-Pons - Place de Lenche (2e)
✆ 04 91 90 66 36
https://coterue.eatbu.com
Ouvert le lundi et du mercredi au vendredi le soir, samedi et dimanche le midi et le soir. Tapas gourmands de 6 à 12 €.

Côté Rue, une adresse à retenir ! Ce sont de bonnes recettes familiales marseillaises ou provençales. On se régale de bons tapas sophistiqués, bien cuisinés et à partager généreusement avec vos convives : houmous au citron confit, brochettes d'agneau façon kefta, sardines aigre douce, poutargue de Martigues sur mousseline de céleri ou encore brandade de Nîmes. De bons vins à découvrir. Et pourquoi ne pas se laisser aller à un « fou de chocolat » pour clore votre repas. On aime l'esprit de cette terrasse dans une petite ruelle typique du Panier.

GIGI BOUILLON €€

11, Cours Julien (6e)
✆ 09 85 00 76 28
Ouvert du mardi au samedi le midi et le soir. Pas de réservation possible. Carte : 32 € environ. Vin au verre.

Nouvelle adresse, très en vue depuis son ouverture au printemps 2021. C'est l'équipe du Parpaing qui flotte (et donc du Bambino) qui est à l'origine de sa création. Des tables avec nappes à carreaux, un grand comptoir, un côté bistrot bouillon. Dans l'assiette, de bons plats concoctés à partir de produits importés d'Italie. Une burrata des Pouilles comme on en trouve peu dans la ville, un très bon tartare de gambas et daurade, des lasagnes de canard, des gnocchis au gorgonzola et citrons confits... Certains plats se déclinent en demi-portion. Excellent !

L'ESCALIE €€

80, cours Julien (6e)
✆ 04 86 97 68 99
Ouvert du mardi au samedi le midi et le soir. Plat du jour viande ou poisson 21 €. Chèque Restaurant. Terrasse. Brunch.

L'Escalié, c'est le restaurant à ne pas louper si vous passez au cours Julien. Installez-vous dans l'une des deux belles salles ou sur sa terrasse ensoleillée. Dans l'assiette, du frais et du fait-maison. Le soir, des tapas élaborés à partager : ravioles de crabe, tartelette girolles ou arancini figatelli brousse. Chaque jour, une suggestion du jour en viande et en poisson. Côté dessert, ne manquez pas le « snickers » détonant, à moins que votre choix ne se porte sur une brioche perdue. On adore l'ambiance bucolique de la terrasse, joliment mise en scène.

GIORGIA €€

45, rue Sainte (1er)
✆ 04 86 777 572
www.giorgia-marseille.fr
Ouvert du mardi au samedi le soir ; du mardi au vendredi le midi. Terrasse. Carte : 38 € environ par personne.

Décoration style industriel, meubles *design* et mur végétal... L'accueil est chaleureux et le personnel à l'écoute, prêt à répondre à toutes vos questions. A la carte, la burrata et la truffe sont à l'honneur avec la salade Giorgia, la burrata des Pouilles ou encore les gnocchis à la truffe et au gorgonzola. Les incontournables de la maison : le burger du Giorgia sauce truffe, le risotto de la nonna ou les rigatonis de Pablo. En accompagnements, gnocchis, purée à la truffe, légumes marinés... Giorgia, un véritable coup de cœur du Petit Futé.

FINECOCOTT €€

8, rue Lafon (6e)
✆ 06 61 71 81 83
www.finecocott.fr
Du mardi au samedi le midi. Le jeudi et vendredi soir. Mardi, bokits dès 7 € (9,50 € en formule). Carte : 28 €.

Chez Finecocott', on cuisine frais et maison, des plats d'inspiration caribéenne et réunionnaise. Des saveurs légèrement acidulées, fraîches et sucrées-salées comme cette salade de chiktay poulet et ses bananes plantain, ananas et poivrons. Le mardi, spécialité de bokits avec pain maison, à la morue ou au poulet, servi en assiette avec des frites de manioc et patate douce. Ambiance musicale sympa, service souriant, on s'y sent vite très bien. Le rougail saucisse nous a ravis, le flan coco maison en dessert nous a permis de finir en beauté. Belle découverte !

GREEN LOVE €€

22, boulevard Louis-Salvator (6e)
✆ 04 88 86 82 75
www.greenlove.fr/
Gluten-free friendly. Ouvert du jeudi au dimanche midi et le vendredi soir. Burgers VG dès 13 €. Desserts dès 3 €.

Décor lumineux, Green Love, située dans le sixième arrondissement, est une cantine végétale qui porte bien son nom. Les produits sont frais, de saison, et cuisinés chaque jour sur place. Une belle carte de burgers pour tous les goûts (au tofu et seitan façon poulet, en classique ou à la japonaise, ou encore le marocain au steak de pois chiches) et des desserts maison gourmands dont certains crus et sans gluten. L'accueil est chaleureux et professionnel. On adore aussi la petite épicerie qui vous propose fromages, chocolats et cosmétiques.

LA GROTTE €€

1, avenue des Pébrons (8e)
✆ 04 91 73 17 79
www.lagrotte-13.com
Du lundi au dimanche le midi et le soir. Réservation recommandée. Carte : 40 € environ. Suggestions de 14,50 à 32 €.

Nichée dans la petite calanque de Callelongue, vous ne pourrez pas passer à côté de la Grotte. L'intérieur est richement décoré de style rococo. La terrasse extérieure donne sur la calanque et offre un cadre exceptionnel pour déguster une cuisine marseillaise pleine de saveurs. Le service est pro, l'accueil cordial. Rien à redire, la qualité est là. Carpaccio d'artichauts, ceviche de daurade, assiette de beignets de fleurs de courgettes puis coquillettes, jambon, truffe et comté, cœur de thon rouge façon tataki ou encore aïoli de poulpe grillé. Superbe !

LES JARDINS DU CLOÎTRE €€

20, Boulevard Madeleine Rémusat (13e)
✆ 04 91 12 29 42
https://lesjardinsducloitredemars.fr/
Du lundi au vendredi le midi. Entrées 8 €, plats 23 €, plat signature 28 €. Accueil des groupes. Jardin. Animations.

Un lieu étonnant dans un cadre envoûtant. Une table de renom, engagée écologiquement, créée début 2019, déjà récompensée par une Assiette Michelin. Installez-vous dans le cadre bucolique de verdure de ce cloître historique du Nord de la ville et dégustez une cuisine fraîche, diverse et inspirante. Chaque jour, l'ardoise propose de nouveaux plats à prix doux. Le lieu a une véritable vocation sociale et éducative avec un nombre important de jeunes formés au numérique et à la restauration, sous l'égide des chefs Michel Portos et Arnaud Castagnède. Brillant !

CÔTÉ SUD €€

28, rue du Maréchal Fayolle (4e)
✆ 04 91 85 80 80
Du lundi au samedi le soir ; du lundi au vendredi le midi. Formules de 13,50 à 17 €. Plat du jour 9,50 €. Carte : 30 €.

© CÔTÉ SUD

Derrière une façade sans prétention, Sylvie vous accueille avec gentillesse et vous invite à déguster sa cuisine savoureuse d'inspiration méditerranéenne. Dans l'assiette, croustillant de chèvre, tatin de légumes pour commencer… Pavé d'agneau pané au pain d'épices pour continuer, à moins que vous ne craquiez pour un dos de colin à la crème de chorizo. Pour finir sur une note sucrée, nous vous recommandons la pavlova poire caramel ! Une cuisine simple et efficace et un excellent rapport qualité–prix ! Pensez à réserver car le restaurant n'est pas bien grand.

CHEZ JEANNOT €€

129, rue du Vallon-des-Auffes (7e)
✆ 04 91 52 11 28
www.pizzeriachezjeannot.com
Tous les jours et les jours fériés le midi et le soir. Carte : 35 € environ. Pizzas de 16 à 28 €. Terrasse.

Ce restaurant se situe au fond du petit port du Vallon des Auffes. Vous ne pourrez pas le rater. Sa superbe terrasse donnant sur les bateaux et les cabanons est superbe. Côté restaurant, on a à faire à une adresse prisée des Marseillais depuis des décennies. On vient ici depuis 1949 déguster d'excellentes pizzas au feu de bois, des plats de viande préparés sur place par un boucher mais aussi des suggestions de poissons. Un menu varié qui plaira à tous. Une qualité jamais démentie. Chez Jeannot reste une adresse incontournable pour bien des raisons.

KØZY BISTRØ À VIN €€

152, rue Jean Mermoz (8e)
✆ 04 65 95 41 39
Du lundi au vendredi le midi et le soir ; le samedi soir. Le soir, huîtres, tartines et planches de 7 à 19 €. Terrasse.

Agréable bar à vin installé dans un coin chic, où le soin est aussi bien mis sur l'atmosphère que sur ce qu'on y sert. On vient y déguster des cépages de toutes provenances, avec les conseils avisés du maître des lieux, passionné. En entrée le midi, vous trouverez un étonnant pain danois, le Smørrebrød, un pain malté aux céréales agrémenté de nombreux ingrédients au choix, en végétarien ou non. Côté cuisine sinon, c'est bistrot traditionnel avec gigot d'agneau ou lasagnes ce midi-là. Le soir on accompagne son verre de vin d'huîtres et de tartines.

BOUCHES-DU-RHÔNE

L'AROMAT €€

49, rue Sainte (1er)
04 91 55 09 06
www.laromat.com
Du lundi au vendredi midi. Du mardi au samedi soir. Sur réservation. Formule midi 19 à 24 €. Menu soir de 45 à 65 €.

La réputation de ce restaurant situé à quelques minutes du Vieux-Port n'est plus à faire. La cuisine est régionale et inventive, digne des meilleurs établissements gastronomiques, et élaborée à partir de produits frais et finement sélectionnés. La carte change au fil des saisons et des inspirations du chef mais fait toujours honneur à la Provence et plus largement à la Méditerranée et son patrimoine culinaire. Ici, on savoure une cuisine inventive et audacieuse dans un cadre *cosy*. Une excellente adresse pour une évasion culinaire.

L'ESPLAI DU GRAND BAR DES GOUDES €€

28, rue Désirée-Pelaprat (8e)
04 91 73 43 69 - www.grandbardesgoudes.fr
Jours d'ouverture différents chaque mois, à retrouver sur le site ou en téléphonant. Menus de 42 à 60 €. Terrasse.

L'Esplai du Grand Bar des Goudes régale petits et grands depuis 60 ans ! La famille Tani – propriétaire des lieux – est l'une des plus anciennes sinon la plus ancienne famille des Goudes. Dans l'assiette, des plats obsolètes, du poisson : juste grillé, en bouillabaisse, en bourride. Ne ratez pas le rouget de roche meunière, couteaux marinière, frites de panisse, thon rouge de ligne mi-cuit sauce aux câpres. L'accueil charmant est à la hauteur des lieux. Le chef Christophe Thullier quant à lui, régale.

L'OSTERIA DU PRADO €€

84, avenue du Prado (6e)
04 91 92 98 64
www.losteriaduprado.fr/
Ouvert du mardi au samedi le midi et le soir. Terrasse. Pizzas de 12 à 24 €. Antipasti 8 à 10 €. Plats de 16 à 24 €.

L'Osteria du Prado offre une cuisine italienne de qualité dans un cadre parfait. Pour un déjeuner sur le pouce avant de reprendre le boulot ou pour un repas plus tranquille, c'est l'endroit idéal. Ici, l'ambiance est à la dolce vita, belles tables nappées, plafonds hauts agrémentés de cordes à linge comme à Naples ! De superbes pizzas au feu de bois, de délicieuses linguines aux palourdes. Côté desserts, café gourmand, tiramisu, délicieux. Le service est rapide et efficace. La cuisine est à la hauteur. Une adresse vivement recommandée par le *Petit Futé*.

LOU CHAMBRI €€

16, plage de l'Estaque (16e)
04 91 09 30 98
Ouvert du lundi au samedi le midi, du mercredi au samedi le soir. Formule du midi 14 €. Le soir carte de 14 à 21 €.

L'accueil d'Hélène et Guillaume au Lou Chambri (la cigale de mer, en provençal) est jeune, dynamique et convivial. La belle salle avec poutres apparentes est un ancien garage à voitures transformé. L'assiette s'apprécie à travers ses spécialités : poulpes ou seiches entières grillés à la plancha, cigales de mer, une assiette du pêcheur divine. Les amateurs de viandes ne sont pas oubliés. Le tout accompagné de vins régionaux. Tout est fait maison de l'entrée au dessert. Le plus, un service de traiteur pour réceptions : plus d'informations sur www.maisongaudina.fr

CHEZ MADIE - LES GALINETTES €€

138, quai du Port (2e) 04 91 90 40 87
www.madielesgalinettes.com/
Tous les jours midi et soir. Formule midi 18 €. Menus de 32 à 45 €. Terrasse. Menu enfant 12 €. Bouillabaisse 47 €.

Un restaurant authentique apprécié depuis des décennies. Dans l'assiette, du poisson issu de la pêche locale, des volailles et viandes, ainsi que des abats, avec bien sûr de succulents pieds et paquets. Côté spécialités : bourride, épaule d'agneau laiton piquée à l'ail. Le burger de rougets entre deux tranches de panisses est également épatant. Les deux menus vous permettront un bel aperçu de la cuisine de chez Madie. Côté dessert, coup de cœur pour la crème brûlée à la fleur de thym.

MAISON BOHÈME €€

40, rue Saint-Sebastien (6e)
06 49 10 51 80
www.restaurantmaisonboheme.com
Ouvert du mardi au vendredi le midi et le soir ; le samedi soir ; le dimanche midi. Carte : 42 € environ. Terrasse.

Un joli petit bistrot ouvert en 2019, non loin de Castellane. La salle est assez petite, pensez à réserver. La convivialité est de mise entre les tons chauds de la déco. Dans l'assiette, de jolies propositions à base de produits de qualité : risotto aux truffes, mi-cuit de saumon, coco pulpo ou encore les deux plats signature de la maison : l'imperial Beef et le bœuf, le vrai, à base de tagliata de bœuf. Les assiettes sont élégantes. Le service est sympa et la terrasse charmante. Une adresse très prometteuse de la nouvelle scène culinaire marseillaise.

MAMA SHELTER €€

64, rue de la Loubière (6e)
✆ 04 84 35 20 00

Déjeuner du lundi au samedi. Dîner du lundi au dimanche. Menu déjeuner de 19 à 22 €. Brunch dimanche 39 €. Carte 40 €.

Au sein de l'hôtel idéalement situé à proximité des quartiers marseillais qui bougent, le restaurant du Mama Shelter Marseille offre un cadre idéal pour vos déjeuners rapides (parking offert en semaine) et dîners festifs. La déco de la grande salle est hétéroclite, à l'image des chambres, très branchée pop culture et colorée. Un beau patio ensoleillé complète le tout. Dans l'assiette, des plats fins aux influences méditerranéennes : assiette de mezzés, tentacule de poulpe et baba ganoush à la flamme, burrata crémeuse, saumon caramélisé mariné. Parfait !

LA MARINE DES GOUDES €€

16, rue Désiré-Pelaprat (8e)
✆ 04 91 25 28 76
www.la-marine-des-goudes.wysifeed.fr

Ouvert du vendredi au mercredi le midi et le soir. Réservation recommandée. Carte : 50 €. Terrasse.

Une vue de rêve pour ce restaurant des Goudes. La cuisine est résolument provençale et réalisée selon l'humeur du chef, Patrick Martin. L'arrivage quotidien de poissons des pêcheurs locaux offre une garantie parfaite de fraîcheur pour les produits de la mer, proposés à la carte. Si vous le pouvez, le Petit Futé vous conseille de commander un poisson à partager à plusieurs. C'est comme cela que vous apprécierez le mieux la cuisine du chef, tout s'accordant avec le cadre privilégié qu'offre cet établissement dans ce quartier unique.

BALETTI €€

18, Quai de Rive-Neuve (7e)
✆ 06 03 00 68 36
www.baletti.fr/

Tous les jours de 7h à 2h. Carte : 30 € environ. Petit déjeuner de 10 à 14 €. Choix de tapas en soirée. Terrasse.

© BALETTI

Au milieu des nombreuses adresses qui jalonnent ce côté du port, Baletti se démarque. Une maison à la fois populaire et épicurienne, où franchir le pas de la porte assure un bon moment convivial. En provençal, Baletti signifie bal populaire, fête de village. Un véritable mantra pour le lieu, voué à connecter les gens, faciliter les rencontres, tout en étant festif et accessible. Une belle adresse inscrite dans une démarche écoresponsable nécessaire : produits en circuits courts, cartes de saison, propositions végétariennes et véganes. À découvrir vite !

LES METS DES SAINTES €€

67, rue Sainte (1er)
✆ 04 91 33 46 43
lesmetsdessaintes.fr

Du jeudi au mardi le midi Du jeudi au lundi le soir. Formules midi 17 ou 20 €. Carte : 30 € environ.

Le chef Denis et sa compagne Vanessa vous proposent des spécialités aussi bien traditionnelles qu'exotiques, avec des plats venant des Antilles et de la Réunion. A la carte, magret de canard à la mangue, dos de lieu noir sauce thé noir fumé. En dessert, laissez-vous tenter par un délicieux crumble ananas noix de coco et sa glace vanille ou encore un mi-cuit au chocolat à la fève de tonka. Un vaste choix de cocktails est disponible, ainsi qu'une importante sélection de vins et de digestifs. La décoration est colorée et l'accueil chaleureux.

NICO COQUILLAGES €€

2, boulevard Pont-de-Vivaux (10e)
✆ 04 91 78 89 22
www.nico-coquillages.com

Du dimanche au vendredi de 8h30 à 13h30 et de 17h30 à 20h. Restauration le midi. A emporter. Formules dès 19,80 €.

Cet écailler attachant, spécialisé dans la livraison, permet aussi à ses clients de déguster sur la terrasse extérieure. Cuisine minute : poulpe à la galicienne, couteaux en persillade, moules gratinées, huîtres gratinées, tartare de daurade et plats du jour comme la seiche au lait de coco ou encornets farcis. Côté coquillages et crustacés : huîtres d'exception, oursins de Carry, de Sète, de Galice, moules de Bouzigues, crevettes sauvages de Madagascar, palourdes de Bretagne et bien d'autres. Alors rendez-vous sur place pour en profiter !

OAÏ €€

40, rue Sainte (1er)
09 83 78 01 01
Ouvert du lundi au vendredi le midi et le soir. Réservation recommandée. Carte : 35 € environ. Vin au verre.

Chaque année amène son lot de nouvelles petites adresses attractives à Marseille. Et 2022 aura vu notre regard se poser sur ce petit restaurant installé rue Sainte. Un resto aux faux airs de bistrot, dont le nom fait automatiquement sourire tout marseillais qui se respecte. En cuisine, on s'active en rythme pour proposer des plats traditionnels modernisés à l'ardoise : entrecôte, filet de loup et légumes rôtis, velouté de poireaux ou de céleri. Une cuisine sans artifice, bien maîtrisée, pour le plaisir des yeux et des papilles.

OMER CANTINE MÉDITERRANÉENNE €€

13, Place Notre Dame du Mont (6e)
04 91 53 70 65
https://omer-restaurant.business.site/
Du lundi au samedi le midi et le soir. Carte : 35 € environ. Vin au verre. Chèque Restaurant. Terrasse.

Chez Omer, vous pourrez vivre une odyssée culinaire unique. Le lieu, tout en longueur, est coloré, plein de lumière et verdoyant. L'accueil est sympa, la carte inspirante. Quelques entrées et quelques plats, une carte changeante au fil des envies du chef. Ce midi-là, nous nous sommes délectés d'un oeuf de poule mollet, sur lit de champignons de saison et de généreuses linguines maison aux seiches, relevées d'une sauce crémeuse au chorizo. Une rencontre terre et mer parfaite.

ORIGINES €€

89, boulevard Charles Livon (7e)
09 88 45 37 27
Ouvert du vendredi au mardi le soir ; du mardi au vendredi le midi. Menus de 39 € à 59 €. Formules midi de 17 à 25 €.

Cela fait désormais quelques mois qu'un restaurant créé en 2020 au Pharo fait vibrer la scène culinaire marseillaise. De-ci de-là, on en entend le plus grand bien et lorsque l'on apprend que c'est le chef Axel Guillem qui est aux commandes de cet établissement, la curiosité nous pique encore plus au vif. Le résultat est à la hauteur de nos espérances. Quelle élégance, aussi bien dans le lieu que dans la virtuosité instinctive des assiettes ! On apprécie tout particulièrement la cuisine ouverte sur la salle, le soin porté au service et la fraîcheur des saveurs.

LE P'TIT JARDIN €€

12, avenue des Goumiers (8e)
07 61 20 81 30
Du mardi au samedi le soir ; du mardi au dimanche le midi. Menu : 32 € le soir, 18 € le midi (entrée + plat + dessert).

Un petit jardin ombragé et frais l'été, au pied d'un olivier, voilà le cadre idyllique qu'offre ce restaurant à deux pas des plages. L'intérieur est neuf et joliment décoré. Dans l'assiette c'est élégant. Ce midi là, nous nous sommes régalés d'un gazpacho de courgettes et de sa chantilly à la ciboulette. Ensuite, un pavé de saumon snacké avant de finir en légèreté avec de l'ananas rôti accompagné d'une boule de sorbet citron vert. Les assiettes sont belles. Le lieu est privatisable pour des événements. L'accueil des gérants est sympa et pro. Bravo !

PAPÀ FREDO €€

56, cours Julien (6e)
04 91 02 66 15
Ouvert du mardi au samedi midi et soir. Brunch le dimanche. Carte : 25 € environ. Pizzas dès 12 €. Antipasti dès 7 €.

La Salle à Manger était déjà devenue une adresse très réputée. Depuis peu, les lieux ont été rebaptisés Papà Fredo. Une énergie toujours plus débordante de la part de la « squadra » comme on aime dire ici. Que de bons plats de la cuisine italienne avec une pizza incomparable à la pâte souple. Vous êtes ici dans le seul restaurant marseillais à avoir obtenu le très sérieux label italien de « Verace Pizza Napoletana ». Elles sont excellentes comme au pied du Vésuve ! Antipasti, lasagnes, pâtes, on choisit les yeux fermés. Super ambiance, excellent accueil.

PASTIS & OLIVES €€

27, rue Sainte (1er)
04 91 54 08 27
http://pastisolives.fr/
Du lundi au samedi. Menus : 19 €. Menu enfant : 13 €. Plat du jour : 13 € (midi uniquement). Vin au verre. Terrasse.

Restaurant, bar à pastis, cocktails, bienvenue ! Sa grande salle est coupée par une élégante voûte en pierres. La cuisine est entièrement ouverte. Aux beaux jours, la terrasse se déploie. Vous prendrez place pour une cuisine bistrot : tartare au couteau, burgers, pâtes, omelettes. Le soir, la cuisine est plus élaborée : paella façon Pastis & Olives, pizzette à la truffe, les pâtes aux palourdes ou le risotto aux gambas. Le dessert à découvrir : le dimanche glacé. Le plat du jour et les suggestions changent au quotidien en fonction de l'humeur du chef.

LE PETIT CABANON €€

8, Cours Jean-Ballard (1er)
© 04 91 73 08 56
Ouvert tous les jours. Carte : 30 € environ. Vin au verre. Pizzas dès 11 €. Du petit-déjeuner au dîner. Terrasse.

Ce restaurant à deux pas du Vieux-Port vous reçoit dans son décor de cabanon provençal ou sur sa jolie terrasse. Un cadre atypique, sympa et accueillant et dans l'assiette, une jolie variété de plats locaux, mais pas que. A tester impérativement : les « sardines du cabanon » dans une déclinaison de sardines frites, farcies, à l'escabèche et en beignets, les poulpes à la provençale ou la bouillabaisse de la maison. Tout est fait maison. Un très bon rapport qualité-prix et un accueil impeccable. Soirées tapas à l'occasion, petit déjeuner complet tous les jours.

LA POULE NOIRE €€

61, rue Sainte (1er)
© 04 91 55 68 86
www.restaurant-lapoulenoire.com
Le midi du mardi au vendredi, le soir du mercredi au samedi. Menu midi 19 à 23 € €. Terrasse intérieure. Climatisation.

La Poule noire propose des mets fins dans un style bistrot-chic, moderne et épuré. On y savoure une cuisine authentique associée à une recherche esthétique permanente. Ces préparations sont revisitées par le chef Damien Delgado. Dans des assiettes subtilement dressées, les produits sont d'exception, la mise en bouche est fameuse. Votre palais se souviendra des tortellinis au bœuf et patates douces façon *Irish stew*, jus réduit à la Guinness ou encore du crumble choco cacahuète. L'équipe vous accueille avec simplicité, sobriété et qualité !

LA PICADITA €€

39, rue de la Paix Marcel Paul (1er)
© 09 84 30 37 31
www.lapicadita.com
Ouvert du mardi au samedi le soir. Tapas de 7 à 12 €, desserts 6 €. Cocktails et sélection de rhums. Patio.

La Picadita, au pays de Karen, propriétaire en compagnie de Jean de ce restaurant, c'est un apéro convivial. C'est dans cet esprit que ce couple de baroudeurs a ouvert cette adresse délicieuse. On aime la belle salle toute en longueur, la bande-son colorée, la bonne humeur des patrons. Côté assiettes, on choisira parmi une sélection de tapas composées de produits de saison, de poissons et de saveurs épicées : ceviche de crevettes fruit de la passion, empanaditas, travers de porc à la cartagenoise... Un voyage des papilles. Cocktails nombreux et sélection de rhums.

LE RELAIS 50 €€

20, quai du Port (2e)
© 04 91 52 52 50
www.hotel-residence-marseille.com
Ouvert du mardi au samedi midi et soir. Réservation conseillée. Menus de 49 à 75 €. Terrasse.

Le chef du restaurant de l'hôtel Résidence, Noël Baudrand, propose une cuisine de haute volée à prix très abordables le midi. Dans sa déco, le lieu rappelle les brasseries parisiennes des années 1950, tandis que la terrasse est très agréable avec sa vue imprenable. Petites attentions en mise en bouche et au café. Ce midi-là, nous avons craqué pour un œuf poché sur sa tranche de céleri et oignons rouges, délicieusement assaisonné en sucré-salé, puis un cochon en marmelade dans son feuilleté avant de finir sur un clafoutis à la crème de fève tonka. Du grand art.

CHEZ PICONE €€

120, La Canebière (1er)
© 04 91 48 77 05
www.chezpicone.fr
Du lundi au samedi le midi et le soir. Réservation recommandée. Menu unique à 30 €. Pizzas au feu de bois dès 9 €.

Avis aux amateurs d'authenticité ! Un vrai morceau de vie marseillaise planté en plein cœur de la légendaire Canebière. Voilà bientôt 50 ans que Picone régale. Dans un décor somme toute sommaire, on apprécie une cuisine italienne et méditerranéenne copieuse et sans détour. Les portions sont belles et les goûts relevés. Quand on mange ici, il faut aimer l'ail. Les pizzas au feu de bois qui ont fait la renommée de la maison sont magnifiques, bien garnies et moëlleuse. Un régal tout comme les plats de pâtes et suggestions du jour. Marseille sans fard !

LE RELAIS CORSE €€

49, avenue du Prado (6e)
© 09 50 72 99 53
www.relaiscorse.fr
Du lundi au samedi midi et soir. Suggestions de 16 à 22 €. Tapas le soir dès 6,50 €. Réservation recommandée. Terrasse.

Le Relais Corse, c'est la référence gastronomique de l'île de Beauté à Marseille. Sur le pas de la porte, une belle terrasse conviviale de tables hautes. A l'intérieur, de l'espace, de belles tablées et une cave d'affinage où charcuteries et fromages prennent le temps de s'améliorer encore. A propos, les plateaux de charcuteries et fromages font notamment la renommée du lieu. Le soir, des tapas corses à partager. Côté carte, un burger corse addictif, des cannellonis brousse-menthe... Recommandé encore et toujours par le *Petit Futé*.

RESTAURANT PIZZERIA LA PLAGE €€

74, plage de l'Estaque (16e)
✆ 04 91 46 08 61

Ouvert tous les jours de 7h30 à 22h. Menu à partir de 15 € en semaine le midi. Pizzas (sur place, à emporter). Terrasse.

Ce café restaurant situé sur le port de l'Estaque est notre adresse préférée pour un déjeuner sans chichi dans le coin. L'accueil est adorable, les prix plus que doux et la cuisine servie réussie. Pas étonnant que la clientèle soit principalement des gens du quartier et cela se ressent dans l'ambiance. Menu varié, du poisson frais, des pâtes, des plats mijotés qui sentent bon la Provence ainsi que de belles pièces de viande grillées. Beau choix de desserts.

LE TOIGOU €€

162 avenue de Mazargues (8e)
✆ 04 91 71 09 74
www.letoigou.fr

Ouvert du lundi au samedi le midi et le soir. Carte : 30 € environ.

Le Petit Futé vous invite vivement à vous rendre dans ce restaurant thaïlandais incontournable. Le chef Wiset Kumsaen est un virtuose. Nous avons goûté pour vous le curry doux de bœuf massaman au lait de coco, excellent ! Ne passez pas à côté du célèbre pad thai. Goûtez les rouleaux de printemps, les beignets de crevettes sauce aigre-douce et le tartare de bœuf frais aux échalotes, riz grillé, menthe et jus de citron, une spécialité du nord-est de la Thaïlande. Une cuisine très parfumée et une présentation ajoutant du plaisir à la dégustation.

ROMY €€

9, rue de Lodi (6e)
✆ 04 86 77 15 76

Ouvert du mardi au samedi, midi et soir. Suggestions de 14 à 25 €. Vins naturels. Terrasse.

Le restaurant Romy est une adresse futée dans un cadre charmant. Quelques exemples de plats à la carte : toast pain de campagne, tzatziki, saumon gravlax et oeuf mollet en entrée... Continuez le repas avec un camembert de bufala au pesto rôti au four ou encore des linguines crudaïola à la stracciatella et au basilic. S'il vous reste un peu de place : crumble aux pommes, une brioche perdue à tomber, cake au citron... Ils sont goûteux et légers ! Les produits sont frais, les assiettes jolies, l'atmosphère du resto entre vintage et bistrot. Testé et approuvé !

LE VIVIER €€

2, rue Pastoret (6e)
✆ 09 83 76 72 35

Restaurant de 19h à 22h30. Fruits de mer à emporter de 10h à 22h30. Huîtres de 21 à 28 € la douzaine. Patio.

Une nouvelle adresse des plus inspirante. En compagnie de deux associés basés à Paris, Alexis, cuisinier voyageur passé par le Japon, est en charge de ce petit restaurant spécialisé dans les produits de la mer. Une orientation pas si évidente dans une ville pourtant portuaire mais où les adresses où manger du poisson et des fruits de mer manquent cruellement. Au Vivier, on apprécie l'ambiance jeune, détendue, rendant les fruits de mer beaucoup plus accessibles à tous. Un régal ! Une adresse vraisemblablement en passe de devenir une des plus courues de la ville.

SEPIA €€

2, rue Vauvenargues (7e)
✆ 09 83 82 67 27
restaurant-sepia.fr

Ouvert du mardi au samedi midi et soir. Réservation impérative. Menu unique à 47 €. Terrasse.

Restaurant suspendu sur les hauteurs du jardin Puget, Le Sépia offre une vue splendide sur Marseille et promet une exquise cuisine du Sud. C'est ici que le chef Paul Langlère a ouvert sa première table. L'ardoise du midi change quotidiennement en fonction des produits du marché. Le menu du soir, lui, propose par exemple : moules gratinées au cochon basque, thon rouge de méditerranée au saté, paleron de boeuf braisé, poulpe laqué et jus de paëlla. En dessert, fraises fraîches, biscuit amande et chips fraise-coquelicot. Toujours une merveille d'adresse !

VORACE €€

172, boulevard de la Libération (4e)
✆ 04 91 92 06 74

Du lundi au samedi de 8h à 23h. Le midi, 28 € environ (entrée, plat, dessert). Le soir, suggestions de 7 à 16,50 €.

Ce qui fut un vieux troquet de quartier tombé en désuétude a repris vie depuis quelques mois sous l'impulsion de deux jeunes entrepreneurs passionnés et doués, Léo et Mathieu. Vorace, c'est un petit bistrot où manger bon le midi avec quelques suggestions de saison, et le soir avec de petites assiettes sous forme de tapas améliorés. La terrasse est certes réduite et bruyante (boulevard de la Libération oblige) mais l'ambiance est bonne. Nous nous sommes régalés d'une assiette de charcuterie marseillaise, d'une burrata sur une soupe froide aux petits pois. Epatant !

BOUCHES-DU-RHÔNE

AM PAR ALEXANDRE MAZZIA €€€

9, rue François-Rocca (8e) ✆ 04 91 24 83 63
www.alexandremazzia.com

Du mardi au samedi le midi et le soir. Déjeuner de 175 à 285 €. Dîner de 235 à 385 €. Trois étoiles au guide Michelin.

Qui n'a pas entendu parler du restaurant AM par Alexandre Mazzia, qui vient de décrocher une troisième étoile au Guide Michelin. Vous pouvez vous y rendre les yeux fermés, et c'est d'ailleurs un peu ce qu'il faut faire puisque ici, il n'y a pas de carte et que le chef travaille à l'instinct en fonction des produits qu'il a reçu le matin même. Prendre un repas dans ce restaurant c'est donc en quelque sorte une plongée dans l'inconnu, une aventure de laquelle vous ressortirez enchantés. Pensez à réserver impérativement, car le restaurant ne compte que 24 couverts !

INTERCONTINENTAL MARSEILLE - ALCYONE €€€

1, place Daviel (2e)
✆ 04 13 42 43 43

Du mardi au samedi de 19h30 à 22h. Menus de 99 à 139 €. 1 étoile au Michelin. Réservation conseillée. Terrasse.

Une table gastronomique étoilée dans cet hôtel, c'était une évidence. Lionel Levy, le célèbre chef marseillais revisite les spécialités de la région. Un hommage aux produits locaux : calamars farcis à la daube de seiche, caillette végétale à l'artichaut et olives vertes de Lucques. Côté douceurs, on ne peut résister au citron du Var confit, sorbet à l'huile d'olive-miel d'acacia. Une table surprenante de saveurs qui nous racontent l'histoire passionnante de la Méditerranée.

LES BORDS DE MER €€€

52, Corniche Kennedy (7e)
✆ 04 13 94 34 00
www.lesbordsdemer.com/fr

Tous les jours midi et soir. Plats de 21 à 38 €. Rooftop ouvert de mi-avril à fin octobre de 10h30 à 22h30.

Les bords de mer, c'est un hôtel luxueux mais aussi un restaurant qui met les produits de la mer à l'honneur et qui déploie, aux beaux jours, une superbe terrasse. La cuisine est résolument moderne, en finesse. En amuse-bouche, on apprécie un oursin violet en coque et sa mousseline d'œuf de poule. On se régale ensuite d'un ceviche de daurade marinée. Côté plats, noix de Saint-Jacques snackées, fondue de poireaux ou gambas marinées au saté. Les options végétariennes sont gourmandes. Magnifique, dans l'assiette et tout autour de vous !

L'ÉPUISETTE €€€

Vallon des Auffes (7e)
✆ 04 91 52 17 82
www.l-epuisette.com

Du mardi au samedi midi et soir. Menus de 120 à 155 €. Bouillabaisse 110 €. Salle avec vue mer. Réservation impérative.

L'Epuisette, une des meilleures tables de la ville, nichée dans le Vallon des Auffes. Le chef, Guillaume Sourrieu propose en plus des célèbres bouillabaisse et bourride, une carte de poissons adaptée aux produits de saison. Les années passent et la qualité demeure, tout ici est toujours parfait. Dans l'assiette, on appréciera un aïoli de baudroie à l'ail noir, du chevreuil, boulangère truffée et pâte croûte de foie gras ou encore des cappelletti de homard bleu et bisque émulsionnée. La formule Marius est un must pour une bonne bouillabaisse. Du grand art.

CHEZ FONFON €€€

140, vallon des Auffes (7e)
✆ 04 91 52 14 38
www.chez-fonfon.com

Ouvert tous les jours midi et soir. Réservation impérative. Bouillabaisse ou bourride 55 € par personne. Terrasse.

Avis aux amateurs de poissons frais ! Parmi les spécialités de la maison, la bouillabaisse bien sûr, servie à l'assiette, le bouillon à volonté. Des produits rigoureusement sélectionnés, du poisson fraîchement pêché, des senteurs, des goûts et des couleurs. Impossible de résister au panier du pêcheur, élégant et généreux : Langoustine, thon mi-cuit, encornet, loup, c'est délicat et délicieux. Belle carte de vins régionaux dont des Cassis pour accompagner vos poissons. Desserts au même niveau de perfection : les glaces sont incroyables.

LAURACÉE €€€

96, rue Grignan (1er) ✆ 04 91 33 63 36
www.lelauracee.com

Ouvert du mardi au vendredi le soir, du lundi au vendredi midi. Réservation recommandée. Menus de 23 à 90 €.

Le Lauracée, restaurant sobre et classieux propose une cuisine gastro-conviviale et savoureuse. Les idées de recettes originales et surprenantes naissent selon le marché provençal de saison. Le chef mélange les saveurs méditerranéennes et n'hésite pas à renouveler régulièrement sa carte. Dans un cadre élégant, vous dégusterez des plats humbles et raffinés : Turbot cuit meunière, caviar d'esturgeon ; fine tourte feuilletée de perdreaux gris, sauce salmis, des quartiers d'endives rôties... Chef convaincu et cuisine convaincante, un brin décalée. Une belle table.

BOUCHES-DU-RHÔNE

LE MIRAMAR €€€

12, quai du Port (2e) ✆ 04 91 91 10 40
www.lemiramar.fr

Du mardi au dimanche midi et soir. Bouillabaisse 69 € par pers. Bourride 69 €. Plateau de coquillages 69 €. Terrasse.

Le Miramar est une institution du Vieux-Port ! En effet, Christian Buffa - le chef, membre fondateur et vice-président de la Charte de la Bouillabaisse - est également distingué Maître Cuisinier de France et Maître Restaurateur. Cet admirable et sympathique chef a débuté ses classes avec Paul Bocuse, puis Roger Vergé au Moulin de Mougins. Côté cuisine, nul doute, sur les spécialités dont vous pourrez ici vous régaler : Bouillabaisse, poissons et crustacés ! Une adresse authentiquement marseillaise et assurément une des meilleures bouillabaisses possibles.

PERON €€€

56, corniche Kennedy (7e)
✆ 04 91 52 15 22
www.restaurant-peron.com

Ouvert tous les jours le midi et le soir. Formule du midi : 58 à 68 €. Carte du soir : 85 environ. Terrasse vue mer.

Vue sensationnelle, ambiance croisière sur des pontons surplombant la mer, on se croit très loin au large et lorsque le soleil se couche, la magie est totale. Dans l'assiette, cinq entrées, huit plats, six desserts, la carte est courte, mais belle. Dans l'assiette, une cuisine de la mer, subtile et créative. A tester impérativement le loup cuit sur la peau, courgettes au sautoir, figues rôties, jus de rascasse. Le tout s'accompagne d'une très belle carte des vins où toutes les appellations sont présentes. Excellente adresse encore et toujours.

LE PETIT NICE PASSEDAT €€€

17, rue des braves (7e)
✆ 04 91 59 25 92
www.passedat.fr

Du mardi au samedi midi et soir. Menus 180-340 €. Réservation impérative. 3 étoiles au Michelin.

Symbole de prestige et raffinement, la cuisine de Gérald Passedat est tournée vers la mer, comme son restaurant et sa personnalité ! Dans l'assiette, des recettes originales et créatives à base de produits de première qualité et selon l'arrivage quotidien des poissons – dont certains ne sont pas très connus du grand public ! Cuisine de réflexion, pleine d'inventivité et de produits nobles et oubliés, le Petit Nice demeure le « must » absolu, sans jamais flancher et sans doute une des meilleures tables en Provence ! Une expérience unique assurément.

RESTAURANT CHEZ MICHEL €€€

6, rue des Catalans (7e) ✆ 04 91 52 30 63
www.restaurant-michel-13.fr

Ouvert tous les jours le midi et le soir. Bouillabaisse : 78 €. Bourride : 78 €. Entrées de 24 à 30 €.

Depuis 1946, le Restaurant Michel est une véritable institution qui célèbre les trésors de la grande Bleue. De génération en génération, cet établissement a su préserver son authenticité sans la moindre concession sur la qualité et le service. Aussi, les arrivages sont tributaires des pêcheurs associés et du fruit de leur labeur nocturne ! Le maître des lieux, Paul Visciano, veille au respect de cette condition d'excellence. Les mêmes critères accompagnent la préparation de la fameuse bouillabaisse ou de la bourride, spécialités de la maison.

LE RHUL €€€

269, corniche Kennedy (7e)
✆ 04 91 52 01 77
www.hotel-restaurant-le-rhul.com

Ouvert tous les jours le midi et le soir. Réservation recommandée. Carte : 65 € environ. Bouillabaisse 61 €.

C'est une adresse incontournable, connue des vrais amateurs de cuisine gastronomique marseillaise et de bouillabaisse, la spécialité de la maison ! Situé sur la Corniche, le restaurant bénéficie d'une des plus belles vues de la ville, face à la mer et aux îles du Frioul. Depuis 1948, la famille Galligani est à la tête du Rhul, membre de la charte fondatrice de la bouillabaisse. On la décline ici en classique ou au homard. Le menu est orienté sur les produits de la mer en particulier, avec des rougets, des gambas ou encore un homard aux Saint-Jacques.

SIGNATURE BY COLINE FAULQUIER €€€

180, rue du Rouet (8e) ✆ 04 65 85 53 48
https://signaturemarseille.com/

Fermé le week-end et lundi soir. Formule midi du marché 34 €. Menu dégustation 120 €. Patio. Réservation conseillée.

Couronnée Jeune Talent par le Gault & Millau et tout récemment par une étoile au Michelin, Coline Faulquier s'est formée aux côtés des plus grands. Intérieur feutré et joliment design, patio ombragé. Dans l'assiette, une grande virtuosité, des classiques comme l'aïoli, son plat Signature mais aussi d'autres plats délicats comme la Saint-Jacques Gourmandise ou encore Le bœuf tendresse. Dans les menus Signature, les plats sont servis en demi-portions pour plus de découverte.

UNE TABLE AU SUD €€€

2, quai du Port (2e)
✆ 04 91 90 63 53
www.unetableausud.com

Mardi - samedi midi et soir. Dimanche midi. Menus midi : 49 à 68 €. Menus dégustation de 78 à 125 €. 1 étoile Michelin.

Fort d'une première étoile au Guide Michelin décrochée en 2015, Ludovic Turac mène d'une main de chef Une Table au Sud, une adresse incontournable posée discrètement sur le Vieux-Port. Une adresse raffinée qui met le poisson à l'honneur. Les amateurs de cuisine gastronomique et moderne seront comblés. Vrai coup de cœur pour le menu Marseille avec le plat signature du chef, la pêche locale, comme une bouillabaisse. D'autres formules feront votre bonheur ainsi que des paniers pique-nique de haute qualité. On aime et on adore.

LE BEC JAUNE

7, avenue des Chartreux (4e)
www.le-bec-jaune.fr

Ouvert du mardi au samedi de 9h à 19h. Salon de thé, pâtisserie et cantine bio. Patio ombragé.

Depuis début 2020, le Bec Jaune a ouvert tout près du parc Longchamp. Salon de thé mais pas que, car on y retrouve tout le savoir-faire en pâtisserie qui a fait la renommée du Bec Jaune, mais aussi un lieu convivial que l'on pourrait qualifier de cantine bio, où manger un cake salé ou un bagel bien garni. Qu'on se le dise, les pâtisseries sont superbes et ce sera une excuse imparable pour venir vous balader par ici. Pour ne rien gâcher au plaisir, on trouve également un coin épicerie en vrac. Ravissante petite arrière-cour ombragée et fraîche.

BAR DE LA MARINE

15, quai de Rive-Neuve (7e)
✆ 04 91 54 95 42

Ouvert toute l'année. Tous les jours de 12h à 2h. Cocktails à partir de 9 €. Chèques non acceptés. Animations.

Fondé en 1929, le bar de la Marine est l'institution incontournable du Vieux-Port. Il fut notamment le décor choisi pour la fameuse partie de carte de Raimu. Autant dire que ce bar est inamovible dans l'affection des Marseillais. Aujourd'hui, le bar, idéalement placé, vous accueille du petit-déjeuner au dîner et bien plus tard encore. Différentes populations s'y croisent, des touristes aux amoureux de Pagnol, des fans de *Love Actually* (dont une scène y fut tournée) aux noctambules une fois la nuit tombée. Accueil toujours très sympa.

BEER DISTRICT

4, Rue de la République (1er)
✆ 04 96 22 04 65
https://beerdistrict.fr/marseille/

Tous les jours de 11h à 1h. Bières à la pression, plateaux apéro et pulled pork. Brunch le w-e 24 à 27 €. Animations.

En bas de la rue de la République, ce bar à bières a réellement donné une nouvelle impulsion au quartier depuis son ouverture. Attirant une clientèle jeune qui jusqu'alors ne restait pas forcément dans l'hypercentre, Beer District propose de nombreux événements, concerts et retransmissions de matchs. Au choix, de nombreuses bières à la pression, dont celles brassées par la maison. D'autres sont régionales ou internationales. Grand choix de bières inédites également, vendues en canettes et bouteilles. On mange très bien ici aussi, le midi et le soir.

BAR DE LA SAMARITAINE

2, quai du Port (2e)
✆ 04 91 90 31 41
www.la-samaritaine-marseille.fr

Ouvert tous les jours sauf le 25 décembre. Bar ouvert de 7h à 21h. Restauration de 12h à 15h30. Terrasse.

En 2020, cette incontournable brasserie marseillaise fêtait ses 110 ans ! Depuis des générations, on s'y attable pour voir ou être vu. Aujourd'hui comme hier, les acteurs en tournage à Marseille y boivent un verre, tout comme les politiques qui cherchent le contact. Ambiance brasserie assurée, terrasse XXL, avec une vue panoramique de premier choix sur le port. On y prend le soleil été comme hiver. C'est un des meilleurs spots pour prendre un petit-déjeuner en terrasse. Carte des boissons traditionnelle et petite cuisine toute la journée, bien pratique.

BLACK BIRD COFFEE

92, cours Julien (6e)
✆ 06 64 00 19 31

Ouvert du mardi au vendredi de 8h à 19h et du samedi au dimanche de 8h30 à 19h. Déjeuner dès 5 €. Brunch. Terrasse.

Bienvenue au Black Bird Coffee, un des meilleurs coffee-shops de la ville (notre préféré). La décoration est cosy et moderne avec ses gros fauteuils en cuir, ses étagères de livres et ses jolies plantes suspendues. Eugénie s'occupe de la cuisine : gâteaux à la carotte, cookies fondants maison, pain à la banane... Le week-end, on s'y presse pour un délicieux brunch qui se décline autour d'une assiette salée et un buffet sucré à volonté (Pensez à réserver). Le meilleur de la ville à notre avis. Le midi, ardoise de suggestions. Accueil adorable.

BRICOLEURS DE DOUCEURS

35, Boulevard Philippon (7e)
✆ 04 91 05 06 26
www.bricoleursdedouceurs.fr
du mardi au samedi de 9h30 à 19h et le dimanche de 9h30 à 13h. Gâteaux individuels dès 5 €.

Née de la rencontre de deux baroudeurs amoureux de voyages et de sucreries, cette pâtisserie est un régal. Vous trouverez ici une boutique entièrement dédiée au savoir-faire de Clément Higgins et Aurélie Pauletto. Rien de conventionnel, du traditionnel revisité : Marseille-Brest, « What else » ou le drôle « NTR, Nique ton régime ». Il est chaudement recommandé de s'y faire plaisir. Probablement la pâtisserie la plus originale de Marseille. Certains d'entre vous reconnaîtront le maître des lieux de la célèbre émission de M6 consacrée aux meilleurs pâtissiers.

BRÛLERIE MÖKA

36, Boulevard Eugène Pierre (5e)
www.brulerie-moka.com
Ouvert du mardi au vendredi de 8h30 à 17h. Le samedi à partir de 9h. Plats du jour de 12 à 14 €.

Lorsqu'on pose ses valises à Marseille, on cherche assez rapidement un lieu pour boire un vrai bon café. Ce café a ouvert ses portes il y a quelques mois sur un joli boulevard familial et branché. Un local en angle, derrière de hautes fenêtres vitrées. Les afficionados du bon café trouveront ici des crus provenant du monde entier. On peut s'y restaurer avec des assiettes bien faites et une cuisine goûteuse. A l'heure du goûter, cookies et gâteaux. Notons que la réputation de Möka est telle que son café est désormais disponible dans plusieurs lieux en ville.

CORNER

7, rue de la Paix Marcel Paul (1er)
✆ 06 43 49 04 16
Ouvert tous les jours de 16h à 2h. Pizzas et Hot-dogs maison de 5 à 7 €. 14 bières à la pression. Terrasse chauffée.

Voilà un bar déjà incontournable ! Un vrai beau bar à bières aux faux airs new-yorkais, créé par deux amis de longue date. Tout le monde est le bienvenu ici, locaux et touristes, étudiants et actifs. On se sent rapidement comme chez soi. Le staff est aux petits soins, l'ambiance assurée le week-end par des concerts live et des DJ. Le lundi, c'est soirée gaming et le mercredi, karaoké. 14 bières à la pression (et une vingtaine en bouteilles), mais aussi un lieu où apprécier un bon cocktail ou de la street-food accompagnant votre verre (pizzas et hot-dogs maison).

DRAGÉES REYNAUD

161, Route des Camoins (11e)
✆ 04 91 43 21 44
www.dragees-reynaud.com/fr/
Vente directe à la fabrique du lundi au vendredi de 8h à 11h30 et de 13h30 à 16h30.

Entreprise familiale fondée en 1956, l'histoire des dragées Reynaud débute au boulevard National avant de se poursuivre aux Camoins, où la fabrique se trouve toujours aujourd'hui. Récompensée par le label prestigieux « entreprises du Patrimoine Vivant » en 2014, vous entrez ici chez des artisans confiseurs au savoir-faire traditionnel et préservé. Un tour à la boutique d'usine vous permettra de découvrir avec gourmandise toute la gamme de dragées, mais aussi des douceurs type croustillants, fruits enrobés et olivettes. Une halte gourmande au retour du Garlaban.

L'ÉLÉPHANT ROSE À POIS BLANCS

12, rue André Poggioli (6e)
✆ 04 91 47 34 68
www.elephantroseglacier.fr
Ouvert le dimanche et le lundi de 12h à 19h30 ; du mardi au samedi de 12h à 0h. Boule de glace : 2,70 €. Epicerie.

Nouveau lieu pour une adresse gourmande bien connue des Marseillais, et notamment des familles qui viennent ici régaler leurs enfants. Les glaces préparées sont tout ce qu'il y a de plus naturel et ça se sent au goût et à la texture. Les sorbets contiennent jusqu'à 75 % de fruits. Large choix de parfums, de belles créations inédites et la possibilité de déguster crêpes et gaufres, ainsi que boissons réconfortantes dans la salle ou sur les tables dehors. Une adresse fûtée.

FARINETTE

36, rue Caisserie (2e)
✆ 04 91 45 95 63
Ouvert du mardi au samedi de 8h30 à 14h et de 15h à 19h. Coin épicerie.

La nouvelle adresse événement du Panier. Ouverte courant novembre 2021, cette élégante boulangerie permet aux habitants des environs et aux visiteurs de passage de déguster de délicieux pains au levain de même que des viennoiseries ou encore de délicieuses babkas (brioches polonaises). Des douceurs pour votre petit-déjeuner donc, des pains variés aux farines diverses, tout ce qu'il vous faut selon vos préférences et vos intolérances alimentaires. Côté épicerie, du salé ainsi que du sucré avec de délicieuses guimauves, des pâtes à tartiner. Belle adresse !

LE FOUR DES NAVETTES

136, rue Sainte (7e)
✆ 04 91 33 32 12
www.fourdesnavettes.com
Ouvert du lundi au samedi de 7h à 20h ; le dimanche de 9h à 13h et de 15h à 19h30.

Fondée en 1781, la plus ancienne boulangerie de Marseille prépare depuis plus de deux siècles les célèbres navettes marseillaises, inimitables, dont la recette est toujours secrètement gardée. D'ailleurs, elles se conservent des mois entiers car elles ne sont composées que d'ingrédients secs. Elles sentent bon la fleur d'oranger, tout comme le quartier, littéralement embaumé par l'odeur du fournil. Traditionnellement, on les déguste à la chandeleur. Question de goût, mais beaucoup disent que l'on trouve ici les meilleures navettes de la ville.

LE GLACIER DU ROI

4, place de Lenche (2e)
✆ 04 91 91 01 16
www.leglacierduroi.com
En été, ouvert tous les jours sauf mardi. En hiver, vérifier les horaires sur le web. Dès 3,50 € pour un parfum.

Fabriquées sur place, les glaces artisanales ont le goût du vrai ! Le secret ? Pas d'édulcorants, colorants et autres composés chimiques, tout est naturel : des sorbets de fruits citron, pêche, melon…, et des crèmes glacées pistache, noisette, navette, café italien, réglisse, yaourt, fleur de lait… Egalement, des glaces à l'italienne à tomber par terre, des verrines et gâteaux glacés, bonbons glacés, bûches de Noël… Une adresse parfaite pour une pause sucrée glacée à toute heure, d'autant plus que l'endroit est doté d'une jolie terrasse sur la place de Lenche.

MAISON DANIEL

82, avenue du Prado (6e)
www.maisondaniel.fr/
Du lundi au dimanche de 6h à 20h. Salon de thé. Plusieurs adresses à Marseille et La Ciotat.

Avec 3 adresses marseillaises et 2 adresses à La Ciotat, la maison Daniel fait figure de référence gourmande dans la région. Une aventure familiale débutée en 1999, développée avec passion. Grand choix de pains élaborés à partir de farine marseillaise, pains spéciaux croustillants et fondants, aux saveurs prononcées. De belles viennoiseries et des pâtisseries, créatives et colorées : des classiques, comme l'opéra et le Saint-Honoré et des merveilles maison comme la Framboise cœur fondant, la pomme d'amour tiramisu ou encore des macarons. Un temple gourmand !

COOKISS

7, Rue Four du Chapitre (2e)
✆ 06 13 53 89 55
Ouvert du mardi au dimanche de 10h à 18h. Cookies de 2,90 à 3,20 €. Cookie dough de 3 à 4,50 € hors topping.

© COOKISS MARSEILLE 2022

Après notre visite chez Cookiss, on en est encore à se demander ce que l'on préfère : la douce odeur de cookies chauds qui vous prend lorsque l'on entre dans la boutique ? L'accueil adorable et l'histoire attachante du couple de propriétaires Samir et Mama ? La sensation du cookie dough sous le palais ? Cookiss, c'est le 1er vendeur de pâte crue, le cookie dough, dans la cité phocéenne. Un challenge gourmand qui trouve déjà ses fans. Les cookies classiques eux sont fondants, délicieux. Chocolat blanc miso, beurre de cacahuète ou M&M's... Une adresse délicieuse !

MX MARSEILLE CONCEPT STORE

10, Place de la Joliette (2e)
Ouvert tous les jours de 10h à 23h. Animations. Restauration midi et soir. Animations.

Vous pensiez tout connaître du Pastis, la boisson emblématique de Marseille ? Bien plus qu'une simple boisson d'apéro, vous découvrirez ici, dans ce tout nouveau concept installé aux Docks par Pernod-Ricard, que le spiritueux anisé se modernise, se réinvente, dans l'air du temps. Un espace bar, un autre dédié à la restauration et une belle boutique proposant des produits dérivés de la marque et des créations locales. Nombreuses animations organisées. Une vraie belle réussite.

OH FAON

2, rue Edmond Rostand (6e) ✆ 04 91 81 46 09
www.ohfaon.com/

Du mardi au samedi de 9h30 à 18h30. Le dimanche 10h à 13h. Pâtisserie autour de 5 €. Vegan, sans gluten.

Le nom de cette pâtisserie colle à merveille avec la toute première réaction émise lorsque l'on passe le pas de la porte de cette charmante petite boutique. À l'œil, on admire le travail et la finesse d'exécution. Sous le palais, on apprécie les saveurs délicates. Ici, la gourmandise est reine mais se veut éthique et donc végan. Si vous ne connaissez pas, franchissez le pas, vous apprécierez. Craquez pour Grodoudou chocolaté à souhait, une « startelette » qui porte bien son nom, une tropézienne maison et bien d'autres surprises qui vous tenteront assurément.

LA SOIFFERIE

8, place Paul Cézanne (6e)

Ouvert du mercredi au samedi de 17h à 1h30. Le mardi jusqu'à 0h30. Terrasse. Bières artisanales et cocktails.

Ouvert durant l'été 2021, la Soifferie attise la curiosité dans le paysage des nouveaux bars marseillais. Une déco vintage, une ambiance décontractée qui colle bien avec le quartier du Cours Julien, on accourt ici pour déguster de délicieux cocktails création maison, des punchs, une sélection de bières artisanales ou encore des vins bio. Quelques petites assiettes pour accompagner le tout et vous voilà embarqué pour un début de soirée sous une bonne étoile. Nul doute qu'à la Soifferie, il n'y sera pas question que de soif mais bien de moments de vie.

PÂTISSERIE MARROU

15, Place Castellane (6e)
✆ 04 91 78 17 68
www.marroutraiteur.com

Ouvert du lundi au samedi de 9h à 19h30. Ouvert dimanche et jours fériés de 9h à 13h. Prestations traiteur.

Marrou c'est un célèbre traiteur mais aussi une pâtisserie. La boutique de Castellane est dédiée exclusivement aux gâteaux, chocolats, marrons glacés, et sans oublier les gâteaux des rois, parmi les meilleurs de la ville. Pendant la période de Noël, bon nombre de Marseillais viennent y commander leurs bûches. Mais vous pouvez y aller aussi toute l'année pour les macarons, les calissons, les gâteaux au chocolat dont le fameux Trianon, les mignardises et toutes les spécialités marseillaises telles que les navettes, fruits confits, nougats ou croquants…

VANILLE NOIRE

13, rue Caisserie (2e)
✆ 07 77 33 68 19
www.vanillenoire.com

Tous les jours de 12h30 à 19h (jusqu'à 18h30 en basse saison). Fermé en hiver. Kiosque glacier place Felix Baret.

C'est la sensation des glaciers marseillais ! Un véritable laboratoire créateur de saveurs. Rue Caisserie, découvrez un point de vente qui ne manque pas de couleurs et de parfums. Yaourts glacés, crèmes glacées, sorbets. Des glaces peu sucrées pour mettre à l'honneur les produits sélectionnés avec soin par ce passionné dont le rêve est devenu réel. De nombreux parfums, sélectionnés délicatement en fonction des produits de saison mais la spécialité de la maison reste la vanille, noire et iodée. Nouveau depuis juillet 2020, un kiosque place Félix Baret (1er).

PLAUCHUT

168, la Canebière (1er)
✆ 04 91 48 06 67
www.plauchut.com

Ouvert du mardi au dimanche de 8h à 20h (19h le dimanche). Fermé le lundi.

On aime le charme désuet de cette maison plus que centenaire. L'arrière-salle de la pâtisserie est réservée à la dégustation sur place. Son décor de moulures et de tableaux nous rappelle délicieusement l'âge d'or de la Canebière. A la carte, une dizaine de thés, un délicieux chocolat chaud, des croquets marseillais, des navettes, et des calissons pour des goûters inoubliables. Mais aussi des glaces aux œufs et lait frais, des sorbets aux pulpes de fruits frais, des chocolats au pur beurre de cacao ! Tout est fait maison, de manière traditionnelle.

LA VOIE MALTÉE

7, rue Crudère (6e)

Ouvert du lundi au samedi de 17h à 2h. Expositions. Concerts. Voir les événements sur la page Facebook.

Situé rue Crudère, ce bar a tout pour plaire : un comptoir accueillant, une décoration authentique et chaleureuse et surtout… une grande sélection de bières ! Dix pressions du jour sont servies et changent quotidiennement. Certaines sont étrangères, d'autres françaises… et il y en a même des locales ! Si vous avez un petit creux, laissez-vous tenter par de délicieux tapas. Les locaux de la Voie Maltée sont aussi régulièrement investis le temps d'une soirée pour des expositions d'artistes, des concerts acoustiques et de nombreux autres évènements. À tester !

72% PETANQUE

10, rue du Petit Puits (2e)
✆ 04 91 91 14 57
Ouvert tous les jours de 9h à 17h. Horaires variables en été. Boutique en ligne.

Installé en plein cœur du Panier depuis 1999, cette jolie boutique pittoresque nous invite à faire connaissance avec le monde du savon de Marseille, des produits de soin made in Provence. À sa tête, Guillaume choisit scrupuleusement les produits vendus ici, du savon sous toutes ses formes, mais aussi des gels douche, laits corporels et huiles essentielles. Une caverne d'Ali Baba où idées cadeaux et achats plaisir feront bon ménage. Le nom de la boutique fait référence au dosage en huile d'olive nécessaire à la fabrication d'un savon de Marseille.

LE BAZAR DE CÉSAR

4, montée des Accoules (10e)
✆ 06 19 70 95 76
www.lebazardecesar.com
Ouvert du lundi au samedi de 9h30 à 19h ; le dimanche et les jours fériés de 9h30 à 18h30.

Qui visite le vieux quartier de Marseille passe forcément par la montée des Accoules. Là, vous tomberez nez à nez avec cette boutique spécialisée en produits « qui moussent » : la bière et le savon ! Bière la Cagole, savons le Sérail et la Licorne (100% made in Marseille), une gamme de savon enrichie en karité bio, au lait d'ânesse bio, une gamme de parfums de Grasse... Georges et Dominique seront là pour vous donner des conseils de marseillais avertis. L'endroit est également emblématique puisque c'est ici qu'auparavant était brassée la fameuse bière la Cagole.

AUCHAN GOURMAND PRADO VELODROME

41, Bd Michelet (8e)
✆ 04 91 16 29 80
Lundi au samedi 8h30-20h30, dimanche 8h30-13h. Livraison gratuite dès 100 € d'achats, conciergerie, Point relais colis.

Au sous-sol du centre commercial Prado, Auchan Gourmand Prado vous accueille sur une surface de 1 500 m² consacrée aux plaisirs des papilles. Dès l'entrée, la belle boulangerie-pâtisserie propose un étalage de pains variés et de créations sucrées. Puis le boucher, le fromager et son choix de qualité, de toutes origines. Une belle poissonnerie aussi et une épicerie fine accessible, une sélection exclusive de produits régionaux et méditerranéens, dans une ambiance feutrée agréable.

BOUTIQUE STEEZ

150, Boulevard de la Libération (4e)
✆ 04 91 98 20 24
https://laboutiquesteez.com/
Ouvert au public du mardi au samedi de 10h à 19h.

Cette boutique bio et éthique propose une large gamme de produits aussi bien pour votre intérieur que pour vous-même : de l'artisanat éthique d'Amérique du Sud et d'Asie, du textile bio pour hommes et femmes labellisés GOTS et FWF, mais aussi de la maroquinerie, des bijoux, de la céramique ainsi que des produits cosmétiques et bien-être. Tous les produits proposés sont réalisés à la main et les artisans sont rémunérés à leur juste valeur. Une partie des revenus de nombreuses marques présentes permettent de financer des associations humanitaires à travers le monde.

LA BALEINE À CABOSSE

213, rue Paradis (6e)
✆ 04 88 64 03 95
www.labaleineacabosse.com/
Ouvert du mardi au samedi de 9h30 à 19h.

Alerte gourmande ! Cette chocolaterie, installée sur la rue Paradis va vous faire connaître le vrai goût du chocolat. Oubliez tout ce que vous pensiez savoir là-dessus. Cette boutique est née d'une rencontre de deux jeunes gens partis explorer la Colombie. Au fil des rencontres et des découvertes, ils en ont ramené un savoir-faire unique et la volonté de faire découvrir le vrai cacao, non industriel, pur et délicat. On peut y acheter des chocolats Grands Crus, du Mexique ou de Colombie par exemple, de la tisane et même y suivre des ateliers. Superbe adresse.

LA CAVE DE LA JOLIETTE

10, place de la Joliette (2e) ✆ 06 31 06 13 33
www.cavelajoliette.fr
Ouvert 7j/7 de 10h à 19h45 (19h du dimanche au mardi). Expéditions de commandes et événements fréquents.

Demi-finaliste du concours du meilleur caviste 2016 organisé par le syndicat des cavistes de France, Alexandre Pichon sélectionne pour vous les meilleurs crus de France et d'ailleurs. Il privilégie les vins de petits producteurs à des prix abordables, mais propose également quelques raretés, très prisées. Côté champagnes, une sélection stratosphérique, du petit producteur jusqu'aux grands crus. Très belle sélection de spiritueux dont environ 70 références de rhums, une cinquantaine de whiskies. Alexandre propose aussi une quarantaine de références de bières !

CRISTAL LIMIÑANA

99, boulevard Jeanne-d'Arc (5e)
✆ 04 91 47 66 72
www.cristal-liminana.com
Boutique ouverte du lundi au vendredi de 8h à 12h et de 14h à 17h. Visite commentée sur réservation, 3 €, 1h30.

Cristal Liminana est l'une des dernières fabriques marseillaises de Pastis. Gérée par la petite-fille du fondateur, une visite vous permettra de découvrir l'aventure de cette marque 100 % locale. Deux millions de bouteilles par an sont écoulées. Nous recommandons la visite guidée, bien sûr, et vous conseillons de goûter à une des spécialités de la maison : le Pastis Un Marseillais, l'anisette Cristal Anis, des liqueurs, une vodka locale également. Bravo à Maristella pour la gestion de l'entreprise, véritable patrimoine marseillais.

DROMEL AINÉ

19, avenue du Prado (6e)
✆ 04 91 54 01 91
www.dromel-aine.com
Ouvert le lundi de 9h30 à 19h ; du mardi au samedi de 9h à 19h.

La Maison Dromel Ainé, fondée en 1760, est l'une des plus anciennes confiseries chocolateries marseillaises. Une véritable institution devenue incontournable pour les fêtes et à Pâques mais pas seulement. Les fèves de cacao sont sélectionnées pour leur caractère et leur saveur. Vous trouvez ici aussi des cafés torréfiés sur place, d'excellents thés, les inimitables marrons glacés de chez Corsiglia, des fruits confits, des nougats, des calissons... Un véritable temple de la gourmandise dans la plus grande tradition provençale !

ÉPICERIE L'IDÉAL

11, rue d'Aubagne (1er)
✆ 09 80 39 99 41
www.epicerielideal.com
Du mardi au jeudi de 9h30 à 17h, le vendredi de 9h30 à 21h, le samedi de 9h30 à 19h. Plats 8 à 16 €. Desserts dès 5 €.

Une très bonne adresse au cœur de Noailles, où vous trouverez tout à la fois d'excellents produits, la possibilité d'une restauration saine et une épicerie ! C'est avec les produits de grande qualité et rigoureusement sélectionnés de son épicerie fine que Julia Sammut propose chaque jour une dizaine de plats pour le déjeuner. On y trouve des quiches, des tartines, de délicieux sandwichs, des plats cuisinés. Tout Marseille se presse à la pause déjeuner pour déguster une cuisine simple mais goûteuse. Le menu change tous les jours.

L'ÉPICERIE PAYSANNE DE QUARTIER

71, rue Léon Bourgeois (1er)
✆ 09 51 68 41 54
https://epicerie-paysanne.fr/
Ouvert du lundi au samedi de 9h à 19h. Le jeudi à partir de 14h.

Entre les boulevards de la Libération et Longchamp, cette épicerie paysanne vous accueille avec une jolie devanture colorée. Une belle épicerie gérée depuis début 2022 par une coopérative où les salariés sont en co-gérance, proposant fruits et légumes de saison (pour la plupart en provenance de la Crau ou du pays aixois), de l'épicerie régionale (avec vins, bières, confitures et huiles) mais aussi du frais avec du fromage bio du Queyras, des yaourts des Cévennes et même de la viande.

L'ESPERANTINE

17, Boulevard Jacques Saade (2e)
✆ 04 91 01 44 96
www.esperantine.com
Ouvert tous les jours de 10h à 19h. Vegan friendly.

Découvrez l'Espérantine, le spécialiste du chocolat à l'huile d'olive. Mariage étonnant de savoir-faire avec une touche de provençalité assumée, vous serez étonné par la douceur de ces sucreries. Une grande boutique sous les voûtes de la Major et une plus petite au pied du Panier, côté place de Lenche. Large gamme de chocolats composés de produits exceptionnels : huile d'olive AOP des Baux de Provence, chocolat noir pur origine et fruits secs. Pas de beurre ni crème. Le résultat est délicieux. Le produit incontournable est la petite feuille d'olivier en chocolat.

FIORENTINA

35, rue d'Endoume (7e) ✆ 04 91 55 53 06
www.chezfiorentina.com
Du lundi au samedi de 9h30 à 14h et de 16h à 20h ; le dimanche de 9h30 à 13h et de 16h à 19h. Traiteur - Réception.

La célèbre épicerie italienne, ouverte il y a 20 ans, est une référence sinon LA référence en matière de gastronomie et traiteur transalpin. Fiorentina propose un vaste choix de pâtes et raviolis frais qui font la renommée de la maison, antipasti, charcuteries, fromages, vins… Pour le déjeuner, des snacks maison sur le pouce sont proposés en semaine. Adresse incontournable dans l'agréable quartier d'Endoume, que vous ne pourrez pas rater : c'est ouvert tous les jours. Accueil souriant et de bon conseil. Encore et toujours vivement recommandée par le Petit Futé.

FROMAGERIE CHAVE

88, Boulevard Chave (5e)
✆ 04 65 95 36 79
www.fromageriechave.fr
Du mercredi au vendredi 9h30-13h 16h-19h30. Samedi 9h30-13h et 15h30-19h30. Mardi après-midi et dimanche matin.

Une fromagerie récente avec une équipe de connaisseurs à votre service. Outre un coin épicerie fine pour vous procurer vins et confitures, on trouve ici toutes sortes de fromages venus des quatre coins de l'Hexagone. Au lait de vache, brebis ou chèvre, au lait cru ou pasteurisé, laissez-vous tenter. On aime beaucoup la disposition sans comptoir ni vitrine qui fait que l'on peut circuler au plus près des fromages et les humer. A coup sûr une adresse marquante lors de votre passage à Marseille, notamment pour découvrir les fromages de la région.

FROMAGERIE FROUMAÏ

150, La Canebière (1er)
✆ 04 91 48 79 54
Du mardi au vendredi de 9h30 à 13h00 puis de 15h30 à 19h. Samedi de 9h30 à 19h.

Ouverte courant 2020, cette fromagerie est idéalement située pour vos achats gourmands. Cette boutique est un projet né de l'esprit de Manon Armand, jeune femme passionnée et engagée dans sa démarche. Vous trouverez ici de très beaux fromages, originaires de France et d'ailleurs. Certains très originaux et d'autres plus classiques mais déclinés en excellentes versions uniquement. N'hésitez pas à demander conseil. Froumaï annonce depuis son ouverture, le renouveau promis de la Canebière par la municipalité. Au-delà de ce rôle, c'est un commerce à découvrir !

HERBORISTERIE DU PÈRE BLAIZE

4-6, rue Méolan-et-du-Père-Blaize (1er)
✆ 04 22 67 80 60
www.pereblaize.fr
Ouvert du lundi au samedi de 9h30 à 18h30 non-stop.

Créée en 1815 par Toussaint Blaize, on y élabore depuis 200 ans des décoctions aux vertus médicinales. Aujourd'hui, c'est une pharmacie-herboristerie qui porte, au cœur de ses préoccupations, le partage de son savoir-faire. L'enseigne propose des milliers de produits, allant des plantes médicinales bio et locales, épices et herbes jusqu'à des formules naturelles (crèmes, élixirs, eaux florales...). Cette entreprise familiale a reçu la distinction Entreprise du patrimoine vivant.

L'AUDACIEUX CAVE À VINS ET ÉPICERIE FINE

15, rue Caisserie (2e)
✆ 04 91 90 90 90
www.laudacieux.fr/
Ouvert du lundi au samedi de 10h30 à 21h. Terrasse. Planches apéro.

© L'AUDACIEUX

Entre Vieux-Port et Panier, cette cave à vin vous accueille pour un moment convivial. Vous entrez ici chez Haifa, Youssef et Patrick, trois néo-marseillais passionnés. L'accueil est sympa, la terrasse une invitation à prendre du bon temps. Côté boutique, vous trouverez 300 références de vins (dont certains nature et en biodynamie), des spiritueux, une belle sélection de fromages et charcuteries à la coupe, de l'épicerie salée et sucrée. Un repère pour épicuriens marseillais. On adore !

LA LAITERIE MARSEILLAISE

86, rue Sainte (7e)
✆ 04 91 06 73 82
https://lalaiteriemarseillaise.fr
Du mercredi au samedi de 9h à 13h et de 16h à 19h30. Le mardi 16h-19h30.

Depuis janvier 2020, Marseille possède sa laiterie locale ! C'est à Audrey et Madeleine que l'on doit cette initiative, deux passionnées de fromage ayant fait leurs gammes aux 4 coins du pays. Le principe est simple et inédit : faire du fromage en ville. Le lait est acheminé depuis des coopératives de la région et transformé en succulents fromages et yaourts, dans le laboratoire donnant sur la boutique. Une belle manière de pouvoir acheter en circuit (plus que) court. Le goût et la texture sont au rendez-vous côté vache comme brebis ou chèvre.

LA MAISON DU PASTIS

108, quai du Port (2e)
✆ 04 91 90 86 77
www.lamaisondupastis.com
Ouvert du lundi au dimanche de 10h à 19h.
En hiver les horaires varient.

Après le savon, s'il y a bien une chose associée à la cité phocéenne, c'est bien le pastis ! Cette célèbre boisson anisée, composée de nombreux autres ingrédients tenus secret, est un présent idéal à ramener chez soi. Dans cette petite échoppe, vous trouverez près d'une centaine de pastis et absinthes… et toute l'épicerie fine pour réussir votre kémia à la sauce marseillaise. Sachez que la maison vend son propre pastis (qui arrive à maturité au bout de cinq mois) : il ne vous reste plus qu'à choisir votre bouteille et l'un des pastis maison (après dégustation) !

PANISSES ET CHICHIS - CHEZ FREDDY

(16e)
✆ 07 50 90 54 79
Ouvert d'avril à fin juin de 14h à 20h et de 14h à minuit en juillet et août.

Inutile de penser passer à l'Estaque sans déguster une des spécialités des panisses, ces petites galettes de pois chiche frites qui se dégustent sans modération. Un *must* pour tout véritable apéro marseillais qui se respecte. Dans ce quartier de Marseille, elles ont la réputation d'être les meilleures du monde et certains n'hésitent pas à traverser la ville pour s'en procurer. Goûtez également aux chichis, ces beignets au sucre à l'incomparable saveur.

MARSEILLE EN VACANCES

7, rue Bailli de Suffren (1er)
✆ 04 91 54 73 17
http://uneteenvacances.com/
Ouvert du lundi au samedi de 10h à 19h. Boutique en ligne et livraison gratuite à partir de 50 euros.

Que l'on y vive ou non, il est indéniable que Marseille, été comme hiver, donne souvent l'impression d'être en vacances. C'est dans cette idée que ce concept-store, créé par Guillaume Sicard, s'est spécialisé dans les vêtements humoristiques marseillais et/ou provençaux. Les textes imprimés sont une ode au langage local, au parler marseillais. Les graphismes sont aussi originaux, les messages drôles : « A la ouaneguène » ou « Amendonné faut pas déconner « . La collection se décline pour hommes, femmes, enfants et bébés. Objets de décoration et pour la table.

LES SABLÉS MARSEILLAIS

12, rue de l'Évêché (2e)
✆ 04 91 52 23 76
www.lessablesmarseillais.com/
Ouvert du mardi au dimanche jusqu'à 19h.
Dès 10h ou 11h sauf le mardi 14h.

Se faire une place au soleil entre canistrellis et navettes n'est pas une mince affaire. Et pourtant, c'est chose faite. Fabriqués et emballés à Marseille, ces petites douceurs aux formes évocatrices (la frétillante en forme de sardine mais aussi fruits de mer, hippocampes et étoiles de mer) ravissent les papilles des passants dans l'atelier-boutique du Panier. Ces sablés sont bio et élaborés sans aucun colorant, conservateur ou arôme artificiel. Un gage de qualité et une vraie responsabilisation sur le circuit-court de même que sur des emballages recyclables.

LES NAVETTES DES ACCOULES

68, rue Caisserie (2e)
✆ 04 91 90 99 42
www.les-navettes-des-accoules.fr
Ouvert du lundi au samedi de 9h30 à 19h ;
&le dimanche de 10h à 18h.

Place à la navette, ce joli petit biscuit craquant en forme de bateau et aux saveurs délicates de fleur d'oranger. Traditionnellement dégustés à la chandeleur, ces biscuits sont confectionnés toute l'année dans ce fournil en contrebas du Panier. Laissez-vous envoûter par l'odeur lorsque vous pénétrez la boutique. Tout est exposé là sous vos yeux, navettes, croquants, canistrellis, macarons... Fraîcheur et authenticité. Le maître des lieux. José Orsoni, est une figure du quartier.

LA SAVONNERIE MARSEILLAISE

47, La Canebière (1er)
✆ 04 91 52 07 49
www.savonnerie-marseillaise.com
Ouvert tous les jours de 9h à 19h.

C'est le marchand de savons qui manquait sur la Canebière ! Décliné sous toutes ses formes, il est aussi expliqué dans ses différentes étapes de fabrication à l'aide de panneaux. S'il multiplie les couleurs et les senteurs, il garde une place de choix au bon vieux bloc cubique, 72 % d'huile d'olive garantis et essentiellement parfumé au laurier. De couleur verdâtre, il est peu attractif. Parfait pourtant pour l'entretien de la maison, la lessive ou... les crampes musculaires.

LA SICILE AUTHENTIQUE

36, impasse du Maroc (12e)
✆ 06 23 72 66 78
www.lasicileauthentique.com/
Ouvert du mardi au samedi de 9h30 à 12h et de 15h à 19h. Restauration midi mardi au samedi. Dîner vendredi soir.

Ce traiteur du quartier de St-Julien est bien connu des Marseillais. Fondée en 2012, cette entreprise familiale ne se limite pas qu'aux produits siciliens, comme pourrait le sous-entendre le nom du lieu, mais bien à tous les délices de la Botte : vins, charcuterie, fromages, antipasti, biscuits et épicerie fine, agréablement rangés dans un espace à la fois moderne et empreint de tradition. Restauration sur place le midi avec notamment une terrasse sous une pergola. L'accueil est franchement chaleureux, la cuisine authentique et généreuse.

TERRE ET VERT

36, rue de la paix Marcel Paul (1er)
✆ 07 49 67 16 99
https://terre-vert.eatbu.com/?lang=fr
Ouvert du lundi au samedi de 9h à 19h.

Etonnant petit écrin de gourmandise caché dans une ruelle toute proche du très animé cours Estienne-d'Orves. C'est à l'ombre des escaliers menant à la rue Sainte que se trouve cette charmante épicerie où vous serez accueilli par la très sympathique Cécile. On trouve ici un beau choix de vins, de produits frais comme du fromage et des charcuteries. On mise avant tout sur la qualité des filières, les circuits courts. Un espace dégustation est en projet à l'étage, En attendant, c'est une adresse à ne pas rater pour manger sain et bon.

LE CEPAC SILO

35, quai du Lazaret (2e)
✆ 04 91 90 00 00
www.cepacsilo-marseille.fr/
Tarifs selon spectacle – Réservation en ligne ou points de vente habituels.

Près des Docks de la Joliette, cet ancien silo à blé date de 1927. Réhabilité en 2011, il est désormais une salle de spectacle vouée aux programmations artistiques : concerts, danse, théâtre, humour... Labellisé « Patrimoine du XXe siècle », son aménagement fait partie du projet Euroméditerranée. Chef-d'œuvre d'acoustique, visibilité, confort, étudié minutieusement. Découvrez ce théâtre à l'italienne, une salle divisée en trois balcons avec une modularité en « tous assis » et en version « assis debout ». C'est ici que les grands artistes se produisent à Marseille.

SAVONNERIE FER À CHEVAL

66, chemin de Sainte-Marthe (14e)
✆ 04 91 10 30 80
www.savon-de-marseille.com
Boutique ouverte du lundi au vendredi. Visite guidée gratuite sur réservation (horaires à consulter sur le site web).

Cette institution, fondée en 1856, est aujourd'hui la plus ancienne savonnerie de Marseille à perpétuer la fabrication de l'authentique savon, une recette ancestrale transmise par des générations de maîtres-savonniers. Fabriqués exclusivement avec des huiles végétales, sans ajout de parfum ou colorant. Retrouvez à la boutique tous les produits : savons de Marseille, savons liquides, produits de maison et des coffrets cadeaux. Un véritable héritage culturel labellisé Entreprise du Patrimoine Vivant et désormais inscrit au titre des Monuments historiques !

© DR

© DR

BOUCHES-DU-RHÔNE

LE ROVE ★★

Le Rove est un petit village de 4 500 habitants situé à 8 kilomètres de Marseille. Son nom vient du Provençal Lou Rove qui signifie : le chêne vert. Et, comme si cela avait un lien, c'est l'endroit parfait pour se mettre au vert. Ici, le calme règne, l'odeur de la garrigue titille les narines, les stridulations des cigales enchantent les oreilles et la beauté des calanques de Niolon et de La Vesse sont un véritable bonheur pour les yeux. Pour les deux derniers sens, n'hésitez pas à goûter les fameuses brousses du Rove, fruits de l'élevage des chèvres qui ont fait, entre autre, la réputation de ce village et une plongée en mer à la découverte de nombreuses espèces sous-marines.

CALANQUE DE NIOLON ★★★

Parking à la gare de Niolon. Accès interdit aux véhicules de mai à août les week-ends et jours fériés.

Parking possible à la gare. Accès réglementé en haute saison.

Cette calanque naturelle aménagée est située sur la plus belle section du sentier des Douaniers. L'avantage, c'est qu'ici il y a une gare et une route dédiée depuis Le Rove avec un parking à la gare. Pratique, elle est donc très facile d'accès, d'autant que le fameux train de la Côte Bleue part et arrive de la gare Saint-Charles. Cela explique en revanche que le lieu soit légèrement plus fréquenté que d'autres calanques, notamment en haute saison, où il faudra un peu vous éloigner pour aspirer au calme. Niolon se prête volontiers à la baignade, dans des eaux calmes protégées par un rocher ou depuis une plage de galets avec une vue exceptionnelle sur toute la rade de Marseille. Les fonds marins étant magnifiques, un centre de plongée est installé ici dans un ancien fort militaire. La calanque est habitée, les habitations sont charmantes et l'on trouve quelques restaurants agréables pour prolonger vos journées le temps d'un dîner. En vous éloignant de Niolon par le chemin de randonnée qui part dans le prolongement du parking, vous atteindrez de jolis coins reculés, à commencer par la paradisiaque calanque de l'Erevine, après avoir passé celle du Jonquier. Niolon, au-delà d'être une calanque agréable où lézarder, est donc aussi un point de départ très pratique pour effectuer en partie ou en intégralité, le célèbre « sentier des douaniers ». Vous trouverez donc toujours de quoi vous occuper dans les environs : une petite virée ici vous apportera un bon bol d'air et une exquise impression de bout du monde.

HÔTEL LES PIELETTES** €

3, Zone d'aménagement concerté Pielettes
✆ 04 91 46 94 94
www.lespielettes.fr

16 chambres. Chambre double de 75 € à 85 € ; chambre triple à partir de 130 €. Petit déjeuner buffet : 9 €.

L'hôtel Les Pielettes, c'est un très bon rapport qualité-prix. Certes, le cadre de la ZAC n'est pas enchanteur mais le côté pratique est là, et la modernité de l'hôtel appréciable. Il se compose de 16 chambres très modernes climatisées et toutes équipées d'une TV et d'une connexion Wifi. L'hôtel dispose également d'un restaurant-pizzeria. L'établissement est idéalement placé pour les professionnels, à moins de 20 minutes de l'aéroport de Marseille-Provence. Il conviendra aussi aux vacanciers puisqu'il se trouve à proximité des calanques et de la côte bleue.

L'AUBERGE DU MÉROU €€

A55 sortie Le Rove puis D5 Niolon.
✆ 04 91 46 98 69
www.aubergedumerou.fr

Ouvert tous les jours le midi et le soir. Les horaires peuvent varier en basse saison. Bouillabaisse 59 € par personne.

Cadre d'exception pour ce restaurant panoramique pourvu d'une baie vitrée s'ouvrant en terrasse avec vue magnifique sur la calanque de Niolon. En cuisine, le chef rend hommage aux produits de La Méditerranée et du terroir. La spécialité de la maison : la bouillabaisse, bien sûr. Un alléchant couscous au poisson, des tentacules de poulpe grillées complètent une carte où l'on trouve aussi des plats de viande (hot-dog de bœuf charolais confit par exemple). Les menus permettent un aperçu brillant et gourmand du savoir-faire du maître des lieux.

LA PERGOLA €€

3, chemin de la Pergola
✆ 07 87 96 56 11
www.restaurantlapergola.fr

Ouvert du mercredi midi au lundi midi. Carte : 40 € environ. Terrasse. Réservation recommandée. Menu enfant 12 €.

Niché sur la calanque de Niolon, ce restaurant provençal, créé en 1948, bénéficie d'un cadre exceptionnel, avec sa terrasse abritée par une tonnelle verdoyante. Dans l'assiette, des spécialités régionales qui font la part belle aux produits de la mer, mais aussi quelques viandes, des salades généreuses et quelques propositions à partager. Au menu : filet de bœuf en croûte, poisson grillé selon arrivage, risotto poulpe chorizo, ravioles de homard ou pieds et paquets. Les assiettes sont soignées, l'expérience toujours belle et l'accueil très sympa.

LA BROUSSE DU ROVE

17, rue Adrien-Isnardon
✆ 04 91 09 92 33
Ouvert 7j/7 de février à octobre de 8h à 12h30 et de 17h à 19h. 1,30 € par tube de brousse. 2,50 € les fromages.

Cela fait déjà quelques siècles que les brousses du Rove sont moulées dans de petits moules coniques, et la recette n'a pas changé ! La famille Gouiran est l'un des derniers fabricants de véritable brousse du Rove, ce petit caillé de chèvre d'une finesse incomparable à déguster salé aux herbes fines ou sucré avec du miel ou de la confiture. A savoir : la production de brousse s'arrête de novembre à janvier, car les chèvres ne produisent plus de lait. Une des dernières fromageries du Rove à produire et vendre ces petites merveilles devenues AOC en 2020..

ENSUÈS-LA-REDONNE

A une vingtaine de kilomètres de Marseille, Ensuès-la-Redonne est une petite commune à taille humaine, essentiellement familiale et très prisée des Marseillais qui viennent y passer le week-end au cabanon. La petite gare d'Ensuès, accessible directement depuis la gare Saint-Charles, vous permet d'atteindre les premières plages et les différents sentiers très appréciés des randonneurs sur la Côte Bleue. Ce parcours en train appelé « Train de la Côte Bleue » est à faire absolument. Les points de vue sont incroyables depuis les viaducs que l'on franchit, avec une vue magnifique sur la rade de Marseille. Bronzette ou randonnée, c'est à vous de choisir !

CALANQUE DE L'EREVINE

Compter 1 heure de marche environ depuis Niolon ou Méjean.
Accès par sentier de randonnée pas toujours aisé. Une heure environ depuis la gare de Niolon.

On la qualifie parfois de plus belle calanque de la Côte Bleue. Et pour tout vous dire, cette réputation est loin d'être usurpée. L'accès n'y est pas simple et se mérite. Pourtant, la petite plage de galets aux eaux turquoise n'est jamais déserte. Les courageux sont nombreux à s'offrir ce petit paradis. On y arrive en passant sous le viaduc de la voie ferrée. Le panorama est fou et toute la baie de Marseille se déploie. La baignade y est une belle récompense pour vos efforts. Au loin sur votre droite, l'île de l'Erevine, spectaculaire et massive.

CALANQUE DE LA REDONNE ★★

Parking sur les hauteurs. Prévoir du temps et de la patience pour trouver une place.
Accès au port interdit aux véhicules de mi-avril à août les week-ends et jours fériés. La gare est juste au-dessus de la calanque.
Accès au port interdit en haute saison. Gare SNCF juste au-dessus de la calanque.

Les calanques de la côte bleue sont moins connues et sans doute moins spectaculaires que celles du parc national du côté de Cassis, mais elles sont tout aussi agréables et belles à regarder. Le décor a tout d'une carte postale. En ce qui concerne la calanque de la Redonne, outre le petit port de pêcheur dominé par le viaduc qui ne gâche rien au plaisir des photographes, une petite plage de galet très prisée en été vous accueille. Prenez le temps d'explorer les environs afin de dénicher le petit coin de paradis isolé qui vous comblera.

CALANQUE DE MÉJEAN ★★

Depuis la gare et calanque de la Redonne, comptez 2 km par la route à pied.
Accessible à pied depuis la gare de la Redonne. En été, la circulation y est réservée aux riverains.

Emblématique de la Côte Bleue, la calanque de Méjean est l'une des plus jolies de ce côté-là d'Ensuès-la-Redonne. Elle est située après celle de la Redonne en passant par la route, et constitue le point d'accès principal du sentier des Douaniers qui longe les falaises jusqu'à la calanque de Niolon. Il faudra passer d'abord par le Petit-Méjean pour arriver au Grand-Méjean en voiture ou à pied, car pas de gare ici ! Les eaux turquoise idylliques et les pins parasols qui se balancent au vent offrent un joli tableau provençal, avec les cigales en fond sonore. Si la Côte Bleue est moins fréquentée que le parc national des Calanques du côté de Cassis, l'endroit est néanmoins pris d'assaut les week-ends et vacances scolaires. Pour trouver du calme, il faudra cheminer et s'installer sur un coin de rochers. Nombreuses randonnées autour de cette calanque, dont vous trouverez les détails à l'entrée. Notons que la calanque a été choisie récemment pour le tournage d'un des derniers films du réalisateur marseillais Robert Guédiguian. Les randonneurs longent la calanque et passent derrière le petit terrain de boules pour retrouver le GR-51 en direction de l'Erevine et Niolon. Pas toujours aisé mais à couper le souffle. Méjean est également apprécié des amateurs de kayak, snorkeling et paddle. Depuis la plage du Rouet, on peut explorer les différentes calanques dont celle-ci. Enfin, la plongée y est reine ici aussi : c'est ici que se trouve le *tombant de Méjean,* un mur de coraux à 24 m de profondeur, riche en poissons, gorgones et murènes.

LA PALMERAIE DES CALANQUES €€

8, chemin de Montmillan et d'Aubrez
✆ 04 42 06 57 75
www.lapalmeraiedescalanques.com
Chambre double de 130 € à 150 € la nuit, de 720 € à 840 € la semaine ; suite de 210 € à 240 € la nuit.

Xavier vous accueille dans 5 chambres, dont une suite, ou dans un gîte. Cette luxueuse villa dispose d'une piscine et de splendides terrasses avec vue sur la la calanque qu'elles surplombent. Les chambres confortables et bien équipées et disposent d'un coin salon. La suite est équipée en plus de deux lits simples, de toilettes séparées, d'un micro-ondes et d'un coin bureau. Des rénovations ont été entreprises récemment par Xavier qui a repris le flambeau de Brigitte et Robert.

LE MANGE-TOUT €€

8, chemin Tire-Cul
✆ 04 42 45 91 68
Fermé de novembre à mars. Ouvert tous les jours et les jours fériés le midi et le soir. Réservation recommandée.

On ne vient pas au Mange-tout pour la sophistication de sa cuisine, mais pour son cadre exceptionnel et des assiettes de cuisine provençale rustique sans chichi. On aime ici la friture de mange-tout (petits poissons à manger avec les doigts) spécialité de la maison, l'espadon grillé, les beignets de calamars… Un petit rosé bien frais du pays pour arroser le tout et vous êtes prêt pour une sieste à l'ombre face à l'azur de la mer. L'accueil est familial et bon enfant, le personnel est attentionné. Pensez à réserver la veille car il est souvent plein.

CALANQUE DES EAUX SALÉES ★★

La calanque est uniquement accessible à pied. Parking au niveau de la plage du Rouet puis prendre l'avenue Blanche-Calvet et le chemin des Eaux-Salées.
Calanque accessible à pied depuis le parking au niveau de la plage du Rouet.

© KEITMA - SHUTTERSTOCK.COM

C'est la première calanque en pleine nature en direction d'Ensuès. Elle est moins fréquentée que les autres. Enjambée par le viaduc centenaire du même nom, la crique entourée de pins d'Alep abrite une plage de gros galets polis à l'eau translucide. La résurgence d'eau salée sous le viaduc est une pataugeoire idéale pour les enfants. Au milieu de la calanque se trouve l'îlot de la Grande Mona, accessible pour les bons nageurs qui veulent se prélasser dans une sorte de baignoire naturelle. Un lieu idéal pour la plongée, le kayak ou *stand up paddle*.

CARRY-LE-ROUET ★

Bienvenue à Carry-le-Rouet, la « perle de la Côte Bleue » et une des stations balnéaires préférées des Marseillais. Son petit port et ses belles demeures en font un lieu prisé pour une balade le week-end, de même que ses nombreux restaurants qui ne désemplissent pas. L'été, ce qui est d'ordinaire une petite ville calme voit sa fréquentation augmenter considérablement. Ses plages, les différents événements et de nombreuses activités sportives attirent. Depuis 2019, la commune détient le label « Station classée de tourisme ». Le nom de Carry est indissociable des Oursinades qui y sont organisées chaque début d'année, ainsi que de l'acteur Fernandel qui y a vécu.

CALANQUE DU CAP ROUSSET ★

Avenue Gérard-Montus
Buvette et parking.

Cette petite plage familiale enchâssée dans une pinède est très jolie, mais très fréquentée en été (parking plein). Un des avantages de cette calanque est qu'elle dispose de nombreuses infrastructures : accès handicapés, snack à proximité, douche, baignade surveillée… Son principal atout : en juillet-août, depuis cette plage, le Parc marin organise les jeudis et samedis une découverte des fonds marins en *snorkeling* : palme, masque, tuba, pour une balade aquatique gratuite. Réservation obligatoire auprès de l'Office de tourisme.

PARC MARIN DE LA CÔTE BLEUE ★★

31, avenue Jean-Bart
✆ 04 42 45 45 07
www.parcmarincotebleue.fr
Visite guidée.

Cette aire de protection marine créée en 1982 s'étend sur 28 km. Elle concentre ses actions sur 2 zones réserves marines protégées, à cap Couronne (210 ha) et Carry-le-Rouet (85 ha). Le parc a installé des récifs artificiels pour aider l'écosystème à se développer, ainsi que des récifs de protection anti-chalutage et réalise des études scientifiques sur ses propres actions. En été, le parc organise des ateliers ludiques ainsi que des randonnées aquatiques (inscription obligatoire).

PLAGE DU ROUET

Route bleue
Plage surveillée, équipée de douches et de toilettes et d'un point d'eau potable.

Nichée entre deux falaises, c'est la plus vaste et plus célèbre plage de Carry. Elle est tout de même assez loin du centre-ville. Plage mixte de sable et de galets (où se trouve une belle "mise à l'eau"), elle est bordée par des snacks, restaurants, un parking, accessible aux handicapés, avec baignade surveillée. La plage est exceptionnelle par son panorama et très populaire auprès des familles. À signaler le côté pratique de son vaste parking payant, car les emplacements gratuits sont rares à proximité. Très fréquentée en haute saison, cela va de soi.

RANDONNÉES BALISÉES TOPO-RANDOS

Tous les renseignements à l'office de tourisme ou sur son site internet où les parcours sont téléchargeables.

Les environs de Carry-le-Rouet ont été balisés suivant de jolies randonnées entre pinèdes, collines de garrigue, champs d'oliviers, vignes, pins d'Alep et bord de mer azuré. Quelques suggestions : Entre calanques et collines (12 km, niveau facile), le tour du Romaron (8 km, niveau moyen, le vallon de Jaume (10 km, niveau moyen), Notre-Dame-du-Rouet (12,5 km, niveau moyen) ou encore le grand sentier de la Côte Bleue, chemin de randonnée fameux de 64 km dont 17 boucles de 2 à 12 km.

SENTIER DU LÉZARD

Port de Carry-le-Rouet
Site naturel en accès libre.

Cette petite balade sans réelle difficulté vous emmène sur la côte escarpée de Carry en direction de Sausset. Sur le port, le départ du sentier se trouve au bout du parking du casino, au niveau de la plage Fernandel. Tout au long du sentier, des panneaux explicatifs sur la faune et la flore locale, ainsi que des installations pour faire quelques tractions et un peu de sport. La balade est ravissante, face à la grande bleue, dans une nature verdoyante. Pas de difficulté hormis des escaliers au tout début. Quelques petits spots de baignade au fil de la balade.

TRAIN DE LA CÔTE BLEUE, SENTIER DES DOUANIERS ★

Au départ de Marseille Saint-Charles direction Miramas (par Martigues)
Balisage, environ 10 km, dénivelé 300 m. Sentier difficile, pour randonneurs aguerris entre le Rouet et Niolon.

La façon la plus originale d'aborder ce mythique GR est de commencer le trajet avec le train de la Côte bleue depuis la gare Saint-Charles. Plusieurs allers et retours dans la journée avec des vues vertigineuses depuis les fenêtres du train, qui sillonne à travers le massif. Le GR commence à Sausset mais pour une immersion plus directe, partez depuis Carry-Le-Rouet. Direction plein est vers La Redonne-Ensuès, Méjean... jusqu'à l'Estaque. Points de vue magiques et sensations garanties.

OFFICE DE TOURISME DE CARRY-LE-ROUET

11-13, route Bleue
✆ 04 42 13 20 36
www.otcarrylerouet.fr
Station classée de Tourisme. Office de Tourisme catégorie 1. Label Qualité Tourisme. Horaires à consulter sur site web.

L'office de tourisme de Carry est situé en plein cœur du village. Très bien documenté pour vous aider à découvrir le fameux Sentier des Douaniers ou d'autres randonnées, il pourra également vous informer sur l'offre de logements, de restaurants, les activités nautiques et sportives. Enfin, vous y trouverez tous les horaires de trains et de bus. De plus, l'accueil est excellent et le personnel met à votre disposition pléthore de prospectus. Une adresse très utile.

BNN [BASE NATURE ET NAUTIQUE] ★

Quai Professeur-Émile-Vayssière
✆ 06 22 04 10 93
www.loisirsprovence.fr

Ouvert de juin à septembre. Location à l'heure : stand up paddle à partir de 13 €, kayak double à partir de 20 €

Cette association propose plusieurs sortes d'activités nature et nautique en haute-saison. La base nautique est située sur le port de Carry et propose de la location, des randonnées encadrées en stand up paddle et kayak de mer à travers le Parc Marin et les calanques de la Côte Bleue. Depuis 2019, elle propose également de s'essayer à la bouée tractée. Toute l'année, des activités « Terre » (escalade, randonnée, excursions). Plus de renseignements sur le site internet ou par téléphone.

L'ALBATROS CÔTE BLEUE ★

Port de Carry-le-Rouet
✆ 04 42 44 57 23

Ouverture de la saison en avril. Circuits de 20 à 45 € par adulte. De 15 à 30 pour les enfants.

L'Albatros, au départ du port de Carry-le-Rouet, offre plusieurs circuits pour découvrir la Côte Bleue et même aller jusqu'à Cassis. Avec une capacité d'accueil allant jusqu'à 100 personnes, 3 circuits vous sont proposés : le circuit A tout au long des calanques de la côte bleue, le long du sentier des douaniers jusqu'à Niolon. Le circuit B vous emmenera dans la baie de Marseille. Le circuit C couvre toute une journée et vous permettra de découvrir le parc national des calanques de Cassis (halte baignade et déjeuner au Frioul).

LES CHAMBRES DU GRAND MORNAS €€

9, allée du Grand-Mornas ✆ 06 73 33 60 52
www.leschambresdugrandmornas.fr

Chambre double de 108 € à 120 € (si petit déjeuner). Lit supplémentaire : 35 €. Parking payant 10 € par nuit.

Cette maison d'hôte est joliment décorée dans des tons de blanc, beige et bois, relaxants et lumineux. Les chambres sont douillettes, climatisées, avec une vue sur les collines de garrigue environnante. Un lit supplémentaire est proposé pour les familles. On appréciera tout à la fois le grand salon spacieux, la belle terrasse où l'on peut prendre de copieux petits déjeuners, la vue sur la mer… Ici, tout est prévu pour vous permettre un agréable séjour dans un cadre reposant idéal.

HÔTEL LA TUILIÈRE*** €€

34, avenue Draïo-de-la-Mar
✆ 04 42 44 79 79
www.hotel-tuiliere.com

Chambre double à partir de 95 € ; chambre triple à partir de 120 €. Petit déjeuner buffet ou en chambre. Piscine.

La Tuilière est un hôtel de charme situé à 50 m de la calanque de la Tuilière. Une terrasse fleurie donne sur une piscine extérieure chauffée. Les 22 chambres – superbe vue sur mer ou vue sur colline – sont lumineuses, décorées dans les tons clairs pastel, modernes et confortables. Néanmoins sachez que la vue sur mer donne sur une rue assez passante tandis qu'à l'arrière c'est plus calme. Le petit déjeuner est copieux et de qualité. A proximité, un choix d'activités large : cinéma, casino, cheval, tennis, golf ou, bien sûr, plaisirs nautiques, plages, rochers.

HOTEL VILLA ARENA*** €€

1, place Camille Pelletan
✆ 04 42 45 00 12
https://www.villa-arena-hotel.com/fr

Chambre double de 95 € à 110 € ; chambre triple à partir de 130 €. Petit déjeuner buffet inclus. Animaux acceptés.

La Villa Arena est un hôtel familial situé en plein centre de Carry-le-Rouet. Cette belle demeure provençale du XVIIIe siècle à la façade sculptée dispose d'un restaurant renommé avec une jolie véranda. A l'intérieur, des rénovations ont été faites en novembre 2020. Les chambres sont simples et jolies, équipées d'une salle de bain privative, avec des meubles en rotin pour les plus simples et de jolies douches à l'italienne pour les supérieures. L'hôtel est idéalement situé à 15 min de Marseille, 20 min de l'aéroport et quelques minutes des plages de Carry.

BRASSERIE TABAC DU PORT €€

10, route bleue ✆ 04 42 45 00 05
www.brasserie-du-port.fr

Tous les jours le midi et le soir. Formule du midi : 19,90 € (plat, dessert et café). Suggestions du jour de 14 à 27 €.

Une adresse qui détonne légèrement sur le port, coincé entre des restaurants traditionnels et plutôt spécialisés. La brasserie du port a fait peau neuve en 2021 et dispose également d'une belle terrasse ensoleillée en surplomb du port, d'un bel intérieur où l'on se love dans de beaux fauteuils confortables pour déguster une cuisine simple mais goûteuse. Les prix sont ici plus doux qu'aux alentours. Nous avons adoré le risotto aux supions, généreux ce midi-là, suivi d'une île flottante bien faite. Service sympa. Une adresse simple et accessible.

LES TERRASSES €€

2, place Jean-Jaurès
✆ 04 42 45 00 46
www.restaurant-lesterrasses.com

Tous les jours le midi et le soir. Plateau royal coquillages 105 €. Formule du midi 21 €. Pizzas dès 12,50 €.

Ce restaurant panoramique est ouvert toute l'année. Sa position dominante lui offre une vue imprenable sur les bateaux à quai. Trois grandes salles avec baies vitrées et autant de terrasses chauffées en hiver offrent une vue imprenable. Dans l'assiette, parillada de crustacés, marmite du pêcheur, poêlée de gambas, côte de bœuf maturée ou encore un beau choix de coquillages et crustacés. De très belles assiettes à partager pour plus de convivialité. Une adresse futée, rénovée récemment, dans un cadre enchanteur il faut bien le dire.

TREIZE 600 VINS €€

14, Boulevard Jean Valensi
✆ 04 86 64 79 62
https://treize600vins.com/

Ouvert du mardi au samedi le soir ; le vendredi et le samedi le midi. Suggestions de 7,50 à 36 €. Terrasse.

Si la convivialité devait élire domicile quelque part à Carry, ce serait dans cette cave à vin-bistrot tenue par un adorable duo de propriétaires. On vient ici avant tout pour faire ses achats en cépages divers et variés de la région ou d'ailleurs, mais ce lieu si chaleureux vous tentera peut-être pour un moment plus prolongé autour d'une bonne bouteille et de quelques mets à déguster. Que l'on se laisse tenter par des assiettes apéro ou par un plat plus conséquent, vous y trouverez votre bonheur. Sans hésitation, on y retourne.

LA RÉSERVE €€€

Quai du Professeur Emile-Vayssière
✆ 04 42 44 53 22
www.restaurant-la-reserve.fr/

Ouvert toute l'année. Tous les jours le midi et le soir. Menu réserve 52 €. Bouillabaisse 60 € par personne. Terrasse.

Un restaurant de très belle cuisine ouvert en 2020. Le cadre tout d'abord, avec cette vue imprenable, légèrement en surplomb le petit port. La salle est élégamment décorée et lumineuse. En cuisine, le chef Baptiste Laurent concocte une cuisine classieuse, savoureuse. Jugez plutôt : ce jour-là le plat du jour était une queue de lotte sauvage rôtie, risotto crémeux, crème de crustacés. Un goût prononcé pour les produits de la mer et principalement locaux. Une très belle adresse donc qui vous convaincra certainement d'y revenir goûter le reste de la carte.

RESTAURANT JEREMY TURGON €€€

1, place Camille Pelletan ✆ 04 42 45 00 12

Du mardi au samedi le midi et le soir. Menus à composer selon ses goûts 55 €. Le midi, menu à 26 €.

Attention, adresse d'exception. Nous sommes ici dans le restaurant du très célèbre hôtel Villa Arena. C'est le chef Jérémy Turgon qui œuvre en cuisine. On déguste ici une cuisine hautement gastronomique, composée de mets d'exception et dans des menus destinés à vous faire passer un moment unique. Les influences en cuisine sont avant tout méditerranéennes car la région et le littoral proposent une gamme incroyable de produits divins. Déjeuner ou dîner ici restera gravé dans votre mémoire de gastronome. La salle se prolonge sur une belle terrasse sous verrière.

LA VILLA MADRIGAL €€€

4, avenue du Docteur-Gérard-Montus
✆ 04 42 44 58 63
www.restaurant-lemadrigal.com

Ouvert du mardi au dimanche le midi, du mardi au samedi le soir. Menu midi 21 €. Le soir, de 36 à 56 €. Terrasse.

Dans une superbe bastide perchée sur la falaise, le Madrigal est un lieu exceptionnel. Les assiettes y sont aussi élégantes que le cadre est merveilleux. A la carte, on trouve surtout des poissons frais bien grillés et des spécialités régionales classiques, dont la bouillabaisse marseillaise bien sûr (sur commande uniquement). Goûtez au risotto du maquis, au confit d'épaule d'agneau, au turbot à la crème d'oursin ou encore au homard rôti au gingembre. Parking privé bien pratique pour se garer. Cadre et service de haut standing.

CARRY WINERY

7, Chemin du Rouet
✆ 06 83 41 44 74

Pas de visite sur place. Vente dans une vingtaine de cavistes de Bouches-du-Rhône. Bouteille de rosé dès 15 €.

Carry Winery, c'est l'histoire d'une bande de copains, Jerôme, Fred et Mo, de passionnés de vin qui se sont lancés dans le projet fou de cultiver et produire le seul vin de la Côte Bleue. Cinq ans plus tard, on produit ici quelque 6 000 bouteilles de rosé et 2000 de rouge selon les années. Pas d'appellation pour le moment ou plutôt si, celle d'appellation d'origine incontrôlée comme on aime le dire ici. Pour le rosé, un cépage oublié, la counoise, allié au vermentino et grenache mûr, aux apports maritimes certains. Production de marc classique ou arrangé.

Ô P'TIT BIO

6, avenue Draio de la Mar
✆ 09 88 40 72 25
https://optitbio-carry.eatbu.com
Ouvert du lundi au samedi de 9h à 12h30 et de 15h à 19h ; le dimanche de 9h à 12h30.

Ouvert au printemps 2020 par Céline, enfant du pays, et son compagnon, Ô P'tit Bio est déjà devenu en peu de temps une référence dans les environs. Vous y trouverez bien évidemment que du bio, comme son nom l'indique, du local et du vrac. Glaces Tarentina (Marseille), bières Aquae Maltae (Aix), Gimber mais aussi fromages fermiers et pains artisanaux, tout y est, pour le plaisir de votre palais. Parmi les derniers produits arrivés : le kit de couverts Bini, nomade et réutilisable, idéal pour vos pique-nique sur la plage toute proche.

PLONGÉE PASSION

12, boulevard Jean-Valensi
✆ 06 08 51 78 02
www.plongee-passion-carry.com
Baptême de plongée : 75 € (enfants) et 90 € (adultes). Pack Découverte (3 plongées, équipement, diplôme) 270 €.

A la fois centre et école de plongée, Plongée Passion propose formation et exploration aux individuels, groupes et enfants. Des moniteurs brevetés d'Etat (1er et 2e degrés) vous emmènent à la découverte des joyaux cachés des fonds azurés de la Côte Bleue aux îles du Frioul et du Planier. Installés depuis plus de 20 ans à Carry, Marlène et Patrick Michel connaissent parfaitement les fonds marins de la région et vous mettront rapidement en confiance. L'équipe est aimable, joviale et très attentive, le matériel récent et de qualité.

CASINO BARRIÈRE

1, route Bleue
✆ 04 42 44 20 01
Du dimanche au jeudi de 10h à 3h ; le vendredi et le samedi de 10h à 4h. Accès gratuit, réservé aux personnes majeures.

À l'entrée du port de plaisance à Carry, le Casino Barrière est un petit casino moderne qui compte plus de 180 machines à sous, dont certaines multi-games, 2 tables de roulette anglaise, 2 tables de black-jack, 3 tables de Texas Hold'em poker *no limit*. On y passe assurément un bon moment et tout est mis en place pour le confort du joueur. Spectacles, one-man shows, concerts et animations le week-end, sans parler de la belle vue sur le port. Découvrez sans attendre le programme sur le site internet. Faites vos jeux et bonne chance !

SAUSSET-LES-PINS ★

Port de pêcheurs devenu lieu de villégiature, Sausset n'en a pas pour autant perdu de son charme et de son authenticité toute provençale. Tout comme sa voisine Carry, c'est une destination de week-end pour citadins à la recherche de calme et de météo clémente. Seul le mistral ne s'aventure pas ici et c'est ce qui explique les températures douces été comme hiver. Y passer de bonnes vacances sera aisé : la municipalité a mis un point d'honneur à avoir des infrastructures efficaces et de qualité. Pas vraiment de monuments si ce n'est le château Charles Roux du XIXe siècle et son église, mais de jolies ruelles et des balades côtières magnifiques.

OFFICE DE TOURISME

16, avenue du Port
✆ 04 42 45 60 65
www.ville-sausset-les-pins.fr
Ouvert du lundi au vendredi de 10h à 12h et de 13h à 17h ; le samedi de 10h à 12h.

L'Office municipal du Tourisme de Sausset-les-Pins est bien facilement trouvable, au début de l'avenue du port, et bien pratique avec 2 parkings à proximité pour stationner pendant que vous vous y adressez. Le personnel pourra vous y renseigner sur les diverses plages du coin ainsi que sur les départs de randonnées à proximité et les activités nautiques proposées par la municipalité. De nombreux dépliants sont à votre disposition, ainsi que tous les renseignements nécessaires pour séjourner et se restaurer à Sausset-le-Pins.

AUBERGE LA FOLIE €€

5, route de Saint-Julien
✆ 04 42 06 74 95
www.aubergelafolie.com
11 chambres. Chambre double 65 €, chambre triple 85 € ; suite 95 €. Demi-pension : simple 85 €, double 53 €. Restaurant.

Cette ancienne ferme appartenant jadis au duc de Caumont a accueilli la duchesse de Berry, en avril 1832. Aujourd'hui, situé au calme à moins de 10 min du village, de la mer et de ses plages, cet ancien mas rénové propose 11 chambres simples, coquettes, confortables et climatisées. Les prix sont raisonnables surtout pour les chambres familiales, le petit déjeuner copieux et le personnel très avenant. C'est une bonne étape sur la route de la Côte Bleue doublée d'une bonne table. Idéal pour mettre les pieds sous la table avant de rejoindre sa chambre.

L'ESCALE CÔTE BLEUE €€

5, rue Charles Gounod
✆ 06 19 90 11 39
https://lescale-cotebleue.fr
3 chambres. Double de 75 € à 110 € ; suite de 145 € à 165 €. Petit déjeuner inclus. Table d'hôtes sur réservation.

Une chambre d'hôtes qui se décline en trois logements, dont certains avec vue mer, un lieu de vie imaginé et créé par ce couple accueillant et chaleureux. Dans le jardin aux beaux jours, vous apprécierez la belle piscine. Hors-saison, un spa chauffé privatif vous attend dans un des logements de la maison. Le petit déjeuner très complet est servi dans une belle verrière avec vue sur la mer. Une table d'hôtes est proposée par Franck sur réservation pour prolonger l'expérience. Hélène quant à elle s'occupera de la partie bien-être et massages sur demande.

LA CALANQUE BLEUE €€

Route de Sausset
✆ 04 42 44 93 28
Tous les jours le midi et le soir. Réservation conseillée. Menus de 34,90 € à 49,90 €. Bouillabaisse 76 à 86 € par pers.

Sur la petite départementale côtière qui va de Sausset vers Sainte-Croix, impossible de ne pas voir ce bel établissement planté au bord de la mer. Un beau restaurant avec, cela va de soi vu le cadre, une vue panoramique sur le large à faire pâlir. Au menu, de la cuisine régionale bien mise en valeur avec une spécialité maison pour la bouillabaisse que l'on peut aussi décliner en version royale, avec découpe comprise dans les deux cas. Une belle carte de poissons, des suggestions de viandes grillées et deux menus avantageux. Une adresse pérenne à redécouvrir.

ALOHA BEACH €

Avenue Général-Leclerc
✆ 04 42 80 00 76
Ouvert tous les jours de 9h à 23h. Réservation recommandée. Terrasse.

Aloha ! Bienvenue à Tahiti-les-Pins, directement sur la plage de la Corniche, les pieds dans l'eau. Plutôt sympa comme cadre non ? On vient ici pour apprécier le coucher de soleil à l'heure de l'apéritif mais aussi profiter de ce cadre aux premières loges, relax. Les places sont chères, il vaut mieux réserver. Les prix sont abordables. Salades, bruschettas, pizzas, burgers… simple, gourmand et efficace. Le Petit Futé a opté pour une daurade grillée, très correcte. Mention spéciale pour l'équipe qui vous reçoit dans la bonne humeur.

LE SPOT €€

1, Avenue Jules Ferry
✆ 04 42 87 35 77
https://le-spot-sausset.fr/
Ouvert tous les jours le midi et le soir. Réservation recommandée. Carte : 35 € environ. Petit-déjeuner dès 10,90 €.

Nouvelle belle table à Sausset, qui va à coup sûr devenir un des meilleurs spots de la ville, d'où son nom bien trouvé. En bord de mer avec une superbe terrasse avec vue sur la grande bleue. Un lieu à la fois détendu et chic proposant une cuisine raffinée de type bistrot. Nous nous sommes régalés des délicieux raviolis à la truffe et du moelleux à la châtaigne pour finir. Il y en a pour tous les goûts à la carte. Certains soirs, vos apéros seront accompagnés de musique live, aux tonalités jazzy. Un vrai bel endroit plein de vie.

LA CABANE €€

17, avenue Siméon Gouin ✆ 04 42 40 40 00
www.lacabane-sausset.fr/
Ouvert tous les jours de 12h à 14h30 et de 19h à 22h. Carte : 32 € environ. Menu enfant : 9 €. Tapas dès 3,80 €.

Située sur le port de Sausset-les-Pins, la Cabane est une excellente adresse qui a refait peau neuve et s'est agrandie tout récemment. D'une petite salle, la Cabane est désormais passée à un bel espace ouvert sur le port, derrière des baies vitrées en hiver. Un lieu cosy où manger midi et soir tous les jours de la semaine, apprécier un apéro autour de tapas en fin de journée. Belle carte de salades composées, de burgers généreux, de spécialités comme les linguines océanes ou les brochettes de gambas. Beau choix de tartares également. Bonne adresse pérenne.

BOULANGERIE BOUDOUARD

14, avenue Simeon Gouin
✆ 04 42 45 06 68
Ouvert du mardi au samedi de 6h30 à 13h et de 16h30 à 19h ; le dimanche de 6h30 à 12h.

Petite sensation gustative à Sausset que cette boulangerie atypique ! Dans cette belle bâtisse de village, on trouve ici une équipe dynamique de 8 personnes et à leur tête depuis 8 ans, un duo, Vincent et Céline. Des créations étonnantes et inhabituelles : un pain sans gluten psyllium et pavot avec qui ne manque pas de peps, un pain cranberries et noisettes gourmand et croquant à souhait ou encore un pain de campagne au levain naturel pour les palais moins aventuriers. Une belle gamme de produits sucrés et salés. On adore l'accueil, le soin apporté aux conseils.

BOUCHES-DU-RHÔNE

MARTIGUES ★★

Née de la réunion de trois localités : Jonquières, Brescon et Ferrières, Martigues – petite ville de pêcheurs située au bord de l'étang de Berre – porte comme un gant son surnom de « Venise provençale ». Elle le doit notamment à l'entrelacement de canaux enjambés par des ponts bleus qui vous transporte en quelques pas dans le calme de son île poétique. Haut lieu de la vie martégale, le Miroir aux oiseaux, quartier magique à inspirer les plus grands peintres. Delacroix, Corot, Guigou, Ziem, Picabia et Dufy ont puisé une inspiration sans fin dans ses ruelles étroites aux maisons colorées.

ÉGLISE DE LA MADELEINE ✝

Place Rouget-de-l'isle

✆ 04 42 42 10 65

Visite guidée. Se renseigner auprès du service culturel de Martigues.

Longtemps surnommée la cathédrale par les habitants du pittoresque quartier du Miroir aux Oiseaux, l'église de la Madeleine – classée par les Monuments historiques en 1947 – est un haut lieu de l'architecture baroque provençale du XVIIe siècle. On s'attardera tout particulièrement sur la *Vierge à l'Enfant* et le portail, classés pour leur part depuis 1908 et magnifiquement sculptés. En pénétrant dans ce lieu majestueux, ne manquez pas de lever la tête vers les plafonds aux arabesques polychromes de style Louis XIV. L'autel mérite également un coup d'œil.

CHAPELLE DE L'ANNONCIADE DES PÉNITENTS BLANCS ✝ ★

Rue Docteur-Sérieux

✆ 04 42 42 31 10

Visite guidée. Parking gratuit.

Classée Monument historique depuis 1910, cette chapelle du XVIIe siècle possède un ensemble de décors unique en Basse-Provence. L'extérieur sobre tranche avec l'intérieur éblouissant : murs peints en trompe-l'œil, lambris sculptés, retable doré et plafond peint à la vénitienne sont autant de merveilles à découvrir. Le maître-autel est à admirer assurément. Une vraie merveille d'art baroque provençal. Visites sur rendez-vous, renseignements auprès de l'office de tourisme.

FORT DE BOUC

Chemin de la jetée

✆ 04 42 42 31 10

Visite guidée, uniquement sur inscription auprès de l'office de tourisme.

Bien que son nom évoque davantage la commune voisine de Port-de-Bouc, cet étonnant édifice historique se situe bien sur la commune de Martigues. Niché dans la zone portuaire de Lavéra, l'accès y est réglementé et fermé au grand public. Ce fortin édifié au Moyen Âge est une vigie à l'entrée du chenal de Caronte. D'apparence élégante et de couleur rosée en raison du calcaire qui le compose, ce petit fort impressionne et ses tourelles élégantes rappellent sa fonction défensive. C'est une visite historique étonnante et fascinante que même certains locaux ignorent.

© TOM PEPEIRA - ICONOTEC

Rue de Martigues.

MUSÉE DE LA VITRINE ARCHÉOLOGIQUE

Place Maritima

✆ 04 42 10 82 90

Ouvert toute l'année, tous les jours. Gratuit.

Il y a plus de 2 500 ans, les premiers habitants de ce qui ne s'appelait pas encore Martigues peuplaient déjà l'île, développant habitat et savoir-faire artisanal, de même que des relations commerciales. La très intéressante vitrine archéologique est un site archéologique in-situ reconstituant le village tel qu'il était au Ve siècle avant J.-C. 4 maisons reconstituées d'après les fouilles et les recherches. Le site est très instructif sur les premiers habitants de Martigues.

MUSÉE FELIX-ZIEM ★

9, Boulevard du 14-Juillet

✆ 04 42 41 39 60

Entrée et activités gratuites.

Le musée, créé en 1908, porte le nom de son créateur, Félix Ziem (1821-1911). Tombé sous le charme de cette ville qu'il contribuera à faire surnommer « la Venise provençale », ce peintre prolixe – grand voyageur – a laissé dans son musée, de nombreuses toiles d'inspiration orientalistes peintes à ses retours de voyages. Mais d'autres artistes sont également à l'honneur. Parmi les plus connus : Dufy, Picabia ou encore Manguin. Petite mais belle collection archéologique locale également. Un petit détour que vous ne regretterez pas.

NOTRE-DAME-DES-MARINS ✝

Colline Notre-Dame-des-Marins

✆ 04 42 42 10 65

Accès libre.

Comme son nom l'indique, cette petite chapelle dédiée à la Vierge avait une importance toute particulière pour les marins. Implanté au sommet d'une colline, cet ancien lieu de culte – aujourd'hui fermé au public – servait de point de repères aux pêcheurs qui venaient offrir des ex-voto lorsqu'ils réchappaient des tempêtes. Une collection aussi émouvante qu'intéressante peut encore être admirée au musée Ziem. Enfin, si vos jambes vous portent jusqu'à la petite chapelle, l'horizon s'ouvrira à vous des crêtes de la Sainte-Victoire jusqu'à celles du mont Ventoux.

PLAGE DE SAINTE-CROIX

7, Route de la Saulce

Parking payant, toilettes et douches sur place.

C'est la plus belle plage du territoire de Martigues. Nichée dans la roche, cette étendue sableuse offre un cadre enchanteur, battu par les vagues d'une eau bleu profond, surplombée par la bucolique chapelle Sainte-Croix. Prenez le temps de vous balader un peu sur les roches plates au-delà de la plage, en restant méfiant les jours de grand vent car les bourrasques sont particulièrement fortes ici. La plage est appréciée des familles, des vacanciers et notamment de ceux qui logent au camping tout proche (camping rendu célèbre par une série télévisée).

PLAGE DU VERDON (LA COURONNE)

Bus 30 de Martigues à La Couronne.

✆ 04 42 42 87 71

Plage surveillée en haute saison, sanitaires aménagés, parking. Ouverte toute l'année.

Martigues n'est pas un nom qui vient forcément à l'esprit lorsqu'on pense à aller à la plage. Et pourtant, la commune ne manque pas d'atouts. Outre la plage de Sainte-Croix toute proche, la plage du Verdon, que les locaux appellent La Couronne, est remarquable. Elle se trouve sur la petite commune de La Couronne et a été aménagée de manière très intelligente. Elle est accessible aux personnes à mobilité réduite et très bien entretenue. Un grand parking facilite la venue des baigneurs.

QUARTIER ET PLAGE DE CARRO

Accès libre. Plage avec accès aux personnes à mobilité réduite.

Des barques dans le petit port charmeur, des petites maisons roses posées là, dans un décor enchanteur, bienvenue à Carro. La vie s'y écoule paisiblement, seulement rythmée par le va-et-vient des quelques bateaux de pêche dont la précieuse cargaison est encore vendue à la criée tous les matins. L'été y est brûlant et c'est comme si toute la région se bousculait dans le village et ses environs. A deux pas du petit port, la plage de Carro et ses eaux d'un bleu profond est très prisée.

L'ARQUET CÔTE BLEUE**** €€

Chemin de la Batterie
✆ 04 42 42 81 00
Ouvert d'avril à octobre. Mobil-home de 350 à 1610 € la semaine.

Un camping idéalement situé dans un site naturel idyllique. Bien sûr, vous reconnaîtrez les lieux pour peu que vous soyez tombé sur un épisode de la série *Camping Paradis*. C'est ici qu'elle est tournée et que les tournages continuent d'avoir lieu (avis aux fans). Outre ce détail, on mise avant tout sur la qualité de l'accueil et du service, un confort haut de gamme avec des bungalows neufs. On apprécie ici l'aménagement des locatifs fait avec goût. Quant au fait de faire quelques pas pour rejoindre la plage et la grande bleue, inutile de bouder son plaisir.

LA BASTIDE DE JONCAS* €€

7, chemin du Petit Mas
✆ 04 42 80 72 34
www.lesjoncas.com
8 appartements, 37 chambres et 3 dortoirs. Chambre à partir de 30 €.

La Bastide des Joncas est un village-vacances éco-rénové situé à La Couronne, tout proche de la plage. Côté logement, chambres individuelles ou appartements sont à la disposition du voyageur. Pour les plus économes, des chambres partagées ou des emplacements pour tentes. Des équipements sportifs compléteront vos virées à la plage (6 minutes seulement pour la plage). Restauration sur place. Outre l'écoresponsabilité des Joncas, il faut saluer son engagement pour garantir l'accessibilité à tous, garantissant le label Tourisme & Handicap.

CAMPING LES MOUETTES*** €€

16, chemin de la Quiétude ✆ 04 42 80 70 01
www.campinglesmouettes.com
118 emplacements de 16 à 41 €. Mobil-homes à partir de 273 € la nuit. Chalets à partir de 266 €/semaine.

Redécouvrir le goût du camping familial, c'est possible aux Mouettes, avec une centaine d'emplacements et surtout une implantation discrète sur le littoral. Au milieu de la végétation méditerranéenne, de nombreuses places pour tentes, caravanes ou camping-cars mais aussi mobil-homes et chalets ont vue sur la mer. Situé à 400 m de la plage de Sainte-Croix, avec des accès directs par petits sentiers pédestres, il est tout proche du petit port et de la calanque des Tamaris. Autant dire que l'on peut aisément garer la voiture et profiter à pied du cadre naturel.

HÔTEL SAINT ROCH*** €€€

Avenue Georges Braque
✆ 04 42 42 36 36
www.hotelsaintroch.com
Ouvert toute l'année. 57 chambres dont 4 suites. Chambres à partir de 70 € par nuit.

Au cœur d'une pinède, sur les hauteurs de Martigues, à seulement 10 minutes du centre, cet hôtel 3 étoiles est un hébergement de choix. Les propriétaires font régulièrement des travaux d'entretien pour le plus grand bien-être des clients. Les chambres sont spacieuses, parfaitement entretenues et disposent de tout le confort nécessaire. Le Saint Roch, c'est aussi une piscine très agréable dès les beaux jours et un restaurant : Le Moulin du Paradis. Les plats mitonnés par le chef sont à tester impérativement. Accueil impeccable et petits déjeuners copieux.

AUX AROMATES €€

8, cours-du-4-septembre
✆ 04 13 43 39 48
Plats à la carte à partir de 15 €.

Une belle adresse familiale en plein cœur de Martigues. On y soigne aussi bien sa cuisine et l'accueil des clients. Une jolie terrasse se déploie devant l'établissement, vous permettant de profiter de l'ambiance de cette artère de la vie locale. Au menu, du très frais et des plats qui varient au jour le jour selon les arrivages. Il en est ainsi par exemple avec la pêche du jour. Certains plats demeurent en revanche quotidiennement comme les moules que l'on peut déguster en marinière ou au pastis. Le burger est conséquent et goûteux.

L'AUTHENTIQUE €€

19, quai Lucien Toulmond
✆ 06 03 35 28 54
Ouvert toute l'année, le dimanche midi et du mardi au samedi midi et soir, sauf le jeudi soir. Plat du jour 21,5 €.

Avant toute chose, arrêtez-vous une minute pour apprécier le cadre exceptionnel qu'offre la terrasse du restaurant. Les pieds dans l'eau, l'expression trouve ici tout son sens. Une belle vue sur les bateaux et les plaisanciers, les toits en tuile un peu plus loin, un superbe panorama de couleurs et de lumière. Côté carte, on en prend aussi plein la vue avec une soupe de favouille maison, une poêlée de gambas flambée au Cognac, une souris d'agneau confite ou encore un foie gras maison. Le cadre plus votre assiette rendront votre moment passé ici inoubliable.

BERTRAND ROY €€

4, avenue Pasteur
✆ 04 42 45 44 32
Ouvert le lundi, mardi, jeudi et vendredi midi et soir, le mercredi soir et samedi soir. Fermé le dimanche.

Allez-y en confiance, c'est un modèle d'établissement à prix raisonnable. La cuisine de Bertrand Roy est de celles qui attendent les saisons et qui respectent un certain classicisme. Si la formule du midi est toujours intéressante, Futé s'est laissé séduire par la carte, plus élaborée. Les ravioles de gambas à la crème de crustacés et le filet de bœuf sauce au foie gras étaient bien exécutés. En dessert, la crème brûlée au pastis apportait la touche d'originalité au repas. Service courtois. En prime : le chef passe de table en table pour vous saluer !

LA COUR DU THÉÂTRE €€

19, quai Paul-Doumer
✆ 04 42 09 61 88
Ouvert le lundi et le mardi à midi, du mercredi au samedi midi et soir. Plat du jour 14 € environ.

Ici, tout est fait maison. A la carte, une belle sélection de viandes (noix d'entrecôte Angus, magret de canard grillé, tartare de bœuf charolais…) et de salades mais le Petit Futé et son acolyte ont opté pour du poisson et des pâtes vraiment alléchantes. Et ils ne l'ont pas regretté ! Le pavé de thon albacore, qualité sashimi, juste snacké, vierge de légumes, était fondant à souhait. Quant aux *linguine* safranées à la poutargue, elles étaient excellentes. En dessert, on vous conseille le pain perdu au caramel beurre salé et glace vanille.

CHEZ FRANCINE €€

Chemin des soubrats
✆ 04 42 80 79 46
Ouvert du mercredi au samedi midi et soir et le dimanche midi. Pizzas à partir de 12,50 €.

Une belle adresse adorée des locaux et peu connue des visiteurs. Il faut aller jusqu'au charmant village de Carro pour tomber sur ce restaurant authentique et généreux. Accueil à la hauteur, jolie terrasse ombragée avec vue sur mer et une carte qui laisse la part belle aux produits de la mer et provençaux. Friture de jols, soupe de poisson ou encore assiettes de panisses marseillais. Tout cela sent bon le sud et on adore. Ambiance garantie et assiette copieuse. Belle carte de coupes glacées également pour les gourmands et vacanciers à la recherche de fraîcheur.

LOISILLON €€

4, place Gérard-Tenque
✆ 04 42 02 86 75
Ouvert du mardi au samedi. Plat du jour à 18 €, plats à la carte 25€ environ.

Si l'accueil est chaleureux, les plats, à base de produits frais exclusivement, mettent l'eau à la bouche rien qu'à les regarder. Sous le palais, le plaisir est bien au rendez-vous. Ravioles de joue de bœuf confite sauce foie gras ; velouté de topinambours toastés, lard grillé et noisettes torréfiées ; filet mignon de porc rôti jus au miel et poivre Sichuan, wok de légumes croquants ; crumble de fromage blanc glacé aux myrtilles sauvages… l'imagination du chef, qui change de carte très fréquemment, est sans limite. A Martigues, Loisillon a fait son nid !

LE MIROIR €€

4, rue Marcel-Galdy
✆ 04 42 80 50 45
Du mercredi au samedi midi et soir, dimanche midi. Entrée/plat/dessert : 26 €, entrée/plat ou plat/dessert : 20 €.

Le Miroir se situe au bord du plus joli coin de l'île aux Oiseaux, quasiment les pieds dans l'eau d'un charmant petit port coincé dans une anse. Le menu change régulièrement en faisant la part belle aux produits de saison et surtout aux produits locaux. La cuisine est recherchée, les plats sont originaux. L'expérience gustative vaut le détour et prendre son déjeuner au bord de l'eau est un véritable privilège. L'accueil est vraiment agréable, tout comme le cadre. Les tarifs sont tout à fait abordables, avec un excellent rapport qualité-prix.

LA MOULE MANIA €€

40, quai du Général-Leclerc
✆ 04 88 40 01 42
www.moulemania.fr
Ouvert du mercredi au dimanche soir en hiver et fermé dimanche soir et lundi en été. Plat à 13,50 €, Menu à 17,50 €.

Le nom du restaurant est assez explicite : chez Moule Mania, on prend un soin tout particulier à cuisiner le petit mollusque bivalve à la coquille noire, décliné en une douzaine de versions chaudes. Mais pas que. Tous les autres coquillages, mollusques et crustacés que recèle la Méditerranée figurent aussi à la carte. La pêche (pas de poissons d'élevage ici), du jour, provient de Port-Saint-Louis-du-Rhône et Marseille. Même les viticulteurs dont les bouteilles s'affichent à leur carte sont rigoureusement sélectionnés dans les environs.

RESTAURANT PASCAL €€

3, quai Lucien-Toulmond
✆ 04 42 42 16 89
www.restaurant-pascal.com
Ouvert lundi et vendredi soir, mardi au dimanche le midi et le soir. Fermé le jeudi. Menu à 26€. Formule du midi : 19 €.

Chez Pascal, c'est une valeur sûre. Les estomacs les plus difficiles trouveront forcément leur bonheur sur la carte : salades, pâtes, risottos... mais il serait dommage de ne pas se laisser tenter par les produits de la mer, toujours de première fraîcheur. Huîtres de Carteau, soupe de poisson, friture, poêlée de seiches, assiette de poutargue en entrée, poissons grillés (au poids), dos de cabillaud en croûte de parmesan, filets de rougets, cassolette de la mer en plats : vous aurez le choix ! Service attentif et agréable. Une bonne adresse.

LA BOUTIQUE DE LA VENISE PROVENÇALE

233, route de Sausset
✆ 04 42 81 33 93
www.laveniseprovencale.fr
Du lundi au samedi de 9h à 12h et de 15h à 19h à partir du 15 mai. En hiver de 14h à 18h.

Dans le hameau de Saint-Julien se trouvent ce vignoble et la cave. Une situation privilégiée, où dans un écrin naturel ensoleillé on cultive différents cépages depuis plus de 50 ans. En évolution permanente La Venise Provençale a fait ses premières récoltes certifiées bio en 2020, avec 20 % de surfaces en conversion agriculture bio. Les vins sont goûteux, légers ou plus élaborés selon les productions. Les prix sont doux et chaque budget y trouvera son compte.

LE TITUS €€

Chemin du Vallon
✆ 04 13 05 06 09
Menus de 24€ à 31.5€

Voici une une adresse de qualité où on peut enfin retrouver le plaisir de manger simple et bien. Les plats mitonnés maison ravissent le palais. A la carte on trouve une cinquantaine de pizzas cuites au feu de bois et quelques plats régionaux comme les pieds et paquets ainsi que des grillades au feu de bois. On se sent à l'aise dans cette ambiance familiale et on prend d'autant plus de plaisir à déguster ces petits plats divinement préparés. Soirées jazz tous les jeudis. L'équipe est jeune et accueillante. Une bonne adresse pour un moment entre amis.

PARC DE FIGUEROLLES

Avenue du grand parc
✆ 04 42 49 11 42
Ouvert tous les jours et entrée gratuite. Espaces de jeux pour enfants et aires de pique-nique. Parking. Snack-bar

Les amateurs de grands espaces et de nature apprécieront ce grand parc de 130 ha, situé non loin du centre-ville. Un poumon vert où farniente et activités sportives et familiales se côtoient joyeusement. Si l'idée vous vient de vous y rendre avec vos bambins, de nombreuses activités s'offriront à vous à commencer par « Indian Forest » et son parcours accrobranche ou encore une ferme pédagogique ludique et gratuite. Des visites guidées vous enverront sur les traces du patrimoine agricole et rural local et un espace VTT ouvert 7j/7 ravira les plus sportifs.

LE GARAGE €€€

20, avenue Frédéric-Mistral
✆ 04 42 44 09 51
www.restaurantmartigues.com
Ouvert du mardi au samedi midi et soir. Formule à partir de 27 €. Menu de 41 à 51 €.

Le Garage est souvent bondé... Il faut dire que la notoriété du chef n'est plus à faire. Après un détour par Sydney, Londres et le plateau télé de l'émission Top Chef (dont il a terminé finaliste de la 4e édition), il propose dans son Garage une cuisine gastronomique à des tarifs abordables. Un principe auquel on adhère totalement ! Blinis maison, céviche de St-Jacques, grenade, crème aux herbes ; Ravioles au bœuf, consommé de légumes et veau parfumé à la citronnelle ; Saint-Pierre pané à l'orange, déclinaison de butternut... tous les plats sont alléchants !

SENTIER DES VIGNERONS

233, route de Sausset
Randonnée de 2 à 3 heures sur un sentier de 8 à 12 km. Accès réglementé et possiblement restreint l'été.

Peu connu pour sa tradition vinicole en comparaison à d'autres communes provençales, Martigues n'en demeure pas moins une destination intéressante pour les amateurs de bons crus. Un sentier découverte comportant plusieurs circuits vous permet de prendre le pouls de la production locale et d'admirer des paysages magnifiques pendant votre marche. Vous traverserez des domaines bénéficiant pour la plupart de l'AOP Aix-en-Provence ou encore de l'IGP Méditerranée. Des vins gorgés de soleil que vous pourrez découvrir tout au long de votre balade.

PORT-DE-BOUC

Port-de-Bouc, c'est bien sûr un port, mais pas seulement. En effet, on y trouve aussi une très jolie plage, une magnifique forêt et une adorable ambiance de port de plaisance. Les fameuses sardinades qui, tous les soirs d'été animent le lieu en sont un parfait exemple, mais de nombreuses autres manifestations y sont régulièrement organisées. Comme toutes les villes de la région, Port-de-Bouc possède des racines qui plongent au cœur de l'histoire, avec quelques sites archéologiques certes peu exploités, mais témoins d'une très longue histoire. Bien que la commune se soit étendue, ces dernières années, elle a su garder un esprit village.

LA SAVEUR DES CALANQUES

Quai des Sardiniers
✆ 04 42 06 10 77
www.saveurdescalanques.com
Oivert du lundi au vendredi de 9h à 12h30, de 14h30 à 18h30 et le samedi de 10h à 12h30.

Cette petite boutique qui longe le quai des Sardiniers décline les produits de la société Lou Mujou, du nom provençal de la muge (ou mulet). Anchoïade, confit de foie de lotte, rouille, pistounade et bien sûr, l'emblème de la maison, la poutargue, le caviar provençal à base d'œufs de muge... tous fabriqués sur place. Les gérantes, ne sont pas avares de conseils et vous expliqueront comment l'accommoder. Et pour découvrir les différentes étapes de sa fabrication, les jeunes femmes ouvrent les portes de leur conserverie une fois par mois, de juillet à septembre.

FOS-SUR-MER

Port de tout premier ordre durant l'Antiquité, Fos-sur-Mer, est aujourd'hui une ville paradoxale où se mêlent sans vergogne tradition et modernisme. En effet, les vieilles maisons voisinent avec les cheminées des usines, offrant un panorama étonnant et un peu déstabilisant au visiteur qui ne prendrait pas la peine d'y regarder de plus près. Si les cabanes de pêcheurs ont laissé place, depuis longtemps, aux installations industrielles, on y trouve aussi de jolies plages qui s'autorisent le pavillon bleu, un vieux village charmant et pas mal de festivités traditionnelles. Oui, s'attarder à découvrir Fos-sur-mer est une excellente idée.

PORT-SAINT-LOUIS-DU-RHÔNE ★

Port-Saint-Louis-du-Rhône est une ville située à l'embouchure du Grand Rhône. C'est la ville que l'on surnomme le « Bout du monde » car elle est la destination de tous les navigateurs et plaisanciers européens. Son emplacement l'a privilégiée à mi-distance entre l'Italie et l'Espagne avec ses six ports à flot et ses deux ports à sec, dotés de 4 400 places de bateaux de toutes unités, ainsi qu'un port de pêche. Port-Saint-Louis-du-Rhône est souvent négligée dans les itinéraires touristiques. Pourtant, ses 10 kilomètres de plages de sable fin sont fréquentés y compris l'hiver par les amateurs de glisse, de chars à voile et autres funboards.

BERGERIE DE LA FAVOUILLANE

Route d'Arles

C'est la dernière bergerie traditionnelle de Camargue. Elle date du début du XIXe siècle. C'est l'une des plus grandes de la région et de l'époque : 50 mètres de long, 12 mètres de large, 8 mètres de hauteur mais aussi une des dernières bergeries traditionnelles de Camargue. Elle a la forme d'une cabane de gardians avec sa toiture de roseaux, et s'arrondit au nord pour laisser le moins de prise au mistral. Elle est encore de nos jours occupée par un berger et son troupeau.

PLAGE DE PORT SAINT-LOUIS-DU-RHÔNE

✆ 04 42 86 01 21
www.portsaintlouis.fr
Baignade surveillée de 10h à 18h les week-ends à partir de mi-juin et tous les jours du 1er juillet au 31 août.

Elle se nomme plage Napoléon et est située au sud de la ville. C'est un espace naturel magnifique qui étale son sable blanc sur dix kilomètres. La baignade y est surveillée et l'on y trouve un poste de secours qui tient les visiteurs informés des conditions de baignade. L'accès est autorisé aux véhicules légers, sous certaines conditions. Été comme hiver, c'est un lieu privilégié de promenade et de détente pour de nombreux locaux et touristes. Le camping caravaning y est interdit.

LA TOUR DU VALAT

✆ 04 90 97 20 13
www.tourduvalat.org
Ouvert au public plusieurs fois par an.

Mieux comprendre les zones humides pour mieux les gérer : c'est la mission du Centre de Recherche pour la conservation des zones humides méditerranéennes de la tour du Valat. Il s'agit d'un institut privé de recherche, au cœur de la Camargue qui, outre ses activités scientifiques, accueille également des étudiants français et étrangers et participe à des programmes d'enseignements supérieurs et à l'élaboration d'ouvrages de vulgarisation. La tour du Valat ouvre ses portes aux visiteurs plusieurs fois par an. L'occasion de découvrir le travail des scientifiques.

LE PASSE PORT €€

Quai Bonnardel
✆ 04 42 86 24 42
https://restaurantlepasseport.com/
Ouvert tous les jours le midi ; le vendredi et le samedi le soir. Carte : 20 € environ.

C'est un établissement dont on ne se lasse pas. Le lieu est sympathique, le bâtiment fait un peu penser à la superstructure d'un navire, l'ambiance est très bord de mer et l'on y mange vraiment bien. Les assiettes sont bien garnies et ce que l'on y trouve est alléchant. Bien entendu, la carte propose pas mal de produits de la mer, mais les amateurs de viande s'y retrouveront. La cuisine est simple, mais savoureuse, et les produits sont frais. Le rapport qualité-prix est parfait. Une bonne adresse pour une halte avant de faire un plongeon dans la grande bleue.

TOUR SAINT-LOUIS

3, avenue du Port
Gratuit jusqu'à 12 ans. Adulte : 3 €. Ouvert le samedi en haute saison.

En 1737, c'est le produit d'un impôt sur le sel qui, devant initialement servir aux travaux sur les bras de Launes, fut utilisé à la construction de la tour Saint-Louis. Celle-ci était la dernière d'une longue série. Elles avaient un double but : poste de surveillance et lieu de refuge pour les populations. Aujourd'hui, la tour Saint-Louis abrite l'office de tourisme et la collection ornithologique au premier étage. Au deuxième étage, on trouve des expositions d'artistes locaux et sur la terrasse, une vue panoramique sur la Camargue, le canal Saint-Louis.

FERRIGNO

Zi du Mazet
✆ 04 42 86 00 91
www.ferrignosa.com
Ouvert du lundi au vendredi.

Ferrigno, c'est l'unique conserverie de poisson de la Méditerranée. D'ailleurs, des visites guidées sont organisées de juillet à août par l'office de tourisme sur réservation. C'est un savoir-faire depuis trois générations et leurs conserves sont garanties sans friture. Une gamme complète de plats cuisinés est commercialisée en épiceries fines, en grandes surfaces et à Lou Ferrignade. Vous trouverez diverses conserves de sardine, de thon, d'anchois, de moules, de la bisque, de la bouillabaisse, de la daube de thon... Une vraie découverte du patrimoine industriel.

JOALINE COQUILLAGES €€

8, avenue 1ère-Division-Française-Libre
✆ 04 42 86 01 90
joalinecoquillages.fr
Ouvert du mardi au samedi le midi. Plateaux à composer soi-même : de 20 à 40 €.

On adore ce petit restaurant à l'ambiance marine. On y vient bien sûr pour déguster des fruits de mer et des crustacés, mais pas n'importe lesquels. La production locale, en très grande partie issue de l'entreprise qui possède l'un des plus importants parcs dans le domaine de la mytiliculture, est d'une qualité exceptionnelle. Question fraîcheur, on ne vous en parle même pas, les produits n'ont que quelques mètres à faire, du parc à l'assiette. Le personnel est très agréable, l'accueil très bien. Voici une petite adresse à noter soigneusement dans son calepin.

PLAGE DE BEAUDUC

Les véhicules doivent stationner à 300 mètres de la plage.

La plage de Beauduc est un paradis pour les kitesurfers. Bien sûr, la zone se prête aussi à la bronzette mais que ce soit pour les uns ou pour les autres, l'accès à la plage se mérite. Il faut suivre une piste en assez mauvais état qui malmène quelque peu les amortisseurs avec, au bout de la route, un gabarit métallique qui interdit l'accès des lieux aux gros véhicules. Une fois arrivé à destination, le lieu est magique, sauvage et il y règne une ambiance populaire qui rappelle un peu celle des premiers congés payés. N'oubliez pas les protections solaires !

MIRAMAS ★

Miramas le vieux, village médiéval perché, offre un magnifique panorama sur la Provence. Mais il faudra y monter à pied. Authentique, riche de monuments et curiosités, sa chapelle Saint-Julien, classée aux monuments historiques ; son moulin à huile des Pourchiers, sa placette, le pin centenaire proche de la Porte Notre-Dame, les vestiges du château du XIIe... pour ne mentionner que quelques-unes de ses pépites, sont autant de découvertes à faire. Avec davantage de temps, vous pourrez rejoindre le parc de la Poudrerie de Saint-Chamas, site d'une ancienne manufacture militaire en bordure de l'étang de Berre, devenu un grand espace naturel.

VILLAGE MÉDIEVAL DE MIRAMAS-LE-VIEUX

Impasse Suffren

Ouvert toute l'année. Gratuit. Nombreux commerces et restaurants

Etonnant que ce vieux village perché situé tout proche de Miramas. Un village médiéval très bien préservé, des ruelles authentiques et fleuries, hors du temps. On peut y apprécier un panorama à 360 degrés sur les environs et une très belle vue sur l'étang de Berre notamment. Un château du XIIe siècle, une maison villageoise typique du XVIe siècle une église du XVe siècle ou encore la très belle chapelle Saint-Julien. Des festivités y sont organisées en été, dont des fêtes médiévales.

LE QUILLÉ

Place du Château

✆ 04 90 50 18 18

www.glacierlequille.com/

Haute saison : ouvert tous les jours de 14h à 0h.

Le Quillé régale les gourmands depuis 1982 ! La recette de cette longévité ? Des fruits frais sélectionnés tous les matins au Min des Arnavaux de Marseille, du lait et de la crème des Hautes Alpes, le tout préparé quotidiennement... De la glace artisanale de premier choix ! 52 parfums, plus de 80 coupes de glaces : le plus difficile sera de faire un choix, mais pour cela, on vous fait confiance. Un bonheur glacé à déguster sur la terrasse à la vue imprenable... On y retournera vite pour tester de nouveaux parfums et de nouvelles saveurs.

DOMAINE DE SULAUZE

Chemin du Vieux-Sulauze

✆ 04 90 58 02 02

www.domainedesulauze.com

Ouvert du lundi au vendredi de 10h à 12h.

Ce domaine dans la plaine de la Crau est un endroit singulier. Ici, on cultive la vigne, le blé, l'orge, le houblon et l'olive. Donc, on produit du vin, de la bière, du pain, mais aussi des fruits et légumes, des plantes aromatiques. La propriété, qui comporte outre le château, deux chapelles, un pigeonnier, un four à pain et une bergerie, est également habitée par des chiens, des poules, des cochons, des chevaux et des taureaux. Dans l'une des bâtisses du XVIIe siècle, les propriétaires ont aménagé un gîte qui peut accueillir une douzaine de personnes.

ISTRES ★

Située au cœur de la Provence, voisine de Martigues, Istres offre un panel varié d'activités et de paysages. Avec ses plans d'eau naturels, ses plages, son port, son jet d'eau le plus haut de France jaillissant à 50 mètres sur l'étang de l'Olivier, les beaux panoramas qu'offrent les belvédères de Notre-Dame de Beauvoir sur la cité et ses environs et ceux de Toti et Cascaveau sur l'étang de Berre, Istres est assurément une ville où il fait bon séjourner. Le vieil Istres séduit par son charme si typiquement provençal. C'est autour de ce noyau, ovale, autrefois encerclé par des remparts, que la ville s'est construite au fil des siècles.

OPPIDUM DE SAINT-BLAISE

Route de Saint-Blaise

✆ 04 42 30 30 83

Accès libre.

Situé sur la commune de Saint-Mitre-les-Remparts, à mi-chemin entre Istres et Martigues, le site archéologique de Saint-Blaise est méconnu mais constitue un des sites les plus intéressants et complets de l'archéologie pré-romaine, romaine et paléochrétienne en Provence. Côté vestiges, c'est un site majeur avec des fortifications hellénistiques de toute beauté, une nécropole rupestre gauloise rare, des habitations réparties dans la ville-haute et la ville-basse et enfin l'église Saint-Pierre d'Ugium, édifice paléochrétien provençal remarquable.

OFFICE DE TOURISME D'ISTRES

30, allée Jean-Jaurès
✆ 04 42 81 76 00
www.istres-tourisme.com/
Ouvert du lundi au samedi de 9h à 12h, de 14h à 18h.

La ville, labellisée station de tourisme, offre de multiples adresses pour découvrir les délices de la région. On y trouve aussi de nombreux loisirs : plages aménagées sur l'étang de Berre, son « pass vacances » avec plus de 100 activités en juillet et août, ses clubs nautiques, des balades à cheval... Autant d'activités, de bonnes adresses et de bons plans qui vous seront révélés dès que vous passerez les portes de l'office de tourisme. L'accueil est très agréable.

PUCCINI €€

18, chemin de Tivoli
✆ 04 42 11 86 90
Ouvert du mardi au dimanche, de 12h à 14h, de 19h à 23h. Sur place ou à emporter.

Les plats sont copieux, pleins de soleil et résolument orientés vers l'Italie. Le personnel est sympathique, le cadre agréable, et c'est un peu ce que l'on attend d'un restaurant. C'est donc une excellente première impression. La décoration de la grande salle voûtée - un ancien moulin à vin du XVe siècle - est particulièrement réussie et chaleureuse. On s'y sent bien, le lieu respire l'Histoire. Côté tarifs, rien à redire, ils sont dans la moyenne de ce type d'établissement. Toute l'Italie dans les assiettes et dans les sourires.

L'ATELIER €€

19, chemin du Port
✆ 09 52 13 34 55
https://www.latelier-istres.fr/
Ouvert du lundi au samedi midi et soir. Plat du jour à 11,5€. Carte : 17€ environ.

La vue sur l'étang de Berre, lorsque l'on est sur la terrasse, vaut déjà la peine de venir s'asseoir à la table de L'Atelier. Côté salle, rien à redire : grande, lumineuse, aérée, avec une déco d'inspiration relativement classique, néanmoins bien adaptée au type de l'établissement. L'accueil par le personnel est agréable, rien que du bon jusque-là. Côté plats, tout semble fait maison, avec des produits frais. Effectivement, au moment de la dégustation, on apprécie la qualité de la cuisine. Le rapport qualité prix est excellent.

VITROLLES

Vitrolles est connue pour sa zone industrielle et les grandes enseignes que l'on y trouve. Mais, en réalité, la ville a beaucoup plus à offrir au visiteur. C'est déjà un lieu chargé d'histoire dont les premières traces remontent avant le Ve siècle, mais c'est aussi une ville qui, bien qu'ancrée dans la modernité, sait aussi se souvenir de ses origines provençales. Évidemment, pour la visite, on se dirigera plutôt vers le vieux village, dominé par la tour dite sarrazine. On y trouve des vestiges du Moyen Age et de toutes les époques. Des manifestations y sont régulièrement organisées, comme Les Nuits du Rocher ou Polars en images. Une visite sympathique.

LES HEURES CLAIRES €€

2, chemin de la Source
✆ 04 42 56 07 12
Ouvert tous les jours midi et soir. Menu unique à 35 €. Carte autour de 15€ l'entrée, 24€ le plat et 7€ le dessert.

De la salle ou depuis la terrasse, vous aurez une vue imprenable sur l'étang. Côté cuisine, l'établissement propose des grandes salades et des grillades. On peut également déguster des mets plus élaborés comme les premières asperges sautées, œuf poché et copeaux de truffes ; le boudin blanc juste poêlé râpé de poutargue ; la souris d'agneau au pain d'épices ; la fricassée de seiches au chorizo et à l'ail... et toujours deux plats du jour ou suggestions du chef qui font mouche. Ce jour-là, le pavé de saumon et sa fondue de fenouil au pastis était excellent.

LA CRÉMAILLÈRE €

11, boulevard René-Cailloux
SAINT-VICTORET
✆ 04 42 79 60 90
www.resto-lacremaillere.com
Ouvert du lundi au samedi le midi ; le samedi soir. Midi : formule 15 ou 17 €. Le soir : menu à 28 €.

L'établissement, lové dans un décor typique et chaleureux, une ancienne ferme des années 1960, est un concentré d'âme provençale. Depuis les tableaux jusqu'aux boutis qui nappent les tables en bois en passant par la cheminée et le mobilier, tout y est. Dans l'assiette, une cuisine typique de la ferme, des plats qui changent tous les jours au gré des produits de saison. L'accueil est très sympathique et les prix très corrects. Un excellent rapport qualité-prix, une adresse familiale recommandée sans la moindre hésitation par le Petit Futé.

LE MUSÉE DE L'AVIATION

147, boulevard Abbadie
SAINT-VICTORET
✆ 09 60 52 16 34
www.museeaviation.com
Ouvert du lundi au samedi de 9h à 12h. Gratuit jusqu'à 6 ans. Adulte : 3 €.

Situé dans le centre de cette petite ville, ici pas de Bonne mère, pas de Sainte-Victoire, pas de plage mais un musée de l'aviation à découvrir absolument ! Le Musée Municipal de l'Aviation de St Victoret ouvert en 2004 a été rénové et agrandi tout récemment et il est surtout animé par une équipe d'une trentaine de bénévoles, et notamment d'anciens professionnels de l'aviation qui n'ont de cessent d'améliorer et d'enrichir une collection unique en France. Ce sont eux qui commentent toutes les visites, que vous soyez seul ou en groupe et ils sont absolument passionnants. Dans le grand hall d'exposition de ce magnifique hangar lumineux vous pourrez admirer une trentaine d'objets volants, anciens et récents, du parachute, au parapente et au planeur, jusqu'aux hélicoptères en passant par des avions de combat et notamment le Mirage III utilisé à la fin des années 60 comme simulateur de vol dans le cadre du programme Concorde. Les enfants peuvent d'ailleurs monter dans la cabine d'un canadair. Egalement, pour les plus férus, des moteurs et autres turbines, réacteurs et instruments de bord jusqu'aux mannequins grandeur nature en tenue aéronautiques à travers les époques. Enfin une salle de projection où vous vous installerez dans de véritables sièges de Boeing 777 de la compagnie Air France pour visionner des films. Et pour finir, à l'étage une collection unique de plus de 5 000 maquettes, un joyau de collectionneurs que de nombreux musées souhaiteraient obtenir. Ce musée fait briller les yeux des enfants comme des grands !

SAINT-CHAMAS

Charmante bourgade dotée d'un joli port de plaisance en eau douce, sur l'étang de Berre, Saint-Chamas séduit par ses ruelles, ses vieilles bâtisses et son vieux village dominé par d'imposantes falaises dans lesquelles se trouvent des habitats troglodytiques. Un coup d'œil au village vous ravira certainement, mais c'est le célèbre pont Flavien, situé un peu à l'écart du centre, qui vous amènera jusqu'ici. À juste titre, car ce pont romain parfaitement conservé est l'un des plus beaux exemples du monde méditerranéen. Un circuit pédestre permet de découvrir de superbes sites, autour du village. Ce circuit surplombe notamment l'étang de Berre.

PONT FLAVIEN

Pont Flavien
Ouvert toute l'année. Accès libre.

Le pont Flavien est un des plus beaux édifices antiques de la région. Rares sont les ponts romains aussi bien conservés. Bâti par les Romains sous le règne d'Auguste, il se situait sur la route reliant Marseille à Arles. Il garde toute sa grandeur passée et les empreintes du passage des nombreux attelages qui l'empruntaient. Son arche unique en calcaire jaune est calée par deux arcs de triomphe aux pilastres surmontés d'aigles et de superbes lions en pierre blanche de Calissane. Classé Monument historique en 1840, il fut utilisé jusqu'au milieu du XXe siècle.

MAS DE LA RABASSIÈRE €€€

2137, chemin de la Rabassière ✆ 04 90 50 70 40
www.rabassiere.com
Ouvert toute l'année. 3 chambres. Chambre simple à partir de 90 € ; chambre double à partir de 160 €.

Le mas de la Rabassière est une belle demeure familiale située au milieu d'un parc de 1,2 hectares comprenant pas moins de 300 oliviers, une belle piscine, un tennis, un terrain de boule et de croquet. Au rez-de-chaussée, se trouve un grand salon au milieu duquel trône un piano à queue. Les chambres ont un style très traditionnel et disposent toutes d'une salle de bains. Ici, vous vous sentirez comme à la maison et le petit déjeuner pris sur la terrasse donne lieu à des échanges très conviviaux. On s'y sent vraiment comme dans une maison de famille.

MARIUS BERNARD

192, route du Loir
✆ 04 90 45 56 56
https://www.atelier-marius.com/
Ouvert du lundi au samedi de 9h à 12h30 et de 15h à 18h30.

Si vous voulez faire le plein de tapenades, pieds paquets, soupe de poisson, ratatouille... une seule adresse : la boutique d'usine de Marius Bernard ! Celui qui a réussi avec brio à mettre le sud en conserves (avec des recettes traditionnelles, sans colorant ni conservateur), propose ici plus d'une centaine de produits de la gamme Marius Bernard sans oublier les confitures et biscuits Baptistin Féraud. Les préparations, artisanales, sont pleines de saveurs et de grande qualité. Vous pourrez même composer vos paniers garnis selon vos désirs..

BOUCHES-DU-RHÔNE

ALLAUCH

Véritable sanctuaire de la nature provençale, Allauch se trouve aux portes de Marseille. Ce village a su préserver son charme ancien tout en ouvrant son territoire à une nouvelle implantation humaine empreinte de modernité. De sa colline Notre-Dame-du-Château, on découvre un magnifique panorama sur la baie de Marseille. Vous pourrez y voir sa chapelle haut perchée qui abrite un ensemble exceptionnel d'ex-voto peints. Dans le village, de nombreux artisans d'art ont installé leurs ateliers dans les maisons des vieilles ruelles. Des promenades en sentiers balisés partent des collines d'Allauch, immortalisées dans les écrits de Marcel Pagnol.

IOD'IN €€

602, Avenue 7e Régiment des Tirailleurs Algériens
✆ 04 91 07 67 80
www.iodin.fr/

Du mardi au samedi midi et soir. Menu midi de 16 à 19 €. Le soir de 39 à 49 €. Bouillabaisse 55 €. Disciple D'Escoffier.

Une très belle table de type bistronomique située à deux pas du village d'Allauch. On cuisine aussi des plats traditionnels revus avec élégance et un soin tout particulier pour le goût. La carte change tous les trois mois environ. En cuisine, un jeune chef talentueux membre du Collège Culinaire de France et disciple d'Escoffier, Anthony de Filippo, laisse exprimer ses inspirations avec son équipe. Dans l'assiette, l'accent est mis sur le poisson et les produits de la mer et pour les gourmands, sélection glacée par Philippe Uracca (meilleur ouvrier de France).

LA CHÈVRERIE D'ALLAUCH

Chemin du Garlaban
✆ 04 91 68 26 64

Tous les jours sur rendez-vous ou le samedi à partir de 17h30. Fermé le dimanche. Gratuit. Accueil enfants.

La famille Nivaggioli vous accueille toute l'année dans ce joli petit coin de Provence, dans le vallon du Peynaou. Une trentaine de chèvres et un bouc constituent le cheptel. La fabrication des fromages au lait cru, une centaine par jour, grâce aux 90 l de lait récupérés chaque jour lors des deux traites journalières, vient d'une recette centenaire transmise par de vieux pastres allaudiens. Ces fromages se retrouveront sur les marchés de la région. Vous pouvez vous rendre sur place, avec les enfants, notamment en février, quand les chevreaux viennent de naître.

CONFISERIE AU MOULIN BLEU

7, cours du 11-Novembre
✆ 04 91 68 19 06
www.au-moulin-bleu.com

Ouvert du mardi au dimanche de 8h30 à 12h30 et de 14h30 à 19h30. Fermé le lundi.

Georges Testa, maître confiseur médaillé, perpétue la tradition et élabore la sucrerie à la main comme son arrière-grand-père. Dans la famille Eymery, on fabrique les « suce-miel » depuis 1932. C'est un petit ruban de pâte de miel collé entre deux lamelles de papier, protégé par une IGP (indication géographique protégée). Ravissante boutique gourmande au cœur du village d'Allauch où vous trouverez aussi des chiques, du nougat, des navettes et des casse-dents ou encore des calissons.

MAISON DU TOURISME LOUIS ARDISSONE

Place Frédéric Mistral ✆ 04 91 10 49 20
www.tourisme.allauch.com

Ouvert tous les jours, 9h-12h30, 14h-18h, toute l'année, sauf les jours fériés. Point de vente billetterie de la ville.

A 11 kilomètres de Marseille, une escapade à Allauch (prononcez allo !) s'impose. Vous y découvrirez un haut lieu du pittoresque provençal : un village typique, labellisée « Tourisme & Handicap », la Maison du Tourisme est installée dans un site exceptionnel. Les agents d'accueil vous conseillent chaleureusement. Quelle que soit votre attente : hébergement, patrimoine, tables gourmandes, parcours culturels ou simples balades nature, vous passerez une halte charmante.

AU ROYAUME DES ABEILLES

Rue Pierre Curie
✆ 04 65 95 37 23
https://au-royaume-des-abeilles.fr/

Ouvert du mardi au dimanche de 15h à 18h30 ; mercredi de 9h30 à 12h15, du jeudi au dimanche de 10h à 12h15.

Tout part d'une promesse, celle que Sébastien fait à sa grand-mère : perpétuer le savoir-faire de ses grands-parents et continuer à produire des confiseries d'exception dans l'atelier au cœur d'Allauch. Une histoire débutée en 1937 et pérennisée avec l'ouverture de la boutique actuelle en octobre 2019. A la tête de ce projet, Sébastien donc, et Marie-Laëtitia. Membre du collège culinaire de France, le talentueux confiseur produit artisanalement nougats noir et blanc, chiques, suce-miel, miels, pain d'épices et biscuits provençaux, un régal absolu.

ARLES ★★★★

Arles est une petite ville, son centre se visite à pied. Mais ne vous y trompez pas, on est toujours surpris de l'incroyable patrimoine qu'elle contient ! Ses premières œuvres datent de la Rome antique. Le fleuron de ces témoignages de l'Empire romain, ce sont bien entendu les arènes : bâties à la fin du Ier siècle, elles sont transformées en forteresse durant le haut Moyen Âge, et sont encore en activité aujourd'hui pour les spectacles taurins, notamment. Elles font écho au Colisée de Rome, ou, plus proches, aux arènes de Nîmes. Le théâtre antique, quant à lui, est construit avec un modèle d'inspiration des temples grecs, sous Auguste, l'empereur bâtisseur à l'origine de nombreux édifices de la Gaule romaine, vers 27-25 avant J.-C.. Il connaît diverses fonctions au cours des siècles, mais finit par disparaître sous les habitations et les jardins ; il a été redécouvert par les campagnes archéologiques menées au XIXe siècle. Actuellement, il est consacré au festival d'Arles (juin-juillet) et aux Rencontres internationales de la photographie. L'église romane Saint-Trophime et son cloître, d'une grande beauté, sont à visiter absolument. À ne pas manquer également, les Alyscamps, un vaste cimetière bimillénaire qui accueillait les cercueils descendus du Rhône. De cette immense nécropole, qui entoure la ville, il reste une allée bordée de cyprès. A voir enfin : le musée de l'Arles antique, le musée Réattu (école provençale des XVIIIe et XIXe siècles, art moderne - quelques beaux dessins de Picasso ! - et photographie) et les musées lapidaires d'art païen et d'art chrétien. Arles, c'est aussi un festival de photographie de renommée mondiale : dès la première semaine de juillet, les rues se remplissent de touristes qui viennent admirer les expositions qui fleurissent dans les lieux consacrés, mais aussi sur les murs des maisons ou dans les boutiques. La tour de la fondation LUMA, fraîchement inaugurée et consacrée aux arts visuels, vient relever encore le prestige artistique de la cité. Ville aux multiples influences, à l'histoire plurimillénaire, Arles est un trésor archéologique et contemporain.
À peine 15 km plus au nord, sur le Rhône, Beaucaire est une presqu'île entre le canal et le Rhône. Elle met en valeur son patrimoine bâti exceptionnel avec ses 44,5 hectares de secteur sauvegardé. Vous y verrez l'hôtel de ville du XVIIe siècle, la collégiale de Notre-Dame-des-Pommiers, le musée municipal Auguste Jacquet et le château des XIe et XIIIe siècles, qui domine la ville.

L'AIRE

25, rue Porte de Laure
✆ 09 52 91 71 10
https://laire.org/
Ouvert du mardi au dimanche de 9h à 20h.

© L'AIRE

L'Aire, c'est trois espaces : au rez-de-chaussée, un joli patio où le chef Anco Vasseur propose une cuisine en circuit court, explorant les recettes ramenées de ses nombreux voyages. À l'étage le studio de photos sur plaques, qui utilise cette technique de 1860. Là aussi le thème est l'exploration, comme à l'époque des grandes découvertes des naturalistes du XIXe siècle. Il est possible d'assister à tout le processus photographique en quelques minutes, de la préparation à la révélation. En haut, un espace plus intimiste avec un rooftop pour déguster un cocktail.

ABBAYE DE SAINT-ROMAN ✞ ★★

Chemin de l'Abbaye de Saint-Roman - **BEAUCAIRE**
✆ 07 81 56 44 51
www.abbaye-saint-roman.com
Ouvert toute l'année. Adulte 5,50 €. Gratuit pour les moins de 18 ans.

A 5 kilomètres au nord de Beaucaire, cet ancien monastère troglodytique, creusé dans la roche calcaire par des ermites puis par des moines bénédictins, a gardé son dédale de tunnels desservant chapelle, cellules, pressoir et nécropoles rupestres. Perché sur une colline qui domine le Rhône, au milieu des garrigues, le site archéologique, classé aux Monuments historiques, donne l'occasion d'une petite marche facile offrant un superbe panorama. Saint-Roman se visite seul ou avec un guide. Par temps dégagé, la vue à 360 degrés plonge sur la vallée du fleuve.

BOUCHES-DU-RHÔNE

ABBAYE DE MONTMAJOUR ✝ ★★

Route de Fontvieille
✆ 04 90 54 64 17
montmajour.monuments-nationaux.fr
Ouvert tous les jours, sauf le lundi.

À la sortie d'Arles en direction de Fontvieille se dresse le Mons Major qui domine la basse plaine du delta du Rhône, et pourtant il ne culmine qu'à 43 m. Cette île dépassant des anciens marécages accueille l'abbaye Bénédictine de Montmajour, ensemble architectural complexe qui témoigne de près de huit siècles d'histoire et d'architecture en Provence. Tout d'abord au sud, une cavité naturelle toute en longueur, l'église initiale à peine aménagée d'un arc en plein centre dans laquelle serait venu saint Trophime. Puis, toujours au sud, l'ermitage Saint-Pierre, en partie construit dans le rocher. Ensuite, le monastère médiéval datant du XIIe siècle. L'abbaye Notre-Dame, bâtie en deux campagnes de 1130 à 1150 puis de 1170 à 1180, occupe le sommet. La nef prévue en trois travées n'en comporte que deux et s'arrête sur un mur provisoire. La chapelle Sainte-Croix légèrement en contrebas a été élevée durant la deuxième campagne (1170-1180). Le cloître date de 1140 et 1290. Puis, la tour de guet qui a été rajoutée aux XIVe et XVe siècles, à l'époque des grandes compagnies, bandes de pillards ravageant la Provence, et enfin, la partie la plus récente, le monastère Saint-Maur du XVIIIe. Dégradées à la Révolution, ses puissantes murailles ont tout de même résisté aux outrages des hommes et du temps. Ses fenêtres vides, son cloître bordé de colonnes à chapiteaux gravés de monstres médiévaux, confèrent au lieu une atmosphère mystérieuse. Rachetée par la ville au XIXe, cette abbaye est maintenant classée au patrimoine mondial de l'Unesco.

CRYPTOPORTIQUES DU FORUM 📷 ★

5 rue Balze ✆ 04 90 49 59 05
www.patrimoine.ville-arles.fr
Ouvert tous les jours de 10h30 à 16h30. Adulte : 4,50 €. Tarif réduit : 3,60 €. Accès par le hall de l'hôtel de ville.

Bâtis en 40 avant notre ère, les cryptoportiques servaient de soubassement et de stabilisateur à l'esplanade du Forum, située sur un terrain pentu. Elles consistent en trois galeries en forme de U, fermées à l'ouest, de 89 mètres de long sur 59 mètres de large. La galerie sud est creusée dans le rocher alors que celle du nord est dans un terrain remblayé de plusieurs mètres. Au Ve siècle, les cryptoportiques furent divisés, servirent de cave, puis de dépotoir. Refuge durant la Seconde Guerre mondiale, leur déblaiement définitif date de 1951.

FONDATION VINCENT VAN GOGH ARLES 🏛 ★

35 ter, rue du Docteur-Fanton
✆ 04 90 93 08 08
www.fondation-vincentvangogh-arles.org
Tarif adulte : 10 €, tarifs réduits : 8 et 3 €.

Au cœur de cette magnifique réalisation architecturale sur près de 1 000 m², se côtoient, au gré des expositions temporaires, des toiles et dessins originaux du maître néerlandais et des créations d'art contemporain.

De nombreuses salles permettent d'accueillir les artistes et leurs œuvres. Quant à la grande terrasse panoramique, complète merveilleusement l'impression d'espace que l'on ressent en entrant dans le bâtiment. À voir autant pour les œuvres que pour le lieu.

© TICHR - SHUTTERSTOCK.COM

Place de la République à Arles.

LES ALYSCAMPS ★★★

Avenue des Alyscamps
✆ 04 90 49 38 20
www.patrimoine.ville-arles.fr
Ouvert toute l'année, sauf jours fériés.

« Alyscamps » signifie « Champs-Élysées », la cité des morts dans la mythologie grecque, en provençal. Elle remonte à l'époque romaine : c'était une très vaste nécropole le long de la Via Aurelia. Les Alyscamps deviennent toutefois un haut lieu du Christianisme dès le IVe siècle, en raison du martyr de saint Genest, qui fut exécuté en 308 de notre ère pour avoir refusé de transcrire les écrits de persécution de Dioclétien. Une église (aujourd'hui nommée Saint-Honorat) a été érigée en son honneur au bout du cimetière des Alyscamps ; et cette glorieuse bien que tragique destinée a donné l'envie aux importants personnages de la région de s'y faire enterrer. Cette nécropole païenne à l'origine s'est même transformée au fil des siècles en une étape incontournable du pèlerinage de Saint-Jacques-de-Compostelle pour les pèlerins provençaux. Elle a été investie au XIe siècle par les moines de l'abbaye Saint-Victor de Marseille. Elle fut d'abord dépouillée de nombre de ses sarcophages à la Renaissance, à cause du vol de ces objets de prestige par des puissants, puis tronquée par le creusement du canal de Craponne puis par la construction de la voie ferrée, il en subsiste aujourd'hui une allée aménagée au XVIIIe siècle. C'est un lieu magnifique, qui nécessite d'être ressenti plutôt qu'expliqué ; les sarcophages en eux-mêmes sont certes peu décorés (les plus belles pièces se trouvant au musée de l'Arles antique), mais l'ambiance générale, empreinte d'une grande spiritualité, en fait une visite incontournable durant laquelle nous recommandons de prendre son temps. On déambule parmi les pierres brisées, dont l'usure causée par le temps a été respectée, sous des allées de pins doucement agités par une brise, et on contemple respectueusement ce cimetière plurimillénaire et la mémoire qu'il abrite. Van Gogh en a peint plusieurs superbes représentations.

L'église Saint-Honorat, qui fut évêque d'Arles de 426 à 429, vaut également le détour : bien qu'elle n'ait jamais atteint l'ampleur prévue, on admire son style roman provençal, surmonté d'un beau lanternon percé de fenêtres qui rappelle l'amphithéâtre romain, et la belle lumière de son intérieur. Des expositions temporaires sont fréquemment organisées, que la magie du lieu rend plus belles encore.

En 2022, c'est le sculpteur coréen Lee Ufan qui est mis à l'honneur. Dans les allées menant vers l'église, et dans les chapelles de cette dernière, il a placé des sculptures de pierre et de métal, qui entrent en résonance avec la solennité du lieu. Son titre, « Requiem », en est un rappel.

ÉGLISE ET CLOÎTRE SAINT-TROPHIME ★★★

Place de la République
✆ 04 90 18 41 20
www.arlestourisme.com
Ouvert toute l'année, la visite de l'église est gratuite.

La cathédrale Saint-Trophime constitue, avec son cloître, l'ensemble roman le plus remarquable de Provence. L'église carolingienne d'origine est transformée de fond en comble entre 1078 et 1152. Erigée en plusieurs phases depuis l'ère paléochrétienne, la cathédrale Saint-Trophime, telle que nous la voyons de nos jours, affleure au XIIe siècle. Le monument possède le plan caractéristique des édifices de Provence : une haute nef de cinq travées, voûtées en berceau brisé et flanquée d'étroits collatéraux ; un transept très court dont la croisée est surmontée d'une coupole et supporte le clocher. Outre d'innombrables trésors architecturaux, le portail possède une statuaire – consacrée au Jugement Dernier – tout simplement admirable de finesse. Adossé à ce monument exceptionnel, on trouve un autre joyau : le cloître. Sa construction est venue achever une réédification du complexe cathédral qui avait débuté vers la toute fin du XIe siècle. A partir du XIIe siècle, l'espace au sud de la cathédrale est occupé par deux grands ensembles : le palais de l'évêque, et le claustrum, un espace réservé à la communauté des chanoines. Les deux galeries romanes (au nord et à l'est) ornées de sculptures sont d'une qualité exceptionnelle. Les deux dernières galeries (au sud et à l'ouest), voûtées sur croisées d'ogives, sont de style gothique et n'ont été réalisées que vers 1370-1380. Le cloître a été classé aux Monuments historiques en 1846. Une visite à ne pas manquer.

© HANS-GEORG EIBEN

BOUCHES-DU-RHÔNE

ARÈNES D'ARLES (AMPHITHÉÂTRE) ★★★★

Rond-point des Arènes
✆ 04 90 18 41 20
www.arenes-arles.com
Haute saison : tous les jours de 9h à 19h. Horaires intermédiaires en mi-saison. Adulte : 9 €.

Aux portes de la Camargue, sur les rives du Rhône, se trouve l'un des plus grands amphithéâtres de France. Visiblement inspirées du Colisée de Rome, contemporaines, les arènes, construites vers 80 après J.-C., ont fait la fierté d'Arles pendant près de quatre siècles. Colonie romaine depuis le Ier siècle av. J-C, Arles est un pôle commercial stratégique pour l'Empire, qui développe la cité, l'embellit avec de nouveaux monuments et fait construire des remparts pour la protéger. Les Romains sont des bâtisseurs ; partout où ils s'installent, il reproduisent une petite Rome et construisent théâtres, termes, amphithéâtres... C'est particulièrement vrai à Arles : si la cité est surnommée la petite Rome de la Gaule, c'est parce qu'il s'agit de la ville comptant le plus d'édifices romains en dehors de Rome.

L'amphithéâtre d'Arles est le plus important édifice qu'il nous reste de l'ancienne colonie romaine. Ce colosse de pierre possède toutes les caractéristiques des constructions romaines, notamment l'arène centrale entourée de gradins, eux-mêmes protégés d'un muret, et un véritable système d'évacuation. Toutefois, ce qui le différencie des autres grands monument romains, c'est l'utilisation de la pierre pour construire l'édifice, là où la brique était habituellement le matériau de prédilection. Le Colisée de Rome, par exemple, a été bâti en briques habillées de marbre. Aujourd'hui, il ne reste plus que la brique, le marbre ayant disparu à travers les siècles. A l'inverse, la façade des arènes d'Arles présente aujourd'hui son aspect d'origine, et le visiteur admire l'édifice tel que l'ont vu les Romains. D'un point de vue architectural, l'amphithéâtre mesure 21 mètres de haut avec deux niveaux de soixante arcades en plein cintre, séparés par des piédroits massifs de section rectangulaire. Avec un grand axe de 136 mètres de longueur et un petit axe de 107 mètres, l'amphithéâtre d'Arles est légèrement plus grand que celui de Nîmes, et occupe le vingtième rang parmi ceux du monde romain.

Pénétrer dans ce lieu monumental, dont les pierres racontent 20 siècles d'histoire, c'est faire un saut dans le passé et être transporté dans la Rome Antique. Il faut s'imaginer l'ambiance survoltée qui animait le public venu assister aux jeux. Haut lieu de la fête, l'amphithéâtre pouvait accueillir jusqu'à 25 000 personnes, qui se pressaient pour admirer les spectacles vivants indispensables à la vie sociale des Romains. Le divertissement est l'essence même de ce bâtiment. Lorsque des jeux sont organisés dans l'amphithéâtre, ils se déroulent toujours plus ou moins de la même manière. Le matin, ce sont les chasses d'animaux sauvages qui se tiennent dans l'arène : ours, sangliers, fauves, lapins, etc., sont lâchés et les gladiateurs sont chargés de les tuer. A midi, les condamnés à mort sont exécutés devant le public. Mais c'est l'après-midi que la ferveur s'empare réellement des gradins, remplis de milliers de spectateurs venus assister aux combats de gladiateurs. Contrairement à l'idée généralement reçue, popularisée par le cinéma, les mises à mort ne sont pas systématiques. Si les combats sont spectaculaires et sanglants, les gladiateurs sont, le plus souvent, des professionnels qui se portent volontaires et perçoivent une rémunération. Leur rôle est de divertir la foule, ils font donc durer le plaisir à grand renfort de cascades spectaculaires. Les blessures sont courantes et parfois très graves, mais la mise à mort reste occasionnelle et n'a lieu qu'à la demande expresse du public. Celle-ci est installée le long des gradins, organisés de manière hiérarchique : les deux tribunes les plus proches sont attribuées à l'élite de la colonie romaine ; puis vient le peuple romain uniquement constitué d'hommes ; et, enfin, le peuple dont le statut social est le moins important, à savoir les femmes, les enfants, les esclaves ou encore les étrangers. Le public assiste gratuitement aux jeux, qui sont un véritable outil politique et de manipulation des masses. Car les magistrats l'ont bien compris : un peuple diverti ne se rebelle pas. « *Panem et circenses* », comme l'a écrit le poète satirique Juvénal pour avancer l'idée qu'il suffit de donner au peuple du pain et des loisirs pour qu'il soit satisfait.

Les arènes d'Arles accueillent des jeux jusqu'au IVe siècle, lorsque le christianisme devient la religion officielle de l'empire romain et que l'empereur Théodose abolit les fêtes païennes, y compris les jeux. A la chute de l'Empire, les arènes changent de fonction et se transforment en forteresse urbaine avec la construction de quatre tours, près de deux cents habitations et même deux chapelles. C'est une cité dans la cité qui se développe et qui sera finalement détruite au début du XIXe siècle, mais dont la maçonnerie antique porte encore les traces. C'est finalement à l'initiative de l'écrivain Prosper Mérimée que ce lieu unique est classé monument historique en 1840. Sa vocation première, l'accueil de grands spectacles, est de nouveau d'actualité : les jeux romains du Ier siècle laissent aujourd'hui place aux corridas organisées lors des deux ferias annuelles, aux courses camarguaises ou même aux spectacles musicaux. Les arènes, il y a peu au centre d'un vaste plan de restauration et de mise en valeur (les travaux ont duré dix ans et ont coûté 25 millions d'euros), ont depuis juillet 2013 retrouvé leur éclat originel.

BOUCHES-DU-RHÔNE

FONDATION LUMA ★★

35, avenue Victor-Hugo
✆ 04 65 88 10 00
www.luma.org/arles
Ouvert du mercredi au lundi de 10h à 18h. Accès libre sur réservation.

Luma Arles est un centre culturel qui finance et soutient des projets d'artistes, en relation avec l'environnement, les droits humains, la culture et l'éducation. Concrètement, cette structure, imaginée et lancée par Maja Hoffman en 2013, permet à des artistes innovateurs de présenter des œuvres commanditées, dans différents lieux de la cité arlésienne. Luma Arles s'articule autour de six bâtiments industriels restaurés, d'un centre de ressources artistiques et de jardins, mais également et surtout d'un incroyable bâtiment moderne conçu par le célèbre architecte Frank Gehry, à qui on doit par exemple le dessin du musée Guggenheim à Bilbao ou de la Fondation Louis Vuitton à Paris. Dans cette construction dont les parois composées de 10 000 briques en inox reflètent le ciel bleu provençal, se déroule une multitude d'activités autour de la photographie et des arts visuels en général : expériences en réalité virtuelle, installations, expositions... C'est un plaisir de se perdre dans ce labyrinthe dont chaque porte passée révèle une nouvelle surprise : plafonds mouvants, vues imprenables sur la ville, mais aussi un toboggan géant qui ravira petits et grands ! Toute la virtuosité de l'architecte s'exprime, ainsi que l'ingéniosité et la soif de partage des programmateurs. On peut aussi se promener dans les jardins, et s'arrêter à l'un des nombreux cafés et restaurants autour et à l'intérieur de la Fondation, ou passer par le skate park au design graphique. Un lieu fascinant, à ne pas manquer.

SALIN DE GIRAUD (SALINS DU MIDI) ★★

Boulevard de la Camargue - **SALIN-DE-GIRAUD**
✆ 04 90 58 81 40
www.visitesalindegiraud.com/
Tous les jours, horaires variables. A pied : 10 €, enfant (5-13 ans) 8,50 €. En vélo : 12 €, enfant (5-13 ans) 10 €.

Le salin de 10 800 ha abrite quelque 278 espèces végétales et 200 espèces d'oiseaux (dont 157 protégées). Deux types de visites du salin de Giraud sont possibles toute l'année : la visite à pied, avec accès en voiture jusqu'au parking du Sémaphore, et la visite en empruntant votre propre vélo sur un parcours dédié au coeur d'une faune typiquement camarguaise et de paysages extraordinaires. En été, des visites guidées d'1h15 sont organisées sur réservation.

THÉÂTRE ANTIQUE ★★★

Rue de la Calade
✆ 04 90 18 41 20
www.arlestourisme.com
Haute saison : tous les jours de 9h à 19h. Tarif adulte : 9 €, enfant : 7 €.

Monument majeur de la romanité en Provence, le théâtre antique d'Arles a été construit au Ier siècle avant J.-C., sous le règne de l'empereur Auguste, célèbre pour avoir fait bâtir de nombreux monuments sur le territoire de l'Empire, dont beaucoup en Gaule romaine. Le théâtre fait partie d'un vaste projet d'urbanisation comportant deux autres constructions : l'Arc du Rhône et le Forum. Il se déploie sur plus de 102 mètres de diamètre, et comportait au temps de sa grandeur trente-trois rangs de gradins (dont une grande partie a disparu) qui pouvaient accueillir jusqu'à dix mille spectateurs. Bien que les spectacles furent gratuits pour l'intégralité du peuple, les classes sociales ne s'y mélangeaient pas, puisque le peuple s'entassait sur les hauteurs, tandis que les notables s'installaient près de la scène. Son enceinte extérieure possédait trois rangs d'arcades richement décorées de statues monumentales. Parmi celles-ci, la statue d'Auguste conservée au musée de l'Arles antique, et la Vénus d'Arles au musée du Louvre, que les Arlésiens voudraient bien voir revenir dans sa ville d'origine. Fortifié au Moyen Âge, nous en avons pour témoin la tour de Roland, il voit se développer dans son enceinte des maisons parasites ainsi que le Collège des jésuites et un couvent des sœurs de la Miséricorde. Pillé pour ses matériaux qui furent parfois remployés pour la construction de bâtiments à proximité, il n'est redécouvert qu'au XVIIe siècle, mais les véritables fouilles ne commencent qu'en 1828, et on détruit peu à peu des édifices qui avaient été construits sur le site.

C'est un lieu étonnant : la colonnade, dont seules deux colonnes tiennent encore (à peu près) debout, et tous ces éclats d'histoire laissés comme à l'abandon le rendent particulièrement charmant. Il faut s'amuser à se perdre dans les petits dédales qu'offrent les grands blocs de pierre disséminés, et à scruter les détails qui sont gravés dans les fragments : on repère ici un bout d'inscription latine, là une fleur, là encore un chapiteau corinthien. Entièrement restauré, le site est nettement plus fonctionnel et offre de nouvelles attractions : l'été, les mardis et jeudis matin, démonstrations de jeux romains, très sympa pour les enfants. Et toujours, comme la grande scène qui occupe le centre du théâtre l'indique, face aux gradins restants, l'accueil de nombreux festivals comme les Rencontres internationales de la photographie, le festival de musique des Suds ou encore celui du film Péplum. Les deux premiers se déroulant en juillet, le dernier en août.

THERMES DE CONSTANTIN ★★

Rue du Grand-Prieuré

✆ 04 90 49 59 05

Tarif adulte : 4 €, enfant 3,20 €.

Les thermes de Constantin ont été construits au IVe siècle, alors que cet empereur résidait dans la ville. Il s'agit des vestiges d'un établissement considéré à tort, jusqu'au Moyen Âge, comme les ruines d'un palais. On sait aujourd'hui qu'il n'en est rien. Les thermes du nord, parmi les mieux conservés de France, ont été partiellement dégagés à partir du XIXe siècle et sont classés au titre des Monuments historiques depuis 1840. Ils sont la propriété de la ville d'Arles. L'état de conservation de l'établissement antique est remarquable.

HÔTEL SPA LE CALENDAL*** €€€

5, rue Porte-de-Laure

✆ 04 90 96 11 89

www.lecalendal.com

Chambres doubles de 119 à 149 €.

Le Calendal s'est métamorphosé, la déco moderne, les expos de photo, le mobilier, le chef, tout a changé, et c'est une réussite ! Les chambres de cet établissement installé dans un bâtiment du XVIIe siècle, en plein centre historique de la ville, sont spacieuses, propres et bien équipées. Originalité, dans chacune d'elles, vous dormirez en compagnie d'un photographe de l'école de la photographie d'Arles. Dans l'hôtel, vous trouverez un spa, une piscine chauffée, un solarium. Bref un confort haut de gamme. Bien sûr, le personnel est aux petits soins.

L'ARLATAN***** €€€

20, rue du Sauvage

✆ 04 65 88 20 20

www.hotel-arlatan.fr

Ouvert toute l'année. Haute saison : chambre double de 179 € à 529 €. Petit déjeuner : 20 €.

L'Arlatan poursuit splendidement sa légende, traversant les siècles depuis l'Antiquité. La décoration, contemporaine et éclatante jette un pont entre modernité et histoire pour cet établissement qui était déjà reconnu comme l'hôtel particulier le plus somptueux au Moyen Âge. Tous les bâtiments, dont la partie centrale est classée aux monuments de France, s'articulent autour d'un magnifique patio. Vous trouverez également sur place, un bar à cocktails et un restaurant dont la carte met en lumière les saveurs provençales. Un établissement qui mérite sa réputation.

JULES CÉSAR***** €€€

9, boulevard des Lices

✆ 04 90 52 52 52

www.hotel-julescesar.fr

52 chambres (dont 11 suites). Tarifs sur demande.

Ancien couvent de Carmélites, le Jules César est une institution à Arles. La décoration typiquement provençale a été entièrement repensée par Christian Lacroix. Il a créé une ambiance pour chaque niveau. Au niveau du cloître, les couleurs monochromes vives dominent. L'étage suivant a une note plus provençale et le dernier est plus monacal et camarguais avec un sol en trompe-l'œil. À présent, cet hôtel 5 étoiles dispose également d'un spa agréé Cinq Mondes et d'une salle de fitness. Le Jules César, c'est enfin Lou Marquès, son restaurant gastronomique de choix.

DOMAINE SAINTE-CÉCILE €€€

Chemin Sainte-Cécile ✆ 04 90 97 08 92

https://www.domaine-saintececile.com

À partir de 420€ la semaine.

Cette propriété agricole, tout proche de l'étang du Vaccarès, en plein cœur de la Camargue, inspire un sentiment de plénitude absolu. Les pieds dans les rizières, cette maison aménagée dans un ancien monastère datant du XVIIe siècle est une invitation à la relaxation et la contemplation. En plus des deux gîtes, le domaine propose une grande maison en pierre, de 150 m² pouvant accueillir 10 personnes. Quatre chambres, trois salles de bain, une vaste pièce à vivre et une cuisine totalement équipée... Un vrai coup de cœur et un bon plan pour les prochaines vacances !

LA MAISON MOLIÈRE €€€

37, rue Molière

✆ 06 87 73 39 59

www.lamaisonmoliere.fr

Haute et basse saison de 200 à 400 €, petit déjeuner inclus.

La Maison Molière est un lieu d'exception qui nous a immédiatement séduits. Il y règne une ambiance hors du temps, faite de calme, de tranquillité et de bon goût. Bâtie en plein centre historique d'Arles, la Maison Molière offre, sur une superficie de 800 mètres carrés, un espace convivial et plein de charme avec ses deux salons-bibliothèques, ses chambres en suites climatisées et son loft. Les chambres sont tout simplement exceptionnelles et décorées avec goût. La cour avec ses belles arches est parfaite pour prendre le petit déjeuner.

LE NORD-PINUS €€€

Place du Forum
✆ 04 65 88 40 40
www.nord-pinus.com
Fermé en hiver. 26 chambres. Chambres à partir de 100 €.

Cet établissement, tombé dans le giron des maisons d'Arles assez récemment est un établissement hors normes. Par son élégance d'abord, par son emplacement ensuite, au cœur de la cité arlésienne, à deux pas des plus beaux monuments historiques, et enfin par sa légende. En effet, il fut le point de chute de personnages aussi célèbres que Picasso, Hemingway, Cocteau... est pas mal de vedettes plus actuelles. C'était également là que descendaient les toréros lors des grandes manifestations taurines. Un véritable morceau d'histoire et une expérience inoubliable.

LA BODEGUITA €€

49, rue des Arènes
✆ 04 90 96 68 59
www.bodeguita.fr
Tapas de 3,90 à 13,90 €.

La Bodeguita est un haut lieu de la vie arlésienne. C'est aussi le plus ancien bar à tapas de la ville, des tapas au demeurant excellentes. La carte est bien pourvue et la cuisine toujours parfaite, tout comme l'accueil et le service. Il faut parfois patienter, mais c'est le corollaire du succès de l'établissement. De toute manière, l'ambiance festive fait vite oublier le temps qui passe. Le décor est original et vous met rapidement dans cette ambiance des fêtes qui vont jusqu'au bout de la nuit. Un excellent plan pour se retrouver entre amis.

L'AUTRUCHE €

5, rue Dulau
✆ 04 90 49 73 63
Ouvert du lundi au samedi le midi ; le vendredi et le samedi le soir. Plats autour de 22 € à la carte.

Accueil ultra convivial, service rapide, petite cuisine simple à base de produits du jour, l'Autruche est une adresse au sujet de laquelle nous avions entendu pas mal d'éloges et que nous avions tenu à tester en urgence. Excellente idée, puisque l'établissement, niché dans une petite rue calme est vraiment agréable et intimiste. On ne regrette pas de s'y être arrêté. La terrasse comporte une dizaine de tables où il est agréable de consommer la cuisine pleine d'imagination du chef. Un bon plan pour ceux qui désirent manger vite et bien.

LE FLAMANT ROSE** €

Route de Saint-Gilles D 37
ALBARON
✆ 04 90 97 10 18
www.leflamantrose.com
8 chambres. Chambre double de 68 € à 77 €.
Restaurant : menu bouillabaisse sur commande.

Le Flamant Rose est une institution à Albaron, ce petit village camarguais, à mi-chemin entre Arles et les Saintes-Maries-de-la-Mer. Les huit chambres de l'établissement ont été entièrement rénovées et sont désormais conformes aux normes pour les personnes à mobilité réduite. Les propriétaires ont soigné la décoration en totale harmonie avec l'esprit de Camargue : bois flotté et teintes douces évoquent les couleurs des paysages du Delta. Avantages indéniables : ici, les prix sont tout petits, et la cuisine provençale du restaurant est de qualité !

LA BERGERIE PROVENÇALE €

RN 453
✆ 04 90 98 44 83
http://la-bergerie-provencale.edan.io/
Basse saison : fermé le jeudi.

Une adresse authentique qui rassemble tous les gardians locaux ! En hiver, impossible de passer à côté des excellentes grillades au feu de bois dont l'établissement est le spécialiste depuis 1959. L'été, vous apprécierez de prendre l'apéritif ou de déjeuner à l'ombre de la tonnelle. Didier, le chef, mitonne des spécialités provençales simples et copieuses : tranche de gigot grillée, pavé de taureau, navarin de chevreuil, salade d'anchoïade... De quoi vous rassasier sans vous ruiner ! Le rapport qualité-prix est en effet imbattable.

AU BONHEUR D'ÉMILIE €

5, rue Jouvene
✆ 04 90 98 38 71
Ouvert le lundi, le mardi, le jeudi et le vendredi de 11h à 17h. (formule du midi : 10 € environ).

Ce restaurant, tenu par Dominique et sa fille Émilie, propose des plats à base de produits bio, à manger sur place ou à emporter. Et, faut-il le préciser, à tout petit prix. Au menu, qui change quotidiennement : des grandes assiettes composées d'un velouté original ou d'un méli-mélo de crudités, ainsi que d'une tarte. Sont également proposés des bowls dont on choisit les composants parmi une généreuse sélection, et d'excellents croque-monsieur. Pour finir un dessert, toujours gourmand et cuisiné avec amour. Simple, bon et sain.

LE PATIO DES ALYSCAMPS €€

14, avenue des Alyscamps
✆ 04 88 65 22 92
Pokes à partir de 6,5 €.

© J.M LOPEZ

Une jolie devanture, une salle à la déco résolument moderne, très bien tenue, et une terrasse agréable, voilà le décor planté. Viennent ensuite les assiettes, pleines de couleurs dans lesquelles on retrouve des aliments savoureux et frais. La cuisine est originale sans toutefois donner dans l'excentricité. C'est Laeticia qui est aux commandes et qui propose des planchas, des galettes de sarrasin, mais aussi des Pokes à base de viande, de poissons ou même totalement végétariens. Le personnel est accueillant. Un véritable bon plan en somme.

LE PETIT ARLES €

29, rue de l'Hôtel-de-Ville
Aux alentours de 7 €.

Derrière ce petit pas de porte se cache un joli établissement géré par un duo de choc, Claire et Stéphanie. Toutes deux s'attachent à préparer une cuisine savoureuse à base de produits frais. Tout est fait maison, bien sûr, et cerise sur le gâteau la carte change tous les jours. Plusieurs formules sont proposées : plat, dessert ou soupe et café ou bouteille d'eau offert, à des prix vraiment sympas. Mais on peut aussi s'y arrêter boire un café, le matin, ou pour déguster une douceur lorsque l'envie s'en fait sentir. De toute façon on y est toujours bien reçu.

LE TAMBOURIN €

1, rue du Palais
✆ 04 90 96 48 39
Plats 15€ environ.

C'est le bar resto des aficionados, la déco ne laisse d'ailleurs aucun doute là-dessus. L'endroit est d'ailleurs incontournable pendant les feria, mais également le reste de l'année avec son service de restauration le midi et le soir. Au déjeuner, la formule est aussi efficace qu'économique et il est très agréable de prendre son repas sur la terrasse, face à cette petite place typique, toujours très animée. Côté cuisine, les préparations sont correctes, mais les assiettes assez légèrement remplies, il faut le dire. Le service est perfectible, selon les jours.

LA CANTINE VÉGÉTALE €

4, place Felix Rey
✆ 06 09 24 39 59
Ouvert tous les jours en haute saison, de mai à octobre.

C'est un lieu vegan vraiment sympa où l'on cultive le bon et surtout le bio. Les aliments sont issus de producteurs locaux et cuisinés directement par Marie, la maîtresse des lieux qui sait si bien jouer avec les saveurs et les textures. Les portions dans les assiettes sont généreuses et bien mises en scène. Bien sûr, le corollaire de cette politique du bio est que la carte change en fonction des saisons et même d'une semaine sur l'autre. Un ravissement pour les clients ! L'accueil est bien entendu dans le même esprit : convivial et même familial. On recommande !

L'ANTONELLE LE BISTROT €€

9, place Antonelle
✆ 04 90 91 16 14
Plats aux alentours de 15€ le midi ; menu entrée-plat-dessert à 32€.

Une excellente note pour ce petit espace, chaleureux et convivial : le midi, l'Antonelle propose une cuisine de marché avec une petite carte, certes, mais qui change fréquemment en fonction des produits disponibles localement. Le soir ; c'est une cuisine haut de gamme qu'on vous y sert, sans doute l'un des restaurants à la cuisine la plus élégante de la ville. C'est une explosion de saveurs, originales et toujours justes, aux portions généreuses, même quand les produits sont nobles. Le dressage est aussi alléchant que les goûts sont équilibrés. À ne pas manquer !

DU BAR À L'HUÎTRE €€

12, place du Forum
✆ 04 90 97 94 38
Ouvert tous les jours le midi et le soir. Menu découverte 42,5 €. Formule du midi : 19,90 €.

Les produits de la mer que vous dégusterez ici ne viennent pas de bien loin. En effet, l'établissement mise sur la proximité des fournisseurs. Les plateaux de coquillages, produits phares du restaurant, sont impeccables et superbement présentés. Mais vous pourrez également choisir, à la carte, des plats préparés tels que : daurade et risotto, linguines aux palourdes, Saint-Jacques sous diverses préparations, et quelques viandes pour les réfractaires. Les serveurs sont agréables et de bon conseil et le cadre est subtilement dans le thème du restaurant.

BERGERIE DE MÉJANES €€

✆ 04 90 54 19 66
Ouvert tous les jours le midi. Le soir sur réservation.

Située sur le domaine de Méjanes, la bergerie du même nom propose une cuisine d'inspiration provençale, copieuse et pleine de saveurs. On y déguste le taureau de la manade, qui est un peu le point d'orgue de la carte, ainsi que des plats traditionnels concoctés avec des produis locaux, de première fraîcheur. Les desserts maison sont un véritable délice. Nous avons testé, par exemple, le délice de fraise et on ne peut que vous le recommander. Côté plat de résistance, les amateurs apprécieront la pièce de taureau. Le lieu est en outre magnifique et l'accueil au top.

BRASSERIE DES ATELIERS €€

31, avenue Victor-Hugo
✆ 04 90 96 38 79
Ouvert tous les jours le midi et le soir. Plats de 15 à 25 €.

L'équipe qui vous accueille est charmante et professionnelle et le lieu, très joliment décoré. C'est un endroit parfait pour une soirée en amoureux ou entre amis. Mais bien sûr, quand on vous présente un restaurant, vous vous attendez à ce qu'on vous parle cuisine et marmites et là... c'est encore mieux ! À quelques minutes des arènes, vous pourrez déguster en salle ou en terrasse, des recettes classiques, mais toujours soigneusement mitonnées.

Ah oui, c'est aussi là qu'il faut être les soirs de matchs de l'OM, l'ambiance y est vraiment délirante.

L'ESCALADOU €€

23, rue Porte-de-Laure
✆ 04 90 96 70 43
www.lescaladou-restaurant-arles.com
Ouvert du jeudi au lundi. Plats à la carte autour de 20 €. Menu 32 €.

L'adresse est située à deux pas des arènes. Ce sont Marina et Carine qui vous accueillent chaleureusement. Au programme, une cuisine originale et soignée aux accents de Provence. L'atmosphère du lieu est intimiste, cosy, on s'y sent bien immédiatement. Les assiettes sont joliment présentées, généreuses, et leur contenu est alléchant. Côté service, le personnel est agréable et souriant. L'attente entre les plats peut parfois se prolonger un peu, mais c'est la rançon du succès et ce n'est pas systématique. Le rapport qualité-prix nous a paru parfait.

LE FLAMANT ROSE €€

Route de Saint-Gilles D 37
ALBARON
✆ 04 90 97 10 18
www.leflamantrose.com
Menu à partir de 26 €. Menu bouillabaisse : 55€. Terrasse.

© LE FLAMANT ROSE

Le Flamant rose, est ouvert depuis plus de 40 ans ! Aux fourneaux, le sympathique chef, Frédéric Lacave, peut se targuer du titre de maître restaurateur. Il est aussi membre du Conservatoire des cuisines de Camargue. Ici, on fait dans l'authentique et les produits du terroir sont évidemment à l'honneur ! Ceux de la pêche, bien sûr, avec la friture de jols, la bourride, les tellines, la bouillabaisse Mais aussi l'inévitable viande de taureau AOC de Camargue, cuisinée en gardiane, notamment, et accompagnée d'un riz qui pousse à quelques kilomètres à peine...

BOUCHES-DU-RHÔNE

LE GREENIOTAGE €€

21, rue des Carmes
✆ 04 90 47 61 13
Ouvert du mercredi au dimanche le midi et le soir. Menu : 49 €.

Manger au Greeniotage, c'est l'opportunité de goûter la cuisine de Jean-Luc Rabanel, un des chefs les plus emblématiques d'Arles, sans se ruiner ni devoir réserver des mois à l'avance. Cette succursale sert une cuisine de brasserie haut de gamme avec une ardoise qui change régulièrement, comme le croustillant de pied de porc aux champignons de saison, amandes, jus d'échalotes ; minute de maigre de Méditerranée, panais aux éclats de noisette et une « vierge thaï » ; tarte caramel aux pignons de pins et lait glacé amandes... Des plats goûteux et copieux !

L'AFFENAGE RESTAURANT TRAITEUR €€

4, rue Molière
✆ 04 90 96 07 67
Ouvert toute l'année. Du lundi au samedi le midi et le soir. Plats autour de 20 €.

La cuisine est copieuse, originale, et les assiettes sont joliment présentées. Ces dernières ne sont pas excessivement remplies, mais tout à fait suffisantes pour combler un bon appétit. Les viandes sont excellentes. L'établissement est bien tenu, aucune inquiétude de ce côté-là. Le service est professionnel et agréable. Rançon de la gloire, il y a parfois beaucoup de monde. Les tarifs sont corrects. Une adresse à garder dans son agenda pour un repas romantique, par exemple.

LA GUEULE DU LOUP €€

39, rue des Arènes
✆ 04 90 96 96 69
www.restaurant-lagueuleduloup.fr
Fermé le mercredi et le jeudi. Plats environ 25 €.

Dans les assiettes, on mise sur des produits frais et cuisinés en direct. Vous pourrez le constater si vous vous installez au rez-de-chaussée : la cuisine est ouverte sur la salle. Mais nous, on préfère l'ambiance plus cosy de l'étage pour déguster ces bons petits plats. Les assiettes sont bien présentées, généreuses, leur contenu est parfaitement mis en valeur et surtout délicieux. Les prix son corrects et la qualité est au rendez-vous. C'est une excellente table, ici où chez vous, car la maison fait aussi traiteur et chef à domicile !

LA MULE BLANCHE €€

9, rue du Président-Wilson
✆ 04 90 93 98 54
Formule du midi : 20 € environ.

Ce restaurant fait toujours l'unanimité. Ici, les salades sont superbes et généreuses. À la carte également, des plats de brasserie : côte de bœuf Black Angus, tartare de bœuf... mais aussi une cuisine de marché qui évolue selon les saisons. Serge, le patron, en passionné de pêche au gros, propose d'ailleurs selon arrivage des filets d'espadon et de daurade. Sans oublier la bouillabaisse (à partir de 4 personnes, sur commande). Un restaurant de choix, que ce soit pour déjeuner ou pour passer une agréable soirée en salle ou sur sa grande terrasse ombragée.

HÔTEL MIREILLE - RESTAURANT LA PROVENCE €€

2, place Saint-Pierre
✆ 04 90 93 70 74
www.hotel-mireille.com
Soirée étape à partir de 91 €.

L'accueil est chaleureux, les chambres, joliment décorées et le restaurant excellent. C'est le meilleur de ce beau pays qui vous reçoit. En saison, vous pourrez prendre vos repas, dans le jardin arboré. Le chef propose une cuisine, bien évidemment méditerranéenne à base de produits frais et de saison, achetés tout près de l'établissement. Le restaurant est situé à deux pas du centre-ville. De là, vous pourrez découvrir tous les monuments majeurs d'Arles.

LA PÉNICHE €€

Quai Saint-Pierre - Halte Fluviale
Quartier Trinquetaille ✆ 04 90 93 31 10
www.la-peniche-arles.com
Ouvert du mercredi au dimanche le midi et le soir. Lundi et mardi sur réservation. Plat entre 15 € et 20 €.

La Péniche est un établissement familial où vous mangerez les pieds dans l'eau (ou presque), sur le Rhône. En terrasse durant les beaux jours ou en salle, laissez-vous porter par les flots de saveurs sortis de l'imagination du chef. Au menu, des plats simples entre terre et mer, avec tatin de canard, tartare de bœuf, rösti burger, gambas grillées ou encore poisson selon la pêche du jour. Quant aux desserts, ils sont aussi délicieux qu'originaux. Sur une surface de 45 m², le lieu permet aussi l'organisation d'événements privés, cocktails, conférences ou réunions.

LES PIQUES OU RIEN €€

53, rue Condorcet
✆ 04 86 32 29 44

Ouvert du mardi au samedi le soir de 19h30 à 21h30 ; du mercredi au dimanche le midi de 12h à 13h30.

Cette adresse de la place Voltaire va ravir vos papilles ! Avec quelques suggestions du jour, le chef propose des assiettes aux saveurs originales d'ici et d'ailleurs selon l'inspiration du moment. D'ailleurs, ici, vous ne saurez pas ce que vous allez manger : c'est parti pour l'aventure ! Une seule constante : une assiette de tapas froids en entrée (olives du coin, charcuterie, chèvre...) puis une assiette chaude composée de 6 « découvertes » et, pour finir, 5 desserts surprises... Un parti pris original pour ce restaurant dont vous ne repartirez jamais déçus.

LE PLAZA LA PAILLOTTE €€

28, rue du Docteur-Fanton
✆ 04 90 96 33 15

Entrée, plat, dessert : 31 €.

Les avis sont unanimes : la cuisine de cet établissement situé près de la place du Forum, est délicieuse ! Inventifs et raffinés, tout en affichant un rapport qualité-prix imbattable, les plats sont parfaitement maîtrisés. Testez absolument la soupe de poisson et l'estouffade de taureau AOP au vin blanc du pays d'Arles, plus léger que la gardiane et tout aussi typique, la soupe de poissons de roche aux filets de rouget, cabillaud, noix de Saint-Jacques (la spécialité de la maison). Quant aux desserts : un véritable régal, à emporter ou à faire livrer.

RESTAURANT CHEZ PÉPETTE €€

15, rue des Porcelets ✆ 06 14 05 91 64
www.pepette-arles.fr/

Ouvert du mardi au samedi. Carte, entrée-plat-dessert : 35 € environ.

Un établissement qui mérite le détour. On y cultive un esprit familial et la carte propose des plats variés et originaux. Une fois à table, on n'est certainement pas déçu par la quantité, mais surtout par les qualités gustatives des produits qui sont mis en valeur dans l'assiette. On s'est laissé tenter par un dos de lieu noir au beurre blanc et une assiette de fromages et on n'a pas regretté notre choix. L'accueil étant à la hauteur, on y reviendra très prochainement pour retester la carte qui change presque tous les jours. Un bon plan !

CUIT CUIT €

2, rue du Docteur-Fanton
✆ 09 80 84 28 53

Carte : 22 € environ. Salade, à partir de 12 € - Viande, à partir de 14 €.

À l'angle de deux charmantes rues, à deux pas de l'hôtel de Ville, Cuit cuit vous accueille en salle ou en terrasse. Comme son nom l'indique avec humour, beaucoup de volaille au menu, sous toutes ses formes : tenders, wraps, mais aussi poulets rôtis entiers ! La carte est cependant variée, et propose également des spécialités locales (saucisse de taureau) ou des salades, toujours généreuses. Les viandes sont sélectionnées dans les meilleurs morceaux. C'est une adresse idéale pour reprendre des forces après de longues heures de balade.

© CUIT CUIT

© CUIT CUIT

BOUCHES-DU-RHÔNE

LA COMÉDIE €€

10, boulevard Georges-Clemenceau
✆ 04 90 93 74 97
http://lacomedie-arles.com
Formule à partir de 21 €. Plat du jour : 15 €.

© LA COMÉDIE

Côté cave, vous trouverez des vins de haute lignée, ainsi que des crus bien plus abordables, mais toujours choisis avec un goût sûr. Côté table, la cuisine est traditionnelle, mais revisitée et modernisée par le chef qui s'appuie sur des produits frais et régionaux. Les recettes sont originales et dignes d'un chef haut de gamme. Nous avons particulièrement aimé l'idée du menu Vins et Mets où l'on découvre quatre plats en fonction des vins choisis. De quoi mettre de la surprise et des sourires dans son assiette. Le rapport qualité prix est à toute épreuve.

RESTAURANT L'ARLATAN €€

20, rue du Sauvage
✆ 04 65 88 23 10
www.arlatan.com/fr
Ouvert tous les jours de 11h à 22h30. Bar ouvert jusqu'à minuit. Plats à partir de 20 €.

Un décor élégant mêlant la tradition et la modernité, une cuisine simple résolument orientée vers la Méditerranée qui fait la part belle aux produits de saison, un accueil soigné… on se sent bien au restaurant de l'Arlatan. Les plats sont savoureux, mention spéciale aux desserts qui sont très élaborés et vraiment délicieux : le crémeux au chocolat est à se damner ! C'est un lieu hors du temps, tout comme le bar où vous pourrez déguster des cocktails originaux. Chaque dimanche, l'établissement vous propose en outre un brunch entre 11h et 15h. Courez-y !

LE SAINT-PIERRE €€

22, rue Jean-Lebas
✆ 04 90 18 20 33
http://restaurant-arles.com/
Ouvert du mercredi au samedi le midi et le soir ; le dimanche midi. Formules à partir de 17 €.

Une cuisine traditionnelle, qui fait la part belle aux produits du marché : voilà ce que propose Hélène, la cheffe de ce sympathique restaurant. Cette « maître-restauratrice » a tout de même un produit de prédilection : le poisson (d'où le nom de l'établissement !). Les amateurs des produits de la mer ne seront pas déçus : tout est frais et parfaitement cuisiné ! Le restaurant propose également des coquillages sur commande. Quant aux carnassiers, ils ne sont pas pour autant oubliés. Ajoutez à cela que le service est agréable et vous obtiendrez un très bon plan.

CHEZ BOB €€€

Route du Sambuc
✆ 04 90 97 00 29
www.restaurantbob.fr
Ouvert du mercredi au dimanche. Menu unique à 50 €.

Chez Bob, c'est chez Jean-Guy et Josy Casello alias Ninou ou Ninette ! Des propriétaires à la convivialité communicative qui ont fait de ce lieu authentique et haut en couleurs, une institution. On a vraiment l'impression d'être invité chez des amis. Dans l'assiette, des spécialités locales forcément. Entrées à volonté (anchoïade, charcuterie et poutargue) et plats du terroir : côte de taureau, magret de canard, quasi d'agneau… toujours grillés au feu de bois, que ce soit l'hiver dans la cheminée ou l'été sur la terrasse ombragée. Passage obligé !

LA CHASSAGNETTE €€€

Route du Sambuc
✆ 04 90 97 26 96
www.chassagnette.fr
Ouvert du jeudi au lundi. Menus de 85 € à 115 €.

Pas d'empreinte carbone pour la cuisine d'Armand Arnal. En effet, tous les ingrédients qu'il utilise dans sa cuisine, à la fois saine et savoureuse, il les récolte autour de lui. Son « petit » potager bio de 2 hectares fournit les légumes, les viandes et les poissons ne viennent pas de bien loin non plus. Les mets sont préparés entiers, pour conserver toute leur saveur, et découpés en salle, devant le client. Les recettes sont intuitives et originales, le lieu agréable et bucolique à souhait. Une vraie bonne adresse à essayer d'urgence.

LOU MARQUES - HÔTEL JULES CÉSAR €€€

9, boulevard des Lices
✆ 04 90 52 52 52
www.hotel-julescesar.fr
Ouvert tous les jours. Carte : 39 € environ.

Le lieu est parfaitement agencé, c'est normal, puisque c'est Christian Lacroix qui s'est occupé de toute la décoration de l'établissement, dont la salle de restaurant. Dans les cuisines, le chef propose une restauration soignée et savoureuse. Vous pourriez par exemple découvrir les langoustines rôties en salade de quinoa ou encore le dos de saint-pierre doré aux petits pois et févettes, avant de vous régaler d'un excellent dessert maison. Vraiment un très bel établissement.

LA TELLINE €€€

Route de Gageron
✆ 04 90 97 01 75
www.restaurantlatelline.fr
Ouvert du jeudi au lundi. Plat du jour : 29 €. CB non acceptée.

C'est dans un petit mas camarguais, à une dizaine de kilomètres d'Arles, que vous reçoivent Florence et Jean-Paul. Un peu comme à la maison. Vous dégusterez, à leur table, une cuisine du cru, généreuse, avec des produits de la région. Terrine d'anguilles, tellines à l'aïoli, soupe de crabes, loup et taureau cuits devant vous sur la braise du feu de cheminée, accompagnés de légumes de chez « la mémé d'à côté » et de riz de Camargue... Un bonheur simple et authentique et un régal pour les papilles. À tester d'urgence. La Camargue, la vraie.

L'ANTIDOTE

16, rue de la liberté
✆ 09 80 38 35 20
Fermé le dimanche et lundi soir.

Nouveau lieu de vie nocturne, l'Antidote a rapidement été adopté par les Arlésiens. L'espace est découpé entre une charmante salle intérieure à alcôves qui propose aussi bien les tables classiques que des canapés pour un moment plus cosy, et un extérieur pour les fumeurs ou ceux qui veulent juste profiter du beau temps. Sur la carte, il y en a pour tous les goûts : bières, vins, alcools forts, softs... Mais mention spéciale aux cocktails, réalisés avec un grand professionnalisme et dont la liste change fréquemment. Excellente ambiance, excellente adresse !

DAMANDE

25, rue de l'hôtel de ville
✆ 04 90 93 14 33
www.damande.fr
Ouvert tous les jours de 9h30 à 19h30.

Lumineuse et élégante, la boutique Damande est l'un des établissements les plus charmants de la ville. Véritable concept-store gourmand, on y propose toutes sortes de produits de grande qualité pour ravir les papilles, et qu'on peut déguster sur place ! Côté sucré, des biscuits, chocolats, amandes chocolatées, nougats ; côté salé, des huiles d'olive, du riz et du sel de Camargue, des terrines de taureau. Bref, mille raisons de craquer ! Elle présente de nombreuses références régionales, comme les fameux calissons du Petit Duc. Une excellente adresse.

AUSTRALIAN CAFE LE WALLABEER

7, rue Molière
✆ 04 86 32 21 39
Haute saison : ouvert tous les jours.

C'est un lieu incontournable des soirées arlésiennes. Une super ambiance, un personnel au top et un cadre vraiment agréable, que demander de plus ? Une belle terrasse où il est agréable de consommer par exemple. Eh bien, c'est justement le cas. Nous on a beaucoup aimé les cocktails et la petite restauration qui va avec. C'est véritablement l'endroit parfait pour se détendre et passer un super moment entre amis, autour d'une bonne bière, à consommer avec modération, bien sûr.

LE BAR DU MARCHÉ

8, boulevard des Lices
✆ 04 90 43 35 10
Ouvert tous les jours.

Vous trouverez, dans cet établissement mythique de la ville, une restauration italienne, et notamment la *foccacia* déclinée en diverses saveurs, et les glaces fabriquées artisanalement sont les nouveaux marqueurs du Bar du Marché. À la carte également, des planches de charcuterie, des planches du moment composées de produits de saison, des sandwiches et des salades repas. Tout est parfaitement frais. Le service est rapide, les prix sont tout à fait convenables et l'accueil est agréable. Le parfait lieu pour faire une pause entre deux visites de la ville.

BOULANGERIE POUDEVIGNE

4, rue de la Liberté
✆ 04 90 96 03 72
Ouvert du mardi au samedi ; le dimanche jusqu´à 13h.

Côté boulangerie, on vous propose un grand nombre de pains spéciaux : la baguette de tradition française, le pain au seigle et citron, le pain au maïs… La liste n'est pas exhaustive, il faut s'y rendre pour choisir le pain qui conviendra le mieux au plat qui l'accompagnera. Au moment des fêtes de Noël et de Pâques, mieux vaut commander à l'avance. Côté pâtisserie, des valeurs sûres comme les calissons, les croquants et la fameuse guimauve maison. Ajoutez un accueil très agréable et vous avez là une bonne adresse à connaître à deux pas de la place du Forum.

LA FERIA DU PAIN

16, avenue Victor-Hugo
✆ 04 90 93 61 02
Ouvert tous les jours de 6h30 à 19h.

Une sympathique boulangerie sur le boulevard Victor-Hugo. Vous y trouverez hormis les pains traditionnels, de nombreux pains spéciaux. Le *Figura*, le *Miura*, le *Sévillan*, l'*Andalou*, au levain, aux céréales, complet, parfumés au basilic ou à l'huile d'olive. Des fougasses salées ou sucrées. Une banque traiteur offre des sandwiches variés appétissants. De nombreuses pâtisseries, des viennoiseries, des navettes marseillaises viennent compléter le choix. Enfin un rayon épicerie et boissons pouvant rendre de nombreux services. Pas d'hésitation.

FRAICHEUR ET DELICES

6, place Félix-Rey
✆ 04 90 47 33 07
Ouvert du lundi au samedi.

Si Sandrine Hamel a su faire preuve de flair en s'installant face à l'un des monuments les plus visités de la ville (l'Espace Van Gogh), elle fait surtout la démonstration d'un savoir-faire remarquable. Que ce soit avec ses glaces, aux parfums aussi variés qu'appétissants, ses sorbets, ses jus de fruits pressés ou ses milk-shakes, la patronne régale ! Elle continue même de créer : pour ceux que le lait du milk-shake rebute, elle a lancé le « splash », un sorbet mélangé à de l'eau gazeuse. Voilà une enseigne qui ne pouvait pas mieux porter son nom.

GLACIER SOULIER

18, rue de la République
✆ 04 90 54 57 53
Ouvert du mardi au samedi de 9h à 19h ; le dimanche de 11h à 19h.

Des glaces faites maison réalisées par un maître-artisan avec des produits frais. Servies généreusement et avec le sourire s'il vous plaît ! On adore les parfums panettone, fleur d'oranger et lavande. Goûtez également les glaces au lait de jument de Camargue ! Si vous avez le temps, optez pour une coupe, en particulier la la Narcisse avec sa glace marron, sa ganache et sa crème de marron. À déguster aussi tout au long de la journée des crêpes sucrées et salées. Glaces, crêpes, gaufres et boissons à déguster sur place ou à emporter.

GRAND CAFE MALARTE

2, boulevard des Lices
✆ 04 90 54 56 74
Ouvert tous les jours.

Le Grand Café Malarte vous invite à découvrir son atmosphère raffinée. À l'intérieur, la mise en valeur des pierres de taille du mur derrière le bar amène un tranchant qui rajoute à la modernité du lieu. Des meubles vitrés et réfrigérés accueillent les pâtisseries pour le premier, des quartiers entiers de viande en phase de maturation, spécialité du lieu, pour le second, et une cave rassemblant pour le troisième. Les pizzas sont excellentes, les plats de poisson moins réussis ; mais les desserts provenant de la pâtisserie Yamamoto mettent tout le monde d'accord !

LA BOUTIQUE DES ARÈNES

20, rond-point des Arènes
✆ 04 90 49 64 40
Ouvert tous les jours et les jours fériés en haute saison.

On a souvent une appréhension devant un magasin de souvenirs, mais la *Boutique des Arènes* mérite vraiment votre visite. Une collection variée met en valeur les produits du terroir si chers à la Provence. Du miel de Provence, poteries provençales, du nougat et des calissons sauront s'accompagner de délicieux vins de pays. Une variété de cartes postales va rendre le choix difficile, mais le plus de la maison est que les timbres sont vendus sur place. Des santons, des savons, des produits Van Gogh, des articles de qualité que l'on se doit de ramener dans ses valises.

LA CAVE DES SAVEURS

25, rue des Suisses
✆ 04 90 47 11 81
Ouvert du lundi au samedi.

Dans les jolis casiers en bois de cette cave, vous trouverez une gamme de vins de domaines locaux reconnus, mais également des nectars de toute la France et des champagnes. Sur place également, des produits du terroir : des spécialités provençales, des produits du Sud-Ouest et de la charcuterie ibérique... À noter que le vendredi soir, dès 17h30, et le samedi matin, dès 10 heures, *la Cave des saveurs* organise une dégustation de vin afin de mettre un domaine, une appellation ou même une région viticole en avant. On adore et on recommande !

LA CAVE DU GRAND SUD

3, rue de la République
✆ 04 90 93 41 20
www.lacavedugrandsud.fr
Ouvert du mardi au samedi.

Lorsque l'on passe la porte, on est accueilli par le sourire de Jean-Michel Guérin, un homme passionné par son métier de caviste. Il nous transporte dans son univers de vins, de spiritueux, nous fait partager son savoir avec simplicité et élégance et nous donne l'envie de déguster un bon vin. Chaque bouteille est comme un poème qu'il nous décrit avec un vocabulaire enchanteur. On a vraiment le sentiment de voyager à travers les vignobles de France ! Il saura trouver LE vin qui accompagnera votre repas ou tout simplement qui sublimera votre apéro.

DOMAINE ISLE SAINT-PIERRE

Domaine de Boisviel-Saint-Pierre
✆ 04 90 98 70 30
www.islesaintpierre.fr
Ouvert du lundi au vendredi de 9h à 12h et de 14h à 18h ; le samedi de 9h à 12h.

Ce domaine fait aujourd'hui 200 ha (soit un tiers de la surface dédiée à la culture du raisin à Arles !). Vins rouges, rosés, blancs, les cépages sont pour le moins diversifiés (chardonnay, sauvignon, merlot...). Tout pour bien arroser un délicieux repas. Le travail des vignobles se fait dans le respect de la tradition, sans désherbant chimique. Et le résultat est là hauteur. Sympathique plus : une journée « Vins et vieilles voitures » a lieu tous les ans le dimanche de la Pentecôte.

DOMAINE DE MÉJANES

✆ 04 90 97 10 62
www.mejanes-camargue.fr
80 € pour la journée. Inscription préalable au stage d'équitation Camargue obligatoire.

© LA BERGERIE DE MEJANES

Gros coup de cœur à l'attention des cavaliers : chevaucher au cœur de la Camargue, découvrir des espaces naturels de toute beauté et ressentir des sensations de liberté, d'enivrement et de bonheur inoubliables, c'est un rêve que vous allez vivre ici ! On vous propose des stages d'équitation Camargue. Vous apprendrez à vous élancer, aux côtés et encadré d'un manadier, moniteur diplômé, dans les marais, à « acamper » (regrouper) les taureaux, vous serez initiés à la monte Camargue à une main et au tri du bétail à cheval et participerez au travail dans le toril.

CHEZ MÈRE-GRAND

14, rue du Président-Wilson
✆ 04 90 96 16 95
Ouvert du mardi au samedi de 7h45 à 13h et de 15h à 19h15.

On trouve, dans cette boutique, de l'excellente viande, de la charcuterie fine et des petits plats cuisinés si bien préparés que vous pourrez épater votre tablée. Le bœuf du Limousin, le veau gascon ou l'agneau de Sisteron sont garantis d'origine contrôlée. Plus local, le taureau est proposé en saucissette, en filet ou pour cuisiner la fameuse daube. Goûtez absolument les caillettes maison vraiment délicieuses et, pendant les fêtes, les terrines de cerf, chevreuil et sanglier. Sans oublier l'exceptionnelle terrine de pot-au-feu et de blanc de poulet.

BOUCHES-DU-RHÔNE

DE LA TERRE À LA TABLE

Avenue des Arches
✆ 04 90 98 77 85
Ouvert le lundi de 15h à 19h30 ; du mardi au samedi de 8h30 à 13h et de 15h à 19h30 ; le dimanche de 8h30 à 13h.

Ce primeur propose des fruits et légumes du coin (présentés sur des fûts !) : courgettes de Fontvieille, melons du Gard, clémentines de Corse... Richard Gendre, le patron, s'attache à connaître tous les producteurs avec qui il travaille. Un gage de qualité qui lui permet aussi de pratiquer des tarifs raisonnables. On a goûté les tomates à l'ancienne, les courgettes blanches et les melons jaunes : tout est délicieux ! Également en vente, de la charcuterie, du riz de Camargue, des œufs, des confitures, du vin, des fromages, des jus de fruits... locaux, évidemment.

ARLES NAVIGATION

18, rue Gaspard-Monge
✆ 09 83 24 00 82
www.arlesnavigation.fr
279 € le permis bateau. 500€ le permis hauturier.

Grâce à Jean-Baptiste, moniteur expérimenté, vous pourrez obtenir rapidement les permis plaisance option « côtière » et / ou « eaux intérieures ». Côté théorique, cela se passe en salle, côté pratique, direction le plan d'eau et le canal près du Musée départemental Arles antique, avec un *Merry Fisher* de 5,80 m ! Le plus : des tests en ligne gratuits et illimités. Il est aussi possible de passer le permis hauturier qui permet de naviguer au-delà de 6 milles nautiques d'un abri. Au programme : quatre jours pour apprendre à utiliser les cartes marines, le compas...

MAS TRINITA

Chemin du Paty
ALBARON
✆ 06 63 65 26 08
https://mastrinita.fr
Balades à Poney, à partir de 10 € la demi-heure.

Myriam et Jérôme vous accueillent toute l'année au Mas Trinita, pour des balades à cheval dans un environnement magique. Que vous soyez cavalier débutant ou confirmé, accompagné de votre monture ou non, ces deux moniteurs d'équitation vraiment sympathiques sauront vous montrer le meilleur de leur pays. L'école d'équitation se chargera de former les novices, enfants (dès 5 ans) ou adultes, grâce aux cours particuliers dispensés par Myriam et Jérôme. Et pour ceux qui souhaitent prolonger leur séjour, ils trouveront sur place trois gîtes confortables.

SAINTES-MARIES-DE-LA-MER ★★

À l'époque romaine, l'emplacement actuel des Saintes constituait l'avant-port maritime d'Arelate. La ville construite autour de son église forteresse des XIe et XIIe siècles et longtemps enserrée dans une enceinte a conservé la trace de ce passé historique. Les Saintes-Maries, c'est aussi le mythique pèlerinage des gitans qui se tient chaque année ; les tsiganes, venus de l'Europe entière, se rassemblent dans la petite cité et l'animent le temps de festivités qui conservent leur authenticité. Ils viennent honorer leur patronne, Sara, la vierge noire.
C'est sans doute la ville la plus représentative d'un mode de vie en voie de disparition. N'hésitez pas à vous éloigner pour découvrir l'étang de Vaccarès, vous balader au bord de la mer, profiter des plages ou encore découvrir la magnifique Camargue sauvage. Que ce soit dans le parc ornithologique, superbe réserve qui abrite des centaines d'espèces d'oiseaux, de mammifères et d'insectes, ou en-dehors des sentiers battus, pas besoin de guetter pendant des heures pour tomber rapidement nez à nez avec des taureaux, des chevaux et des flamants roses. L'harmonie de la cohabitation entre nature et humanité est frappante. Sans compter la présence omniprésente de la mer et du fleuve. L'eau n'est pas seulement un élément du paysage, elle est un acteur primordial, le poumon de la région, mais aussi sa fragilité : la montée des mers due au réchauffement climatique menace grandement le littoral camarguais et ses immenses plaines inondables. Un patrimoine exceptionnel à sauvegarder.

BATEAU « LE CAMARGUE »

5, rue des Launes
✆ 06 17 95 81 96
www.bateau-camargue.com
Tarif adulte : 15 €, enfant : 8 €.

C'est le capitaine Hervé Villevieille qui vous accueille depuis une trentaine d'années à bord du *Camargue*, une vedette de promenade de 126 places qui vous permettra de découvrir le Petit-Rhône et d'entrer en contact direct avec la Camargue, sa flore unique, sa faune riche d'oiseaux aquatiques, sans oublier une grande proximité avec les taureaux et les chevaux de Camargue. Durant la promenade, vous découvrirez également la légende des saintes Maries Salomé et Jacobé ainsi que Sara, la patronne des gitans. Parfait pour découvrir des lieux inaccessibles autrement.

ÉGLISE DES SAINTES-MARIES-DE-LA-MER ✝ ★

Place de l'Église
✆ 04 90 97 87 60
www.saintesmaries.com
Accès libre et gratuit. Classée aux monuments historiques depuis 1840.

Visible depuis plusieurs kilomètres, cet édifice religieux et défensif dans un pur style roman domine le village. L'édifice possède des créneaux et mâchicoulis caractéristiques de cette architecture, une nef unique et droite, une hauteur de 15 mètres et elle est dépourvue d'ornement. Construite aux IXe et XIe siècles, elle fait un peu figure d'ancêtre, dans ce pays où la majorité des édifices culturels datent du XIXe siècle. Etablie à proximité de l'embouchure du Petit Rhône, elle dispose d'une situation qui était autrefois stratégique face aux invasions pirates et sarrasines. Dans sa crypte, à droite de l'autel, elle abrite la statue de sainte Sara, patronne des Gitans. Par le passé, les reliques des saintes Marie-Jacobé et Marie-Salomé (retrouvées dans l'église en 1448) étaient exposées, mais, en raison des incendies de la Révolution, seule une petite partie a pu être conservée dans les châsses actuelles. Dans ses murs, l'église compte aussi un autel païen du IVe siècle avant notre ère. Ne partez pas avant d'avoir visité son toit-terrasse, il offre un panorama impressionnant sur la mer et la Camargue. Un grand chantier de rafraîchissement lancé en 2017 a rendu leur couleur originelle aux murs de l'édifice. Les pierres ont été nettoyées une à une, remplacées pour les plus abîmées. C'est donc un visage radieux qu'offre aujourd'hui Notre-Dame de la Mer aux pèlerins et aux touristes qui peuvent être jusqu'à un millier à en pousser les portes chaque heure en été.

© SIME

Notre-Dame de la Mer.

PARC ORNITHOLOGIQUE DU PONT DE GAU 📷 ★

Route d'Arles
✆ 04 90 97 82 62
www.parcornithologique.com
Haute saison ouvert tous les jours et jours fériés de 9h à 19h. Adulte : 7,50 €. Enfant de 4 à 12 ans : 5 €.

Situé sur la route d'Arles, à 4 kilomètres au nord des Saintes-Maries, ce parc ornithologique est né en 1949 avec l'installation des premières volières par André Lamouroux. Aujourd'hui, sa belle histoire se poursuit grâce au travail de son fils et de ses petits-enfants, qui sont désormais en charge de soixante hectares (le parc mesurait 6 000 m² à l'origine). Dans cet espace naturel, deux promenades à travers les étangs et les marais sont proposées pour s'approcher au plus près des oiseaux, sans les déranger. La première, très sauvage, est appelée « Sentier du nord ». Elle offre une vision assez complète de la diversité de la Camargue, notamment grâce à un observatoire judicieusement placé qui permet de découvrir à loisir sarcelles, colverts, tadornes et oies. On peut également apercevoir une belle densité d'oiseaux de proie, hérons, râles, gros becs et becs fins migrateurs ou sédentaires, ainsi que des ragondins. La seconde se faufile entre deux étangs occupés par une grande colonie de flamants roses que l'on peut approcher de très près. Ce sont d'ailleurs un peu les stars, plébiscités par les touristes pour l'incontournable selfie. Entre ces deux sentiers, un grand espace à caractère pédagogique et éducatif, illustré de grandes planches descriptives et attrayantes, permet d'observer une succession de volières accueillant des oiseaux de grande taille, blessés ou handicapés. De quoi en prendre plein les yeux et ramener plein de souvenirs !

LE GITAN SAFARI PHOTO DU DELTA 👉

17, avenue de la République
✆ 04 90 97 89 33
www.camargue.com
Ouvert toute l'année. Tous les jours. Jusqu'à 7 à 8 personnes.

Authenticité et interactivité sont les maîtres mots de ce safari en 4x4. Au départ des Saintes-Maries-de-la-Mer, embarquez pour une vraie découverte de la Camargue. Entre étangs et marais, admirez les merveilles cachées de cette terre sacrée. Grâce à ces visites guidées, vous serez incollable sur la faune et la flore, les traditions, et la culture camarguaise. Le plus : le guide s'adapte à vous. Si vous voulez vous arrêter le temps de prendre une photo, il suffit de demander !

BOUCHES-DU-RHÔNE

LE PETIT TRAIN CAMARGUAIS

Avenue Van-Gogh
✆ 06 10 44 60 80
www.camargue.fr/site/lepetittrain/
Ouvert d'avril au 30 septembre. Tarif adulte : 8 €, enfant : 5 €.

Ce charmant petit train vous conduira à travers le parc naturel régional de Camargue. Sur près de 13 km, cette visite commentée de 50 minutes présente l'habitat traditionnel, la pêche, les chevaux et les taureaux qui sont les symboles même de cette région. Pour connaître l'histoire du village, ses métiers de tradition, son pèlerinage différemment. En plus, des arrêts photos et pour donner à manger aux chevaux sont organisés. À faire avec les enfants !

HÔTELLERIE LE PONT BLANC*** €

Chemin du Pont-Blanc
✆ 04 90 97 89 11
hoteldupontblanc.fr
15 chambres. Chambre double de 97 € à 180 €. Petite restauration.

À la lisière du village, le Pont Blanc semble perdu dans la Camargue alors qu'il n'est qu'à 5 minutes du centre. Un établissement familial et tranquille où vous serez accueilli avec un sourire et conseillé pendant votre séjour. Les tarifs sont tout à fait abordables. Les chambres disposent d'un petit jardin privatif et agréables pour le prix, mais nous vous conseillons tout de même l'une des trois chambres situées dans une cabane de gardian ; dépaysement et super expérience garantis !

LA BRISE*** €€

Rue Marcel-Carrière
✆ 04 90 97 84 67
www.camping-labrise.fr
Emplacement à partir de 16 €.

Le camping est situé face à la mer, sur un emplacement calme et agréable. Évidemment, l'été c'est un peu la cohue, comme dans tous les campings de bord de mer. Mis à part ça, on trouvera de nombreuses qualités à La Brise et notamment, l'accueil par les propriétaires. Le personnel est lui aussi très prévenant. Les installations quant à elles sont bien entretenues. Rien à redire question propreté. À proximité, vous pourrez pratiquer de nombreuses activités : de la baignade au vélo en passant par la découverte du village. Pas mal d'activités aussi pour les enfants.

HÔTEL CAMILLE** €€

13, avenue de la Plage
✆ 04 90 97 80 26
www.hotel-camille.camargue.fr
33 chambres. Chambre double de 65 € à 170 €.

Cet hôtel de charme est magnifiquement situé pour passer d'agréables vacances. À deux pas de la mer et du centre du village, cet établissement est un véritable lieu stratégique pour la visite. Mais le Camille dispose également d'une multitude de points forts : certaines chambres offrent une vue magnifique sur la mer, d'autres possèdent une terrasse intérieure, un balcon ou un patio. Elles sont toutes climatisées et parfaitement tenues. Sans oublier la grande salle lumineuse au rez-de-chaussée pour prendre le petit-déjeuner et le bar.

HÔTEL LA PALUNETTE*** €€

Route d'Arles
✆ 04 90 97 86 30
www.palunette.fr
Chambres double à partir de 80€.

Une bonne raison de se rendre à la Palunette ? Allez, on va vous en donner cinq : un accueil au top, attentif et chaleureux, des chambres tenues impeccablement (et qui disposent toutes d'une terrasse privative), une vue imprenable sur l'étang des Launes, un calme absolu en pleine nature tout en restant à 2 minutes du centre des Saintes, et une piscine agréable. S'il faut encore vous convaincre, on rajoutera simplement que les couchers de soleil sont ici tout simplement splendides... si ce n'est pas le paradis, ça y ressemble beaucoup !

LE MAS DES BARRES*** €€

Route d'Arles
✆ 04 28 31 03 53
www.mas-des-barres.com
18 chambres. Chambre double à partir de 75 €.

Ici pas de doute, on loge au cœur de la Camargue. Ce charmant hôtel familial est doté d'un joli parc, et d'une piscine pour les nageurs, mais fera aussi le bonheur des cavaliers : il est possible de faire une balade sur le dos de l'un des chevaux élevés sur place ! On prend même son petit déjeuner en face d'eux, en terrasse. L'établissement, bien que revêtu des atours des traditions camarguaises, est parfaitement moderne : la climatisation dans toutes les chambres, une borne pour les voitures électriques... Le confort, en un mot !

LES ARNELLES**** €€€

route d'Arles ✆ 04 90 97 61 59
www.arnellescamargue.com
17 € chambres de 115 € à 375 €. Restauration : menus de 49 € à 59 €. Petit déjeuner : 20 €. Animaux : 15 €/nuit.

Cet hôtel de caractère, membre de Châteaux et Hôtels Collection, se veut en harmonie totale avec la nature. Tout de bois vêtu, l'établissement affiche fièrement sa spécificité, comme son attachement à ses origines et à sa région. Chaque chambre y est d'ailleurs unique. Ici, on privilégie ainsi l'esprit « chambre d'hôtes ». Pour ne rien gâcher, Les Arnelles possède une piscine à débordement et cela, même avec la plage qui se trouve à moins d'un kilomètre ! Les hôtes pourront également profiter d'une cuisine savoureuse, avec un menu qui change quotidiennement.

LODGE SAINTE HÉLÈNE €€€

chemin bas des Launes
✆ 04 90 97 83 29
www.lodge-saintehelene.com
À partir de 175 € la nuit. Petit déjeuner 20 €.

C'est la Camargue authentique avec les chevaux blancs, les taureaux noirs et les flamants roses. Vous logerez dans une cabane camarguaise typique et dotée de tout le confort. Implanté sur une presqu'île de l'étang des Launes, ce lodge offre une vue panoramique et dispose d'une connexion wifi. Chaque chambre est pourvue d'un balcon avec vue sur le lac. Pour plus de charme encore, optez pour la roulotte de luxe avec sa terrasse et son bain bouillonnant. Assurément une escale de charme, insolite et réjouissante. Les petits déjeuners sont royaux.

LA CASA MARINA €€

1, avenue Gilbert Leroy
✆ 04 90 97 80 31
www.casa-marina.fr
Menu entrée, plat, dessert : 19,90 €.

© CASA MARINA

La Casa Marina est un charmant hôtel flambant neuf dont la plupart des chambres possèdent une terrasse avec vue sur mer. C'est aussi un restaurant agréable aux murs en osier et bambous blanchis à la chaux. On y sert des plats savoureux largement tournés vers les produits de la mer, mais le chef sait aussi imaginer des plats pour ceux qui préfèrent les viandes. Bref, vous l'aurez compris, il y en a pour tous les goûts. L'endroit est déconnectant et calme. N'hésitez pas à vous installer sur la terrasse, face à la mer. Rien que du bonheur.

BODEGA RESTAURANT €

8, rue de la République
✆ 04 90 97 98 41
Carte aux alentours de 15€.

Ambiance bonne franquette et conviviale à la Bodega. Il faut dire que l'esprit est à surtout ne pas « se prendre la tête ». Les tapas (boudin antillais, acras de morue, poivrons marinés, feuilles de vignes farcies, planche de charcuterie...) ont la cote chez les uns lorsque les plus affamés optent pour une pizza au feu de bois, un plat de pâtes ou encore une spécialité antillaise telle que le poulet boucané (macéré au piment, grillé et fumé) ou le colombo. Un lieu sympa et animé qui a une véritable âme. À découvrir entre amis.

CHEZ FANNEU €

Place des Remparts
✆ 04 90 97 87 39
Tartines : 11€. Café gourmand : 7,5€.

Une adresse sûre, simple et efficace bien connue des Saintois. L'endroit idéal pour déjeuner entre deux séances de bronzage et déguster des douceurs tout au long de la journée. L'établissement possède désormais deux terrasses très agréables et ombragées. Un véritable havre où Marion, la maîtresse des lieux, vous accueille avec son sourire. Vous pourrez déguster des planches, des tartines, des salades et des crêpes, sans oublier le Naneu, un cocktail maison à base d'Orangina, de vodka et de framboise. On a goûté et on valide. Plus qu'un restau, un état d'esprit.

BOUCHES-DU-RHÔNE

LA CASA MARINA €€

1, avenue Gilbert Leroy
✆ 04 90 97 80 31
www.casa-marina.fr
Menu entrée, plat, dessert : 19,90 €.

© CASA MARINA

La Casa Marina est un charmant hôtel flambant neuf dont la plupart des chambres possèdent une terrasse avec vue sur mer. C'est aussi un restaurant agréable aux murs en osier et bambous blanchis à la chaux. On y sert des plats savoureux largement tournés vers les produits de la mer, mais le chef sait aussi imaginer des plats pour ceux qui préfèrent les viandes. Bref, vous l'aurez compris, il y en a pour tous les goûts. L'endroit est déconnectant et calme. N'hésitez pas à vous installer sur la terrasse, face à la mer. Rien que du bonheur.

LA SIESTA €

10, avenue Van-Gogh
✆ 04 90 97 83 34
www.brasserielasiestabync.com
Ouvert toute l'année. Menus de 17,50 € à 40,50 €.

Ambiance moderne et chic pour cette brasserie située à deux pas de la mer (c'est de loin la terrasse la plus branchée des Saintes). A la carte, des salades repas, des pizzas, des pâtes mais également des planches de charcuterie, des coquillages, des burgers, des poissons à la plancha. Nous, on a testé la côte de taureau servie avec gratin dauphinois et légumes. Un classique bien réussi. A déguster de préférence le soir au son de la musique live (pop, soul, flamenco…). D'excellentes soirées entre copains en perspective. A tester dès que possible.

L'AMIRAUTÉ €€

46, avenue Théodore-Aubanel
✆ 04 90 43 32 70
Plats à la carte de 13 € à 38 €.

Gros coup de cœur pour ce restaurant, l'un des plus beaux des Saintes ! En plus d'une magnifique terrasse avec vue sur le port, tout est pensé avec soin et élégance, du mobilier à la décoration. Chantal et Sandra sont à votre service, dynamiques et conviviales. Le poisson directement pêché par le bateau du propriétaire est mis à l'honneur. En nouveauté cette année : l'assiette *di cruda* : langoustines crues marinées et tartares de poissons. Côté viande, on dégustera en exclusivité la Fiorentina, délice de bœuf à l'italienne ainsi que des grillades de poissons.

AU BDM ON ADORE €€

19, avenue de la plage
✆ 09 82 43 43 51
Menu 23,90 €.

Si l'endroit est particulièrement chaleureux, l'ambiance sympathique et le personnel agréable, ce que l'on appréciera en priorité, ce sont les planches à tapas. Elles sont justes géniales : copieuses, savoureuses et généreuses. Depuis la jolie terrasse, on peut admirer la plage, juste en face, et au-delà la Méditerranée à perte de vue. Côté cuisine, c'est du classique : une bonne cuisine du terroir à base de produits frais, cuisinés sur place. L'établissement propose également plusieurs chambres, bien tenues, propres et agréables.

LA CASA ROMANA €€

6, rue Joseph-Roumanille
✆ 04 90 97 83 33
Fermé le lundi. Menu 33 €.

L'accueil est chaleureux. Quant à la carte et le service, ils sont au top. Que demander de plus ? Une cuisine savoureuse ! Eh bien ça tombe bien, car le chef Thierry Néri, qui fut durant plusieurs années le second de cuisine du fameux chef Christian Étienne, connaît parfaitement son affaire. Sa cuisine est non seulement savoureuse, mais aussi copieuse. Vous ne repartirez pas avec la faim au ventre. N'hésitez pas à tester sa spécialité, la bourride, c'est juste un régal, sans oublier les tellines et l'aïoli, deux plats incontournables de cette excellente table.

CHEZ BOISSET €€

Place des Gitans
✆ 04 90 97 84 77
Ouvert du mercredi au lundi. Comptez moins de 20 €.

Les Saintois et les Saintoises aiment se retrouver dans ce lieu authentique et bien à eux. L'accueil est chaleureux, la vaste terrasse qui permet de voir défiler toute la vie du village est bien agréable l'été et les glaces sont excellentes. Ce sont d'ailleurs elles qui ont fait la réputation de l'établissement. Cela dit, prêtez bien attention à la carte qui vous réservera quelques bonnes surprises. Les plats sont simples, mais savoureux et à base de produits frais. N'hésitez pas, si vous êtes amateur, à déguster leurs coquillages, ils sont délicieux.

LA GRANGE €

23, avenue Frédéric-Mistral
✆ 04 90 97 98 05
Prix moyen à la carte : 15€.

L'établissement ravit les papilles des Saintois depuis une trentaine d'années maintenant, et rien que ça, c'est déjà un gage de qualité ! Ils viennent dans cette ancienne remise où s'affiche une magnifique collection de chapeaux de gardian, pour manger du taureau A.O.P. de Camargue, mais aussi du poisson frais. Ce jour-là, on a testé la *parillada* royale du chef avec filet de loup, seiche, Saint-Jacques et gambas, et nous sommes repartis conquis. On reviendra tester la lotte au chorizo et le tiramisu aux spéculoos. Croyez-nous, on s'est régalé !

CHEZ MARIO €€

10, rue Paul Peyron
✆ 04 90 43 76 43
Ouvert tous les jours le midi et le soir.

Les pizzas sont, ici, un vrai régal. Tout est bien sûr fait maison et les ingrédients sont soigneusement sélectionnés pour leur fraîcheur et leurs qualités gustatives. Les pâtes sont légères, cuites à point et savoureuses. Mais vous pourrez aussi vous régaler de salades, frittes et grillades et plats cuisinés. Là encore, top qualité garantie. Côté ambiance, la salle est claire, la déco simple, on est là avant tout pour manger. La terrasse est peut-être plus conviviale. Mais que ce soit à l'intérieur ou à l'extérieur, l'accueil en tout cas est parfait.

ATELIER B. BROTHERS

32, rue des Pénitents-Blancs
✆ 04 90 97 96 22
www.bbrothers.fr/index.htm
Fermé le lundi.

Une boutique d'artisanat comme l'on aimerait en voir davantage. Ici, on travaille et on confectionne les articles en cuir mis à la vente, devant vous et dans la bonne humeur. Laurent et Luc Bernard dessinent, découpent, collent et cousent les sacs, sacoches, pochettes et ceintures qu'ils vous vendront, après avoir donné avec gentillesse et compétence tous les détails et renseignements que vous aurez bien voulu demander. Ces artisans maroquiniers ont même déposé un modèle, celui du sac camarguais, réplique de la traditionnelle sacoche du berger de la Crau.

LE FOURNELET €

12, avenue Léon-Gambetta
✆ 04 90 97 96 75
www.le-fournelet.fr
Fermé de novembre à février. Ouvert tous les jours en saison. Menus de 21,50 € à 41,50 €.

© LE FOURNELET

Situé sur la place des Gitans, le Fournelet fait l'unanimité depuis plus de vingt ans. Il faut dire que l'établissement propose une cuisine maison, pleine de saveurs. À la carte, on trouve des spécialités de la mer avec de délicieuses poêlées de Saint-Jacques et de non moins succulentes assiettes de poissons du jour. Côté viande, le taureau de Camargue est à l'honneur et il ne faut surtout pas hésiter à tester l'ardoise au gré des saisons, pleine de créativité. Les pâtisseries sont bien sûr maison. Une excellente adresse à découvrir si ce n'est pas déjà fait.

CANNELLE

43, rue Victor-Hugo
✆ 04 90 97 85 17
Ouvert tous les jours de 10h à 19h.

Cette boutique est un des piliers des Saintes et ceci pour ses superbes collections de prêt-à-porter féminin qui se succèdent au fil des saisons. La qualité des modèles et de l'accueil ont su fidéliser une clientèle régionale. Vous trouverez dans cette boutique, impeccablement tenue, de belles marques telles que Cristina Barros, *Fuego*, *Ananké*, *Jocavi*, *Eroké*. *Cannelle* vous propose, également chaussures et accessoires, entreposés à l'extérieur lorsque le temps le permet, à petit prix. Un bon plan qui vous permettra de compléter votre garde-robe sans vous ruiner.

CHEZ FABIO

Avenue Théodore Aubanel
Ouvert tous les jours de 7h à 14h et de 17h à 21h.

Accotés à l'Amirauté, face à la capitainerie, Fabio et Sylvie proposent une véritable épicerie italienne avec des produits artisanaux venus tout droit d'Italie, de la Lombardie aux Pouilles en passant par la Sardaigne. Vous y trouverez des fromages : Cacio Cavallo (le fromage en boule), tome de Bergame..., de la charcuterie : saucisson de Bergame, salame, speck San Danielle, guanciale et bresaola..., sans oublier les pâtes fraîches et un grand choix de sauces. Le tout à emporter ou sur place, en terrasse autour d'un verre entre amis sur des tonneaux face au port.

LE PETIT MARCHÉ DE CAMARGUE

12, rue Frédéric-Mistral
✆ 06 24 48 51 77
www.lepetitmarchedecamargue.com/
Haute saison : ouvert tous les jours.

Cette belle boutique traversante de la place de l'Église à l'avenue Mistral est incontournable : elle concentre ce qui se fait de meilleur en Camargue comme le fameux saucisson de taureau AOP, du chorizo de taureau de Camargue AOP. Vous pourrez même le goûter au cours d'un véritable rituel de dégustation, accompagné d'un petit muscat ou d'une melonade, cet apéritif artisanal au melon. Tous les produits régionaux de qualité sont référencés. Idéal pour ramener des souvenirs gourmands.

KAYAK VERT CAMARGUE

Mas de Sylvéréal
✆ 04 66 73 57 17
www.kayakvert-camargue.fr
Parcours canoë ou kayak 1h : 12 € par personne.

Partez sur le petit Rhône ou sur les étangs, en kayak, à la découverte de la Camargue authentique. Voilà une façon originale de revisiter la randonnée et de passer de purs moments de bonheur entre amis. Les eaux sont calmes et la nature défile au rythme de votre pagaie jusqu'à la mer. Plusieurs circuits sont proposés, des plus tranquilles aux plus sportifs. Kayak Vert Camargue propose aussi des activités couplées : VTT - Canoë. Une guinguette a également été ouverte sur le Petit Rhône, qui permet de se restaurer et de se remettre agréablement de ses efforts !

BOUCHES-DU-RHÔNE

SAINT-MARTIN-DE-CRAU ★

Avec une superficie de 21 486 hectares, Saint-Martin-de-Crau est la septième commune la plus étendue de France. Sa population ne cesse de croitre, notamment avec le développement de sa principale zone industrielle. Terre provençale, Saint-Martin-de-Crau est une ville à la campagne, qui offre de multiples possibilités de belles promenades dans la nature, à pied ou à vélo : la Crau, sèche et son désert de galets, la Crau, humide et ses prairies verdoyantes, les marais et les bocages aux pieds des Alpilles... des espaces aussi variés que somptueux qui s'offrent à ceux qui prennent la peine de les découvrir.

ÉCOMUSÉE DE LA CRAU ★

2, place Léon-Michaud
✆ 04 90 47 02 01
www.cen-paca.org
Plein tarif : 5 €, tarif réduit : 3,50 €.

L'écomusée de La Crau est un petit musée qui recèle une foule de trésors. La scénographie y dévoile tous les secrets de ce territoire peu connu tant d'un point de vue naturel qu'humain. Les enfants recevront un petit guide didactique avec des questions auxquelles ils pourront répondre après la visite. La visite, passionnante, permet de découvrir de magnifiques photos, des représentations d'oiseaux grandeur nature et une foule d'objets issus de fouilles archéologiques qui retracent l'histoire de La Crau. Une véritable plongée dans le passé.

LE CABRAU €

36, rue des Compagnons
✆ 06 70 41 59 85
Plat du jour : 10 €. Carte : 20 € environ.

Une joyeuse équipe vous attend au Cabrau ! Et comme en plus on y mange bien, on ne saurait que trop vous conseiller de franchir le pas de la porte de cet établissement. Ici, les plats du jour font mouche : bons, frais, copieux et à des tarifs raisonnables. Les lieux sont agréables, extrêmement bien tenus et l'accueil des plus professionnels. Vous l'aurez compris, on a beaucoup aimé cet établissement qui propose de jolies assiettes, assez copieuses et à des prix tout à fait raisonnables. Un bon plan que l'on vous recommande sans la moindre hésitation.

MANADE CHAPELLE BRUGEAS

Mas de Pernes
✆ 04 90 47 16 23
www.manade-chapellebrugeas.fr
Accueil groupes, scolaires, 3e âge. Possibilité d'organiser des mariages.

Incontournable dans le monde des traditions et de la course camarguaises depuis 1963, la manade Chapelle Brugeas n'est pourtant pas géographiquement située dans le delta du Rhône, mais aux portes de la Crau, cette immense plaine jonchée de galets qui est comme un no man's land entre le pays d'Arles et le reste du département des Bouches-du-Rhône. Évidemment, cela n'enlève rien au cachet typique de cet élevage de taureaux de Camargue dont la réputation n'est plus à faire, que ce soit dans les arènes (en compétition) ou dans les rues (pour les lâchers de bêtes qui accompagnent les fêtes) de l'ensemble des villages du pays d'Arles. À Saint-Martin-de-Crau, dans le vaste domaine du mas de Pernes, c'est le quotidien des gardians qui est donné à voir aux groupes de visiteurs (à partir de 20 personnes, avec un effort spécial en direction des seniors), aux participants à une cérémonie (mariage, baptême, anniversaire...), aux salariés d'une entreprise en séminaire ou aux enfants des écoles (invités à pique-niquer dans un espace naturel spécialement dédié) : balade en charrette au milieu des bêtes, triage du taureau pour la course camarguaise, ferrade (marquage au fer d'un jeune veau), démonstrations des raseteurs et de jeux de gardians dans les arènes, bandido pour ramener les taureaux au pré, tout le folklore y passe. Et pour se remettre des émotions ainsi procurées, à la manade Chapelle Brugeas, on vous propose une cuisine du terroir camarguais (gardiane et cuisseau de taureau à la broche, riz de Camargue, rouille...).

O FIL DE L'EAU €€

13, avenue de la République
✆ 04 90 47 04 03
www.ofildeleau.com
Formules à 27 € et 33 € (midi et soir). Bouillabaisse sur commande.

Un restaurant à la réputation largement méritée ! Que ce soit dans la salle au décor soigné ou en terrasse, vous ne regretterez pas de vous être attablé ici. Dans l'assiette ? Du poisson, du poisson, et encore du poisson, frais et délicieux ! Certes, les carnivores pourront se sustenter de quelques viandes de superbe qualité, d'ailleurs, mais soyons honnêtes, ce n'est pas pour ça que l'on vient jusqu'O fil de l'eau. L'établissement propose aussi des coquillages, notamment des huîtres, et un coin bar à vin. L'accueil, chaleureux, est à la hauteur.

DOMAINE DE LA LIEUTENANTE

Route du Vallon
✆ 04 90 47 12 46
www.lalieutenante.com
Sur rendez-vous.

Pour Laurent Belorgey, la culture de l'olivier c'est une affaire de famille. Ingénieur de formation, il a pris la suite, en 2010, du domaine créé par son grand-père dans les années 1960, puis pérennisé par Marc, son père. Depuis plusieurs années, le domaine ne cesse d'accumuler des médailles d'honneur dans les plus grands concours et ce n'est pas par hasard. Entre la Salonenque, la Béruguette, la Verdalle, la Grossane... toutes les variétés d'olives sont choyées.

MAS DE L'AQUEDUC

Route de Vergières
✆ 04 90 47 24 51
www.masdelaqueduc.com
Ouvert tous les jours de 8h à 19h.

La famille Cauvin exploite depuis 1965 les terres du mas de l'Aqueduc. Si cette famille s'est d'abord spécialisée dans la culture du foin de Crau, le verger d'oliviers a été planté en 2003. L'olivier est un arbre très bien adapté au terroir sec et venteux de Crau. Les 12 ha, cultivés en agriculture biologique, sont composés d'une dizaine de variétés dont les principales sont l'aglandau, la bouteillan, l'arbequine, l'arboussane et la koronéiki (variété grecque). L'assemblage de ces variétés fournit une huile très douce aux arômes herbacés, d'artichaut et d'amande.

SAINT-RÉMY-DE-PROVENCE ★★★

On dit de Saint-Rémy-de-Provence qu'elle est la petite capitale des Alpilles. Et c'est vrai ! Ville d'histoire qui plonge ses racines dans la plus haute Antiquité, ses fondations ont été posées au cœur d'un territoire sauvage et anarchique fait de crêtes, de vallons et de rocs déchiquetés par les éléments. Terre de légendes et de mystères, on pourrait encore entendre, en tendant bien l'oreille, les bruits d'armures et le choc des épées des anciens seigneurs et chevaliers dont les fantômes hantent toujours cette contrée. Haut lieu du tourisme, la ville attire désormais les amateurs de vieilles pierres, d'art et de savoir-vivre. Les maisons et les hôtels particuliers bien restaurés comme les boutiques de souvenirs et d'artisanat fleurissent au cœur de ces ruelles étroites et sinueuses, construites pour résister aux assauts du mistral, tandis que l'esprit de Van Gogh plane encore dans les campagnes environnantes – il y a peint plus de 150 toiles -. Bien sûr, Saint-Rémy c'est aussi la gastronomie, avec ses innombrables restaurants situés principalement sur le pourtour de la ville. Sans oublier le vin et l'huile d'olive, célèbres dans le monde entier, qui là encore vont puiser leurs sources dans la romanité. Une romanité qui a laissé de nombreuses traces, notamment avec le site de Glanum, datant du IIIe siècle. L'enfant du pays, le fameux Nostradamus, avait-il prévu un tel engouement futur pour sa ville ? N'hésitez pas à vous poser la question en passant devant sa maison natale.

© ROSSHELEN - ISTOCKPHOTO

Saint-Rémy-de-Provence.

LES ANTIQUES ★★

Route des Baux-de-Provence - D 5
✆ 04 90 92 05 22
www.saintremy-de-provence.com
Ouvert toute l'année. Gratuit. Parking à proximité.

Les Antiques sont deux monuments qui marquaient l'entrée de la ville, dans l'Antiquité. Il s'agit d'un arc de triomphe et d'un autre monument, improprement baptisé « mausolée », mais qui n'abrita probablement jamais de dépouilles. Cet édifice est constitué d'un socle orné de bas reliefs, surmonté d'un arc quadrifrons et d'une tholos (temple rond). Cette particularité architecturale le rend unique. L'arc de triomphe évoque, quant à lui, la conquête de la Gaule par César. Ces deux monuments ont été restaurés et ont retrouvé tout leur éclat.

CHAPELLE NOTRE-DAME-DE-PITIÉ ★

Avenue Durand-Maillane
✆ 04 90 92 35 13
Ouvert toute l'année. Gratuit.

Les archives indiquent sa construction vers 1525. Composée d'abord d'une seule nef, puis agrandie sur les côtés, cette chapelle est un véritable chef-d'œuvre de l'art gothique. Suite à la Révolution, la chapelle fut un temps abandonnée, mais elle reste aujourd'hui parfaitement conservée et se marie avec son environnement. Elle abrite à présent l'œuvre du peintre Mario Prassinos qui résidait dans les environs. Il s'y déroule aussi des expositions temporaires d'art contemporain.

SITE ARCHÉOLOGIQUE DE GLANUM ★★

Route des Baux-de-Provence - D 5
✆ 04 90 92 23 79
www.site-glanum.fr
Ouvert toute l'année. Fermé le lundi en basse saison. Adulte 8 €.

Le site de Glanum vous propose un voyage temporel. À quelques minutes du centre du village, sur la route des Baux, vous ne pouvez pas le manquer. Face à l'entrée, sur la droite, l'Arc de Triomphe et le mausolée que l'on nomme les Antiques vous servent de repères. Glanum, ancien village romain, a subi l'influence grecque puis romaine. On peut y voir de nombreux et magnifiques vestiges, si bien restaurés qu'on imagine parfaitement la topographie de la vieille cité.

CHEZ JU €

27, traverse Poids-Public - **MOLLÉGÈS**
✆ 04 32 61 98 82
https://bistrot-chez-ju.fr
Ouvert du mardi au samedi le midi et le soir. Formule du midi : 15,50 €.

© CELINE ANDREIS

La première chose qui vous frappe en entrant « Chez Ju », c'est la belle décoration, chaleureuse, créative et élégante. Le restaurant a récemment changé de chef, et le nouvel officiant des cuisines montre tout son talent dans la réalisation de sa nouvelle carte ! On y trouve des classiques de la gastronomie française : en entrée, des cuisses de grenouille, du foie gras et des escargots au beurre persillé, en plat des viandes savoureuses (blanquette de veau, magret de canard, abats), mais aussi du poisson. Une superbe adresse, que l'on recommande chaleureusement !

CAMPING MONPLAISIR**** €€

435, Chemin de Monplaisir ✆ 04 90 92 22 70
www.camping-monplaisir.fr
Fermé de novembre à février. 120 emplacements. Dès 525 € pour 7 jours.

Que vous ayez une tente, une caravane ou un camping-car, vous trouverez un bon emplacement au camping Monplaisir et surtout, vous y serez bien accueilli. C'est un camping parfait pour un séjour familial. À partir de là, vous pourrez partir explorer la région quand les moins aventureux resteront au bord de la piscine. Les sanitaires sont nombreux et extrêmement propres tout comme le reste des infrastructures. Les emplacements sont bien délimités et bien entretenus. Un petit coup de cœur supplémentaire pour la gentillesse du personnel et de la direction.

BOUCHES-DU-RHÔNE

CAFÉ DE L'INDUSTRIE €

21, Boulevard Mirabeau
✆ 04 90 92 10 19
Ouvert du mardi au dimanche midi. Carte : 25 € environ.

© CAFÉ L'INDUSTRIE

Nouvelle direction, nouvelle décoration, tout change au Café de l'Industrie, sauf l'orientation provençale des plats. Ces derniers sont toujours préparés maison à base de produits frais et d'origine française, avec une prédilection pour les productions locales. L'agneau confit, le crespeu ou le papeton d'aubergine sont ici rois, tout comme les succulents desserts que l'on peut dévorer des yeux en vitrine : tarte à la figue, gâteau aux fruits rouges... Notez également que l'établissement propose une très belle carte d'alcools anciens.

CAMPING PEGOMAS*** €€

3, avenue Jean-Moulin
✆ 04 90 92 01 21
www.campingpegomas.com
Ouvert de la mi-mars à fin octobre. Emplacement 2 personnes + électricité, à partir de 20,90 €.

Le camping Pegomas est une valeur sûre qui accueille les vacanciers depuis plus de 40 ans. C'est un lieu où l'on trouve une atmosphère familiale et un excellent accueil. Douches, sanitaires, dépendances, tout est en parfait état de fonctionnement et d'une propreté irréprochable. La piscine est un plus, tout comme la proximité de la ville de Saint-Rémy. C'est un très bon point de chute pour itinérer dans la région. En plus, l'endroit est magnifique et les emplacements sont ombragés. Idéal pour passer d'excellentes vacances en famille.

CANTO CIGALO** €€

8 A, chemin de Canto-Cigalo
✆ 04 90 92 14 28
www.cantocigalo.com
20 chambres, chambre double à partir de 77 €. Piscine extérieure, solarium. Fermé de novembre à mi-mars.

Tons pastel, ambiance raffinée, l'hôtel Canto Cigalo est un établissement accueillant, calme et apaisant où l'on se sent bien, dès la porte franchie. Situé juste assez loin de la ville pour en oublier les inconvénients, il ne faut toutefois que quelques minutes pour se rendre à Saint-Rémy afin de profiter de la visite ou s'asseoir à la terrasse d'un café. Les chambres sont joliment décorées et confortables, les salles de bains très récentes. Dernier point et non des moindres, l'accueil et vraiment chaleureux et professionnel. Un bon plan donc !

CHÂTEAU DES ALPILLES***** €€€

1392, Route du Rougadou ✆ 04 90 92 03 33
www.chateaudesalpilles.com
21 chambres de 235 € à 560 €. Restauration : menus de 58 € à 78 €. Petit déjeuner : 26 €. Animaux acceptés (15 €/nuit).

C'est un lieu plein d'élégance au cœur d'un parc aux essences rares ; au bout d'une allée de platanes centenaires apparaît le Château des Alpilles. Une magnifique maison de maître qui impose sa silhouette élégante et romantique aux visiteurs. L'accueil est professionnel et chaleureux, à l'écoute des clients. Les chambres sont spacieuses, bien équipées et, évidemment, très calmes. On y oublie vite le monde extérieur. La cuisine est raffinée, savoureuse et d'inspiration méditerranéenne.

LE BISTROT DE LA GALINE €€

D 99
✆ 04 90 92 11 81
Ouvert du lundi au samedi. Plats à partir de 12 €.

On ne va pas vous tenir en haleine plus longtemps, on a beaucoup aimé. La cuisine est saine et savoureuse, le cadre tout à fait agréable. L'été vous pourrez notamment déguster des grillades près du barbecue ouvert sur la terrasse et son jardin qui donne sur une aire de jeux pour vos enfants. Côté accueil, le personnel vous reçoit avec plaisir et bonne humeur dans une ambiance chaleureuse que vous veniez pour le temps d'un repas ou pour un événement dans la salle de réception de l'établissement. En été, des soirées musicales à thème sont également proposées.

BOUCHES-DU-RHÔNE

LE BISTROT DES ALPILLES €€

15, boulevard Mirabeau
✆ 04 90 92 09 17
www.bistrotdesalpilles.com
Menus de 27 à 39 euros.

Le bistrot des Alpilles est non seulement un bon restaurant où l'on peut déguster une cuisine pleine de saveurs, mais également un lieu de convivialité habillé d'une déco pour le moins originale, voire atypique. Certains apprécieront, d'autres moins, nous on a aimé. Ici, l'aspect visuel compte beaucoup, autant sur les murs que dans les assiettes, copieuses. On vous conseille le filet de rascasse, arancini maison aux pleurotes et carottes multicolores. Les produits sont frais et bien cuisinés. Belle sélection de vins locaux. Service attentif.

LE CAFÉ DE LA PLACE €€

17, place de la République
✆ 04 90 92 02 13
Ouvert tous les jours. Plats à la carte, à partir de 16 €.

Les assiettes sont joliment décorées, bien remplies et surtout succulentes, ce qui est déjà bien. Mais en plus la décoration est sympa avec son petit côté bohème. On s'y sent bien et que ce soit pour déjeuner ou simplement pour s'arrêter prendre un verre, Le Café de la Place est un excellent endroit pour venir passer un bon moment. Les recettes sont originales, parfois classiques, parfois exotiques. Le service est attentif et professionnel et les prix sont justes. Enfin, l'été vous pourrez profiter d'une jolie terrasse. On recommande !

ALPILLES BIO

23, rue Albin-Gilles
✆ 04 32 60 07 76
www.alpillesbio.com
Ouvert du lundi au samedi de 9h à 19h.

© ALPILLES BIO

Le meilleur du bio dans les Alpilles ! Alpilles bio est le seul « supermarché » du secteur à proposer une gamme aussi complète de produits certifiés AB. Le rayon fruits et légumes est très bien fourni et fait la part belle aux produits locaux. Il y a aussi, dans cet espace, un rayon traiteur avec des produits confectionnés sur place ou faits par Olivier le pâtissier ainsi qu'une table d'hôtes et une cabine de naturopathie. Et toujours, les produits classiques : alimentation, bébé et une boucherie... En plus, l'équipe est vraiment sympathique.

TERRE ET BLÉ €€

23, avenue Albin Gilles
✆ 04 90 89 72 30
www.terredeble.com
Ouvert du lundi au samedi de 9h à 15h.

Boulangerie, mais également table d'hôte, Terre et blé propose une cuisine légère et raffinée, principalement à base végétale. Le menu est un menu unique, avec entrée, plat, dessert, préparé par la cheffe Mina Kandé. C'est frais, gourmand et parfaitement équilibré. Et s'il fallait une référence supplémentaire, sachez que tous les produits utilisés proviennent du magasin Alpilles Bio, situé juste en face. Une véritable bonne adresse, où l'on allie le bien manger avec un très bel accueil. Toute l'équipe est passionnée et cela se ressent dans l'assiette.

CHÂTEAU DES ALPILLES €€€

1392, Route du Rougadou
✆ 04 90 92 03 33
www.chateaudesalpilles.com
À la carte, qui change tous les jours. Un menu à 58 €.

Cet établissement hôtelier de luxe dispose d'un excellent restaurant. Sa cuisine, authentique et savoureuse, met l'accent sur les produits du soleil. Des suggestions culinaires simples mais raffinées comme cette salade de gambas à la provençale, ce filet de turbot aux artichauts violets et risotto à la cébette. Sans oublier les spécialités : les raviolis aux langoustines, les fleurs de courgette farcies ou le filet de saint-pierre en écailles de pommes de terre. À déguster dans la maison de maître ou, en été, au bord de la piscine.

BISCUITS CHARLY

RN 7
SAINT-ANDIOL
✆ 04 90 95 17 18
www.biscuits-charly.fr
Ouvert du lundi au samedi de 9h à 18h30.

Les parfums et les fragrances qui s'échappent de ce lieu sont tout simplement une invitation à la gourmandise ; les produits exposés sur les rayons : un pousse-au-crime. Mais si encore ce n'était que ça ! En effet, lorsque vous pénétrez dans le magasin, une véritable surprise vous attend. Une magnifique déco vous fait remonter le temps de plusieurs décennies. Vous vous retrouverez dans les rues d'un joli village provençal, avec sa fontaine et même son petit troquet où vous pourrez déguster un café ou un chocolat servi par un personnel toujours aussi agréable.

CONFISERIE LILAMAND

5, avenue Albert-Schweitzer
✆ 04 90 92 12 77
www.confiserie-lilamand.com
Tous les jours sauf le lundi, 10h-12h30 et 14h30-19h.

Fruits confits gorgés de soleil dont la fine pellicule de sucre reflète la lumière, marrons glacés légèrement croustillants à l'extérieur et délicieusement fondants à l'intérieur, calissons, pâtes de coing, nougats... autant vous dire que si vous entrez dans cette boutique, vous n'en ressortirez pas les mains vides. Il faut dire que le maître des lieux, Pierrre Lilamand connaît bien son affaire. Chez les Lilamand on régale, en effet, les gourmands depuis pas moins de cinq générations avec des recettes séculaires. On a vraiment envie de tout goûter.

FROMAGERIE ROUMANILLE

196, petite route d'Eyragues
✆ 06 77 39 03 40
Ouvert du lundi au samedi.

Du lait frais, tout juste sorti des pis de la vache... Non, nous ne sommes pas en Savoie, mais bien à Saint-Rémy, à quelques kilomètres du centre en direction de Maillane. A la ferme de Mélanie Roumanille, venir avec sa bouteille vide pour assister à la traite de 18h est devenu un rituel pour de nombreux Saint-Rémois. Comme dans l'ancien temps ! L'occasion d'admirer les Tarines (vaches savoyardes), mais également de repartir avec fromages, faisselles, yaourts et glaces. En plus, tout est bio ! Et un grand plus pour la gentillesse et l'accueil des propriétaires.

LES BAUX-DE-PROVENCE ★★★★

Situés au cœur des Alpilles sur un plateau rocheux, les Baux offrent un panorama exceptionnel. Les Baux-de-Provence, c'est la puissance d'une citadelle perchée sur un sommet; la force de la roche que les éléments ont sculpté durant des siècles et la résistance des pierres qui se jouent des assauts du mistral. Le château est bien sûr la pièce maîtresse de ce lieu hors du commun. On comprend aisément, au vu de son emplacement, la réflexion stratégique qui a guidé son édification dès le XIe siècle : tout ennemi approchant était aisément repéré... Pigeonnier, donjon, maisons troglodytes, machines de siège, on déambule avec bonheur dans le dédale de ces témoignages d'un autre temps. Vertige interdit, tant on se sent fragile au sommet de la plus haute tour ! Restauré patiemment, le village n'est pas en reste, et possède un patrimoine historique d'une beauté rare. Église, château, hôtel de ville, hôpital ou chapelles sont autant de chefs-d'œuvre à découvrir. Tranquille en hiver, grouillante l'été (attention, il peut faire très chaud dans les ruelles pavées !), il est vrai que le village est presque plus proche du musée que de l'authentique village provençal, mais son charme vaut tout de même le détour. La visite se fait exclusivement à pied au milieu des maisons anciennes aux belles façades Renaissance et des hôtels particuliers. Parmi ces derniers, ne manquez pas l'hôtel de Manville, actuelle mairie, construit en 1571. Les Baux, c'est enfin le lieu d'un monument gastronomique : l'Oustau de Baumanière, à la tête duquel officie le chef Glenn Viel, et qui porte fièrement ses trois étoiles.

VAL D'ENFER ★★

Possibles restrictions de circulation en fonction de la météo. Gratuit.

Situé en contrebas du village des Baux, le Val d'Enfer est un lieu étonnant. Le nom déjà fait frissonner, mais en voyant les formes taillées dans la roche calcaire par l'érosion, on comprend mieux que les anciens aient cru que les portes du monde infernal s'ouvraient ici. Dans une note, Frédéric Mistral suggérait que Dante se serait inspiré de ce lieu pour imaginer son *Enfer*. Attention, il peut aussi arriver, en fonction de la chaleur et du vent, que le Val d'Enfer soit interdit à la randonnée. Le lieu semble, en tous cas, chargé de mystères.

CARRIÈRES DE LUMIÈRES ★★★

Route de Maillane
✆ 04 90 49 20 03
carrieres-lumieres.com/fr
Fermé en février. Entrée tarif normal : 14 €

Des spectacles multimédias uniques au monde dans un cadre féerique ! Bienvenue aux Carrières de Lumières des Baux-de-Provence, au cœur des Alpilles. Pensé et géré par la Fondation Culturespaces, premier acteur culturel privé à la tête de nombreux monuments et musées en France, les Carrières des Lumières proposent une expérience immersive et sensorielle pour découvrir autrement les œuvres d'artistes célèbres.

Mais qu'est-ce donc qu'une expérience immersive ? C'est une véritable petite révolution dans le monde de l'art ! Grâce à la technologie AMIEX®, des milliers d'images d'œuvres d'art numérisées sont projetées en très haute résolution sur d'immenses surfaces et mises en mouvement au rythme de la musique pour dérouler un scénario plein de poésie. Il s'agit en fait de dématérialiser l'œuvre pour mieux se l'approprier. Chaque exposition est pensée en complète et parfaite harmonie avec le lieu où elle prend place. Ainsi, les 6 000 m des carrières se mettent à vibrer au rythme des images et surtout du son, qui, spatialisé, peut être déclenché à distance et ainsi suivre les visiteurs dans leurs déambulations. Le site dispose aussi d'une librairie-boutique, ouverte tous les jours, dotée d'une grande sélection. On y trouve un large choix de cartes postales, d'objets décoratifs, textiles, ainsi qu'une gamme d'objets personnalisés liés au spectacle en cours (mug, papeterie, accessoires...). Pour initier les enfants à l'art, une gamme loisirs créatifs a été déclinée. Un lieu incontournable à découvrir !

LE VARIÉTÉS €€

29, rue Trencat
✆ 04 90 54 55 88
Ouvert tous les jours. Menu unique à 18,50 €.

Accueil sympathique, mais attente parfois longue, entre les plats. Fort heureusement le personnel est extrêmement sympathique. La cuisine est excellente. C'était la bonne surprise du jour. De toute évidence, les produits sont frais et cuisinés maison, les viandes de qualité, les cuissons parfaites. Le tout pour un prix tout à fait raisonnable. La carte n'est pas pléthorique, mais chacun pourra y trouver un plat à son goût. En résumé, on recommande cet établissement pour la qualité de la cuisine, le cadre sympathique et l'accueil.

CHÂTEAU DES BAUX-DE-PROVENCE ★★★

Grand-Rue
✆ 04 90 49 20 02
www.chateau-baux-provence.com
Ouvert toute l'année. Les horaires sont variables en fonction de la saison.

C'est un véritable phare planté au sommet d'un gigantesque éperon rocheux qui veille sur la vallée des Baux depuis des siècles. De sa silhouette décharnée en pierres grises, rongées par le temps, on peut imaginer sa grandeur et sa puissance passées. Le château des Baux-de-Provence est en effet un édifice majeur ; un lieu emblématique d'où l'on domine la plaine, à perte de vue. Sa fonction militaire ne fait aucun doute et, le soir venu, lorsque son profil fantomatique se découpe sur le soleil couchant, on pourrait presque entendre, encore, le fracas des épées qui s'entrechoquent et répondent aux cris de guerre des combattants. Aujourd'hui, le château accueille des expositions et, bien sûr, de nombreuses manifestations historiques. Difficile de trouver un lieu plus adéquat pour cela.

Tout en haut, sur le plateau dominant, de véritables machines de guerre – des reproductions, bien sûr – montent la garde, en attendant d'être mises en œuvre. D'ailleurs, plusieurs fois par an, on peut assister à des spectacles au cours desquels elles sont utilisées. Trébuchets, bricoles et couillards attendent l'ennemi, mais surtout le visiteur, de pied ferme. D'autres monuments attenants valent également le coup d'œil, comme la tour sarrasine, orientée au sud, le donjon, les maisons troglodytes... sans oublier bien sûr le village dont les ruelles sont, l'été venu, parcourues par un flot ininterrompu de visiteurs. Découvrir le château des Baux, c'est faire un véritable voyage dans le temps.

L'AUPIHO €€€

Domaine-de-Manville
✆ 04 90 54 40 20
www.domainedemanville.fr
Ouvert du jeudi au lundi. Menus de 87 € à 145 € (formule déjeuner à 60 €).

Déjeuner sur la terrasse, ombragée par des platanes centenaires et rafraîchie par une jolie fontaine ou souper à la lueur des chandelles, sous les étoiles : vous aurez saisi l'ambiance qui règne à L'Aupiho. Le cadre est idyllique et la cuisine haut de gamme, et durable : les légumes viennent de la ferme agro-écologique du domaine. La carte, d'inspiration provençale, mais également ouverte sur d'autres horizons est imaginative. Aucune fausse note, non plus dans le service, tout à fait professionnel. Ce restaurant au cœur du domaine de Manville est une valeur sûre.

O BOIS DE ROSE

Grand Rue
✆ 06 32 79 00 42
Ouvert tous les jours en haute saison, le week-end seulement en janvier et février.

© O BOIS DE ROSE

Voici une très jolie boutique, au cœur d'un site troglodyte du XIIe siècle où l'on vous donnera de nombreux conseils pour guérir naturellement tous vos maux. Grâce à une sélection rigoureuse d'huiles essentielles, d'huiles végétales, de bougies, d'encens et de décorations feng shui, vous retrouverez votre bien-être et votre zénitude. Parmi les nouveautés, le pouvoir apaisant des fleurs de Bach, mais également une pièce dédiée à la spiritualité, avec ses fontaines relaxantes. Un lieu empreint de sérénité pour les passionnés de nature et de plantes médicinales !

L'OUSTAU DE BAUMANIÈRE €€€

Mas de Baumanière ✆ 04 90 54 33 07
Tlj en saison. De mi-oct à déc : vend au mardi midi. De mars à fin avr : ven midi au mardi soir. Plats : 67 à 185 €.

Homme généreux et passionné, Jean-André Charial fait rayonner le domaine hérité de son grand-père, et perpétue une cuisine bien ancrée dans le terroir provençal. Le chef Glenn Viel, 3 étoiles Michelin en 2020, revisite les classiques de cette institution gastronomique : langoustines juste saisies, oseille, jus de coques corsé ; rouget de roche, chou cuit au beurre d'anchois, pain enrichi d'une sauce corsée au vin rouge ; millefeuille tradition Baumanière, crème légère à la vanille de Madagascar, florentine pistache et glace vanille. La cave est impressionnante.

LE MAS DE LA DAME

CD 5
✆ 04 90 54 32 24
www.masdeladame.com
Haute saison : tous les jours de 9h à 19h. Fermé le dimanche en janvier et février.

Au Mas de la Dame, on produit du vin et des huiles d'olive de grande qualité depuis quatre générations. Outre le fait que l'endroit, une superbe bâtisse au beau milieu des vignes, est magnifique, les produits proposés sont vraiment excellents. La boutique est bien agencée, lumineuse et l'accueil professionnel. N'hésitez pas à demander conseil, le personnel se fera une joie de vous orienter dans vos choix. Une salle de dégustation a été récemment inaugurée, un vrai plus ! Côté tarifs, vous trouverez une large gamme de prix, adaptée à toutes les bourses.

MOULIN CASTELAS FRANCE

Quartier Frechier
✆ 04 90 54 50 86
www.castelas.com
Ouvert tous les jours. Visite du moulin et dégustation gratuite sur réservation.

L'histoire de Catherine et Jean-Benoît Hugues sort des sentiers battus : le couple a travaillé quinze ans dans l'Arizona avant de relever le défi de l'oléiculture à l'heure du retour au pays. C'est dans le moulin construit en 2002 que les Hugues allient savoir-faire et passion et toute leur sensibilité d'oliverons pour donner naissance chaque année à des huiles d'une grande puissance. Une dizaine d' huiles d'olive sont élaborées, ainsi que six huiles aromatiques au naturel (cédrat, gingembre, thym et romarin, basilic et menthe, ail et piment d'Espelette).

CHÂTEAURENARD ★

Située dans l'entité Val de Provence, entre Alpilles et Durance, Châteaurenard est au centre d'une riche région agricole. À mi-chemin entre Avignon et Saint-Rémy-de-Provence, on peut découvrir, niché au pied d'une colline et de son château médiéval, le cœur de cette petite ville de tradition provençale, le vieux village avec ses placettes et ses petites rues exiguës, et plus loin le marché de producteurs (MIN) le plus important d'Europe. Vous y trouverez fruits et légumes de qualité. D'avril à décembre, la tradition y est reine à travers de nombreux rendez-vous autour des charrettes, des courses camarguaises, des corridas, des foires et des marchés.

LE 3 B €

4, avenue de Lattre-de-Tassigny
ROGNONAS
✆ 04 90 94 82 21
www.le3b-resto.com
Fermé le lundi. Menu entrée-plat-dessert à 35 €. Plats seuls de 20 à 26 €. Terrasse.

Y prendre son repas sur la jolie terrasse est un vrai plaisir. C'est un bel endroit, mais c'est aussi une belle carte qui propose une cuisine faite maison, savoureuse à souhait. Au menu, un large choix de viandes, cochon et bœuf, issues de la cave à viandes maturées d'un affineur et de poissons. Le filet de bœuf à la plancha de la « cave du boucher » partenaire est délicieux. Le chef fait d'excellentes sélections pour ses pièces ! Petit plus, les prix ne vous coupent pas l'appétit. Le personnel est sympathique. On ne prend aucun risque à recommander.

CAFÉ DU COMMERCE €€

14, avenue du Général de Gaule
EYRAGUES
✆ 04 90 94 05 22
Ouvert tous les jours. Formule du midi : 17,90 €.

C'est une belle brasserie, joliment décorée dans un style moderne, sur la place de la mairie avec deux terrasses dont une située plein sud. Parfait pour déjeuner durant les belles journées d'été ou pour prendre l'apéro à la fraîche, le soir venu. L'accueil est vraiment agréable, l'ambiance festive et le menu change régulièrement, donc c'est la surprise assurée. Les plats à la carte sont toujours à base de produits frais, les viandes sont de grande qualité et on vous conseille tout particulièrement les desserts qui sont savoureux.

LE CAFÉ DU SOLEIL €€

144, avenue Henri Barbusse
EYRAGUES
✆ 04 90 90 80 89
www.lecafedusoleil.fr
Ouvert tous les jours le midi et le soir. Menu unique à 32 € le soir. Formule du midi : 19 €.

© LE CAFÉ DU SOLEIL

Le Café du Soleil porte bien son nom, avec sa grande terrasse délicieuse aux beaux jours et sa salle moderne et tout aussi lumineuse. Un soin tout particulier a été apporté à la décoration, très réussie. Le croirez-vous si l'on vous dit que l'on y privilégie les produits du terroir et locaux ? C'est une évidence. Pour notre plus grand bonheur, la carte change toutes les semaines, et évolue en fonction des saisons et des arrivages. Le soir, le barman prend les commandes pour faire de superbes cocktails. Un lieu convivial, où l'on est sûr de passer un bon moment !

MAS DE L'ÉCHANSON €€

415, chemin des Iscles
✆ 04 90 95 98 18
www.mas-echanson.fr
Ouvert du mardi au samedi. Menus de 19,50 € (le midi et en semaine) à 70 € (le soir uniquement).

L'arrivée d'un nouveau chef est toujours une aventure dans un restaurant. Au mas de l'Échanson, c'est Karim Abou El Ella qui élabore désormais la carte de cet établissement ouvert en 2011 par Stéphanie Roch, maître-restauratrice et disciple d'Escoffier. L'idée ? faire une cuisine haut de gamme à un prix plus que raisonnable. Pari gagné pour toute l'équipe qui ne prépare que des produits frais, achetés localement et dont les recettes s'adressent aux plus fins palais. La carte change très régulièrement, pour s'adapter à la saison. À tester d'urgence !

LE 3 B

4, avenue de Lattre-de-Tassigny
ROGNONAS
✆ 04 90 94 82 21
www.le3b-resto.com
Fermé le lundi. Vins sur place ou à emporter.

Détail amusant dans la carte de la restauration du 3 B : les pizzas portent des patronymes de vins. Pourquoi les avoir appelées Sancerre, Sauvignon ou encore Piquepoul ? Parce que le 3 B, ce n'est pas seulement un restaurant qualitatif, aussi une merveilleuse cave à vin. Le choix est large, et le patron sera d'excellent conseil pour accorder votre plat et votre bouteille. La bonne entente, ça le connaît ! Aussi bien entre lui-même et ses clients, qu'entre les mets et les vins. Vous pouvez y aller les yeux fermés, vous ressortirez comblés.

BOUTIQUE LA MAISON DU BON CAFÉ

Avenue Jean-Baptiste-Tron
✆ 04 90 90 94 95
www.lamaisonduboncafe.com
Torréfacteur depuis 1958.

La firme est leader des torréfacteurs du Grand Sud. Dans la boutique : ambiance très feutrée, accueil toujours impeccable et surtout une belle sélection de produits : du café de toutes origines, mais aussi une large palette de thés et d'infusions. Vous trouverez également dans le coin Douceurs, des macarons, chocolats et petits gâteaux qui accompagneront parfaitement vos breuvages. La Maison du Bon Café a lancé sa propre marque de théières et de tasses « Jardins d'Asie ».

MAISON GIOVANNI FAVARO

80, route d'Avignon
✆ 09 67 43 20 22
Ouvert du mardi au samedi de 9h30 à 19h.

Proposer le meilleur de l'Italie en Provence : c'est le crédo de cette entreprise qui propose des fromages, de la charcuterie et tous les succulents produits fabriqués par-delà les Alpes.

Dans son labo, le maître des lieux prépare ses *antipasti* (hors d'œuvres), ses pâtes fraîches, ravioli et cannelloni, son tiramisu et sa panna cotta, mais aussi une spécialité sicilienne moins connue sous nos latitudes : les *arancini*, des boulettes de riz panées que le chef farcit en s'inspirant des saveurs typiques de la cuisine de la Botte. *Buon appetito !*

CELLIER DU CASTEL

39, boulevard Gambetta
✆ 04 90 94 71 09
www.woowine.com/
Ouvert du mardi au samedi de 9h à 19h.

Vous pousserez peut-être la porte du Cellier du Castel pour acheter une bonne bouteille de vin du terroir français ou d'ailleurs et vous ne serez pas déçu par le choix. Mais vous y reviendrez sans doute pour y déguster l'un des crus proposés par la maison, à l'heure où la cave se transforme en bar à vin. En effet, le vendredi et le samedi soir, vous pourrez savourer les vins sélectionnés par l'équipe, en consommant des tapas ou des fromages finement affinés, en profitant d'une animation musicale ou littéraire, selon le contexte.

MARCHÉ DES PRODUCTEURS

Boulevard Ernest-Genevet
Ouvert le samedi. De mi-avril à mi-octobre.

C'est le rendez-vous incontournable le samedi matin, pour les amateurs du genre, comme pour les professionnels : le marché des producteurs, sur le carreau du Min (Marché d'intérêt national), c'est la garantie d'acheter des produits frais et de saison, directement du producteur aux consommateurs (il n'y a pas de revendeurs, que des agriculteurs locaux). En plus, les prix y sont très intéressants et vous pourrez faire le plein de légumes et fruits. C'est là que le *Petit Futé* trouve les meilleures fraises du secteur. Bon autant pour le moral que pour la santé.

DISTILLERIE FRIGOLET - BOUTIQUE

26, rue Roland Inisan
✆ 04 90 94 11 08
www.frigoletliqueur.com
Ouvert du lundi au vendredi.

C'est ici (et non à l'abbaye) qu'est fabriquée la liqueur de Frigolet depuis maintenant près de 150 ans. Repris par la famille Inisan, la distillerie produit plus de 30 000 bouteilles par an. Le secret réside en un juste dosage entre une trentaine de plantes qui ont macéré dans de l'alcool et l'ajout d'un sirop à base de miel. Dans la petite boutique attenante, vous trouverez aussi des spécialités pâtissières à base de cette liqueur. En saison la distillerie se visite sur rendez-vous.

LE MAS DES CHÈVRES

476, chemin San-Remo
✆ 06 78 54 13 92
www.lemasdeschevres.fr
Ouvert du lundi au samedi.

Difficile de faire un choix tant l'offre des produits confectionnés ici est large : fromages frais, crémeux, demi-secs et secs, fromages fantaisie, mais également, faisselles, fromages blancs, fouettés, pyramides bi-goût, bûchettes, tommes, « camemberts », râpé et copeaux de chèvre, voilà un sacré plateau ! Une cinquantaine de caprins élevée sur les 4 hectares du mas familial d'Agnès Gaffet fournit le lait nécessaire, transformé sur place. En phase avec son époque, la chevrière a créé un *drive* pour récupérer sa commande (au mas ou sur un marché).

EYGALIÈRES ★★★

Véritable carte postale de la Provence, ce petit village, situé à cinq minutes de Saint-Rémy-de-Provence, a su conserver tout son charme et son authenticité. Ses vallons verdoyants, ses champs d'oliviers ou de vignes, ses rangées de cyprès et son beau ciel bleu en font un lieu prisé. En suivant la grand-rue, faites un crochet jusqu'aux ruines du château, l'esplanade du vieux donjon et l'église Saint-Laurent. Enfin, un passage à la Chapelle des Pénitents s'impose. Là, vous découvrirez le musée du vieil Eygalières mais également – et surtout – un panorama splendide sur la montagne de la Caume, les Alpilles et la Durance.

CHAPELLE SAINT-SIXTE

✆ 04 90 95 91 52

Ouvert le dimanche de 15h à 19h. De juin à septembre.

La ravissante chapelle Sainte-Sixte du XIIe siècle, est située sur la route d'Orgon à moins de deux kilomètres du centre d'Eygalières. Cette chapelle a été agrandie d'un porche au XVIIe siècle. Elle accueille tous les ans la fête du roumavage, dont la procession en costumes provençaux est suivie d'une messe en plein air. Isolée sur son tertre rocailleux, encadrée de quelques cyprès, elle mérite vraiment le détour. L'endroit est très prisé par les photographes de mariage pour son esthétique et sa lumière. Il y règne une ambiance unique.

MUSÉE URGONIA

Chemin des Aires - **ORGON** ✆ 04 90 73 09 54

www.musee-urgonia.fr

Ouvert toute l'année. Du lundi au samedi de 9h à 12h et de 14h à 17h30. Fermé dimanche et jours fériés.

Ce musée, qui se situe dans une ancienne prison du XVIIe siècle présente plusieurs collections de fossiles et traces laissées par l'homme depuis 130 millions d'années. Une exposition ornithologique consacrée aux espèces d'oiseaux protégés des Alpilles complète la visite. Vous trouverez également au départ du musée (dont le bâtiment accueille également l'Office de tourisme), le sentier pédestre de la Pierre, aménagé et balisé. Il vous permettra de découvrir divers géo-sites dans leurs contextes naturels (boucle de 3,5 km). Bien d'autres activités sur le site.

LES SENTIERS DE L'ABONDANCE

Mas des Bœufs

✆ 04 90 90 80 11

www.lessentiersdelabondance.com

Ouvert du mardi au samedi. Payant.

Au mas des Bœufs, les visiteurs cheminent à travers les jardins pédagogiques, créés dans un but esthétique, mais aussi dans l'idée de pérenniser les techniques traditionnelles des cultures provençales. Les sentiers de l'abondance, repris à d'anciennes parcelles agricoles laissées en friche, se sont progressivement ouverts au public, depuis les années 2015. Des visites guidées ainsi que de nombreuses activités y sont proposées. Une excellente façon de découvrir le patrimoine local.

LES OLIVIERS** €

114, avenue Jean-Jaurès

✆ 04 90 95 91 86

www.camping-les-oliviers.com

Emplacements à partir de 17€.

Aimer le camping, ce n'est pas forcément aimer la foule. Alors, bien que ce petit camping n'ait rien de sauvage, avec ses trente emplacements sous les oliviers et les amandiers, vous y trouverez le temps de respirer. Et puis tout le confort indispensable est à votre disposition (branchements électriques, sanitaires, laverie) ainsi que quelques petites activités à proximité des lieux (randonnées pédestres et à VTT, stages équestres et tennis, etc.). À deux pas du village, vous trouverez en prime restaurants et commerces. Ambiance familiale et accueil chaleureux.

AUX PETITS PAVÉS €€

RD 7N

ORGON

✆ 04 90 59 00 22

www.aubergeauxpetitspaves.com

Chambre entre 60 € et 80 €. Petit déjeuner : 7,50 €.

Un petit hôtel sans chichis, aux chambres rustiques mais agréables à l'excellent rapport qualité-prix. Idéal pour visiter toute la région sans se ruiner. En plus, l'accueil est vraiment chaleureux : les propriétaires vous reçoivent avec sourire et bonne humeur. On est totalement séduit ! Autre point fort : le restaurant qui sert des plats copieux, sans prétention, mais que du fait maison à un prix défiant toute concurrence. Bref, idéal pour une halte sur la route des vacances ou pour quelques jours au calme. Simple et efficace.

LA VALLÉE HEUREUSE*** €€

Impasse Lavau - **ORGON**

✆ 04 84 80 01 71

www.provence-camping.net

Mobil-homes pour 4 à 6 personnes à partir de 385 € la semaine. Emplacements dès 105 € la semaine, selon la saison.

Doté de trois étoiles, ce camping est apprécié des familles. Il s'étend sur 8 hectares et bénéficie de la présence d'un lac naturel : parfait pour les amateurs de pêche. Verdure et paix sont ses atouts, mais aussi le confort : vous l'apprécierez. Enfin, la présence d'une piscine, d'un mini-golf, de terrains de pétanque et de sports collectifs permettront à tous de se rencontrer et de s'amuser. Ajoutons encore la présence d'une zone Wifi et de nombreuses options de restauration, dont une pizzeria. Un séjour agréable, où tout est fait pour vous faciliter la vie !

LE MAS DE LA ROSE €€€

route d'Eygalières - **ORGON**

✆ 04 90 73 08 91

www.mas-rose.com

12 chambres. Basse saison : chambre double de 195 € à 295 €. Haute saison : chambre double de 295 € à 735 €.

Situé dans un parc de 30 hectares planté de pins, d'oliviers et de lavandes, un hameau d'anciennes bergeries du XVIIe siècle a été entièrement rénové pour accueillir des hôtes. Un travail magnifique, une décoration soignée, cet endroit est un véritable « concentré de Provence »... Comme le dit si bien sa propriétaire, cette maison ne se décrit pas, elle se vit. On ne saurait que trop vous recommander de suivre son conseil ! L'hôtel dispose également d'un restaurant : une excellente table gastronomique à la hauteur de son environnement.

MAS NOTRE-DAME €€€

Chemin du Bagna

✆ 06 12 89 75 32

4 chambres. Chambre double de 260 € à 500 € selon la saison.

Impossible de ne pas être séduit par ce mas en pierre posé au milieu d'un hectare d'oliviers, d'amandiers et de chênes. Les hôtes (dont le Petit Futé taira le nom pour que votre surprise soit intacte !) ont su donner une âme à ce lieu. Grâce à une décoration moderne et chaleureuse, certes, mais surtout grâce à leur sens de l'accueil exceptionnel. Les chambres et suites sont tout simplement grandioses (notre préférée, la suite Julia), les petits déjeuners copieux et délicieux, la piscine sublime... Pour un séjour inoubliable.

L'OPALE €€

2950, route d'Orgon

✆ 04 90 26 10 00

Fermé de décembre à avril. Carte : 25 € environ.

Un lieu calme, en pleine nature, décontracté et sans prétention, voila ce que vous propose L'Opale au premier abord. À l'intérieur, la déco est un étonnant mélange très réussi de classicisme et de modernité. On s'y sent parfaitement bien. Le personnel est d'ailleurs là pour augmenter cette sensation d'être important. Mais c'est dans les assiettes que se révèle l'esprit de la maison. Elles sont un plaisir pour les yeux, avant d'être un plaisir pour les papilles. Les produits cuisinés sont frais, les recettes originales. Vous l'aurez compris, on adopte !

RESTAURANT PAULETTE €€

Rue de la République

✆ 04 32 62 18 19

Plats à la carte : 17 € en moyenne. Fermé le mercredi.

Chez Paulette, vous découvrirez tout d'abord un accueil parfait. Ensuite, c'est le cadre qui vous séduira : une petite terrasse ombragée, enchâssée entre les vieilles pierres des maisons voisines et, à l'intérieur, une déco qui vous plonge dans l'atmosphère des années soixante en Provence. Et puis, bien sûr, il y a la cuisine. Là, on est sur le registre des recettes maison, mitonnées dans la cuisine juste derrière. Les produits sont éminemment frais, les portions ne sont pas gargantuesques, mais suffisantes pour pouvoir terminer son plat en étant rassasié.

LE MAS DE LA ROSE €€€

route d'Eygalières

ORGON

✆ 04 90 73 08 91

www.mas-rose.com

Menus de 34 à 90 €. Menu enfant : 27 €.

Le Mas de la Rose, c'est un hôtel de prestige, un concentré de Provence, luxueux et raffiné, mais c'est aussi une table gastronomique de choix, le « Potager du mas ». Aux fourneaux, le chef cuisine uniquement des produits de saison et pour cause : il va directement se servir en fruits et légumes au potager bio du mas. Fraîcheur garantie ! Côté ambiance, l'établissement est posé en pleine nature, tout simplement hors du temps. L'accueil est exactement à la hauteur. Y prendre un repas est plus qu'une expérience culinaire. Mais le mieux reste de vous y rendre !

SOUS LES MICOCOULIERS €€€

Traverse Montfort ✆ 04 90 95 94 53
www.souslesmicocouliers.com
Ouvert du mercredi au dimanche le midi et le soir. Menus à partir de 28 €.

C'est une institution dans le village. Le restaurant propose de magnifiques assortiments de fruits de mer à déguster sur place ou à emporter. A partir du printemps, vous pourrez profiter de la terrasse même l'après-midi, histoire de savourer fruits de mer, antipasti ou glaces, bien abrités du chaud soleil provençal à l'ombre des micocouliers. Le chef Olivier Gouin exprime toute son inventivité dans une carte sans cesse renouvelée, mais toujours d'une grande originalité. Associations délicates, cuisine provençale fréquemment mise à l'honneur, c'est un vrai régal !

CHEZ EMILY

Rue de la République
✆ 04 90 90 65 44
Ouvert du mardi au dimanche.

Emily, c'est une jeune femme pétillante qui a fait de sa petite boutique, rue de la République, le temple du fromage. On y trouve des persillés de chèvre, des bleus de Termignon, de la tomme aux fleurs de bleuets... le choix est assez impressionnant. En plus, Emily a un don pour la présentation : elle ajoute toujours des fleurs fraîches, des fruits secs pour agrémenter les fromages. Elle confectionne même des pièces montées ! Il paraît que l'acteur anglais Hugh Grant y a ses habitudes, mais chut ! En tout cas, sans être des icones du cinéma, on a vraiment aimé.

DOMAINE DE VALDITION

Route d'Eygalières
ORGON
✆ 04 90 73 08 12
www.valdition.com
Ouvert tous les jours en haute saison.

Ce domaine comprend un vignoble de 90 hectares qui donne des vins de cépages variés, classés IGP Alpilles ou AOP Coteaux-d'Aix-en-Provence. Dix-neuf cépages parfaitement adaptés aux terroirs pierreux y sont cultivés. Tous les vins sont certifiés vins biologiques. La cave est équipée de deux cuves en béton en forme d'œuf afin de parfaire l'élevage des cuvées d'exception Ludovic Dacla blanc et rosé. Son oliveraie de 30 hectares, également cultivée en agriculture biologique, permet de produire les différentes variétés de l'AOP Vallée-des-Baux-de-Provence.

L'OLIVETTE

Chemin du Mas Reynaud
✆ 04 90 95 99 83
www.lolivette.eu
Ouvert tous les jours.

Vente à la propriété. L'Olivette produit des huiles d'olive biologiques certifiées et se décline en trois variétés : AOP Vallée des Baux-de-Provence fruité vert et fruité noir, ainsi qu'une huile monovariétale, la Grossane. Point de vente : Domaine d'Éole, route de Mouriès à Eygalières. Depuis 2009, les produits de l'Olivette ont reçu de nombreuses distinctions récompensant non seulement la qualité des huiles, mais également le travail et l'engagement des propriétaires. Les commandes peuvent se faire sur place ou par le site web.

DOMAINE ÉOLE

Chemin des Pilons
✆ 04 90 95 93 70
www.domainedeole.com
Ouvert du lundi au jeudi.

Ce vignoble se déploie sur 21 hectares, avec un sol particulièrement favorable. Les vins produits, tous certifiés Agriculture Biologique, issus des cépages grenache, syrah, cinsault, carignan, counoise, mourvèdre sont élégants et haut de gamme. *Éole tradition* est proposé dans les trois couleurs. S'ajoutent un blanc *Vermentitude* issu à 100 % du cépage vermentino et élevé en cuve béton de forme ovoïde, un rosé mousseux et les cuvées *Confidence* (blanc), *Caprice* (rosé), *Réserve des Gardians* (rouge) et les plus prestigieuses : *Léa* et le *K* (100 % carignan).

LA VALLONGUE

RD 24 Route de Mouriès
✆ 04 90 95 91 70
www.lavallongue.com
100% Bio. Ouvert du lundi au samedi. Achats en direct ou en ligne.

Entre vignes et oliviers, le domaine de la Vallongue se niche dans un écrin naturel d'exception. Un panorama majestueux qui s'étend jusqu'à la cour du mas, agrémentée d'œuvres d'art. Dans l'ancienne bibliothèque, reconvertie en caveau de dégustation, vous trouverez les vins qui ont fait la réputation du domaine, mais également sa collection d'huiles d'olive. Le domaine de la Vallongue réalise cinq précieux nectars, tous en fruité vert. Ces « crus » détiennent une personnalité aromatique subtile et portent fidèlement le terroir dans lequel ils s'épanouissent.

NOVES

Situé près de grands centres touristiques comme Saint-Rémy-de-Provence et Avignon, Noves est un petit village paisible qui mérite une halte. À voir : l'église Saint-Baudile, l'esplanade du château, les remparts, la chapelle des Pénitents blancs... Noves c'est aussi un village fier de ses traditions qu'il perpétue notamment lors des défilés de charrettes lors de la Saint-Éloi et de la Saint-Roch ainsi qu'avec l'organisation de nombreuses animations taurines. Les associations y sont très actives et organisent de nombreuses fêtes et manifestations tout au long de l'année. Il y règne un incontestable esprit village. Y séjourner est très agréable.

L'ART DES METS €€

9, avenue Saint-Vérédème

✆ 04 90 58 38 56

www.restaurant-artdesmets.fr

Restaurant et traiteur.

À l'Art des Mets, comme l'indique l'intitulé de l'établissement, cuisiner est tout un art. Un art distillé avec amour, comme le suggère également le jeu de mots. Que ce soit au restaurant ou dans une salle extérieure, l'Art des Mets peut fournir mariages, baptêmes, anniversaires ou repas d'entreprises avec des buffets mêlant brochettes, verrines et sushis. Dans l'une des deux salles du restaurant, on s'installera pour déguster, par exemple, un aïoli, une bouffade de bœuf, ou encore du maki de Provence. De l'art, on vous dit. Souligné par un très agréable service.

EYGUIÈRES

Village au charme typiquement provençal, dont les ruelles et places sont ornées de nombreuses fontaines. Coincé entre Crau et Alpilles, Eyguières conserve des vestiges et des monuments de toutes les grandes périodes historiques. L'abondance de l'eau lui a donné son nom. À voir : la chapelle Sainte-Vérédème, préromane (Xe siècle), Saint-Pierre-de-Vence (XIe siècle), le lavoir à colonnes (milieu du XIXe siècle), la fontaine de la Coquille (XVIIIe siècle), la fontaine Cocotte (Renaissance, classée monument historique) et les ruines du castellas de Roquemartine.

FONTVIEILLE ★★

Si l'histoire de Fontvieille remonte à la Préhistoire, le village doit une partie de sa célébrité au célèbre auteur, Alphonse Daudet. Par son caractère authentique avec ses maisons à tonnelles, ses vieux puits, ses rues anciennes, le village impose son charme par ses atouts historiques, patrimoniaux et culturels. Inévitable, le célèbre moulin de Daudet est un passage obligé pour tout visiteur de passage à Fontvieille. D'ailleurs, l'été, les files de visiteurs s'étirent sous le soleil provençal pour découvrir cet édifice mais aussi quelques autres qui sont un peu l'image de marque de Fontvieille. Mais le village recèle également d'autres pépites.

LA DEMEURE €€

2, rue du Fossé-Meyrol

✆ 04 90 57 85 05

www.lademeuredesalpilles.fr

Chambre double de 120 € à 150 €. Petit déjeuner inclus. Animaux acceptés. Piscine, fitness, sauna.

Au cœur du village, cette magnifique bastide du XVIIIe siècle propose trois chambres et une suite élégantes. Accessibles depuis un escalier d'époque, elles sont spacieuses et aménagées avec goût. On a particulièrement aimé celle appelée Roupillon. Et si vous voulez faire un somme ailleurs que dans votre chambre, les transats de la piscine seront parfaits ! Cette chambre d'hôte met à la disposition de ses clients une petite salle de sport, un sauna et vous pourrez même, sur réservation, prétendre à une agréable séance de massage.

LES MOULINS ★★

Office de tourisme

✆ 04 90 54 67 49

A visiter sur le sentier des moulins.

Bien sûr, il y a le plus connu d'entre eux, c'est-à-dire le moulin Alphonse Daudet, mais il faut aussi noter trois autres moulins fontvieillois non dénués d'intérêts et de beauté. Le moulin Tissot-Avon tout d'abord, construit au début du XIXe siècle. Le moulin Sourdon également, qui se trouve sur la petite colline à droite en montant l'allée des pins. Et enfin, le moulin Ramet, érigé au début du XIXe siècle, situé entre le moulin Daudet et le moulin Tissot-Avon. Une excellente idée pour une balade à thème, à la fois ludique et culturelle.

BOUCHES-DU-RHÔNE

LA TABLE D'ADAM €€

29, route du Nord
✆ 04 90 54 75 34
www.latabledadam.fr
Ouvert tous les jours sauf le lundi. Entrée, plat, dessert : 19 €.

Cadre agréable, accueil d'une rare gentillesse, cuisine provençale réalisée avec des produits frais, la Table d'Adam a des arguments pour séduire. Entre tradition et modernisme, le chef a imaginé des plats aussi copieux que savoureux, mais la spécialité de la maison, c'est bien les ravioles du Dauphiné déclinées en 9 versions différentes, de la traditionnelle touche d'huile d'olive du pays à la sauce pistou en passant par la sauce roquefort, tartiflette ou encore chasseur, il y en a pour tous les goûts et les prix sont tout à fait abordables.

BOUCHERIE AGNIEL

24, Cours Hyacinthe Bellon
Fermé le dimanche après-midi et le lundi.

Une visite s'impose dans cette belle boucherie artisanale. En effet, Stéphane et Camille y proposent des produits de grande qualité élaborés selon des recettes ancestrales. Pour la provenance des viandes, n'allez pas chercher bien loin, car ici les bouchers travaillent en direct avec les éleveurs : agneau de La Crau, porcs du Ventoux, veau de Corrèze, volailles Label Rouge et bœuf limousin avec treize jours de maturation minimum. Dans cette boutique, vous découvrirez aussi un rayon traiteur bien fourni avec des plats élaborés selon les recettes de « mamie ».

INTERMARCHÉ CONTACT

14, cours Alphonse-Daudet
✆ 04 90 54 65 00
www.intermarche.com
Ouvert du lundi au samedi de 8h30 à 19h30 ; le dimanche de 8h30 à 12h30.

Une petite structure accueillante, des produits frais et bien exposés, un rayon boucherie à la hauteur... cet Intermarché Contact est à recommander. On y trouve aussi un rayon bio bien garni. Sur les étals, les produits du terroir, préférentiellement achetés à de producteurs locaux, sont mis en valeur. Le personnel est agréable et toujours à la disposition des clients. Bref, ce magasin, impliqué dans la vie du village, propose un véritable service de proximité. On peut ajouter à cela que l'attente aux caisses est réduite à son strict minimum.

Restaurant
L'Ami Provençal
Fanny et Yoann
Restaurant L'Ami Provençal
35, place de l'Église
13990 Fontvieille

lamiprovencal@mail.com
04 90 54 68 32
lamiprovencalfontvieille

L'AMI PROVENÇAL €€

35, place de l'Église ✆ 04 90 54 68 32
www.lamiprovencal.fr
Menu entrée, plat, dessert à 26 €. Plats à emporter autour de 10 €.

Voici une excellente adresse pour déguster une cuisine pleine d'imagination, à base de produits frais et un très bon rapport qualité-prix. De l'entrée au dessert, en passant par l'accueil, tout est parfait dans le restaurant de Yoann et Fanny Palmero, un jeune chef reconnu par ses pairs (il a été lauréat de la dotation Gault & Millau jeunes talents en 2015), mais aussi par les nombreux habitués qui fréquentent son établissement ! À l'ardoise, des plats simples, mais bien exécutés, une cuisine savoureuse, sans chichis et un pain maison tout simplement délicieux.

LA VIGNE ET L'OLIVIER

28, cours Alphonse-Daudet
✆ 04 90 54 68 67
Ouvert du lundi au samedi de 9h à 12h30 et de 15h à 19h ; le dimanche de 9h à 12h.

Dans ce magasin, vous pourrez découvrir une belle sélection de vins, champagnes, apéritifs et eaux de vie, soigneusement sélectionnés par Patrick Vila, qui tient l'enseigne depuis une dizaine d'années. Il y a bien sûr une sélection locale mais aussi quelques crus internationaux. Les conseils du maître des lieux sont précieux et adaptés à l'occasion, comme à votre porte-monnaie ! En vente également, de l'huile d'olive et quelques gourmandises oléicoles locales. Un excellent endroit pour faire le plein de produits délicieux et de qualité.

MAUSSANE-LES-ALPILLES ★

Au pied des Alpilles, Maussane est un petit village des plus agréables qui s'étire dans la vallée des Baux. La commune, bien que placée sur les routes touristiques, a su conserver son esprit provençal, authentique et chaleureux. Entre plantations d'oliviers et vestiges antiques, on y organise de nombreuses fêtes traditionnelles. Les habitants cultivent un certain art de vivre, typique de la région. Vous trouverez un peu de fraîcheur sur la place ombragée de gros platanes devant l'église du XVIIIe siècle. Bistrots et restaurants vous accueilleront pour une halte bienfaisante. Un très agréable séjour au coeur de la Provence en perspective.

L'ANTIDOTE

286, avenue Jean-Marie Cornille
✆ 06 34 28 15 41
https://lantidotebougies.com/
Ouvert du lundi au samedi. Sur rendez-vous.

© L'ANTIDOTE

Situé derrière le Ravi, dans un mas provençal, l'Antidote vous invite à venir découvrir la fabrication de ses bougies végétales parfumées aux vertus stimulantes ou au contraire apaisantes. Véritables antidotes spirituels, inspirées de la nature et de la douceur de vivre provençale ces bougies toutes coulées à la main, sont élaborées selon un processus totalement naturel et écoresponsable. Pas d'additifs, pas de produits nocifs et 0% de paraffine, ces produits sont 100% sûr. Par ailleurs, le lieu est un véritable havre de paix. Une belle découverte.

VAL BAUSSENC*** €€

122, avenue de la Vallée-des-Baux
✆ 04 90 54 38 90
www.valbaussenc.com
25 chambres. Chambre classique de 90 à 139 €. Petit-déjeuner 13 €.

Cet hôtel est une invitation à la quiétude et à la sérénité. Au pied des Alpilles, vous serez bercé par le chant des cigales et des grillons. Depuis votre chambre, vous pourrez admirer les champs d'oliviers ou de lauriers roses. Décorées dans des tons clairs, les chambres offrent de beaux volumes. Idem pour la salle de bains : un détail non négligeable ! La piscine rafraîchira les longues journées d'été. L'hôtel propose aussi un service de restauration le soir, avec une carte élaborée avec des produits locaux. Parfait pour une étape de vacances.

AU BISTROT MARIN €€

68, avenue de la Vallée-des-Baux
✆ 04 90 18 59 29
www.aubistrotmarin.fr
Plateaux de fruits de mer à partir de 10€.

Une adresse dédiée aux fruits de mer et aux poissons. Vous dégusterez une cuisine délicate. Plateaux de coquillages pour les amateurs, mais aussi des poissons à la plancha, de la bouillabaisse, un risotto safrané aux gambas, un minestrone de thon ou une timbale de macaronis, filets de Saint-Pierre et émulsion de coquillages, qualité et fraîcheur sont ici les maîtres mots. Ce jour-là, on s'était décidé pour des tellines en persillade et un filet de bar à la tapenade. Et on peut vous dire qu'on ne l'a pas regretté. Permission de monter à bord !

RESTAURANT L'OUSTALOUN €€

4, place Joseph Laugier de Monblan
✆ 04 90 54 32 19
www.loustaloun.com
Menus de 32 € à 40 €. Formule du midi : 19 €.

Situé au cœur de l'hôtel du même nom, le restaurant l'Oustaloun propose une cuisine chaleureuse et traditionnelle aux accents du terroir. Au menu, le chef Jérôme Sauton vous proposera, par exemple, joue de bœuf, poisson du marché ou encore tête de filet mignon de veau, sauce moutarde parfumée pour les plats principaux et une belle carte des desserts sur laquelle nous vous recommandons, sans réserve, le feuillantin crème au citron. Vous dégusterez votre repas en salle dans un décor chaleureux ou sur la belle terrasse. Tout cela pour un prix tout à fait raisonnable.

LA BOUTIQUE JEAN MARTIN

9, rue Charloun-Rieu
✆ 04 90 54 34 63
www.jeanmartin.fr

Ouvert toute l'année. Haute saison : du lundi au samedi de 9h30 à 12h30 et de 14h30 à 19h.

Toutes les conserves et préparations culinaires de cette excellente marque sont proposées dans une jolie boutique tenue par cette famille de confiseurs d'olives depuis trois générations. Au menu, des spécialités gourmandes, comme la riste d'aubergine et la tapenade, mais aussi : caviar d'aubergine, crème de tomates séchées, pistou, piperade, courgettes à la provençale… Et la gamme s'enrichit constamment. Selon les saisons, on peut y trouver des olives cassées (septembre à décembre) ou de la Gran'draille (purée d'olives noires grossanes de la vallée des Baux).

BOUTIQUE DU DIAMANT NOIR

38, Avenue de la vallée des Baux
✆ 04 12 04 33 50
Ouvert du mardi au samedi ; le dimanche de 10h à 19h.

Si le parfum si particulier et délicat de la truffe vous fait vibrer, vous êtes au bon endroit. Vous découvrirez, dans cette boutique, des produits authentiques concoctés avec les fameux diamants noirs. L'adresse est même incontournable pour les amateurs qui y découvriront toute une gamme de produits vraiment alléchants. Charcuterie et fromages truffés, mais aussi produits dérivés sont issus de producteurs locaux travaillant de manière artisanale, avec passion. Ajoutez à cela un accueil agréable et un cadre vraiment sympathique.

MOULIN CORNILLE

Rue Charloun-Rieu
✆ 04 90 54 32 37
www.moulin-cornille.com
Achats en ligne possibles.

Le Moulin Jean-Marie Cornille est une coopérative oléicole. En 1997, elle a reçu l'appellation d'origine contrôlée Huile d'olive de la vallée des Baux-de-Provence qui se caractérise par l'association de cinq olives issues d'un terroir unique (la Salonenque, la Grossane, la Béruguette ou Aglandau, la Verdale des Bouches-du-Rhône et la Picholine). Elle a ensuite reçu la distinction Entreprise du patrimoine vivant. La coopérative produit, entre autres une huile d'olive vierge fruitée noire AOP extrêmement renommée et de grande qualité.

SAINT-LOUIS PÊCHE

93, avenue de la Vallée-des-Baux
✆ 04 90 43 62 35
www.saintlouispeche.fr
Ouvert du mardi au samedi et le dimanche matin.

Les férus de produits de la mer trouveront ici des poissons et des crustacés prélevés le matin même en Méditerranée par les petits patrons pêcheurs des ports camarguais de Port-Saint-Louis-du-Rhône et du Grau-du-Roi. Les amateurs seront également ravis de trouver sur place des homards vivants. Pour finir de satisfaire les clients exigeants, l'échoppe maussanaise des Manoukian s'est aussi dotée d'un rayon traiteur avec des plats maison à tomber. La cave à champagnes et vins blancs est une autre bonne raison de vous arrêter à Saint-Louis Pêche.

SAINT-ETIENNE-DU-GRÈS

Village pittoresque situé à quelques kilomètres de Saint-Rémy, Saint-Étienne-du-Grès possède de très remarquables monuments anciens : la statue d'une ancienne divinité gauloise, la Mourgue, les vestiges d'un aqueduc romain, Notre-Dame-du-Château et une chapelle de l'ordre des Templiers remontant toutes deux au XIIe siècle. À l'amateur de promenades, le site offre de nombreux itinéraires dans les collines verdoyantes de pins, embaumées par le thym et le romarin. C'est un village très actif qui initie, tout au long de l'année, de nombreuses manifestations culturelles et traditionnelles. On y trouve des commerces de proximité très agréables.

SALON-DE-PROVENCE ★

A mi-distance entre Cavaillon et Aix-en-Provence. Voici une ville provençale où l'on aime se promener de ruelles en places ombragées à la découverte de belles bâtisses, pleine de charme avec sa fontaine moussue, sa Tour de l'Horloge et autres monuments médiévaux. C'est aussi une ville qui abrite des entités nationalement connues et aussi variées comme la PAF (Patrouille acrobatique de France), l'Instiut Musical de Formation Professionnelle (IMFP) et une école de bergers (centre du Merle). Salon invite aussi à la visite de musées tels le musée d'Art et d'Histoire militaire (château de l'Emperi) ou le musée du savon de Marseille Maurice Fabre.

CHÂTEAU DE L'EMPÉRI ★★

Montée du Puech
✆ 04 90 44 72 80
Du mardi au dimanche et les jours fériés. Adulte : 5,50 €, réduit : 3,50 €.

Le château de l'Empéri est un immense vaisseau de pierre qui a traversé le temps, depuis le IXe siècle jusqu'à nos jours. C'est le plus ancien château fort de Provence encore debout, et l'un des trois plus grands avec le Palais des Papes et le château du roi René. Dans ses salles séculaires, le château accueille deux musées : le musée des armées, le musée de Salon et de la Crau, qui retrace la vie locale. Au pied du château on trouve aussi le jardin des simples de Nostradamus. En saison, il accueille des événements culturels et festifs : concerts, spectacles...

DE LA VIGNE À L'OLIVIER

120, place Saint-Michel
✆ 06 23 22 75 40
www.delavignealolivier.com
Ouvert le lundi de 10h à 19h ; du mardi au samedi de 9h à 19h30.
Avec 900 références de vins de France et d'ailleurs, cette cave propose des vins d'exception et de tous les jours dans une large gamme de prix. Pour l'apéritif et le digestif, Matthieu, le propriétaire à la bonne humeur communicative, a constitué une alcoothèque avec de nombreuses références d'armagnac, cognac, rhums, eaux-de-vie, et 150 whiskies. Durant les fêtes est organisée une foire aux champagnes. Tout au long de l'année, le vendredi soir, des dégustations ont lieu. Des établissements affiliés ont récemment ouvert à Lambesc et à La-Fare-les-Oliviers !

MAISON DE NOSTRADAMUS ★

11, rue Nostradamus
✆ 04 90 56 64 31
Tarif normal : 5,50 €, tarif réduit : 3,50 €.
Créé en 1992, ce musée a pris place dans la maison que Michel de Nostredame, plus connu sous le nom de Nostradamus, acheta en 1547 avec sa seconde épouse Anne Ponsard, dont il eut six enfants. Et y vécut jusqu'à sa mort. C'est dans ce lieu qu'il paracheva tous ses ouvrages, dont certains sont encore célèbres aujourd'hui : *Le Traité des Fardements et Confitures*, *Les Prophéties*, *La Paraphrase de Galien*, mais aussi les fameux *Almanach*, collection de prédictions dites astrologiques pour l'année. Honoré du label « Maison d'écrivain et de patrimoines littéraires » depuis 2006, le musée permet grâce à une visite audio-guidée de 45 minutes, de partir à la découverte de ce médecin « astrophile » du XVIe siècle, esprit brillant, à la fois scientifique, philosophe, poète, visionnaire, et qui a côtoyé les plus grands de son époque : Rabelais, Catherine de Médicis, Charles IX, Adam de Craponne... Des expositions temporaires mettent également en évidence les diverses facettes du personnage en dévoilant des documents originaux du XVIe siècle, des objets, etc. Une visite vraiment passionnante, autant pour les ésotéristes que pour les simples curieux ! Aussi, à deux pas du musée, au Centre Nostradamus, sont proposés de nombreux ateliers pédagogiques (enluminures, astronomie...) : vos enfants vont adorer ! Sachez enfin qu'au cœur du château de l'Empéri, la visite du Jardin des simples de Nostradamus vous éclairera sur les plantes utilisées par Nostradamus dans la composition des médicaments qu'il utilisa efficacement contre la peste.

DE LA VIGNE À L'OLIVIER
120 Place St Michel
13300 Salon de Provence
Tél/Fax : 04 90 44 18 57
1394 av Chaban Delmas Bel-Air
13300 Salon-de-Provence
Tél. 04 90 57 49 71
www.delavignealolivier.com

MUSÉE DU SAVON DE MARSEILLE MARIUS FABRE

148, avenue Paul-Bourret
✆ 04 90 53 24 77
www.marius-fabre.com/fr
Boutique et musée ouverts du lundi au samedi, 9h30-12h30 et 14h-18h.

Depuis 120 ans, au cœur de Salon-de-Provence, la savonnerie Marius Fabre perpétue la fabrication artisanale du savon de Marseille. La visite guidée de la savonnerie vous plongera dans les coulisses d'un savoir-faire transmis de génération en génération dans la famille Fabre. Complétez votre visite par la découverte du musée du savon de Marseille. La boutique d'usine vous permettra de découvrir tous les produits Marius Fabre. Un véritable moment de partage pour petits et grands !

GRAND HÔTEL DE LA POSTE** €

1, rue des Frères-John-et-Robert-Kennedy
✆ 04 90 56 01 94
www.ghpsalon.com
Chambres doubles à partir de 67 €. Petit-déjeuner : 9 €.

En plein cœur du centre de Salon-de-Provence, cet ancien relais de poste du XIXe siècle propose des chambres confortables avec vue sur la tour de l'Horloge. L'emplacement permet d'accéder facilement au Musée militaire, au musée de l'Emperi et à la maison de Nostradamus. Une adresse à l'ancienne ; la chambre 23 est un vrai bijou avec son petit balcon donnant sur la fontaine et l'horloge. On apprécie le salon cosy avec sa belle bibliothèque riche d'ouvrages littéraires et poétiques.

ABBAYE DE SAINTE-CROIX**** €€€

Route du Val-de-Cuech
✆ 04 90 56 24 55
garrigae.fr
25 chambres. Chambre double à partir de 139 €. Petit déjeuner buffet : 20 €. Restauration.

Un lieu de villégiature rêvé pour se ressourcer et méditer ! Ce Relais et Châteaux occupe une ancienne abbaye du XVIIe siècle réhabilitée. Son style Provence bourgeoise de charme offre du raffinement et du confort. Vous apprécierez aussi la piscine au milieu des champs de lavande et la vue grandiose jusqu'à la Sainte-Victoire. Le restaurant de l'Abbaye est en accord avec les lieux, gastronomique. L'accueil est bien sûr à la hauteur. Un très bel endroit pour un séjour hors du temps.

LA TABLE DU ROY €€

35, rue Moulin-d'Isnard
✆ 04 42 11 55 40
www.latableduroy.fr
Plats à la carte : 23€ environ.

Au pied du château de l'Empéri, ce restaurant offre une ambiance très romantique avec ses salles voûtées, dont une petite, très intime, dissimulée comme une grotte. Le leitmotiv est ici de cuisiner des produits frais et locaux. Des produits qui sont ensuite magnifiés dans des créations poétiques et surtout gourmandes. En semaine, le midi, on se délecte d'une cuisine traditionnelle de terroir avec la blanquette de veau, la bourride de la mer, l'aïoli ou encore le pot au feu. Oui, vraiment une table de roi. L'accueil est également très agréable.

JUSQU'A LA LIE

18, rue du Moulin d'Isnard
✆ 04 88 40 45 15
Ouvert du mardi au samedi de 18h à 1h.

Ce bar à vin est un des endroits les plus branchés de la ville ! Dans le centre-ville piéton, le lieu invite donc à un bon moment à la sortie du bureau, à l'heure de l'apéro, ou en soirée. Les nectars servis proviennent pour la majorité du sud-est de la France, où la qualité n'est plus un vain mot.... Quant aux « grignotages » proposés pour accompagner les libations, sur lesquelles saucisson de taureau, camembert rôti, pata negra ou bellota jabugo se disputent la vedette, ils donnent l'eau à la bouche... Ou plutôt le vin ! À consommer avec modération, bien sûr.

MOURIÈS

Difficile de ne pas succomber à ce village niché dans le parc naturel régional des Alpilles qui baigne dans une quiétude et une douceur de vivre exceptionnelle. Entouré d'oliviers (il y a plus de 80 000 pieds dans ce village qui se revendique comme la première commune oléicole de France), pas moins de trois moulins y sont encore en activité. L'oppidum des Caisses de Jean-Jean et l'église Saint-Jacques sont deux des lieux à découvrir. Les adeptes de la randonnée trouveront là leur bonheur. De nombreuses balades à thèmes sont possibles. Mais on peut également y pratiquer le VTT, découvrir des sites archéologiques ou simplement s'adonner au farniente.

MOULIN SAINT-MICHEL

30, Cours Paul-Revoil
✆ 04 90 47 50 40
moulinsaintmichel.net
Commandes en ligne toute l'année.

© MOULIN SAINT MICHEL

Aujourd'hui encore, la famille Rossi, propriétaire du moulin depuis soixante ans, perpétue la tradition oléicole du village, qui ne compte pas moins de 420 000 oliviers. Le moulin s'est bien entendu modernisé, avec des équipements à la pointe, mais l'architecture du bâtiment est restée la même. Dans la boutique attenante, vous pourrez découvrir les huiles du moulin, dont les bouteilles sont siglées de la fameuse « goutte d'or ». Et pour les arts de la table, vous trouverez dans la boutique l'indispensable épluche-ail, et des objets en bois d'olivier.

CHÂTEAU DE SERVANES €€€

Domaine de Servanes
✆ 04 90 47 50 03
http://chateaudeservanes.com
Chambres doubles de 115 à 140 €. Petit-déjeuner buffet 12 €.

Situé au sein du golf de Servanes, le château est noyé dans la verdure. Avec son pigeonnier et sa chapelle, l'établissement possède un cachet fou. Il allie à la fois modernité (avec notamment un nouvel espace Spa et sauna) et charme désuet des maisons d'autrefois. Les chambres sont à l'image du lieu : vous pourrez opter pour celles qui ont été rénovées (y compris les salles de bains) ou celles plus authentiques avec parquet d'origine et cheminée. Mais le château de Servanes, c'est également un restaurant où il est agréable de s'attabler.

L'HERBIER DES ALPILLES

46, avenue Pasteur
✆ 04 90 96 99 20
www.lherbierdesalpilles.fr
Ouvert tous les jours de 9h à 18h30.

Une petite boutique où les effluves de thés, cafés, épices et plantes médicinales se mêlent subtilement. *L'herbier des Alpilles* porte décidément bien son nom. Que vous cherchiez du thé vert pour le petit déjeuner, du café du Guatemala, de la coriandre pour la cuisine ou des herbes médicinales pour réduire votre stress, Martine saura vous aiguiller. À la boutique, qui fait également salon de thé, sont également organisées des conférences, des balades pour découvrir les plantes locales et des soirées musicales. Un lieu aussi insolite qu'attachant.

VALLON DE GAYET*** €€€

Route de Servanes
✆ 04 90 47 50 63
www.levallondegayet.com
Chambres doubles à partir de 112 €. Petit-déjeuner 14 €.

© LE VALLON DE GAYET

Avec comme toile de fond les belles collines des Alpilles, le Vallon de Gayet vous fera oublier le temps qui passe. Cet hôtel luxueux est avant tout une grande maison aux multiples ailes, restaurée et aménagée dans le respect des traditions. Toutes les chambres sont de plain-pied et ouvrent sur le magnifique jardin. Spacieuses et décorées élégamment, elles ont beaucoup de cachet avec leurs poutres apparentes. Les salles de bains sont quant à elles tenues impeccablement. L'établissement est également réputé pour son restaurant qui sert une cuisine du Sud.

BOUCHES-DU-RHÔNE

Mas de Gourgonnier - 13890 Mouriès
Tél. 04 90 47 50 45
Fax 04 90 47 51 36
www.gourgonnier.com
contact@gourgonnier.com

L'ABUS D'ALCOOL EST DANGEREUX POUR LA SANTÉ, CONSOMMEZ AVEC MODÉRATION

MAS DE GOURGONNIER

Le Destet
✆ 04 90 47 50 45
www.gourgonnier.com
Ouvert tous les jours.

Ici, l'agriculture biologique est une façon de vivre ancrée dans la culture familiale. Selon leur cahier des charges « Nature et progrès », les vignes et les oliviers ne reçoivent aucun traitement chimique, insecticide ou herbicide, et ce depuis 1975 ! Un semi d'engrais vert et un compost de fumier de mouton constituent l'amendement du sol où cuivre et soufre protègent la végétation. Difficile de faire plus sain. Sur place, vous pourrez vous balader entre vignes et oliviers grâce à un parcours fléché au départ du mas. Très bucolique...

LANCELIER EN PROVENCE

12, rue du Temple
✆ 06 13 61 95 58
www.lancelier.com
Huile d'olive fruité vert 50 cl : 24 €.

Voici une oliveraie, bien à l'abri du Mistral, en plein cœur de la garrigue provençale qui vous permettra de découvrir un savoir-faire traditionnel et ancestral : celui de la culture de l'olive en Provence. La culture est raisonnée et les récoltes faites à la main, pour obtenir le meilleur de l'olive verte ou noire. Les produits sont d'une grande qualité et le domaine propose, notamment, une « édition spéciale », la cuvée 1956, présentée dans de magnifiques flacons, avec une notice accrochée au goulot. Une excellente idée de cadeau.

MOULIN COOPÉRATIF DE MOURIÈS

Quartier du Mas-Neuf
✆ 04 90 47 53 86
www.moulincoop.com
Ouvert tous les jours en saison. Achat direct en ligne toute l'année par leur site internet.

Du moulin primitif construit en 1626, subsiste encore un authentique pressoir à chapelle. En 1920, le moulin a été transformé en coopérative. Aujourd'hui, ce sont ainsi 450 adhérents qui viennent faire presser leurs olives dans cet impressionnant moulin capable de triturer 5 tonnes à l'heure ! Quatre types d'huiles y sont fabriquées. La boutique propose aussi de la tapenade, des bocaux d'olives, du riz blanc de Camargue, du sel de Camargue et des coffrets cadeaux.

PARADOU ★

Accolé au village de Maussane-les-Alpilles, Le Paradou tire son nom des anciens moulins qui étaient autrefois utilisés par les tisserands installés le long de la rivière de l'Arcoule, les parador. La physionomie du village a énormément changé ces dernières années, et à part quelques bons restaurants, quelques monuments (église Saint-Martin) et le musée de santons, il n'y a guère d'autre à voir ou à visiter au milieu des nombreux lotissements qui sont sortis de terre. On peut tout de même faire quelques balades dans les alentours et découvrir plusieurs sites archéologiques. On peut également s'y établir pour rayonner ensuite dans la région.

LE CAFÉ CASTILLON €€

Avenue Jean Bessat
✆ 04 90 98 28 44
Plat du jour : 12 €

© CAFÉ CASTILLON

Idéal pour passer une soirée entre amis. Kelly, originaire de Maussane propose outre une ambiance chaleureuse et des jeux d'Arcade, une cuisine à base de produits frais. Tout est bien entendu fait maison avec, par exemple une spécialité de hamburger, effiloché de porc ou fêta et confiture de cerise. Vous trouverez également à la carte un pavé de taureau AOP avec frites fraîches, dos de cabillaud en croûte de parmesan et chorizo. En dessert, vous pourrez vous laisser tenter par un nougat glacé au miel de Provence ou encore une crème brûlée à la lavande.

BEC RESTAURANT €€€

55, avenue de la vallée des Baux
✆ 04 86 63 57 52
www.bec-restaurant.com
Ouvert du mardi au dimanche le midi et le soir. Menu à partir de 32€, le midi seulement.

Non seulement le lieu, tenu par un sympathique jeune couple, est très agréable, avec cette grande salle en pierre apparente, mais en plus la cuisine est délicieuse. Bien sûr, énoncé ainsi ce n'est pas très précis, mais ajoutons que le chef est un virtuose qui a exercé ses talents dans les plus grandes capitales et que sa carte est ingénieuse et raffinée. Oui, dans les assiettes, c'est beau et c'est bon. La surprise vient des prix affichés à côté des plats, mais rassurez-vous, c'est une bonne surprise. Une telle qualité à ces prix-là, on adhère.

TARASCON ★★

L'histoire de Tarascon plonge ses racines bien au-delà des limites de la mémoire humaine. Le site était déjà habité à l'époque préhistorique. Mais la ville est surtout célèbre en raison d'un terrible monstre qui hantait les marécages alentour, à l'époque de la haute antiquité : la Tarasque. L'histoire raconte que la bête fut domptée par Marthe de Bethanie, venue de Judée. Un miracle qui valut à la ville sa renommée. Mais rassurez-vous, si vous vous égarez aujourd'hui autour de Tarascon, point de Tarasque, ni de monstre hideux. Par contre, vous pourrez assister à des festivités autour de la Tarasque, festivités classées par l'Unesco au patrimoine oral et immatériel de l'humanité, depuis 2005. Honneur bien mérité : son patrimoine, la ville en prend le plus grand soin, et accueille les touristes avec force arguments. Outre les nombreux restaurants, la ville offre aux visiteurs une large palette d'activités et de visites qui valent le détour comme le château, édifié par les princes d'Anjou au XVe siècle qui est l'une des plus belles forteresses d'Europe, et qui attise, lui aussi, l'imaginaire avec ses hautes tours crénelées. Mais également, la collégiale royale Sainte-Marthe, érigée aux XIe et XIIe siècles, et le théâtre, avec sa façade baroque, le cloître des cordeliers, l'hôtel de ville ou encore le musée Souleïado où vous pourrez découvrir l'histoire de ces célèbres étoffes inspirées du folklore provençal... Bref, vous n'aurez pas trop d'une journée pour faire le tour de toutes les merveilles à découvrir.

ABBAYE SAINT-MICHEL-DE-FRIGOLET ✝ ★★

Route de Frigolet
✆ 04 90 95 70 07
www.frigolet.com
Pour couvrir les frais de séjour, la communauté vous remercie de votre offrande selon vos possibilités.

Au cœur de la Montagnette, les origines de la vie religieuse à Frigolet se perdent dans la nuit des temps. En 1133, une communauté déjà bien constituée de treize chanoines blancs est mentionnée pour la première fois. Sa fonction était de desservir le sanctuaire de la Vierge qui était alors vénérée ici sous le titre de Notre-Dame de Frigolet. Au XVIIe siècle, le monastère connaît un grand rayonnement qui se manifeste dans les bâtiments qui sont rénovés (le chapitre et les salles attenantes) ainsi que par le somptueux décor de la chapelle de Notre-Dame du Bon Remède. Les religieux sont chassés par la Révolution française, l'un des pères est exécuté à ce moment, et le monastère est vendu. Un pensionnat s'y installe pour quelque temps. Le jeune Frédéric Mistral y fit le début de ses études. En 1858, sur le conseil du saint curé d'Ars, le père Jean-Baptiste Boulbon, restaurateur de l'ordre des Prémontrés, achète l'ancien prieuré Saint-Michel. En 1866, l'église néogothique de l'abbaye est consacrée. En 1880, les Prémontrés sont expulsés par l'armée et accueillis en Angleterre par le duc de Norfolk à Storrington dans le Sussex. De retour en France, ils sont de nouveau expulsés par les lois anticléricales en 1903. Les chanoines s'exilent alors en Belgique, dans l'abbaye de Leffe, à laquelle ils redonnent vie. Leffe étant au cœur des combats en 1914, l'abbaye est investie par les Allemands et la communauté envoyée en déportation. En 1922, la dizaine de survivants retrouve Frigolet dévasté par vingt années d'abandon. Ils se mettent aussitôt au travail pour faire revivre leur maison qui se redressa en quelques années. Les frères se consacrent aujourd'hui plus particulièrement à l'accueil des visiteurs, des hôtes de passage, des jeunes et des retraitants, et de tous ceux qui recherchent le silence, le repos, la prière ou l'étude. Une communauté religieuse de la congrégation des Sœurs de Saint-Charles de Nancy partage sur la Montagnette le quotidien contemplatif et actif des Prémontrés. Pour un temps de retraite spirituelle, l'hôtellerie monastique accueille pour un séjour maximum de huit jours toutes les personnes qui désirent partager la prière liturgique et les repas de la communauté en silence. Pour les groupes, diverses autres structures sont à leur disposition : des salles de réunion et une salle de conférences, avec une cuisine à disposition pour une gestion libre, de vastes espaces de marche et des terrains de jeux.

BISTROT DES ANGES €

20, place du Marché
✆ 04 90 91 05 11
Plat du jour à partir de 12 €.

Ce bistrot, délicieusement rétro, compte de nombreux habitués. Et pour cause, ici, on mange toujours bien et pas cher. Il faut dire que Delphine, aux fourneaux, met un point d'honneur à cuisiner des produits locaux, voir bio. Ne vous attendez pas pour autant à manger des plats classiques, car la jeune femme est une adepte de la cuisine du monde. Son inspiration, elle la puise au gré de ses voyages. Au Bistrot des anges, la cuisine est goûteuse et surprendra vos papilles ! En salle, c'est Alban qui se charge du service avec beaucoup de gentillesse et d'efficacité.

LE TAILLES DE BON €

1, place du Colonel-Berrurier
✆ 04 90 91 47 74
www.tailles-de-bon-restaurant.com
Fermé le mardi. Plats à la carte : 20 € en moyenne.

Au sein de ce restaurant *lounge-bar*, vous allez pouvoir être prudent, raisonnable ou généreux ! Selon votre humeur, votre faim ou votre budget, tous les plats ou « tailles » se déclinent en effet en trois versions. Que ce soit les planches (charcuterie, fromage), les salades, les viandes, les poissons ou les desserts. Vous pourrez ainsi prendre un pavé de taureau A.O.P. Camargue « raisonnable » (150 g) et deux desserts au choix (mousse chocolat, tarte citron, macaron, mousse de marrons) si vous êtes prudent côté sucre. Un concept original !

BARBENTANE

Perché sur un éperon rocheux, Barbentane possède un patrimoine, reflet du Moyen Âge, de la Renaissance, et de vestiges celto-ligures. La tour Anglica, la porte de Séquier, la porte de Calendale et le château du marquis de Barbentane sont ainsi les témoins d'un passé florissant jusqu'au XVIIIe siècle. C'est un petit village agréable, avec une âme véritable. Dans ses ruelles sinueuses et bien fraîches l'été, on découvre de nombreuses façades classées aux monuments historiques. Aux alentours, collines et forêts permettent de faire de belles balades à pied, à cheval ou à VTT. Les idées ne manquent pas pour découvrir le village et son environnement.

MOULIN DE BRETOULE ★

Monument privé.

Implanté en 1845 par Louis Berlandier, le moulin de Bretoule, dont les ailes se sont arrêtées de tourner au XXe siècle, est situé non loin de la tour Anglica. Il est enchâssé dans les pins de la Montagnette. C'est l'un des six moulins à vent qui se trouvaient sur le chemin de la côte, sur l'arête nord-ouest de la Montagnette. Lors de son arrêt, les ailes ont été démontées et il n'est bien sûr plus fonctionnel. Il reste tout de même un monument à voir à l'occasion de l'une de vos balades. Le moulin de Bretoule est un monument privé.

LA TOUR ANGLICA

Chemin du Séquier
Gratuit.

C'est Anglic de Grimoard, frère du pape Urbain V, qui fit construire, en 1365, cette tour de près de trente mètres de hauteur sur un piton rocheux dominant le village de Barbentane. Au XVIIIe siècle, le cartographe et astronome Cassini se servit de la position élevée de la tour pour établir de précieux relevés cartographiques. Après la Révolution, en 1793, les vestiges de la tour furent vendus comme bien national, puis rachetés, une nouvelle fois, en 1852, par le marquis Robin de Barbentane. Sa famille en est toujours propriétaire.

HOTEL CASTEL MOUISSON*** €€

247, chemin sous les Roches ✆ 04 90 95 51 17
www.hotel-castelmouisson.com
Chambre double de 71 € à 120 €. Petit déjeuner : 10 €. Piscine.

Il est des séjours agréables et d'autres hors du commun. C'est dans cette dernière optique qu'il faut réserver une chambre à l'hôtel Castel Mouisson. En effet, dans cette grande demeure 3 étoiles posée dans un écrin de verdure, à proximité des plus belles destinations de Provence, on se sent un peu privilégié, il faut le dire. Le lieu pourrait abriter une intrigue d'Agatha Christie ou, tout simplement, votre week-end haut de gamme, mais dans tous les cas vous apprécierez votre passage en ces murs. Les chambres sont spacieuses et bien équipées. Parfait !

AUX PIEDS TANQUES €€

✆ 06 38 19 60 11

Plats entre 10 et 13 € environ.

Une excellente adresse et un lieu bien sympathique que ce petit restaurant qui propose une ardoise de la semaine ainsi que des salades-repas : niçoise, grecque ou encore César, là encore différentes chaque semaine. Mais le petit truc en plus, pour les amateurs du genre, c'est le Burger qui se décline de plusieurs façons : au bacon, au cheddar ou au chorizo. Un véritable régal. Les desserts sont simples, mais non moins excellents : îles flottantes et mousse au chocolat... rien que du bon. Enfin, l'établissement fait également chambre d'hôtes.

CHAPELLE SAINT-MARCELLIN

Gratuit.

Étrange cérémonie qui se déroule, tous les ans, le 1er juin, dans cette chapelle romane de la seconde moitié du XIIe siècle, et dont le portail méridional vaut le détour. On y fait retentir les cloches, signal pour les hommes (et exclusivement eux), d'entamer une procession derrière le curé du village pour se rendre vers l'édifice, chacun apportant une bouteille de vin. À l'issue d'une messe, les bouteilles sont ouvertes, le vin béni. Un seul verre est consommé, le reste, auquel on prête des vertus thérapeutiques, est gardé précieusement tout le reste de l'année.

BOUCHES-DU-RHÔNE

BOULBON

Située sur le flanc de la Montagnette, cette petite commune offre au visiteur désireux de voir des sites un peu à l'écart, l'occasion d'assouvir sa curiosité. Adossée aux collines, elle regarde vers le Rhône. Habitée dès le XIIe siècle, la présence de l'homme y est attestée au cours des siècles. Château féodal des XIIe et XVe siècles et ses abords, chapelles romanes de Saint-Julien dans une oliveraie et de Saint-Marcellin (XIIe siècle). Tous les ans, le premier juin, s'y déroule une procession originale, exclusivement réservée aux hommes où chacun porte une bouteille de vin qui sera ensuite dégustée sous la bénédiction du curé. À la vôtre !

© GB27PHOTO - FOTOLIA

Vue sur le village de Boulbon.

LE MOULIN BONNET

18, rue de l'Enclos

Visitable en juin.

Ce superbe moulin à vent du XVIIIe siècle est toujours en fonction (c'est le seul de tout le département des Bouches-du-Rhône dans ce cas). Construit en 1776 et restauré en 2002 conformément à l'original, il a retrouvé son toit, ses ailes et son mécanisme. Ainsi, les meules du moulin peuvent encore moudre. Les jours de mistral, on peut donc voir, outre le magnifique panorama sur la plaine du Rhône et le Gard sur l'autre rive, le tournoiement de ses ailes qui permettent de moudre le grain de blé à l'ancienne. C'est une excellente idée de balade.

HÔTEL LA BASTIDE DE BOULBON**** €€€

1, chemin de la Lône

✆ 04 90 93 11 11

www.labastidedeboulbon.fr

Haute saison : chambre double de 180 € à 260 €, petit déjeuner non inclus. Restauration, menus de 29 à 37 €.

Voici un hôtel véritablement romantique. Au pied de la Montagnette, cette bastide typiquement provençale entièrement restaurée possède un charme fou. Les chambres sont modernes avec un mobilier sobre et très élégant. Très bien insonorisées et spacieuses, elles offrent la garantie d'un séjour reposant. L'hôtel propose également un service de restauration le soir qui met en avant les produits de saison. Une adresse haut de gamme et un accueil à l'avenant.

GRAVESON

Entre Rhône et Durance, ce qui frappe, c'est le charme bucolique de cette petite commune de 5 000 âmes, guère riche en vestiges culturels, mais qui se noie au milieu des collines de pins, d'oliviers et de cyprès. Pour autant, ne manquez pas la visite de l'abbaye Saint-Michel-de-Frigolet ou encore des deux musées du coin : le musée des Arômes et du Parfum et le musée Auguste-Chabaud, du nom de ce peintre proche de Matisse et Derain. Un événement également à ne pas manquer si vous êtes dans la région fin juillet : la fête de la Saint Éloi avec sa fameuse course de charrettes, ses spectacles taurins et son incontournable concours de pétanque.

CAMPING LES MICOCOULIERS*** €€

445, route de Cassoulen
✆ 04 90 95 81 49
Accueil jusque 19 h. Emplacements à partir de 20€.

Avec ses 116 emplacements sur une surface de 2,5 hectares plats et arborés, ce camping bénéficie d'une situation privilégiée à la sortie de Graveson, en direction de Saint-Remy. Les équipements sanitaires sont regroupés dans trois bâtiments, équipés de cabines lavabos fermés et de douches. À disposition : piscine, jeux de boules, location de vélos… Vous pourrez également pratiquer le fitness, grâce aux équipements extérieurs. Quant aux enfants, une aire de jeux leur est réservée.

LE MAS FERRAND €€€

7, avenue Auguste-Chabaud
✆ 06 12 93 41 21
www.le-mas-ferrand.fr
Chambre double à partir de 95 €.

Ce mas provençal typique du XIXe siècle renferme une suite pour deux personnes et deux lofts pour deux ou quatre personnes (avec espace salon et cuisine). Vous bénéficierez d'un très beau jardin très arboré et vous pourrez vous relaxer en été dans sa fontaine du XVIIIe siècle. Ici, vous viendrez surtout pour l'accueil très chaleureux des propriétaires qui vous considèrent comme des amis de la famille. Autant dire qu'ici, c'est un peu comme à la maison. Les bons plans en plus pour les visites, les endroits où se garer…. Une adresse dont vous vous souviendrez.

LE MOULIN D'AURE*** €€€

112 route de Cassoulen
✆ 04 90 95 84 05
www.hotel-moulindaure.com
Chambres à partir de 104€ en basse saison. Petit-déjeuner : 12 €.

Très bel hôtel que ce *Moulin d'Aure*, inspiré des résidences italiennes ; vous plongerez dans le charme et le professionnalisme d'un établissement de ce standing. La bâtisse principale domine une oliveraie où la quiétude et le calme ne sont perturbés que par le doux bruissement des branches d'olivier. Les chambres, toutes grand confort, se répartissent dans deux bâtiments indépendants. Certaines verront leur terrasse s'ouvrir directement sur le parc. Dans un jardin d'un hectare, une piscine de 15 mètres vous attend. L'accueil est très agréable.

LE BISTROT SOUS LES PLATANES €€

518, route d'Avignon
✆ 04 90 90 79 87
www.lebistrotsouslesplatanes.fr
Ouvert toute l'année. Du jeudi au mardi.

La cuisine est généreuse et le service de qualité. Le bistrot sous les platanes constitue une agréable pause gourmande, dans un cadre détendu. On mange à l'assiette des choses simples, mais drôlement appétissantes : côtes de bœuf, seiches à la plancha… quant aux desserts, ils titillent nos souvenirs d'enfants avec Petits Lu et Nutella trempé dans le café. Le vendredi en saison, pour rester dans les traditions culinaires de la région, les patrons proposent un délicieux aïoli !

LES FIGUIÈRES DU MAS DE LUQUET

Chemin du Mas-de-la-Musique
✆ 04 90 95 72 03
www.lesfiguieres.com
Ouvert du lundi au samedi.

Voilà près d'un demi-siècle que Francis Honoré et son épouse, Jacqueline, ont planté les premiers arbres de leur immense verger de figuiers. Au Mas de Luquet, sur 12 hectares, ce sont des dizaines de variétés de figues qui sont cultivées. Tandis que Jacqueline concocte des recettes sucrées et salées, élabore des confitures et des condiments (vinaigre, moutarde…), Francis emploie son bagou à convaincre les amateurs de succomber à la tentation. Un couple à rencontrer d'urgence.

© L'ATELIER D'YVAN

© L'ATELIER D'YVAN

L'ATELIER D'YVAN

3453, Ancien chemin d'Arles
✆ 06 63 48 75 75
Sur réservation uniquement.

Yvan Cadiou, chef renommé qui a parcouru le monde et participé à des centaines d'émissions télévisées internationales, a posé ses valises en Provence. Une adresse insolite à Marseille et une épatante table d'hôte nomade, du côté de Graveson. Dans le ravissant domaine du Breuil, Yvan vous accueille de toute sa sympathie pour un moment unique de partage : des cours de cuisine à vivre en petits groupes (ou plus grands si besoin) avec le chef, pour se découvrir des talents insoupçonnés et surtout apprécier la créativité du chef. Un vrai show sous le signe du plaisir !

© L'ATELIER D'YVAN

© L'ATELIER D'YVAN

© L'ATELIER D'YVAN

VAR

Le Var déploie en douceur et sous un soleil omniprésent un patrimoine culturel et naturel d'une rare diversité. Chaque année, les touristes affluent pour profiter de ses stations balnéaires familiales, de ses richesses architecturales et archéologiques, et de son arrière-pays aux reliefs escarpés propices tant à la randonnée qu'à la pratique de sports en eau vive. Département préféré des Français, le Var est un territoire de traditions et de contrastes, de couleurs chatoyantes et de senteurs exaltantes. S'il est essentiellement prisé des touristes estivaux, il promet tout au long de l'année de belles découvertes au visiteur curieux préférant sa constante douceur de vivre à sa popularité presque trop éphémère de juillet-août. En été, si ses plages demeurent un atout de taille, osez vous avancer vers l'intérieur des terres pour admirer ses reliefs saisissants et ses jolis villages.

Vers Manosque
Vers Moustier Ste-Marie
Vers Moustier Ste-Marie
AIGUINES
Lac de Ste-Croix
LES SALLES-S.-VERDON
BAUDUEN
Gorges du Verdon
VINON-S.-VERDON
Lac d'Esparron
Baudinard-s.-Verdon
VAUCLUSE
Lac de Quinson
Artignosc-sur-Verdon
D957
D71
Vers A51
St-Julien-le-Montagnier
Quinson
MOISSAC-BELLEVUE
Vérignon
Régusse
Ginasservis
Canal du Verdon
D30
la Verdière
MONTMEYAN
AUPS
D30
D22
D561
Tavernes
Fox-Amphoux
Rians
Esparron
SALERNES
D557
Artigues
St-Martin
VARAGES
Sillan la-Cascades-
D3
BARJOLS
Pontevès
COTIGNAC
ENTRECASTEA
D13
Brue-Auriac
D560
CHÂTEAUVERT
Seillons-Source-d'Argens
Argens
CORRENS
D562
Pourrières
OLLIÈRES
CARCÈS
Bras
MONTFORT-S.-ARGENS
Vers Aix-en-Provence
A8
Lac de Carcès
Pourcieux
ST-MAXIMIN-LA-STE-BAUME
LE VAL
VINS-SUR-CARAMY
Cabasse
Bouches-du-Rhône
DN7
TOURVES
BRIGNOLES
A8
D1
LA CELLE
N560
CAMPS-LA-SOURCE
Rougiers
Vers Marseille
Nans-les-Pins
Ste-Anastasie-s.-Issole
BESSE-S-ISSOLE
ST-ZACHARIE
Mazaugues
la Roquebrussanne
Plan-d'Aups Ste-Baume
D95
Forcalqueiret
GARÉOULT
Massif de la Ste-Baume
Rocbaron
Pignans
Carnoules
Néoules
D97
SIGNES
D43
D2
Méounes-les-Montrieux
Puget-Ville
A57
Vers Aubagne
Ribous
DN8
D554
CUERS
D97
Belgentier
PIERREFEU-DU-VAR
LA CADIÈRE-D'AZUR
LE CASTELLET
Solliès-Toucas
le Revest-les-Eaux
Vers Marseille
LE BEAUSSET
Solliès-Pont
SOLLIÈS-VILLE
ST-CYR-S.-MER
D559
EVENOS
LA FARLÈDE
D12
LA VALETTE-DU-VAR
la Crau
BANDOL
OLLIOULES
LA GARDE
HYÈRES
TOULON
ILE DE BENDOR
SANARY-S.-MER
LE PRADET
Carqueiranne
LA SEYNE-S.-MER
SIX-FOURS-LES-PLAGES
Le Brusc
St-Mandrier-s.-Mer
Ile des Embiez
Giens
15 KM
PRESQU'ÎLE DE GIENS
ÎLE DE PORQUEROLLES

Var
Vers Castellane
le Bourguet
LA MARTRE
D6085
Châteauvieux
LA BASTIDE
Brenon
Bargème
Trigance
la Roque-
Esclapon
Mons
Vers Grasse
ALPES-
MARITIMES
Comps-
s.-Artuby
D25
D563
D955
Callian
Seillans
FAYENCE
MONTAUROUX
Vers Grasse
D19
BARGEMON
Tourrettes
Montferrat
Claviers
Tanneron
Châteaudouble
Ampus
Callas
D562
St-Paul-
en-Forêt
Lac de
St-Cassien
Vers Cannes
Figanières
Bagnols-
en-Forêt
FLAYOSC
DRAGUIGNAN
LES ADRETS-
DE-L'ESTEREL
DN7
TRANS-
EN-PROVENCE
D1555
LA MOTTE
Vers Cannes
DN7
LORGUES
LE MUY
PUGET-S.-ARGENS
RADEAU
LES ARCS
DN7
Agay
FRÉJUS
Anthéor
VIDAUBAN
ROQUEBRUNE
S.-ARGENS
Le Dramont
ST-RAPHAËL
Boulouris
DN7
A8
D125
ST-AYGULF
LE CANNET-
DES-MAURES
D559
Plan-
de-la-Tour
LES ISSAMBRES
D558
la Garde-
Freinet
D25
A57
D75
STE-MAXIME
PORT-
GRIMAUD
Les Mayons
GRIMAUD
ST-TROPEZ
D14
COGOLIN
LLOBRIÈRES
GASSIN
la Môle
RAMATUELLE
Forêt
s Maures
D98
LA CROIX-
VALMER
Mer
Méditerranée
BORMES-
LES-MIMOSAS
Canadel-
sur-Mer
CAVALAIRE-SUR-MER
LES ÎLES D'OR
RAYOL-CANADEL-SUR-MER
LE LAVANDOU
Autoroute
Nationale 4 voies
Nationale
Départementale
Ville
Forêt domaniale
ÎLE DU
LEVANT
s d'Hyères
ÎLE DE
PORT-CROS

PAGES

VAR

BANDOL ★★★

Bandol... Un nom qui résonne dans les esprits, même si l'on ne connaît pas la ville. Un nom chargé d'histoire et gorgé de soleil, qui avant même Saint-Tropez attirait des personnalités telles que Marcel Pagnol ou Fernandel. Bandol fut l'une des premières stations balnéaires de France, et demeure encore parmi les plus authentiques. On l'apprécie pour ses plages, pour son charmant port de plaisance et pour l'animation du marché (le mardi matin). Des sports nautiques à la randonnée pédestre, en passant par le golf, ici les activités ne manquent pas ! Et c'est sans compter les domaines viticoles, dont nous recommandons la dégustation (avec modération).

ATLANTIDE

Quai de Gaulle

✆ 04 94 32 51 41

www.atlantide1.com

Ouvert d'avril à novembre. Selon la croisière, comptez 29-69 €/adulte et 19-49 €/enfant.

Installé sur le port de Bandol, Atlantide propose des excursions marines vers les calanques en demi-journée (sorties labellisées « Esprit parc national »), vers Porquerolles (escale de 6h30), et des sorties à la découverte des cétacés (labellisées « High Quality Whale Watching »). Outre ces trois excursions phares, l'équipe peut aussi vous accueillir en plus petit comité à bord de son semi-rigide ; elle propose même des affrètements privés. *Last but not least,* Atlantide gère aussi l'*Aquascope*, une embarcation ludique pour apprécier les fonds marins alentour !

LE SENTIER DU LITTORAL ★★

Itinéraire complet, de Saint-Cyr-sur-Mer à Bandol, 12,50 km. Durée 3h30-4h.

Accès au sentier entre la Pointe Grenier et la Pointe Fauconnière. Sentier interdit en période pluvieuse ou orageuse.

Le sentier balisé du littoral de Saint-Cyr à Bandol révèle tous ses trésors aux marcheurs qui se donnent la peine de les découvrir : chêne-vert, pin parasol, figues de barbarie, faucon pèlerin (assez rare)... Le départ s'effectue sur la petite plage de la Reinette pour se terminer à Bandol sur la plage de Rènecros. Tout au long du parcours, de nombreuses pointes – pointe Grenier, pointe Fauconnière, pointe des Trois-Fours, pointe du Défens – permettent d'admirer de jolis points de vue. A mi-parcours, vous arrivez dans la calanque idyllique de Port-d'Alon.

PORT DE BANDOL

6, Capitainerie

✆ 04 94 29 42 64

www.portbandol.fr

1 500 places et 100 pour le passage en saison, 50 hors saison.

Le port de Bandol, neuvième port de France, est vraiment un port privilégié pour les vacanciers. Situé entre Marseille et Toulon, il permet de rallier rapidement les îles de Porquerolles et les sublimes calanques de Marseille. Équipé d'une aire de carénage pourvue de postes de 5 à 40 mètres, il est facile d'y effectuer ses réparations et entretiens courants. Le port dispose bien sûr d'une station à carburant. C'est aussi un port agréable pour une petite balade au bord de l'eau pour admirer les bateaux de Bandol et du monde entier.

OFFICE DE TOURISME DE BANDOL

Allées Vivien

✆ 04 94 29 41 35

www.bandoltourisme.fr

Ouvert tous les jours de 10h à 18h. Haute saison : tous les jours de 9h à 19h.

Rendez-vous à l'office de tourisme de Bandol pour avoir toutes les informations, brochures, plans, dates des festivals et événements. En résumé, vous trouverez tout ce dont vous avez besoin pour vos vacances à Bandol, y compris des adresses de locations saisonnières si besoin. L'office de tourisme propose également des visites guidées thématiques très intéressantes qui vous permettront de découvrir le Bandol authentique, mais il faut penser à réserver ces visites à l'avance.

HÔTEL PROVENÇAL*** €€

25, rue des Écoles

✆ 04 94 29 52 11

www.hotelprovencal.eu

Chambre double de 85 € à 165 €. Petit déjeuner : 15 €. Parking : 10 €.

Relifté il y a quelques années par Fabien Vocicot, le propriétaire, cet hôtel est vraiment une bonne affaire grâce à la décoration personnalisée et les prestations confortables. Vous apprécierez les couleurs pop, les matériaux tendance, et les œuvres çà et là de l'artiste Robert Sgarra. Côté nuit, six chambres jouissent d'une terrasse et cinq offrent une vue mer. Coup de cœur pour la 6 et sa loggia, et pour la 26, la suite familiale. En résumé, c'est un superbe hôtel de charme au bon rapport qualité-prix, non loin de la magnifique plage de Renécros.

AUBERGE DU PORT MAISON GHIRIBELLI €€

9, allée Jean-Moulin ✆ 04 94 29 42 63

www.auberge-du-port.com

Tous les jours dès 6h30, en continu. Plat 20-29 €. Bouillabaisse 49 €. Formule du midi : 16,50 €. Terrasse.

Le décor de cette institution bandolaise fondée en 1971 est résolument moderne et élégant. Mobilier chic et feutré, luminaires réalisés par un verrier italien, terrasse, jardin et véranda ouvrant sur les palmiers : superbe ! La carte persiste sur les saveurs marines avec les plateaux de coquillages, la pêche du jour, le poisson grillé flambé au Pastis, cuit en croûte de sel ou préparé façon meunière, et la bouillabaisse. On apprécie les soirées musique live certains vendredis soir.

LES OLIVIERS €€€

25, boulevard Louis Lumière

✆ 04 94 29 33 12

thalazur.fr

Ouvert de 19h15 à 22h. Terrasse panoramique ouverte aux beaux jours. Menus de 110 à 190 €.

Dans un cadre contemporain, ce restaurant situé à l'hôtel Ile Rousse et récompensé par une étoile au Michelin, est l'une des meilleures tables du Var. Une vue féerique sur la baie de Renécros pose le décor d'une expérience culinaire lumineuse, où le chef, Jérémy Czaplicki et son équipe pose une empreinte délicate. Le chef nourrit son imaginaire et construit une cuisine autour du terroir marin et de l'appellation Bandol, cuisine de passion en lien avec les producteurs locaux, où l'on sublime le produit pour le rendre unique. Un voyage gustatif bien maîtrisé.

CASA NOSTRA BY BIANCA

898, route du Beausset

✆ 06 28 46 42 60

Épicerie fine corse et italienne. Ouvert du mardi au samedi 9h-12h30 et 15h30-19h30, le dimanche matin, fermé le lundi.

C'est l'envie de revenir à la passion familiale (une mamie fromagère en Corse) qui a poussé Bianca dans cette belle aventure. Avec humilité et beaucoup de rigueur, l'épicerie Casa Nostra se déplace chez les producteurs de l'île de Beauté, en Italie et en Provence, pour dégotter des produits d'exception : brie à la truffe, chèvres fermiers locaux, tommes de chèvres et de brebis, burrata des Pouilles, la liste est longue. On vient aussi pour la charcuterie corse, les confitures, l'huile d'olive, les pâtes, les galettes, vins et liqueurs. Une belle adresse gourmande.

ŒNOTHÈQUE DES VINS DE BANDOL

Place Lucien-Artaud

✆ 04 94 29 45 03

www.maisondesvins-bandol.com

Ouvert du lundi au samedi de 10h à 13h et de 15h à 19h ; le dimanche de 10h à 13h.

C'est l'adresse idéale pour celui qui n'a pas le temps de faire le tour des domaines du vignoble de Bandol. Cette vitrine de l'appellation (AOP) de Bandol, située face au casino de jeux de la ville, propose à la vente, et au même prix que sur les domaines, les crus – rouges puissants et veloutés, rosés fruités et finement racés, blancs fins et corsés – de la cinquantaine de viticulteurs adhérents à l'association « Les vins de Bandol ». Un bon plan !

BANDOL SPORTS NAUTIQUES

Plage et parking du Casino

✆ 06 08 64 74 77

www.bsn83.fr

Location de jet-ski à partir de 65 € les 20 minutes. Wake-board et ski nautique à partir de 32 €.

Toutes les sensations fortes regroupées en un seul et même lieu ! Parfaitement située, la base de Bandol Sports Nautiques offre un panel de disciplines toutes plus ludiques les unes que les autres, de la traditionnelle bouée tractée au parachute ascensionnel, en passant par le jet-ski ou, plus technique, le sensationnel flyboard. Pour cette dernière, un moniteur particulier est impératif : renseignez-vous pour vous inscrire. Un film de vos performances en parachute ascensionnel est enfin proposé pour immortaliser votre envolée.

GRAND CASINO BANDOL

2, place Lucien-Artaud

✆ 04 94 29 31 31

www.casinobandol.com

Ouvert de 9h à 3h du matin, jusqu'à 4h le vendredi et samedi.

Si vous sentez que c'est votre jour de veine, essayez de décrocher le jackpot avec les machines à sous du casino Partouche... À moins que vous ne préfériez les jeux plus traditionnels – boule, roulette française, roulette anglaise et black-jack – sans oublier les tables de poker pour du *cash game*. Le Casino propose aussi des jeux digitaux pour ceux qui sont fans de high tech. Enfin, des groupes se produisent régulièrement en live dans le Casino ce qui met une bonne ambiance. Ne manquez pas d'aller à la brasserie qui offre une vue panoramique sur la baie de Bandol.

ILE-DE-BENDOR ★

Ce petit îlot de 7 ha, sans voiture, abrite le plus petit port de la Méditerranée, deux petites plages et des criques, bien entretenues. Déserte lorsque Paul Ricard en fait l'acquisition en 1950, Bendor était alors duvetée d'une maigre végétation. Bâtisseur, mécène et artiste, il en fit surgir un véritable hameau dédié à sa famille, à ses amis, puis aux artistes – Dali, Fernandel, Joséphine Baker... Il va y développer un tourisme de qualité en donnant à l'île l'aspect attractif et fleuri qu'elle possède désormais.

Pour y aller : départs sur le port de Bandol. Horaires et tarifs complets à consulter en ligne sur www.lesilespaulricard.com.

SAINT-CYR-SUR-MER ★

Saint-Cyr-sur-Mer est une belle destination balnéaire du Var, un peu moins fréquentée l'été que d'autres stations balnéaires plus connues de la côte. Labellisée « Pavillon Bleu », « France Station Nautique » (2-étoiles), « Les plus beaux détours », et « Villes et Villages Fleuris » (3 fleurs), Saint-Cyr-sur-Mer offre l'agrément de ses trois ports, Les Lecques, La Madrague et Port-d'Alon. Elle marque la limite extrême du département du Var vers l'ouest, avant La Ciotat, première localité côtière des Bouches-du-Rhône. Saint-Cyr-sur-Mer est également connue pour ses splendides plages de sable fin, qui s'étendent aux Lecques sur deux kilomètres.

Histoire

La colonie phocéenne de Marseille avait établi de nombreux comptoirs tout au long de la côte, dont celui de Toreis, nommé par la suite Tauroentum. À la chute de l'Empire romain en 476, les incursions des pirates sarrasins obligèrent les habitants à se réfugier sur les hauteurs, notamment à La Cadière. Plus tard, les habitants redescendirent dans la plaine et construisirent une chapelle dédiée à saint Cyr. Ce n'est que plus tard que le hameau de San Ceri, partie intégrante du village de La Cadière, se sépara de ce dernier après en avoir fait la demande auprès de Charles X. En 1825, San Ceri prit le nom de Saint-Cyr, et devint par la suite la station balnéaire et touristique actuelle.

MUSÉE GALLO-ROMAIN DE TAUROENTUM ★

131, route de La Madrague ✆ 04 94 26 30 46
www.museedetauroentumsaintcyrsurmer.fr
Haute saison : ouvert du mercredi au lundi de 15h à 19h. Basse saison : ouverture variable. Adulte 5 €, enfant 2,50 €.

Vestige du passé antique de la commune, cet intéressant musée classé nous replonge 1 500 ans en arrière. Construit sur les vestiges d'une villa Maritima, ce site abrite trois belles mosaïques du Ier siècle apr. J.-C., des colonnes torsadées de la même époque et de nombreux objets, amphores, vases, monnaies, verreries... et un ensemble remarquable de formes de sépultures. Un musée à ne pas manquer sur Bandol et qui vous permettra de vous cultiver entre deux séances de farniente.

LES PLAGES ★★

Les plages de Saint-Cyr se répartissent en trois zones : les Lecques, la Madrague et Port d'Alon. Au fond du Golfe d'Amour, les plages des Lecques s'étendent sur deux kilomètres de sable et sont particulièrement adaptées aux familles. On peut en effet stationner à proximité (plus de 1 000 places de parking alentour... souvent occupées malgré tout en été !), on y trouvera des zones de baignade délimitées, des chenaux traversiers réservés aux véliplanchistes, des installations sportives telles que mini-golf, beach-volley et des prestataires de loisirs nautiques.

LE SENTIER DES VIGNES ★

Depuis la Madrague jusqu'à la calanque Port d'Alon par les terres et les vignes. Durée : 1h-1h30.

La région de Bandol compte plusieurs sentiers de randonnée, dont le sentier des vignes. Labellisé « sentier varois de qualité » en 2014, ce circuit à thème permet de découvrir, tour à tour, à travers sept tables explicatives, la Bastide de la Nartette, le vignoble AOC Bandol, la pelouse à orchidées, la dune éolienne plaquée, plus connue de tous sous le nom de « colline de sable », l'olivier, les cultures traditionnelles, les paysages et la géologie du secteur. Prévoir une heure à une heure et demie pour parcourir tranquillement ces 2 kilomètres de découverte.

VAR

STATUE DE LA LIBERTÉ ★

16, place Portalis

Voilà un monument plutôt insolite et inattendu dans le Var, surtout dans une station balnéaire. New York ou… Saint-Cyr ? Au centre du village, place Portalis, se dresse une flamboyante statue entièrement en fonte et finement dorée. Il s'agit de la réplique de la statue américaine – l'une des quatre répliques exactes – en modèle réduit : elle mesure 2,50 mètres, soit la longueur de l'index de celle de New York. Signée sur socle par l'artiste Frédéric-Auguste Bartholdi, elle commémore l'arrivée de l'eau courante à Saint-Cyr en 1913.

OFFICE DE TOURISME DE SAINT-CYR-SUR-MER

Place de l'Appel-du-18-Juin ✆ 04 94 26 73 73

www.saintcyrsurmer.com

Ouvert tous les jours et les jours fériés de 9h à 12h30 et de 14h à 17h. Fermé le dimanche de novembre à mars.

L'office de tourisme de Saint-Cyr-sur-Mer vous renseignera sur les visites à effectuer dans la commune et dans ses environs, et vous indiquera les meilleurs sentiers de randonnée. Vous trouverez aussi sur place de nombreuses brochures sur la ville et les environs ainsi que toutes les informations concernant les festivals, évènements ou marchés à Saint-Cyr-sur-Mer. Si vous êtes à la recherche d'artisanat local ou de caves à vin, on saura aussi vous renseigner.

LA BASTIDE DE FONTVIEILLE €€

364, chemin de Fontvieille

✆ 07 82 43 25 55

www.bastidedefontvieille.com

Chambre double à partir de 165 € ; suite à partir de 210 €. ouvert d'avril à octovre.

Une maison de charme comme on les aime, lovée dans un environnement de toute beauté planté de cyprès, platanes, oliviers et autres arbres centenaires. Ancienne ferme viticole du XVIIIe, cette belle bastide en pierre est aujourd'hui la propriété de Stéphanie et Eric Prévost, qui vous accueillent toute l'année dans leurs quatre chambres d'hôtes. Toutes disposent d'un accès indépendant et direct sur le jardin de 3 200 m². Entièrement restaurée, la demeure a conservé son cachet d'antan.

GRAND HÔTEL LES LECQUES*** €€

24, avenue du Port

✆ 04 94 26 23 01

www.grand-hotel-les-lecques.com

Ouvert à l'année. Base double 89 à 259 €. Petit déjeuner 15 €. Parking gratuit. Séminaires. Réceptions, mariages. Wifi.

Cette élégante demeure style Belle Époque à l'architecture élancée, se situe au sein d'un parc fleuri de 3 ha à 100 mètres des plages. Chambres climatisées très confortables, vue mer ou sur le parc, à contempler de votre balcon. Le restaurant Le Parc, prolongé d'une terrasse, permet de goûter une cuisine aux saveurs méditerranéennes, et le restaurant La Pinède propose, dès les beaux jours, une carte formule piscine avec un large choix. Nouveauté : Jardin d'apprentissage permaculture.

© JACQUES VEKEMANS

© JACQUES VEKEMANS

VAR

LE FRÉGATE PROVENCE**** €€€

Route de Bandol RD 559 ✆ 04 82 78 04 00
https://www.lefregateprovence.com
Chambre double de 150 € à 1 000 €. Demi-pension : 49 €. Petit déjeuner : 25 €.

Blotti au milieu des vignes et des oliviers du Domaine de Frégate, cet hôtel vous offre une vue imprenable sur la Méditerranée. Dans un style à la fois authentique et très haut de gamme, il est doté de chambres lumineuses donnant toutes sur de larges terrasses vue mer. Les tons et les meubles patinés ne sont pas sans rappeler l'atmosphère locale. L'hôtel dispose de deux restaurants dont le Lou Carpan, de deux bars, d'un superbe golf et d'un luxueux espace bien-être Frégate. Un somptueux hôtel pour un moment absolument hors du temps.

RESTAURANT LE PARC €€

24, Avenue du Port
✆ 04 94 26 23 01
www.grand-hotel-les-lecques.com
A la carte et menu du jour à 40€. Service le soir du mardi au samedi. Restaurant La Pinède tous les jours 12h-14h.

Une cuisine authentique et généreuse aux influences méditerranéennes. On apprécie cet havre de paix et la terrasse panoramique qui offre une vue mer exceptionnelle sur le parc et la baie des Lecques. Idéal pour déguster grands crus et vins de pays de la vinothèque. Le restaurant La Pinède est l'option du midi, au bord de la piscine, et propose différentes formules : à la carte (sans accès piscine), plat du jour en semaine, salades, viandes et poissons grillés au barbecue. Formule accès piscine (sauf le dimanche) avec plat et dessert.

LA RIVIERA DEI FIORI €€

Nouveau-Port
✆ 04 94 32 18 20
www.larivieradeifiori.fr
Basse saison : du jeudi au mardi le midi et le soir. Haute saison : tous les jours le midi et le soir. Plat : 13-25 €.

Depuis plus de 20 ans, les amateurs de cuisine transalpine se retrouvent sur le port des Lecques pour découvrir les saveurs d'une cuisine méditerranéenne et colorée. Les pizzas au feu de bois, moelleuses à cœur et croustillantes sur les bords, sont fort appréciées, tout comme les quelques incontournables de la carte : moules marinières frites maison, souris d'agneau confite, pâtes fraîches et gnocchis de pommes de terre maison, tartare de daurade sauvage au citron, gingembre et pommes granny smith... Alléchant n'est-ce pas ?

GOLF DE DOLCE FRÉGATE PROVENCE

Route de Bandol RD559 ✆ 04 94 29 38 00
www.dolcefregate-golf-provence.com
Du mercredi au lundi de 7h à 20h ; le mardi de 7h à 17h. Green fee 18-trous de 70 à 95 €. 9-trous de 50 à 60 €.

Le golf étend son long ruban vert le long de la Méditerranée, où les départs en terrasse offrent une vue imprenable sur la mer. Frégate, parcours de 18 trous, accueille également des joueurs d'un niveau avancé. Remarquable par sa technicité, il vous impressionnera aussi par son panorama exceptionnel avec 15 trous sur 18 qui vous offrent une vue spectaculaire sur la mer Méditerranée. Académie de golf (stages découverte, perfectionnement et coaching), école de golf et école handi-golf.

SANARY-SUR-MER ★★

Ce charmant petit port était déjà peuplé à l'époque romaine, puis c'est à partir du XIe siècle, lors de la première construction de l'église Saint-Nazaire – sur le port – qu'il commença à se peupler. Au XIVe siècle, la construction d'une tour de guet favorisa la naissance d'un premier noyau urbain. Dès le XVIIe siècle, Saint-Nazaire s'affranchit de la commune d'Ollioules, à laquelle elle était jusque-là rattachée, et réalise d'importants travaux d'approfondissement du port pour permettre l'accès des galères royales. En 1890, San Nazari, nom provençal de Saint-Nazaire, obtient de modifier son nom pour se distinguer des neuf autres communes portant ce nom, et devint Sanary. Le village vivra au fil du temps grâce à ses activités agricoles, vignes et oliviers, commerciales et maritimes. Il lui faut attendre la construction du chemin de fer sous le Second Empire pour commencer à connaître un développement touristique, hivernal dans un premier temps, avant l'engouement des bains de mer dans les années 1930. Aujourd'hui, à côté du tourisme, l'activité de pêche reste présente avec les fameux pointus, petits bateaux ventrus devenus le symbole de la pêche artisanale du Midi. Plaisant en toutes saisons, le port de Sanary offre un abri naturel bien protégé du mistral. En 2018, son marché pittoresque, localisé sur le boulevard d'Estienne d'Orves, est sacré « plus beau marché de France » dans le cadre d'un concours national lancé par Jean-Pierre Pernaut au journal télévisé de 13h sur TF1.

VAR

MUSÉE INTERNATIONAL DE LA PLONGÉE FRÉDÉRIC DUMAS ★★

12, rue Lauzet-Ainé ✆ 04 94 32 97 89
www.museedumas.fr
Haute saison : tous les jours de 10h à 12h30 et de 15h30 à 19h. Gratuit.

Situé dans deux bâtiments, ce musée est destiné aux passionnés du monde sous-marin, et se présente comme l'unique musée de la plongée sous-marine en France ! Il porte le nom de l'un des pionniers (d'origine sanaryenne) de l'aventure de la plongée autonome (avec d'autres grands noms du milieu, comme Cousteau, Taillez Serenon, Fargues, Le Prieur…). Il abrite une large collection d'objets rares, quelques fois uniques, liés à la découverte autonome du milieu sous-marin.

LES PLAGES DE SANARY-SUR-MER ★

Avec 8 kilomètres de côtes, Sanary comporte de nombreuses plages de sable fin et vous aurez l'embarras du choix pour vos séances de bronzette. Vous trouverez des plages en centre-ville, mais aussi dans les alentours de Sanary-sur-Mer. Le Levant en centre-ville, Portissol, plage de sable, La Kima, quartier de Portissol, la Baie de Cous, puis, se succédant dans la baie de Bandol, les belles plages de sable fin de la Gorguette, la plage dorée et le Lido.

TOUR DE SANARY-SUR-MER ★

Sur le port
✆ 04 94 32 97 89
Fermé en novembre et janvier. Gratuit.

A Sanary-sur-Mer, au-delà du port de pêche et des plages de sable fin, il y a tout de même un joli patrimoine. La Tour de Sanary en fait partie ! Construite à la fin du XIIIe siècle, puis entourée d'un fossé et d'un boulevard en 1437, transformée en prison et en corps de garde pour les garde-côtes, la Tour de Sanary fut restaurée par la ville en 1990. Aujourd'hui, elle abrite dans le cadre du musée de la Plongée, une collection de pièces archéologiques. D'une hauteur de 21,50 m, elle offre depuis son sommet une vue magnifique.

ZOA PARC ANIMALIER ET BOTANIQUE ★

131, avenue du Pont-d'Aran
✆ 04 94 29 40 38
www.zoaparc.com
Haute saison du jeudi au mardi de 9h30 à 19h, mercredi 9h30 à 21h30. Adulte : 13,50 €. Enfant de 3 à 10 ans : 10,50 €.

Situé dans le Var, à proximité de Toulon, ce parc animalier et botanique domine la baie de Bandol. L'harmonie qui règne entre les plantes et animaux, ainsi que la beauté du site, font de cet ancien jardin exotique, un petit paradis. Il offre à ses visiteurs un échantillon de la richesse de la faune et la flore de notre planète, leur promettant un voyage inattendu à la découverte des cinq continents. Le parc s'étend sur 2 hectares et abrite de nombreuses espèces animales : mammifères (mangouste fauve, ocelot, serval, suricate, coati à nez blanc, capucin, ouistiti à toupet blanc, saïmiri du Pérou…), oiseaux (ara, ibis, cacatoès, flamant rouge de Cuba, kookaburra…) et reptiles (caïman à lunettes, varan à gorge blanche…) qui émerveillent les petits comme les grands. Une ferme pédagogique comportant un espace d'immersion permet de rencontrer de près chèvres naines, moutons de Somalie, cochons de Göttingen mais aussi différentes espèces de poules, qui se promènent dans les allées. Un snack permet de se restaurer sur place et plusieurs espaces de pique-nique sont à disposition des visiteurs, tout comme l'aire de jeux géante et son toboggan de 9,5 mètres de haut. De nombreuses activités sont proposées : animations temporaires, anniversaires, visites de groupe, club enfant, et soirées musicales tous les mercredis en juillet et août. En famille ou entre amis, vous ne resterez pas insensible au charme de ce joli jardin provençal et de ses pensionnaires.

OFFICE DE TOURISME DE SANARY-SUR-MER

1, quai du Levant
✆ 04 94 74 01 04
www.sanary-tourisme.com
Haute saison : tous les jours de 9h à 19h.

Rendez-vous à l'office de tourisme de Sanary-sur-Mer pour avoir toutes les informations, des brochures, des plans et les dates des festivals. On y dégotera une intéressante documentation pour « Flâner au cœur du village ». Du tombeau de Michel Pacha à l'église Saint-Nazaire, en passant par la montée des oratoires, la chapelle des Pénitents blancs ou encore les jardins de la ville : découvrez à votre rythme et au fil de vos envies, les principaux points d'intérêt historiques de Sanary.

PORT DE SANARY-SUR-MER

✆ 04 94 74 20 95

Ouvert tous les jours et les jours fériés de 8h à 12h et de 14h à 18h. 650 places.

Sanary-sur-Mer c'est un peu comme Saint-Tropez, mais en moins surfait. Ou c'est peut-être le Saint-Tropez d'avant la folie glamour qui s'en est emparé avec toutes les starlettes et les yachts qui envahissent notamment son port l'été. A l'inverse, Sanary-sur-Mer a gardé son petit port de pêcheurs et il reste très authentique. On peut notamment y admirer ces jolis bateaux de pêcheurs colorés appelés « les pointus ». Vous allez adorer les prendre en photos, c'est tellement pittoresque et typique de Sanary-sur-Mer ! Vous l'avez compris, une balade au port est un must.

GORGES D'OLLIOULES ★★

Site classé. Accessible mais non balisé.

Constituées d'un canyon creusé par les rivières Reppe et Destel, dans des couches de calcaire secondaire, elles sont creusées de cavités naturelles où s'établirent des hommes préhistoriques. Elles abondent en défilés étroits, véritables coupe-gorges à l'époque où des bandits de grand chemin, comme le célèbre Gaspard de Besse, s'y retranchaient pour détrousser les voyageurs. Elles ont un sentier sportif au fort dénivelé pour les amateurs.En cas de risque incendie très sévère ou extrême, l'accès aux massifs est également interdit aux piétons.

LA PLAGE DORÉE €€

Route de Bandol

✆ 04 94 29 83 87

www.laplagedoree.com

De mi-avril à fin septembre. Ouvert tous les jours le midi et le soir. Plats 19-24 €.

Situé dans un cadre magnifique, à l'écart du centre-ville, ce restaurant de plage est aussi une bonne table : côté mer, on fait la part belle aux poissons issus de pêche locale, tandis que côté terre, le chef laisse libre court à un peu plus d'exotisme avec des recettes aux accents d'ailleurs... Difficile de choisir, mais le résultat ne pourra être que concluant ! Belle variété de salades-repas également. La cuisine est goûteuse et l'addition plutôt douce ; là encore sans doute, la recette du succès. Un vrai bon plan à Bandol !

LOCATIONS SAISONNIERES MUNICIPALES €

2, place Marius Trotobas

✆ 06 81 07 66 22

Nuitée de 40 à 100 € selon l'appartement. Location 2 nuitées minimum le WE, 3 nuitées en semaine. Acompte 30%. Wifi.

Pour développer l'offre hôtelière dans le centre-ville d'Ollioules, la municipalité propose 7 locations touristiques. Elles sont destinées à accueillir des visiteurs français ou étrangers mais aussi les familles et amis d'habitants d'Ollioules. Les studios et les appartements tout confort ont beaucoup de charme. Certains se trouvent notamment dans un bel hôtel particulier. La gestion de ces hébergements est confiée à une conciergerie. Un bon plan !

OLLIOULES ★

A 5 km de la mer, Ollioules, la cité de l'olivier, s'étend sur la plaine de la Reppe, au débouché de ses célèbres gorges. Le village, labellisé Ville et Métiers d'Art et Plus beaux détours de France, blotti autour de l'église romane du XIe siècle, mérite une promenade à la découverte des artisans d'art qui sont installés dans ses ruelles chargées d'histoire. Une trentaine d'artisans des métiers d'art, en centre-ville, vous accueillent dans des locaux rénovés. Véritable village provençal médiéval, Ollioules se laisse découvrir au fil de ses ruelles à portiques, des vestiges de son château féodal qui dominent la cité et ses platanes centenaires.

© MICHEL PERES - SHUTTERSTOCK.COM

Ollioules.

CAFÉ LE FRANCE €€

6, rue Nationale
✆ 04 89 30 81 25
Du lundi au samedi de 9h à 18h. Service déjeuner de 12h à 14h30. Aïoli du vendredi : 14,50 €.

En cuisine, la talentueuse Stéphanie Audiffren gère son restaurant en véritable capitaine, et pour cause ! Après avoir sillonné la planète comme chef sur les bateaux, elle s'est lancée dans une reconversion professionnelle. Dans son restaurant, elle vous concocte un plat du jour renouvelé quotidiennement et semble avoir trouvé sa recette de la réussite : une ambiance familiale, un service chaleureux, des mets parfaitement préparés, des vins de bonne qualité même en pichets, et une toute petite terrasse cachée pour les beaux jours.

SIX-FOURS-LES-PLAGES ★★

Six-Fours-les-Plages vous invite à libérer vos envies entre mer et forêt. 18 kilomètres de côtes où alternent plages, criques secrètes, l'archipel des Embiez, ports de pêche et de plaisance, 1 000 hectares de forêt préservée, vieilles pierres et riche patrimoine… s'offrent à vous pour des vacances inoubliables. Visitez le village du Brusc, où son port berce les « pointus » des pêcheurs. Au soleil couchant, sur la route de l'île du Gaou, arrêtez-vous l'espace d'un instant et écoutez : peut-être entendrez-vous des voix venues d'ailleurs… « les Voix du Gaou », festival incontournable de musiques actuelles – deuxième quinzaine de juillet.

OBSERVATOIRE ASTRONOMIQUE DU GROS CERVEAU

3000, route du Gros Cerveau
✆ 04 94 09 07 38
www.oagc.fr
Séances de planétarium pour enfants et adultes (tarif unique : 4 €).

Ce centre d'astronomie situé à une petite dizaine de kilomètres au nord-ouest de Toulon propose des animations tout au long de l'année. Celles-ci sont variées : soirées d'observation (environ une fois par mois) avec un programme très classique de repérage des principales constellations du moment à l'œil nu, suivi d'observation sous coupole d'une sélection d'objets célestes spécifiques, conférences, stages, et rassemblements publics plus larges (ex : nuit des étoiles).

BUREAU D'INFORMATION TOURISTIQUE

Promenade du Général-de-Gaulle
✆ 04 94 07 02 21
www.tourisme-ouestvar.com
Ouvert du lundi au vendredi de 9h à 12h et de 14h à 17h30.

L'office de tourisme de Six-Fours-les-Plages organise tout au long de l'année, et sur réservation, des visites guidées pour toute la famille, notamment à l'île des Embiez. Vous y trouverez aussi toutes les informations, des brochures, des plans et les dates des festivals et événements à Six-Fours. En résumé, vous trouverez tout ce dont vous avez besoin pour vos vacances sur place, y compris des adresses de locations saisonnières si besoin. Accueil sympathique.

CHÂTEAUVALLON - SCÈNE NATIONALE

795, chemin de Châteauvallon
✆ 04 94 22 74 00
www.chateauvallon.com
Billetterie ouverte du lundi au vendredi de 12h à 18h, et le samedi de 14h à 18h (les jours de spectacle uniquement).

Installé depuis 1964 autour d'un fortin du XIe siècle, Châteauvallon - Scène Nationale est aujourd'hui encore un lieu culturel prestigieux. Dans le théâtre couvert, au Baou ou dans le superbe amphithéâtre extérieur, se déploie une programmation pluridisciplinaires et audacieuse, mettant à l'honneur danse, théâtre, musique ou encore cirque. Les spectacles se suivent et ne se ressemblent pas. Châteauvallon a reçu fin 2015 le label de Scène Nationale.

LE MONT SALVA €€

Chemin du Mont-Salva
✆ 04 94 34 03 93
www.restaurant-reception.com
Ouvert toute l'année. Tous les jours le midi et le soir. Menus de 19 € à 54 €.

A partir du petit port du Brusc, remontez un peu dans les terres, le restaurant est à cinq minutes en voiture. Dès votre arrivée, vous serez séduit par le cadre et l'atmosphère qui règne ici. Confortablement installé en terrasse, les différents menus vous titillent rapidement les papilles, et si la carte est renouvelée chaque saison, on retrouvera à l'année les incontournables pieds et paquets, loup en croûte de sel, et autres bouillabaisses, bourrides et aïoli du vendredi (sur commande). Tout ici est fait maison ! Une adresse recommandée tout au long de l'année.

RESTAURANT LOU FIGUIER €€

43, rue Marius-Bondil
✆ 04 94 34 00 29
Du mercredi au samedi le soir ; le dimanche midi. Menus de 29 à 39 €. Plat : 17-24 €.

Repris courant 2016 par le chef Thomas Pernot, Lou Figuier a malgré tout conserver son fil rouge : une cuisine traditionnelle provençale, avec en extras, quelques pointes orientales pour satisfaire les envies d'ailleurs. La carte, renouvelée tous les mois, inclut toutes les suggestions présentes dans les deux menus. A titre d'exemple, samosa de bœuf aux épices et chutney de mangue, daube de poulpe à la rouille, pieds paquets, et poissons issus de la pêche locale. Les desserts suivent la tendance : faits maison, ils sont renouvelés au fil des saisons.

AQUAVISION

Port de la Coudoulière
✆ 06 62 11 72 89
www.aquavision.fr
Adultes : 16 €. Enfants : de 9 à 12 €.

À l'occasion d'une promenade en mer de 30 minutes aux alentours du Cap Nègre qui est très proche, découvrez les fonds marins des îles préservées par le conservatoire du littoral et l'espace classé Natura 2000, avec des commentaires sur la bio-diversité marine simples et compréhensibles par les petits et les grands. L'embarcation, un Aquascope A8 - élaborée par l'architecte Jacques Rougerie - est unique en son genre, mi-sous marin et mi-bateau, avec une capacité de 10 places qui rend vraiment l'expérience intime, le tout en parfaite sécurité.

SEA ADVENTURE

Quai Saint-Pierre-Port-du-Brusc
✆ 06 83 91 42 96
www.sea-adventure.net
Ouvert d'avril à octobre. Rencontre avec les cétacés (3h) : 75€. Porquerolles : 110 € par adulte et 105 € par enfant.

Michael propose depuis 2015 des sorties à vocation naturaliste pour observer le milieu marin – mammifères et oiseaux en tête. À bord de son grand semi-rigide, vous voilà enfin en petit comité (12 personnes tout au plus) ! La sortie, Rencontre avec les cétacés, vous mène vers les populations de dauphins et baleines, régulièrement observables entre mai et octobre. Si vous préférez découvrir le littoral, préférez la sortie « Escapade », comprenant la visite de l'archipel des Embiez, la visite de Bendor, de l'île Rousse, des Calanques d'Alon...

LA SEYNE-SUR-MER ★

Deuxième ville du département et forte de quelque 20 km de littoral, La Seyne-sur-Mer est parfois boudée au profit de Toulon ou de Bandol, et pourtant... Ouverte d'un côté sur la rade de Toulon, de l'autre sur la Méditerranée, La Seyne est née de la mer et de l'industrie maritime. Mais au vu de sa situation idéale sur le magnifique massif du cap Sicié (à découvrir absolument, pourquoi pas en avril-mai à l'occasion de randonnées commentées et de balades naturalistes), La Seyne-sur-Mer s'est aussi vu endosser un rôle majeur dans la protection militaire. Aujourd'hui tournée vers le tourisme, la station balnéaire distille çà et là les témoins évidents de ce passé multi-facettes.

OFFICE DE TOURISME DE LA SEYNE-SUR-MER

2334, corniche Georges-Pompidou
✆ 04 98 00 25 70
www.tourisme-ouestvar.com
Haute saison : du lundi au samedi et les jours fériés de 9h à 12h et de 14h30 à 18h30 ; le dimanche de 9h à 13h.

L'office de tourisme vous propose sur réservation, des visites guidées commentées permettant de découvrir les richesses culturelles de la ville. Parmi elles, l'une vous mènera dans le quartier de Tamaris ; l'autre dans le hameau des Sablettes. Dans le cadre du programme Amusez-vous, il offre par ailleurs tout un tas de réductions auprès des sites touristiques et activités de loisirs (plongée, jet ski, karting...) : renseignez-vous. Accueil sympathique.

RIVES D'OR HÔTEL*** €€

2177, corniche Georges-Pompidou
✆ 04 94 05 00 50
www.rivesdorhotel.com
Chambre double de 85 € à 135 €.

Situé à une centaine de mètres de la plage et de l'embarcadère pour Toulon (lignes de bateaux-bus 18M et N4), les Rives d'Or offre une belle gamme de chambres rez-de-jardin, vue mer. Avec 3 étoiles au compteur, les unités sont toutes équipées de la climatisation, du wifi, d'un mini-bar et d'un coffre-fort. L'ensemble aux influences balinaises est moderne et bien pensé. Bon point également pour la terrasse de toit et son chic bar « Le Georges », eux aussi très agréables. Côté cuisine, on trouvera sans mal à déjeuner et à dîner à La Piazza, à deux pas.

GRAND HÔTEL DES SABLETTES-PLAGES**** €€€

575, avenue Charles-de-Gaulle
✆ 04 94 17 00 00
www.ghsplage.fr
Chambre double à partir de 150 €. Tarifs variables selon la saison et le taux d'occupation.

Quel plaisir de voir le Grand Hôtel des Sablettes renaître de ses cendres ! Depuis juillet 2017, ce superbe monument historique du XIXe, idéalement situé en front de mer, a rouvert ses portes au public plus flambant que jamais. Véritable invitation au voyage, ses 52 chambres nous ramènent avec une élégance inouïe vers l'âge d'Or de la Côte d'Azur. Volumes généreux, équipements à la pointe, décoration des plus soignées ; vous voici dans le premier hôtel *Curio by Hilton* de France !

LA CABANE €

220, allée de la Petite Mer
✆ 06 72 00 62 21
Ouvert tous les jours de 19h à 22h45. Carte : 20 € environ.

Si vous avez envie de coquillages et d'huîtres, vous avez frappé à la bonne porte puisque ce nouveau petit restaurant propose des produits de la mer de grande qualité et de la plus grande fraîcheur ! C'est en effet la famille Giol, les producteurs varois des Perles de tamaris, qui ont ouvert cet établissement et y vendent leurs bons produits. Ils ne lésinent pas avec la qualité et privilégient les circuits courts. Les huîtres de Tamaris sont charnues, délicieusement parfumées. On aime beaucoup la terrasse vue mer, surtout au moment de l'apéro !

LES PERLES DE TAMARIS

158, allée de la petite mer
✆ 07 60 47 23 90
Ouvert tous les jours de 7h30 à 13h et de 16h à 18h jeudi et vendredi. Huîtres de 7,80 à 11 € le kilo.

Si vous avez envie de coquillages et d'huîtres, vous avez frappé à la bonne porte puisque ces producteurs varois ne lésinent pas avec la qualité et privilégient les circuits courts. Martial est diplômé maritime de conchyliculture à Sète, il s'est spécialisé sur les techniques de l'huître en Polynésie. Pour garantir la fraîcheur de leurs coquillages, ils les sortent de leur dernière eau quelques heures avant l'expédition. Les huîtres de Tamaris sont charnues, délicieusement parfumées. Elles se déclinent en différentes variétés.

AU MARIN PLONGEUR

Avenue de la Jetée ✆ 06 14 65 83 29
www.aumarinplongeur.fr
Baptême : 60 €. Plongée découverte : 60 €. Plongée d'exploration autonome : 30 €. Randonnée palmée : 31 €.

Grâce à une solide expérience et une parfaite connaissance des sites de Port-Cros aux Embiez, cette équipe va vous transmettre la passion de la plongée dans un large choix de sites d'exception. Le club dispense de nombreuses formations pour apprendre ou parfaire son niveau, loue du matériel de plongée, sans en oublier les baptêmes de plongée. En ce qui concerne les plongées d'exploration, le Marin Plongeur, du fait de sa taille raisonnable, peut répondre à des demandes particulières telles que : programme épaves, photo, vidéo, bio et autres stages Nitrox.

OCEAN SKULL

118, Chemin de la Farlède
https://ocean-skull.com/
Ouvert toute l'année. Vente de bateaux pneumatiques et paddles personnalisés avec style, originalité et caractère.

Evasion. Originalité. Style. Caractère. C'est ce qu'évoquent les bateaux pneumatiques et les paddles originalement créés par Ocean Skull. L'idée surgit suite à un vol de pneumatique, Valérie et son mari décident alors de créer les leurs avec un graphisme unique tout en s'entourant de professionnels (dont certains artisans locaux).

Ocean Skull c'est ainsi une histoire qui se raconte à travers des bateaux pneumatiques personnalisés, de 2,70 à 4,50 m, pratiques et faciles à stocker dans un garage, une cave ou encore un abri de jardin.

CASINO JOA

340, cours Toussaint-Merle
✆ 04 94 29 16 67
Espace jeux ouvert tous les jours de l'année, de 10h à 3h du dimanche au jeudi, et jusqu'à 4h les vendredis et samedis.

Avec quelque 5 000 m² de surface, le casino vitré au panorama unique sur la ville et le port n'est pas uniquement dédié au jeux : il compte également un restaurant semi-gastro (le 360), une brasserie (le Comptoir Joa), un espace Bar lounge avec patio extérieur et retransmission de matchs, une salle de spectacle avec programmation culturelle de septembre à juin, et un salon d'exposition. Amateurs de casinos traditionnels, rassurez-vous : machines à sous, jeux de table et jeux de table électroniques s'étendent encore sur 2 500 m² !

TOULON ★★

Toulon fait peau neuve et il serait dommage d'en passer à côté ! Publiques ou privées, les initiatives se fleurissent partout dans la ville pour dynamiser la ville. Dans la vieille ville, sur les plages du Mourillon et face au tribunal de grande instance, le paysage urbain se modernise, s'émancipe. Le patrimoine culturel est valorisé de plus belle, et la ville animée comme jamais auparavant. À découvrir : la rue Pierre Sémard, aujourd'hui surnommée Rue des Arts, les Halles dans la vieille ville, le nouveau quartier Chalucet, la place de l'Équerre qui a elle aussi connu un beau lifting, sans oublier les plages et le quartier du Mourillon.

© LAWRENCE BANAHAN - AUTHOR'S IMAGE

Marché à Toulon.

CATHÉDRALE NOTRE-DAME-DE-LA-SEDS ✞ ★

55, place de la Cathédrale
✆ 04 94 62 09 92

La cathédrale, classée monument historique depuis 1997 est ouverte tous les jours. Illuminée en soirée.

Depuis le Ve siècle, plusieurs églises ont successivement été érigées à son emplacement. Devenue cathédrale romane au XIe siècle, elle présente aujourd'hui un mélange intéressant de styles, du classique au baroque. Particularité sans doute unique, la nouvelle église a été construite à angle droit par rapport à la précédente. Elle est surmontée d'un splendide campanile provençal en fer forgé. L'intérieur conserve une unité gothique. La cathédrale est classée aux monuments historiques.

FORT SAINT-LOUIS ★★

Littoral Frédéric-Mistral

Fermé au public.

Cette tour bâtie en 1692 sur les ordres de Vauban fut tout d'abord nommée « Tour des Vignettes ». Elle était chargée de prévenir toute présence ennemie. Elle connut ses heures de gloire en 1707 lors du siège de Toulon par les navires de la coalition anglo-espagnole, à l'occasion des guerres de succession au trône d'Espagne auquel le roi Louis XIV prétendait. Totalement détruite, elle fut reconstruite dans sa forme initiale et rebaptisée « Fort Saint-Louis ». Son embrasement est célébré le 15 août par un magnifique feu d'artifice.

HOMMAGE À RAIMU

Place Raimu, rue Racine, place des Trois-Dauphins et place du Théâtre (opéra)

Illustre Toulonnais parmi les Toulonnais, Jules Auguste Muraire dit Raimu méritait bien qu'on lui dédie plusieurs lieux ! Né le 18 décembre 1883 au 6 de la rue Anatole-France, Raimu était un artiste incroyable. Vous découvrirez son buste sur la place des Trois-Dauphins, une peinture murale en couleur où il est attablé avec son ami, dédiée « à Fanny » sur la place de l'Opéra. Dans la rue Racine, sa sculpture en pied est accolée à l'opéra. Sur la place Jules-Raimu, la superbe sculpture de bronze représente la célèbre partie de cartes !

MONT FARON ET TÉLÉPHÉRIQUE ★★

Boulevard Amiral-Vence ✆ 04 94 92 68 25
www.telepherique-faron.fr

Fermeture annuelle de mi-novembre à début février. Aller-retour : 7,80 € par adulte et 5,70 € par enfant (4-10 ans).

La montagne de Toulon ! Il culmine à 584 mètres et son nom vient du provençal « faro », phare. Pour y accéder, vos pieds, une petite route en lacets ou un trajet de 6 minutes à bord du téléphérique. Il propose un trajet mer-montagne unique en France avec une seule équivalence dans le monde à... Rio de Janeiro. Ses cabines rouges ont été renouvelées en 2016. En haut, vous découvrirez bar et restaurants, ainsi que le Mémorial du Débarquement de Provence et une petite chapelle.

ÇA BOUGE DRÔLEMENT AUTOUR DE VOUS.
CIRCUIT BLEU
9h-12h du lundi au vendredi
Divertissements, saveurs, conseils et culture en 100% local.
france bleu
ICI, ON PARLE D'ICI.

TOUT CE QUI SE PASSE LÀ OÙ VOUS VOUS RÉVEILLEZ.
LE 6-9
du lundi au vendredi
Toute votre info locale en temps réel.
france bleu
ICI, ON PARLE D'ICI.

MÉMORIAL DU DÉBARQUEMENT ET LIBÉRATION DE PROVENCE ★★

8458, Route du Faron ✆ 04 94 88 08 09
toulon.fr

Tarif plein : 6 €. Tarif réduit : 3 €. Visite guidée (sous réservation).

Souhaité et inauguré le 15 août 1964 par le général de Gaulle, le Mémorial a pour vocation d'honorer la mémoire des hommes et les femmes engagés dans les opérations du débarquement sur les plages varoises le 15 août 1944 et de la libération de la Provence. Souvent oublié au profit de celui de Normandie, le débarquement de Provence souligne pourtant le rôle essentiel de la France dans la guerre : sur les 330 000 soldats ayant pris part à l'opération, plus de 70 % étaient français. Inauguré à nouveau par le président de République en 2017 après 18 mois de fermeture et un an de travaux, le Mémorial rénové restitue fidèlement la réalité des événements historiques, militaires et politiques de l'époque. Ces événements sont expliqués de manière très pédagogique, le parcours accorde une place extrêmement importante aux témoignages directs, à l'aspect chronologique et thématique des événements. Le Mémorial est une structure pédagogique adaptée au XXIe siècle, qui utilise des moyens vidéo et audio qui rendent le site très attractif. Progressivement le spectateur est immergé dans le passé où toutes les facettes de cette époque sont abordées. La projection d'un film sur un écran de 17 m de long rappelle toutes les manœuvres militaires entre le 15 août 1944, jour du débarquement, et le 28 août, jour de la fin de la libération de la Provence. Dominant la rade de Toulon, accessible en téléphérique, le Mémorial, implanté dans un ancien fort du XIXe siècle, offre un panorama exceptionnel.

MUSÉE NATIONAL DE LA MARINE ★★

Place Monsenergue ✆ 04 22 42 02 01
www.musee-marine.fr

Ouvert de 10h à 18h. Fermeture le mardi sauf de juillet à août, ouvert tous les jours. 6.50€. Gratuit jusqu'à 25 ans.

Créé à la fin du Premier Empire, il est installé à l'entrée de la base navale ; l'ancienne porte royale de l'arsenal lui sert d'accès. Il propose de façon pédagogique une histoire humaine et technique accessible à tous. Parmi les incontournables présentées depuis 2010, un espace dédié à Vauban et au tout premier arsenal, le bagne à Toulon, l'alliance franco-russe et les cadeaux diplomatiques, un focus sur la Marine dans la Seconde Guerre mondiale, et enfin la Marine d'aujourd'hui.

MUSEUM D'HISTOIRE NATURELLE DE TOULON ET DU VAR ★

737, chemin du Jonquet
✆ 04 83 95 44 20
https://museum.var.fr

Ouvert du mardi au dimanche, de 9h à 18h sauf jours fériés. Gratuit.

Après 120 ans en cœur de ville, le Museum d'histoire naturelle de Toulon et du Var a déménagé en 2011 dans le Jardin départemental du Las, dans la Villa Burnett. Aujourd'hui, à travers son exposition permanente et des expositions temporaires, il aborde de façon relativement complète les thèmes de la minéralogie, ou encore de la paléontologie, de la Préhistoire, de la zoologie, de la botanique et aussi de l'ethno-sociologie. Une visite à ne pas rater !

OPÉRA - THÉÂTRE MUNICIPAL ★

Place Victor-Hugo
✆ 04 94 93 03 76
www.operadetoulon.fr

Parkings Peiresc, Place d'Armes et Place de la Liberté. Restauration (bar ouvert pendant les entractes).

Le Grand Théâtre de Toulon est inauguré le 1er octobre 1862 et remplace avantageusement l'ancienne Salle de la Comédie, pas encore centenaire (1770) mais très vétuste, exiguë et inconfortable, aux dires de la bonne société toulonnaise ! La construction d'une nouvelle salle est rendue possible par l'agrandissement de la ville, décrété en 1853, et le report de ses remparts plus au nord. Le Grand Théâtre, c'est ainsi qu'il est nommé, est le premier monument (1856-62) érigé dans le nouveau Toulon, dont la superficie est multipliée par trois. Admirablement situé au cœur de la nouvelle ville, le monument possède une façade monumentale ouverte sur une charmante place aménagée dès l'origine à cet effet. L'Opéra se situe le long de l'ex-rue Royale et sa façade, également « historiée » au Nord, habille remarquablement le tout nouveau boulevard Louis-Napoléon de l'époque. L'édifice de style néo-classique, avec ses arcs en plein cintre, ses colonnes grises et roses ainsi que son fronton, possède de nombreux détails intéressants, notamment des frises géométriques d'inspiration byzantine, style orientaliste qui sera très prisé à la fin du siècle. Le bâtiment, conçu par l'architecte Léon Feuchères occupe une surface au sol de 27 x 70 mètres, soit près de 2000 m². Il a une infrastructure en pierres maçonnées et poutres métalliques, selon les principes de construction de l'époque. Il est le plus grand opéra de province et est réputé pour la qualité de son acoustique.

VAR

PARC ANIMALIER DU MONT FARON

Route du Faron
✆ 04 94 88 07 89
www.zoo-toulon.fr
Haute saison ouvert les jours de 10h à 18h30. Adulte : 10 €. Enfant de 4 à 10 ans : 6 €.

Vous verrez une vingtaine d'espèces d'Afrique, d'Asie, d'Amérique et d'Europe, panthères d'Afrique et de Chine, lynx d'Europe et de Sibérie, pumas, servals, tigres, jaguars, loups, caracals, chats des marais et de Sibérie. Le nouvel espace des babouins hamadryas de la corne de l'Afrique, ratons laveurs, lémurs de Madagascar, une petite basse-cour, poules, chèvres naines et un âne. Maryse propose aux enfants des animations ludiques et pédagogiques, par le biais de dessins et coloriages.

PLACE DE LA LIBERTÉ ★

Parking souterrain payant sous la place.

La plus grande et la plus belle place de la ville est occupée en son centre par la magnifique fontaine de la Fédération, construite en 1890, avec son bassin ovale et son ensemble de statues allégoriques, dont la France, casquée, l'épée au côté, tenant les tables des Droits de l'Homme et du Citoyen et élevant la flamme de la liberté, entourée par la Justice et la Force. C'est ici également qu'ont lieu les animations durant les fêtes de Noël, et où vous pourrez assister au spectacle de la crèche animée et contée (payante). L'été quant à lui fait place aux concerts !

LES PLAGES DU MOURILLON ★

Littoral Frédéric-Mistral
www.toulontourisme.com
1 300 places gratuites toute l'année. Label Tourisme & Handicap. Restauration. Base nautique, manège, jeux.

Si les plages du Mourillon ne sont pas les plus belles du littoral varois, elles offrent l'avantage évident de leur proximité avec la ville. À l'exception de la plage du Lido, la seule à être naturelle, toutes ont été aménagées. Ses quatre anses totalisent plus de 7 hectares de plage de sable, 9 hectares de verdure et d'aires de jeux, 1 300 places de parking, une base nautique, des bars, glaciers et restaurants. De quoi pique-niquer à l'ombre des arbres, courir ou faire des sorties en famille ou entre amis. La vue est admirable sur la presqu'île de Saint-Mandrier.

QUAI CRONSTADT - PORT DE TOULON ★

Port de Toulon
Restauration.

Il doit son nom à la visite de la flotte impériale russe en 1898. Entièrement démoli en 1944, il a fait place à des bâtiments des années 1950 peu charmants. Les célèbres *Atlantes* de Pierre Puget soutiennent le balcon de la mairie d'honneur. Le génie de la mer y trône, le regard vers l'horizon. Une statue surnommée l'Amiral de Cuverville. En 2013, une toute nouvelle gare maritime moderne y est installée. On y trouve aussi une multitude de restaurants, bars et boutiques face à la mer.

RADE DE TOULON ★★

Quai Cronstadt

De nombreux bateliers sur le quai Cronstadt proposent des visites de la rade commentées. Ludique, le circuit comprend l'arsenal militaire et les bâtiments de la Marine nationale, le cimetière marin, dernier mouillage des navires en fin de vie, le port de La Seyne-sur-Mer et les anciens chantiers navals, la corniche balnéaire de Tamaris, la baie du Lazaret et ses parcs à moules, les Sablettes, la presqu'île de Saint-Mandier, la digue, et les fortifications – Eyguillette, Balaguier, Saint-Louis, Napoléon, Lamalgue, tour Royale.

OFFICE DE TOURISME ET DES CONGRÈS DE TOULON

12, place Louis-Blanc
✆ 04 94 18 53 00
www.toulontourisme.com
Ouvert tous les jours. Visites guidées de 2h, 10€/adulte, gratuit pour les - de 12 ans et personnes à mobilité réduite.

L'office de tourisme organise tout au long de l'année et sur réservation, des visites guidées à la découverte de l'histoire de Toulon, au gré des fontaines, à la conquête du Toulon insolite (en saison) ou de la ville contemporaine. Programme par téléphone ou sur le site Internet de l'office. Et pour découvrir le patrimoine toulonnais sans guidage, optez pour le circuit pédestre « Toulon Pas à Pas », en centre-ville, matérialisé par des clous au sol (brochure à l'OT).

SENTIER DES DOUANIERS ★★

Balade en famille avec quelques passages délicats. Déconseillé aux enfants en bas âge.

Toulonnais d'adoption ou du cru sont unanimes, le sentier des douaniers est un incontournable pour qui souhaite découvrir Toulon. Il doit son nom à l'administration des Douanes qui l'a créé en 1791 afin d'assurer la surveillance des côtes. Le sentier débute au pied de la Tour Royale et offre une jolie balade (1h30 aller-retour) longeant la mer jusqu'au fort Saint-Louis dans le quartier du Mourillon. Plus loin, la plage de sable de Pipady donne une perspective enjôleuse sur sa longue digue. En passant les petites roches de cette pointe, le chemin mène aux petites criques d'eau azur et cristalline. Un chemin sécurisé contourne la roche pour déboucher sur la plage de la Mitre, et son rocher si caractéristique. Vous découvrirez le petit port du Mourillon et son fort Saint-Louis, ainsi que les nombreuses anses artificielles offrant des plages bordées de palmiers, terrasses et restaurants, et de larges pelouses pour les jeux ou un pique-nique estival. Près de la base nautique débute le sentier du littoral vers le cap Brun et ses anses magiques. Partez de l'anse Tabarly vers l'est, en longeant le bord de mer jusqu'à l'anse Méjean et les criques. Pins, liserons en fleurs, acanthes, cinéraires, centranthes et plantes exogènes colorent votre parcours, et à la Batterie basse, empruntez l'escalier pour descendre parmi les cabanons. Longez le quai et la grève jusqu'à l'anse et le petit port de Méjean, puis l'anse de Magaud : elles sont serties de cabanons de pêcheurs qui vous charmeront ! Vous serez étonné de découvrir un si bel endroit.

LES BATELIERS DE LA RADE

Quai Cronstadt

✆ 04 94 46 24 65

http://www.lesbateliersdelarade.com

Ouvert d'avril à octobre. Tarif adulte 15.50€, enfant de 4 à 10 ans 10.50€ / se présenter 10 minutes avant chaque départ

Créés en 1974 par le Monsieur Gonzales (Père), les Bateliers de la Rade de Toulon font partie des trois organismes proposant des excursions en bateau à la découverte de la rade et du port de Toulon. Entre mai et septembre, et en période de vacances scolaires toute l'année, un second bateau assure des rotations depuis Toulon ou Saint-Mandrier (billet vendu à l'Office de tourisme) vers les îles de Porquerolles et Port-Cros. Une balade agréable sur un bateau bien entretenu, qui vous permettra de profiter de l'air marin avant de fouler le sol des îles d'Or.

VIEILLE VILLE ★★

Restauration. Boutique. Animations.

Rue d'Alger. Peut-être l'artère la plus célèbre de Toulon, tortueuse à souhait, elle descend de la place Puget jusqu'au port et se borde de mille commerces en tout genre : les boutiques franchisées des accros du shopping, des petites boutiques pas chères, sans oublier les bijoux, les bars, les chausseurs... Elle s'entrecoupe d'une multitude de petites ruelles piétonnes, placettes et traverses pour passer d'une rue à l'autre – ouvrez bien vos yeux pour les découvrir ! Elle aboutit sur le port, face à la gare maritime qui dessert en bateau-bus Saint-Mandrier, la Seyne-sur-Mer, les Sablettes et Tamaris. A deux pas sur votre gauche, découvrez la splendide sculpture de bronze du Génie de la Navigation de Louis Daumas.

Places piétonnes du centre-ville. La place Puget, où trône la fontaine des Trois-Dauphins – œuvre du sculpteur Chastel –, tellement luxuriante et couverte de mousse, que vous aurez du mal à deviner les fameux dauphins ! La place Saint-Vincent et sa fontaine du XVIIe siècle. La place à l'Huile et la maison des Têtes, ornée de vingt-sept visages aux expressions différentes. Sur la place Raimu, un ensemble de statues de bronze représente la célèbre partie de cartes de César, de Marcel Pagnol, avec Raimu dans son propre rôle.

Cours Lafayette. Le cours Lafayette, entièrement piétonnier, était surnommé « le pavé d'amour » car les couples venaient ici se conter fleurette. Il accueille du mardi au dimanche l'un des plus célèbres marchés de Provence, qui inspira à Gilbert Bécaud, né à Toulon, l'une de ses plus célèbres chansons. Vous trouverez tout le long du cours des restaurants, cafés, épiceries et boutiques de toute sorte... Sur la rue Paul Lendrin, surnommée le petit cours, vous dégusterez la meilleure cade de la ville chez Cademan ; ça ne s'invente pas ! Sur le bas du cours, à l'angle de la rue de la République, découvrez l'architecture baroque de l'église Saint-François de Paule, dont la première pierre fut posée en 1744.

Rue Pierre Sémard, nouvelle rue des arts. Un air nouveau souffle sur la rue Pierre Sémard ! Inauguré début 2017, cet axe majeur de la vieille ville dévoile depuis un tout nouveau visage. Les galeries d'art et autres ateliers-boutiques d'artistes ont pris possession des lieux : ce petit coin du cœur de Toulon a repris ses lettres de noblesse en devenant un pôle culturel majeur.

La place de l'Equerre, attenante, a elle aussi fait peau neuve : elle accueille depuis 2017 un joli panel de cafés, bars, boutiques et restaurants conceptuels, et est régulièrement le théâtre de manifestations culturelles et musicales.

VAR

PETITS TRAINS DE TOULON

119, quai Cronstadt ✆ 06 20 77 44 43
www.traintoulon.com

Fermé de novembre à mars. Adulte : 7,50 €. Enfant (de 3 à 11 ans) : 4 €. Visites commentées de 45 à 50 minutes.

Rien de tel qu'un petit train pour découvrir une ville en douceur, son histoire, et apprendre des anecdotes sur les lieux et personnages, sans oublier les petits morceaux de musique d'époque. Le premier circuit, « City Tour », vous mène durant 50 minutes dans des lieux emblématiques de la ville tels que le stade Mayol, le port marchand et de plaisance, l'arsenal du Mourillon, la corniche du Mourillon, la place d'Armes, le boulevard de Strasbourg ou encore la Tour Carrée. Possibilité de descendre jusqu'aux plages du Mourillon et de remonter en centre-ville.

PORTS DE TOULON - VIEILLE DARSE

Quai du Petit Rang
✆ 04 94 42 27 65
www.portdetoulon.com

600 Postes à flots. Longueur maximum : 55 mètres. Tirant d'eau : 7 mètres.

Toulon dispose en tout de six ports de plaisance : Toulon Vieille Darse, Toulon Darse Nord, La Seyne-sur-Mer, Saint-Mandrier, Saint-Louis du Mourillon et port du Niel. Au total, plus de 2000 postes à flot, réservés aux bateaux de plaisance à voile et à moteur. Le port de Toulon Vieille Darse est situé au cœur de la ville, ce qui offre un accès immédiat aux commerces et aux infrastructures de la ville, situés à quelques minutes seulement des quais.

GRAND HÔTEL DE LA GARE*** €€

14, boulevard Tesse ✆ 04 94 24 10 00
www.grandhotelgare.com

The Originals. Accueil 24h/24. 39 chambres. Chambre double à partir de 65 €. Animaux acceptés (7 € par jour). Wifi.

Situé en face de la gare, les voyageurs auront peu de chemin à faire avec leurs bagages. Les chambres ont été décorées par le photographe et styliste Gil Frechet. Insonorisées et climatisées, elles se déclinent en trois catégories : standard, classique ou supérieure. Possibilité de chambres triples et quadruples. L'établissement fait partie de The Originals, un groupement d'hôteliers indépendants. Accès à la piscine du Grand Hôtel Dauphiné (à 5 minutes à pied) tenu par la même famille.

HÔTEL LES VOILES*** €€

124, rue Gubler
✆ 04 94 41 36 23
hotel-voiles.com

Ouvert toute l'année. 16 chambres. Chambre double à partir de 70 €. Petit déjeuner : 14 € (buffet). Parking.

Un boutique-hôtel avec des chambres toutes singulières et une décoration inspirée de la course au large La Giraglia. Membre des Hôtels Toulon Bord de Mer, l'établissement est idéalement placé à deux minutes à pied des plages du Mourillon. Au dernier niveau, le toit-terrasse aménagé tombe à point nommé pour déguster son café aux premiers rayons du soleil, pour siroter un cocktail à la tombée du jour, et venir profiter du restaurant éphémère le dimanche soir en été. Accueil frais et souriant. Une excellente adresse dans sa catégorie.

BEST WESTERN PLUS HÔTEL LA CORNICHE**** €€€

17, littoral Frédéric-Mistral ✆ 04 94 41 35 12
www.hotels-toulon-mer.com

Ouvert toute l'année. 29 chambres. Chambre double à partir de 119 €. Parking 9 € (extérieur, privé et sur réservation).

L'hôtel est récemment monté en gamme en devenant Best Western Plus. Très bon rapport qualité-prix pour un établissement face à la mer, avec un service personnalisé et des événements spéciaux toute l'année (soirées cocktails en été et les brunchs du dimanche en hiver). La salle de petit déjeuner offre un superbe panorama sur le port du Mourillon. Bien appréciable également : le charmant patio de l'entrée. Une adresse comme on les aime, à la fois charme et tendance.

SANTA ROSALIA €

36, rue Charles-Poncy
✆ 04 94 64 11 58
www.santa-rosalia.fr

Ouvert du mardi au samedi de 12h00 à 14h. Click & collect : du mardi au samedi 11h30-14h. Vegan-friendly.

Santa Rosalia garde toute notre confiance tant l'adresse nous régale encore et toujours. Une cuisine mexicaine revisitée, savamment concoctée avec des tacos bio et locaux. Pour les tortillas par exemple, farine de Bras, pour les desserts, œufs du Pradet, et dans le verre, au choix : bière de la Rade ou vin de Correns. L'ardoise est renouvelée quasi quotidiennement, et l'on dégustera tout ça dans la charmante petite salle ou sur la jolie terrasse ombragée à l'extérieur, tout en se régalant d'une délicieuse citronnade 100 % maison.

L'AROMATE PROVENÇAL €€

32, rue Gimelli
✆ 04 94 29 73 87
www.aromate-provencal.fr
Ouvert du mardi au samedi midi et soir. Menu : 33 €. Plat : 12-18 € à midi et 18-25 € le soir. Plat du jour : 14 €.

Martial Merlino et Pierre Andreini, très impliqués dans le véritable fait maison, dorlotent leurs invités avec une cuisine provençale bien mitonnée. Au gré d'une carte renouvelée chaque saison, on y déguste une cuisine traditionnelle et méditerranéenne, avec des spécialités telles que les farcis provençaux (incontournables !), la souris d'agneau confite et sa polenta crémeuse au parmesan, le Saint-Marcelin au piment d'Espelette et sa confiture d'olives noires, ou encore le loup en croûte de sel. À (re) découvrir d'urgence, été comme hiver !

LE LOCAL €€

455, littoral Frédéric-Mistral
✆ 04 94 20 61 32
www.restaurant-lelocal.fr
Ouvert du mardi soir au samedi soir 12h - 13h30, 20h - 21h30. Menu unique à 37 € (entrée, plat, dessert).

Le Local a fait son trou et sa réputation a déjà dépassé les frontières toulonnaises. Les ingrédients des nouveaux codes de la cuisine sont là avec une belle exigence et la proximité en clé de voûte. Félicitations au chef Thibaud Durix et son épouse Caroline pour ce démarrage en fanfare. À la carte, pas plus de deux plats par poste, et quelques suggestions ! Velouté de lentilles au lard fumé en entrée ; râble de lapin, polenta à la népita et chlorophylle d'épinards en plat ; et en dessert crémeux et mousse à la pistache de Bronte. Un joli travail.

DAKOTA MOURILLON €€

37, rue Castillon
✆ 04 94 42 27 13
www.dakota-mourillon.fr
Ouvert toute l'année. Vegan Friendly. Événementiel du mardi au samedi soir.

Envie de changer de cap ? De troquer la traditionnelle bouillabaisse ou la plus branchée assiette de tapas pour des saveurs un peu plus exotiques ? Direction le Dakota ! Ici, daubes de kangourou et autres civets de chevreuil, sont de véritables *must*, tout comme l'assiette du trappeur, que l'on déguste dans un décor saloon et dans une ambiance animée toujours très bon enfant. Karaoké ou soirée concert, laissez-vous tenter par l'un des bons cocktails de Monsieur Jean ; quelque chose nous dit que vous ne serez pas rentrés de si tôt…

PIZZERIA GAËTANO FILS €€

4, place Amiral-Victor-Senès
✆ 04 94 92 36 72
www.gaetano-pizza.com
Ouvert à midi du mardi au vendredi, et le soir du lundi au samedi. Pas de menu, comptez 20 € en moyenne à la carte.

La voilà, l'institution italo-toulonnaise par excellence ! Depuis plus de 65 ans, la famille Gaëtano s'appuie sur le savoir-faire de quatre générations, garantes d'une cuisine authentique et d'une ambiance véritablement unique ! Vous demandez à voir ? Attablez-vous en salle ou en extérieur sur la vaste terrasse de la place Senès : trois générations s'affairent encore quotidiennement au service ! Au menu, des pizzas traditionnelles cuites au feu de bois, et d'autres plats délicieux typiquement transalpins. Deuxième adresse sur le port et livraisons possibles !

LA FABBRICA DI MARCO €€

27, rue Paul-Lendrin ✆ 04 94 62 99 95
https://www.lafabbricadimarco.com
Ouvert du mardi au samedi le midi ; le jeudi, vendredi et samedi le soir à partir de 20h. Pizza à partir de 10,90 €.

La Fabbrica di Marco, ce sont deux établissements situés à seulement quelques mètres l'un de l'autre, proches des nouvelles Halles gourmandes de Toulon. Déco fraîche et travaillée, cuisine 100 % transalpine avec une pizza napolitaine adoubée par l'association de la *Vera Pizza Napoletane*. Le voyage en Italie ne s'arrête pas là : charcuterie et fromages, pâtes ou notre préféré le *vitello tonnato* ! Côté douceurs, du fait maison fidèle aux grands classiques italiens. Les amoureux des saveurs italiennes pourront acheter sur place les produits qu'ils auront dégustés.

TABLES ET COMPTOIR €€

3, boulevard Eugène-Pelletan
✆ 04 94 10 83 29
Maître Restaurateur. Fermé 3 semaines en juin. Ouvert du lundi au samedi le soir. Réservation recommandée.

A quelques pas du marché, cette petite adresse va vous ravir. De son parcours gastronomique, notre maître restaurateur Serge Vaz élabore sa cuisine tout en finesse, et ne conçoit que le tout fait maison, jusqu'à la confection de son pain à base de farine bio, et de ses glaces ! On privilégie ici les produits français, et locaux tant que possible. Accueil des plus sympathiques, mille petites attentions, quelque 120 références de vins ! L'addition n'est pas donnée, mais c'est tout à fait justifié aux vues de la qualité des produits et du service.

LES TÊTES D'AIL €€

22, rue des Bonnetières

✆ 04 94 62 07 64

Gluten-free friendly. Ouvert toute l'année. 7j/7 midi et soir de juin à septembre. Réservation recommandée.

Les Têtes d'ail ou l'amour des bons produits du terroir avec les fruits et légumes majoritairement bio et locavores. Les viandes et les poissons sont issus d'élevages du coin et de la pêche locale. Une démarche très sérieuse, engagée, avec une carte renouvelée tous les 15 jours. Posé sur la terrasse ombragée bordée d'oliviers centenaires, on se laisse volontiers dorloter par la sympathique équipe et séduire par l'excellent rapport qualité-prix. Mention particulière pour les frites de panisse et leur pistou de roquette. Un must !

LE BAR À THYM

32, boulevard Docteur-Cunéo

✆ 04 94 41 90 10

www.barathym.net

Ouvert tous les jours à partir de 18h. Happy hours tous les jours de 18h à 20h30. Restauration. Animations. Concerts.

Dans une ambiance atypique, on se croirait chez Amélie Poulain reconvertie en hipster fan d'électro ! Sous ses airs faussement sages, le Bar à Thym propose un véritable tour du monde des alcools et des saveurs. Le « Labo » est quant à lui une réserve surprenante d'inventivité où les shots se disputent la place aux nombreuses recettes de cocktails avec ou sans alcool. Pour les affamés, planches de charcuteries et autres burgers sont proposés. L'une des premières adresses festives du Mourillon reste encore aujourd'hui un lieu à découvrir.

LE CAFÉ CULTURE

24, rue Paul-Lendrin ✆ 04 94 62 44 52

www.cultures-et-communication.org

Ouvert du mardi au vendredi de 9h à 13h et de 14h à 19h, le samedi de 8h à 13h et de 16h à 18h. Wifi gratuit.

L'association Cultures et Communication propose toute l'année une programmation d'activités pour tous pour 1 € symbolique. Cinés, lecture, conférences, ateliers, visites guidées sur l'aire toulonnaise, conversations en langues étrangères, ateliers jeux… Une fois par mois, un grand événement est organisé par les membres : un après-midi cirque et spectacles de rue par exemple, un concert, ou encore une soupe aux livres. Mais outre cet agenda enthousiasmant, le Café Culture, c'est aussi un lieu convivial d'échange, d'expression autour d'une boisson chaude ou froide.

CÔTÉ JARDIN

237, littoral Frédéric-Mistral

✆ 04 94 41 38 33

Ouvert tous les jours de 7h à 1h toute l'année, et jusqu'à 2h en été.

Une véritable institution posée face aux plages du Mourillon. On aime s'y arrêter pour boire son café le matin, grignoter un en-cas tout au long de la journée, ou prendre l'apéro le soir entre amis, comme toute la clientèle d'habitués. La terrasse bien ombragée, chauffée l'hiver et rafraichie l'été, est propice aux discussions intimistes à toute heure de la journée en sirotant un cocktail. L'établissement propose aussi des soirées musicales le jeudi soir ainsi que la diffusion des événements sportifs. Wifi gratuit et belle vue mer.

HAVANA CAFÉ

35, rue Muiron

✆ 04 94 31 25 55

Ouvert tous les jours de 7h à 2h, et jusqu'à 3h pendant les vacances scolaires.

Idéalement situé en plein cœur du Mourillon, le Havana Café demeure une référence pour bien des Toulonnais. Si vous habitez dans le coin, nul doute même que vous y croiserez des visages connus ! Installé sur une jolie placette, l'ambiance y est décontractée et l'on y sert de bons cocktails. Victime de son succès, le service peut être un peu lent certains soirs ; qu'à cela ne tienne, les conversations animées feront rapidement passer le temps ! Un pub incontournable dans le paysage nocturne de la ville avec grignotage et plat du jour midi et soir.

OLD COUCOU

Boulevard Cuneo

✆ 04 89 09 90 46

Ouvert du lundi au mercredi de 18h à 1h ; du jeudi au samedi de 18h à 2h. Le dimanche de 18h à 1h. Petite restauration.

Un bar / pub typique qui attire son petit monde sur le boulevard Cunéo, quartier du Mourillon. Le décor est industriel, les murs en pierres apparentes, la terrasse sur la rue mais surtout un comptoir équipé de 12 tireuses à bière... Et oui, ça dépote ! En *afterwork*, à l'apéro ou en soirée, l'ambiance bat son plein notamment les soirs de match, que ce soit le foot ou le rugby, avec la retransmission des rencontres. Le lieu est parfait pour décompresser et partager de bons moments entre amis. N'oubliez pas l'Happy hour tous les jours de 18h à 20h.

© CHEZ LE BRASSEUR

© CHEZ LE BRASSEUR

© CHEZ LE BRASSEUR

CHEZ LE BRASSEUR €€

20, rue Peiresc
✆ 04 94 09 62 39
http://chezlebrasseur.com

Ouvert 7j/7 de 07h à 01h, et de 10h à 1h samedi et dimanche. Réservation recommandée. Menus de 14,90 à 23,50 €.

Une nouvelle adresse au cœur de Toulon, petite sœur de l'établissement du même nom installé à l'Avenue 83, centre commercial à ciel ouvert (La Valette-du-Var). La carte est identique avec les incontournables de la brasserie : choucroutes, flammekueches, salades, burgers, tartines, pâtes bio, moules-frites, viandes, andouillettes, fish and chips. Le tout accompagné, avec modération, des bières de la maison : blanche, brune, framboise et figue. À ne pas manquer, les cocktails à base de bière, originaux et parfaitement délicieux.

BIÈRE DE LA RADE

300, rue Amiral-Nomy
www.bieredelarade.com
Horaires : se renseigner sur le site web. Ateliers brassage sur réservation : 100 € (repas compris).

Charles et Simon ont été les premiers à oser une bière 100 % toulonnaise avec une démarche en bio, de proximité et de festivité ! Chaque année la gamme s'étoffe avec des bières de saison, de multiples collaborations et des bières en canettes. Les incontournables et historiques demeurent la daurade, la murène et la rascasse. L'espace de 120 m² permet d'accueillir une micro-brasserie et un espace apéros pour déguster (avec modération) l'ensemble de la gamme. Retrouvez l'agenda de la Bière de la Rade sur leur site Internet et page Facebook.

LE PETIT BAZAR

22, rue Paul-Lendrin
✆ 04 94 98 75 44
Ouvert du mardi au samedi de 10h à 19h, et le lundi en été.

Une très intéressante boutique de décoration comme il est agréable d'en trouver dans un centre-ville. Une véritable différence avec la décoration parfois trop standardisée des grandes enseignes. Couplée à un espace de mini restauration fraîche et savoureuse (poke bowl, croque-monsieur...), elle propose de nombreux objets de décoration et de curiosités, suivant les dernières tendances, presque avant-gardiste. Du simple bibelot aux pièces de mobiliers plus cossues... de quoi rendre votre intérieur absolument et irrésistiblement unique.

COMPTOIR DES FROMAGES

5, rue de la Paix
✆ 04 83 42 48 69
Ouvert du mardi au samedi de 10h à 19h30.

Amandine Tarpi est une passionnée de fromages ! Depuis 2015, elle dynamise la petite rue de la Paix avec sa jolie boutique, quelques chaises et tables en terrasse, mais surtout un large choix de fromages fermiers, de la charcuterie artisanale, une belle sélection de vins bio et beaucoup de savoir-faire. Ici on ne rigole pas avec la qualité des produits ; les professionnels du coin d'ailleurs, ne s'y trompent pas, si bien qu'Amandine fournit à peu de choses près tous les lieux de sortie de Toulon ! À déguster sur place ou à emporter...

YACHT CLUB DE TOULON

Anse Tabarly
✆ 04 94 46 63 18
www.yctoulon.fr
Toute l'année, ouvert tous les jours de 9h à 12h et de 13h30 à 17h. En juillet-août : tous les jours de 9h à 19h.

Auréolé du titre de « Meilleure École de Sport, Prix du Développement Sportif » décerné en 2019 par la FFVoile, le Yacht Club de Toulon c'est toute l'année une solution économique pour vos activités nautiques enfants et adultes. Kayak, paddle, catamaran, planche à voile, wind-foil : un très bon plan pour se perfectionner via l'école, ou pour se faire plaisir en location ou par le biais de sorties encadrées (pourquoi pas au coucher de soleil). Son emplacement est parfait avec le grand parking du Mourillon à proximité immédiate.

ESPACE CASTILLON

22, rue Paul-Lendrin
✆ 04 94 93 47 33
http://espacecastillon.fr/
Ouvert du mardi au samedi de 10h à 13h et de 15h à 19h. Parking Peyresc, sortie Fougassière.

Une galerie dynamique dans laquelle vous découvrirez de nombreux artistes et l'art représenté sous toutes ses formes : figuratif, abstrait ainsi que des sculptures, du travail de verrier, de céramiste, et quelques meubles d'artistes contemporains. Pas moins de 800 œuvres exposées en permanence pour le plus grand plaisir des visiteurs et des acheteurs. Chaque mois, un thème dicte l'organisation de la galerie, renouvelant ainsi les expos au fil de l'année. Politique de prix attractive pour permettre l'accès à l'art avec des œuvres originales à moins de 150 euros.

THE COLOR GIPSY

✆ 06 17 46 01 13
Prestation facturée 150 € par musicien, recommandé trois musiciens.

Créé en 2019 par Tony, Filip et Bastien, les trois piliers du groupe, The Color Gipsy est devenue une référence en PACA/Corse pour qui souhaite animer une soirée avec les sonorités gipsy. La prestation est facturée 150 € par musicien et il est recommandé de réserver minimum trois musiciens pour une soirée réussie. Le groupe se charge de mener et d'installer tout le matériel nécessaire et propose 2h30 à 3h de musique et de chant. Le répertoire comprend les standards de la musique gipsy et des tubes des années 80 revisités en Gipsy. Ambiance assurée !

VAR

LE PRADET ★

Autrefois rattaché à la commune de La Garde, le village est remarquable par la beauté de ses sites naturels. La station balnéaire se caractérise par ses 7 km de côte, sa nature préservée, ses multiples plages en criques naturelles. En cœur de ville, la place Paul Flamencq est un lieu de vie particulièrement animé. Le Pradet accueille chaque mardi matin un marché des producteurs de pays, en plus de son marché hebdomadaire du vendredi. Depuis 2018, la commune organise le Mondial de la moule, consacré au mollusque et ses nombreuses déclinaisons culinaires. Une fête populaire dont l'édition 2019 a battu des records d'affluence.

LE PALAIS DU PATA NEGRA €€

133, avenue des Pins ✆ 04 94 21 37 53
www.lepalaisdupatanegra.com
Vente auprès des professionnels et des particuliers.

Un *food truck* pas comme les autres, qui porte particulièrement bien son nom... Et pour cause : Gabino Fernandez est importateur exclusif pour la distribution et la vente de produits Pedro Nieto, le nec plus ultra de la charcuterie ibérique ! Leurs produits sont élaborés de façon artisanale à partir de porcs élevés dans la province de Caceres ou en Andalousie, entre chênes verts et chênes lièges, et dont l'alimentation de base se compose de *bellotas* (glands). Un vrai régal pour les amateurs en quête de produits d'une grande authenticité.

MOULIN DE L'ESQUIROL

1227, avenue Ganzin
✆ 04 94 08 28 20
www.moulinesquirol-oliveraie.com
Ouvert tous les jours de 9h à 12h et de 14h30 à 19h.

Autour d'une ancienne bâtisse du XVIIe siècle, la famille Martini cultive 2 000 arbres dont certains ont résisté au gel de 1956. Cultivées en agriculture raisonnée, les parcelles sont enherbées avec une récolte entièrement à la main ou à l'aide de peignes. Les olives sont portées au moulin, le bien nommé l'Esquirol du provençal *esquiraù*, écureuil, car il n'est pas rare d'en voir sur la propriété ! Ce moulin produit une huile AOC Provence, une huile d'olive de France ainsi que des olives de table, vertes ou noires, et des pâtes d'olives.

LA FARLÈDE

Au pied du Coudon, celle qui s'appela jusqu'en 1880 Solliès-Farlède se démarqua de ses voisines en s'affranchissant complètement de sa première partie, pour devenir simplement La Farlède. L'église Notre-Dame, construite de 1751 à 1755, de style roman, abrite un retable datant de sa construction. Située aux portes de Toulon, de La Garde et de La Valette, la commune connaît depuis une trentaine d'années une forte expansion industrielle et démographique. Son marché provençal demeure une belle escapade avec, le troisième dimanche de chaque mois, le marché bio et local de la cerise, placette du Moulin de La Capelle, avec animations, artisans et restauration bio.

VILLA GOA SPA €€

✆ 06 61 18 59 38
www.villagoaspa.fr
Location de love room, villa entière, centre de massage. À partir de 150 €.

Imaginée par Karine et Florian, cette nouvelle villa offre depuis 2020 de multiples expériences autour du bien-être et du plaisir. La villa avec piscine est disponible en location complète à partir d'1/2 journée. 3 suites sur des thèmes différents avec bain à remous privées sont également proposées pour des soirées en amoureux. Possibilité de diner ou déjeuner sur place. Le vrai plus, le centre de massage avec plusieurs techniques (pierre chaude, acupression, shiatsu, étirement, ayurvédique). Massage intuitif adapté en fonction du profil et souhait du client.

VIEUX MOULIN À HUILE DU PARTEGAL

159, chemin des Laures ✆ 04 94 48 48 85
http://moulindupartegal.fr
Fév., mars, oct. et nov : 9h-12h et 14h-18h (sauf dimanche). D'avr. à sept : tous les jours 9h-12h30 et 14h-18h30.

Dans ce moulin à huile du XIVe siècle toujours en activité, vous découvrirez une meule en pierre entraînée par des engrenages en bois qui tourne dans sa « mare », des bassins de décantation, ainsi que des outils anciens, toujours utilisés. La visite guidée et sa dégustation (gratuites) vous apprendront à reconnaître les saveurs, arômes et odeurs des huiles de Provence. La boutique vous permet de découvrir un grand choix d'huiles d'olives artisanales et de produits du moulin.

VAR

LA VALETTE-DU-VAR

Peuplée dès le Néolithique, la commune est occupée plus tard par les Romains qui la nomment Vallis Læta et, dès le XIe siècle, le centre-ville se trouve à son emplacement actuel. Bien connue actuellement pour son parc tertiaire de Valgora, son centre commercial de Grand Var et Grand Var Est et sa toute récente Avenue 83, un centre commercial à ciel ouvert, la ville de La Valette était autrefois un petit village rural qui, bénéficiant de bonnes conditions climatiques et d'une eau abondante, s'était spécialisé dans le maraîchage et l'horticulture. Les fraises de la Valette-du-Var sont notamment très prisées des amateurs de fruits et de desserts.

EIGHT ROOF TOP

Allée de la Lavande
✆ 06 14 26 92 10
www.eightrooftop.fr
Ouvert d'avril à septembre, du mardi au samedi de 18h à minuit.

Vous voilà au défi de trouver plus atypique ! Au beau milieu d'une zone commerciale, à l'étage d'un cuisiniste, le Eight Roof Top est une vraie bonne surprise. Parfaitement aménagé et arboré, joliment décoré par un artiste toulonnais, ce bar à cocktails promet de bons moments de détente en fin de journée avec en prime, le coucher de soleil derrière le Mont Faron ! Pour les petites faims, des assiettes et suggestions froides accompagneront à merveille vos cocktails. Une adresse intimiste à souhait, pour des soirées enchantées.

JARDIN REMARQUABLE DE BAUDOUVIN

Rue des Gibelins
✆ 06 07 30 65 23
Jardin remarquable. Fermé tous les lundis. Gratuit jusqu'à 12 ans. Adulte : 2 €. Enfant (de 12 à 18 ans) : 1 €.

Classé Jardin Remarquable par les services de l'État, le Jardin de Baudouvin est un lieu d'exception avec une philosophie toute singulière, fierté des Valettois. Une bâtisse, une chapelle, des fontaines, un moulin ainsi qu'un belvédère, témoignages des jardins provençaux du XVIIIe siècle. Le parc a récemment été réaménagé par la Ville avec un potager et une alimentation en eau omniprésente, provenant de la source de la Foux. Tout au long de l'année, le Jardin accueille des animations.

UNE HISTOIRE DE FAMILLE

300, avenue de l'Université
✆ 04 98 04 38 80
www.unehistoiredefamille.fr
Ouvert du lundi au samedi de 10h à 20h.

Yannick et Steve proposent une sélection de produits réalisés majoritairement par des artisans locaux. Des tapenades et des tartinables variés, des terrines, etc… bref, tout pour faire un apéro provençal réussi ou pour offrir des paniers gourmands varois. On y trouve également une large gamme de thé mais aussi de belles références de vins introuvables en grande distribution et vendues au prix du caveau. Depuis octobre 2018, Une Histoire de Famille c'est également une seconde boutique au sein du centre commercial Grand Var Est sur la commune voisine de La Garde.

VAR

HOTEL TRIOTEL €

Avenue Eugène-Blanc
✆ 04 94 61 24 25
www.hotel-triotel.com
Ouvert toute l'année. Accueil 24h/24. 51 chambres à partir de 40 €. Connexion Internet. Tv satellite, Canal +.

Situé à proximité du parc tertiaire Valgora, du pôle commercial de Grand Var, de l'Avenue 83, de l'université de Toulon, entre l'aéroport de Toulon Hyères et la gare SNCF de Toulon, cet hôtel moderne offre un bon rapport qualité/prix. La cinquantaine de chambres de 2 à 4 personnes, offrent le confort nécessaire pour un court séjour. Les voyageurs peuvent facilement se garer sur le parking de la copropriété. L'établissement propose des tarifs spéciaux pour les étudiants et les militaires. Un hôtel idéal pour les petits budgets.

CINÉMA PATHÉ LA VALETTE

300, avenue de l'Université
Ouvert toute l'année tous les jours avec salle 3D, IMAX et 4DX. Restauration. Boutique.

Depuis avril 2016, la cinéma Pathé - La Valette est l'une des attractions du nouveau centre commercial L'Avenue 83. Un complexe ultramoderne avec une salle VIP, une salle Imax, une salle 4DX. La structure accueille chaque année de nombreuses avant-premières en présence d'équipes de films et propose des projections hors cinéma (ballets, événements sportifs, concerts...). Le site Internet et l'application vous permettent d'accéder aux bandes-annonces, aux horaires, au programme de fidélité, sans oublier la sélection de votre siège dans la salle.

© CHEZ LE BRASSEUR VAR

© CHEZ LE BRASSEUR VAR

© CHEZ LE BRASSEUR VAR

CHEZ LE BRASSEUR €€

300, avenue de l'Université
✆ 04 94 01 28 88
www.chezlebrasseur.com
Ouvert toute l'année. Ouvert 7j/7 de 10h à 00h. Réservation recommandée. Chèques non acceptés.

Direction l'Alsace et ses célèbres usines de brassage – en témoignent les deux Fenwicks d'époque, trônant fièrement entre les tables - avec une carte type brasserie et son large choix pour contenter tout le monde : des flammekueches, des salades, des burgers, des tartines, des choucroutes avec du chou Label Rouge, des pâtes bio, des moules frites, des viandes. À découvrir pour les gros mangeurs, des soirées à volonté : carpaccio frites, flammekueches, entrecôte... Chaque mardi après-midi, brassage de la bière maison devant les yeux des clients. Un véritable show !

SSEUR VAR

© CHEZ LE BRASSEUR VAR

LA GARDE ★

Accrochée à un piton rocheux qui flirte avec les 80 m d'altitude, une chapelle romane du XIIe siècle surplombe la cité et le vieux village, qui a su conserver son cachet d'antan. S'étendant sur 3 km, le littoral gardéen est lui préservé de l'affluence touristique. Un trésor avec un petit port de pêche et une plage quasi confidentielle. Dans le centre ancien, un circuit parcourt ruelles et placettes pittoresques. Chaque année au mois d'août, les Nocturnes Médiévales bâtissent une « cité dans la cité » le temps de quelques nuits, tandis qu'au mois de décembre, les Hivernales prennent place dans le centre-ville de La Garde, avec son lot de chalets et d'animations.

DOMAINE DE LA BARATONNE - CHAMBRE D'HÔTES €€

1640, RD 98
✆ 04 94 30 31 59
www.labaratonne.com
Chambre double de 120 à 140 €. Petit déjeuner inclus. Lit supplémentaire : 20 € (enfant jusqu'à 12 ans).

Blottie au cœur d'un domaine de 18 hectares, avec vignoble et oliveraie, cette maison de maître construite en 1735, entièrement rénovée dans la pure tradition provençale, dispose de chambres d'hôtes décorées avec goût et raffinement, qui bénéficient toutes d'une vue sur le jardin paysager, la fontaine Louis XIV et les vignes qui s'étendent au loin. Une belle piscine est accessible. Sur place, vous bénéficierez de dégustations de vins autour de moments festifs.

DOMAINE DE LA BARATONNE - DOMAINE VITICOLE

1640, D98
✆ 04 94 03 31 59
https://www.labaratonne.com
Ouvert du lundi au vendredi de 9h30 à 12h30 et de 14h30 à 18h30 ; le samedi de 10h à 17h.

Une propriété située aux portes de Toulon, qui doit son nom aux trois frères qui s'y installèrent au début du XVIIIe siècle : Paul, Laurent et Pierre-Alexandre... Baraton. Depuis 2011, la famille Bessudo a su redonner au Domaine de La Baratonne une identité forte, notamment au travers la production de vins en IGP Vin de Pays du Var d'une belle tenue. 7 cépages sont cultivés en agriculture biologique sur les 10,5 hectares du vignoble. On aime également le miel et l'huile d'olive maison.

L'ENTREPÔT DU VIN

495, avenue Robespierre
✆ 04 94 14 49 30
https://www.lentrepotduvin.fr/
Ouvert du lundi au vendredi de 9h à 12h45 et de 14h à 19h30 ; le samedi de 9h à 19h30, dimanche 9h30 à 12h30.

Depuis sa création, l'adresse ne nous a jamais déçus avec une haute qualité de conseil et une diversité conséquente de références (boissons, vins, champagnes, alcools, bières d'ici et d'ailleurs, coffrets cadeaux, paniers garnis, accessoires, carafes...). De quoi combler les envies des amateurs de plaisirs bachiques de la région ! Le véritable plus : les prix domaines ! On trouve ici des bouteilles pour tous les budgets, l'esprit de la cave de l'Entrepôt n'étant pas élitiste pour un sou, mais bien orienté vers le partage et la découverte.

HYÈRES ★★★

La ville de Hyères a connu une vraie renaissance ces dernières années grâce à de nombreux travaux d'embellissement et cela concerne surtout son centre-ville : création d'une promenade des arts avec de nombreux ateliers d'artisans ou d'artistes établis au rez-de-chaussée d'immeubles anciens dans le Vieux Hyères, réfection de plusieurs rues dans le centre médiéval, reconstruction de la grande place principale de la ville inaugurée pendant l'été 2019, construction en cours d'un musée des cultures et du paysage dans l'ancienne banque de France.... Une promenade en front de mer a été inaugurée en 2019 entre le Port Saint-Pierre et l'Ayguade.

Histoire

Fondée par les Phocéens de Massalia – Marseille – au IVe siècle avant J.-C., la ville d'Olbia se développe rapidement grâce au commerce des peaux, de l'huile, du vin, mais aussi du sel issu des salines toutes proches. La ville romaine se développe rapidement, devient une importante base dotée de thermes. Elle subit à son tour les invasions barbares. Au XIe siècle, les seigneurs d'Hyères s'installent sur la colline et font bâtir un puissant château fort. La rapide expansion de la ville nécessite la construction de plusieurs enceintes successives. Les guerres de Religion ravagent la ville, le château est détruit. Au XVIIe siècle, Hyères est déjà réputée pour la douceur de son climat. Plus tard, Pauline Borghèse, Victor Hugo, Tolstoï, la reine Victoria viennent y séjourner et contribuent à sa notoriété.

CHÂTEAU D'HYÈRES ★

Montée de Noailles

Accès libre.

Perchées sur la colline, les ruines du Château de Hyères font partie des images carte postale de la ville et on les aperçoit facilement depuis le centre historique. Construit au XIe siècle sur un piton rocheux à 190 mètres d'altitude, le château d'Hyères fût un des plus grands châteaux de Provence. Il fût remanié par Charles 1er d'Anjou en 1257 et démantelé par Henri IV pendant les guerres de religions. Puis il fût rasé sur ordre de Louis XIII. Classé monument historique, il présente d'importants vestiges et offre une vue imprenable sur les Iles d'Or.

LA VILLE MÉDIÉVALE ★★

Accès libre toute l'année.

La ville d'Hyères se développe autour du château construit par Pons de Fos au XIe siècle. On peut y découvrir les traces des trois enceintes successives et de nombreuses ruelles pittoresques dévoilant un patrimoine d'une richesse et d'une diversité exceptionnelles. Depuis 2017, la ville de Hyères et l'office de tourisme ont mis en place un parcours des arts dans le cadre de la revalorisation du centre ancien : de nombreux artisans d'art et artistes accueillent le visiteur dans leur atelier pour faire découvrir leur métier et leurs créations.

ESPACE NATURE DES SALINS D'HYÈRES ★★

Rue Saint-Nicolas

✆ 04 94 01 09 77

Ouvert du mercredi au dimanche. Fermé en janvier et février.

Inauguré par Toulon Provence Méditerranée en 2006, ce site est la propriété du Conservatoire du Littoral depuis 2001. Animé par la Ligue de Protection des Oiseaux, il propose des expositions, conférences, organisation de visites thématiques.

Les salins d'Hyères constituent l'un des espaces naturels les plus remarquables du littoral varois et ils sont facilement accessibles en voiture ou même à vélo depuis le centre de Hyères. Ils forment un ensemble de zones humides constituées de deux unités distinctes : le salin des Pesquiers, avec le marais Redon, qui recouvre au total 550 hectares dans la partie centrale du double tombolo de la Presqu'île de Giens, et les Vieux Salins, étendus sur 350 hectares, qui longent le littoral sur près de 3 km. Favorable au développement de la biodiversité, ces sites offrent un ensemble d'habitats parfaits pour la faune et la flore et ils accueillent déjà plus de 350 espèces d'oiseaux et 300 variétés de plantes. On peut y observer par exemple un grand nombre d'oiseaux comme la Chevêche d'Athena, le Traquet motteux ou le Goéland railleur. Mais les Salins sont aussi fréquentés par beaucoup d'espèces de papillons tels que le Morio, le Tircis ou la Mégère, sans oublier des araignées typiques de la région comme le saltique sanguinolent ou la neriene radiata.

Pour les découvrir à l'occasion d'une promenade en toute liberté, la piste « Levée de Saint-Nicolas », réservée aux piétons et cyclistes, a été aménagée aux Vieux Salins et rejoint l'Espace Nature.

VAR

© JB FONTANA

Plage de l'Almanarre.

VILLA NOAILLES ★★

Montée Noailles
✆ 04 98 08 01 98
www.villanoailles-hyeres.com
Ouvert toute l'année. Horaires variables (se renseigner sur le site).

La Villa Noailles est vraiment une des visites incontournables à faire dans le vieux Hyères. Il vous faudra aller dans les hauteurs, et faire travailler un peu vos gambettes, pour y accéder mais vos efforts seront récompensés car c'est un lieu véritablement magique, chargé d'histoire et d'une certaine magie insufflée par l'équipe dirigeante.

Ce temple de la modernité, d'un blanc immaculé, réalisé par l'architecte Robert Mallet-Stevens, offre l'aspect d'un ensemble de cubes superposés, disposés en fonction du relief du terrain et de la course du soleil, pour offrir l'ensoleillement maximal tout au long de la journée. Le jardin comporte de larges baies comme autant de trouées sur le paysage dont la forme rectangulaire peut évoquer le cadre d'un tableau sur un mur. De nombreux artistes vécurent et créèrent dans cette villa d'un confort extrême, avec de multiples salles de bains, une piscine, un squash. Abandonnée après la mort de Marie-Laure de Noailles en 1972, la villa fut finalement rachetée par la ville d'Hyères puis transformée en un centre d'art, d'architecture, de mode, photo et design, proposant également des ateliers pour enfants. C'est le lieu hype de Hyères par excellence côté culture.

Le célèbre festival de la mode de Hyères s'y tient chaque année et il est fréquenté par des designers de génie dont certains sont très connus ; Karl Lagerfeld a par exemple a participé à une des éditions. En 2022, ce sera la 37e édition du Festival de la mode d'Hyères et elle devrait se dérouler du 14 au 16 octobre 2022.

BATEAU TAXI LE PÉLICAN

✆ 06 09 52 31 19
www.bateaux-taxi.com
Du port de la Tour Fondue au port de Porquerolles, forfait de de 189 € aller-retour pour 1 à 6 personnes.

Bon à savoir pour les grandes familles et les groupes d'amis : pour effectuer la liaison Hyères - Porquerolles, réserver une traversée sur un bateau privé peut constituer une option intéressante, qui fonctionne dès 6 personnes mais c'est tout de même un peu plus cher que les fameuses navettes. Privatiser un bateau pour votre traversée a bien entendu un coût non négligeable mais vous serez loin de la foule... Le Bateau-Taxi Le Pélican propose aussi des tours des criques et calanques de Porquerolles, de la plage Langoustier, et de toute l'île de Porquerolles.

COMPAGNIE TLV-TVM

Départs de la Tour Fondue (Porquerolles) et du port de Hyères (Port-Cros et Le Levant)
✆ 04 94 58 21 81
www.tlv-tvm.com
Services réguliers toute l'année, tous les jours vers Porquerolles. Tarifs AR : entre 17,70 € et 24 € pour Porquerolles.

Pour aller sur les îles d'or, il existe des navettes régulières qui font la traversée tout au long de l'année. Les bateaux appartiennent à une seule et même compagnie. Les départs pour Porquerolles s'effectuent au départ de la Tour Fondue ; ceux pour Port-Cros et Le Levant ont lieu sur le port d'Hyères. Pour combiner Port-Cros et Le Levant le même jour, pensez aussi en juillet-août au circuit des 2 îles. Attention : sachez que la partie accessible de l'île du Levant est naturiste, et qu'en saison, il est chaudement recommandé de jouer le jeu. A bon entendeur !

PORT SAINT-PIERRE (HYÈRES)

Capitainerie du Port
✆ 04 94 01 40 70
www.portshyeres.fr
1432 places à quai, dont 500 réservés aux bateaux de passage.

C'est un port labellisé Pavillon Bleu des Ports d'Europe depuis 1989. Sa situation sur la Méditerranée est idéale. Il est abrité des vents dominants par la presqu'île de Giens et s'étend sur 13 hectares. Avec près de 1 500 places il possède une capacité d'accueil importante pour les vacanciers qui souhaitent naviguer vers les îles d'or. Plages et nombreux commerces à proximité. Pensez aussi aux ports de l'Ayguade, La Capte et Port Auguier, à proximité.

CAMPING DOMAINE DU CEINTURON III**** €€

2, rue des Saraniers ✆ 04 94 66 32 65
www.ceinturon3.fr
Ouvert d'avril à fin septembre. Gardé 24h/24. Terrain de 3 ha. 159 emplacements. Exposition : mi-ombragé. Sol : herbeux.

Si vous recherchez le calme à 80 mètres de la mer, face aux îles d'Or, vous serez conquis par ce domaine arboré et calme. Sous la tente ou dans l'une des 41 habitations légères parfaitement équipées (pour 2 à 6 personnes), les options plein air ne manquent pas. Côté restauration, le restaurant, simple et sympa comme tout, est tenu par l'une des filles de la famille. Le village de l'Ayguade, situé à 400 mètres, vous propose son marché chaque mercredi et ses animations estivales.

POPOTE'S €

290, chemin de la source ✆ 06 13 63 23 65
https://www.popotes-hyeres.com/

Cuisine et pâtisserie végétale 100% fait maison. Conseil : passer commande. Vente à emporter ou dégustation sur place.

Chez Popote's, Pauline cuisine pour vous avec passion tout en partageant son goût prononcé pour les produits bio et les produits locaux. A emporter ou sur place, la cuisine s'associe à l'éthique et au bien-être en vous proposant des plats sains équilibrés et de bonnes pâtisseries vegan. La gourmandise est ainsi revisitée aux saveurs méditerranéennes. Sucré ou salé, on se laisse tenter par cette cuisine 100% maison. Le plus qui fait aussi une différence : les emballages sont biodégradables. Un vrai respect dans votre assiette, pour votre corps et l'environnement.

LE BON COING €

41, place Massillon
✆ 04 22 44 81 88

Ouvert le midi de 12h à 15h et le soir de 19h à 22h30. Sans réservation. Carte : 27 € environ.

Depuis 2018, le mythique Bon Coing, une adresse d'anthologie à Hyères, a été repris par Déborah et on peut dire qu'elle a clairement donné une seconde jeunesse au restaurant... Dans ce restaurant-brasserie-glacier, la cuisine est simple et d'un bon rapport qualité-prix : salades géantes, marmite du pêcheur, moules frites, loup grillé, entrecôte... Et en dessert, le choix est vaste (glaces, tarte Tatin ou crème brûlée...) En juillet-août, l'ambiance bat son plein sur la Place Masillon et les repas sont d'autant plus agréables.

LE PAVILLON THAÏ €€

33, avenue Alphonse-Denis
✆ 04 94 23 08 10

Ouvert du mardi au samedi. Service du déjeuner de 12h à 13h45, diner de 19h à 21h45. Plat 14-17 €.

Une déco moderne mais discrète, du mobilier chaleureux, un jardin verdoyant ; installé en centre-ville de Hyères depuis 2014 (après 15 ans au Lavandou), le Pavillon Thaï ne cesse de régaler les papilles des amateurs de cuisine thaï et les curieux. Goûtez par exemple aux encornets farcis curry rouge, à la salade papaye-crevettes, aux soupes tropicales et aux viandes poivre et ail. Nous recommandons les trois créations « Gourmande, Assortiment ou Fraicheur Tropicale » ; des assiettes étoffées et savoureuses. Bref, une table raffinée pleine de saveurs dépaysantes !

RESTAURANT LA COLOMBE €€

663, route de Toulon ✆ 04 94 35 35 16
www.restaurantlacolombe.com

Haute saison : le mardi et le samedi le soir ; du mercredi au vendredi et le dimanche le midi et le soir. Plat : 30-35 €

L'établissement de Nadège et Pascal Bonamy célèbre en 2017 ses trente ans d'existence ! Le décor global est tendance avec des couleurs douces et harmonieuses, gris et ivoire, associé à des matériaux dans l'air du temps. Quant à la cuisine de Pascal Bonamy, avec la Méditerranée en filigrane, elle ronronne : noix de Saint-Jacques rôties et velouté de cèpes et châtaignes, fricassée de pigeonneau au foie gras et Porto, ris de veau braisé aux lentilles de Rocbaron et lard Colonnata... Bonne adresse fréquentée aussi bien par les Hyèrois que les touristes.

CASINO DES PALMIERS

1, avenue Ambroise-Thomas
✆ 04 94 12 80 80
www.casinohyeres.com

Ouvert toute l'année. Tous les jours de 10h à 4h.

Un superbe casino, en plein centre-ville de Hyères, dotée d'une magnifique décoration fastueuse et d'une très belle architecture des années trente. Les amateurs de jeux de hasard vont pouvoir s'en donner à cœur joie, une salle est consacrée aux machines à sous, et vous serez très vite gagné par la fièvre qui accompagne le tintement des jetons. Des salles de jeux plus cosy et traditionnelles – roulette anglaise, black-jack, Texas hold'em poker – sont également accessibles. A découvrir même si vous n'êtes pas amateur de casinos pour apprécier la beauté des lieux.

SOLLIÈS-VILLE

L'église Saint-Michel, construite au XIIe siècle, abrite un retable de Saint-Roch du XVIe siècle, un remarquable buffet d'orgue de 1499, et un Christ en bois du XIIIe siècle. Les promenades au fil des petites rues pavées sont agréables, et sur la place du village, un platane centenaire dispense son ombre bienveillante pour un moment de repos. Chaque année au mois de décembre, un petit vent de magie souffle sur Solliès-Ville lors du circuit des crèches : les particuliers exhibent leurs trouvailles ou créations les plus originales, cela mérite le détour. Dans le même temps au musée du Vêtement provençal, la foire aux santons attire elle aussi son lot de curieux.

LE MUSÉE DU VÊTEMENT PROVENÇAL ★

3, rue de la Marseillaise
✆ 04 94 33 72 02
Fermé le mercredi après-midi. Ouvert du mardi au samedi. Visite libre, ou visites guidées sur rendez-vous. Gratuit.

A l'intérieur d'un ancien moulin à huile du XVIIIe siècle, ce musée expose plus de deux cents vêtements féminins, masculins, d'enfants, ainsi que de nombreux accessoires de la vie quotidienne des années 1800 à 1920. Sa visite est le point de départ d'un circuit guidé proposé par l'équipe du musée, et qui mènera ensuite le promeneur à l'Eglise Saint-Michel et au musée Jean Aicard. Chaque année, de la fin novembre jusqu'à Noël, le musée accueille une foire aux santons à ne pas manquer.

MUSÉE JEAN-AICARD

Place Eugène-Sylvain
✆ 04 94 33 72 02
Ouvert du mardi au samedi. Visite libre, ou visites guidées sur rendez-vous. Gratuit.

Ce musée est consacré à la vie du célèbre poète, romancier et académicien Jean Aicard. Natif de Toulon en 1848, exilé à Paris pour raisons professionnelles, il choisit de résider à Solliès-Ville dès 1916, avant de devenir maire de la commune de 1919 à 1921. Sa maison, accolée presque blottie à l'église, renferme aujourd'hui de très nombreux souvenirs et effets du personnage (meubles, tableaux, bougeoirs...). C'est dans cette maison qu'il écrira « Gaspard de Besse » ou encore « Forbin de Solliès ou le Testament du Roi René ».

ECO PARK DE LA CASTILLE

RD554 route de la Farlède
✆ 07 60 29 67 89
www.ecopark-adventures.com/fr
Ouvert de mi-février à mi-novembre. Ouverture dès 10h pendant les vacances d'été. À partir de 6 €.

Au cœur du Domaine de La Castille, entre vignoble et rivière, l'EcoPark abrite 10 parcours d'accrobranche, classés selon le niveau de difficulté, avec un accès à partir de 2 ans. Idéal pour une sortie en famille ou entre amis, à l'ombre de majestueux platanes. Le domaine est aussi un terrain de jeu propice pour les joggers et autres adeptes du VTT. Possibilité vous est offert de déjeuner au restaurant du Château de La Castille (sur réservation). Et pour d'autres sensations, tentez l'Explor Games, une aventure entre le jeu de piste numérique et l'Escape Game.

GIENS ★★★

L'ancienne île de Giens faisait jadis partie de l'archipel des îles d'Or. Deux cordons de sable, des tombolos, formés par les courants marins et par les petits fleuves le Gapeau et le Roubaud, ont progressivement rattaché le rocher de Giens à la côte. Ainsi est née la presqu'île. Le cordon ouest n'est large que de 50 m et bordé tout le long par la plage de l'Almanarre, où se retrouvent les meilleurs spécialistes du monde de planche à voile et de kitesurf (possibilité de visionner la plage sur le site internet de l'office de tourisme). Celui de l'est, plus large (200 m dans sa partie la plus étroite), est bordé par la plage de la Capte, plage rêvée pour les enfants et pour la tranquillité des parents, puisque l'on a pied jusqu'à 60 m du rivage ! Entre ces deux tombolos se trouve l'étang des Pesquiers, une zone de salins où, jusqu'à une époque très récente (1994), on ramassait encore le sel. Propriété du Conservatoire du littoral, c'est une zone de nidification où se plaisent quelques espèces remarquables, il n'est d'ailleurs pas rare de pouvoir observer des dizaines de flamants roses venus ici après un très long voyage, mais aussi foulques, canards et autres aigrettes. Plus de 250 espèces d'oiseaux se rencontrent ici chaque année. La douceur du climat favorise également la croissance de plantes adaptées au sel et à la chaleur, des orchidées sauvages, la salicorne, le réséda blanc, le panicaut maritime, plante rarissime. Autour de Giens, ne manquez pas de visiter les petits ports traditionnels qui font le charme de la presqu'île hyéroise : petit port du Niel et le port de La Madrague. Découvrez aussi le port de la Tour-Fondue – déformation de « fendue », pour souligner son état de ruine –, site d'embarquement privilégié pour la traversée en direction des îles d'Hyères. A l'extrême pointe sud-est de la presqu'île, des pointes sauvages (notamment la pointe de la Badine à l'est), ont su garder le caractère typique d'une langue de terre qui hésite encore à se laisser tenter comme ses sœurs par l'appel du large. Au milieu du square Bachagha-Boualem, une table d'orientation permet d'admirer le paysage dans un panorama à 360°, idéal pour comprendre la géographie particulière du double tombolo unique au monde et les îles de Porquerolles, du Levant, et le parc national de Port-Cros. Le poète-diplomate Saint John Perse, prix Nobel de littérature en 1960, est inhumé dans le petit cimetière du village de Giens.

CAMPING CLAIR DE LUNE**** €€

27, avenue du Clair de Lune
✆ 04 94 58 20 19
www.campingclairdelune.fr

Emplacement tente + véhicule + 2 personnes de 20 € à 35 €. Appartements à partir de 24 € la nuit.

Le Camping Clair de Lune répondra certainement à vos attentes. Avec un emplacement idéal, situé à 200 m de la mer et à 600 m de la plage, ce camping possède des appartements et mobil-homes, dont certains bénéficient d'une vue sur la mer et d'un Jacuzzi privatif. Le camping idéal pour les petites familles, est situé à 200 m de l'école de planche à voile Spin-out, de l'école de kitesurf, du centre de plongée Diving Giens et de L'Aphrodite Spa. Bon plan !

CAMPING INTERNATIONAL & SPA**** €€

1737, route de la Madrague
✆ 04 94 58 90 16
www.international-giens.com

Emplacement + véhicule + 2 personnes de 27 à 44 €. Mobil-homes pour 1 à 4 personnes de 48 € à 284 € la nuit.

C'est le camping idéal pour des vacances au soleil et à 400 m de la plage, que l'on vienne en couple, en famille ou entre amis. A 400 m du village de Giens et à l'extrémité de la longue plage de l'Almanarre, il jouit d'un accès dans la baie à 50 m seulement. Pour le farniente, vous attendent piscine, snack « Le Solarium » avec vue sur la mer, ainsi que l'Aphrodite Spa aux trois ambiances (orientale, d'Asie et des îles). Pour les enfants : pataugeoire et aire de jeux.

CAMPING L'ÎLE D'OR*** €€

Boulevard Alsace-Lorraine
✆ 04 94 58 20 55
www.camping-iles-d-or.com

Emplacement + véhicule + 2 personnes de 29 € à 58 €. Mobil-homes pour 4 à 5 personnes de 62 € à 144 € la nuit.

Situé à l'extrémité de la plage de La Capte, ce camping profite d'un bel emplacement. A 400 m de la longue plage de la Badine, il met à disposition des emplacements et mobil-homes avec terrasses ombragées. La pointe de la Presqu'île de Giens est une zone au caractère très sauvage et un lieu privilégié pour les vacanciers amoureux de la nature. Point de départ pour des randonnées le long du sentier du littoral. Un camping apprécié pour l'ombre, le calme et sa proximité de la plage. Une bonne adresse au bon rapport qualité-prix.

HÔTEL ET RESTAURANT LE PROVENÇAL*** €€

113, place Saint-Pierre
✆ 04 98 04 54 54
www.provencalhotel.com

Basse saison : chambre double de 117 € à 143 €. Haute saison : chambre double de 165 € à 200 €.

A l'extrême sud de la presqu'île de Giens, cet établissement bénéfice d'une vue imprenable sur les îles d'Or et le grand large. A 300 m en contrebas de l'hôtel, le parc fleuri est superbe. L'hôtel dispose aussi d'une résidence de 23 appartements en location toute l'année, à la semaine – du studio au 4 pièces – avec terrasse plein sud. Et côté détente : terrains de tennis, beach-volley et pétanque et une piscine d'eau de mer – ouverte de juin à octobre – surplombant la Méditerranée.

© PIXEL-68 - ISTOCKPHOTO.COM

La presqu'île de Giens.

DOMAINE DE LA PRESQU'ÎLE DE GIENS €€

12, Chemin de Port Augier
✆ 04 94 58 22 13
www.giens.com
Maisonnettes de 510 € à 980 € ; Villas de 510 € à 1 960 €. Mobil-homes, de 400 à 980 €.

Gros coup de cœur pour le domaine de la Presqu'île de Giens ! Pour se loger on a le choix entre trois jolies villas (de 8 à 10 personnes) et deux maisonnettes (capacité de 4 à 5 personnes) de style provençal avec terrasse et plancha mais on peut aussi opter pour l'un des quatre mobil-homes (capacité de 4 personnes maximum). Sur un beau terrain à taille humaine, au cœur du vignoble et à quelques minutes de la mer et du village de Giens, c'est la détente assurée !

PRADEAU PLAGE €€

1420, avenue des Arbanais ✆ 04 94 58 29 06
www.pradeauplage.com
Ouvert de Pâques à Toussaint, tous les jours midi et soir. Carte uniquement, plat autour de 18-29 €. Poisson au poids.

Est-il encore besoin de présenter le Pradeau Plage, véritable institution sur la Presqu'île de Giens depuis 1989 ? Dans un environnement absolument sublime, sous l'ombre bienfaisante des pins odorants, et avec une certaine Porquerolles en toile de fond, on vous propose ici une cuisine méditerranéenne faisant la part belle aux produits de la mer : poissons frais, langouste (sur commande), gambas à la provençale façon Celou, brochettes de noix de Saint-Jacques fraîches ou encore bourride de lotte. Quelques viandes sont également au menu pour les amateurs.

LA BOUILLABAISSE €€

3305, route de la Madrague
✆ 04 94 58 22 15
www.labouillabaisse.fr
Tous les jours midi et soir sauf le mercredi. Menu à 38 €. Formule midi : 25 € (entrée, plat, dessert).

Comme son nom l'indique, ce restaurant est spécialisé dans la bouillabaisse traditionnelle, qu'il réalise à merveille avec des poissons de roche arbanais de la pêche locale (port de la Madrague). Vous pourrez également déguster une délicieuse soupe de poisson mijotée durant 3 heures, accompagnée de croûtons et rouille au safran maison. Les plats côté terre ne sont pas en reste : tartare de bœuf au couteau ou magret de canard rôti au miel et sa polenta. En plus, les desserts sont faits maison. Une belle adresse conviviale, face au petit port de la Madrague.

APHRODITE SPA

1735, route de la Madrague
✆ 07 77 90 22 22
https://www.aphroditespa.fr/fr/
Ouvert toute l'année et sur réservation. A partir de 45 € le soin et 35 € la manucure.

Si vous avez envie de vous faire chouchouter de la tête aux pieds, vous trouverez votre bonheur à l'Aphrodite Spa sur la Presqu'île de Giens. Le Centre Aphrodite Spa propose de très nombreux soins pour vous relaxer et vous apaiser : soins du visage, beauté des mains et des pieds, massages, soins esthétiques, épilations... Parmi les infrastructures sur place : bain bouillonnant, hammam, sauna, salle de relaxation, douche norvégienne, douche expérience. Le centre utilise les produits de la marque Origine, fabriqués en Provence.

LE POISSON ROUGE €€

Port du Niel
✆ 04 94 58 92 33
www.restaurantlepoissonrouge.fr
Ouvert du mardi au samedi le midi et le soir ; le dimanche de 10h à 15h. Menus de 21 à 35 €. Carte : 40 € environ.

Sur le petit Port du Niel, c'est l'un des restaurants de poisson les plus fameux de la Presqu'île avec plus de 30 ans d'existence. Grillés, vapeur, ou farcis, les produits de la mer sont préparés avec raffinement. Côté menu, les clients apprécient particulièrement l'accueil chaleureux et la grande variété de tapas stylisées (olivade noire aux anchois, foie gras de la mer...). En plat de résistance, on vous recommande vraiment les poissons sous toutes leurs formes. Coup de cœur pour l'immense terrasse à flanc de colline avec vue imprenable sur la mer !

LA PETITE FLOTTILLE

3226, route de la Madrague
✆ 06 15 31 60 70
www.lapetiteflottille.com
Location de bateaux sans permis à partir de 100 € la journée, et avec permis à partir de 220 €.

Si vous rêvez d'un peu d'indépendance pour voguer sur les flots à Hyères, on a l'adresse qu'il vous faut ! Avec sa petite flotte de 25 bateaux en été, avec ou sans permis, la Petite Flotille vous propose des escapades à la journée ou à la demi-journée, sans accompagnateur. Certaines embarcations, dotées d'une cabine, sont particulièrement adaptées aux jeunes enfants. Pour les plus sportifs, la location de kayaks et paddle est également possible. Une deuxième base se tient au petit port du Niel. Super accueil de Julie et Cédric.

BALADE

LE SENTIER DU LITTORAL

Une superbe boucle de 6 km, tout autour de la presqu'île de Giens, vous permet de découvrir ce coin de nature sauvage et préservé, en allant à votre rythme. Le sentier est très facilement praticable et la totalité du parcours se fait en 3 heures environ. Tout au long du trajet, différentes boucles plus ou moins longues vont vous être proposées sur les panneaux d'information. Le point de départ se fait par le parc des chevaliers (1), une fois remontée l'avenue de Knyff depuis la Madrague. Calanques, criques et superbes vues sur des îlots vont se succéder sous vos yeux. La balade longe d'abord des plages avant de devenir plus vertigineuse en haut des falaises donnant sur l'île longue (2). Par temps couvert, la roche noire donne des airs de Bretagne. Suivez le balisage jaune. Très beau panorama à la pointe des chevaliers avec vue sur Porquerolles (3). La pointe Escampo-Bariou domine de belles calanques (4). Les points de vue sont photogéniques et préservés. Le bon air marin et des gabians curieux vous accompagnent. La plage du Pontillon est idyllique pour se rafraîchir (5). Pour retourner à votre point de départ, prenez à gauche au niveau de la plage des Darboussières (6). La boucle est bouclée, vous venez de découvrir une des merveilles naturelles de Provence.

© PETIT FUTÉ

PORQUEROLLES ★★★★

La plus grande des îles d'Hyères avec ses 7 km de long et ses 2,5 km de large du nord au sud – 1 250 ha –, est toujours aussi attractive. Il vaut mieux toutefois venir hors période estivale pour en apprécier toute sa beauté. La côte nord est la plus accueillante, avec de nombreuses plages de sable que bordent des pinèdes et garrigues. La côte sud est plus abrupte ; l'intérieur, enfin, est peu habité. Au début du XXe siècle, en 1905, la Compagnie foncière prend possession de l'île en vue de la transformer en exploitation agricole, mais moins de 10 ans plus tard celle-ci fait faillite et l'adjudication de l'île s'effectue au profit de François-Joseph Fournier qui, ayant fait fortune en découvrant l'un des plus gros filons d'or du Mexique, l'achète pour un million de francs. Commence alors sur l'île l'ère Fournier. Tous les habitants sont employés pour la production viticole – importante avec 12 000 hl par an –, maraîchère ou fruitière – avec des productions d'agrumes, pamplemousses, mandarines... –, ou encore comme artisans ou domestiques au service de la maison Fournier. L'île pratique une sorte de vie communautaire et fonctionne en autarcie. Cet âge d'or prend fin avec la mort de François-Joseph Fournier en 1935 et le début de la guerre en 1939. Trois ans plus tard l'île subit l'occupation italienne, puis allemande l'année suivante. Elle est libérée le 22 août 1944 par les tirailleurs sénégalais. En 1971, l'Etat français rachète une grande partie de l'île, la mettant ainsi à l'abri du bétonnage intempestif et le remet en dotation au parc national de Port-Cros qui en assure la gestion. Depuis 1979, le Conservatoire botanique de Porquerolles sauvegarde la flore méditerranéenne et, grâce à l'isolement sanitaire de l'île, il conserve des collections de ressources génétiques fruitières à l'abri des agents pathogènes qui ravagent les arbres fruitiers. Aujourd'hui, le village de Porquerolles est presque un hameau, comprenant quelques hôtels et restaurants, quelques maisons de pêcheurs autour de la place d'Armes, et un tout petit port de plaisance. L'île offre dès le mois de mai un joli programme de festivités et ce jusqu'en septembre.

Histoire

Dans l'Antiquité, l'île faisait partie d'un archipel cité dans la mythologie grecque – les Stoechades –, et Ulysse aurait même terminé ses jours sur l'île de Porquerolles – si l'on en croit la légende. Quelques siècles plus tard, les moines de Lérins s'installent dans un habitat fortifié sur les hauteurs – Ve siècle –, puis l'île n'échappera pas aux Sarrasins, aux barbares et aux pirates, à l'image du reste de la Provence côtière – VIIIe-IXe siècles. Mais Porquerolles n'a pas encore fait le plein de ses malheurs. Les troupes de Charles Quint ravagent l'île en 1535. Au XVIIe siècle, Richelieu lance un programme de fortifications et de construction de forts sur l'île, ce qui ne l'empêche pas d'être pillée par les Anglais et les Hollandais. En 1810, Napoléon renforce les garnisons de Porquerolles. Des soldats rentrant des guerres coloniales, profitant du climat particulier, viennent s'y soigner. A la fin du XIXe siècle, un nouveau fléau ravage l'île : le feu. Un incendie non contenu ravage plus de la moitié de sa superficie.

© SAM74100 - ISTOCKPHOTO

Porquerolles.

LA CALANQUE DE L'OUSTAOU DE DIOU ★

Ouvert toute l'année. Nécessite 30 minutes de marche ou 10 minutes de vélo depuis le village.

Avec son agréable cadre sauvage et préservé niché entre deux falaises, cette calanque invite à la baignade... Mais attention aux nombreux oursins qui peuplent les eaux de cette crique ! Anse plutôt étroite, nous vous conseillons d'y arriver tôt le matin pour espérer y étendre votre serviette. Oustaou de Diou signifie la maison de Dieu et témoigne de l'existence passée de l'ancienne chapelle qui se dressait ici. Un petit coin de paradis tellement dépaysant !

LE FORT SAINTE-AGATHE ★

Chemin de Notre-Dame

✆ 04 94 58 07 24

Ouvert du mardi au dimanche de 10h à 13h et de 15h à 17h. Adulte : 7 €.

Erigé au XVIe siècle sous François Ier sur le site de l'ancien château, le fort se situe à un emplacement stratégique. Dominant le port, et offrant une vue à 360 °C sur l'île et la rade d'Hyères, il joua un rôle défensif pendant des siècles. En 1991, il est affecté au Parc national de Port-Cros. Depuis, il accueille régulièrement des expositions temporaires ainsi que le festival de jazz chaque mois de juillet. Son fond permanent est constitué quant à lui d'un ensemble d'objets relatifs au patrimoine terrestre et sous-marin des îles d'Hyères.

LA MAISON DU PARC & LE JARDIN EMMANUEL LOPEZ

à la sortie du village, en direction du Phare

✆ 04 94 58 07 24

www.portcrosparcnational.fr

De mi-mars à mi-novembre. Horaires variables selon la saison.

Pôle d'accueil et point de renseignements du Parc national de Port-Cros sur Porquerolles, la maison du Parc est attenante au Jardin Emmanuel Lopez. Véritable invitation au voyage et à la flânerie, on découvre dans ce havre de paix de 1 hectare des essences méditerranéennes variées : yuccas, lauriers, glycines, palmier nain, lavandes, palmier des Canaries, palmier abricot, oliviers, jasmins et cactées diverses… Un magnifique écrin de verdure à ne pas manquer sur Porquerolles !

LE PHARE ★

Fermé au public. Visible uniquement depuis l'extérieur.

Situé sur la pointe sud de Porquerolles, ce phare a été bâti au début des années 1830. Avec une hauteur de presque 21 m mètres et une élévation de 84 mètres au-dessus de la mer, il offre depuis son esplanade une vue extraordinaire sur les collines du Langoustier, le fort Sainte-Agathe et les falaises du sud. Par beau temps, on distingue même le Massif des Maures et la rade d'Hyères sur le continent. Son feu a une portée de 54 kilomètres (29 miles) ce qui en fait l'un les phares les plus puissants d'Europe. Un incontournable de Porquerolles !

PLAGE DE LA COURTADE ★

Ouverte toute l'année. Située à environ 800 m du village.

Non loin du Port de Porquerolles, cette plage de sable fin est la plus proche du village et donc la plus fréquentée. Elle est seulement à 15 minutes à pied de la place d'Armes ou 5 minutes à vélo. Orientée nord-est, c'est une plage familiale aux fonds progressifs, qui offre à la fois du sable et des galets, et qui se prolonge par des criques à l'est. Sur environ 1 kilomètre, elle est bordée par une forêt de pins et d'eucalyptus qui laissent flotter dans l'air de douces effluves. Un petit coin de paradis qui figure sur de nombreux posts Instagram !

LE MAS DU LANGOUSTIER**** €€€

✆ 04 94 58 34 83

www.langoustier.com

Chambre à partir de 155 €. Tarifs variables selon la durée du séjour et la saison.

Cet hôtel de charme niché au milieu d'une pinède à l'extrémité ouest de l'île offre des prestations de luxe et a été récemment joliment rénové, ce qui lui donne encore plus de cachet. C'est une adresse d'exception avec de très belles chambres qui affichent une décoration provençale classique, raffinée et élégante. Grandes et lumineuses, elles disposent de tout le confort nécessaire à un agréable séjour. Ne manquez pas d'aller déjeuner ou dîner au restaurant L'Olivier : c'est un régal.

RESTAURANT LA PLAGE D'ARGENT €€

Chemin du Langoustier

✆ 04 94 58 32 48

www.plage-dargent.com

Ouvert de début avril à fin septembre tous les jours à midi selon conditions météo. Plat : 20-25 €.

Il faut parcourir près de 1,4 kilomètre à l'ouest du village pour rejoindre cette agréable table ouverte au public depuis 1957. Sur la belle terrasse en bois qui surplombe une plage de sable blanc paradisiaque, le dépaysement est total, aussi bien par le décor que par les assiettes : mozzarella di bufala, duo de tomates, assiettes à partager avec des spécialités locales comme l'anchoïade, etc. C'est un peu cher, mais le site est sublime donc on ferme les yeux.

VAR

PORT-CROS ★★★★

Faisant partie de l'archipel des îles d'Or au même titre que Porquerolles et Le Levant, d'une longueur de 4 km et d'une largeur de 2,5 km, elle est la plus petite des trois îles avec seulement 10 km². Après divers propriétaires, l'île fut partiellement acquise en 1921 par un notaire d'Hyères, Marcel Henry, qui, avec son épouse, s'attacha à la mise en valeur de l'île et surtout à sa préservation. Après sa mort, sa veuve fit don de l'île à l'Etat, en posant comme condition la création d'un parc maritime pour assurer la conservation de la faune et de la flore. C'est ainsi que le parc national de Port-Cros voit le jour en 1963. Figurant parmi les dix parcs nationaux français, il est également le plus ancien parc marin en Europe et en France. Port-Cros est un antre de la nature sauvage. Située sur les itinéraires migrateurs entre l'Europe et l'Afrique, l'île est devenue une étape de prédilection pour plus de 120 espèces d'oiseaux migrateurs, dont une trentaine sont nicheuses. Outre le ballet incessant des goélands et des cormorans huppés, on y trouve des espèces très rares, comme le faucon d'Eleonore, le goéland leucophée, le puffin cendré, le faucon crécerelle, le rossignol Philomène. On y trouve aussi en grand nombre la couleuvre de Montpellier et la couleuvre à échelons, le rat noir - qui vit dans les arbres -, la chauve-souris, le lézard. Couverte d'une végétation typiquement méditerranéenne, Port-Cros abrite également quelques espèces végétales rares telles que l'herbe aux chats.

▶ **Les plus beaux sites de l'île** sont le vallon noir, la baie de Port-Man, le vallon de la Solitude, la plage Sud. Attention, l'île se découvre uniquement à pied.

VAR

LE SENTIER SOUS-MARIN ★★

Plage de La Palud

✆ 04 94 01 40 70

De juin à début octobre. Comptez 30 à 40 min de randonnée palmée. Accès libre.

Parcours sous-marin balisé, réservé exclusivement à la baignade, entre l'îlot du Rascas et la plage de la Palud, son point de départ. Il suffit de disposer de palmes, d'un masque et d'un tuba pour le parcourir. Des bouées, immergées à quelques mètres de profondeur, balisent l'itinéraire et signalent les principaux points d'observation de la faune – plus de soixante-dix espèces – et des herbiers de posidonie. La Maison du parc vend sur place des guides plastifiés que l'on s'attache au poignet. Un parcours tout simplement magique !

L'ANSE DE PORT-CROS €€

Sur le port

✆ 04 94 15 00 42

www.ansedeportcros.com

Ouvert d'avril à fin octobre. Ouvert tous les jours midi et soir. Menus de 24 € à 38 €. Menu enfant : 15 €.

Il est le tout premier restaurant du port lorsque l'on sort du débarcadère. Sur la vaste terrasse en bois, sous l'ombre de parasols blancs, ou bien en intérieur dans la salle au charme un peu désuet, on déguste ici une carte aux parfums iodés, et pour cause : le poisson, c'est la spécialité de la maison depuis près de 30 ans ! A l'exception de ceux servis dans le menu du Marcheur, tous les produits sont issus de la pêche locale. Et si l'on est plutôt carnivore, la carte propose quelques plats de viande. Une bonne table pour se faire plaisir.

© HYÈRES TOURISME

Port-Cros offre des paysages époustouflants.

LE LAVANDOU ★★★

Le village aurait été fondé par des pêcheurs génois et trois hypothèses sont émises quant à l'origine de son nom : lavadou (lavoir en provençal), lavandula stoechas (variété de lavande) ou le lavendour, vent d'est « lévent dur ». Jusqu'en 1913, le Lavandou était un quartier de Bormes, date à laquelle il devint une commune à part entière. Entièrement tourné vers la mer, le Lavandou est l'une des stations touristiques les plus en vue des côtes varoises. Son port peut accueillir jusqu'à mille cent bateaux de plaisance et ses douze plages constituent sans doute son meilleur attrait. Son surnom de « station aux douze sables » n'est pas usurpé.

LES FLOTS BLEUS*** €€

Plage de Saint-Clair
✆ 04 94 71 00 99
www.les-flotsbleus.com

Ouvert de mars à octobre. 41 chambres (et suites). Petit déjeuner buffet inclus. Parking fermé et gratuit.

Situé en front de mer sur la plage Saint-Clair, la plus prisée du Lavandou, au cœur de l'animation balnéaire, cet hôtel de charme, réparti en quatre bâtiments, propose des chambres climatisées de grand confort, à la décoration provençale réalisée par un artiste, avec terrasse et vue sur mer pour certaines, entrée indépendante pour d'autres. Le petit plus qui fait toute la différence, un restaurant à la réputation solide est adossé à l'établissement. N'hésitez pas, au cours de votre séjour, à pousser la porte du Bistr'eau Ryon.

PARC CAMPING DE PRAMOUSQUIER** €€

Chemin de la Faverolle ✆ 04 94 05 83 95
www.campingpramousquier.com

Ouvert d'avril à novembre, résa recommandée. Réception 8h/20h. Gardé 24h/24. 165 emplacements sur un terrain de 4,5 ha.

On se sent comme à la maison tout en étant dans un cadre exceptionnel, à seulement 400 mètres de la plage de sable fin de Pramousquier, cet agréable camping propose des emplacements aménagés en terrasse sur un parc avec vue mer et l'île du Levant. On conseille les bungalows avec terrasse extérieure couverte et salon de jardin ou les mobil-homes avec terrasse extérieure semi-couverte avec salon de jardin. Plus atypiques, les tentes BB : tente canadienne sur pilotis pour 2 à 4 personnes.

LES DOUZE PLAGES ★★

Jouissant de 12 kilomètres de littoral et de 12 plages, la commune du Lavandou est surnommée la « station aux douze sables ». A l'ouest, la plage de l'Anglade marque la limite de la ville. C'est une plage de sable fin, avec promenade piétonne en bois. La Grande Plage du Lavandou, en plein centre-ville, est une plage grand public. Sable fin, palmiers, plages privées avec location de matelas, restaurants de plage et activités nautiques variées. La plage de Saint-Clair, à l'est du port est une véritable perle au pied des pinèdes, particulièrement agréable le matin avant l'arrivée des vacanciers. On peut s'y rendre à pied par le sentier du littoral en une vingtaine de minutes depuis le port du Lavandou. Toujours vers l'est, la Fossette est une petite langue de sable, nichée entre deux pointes rocheuses. Moins fréquentée que les précédentes, elle se targue d'un restaurant de plage proposant location de matelas et parasols. Aiguebelle peut s'enorgueillir de ses eaux limpides dans l'heureuse complicité de la mer et du sable. On y trouvera aussi quelques restaurants et plages privées. La plage Jean Blanc, à 5,5 km du centre-ville environ, est une superbe plage ombragée, où le sable oscille entre blanc et argent. On installe sa serviette sur le sable pour en épouser tous les reliefs. La plage de l'Eléphant se classe parmi les plus difficiles d'accès. C'est une plage sauvage de sable et de rochers, ombragée par une végétation magnifique. La plage du Rossignol, qui s'apparente davantage à une crique tant elle est confidentielle, est elle aussi très difficile d'accès – le paradis se mérite, dit-on ! La plage du Layet, un peu plus loin, s'enorgueillit d'un sable fin et doré. Pour partie ombragée, elle ravira en journée les amateurs de bronzage intégral et les adeptes du naturisme. La longue plage de Cavalière – ne pas confondre avec Cavalaire– figure parmi nos favorites dans la catégorie grand public. Il s'agit d'une magnifique plage de sable fin plongeant dans l'eau tout en douceur. Également appelée « La Sportive », elle est dotée d'une école de voile, et de prestataires offrant parachute ascensionnel, jet-ski, ski nautique, beach volley... Moins fréquentée que la Grande Plage du Lavandou, la plage de Cavalière en est d'autant plus agréable. La plage du Cap Nègre se situe dans le prolongement de celle de Cavalière. La résidence familiale de Carla Bruni-Sarkozy domine en contre-haut. Pramousquier, la douzième à 8 km du centre du Lavandou, n'a pas de regard sur la route, et inversement. Un caractère qui la rend un brin mystérieuse.

ROC HÔTEL*** €€

5, rue des Dryades
✆ 04 94 01 33 66
www.roc-hotel.com
Ouvert de début avril à mi-octobre. 30 chambres (100 % non-fumeur). À partir de 90 €. Plage privée.

Situé sur la superbe plage de sable de Saint-Clair, cet hôtel moderne, où le blanc illumine la façade, baigne dans le calme à quelques pas de l'eau, et à seulement deux kilomètres du centre-ville du Lavandou, de ses commerces et de son animation. Un hôtel familial avec des chambres personnalisées qui s'ouvrent, soit sur une vue idyllique sur la petite baie de Saint-Clair, soit sur les collines environnantes du massif des Maures. La plage privée de l'hôtel est disponible sur réservation avec supplément. Un bon rapport qualité-prix !

HÔTEL LA PISCINE €€€

Avenue du Levant Aiguebelle
✆ 04 94 71 65 46
https://www.hotel-la-piscine.com
Nuitée à partir de 129 €. Réservation recommandée depuis le site internet de l'hôtel.

Il est toujours agréable de voir de nouvelle adresse pointer le bout de leur nez, surtout quand le succès est au rendez-vous. Ce boutique-hôtel est l'exemple type d'une reconversion maîtrisée pour les nouveaux propriétaires. À flanc d'une colline luxuriante, un hôtel d'une trentaine de chambres et suites, entièrement repensées, mais surtout une magnifique piscine chauffée, entourée de transat en bois et beds. L'autre attrait de l'établissement, le restaurant Bambou, confié au chef brésilien Fabricio Delgaudio et son nouveau concept de cuisine au brasero.

LA CAGE AUX POULES €

1, chemin du Four des Maures
✆ 06 12 38 86 45
Passez commande par téléphone.

Cette rôtisserie, aux antipodes des rôtisseries industrielles, propose des produits frais et locaux de grande qualité : poulets fermiers, poulets jaunes, rosbif, ribs, rôti de porc, merguez et chipolatas (fabrication artisanale par un boucher local). Tout est mariné avec une marinade maison à la recette secrète et les légumes sont bio puisqu'ils viennent du potager du grand-père des patrons ! L'établissement propose aussi des vins rosés de la région et de la bière des îles d'Or. Tout est local, tout est frais. Une valeur sûre avec un super accueil en prime !

C BEACH €€

Boulevard du Levant
✆ 04 94 64 84 98
Ouvert d'avril à octobre. Plage aménagée selon conditions météo. Réservation recommandée.

Une petite plage paradisiaque où Corinne Tillard et Alexandre Rossi ne se lassent pas d'accueillir leurs hôtes saison après saison. Un établissement les pieds de l'eau avec tous les ingrédients nécessaires : décor, sable fin, restauration de bonne tenue et desserts maison. Lors de notre passage, la salade thaï n'a pas fait un pli, pas plus que le burger italien ! Les poissons et crustacés sauvages y sont réputés, notamment la langouste au barbecue...Très appréciable, une infrastructure couverte pour déjeuner à l'ombre du soleil brûlant.

CHEZ LAURENT €€

Avenue Vincent-Auriol
✆ 04 94 64 95 23
www.restaurant-chezlaurent.com
Maître Restaurateur. Ouvert toute l'année. Menus de 21,90 à 45 €. Chèque Vacances, Chèque Restaurant. Terrasse.

La bourride de Laurent, le chef de cuisine, composée de 3 variétés de poissons, moules en coquilles, haricots verts, pommes de terre, crustacés, a fait la réputation de cette maison, où la cuisine provençale est mise à l'honneur. En dépit d'un certain succès bien mérité, l'accueil et la qualité sont toujours de rigueur. Tous les midis en semaine, il propose aussi un menu du marché au remarquable rapport qualité-prix. Pour les portefeuilles plus garnis, le menu Découverte à cinq plats est on ne peut plus gourmand ! Réservation fortement recommandée.

LES TAMARIS CHEZ RAYMOND €€€

Boulevard de la Baleine
✆ 04 94 71 07 22
Fermeture annuelle de novembre à février. Réservation recommandée. Carte : 70 € environ.

Une adresse incontournable, les pieds dans l'eau, pour les amoureux des produits de la mer. L'établissement de Raymond Viale, le pêcheur-restaurateur, s'est constitué depuis 1963 une clientèle d'habitués, inconditionnels de sa bouillabaisse du pêcheur, de sa bourride, de son fameux chapon farci, et de toutes ses autres spécialités de poissons grillés au feu de bois. Bien moins de choix en revanche côté dessert : on ne vient pas là pour ça. Une belle adresse, authentique comme on les aime avec ses qualités et ses défauts. Réservation obligatoire.

VAR

DOMAINE DE L'ANGLADE

Avenue Vincent-Auriol ✆ 04 94 71 10 89
www.domainedelanglade.fr

Hors saison se renseigner. En juillet-août, ouvert du lundi au vendredi de 9h à 13h et de 16h à 19h30 et dimanche matin.

Voici l'unique exploitation viticole au cœur du Lavandou, propriété depuis 1925 de la famille Van Doren, célèbre pour la fabrication de anches pour clarinettes et saxophones. Le domaine de 40 ha dont 19 de vignes est harmonieusement intégré dans un véritable écrin de verdure en bord de mer, où la vigne est protégée du marin par de jolis roseaux. Sur rendez-vous, vous pourrez réserver une visite complète qui comprend un tour dans les vignes à pied. À l'entrée du domaine, vous profiterez de la boutique pour faire vos emplettes d'un vin de renom.

BORMES-LES-MIMOSAS ★★★

Le village aurait été fondé vers 400 avant J. C. par les Bormani, tribu ligure venue d'Italie qui vivait de piraterie jusqu'à la pacification romaine. Au IXe siècle, les habitants émigrent sur les hauteurs pour échapper aux attaques des Sarrasins. Le village était dominé par le château des seigneurs de Fos qui appartenaient à la même famille que les vicomtes de Marseille. Pendant l'Ancien Régime, Bormes était devenu le modèle d'un village autogéré par un conseil formé de bourgeois, d'artisans et de paysans. A la fin du XIXe siècle, les explorateurs anglais rapportèrent du Mexique une plante vivace, aux minuscules fleurs jaunes, le mimosa. Cette plante de la famille des acacias trouva dans l'amphithéâtre rocheux du village de Bormes un microclimat idéal. Il en existe environ 1 200 espèces dont plus de 700 sont originaires d'Australie. A Bormes, il y en a 90 variétés. L'absolu de mimosa est utilisé en parfumerie et en cosmétologie pour fabriquer des savons et l'eau de Bormes, de même qu'en cuisine où il entre dans la composition de bonbons, gelées de mimosa, sirops ainsi que la mimosette... La dénomination de Bormes-les-Mimosas se généralisa dans les années 1920 et devint officielle en 1968. Le mimosa, devenu le symbole de la cité, est fêté chaque année en février avec le corso fleuri. La ville s'enorgueillit aujourd'hui de posséder une collection de mimosas unique au monde dans un parc municipal, le parc Gonzalez.

CAMP DU DOMAINE €€€

2581, route de Bénat
© 04 94 71 03 12
www.campdudomaine.com
Ouvert du 9 avril à fin octobre. Réservation recommandée. Gardé 24h/24. 1300 emplacements.

© CAMP DU DOMAINE

Implanté sur un ancien domaine agricole, ce camping 5 étoiles a fêté ses 70 ans ! Blotti au sein d'une pinède, il bénéficie d'un accès direct à la plage. Les amateurs d'activités nautiques sont ravis en pratiquant le ski nautique, la planche à voile et même de la pêche en mer… Les services, les commerces, le club house du tennis, terrain de pétanque et restaurants sont à votre disposition. Des aménagements spéciaux et des animations placées sous la surveillance d'animateurs diplômés attendent les enfants, ainsi que des jeux pour les ados.

VAR

LE CAP BÉNAT ★

Domaine privé : découverte uniquement via le sentier littoral.

Cette petite pointe rocheuse située face aux îles d'Hyères se découvre principalement par la mer et c'est peut-être de cet angle qu'il se présente sous son plus bel aspect. Si cela ne vous est pas possible, pas de panique, empruntez le sentier littoral et c'est parti pour 14 kilomètres sur le fameux sentier des Douaniers. Il vous permettra d'admirer de sublimes paysages et la pointe du Port-qui-Pisse. L'extrémité du cap supporte le château de Retz, le sémaphore et surtout le phare. Une balade incontournable lors d'un séjour dans ce coin du Var.

LE VIEUX VILLAGE ★

Visite libre toute l'année grâce à la brochure de l'office de tourisme et au balisage dans le village.

Le village médiéval de Bormes-les-Mimosas est référencé parmi les plus beaux sites du Var. Au-delà de la rue Carnot, vous pouvez admirer la tour de l'Horloge, surmontée d'un campanile. Dans les vieilles ruelles tortueuses aux noms charmants, Plaine-des-Anes, Roumpi-Cuou, Venelle-des-Amoureux, remarquez l'architecture d'époque et son patrimoine du XIIe siècle, les poternes, les linteaux décorés, les encadrements sculptés des portes. De nombreuses boutiques et des restaurants vous feront certainement de l'œil tout au long de votre balade.

CHÂTEAU DES SEIGNEURS DE FOS ★

13, avenue des Lauriers Roses

Château privé, fermé au public.

Classé monument historique depuis 1931, pour certaines de ses parties, notamment la tour principale, il ne reste aujourd'hui que des vestiges de la courtine en forme de polygone et du logis seigneurial de Roger de Fos, symbole de la souveraineté des vicomtes de Marseille. Les remparts sont également bien conservés. C'est le point culminant du village (104 m) d'où l'on peut contempler un superbe panorama sur Bormes, le Lavandou et les îles d'Hyères.

FORT DE BRÉGANÇON ★★

D42D

✆ 04 94 01 38 38

www.fort-bregancon.fr

Ouvert la première quinzaine de juillet et septembre. Visite guidée sur réservation auprès de l'office de tourisme.

Le promontoire de 35 m de haut, où se dresse aujourd'hui le fort, fut occupé dès l'époque celto-ligure. Au XIe siècle, la forteresse est bâtie avec ses 2 tours. En 1964, le général de Gaulle sera le premier chef d'État à dormir au sein du fort. Il décida de l'aménager en 1968 pour en faire la résidence officielle de villégiature de la présidence de la République. Depuis juin 2014, le fort a été rendu accessible au public avec la visite des jardins, du bureau du président, de la salle à manger, de la salle de télévision ou du petit salon.

LATITUDE VERTE

Port de la Favière

✆ 06 51 08 30 04

www.latitudeverte.fr

Fermé de novembre au 15 avril. Gratuit jusqu'à 4 ans. Accueil enfants. Visite guidée (à partir de 15 €).

Une toute nouvelle activité à Bormes-les-Mimosas qui est devenue un incontournable depuis 2019. Embarquez sur un navire à propulsion hybride, équipé d'une vision sous-marine, pour des balades en mer et des excursions commentées à Port-Cros, Porquerolles et le fort de Brégançon. Le navire limite l'émission de CO_2 et le bruit. Une première en France (hors Corse) avec la possibilité de visites sans débarquement ou avec débarquement en fonction des destinations choisies. Une navigation plus responsable, encadrée par une équipe de professionnels.

HÔTEL DE LA PLAGE - HDLP €

352, boulevard de la Plage

✆ 04 94 71 02 74

www.hotelbormes.com

Ouvert d'avril à octobre. 43 chambres. Chambre double de 88 € à 179 €. Demi-pension (ajouter 56 € pour 2 personnes).

Situé à 300 mètres des plages de Bormes et du Lavandou, et à proximité du port de la Favière, du fort de Brégançon et du vieux village, l'hôtel jouit d'une situation idéale. Les chambres, exposées plein sud principalement, se targuent d'un balcon ou d'une loggia. De taille confortable, elles assurent de belles prestations. Le petit déjeuner est un must, à prendre sur la terrasse ou dans le jardin. Au restaurant le soir, l'atmosphère sur la terrasse invite à la détente. Ici le chef aime à varier les plaisirs, les spécialités régionales sont mises à l'honneur !

© HDLP - BORMES LES MIMOSAS

© HDLP - BORMES LES MIMOSAS

HOSTELLERIE DU CIGALOU*** €€

place Gambetta
✆ 04 94 41 51 27
www.hostellerieducigalou.com
20 chambres de 111 € à 312 €. Restauration (le Café du Progrès) : menus de 17 € à 38 €.

© HOSTELLERIE LE CIGALOU

Cet hôtel familial de charme est situé au cœur du vieux Bormes. Les 20 chambres bénéficient d'une décoration personnalisée. « Baroque », « bucolique », « baldaquin » ou « évanescente », évocation du temps qui passe, du retour au naturel, ou bien encore d'une épopée romantique… Certaines se targuent d'une terrasse, orientée village ou jardin. Vous aimerez vous prélasser au bord la magnifique piscine de l'établissement, un véritable luxe quand le soleil chauffe au cœur de l'été.

LE CAFÉ DU PROGRÈS €€

7, place Gambetta
✆ 04 94 46 00 19
https://www.hostellerieducigalou.com
Ouvert toute l'année. Tous les jours le midi et le soir. De 7h à 23h. Menus de 19 € à 25 € (+ Carte).

Attenant à l'Hostellerie du Cigalou en plein cœur du village de Bormes-les-Mimosas, le Café du Progrès est une adresse que l'on affectionne particulièrement. Dynamique tout au long de l'année (soirées musicales le vendredi entre octobre et avril), elle propose une carte alliant avec brio tradition, audace et modernité. Également très sympathiques, les formules sur ardoise avec entrée, plat et dessert. Des plats savoureux et toujours bien présentés. Félicitations à Fanny en cuisine et à l'équipe de salle pour cette jolie proposition !

CHEZ SYLVIA €€

872, avenue Lou-Mistraou
✆ 04 94 71 14 10
Fermé de décembre à début février. Basse saison : fermé le mercredi et le jeudi midi.

Situé sur la route principale entre Bormes et Le Lavandou, ce restaurant est une ode à la cuisine sicilienne ! Sylvia Giaramidaro, la maîtresse des lieux, veille au grain depuis 1953 à ce que les traditions culinaires de son île d'origine soient respectées. Secondée par sa fille Isabelle, et par Momo, le chef depuis plus de 20 ans, elle ne jure que par le fait maison, et avec des produits de qualité. Les pizzas, particulièrement appréciées des amateurs pour leur pâte fine et croustillante, sont préparées à l'ancienne avant d'être cuites dans le four à bois.

MIMOSA €€

284, boulevard du Front-de-Mer
✆ 09 87 36 49 46
https://mimosa.eatbu.com/?lang=fr
Ouvert midi et soir du mercredi au dimanche midi. Réservation recommandée. Menus à partir de 38 €. Terrasse.

Le chef David Archinard et sa compagne Nathalie livrent une partition d'un excellent niveau, en cuisine comme en salle. La bistronomie locale, d'inspiration méditerranéenne, s'accorde à merveille avec la décoration chaleureuse de l'établissement. Lors de notre passage, il nous a été impossible de nous priver d'un délicieux œuf mimosa à la truffe d'été. Un must de la maison ! L'adresse a déjà charmé le guide Michelin avec l'attribution d'un BIB Gourmand. Une vraie belle adresse pour Bormes-les-Mimosas, à découvrir sans tarder !

PLAGE MEYNIAL €€

Plage de la Favière
✆ 04 94 71 70 97
www.plage-meynial.com
D'avril à octobre. Ouvert tous les jours le midi. Parking gratuit jusqu'au 15 juin.

Un vent de fraicheur souffle sur la Plage Meynial avec une nouvelle configuration depuis l'été 2019. Le lieu reste idéal pour un déjeuner face à la mer après une baignade matinale ou une douce promenade les pieds dans l'eau. Laurent et Clovis Meynial, restaurateurs-plagistes vous accueillent sur la plage de la Favière, la plus grande de Bormes. Les nombreux habitués comme les visiteurs de passage s'y sentent bien. Ici rien à cacher, on est clairement informé de ce qui est fait maison et de ce qui ne l'est pas ! Une belle adresse.

VAR

LA RASTÈGUE €€

48, boulevard du Levant
✆ 04 94 15 19 41
www.larastegue.com

Fermeture annuelle de novembre à mars (voire Pâques : se rens). Menu unique à 50 €. Pas de carte.

Grâce à leurs expériences et vécus professionnels, Jérôme Masson en cuisine et sa femme Patricia en salle ont conquis les épicuriens de Bormes-les-Mimosas et alentour. Que ce soit dans la salle confortable avec sa cuisine ouverte ou sur la terrasse, dont la vue s'échappe jusqu'à la Méditerranée, c'est un réel plaisir de découvrir la cuisine ciselée et franche de ce jeune chef. Dans son menu unique, il vous propose un repas bien complet comportant entrée, poisson, viande, fromage ou dessert. Attention il n'y a pas de viande en été.

LA TABLE DE L'HDLP €€

352, boulevard de la Plage
www.latabledelhdlp.com

Ouvert d'avril à fin octobre. Dîner : tous les soirs du lundi au dimanche.

La Table de l'Hôtel de la Plage fait la part belle aux produits frais, tout est fait sur place. Convivialité et plaisirs au menu, il est possible de manger à l'intérieur, sur la terrasse chauffée pour les jours de fraîcheur, et sur la belle et grande terrasse extérieure à l'ombre des platanes. Goûtez aux spécialités provençales et méditerranéennes dans le pur respect des traditions. Le chef fait preuve de créativité et d'esthétique dans les présentations des plats. Chaque année la carte est renouvelée en fonction des produits, des rencontres ou des essais du chef.

CHEZ RICHARD €€€

1631, route de Léoube
✆ 04 94 71 60 22
www.restaurant-chez-richard.fr

Ouvert de mi-avril à mi-octobre. Haute saison : ouvert tous les jours le midi et le soir. Plat 15-25 € en moyenne.

Situé dans un site exceptionnel au bord de l'eau (la plage de l'Estagnol est un must), face aux îles d'Hyères, ce restaurant-snack joue à la perfection une partition à prix doux pour le plus grand bonheur des convives. Depuis 1998, cette adresse propose de belles salades composées, des grillades délicieuses de poissons et viandes, dont une fameuse côte de bœuf, une carte spéciale de moules et des spécialités provençales telles que la bouillabaisse. Parmi les suggestions du chef, daube de seiches, aïoli provençal ou encore seiches à la plancha.

PLONGÉE PRIVILÈGE

Port de la Favière ✆ 06 85 58 24 14
www.plongeepriveebormes.com

Centre ANMP. Équipement Scubapro. Ouvert de mi-mai à fin septembre. Baptême : 105 €. Plongée d'exploration : 90 €.

Après plus de quinze années passées sur le littoral de l'île de Beauté, Siglinde et Pascal ont retrouvé le continent depuis 2011. De mai à septembre, ils quittent leurs montagnes savoyardes pour Bormes-les-Mimosas, et proposent des plongées véritablement « privilégiées ». Loin, très loin, du concept des usines à bulles, ils vous convient à des sorties intimistes en tout petit comité : pas plus de 4 plongeurs par sortie. A noter que le bateau est proposé à la location avec skipper : que vous soyez plongeur ou non, finalement vous avez toute votre place à bord !

LA LONDE-LES-MAURES ★★

S'étirant sur 7 800 ha, La Londe-les-Maures est recouverte au deux tiers de vignobles et de forêts. Un village dont l'avenue principale a récemment été rénovée avec goût, qui offre une grande diversité de paysages, des plages de sable, une vue imprenable sur les îles de Porquerolles et de Port-Cros, et le massif des Maures. La commune réserve aux visiteurs de magnifiques promenades et propose des loisirs sportifs, nautiques, culturels et festifs qui sauront séduire un large public. Parmi ces événements les plus emblématiques, la fête des vins courant avril, Nature en fête le même mois, le festival de jazz fin juillet et le marché des vins de La Londe.

JARDIN ZOOLOGIQUE TROPICAL ★

583, route de Saint-Honoré ✆ 04 94 35 02 15
www.zootropical.com

Ouvert toute l'année. Haute saison ouvert tous les jours de 10h à 19h. Adulte : 12 €. Enfant de 2 à 12 ans : 7 €.

Depuis 1989, une collection exceptionnelle d'animaux est présentée dans un parc paysager de 6 hectares classé « Jardin remarquable » par le ministère de la Culture. On y rencontre 300 oiseaux et mammifères de 60 espèces différentes originaires de tous les continents, au sein d'un jardin botanique luxuriant. Le Jardin zoologique tropical contribue à la conservation et à la reproduction d'espèces en voie d'extinction au travers de programmes internationaux d'élevage.

L'HEMINGWAY €€€

Plage de l'Argentière
✆ 06 32 50 02 57
www.lhemingway.com
Ouvert tous les jours en saison de 10h à 1h. Réservation impérative. Plage privative.

L'Hemingway, comme un mirage sur la délicieuse plage de l'Argentière, face à la baie des îles d'or. Les nombreux atouts de l'Hemingway sauront émerveiller les amoureux de décoration cossue, de cuisine savoureuse, de service attentionné et de panorama dépaysant. Les larges tables et fauteuils créent une intimité toute naturelle, pour une expérience culinaire des plus agréables. En 2022, la carte est remaniée avec de nombreuses nouveautés à découvrir de l'entrée au dessert. L'Hemingway jouit également d'une belle plage privative avec beds et transats.

CHÂTEAU DU CARRUBIER

1590, route du Carrubier
✆ 04 94 66 82 82
www.carrubier.fr
Ouvert du lundi au samedi de 14h30 à 18h30 (17h en basse saison).

Propriété familiale depuis 1974, le Château du Carrubier s'étend sur 88 hectares dont 25 hectares de vignes, plantées au creux des collines des Maures et à proximité de la mer. Ici, la tradition côtoie la modernité, et les savoir-faire d'antan perdurent. Les vendanges notamment, sont encore faites manuellement, et les raisins sont triés puis égrappés avant d'être mis en cuve. Les vins produits dans les trois couleurs sont intégralement classés en AOP Côtes de Provence, et se voient régulièrement attribuer médailles et récompenses.

CHÂTEAU PAS DU CERF

Route de Collobrières
✆ 04 94 00 48 80
www.pasducerf.com
Ouvert toute l'année. Parking. Label Tourisme & Handicap.

Les vignes de la famille Gualtieri, d'une grande diversité de cépages, s'étendent sur 80 hectares de coteaux orientés plein sud, au cœur du massif des Maures. De nombreuses médailles dans les trois couleurs sont glanées régulièrement au concours général agricole de Paris. De plus en plus, le château se tourne vers l'œnotourisme : visites de chai, journées portes ouvertes et sentier de randonnée balisé ont fait leur apparition au domaine. Le lieu est superbe pour l'organisation de mariages et de séminaires, plusieurs salles de réception sont prévues à cet effet.

CHÂTEAU SAINTE MARGUERITE

381, Route de Valcros
✆ 04 94 00 44 44
www.chateausaintemarguerite.com
Haute saison : ouvert du lundi au samedi 9h-19h. Dimanche 9h-13h. Basse saison : 9h-12h / 13h30-18h excepté le dimanche.

Fondé en 1929, le Château Sainte Marguerite est la propriété de la famille Fayard depuis 1977. Les crus produits sur le terroir AOP Côtes-de-Provence-la-Londe, sont issus de l'agriculture biologique, garanti Label Vegan et s'expriment par leur originalité et leur finesse. Les vins de la cuvée Symphonie sont à découvrir, le blanc suave et raffiné, le rosé, fruité et onctueux et le rouge puissant et aux tanins fondus. En 2020, le nouveau chai a été inauguré… Tout simplement magistral !

DOMAINE DU JASSON

680, RD 88 ✆ 04 94 66 90 26
www.domaine-du-jasson.com
Basse saison : ouvert du lundi au samedi 9h-12h et 14h-18h. Haute saison : ouvert du lundi au samedi 9h-12h et 15h-19h.

L'une des plus grandes oliveraies du Var, avec 4 000 arbres et 19 hectares en production. Élaborées à partir de 5 variétés – Aglandau, Bouteillan, Cayon, Picholine et Grossanne des Baux – les huiles d'olive de France et l'AOC huile d'olive de Provence sont des valeurs sûres. Outre sa vaste oliveraie, le domaine se targue d'une serre d'agrumes où poussent citrons jaunes, mandarines, kumquats et autres limes tahitiens. Et de cet audacieux mélange entre olives et agrumes frais, est née la marque « Agrulives » : un véritable délice que les chefs s'arrachent déjà !

CONNECTEZ-VOUS sur
petitfute.com

et partagez
VOS AVIS et BONS PLANS

DOMAINES OTT - CLOS MIREILLE

Route du Fort-de-Brégançon ✆ 04 94 01 53 55
www.domaines-ott.com
De mai à septembre inclus et jours fériés, ouvert du lundi au samedi : 10h-13h et 14h-19h. Hors saison : se renseigner.

Acquis en 1936 par Marcel Ott, le Clos Mireille bénéficie d'une situation géographique face à la mer propice à la naissance de vins subtils et singuliers. Le Blanc rivalise avec les meilleures cuvées nationales, alors que le rosé 2020 demeure une référence internationale. Sur place, vous aurez le loisir de découvrir les vins des deux autres propriétés des Domaines Ott* : le Château de Selle à Taradeau (AOC Côtes de Provence) et le Château Romassan au Castellet (AOC Bandol).

AQUALONDE PLONGÉE

Carré du Nouveau Port
✆ 06 09 88 45 55
www.aqualonde-plongee.com
Fermé de janvier à mi-mars. Baptême : 92 € (dès 8 ans). Forfait « Aqualonde Expérience » (dès 10 ans) : 150 €.

Un club historique sur le port Miramar, repris il y a peu par le professionnel et fort sympathique Clément, accueillant tout au long de l'année ou presque une clientèle familiale de plongeurs amateurs et aguerris (formations jusqu'au monitorat MF1 et Diplôme d'État). Situé à équidistance entre Port-Cros et Porquerolles, les plongées se tiennent généralement au sein du Parc national, sur le site de la Gavinière, ou encore sur les épaves du *Grec* et du *Donator*. En juillet-août, le forfait « Aqualonde Expérience » est idéal pour les débutants.

GOLF DE VALCROS

Avenue Vallée-Heureuse
✆ 04 94 66 81 02
www.golfdevalcros.com
Ouvert toute l'année. Restauration. Boutique.

Depuis 1964, c'est l'un des points d'intérêt majeurs pour tous les golfeurs du coin avec un rayonnement international. Ce parcours de 18 trous sur 50 hectares, exposé sud-est, abrité du vent et longeant la rivière Maravenne, est très caractéristique. Dans un environnement luxuriant d'une beauté saisissante avec chênes lièges et arbres méditerranéens, le golf de Valcros exige technique et précision. Le club-house accueille membres et non membres tous les jours de 8h à 20h pour un déjeuner ou un moment de détente après une partie de golf.

SAINT-TROPEZ ★★★★

Ce port de commerce et de pêche connut une grande prospérité aux XVIIe et XVIIIe siècles, mais rien ne l'avait prédisposé à sa vocation de capitale de la jet-set. La silhouette de Brigitte Bardot dans *Et Dieu créa la femme* de Roger Vadim (1956), et les fameux gendarmes entraînés par Louis de Funès ont beaucoup contribué à le faire connaître, sous l'œil paternel du bailli de Suffren, enfant du pays statufié sur le port. Sa statue a été coulée en 1866 avec du bronze provenant des canons pris par Napoléon III aux Autrichiens. Les armoiries de la cité représentent un corps couché dans une barque : celui de saint Torpès (devenu Saint-Tropez), né Caïus Silvius Torpétius à Pise. Dignitaire des armées romaines, il fut choisi par l'empereur Néron comme intendant de son palais. Gardien de saint Paul, il se convertit au catholicisme. Néron le fit décapiter à Pise. Son corps fut placé dans une barque entre un chien et un coq, et dériva jusqu'à l'emplacement actuel du port. A plusieurs reprises au Moyen Age, la ville fut détruite par les Sarrasins, une fois en 739, une deuxième fois en 889. Au Xe siècle, le comte de Provence Guillaume Ier chasse les Sarrasins, fortifie la ville, et fait bâtir le château fort. En 1056, Saint-Tropez est cédée aux moines de Saint-Victor, qui fertilisent la région. Au XIVe siècle, la ville est ravagée par de nouvelles guerres entre les princes provençaux. En 1441, le gouverneur de la Provence confie la reconstruction de la ville à un architecte génois, Raphaël Pornazio de Garezzio. Saint-Tropez devient une république autonome et un port réputé pour la qualité de ses marins. Toute la ville est fortifiée. C'est de cette époque que datent la porte de la Ponche, la tour Jarlier, la tour Vieille, la tour du Portalet. La citadelle a été construite sur ordre d'Henri IV. On trouve dans la ville des encadrements de portes et fenêtres en serpentine, une roche verdâtre. Elle provient de carrières du massif des Maures. Jusqu'au XIXe siècle, Saint-Tropez vit principalement du commerce maritime. En 1894, Paul Signac arrive à Saint-Tropez, il s'installe dans une cabane de pêcheur de la plage des Graniers. Dans son sillage, Matisse, Derain, Renan, Liszt ou encore Colette vont contribuer à faire connaître ce petit village dans le monde entier. Mais c'est surtout dans les années 1950 que sa notoriété va littéralement exploser et devient un lieu de villégiature de la jet set européenne et américaine. Saint-Tropez attire les touristes à la recherche de célébrités, ou qui souhaitent découvrir une des villes les plus glamours de la côte.

VAR

CITADELLE SAINT-TROPEZ – MUSÉE HISTOIRE MARITIME ★

1, montée de la Citadelle ✆ 04 94 97 59 43
www.saint-tropez.fr/culture/citadelle
Ouvert toute l'année, tous les jours. Visites guidées de la forteresse sur réservation uniquement. Tarif unique : 4 €.

La Citadelle

Depuis 1589, la Citadelle couronne la ville, suite à des travaux sur la colline des Moulins, supervisés par le maréchal de Villars. Ce fortin est détruit six années plus tard, avant que de nouveaux aménagements défensifs soient réalisés au début du XVIIe siècle, au même endroit, par l'ingénieur militaire Raymond de Bonnefons. Le donjon actuel de la citadelle, tour hexagonale ceinturant une cour intérieure accessible par un pont-levis, sera terminé en 1607. Une enceinte viendra entourer le bastion quelques années plus tard. Elément de défense le plus important entre Antibes et Toulon durant des siècles, elle demeure l'un des seuls monuments de cette ampleur sur la côte varoise. Durant la première guerre mondiale, la citadelle sert de camp d'internement pour prisonniers allemands, puis elle sera occupée par les troupes italiennes et allemandes en 1942. Lors du débarquement d'août 1944 sur les plages méditerranéennes, l'ouvrage est libéré avec la ville par les troupes alliées et la 1re armée française.

Dans cette citadelle, deux types de visite sont possibles. Voir le paysage, le fort et faire le tour du musée en 45 minutes. Ou bien le musée est fait de telle façon que l'on peut y rester 3 heures, avec 2 degrés de lecture. Chaque salle (il y en a 21) propose un thème et une histoire.

Musée d'histoire maritime

La forteresse permet aux visiteurs de découvrir dans son beau donjon, l'épopée des marins tropéziens sur toutes les mers du monde, à l'image de celles du capitaine Annibal Bérard à Zanzibar ou du capitaine Morello sur les côtes indiennes. Au rez-de-chaussée, les visiteurs découvrent les activités maritimes de proximité comme la pêche, le cabotage, la construction des torpilles ou l'école d'hydrographie qui a formé des centaines de capitaines au XIXe siècle. A l'étage, le musée propose de s'évader aux quatre coins de la planète en compagnie des marins tropéziens. Voyages en Orient au XVIIIe siècle, sur les côtes d'Afrique ou des Indes à bord des grands trois mâts en bois au XIXe siècle sans oublier les campagnes au-delà du cap Horn ou sur les navires de guerre pour ne citer que quelques exemples. Dans une scénographie moderne qui laisse la place à l'interactivité, les visiteurs plongent dans une histoire maritime peu connue à travers quelque 300 objets répartis dans 21 salles. La visite s'achève sur la terrasse du donjon avec les salles consacrées à la plaisance et au motonautisme et en prime sur une vue incroyable de la région.

MUSÉE DE L'ANNONCIADE ★

Place Georges-Grammont
✆ 04 94 17 84 10
Fermé 15 janvier au 10 février et 15 au 30 novembre. Gratuit jusqu'à 12 ans. Adulte : 4 € et 6 € suivant la saison.

Le bâtiment est l'ancienne chapelle Notre-Dame de l'Annonciade construite entre 1510 et 1558 par la confrérie des Pénitents blancs chargée de racheter les marins Tropéziens capturés par les barbaresques et réduits en esclavage. Réquisitionnée à la Révolution, elle fut ensuite pillée. Vendu comme bien national sous la révolution en 1821, son clocher fut abattu et le toit réparé sous sa forme actuelle, l'intérieur divisé en deux niveaux et utilisé pour la coupe des voiles et le tracé des constructions de bateaux. Plusieurs mécènes et artistes ont participé à sa résurrection et à sa transformation en musée, dont l'architecte Louis Süe et le peintre Paul Signac, qui découvrit en 1892, le petit port de pêcheurs à bord de son yacht *L'Olympia*. L'industriel Georges Grammont fit aménager le premier étage et y installa les toiles de sa propre collection. Le musée ne cesse d'acquérir des œuvres. Tous les peintres exposés ont en commun la pratique de l'art figuratif et la recherche sur la couleur et la lumière. Les collections présentées s'échelonnent entre 1890 et 1950. On peut y admirer des œuvres de Pierre Bonnard, André Derain, Maurice Utrillo, Albert Marquet, Henri Matisse, Paul Signac, Kees Van Dongen, Georges Seurat, Georges Braque, Raoul Dufy… Ce musée, qui a fêté ses 60 ans en 2015, en présentant les chefs-d'œuvre de sa collection, a le privilège de présenter aux visiteurs des toiles mondialement renommées et exposées dans la lumière dans laquelle la plupart d'entre elles ont été conçues.

MUSÉE DE LA GENDARMERIE ET DU CINÉMA ★

2, place Blanqui ✆ 04 94 55 90 20
www.saint-tropez.fr
Ouvert toute l'année tous les jours à 10h, fermeture selon la saison. Adulte : 5 €. Parking du port à proximité.

Un hommage à la série de films cultes des *Gendarmes de Saint-Tropez* avec Louis de Funès. Ce musée de la Gendarmerie et du Cinéma occupe le bâtiment qui abrita la brigade de gendarmerie de 1879 à 2003 et servit de décor aux films. Au premier étage, l'histoire du bâtiment et de la gendarmerie à Saint-Tropez, la reconstitution d'un bureau de gendarme des années 60 et l'histoire des films tournés dans la presqu'île varoise. Au second étage : Saint-Tropez à travers le cinéma.

PORT DE SAINT-TROPEZ ★★★

1, quai de l'Épi ✆ 04 94 56 68 70
www.portsainttropez.com/
Capacité de 734 mouillages. Ouvert tous les jours, en hiver de 8h à 12h et de 14h à 18h, en été 24h sur 24.

En plein cœur de la ville, ce port de pêche et de plaisance, constitué de deux bassins, est une escale très prisée hors saison. Une promenade s'impose sur les quais du vieux port ceints de maisons aux façades colorées dans les tons ocre et vert olive pour les volets, pour visiter le musée de l'Annonciade installé dans une chapelle du XVIe siècle, pour admirer, quai Suffren, la statue du bailli de Suffren, célèbre vice-amiral français, pour siroter une boisson fraîche installé confortablement sur une terrasse de l'un des grands cafés, admirant les yachts luxueux qui se balancent à quai, pour apprécier l'exposition-vente permanente des peintres amateurs qui ont installé leurs chevalets, pour flâner de boutique en boutique, souvent aménagée dans d'anciens garages à bateaux, pour découvrir la halle aux poissons, récemment rénovée, en empruntant le passage derrière l'office de tourisme, où les pêcheurs locaux vendent leur pêche du jour. À l'extrémité du port, au bout du môle Jean-Réveille, se dresse la tour du Portalet, puis la crique de la Glaye et la plage de la Ponche, l'ancien petit port réservé aux pêcheurs protégé par la tour Vieille.

Le port a vu le jour à la fin du XVe siècle, vers 1470, à l'initiative d'habitants qui avaient décidé de refondre la commune, aidés de marins génois présents sur les lieux. Les siècles suivants seront consacrés à diverses activités, la navigation au long cours, la construction navale, le cabotage et bien entendu la pêche. Au milieu du XVIIe siècle, deux quais sont construits sur la mer, l'un au départ de la tour du Portalet, l'autre, du sud du village jusqu'à la tour Saint-Elme. Du XVIIe au XIXe siècle, l'actuel quai de l'Épi va accueillir les chantiers navals. Incroyable mais vrai, au XVIIIe siècle, le port de Saint-Tropez devient le troisième port français de Méditerranée, grâce à une activité débordante liée aux commerces de vin, de liège et de bois. Le port subit alors de nombreux travaux d'agrandissement avant d'être considérablement endommagé par les mines laissées par les Allemands lors du débarquement des troupes alliées le 15 août 1944. Les travaux de reconstruction dureront jusqu'en 1948. En 1965, le bassin de plaisance Jean Lescudier est construit à l'entrée ouest de la ville et jusqu'à ce jour, le port va bénéficier de nombreuses améliorations dont l'édification, à l'identique au bout de la grande jetée, du premier phare rouge de Saint-Tropez, qui signale l'entrée du port et la réhabilitation de la capitainerie, inaugurée en 2017, qui dispose de superbes terrasses surplombant le vieux port.

BEYOND THE WINE

✆ 06 32 44 72 35
www.beyondthewine.fr
Sorties œnotouristiques à partir de 39 € par personne selon la durée et le type d'escapade. Ouvert toute l'année.

Derrière Beyond the Wine, la chaleureuse Sonia, épicurienne absolue et amoureuse de son terroir, propose de superbes escapades œnotouristiques à la découverte des plus beaux domaines viticoles du golfe de Saint-Tropez. De la balade dans les vignes à la journée complète avec pique-nique champêtre, cette expérience d'une journée de dégustations dans les vignobles ensoleillés vous laissera, c'est certain, un très beau souvenir de votre séjour varois. En van, en pointu, à vélo, à cheval ou en deux-chevaux, l'aspect petit comité est lui aussi fort appréciable.

TOUR DE PROVENCE

✆ 06 23 79 45 70
www.tourdeprovencefrance.com/
Ouvert toute l'année. Tarifs en fonction des visites (à voir sur le site). Visite guidée.

Daria Afanasyeva a lancé une activité de visites des vignobles du Var, autour de l'authenticité et de la convivialité, en petits groupes de 2 à 6 personnes. Les thèmes des visites sont nombreux, par exemple le vin et l'art, avec promenade commentée dans les vignes où se trouve la plus grande collection européenne d'art moderne à ciel ouvert, la visite immersive dans une liquoristerie avec dégustation, la découverte de caves cachées souterraines... Vous pouvez utiliser votre propre moyen de transport, ou un véhicule avec chauffeur est mis à votre disposition.

HÔTEL LA PONCHE***** €€

5, rue des Remparts ✆ 04 94 97 02 53
https://laponche.com
Fermé de janvier à mars. Basse saison chambre double à partir de 430 €. Haute saison chambre double à partir de 650 €.

Donnant sur la petite plage de La Ponche, cet hôtel iconique, qui a accueilli Françoise Sagan, Brigitte Bardot, Romy Schneider, Gunter Sachs, Boris Vian... s'est refait une beauté. Au programme de ce renouveau : des chambres qui portent le nom de visiteurs illustres, avec une nouveauté, la chambre Simone Duckstein pour sceller les liens du souvenir, une table du soleil où le chef délivre une carte méditerranéenne, tournée vers les légumes de la région, les poissons du jour, les vibrations du marché, un bar pour renouer avec le passé (le Saint-Germain-des-Prés).

AIRELLES ST-TROPEZ CHÂTEAU DE LA MESSARDIÈRE***** €€€

2, route de Tahiti ✆ 04 94 56 76 00

Palace. Ouvert de fin avril à fin octobre. 103 chambres et suites. Restaurant. Spa. Plage privée. Jardin Tropézina.

Le plus grand des hôtels de la cité du Bailli, auréolé de la distinction « palace », se dresse fièrement sur les hauteurs de la ville, offrant de toute part des vues sublimes sur le golfe de Saint-Tropez, les vignobles de Ramatuelle et la Méditerranée. Doté d'un spa Valmont, de bars, d'un parc de 10 hectares classé par la Ligue de protection des oiseaux, le palace dispose de plusieurs restaurants aux saveurs provençale, panasiatique, italienne et d'une plage privée à Pampelonne.

LA BASTIDE DE SAINT-TROPEZ***** €€€

25, route des Carles ✆ 04 94 55 82 55

www.bastide-saint-tropez.com

Relais & Châteaux. 26 chambres non-fumeur, de 333 à 900 € suivant la saison. Restaurant carte 75 € environ. Parking.

Nichée dans un écrin de verdure, cette élégante demeure tropézienne, maison de maître et ses quatre mas provençaux ocre et rose, autour d'une magnifique piscine équipée d'une nage à contre courant, est située à 1 kilomètre de la place des Lices et du port, dans un quartier très tranquille. La décoration des chambres aux tons clairs est très raffinée. Au restaurant, le midi, c'est barbecue au bord de la piscine ; le soir, le chef transalpin élabore une cuisine italienne authentique.

CHEVAL BLANC SAINT TROPEZ***** €€€

Plage de la Bouillabaisse ✆ 04 94 55 91 00

www.chevalblanc.com

Ouvert du 12 mai au début octobre 2022. 30 chambres et suites. Restaurant 3 étoiles Michelin. Terrasse. Spa Guerlain.

Ce véritable havre de détente, avec le village de Saint-Tropez en toile de fond, a connu des évolutions majeures en matière d'architecture, de décoration signée Jean-Michel Wilmotte, de services sur-mesure. Un spa Guerlain de 350 m2, dédié au bien-être avec 4 salles de soin et son salon dédié aux couples, est directement relié à l'entrée de l'hôtel par un escalier de verre. L'épicurisme est à son comble avec le restaurant gastronomiqueLa vague d'or et la maestria d'Arnaud Donckele.

HÔTEL BYBLOS***** €€€

20, avenue Paul-Signac

✆ 04 94 56 68 00

www.byblos.com

Hôtel 5 étoiles. Palace. 87 chambres, dont 50 suites, de 480 € à 1 245 € suivant la saison. 3 restaurants. Piscine.

L'histoire de ce village mythique dans la ville, des maisonnettes aux façades colorées construites au pied de la Citadelle, perdure depuis le 27 mai 1967. Les chambres et suites, toutes personnalisées, réparties dans ce palace de 17 000 m^2, offrent une vue sur le jardin, la piscine ou le village. Trois points de restauration calmeront toutes vos fringales. Le Byblos Beach sur la plage de Pampelonne, le spa by Sisley cosmetics, pour profiter d'une expérience bien-être, et les Caves du Roy, pour faire la fête, complètent cet ensemble dédié à la détente et au luxe.

HÔTEL DE PARIS SAINT-TROPEZ***** €€€

1, traverse de la Gendarmerie ✆ 04 83 09 60 00

www.hoteldeparis-sainttropez.com

90 chambres, dont 38 suites non fumeur, à partir de 320 € en basse saison et à partir de 740 € en haute saison. Piscine.

Les chambres et suites, dotées des dernières technologies, dévoilent des univers très colorés. Le rooftop, agrémenté d'une piscine, est doté d'un restaurant panoramique, Les toits, où le chef Damien Cruchet, amoureux des produits locaux, élabore une cuisine provençale dont certaines assiettes vous incitent à succomber à la « bio'attitude ». Le spa by Clarins offre des moments de pure relaxation, où 5 salles de soins sont proposées, ainsi qu'une cabine en duo. Très belle adresse !

HÔTEL MAS BELLEVUE**** €€€

Route de Tahiti ✆ 04 94 97 07 21

www.masbellevue.com

Fermé du 9 octobre au 28 avril. 44 chambres de 215 € à 725 € suivant la saison. Demi-pension. Pension. Piscine.

Appréciez tout le charme d'un mas provençal authentique, situé dans un parc de 2 hectares à quelques minutes des belles plages de Pampelonne. Dans un cadre dominant la baie de Pampelonne, le restaurant, avec ses deux chefs, un évoluant le midi, l'autre le soir, offre toutes les saveurs d'une cuisine vive et parfumée, méditerranéenne au déjeuner avec salade fraîcheur, salade niçoise, tartare de bœuf au couteau, loup grillé, gambas à la provençale, et semi-gastronomique au dîner avec produits nobles, truffes, foie gras, homard...

HÔTEL SEZZ SAINT-TROPEZ***** €€€

151, route des Salins ✆ 04 94 55 31 55
www.saint-tropez.hotelsezz.com
Ouvert du 6 mai au 9 octobre 2022. Chambres de 440 € à 1250 € suivant la saison. Restaurant Colette. Piscine. Spa.

Dans un écrin de verdure, à l'écart du bruit et de la fureur tropézienne, le boutique-hôtel de Shahé Kalaidjian, lieu de quiétude, propose d'originales chambres qui ressemblent plutôt à des bungalows, ouverts par de larges baies vitrées sur des douches extérieures, des terrasses et des jardins privatifs. Le chef étoilé Michelin, Philippe Colinet, continue à vous régaler, pour une troisième saison, au restaurant gastronomique Colette, avec des produits locaux et de saison.

CUCINA BYBLOS €€

27, avenue Foch
✆ 04 94 56 68 20
www.byblos.com
Ouvert du 14 avril au début octobre 2022, tous les jours au dîner à partir de 20h. Terrasse.

Sous les majestueux platanes de la terrasse de l'hôtel, on se croirait sur une piazzetta de village italien. La carte transporte dans une Italie savoureuse, depuis la salumeria jusqu'aux dolci, en passant par les antipasti et les primi piati. Les authentiques et généreuses pizzas romaines sont cuites dans le four à bois. Quant aux pâtes, parmi toutes celles qui sont proposées, on remarque les spaghettis flambés, devant vous, dans une roue de parmesan. Et, quand arrivent les dolci, on succombe aux tentations des tiramisus et gelati… all'italiana, bien sûr.

HOMER LOBSTER €€

9, quai Jean Jaurès
✆ 04 94 17 00 63
www.homerlobster.com/
Ouvert de juin à octobre. Lobster roll normal 19 € - XL 24 €. Menu Homer normal 24 € - XL 29 €.

Avec un titre de champion du monde de lobster rolls décroché en 2018 aux États-Unis, des adresses à Paris, à Marseille et une présence dans des palaces à Paris et à Cannes, Moïse Sfez continue ici son envolée et s'installe à Saint-Tropez. Il décline sur la côte son sandwich de rêve avec des recettes parfaitement cuisinées et toujours décadentes, homard ou crabe au beurre citronné et assaisonné d'un mélange d'épices secrètes, le tout dans une généreuse brioche croustillante et en exclusivité tropézienne, une version surmontée de caviar baeri impérial de Sologne.

RESTAURANT COLETTE €€€

151, route des Salins
✆ 04 94 44 53 11
www.colettesainttropez.com/
Ouvert du 6 mai au 9 octobre 2022, tous les jours en haute saison. Menus 116 € et 156 €. Réservation impérative.

Cette table gastronomique moderne, lumineuse et élégante, qui donne sur la piscine de l'hôtel, est ouvert uniquement le soir, que vous soyez résident ou non. Pour la troisième année, le chef étoilé Michelin Philippe Colinet va vous éblouir avec sa cuisine contemporaine, subtile et épurée, très végétale, aux dressages esthétiques, uniquement préparée à base de produits frais et saisonniers, l'huître, le poulpe, le rouget, le pigeon, le cochon de lait, les légumes du maraîcher local Yann, les agrumes, le chocolat. Une signature culinaire qui vise juste.

AU CAPRICE DES DEUX €€

40, rue du Portail-Neuf
✆ 04 94 97 76 78
www.aucapricedesdeux.com
Maître Restaurateur. Ouvert mi-février à novembre. Haute saison ouvert du mercredi au lundi, le soir. Carte 80 € env.

Au Caprice des deux, depuis 1994, c'est l'histoire d'un frère et d'une sœur, qui ont la passion de la cuisine et du partage. Le chef Stéphane Avelin, qui ne travaille que des produits frais, sait mettre en valeur une cuisine régionale et traditionnelle. Vous apprécierez son œuf cocotte (bio) aux truffes, ses cannellonis de crabe au coulis d'écrevisses, son risotto aux truffes, son dos de loup gratiné à la chapelure de pain de mie, son sorbet de fromage blanc, coulis de cerises, et l'approche vegan avec son curry rouge de légumes au lait de coco….

LA VAGUE D'OR €€€

Plage de la Bouillabaisse
✆ 04 94 55 91 00
Ouvert du 12 mai à mi-octobre, tous les soirs de 19h30 à 22h, à l'exception des mercredis. Menus de 295 € à 340 €.

Avec sa troisième étoile accordée par le guide Michelin en 2013, le chef Arnaud Donckele continue à donner le meilleur de lui-même. Son credo est de rendre hommage à Saint-Tropez, à la Provence, avec de nombreux plats destinés à mettre en valeur la mer et le travail des pêcheurs, et la terre et ses produits locaux de qualité, les légumes de Cogolin, l'huile d'olive de Gassin, le safran de La Môle, les fromages de chèvre de Collobrières, la tome de Châteaudouble. Des moments rares de béatitude gourmande qui méritent bien que l'on casse sa tirelire.

SÉNÉQUIER

29, quai Jean-Jaurès
✆ 04 94 97 20 20
www.senequier.com
Ouvert tous les jours de 7h30 à 3h du matin. Fermé du début janvier à mi-février. Terrasse. Restauration.

Sénéquier, l'institution tropézienne depuis 1887, habillée aujourd'hui de rouge et de blanc, c'est une pâtisserie, place aux herbes depuis 1887, avec viennoiseries, chocolats, confitures, calissons, fruits confits, marrons glacés et le fameux nougat, puis un café sur le port depuis 1930 et restaurant dorénavant. C'est également le café rendu célèbre par Brigitte Bardot lors du tournage de *Et Dieu créa la femme* et cela demeure toujours le meilleur poste d'observation pour voir déambuler le tout Saint-Tropez, assis face aux imposants yachts.

LA TARTE TROPÉZIENNE

Place des Lices
✆ 04 94 97 94 25
www.latartetropezienne.fr
Petit-déjeuner, déjeuner, salon de thé. Basse saison ouvert tous les jours de 6h30 à 19h30. Haute saison de 6h30 à 22h.

Ce showroom gastronomique d'Alexandre Micka, le créateur de la tarte tropézienne, mélange de deux crèmes onctueuses et d'une brioche gourmande, saupoudrée de généreux grains de sucre, vous propose dans sa boutique traiteur, au rez-de-chaussée, tous les produits fabriqués par la maison, mais également un large choix de spiritueux. Au premier étage, le salon de thé d'antan a fait place à un restaurant, La table tropézienne, avec les codes et couleurs historiques de la marque, rouge et ivoire, qui se donne des airs de bistro gastronomique.

RAMATUELLE ★★★

Ce village tire son nom des Camatulici, d'origine celte. Gérard Philipe y résida et repose dans le petit cimetière du village. Les ruelles sont fleuries. La place de l'Ormeau doit son nom à un orme planté par Sully en hommage à la conversion d'Henri IV. Il fut remplacé en 1983 par un olivier. En bas du village, la porte Sarrasine, bien conservée. Chaque été, Ramatuelle accueille, en juillet, le festival de musique classique, en août le festival de théâtre et variétés de Ramatuelle et le jazz festival Ramatuelle, créé par le facteur du village (facteur Swing) et tous les lundis de juillet et août, les concerts de l'Escalet s'installent devant la mer.

LA FERME D'AUGUSTIN**** €€

979, route de Tahiti ✆ 04 94 55 97 00
www.fermeaugustin.com
Ouvert du 8 avril au 17 octobre. 46 chambres. Chambre double à partir de 280 €. Piscine chauffée à 30°C avec jet balnéo.

Situé à 100 m de la plage de Tahiti, cet hôtel familial qui cumule le charme, la simplicité et l'authenticité du Saint-Tropez d'antan, posé au milieu d'un jardin verdoyant, vous invite à la paresse, que ce soit dans les douillets salons, dans les chambres à l'esprit méditerranéen, dans les transats autour de la piscine balnéo chauffée à 30°C, ou les pieds sous la table pour déguster une cuisine de marché, méditerranéenne, faite maison, avec les produits du verger et du potager de la ferme. Des mets à accorder avec l'huile d'olive et le vin rosé de la propriété.

HÔTEL LA GARBINE**** €€

Route de Tahiti
✆ 04 94 97 11 84
www.lagarbine.com
Fermé du 10 octobre au 15 avril. 29 chambres basse saison à partir de 175 €, haute saison à partir de 315 €. Piscine.

Cet hôtel est situé à l'écart de l'animation tropézienne et à 600 mètres environ de la plage de Pampelonne. Il offre des chambres confortables, rénovées régulièrement, avec terrasse-solarium privée, qui s'ouvrent sur un jardin verdoyant et sur la piscine ourlée de palmiers. À tout moment de la journée ou de la nuit, une petite restauration, carte de salades fraîcheur, de pâtes, carpaccio de bœuf, hamburger maison, club sandwich à la provençale, peut vous être servie sur la terrasse privée de votre chambre, autour de la piscine ou au restaurant.

HÔTEL LES BOUIS €€

188, chemin des Bouis ✆ 04 94 79 87 61
www.hotel-les-bouis.com
Ouvert du 9 avril à mi-octobre. 23 chambres, 100 % non-fumeur, de 17 à 400 € suivant la saison. Piscine.

Cette belle bâtisse provençale érigée il y a une trentaine d'années, est dirigée depuis mars 2015 par une nouvelle équipe familiale, Maryline, Jean-Claude et Axel Bourjat. L'hôtel est situé dans une oasis de verdure, à seulement 800 mètres des plages de Pampelonne, 3 kilomètres du centre de Ramatuelle et 6 kilomètres de la cité du Bailli. Les chambres climatisées, confortables, la plupart avec terrasses privées, donnent sur la mer et la baie de Pampelonne. C'est un lieu rêvé pour se soustraire à la trépidation estivale qui règne dans le golfe de Saint-Tropez.

CAMPING LES TOURNELS***** €€€

1510, route de Camarat ✆ 04 94 55 90 90
www.tournels.com

Yelloh ! village. Ouvert du 8 avril au 1er novembre 2022. 11 types d'hébergement. Piscines. Espace balnéo détente, spa.

Ce camping-caravaning, qui vient de fêter ses 60 ans, surplombe les plages de Pampelonne et propose un large choix d'hébergements, cottage, chalets, pouvant accueillir de 2 à 8 personnes, au confort 5 étoiles, disséminés dans une vaste pinède paradisiaque de 24 ha, ainsi qu'un spa et balnéo de 1 000 m² pour vous détendre - unique dans le golfe de Saint-Tropez pour un camping ! - et d'un espace aquatique de rêve de 4 000 m², où vous pourrez lézarder tranquillement sur un vaste solarium.

LEÏ SOUCO €€

167, chemin du Plan ✆ 06 10 09 73 76
www.leisouco.com

Fermé du 15 octobre au 8 avril. 5 chambres de 96 € à 255 € suivant la saison. 4 studios d'été. Piscine. Tennis. Parking.

Situé dans un domaine de six hectares, à 20 minutes à pied des merveilleuses plages de sable fin de Pampelonne, notamment accessibles par un chemin qui longe les vignobles, ce mas provençal offre de vastes chambres, avec poutres apparentes et tomettes au sol, qui s'ouvrent sur une terrasse ouverte de plain-pied sur le parc ombragé, où vous pourrez prendre votre petit déjeuner. Les amateurs de farniente et de calme apprécieront les transats qui vous attendent autour de la piscine ou dans le parc. Des studios, en rez-de-jardin, sont également à votre disposition.

LE 1051 €€

1051, chemin des Canniers
✆ 04 94 45 36 97
www.le1051.com

Fermé du 1er au 30 novembre. Ouvert tous les jours de 12h30 à 15h30. Suggestion du jour 24 €. Plat du jour 24 €.

C'est une histoire de famille qui dure depuis... 7 générations et qui se poursuit aujourd'hui avec Maxime Lamon. Avec pour cadre idyllique la baie de Pampelonne, ce restaurant-bar de plage s'intègre parfaitement dans le paysage et le nouveau schéma d'aménagement, imaginé dans un décor naturel où le bois est omniprésent avec sa terrasse couverte et sa terrasse extérieure qui cheminent jusqu'à la plage. La cuisine proposée est traditionnelle, méditerranéenne et locavore, à accompagner de cocktails créations et de gouleyants rosés de Provence !

BYBLOS BEACH €€

Boulevard Général-Patch
✆ 06 38 80 56 22
www.byblos-beach.com

Ouvert de mi-avril à début octobre, de 12h à 17h. 100 matelas. Terrasse. Parking.

Cette plage de 1 300 m² et 35 m de long, au décor, composé à 100 % de bois, dans un esprit éco-responsable, inspiré du monde marin, à l'image des petites barques aménagées en sofas, est imaginée dans l'esprit du Byblos Saint-Tropez, avec la même qualité de service et d'accueil. Une végétation méditerranéenne apporte également une touche naturelle. La cuisine est ouverte sur la terrasse recouverte de ciels blancs, pour apporter ombre et fraîcheur. La carte, toute en légèreté, bien adaptée au lieu, est composée de créations méditerranéennes, très estivales.

LA FORGE €€

Rue Victor-Léon
✆ 04 94 79 25 56
www.laforgederamatuelle.fr

Ouvert tous les jours midi et soir. En juillet et août, ouvert uniquement le soir. Carte 60 €. Terrasse.

Paolo et Francesca vous reçoivent dans leur petit coin d'Italie, où le chef Paolo élabore des plats créatifs, poulpe rôti aux pommes de terre et poivrons colorés, risotto aux fruits de mer, calamars farcis au ragout de poisson et sauce aux poivrons, vitello tonnato, joue de veau fondant et sa sauce au thon et câpres, tartare de tomates et rouget, osso buco de veau en gremolata et cassolette de légumes... et bien entendu la pasta faite maison, pappardelle, tortelli fines herbes à la Sorrentina, tuffoli Mancini à la carbonara, façon La Forge, qu'il façonne lui-même.

TROPICANA LA PLAGE €€

Route de Bonne-Terrasse
✆ 04 94 79 83 96
www.tropicanalaplage.com

Ouvert tous les jours de mai à début novembre. Restaurant ouvert pour le déjeuner uniquement. Carte : 60 € environ.

À l'ombre du phare de cap Camarat, cette plage est un lieu unique de simplicité et d'authenticité pour s'octroyer une pause farniente pour le plus grand régal des yeux et de l'esprit. Côté restaurant, vous êtes accueillis dans un endroit calme et élégant. Le chef, Éric Santalucia, un ancien de Ducasse, propose une cuisine typiquement provençale à la carte, ainsi qu'une large variété de poissons sauvages du jour cuits au naturel. Et pour ce qui est des desserts, l'incontournable reste bien évidemment la tarte tropézienne, le lieu appartenant au groupe éponyme !

LA RÉSERVE À LA PLAGE €€€

route de l'Épi ✆ 04 94 96 39 88
https://www.lareserve-plage.com/

Ouvert du 5 mai 2022 à mi-octobre. Restaurant ouvert de 12h à 16h30, 17h en juillet et août. Carte : 110 € environ.

Dans une ambiance bohème chic, des détails surprenants rappellent l'esprit pop et exalté des origines du mythe tropézien. La carte, imaginée par Éric Canino, chef du restaurant doublement étoilé La Voile de La Réserve Ramatuelle, avec la complicité du chef de La Réserve à la plage, Nicolas Cantrel, célèbre une cuisine méditerranéenne de partage et de fraîcheur, généreuse et parfumée, linguine à la langouste, ceviche de loup, bacon croustillant, poulet fermier entier pour 2 personnes, ribs de porc aux cacahuètes, cookie géant pour 2 personnes...

VAR

DOMAINE DES TOURNELS

419, Chemin des Tournels
✆ 04 94 55 90 70
www.domaine-des-tournels.com

Ouvert toute l'année. Dégustation gratuite. Tous les vendredis matin, visites guidées du vignoble et des caves.

Ce domaine AOP côtes-de-provence de 110 hectares, propriété de la famille Bologna depuis plusieurs générations, domine la baie de Pampelonne, au pied du phare de Camarat. 55 hectares sont consacrés à la culture de la vigne, qui bénéficie d'un ensoleillement maximal grâce à son exposition plein sud. Ici, les vins Côtes de Provence, vins de Pays du Var ou vins mousseux élaborés en méthode traditionnelle, se répartissent en 80 % de rosé, 15 % de rouge et 5 % de blanc. Des crus à découvrir dans la cave de dégustation située au cœur du domaine.

TERRE DE L'OLIVIER

28, rue Saint-Esprit
✆ 04 94 54 36 90
www.autempledelasavonnerie.com

Épicerie fine et bar à huiles. Ouvert de début avril à fin octobre. Dégustation de produits gourmands et bio.

Cette épicerie fine et bar à huile, située au cœur du village, existe depuis plus de 20 ans. Brigitte, votre hôte, vous fera déguster différentes huiles de Provence AOP et bio, afin de découvrir leurs différentes saveurs. D'autres produits naturels et gourmands du terroir, tapenades noires, olives, anchoïades, tomates séchées, pistou, caviar d'aubergine, miels de Provence, épices, apéritifs, vins Côtes de Provence..., côtoient les huiles de la vallée des Baux, de Nyons..., ainsi que des produits provençaux dont le fameux saucisson du Luberon.

PEP'S SPIRIT

Route des plages
✆ 06 22 72 69 36
www.peps-spirit.fr

Ouvert tous les jours de juin à septembre et avril, mai et octobre sur rendez-vous. Parking public.

Frédérique et son équipe souhaitent vous faire sortir des sentiers battus et vous faire partager leur passion pour les sports nature dans le golfe de Saint-Tropez, en vous proposant d'effectuer des sorties d'exception en kayak de mer (en journée, au coucher de soleil et les soirs de pleine lune), paddle (individuel et géant) avec ou sans encadrement (initiation, randonnée ou yoga paddle), pirogue polynésienne, des parcours en VTT (musculaire ou électrique), des randonnées pédestres au cœur de la forêt des Maures ou en bordure du littoral.

GASSIN ★

Ce village, perché à 201 m d'altitude, est l'un des plus beaux villages de France. Le panorama sur le golfe de Saint-Tropez jusqu'aux Alpes est grandiose. Suivez la promenade Deï Barri et ses micocouliers centenaires, la vue sur Cavalaire et les îles d'Or. Les petites ruelles conduisent au passage du Guet – porte dite des Sarrasins –, rue du Puits, rue du Moulin – où se trouvait un moulin d'huile d'olive –, la rue la plus étroite du village, l'Androuno qui ne laisse passer qu'un seul piéton à la fois, enfin, la terrasse fortifiée des Barri. Une mention pour l'extension du village, qui a reçu le prix d'architecture Philippe Rotthier.

AZUR PARK

51, rond-point de La Foux
✆ 04 94 56 48 39
www.azurpark.fr/

Ouvert tous les jours d'avril à septembre, 16h en avril, 18h en mai, 19h en juin et de 20h à 2h de juillet à septembre.

Cette gigantesque fête foraine, c'est plus de 35 attractions sur 6,5 hectares, classiques et originales, pour petits et grands, toboggan, train tortues, petit bateau, Aladin, jumping frog, carrousel 1900, accro-branche, grande roue, play ball, montgolfières, train fantôme, atmos-fear, extasy, stargate, sky rider – l'une des attractions phare –, typhoon, un mini-golf avec deux parcours de 18 trous dans un décor d'animaux préhistoriques et un restaurant de 300 places au milieu des attractions, pour satisfaire toutes les fringales.

ÉGLISE NOTRE-DAME-DE-L'ASSOMPTION

Rue Saint-Laurent

Construite au XVIe siècle, cette église, située à l'entrée nord du village, a été restaurée en 1981. La tour du clocher, partie la plus ancienne de l'édifice, comportait à l'origine des créneaux, sans doute dans un but de fortification. À l'intérieur, vous découvrirez un bénitier de marbre blanc orné d'angelots, un reliquaire de saint Laurent, des tableaux de Notre Dame du Rosaire avec saint Dominique, sainte Catherine de Sienne et sainte Lucie, une Vierge à l'Enfant du XVIe siècle.

VAR

ALTHOFF HÔTEL VILLA BELROSE***** €€€

La Grande Bastide
✆ 04 94 55 97 97
Ouvert du 4 mai à mi-octobre. 40 chambres à partir de 410 €. Piscine. Restaurant Le Belrose. Spa centre de beauté.

Les chambres luxueuses de cette élégante villa d'inspiration florentine, dirigée de main de maître par Robert-Jan van Straaten depuis 2001, sont meublées en style Louis XV et touche provençale. On ne se lassera jamais de l'idyllique terrasse du restaurant qui surplombe la baie de Saint-Tropez où l'on apprécie une vue panoramique exceptionnelle et les plaisirs de la table d'un nouveau chef de cuisine. Le bien-être se poursuit à la piscine et au centre de beauté.

KUBE HÔTEL SAINT-TROPEZ***** €€€

319, RD 98 - route du Littoral ✆ 04 94 97 20 00
www.kubehotel-saint-tropez.com
Ouvert 7 avril à début novembre. 70 chambres à partir de 400 €. 3 piscines extérieures dont 2 chauffées. Spa Thalgo.

Situé à 800 m de l'entrée de Saint-Tropez, cet hôtel 5-étoiles est un complexe luxueux entièrement dédié à l'art de vivre. Disposant d'un magnifique parc paysagé et offrant une vue imprenable sur le golfe, l'établissement dispose de 70 chambres, de 3 piscines, dont 2 chauffées, d'un spa de 300 m2 signé Thalgo, d'une salle de séminaire de 92 m2 pour vos événements, d'un garage fermé et sécurisé. Au nouveau restaurant Alma, le chef explore le patrimoine gastronomique sud-américain.

LE MAS DE CHASTELAS***** €€€

Quartier Bertaud ✆ 04 94 56 71 71
www.chastelas.com
Ouvert 13 mai au 1er octobre 2022. 23 chambres et suites de 380 à 1 700 € suivant la saison. Restaurant La Table du Mas.

Cet hôtel érigé au sein d'un parc naturel de 3 hectares, à l'écart des nuisances, en bordure du domaine viticole Bertaud-Belieu, se compose de trois bâtiments différents, au charme distinct, l'authentique bastide provençale d'origine du XVIIIe siècle, avec 13 chambres et suites, la villa Palladienne, avec 6 chambres et suites et la villa Toscane, contemporaine, avec 4 chambres et suites. Un vrai coup de cœur pour cet hôtel, dont la clientèle de l'hôtel et la clientèle extérieure, installée face à la piscine, appréciera cette année la cuisine d'un nouveau chef.

RESTAURANT BELLO VISTO €€

Plce des Barrys
✆ 04 94 56 17 30
www.bellovisto.eu
Fermé du 31 octobre 2022 au 30 mars 2023. Formule du midi : 43 € (entrée-plat ou plat-dessert). Plat du jour 28 €.

Pour vous donner l'eau à la bouche, voici quelques plats qu'il faut absolument goûter : mitonnée de petits poulpes de roche au vin blanc, piment d'Espelette et citron confit, filet de loup rôti sur peau, bouillon de haricots coco à l'estragon, étuvée de pousses d'épinard, poitrine de canette aux épices douces, pêches de pays cuites et crues, véritable soufflé chaud au Grand-Marnier, fraîcheur mandarine... Cette cuisine magnifiée des racines méditerranéennes du chef Sylvain Humbert est à déguster religieusement sur la terrasse qui surplombe un océan de verdure.

RESTAURANT LA VERDOYANTE €€

866, chemin de Coste-Brigade ✆ 04 94 56 16 23
www.la-verdoyante.fr
Fermé de mi-octobre à Pâques. Menus de 35 € à 69 €. Carte : 65 € environ. Jardin. Terrasse. Parking privé ombragé.

Laurent Mouret règne depuis 2004 sur cette charmante et jolie bastide provençale nichée en pleine campagne au milieu des vignobles du Château Minuty. Les spécialités provençales, daube de joue de bœuf à la provençale, ombrine en croûte d'herbes, légumes croquants, servies avec le sourire de Bérénice en prime, joignent le classicisme à l'originalité. En été, le service s'effectue sur la terrasse panoramique, à l'ombre des chênes centenaires. En hiver, il retrouve la salle chaleureuse, redécorée dans un style provençal raffiné, avec sa cheminée au feu de bois.

CHÂTEAU BARBEYROLLES

2065, route de la Berle
✆ 04 94 56 33 58
www.barbeyrolles.com
Ouvert toute l'année. Dégustation gratuite. Visite du domaine sur rendez-vous. Parking.

Ce vignoble de 12 hectares, acquis en 1977 par Régine Sumeire, est un lieu préservé de la presqu'île de Saint Tropez. Certifié en agriculture biologique depuis 2005 et en biodynamie depuis 2020, il doit sa réputation au fameux rosé de Régine Sumeire, qui a donné un coup de fouet aux rosés de Provence depuis 1985. Sa cuvée Pétale de rose, avec sa robe rose pâle, a donné des idées à moult confrères vignerons. Régine Sumeire possède également un autre domaine de près de 90 hectares dans le Var, le Château la Tour de l'Evêque, situé à Pierrefeu-du-Var.

CHÂTEAU MINUTY

2491, route de la Berle ✆ 04 94 56 12 09
www.minuty.com

Ouvert toute l'année. Parking. Dégustation gratuite. Cru classé. Certification Haute Valeur Environnementale en 2019.

Le domaine viticole de la famille Matton-Farnet comprend une authentique propriété provençale, datant du XVIIIe siècle, une chapelle et une bâtisse Napoléon III. Château Minuty est entouré de 60 hectares d'un seul tenant sur des sols de calcaire schisteux, complété par 80 hectares sur un sol argilo-calcaire à Vidauban et 20 hectares sur les coteaux de Valderian à Ramatuelle avec une superbe vue sur la baie de Pampelonne. 4 gammes, dans les 3 couleurs, sont proposées, dont « Or », la figure emblématique Minuty, des cuvées qui se distinguent par leur naturel.

DOMAINE LA ROUILLÈRE

Route de Ramatuelle ✆ 04 94 55 72 60
https://www.domainelarouillere.com

Ouvert toute l'année et les week-ends d'avril à octobre. Parking. Dégustation gratuite. Visite domaine sur rendez-vous.

Ce grand domaine de l'appellation Côtes-de-Provence crée en 1900 renaît de ses cendres en 1998, et s'étend sur 130 hectares entre Gassin et Ramatuelle. Son authentique bastide est nichée au cœur de 45 hectares de vignes répartis sur la presqu'île de Saint-Tropez. Le respect des pratiques traditionnelles est depuis toujours une des valeurs fondamentales. Cette culture de la tradition est alliée aujourd'hui à la modernité de la cave et la qualité des cépages. Une boutique d'été vous accueille à l'entrée du domaine pour découvrir et déguster ses cuvées. À découvrir.

LA MAISON DES CONFITURES

825, route du Bourrian
✆ 04 94 43 41 58
www.maisondesconfitures.fr

Ouvert toute l'année du lundi au samedi de 9h30 à 19h (20h en haute saison). Gamme de plus de 450 variétés. Parking.

La boutique de Virginie et Patrice Bonnant, créée il y a 35 ans, est une alléchante caverne d'Ali Baba pour gourmands. Présentées dans leurs jolis pots traditionnels, plus de 450 variétés de confitures sont fabriquées artisanalement chaque jour dans le petit laboratoire attenant à la boutique, manuellement, de façon naturelle et artisanale, afin de garantir une parfaite qualité et une régularité de goût, avec des fruits et des légumes sains, parfaitement mûrs, achetés sur les marchés de la région, et du sucre, le tout cuit dans des chaudrons en cuivre.

GOLF CLUB SAINT-TROPEZ

600, route du Golf
✆ 04 94 55 13 44
www.golfclubsainttropez.com

Boutique. Restaurant ouvert tous les jours de mai à septembre le midi. Parking.

Ce golf de 18 trous de 6 045 mètres, imaginé par Gary Player et ses collaborateurs, extrêmement varié, offre des vues imprenables sur les quatre villages de la presqu'île : Grimaud, Gassin, Ramatuelle et Saint-Tropez. Au trou n° 13, vous pourrez profiter de la vue sur le port de Saint-Tropez et son fameux clocher. Les installations, club house, boutique-proshop, bar, restaurant, agence immobilière, sont complétées par un compact 9 trous, un practice et une académie. Le restaurant, avec ses terrasses sur le green, propose une carte simple et courte.

SAINTE-MAXIME ★★

Petit comptoir créé par les Grecs, avant de devenir romain, le village appartient aux moines de Lérins qui le fortifièrent et lui donnèrent le nom de Maxime, une moniale disparue en 750 et qui est célébrée chaque année les 14 et 15 mai, lors d'une grande fête votive en bleu et blanc. Au VIIe siècle, pour fuir les Sarrasins, les habitants se retirèrent sur les hauteurs et fortifièrent les villages de Gassin, Ramatuelle, Cogolin, Grimaud et aussi le Vieux-Revest qui fut entièrement détruit en 1395 par des brigands. Le premier embarcadère, construit en 1748, permit de développer le transit du fret, bois, liège, vin, huile, et autres produits des Maures.

MUSÉE DU PHONOGRAPHE ET DE LA MUSIQUE MÉCANIQUE ★

Route du Muy - CD25 ✆ 04 94 96 50 52
www.phono.org/Maxime.html

Ouvert du 1er mai au 31 octobre. Adulte : 4 €. Enfant (de 6 à 16 ans) : 1,50 €. Groupe : 3 €. Visite guidée 45 minutes.

Un bâtiment en forme de limonaire abrite une étonnante collection de plus de trois cents appareils, rétrospective de multiples techniques de reproduction du son, le mélophone de 1780, ancêtre de l'accordéon, des orgues de barbarie, pianolas mécaniques, phonographes à pavillon, à cylindre, à disques et même un oiseau chanteur automate. Les machines à coudre, à calculer, à écrire, la photographie, le cinéma ainsi que la radio et la télévision, font également partie de ce voyage.

HÔTEL LES TOURELLES*** €€

5, boulevard des Cistes © 04 94 96 02 49
www.lestourelles.fr
Ouvert du 29 janvier au 5 novembre 2022. 10 chambres 120 à 196 € suivant la saison. Demi-pension : 15 €. Restaurant.

© LES TOURELLES SAINTE-MAXIME

Situé sur le domaine du village de vacances Les Tourelles, ce 3-étoiles occupe un magnifique château du XIXe siècle, construit en 1883 par Meissonier, qui surplombe la ville et offre une vue superbe en direction du village de Saint-Tropez, à seulement 400 m de la plage et du centre-ville. Ce château fut racheté par le célèbre inventeur et industriel Léon Gaumont en 1912, qui s'y installa. Vendu à un groupe allemand en 1963, l'activité hôtelière commence en 1967. Aujourd'hui l'établissement est une référence de l'hôtellerie maximoise.

VILLAGE DE VACANCES LES TOURELLES €€

5, boulevard des Cistes
© 04 94 96 02 49
www.lestourelles.fr
Ouvert fin décembre à début novembre. 82 appartements. Restaurant Le festival.

© LES TOURELLES SAINTE-MAXIME

Vous trouverez confort et quiétude dans le village de vacances 4 étoiles, posé sur les hauteurs de Sainte-Maxime au milieu d'un parc méditerranéen de 5 hectares, fleuri et arboré, ancien bien de Léon Gaumont, le célèbre créateur de l'industrie cinématographique française. Les appartements climatisés, récemment rénovés, disponibles pour 2, 4 ou 6 personnes, sont spacieux et tous équipés d'une cuisine moderne. Le village de vacances dispose également d'un hôtel de 10 chambres.

PLAGES DE SAINTE-MAXIME ★

Toutes les plages de Sainte-Maxime offrent, sur plus de 10 km, un sable fin et des rivages limpides. A l'ouest, la plage de la Croisette, surveillée, avec des espaces publics et privés, ainsi qu'une école de voile et la plage de la Guerrevieille, non surveillée. Au centre, la plage du Casino, surveillée, avec une vue magnifique sur le golfe et la plage de La Madrague, non surveillée, en allant vers Fréjus. A l'est, la plage de la Nartelle, de la Garonnette et des Eléphants, cette dernière rendue célèbre par la bande dessinée *Voyage de Babar* de Jean Bruhoff.

LES BATEAUX VERTS

14, quai Léon-Condroyer
© 04 94 49 29 39
www.bateauxverts.com
Fermé de janvier à début février. Ouvert tous les jours de février aux vacances de Noël.

Avec sa flotte de 15 navires, cette compagnie vous propose un service de navettes maritimes régulières entre des ports du golfe de Saint-Tropez : Sainte-Maxime, Saint-Tropez, Port Grimaud, Les Marines de Cogolin et Les Issambres. Partez également à la découverte de notre belle région grâce aux nombreuses excursions que la compagnie vous propose : excursions à la demi-journée, telles que la sortie naturaliste, les calanques de l'Estérel, les 3 caps sauvages ou à la journée complète telles que les îles de Porquerolles et Port-Cros, Cannes et l'île Sainte-Marguerite.

LES PETITS TRAINS DU GOLFE

Départ sur le port
✆ 04 94 43 90 22
http://petit-train-sainte-maxime.fr/

Ouvert du début février au début novembre. Gratuit jusqu'à 3 ans. Adulte : 7,50 €. Enfant (de 3 à 11 ans) : 4 €.

C'est le meilleur moyen de découvrir la totalité de la ville et de ses alentours, sans vous fatiguer. Assis dans l'une des 54 places disponibles, le petit train vous promène, de quartier en quartier, en partant du port, direction la tour Carrée, l'église et les ruelles animées de la vieille ville. Le circuit commenté de 45 minutes se poursuit à l'extérieur de la ville jusqu'au sémaphore installé au sommet de la colline de Bellevue où vous découvrez de magnifiques villas.

PORT PRIVÉ DE SAINTE-MAXIME

Quai Léon Condroyer ✆ 04 94 96 05 12
https://portmaxime.com/

400 places dont 30 environ sont réservées aux bateaux de passage en saison et 60 hors saison. Label « Pavillon bleu ».

Situé à l'entrée de la ville en arrivant de Fréjus, le port de plaisance de Sainte-Maxime et sa capitainerie accueille notamment 400 bateaux de plaisance ainsi que cinq pêcheurs avec leur étal de vente, un club nautique et l'association des plaisanciers. Il propose de nombreux services, notamment un quai d'accueil, une station d'avitaillement en carburant pour les bateaux 24h/24, ainsi que parking, navettes et taxis maritimes, restauration, accastillage, chantier naval...

HÔTEL ROYAL BON REPOS*** €€

11, rue Jean Aicard ✆ 04 94 96 08 74
www.hotelroyalbonrepos.fr

22 chambres 100 % non-fumeur de 80 à 280 € suivant la saison. Restauration sur le pouce. Bar à vin.

© HOTELROYALBONREPOS.FR

Situé dans la vieille ville, à proximité du musée de la Tour carrée, cet hôtel 3 étoiles aux prestations d'un 4 étoiles, offre des chambres spacieuses et confortables, avec literie haut de gamme, dont certaines sont équipées d'une kitchenette, et bénéficient, de leurs balcons-terrasses, d'une belle vue latérale ou directe sur le golfe de Saint-Tropez. Décorées avec goût, elles sont disponibles dans plusieurs catégories. Les petits déjeuners sont ouverts à l'extérieur sur réservation. L'accueil de Virginie Liotier et de son équipe sont un plus non négligeable !

LE BASTIDON SAINT-MICHEL €€

CD 44 ✆ 04 94 43 72 95
www.bastidon-saintmichel.fr/

Ouvert toute l'année. 4 chambres 100 % non-fumeur de 80 € à 105 €. Parking gratuit. Piscine. Parc.

Située au cœur du massif des Maures, dans un domaine privé de 4 hectares, mais à seulement 10 minutes de l'animation de Sainte-Maxime et des plages du golfe de Saint-Tropez, cette ancienne bastide du XVIIe siècle vous propose un véritable havre de paix et de ressourcement pour des séjours au milieu de la nature. La maison d'hôtes de Bernard et Élisabeth met à votre disposition 4 chambres, décorées avec soin et toutes pourvues d'une terrasse individuelle avec table et chaises et une piscine aux formes arrondies et entourée d'orangers, de citronniers et de lavande.

HÔTEL BEST WESTERN PLUS MONTFLEURI**** €€

3 Avenue Montfleuri ✆ 04 94 55 75 10
www.montfleuri.com

Package « Escapade gourmande » 2 personnes à partir de 195 €. 9 catégories de chambres et suites. Restaurant Le Patio.

Cet hôtel de charme, situé à deux pas de la mer et à proximité du centre-ville, offre des chambres et suites confortables qui s'ouvrent, soit sur le golfe de Saint-Tropez, soit sur les collines de l'arrière-pays. Au restaurant Le Patio, installé sur la terrasse, face à la piscine et au jardin, vous apprécierez une cuisine méditerranéenne élaborée avec des produits frais du marché, des poissons grillés et des desserts maison. Le bar lounge vous accueille également tous les soirs.

VAR

HÔTEL LES JARDINS DE SAINTE-MAXIME*** €€

Chemin des Deux-Ruisseaux
✆ 04 94 55 45 00
www.hotel-lesjardins.com
Ouvert de mars à octobre. Chambre double à partir de 80 €. Demi-pension possible. Petit déjeuner buffet : 14 €.

© LES JARDINS DE SAINTE-MAXIME

Lové dans un jardin botanique aux allures tropicales, ce remarquable hôtel 3-étoiles, construit en amphithéâtre autour de la piscine, s'ouvre sur l'extérieur par de belles verrières procurant une luminosité hors du commun. Les chambres ont été traitées dans une simplicité toute méridionale avec, pour la plupart, un balcon ou une terrasse où prendre son petit-déjeuner en toute intimité. Côté restauration, le chef propose une cuisine méditerranéenne à la fois moderne et authentique.

HÔTEL RESTAURANT LES PALMIERS*** €€

28, rue Gabriel Péri
✆ 04 94 96 00 41
www.hotelespalmiers.com
Fermé en janvier. 29 chambres basse saison à partir de 79 €. Haute saison à partir de 159 €. Restaurant.

Situé au pied de la vieille ville, à proximité du musée de la Tour carrée, du port et de son embarcadère pour embarquer destination Saint-Tropez, cet hôtel offre des chambres fraîchement rénovées, dont certaines avec terrasse. Le restaurant Les Palmiers vous accueille dans sa salle intérieure avec cheminée ou sur sa terrasse ombragée qui surplombe le port de Sainte-Maxime. Le chef vous propose une cuisine traditionnelle, faite maison, avec des produits frais.

LE CAFÉ DE FRANCE €

2, place Victor-Hugo ✆ 04 94 96 18 16
www.lecafedefrance.fr
Ouvert toute l'année. Menus de 35 à 55 €. Carte : 47 € environ. Formule du midi : 14 €. Festival Jazz à table.

La brasserie historique créée en 1852, membre de l'association des Cafés historiques européens, propose une cuisine bistronomique méditerranéenne, dans un cadre historique. Géraldine (4e génération) et son mari ont su préserver l'âme de ce lieu ou pêcheurs et touristes s'amusent à refaire le monde. La carte, qui change toutes les saisons, recèle de plats traditionnels. Les propriétaires, tout comme Nicolas Vachet le directeur, sont passionnés de musique, il y a du jazz presque toute l'année. Les soirées jazz@table sont très courues, de Saint-Tropez à Cannes.

LE FESTIVAL €€

5, boulevard des Cistes
✆ 04 94 96 67 87
www.restaurantlefestival.fr
Ouvert tous les jours 12h-15h et 18h-21h30. Menu midi 26 € - soir 32 €. Carte : 35 €. Formule du midi : 18 €. Parking.

Dans un cadre d'exception au cœur de Sainte-Maxime, la table des Tourelles fait l'unanimité en termes de rapport qualité-prix. Dans l'ancienne demeure de Léon Gaumont le concept est dédié au cinéma. La terrasse de ce château du XIXe siècle, plantée devant un jardin verdoyant, offre une vue sur la mer, avec une salle intérieure climatisée. Parmi les spécialités du chef, on retrouve la soupe de poisson de roche, le suprême de volaille sauce foie gras, le filet de turbot au beurre blanc… Service professionnel, aimable et direction à l'écoute. Tout un festival !

MAHI-PLAGE €€

53, avenue du Général-Touzet-du-Vigier
✆ 06 21 92 72 43
www.mahiplage.fr
Ouvert de mi-mars à fin oct. Tous les jours de 9h à 22h. Plat du jour 16 € midi en semaine hors juillet août. Parking.

Cette plage, située à l'est de la ville, dispose d'un restaurant où vous pourrez déguster, les pieds dans l'eau, une assiette de tapas, un tataki de thon, des poissons grillés de la pêche du jour, un burger de saumon, un tartare de bœuf, des grillades, des profiteroles à la vanille et sa sauce chocolat chaud. Salades, paninis et sandwichs sont, quant à eux, proposés *au My snack* tout au long de la journée. Tous les jeudis et dimanches soir, en juillet et août, vos hôtes Jacques et Alexandra vous offrent des soirées *music live* accompagnées de délicieuses grillades.

VAR

L'ORMEAU €€

38, rue Hoche
✆ 04 94 49 17 44

Ouvert tous les jours sauf mercredi toute la journée et jeudi midi. Menu 28 €. Formule du midi : 22 €. Carte 45 €.

Depuis 1991, le chef décline ici une cuisine bistronomique élaborée au gré des saisons et du marché, avec une carte courte et des plats bien tournés, burrata sur tarte fine aux tomates confites, pistou et caramel balsamique, salade fraicheur de l'Ormeau au gravlax de saumon, risotto aux gambas, cabillaud rôti, crème d'ail, purée maison, daurade ou loup entier rôti, le big cheese-burger classic du chef, pièce de bœuf façon « Tagliata », rognons de veau à la moutarde, sabayon de fruits rouges, cœur coulant au chocolat... que l'on vous sert avec le sourire.

RESTAURANT L'AMIRAL €€

Le Port
✆ 04 94 43 99 36
www.amiral-restaurant.com/

Ouvert toute l'année. Menus de 39 € à 59 € (79 € menu homard). Carte : 60 € environ. Plat du jour : 18 €. Terrasse.

Prenez de la hauteur pour déjeuner ou dîner, en vous installant sur la superbe terrasse qui surplombe le port de Sainte--Maxime. Cette vue marine vous incite à déguster des produits iodés, coquillages et des crustacés, une soupe de poissons du golfe de Saint-Tropez, le grand aïoli de l'Amiral, un loup en croûte de sel, un dos de bar façon Rossini ou le menu homard. Mais le chef vous comblera également avec un pressé de foie gras de canard, des torellini à la crème de truffe, une côte de bœuf USA Black Angus, des ris de veau au sautoir...

CASINO BARRIÈRE DE SAINTE-MAXIME

23, avenue Charles-de-Gaulle
✆ 04 94 55 07 00

Ouvert toute l'année. Casino ouvert 9h à 3h du dimanche au lundi, 9h à 4h le vendredi, samedi, veilles de jours fériés.

Idéalement situé le long de la plage, l'établissement offre un espace machine à sous à ciel ouvert avec 125 machines à rouleaux de 1 centime à 2 euros, 10 machines à sous multi-jeux, rouleaux, rouleaux vidéo, roulette anglaise électronique, vidéo poker, jackpots progressifs, jeux de table, boule, roulette anglaise et black-Jack, et dispose d'un restaurant et d'un bar. A tester : les machines à sous Zorro, où le vengeur masqué vous conduira jusqu'aux jackpots.

CAVALAIRE-SUR-MER ★★

L'histoire de Cavalaire, qui tient son nom de la colonie grecque Heracléa Caccabaria qui avait pris position dans la baie, commence 800 ans avant notre ère avec les Ligures installés dans leur oppidum du Montjean. Petit hameau de pêcheurs dépendant de Gassin au XVIIIe siècle, cette jeune commune du Var, créée en 1929 et classée station balnéaire en 1956, est située au fond d'une baie très abritée, entre le cap Cavalaire à l'ouest et le cap Lardier à l'est. Elle dispose d'une longue plage de sable fin sur plus de 4 km (où la 3e division d'infanterie américaine a débarqué le 15 août 1944), idéale pour les activités touristiques et nautiques.

PORT HERACLEA

Quai Marc Pajot
✆ 04 94 64 17 81
http://port-heraclea.fr/

Ouvert toute l'année, tous les jours. 1 100 places réparties en 2 bassins (est et ouest), dont 1 015 postes permanents.

Situés au cœur de la ville, les deux bassins du port comportent de nombreux services et équipements. Une zone de mouillage est organisée à l'extérieur du port, ainsi qu'un ponton d'accueil sous la capitainerie, une rampe de mise à l'eau gratuite est à votre disposition bassin Ouest ainsi qu'un espace de grutage bassin Est. Le port joue également la carte du développement durable, avec la surveillance quotidienne de la consommation d'eau, le respect de l'environnement, les codes de bonne conduite vis-à-vis des cétacés, la protection de la faune marine…

LE COMPTOIR DES SAVEURS €€

Centre d'animation du nouveau port
✆ 04 94 05 46 10
www.lecomptoirdessaveurscavalaire.com/

Ouvert de février à octobre. Menu 32 €. Carte : 50 € environ. Formule aïoli 28 €. Bouillabaisse maison sur commande.

Ce restaurant à la décoration très cosy et vue sur le port propose de bons plats iodés, soupe de poissons de roche maison accompagnée de rouille et croûtons, aïoli du pêcheur, tataki de thon, pousses d'épinards, filet de loup, tagliatelles de légumes, sauce vierge, bouillabaisse servie sur faouque en liège et préparée devant vous... Mais les amateurs de viande et de volaille ne sont pas en reste avec le suprême de pintade, sauce champagne, girolles, l'entrecôte XXL, sauce poivre vert, le wok de bœuf thaï et son riz parfumé. Accueil et service parfait.

LA PLANCHA €€

Nouveau port
✆ 04 94 94 90 50
Ouvert du 1er avril au 30 septembre. Menus de 19,50 à 39,50 €. Carte : 40 € environ. L'été, piano-bar tous les soirs.

Ce restaurant de cuisine traditionnelle et provençale fait rimer terre et mer, où sur la belle terrasse face aux bateaux, on se régale de viandes et de poissons grillés à la plancha, d'une daurade ou d'un bar selon arrivage, d'une cassolette de la mer, avec jus de poissons de roche, rouget, saint-pierre, gambas, moules, supions, rouille maison, d'un tartare de thon japonais préparé par le chef, de moules à la plancha avec crème d'ail, d'une pluma de pata negra, une viande exceptionnelle de cochon noir ibérique… et de la limoncello cup pour clore le repas.

LE PATEC ET L'ESCALIER MONUMENTAL ★

27, avenue du Touring Club
Toute l'année et tous les jours en accès libre.

De la pergola ronde du Patec, inscrite à l'Inventaire supplémentaire des Monuments historiques depuis le 14 décembre 1989, vous découvrez une vue magnifique sur la mer et les îles. L'escalier, bâti en pierres micaschistes extraites des carrières de la commune du Rayol-Canadel, entre 1925 et 1927, permettait aux résidents d'atteindre la plage. Aujourd'hui, on distingue l'escalier du centre et les degrés de la mer qui arrivent sur la plage du Rayol.

LE RAYOL-CANADEL-SUR-MER ★★

L'expansion de cette station, à la fin du XIXe siècle, est due principalement à la construction de la ligne de chemin de fer de Provence qui reliait Toulon à Saint-Raphaël. Le Rayol-Canadel devint alors un lieu de prédilection pour de riches propriétaires qui firent construire de luxueuses villas, jusque dans les années 1930. Il en reste encore quelques-unes pour témoigner des fastes de cette époque. La plage du Canadel, livrée à de paisibles baigneurs aujourd'hui, fut l'un des sites du débarquement en Provence, le 14 août 1944. On peut y visiter le Domaine du Rayol, un espace naturel protégé de 20 ha, propriété du Conservatoire du littoral.

LE BAILLI DE SUFFREN**** €€€

15, avenue des Américains ✆ 04 98 04 47 00
www.lebaillidesuffren.com
Ouvert du début mai au début octobre. 55 chambres à partir de 218 €. 3 points de restauration. Plage privée. Parking.

Posé au bord d'une crique protégée, cet élégant hôtel de charme respire la quiétude, face aux îles du Levant et de Port-Cros qui se profilent à l'horizon. Toutes les chambres s'ouvrent sur un balcon ou une terrasse. Au restaurant Le Loup de Mer, on y déguste au dîner, une cuisine méditerranéenne généreuse, locale et raffinée aux saveurs provençales, selon les produits varois du marché et les spécialités du chef. Le restaurant de plage l'Escale propose une carte plutôt brasserie et des poissons marinés ou grillés. L'hôtel dispose également de 3 bars.

DOMAINE DU RAYOL LE JARDIN DES MÉDITERRANÉES

Avenue Jacques Chirac ✆ 04 98 04 44 00
www.domainedurayol.org
Ouvert toute l'année (sauf le 25 décembre). Adulte : 14 €.Café des Jardiniers ouvert tous les jours pour le déjeuner.

Ce domaine dominant la mer, créé en 1910 par l'homme d'affaires parisien Alfred Théodore Courmes, a été acquis par le Conservatoire du Littoral, afin de le soustraire à l'urbanisation. La conception du jardin, par le paysagiste Gilles Clément, est une réussite. Le Café des Jardiniers vous permet de vous restaurer d'une cuisine traditionnelle méditerranéenne et de vous désaltérer en terrasse. En été, des visites guidées aquatiques du jardin marin permettent de découvrir les fonds marins

HÔTEL LA VILLA DOUCE**** €€€

8, corniche de Paris
✆ 04 94 15 30 30
www.lavilladouce.com
Ouvert toute l'année. 31 chambres. Restaurant « Le Café l'Envol », également ouvert à la clientèle extérieure. Parking.

L'élégant hôtel, niché sur les hauteurs du village du Rayol-Canadel, bénéficie d'une vue panoramique époustouflante sur l'azur de la Méditerranée. Ici, tout a été conçu pour votre bien-être avec des chambres confortables à la décoration raffinée, des espaces de vie conviviaux, notamment le Club Papillon qui s'anime dès le petit déjeuner. Au déjeuner ou au dîner, au Café l'Envol, on vous sert des plats du terroir concoctés avec des produits bio, locaux et vegan. De nombreux services sont proposés par l'hôtel pour faire de votre séjour une expérience inoubliable.

MAURIN DES MAURES €€

29, avenue Étienne-Gola
✆ 04 94 05 60 11
www.maurin-des-maures.com
Tous les jours de 12h à 14h et de 19h à 21h. Menu du lundi au vendredi midi 19,50 €. Menu 39 €. Carte 50 € environ.

Toujours présent pour vous accueillir, Dédé Delmonte, le cuisinier à la tignasse blanche et à la moustache poivre et sel, n'a rien perdu de sa faconde. L'ambiance est toujours aussi familiale dans les deux salles et les plats, très emblématiques de la cuisine provençale et méditerranéenne, cuisinés par son chef, font courir tous les gourmets de la région. On retrouve à la carte : bouillabaisse du pêcheur, linguini aux fruits de mer, daube de poulpe à la Provençale, calamars farcis à la Sétoise, daube de joue de bœuf, assiette terre et mer...

LA CROIX-VALMER ★★

Cette commune, dont l'histoire commence à l'époque romaine et qui doit son nom à l'empereur romain Constantin, est adossée à la corniche des Maures en dessous de Gassin, à qui elle était rattachée jusqu'à « son indépendance » prononcée en 1934. C'est une station balnéaire discrète, qui possède néanmoins de multiples atouts : 5 plages dont celle, familiale, de Gigaro, le site du cap Lardier parfaitement préservé – 300 hectares exempts de constructions, plantés de pins parasols et de pins d'Alep, de bruyères, de genêts, de lavande sauvage et peuplés de centaines de variétés d'oiseaux –, le cap Taillat, les villas d'époque du XIXe et XXe siècle.

VILLA ROMAINE DE PARDIGON 2

75, boulevard du maréchal Alphonse Juin

La villa maritime romaine de Pardigon s'étend sur 3 600 mètres carrés. C'est la plus grande des villas maritimes du sud de la Gaule, encore visible aujourd'hui. Simple cabane au départ, puis villa structurée et florissante, c'était le lieu d'habitation d'un notable romain, qui gérait son domaine viticole ou oléicole. À proximité, sont situés les bâtiments agricoles et les logements des travailleurs agricoles, ainsi que des viviers maritimes et un port marin.

CHÂTEAU DE MEÏ LÉSÉ*** €€

23, domaine du Val de Mer
✆ 04 94 55 10 10
https://mei-lese.com/
Ouvert du 1er février au 14 novembre 2022 et du 16 décembre au 31 décembre 2022. 14 chambres, dont 5 suites. Piscine.

Du haut de la colline, la bâtisse, rénovée en 2014, surplombe la mer et les îles d'Or, depuis presque un siècle et demi. Chaque chambre et chaque suite ouvre sur sa terrasse ou son balcon, avec une merveilleuse vue sur la baie de Cavalaire. La grande terrasse, inondée de lumière, qui abrite la piscine et son pool house, les chaises longues et les parasols, est propice à vos longues séances de farniente. À votre arrivée, champagne, mignardises et fleurs vous attendent dans votre chambre. Les possibilités de balades ne manquent pas aux alentours.

HÔTEL L'ORANGERAIE*** €€

545, boulevard Georges-Selliez
✆ 04 94 55 27 27
www.hotel-lorangeraie.com
Ouvert du 15 avril au 29 octobre 2022. 36 chambres 100 % non-fumeur de 99 € à 369 € suivant la saison. Piscine chauffée.

Du couvent d'hier à l'Orangeraie d'aujourd'hui, cette majestueuse bâtisse 1900 n'a rien perdu de son charme d'antan. Niché dans parc planté de palmiers centenaires, cet hôtel de légende offre un panorama unique sur la mer du cap Lardier aux îles d'Or. Les chambres et suites, spacieuses et ensoleillées, offrent, pour la grande majorité d'entre elles, une vue exceptionnelle sur la mer et les îles du Levant et de Port-Cros, sur la piscine au cœur de la palmeraie, et sur la magnifique chapelle d'époque. Le restaurant propose une cuisine traditionnelle et régionale.

HÔTEL LA PINÈDE PLAGE**** €€

342, boulevard de Gigaro
✆ 04 94 55 16 16
www.pinedeplage.com
Ouvert du début mai à début octobre. 32 chambres 100 % non-fumeur de 310 € à 1 244 €. Restaurant midi et soir. Parking.

Deuxième adresse de la famille Rocchietta-Montloin, c'est l'endroit idéal pour passer ses vacances vraiment au bord de la mer. Les lumineuses chambres avec terrasse ou balcon et vue sur le bleu de la mer Méditerranée, ont été totalement rénovées. Au restaurant, la cuisine aux accents provençaux s'insère parfaitement avec les lieux, l'esprit farniente et la terrasse sous les pins, qui flirte avec la plage de Gigaro et la Grande bleue. Profitez également du spa au Château Valmer.

VAR

CHÂTEAU DE VALMER - SPA***** €€€

81, boulevard de Gigaro ✆ 04 94 55 15 15
www.chateauvalmer.com
Relais & Châteaux. Ouvert de début mai à début octobre. 41 chambres + 2 cabanes perchées et une villa à partir de 330 €.

Cette ancienne demeure bourgeoise érigée au cœur d'un domaine viticole de 6 hectares, propriété de la famille Rocchietta-Montloin, bénéficie d'un environnement idéal, parc à la végétation luxuriante avec piscine solarium, palmeraie, verger... certifiés AB. Les chambres évoquent le charme régional. La palme de l'originalité revient aux deux cabanes perchées, intégrées au cœur de chênes centenaires. Quant au spa de 500 m2, ouvert sur le parc, il figure parmi les plus beaux du Var.

HÔTEL LILY OF THE VALLEY €€€

Boulevard Abel Faivre ✆ 04 22 73 22 00
www.lilyofthevalley.com/fr/
Ouvert toute l'année. 44 chambres 100 % fumeur, de 450 € à 3 400 € selon la saison. Deux piscines chauffées. Restaurant.

Bénéficiant d'un emplacement exceptionnel au cap Lardier, cet hôtel offre une vue panoramique spectaculaire sur la Méditerranée et les îles d'Or. La décoration, très atypique, est signée Philippe Starck, qui a imaginé un hôtel qui ne s'impose pas à la nature, mais qui s'y adapte et s'y intègre. Au restaurant Vista, la gastronomie méditerranéenne, provençale et décomplexée, signée Vincent Maillard, met en avant les produits et les producteurs locaux… En contrebas, le « Village », espace dédié au sport et au bien-être, est équipé de son bassin de nage extérieur.

VISTA €€

✆ 04 22 73 22 03
Collège Culinaire de France. Ouvert midi et soir toute l'année. Suggestion du jour : 34 €. Terrasse. Parking.

Sur la vaste terrasse-tonnelle, en retrait de la piscine pour profiter de la vue, ou dans le confort douillet de la salle intérieure parsemée d'une multitude d'objets, on se régale de la cuisine simple et goûteuse imaginée par le chef des cuisines Vincent Maillard, épaule d'agneau de Sisteron braisée à la sarriette (à partager), salade Lily, quinoa, légumes de saison et condiment aux herbes, sériole marinée, fenouil et huile d'olive douce Méditerranée, retour des pêcheurs cuit au four. Une belle mise en valeur des produits du terroir et de la pêche.

RESTAURANT LA PALMERAIE €€€

81, boulevard de Gigaro ✆ 04 94 55 15 17
www.chateauvalmer.com
Ouvert de début mai à début octobre, le soir du mardi au dimanche. Menus de 80 € à 155 €. Terrasse. Jardin. Parking.

Après une période de transition, avec l'arrivée, en mai 2021, d'un chef déjà étoilé en Corse, Alexandre Fabris, le restaurant du Château de Valmer a retrouvé le chemin de la gastronomie. Ce Bourguignon d'origine s'est acclimaté rapidement aux produits et à la cuisine du Sud. Son travail est précis, mis en valeur par des dressages très originaux. Il magnifie les produits de saison locaux et bien entendu, pioche dans la manne du potager bio, qui est la fierté du domaine, pour élaborer une partie de ses recettes. Les desserts, tout en finesse, sont de haute tenue.

DOMAINE DE LA CROIX

816, boulevard de Tabarin ✆ 04 94 95 01 75
www.domainedelacroix.com
Dégustation des vins et visite libre du domaine aux horaires d'ouverture. Parking.

Le Domaine de la Croix fait partie du club très fermé des crus classés de Provence. Le vignoble de 110 hectares bénéficie d'une situation privilégiée, avec des vignes réparties entre le village de La Croix-Valmer, la plage de Gigaro et le fabuleux site de la Bastide Blanche. Ces terroirs jouissent d'atouts naturels qui donnent aux vins du Domaine de la Croix une élégance naturelle. Le chai ultra moderne, construit sous terre, outre ses techniques de pointe, se révèle être un véritable outil intégré dans son environnement paysager.

DOMAINE DE LA MADRAGUE

Boulevard de Gigaro ✆ 04 94 49 04 54
www.lesvinsdelamadrague.com
Ouvert toute l'année. Dégustation gratuite. Visite commentée du chai, avec présentation des vins 7 €. Parking gratuit.

Depuis son rachat en 2007 par Jean-Marie Zodo, le domaine, engagé en agriculture biologique, dont les 17 hectares de vignes en A.O.P. Côtes-de-provence embrassent les coteaux de Gassin et La Croix Valmer et descendent jusqu'à la plage de Gigaro, ne cesse de se bonifier et de glaner des médailles et distinctions dans les concours. Les cuvées Claire et Charlotte, sont devenues incontournables dans la région. Des produits locaux de qualité, vinaigre, huile d'olive, anchoïade, miel « Les abeilles de Grimaud », confiture, pain d'épices, sont en vente au caveau.

COGOLIN ★

La légende raconte que « sur la barque amenant d'Italie le corps décapité par les Romains du Chevalier « Torpes », il y avait un coq et un chien. Malgré la faim, les animaux ne touchèrent pas au corps. Lorsque l'esquif aborda sur les rivages de l'actuel Saint-Tropez, le coq s'envola dans la campagne de Cogolin, au beau milieu d'un champ de lin ». D'où ce « Coq au lin » qui orne l'écusson communal, les drapeaux et le sommet de l'hôtel de ville. Cogolin, village typiquement provençal, est blotti au pied du massif des Maures et s'étend jusqu'à la mer avec 2 ports : Les Marines de Cogolin, l'un des plus grands de la Côte d'Azur, et Port Cogolin.

GRAIN DE SEL €€

6, rue du 11-Novembre
✆ 04 94 54 46 86

Fermé de début janvier à mi-février. Menu unique à 32 € (midi et soir). Carte : 45 € environ. Formule du midi : 25 €.

Julien Mouret, dans sa petite cuisine ouverte et Émilie Geisler, dans la salle de 20 couverts et sur la terrasse, continuent à séduire par la qualité de leur travail. Elle pour son accueil tout sourire et son professionnalisme et lui pour sa cuisine traditionnelle provençale qui évolue selon le marché et les saisons, gaspacho de tomates confites et sorbet à l'huile d'olive, noix de Saint Jacques rôties, purée de panais à la truffe noire, pintade Label rouge cuite basse température, légumes glacés, chou au chocolat, poire caramélisée et glace au nougat...

MANUFACTURE DES TAPIS DE COGOLIN ★

6, boulevard Louis-Blanc ✆ 04 94 55 70 65
www.manufacturecogolin.com

Ouvert toute l'année. Du lundi au vendredi. Visite uniquement du showroom. Visite des ateliers une fois par mois.

Cette manufacture fabrique toujours des tapis en laine, coton, raphia et lin dans le plus pur respect de la tradition, sur des métiers à tisser, qui datent de 1880, dits basse lisse à bras avec un mécanisme Jacquard. De ces ateliers sont sortis des pièces uniques qui ornaient hier le paquebot Normandie, aujourd'hui le Grand Trianon de Versailles, la Maison blanche, l'Élysée, des ministères et des palais, des ambassades, des yachts et des jets privés, des salons de grands hôtels.

LA GRANGE DES AGAPES €€

7, rue du 11-Novembre
✆ 04 94 54 60 97
www.grangeagapes.com

Ouvert toute l'année du mardi au samedi. Menus de 24 à 65 €. Carte : 55 € environ. Service traiteur. Épicerie fine.

Au milieu de la salle située à l'étage, la cuisine ouverte permet de découvrir tous les faits et gestes du chef et de sa brigade, qui préparent, pour votre plus grand bonheur gustatif, de nombreux menus à thème, truffes, tout légumes, provençal,... Pour les cours de cuisine, l'Atelier des Agapes a été spécialement conçu pour découvrir quelques secrets du chef et déjeuner en table d'hôtes. Une épicerie fine, Délices des agapes, a été ouverte au sein du restaurant, avec charcuteries, truffes et produits dérivés, produits de la mer, huiles et produits à l'huile.

BLISS HOTEL*** €€

Place de la République
✆ 04 94 54 15 17
www.bliss-hotel.com

Ecolabel européen. Ouvert toute l'année. 24 chambres 100 % non-fumeur de 119 € à 200 € ; junior suite de 350 € à 500 €.

Cet hôtel, qui a obtenu l'écolabel européen depuis novembre 2012, est situé au centre du village et à une dizaine de minutes des plages. Les chambres, confortables, au design contemporain et au mobilier zen et élégant, offrent une vue sur les collines, la plaine du golfe de Saint-Tropez ou la place du village. C'est le point départ idéal pour visiter Saint-Tropez et son port mythique, découvrir le village lacustre de Port-Grimaud, flâner dans les ruelles des villages environnants ou rejoindre les nombreuses plages de Pampelonne.

OPEN BISTRO €€

11, rue Jean Jaurès
✆ 04 94 54 41 80
www.openbistro.fr/

Fermé 1er au 15 novembre. Formule du midi 18,50 €. Plat du jour 16,50 €. Menu carte 38 €. Carte 47 € environ. Terrasse.

Dans sa cuisine ouverte, Sébastien Arfeuillère, rejoint par son fils Adrien, prépare une cuisine traditionnelle de marché, tendance bistrotière, qui évolue tous les jours avec des suggestions incontournables, élaborées en fonction des saisons, pressé de canard au foie gras, salade de poulpe rôtie, cassolette de bar, saint-pierre et gnocchi dans sa soupe de poisson maison, bœuf en croûte de sel, risotto à la truffe et aux asperges françaises, soufflé au Grand Marnier, Clémenvilla surprise aux marrons et agrumes, coulant au chocolat... .

VAR

L'ATELIER PROVENÇAL

50, avenue de Valensole ✆ 04 94 55 74 43
www.au-bec-fin.com

Ouvert toute l'année du lundi au samedi. Visite possible du lundi au samedi le matin et dégustation gratuite. Parking.

Direction dynamique pour cette épicerie fine attenante à la conserverie artisanale certifiée ISO 9001, créée en 1991, qui fabrique une large gamme de spécialités provençales, dans la plus pure tradition, notamment leur produit phare : la soupe de poissons de roche. Vous êtes invités à découvrir un éventail dans cette boutique de 200 m² dédiés au terroir de la région, avec 200 producteurs/fournisseurs et plus de 50 domaines de Provence, mais également des produits d'épicerie très fine et bien sûr les produits locaux de la conserverie Au Bec Fin fabriqués sur place.

CHÂTEAU SAINT-MAUR - CRU CLASSÉ

535, route de Collobrières ✆ 04 94 95 48 48
www.chateausaintmaur.com

Ouvert toute l'année. Dégustation des cuvées. Visite privée accompagnée d'un guide, sur rendez-vous. Parking.

Propriété de Roger Zannier depuis 2011, le domaine compte une centaine d'hectares de vignes. Vrai passionné de vin, il a fait de ce terroir provençal un vignoble de renom aux cuvées gastronomiques qui produit 90 % de rosé, 5 % de blanc et 5 % de rouge. Son dernier millésime s'illustre par un très haut niveau qualitatif, à l'image des cuvées Clos de Capelune rosé et Excellence rosé 2021, médaille d'or au concours des vins de Provence, ainsi qu'au concours Terre de vins.

DOMAINE VAL D'ASTIER

330, chemin du Val-d'Astier ✆ 06 09 13 27 64
www.domainevaldastier.com

Ouvert toute l'année. Parking. Dégustation sans réservation juin à septembre tous les jours (sauf dimanche après-midi).

Bruno et Ellen Seignez, rejoints aujourd'hui par leurs enfants Arthur et Laure, vous reçoivent dans leur vignoble façonné sur un ancien terrain où paissaient des moutons. Dans un environnement naturel et authentique, ce couple de passionnés a fait le choix de l'agriculture raisonnée. Aujourd'hui, un nouveau vallon de douze hectares, « Les pierres blanches », planté de vignes et d'oliviers, est venu agrandir le domaine, accueillant de nombreuses ruches qui produisent d'excellents miels de montagne et de lavande, à découvrir au caveau en même temps que les vins.

GRIMAUD ★★

Grimaud est sans doute l'un des plus anciens villages des Maures. Perché sur une hauteur, position commode pour surveiller, mais un peu retiré à l'intérieur des terres pour être à l'abri des coups de main perpétrés par les barbaresques sur le rivage, le village a pu ainsi traverser des époques troublées et parvenir jusqu'à nous dans un parfait état de conservation, avec ses ruelles authentiques, ses petites places secrètes, ses fontaines, son charme intact. Grimaud, qui se compose en hameaux et quartiers charmants, vit toute l'année. Il y a une vie culturelle, avec notamment Les Grimaldines, un festival unique, où l'été, chaque mardi, dans les ruelles du village et au château, spectacles gratuits et concert se succèdent jusqu'au cœur de la nuit, depuis plus de 15 ans. Parmi les autres temps forts, impossible de rater l'Eurofestival Harley Davidson, l'événement phare de Grimaud et du golfe de Saint-Tropez, où chaque année, près de 10 000 possesseurs de ces grosses cylindrées chromées envahissent la presqu'île. Se succèdent des concerts sur la scène géante montée sur la plage, des démonstrations de chopper, des concours de custom, un Harley village, un bike show en plein cœur du village de Grimaud, et bien entendu, la traditionnelle grande parade en Harley. Mais Grimaud, c'est aussi la mer. En empruntant le sentier du littoral (anciennement le sentier des Douaniers), vous allez découvrir des lieux de baignade bien cachés, des plages où vous pourrez pratiquer des loisirs nautiques, des points de vue inédits, sur Saint-Tropez notamment, et également de superbes villas.

MUSÉE DES ARTS ET TRADITIONS POPULAIRES ★

RD558
✆ 04 94 43 39 29

Ouvert mardi, jeudi, vendredi et samedi de 9h30 à 13h. Entrée libre.

Situé dans un ancien moulin à huile du XVIe siècle et dans une ancienne bouchonnerie, ce musée municipal, fondé en 1982 par deux Grimaudois, André Decuers et Guy Giraud, présente, sur deux étages, les activités du passé et de la vie quotidienne, les petites industries – bouchonneries, sériciculture –, des outils, de nombreux objets en relation avec la fabrication de l'huile d'olive, de l'industrie du liège, des costumes provençaux, de la vaisselle.

LE DOMAINE DES NAÏADES**** €€

655, chemin des Mûres ✆ 04 94 55 67 80
www.lesnaiades.com

Ouvert du début avril à fin septembre. Mobil-homes gammes premium, comfort et classic. Espace aquatique. Restaurant.

Cet hôtel de plein air, érigé au sein d'un vaste parc arboré, à 900 m de la mer, vous assure des vacances de qualité, dans une ambiance familiale. Vous profiterez de nombreuses animations sportives : footing, réveil musculaire, aqua-gym dans la piscine olympique dotée de 2 toboggans aquatiques, volley-ball, ping-pong... Les noctambules pourront rallier Saint-Tropez pour vivre des soirées animées. Nouveauté : mobil-home premium exclusive 4 chambres pour 8 personnes avec terrasse balcon.

LA MAISON DE JUSTINE €€

570, route du Plan-de-la-Tour
✆ 04 94 43 30 65
www.la-maison-de-justine.com

Ouvert toute l'année. 4 chambres doubles 100 % non-fumeur de 95 € à 130 € suivant la saison. Piscine. Parking.

Ancienne ferme de 1820, parfaitement restaurée dans un style néo provençal, située, au calme, au cœur d'un vignoble, à mi-chemin entre le village médiéval de Grimaud et sa célèbre cité lacustre. Maison d'hôtes depuis 2008, la belle bâtisse en pierre, élevée sur deux niveaux, ouvre ses volets sur les glycines, les vignes et les collines environnantes, le château de Grimaud en toile de fond. Les chambres baptisées des prénoms de la famille, spacieuses et confortables, sont situées au 1er étage de la maison. En prime une piscine, de quoi parfaire votre expérience.

LE VERGER MAELVI**** €€

1115, route de Collobrières
✆ 04 94 55 57 80
www.hotel-grimaud.com

Fermé de fin octobre à mi-avril. 14 chambres à partir de 95 € en basse saison et à partir de 170 € en haute saison.

Edifiée à 1 km du village, au calme, dans un cadre de verdure luxuriant bordé par la petite rivière la Giscle, avec le massif des Maures en toile de fond, cette belle bâtisse provençale, rénovée récemment, dispose de chambres spacieuses de grand confort, climatisées, offrant de très belles salles de bains et dont la décoration est différente pour chacune d'elles. Chaque terrasse de chambre s'ouvre sur le jardin verdoyant et fleuri, la piscine et le massif des Maures. Un service de conciergerie vous aide à organiser vos sorties selon vos souhaits.

HÔTEL LA PIERRERIE*** €€

1714, route de Saint-Tropez - RD61
✆ 04 94 43 24 60 - www.lapierrerie.com

Fermé de novembre à mars. Chambre double de 105 à 150 € ; triple de 140 à 185 €. Petit déjeuner : 14 € (salé 17 €).

© HÔTEL LA PIERRERIE

Ce très beau mas provençal composé de plusieurs bâtisses, situé en pleine campagne dans un écrin de verdure d'un hectare et demi, propose 14 chambres spacieuses et confortables, joliment décorées dans un style provençal. Vos moments de détente autour de la piscine pourront être complétés par la découverte des villages de Grimaud, de Saint-Tropez, des Marines de Cogolin ou encore de Port-Grimaud. L'établissement propose d'ailleurs des vélos, classiques ou électriques, à la location. L'accueil réservé par Christophe Gerbino est chaleureux et familial à souhait.

APOPINO €€

Place des Pénitents
✆ 04 94 43 25 26
www.apopinorestaurant.com

Fermé en novembre. Entrée, plat, dessert du jour 35 €. Plat du jour et café 18 €. Carte : 60 € environ. Terrasse.

C'est une très bonne adresse de la presqu'île de Saint-Tropez. En cuisine, Jacopo Brunero, originaire du Piémont élabore des mets aux saveurs méditerranéennes et italiennes, burrata, pistou de courgettes trompettes et gressins, vitello à la Piémontaise en deux sauces, calamars farçis et « pappa al pomodoro », croustillant au citron bio, fromage blanc et origan. En salle, Victoire Silvant, la compagne de Jacopo, assure le service, avec grâce... À noter que chaque semaine, Jacopo prépare de délicieux raviolis à déguster chez vous.

RESTAURANT LE MÛRIER €€

177, route de Sainte-Maxime
RD 14
✆ 04 94 56 31 62
www.restaurant-lemurier.fr

Ouvert toute l'année. Menu 37 €. Carte : 50 € environ. Jardin. Terrasse. Vente à emporter. Parking.

Maki et Bertrand Comelet ont jeté leur dévolu sur cette maison aux pierres anciennes, poutres apparentes et véranda lumineuse, posée au milieu d'un jardin et située dans la plaine de Grimaud. Le chef a opté pour une fraîche cuisine saisonnière de marché, légumes provençaux grillés au vinaigre balsamique et basilic, tartare d'avocat aux crevettes, joue de bœuf braisée comme un civet, dos d'agneau des Hautes-Alpes rôti persillé au jus, dos de cabillaud rôti, haricots coco de Paimpol à la Provençale, crumble à la pomme et rhubarbe, cerises du Luberon poêlées...

PORT-GRIMAUD ★★

Port-Grimaud, souvent appelé la « petite Venise provençale », est une localité entièrement créée par les hommes, située à 5,5 kilomètres de Grimaud. En 1966, seul un grand marécage infesté de moustiques à l'embouchure de la Giscle fermait la plaine de Grimaud en bordure de mer. Un architecte inspiré, François Spoerry, entreprit d'assainir le marécage et de créer une sorte de Venise artificielle, cité lacustre faite de multiples canaux dont les quais sont bordés de maisons de style provençal.
Cet ensemble architectural unique, inscrit en 2002 au Patrimoine du XXe siècle, est aujourd'hui labellisé « Architecture contemporaine remarquable » depuis 2018.

LES SANTONS €€

743, RD 558
✆ 04 94 43 21 02
www.restaurant-les-santons.fr

Maître Cuisinier de France. Fermé du 10 novembre au 10 décembre. Menu 57 €. Carte : 80 € environ. Service traiteur.

Julien Allègre prolonge les plaisirs et persiste à signer une cuisine traditionnelle dans la lignée de Claude Girard, provençale et authentique, toujours de saison avec les produits du marché, qui ravit toujours autant les papilles, carpaccio d'artichauts violets à l'huile de noisette, ris de veau pané aux croûtons, jus de veau corsé à la carotte, selle d'agneau rôti au thym sauvage, ravioles de homard à l'américaine, meringue glacée à la vanille de Madagascar et chocolat chaud grand cru... sans oublier les spécialités à la truffe *tuber melanosporum*.

LE SUFFREN HÔTEL**** €€

16, place du Marché
✆ 04 94 55 15 05
www.hotel-suffren.com

Ouvert du 15 avril au 5 novembre 2022. 27 chambres 100 % non-fumeur et 1 studio et 2 appartements en location.

Changement de propriétaires pour cet hôtel au cadre contemporain, où les patines à l'ancienne apportent une chaude ambiance provençale. Situé au centre de la cité lacustre, surnommée la Venise provençale, à quelques enjambées de la plage, il offre des chambres claires et lumineuses, au confort douillet, dont certaines bénéficient d'un balcon aménagé face aux canaux et aux lieux de vie de Port-Grimaud. 1 studio et 2 appartements sont également à votre disposition, en location. Le départ de la navette pour Saint-Tropez se trouve à proximité de l'hôtel.

GRIMAUD KARTING LOISIR

37, carraire d'Aïgo-Puto
✆ 04 94 56 00 12
www.gkl-karting.fr

Ouvert toute l'année. Location karts adultes, enfants, biplace. Bar et snack. Terrasse panoramique. Parking.

Ce circuit conçu, dans les moindres détails, sur une piste de 800 mètres homologuée dans les deux sens de rotation, et tout équipé, avec stands, atelier, bar, snack, terrasse..., s'adresse à tous les passionnés de karting. Le parc de machines est adapté à tous les âges. De nombreuses compétitions et courses de karting, sont organisées tout au long de l'année, mini grand prix, grand prix, endurance, stages d'initiation, formule anniversaire... Une terrasse panoramique vous permet de contempler toute la piste et suivre ainsi l'évolution des karts.

LA TABLE DU MAREYEUR €€

10-11, place des Artisans ✆ 04 94 56 06 77
www.mareyeur.com

Ouvert de fin mars à début novembre. Menu midi 26 € et menu du soir 39 €. Carte : 50 € environ. Parking à proximité.

Depuis 1989, ce restaurant, très fréquenté le soir, est devenu une adresse incontournable pour les amateurs de poissons et fruits de mer. Attablés tranquillement à la terrasse fleurie, au bord de l'eau, les habitués se pressent pour déguster poissons sauvages, plateaux composés de crustacés et coquillages, panier de poissons frais tous les jours, saint-pierre, turbot, loup, daurade, des belles pièces pour 2 personnes, simplement grillées. Également duo de foie gras de canard et côte de bœuf, pour ceux qui n'apprécient pas le poisson. Un lieu unique et enchanteur !

VAR

FRÉJUS ★★

Du latin forum Julii, littéralement le « marché de Jules », la cité romaine fut fondée par Jules César en 49 avant J.-C. La ville était implantée sur la voie aurélienne qui reliait Arles à Gênes, en suivant le cours de l'Argens. Le centre se trouvait sur une butte de grès du massif de l'Estérel qui dominait de 34 m les plaines de l'Argens et du Reyran, protégé par un rempart. Forum Julii devint le grand port militaire des armées romaines en Gaule. Un grand bassin fut creusé et relié à la mer par un canal de 500 m de long. En 31 av. J.-C., Octave battit la flotte de Marc-Antoine et de Cléopâtre à Actium et ramena à Fréjus plus de 300 vaisseaux pris à l'ennemi. Fréjus était un important nœud routier sur la Via Aurélia, aménagée en l'an 13 av. J.-C., sous l'empereur Auguste. Elle était raccordée à la voie domitienne dans la vallée du Rhône. Son tracé correspond à peu près à celui de l'actuelle RD N7. Le christianisme s'étendit rapidement dans toute la contrée et Fréjus devint le siège d'un évêché en 374. Ruinée par les Sarrasins, la ville fut relevée par l'évêque Riculfe. Ville de marchés et de marchands, bien placée sur la route du sel et base d'échanges entre la Provence et l'Italie, Fréjus connut une grande prospérité, mais fut envahie par les impériaux en 1536, par les Savoyards en 1707, par les Austro-Piémontais en 1746. La rupture du barrage de Malpasset, le 2 décembre 1959, a causé de profondes blessures dans les cultures, les routes et les maisons emportées. À la suite de cette catastrophe, la modernisation fut en route, avec la canalisation du Reyran et l'urbanisation des quartiers de Villeneuve et de l'Agachon et la construction de Port-Fréjus, qui sera inauguré le 12 juillet 1989. 20 ans plus tard, c'est sous un nouveau souffle et un grand dynamisme que Port-Fréjus II voit le jour. Parfaite conjugaison d'histoire et de modernité, ce canal de plus de 400 mètres renoue avec son passé et s'étire jusqu'à l'avenue de Provence, aux portes du cœur historique. Fréjus dispose également d'un long ruban de sable fin, ponctué de plages, qui s'étend des confins de Saint-Raphaël jusqu'à Saint-Aygulf. Les amateurs de nature, de ballades et randonnées à pied, à cheval, à vélo, en VTT, trouveront aussi leur bonheur dans le massif de l'Estérel, avec les très nombreux circuits proposés. Les sportifs ne manqueront, sous aucun prétexte, la participation au Roc d'Azur, le plus grand rassemblement mondial de VTT, qui est certain d'être organisé sur la base nature à Fréjus, au moins jusqu'en 2023.

AMPHITHÉÂTRE ROMAIN OU ARÈNES ★

296, rue Henri-Vadon
✆ 04 94 51 34 31
Ouvert toute l'année. Gratuit jusqu'à 12 ans. Adulte : 3 €. Dernière entrée 15 minutes avant l'horaire de fermeture.

© JUERGEN WACKENHUT - SHUTTERSTOCK.COM

Construit à l'extérieur des remparts au Ier siècle avant J.-C., cet édifice, l'un des plus anciens amphithéâtres de la Gaule, pouvait contenir douze mille spectateurs, contre cinq mille aujourd'hui. Au centre, une fosse en forme de croix permettait toutes sortes de mises en scène, des combats de gladiateurs ou des chasses aux fauves. D'importants travaux de restauration, consolidation et valorisation ont permis de redonner à ce monument sa vocation de lieu de spectacle.

CHAPELLE NOTRE-DAME DE JÉRUSALEM DITE COCTEAU ✝ ★★

Avenue Nicolaï - Route de Cannes
✆ 04 94 53 82 47
Ouvert toute l'année. Gratuit jusqu'à 12 ans. Adulte : 3 €. Un espace boutique est disponible sur le site.

Cette chapelle, classée Monument historique le 20 janvier 1989, sise dans le quartier résidentiel de La Tour de Mare, à la lisière de l'Estérel, volonté d'un banquier niçois Jean Martinon, est la dernière conçue par Jean Cocteau en 1961. Décédé en 1963, il ne put la terminer. Elle sera achevée par son fils spirituel Édouard Dermit. Les fresques intérieures illustrent le thème de la Passion du Christ et celui des croisades et de l'Ordre des chevaliers du Saint-Sépulcre.

VAR

CLOÎTRE DE LA CATHÉDRALE DE FRÉJUS ✞ ★★

48, rue du cardinal Fleury
✆ 04 94 51 26 30
www.cloitre-frejus.fr/

1er septembre au 30 avril 10h-13h/14h-17h, 2 mai au 31 août 10h-18h. Gratuit jusqu'à 25 ans. Adulte 6 €. Visite libre.

Le cloître a été édifié en deux temps. Un premier niveau de plain-pied a été construit au XIIIe siècle, complété, le siècle suivant, d'une galerie supérieure, ce qui a eu pour effet la mise en place d'une charpente en bois à caissons au rez-de-chaussée, composée de trois cents panneaux peints représentant des scènes de la vie quotidienne, des éléments religieux et surtout un fantastique bestiaire médiéval. Le centre est occupé par un puits profond.

CATHÉDRALE SAINT LÉONCE DE FRÉJUS ✞

Place Camille Formigé ✆ 04 98 13 01 51
www.cathedralefrejus.fr/

Depuis 1957, avec le rattachement de Fréjus à Toulon, elle est devenue la co-cathédrale du diocèse de Fréjus-Toulon.

La cathédrale Sainte-Léonce, classée Monument historique depuis 1862, est l'une des plus belles églises romanes de France et l'un des sites les plus visités de la région. Elle possède 2 nefs, Notre-Dame, composée de 3 voûtes sur croisées d'ogives avec des fenêtres à croisées et Saint-Étienne qui se présente avec 6 voûtes en berceau. Le baptistère, l'un des plus anciens de France, situé côté sud-ouest de la cathédrale, offre une salle à la forme octogonale et une cuve baptismale.

PORT FRÉJUS

55, passage des Caryatides ✆ 04 94 82 63 00
www.portfrejus.fr/

895 postes d'amarrage - longueur maximum des bateaux : 40 m. Amarrages sur pontons fixes à bâbord en béton.

Port Fréjus est un port dynamique, en constante évolution, devenu un quartier emblématique de la ville, où l'implantation de nombreux commerces et restaurants apporte de l'animation. Question sécurité, le site est en permanence sous vidéo surveillance et un agent de nuit est présent 365 jours par an. Le port propose aux plaisanciers une gamme de services complète, un chantier naval, des points d'eau douce disponibles sur tous les pontons, 4 ensembles sanitaires réservés, répartis sur le port et ouverts 24h sur 24h, un espace lounge au-dessus de la capitainerie.

LA BASTIDE DU CLOS DES ROSES €€

1609, route de Malpasset RD 37
✆ 04 94 53 32 31
www.closdesroses.com/

Fermé de mi-décembre à mi-janvier. 8 chambres de 190 € à 360 € suivant la saison. Restaurant. Terrasse. Parking.

Conçue sur les structures de l'ancienne cave viticole de l'actuel Clos des Roses, vignoble de 36 hectares aux portes de Fréjus, cette bastide provençale de charme et de caractère, qui mêle tradition et modernité, offre des prestations haut de gamme. Les superbes chambres, à l'étage, qui ont bénéficié d'une nouvelle décoration, offrent des volumes intéressants et une belle luminosité. Le restaurant, au rez-de-chaussée, est animé par ses cuisines ouvertes sur la salle et la terrasse.

VAR

© LAWRENCE BANAHAN - AUTHOR'S IMAGE

Crique de la plage de Saint-Aygulf, Fréjus.

HOLIDAY GREEN RESORT & SPA***** €€€

1900, RD4 ✆ 04 94 19 88 30
www.holidaygreen.com

Ouvert du 9 avril au 25 septembre 2022. 620 emplacements. Nouveau parc aquatique. Restauration. Animations.

Ce prestigieux hôtel de plein air, agréable village-club niché au milieu d'une pinède de 15 hectares, à 7 km de Fréjus et des plages de sable, propose des cottages grand confort et grand luxe. Sur place, des animations sont organisées d'avril à septembre et vous disposez d'un nouveau parc aquatique surveillé agrandi et chauffé, avec 2 000 m² de plage avec transats et lounge bar, ainsi qu'une aire de jeux pour les enfants. Un spa propose massages, gommages, balnéo, relaxation, hammam.

DIP RESTAURANT €€

719, boulevard de la mer
✆ 04 94 17 06 25
www.diprestaurant.fr

Ouvert du mardi au dimanche le midi et le soir. Plat du jour : 10 €. Entrées 8 € à 10 €. Plats 19 € à 29 €.

DiP DiP DiP hourrah ! Situé à proximité du théâtre Le Forum, de la base nature François Léotard et de Port Fréjus, ce restaurant remporte tous les suffrages pour son accueil chaleureux, son service attentif, souriant et bien entendu sa cuisine. L'ardoise ne regorge pas de plats, ce qui assure la fraîcheur des produits et la qualité dans les assiettes. Régalez-vous des fameux bonbons croustillants de gambas, des ribs généreux mijotés durant 3 heures, du tataki de thon, des burgers maison, du pain perdu, rien que des plats généreux au goût de revenez-y.

LA BOCCA €

407, boulevard de la Libération
✆ 04 94 53 78 54

Ouvert toute l'année, tous les jours. Terrasse. Vente à emporter.

Cette vaste pizzeria, installée face à la plage de Fréjus, sert bien entendu des spécialités italiennes, des pâtes, des grillades, mais également soupe de poissons, tagliatelles royales, bourride raphaëlloise, aïoli maison, aubergines parmigiana, calamars à la Sétoise... Mais ce qui attire la nombreuse clientèle qui apprécie le bon rapport qualité-prix, ce sont surtout les pizzas à la pâte croustillante et moelleuse, cuites au feu de bois – goûtez l'originale pizza aux fruits de mer – et la dextérité du pizzaïolo, qui excelle dans l'art de faire tourner la pâte !

RESTAURANT L'AMANDIER €€

19, rue Antoine Desaugiers
✆ 04 94 53 48 77
www.restaurant-lamandier-frejus.com/

Fermé dimanche toute la journée et mercredi, jeudi et vendredi midi. Menus de 33 € à 45 €. Formule du midi : 23 €.

En plein centre-ville, Loïc Balanec et son épouse Elisabeth vous accueillent, soit dans la première salle tout en longueur, qui déborde l'été sur la rue piétonnière, soit dans la seconde salle voûtée, ancien cloître du XVIe siècle. Dans sa petite cuisine, il prépare une cuisine méditerranéenne gastronomique d'instinct et de produits de saison, raviole de foie gras de canard aux cèpes, profiteroles de crevettes cuites, mayonnaise relevée de xérès, aiguillettes de canard, risotto aux fruits secs, filet de loup sur sa tarte pissaladière, biscuit chaud au chocolat...

LE BŒUF SUR LE QUAI D'AGRIPPA €€

20, Quai d'Agrippa ✆ 04 94 17 24 80
www.leboeufsurlequaifrejus.fr

Ouvert toute l'année. Les pierrades de 21 à 89 €. Suggestions de saison de 26 € à 95 €. Desserts de 10,90 € à 20,90 €.

Avec une telle enseigne, difficile d'échapper à la viande ! La particularité, c'est vous qui la faites cuire, à votre goût, sur une pierre brûlante, que ce soit des crustacés, un duo de gambas et langouste, de la volaille, du poulet ou du magret de canard, du bœuf. Les amateurs de viande rouge pourront apprécier des viandes d'origines charolaises, limousine, normande, Salers et Aubrac, mais aussi des Simmental d'Autriche, de l'Angus, black Angus, ou Wagyu – Kobé élevé en Australie.

CHÂTEAU PAQUETTE

371, chemin de Curebéasse ✆ 04 94 40 87 90
www.chateaupaquette.fr

Ouvert toute l'année. Dégustation gratuite. Visite du domaine. Hébergement possible, appartement 120 m². Parking.

Propriété de la famille Paquette depuis 1952, Jérôme, œnologue diplômé de l'institut de Bordeaux, dirige aujourd'hui ce vignoble AOP Côtes-de-Provence-Fréjus, aidé par sa fille Claire, également œnologue, avec le respect de l'authenticité du terroir comme seule ligne de conduite. L'encépagement se compose de grenache, mourvèdre, syrah, tibouren et rolle et donne des vins expressifs, comme la cuvée Osmose rosé, une harmonie de tibouren et de grenache vinifié en fût de chêne, née en 2011, et qui aura un petit frère avec l'Osmose blanc l'année suivante...

VAR

LE CLOS DES ROSES

1609, route de Malpasset ✆ 04 94 52 80 51
www.clos-des-roses.com

Caveau ouvert du lundi au samedi de 9h à 12h et de 14h à 18h. Visite guidée du domaine ou visite libre. Parking gratuit.

Le domaine viticole de la famille Barbero, situé au pied de l'Estérel sur 36 hectares, dont 10 de vignes, produit d'excellents vins en appellation Côtes-de-Provence et en IGP vins de pays des Maures. Le terroir permet d'obtenir une palette de vins rosés et blancs aux arômes floraux et fruités, dont la luminosité et la fraîcheur sont caractéristiques. Quant au rouge, le soyeux et l'équilibre s'associent à une complexité aromatique pour donner naissance à des cuvées de qualité. Le domaine exploite également un hôtel de charme et un restaurant fraîchement rénovés.

SAINT-AYGULF ★

Connu des Romains avant de devenir une des terres des évêques de Fréjus, ce quartier de Fréjus est appuyé sur les premiers contreforts orientaux du massif des Maures qui se perdent dans les étangs de Villepey, refuge de nombreux oiseaux migrateurs. Il tire son nom de l'abbé Aygulfus, martyr de l'abbaye bénédictine de Lérins, tué au VIIe siècle par des moines irrités par une application stricte de la règle. La légende rapporte que son corps, placé dans une barque, aurait dérivé jusqu'à l'emplacement du village actuel. La station balnéaire a été créée de toutes pièces, surtout sous l'impulsion du peintre Carolus Durand et attira d'autres célébrités.

INTERNATIONAL RACING KARTING

Chemin de Villeneuve
✆ 04 94 97 50 97
www.interracingkart.com

Fermé début janvier à début février. Tarif adulte : 18 € session de 8 min et 48 € forfait de 3 x 8 min. Deux pistes.

Situé face à la base nature, le circuit, équipé d'un système de chronométrage, met deux pistes à votre disposition, une de 600 mètres pour les adultes et l'autre de 130 mètres pour les enfants. Une piste de 730 mètres est prévue pour les challenges destinés aux particuliers ou aux entreprises. L'été, un éclairage approprié permet la pratique nocturne. Chaque session comprend le prêt d'un casque et d'une minerve pour les enfants, un briefing et 8 minutes de pilotage.

ÉTANGS DE VILLEPEY ★

RD559

Protégée par le Conservatoire du Littoral, cette zone humide forme une lagune de 255 hectares d'un milieu naturel exceptionnel, habitée par 217 espèces d'oiseaux, sur les 355 recensées dans le département, dont la plupart sont migrateurs et peuvent être observés de très près, comme les flamants roses, l'aigrette, le héron blanc et le héron cendré, présents sur les plans d'eau. Un sentier d'interprétation, un observatoire et un sentier de randonnées relié au massif des petites Maures et au sentier du littoral constituent un lieu idéal d'observation de la nature.

ROC D'AZUR

Base nature François Léotard
✆ 09 69 36 88 21
www.rocazur.com

Edition 2022 du 5 au 9 octobre. Inscription en ligne sur le site de l'événement et sur la page Facebook.

C'est le plus grand événement VTT au monde. Implanté depuis 1997 à Fréjus et à Roquebrune-sur-Argens, l'épreuve-reine du VTT fait des émules : ce sont plus de 20 000 participants qui sont attendus chaque année. Amateurs et professionnels de tous âges sont de plus en plus nombreux à s'aligner aux départs des différentes courses proposées. Pendant cinq jours, de nombreuses animations sont proposées sur les différents sites de la base nature de Fréjus. Le Roc d'Azur est aussi un salon du cycle qui réunit les plus grandes marques du vélo.

HÔTEL CAP RIVIERA*** €€

21, rue de Claviers
✆ 04 94 81 21 42
www.hotelcapriviera.com

Ouvert début avril à fin oct. 20 chambres et suites 100 % non fumeur. Restaurant « L'escale » le soir, sauf dimanche.

Repris en mars 2020 par Jean-Christophe, l'accueil est vraiment charmant ainsi que la situation exceptionnelle de cet hôtel, surplombant la plage de sable fin du Grand Boucharel. Vue sur la mer ou côté jardin, avec terrasse refaite en pierre, toutes les chambres et suites, sont confortables et climatisées ; une suite possède même sa terrasse privée et sa salle de bains avec bain bouillonnant ! Le restaurant propose, le soir, une cuisine régionale à déguster sur la belle terrasse panoramique face à la mer. Le rapport qualité - prix est excellent.

FLYING SAFARI

645, chemin de la Sablière
✆ 06 60 05 49 91
www.ulmflyingsafari.com
Ouvert toute l'année. Baptême de l'air : 55 € à 195 €. Vol d'initiation : 105 € à 315 €. Formules duo ou trio.

La plus grande base ULM de la région, avec plus de 35 avions jaunes basés sur le site, vous propose tous les jours différents vols, touristiques, baptêmes de l'air, vol d'initiation, formation au pilotage, découverte de la région vue du ciel, où en 3 minutes vous ralliez le bord de mer et vous survolez de la baie de Fréjus, Saint-Raphaël, puis l'Estérel, la baie d'Agay, jusqu'à Cannes ou dans l'autre direction, Sainte-Maxime, Saint-Tropez. Vous serez encadré par votre pilote instructeur qui prendra le soin de répondre à toute forme d'appréhension.

PUGET-SUR-ARGENS ★

Idéalement situé, le village possède de multiples facettes conjuguant douceur de vivre et dynamisme. Séjours farniente, escapades sportives, sorties nocturnes, vous trouverez ici tous les ingrédients pour des vacances réussies. Ceux qui sont à la recherche d'une destination authentique découvriront également un terroir et ses traditions. Durant votre séjour, vous aurez tout le loisir de goûter à cet art de vivre typiquement provençal. Vous découvrirez également les festivals dont la qualité a fait la réputation au-delà de nos frontières, succès de scènes intimistes qui accueillent des artistes de renommée nationale et internationale.

CHÂTEAU DE CABRAN

Chemin de Cabran
✆ 04 94 40 80 32
www.chateaudecabran.com/fr/
Ouvert toute l'année. Visite du domaine sur rendez-vous. Dégustation gratuite. Parking.

Situé sur les derniers contreforts du massif de l'Estérel, le domaine, qui a obtenu le label Haute valeur environnementale (HVE), réunit des conditions géologiques exceptionnelles, rarissimes, puisque la formation du sol remonte à 220 millions d'années ! Le domaine, en conversion vers l'agriculture biologique, produit, en AOP Côtes de Provence Fréjus, une gamme tradition dans les trois couleurs, qui exprime le meilleur d'un terroir d'exception et la passion d'un vigneron, Renaud de Saint-Seine, deux cuvées « terroir » et trois cuvées « millésime »..

CHÂTEAU DE VAUCOULEURS

RD N7
✆ 04 94 45 20 27
www.chateaudevaucouleurs.com
Ouvert toute l'année du mardi au samedi. Visite de cave privée et dégustation des crus classés sur réservation. Parking

Racheté en septembre 2010, le second vignoble AOP Côtes de Provence de la famille De Wulf, propriétaire également du domaine du jas d'Esclans à La Motte, est cultivé en agriculture biologique. Il s'étend sur 43 hectares situés en bordure de la vallée de l'Argens, aux pieds de l'Estérel, dont 23 hectares de vignes qui produisent 60 % de rosé, 30 % de rouge et 10 % de blanc. Les cépages travaillés sont le grenache, le cinsault, la syrah, le mourvèdre, le carignan, le cabernet, le vermentino ou rolle, l'ugni blanc et la clairette.

DOMAINE DES ESCARAVATIERS

514, chemin de Saint-Tropez
✆ 04 94 55 51 80
www.escaravatiers.com
Qualité Tourisme. Dégustation gratuite. Visite de cave sur rendez-vous les mardis et vendredis à 11h. Parking.

Ce domaine de 35 ha de la famille Costamagna, qui s'étend dans la plaine de l'Argens face au rocher de Roquebrune, est un lieu chargé d'histoire, où l'on trouve sur place une plaque de marbre représentant une inscription funéraire d'un vétéran de la IXe Légion romaine, Caius Novellius, qui y cultivait déjà la vigne. Le vignoble produit des vins blanc, rosé et rouge en I.G.P. Var et en A.O.P. Côtes-de-Provence, cuvées « Domaine » vinifiées en cuve inox et « Château » élevée en fût de chêne.

PRIZONERS FRÉJUS

6, rue de la Vernède
✆ 07 66 38 85 94
www.prizoners.com/agence/frejus
Ouvert toute l'année. Entrée : à partir de 20 €, avec au minimum 1 adulte dans l'équipe. Parking gratuit.

Mystère et boule de gomme ! Cette agence de voyage spatio-temporel envoie réfléchir des équipes de voyageurs qui, en 90 minutes seulement, doivent résoudre des énigmes sur l'Histoire, par exemple en 1516 sauver les secrets de la recette d'un élixir de longue vie, oubliés dans sa fuite par un alchimiste de Fréjus, connaître la vérité à propos d'un objet gardé secret par Napoléon au retour de sa campagne égyptienne ou, en 1976, remplacer un chef de cuisine 3 étoiles, qui vient de se couper la main, le jour de la venue d'un impitoyable critique culinaire.

VAR

LES ADRETS-DE-L'ESTÉREL

Blotti au cœur du massif de l'Estérel et dominant la Méditerranée, à 300 mètres d'altitude et seulement 15 kilomètres de la mer, le village offre de splendides points de vue. Les marcheurs, les amoureux de la nature et les vététistes seront comblés en empruntant les très nombreux sentiers qui sillonnent l'Estérel, qui permettent également de découvrir deux lacs, celui de l'Avellan et celui de Saint-Cassien, avec des petites plages aménagées pour la baignade et le pédalo.
Avant d'être rattaché au canton de Fréjus, dans les temps anciens, Les Adrets (versant d'une colline exposé au soleil) ne formaient qu'un hameau du village de Montauroux.

ROQUEBRUNE-SUR-ARGENS ★★

Roquebrune fut créée au début du XIe siècle. Installée sur un piton rocheux de grès, *Roca Brun* en provençal, elle lui doit son nom actuel. Roquebrune s'est heurtée au problème de l'acheminement de l'eau, qui fut résolu en 1775 par la rénovation d'un aqueduc romain. Ainsi l'eau coula pour la première fois à la fontaine vieille. Autour de l'église se dressent de nombreuses maisons à arcades du XVIe siècle. La chapelle Notre-Dame-de-Pitié abrite un beau retable en bois doré, qui représente une descente de croix. L'église Saint-Pierre-et-Saint-Paul, achevée au XVIe siècle, renferme un remarquable tableau du début du XVIIe siècle encadré de deux retables.

LA MAISON DU CHOCOLAT ET CACAO ★

13, rue de l'Hospice
✆ 04 94 45 42 65
Fermé de début janvier à mi-février et de début novembre à mi-décembre. Visite guidée. Boutique. Espace « Choco-mômes ».
Installé dans une chapelle du 17e siècle, découvrez près de 1 000 objets sur la Dame chocolat. Parmi eux, on trouve une ancienne chocolatière datant de 1798, le livre sur la pharmacopée universelle de Nicolas Lemery de 1967 ou encore le seul automate Banania en état de marche, sur les deux recensés en France. Le musée possède également une rare collection d'objets et des sculptures originales et inédites en chocolat créées par les quatre chocolatiers de Roquebrune-sur-Argens.

LA MAISON DU PATRIMOINE ★

Impasse Barbacane ✆ 04 98 11 36 85
www.roquebrune.com
Entrée gratuite en visite libre.
Une ancienne écurie, construite en 1883, découverte en 2002, devenue par la suite bâtiment municipal, a cédé sa place à la présentation de l'étendue et la variété du patrimoine historique de la commune. Elle présente une collection de vestiges préhistoriques, romains, et du Moyen Âge, une magnifique collection d'ex-voto provenant du monastère du Saint Désert de Notre-Dame de Pitié, ainsi qu'un jardin médiéval avec des plantes médicinales. Cette maison a été aménagée autour d'une glacière du XVIIe siècle. Des expositions temporaires à thème y sont présentées.

© LAWRENCE BANAHAN - AUTHOR'S IMAGE
Plage dans le quartier des Issambres, Roquebrune-sur-Argens.

LA MAISON DU TERROIR

4, place Alfred-Perrin
✆ 04 94 81 14 47
www.roquebrune.com
Ouvert toute l'année. Vente des produits locaux. Entrée gratuite.

La Maison du Terroir, c'est tout l'art de vivre en Provence. Située au cœur du village médiéval, elle vous invite à découvrir toute l'agriculture roquebrunoise, qui est représentée à travers ses différentes filières : apiculture, arboriculture, élevage, horticulture, maraîchage, oléiculture, pépinières et viticulture. Une origine et une authenticité garanties par les producteurs roquebrunois, qui s'y sont engagés au travers d'une Charte Qualité. Vous êtes certains d'y retrouver vos produits locaux, miel, vin, confitures, nougat et huiles d'olive.

ROCHER DE ROQUEBRUNE

Site Natura 2000.

Cet espace naturel culmine à 376 mètres au-dessus de la plaine de l'Argens et a toujours constitué un haut lieu religieux, par la présence successive de nombreux couvents et monastères, dont celui des trinitaires, ordre mendiant qui se consacrait au rachat des esclaves chrétiens enlevés par les barbaresques. Sa couleur caractéristique, brun rouge, est due à une quantité importante d'oxyde de fer. Il s'agit d'un site classé et protégé. Un seul sentier balisé permet d'accéder aux trois croix. Il est possible de récupérer le GR51 au pied du rocher, versant sud.

DOMAINE DE LA BERGERIE***** €€€

1960, RD 8 ✆ 04 98 11 45 45
www.domainelabergerie.fr
Fermé 7 novembre au 2 avril. Restaurant, pizzeria, snack, boulangerie, épicerie. Parc aquatique balnéo-ludique 1400 m²

Cet écrin de verdure est situé aux portes du village médiéval de Roquebrune-sur-Argens. L'espace aquatique d'une surface totale d'eau de 1 400 m² est composé d'un grand bassin extérieur de natation de 400 m², d'un parc aquatique de 800 m² avec rivière, toboggans, cascade, bain bouillonnant, aire réservée aux jeunes enfants, d'un bassin balnéo extérieur à température ambiante, d'une piscine intérieure chauffée (hors saison seulement) de 80 m², qui abrite l'espace détente et fitness.

LE JAS DU PÉBRIER €€

1610, RD8
✆ 04 94 55 20 16
www.jas-du-pebrier.com
Ouvert toute l'année. 88 lits répartis sur 12 maisons de vacances, chambres 100 % non fumeur. Parking extérieur.

La famille Jondet-Lemoine, déjà propriétaire du Domaine de la bergerie, vous propose à la location des maisons de vacances de 100 m² à 200 m² pour 6 à 10 personnes, à l'esprit provençal et au design contemporain, avec piscine, ou bain bouillonnant pour certaines, conçues en harmonie avec la nature, pour vivre comme chez soi et idéalement conçues pour la famille. De belles prestations hôtelières sont incluses et vous bénéficiez également d'un accès illimité aux animations et au parc aquatique du Domaine de la bergerie, situé à 250 m.

LE MAZET DU BASILIC €

D7 - Chemin Barbossi
✆ 04 83 12 53 64
www.lemazetdubasilic.fr
Maître restaurateur. Formule du midi 22 €. Menus de 35 € à 55 €. Carte : 72 € environ. Terrasse. Parking.

La fraîcheur des produits, transformés sur place, signifie que la cuisine est faite maison. Il faut dire que le chef Fabio bénéficie de la présence, à proximité, d'excellents producteurs locaux. À déguster, le mille-feuille de pata negra, la côte de veau maturée aux cèpes bouchons, le merlu rôti et poireaux glacés, les fromages de chèvre de la Bastide de Solliès à Ampus, où apprécier quelques délicieuses suggestions, pour finir avec les desserts de son épouse Ludivine, tarte Tatin revisitée, l'exotique… Le cadre est reposant et le rapport qualité-prix excellent.

LES JARDINS DE L'ORANGERAIE €€

401, boulevard Jean-Jaurès
✆ 04 94 81 22 16
Menus de 16 € à 42 €. Plat du jour : 14,50 €. Parking public gratuit à proximité.

La carte est limitée et c'est tant mieux. C'est la preuve que tout est frais et fait maison. Vincent Truffet est aux fourneaux dans une cuisine ouverte, Émilie Giez est en salle, accueillante, très attentive et à l'écoute. La cuisine est excellente, les produits sont frais et les portions généreuses, de belles assiettes tout en finesse. Une carte de vins pas très grande, mais de très bon choix. Qualité, quantité, fraîcheur, finesse, accueil et gentillesse, que demander de mieux.

VAR

LA TABLE DE LOUIS €€

1308, route du golf
✆ 04 98 11 40 05
www.restaurantlatabledelouis.fr

Maître Restaurateur. Fermé de mi-décembre à début mars. Suggestion du jour : 24 €. Brunch le dimanche 59 € par personne.

Un cadre convivial et cosy au cœur du golf, une carte gourmande de qualité… La table de Louis, c'est un concept, une ambiance, des saveurs méditerranéennes, pour un déjeuner avec une vue panoramique sur les greens du golf. Les spécialités du chef à découvrir, sont la pizza à la truffe et mascarpone, la côte de bœuf française à la planche parfumée au sel de baies sauvages et sa purée à la truffe, le loup en croûte de sel, l'épaule d'agneau du Haut Var, les poissons de pêche locale grillés, le soufflé, les crêpes Suzette, le tiramisu à partager...

CHÂTEAU VAUDOIS

CD 7 - Route de Château-Vaudois
✆ 04 94 81 49 41
www.chateau-vaudois.com

Fermé de fin décembre à mi-janvier. Parking. Dégustation gratuite. Visite du domaine. Pique-nique dans les vignes.

Dans un cadre prestigieux, le château ouvre ses portes pour partager sa culture, son patrimoine viticole et conter l'histoire atypique de ses vignes et de ses vins. Une dégustation commentée des crus, une visite de cave et des chais ou encore une balade dans les vignes permettent de mieux comprendre la culture et le caractère de cette terre généreuse, qui porte l'empreinte de son terroir et des hommes qui la cultivent. Château Vaudois dispose également de deux salles de réception, la salle aux étoiles et la salle du château.

LA CHOCOLATERIE DU ROCHER

15, place Perrin
✆ 04 94 79 17 26
www.lachocolateriedurocher.fr

Fermé du 9 janvier au 31 janvier. Ouvert du lundi au samedi de 10h à 18h (19h en haute saison). Parking à proximité.

Ce chocolatier fabrique lui-même et commercialise de nombreuses confiseries, à commencer par des nougats et de succulents chocolats, dont la spécialité locale, le rocher de Roquebrune, nougat entouré de chocolat légèrement parfumé à l'orange. La chocolaterie propose un bar à chocolat avec plein de recettes de chocolat à boire chaud ou froid durant toute l'année. L'artisan chocolatier accueille les groupes tous les jours de l'année, sur réservation, pour la visite de sa chocolaterie.

DOMAINE DE LA BOUVERIE

Avenue des Grands-Pins-Parasols
✆ 04 94 44 00 81
www.domainedelabouverie.com

Ouvert du lundi au samedi de 9h30 à 12h30 et de 14h30 à 18h. Parking. Dégustation gratuite.

Le vignoble de Jean et Patricia Laponche, producteurs récoltants, s'étend sur 30 hectares de sol sablo-caillouteux constitué de galets de rhyolite, aux confins de l'Estérel, un terroir qui met en valeur le goût et la spécificité des crus. Leurs vins, dans les trois couleurs, que vous pouvez retrouver à la boutique, sont renommés et décrochent régulièrement des médailles au concours général de Paris. Une salle de réception, l'ancienne bergerie en pierres, avec une terrasse de 350 m² au pied des vignes, est à votre disposition pour l'organisation de vos événements.

DOMAINE DES PLANES

RD7
✆ 04 98 11 49 00
www.dom-planes.com

Ouvert toute l'année. Visite de la cave. Dégustation gratuite. Parking. Gîtes de location à la semaine.

Les 30 hectares du domaine s'étendent sur les contreforts des Maures, sur un promontoire qui domine Fréjus et la vallée de l'Argens composé de sols de gneiss et micaschistes. Depuis plus de 30 ans, la famille Rieder produit une large gamme de vins AOP Côtes-de-Provence, fins, exprimant à merveille le terroir, certifiés en agriculture biologique depuis le millésime 2012. Les cépages présents sur le domaine, mourvèdre, tibouren, syrah, cabernet sauvignon, sémillon et rolle, produisent des vins de haute expression et de longue conservation.

MOULIN À HUILE LE CLOS SAINT-MARTIN

170, chemin rural du Ressard
✆ 04 94 45 72 91
www.moulinleclossaintmartin.com

Ouvert toute l'année. Visite du moulin en juillet et août, à 10h30 du mardi au vendredi. Dégustation gratuite. Parking.

Plantés il y a une quinzaine d'années, les 2 500 arbres d'Éric et Sandrine Gayol sont issus des variétés ribier, bouteillan, aglandau, cailletier, cayet roux et picholine. Quatre huiles sont vendues au domaine : une AOC Provence, un assemblage en fruité vert, une mono-variétale de picholine en fruité vert et une mono-variétale de cailletier en fruité mûr. Le moulin est également ouvert aux particuliers qui peuvent repartir avec leur propre huile à partir de 200 kg.

LA BASE DU ROCHER

19, chemin du Lac
✆ 06 61 41 75 74
www.basedurocher.fr
Ouvert 1er mai au 30 septembre tous les jours de 9h à 19h (18h basse saison). À partir de 15 € pour une heure (canoë).

Au cœur d'un site naturel exceptionnel, classé Natura 2000, au pied du rocher, ressourcez-vous à bord de canoës, de kayaks ou de paddles sur les eaux de l'Argens, et découvrez des sites peu connus, préservés et calmes. Vous êtes sur la Côte d'Azur, mais les paysages que vous allez rencontrer, vont vous dépayser ! Vous pouvez également découvrir les sentiers des massifs forestiers des Maures et de l'Estérel à pied ou en VTT et e-bikes, pratiquer le golf... miniature sur un parcours arboré de 18 trous. Des animations sont organisées tout au long de la saison.

PARC AQUATIQUE WATER GLISSE PASSION

131, chemin du Lac ✆ 07 61 18 39 40
www.waterglisse.com
Fermé de novembre à mars. Ouvert tous les jours de 9h30 à 19h30 de mi-juin à mi-septembre. Entrée : à partir de 30 €.

La base nautique de l'Arena, située au pied du rocher de Roquebrune-sur-Argens, vous offre une multitude d'activités nautiques. Pour compléter votre journée, vous pouvez déjeuner au Restaurant du Lac, au snack-pizzeria, ou siroter un cocktail sur la terrasse du bar d'été ou encore sur le bar flottant. Water Glisse Passion vous attend également sur la plage de La Nartelle, sur le port des Issambres, sur la plage de La Madrague à Sainte-Maxime ou sur la plage de Pampelonne à Ramatuelle.

SAINT-RAPHAËL ★★★

Trois épisodes importants de la vie de Napoléon Bonaparte se déroulèrent à Saint-Raphaël. En 1778, jeune boursier venu de Corse, il y débarque pour aller suivre les cours de l'école de Brienne d'où il sortit avec le grade de lieutenant en second. Le 9 octobre 1799, jeune général de retour de sa campagne d'Egypte, après avoir échappé aux poursuites de l'escadre anglaise, il pose le pied sur le sol de France à Saint-Raphaël. Un obélisque commémore cet événement à l'angle nord-est du port. Après son abdication, il quitte la France du port pour l'île d'Elbe en avril 1814. Port de pêche, Saint-Raphaël acquiert au XIXe siècle la notoriété d'une ville de villégiature grâce à la présence de nombreux artistes et écrivains. En 1878, son maire et polytechnicien Félix Martin lui donne son profil définitif de station balnéaire, conforté par l'arrivée du chemin de fer. Le quartier de Valescure accueille alors toute une société élégante et aisée, qui fit construire de nombreuses villas luxueuses dans le style palladien. Station balnéaire et touristique baignée par la Méditerranée, Saint-Raphaël se divise en différents quartiers qui offrent une grande diversité : la vieille ville, le centre-ville, les ports, Valescure, Boulouris, le Dramont, Agay, Anthéor, le Trayas. La cité s'étend sur 36 km de littoral et propose 30 plages.

VAR

© LAWRENCE BANAHAN - AUTHOR'S IMAGE

La plage du Veillat à Saint-Raphaël.

AGAY ★

Cette petite station balnéaire et quartier de Saint-Raphaël, s'enorgueillit d'une merveilleuse rade enserrée entre les pointes du cap Dramont et de la Baumette, avec les superbes falaises de porphyre rouge du Rastel d'Agay en arrière-plan. Cette baie protégée, appréciée des bateaux au mouillage, offre également plusieurs plages de sable. Autrefois, ce refuge naturel constituait un port militaire romain d'une grande importance stratégique, très abrité. Cette rade fut prisée par de nombreux artistes, notamment les écrivains Guy de Maupassant et Saint-Exupéry.

LE CAP DRAMONT ★★

120 minutes de randonnée environ. Balisage jaune.

Ce promontoire, coiffé d'un sémaphore, construit en 1860 sur les ruines d'une tour de guet datant de 1562 et utilisé aujourd'hui par la Marine nationale pour la surveillance maritime, offre un magnifique point de vue sur le massif de l'Estérel, la Méditerranée et Saint-Raphaël. Le sentier de randonnée (dénivelé 151 mètres, longueur 3,8 kilomètres), qui part du parking de la plage de Camp-Long et qui serpente entre mer et roches rougeâtres du massif, avec vue sur l'Île d'or, privatisée depuis 1897, vous permet de rejoindre le petit port typique du Poussaï.

BASILIQUE NOTRE-DAME-DE-LA-VICTOIRE ✞ ★

19, rue Jean Aicard

✆ 04 94 19 81 29

Ouvert toute l'année, tous les jours.

Cet édifice de 950 m², construit de 1882 à 1889, dans un style romano-byzantin, par l'architecte Pierre Aublé à l'initiative de l'abbé Bernard, fait certainement référence à une victoire chrétienne, la bataille de Lépante (1571), une des plus grandes batailles navales de l'Histoire. L'église Notre-Dame fut inaugurée en 1887. Élevée au rang de basilique par le Vatican, en janvier 2004, elle montre en façade la représentation de l'archange Raphaël, emblème de la commune.

MUSÉE ARCHÉOLOGIQUE

Rue de la Vieille Église

✆ 04 94 19 25 75

www.musee-saintraphael.com

Ouvert toute l'année du mardi au samedi. Entrée gratuite. Parkings du centre-ville (payants).

Ce musée installé dans le presbytère de l'ancienne église San Rafeù abonde d'objets rares de la Préhistoire, d'une remarquable collection d'amphores antiques et de mobilier provenant des fouilles sous-marines, enrichie régulièrement par de nouvelles découvertes. Vous pourrez également visiter l'église romane datant du XIIe siècle ainsi que les cryptes. Du haut de la tour, haute de 30 m, le visiteur découvrira un panorama à 360°, des sommets de l'Estérel à la pointe de Saint-Tropez et une vue imprenable sur la basilique et ses dômes byzantins…

BOULOURIS ★

Appelé autrefois « Boulerie » ou « jeu de boules », ce quartier très résidentiel possède neuf plages de sable, toutes accessibles en suivant le sentier du littoral, au départ du port de Santa Lucia, des criques rocheuses et un petit port qui peut accueillir une soixantaine de bateaux. C'est également le lieu de rendez-vous des sportifs, avec le Creps, centre d'entraînement de nombreux athlètes, le Crapa (circuit rustique d'activités plein air) et le Cers qui accueille régulièrement des sportifs renommés pour leur rééducation.

MUSÉE LOUIS DE FUNÈS

Rue Jules Barbier

✆ 04 98 11 25 80

museedefunes.fr

Visite guidée, incluant l'entrée du musée : 10 €. Gratuit pour les - de 18 ans.

Inauguré le 31 juillet 2019, ce musée permet de découvrir toutes les facettes de celui qui occupa l'espace cinématographique français pendant plus de 30 ans. L'exposition présente des extraits de films et de musiques, des documents de l'INA et des collections de Gaumont, et, bien sûr, de nombreuses photographies, soit plus de 350 documents, des photographies personnelles, de tournages et de films, des dessins - notamment de Louis de Funès -, des lettres - comme celles de Jean Anouilh -, mais aussi des extraits de films, dont certains inconnus.

MASSIF DE L'ESTEREL ★★★

Près de 15 000 hectares classés zone « Natura 2000 ». Nombreux circuits aménagés pour randonneurs, VTTistes, cavaliers.

Entre les rivages de la Méditerranée et la Provence calcaire, l'Estérel est un massif volcanique de 32 000 hectares, dont 14 000 classés, qui date de 250 millions d'années. Ce massif, qui s'étend sur quatre communes du Var, Fréjus, Bagnols-en-Forêt, Les Adrets-de-l'Estérel, Saint-Raphaël, et deux des Alpes-Maritimes, Théoule-sur-Mer et Mandelieu-la-Napoule, est remarquable par son étonnante couleur rouge, due à la rhyolite, roche volcanique de l'ère primaire et ses falaises abruptes qui plongent dans les eaux turquoise de la Méditerranée. Ses principales curiosités sont à découvrir de différentes manières, randonnées à pied et à cheval (100 kilomètres de pistes équestres), balades en VTT (100 kilomètres de circuits), escalade, en voiture (42 kilomètres de route environ). Randonnées pédestres incontournables :

- le mont Vinaigre, atteint après 2 heures environ de marche, en grande partie à l'ombre des arbres du massif, pour apprécier, à 641 mètres d'altitude, une vue à 360° sur le massif de l'Estérel, les Préalpes, le golfe de Saint-Tropez et la baie de Cannes ;
- le cap Roux, où de la table d'orientation s'étend un panorama exceptionnel à 360°, avec une halte en chemin à la grotte de la Sainte-Baume où vécut l'ermite saint Honorat ;
- le rocher Barthélémy, facile d'accès et accessible aux personnes à mobilité réduite, où l'on arpente un sentier biologique des senteurs parsemé de bornes explicatives sur l'environnement ;
- le pic de l'Ours, pour ses vues panoramiques superbes à perte de vue sur le mont Vinaigre, le pic du Perthus occidental et oriental, le rocher de Roquebrune-sur-Argens, le Mercantour, la Méditerranée, les îles de Lérins, Cannes ;
- le cap Dramont, où le sentier, qui serpente à flanc de falaises, vous conduira jusqu'au sémaphore d'où se dégage un panorama exceptionnel sur la baie de Saint-Raphaël, avant de redescendre jusqu'au petit port pittoresque du Poussaï ;
- les gorges du Blavet, paradis de l'escalade situé aux confins de l'Estérel à Bagnols-en-Forêt, pour découvrir un paysage ocre rouge creusé dans des roches volcaniques qui offrent des curiosités géologiques comme la grotte du Muéron ;
- le sentier du littoral, tracé sur l'ancien parcours des douaniers, qui ondule entre la Méditerranée et le massif de l'Estérel, du port de Santa Lucia jusque la plage de Camp Long, après avoir traversé criques paradisiaques et plusieurs plages de sable fin.

Par fort mistral, le massif est interdit à toute forme de circulation sur décision préfectorale. La circulation des véhicules est interdite de 21h à 6h du matin.

LES BATEAUX DE SAINT-RAPHAËL

Quai Amiral-Nomy ✆ 04 94 95 17 46
www.bateauxsaintraphael.com

Ouvert d'avril à début novembre. Aller retour Saint-Tropez 30 €. Promenade en mer les calanques de l'Estérel 25 €.

De nombreuses excursions et traversées vous sont proposées au départ du vieux port pour découvrir les roches rouges des calanques de l'Estérel, les îles de Lérins (île Sainte-Marguerite), l'île de Porquerolles, et vous permettent d'atteindre Saint-Tropez en 1 heure environ, en évitant les bouchons ! Le soir, un circuit d'une heure vous permet d'effectuer une promenade en « son et lumière » pour admirer les roches rouges du cap Dramont. Les sorties feu d'artifice sont très prisées.

LA POTINIÈRE €

169, avenue de la Gare
✆ 04 94 83 84 29
www.potiniere.fr

Gîtes de France. Ouvert toute l'année. 4 chambres à partir de 69 € pour deux. Petit déjeuner : 9,50 €. Parking.

Loin du bruit, cachée dans un quartier calme et résidentiel, la maison d'hôtes de Benjamin offre quatre chambres avec entrée indépendante, s'ouvrant sur une terrasse privée en rez-de-jardin, et sur la piscine nichée au cœur d'un jardin méditerranéen. Chaque unité offre un décor et une ambiance à part ; un duplex de 60 m² accueillant jusqu'à 6 personnes est également proposé à la location. Et côté détente, outre la piscine avec solarium, profitez du bain à remous privatif. Une très belle adresse aux portes du massif de l'Estérel.

B&B LE CLOS DES VIGNES €€

571, chemin de la Lauve
✆ 04 94 95 00 31
www.bnb-chambredhotes83.com

Ouvert toute l'année. 5 chambres 100 % non-fumeur de 110 € à 150 € suivant la saison. Table d'hôtes 40 € par personne.

Cette grande villa avec jardin arboré et fleuri, où le petit déjeuner est servi presque toute l'année sur la terrasse, est située en centre-ville à 15 minutes à pied des plages de sable et de toutes activités commerciales, sportives et culturelles. Pas besoin de voiture, accueil en gare TGV de Saint-Raphaël ou navettes en provenance de l'aéroport de Nice. Ensuite, tout peut s'effectuer à pédibus, en train, en bus ou en bateau. La table d'hôtes propose des spécialités régionales bio, arrosées de vins de domaines locaux, également bio.

BEST WESTERN PLUS HÔTEL LA MARINA**** €€

30, place de la Marina ✆ 04 94 95 31 31
www.hotel-lamarina.fr/

Ouvert toute l'année. 97 chambres à partir de 101 €. Restaurant « Quai Raphaël ». Espace bien-être. Animations.

Cet hôtel moderne est situé sur les quais, à l'extrémité est du port Santa-Lucia, près de la capitainerie, à proximité du palais des congrès. Les chambres climatisées donnent en majorité sur le port de plaisance ou sur la piscine. La lumineuse salle de restaurant, entièrement rénovée, ouverte à tous, bénéficie d'une vue sur les voiliers et les yachts et s'ouvre sur une petite terrasse cossue en bois exotique. Le chef de cuisine propose une cuisine traditionnelle aux saveurs régionales.

HÔTEL LE TOURING***** €€

1, quai Albert 1er ✆ 04 94 55 01 50
www.letouring.fr

Les Collectionneurs. 10 chambres de 190 € à 490 €. Hammam, salle de fitness. 3 restaurants. Plat du jour 16 €.

Située en plein cœur de Saint-Raphaël, cette adresse mythique de la Côte d'Azur offre une vue plongeante sur le port et sa magnifique baie. Les 10 chambres et suites du Touring sont décorées dans un style Art déco majestueux et raffiné, inspiré par le célèbre roman *Gatsby le magnifique*. L'hôtel dispose de trois restaurants, chacun proposant une atmosphère distincte : au rez-de-chaussée, cuisine méditerranéenne au bistrot, écailler et sushis, à l'étage, cuisine italienne dans une ambiance chic. Deux bars proposent également de très belles cartes de cocktails.

HÔTEL RESTAURANT EXCELSIOR**** €€

193, boulevard Félix-Martin
✆ 04 94 95 02 42
www.excelsior-hotel.com

Ouvert toute l'année. 32 chambres 100 % non-fumeur à partir de 196 €. Restaurant. Plat du jour 18,70 €. Menu 47 €.

Entre tradition et modernité, cet hôtel, dont 18 chambres confortables vue mer, bénéficie d'une position idéale sur le front de mer, à quelques mètres de la plage et du casino – une rue à traverser. Au restaurant, que vous optiez pour la salle élégante et climatisée ou pour sa terrasse ensoleillée face à la mer, vous dégustez une cuisine du sud traditionnelle et de qualité. À toute heure de la journée, profitez du pub cosy au cachet très *british*.

LUCIAMAR €€€

2430, route de la Corniche ✆ 07 87 17 07 40
www.luciamar.fr

Ouverture en juin 2022. Chambres de 240 € à 930 € la nuit suivant la saison. Restauration. Piscine extérieure chauffée.

C'est l'ouverture attendue à Saint-Raphaël. Fermez les yeux et imaginez un écrin niché entre mer Méditerranée et roches volcaniques de l'Estérel. Ce boutique hôtel d'exception vous offre une parenthèse bien-être, pour se ressourcer le temps d'un séjour, les pieds dans l'eau. Ses 29 chambres et 9 suites vous offrent une expérience unique, harmonieuse et raffinée, sublimée par trois univers culinaires à déguster. Au spa, accordez-vous un moment détente grâce à la carte de soins et les programmes sur mesure mixant sport, bien-être et nutrition, selon vos besoins.

LES ROCHES ROUGES***** €€€

90, boulevard de la 36e-Division-du-Texas
✆ 04 89 81 40 60

Fermé d´octobre à mai. 44 chambres à partir de 380 €. 2 restaurants, dont un étoilé Michelin. 2 piscines. Spa.

Cet hôtel à l'architecture moderniste, caractéristique de la fin des années 50, est situé dans un environnement protégé, face à l'île d'Or. L'omniprésence de la mer, le climat et la végétation en font un lieu privilégié, authentique et raffiné. Un spectacle dont on profite pleinement dans des chambres lumineuses et volontairement épurées. La recherche chromatique s'inspire du bleu de la mer et des roches rouges de l'Estérel. Une esthétique moderne, un luxe discret. Un plaisir à poursuivre dans l'un des deux restaurants, Récif, étoilé Michelin et La plage.

LA VILLA MAURESQUE***** €€€

1792, route de la Corniche ✆ 04 94 83 02 42
www.villa-mauresque.com

Ouvert de début mars à début novembre. 18 chambres à partir de 189 €. Restaurant gastronomique. Spa. 2 piscines.

Si vous cherchez le calme, la tranquillité et le prestige, cet hôtel de charme, composé de 2 villas indépendantes, préservé par une muraille crénelée, est fait pour vous. Entièrement rénovées et en grande partie redécorées, blotties au milieu d'un parc boisé de plus de 5 000 m² en bord de mer, elles disposent, toutes les deux, de piscines et de bains bouillonnants, avec vue sur la mer. Au restaurant gastronomique, où la vue est sublime, en terrasse ou dans la salle intérieure, le chef concocte une cuisine créative méditerranéenne.

LE BERANDY €€

101, rue du commandant Le Prieur
✆ 04 94 83 93 99
www.leberandy.com

Ouvert toute l'année. Fermé dimanche, lundi et mardi au déjeuner. Menus : 38-48 € (midi) et 59-89 € (soir). Parking.

Ici, pas de carte ! C'est le maître d'hôtel qui vient vous proposer le menu que le chef de cuisine Johan Beyssou, ancien formateur durant 6 ans, a imaginé et élaboré en grande majorité avec des produits frais locaux de saison (légumes bio et permaculture), et de la pêche locale raisonnée (poissons, coquillages, crustacés). Cette cuisine instinctive, servie avec accord mets et vins en option, proposée dans des menus uniques pour l'ensemble de la table, vous permet de découvrir des saveurs nouvelles que le chef se plaît à associer judicieusement.

LE JARDIN DE SÉBASTIEN €€

599, avenue des Golfs
✆ 04 94 44 66 56
www.jardinsebastien.canalblog.com

Ouvert toute l'année. Menu-carte 46 €. Formule du midi : 26 € (du mercredi au vendredi, hors jours fériés).

Dans leur villa confortable nichée au cœur de la pinède de Valescure, avec jardin verdoyant et terrasse, Marilou Fortunato, en salle, souriante et disponible et Richard François, en cuisine, comblent une clientèle de fidèles épicuriens. La cuisine goûteuse de ce chef natif de Calais, reste traditionnelle, salade de saumon cru mariné, citron et curry, dorade royale poêlée, purée de roseval aux olives noires, écrasée à la fourchette, croustillant d'agneau braisé aux aubergines, le canon en carpaccio, mille-feuille de pomelo et chantilly aux figues sèches...

TORTÙ PLAGE €€

2452, route de la Corniche ✆ 04 94 40 71 19
https://tortu-plage.com

Ouvert du 1er mai au 30 septembre. Ouvert tous les jours pour déjeuner et dîner. Menus à partir de 68 €. Terrasse.

Située dans une crique du quartier de Boulouris à Saint-Raphaël, entre les roches rouges de l'Estérel et l'eau bleue de la Méditerranée, Tortù Plage vous accueille tous les jours pour déguster la cuisine grecque du chef Ahmet Kahat et sa brigade, sur la terrasse ou les pieds dans le sable. C'est une cuisine de partage à base de produits frais et locaux que l'on déguste, des mezzés ou des poissons frais et viandes grillées au « Mibrasa® ». L'établissement vous accueille dans une atmosphère chaleureuse, ethnique chic dans ses 3 espaces : plage, restaurant et lounge.

RÉCIF €€€

90, boulevard de la 36e-Division-du-Texas
✆ 04 89 81 40 60

Fermé d'octobre à mai. 1 étoile Michelin. Ouvert du jeudi au dimanche de 19h15 à 21h15. Voiturier. Parking. Terrasse.

Récif, le restaurant gastronomique de l'hôtel Les Roches Rouges, auréolé d'une étoile au guide Michelin, offre une cuisine provençale inventive, où le chef José Bailly travaille avec imagination les produits de la pêche du jour et du potager, déclinés dans une carte inspirée des pages de *La Cuisine provençale de tradition populaire* de René Jouveau et servis en 5 ou 7 étapes, de la tomate à l'olivier il n'y a qu'un pas ; pigeon, cucurbitacée et oignons infusés de verveine ; pêche côtière, céleri et moules de Tamaris au romarin brûlé, dessert et mignardises...

LE PROVENÇAL

95, boulevard Félix-Martin ✆ 04 94 95 04 26
https://le-provencal.net

Ouvert toute l'année du mardi au samedi de 6h30 à 19h. Parking à proximité. Boissons chaudes à emporter.

Cette pâtisserie confiserie alsacienne, créée en 1928, connue pour le choix et la qualité des douceurs proposées, macarons, navettes, calissons et nougats de Provence, miel, pains d'épice, fruits confits, pâtes de fruits, gâteaux pâtissiers... mais aussi toute une gamme de spécialités provençales salées, tapenade, caviar d'aubergine, sardinade et huiles d'olive..., dispose désormais d'une machine permettant d'offrir à sa clientèle de nombreuses boissons chaudes à emporter (café, allongé, double, noisette, cappuccino, café au lait, chocolat chaud et thés).

DOMAINE TERRES DESTEL

400, rue Jean-Rostand
✆ 04 94 82 46 80
www.terresdestel.com

Ouvert du lundi au samedi. D'octobre à mars, le caveau est ouvert uniquement sur rendez-vous.

Ce vignoble de 12 hectares, au-delà d'être l'unique domaine sur la commune de Saint-Raphaël, est un pur joyau, d'une beauté sans pareille et d'une vue à couper le souffle, surplombant la mer et le massif de l'Estérel. Ici, le sol est constitué d'une roche volcanique rouge et friable qui apporte finesse, originalité et minéralité aux cuvées produites, Ce terroir unique, subtile synergie entre sol volcanique et air marin, permet non seulement une culture raisonnée limitant les traitements, mais en plus donne toute sa typicité au vin du domaine Terres Destel.

VAR

TASTE GOURMET

Quai Albert 1er
✆ 04 98 13 02 46
www.taste-gourmet.fr

Ouvert du lundi au samedi 9h à 13h et 15h à 19h en basse saison, 10h à 13h et 15h à 20h en juillet, août, décembre.

Nouveau concept d'épicerie fine autour de la gastronomie et des produits d'exception, de la grande marque au petit producteur, Taste Gourmet c'est la garantie de trouver « la crème de la crème » proposée par un expert de l'épicerie fine en France et à l'international. C'est aussi un club de dégustation animé par des experts, des chefs, des producteurs... qui vous donnent rendez-vous pour des formations, de l'initiation, de la dégustation de produits d'exception, des ventes privées. C'est également une offre de produits rares, confidentiels et presque secrets.

ESTÉREL AVENTURES

964, boulevard de la 36e division du Texas
✆ 04 94 40 83 83
www.esterel-aventures.com

Fermé du 15 novembre au 15 février. Haute saison ouvert tous les jours de 9h à 18h. Entrée : 19 €. Enfant : 17 €.

Vivez de nouvelles expériences en pratiquant des activités ludiques originales et inédites, balade en buggy entre terre et mer avec arrêt baignade en saison. Jouez les aventuriers à travers les rallyes style chasse au trésor ou escape game *outdoor*, ou encore le raid inspiré de Pékin express, avec course d'orientation, VTT, kayak et épreuve mystère. Depuis 2019, Estérel Aventures dispose d'une base nautique à Agay (Beach Club, sur la plage de l'Oratoire), et à Montauroux, pour profiter des joies du lac de Saint-Cassien. La promesse de belles expériences !

LES ISSAMBRES ★

Quand on parcourt la côte varoise, il n'existe qu'un seul endroit d'où l'on puisse voir à la fois Fréjus et Saint-Tropez : la pointe des Issambres. Dans les années 1930, ce littoral devient un lieu touristique prestigieux grâce à l'implantation d'un grand hôtel, la résidence le Val-d'Esquières, refuge de célébrités de tous horizons. De nos jours, Les Issambres reste l'un des rares bords de mer privilégiés, où vous pouvez emprunter le sentier du littoral, un circuit pédestre et touristique de 4,8 kilomètres. À la plage de San Peïre, partez sur votre gauche et suivez le littoral, empruntez un étroit sentier en pierre, puis traversez plages et calanques.

HÔTEL RESTAURANT LA QUIÉTUDE*** €€

Avenue des Pins-Maritimes
✆ 04 94 96 94 34
www.hotel-laquietude.com

Ouvert du 9 avril à fin octobre. 20 chambres 100 % non-fumeur 66 € à 145 €. Demi-pension : 39 €. Restaurant. Parking.

On ne s'appelle pas « La quiétude » sans raison. En retrait de la route qui longe la Méditerranée, l'hôtel vous assure tout le calme désiré pour vos vacances. Les chambres, lumineuses, disposent d'un balcon ou d'une terrasse en rez-de-jardin. Les petits déjeuners, comme les déjeuners et les dîners, sont pris sur la vaste terrasse qui surplombe le jardin fleuri et arboré et la piscine. Le chef de cuisine propose une cuisine méditerranéenne raffinée et généreuse.

MER DU MER €€

34, avenue de la Gaillarde
✆ 06 60 19 80 28
www.merdumer.com

Chambre double de 100 € à 200 € suivant la saison. Petit déjeuner 10 €. Lit supplémentaire 50 €. Parking fermé.

La situation élevée de cette magnifique villa permet de découvrir un panorama exceptionnel sur la mer Méditerranée. Les chambres et suites, spacieuses, à la décoration raffinée, possèdent presque toutes la vue mer, et certaines une terrasse privée. Pour débuter votre journée dans les meilleures conditions, vos charmants hôtes Natacha et Johan, Belges de nationalité, vous invitent à prendre votre petit-déjeuner continental face à la mer. Piscine, sauna et jacuzzi invitent à des moments de détente, avant ou après être parti à la découverte des riches environs.

LA RÉSERVE GAYRARD €€

3609, RD 559
✆ 04 94 96 35 39
www.lareservegayrard.com

Fermé du 1er décembre au 31 janvier. Menu 55 €. Carte : 70 €. Formule du midi : 30 €. Plat du jour 22 €. Terrasse.

Ici, vous déjeunez ou dînez en tête à tête avec la Méditerranée, les pieds dans l'eau, avec une superbe vue panoramique à 180°, projetée de la terrasse style paillote sur l'eau ou sur l'autre, plus moderne, toutes deux surplombant le golfe de Saint-Tropez. La cuisine servie, basée sur des produits frais et de saison, est traditionnelle et semi-gastronomique, filet de turbot cuit à la plancha, purée de céleri rave au citron vert, côte de veau de l'Aubrac, ragoût de champignons aux herbes... Hors saison, dîners cocooning dans la villa, au coin de la cheminée.

VAR

HÔTEL LE PROVENÇAL*** €€

5100, RD 559 ✆ 04 94 55 32 33
www.hotel-restaurant-sttropez.fr/
Ouvert 5 mars au 1er novembre 2022. 27 chambres 100 % non-fumeur 105 à 198 €. Restaurant Les Mûriers. Menus 35 € à 52 €.

© HÔTEL LE PROVENÇAL LES ISSAMBRES

Cette maison familiale fondée il y a 84 ans par Madeleine Sauvan, vous accueille depuis 4 générations. Doté d'une terrasse ombragée de mûriers, avec la Méditerranée et le golfe de Saint-Tropez pour vis-à-vis, cet hôtel de charme bénéficie d'une plage de sable fin à ses pieds. Neuf chambres disposent de balcon et de vue sur la mer. Le chef vient compléter la sensation de bien-être avec ses deux espaces de restauration, le restaurant avec cuisine méditerranéenne et la brasserie, salon de thé, glacier. Nouveau : ouverture d'une boutique de produits régionaux.

ENERGY FLY

Entre le port des Issambres et la plage de la Garonnette ✆ 06 07 87 76 95
www.parachuteascensionnel.com
Fermé du 15 octobre au 30 avril. Vol simple 1 personne 56 €. Vol double premium 2 personnes 43 € par personne. Parking.

Après un petit briefing destiné à vous initier aux pratiques et techniques du parachute ascensionnel, comme Icare, qui avait maintes fois rêvé de fendre les airs comme un oiseau, mais sans risquer la même mésaventure que le fils de Dédale, envolez-vous sous la voile d'un énorme parachute, en toute sécurité, seul, à deux ou à trois pour une virée panoramique en parachute ascensionnel nautique, d'une dizaine de minutes, pour découvrir, à 500 mètres environ du rivage, une vue unique de la baie de Saint-Tropez. De nouvelles sensations sont garanties.

KART JET ADVENTURE

Port des Issambres
✆ 06 60 14 64 45
https://kart-jet-adventure.com/
Ouvert du 1er mai à mi-octobre. Briefing + 20 minutes sur l'eau 60 € pour 1 ou 2 personnes en jetski.

Le spécialiste de la randonnée en mer, crée par Patrice Liotier, formateur et jury d'examen au diplôme d'État de moniteur de jetski et engins tractés, vous propose de piloter un kart des mers, en exclusivité, un engin ou les sensations de pilotage se rapprochent de celles du karting ou de la monoplace. Dans cette structure, vous pouvez également piloter un jetski et pratiquer le Flyboard et, découvrir une nouveauté, le Fly-ride. Pour le kart des mers, la version en 110 CV est proposée sans permis côtier... Formules randonnée avec petit déjeuner ou repas du midi.

RESTAURANT LES MÛRIERS €€

5100, RD 559 ✆ 04 94 55 32 33
www.hotel-leprovencal.com
Maître restaurateur. Ouvert 16 mars au 1er novembre 2022. Menus de 35 € à 52 €. Vente à emporter de plats sur commande.

© RESTAURANT LES MURIERS LES ISSAMBRES

Le restaurant de l'hôtel Le Provençal se dédouble avec une version où la cuisine traditionnelle méditerranéenne, faite maison », est régionale aux « Mûriers », bouillabaisse, poissons de pays grillés, soupe de poissons de roche, pêche locale, linguines aux langoustes et coulis de crustacés, ris de veau rôtis aux langoustines... et une version brasserie au « Bistrot » salon de thé, glacier, qui offre une restauration à déguster en toute décontraction sur la terrasse face au golf de Saint-Tropez, avec plats du jour, salades et gourmandises.

VAR

COLLOBRIÈRES ★★

La commune tirerait son nom (originel en latin et provençal) d'un animal figurant en bonne place sur les armoiries de la ville : la couleuvre. C'est ici qu'a été recensé le plus grand nombre de sites mégalithiques de la région. Collobrières est fameuse pour ses châtaignes et ses marrons glacés. Les castanéiculteurs – producteurs de marrons – vendent l'essentiel de leur production en fruits de bouche : marrons glacés, marrons à l'alcool ou confits au sirop, crème, miel, liqueur, confiture et purée de châtaignes. Depuis une trentaine d'années, la fête de la châtaigne anime d'ailleurs la bourgade les trois derniers dimanches d'octobre.

LA PETITE FONTAINE €€

6, place de la République
✆ 04 94 48 00 12

Haute saison : du mardi au dimanche le midi et le soir. Menus de 31 à 36 €. Menu enfant 12 €. Terrasse.

Une véritable institution du village ! Authentique et généreuse, La Petite Fontaine est une charmante petite adresse. Attablé au rez-de-chaussée ou en hauteur sur la mezzanine, l'ambiance joviale est toujours au rendez-vous. Dans l'assiette, le terroir inspire à plein tube, sans fioriture, notamment les marrons et les châtaignes mis en valeur dans deux menus consacrés. A la carte, daube de sanglier aux marrons et aux cèpes, les petits farcis d'Etienne... Une cuisine traditionnelle et très goûteuse qui colle tout à fait au lieu. On en redemande !

MONASTÈRE DE LA VERNE ★★

La Verne ✆ 04 94 48 08 00

Fermé en janvier. En été, ouverture selon carte des risques incendie. Gratuit jusqu'à 12 ans. Adulte : 6 €.

Cet admirable vaisseau de pierre, niché au cœur d'une forêt de châtaigniers, a connu une histoire mouvementée. Construite en 1170, elle fut écrasée d'impôts en 1416 et confisquée, saccagée pendant les guerres de Religion, en partie détruite par des incendies de forêt vendue comme Bien national sous la Révolution, abandonnée, pillée, partiellement tombée en ruines jusqu'en 1982, puis restaurée. Elle héberge depuis 1983 une communauté monastique de Bethléem. On visite le cloître, l'ancien réfectoire, les bâtiments claustraux, le scriptorium, les communs.

CONFISERIE AZURÉENNE

Boulevard du Général-Kœning
✆ 04 94 48 07 20
www.confiserieazureenne.com

Ouvert toute l'année. Parking public accolé à l'usine. Entrée gratuite au musée. Dégustation en fin de visite.

Les gourmands ne manqueront pas de visiter cette confiserie, spécialiste du marron glacé, et de faire le plein de douceurs préparées à base de ses propres châtaignes par des maîtres artisans, qui perpétuent les traditions et le savoir-faire ancestraux depuis plus d'un demi-siècle, du marron glacé à la crème de marron, en passant par la glace au marron au vrai goût d'autrefois. À découvrir également : le musée du marron qui regroupe l'ensemble des outils et des machines d'antan qui transforment le fruit en merveilleux joyaux confits à souhait.

HÔTEL-RESTAURANT DES MAURES*** €

19, boulevard Lazare-Carnot ✆ 04 94 48 07 10
www.hoteldesmaures.fr

Ouvert toute l'année. 15 chambres. Chambre double de 65 € à 85 €. Pension complète : 35 €. Demi-pension : 20 €. Wifi.

Cet établissement de caractère est dirigé depuis cinq décennies par la famille Borello, les premiers aubergistes et restaurateurs de Collobrières. Calme et convivial, il possède une grande salle de restaurant et une terrasse ombragée. Aux fourneaux, Sébastien, mitonne de savoureux mets de terroir aux accents provençaux. Côté nuit, les 15 chambres réparties sur deux niveaux sont modernes et confortables. A deux pas, les chambres d'hôtes avec piscine en rooftop. Magnifique.

CUERS ★

Le village a conservé un important centre médiéval avec des petites rues aux noms évocateurs : rue des Quatre-Coins, avec son lavoir, rue rompi-cul, rue Nationale, bordée de maisons du XVIIe siècle, ses fontaines et quelques vestiges des remparts. N'hésitez pas à entreprendre une visite du vieux Cuers et monter jusqu'à la chapelle Notre-Dame-de-Santé pour en admirer le point de vue. À 4 km du centre, le hameau de Valcros est niché au creux d'un petit vallon verdoyant. Cuers accueille son marché hebdomadaire le vendredi matin en centre-ville. De mai à octobre, il est complété par un marché des producteurs de pays les jeudis et vendredis après-midi.

© SYLVAIN THIOLLIER - SHUTTERSTOCK.COM

Cuers.

CHAPELLE SAINT PHILOMÈNE

PUGET-VILLE

C'est l'église du vieux village aujourd'hui disparu. Érigée à la fin du XIe, elle fut remaniée au XIVe, puis de nouveau agrandie au XVIIe juste avant que le Vieux-Puget ne soit abandonné pour le village de plaine actuel. Preuve de ces maints remaniements : son architecture insolite composée de deux nefs se terminant chacune par une abside en cul-de-four, et surtout la double présence du plein-cintre et de l'ogive, symboles de deux époques bien distinctes. Aujourd'hui, elle est inscrite à l'Inventaire supplémentaire des Monuments historiques.

LE VERGER DES KOUROS €€

768, route de Solliès-Pont

✆ 04 94 28 50 17

www.levergerdeskouros.fr

Maître Restaurateur. Réservation recommandée. Menus de 25 € à 49 €. Accueil des groupes. Jardin. Terrasse. Parking.

Les trois frères, d'origine grecque (Alain et Serge en cuisine, Gérard en salle) conçoivent depuis 1991 une cuisine qui respecte le terroir, le produit, les saisons et le client. Des menus renouvelés quasi quotidiennement, une maitrise des cuissons et des accompagnements, de la créativité, le tout rehaussé par un service souriant d'une belle rigueur. Dès le menu express ou du marché, on se laisse paisiblement guider par les choix du chef. La fratrie tient aussi L'Hôtellerie Kouros, un hôtel de 11 chambres, avec salle de séminaire et son restaurant « Le Bistrot K ».

L'HÔTELLERIE KOUROS*** €€

Impasse des Roitelets

✆ 04 94 66 69 25

www.hotelleriekouros.fr

Qualité Tourisme. Ouvert toute l'année. Chambre double de 80 € à 110 €. Petit déjeuner : 9,50 €. Lit bébé offert.

Les frères Kouros, en plus de leur restaurant gastronomique situé à quelques encablures, tiennent un hôtel à l'architecture contemporaine qui s'ouvrent sur le village de Pierrefeu et le massif des Maures. Erigée sur 2 ha d'oliviers bicentenaires, cette demeure vous propose quelques chambres de charme climatisées, joliment décorées avec douches à l'italienne, jardin ou terrasse privatif. Pour déjeuner et dîner, le Bistrot K vous déroule une carte alléchante renouvelée mensuellement. Pour varier les plaisirs, direction le verger des Kouros, à 5 minutes de là.

LE MAS DU LINGOUSTO €€€

934, avenue Eugénie et Henri Majastre

✆ 04 94 28 69 10

www.lingousto.fr

Ouvert toute l'année. Restaurant fermé le dimanche soir. Menus de 39 € à 51 €. Accueil des groupes. Terrasse.

Le Mas du Lingousto, ou l'assurance d'une douce déconnexion en périphérie proche de Toulon. Propriété de Rocco Briglia, l'hôtel-restaurant bénéficie de nombreux atouts, à commencer par le restaurant gastronomique. Le chef y propose une cuisine assurément créative, s'appuyant sur des producteurs locaux et le potager maison. On y retrouvera des plats savoureux comme une bavaroise de courge Butternut, coulis de poivrons jaunes et jeunes pousses, ou un cochon basse température, écrasé de pommes de terre légèrement truffé et jus court de Porto.

VAR

PIERREFEU-DU-VAR ★

Accroché au flanc d'un piton rocheux, le village de Pierrefeu est entouré de vignes qui produisent un vin réputé en AOC terroir. Au cœur du village, un imposant monument de pierre fut érigé à la mémoire des cinquante disparus du dirigeable Dixmude. Parti de la base aéronavale de Pierrefeu, il fut touché par la foudre, avant de s'abimer en mer le 21 décembre 1923 au large des côtes siciliennes. Une tragédie liée à jamais à l'histoire du village. Le marché de Pierrefeu se tient chaque samedi matin, place Gambetta. Il est complété de mai à septembre par un marché bio tous les mercredis de 17 h à 20 h au niveau du rond-point des Harkis.

CHÂTEAU LA GORDONNE

Route de Cuers

✆ 04 94 33 48 52

www.lagordonne.com

Basse saison : de 8h30 à 12h30 et de 13h30 à 18h. Haute saison : de 8h30 à 19h.

Ce domaine est l'une des plus grandes propriétés de Provence, avec plus de 350 hectares, dont 300 de vignes. Une grande variété de cépages est présente, grenache, cinsault, cabernet-sauvignon, mourvèdre, tibouren, clairette, sémillon, syrah, qui permettent d'élaborer d'excellents vins AOP Côtes de Provence et Côtes de Provence Pierrefeu dans les trois couleurs. Depuis 2021, le domaine accueille un bel espace de vente et propose des visites du domaine. Vous pourrez bientôt y organiser des événements privés : mariages, dîners...

LES SANTONS DU CHÂTEAU DE L'AUMERADE

route de Puget-Ville

✆ 04 94 28 20 31

Ouvert toute l'année. Horaires : se renseigner sur le site web. Gratuit. Boutique.

Une exposition qui fait la fierté de la famille Fabre-Grimaldi ! Installée dans une salle jouxtant la grande boutique du Château de L'Aumerade, cette sublime collection privée regroupe plus de 1 800 santons, en provenance de France, d'Europe et d'ailleurs, du 18e siècle à nos jours. C'est unique dans le Var. Entièrement gratuite, la visite vous plongera dans l'histoire des crèches provençales. Vous pourrez aussi admirer des pièces en bois, en verre, en plâtre... Sublime.

CHÂTEAU LA TOUR DE L'ÉVÊQUE

Route de Cuers

✆ 04 94 28 20 17

www.toureveque.com

Basse saison : ouvert du lundi au samedi de 9h à 17h. Haute saison : du lundi au samedi de 9h à 18h. Parking.

Propriété de la famille Sumeire, cette ancienne résidence d'été des évêques de Toulon, offre la particularité de porter deux noms, château La Tour de l'Evêque et Château La Tour Sainte Anne. Les 89 hectares de vignoble, en A.O.P. Côtes-de-Provence, sont cultivés dans le respect du mode de production biologique, sous la responsabilité de Régine Sumeire. Les vins, dans les trois couleurs, sont régulièrement distingués dans les concours. Soirées musicales en été.

CHÂTEAU DE L'AUMÉRADE

Route de Puget-Ville

✆ 04 94 28 20 31

https://www.winetourbooking.com

Parking. Visite de la cave sur rendez-vous (fermé en septembre). Visite et dégustation à partir de 15 €.

Fief de la famille Fabre depuis 6 générations, le Château de l'Aumérade est l'une des plus célèbres maisons de Provence. Son vignoble, situé sur le riche terroir de Pierrefeu du var, s'étend sur 330 hectares d'un seul tenant dont 80 hectares sont en Crus Classé. La cuvée Marie-Christine rosé, véritable icône de la maison, vous est présentée dans un flacon unique et original imaginé par Charlotte Fabre en 1956 et modernisé en 2019 par son arrière petit fille Caroline Grimaldi Demey. Ne manquez pas de visiter l'exposition de santons, avec près de 2 000 pièces.

BESSE-SUR-ISSOLE ★★

La notoriété de ce village est surtout due à son enfant terrible, Gaspard, un émule de Mandrin et de Cartouche, bandits d'honneur. En 1757, tout le pays bessois est enveloppé d'un parfum de légende, Gaspard Bouis dit Gaspard de Besse prend le maquis pour devenir le Robin des bois des garrigues ! Il fut capturé et roué à Aix, à 24 ans. Le petit lac en forme de cœur et sept fontaines au centre du village font de Besse une cité aquatique. Certains essais de navigation d'une barque en béton armé furent effectués sur le lac en 1847 par Joseph Lambot, l'inventeur du béton armé. Ne manquez pas l'église, construite au XVIIe siècle sur des fondations du XIe siècle.

L'OUSTAOU €€

Le Fougou, route de Sainte-Anastasie
✆ 04 94 86 14 85
www.chambre-d-hote-oustaou.com
Chambre double 78-130 €. Petit déjeuner inclus. Personne supplémentaire 18 €. Animaux acceptés.

Fanny et Olivier se feront un plaisir de vous accueillir dans leur villa récente, à l'esprit provençal jusque dans le moindre détail, matériaux, décoration. Les trois chambres, toutes de plain-pied avec chacune une entrée indépendante, arborent des tons différents, parme pour la chambre lavande, jaune pour la chambre citron et vert pour la chambre olivier avec spa privatif. Les petits déjeuners sont servis sur la terrasse côté sud, à l'ombre de la tonnelle. Une belle adresse, décontractée, pour un séjour revigorant en centre Var.

LA REMISE €€

4, avenue de la Libération
✆ 04 94 59 66 93
Fermé le dimanche soir et lundi hors saison, le lundi en saison. Réservation recommandée. Menus de 25 € à 29 €.

Les avis sont quasi unanimes, la Remise c'est du sérieux. L'adresse est prisée des locaux avec une équipe qui assure vraiment en salle et derrière les fourneaux. Plats délicats, mêlant tradition et créativité. Délicieuse daube de bœuf à la Provençale, moules gratinées, magret de canard aux morilles, dorade royale grillée au fenouil, de bonnes salades et autres desserts maison... À déguster tranquillement dans la petite cour terrasse, derrière le restaurant ou paisiblement dans la belle salle feutrée. La réservation est fortement recommandée.

LE CELLIER DE GASPARD

26, avenue Victor-Hugo
✆ 04 94 80 55 80
www.lacavedegasparddebesse.com
En été, Mardi au samedi de 9h à 13h et de 15h à 19h. Dimanche de 10h à 13h. Parking. Dégustation gratuite.

Le Cellier de Gaspard de Besse est une cave qui cultive le bon vin à prix doux. Situé sur les collines du cœur du Var, ses vignobles bénéficient d'un ensoleillement idéal profitant d'un micro climat aux nuances légèrement continentales, apportant une typicité appréciée des consommateurs avertis. Son terroir argilo-calcaire offre une grande variété de vins d'appellation : des Côtes de Provence Rouges subtiles, une gamme de Rosé de Provence (fruité, minéral..), sans oublier les blancs caractérisés par un nez évoquant la pêche et l'acacia.

FLASSANS-SUR-ISSOLE

Flassans-sur-Issole, petit village rural, qui culmine à plus de 320 mètres, doit son nom à une déformation de flatus sanus, air sain. Le village est constitué de deux quartiers, répartis de part et d'autre de l'Issole. On y voit les ruines du château de Pontevès, actuellement en rénovation – des visites y sont organisées lors des journées du patrimoine. Le marché hebdomadaire de Flassans-sur-Issole se tient le vendredi matin, place Jean-Jaurès. Des fouilles ont prouvé la présence humaine à divers endroits du territoire avec des vestiges préhistoriques. L'empreinte religieuse est également puissante avec de nombreuses églises et chapelles.

LE COMPTOIR DES VINS DE FLASSANS

Avenue du Général-de-Gaulle
✆ 04 94 69 71 01
www.comptoirdesvinsflassans.fr
Ouvert du lundi au samedi de 9h30 à 12h30 et de 15h à 19h. Dégustation gratuite. Visite sur demande.

La cave de Flassans, associée avec les caves de Cabasse et de Besse, apporte une dimension humaine et technique qui en fait l'une des structures les plus importantes du Var. Le vignoble de 1 200 ha est réparti sur 9 communes, dont la moitié est classée en AOP Côtes-de-Provence. Quelque 140 viticulteurs apportent plus de 6 000 tonnes de raisin par an à la cave équipée à la pointe de la technologie. Le comptoir des vins de Flassans propose une large gamme de bouteilles et de BIB.

VAR

AOUBRÉ PARC DECOUVERTE NATURE

✆ 06 12 58 02 26
www.aoubre.fr/
Tarif parc nature seul : 10 €, 8 € (de 4 a 11 ans), 6 € (3 ans), option accrobranche possible.

Connu pour l'accrobranche, Aoubre se visite aussi à pied afin de découvrir un parc animalier avec petite ferme, ânes de Provence, baudet du Poitou, chèvres, sangliers et autres daims. 3 km de promenade sur des sentiers pédagogiques, et un remarquable jardin des papillons. Ce vaste espace de 7 000 m² à ciel ouvert accueille pas moins de 90 espèces différentes. La visite guidée est chaudement recommandée. A découvrir également : jardin des parfums et sentier bain de forêt.

© PAC AOUBRE

© PAC AOUBRE

DOMAINE DU LAC €€

Nationale 7
✆ 04 94 80 10 10
www.hotel-domaine-du-lac.com
Menus 29 € (entrée + plat ou plat + dessert) à 39 € (Entrée + plat + dessert). Séminaires. Table du potager en été.

Authentique et romantique à souhait, on est ici dans une véritable institution au cœur de la Provence. Depuis 1959, cet hôtel 3* restaurant est une belle affaire de famille. Le restaurant vous permettra de compléter votre séjour tout confort dans le très bel hôtel de charme. Une cuisine aux tonalités méridionales, à découvrir en menu ou à la carte. Velouté de panais à la truffe d'été, magret de canard rôti au miel, gratin dauphinois et légumes poêlés ou encore orrechiette aux morilles et chips de parmesan. Les desserts sont gourmands. Une belle adresse.

COMMANDERIE DE PEYRASSOL

RD N7 ✆ 04 94 69 71 02
www.peyrassol.com
Parking et accès bus. Chambres d'hôtes. Table d'hôtes d'avril à octobre. Possibilité de séjour orienté « chasse ».

Ce lieu d'histoire, vieux de 8 siècles, propriété de l'Ordre des chevaliers de Malte jusqu'en 1789, s'étend sur plus de 850 hectares, dont 80 de vignes. C'est également l'un des plus beaux parc de sculptures monumentales contemporaines, ouvert au public, où cinquante œuvres sont essaimées au milieu des vignes et des bois. Le domaine produit de grands vins en AOP Côtes de Provence et IGP, un vieux marc de rosé et de l'huile d'olive. De Pâques à mi-octobre, une halte à la table d'hôtes s'impose. Le domaine dispose également d'une maison d'hôtes à l'abri des regards.

AOUBRÉ L'AVENTURE NATURE

Parc des Cèdres ✆ 06 12 58 02 26
www.aoubre.fr
Ouvert toute l'année (sauf de janvier à mi-février), les week-ends, jours fériés et vacances scolaires.

Entre Brignoles et Le Luc, promenez-vous dans les arbres dans un parc de 30 ha ! Ponts de singes, balançoires, étriers, poutres, sauts, grandes tyroliennes ; 170 ateliers d'accrobranche vous attendent pour un moment d'aventure-nature en toute sécurité. Pour les moins téméraires, et les plus petits, les « filets de la découverte » offrent une alternative pour profiter d'une balade nature en hauteur. A découvrir : le parc animalier, les sentiers botaniques, les sentiers des sens, le jardin des papillons, le jardin des parfums et le sentier bain de forêt.

DOMAINE DU LAC*** €€

Nationale 7
✆ 04 94 80 10 10
www.hotel-domaine-du-lac.com
Chambre Double de 107 à 157 € selon saison. Petit déjeuner 12 €. Piscine, jaccuzi. Animaux 8 €. Wifi. Restaurant.

Authentique et romantique à souhait, on est ici dans une véritable institution au cœur de la Provence. Depuis 1959, cet hôtel 3* restaurant est une affaire de famille, aujourd'hui dirigée par Charles-Emmanuel et Keiko, un jeune couple charmant et professionnel. Expérience recommandée dans un écrin de nature, terrasses ombragées, piscine chauffée, grand parc arboré, en cuisine une cheffe qui fait des merveilles et respecte les filières, et même des produits du potager. Le Livre d'or témoigne avec un dessin de Picasso, un mot de Brigitte Bardot ou du roi des Belges.

© DDL

© DOMAINE DU LAC

LE CANNET-DES-MAURES

Le Vieux-Cannet, petit village perché sur un nid d'aigle, domine toute la plaine des Maures au sud, et regarde au loin, côté nord, jusqu'aux montagnes du Haut-Var et des Alpes. En flânant dans le vieux village, on découvre les portes de l'enceinte, la place centrale avec sa citerne et son église romane du XIe siècle du Vieux-Cannet, classée monument historique depuis 1862, le moulin à huile banal et les ruines du château. De la minuscule placette qui couronne le village on aperçoit le village moderne et commercial qui s'étend le long de l'ancienne nationale 7. Son marché a lieu le samedi matin, devant la gare.

RÉSERVE NATURELLE NATIONALE PLAINE DES MAURES ★★

www.conservatoire-du-littoral.fr
Réserve Naturelle Nationale.

Au pied du versant nord du Massif des Maures s'étend un paysage de « savane arborée » où affleurent de grandes dalles rocheuses ocre. Sur plus de 5 000 hectares classés Réserve Naturelle Nationale la Plaine des Maures est essentiellement couverte de maquis, de chênes-lièges et de majestueux pins parasols. 911 hectares sont situés au cœur même de la Réserve et appartiennent au Conservatoire du littoral. On y trouve deux lacs artificiels : le lac des Aurèdes et le lac des Escarcets.

CHÂTEAU DES BERTRANDS

Route de La Garde-Freinet
✆ 04 94 50 44 39
www.chateaudesbertrands.com
Horaires : se renseigner. Centre équestre : ouvert tous les jours de 8h à 18h.

Véritable petit bijou provençal, le château des Bertrands offre une vue imprenable sur le majestueux décor du massif des Maures. Ancien relais de chasse de Colbert, la propriété s'étend sur 200 ha au cœur de la zone protégée Natura 2000. Les couleurs orangées du ciel et les pins parasol qui parsèment le paysage, reflètent ici la Provence sauvage par excellence. Entièrement conçu à partir de 1964, le vignoble représente aujourd'hui 77 ha de vignes dont l'encépagement a été méticuleusement choisi au fil des plantations. Dégustation et visite possibles.

CHÂTEAU SAINT-ROUX

Route de la Garde-Freinet
✆ 04 98 10 02 61
www.chateausaintroux.com
Basse saison : ouvert du mercredi au dimanche de 10h à 17h30. Horaires susceptibles de changer en saison estivale.

Le château Saint-Roux est situé au cœur de la réserve naturelle des Maures. La propriété s'étend sur 40 ha de vignes, d'oliviers et de différents arbres fruitiers. Les vignes du château Saint-Roux puisent leurs forces dans les terres argilo-calcaires, créant ainsi des vins aux arômes uniques. Son paysage demeure authentique, mêlant vieilles pierres, arbres centenaires et bâtisses anciennes offrant à ce domaine une lumière et un charme particuliers. Le château Saint-Roux, c'est également une table d'hôtes et une véritable ferme vivante.

SENTIERS DU CASTELLAS ★

Trois itinéraires possibles : 10, 20 ou 30 minutes. Départ du sentier depuis la Tour de l'Horloge.

Mentionné dès le XIIe siècle, le Castellas constitue le centre historique de la ville. Réhabilité en 2014 grâce à un chantier d'insertion mené par l'association Vega et l'ONF, il est notamment composé de 19 panneaux sur la faune et la flore. Sous la végétation, on distingue les ruines du village médiéval. Ses ruelles en escalier s'étirent jusqu'au sommet de la colline, occupé par le demeure seigneuriale appelée Château des Mascs. Ses derniers vestiges furent malheureusement détruits en 1971 lors de la construction de l'autoroute.

LE LUC ★

Du mot latin lucus, « bois sacré », la ville était traversée par la voie aurélienne, une position qui lui donnait une importance stratégique certaine. La mise en bouteilles de l'eau Pioule, ancêtre des eaux minérales, a fait vivre une partie de la ville jusqu'à la 1re guerre mondiale. Dans les rues de la vieille ville, vous découvrirez la tour de l'Horloge, du XIIe siècle, coiffée d'un campanile de fer forgé, la tour hexagonale, haute de 27 mètres, construite entre 1517 et 1546, ou encore la chapelle Notre-Dame-du-Mont-Carmel, du XVe et de style gothique provençal, et le château des Vintimille, dont la construction a débutée vers 1600.

RESTAURANT L'OLIVADE €€

RD N7
✆ 04 94 60 08 81
www.restaurant-olivade-leluc.fr
En été, ouvert tous les midis sauf mardi. Du jeudi au samedi le soir. Menus de 21 € à 49 €. Terrasse.

En moins de 10 ans, le chef Jean-Philippe Grandvoinet et sa compagne Mélanie ont installé leur Olivade comme l'une des tables sérieuses du Cœur du Var. En bordure de la Nationale 7, à qui il faut reconnaitre une certaine praticité, le restaurant affiche un rapport qualité-prix remarquable. Cuisine de saison à l'ardoise, renouvelée quasi quotidiennement et l'assurance de manger frais et bon. Seiche et calamar comme un tableau de maître, dôme en chocolat façon fondue… ou l'incontournable poisson en croûte de sel et ratatouille du soleil ! Coup de cœur assuré.

MUSÉE MUNICIPAL DU TIMBRE ET DE LA PHILATÉLIE ★

3, bis rue du Ravelet
✆ 04 94 39 04 54
Horaires : se renseigner. Parking. Gratuit.

Municipal depuis 2015 et installé dans un ancien moulin, le Moulin du Ravelet, ce musée est exclusivement consacré à l'univers du timbre et à la pratique de la philatélie. Philatéliste émérite ou simple curieux, chacun en apprendra beaucoup sur la fabrication des timbres avec la reconstitution d'un atelier de gravure. De quoi se replonger dans une époque passée avec des vitrines garnies d'objets anciens. Des expositions et ateliers sont régulièrement organisés par les équipes du musée.

CHÂTEAU DEMONPÈRE

Route des Mayons ✆ 04 94 60 07 78
www.chateau.demonpere.com
Ouvert du lundi au samedi (horaires variables selon la saison). Dégustation gratuite. Visite du domaine sur rendez-vous.

« Je suis venu ici pour cultiver l'AUTHENTIQUE… » écrivait Marcel Pagnol ; un slogan parfait ! La propriété de 144 ha dont 32 de vignes, 17 d'oliveraie et 95 de forêt méditerranéenne, est située dans la plaine des Maures, sur un site protégé pour sa faune et sa flore exceptionnelles. Une bergerie du XVe siècle transformée en chai, qui constitue désormais le caveau de vente. Le domaine produit des vins certifiés Bio depuis 2015 en AOP Côtes de Provence et Côtes de Provence Notre-Dame des Anges, dans la lignée de ses huiles d'olive certifiées Bio depuis l'origine.

DRAGUIGNAN ★★

La ville porte le nom du riche Romain Draconius à l'époque où Draguignan constituait un nœud routier important, au croisement de deux voies reliant Fréjus à Riez, et Aix à Grasse. Une importante garnison militaire y contrôlait toute la contrée. Autour de la cité comtale, la ville s'est développée en étoile avec ses chemins menant aux remparts et aux portes de la ville. En 1797, Draguignan obtient la préfecture du Var, refusée à Toulon pour s'être livrée aux Anglais en 1793. Cela lui valut la construction d'un grand théâtre, du palais de justice, d'une prison. Avec le camp militaire de Canjuers, Draguignan est la plus grande garnison de France.

MUSÉE DES ARTS ET TRADITIONS POPULAIRES ★

15, rue Joseph-Roumanille ✆ 04 94 47 05 72
https://culture.dracenie.com
Ouvert du mardi au samedi de 9h à 12h et de 14h à 18h. Ouvert le dimanche de 14h à 18h. Adulte : 3,50 € (réduit : 2 €).

Ce musée présente un panorama détaillé des coutumes provençales. De la vie quotidienne, des activités artisanales, de l'agriculture, culture de la vigne et procédés de vinification, culture de l'olive, l'apiculture et la bouchonnerie ou encore la transhumance. Des vitrines présentent des reconstitutions d'intérieurs, d'ateliers d'artisans, de fermes, des collections d'objets usuels et professionnels. Le musée accueille aussi de très belles expositions ponctuelles. A découvrir.

LA CHAPELLE DE L'OBSERVANCE ✝

Place de l'Observance
✆ 04 94 84 54 31
www.ville-draguignan.fr
Ouvert en haute-saison de 10 h à 18 h du mardi au samedi (fermé les jours fériés). Entrée libre.

Construite au XVIe siècle par l'ordre des Observantins, la nef de cette vaste église restaurée de style gothique comporte 4 travées. Seul et unique rescapé des cinq couvents de la ville de Draguignan parvenu jusqu'à nous aujourd'hui dans son intégralité, il accueille désormais toute l'année un espace d'art et d'exposition de haut niveau, des apéritifs littéraires, et autres animations culturelles gratuites. Un lieu commémorant le riche passé de la ville.

HÔTEL DU PARC & RESTAURANT Ô PETIT PARC*** €

21, boulevard de la Liberté ✆ 04 98 10 14 50
www.hotel-duparc.fr
Ouvert toute l'année. Accueil jusqu'à 21h. 19 chambres. Chambre double de 69 € à 89 € ; chambre familiale 120 €. Wifi.

Idéalement situé, cet hôtel restaurant propose des chambres confortables aux beaux volumes. Au rez-de-chaussée, le restaurant du chef Matthieu Wanlin offre un cadre moderne proposant une cuisine raffinée, dont un plat du jour quotidien préparé avec des produits frais de saison. L'œuf cocotte au foie gras et à la truffe est un incontournable de la maison. La terrasse sous l'ombre des grands platanes est une oasis de fraîcheur où déjeuner et se détendre à votre retour de balade.

VAR

© CELLI07 - SHUTTERSTOCK.COM

Draguignan.

HÔTEL PROVENCE*** €€

11, boulevard Georges-Clémenceau
✆ 04 94 50 95 09
http://hotel-provence83.com

Réception ouverte 24h/24. 38 chambres. Compter environ 90 € en moyenne pour une chambre double. Petit déjeuner inclus.

Cet établissement, entièrement insonorisé, situé proche du théâtre au cœur de Draguignan, est idéalement placé pour explorer la vieille ville. Après 18 ans sous l'enseigne du Groupe Accor, l'Ibis Styles a retrouvé son nom d'origine : Hôtel Provence. Les 38 chambres climatisées sont confortables, avec minibar, télévision, elles sont toutes dotées du wifi gratuit. Le petit déjeuner est servi sous forme de buffet. Un accueil souriant et professionnel. Les gros travaux effectués sur le boulevard principal, viennent offrir encore plus de cachet à cet établissement.

CÔTES DE PROVENCE DRACÉNIE

Infos dans les offices de tourisme. Vente et dégustation dans les domaines de production.

Au cœur du Var et de la zone AOC des côtes-de-provence, la Dracénie est une terre d'exception pour les vignobles. Elle offre une diversité de terroirs qui participent à la richesse des vins que l'on y produit. Le Comité interprofessionnel et syndicat des côtes-de-provence y a élu domicile à Arcs-sur-Argens. Labellisée Vignobles et découvertes en 2017, la Dracénie mise sur l'œnotourisme. Découvrez une multitude de domaines à la hauteur de la réputation de la région.

L'ANDROUNO €€

11, rue des Endronnes ✆ 09 82 28 83 10
www.landrouno.fr

Ouvert du mardi au dimanche de 12h à 14h ; du mercredi au samedi de 19h30 à 21h. Menus du chef 33 €. Carte : 35 €.

Le jeune couple propriétaire de ce restaurant vous propose une cuisine méditerranéenne inventive. Le chef s'inspire des saisons et des produits frais pour livrer une délicieuse cuisine maison. La carte évolue régulièrement et un plat du jour est proposé chaque midi. Fricassée de gnocchis et escargots, risotto aux truffes ou de gambas et citron, parmentier de volaille sauce foie gras, saumon fumé maison pour la fin d'année, moelleux au chocolat et café très gourmand... Une adresse idéale pour déjeuner en terrasse ou dîner avant de vous rendre au théâtre voisin.

MIELLERIE MANDARD

Chemin de Saint-Michel
✆ 04 94 68 05 10
www.mielmandard.com

Visite possible de la miellerie sur réservation préalable. Vente sur place et en ligne.

Installé depuis 1983, Jean-Philippe Mandard vit pleinement sa passion d'apiculteur et vous la fait partager en vous faisant visiter sa miellerie [sur rendez-vous]. Sa production artisanale est riche de nombreuses variétés dont deux Label Rouge lavande et Provence toutes fleurs, mais aussi romarin, châtaigniers, Alpes toutes fleurs, tilleul, bruyère blanche, acacia, forêt, sapin, sans oublier le pollen. Des miels dont la qualité est l'aboutissement d'un savoir-faire artisanal hérité de la transmission de plusieurs générations d'apiculteurs.

LES TROIS GARÇONS €€

10, Boulevard du Maréchal Joffre
✆ 04 94 47 78 55
www.les-trois-garcons.fr

Tous les jours et les jours fériés de 9h à 0h. Carte : 32 € environ. Formule midi 20,50 €. Vin au verre. Terrasse.

Les Trois Garçons ont pour noms Clément Bruno, mythique chef lorguais étoilé spécialiste incontournable de la truffe, et deux de ses anciens chefs : son bras droit Dominique Saugnac et en cuisine Hugo Carmona, tous deux formés chez Ducasse. Entre la brasserie parisienne et le bistrot décomplexé, l'endroit est chaleureux, le service souriant et le savoir-faire ne s'encombre pas de chichis inutiles. Dans l'assiette, une vraie saisonnalité cuisinée avec générosité, des jus gourmands, des plats qui sentent bon le terroir local, dans un bel esprit bistronomique.

EURO VÉLO 8 [EV8]

fr.eurovelo8.com

Ouvert toute l'année. Accès libre aux 2 roues. Gratuit.

La voie Euro Vélo 8, aussi nommée « la Méditerranée à vélo » traverse la Dracénie et ses communes en partant de Draguignan jusqu'à Sillans la Cascade. L'EV8 est un itinéraire cyclable européen en cours d'aménagement qui reliera à terme Cadix en Espagne à Athènes en Grèce. Il traverse le terroir dracénien à travers vignes et forêts et propose actuellement aux amateurs de la petite reine ce premier tronçon qui suit en partie le tracé de l'ancienne voie ferrée depuis longtemps désaffectée. Un itinéraire en voie d'expansion et une activité en plein essor en Dracénie.

FLAYOSC ★

Bâti en escargot, Flayosc est un joli village situé aux portes du parc naturel du Verdon. En empruntant la rue des Fainéants on découvre la très jolie place de la Reinesse avec son vieux lavoir, sa fontaine, sa porte médiévale, les façades préservées des maisons anciennes qui la bordent et ses platanes plusieurs fois centenaire. On peut aussi descendre la rue « Rompe cul » pour rejoindre la place centrale très animée l'été avec ses terrasses de café et restaurants. Enfin, en suivant le circuit de l'eau on longe le canal avec ses fontaines et lavoirs, avant de cheminer en pleine nature en une agréable balade.

MONASTÈRE SAINT-MICHEL DU VAR ✝ ★

1909, route de Lorgues
✆ 04 94 73 75 75
www.eof.fr

Visite de l'église et du monastère, du mardi au dimanche de 9h30 à 11h et de 14h30 à 17h (sauf dimanche matin). Parking.

Installé depuis 30 ans au cœur de la garrigue provençale, ce monastère orthodoxe, bâti près d'un étang aménagé, abrite une église de style byzantin. Les magnifiques fresques intérieures vous feront voyager en Europe orientale. Elles ont été créées par le peintre iconographe Vadim Garine et valent à elles seules le détour. Les lieux sont empreints de solennité. Depuis 2015, s'est ajoutée la paroisse Saint-Michel du Var. Petite hostellerie pour une vingtaine de personnes.

LA VIEILLE BASTIDE €€

306, route du Peyron
✆ 04 98 10 62 62
www.lavieillebastide.fr

Ouvert toute l'année. Chambre double : 59-100 €. Petit déjeuner buffet : 14 €. Au restaurant, menus à 23 et 29 €. Carte.

L'accueil d'Isabelle et Alain d'Aubreby, les propriétaires de cette bastide provençale de pierres blondes située en contrebas du village, est toujours charmant. Les chambres, décorées avec goût aux couleurs de la Provence, sont vraiment confortables. La vaste terrasse ombragée de mûriers platanes et chênes verts centenaires sert d'écrin pour le petit déjeuner et accueille aux beaux jours un bon restaurant de spécialités régionales. Le parc est verdoyant, la piscine avec solarium offre quant à elle un beau panorama sur le village. Bref, tout y est !

CHÂTEAU DE BERNE***** €€€

Route de Salernes ✆ 04 94 60 48 88
www.chateauberne.com

Relais & Châteaux. Ecolabel européen. 27 chambres. Gastronomie et vins. Spa. Chambre double de 330 à 1 140 €.

Cet établissement d'exception a été imaginé dans l'esprit des grandes maisons provençales. Les chambres sont sublimes et décorées avec caractère. Le spa est doté d'une piscine intérieure avec nage à contrecourant et col de cygne, bains bouillonnants, sauna, hammam, espace de massage et terrasse solarium. Quant à la restauration de ce Relais & Châteaux, « Le Jardin de Berne » sous les commandes des chefs Louis Rameau et Eric Raynal subliment les légumes du potager et les fruits du domaine. Autre espace gourmand, le bistrot pour un repas plus simple mais délicieux.

LE CIGALON €€

5, boulevard du Grand-Chemin
✆ 04 94 68 69 65
www.lecigalonflayosc.wix.com/site

Ouvert tous les jours midi et soir sauf mercredi et jeudi. Menus de 35 à 58 €. Terrasse. Service traiteur.

Hervé Gély, ancien chef de La Bastide de Tourtour, a repris ce restaurant familial. Son épouse, Laurence, s'occupe de l'accueil et du service. Leurs enfants œuvrent en cuisine. Professionnel expérimenté, Hervé dévoile une délicieuse cuisine, bien maîtrisée, qui respire la Méditerranée : rable de lapin rôti au lard, loup au fenouil, brandade et jambon cru grillé. Trois menus vous feront découvrir les multiples talents du chef, très orientés autour de la cuisine des saisons. En automne, ses menus autour des champignons valent à eux seuls le détour.

LE JARDIN DE BERNE €€

Route de Salernes ✆ 04 94 60 49 79
www.chateauberne.com

Réservation impérative. Menus de 120 € à 150 € (en 5 ou 7 actes). La Table du chef, accords mets et vins inclus 260 €.

Le talentueux Chef Benjamin Colombat et son étoile obtenue en 2017 et conservée jusqu'en 2021, a passé la main en mars 2019 à son Chef exécutif, Louis Rameau, arrivé accompagné du Chef Pâtissier Eric Raynal (lauréat en 2020 dans la sélection « Passion Dessert » du Michelin). Outre la grande salle aux tables rondes posées sous une lumineuse verrière, deux salons cosy et chaleureux offrent une ambiance néoclassique plus intime pour déguster la superbe cuisine des lieux. Les chefs vous proposent une superbe séquence au fil des saisons, composée de 5 ou 7 actes.

LE NID €€

37, boulevard Jean-Moulin ✆ 04 94 68 09 96
www.restaurantlenid-flayosc.fr
Du mardi au samedi le soir ; du mercredi au samedi le midi. Réservation impérative. Menus de 33 €/55 €. Menu midi 24 €.

« Cuisine du marché au fil des saisons », c'est le leitmotiv de Davy et Emilie Jobard. Tous deux ont travaillé chez le chef étoilé Jacques Chibois de La bastide Saint Antoine à Grasse. Davy se concentre sur une carte courte, pour une cuisine faite minute, bien tournée, juste, savoureuse, élaborée avec la collaboration des petits producteurs locaux. Plusieurs types de menus vous permettront de découvrir toute l'ampleur du talent du chef. Les plats peuvent être adaptés aux régimes végétariens et vegans. Une belle découverte labellisée Collège Culinaire de France.

LORGUES ★

Pour découvrir le cœur de la ville, il suffit de suivre le boulevard de la République jusqu'à la place Clemenceau où se dresse la fameuse fontaine de la Noix, dédiée à Louis II, comte de Provence, roi de Naples, qui permit à Lorgues d'accéder au statut de ville libre. Lorgues fut au Moyen Âge un lieu de passage des pèlerins sur la route de Compostelle. Les remparts ont disparu à l'exception de deux portes, la porte Sarrasine, à l'est, et la porte Trébari, au sud-ouest. Le vieux village mérite assurément un coup d'oeil si d'aventure vos pas vous mènent à Lorgues. Patrimoine historique et charme provençale, les atouts ne manquent pas.

CHAPELLES NOTRE DAME DE BEN VA ET DE SAINT FERRÉOL ✝ ★

Route de Saint-Antonin et colline de Saint-Ferréol
Visites sur réservation à la Maison du tourisme de Lorgues.

Proches de la ville, deux jolies chapelles méritent le détour. Datant du XVIIe siècle, Saint-Ferréol est posée sur la colline surplombant Lorgues. Avec son chemin de croix éponyme, elle abrite le saint patron du village et un très beau musée d'arts sacrés. Quant à Notre-Dame-de Ben-Va (bon voyage), entièrement décorée de fresques peintes au Moyen Age par un peintre italien itinérant, cette ravissante petite chapelle est émouvante dans sa simplicité.

CHEZ BRUNO €€€

2350, route des Arcs ✆ 04 94 85 93 93
www.restaurantbruno.com
Du 15 septembre au 15 juin, ouvert du mardi au dimanche. Ouvert 7j/7 le reste de l'année. Menus de 83 € à 195 €.

Un écrin de gastronomie niché tout près de Lorgues. Une table réputée, couronnée d'une étoile au Michelin depuis 1990. Laissez-vous porter par une symphonie truffée, une déclinaison de mets tous plus fins les uns que les autres. Carpaccio de Saint-Jacques aux truffes noires, la patate fondante signature aux truffes... Le chef Benjamin Bruno nous a aussi gratifiés d'un filet de turbot sur des asperges de Provence, sur lequel il a généreusement râpé de la truffe blanche du Piémont. Une merveille. Service attentionné, un chef abordable. Une table incontournable.

CHÂTEAU ROUBINE, CRU CLASSÉ

4216, route de Draguignan ✆ 04 94 85 94 94
www.chateauroubine.com/fr/
Ouvert du lundi au vendredi de 9h à 18h ; le samedi de 10h à 18h. Parking. Caveau de dégustation. Gîte oenotourisme.

Initialement propriété de l'ordre des Templiers, c'est l'un des plus anciens vignobles de France. Cru classé depuis 1953, cet immense domaine viticole de 130 ha, cru classé en Côte de Provence dont 90 ha en vignes d'un seul tenant, est exploité par Valérie Rousselle et ses enfants. Il est certifié agriculture biologique et en biodynamie (DEMETER) depuis 2020. Un sentier vigneron est ouvert au public. Accueil au caveau, visite de chai et dégustation. Expositions et concerts.

LORGUES TERRE DE VINS

2086, chemin de Saint-Louis
✆ 04 94 85 94 94
www.lorguesterredevins.com/
Actualités à retrouver sur le site internet.

« Lorgues Terre de Vins », c'est l'association de 12 domaines prestigieux qui exercent avec excellence la haute viticulture provençale. Ils se sont associés afin de faire de ce village, véritable petit « Beaune de Provence », une destination incontournable du tourisme œnologique au cœur de la Dracénie. C'est un bijou pour les amateurs de vins car, si ici le rosé est une évidence, à Lorgues les rouges et les blancs y sont tout aussi exceptionnels. Ayant trouvé un terroir à leur mesure, ils s'y font déjà une belle réputation. Dégustations et visites de caves.

LE THORONET ★★★

Le Thoronet, lieu-dit dont le nom est d'origine celto-ligure est un lieu consacré au dieu Thor. Il a été mis en valeur dès l'époque gallo-romaine. Niché au cœur du département du Var bénéficiant d'une nature totalement préservée, le village du Thoronet, typiquement provençal, est entouré de collines où règnent le chêne vert, le pin, les oliviers et les vignes. Avec sa superbe abbaye cistercienne du XIIe siècle et son environnement, c'est un lieu de villégiature idéal pour les passionnés d'histoire, de patrimoine et de randonnées. Son marché se tient chaque mardi matin sur le parking Rainaud.

TRANS-EN-PROVENCE

La commune de Trans-en-Provence est issue du regroupement de différents noyaux villageois répartis historiquement le long de la rivière Nartuby qui traverse le village. Ce cours d'eau a creusé de spectaculaires « marmites » dans la roche de tuf, autrefois aménagées pour faire tourner les roues des moulins et visibles du haut du pont Bertrand, qui surplombe les cascades. Un cadre naturel spectaculaire donc qui n'enlève rien au charme des ruelles de Trans et de son riche patrimoine. L'ancien hôtel de ville du XVIIIe siècle, la fontaine de la place de l'Eglise et l'étonnant puits aérien de Knappen (1930) sont tous trois inscrits comme monuments historiques.

AMPUS ★

Situé à 630 mètres d'altitude, cet ancien bourg fortifié, a su conserver son caractère médiéval. Ses petites ruelles s'entourent en colimaçon autour de son église du XIe siècle dédiée à saint Michel. Un beau porche datant du XIe siècle, où les glissières de sa herse sont encore visibles, un aqueduc, des fontaines et lavoirs donnent à ce village un charme particulier. Le dolmen de Marencq atteste de la présence d'ancêtres depuis plus de quatre mille ans. Depuis plus de 30 ans, lors du dernier weekend de juin, Ampus offre une Balade Gourmande, une occasion originale de découvrir le village en dégustant des mets préparés par ses habitants.

HÔTEL LE RELAIS DE TRANS** €

Chemin le Cognet ✆ 04 94 70 82 11
www.hotel-restaurant-draguignan.fr
34 chambres. Prix variables selon saison. Consulter les tarifs préférentiels en ligne. Restaurant. Wifi.

Cet hôtel a la particularité de disposer d'un distributeur de clé à l'extérieur de l'établissement, vous permettant de réserver directement depuis l'automate après paiement par carte bancaire. Les chambres, à la décoration moderne, sont coquettes et confortables. Le soir uniquement, en bord de piscine, une formule buffet à volonté vous est proposée avec 17 entrées au choix et 3 différents plats faits maison : lasagnes, hachis Parmentier, blanquette de veau, petit salé aux lentilles..

LES BRACONNIERS €

6, boulevard Clemenceau
✆ 04 94 68 34 85
www.bistrotdepays.com
Basse saison : du jeudi au mardi ; du jeudi au dimanche le soir. Haute saison : du jeudi au mardi. Carte : 28 € environ.

Un décor soigné, un accueil souriant et une ambiance chaleureuse, au centre du village médiéval, dont c'est une adresse emblématique reprise par Bertrand Urtado. Pizzas savoureuses, salades fraîches, plats du jour cuisinés au fil des saisons, quelques recettes provençales incontournables et de très bonnes viandes sont au menu de cette étape sur les sentiers de Dracénie. Les petits plus : les petits bonbons italiens qui accompagnent l'addition, la bière Pilsner rafraîchissante à la pression, et le vin du château Thuerry. À découvrir.

CALLAS ★★

Ce petit village du Haut-Var, accroché à 398 m d'altitude, baigne dans la sérénité, avec ses ruelles agrémentées de calades, de passages couverts, d'immenses oliveraies, l'ancien moulin communal restauré, son église Notre-Dame-de-l'Assomption, ses multiples chapelles dont celle de la Trinité, du XIe siècle, la chapelle romane Saint-Auxile ou la chapelle Notre-Dame-de-Pennafort. En contrebas de la chapelle, les superbes gorges de Pennafort, composées d'une roche volcanique, la rhyolite, caractérisée par sa couleur rouge, dite aussi « porphyre rouge », sont impressionnantes et débouchent sur une belle cascade de 6 mètres de chute.

VAR

VAR

ABBAYE DU THORONET ✝ ★★★★

✆ 04 94 60 43 96

www.le-thoronet.fr

Basse saison : 10h-13h/14h-17h. Haute-saison : 10h-18h30. Adulte : 8 €. Label Tourisme & Handicap. Visite guidée.

L'abbaye du Thoronet est le site le plus visité du Var. Elle forme avec les deux autres abbayes cisterciennes de Provence, Sénanque et Silvacane, cette trilogie à qui le joli nom de « nos trois petites sœurs provençales » a été décerné. C'est en 1146 que des moines venus de Tourtour pour trouver de l'eau, découvrirent ce site. La règle de saint Benoît leur imposait de vivre dans un état d'humilité, de pauvreté et d'équilibre entre le travail et la prière. Les cisterciens recherchent le silence, ils travaillent de leurs mains, cultivent la vigne et l'olivier. A partir du XIVe siècle, les règles se relâchent. L'effectif des moines diminue. Sous la Révolution, ils sont chassés, l'abbaye est laissée à l'abandon, elle sert de carrière de pierres aux villageois qui viennent y chercher des matériaux pour construire leur maison. Prosper Mérimée sauve l'abbaye en la signalant à l'architecte des Monuments historiques. Le déclin est enrayé, la restauration commence. Certains bâtiments ont complètement disparu – la cuisine, le scriptorium, le réfectoire des moines. Fort heureusement, une grande partie des pièces sont encore intactes, et les parcourir donne aux visiteurs curieux un aperçu du quotidien des moines :

▸ **L'église**. De style roman et édifiée avec des pierres de calcaire de la région, elle présente une façade sobre et un état de dépouillement conforme à la quête d'austérité des Cisterciens. Elle est en forme de croix latine et comporte une nef à quatre travées. De taille modeste, avec ses 40 m de long et 20 m de large, la nef est couverte de voûtes en berceau (ou en demi-berceau au niveau des bas-côtés).

▸ **Le cloître**. Il s'agit de l'un des cloîtres cisterciens les plus anciens à être encore intacts, sa construction étant estimée à 1145. Il constitue le cœur de l'ensemble monastique et relie les différents bâtiments les uns aux autres. Ses quatre galeries encadrent un jardin dont le calme est propice à la méditation et à la prière. On remarque les arcades de la galerie sud, caractéristiques de l'art roman cistercien, tandis que celles de la galerie nord possèdent des chapiteaux ornés de feuilles d'eau et de crochets, typiques de la période gothique. Près de la galerie nord, dans le jardin intérieur du cloître, se trouve un petit pavillon dédié à la toilette des moines. Le lavatorium, bassin de pierre hexagonal alimenté par seize becs, servait aux ablutions des moines.

▸ **La salle capitulaire**. Lieu essentiel de la vie monastique, la salle capitulaire donne sur la galerie est du cloître. Elle est couverte de six croisées d'ogives reposant sur deux colonnes au centre. Les moines se réunissaient ici quotidiennement pour la séance capitulaire, avec la lecture de la règle de saint Benoît puis le chapitre des coulpes pendant lequel, installés sur des gradins en pierre face à l'abbé, ils avouaient leurs fautes et demandaient pénitence. C'est aussi dans cette salle qu'étaient prises les décisions importantes du monastère.

▸ **Le cellier**. Dans le prolongement de la galerie occidentale du cloître, le cellier présente une forme rectangulaire et donne à voir une maquette de l'abbaye, qui permet de mieux comprendre l'agence des bâtiments monastiques. C'est dans le cellier que les convers veillaient à la conservation des denrées. On peut aussi y admirer le pressoir à huile d'olive et les pressoirs, installés bien plus tard pour extraire le vin.

▸ **Le dortoir des moines**. Il occupe l'intégralité de la partie supérieure du bâtiment des moines et communique directement avec l'église. Couvert d'une longue voûte en berceau brisé, il possède de nombreuses baies laissant entrer la lumière. Tout d'abord communautaire, le dortoir fut ensuite réorganisé en cellules à la fin du Moyen Age.

L'abbaye constitue le plus beau spécimen de l'architecture romane provençale à son apogée, par l'harmonie de ses proportions, l'équilibre des masses, la perfection de l'ajustage des pierres assemblées avec soin. La forme trapézoïdale du cloître a suscité bien des interrogations. S'agit-il d'une simple adaptation à la topographie du terrain, ou doit-on y voir une configuration chargée de symboles, une signification ésotérique ?

L'église possède une acoustique exceptionnelle, adaptée à la mise en valeur de la voix humaine et à la résonance du chant grégorien. Le son se transmet d'une extrémité à l'autre sans aucune déperdition ni déformation. Dans le cadre du festival Résonances Grégoriennes, l'abbatiale accueille justement des concerts d'exception ainsi qu'un atelier d'initiation au chant grégorien. Tout au long de l'année, diverses manifestations et activités se tiennent à l'abbaye du Thoronet : concerts *a cappella*, festivités autour de Noël, démonstrations, ateliers pour les enfants, marché de produits artisanaux, expositions artistiques... En 2021, les artistes contemporains Anne et Patrick Poirier, habitués à exposer dans des bâtiments religieux, ont investi l'abbaye avec une quinzaine d'installations artistiques. Et pour découvrir l'abbaye de manière ludique, un jeu de piste pour les enfants a été mis en place. Il se présente sous la forme d'un parcours amusant les invitant à explorer les différentes parties de l'abbaye, puis à répondre à des questions au fur et à mesure de leur découverte. Parfait pour rendre plus accessible un sujet qui n'intéresse pas toujours les plus petits. Une version pour les adultes du jeu de piste, plus pointue, existe également. Rendez-vous sur le site Internet officiel pour télécharger gratuitement les livrets correspondants.

GORGES DE PENNAFORT

Pennafort

Ce site remarquable, au paysage sauvage et tourmenté, présente un grand intérêt géologique. Un sentier permet d'atteindre une jolie cascade tombant entre 2 falaises. Par un petit chemin, on atteint également la chapelle Notre-Dame de Pennafort située sur son éperon, au confluent de 2 vallons. Elle est coiffée d'un dôme édifié en 1855 sur les restes d'une chapelle plus ancienne. La vierge honorée dans cette chapelle fait toujours l'objet d'une vénération des callassiens perpétuant la tradition pieuse des pèlerinages, en l'occurrence celui du dimanche de Pentecôte.

HOSTELLERIE LES GORGES DE PENNAFORT**** €€

8660, RD 25 ✆ 04 94 76 66 51

www.hostellerie-pennafort.com

Chambre double de 250 à 280 €. Pension complète : 315 € (à partir de 2 nuits). Coup de coeur Petit Futé 2022. Wellness.

Un restaurant d'exception, sacré « meilleur restaurant d'Europe 2011 » au prix Villégiatures, longtemps étoilé Michelin et trois toques gourmandes au Gault&Millau, un jeune chef, Anthony Salliège perpétuant l'héritage du regretté Philippe Da Silva. Le lieu est aussi un bel hôtel de charme, géré au cordeau par Martine Da Silva dans un véritable écrin naturel, aux prestations haut de gamme. Les chambres rénovées offrent un confort exceptionnel. Superbes salles de bain. 13 chambres et suites junior pour un séjour d'exception.

BARGEMON ★

Sur ce site d'une altitude de 480 mètres s'élevaient de nombreuses villas romaines, sans doute attirées par les sources. Le charme de Bargemon, cerné au nord par les barres de Blaque-Mayenne et le col du Bel-Homme et au sud-est par la colline de Sainte-Anne, tient en grande partie à ses ruelles tortueuses, aux placettes insolites, à ses petits jardins, à ses maisons de village étroites et hautes – dites maisons en chandelle – et surtout à ses lavoirs et ses multiples fontaines, dont l'eau dispense en permanence un bruissement significatif et où les troupeaux venaient boire autrefois, à l'heure du coucher du soleil…

MUSÉE DES FOSSILES ET DES MINÉRAUX ★

Place de la Mairie

✆ 04 94 67 61 44

Le mercredi et le vendredi de 14h à 18h ; le jeudi, le samedi et le dimanche de 10h à 12h et de 14h à 18h. Gratuit.

Issu de la collection particulière – devenue aujourd'hui municipale – de Jacques Henricy, ce musée aménagé dans une maison ancienne, en plein centre de Bargemon, ravira les amateurs par la richesse et la diversité des trois mille pièces exposées, ammonites, oursins, poissons, améthystes, béryls, géodes… La plupart de ces pièces ont été trouvées dans la région. Un voyage passionnant et unique dans le temps. A l'entrée, le moulage du fossile du plus petit dinosaure connu au monde.

MUSÉE DU GARDE CHAMPÊTRE

Place de la Mairie ✆ 04 94 67 61 44

Du 1er avril au 30 septembre, jeudi, samedi et dimanche de 10h à 12h et de 14h à 18h. Mercredi et vendredi 14h-18h.

Initiateur du projet et lui-même garde champêtre de Bargemon, Hedi Zahaf rend ici hommage à ces professionnels de l'ordre public en milieu rural dans le 1er musée au monde consacré à ce métier apparu au XVIIIe siècle. Une plongée dans l'histoire populaire qui commence ici par l'accueil de Martin à l'entrée du musée. Arborant son chapeau bicorne, une plaque de brassard avec l'aigle impérial du 1er Empire et son sabre, ce mannequin « garde champêtre » du premier Empire porte l'habit que l'on retrouvait de 1791 jusque dans les années 1950.

LA TABLE D'ORIENTATION

À la sortie du village par le haut, garer la voiture à l'entrée du chemin dit de « Campaoure » à environ 2,5 km.

Après un parcours de 9 kilomètres, cette balade vous fera découvrir, depuis la table d'orientation, un panorama exceptionnel qui embrasse majestueusement le département du Var, du massif de l'Estérel, avec le mont Vinaigre et le pic de l'Ours au Sud-Est au mont Coudon à l'Ouest, en passant par la baie de Fréjus, le rocher de Roquebrune-sur-Argens, le massif des Maures, le golfe de Saint-Tropez ainsi que devant vous les villages de Bargemon et de Claviers. Un panorama divin, unique dans la région et à ne pas rater si vous passez par Bargemon.

SILLANS-LA-CASCADE ★★

L'ancien château des comtes de Castellane – XVIIIe siècle – abrite de nos jours la mairie et des salles d'expositions. Les remparts ont conservé leurs belles tours crénelées du XIe siècle. Mais ce qui fait le principal intérêt du village, une curiosité naturelle, est sa très belle cascade de 42 mètres de hauteur sur le cours de la Bresque, qui termine sa chute dans un petit lac de couleur turquoise. Un sentier dans les bois vous y amène. En amont de la cascade, juste à côté du village, un site de baignade est ouvert au public : « La Plagette ». Et pour les amoureux des deux roues, L'EV8, circuit de la Méditerranée à vélo n°8, passe par le village.

CASCADE DE SILLANS

Accès libre. Parking payant.

Propriété du conseil départemental du Var, cette chute d'eau de 42 mètres est la visite incontournable à Sillans-la-Cascade et l'un des plus beaux sites naturels de la région. Au terme d'une petite marche assez facile depuis le parking, un belvédère permet de contempler ce paysage unique et grandiose, digne d'un décor tropical. La plagette, en amont, offre un joli site de baignade ouvert au public. La baignade est interdite dans le bassin de la cascade. En saison, il y a beaucoup de visiteurs et photographes de tout poil. Privilégiez une balade hors saison.

MURAILLES ET CHATEAU DE SILLANS

Au château, expositions en haute-saison.

Le village de Sillans vaut le détour. Autrefois, il était entouré de murailles dont on peut encore admirer quelques vestiges du XIe siècle. De belles tours à créneaux sont notamment visibles. Au cœur du village, le château a été rebâti au XVIIIe siècle par le marquis de Castellane. Elégant, ce bâtiment imposant a des allures de grande bastide toscane avec sa teinte orangée. Les services administratifs y sont installés mais des expositions temporaires y ont lieu l'été.

BRASSERIE LA GAUDINETTE

8, rue de la Mairie
✆ 04 94 72 55 52

Ouvert le lundi de 9h à 18h ; le mercredi et le dimanche de 10h à 18h. Restauration le midi. Glacier.

En plein cœur de Sillans, cette petite adresse étonnante nous plaît. Epicerie et microbrasserie, on y trouve des produits de la région (des légumes bio notamment) et bien évidemment la bière produite sur place. En haute saison, le lieu sert également à manger avec une restauration type bistrot bien gourmande. Les bières produites ici sont artisanales et portent des noms évocateurs de la région (on adore la « Bresque parfaite »). Blonde, ambrée, brune et même blanche selon la saison, vous pouvez retrouver les bières de la Gaudinette sur les marchés en été.

SALERNES

Ce village du haut pays varois, situé sur l'ancienne route préhistorique du sel, surplombe la vallée de la Bresque. Au cœur de son histoire, une tradition, celle du travail de l'argile. Plus de vingt ateliers de céramiques vous proposent leurs collections uniques issues de ce savoir-faire ancestral. Les fameuses tomettes de Salernes ont fait la renommée du village et ont été exportées jusqu'en Amérique par les ports de Marseille et Toulon. Le superbe et riche musée Terra Rossa, maison de la céramique, est un magnifique hommage aux créateurs passés et contemporains. Salernes propose également un grand marché hebdomadaire le dimanche matin.

TERRA ROSSA ★

Quartier les Launes ✆ 04 98 10 43 90
www.terrarossasalernes.fr

Haute saison : du lundi au dimanche de 10h à 13h et de 15h à 19h (sauf mardi, jour de fermeture). Adulte : 4 €.

Cette ancienne fabrique, revisitée dans un esprit contemporain par le cabinet Wilmotte & Associés, renaît sous la forme d'un espace musée entièrement dédié à la céramique. Dans ce bâtiment d'une surprenante modernité, mêlant histoire, traditions et expositions d'artistes contemporains, c'est un véritable parcours initiatique qui vous emmène à la découverte de la céramique dans toutes ses nuances. Les expositions permanentes et temporaires ont de quoi ravir les amateurs comme les néophytes. Au rez-de-chaussée, un atelier de production de tomettes est reconstitué.

VAR

LA CHOCOLATERIE LISANDRE

1614, route de Draguignan
✆ 09 53 26 29 80
www.fondue-de-chocolat.fr
Ouvert du mardi au samedi de 9h à 12h et de 15h à 18h30. Livraison possible.

Avis à tous les fondus de chocolat ! Dans cette chocolaterie artisanale, le chocolat se décline sous toutes ses formes pour notre plus grand bonheur : bonbons, sucettes, tablettes, et des fondues au chocolat noir, lait, caramel, blanc, mandarine, menthe, passion ou noisettes. Prêtes à l'emploi, elles se dégustent jusqu'à la dernière goutte. La chocolaterie Lisandre propose aussi des ateliers Choco de créations chocolatées pour petits et grands à partir de 2 ans. Une vraie belle adresse gourmande où dénicher des cadeaux originaux.

SOLÉOU LA COMPAGNIE DES SAVEURS

La Combe
✆ 04 94 70 60 68
www.soleou.fr
Du lundi au vendredi de 9h à 12h30 et de 14h à 16h30. Fermé 3 semaines en août. Vente directe.

Comme son nom l'indique, ici tout est question de saveurs, celles de la Méditerranée. Depuis 1965, l'aromatiseur Soléou fait chanter la cuisine et propose ses assemblages subtils d'huile d'olive, d'huile de colza, et de noix. Les condiments sont aromatiques et les tartinades goûteuses. Coups de cœur pour l'huile d'olive bio « Caractère », les huiles spéciale wok et spéciale pizza, mais aussi pour la moutarde à l'ancienne aux fruits confits et au miel qui fond sur les viandes blanches.

CIRCUITS PÉDESTRES

Du vieux village aux vestiges du château qui surplombent le village, nombreux sentiers de randonnées pédestres balisés : source légendaire de Salernes le site de Saint-Barthélemy est une vallée remarquable en pleine nature où il fait bon pique-niquer ; point de baignade de La Muie ; grottes du grand parc avec aire de pique-nique. Points de vue – chapelles, tombe mégalithique. Lavoir. Baignade sur la Bresque dans un bassin de 3 000 mètres carrés avec plage ombragée. Enfin l'EV8, piste cyclable reliant Salernes, Lorgues, Flayosc, Draguignan et Sillans-la-Cascade

LA MOTTE

Le premier village libéré de Provence le 15 août 1944, lors du débarquement et du parachutage des troupes aéroportées au hameau du Mitan, a su conserver son caractère typiquement provençal avec ses ruelles, ses places ombragées et ses fontaines.
Avec ses 12 domaines viticoles et sa cave coopérative, la commune est résolument engagée dans une démarche de qualité pour la sauvegarde de l'environnement. Dans les environs, quelques sites touristiques de premier ordre comme la cascade du saut de Capelan, le Musée de l'Histoire et des traditions mottoises installé dans l'ancien moulin à huile communal, ou encore de jolis parcs comme celui du château d'Esclans.

DOMAINE DU JAS D'ESCLANS

3094, route de Callas
✆ 04 98 10 29 29
www.jasdesclans.fr
Ouverture juillet et août de 8h30 à 19h. Parking. Dégustation gratuite. Visite du domaine sur rendez-vous.

Cru classé depuis 1955, ce domaine de 63 ha, dont 53 ha plantés en vignes A.O.P. côtes-de-provence, est certifié en agriculture biologique depuis 1990. Propriété de la famille Matthieu De Wulf depuis 2002, les cépages provençaux y sont cultivés dans le plus grand respect de l'environnement, et sont certifiés en agriculture biologique depuis plus de 20 ans, et certifiés vins biologiques depuis 2012. Reconnaissables aux loups emblématiques qui ornent leurs étiquettes, les vins du domaine touchent une clientèle fidèle et internationale.

TARADEAU ★

Le village était blotti autour de l'église Saint-Martin, l'actuelle chapelle abritée derrière le castrum, l'actuelle tour de Taradeau. Mais ceci n'empêcha pas les troupes de Raymond de Turenne de détruire le village. Les habitants fuirent en abandonnant le territoire à la ville de Draguignan et trouvèrent refuge au village voisin des Arcs pendant plus de 100 ans. Ce village a conservé une tour de guet de l'époque sarrasine et une chapelle romane du XIIe siècle. Plusieurs sites gallo-romains ont été découverts sur place. Une fête du vin avec dégustation, défilé de machines agricoles anciennes, foire artisanale, se déroule chaque année en novembre.

VINOSPIRIT EXPÉRIENCES

614, Route des Arcs ✆ 04 94 99 76 76
www.liquoristerie-de-provence.com
Ouvert novembre à fin mars du lundi au samedi de 10h-12h et 14h-18h. Avril à octobre tous les jours 10h-19h. Parking.

© CHÂTEAU DE SAINT-MARTIN

Un site unique avec diverses expériences, un musée vivant des spiritueux pour découvrir cet univers par des parcours interactifs et ludiques : jardin des plantes, distillerie, cave de vinification et mise en bouteille ; les *Vinoscénies* dans la cave souterraine autour de l'histoire de la Provence de Jules César à nos jours ; les *Liquostories* musée interactif avec parcours libre pour une expérience multisensorielle sur la grande aventure des spiritueux de Provence et d'ailleurs. Véritable expérience 360° valorisant les patrimoines culturels des vins et spiritueux.

CHAPELLE ET TOUR DE TARADEAU

Du cœur du village, suivre les panneaux après le bureau de Poste.
Site en accès libre. Pour visiter l'intérieur de la chapelle et de la tour, se renseigner à la mairie.

Au sommet du village, un parking permet de vous garer aisément et de découvrir un panorama incroyable sur la vallée de l'Argens. Une table d'orientation vous permet de vous repérer. Sur votre droite, la tour Taradel, datant du XIIe siècle, massive et quadrangulaire, de 24 m de haut. Elle domine le village et est visible de tous les environs. La chapelle voisine date de la même époque. Enfin, du parking, en une trentaine de minutes, vous atteindrez l'oppidum du IIe siècle av. J.-C.

CHAMBRES D'HÔTES DU CHÂTEAU DE SAINT MARTIN €€

Route des Arcs ✆ 04 94 99 76 76
www.chateaudesaintmartin.com
Ouvert du 1er avril au 30 septembre, comptez de 120 à 160 € la chambre pour 2, petit-déjeuner à la française compris.

Situé dans un parc au cœur du vignoble, 5 chambres d'hôtes de caractère décorées dans l'esprit châtelain de différentes époques, piscine extérieure en saison, dégustations de vins et spiritueux et une palette d'activités sur la propriété et aux alentours. Découvrez la chambre Juigné, où des scènes du film « Lady Chaterley » ont été tournées, la chambre Meursault et son mobilier Charles X, ou encore la chambre Marquis et son lit à baldaquin. Un lieu original et hors du temps.

LA BASTIDE DU CHÂTEAU RASQUE €€€

2897, route de Flayosc ✆ 04 94 99 52 20
www.chateau-rasque.com
Chambre double de 180 à 250 €. Petit déjeuner inclus. Animaux acceptés. Babysitting, coaching, paniers pique-nique.

L'art de vivre en Provence, cher au Château Rasque, se retrouve jusque dans les moindres détails des quatre magnifiques chambres d'hôtes du domaine. Chacune s'ouvre sur un balcon embrassant la vue panoramique de cet océan de verdure qui fait écrin au Château Rasque. Un havre de paix où il fait bon profiter de la piscine, chauffée d'avril à octobre. Les petits déjeuners se prennent dans le salon aux murs de pierre ou sur la terrasse. Nombreux services proposés.

CHÂTEAU DE SAINT-MARTIN

Route des Arcs ✆ 04 94 99 76 76
www.chateaudesaintmartin.com
Ouvert du lundi au samedi, et tous les jours d'avril à octobre. Dégustation gratuite et visite. Chambres d'hôtes.

Du Xe au XVIIIe siècle, les moines de Lérins construisirent une cave souterraine dans laquelle les vins mûrissent encore aujourd'hui dans les meilleures conditions. Cru Classé en Côtes-de-Provence le domaine produit des vins complexes et raffinés, propriété de la même famille depuis 1740, il a presque toujours été dirigé par des femmes, aujourd'hui par la Comtesse Adeline de Barry. On y produit aussi des spiritueux artisanaux premium. Ne ratez pas *Vivinospirit Expériences*, les événements mensuels organisés au Château, surtout le Festival Rire en Vigne en juillet.

VAR

DOMAINES OTT – CHÂTEAU DE SELLE

5093, route de Flayosc ✆ 04 94 47 57 57
www.domaines-ott.com

Ouvert toute l'année. Disponibilité pour les groupes privés. Parking. Visite du domaine et découverte des crus Ott.

Plus ancienne des trois propriétés des Domaines Ott*, le château de Selle s'est doté en 2017 d'un nouveau chai qui constitue à lui seul une visite œnotouristique. Constitué de parcelles en restanques et en terrasses, le vignoble produit un rosé cristallin et hautement aromatique, ainsi qu'un rouge racé et élégant. Sur place, vous allez pouvoir découvrir les vins des deux autres propriétés des Domaines Ott* : le Clos Mireille à la Londe-les-Maures et le château Romassan au Castellet.

LES VIGNERONS DE TARADEAU

204, avenue des Arcs
✆ 04 94 73 02 03
www.taradeau.com

Haute saison : du lundi au samedi de 9h à 12h30 et de 14h à 19h. Parking. Dégustation gratuite. Epicerie fine.

Cette cave coopérative, créée en 1924, est solidement enracinée sur le terroir de Taradeau. Tous les vins, élaborés avec une douzaine de cépages, sont classés AOP et expriment pleinement la richesse et la typicité des terroirs. Réputées, chaque année leurs cuvées remportent leur lot de médailles dans les grands concours viticoles, et ce dans les trois couleurs. Le caveau propose aussi une épicerie fine avec des produits issus de producteurs locaux. Deuxième point de vente à Cogolin.

MONTAUROUX ★

Perché à 364 m d'altitude, Montauroux n'était au XIe siècle qu'une place forte militaire. C'est au XIIIe siècle qu'un village s'implante sur la colline. Ici se déroula la célèbre bataille de Montauroux, qui opposa en 1592 l'armée d'Henri IV aux troupes du duc de Savoie. De cette époque demeure encore un ensemble de ravissantes petites ruelles. Coiffée d'un campanile datant de 1878, la mairie est une curiosité architecturale rarissime. Lors de votre visite, attardez-vous sur le prieuré du XVIe siècle, ou encore la rue des Marchands, première rue du village avec ses maisons troglodytes. Enfin, le lac de Saint-Cassien tout proche est un atout fraîcheur.

LES BAMBOUS DU MANDARIN ★

5600, route de Draguignan - RD 562
✆ 04 93 66 12 94

Ouvert de Pâques à la Toussaint, en principe les samedis et dimanches de 9h à 18h. Adulte 5 €, enfant 2,50 €.

Un petit air d'Asie pour le moins inattendu ! Sur le domaine d'un ancien moulin à farine aujourd'hui restauré, découvrez la plus exotique des bambouseraies de Provence, dotée d'une centaine de variétés de bambous, nichées au cœur des gorges de Siagne, dans un parc de 2 hectares aux confins du Var et des Alpes-Maritimes. Comptez environ 1h30 de visite pour vous imprégner pleinement de la magie du site ; votre escapade sera même accompagnée du chant d'un shakuhachi, une flûte japonaise en bambou. Dépaysement garanti ! Une découverte à la fois ludique et instructive.

CHAPELLE SAINT-BARTHÉLEMY

Aire Saint Barthélémy

En principe ouverte certains matins en saison estivale. Visite sur réservation : 04 94 47 75 90.

Construite en 1638 sur l'emplacement d'une forteresse du XIIe siècle, transformée en salle publique de réunions pendant la Révolution, puis en grenier à foin pendant les guerres de l'Empire, elle devint plus tard la propriété de Christian Dior, qui en fit don à la commune en 1953. Restaurée, elle est classée Monument historique depuis 1958 grâce à ses murs et à sa voûte en berceau recouverts de fresques sur bois. La nef abrite la galerie des apôtres et les armoiries de Montauroux.

LAC DE SAINT-CASSIEN ★

Lac de Saint-Cassien

Site naturel en accès libre.

Aménagé en 1964 sur le cours du Biançon, par une digue de 66 mètres qui retient 60 millions de mètres cubes d'eau, ce lac artificiel de 5 kilomètres de long s'étend sur les communes de Montauroux, Tanneron et Callian. Il alimente une usine hydroélectrique et permet de fournir en eau les zones cultivées du littoral. Une base nautique s'est installée sur ses rives et permet la pratique de tous les sports nautiques sans moteur, dont la pêche (très prisée). Pour l'anecdote, un pêcheur anglais a capturé durant l'été 2011 une carpe commune de 30,8 kg !

VAR

BULLE D'AMOUR €€

81, traverse de la Gâchette
✆ 06 14 32 98 17
www.bulle-damour.com
Ouvert de mars à décembre. Chambre double 189 €. Espace douche et toilette privatif dans la bulle. Spa extérieur.

Dormir dans une bulle à la belle étoile avec tout le confort d'une chambre d'hôtel (salle de bains privative attenante notamment), le tout au cœur de la nature ; c'est que vous offre la famille Prestat. Cet hébergement insolite, transparent et tout en rondeur, posé dans une propriété privée, vous assure une expérience unique et dépaysante sous la voûte céleste. Pour parfaire l'expérience, offrez-vous aussi un dîner romantique sur la terrasse au bord du spa : c'est le chef Eric Maio du Bô M, ancien chef étoilé, qui vous régale...

CAMP DE LOISIRS DU LAC - CAMPING DU LAC*** €€

RD 562 ✆ 04 94 76 46 26
www.campingdulac.fr
Ouvert d'avril à fin septembre. Emplacements à partir de 23,50 €. Mobil-homes de 422 à 1 098 € la semaine environ. Wifi.

Situés à proximité du lac de Saint-Cassien, que l'on rejoint à pied par un sentier en 20 minutes environ, les 7,5 ha de parc ombragé de ce camping grand confort attirent de nombreux vacanciers. On peut y planter sa tente, y poser sa caravane, ou louer un mobile home. Des forfaits à l'année adaptés à chacun vous sont proposés. A la mi-saison notamment, les pêcheurs apprécieront de louer un mobile home pour une semaine et aller taquiner le poisson au lac (vente de cartes de pêche).

LE CARRÉ D'ANGE €€

2169, quartier Narbonne
✆ 04 94 47 71 65
www.restaurant-carredange.fr
Haute saison : du mardi au dimanche soir, du mercredi au dimanche midi. Menus de 45 € à 107 €. Réservation recommandée.

David Carré propose une cuisine qu'il qualifie de « classique et moderne à la fois ». Le jeune chef bourguignon n'hésite pas à se lever dès potron-minet pour travailler, rencontrer des producteurs locaux, cuisiner de nouvelles recettes au fil d'une carte qui évolue toutes les 5 à 6 semaines environ. Dernièrement par exemple, œuf de poule bio frit aux senteurs des sous-bois, l'épaule d'agneau de la ferme de la Barrière à Montauroux, sélection de la fromagerie « La Pastourelle » à Châteaudouble, et déclinaison de chocolat pour les amateurs !

LES ARCS SUR ARGENS ★

Ce village aux anciens noms d'Archos puis de Castrum de Arcubus, possède un riche passé moyenâgeux, comme en témoigne le quartier du Parage. La cité médiévale mérite une visite approfondie : sa beauté témoigne de ses temps anciens avec les ruines de son château. C'est le quartier du Parage, charmant entrelacs de petites ruelles parsemées de placettes insolites à l'intérieur de ses remparts. Son sommet est matérialisé par la Haute Tour. L'église Saint-Jean-Baptiste, de style néo-classique, abrite un très beau polyptyque de Louis Bréa, la Vierge à l'Enfant, entourés des saints provençaux. Tous les 2 ans se déroule le festival des Médiévales, spectacle historique.

QUARTIER DU PARAGE ★

Cet entrelac de ruelles est dominé par le château et son donjon carré datant du XIIIe siècle. Quatre portes, la porte du Réal, la porte Milante, la porte Basse ou de l'Horloge et la porte Haute en permettaient l'accès. Ce quartier fourmille d'autres vestiges, comme la tour de l'Horloge et son campanile de 1662, la chapelle Saint-Pierre du XIIe siècle, chef-d'œuvre d'architecture romane et l'église Saint-Jean-Baptiste (XVIIIe et XIXe de style néoclassique). Une balade dans ces ruelles pittoresques est enchanteresse. A ne pas rater !

CONSEIL INTERPROFESSIONNEL DES VINS DE PROVENCE

Maison des Vins ✆ 04 94 99 50 10
www.vinsdeprovence.com
Informations et contact Maison des Vins.

Le prestigieux vignoble provençal se divise en trois appellations majeures : Côtes de Provence, Côteaux d'Aix-en-Provence et Côteaux Varois en Provence. Il s'étend sur près de 200 km des Alpilles à l'Esterel et vous accompagne tout au long de l'année grâce à la diversité aromatique de ses crus, dans les trois couleurs. Un point commun majeur cependant, le côté solaire de ces nectars résolument méditerranéens. Le CIVP a pour mission de mettre en valeur ce patrimoine vivant unique.

L'ABUS D'ALCOOL EST DANGEREUX POUR LA SANTÉ, À CONSOMMER AVEC MODÉRATION

LE CHÂTEAU D'ARGENS*** €€

Place du Château ✆ 04 94 99 51 10
https://www.chateaudargens.com/
Chambre double de 90 à 170 € selon saison. Restaurant. Animaux acceptés (15 €). Parking. Wifi gratuit. Piscine.

Cet hôtel, situé tout en haut du quartier médiéval du Parage, fut connu comme étant « Le Logis du guetteur » pendant de nombreuses années. Une page est tournée et l'hôtel se nomme désormais « Le château d'Argens ». Blotti contre le château-fort du XIe siècle, il ravira les amoureux des vieilles pierres et les personnes sensibles aux cadres exceptionnels. La vue panoramique sur la vallée de l'Argens et le massif des Maures est incroyable. En 2022, le restaurant a été pris en main par un nouveau chef. On y apprécie une cuisine gastronomique ensoleillée et méridionale.

PIZZERIA LA PINÈDE €

RD N7
✆ 04 94 45 91 92
www.pizzerialapinede.fr
Ouvert toute l'année, midi et soir. Carte : 30 €. Formule midi : 15 €. Terrasse. Parking. Animations le week-end en été.

Impossible de rater cette fameuse pizzeria familiale créée en 1986 ! Elle excelle dans la fabrication des pizzas cuites au feu de bois avec plus de 30 propositions. « La pâte fine » n'a plus aucun secret pour les pizzaiolos. Essayez la pizza aux fruits de mer et persillade, tout comme les plats de la carte, salades, pâtes, lasagnes maison, viandes, tartare de bœuf, andouillette panée et steak provençal... servis en hiver, dans la salle ou en été sur la grande terrasse ombragée. Difficile de faire mieux niveau rapport qualité-prix.

LE RELAIS DES MOINES €€€

Route de Sainte-Roseline
✆ 04 94 47 40 93
www.lerelaisdesmoines.com
Maître Restaurateur. Haute saison : tous les jours midi et soir. Menus de 58 € à 118 €. Carte : 90 € environ.

Dans cette bastide du XVIe siècle, le chef Sébastien Sanjou régale ses convives avec sa cuisine traditionnelle nimbée de modernisme réfléchi. Sa carte se bonifie d'année en année avec des plats imaginatifs de l'entrée au dessert. On remarque le travail précis, ciselé dans chaque assiette : l'incontournable collection de bladaraba Philippe Auda autour de la betterave, les huîtres Tarbouriech au goût inimitable, baignées dans une mousseline de panais. Le chef pâtissier poursuit cette symphonie de goûts et de couleurs par des desserts légers et délectables.

CELLIER DES ARCHERS

Quartier la haute Cognasse
✆ 04 94 73 30 29
www.cellierdesarchers.fr
Ouvert du lundi au samedi de 8h30 à 12h30 et de 14h à 18h30. Ouvert toute l'année. Parking. Dégustation gratuite.

Cette coopérative vinicole, l'une des premières à avoir mis en place une démarche qualitative ambitieuse pour qualité des vins de Provence, a déménagé en 2016 pour s'installer dans de nouveaux locaux flambant neuf, en bordure de la célèbre nationale 7. Elle commercialise des vins A.O.P. côtes-de-provence et IGP, conditionnés en BIB et en bouteilles, Elle élabore également son propre blanc de blancs méthode traditionnelle, sous la marque Royal Archer. Une large gamme à découvrir sur place, dans ce très bel espace moderne, accessible aisément et pour tous.

MAISON DES VINS CÔTES DE PROVENCE

RD N7
✆ 04 94 99 50 20
www.maison-des-vins.fr
Ouvert toute l'année. Parking. Conseils personnalisés. Atelier œnologique : 55 à 65 € par personne.

Ce caveau permet la découverte du terroir, des vins et de la gastronomie, des domaines et des caves de l'appellation côtes-de-provence. Il dispose d'une vinothèque exceptionnelle de plus de 800 vins exposés et vendus à prix producteurs. Animations autour du vin, pour groupes, séminaires et ateliers œnologiques, chaque deuxième samedi du mois. Le meilleur de la gastronomie provençale, élaboré avec passion par des artisans locaux, est disponible dans le caveau.

LA VIGNE À VÉLO

Rond-point dit de Sainte-Roseline
✆ 04 94 73 37 30
www.tourisme-dracenie.com
Accès permanent et gratuit.

La Vigne à Vélo est un bel itinéraire cyclable de 5 km au revêtement goudronné. Très agréable pour les marcheurs, rollers et cyclistes qui peuvent s'y promener à leur rythme, en famille, en longeant les vignes. Il est relié à l'EUROVELO 8 (EV8), la Méditerranée à vélo, itinéraire cyclable européen traversant la Dracénie d'Ouest en Est en reliant les 11 communes de Sillans-la-Cascade, Salernes, Saint-Antonin-du-Var, Lorgues, Flayosc, Draguignan, Figanières, Callas, Bargemon, Claviers et Callas. À terme, La Vigne à Vélo devrait proposer 42 km de pistes en Dracénie.

VAR

VIDAUBAN

Vidauban, dont le sens étymologique signifie « la vigne blanche », est situé au pied du massif des Maures. La cité abrite le centre d'étude et de recherche sur le vin rosé, au cœur du vignoble de la vallée de l'Argens. Son terroir et ses coteaux permettent la production d'un vin de qualité dont la plus grande partie est classée en appellation AOC et vins de Pays. Nombreux domaines et châteaux vous inviteront pour une dégustation et visite des caves.
Côté loisirs, le fleuve l'Argens vous emportera, en canoë-kayak, au fil de l'eau pour une balade découverte de la faune et de la flore. Il est aussi un lieu de pêche agréable et ombragé.

LA BASTIDE DES MAGNANS €€

32, avenue Galliéni
✆ 04 94 99 43 91
www.bastidedesmagnans.com
Maître Restaurateur. Réservation recommandée. Menu : 39 € à 115 €. 5 chambres : 90 € à 120 €. Jardin, Terrasse, Parking.

Depuis 1999, l'équipe de cette belle bastide en pierre de taille, deux fois centenaire, n'a guère changé et est composée de fidèles de Christian Bœuf. Vous y dégusterez une belle cuisine de terroir où les produits de la région, notamment la truffe du Haut-Var, trouvent place dans des assiettes agréablement présentées. C'est aussi une étape de charme pour les gourmands, car après avoir apprécié l'un ou l'autre des menus et dégusté les excellents vins de la région, cinq chambres d'hôtes douillettes, toutes décorées sur des thèmes différents vous attendent à l'étage.

CHEZ LIZZA €€

3, avenue Maximin Martin
✆ 09 50 19 19 99
Du mardi au vendredi midi et soir ; samedi soir et dimanche midi. Menus de 19,90 € à 24,90 € (14,90 € plat seul).

Dans ce petit restaurant qui ne paye pas de mine, on trouve une cheffe exceptionnelle en cuisine. Ilham Souini est compagnon du Tour de France des toques gourmandes. Ici, les effluves précèdent le bonheur des papilles. Filets de harengs de la mer du Nord, terrine de canard et foie gras, assiette du boucher, andouillette de Troyes... la carte change avec les saisons, tout est fait maison, les provenances précisées et les bons produits assurés... et le sourire de la patronne est aussi chaleureux que sa cuisine. Une belle adresse.

CHÂTEAU D'ASTROS

Route de Lorgues ✆ 04 94 99 73 00
www.chateauastros.com/
Mai à octobre 7j/7 10h-12h30 et 13h30-18h30. Novembre à avril du lundi au samedi de 10h à 12h30 et de 14h à 17h30.

C'est d'abord la beauté des lieux qui vous frappera. L'immensité du domaine qui couvre 680 ha où les templiers érigèrent une commanderie au Moyen Âge. L'élégance presque mystique du château, érigé à l'italienne en 1862 et choisi pour le tournage du film « Le château de ma mère » en 1990. Un environnement dans lequel vous pouvez circuler librement ou bien découvrir le temps d'une visite guidée. Au caveau de dégustation, accueil irréprochable, on déguste les cuvées délicates en trois couleurs. Certaines bio, en IGP Var et Côtes de Provence. Animations et concerts.

MAÎTRES VIGNERONS DE VIDAUBAN

89, chemin de Sainte-Anne ✆ 04 94 73 00 12
www.mvv.vin
Ouvert du lundi au vendredi de 8h à 12h et de 14h à 18h ; le samedi de 9h à 12h et 14h à 18h. Parking.

Cette cave, fondée en 1912, exploite, en partie en agriculture biologique, un vignoble de 700 hectares situé sur l'appellation des Côtes de Provence. Son terroir bénéficie d'un climat méditerranéen propice aux cépages tels que syrah, grenache, cinsault, mourvèdre, cabernet, rolle, carignan, ce qui permet une excellente production de vins AOP et de vins IGP des Maures, régulièrement récompensée en concours. Au caveau, vous pouvez également trouver des produits dérivés à base de vin.

PARC LOISIRS DRACÉNIE PROVENCE

Avenue du Président-Wilson ✆ 06 82 23 74 96
https://dropinwaterjump.fr/fr/
Ouvert toute l'année. Accès libre permanent et gratuit au parc. Le Drop-In Dracénie, lui est payant, tarifs de 6 à 32 €.

Situé à deux pas du centre-ville de Vidauban, cet espace de 8 hectares comprenant deux plans d'eau, propose une foule d'activités ludico-sportives pour toute la famille. Jeux aqualudiques, aire de jeux, terrain de pétanque, aire de pique-nique, tables de ping-pong, pistes de promenades… sont en accès libre permanent et gratuit pour passer un très agréable moment. En parallèle à tous ces équipements, « le Drop-In Dracénie » propose des activités de plein air payantes et sécurisée.

VAR

LE MUY

A mi-chemin entre Draguignan et Fréjus-Saint-Raphaël, sur le tracé de l'ancienne Nationale 7 (DN7), Le Muy se trouve à proximité d'un massif forestier de 5 000 hectares irrigué par de nombreux cours d'eau. La ville a vécu longtemps sur l'exploitation de ses ressources naturelles, récolte du liège, coupe du bois. Les machines des anciennes industries utilisaient l'énergie fournie par les ressources hydrauliques acheminées le long des canaux – le plus ancien a été creusé sous le règne de François Ier. Tous les dimanches matin, le marché du cœur du village est l'un des plus grands de la région. Il est complété par celui du jeudi matin, plus petit.

LE PETIT ATELIER €

14, avenue des Genêts

✆ 04 94 55 27 74

Ouvert du lundi au vendredi de 7h30 à 15h. Plat du jour 10 €. Vin au verre. Restauration rapide sur place ou à emporter.

Le Petit Atelier c'est plus qu'un snack, tout est fait sur place, à base de produits frais. Service dès 7h30 du matin avec café, thé, viennoiseries, jus de fruits, muffins... la carte est étoffée. Dès 10 heures et non-stop jusqu'à 15h on mange sur le pouce, à emporter ou à table avec un service à l'assiette. Pizza, bruschetta, quiche, sandwich, salade, burger, plat du jour, rougail saucisse, et surtout pâtes fraîches maison (en production avec la pizzeria La pinède aux Arcs). Déco soignée, on adore le baby-foot et le vélo en suspension ! Dépôt Française des Jeux.

CANTIN [A] €€

7 bis, avenue Louis-Cavalier

✆ 04 94 52 82 42

www.cantin-a.fr

Du lundi au vendredi midi. Du mardi au vendredi soir. Formule midi 15,90 €. Terrasse. Parking gratuit.

La Cantin (a), c'est une belle affaire qui ne cesse de faire de nouveaux adeptes ! Installé en centre-ville du Muy, l'établissement a trouvé sa clientèle. En cuisine, Thierry Florens propose une cuisine maison de saison, simple mais goûteuse avec de superbes pièces de viande très bien accompagnées notamment d'une subtile et excellente sauce aux anchois, une délicieuse sole meunière, brochette de magret de canard au miel, crêpes Suzette, tarte au citron, panna cota maison. Service soigné tout en douceur et jolie façade en pierre.

LA PETITE BRASSERIE €€

14, avenue des genêts

✆ 07 78 16 15 74

Ouvert du lundi au vendredi le midi. Plat du jour : 13 €. Vin au verre. Fomule plat du jour + café gourmand 18 €.

Tout à côté du Petit Atelier, une adresse futée gérée par la brillante Aurélie Négro, un autre repère gourmand pour vos déjeuners en semaine. Même gérante, autre lieu avec une cuisine de type brasserie où apprécier de bons plats bistrot à prix doux. Quelques propositions quotidiennes à l'ardoise, en fonction de la saisonnalité et des produits dénichés au marché. Des salades, des grillades (une pièce du boucher proposée chaque jour), de belles tartines garnies de bon coeur et la garantie d'un bon repas lors de votre passage au Muy. Excellent rapport qualité-prix.

BASE NAUTIQUE LOUIS GO

Ancienne route de Sainte-Maxime / D25

✆ 06 77 67 09 51

Ouvert du 1er avril au 31 octobre. Location à partir de 8 € / h. Animaux acceptés.

La base nautique Louis GO se trouve dans un cadre exceptionnel et particulièrement protégé, au milieu de falaises abruptes du rocher de Roquebrune. Cette base nautique municipale de canoë-kayak et paddle board est encadrée par des moniteurs d'État, un véritable plus. Différentes formules de locations de canoës-kayaks, de paddle boards sont possibles, il est en revanche conseillé de réserver 3 ou 4 jours à l'avance. Seule condition, mais de taille pour ce type d'activité, savoir nager ! Une aire de pique-nique ombragée est à votre disposition.

EXOLOISIRS

D 52 (ancienne route de Sainte-Maxime)

✆ 06 30 07 84 78

www.exoloisirs.com

Ouvert tous les jours d'avril à fin octobre. Entrée : 25 € (carte 1h de téléski nautique). Enfant : 22 €.

Cette base est devenue un lieu incontournable pour les amateurs de glisse. Vous pourrez y pratiquer le téléski nautique (bi ou mono), mais aussi le kneeboard (vous êtes à genoux sur une planche et vous vous laissez tracter par le câble du téléski), ou bien le wakeboard ou mieux encore le wakeskate (comme une planche de skateboard, debout, les pieds libres)... Cinq hectares d'eau dans un cadre verdoyant, tranquille et agréable, avec vue superbe sur la tour Charles-Quint et le vieux village du Muy, mais aussi sur le rocher de Roquebrune.

FAYENCE ★

L'origine de son nom viendrait du mot latin faventia, qui signifie « lieu favorable ». Au Moyen Âge, Fayence appartenait aux évêques de Fréjus qui venaient s'y retirer en été pour fuir la canicule du littoral. En 1710, le cardinal Fleury fit démolir le château. À la Révolution, l'évêché abandonna ses droits seigneuriaux aux habitants qui vivaient de la culture du blé, de la vigne, de l'huile d'olive et jusqu'au XIXe siècle de la culture et de la cueillette des fleurs pour l'industrie du parfum. Aujourd'hui, le tourisme a pris le relais. La présence de courants ascensionnels dans le ciel de Fayence a favorisé l'implantation du centre de vol à voile.

ÉCOMUSÉE DE FAYENCE

541 B, chemin de Seillans
✆ 09 82 25 39 45

Ouvert en principe le jeudi après-midi, et sur rendez-vous. Adulte : 4 €. Gratuit jusqu'à 12 ans.

Dans le cadre d'un ancien moulin à huile et à farine du XVIIIe siècle parfaitement restauré, cette sorte de conservatoire de l'outil abrite une importante collection d'instruments aratoires et d'outils manuels en usage jusqu'au siècle dernier pour l'agriculture, la culture de la vigne, l'apiculture, dans une évocation des vieux métiers disparus tels que forgeron et maréchal-ferrant. En intérieur et sur l'esplanade, deux parcours découverte (enfant et adultes) vous sont proposés pour ne rien oublier. Sur place également, un jardin vous attend pour pique-niquer.

ÉGLISE SAINT-JEAN-BAPTISTE ✝ ★

1, chemin des Thermes

L'ancienne église Saint-Jean-Baptiste (1346) devenant trop étroite, il fallut envisager au début du XVIIIe siècle la construction d'un nouvel édifice. De style baroque, celle-ci fut donc érigée de 1738 à 1750 sous Mgr du Bellay. Aujourd'hui troisième plus grande église du Var après celles de Saint-Maximin et de Lorgues – 50 m de long sur 20 m en croix latine ; 25 m de haut, et un clocher extérieur de 37 m – elle est dotée de trois nefs, quatre travées et d'une abside semi-circulaire.

LA FARIGOULETTE €€

1, place du Château
✆ 04 94 84 10 49

Ouvert du jeudi au lundi midi et soir. Menus de 31 € à 41 € (environ). Formule du midi et plat du jour.

Le chef Hervé Quesnel a imposé ses marques dans cette ancienne bergerie toute en pierres, rochers et meubles rustiques en bois. Son épatante formule du midi et son menu-carte, qui évolue chaque quinzaine, avec les produits de saison, réservent de purs moments de plaisir : ce jour-là par exemple, pain perdu de foie gras aux girolles, émulsion truffe ; paleron en deux cuissons, légumes, miel, citron ; loup rôti aux figues et speck, jus anisé ; et en dessert parfait glacé au gingembre, poires rôties, ou encore mi-cuit choco-framboise...

LE CASTELLARAS €€€

461, chemin de Peymeyan
✆ 04 94 76 13 80
www.restaurant-castellaras.com

Maître Restaurateur. Ouverture variable selon la saison. Menus de 47 € à 97 €. Hébergement de 120 à 300 €.

Hermance a retrouvé la maison de son enfance où son mari Quentin Joplet, qui officie en cuisine (100% ouverte sur la salle), travaille dans un esprit terroir avec des produits frais du marché quotidien, le plus souvent bio, en puisant essentiellement dans la manne locale. Entre deux coup d'œil sur le jardin et le village Fayence, vous pourrez l'admirer dans son élément. Des soirées jazz se tiennent régulièrement de juin à septembre. Chambres d'hôtes avec piscine et bain bouillonnant, appartement, chalet, et Cabanon du Berger sont aussi à votre disposition.

LES PLANEURS DE FAYENCE - AAPCA

254, Chemin de l'Aérodrome Nord
✆ 04 94 76 00 68
www.aapca.net

Secrétariat ouvert tous les jours de 9h à 12h et de 13h30 à 17h.

Le premier centre de formation de pilotes de planeurs en France ! 365 jours par an, il offre la possibilité de voler dans l'une des régions les plus favorisées au niveau de l'aérologie. Une école départementale de vol à voile offre aux jeunes de moins de 25 ans la possibilité de se former et d'obtenir des brevets. Baptêmes de l'air, vols d'initiation de 20 à 30 minutes, formation et perfectionnement, brevets, complètent les activités du club. Restaurant « Le vol à voile » à découvrir.

LE CASTELLET ★★★

Le village s'est fortifié à l'époque médiévale et garde encore aujourd'hui de nombreux vestiges et remparts. Mais ce n'est qu'au milieu du XIIe siècle, en 1153, qu'apparaît le toponyme Castelletum désignant le village actuel. On y accède aujourd'hui par deux portes fortifiées : le Grand Portail, au sud, surmonté d'un blason et où les vestiges de son appareil de défense sont encore visibles, et le Portalet, à l'est. Au sommet du village se dresse l'ancien château, occupé en partie depuis 1969 par l'hôtel de ville. On peut y admirer une impressionnante salle des gardes. En haut du village, un balcon de pierre, accessible par une poterne, le Trou de Madame, permet d'admirer le panorama des vallées environnantes. À l'ouest du château, l'église Saint-Sauveur, construite au XIIe siècle, possède des embrasures en forme de créneaux. Les petites ruelles tortueuses, bordées de vieilles demeures dont l'une d'elles appartint au bailli de Suffren et une autre aux Templiers, sont occupées aujourd'hui par de nombreuses boutiques d'artisans, d'artistes et de galeries de peinture qui exposent leurs productions. L'aspect typique de ce village a inspiré des cinéastes. Marcel Pagnol y tourna La Femme du boulanger, l'un des grands triomphes de Raimu. Si vous visitez Le Castellet durant l'été, ne manquez pas les fêtes votives à Sainte-Anne, au Brûlat et au Plan du Castellet. A noter enfin que Le Castellet compte depuis 2018 un restaurant triplement étoilé : celui de Christophe Bacquié à l'Hôtel & Spa du Castellet.

ESPACE TOURISTIQUE GABRIEL TAMBON

2, rue de la Poste
✆ 04 94 32 79 13
www.ville-lecastellet.fr

Haute saison : tous les jours de 9h30 à 13h et de 14h à 17h30. Basse saison, du lundi au samedi uniquement.

L'office de tourisme est installé dans le bâtiment de l'ancienne poste. L'équipe répondra à vos questions toute l'année, et vous proposera notamment un dépliant sur le circuit découverte et l'historique du village. Toute la documentation est gratuite.Vous pourrez également récupérer différentes brochures touristiques sur le Castellet et la région mais aussi connaître le programme exact des évènements qui s'y déroulent lors de votre séjour sur place.

HÔTEL & SPA DU CASTELLET***** €€€

3001, route des Hauts-du-Camp ✆ 04 94 98 37 77
www.hotelducastellet.com

Chambre double de 210 € à 630 € ; studio / appartement de 550 € à 1 300 € ; suite de 435 € à 1 035 €.

Luxe, discrétion et élégance sont les maîtres mots de ce Relais & Châteaux aux allures très méditerranéennes. Bâti à proximité du circuit Paul-Ricard, en position dominante dans un parc de plusieurs hectares, il offre une vue imprenable sur le village du Castellet et sur la baie de Bandol. Orientées au sud, les 42 chambres disposent toutes d'une terrasse privative. Pour la gastronomie, découvrez le restaurant Christophe Bacquié, du nom de son chef triplement étoilé. Une belle adresse.

MAS DU GALANTIN €€

107, Chemin du Canadeau
✆ 04 94 48 94 40
www.mas-du-galantin.com

Tarifs des appartements : César de 890 à 1490 €, Marius de 785 à 1280€, Fanny de 690 à 1080 €.

Posée sur une propriété de 3 000 m², au milieu du vignoble de Bandol, dans un environnement calme et préservé, ce mas provençal du XVIe siècle situé au pied du village médiéval du Castellet, à 6 km de Bandol et de ses plages, offre tous les ingrédients de la douceur de vivre. César, Marius et Fanny, tels ont été nommés les trois appartements confortablement équipés, avec terrasses privées sans vis-à-vis et entrées indépendantes. La maisonnette de charme quant à elle, dénommée Panisse, donne directement sur la grande piscine commune.

RESTAURANT CHRISTOPHE BACQUIÉ €€€

Hôtel & Spa du Castellet ✆ 04 94 98 29 69
www.hotelducastellet.net

Ouvert du mardi au samedi le soir de 19h30 à 21h30 ; vendredi et le samedi le midi. Menus de 125 à 295 €.

Ce restaurant se présente comme une formidable invitation à s'évader, avec une carte méditerranéenne alliant avec délicatesse et juste équilibre une cuisine simple et technique à la fois. Le menu du chef triple étoilé éclabousse nos sens de sa virtuosité. Une « promenade en Provence » en 6 ou 8 escales avec un aïoli moderne, un pigeonneau au Sang « Excellence Miéral » pour deux personnes et d'autres délices que nous vous laisserons découvrir. Une table renommée.

LE VIN'OLIVE €€€

7, place du portail
✆ 04 94 25 11 08
www.levinolive.fr/
Ouvert toute l'année. En juillet et août, ouvert tous les jours midi et soir. Carte : 45 € environ. Vin au verre.

Le Vin'Olive, c'est un excellent restaurant provençal juste à la sortie du coeur du village. La terrasse se déploie face à une vue panoramique à couper le souffle sur la campagne et les collines environnantes. Magnifique. Accueil souriant et adorable. Belle carte de plats régionaux, goûteux, généreux. Pieds et paquets, daube de poulpe et son aïoli maison, gardianne de taureau, Saint-Jacques fraîches au beurre de safran... C'est un délice. Côté dessert, nous avons été envoûté par le baba maison XXL, servi avec une bouteille de rhum à volonté. Un régal !

LA FEMME DU BOULANGER

3, rue du Portail
✆ 04 94 32 65 33
www.lafemme-duboulanger.fr
Du mercredi au dimanche de 8h à 20h. En période de vacances scolaires et en été, ouvert tous les jours de 8h à 20h.

C'est la boulangerie du village, chez Béatrice et Polo. Elle s'appelle ainsi en clin d'œil au film de Marcel Pagnol. Leur petite structure artisanale est l'adresse idéale pour faire le plein de biscuits, chocolats, gâteaux, nougats, glaces et autres délicieuses pâtisseries... Tout est préparé à base d'ingrédients finement sélectionnés et entièrement de façon artisanale, sans aucune mécanisation. Un bon plan gourmand sur le Castellet qui ravira les papilles des petits et grandes pendant les vacances ou tout au long de l'année !

DOMAINE MARIE BÉRÉNICE

1826, route du Grand-Vallat
✆ 09 50 67 59 59
www.domainemarieberenice.com
Agriculture biologique. Vignoble et production d'huile d'olive.

Situé au cœur de l'appellation Bandol entre le village de La Cadière et du Castellet, le domaine Marie Bérénice compte 12 ha de vignes en restanques intégralement classées en AOP Bandol. Au-delà de la certification bio, son propriétaire Damien Roux est très sensible à la culture en biodynamie. Les vendanges sont ainsi faites à la main, et le raisin est sélectionné trois fois depuis le foulage jusqu'à la mise en bouteille. Coup de cœur enfin pour le rouge, composé de mourvèdre à 80 %, qui dépasse souvent les 18 mois d'élevage en bois.

DOMAINES OTT - CHÂTEAU ROMASSAN

601, route des Mourvèdres
✆ 04 94 98 71 91
www.domaines-ott.com
Haute saison : du lundi au samedi de 10h à 13h et de 14h à 18h30. Dégustation. Parking.

Artisans de grands vins en Provence, les Domaines Ott* ont acquis le château Romassan en 1956. La bâtisse du XVIIIe siècle, entièrement restaurée, veille sur 90 ha de vigne, au cœur de l'appellation Bandol. Le caveau de vente récemment restauré vous permettra également de déguster les crus des deux autres propriétés (Le Clos Mireille à La Londe-les-Maures et le Château de Selle à Taradeau). Des crus présentés dans une bouteille iconique, présente sur les meilleures tables du monde.

MAISON DES VINS DE BANDOL

238, chemin de la Ferrage
✆ 04 94 90 27 38
www.vinsdebandol.com
Du mardi au samedi de 9h30 à 13h et de 14h30 à 18h. Visite de caves. Vignoble et Découverte. Fermé en basse saison.

L'appellation Bandol couvre aujourd'hui 8 communes ; les premières vignes remontent à 1917. Situé à l'entrée du village du Castellet, en surplomb de restanques et de champs de vignes, la Maison des Vins de Bandol est un lieu bioclimatique de vie et de travail pour les vignerons de l'appellation, qui ont ouvert une cave en 2015. En été, ils aménagent par ailleurs un espace de dégustation-vente dédié à l'accueil du public. Un bon plan pour les amateurs de vins !

MIELLERIE DE L'ORATOIRE

987, chemin de l'Estagnol
✆ 04 94 32 65 78
www.miel2lor.com
Ouvert mardi, jeudi, vendredi et dimanche de 15h30 à 18h30 ; mercredi et samedi de 10h30 à 12h30 et de 15h30 à 18h30.

Une miellerie familiale établie ici en 1972 par Eliane et Jean-Louis Paxé, et gérée aujourd'hui par Olivier, le fils et son épouse Virginie. Apiculteurs passionnés, ils font partager à leurs visiteurs leur amour des abeilles, des ruches, et de leur délicieux métier. Renseignez-vous si vous souhaitez visiter leur exploitation ; en attendant, leur boutique présente miels, pollen frais et gelée royale, pâtisseries et confiseries, bougies, savons, vinaigre de miel et plein d'idées pour des cadeaux 100 % locaux. Une belle adresse gourmande !

LA CADIÈRE-D'AZUR ★★

Ce village provençal typique a su garder intacte son architecture médiévale. Il mérite d'être visité à pied, en entrant à l'est par la porte Mazarine. Au gré de ses ruelles et placettes fleuries chargées d'histoire, vous découvrirez la porte Saint-Jean, datant du XVIe siècle, la chapelle Sainte-Magdeleine édifiée sur les ruines du château féodal, avant d'atteindre sur la barre rocheuse la place des Pénitents-Blancs, pour découvrir la table d'orientation en pierre et céramique (création d'Anne-Marie Surlier, potière du village). De nos jours, l'activité viticole est prédominante mais l'artisanat occupe aussi une place majeure dans le village.

HOSTELLERIE BÉRARD & SPA**** €€

Rue Gabriel-Péri ✆ 04 94 90 11 43

www.hotel-berard.com

En base double, chambre classique de 109 à 174 €, chambre charme 171 à 225 €, Junior Suites 285 à 399 €. Petit-dej 19 €.

Cette hostellerie du bonheur de la famille Bérard (Danielle, Sandra, René et Jean-François), un ensemble de maisons de caractère et couvent du XIe siècle situé en plein village, apporte une attention particulière au bien-être des résidents, avec spa et centre d'aromathérapie, bistrot gourmand, espace lumineux abrité sous une véranda, qui propose une formule simple à prix doux et un restaurant gastronomique étoilé où la partition gourmande est interprétée par Jean-François.

LE REGAIN €€

39, avenue Marx-Dormoy

✆ 04 94 98 32 68

www.regain-cadiere.fr

Du mardi au jeudi et le dimanche à midi, le vendredi et le samedi midi et soir. 30 € le repas environ.

Amélie et Nicolas, propriétaires depuis 2013 de ce petit restaurant niché au cœur du village, ont su faire leur place en pratiquant une cuisine provençale simple et goûteuse, et surtout une cuisine à la cheminée tout au long de l'année ! Dans leur petite salle d'une quarantaine de couverts, ils vous proposent une entrecôte grillée avec frites maison, filet de daurade royale grillée, soupe de poisson maison avec rouille et croutons. Aux beaux jours, on préfère la jolie terrasse. Une des meilleures adresses de la Cadière-d'Azur.

LE MOULIN DE SAINT-CÔME

Quartier de Saint Come

✆ 04 94 90 11 51

www.moulindesaintcome.fr

Haute saison : du lundi au samedi de 9h à 12h et de 14h30 à 19h ; le dimanche de 14h30 à 19h.

Le moulin de Saint-Côme propose de l'huile d'olive vierge extra, de France et d'ailleurs, des savons à l'ancienne en pur végétal, cuits en chaudron, toutes les spécialités régionales salées et sucrées, traditionnelles et créatives, ainsi que divers produits régionaux tels que nappes provençales, ustensiles en bois d'olivier, confitures, pour n'en citer que quelques-uns. Le moulin, attenant à la boutique, équipé depuis 1990 d'une chaîne d'extraction continue, traite chaque année environ 120 tonnes d'olives et se visite gratuitement.

LE BEAUSSET ★

Le premier village du Beausset se trouvait au sommet de la colline-mère, à l'emplacement actuel de la chapelle Notre-Dame-du-Beausset-Vieux. En 1510, l'évêque de Marseille, propriétaire du site, autorisa les habitants à descendre dans la plaine, où se trouve l'agglomération actuelle. Seule subsiste la chapelle romane du XIIe siècle. Ce lieu abrite une très belle statue de la Vierge, en bois doré, attribuée à l'atelier toulonnais de Pierre Puget, et une galerie attenante où sont exposés une centaine d'ex-voto dédiés à la céleste protectrice. A côté de l'édifice, une table d'orientation permet d'admirer une vue circulaire complète de la région.

MAISON DU TOURISME DU BEAUSSET

Esplanade Charles-de-Gaulle ✆ 04 94 90 55 10

www.ville-lebeausset.fr

Haute saison : du lundi au samedi de 9h à 12h30 et de 15h à 18h30 ; le dimanche de 9h30 à 12h30.

Accueil précieux et sympathique de cet office du tourisme. On vous donnera toutes les infos dont vous avez besoin pour visiter le Beausset et les alentours. Vous trouverez également des brochures gratuites pour entreprendre l'une des balades à thèmes balisées dans le village et ses environs. En été, la maison du tourisme organise également des visites guidées gratuites. Alors n'hésitez pas à pousser la porte de la maison du tourisme pendant vos vacances au Beausset !

LA CAVE AND CIE BY MOULIN DE LA ROQUE

97, avenue des Anciens Combattants d'Indochine
✆ 04 94 98 70 17
www.lacavecie.com/
Ouvert du lundi au samedi de 9h30 à 12h30 et de 15h30 à 19h ; le dimanche de 9h30 à 12h30.

Cette ancienne coopérative oléicole et vinicole a été restaurée et réinvestie il y a quelques années pour accueillir aujourd'hui notamment, La Cave and Cie, une superbe boutique dédiée aux produits artisanaux, régionaux et bio, ainsi qu'un caviste proposant à la vente tous les vins du Moulin de la Roque ainsi que près de 1300 autres références. Côté spiritueux, du local également avec le gin provençal le Poulpe bleu, les produits de la maison Ferroni. Bières locales, miels, thés.

EVENOS

La commune est formée de trois hameaux : Evenos, Le Broussan et Sainte-Anne-d'Evenos. Le village du vieil Evenos, juché sur un piton rocheux possède une belle église romane, récemment rénovée, ainsi que les ruines du château de Nèbre, datant du XIe siècle. Du chemin de ronde du château, on peut apprécier un panorama superbe depuis le port de La Ciotat jusqu'à la rade de Toulon, ainsi qu'une vue vertigineuse sur les gorges d'Ollioules. Les amateurs d'activités pédestres pourront descendre à pied ce canyon creusé par les rivières Reppe et Destel, superbe site d'une grande beauté sauvage, ayant servi d'habitat à l'époque néolithique.

CHEMIN DE RONDE ET CHÂTEAU D'EVENOS

Chemin de ronde en accès libre. Château en cours de restauration fermé au public. Table d'orientation.

Son dédale de ruelles, son atmosphère si spéciale et ses maisons sombres construites en roche volcanique font du vieil Evenos un lieu assez unique. Depuis le parking à l'entrée du village, prenez le temps d'apprécier une première fois le panorama à couper le souffle sur les gorges d'Ollioules et le relief environnant. Du cœur du village démarre le chemin de ronde très bien aménagé, vous permettant de rallier le bout des ruines du château. Là encore, la vue est incroyable.

SIGNES ★

Ce village situé dans la plaine, sur le versant sud de la Ste-Baume, conserve de beaux vestiges de son passé : l'église St-Pierre (classée) du XIe siècle, la chapelle Saint-Jean, bâtie en 1669 de style gothique, la tour de l'Horloge et la fontaine aux Sorcières, également classée aux Monuments de France. C'est également la commune la plus boisée du Var avec plus de 11 000 ha de forêts. Le patrimoine religieux y est exceptionnel. En effet, le village fut longtemps propriété et lieu de villégiature des évêques de Marseille. En suivant les trois itinéraires des « Balades des oratoires », vous ferez connaissance avec onze oratoires et trois calvaires.

CONFISERIE FOUQUE

2, rue Louis-Lumière
✆ 04 94 90 88 01
www.nougat-fouque.com
Ouvert de mi-sept à fin déc, tous les jours de 9h à 12h et 14h à 19h. Visite gratuite sur réservation mi-sept à mi-nov.

Cette maison, fondée par Baptistin Fouque en 1864, fabrique toujours le nougat (et quel nougat !), selon des méthodes artisanales et traditionnelles dont elle seule a le secret. Cette sucrerie provençale, faite à la main dans des chaudrons centenaires, est fabriquée uniquement pour les fêtes de fin d'année. Les nougats blancs et noirs, qui s'imposent sur la table calendale à la place d'honneur parmi les treize desserts, sont en vente à la boutique. La visite de la fabrique (jusqu'à la mi-novembre) est automatiquement suivie d'une dégustation.

CHÂTEAU DE CANCERILLES

1400, route de Belgentier
✆ 04 94 90 83 93
www.chateaudecancerilles.com
5 gîtes de 2 à 5 personnes (à partir de 98 €/nuit ou 360 €/semaine).

Les familles Garcia et Lefèvre gèrent à merveille leur paradis bien complet : Cyril Garcia, le fils, a repris la gestion des vignes et du vin en 2015, Stéphanie et Yann Lefèvre s'affairent quant à eux au restaurant, tandis que Chantal Garcia a pris la charge des gîtes et chambres d'hôtes de caractère aménagés dans leur superbe mas provençal avec piscine, aquabike et autres tables de ping-pong. Après vous être renseigné sur le programme gastronomique, attablez-vous donc autour d'un repas vigneron, et découvrez, avant de les acheter, les nectars du domaine.

BRIGNOLES ★

Résidence d'été du comte de Provence au XIIe siècle, Brignoles verra la naissance de Saint Louis, patron de la ville. Implantée dans les terres les plus fertiles du Var depuis l'époque romaine, la ville de Brignoles souffre des guerres qui opposent François Ier à Charles Quint. Les troupes espagnoles sont repoussées maintes fois, mais la cité varoise est finalement vaincue en 1536, occupée par l'ennemi et même débaptisée. Les guerres de religion ouvrent un nouveau chapitre de malheurs. Au XIXe siècle, l'ouverture des mines de bauxite, le développement des activités de tannerie et de teinturerie apportent à la ville une réelle prospérité.

HÔTEL THE ORIGINALS BRIGNOLES LA BELLE ÉTAPE*** €

22, rue Antoine Albalat
✆ 04 94 69 30 30

Ouvert toute l'année. 37 chambres 100 % non-fumeur. Chambre double à partir de 80 €. Restaurant fermé le dimanche.

L'hôtel de Sébastien, ex-Inter-Hôtel, idéalement placé à proximité de l'autoroute A8, permet de sillonner aisément dans le Var, soit dans l'arrière-pays jusqu'aux gorges du Verdon, soit vers Toulon et la Méditerranée. Si vous préférez vous détendre au bord de la piscine, après votre déjeuner au restaurant où vous apprécierez une cuisine traditionnelle et familiale, à picorer dans un buffet à volonté, de l'entrée au dessert. Les transats vous tendent les bras.

AU FIL DE LA VILLE ★

Visite libre grâce à la brochure gratuite délivrée par l'office de tourisme ou sur le site internet. 1h30 environ.

Au gré d'un itinéraire de 17 haltes, découvrez les richesses du centre ancien, arpentez les ruelles médiévales avec leurs fenêtres à meneaux, et admirez portes anciennes et hôtels particuliers cossus... Pas à pas, dirigez-vous vers les remparts de la ville, le relais des Templiers, la maison du duc d'Epernon, le palais des comtes de Provence, véritable fleuron du patrimoine de la ville, l'hôtel de Clavier, la maison des Lanciers, l'église Saint-Sauveur... Une autre balade, le circuit des fontaines, vous permet de découvrir l'histoire du patrimoine autour de l'eau.

HÔTEL MERCURE BARBAROUX GOLF & SPA**** €€

Route de Cabasse
✆ 04 94 69 63 63
www.barbaroux.com

Ouvert toute l'année. 52 chambres. Spa espace bien-être. Parking privé. Restaurant traditionnel. Bar. Brasserie.

Le calme et la détente sont de rigueur dans ce paysage boisé de 87 hectares où s'étale un golf très prisé. Les chambres climatisées, modernes et très confortables bénéficient pratiquement toutes d'une terrasse et d'une entrée indépendante. Deux points de restauration sont à votre disposition, un restaurant traditionnel, entièrement relooké dans un style lounge et mobilier en wengé, avec une vue magnifique sur le parcours de golf, les vignes et la forêt, et une brasserie.

MUSÉE DES COMTES DE PROVENCE ★

Palais des Comtes-de-Provence ✆ 04 98 05 92 88
www.mcp.caprovenceverte.fr

Fermé du 23 décembre au 1er février. Gratuit jusqu'à 6 ans. Adulte : 4 €. Réduit : 2 €. Parkings à proximité.

Ce palais devient en 1945 le musée du Pays brignolais, aujourd'hui devenu le musée des Comtes de Provence, et présente l'histoire de la ville, ses mœurs, ses traditions et ses activités économiques disparues, ainsi que quelques productions artistiques locales. Sa collection, labellisée musée de France, est d'une grande diversité ; on y retrouvera notamment le sarcophage de la Gayolle, une importante collection d'ex-voto, ainsi que des œuvres des peintres J. Parrocel et F. Montenard.

CHÂTEAU MARGILLIÈRE

2125, RD79 route de Cabasse
✆ 04 94 69 05 34
www.chateau-margilliere.com

Vente et dégustation au caveau. Les jours de fermeture retrouvez les vins au golf de Barbaroux aux mêmes tarifs.

La famille Bunan a rejoint l'activité du Château Margillière depuis mars 2016. Cette bastide du XVIIe siècle restaurée par la famille Caternet, érigée sur une propriété de 90 hectares dont 25 de vignes, est bordée d'une rivière alimentée par une source millénaire. Dans sa boutique, vous pouvez déguster les vins AOP Coteaux-varois-en-Provence dans les trois couleurs, dont la cuvée Bastide et la cuvée Hautes Terres en vins biologiques, et découvrir également miels, safran, huiles de truffes noires et blanches et produits régionaux.

CORRENS ★

En 1997, une poignée d'agriculteurs décident de convertir leur production en agriculture biologique. Vingt ans plus tard, un apiculteur, un maraîcher, trois domaines viticoles ainsi que la coopérative vigneronne bénéficient du label Agriculture Biologique. Ainsi, Correns est devenue naturellement « Premier Village Bio de France ». Pour célébrer cette spécificité, c'est tout naturellement que Correns accueille chaque année sa Fête de la bio et du naturel le troisième week-end d'août. Sur place, cela vaut la peine de grimper au sommet du village pour découvrir le Fort-Gibron, imposant château abbatial édifié au XIIIe siècle, totalement restauré.

DOMAINE DES ANNIBALS

Route de Bras - RD35 ✆ 04 94 69 30 36
www.annibals.com

Visite de cave sur rendez-vous. Vigneron indépendant. Certifié Vin Bio ECOCERT. Label Haute Valeur Environnementale.

Nathalie Coquelle et Henri De Wulf produisent des vins en AOP Coteaux Varois en Provence dans les trois couleurs, ainsi que des IGP du Var en rouge et rosé. Les 30 hectares de vignoble sont conduits en agriculture biologique, et ceci dans le plus pur respect de l'environnement. Les cuvées portent le nom d'expressions disparues telles que « Fesse-Mathieux », « Ribote », « La Jouvencelle » ou encore « Suivez-moi-jeune-homme »... Pour l'anecdote, la signature du décret de l'appellation Coteaux Varois en Provence en 1993 a eu dans la belle cave du XIIe siècle.

DOMAINE ASPRAS

Chemin des Aspras
✆ 04 94 59 59 70
www.aspras.com

Visite du domaine. Dégustation et visite de groupe 12 € par participant (option végétarienne possible). Parking.

Situé à Correns, 1er village bio de France, le domaine de la famille Latz s'étend sur 32 hectares de vignes d'une moyenne d'âge de 17 ans. Certifié Ecocert depuis 1995, les vins biologiques respectent la biodiversité environnementale. Le domaine est composé de plusieurs types de terre, une complexité qui permet de proposer trois cuvées dans les trois couleurs, Licorne en Côtes de Provence AOP, Les Trois Frères en Côtes de Provence AOP et A Lisa en vin de pays du Var IGP. Une cuvée « Si, fines bulles rosé » est également vinifiée en méthode traditionnelle.

BRIGNOLES KARTING LOISIR

642, chemin des censies
✆ 04 94 69 20 12
https://brignoleskartingloisir.com/

Ouvert toute l'année tous les jours. Basse saison 9h-12h et 14h-18h, haute saison 9h-12h et 14h-19h30. Entrée : 20 €.

Ce circuit est spécialisé dans la location de kart loisir pour petits et grands (dès 4 ans) ou l'organisation de challenge type grand prix pour les groupes d'amis, anniversaires, comités d'entreprises, séminaires, incentives, team building ou encore en afterwork. Le circuit mesure près d'un kilomètre de long et est équipé d'un système de chronométrage, d'écrans géants, d'un système d'éclairage et d'une technologie de sécurité Tecpro type F1. Bénéficiez également sur place, d'un club house de 400 m², avec un bar et une salle de restauration-réunion.

K NOE

Le Condamine ✆ 06 85 73 38 07
www.k-noe.com

Fermé 15 octobre au 15 avril. 38 € par kayak 2 places adultes + 1 place enfant (5-10 ans) et 22 € par kayak monoplace.

Un maillot, un tee-shirt, une casquette, des baskets et vous voilà équipé pour découvrir le charme de Correns et de ses alentours. Dans une alcôve de verdure vous descendrez le fleuve Argens, pendant les 7 kilomètres qui séparent Vallon-Sourn de Correns, avec une écluse à passer, quelques mini-rapides, un slalom entre les arbres. Vous vous baignerez dans des bassins de nature sauvage, vous bronzerez dans les puits de lumière, enfin vous découvrirez la faune et la flore si particulières du premier village bio de France. La durée de la descente est d'environ 2h30.

GOLF DE BARBAROUX

Route de Cabasse
✆ 04 94 69 63 63
www.barbaroux.com/fr

Ouvert toute l'année. Fermé du 24 décembre au 26 décembre. Practice, putting green. Hôtel. Spa. Brasserie. Parking.

Le golf de Barbaroux – 18 trous, 6 068 mètres par 72 – situé sur les communes de Brignoles et de Flassans, a été dessiné par de célèbres architectes de golfs américains, Pete Dye et PB Dye, dans un environnement naturel de vignes et de pins. Il est notamment agrémenté de six vastes plans d'eau. Classé dans le top 50 des parcours européens par le fameux magazine *Golf world*, il bénéficie de la présence d'un hôtel Mercure aux prestations haut de gamme, d'un spa propice à la relaxation, et d'une brasserie qui vous accueille midi et soir.

CARCÈS

Le premier seigneur de Carcès fut Eldebert de Châteaurenard. Ensuite, la seigneurie a appartenu à Guillaume de Cotignac, puis passa dans les familles de Pontevès, de Simiane, de Rohan-Soubise et de Condé. Le château eut le privilège de recevoir Louis XIV et sa cour en 1660. Détruit après la Seconde Guerre mondiale, il a récemment été restauré pour partie. Avec son lac de 100 ha et les six rivières qui s'y déversent, Carcès est devenu le lieu de rencontres privilégié des pêcheurs en eau douce, et pour l'anecdote depuis 1889, la 3e ville de France éclairée à l'électricité. Le marché se tient le samedi matin, et est complété par un marché nocturne le jeudi en été.

DOMAINE CLOS GAUTIER

800, chemin des Bastides
✆ 04 94 80 05 05
www.closgautier.fr

Ouvert du lundi au vendredi 9h-12h30 et 13h30-17h. Dégustation gratuite. Visite de cave uniquement sur rendez-vous.

Créée en 2003, cette magnifique propriété viticole du cœur de la Provence verte est, depuis 2011, la propriété de Gilles Pedini, niçois d'origine et surtout un épicurien amoureux de la région. Épaulé par son talentueux maître de chai, il a su redonner au domaine ses lettres de noblesse : arrachage et replantation qualitative toujours en constante évolution, rigueur accrue dans le travail de la vigne et des vinifications, limitation de l'empreinte environnementale. À noter l'obtention de la certification en haute valeur environnementale (HVE) de niveau 3.

ENTRECASTEAUX

Ce village est situé dans la vallée de la Bresque, affluent de l'Argens. Ce fief fut successivement la propriété des Castellane, des comtes de Provence, puis des Grignan, et enfin de l'amiral Bruni d'Entrecasteaux. Le grand château à 4 niveaux, aujourd'hui privé, remplace une construction fortifiée du XIe. Les jardins à la française qui ornent le devant de la façade sud ont été dessinés par Le Nôtre. Sur la façade nord, une glacière, chargée pendant l'hiver, servait à alimenter en glace les habitants du village. Elle était approvisionnée par l'eau gelée sur les prés bordant la Bresque et probablement par l'apport de neige venant du massif des Bessillons.

CHÂTEAU D'ENTRECASTEAUX ★

Le Château ✆ 04 94 04 43 95
www.chateau-entrecasteaux.com/fr

Ouvert de Pâques à fin septembre. Adulte : 10 €. Enfant : 5 € (étudiants et enfants). Groupe (20 personnes) : 8 €.

L'ancienne forteresse du XIe siècle, détruite et reconstruite au XIIIe, puis maintes fois remaniée entre les XVIe et XVIIe siècles, a été entièrement restaurée et remeublée d'objets d'époque par son propriétaire, qui l'habite et en assure la maintenance. Au fil de la visite, se dévoilent sous nos yeux le salon Louis XIV, le salon Empire, le salon de musique baroque, la suite orientale, la cuisine ancienne, les cabinets de curiosités et les oubliettes... Son superbe jardin à la Française, dessiné par Le Nôtre, est à ne pas manquer.

COTIGNAC ★★

Aux portes du parc naturel régional du Verdon, quasiment à égale distance entre Aups au nord et Brignoles au sud, Cotignac se trouve lové au pied d'une falaise de tuf de 80 m de hauteur et de 400 m de largeur : un monument naturel creusé de multiples grottes, et qui fait toute sa spécificité. D'avril à septembre, son ascension est ouverte au public : dans les jardins du rocher, un ancien hospice de 1314, désaffecté depuis 1653, sert d'accueil aux visiteurs. Un escalier en rampe conduit ensuite au « balcon », où vous attend une terrasse aménagée en table d'orientation : d'en haut, le panorama sur les collines en restanques est saisissant ! Et pour terminer la visite, on pourra même faire un tour dans un habitat troglodytique ! En contrebas, en déambulant dans le village et ses ruelles ornées de fontaines, les amateurs de vieilles pierres pourront apprécier les deux tours médiévales, les vestiges de l'ancien château des Castellane, la chapelle Saint-Martin du IXe siècle, l'église Saint-Pierre du XIIe, la tour de l'Horloge et la maison du prince de Condé, toutes deux bâties au XVe siècle, ou encore la porte de la Puade, l'unique porte conservée sur les huit que comptaient les remparts du XVIe siècle. Prenez enfin le temps de flâner le long du cours Gambetta, l'artère centrale du village et théâtre chaque mardi matin du marché hebdomadaire. Bordé de platanes, de cafés et de restaurants, il y règne une atmosphère sans nulle autre pareille.

VAR

CASCADE DU GOUFFRE ★

Accessible à pied au départ du village. Baignade interdite.

Si l'on ne s'y baigne pas, cette belle cascade d'une dizaine de mètres de hauteur sur la Cassole constitue un agréable lieu de balade très facile d'accès, très agréable et ombragée. On y accède à pied, environ une quinzaine de minutes, au départ de l'office de tourisme, en empruntant le pont enjambant la rivière, puis en suivant les indications « Vallon Gai » le long du cours d'eau. Pour la petite histoire, cette cascade est née d'une déviation vers l'ouest au Moyen Âge, pour profiter des cavités et de la roche facile à creuser.

LE ROCHER ★★

Fermé l'hiver. Visite 2 €, gratuit pour les -10 ans.

Véritable symbole, la falaise de tuf de Cotignac, que tout le monde appelle *Le Rocher*, haute de 80 mètres et longue de 400 mètres, surplombe le village. Son ascension permet de découvrir, dans les jardins du rocher, un ancien hospice de 1314, désaffecté depuis 1653, qui sert aujourd'hui d'accueil aux visiteurs. Un escalier en rampe vous conduit au « balcon » où se trouve une terrasse aménagée en table d'orientation, et vers un habitat troglodyte que l'on peut encore visiter ! Attention, le sentier est étroit : pas de poussette donc...

COURS GAMBETTA ★

Un village provençal, ses ruelles étroites, ses maisons bien entretenues... Et son cœur animé, en toutes saisons, été comme hiver ! À Cotignac, l'artère centrale, c'est le cours Gambetta. Bordé de platanes, planté au centre par sa traditionnelle fontaine, il est le lieu chic où il fait bon déambuler, s'installer à un café ou se restaurer dans un des nombreux établissements. Une ambiance particulière se dégage de cet endroit : c'est là que se tiennent la plupart des événements estivaux, ainsi que le marché hebdomadaire, les brocantes.

APÎGITES €€

Route d'Entrecasteaux ✆ 04 94 04 60 39
https://apigites.jimdofree.com/

4 gîtes de 2 à 5 personnes ouverts du 1er avril au 31 octobre. 300 € par semaine pour le studio. Jeux. Terrasse.

Fabienne, Vincent et Fabrice, apiculteurs et viticulteur « stars » de Cotignac, vous accueillent dans trois gîtes au charme authentique, à proximité immédiate de leur exploitation apicole. Studio pour 2 ou 3 personnes ou appartements pour cinq, vous voilà légèrement à l'écart du village. Véritables passionnés, ils répondront avec plaisir à toutes les questions qui vous taraudent sur leur beau métier. Leur miel étant chaudement recommandé aux gourmands, il est impératif de vous rendre dans leur boutique « Les Ruchers du Bessillon », située au cœur du village.

VAR

© BENJAMIN CABASSOT - FOTOLIA

Le village de Cotignac.

LA BASTIDE DU MÛRIER €€

3359, chemin Bellevue
✆ 06 87 82 30 11

Ouvert toute l'année. 3 chambres d'hôtes. Locations de la maison à la semaine de 1 600 à 1 980 €. Terrasse. Piscine.

A 2,5 kilomètres du village, Dany et Jean-Luc mettent à disposition une belle bastide de plain pied, arborée d'oliviers et d'arbres fruitiers, pour les familles en quête d'indépendance. Climatisées, toutes les chambres sont décorées différemment ; l'une jouit d'une terrasse privée. Une véranda s'ouvre sur la piscine, qui est des plus appréciable par beau temps ! Une cuisine d'été entièrement équipée, avec cuisinière, micro-ondes, plancha, réfrigérateur, congélateur, table et chaises, est aménagée pour vivre dehors agréablement.

LOU CALEN €€

1, cours Gambetta
✆ 04 98 14 15 29
www.loucalen.com

12 chambres non fumeur de 180 € à 890 € suivant la saison. Restaurant, bar à vin et brasserie artisanale.

Avec l'acquisition de la bastide historique d'Huguette Caren, l'ancienne propriétaire, par un homme d'affaires canadien, c'est la renaissance de ce lieu qui a notamment accueilli le mariage de Joe Dassin début 1978. Après d'importants travaux de rénovation, l'hôtel propose dans un premier temps 12 chambres, avant de passer à 35 à l'été 2022, réparties sur 3 hectares de nature insoupçonnée, tout en gardant l'esprit initial de Lou Calen. L'autre bonne nouvelle est la présence au restaurant de Benoît Witz, qui vient proposer sa cuisine contemporaine provençale.

MAS DE L'OLIVETTE €€

1779, chemin de Blain
✆ 04 94 80 28 73
www.masdelolivette.com

Ouvert toute l'année. 3 chambres 100 € à 135 € suivant la saison. Piscine chauffée. Parking gratuit, privé et fermé.

Le mas de Yannick et Jean-Claude a été construit à flanc de çoteau dans la plus pure tradition provençale. À peine arrivé, déjà, l'impeccable façade ocre ne présage que du bon, et cela ne se dément pas ! L'intérieur lumineux fait la part belle aux matériaux nobles et naturels, travertin et terre cuite en tête. Cuisine, salon, chambres, salles de bains : l'ensemble est irréprochable de goût et de propreté. À l'extérieur, le jardin planté d'oliviers et de lavande ne dénote pas, et l'on se délecte de la piscine extérieure, chauffée dès le mois d'avril.

LES 3 MARCHES €€

11, cours Gambetta
✆ 04 94 04 65 99
www.les3marches.com

Ouvert toute l'année. Du jeudi au lundi le midi et le soir ; le mardi midi. Formule du midi 19 €. Menu 25 €. Terrasse.

Antony Dos Santos, le chef de ce restaurant de cuisine traditionnelle et méditerranéenne, joue la carte du naturel en servant des légumes locaux et issus de l'agriculture biologique. Tous les jours, il propose une suggestion à l'ardoise et une carte bienvenue, renouvelée évidemment au fil des saisons, terrine de sanglier maison parfumée au romarin de la colline, bonbon de chèvre chaud et tomate confite, magret de canard rôti, frites fraîches et légumes du moment, gambas sauvages flambées au rhum. Quant à ses pizzas, elles sont cuites au feu de bois.

LE CLOS DES VIGNES €€

Route de Montfort - RD 22
✆ 04 94 04 72 19

Ouvert du mardi midi au dimanche soir. Formule du midi : 16 €. Plat du jour 10 €. Carte : 50 € environ. Terrasse.

Le chef vous emmène découvrir une cuisine savoureuse des terroirs d'Italie et de Provence, qu'il élabore avec des produits de qualité et de première fraîcheur choisis en fonction des saisons, le velouté de cucurbitacées, le petit Banon du Luberon, l'osso bucco de veau milanaise, l'agneau de Sisteron confit sept heures, aux artichauts braisés et écailles d'aubergine, jus parfumé à l'ail confit au thym, le burger little Italy, le filet de turbot arrosé au beurre salé, tiramisu de Collobrières... Des plats à apprécier sur la terrasse face aux vignes.

JARDIN SECRET €€

13, rue de l'Araignée
✆ 04 94 78 30 51
www.loucalen.com

Ouvert toute l'année du vendredi au mardi. Menus de 48 € à 64 €. Formule du midi : 48 €. Terrasse.

Benoît Witz, chef étoilé, disciple d'Alain Ducasse, est revenu dans le Var pour distiller sa belle cuisine contemporaine provençale, en imposant une carte courte qui privilégie les circuits courts et les produits locaux issus du jardin de Lou Calen et des producteurs de la région, tendres légumes de printemps au naturel, caillé de la ferme des Jovents, condiments aux herbes ; bouillabaisse printanière, œuf de caille d'ici, roustide à l'huile d'olive mûre « Lou Calen » ; fraises de plein champ, glace au miel de nos ruches et sacristains...

BARJOLS ★

Barjols, dont le nom vient de ses racines provençales – barre : collines, et jouls : jolies – est né aux environs du XIIe siècle, grâce à la présence de l'eau. Le village aux 32 fontaines et 13 lavoirs, tous alimentés par une source d'eau potable, a longtemps vécu de ses tanneries qui assurèrent sa prospérité. Au XIXe siècle, Barjols était encore la capitale du cuir et ne comptait pas moins de 24 tanneries et 19 moulins à tan. Hélas, la concurrence a progressivement fait péricliter cette industrie et la dernière tannerie a fermé en 1983. Il reste encore quelques bâtiments des Tanneries Fassy, Planchud et Vaillant fondées en 1608 et fermées en 1981.

CIRCUIT DU VILLAGE ★

✆ 04 94 77 20 01

www.la-provence-verte.net

Comptez 1h30 à 2h de visite à pied.

Munissez-vous du petit guide distribué par l'office de tourisme et partez à la découverte du Tivoli de la Provence. À travers ses fontaines bien sûr, ses anciennes tanneries tout aussi incontournables, la collégiale, la porte du marquis de Pontevès, le cloître Saint-Joseph, le quartier des Carmes, mais également par le biais d'histoires pittoresques, telles que celle des fameuses Tripettes de Barjols (Saint Marcel), mêlez la promenade nature à l'enrichissement personnel. Le parcours est en effet jalonné de nombreux panneaux explicatifs.

FONTAINE DU CHAMPIGNON

Barjols dispose d'énormément de fontaines. Cette présence est due au nombre incroyable de sources et de cours d'eau. Il faut effectuer le tour des 19 fontaines qui parsèment le village et découvrir notamment cette fontaine, dont on ne connaît pas la forme originale, qui est la plus célèbre de Barjols. Elle est reconnaissable à cette masse impressionnante de tuf qui grandit sans cesse, envahie par un amas de mousse et de plantes. Une taille régulière s'impose tous les quatre ans environ, afin de ne pas compromettre l'équilibre de la fontaine.

CABANE DES AMOUREUX €€€

111, chemin des Prés Quartiers ✆ 06 09 34 22 34

www.cabanedesamoureux.jimdo.com

Ouvert toute l'année. Chambre double. À partir de 260 € la nuit. Panier dîner 27 €/personne.

Bercé par le bruit des feuilles et le craquement du bois, puis réveillé en douceur au chant des oiseaux et à la chaleur des premiers rayons, c'est la promesse d'une parenthèse en pleine nature et d'un formidable retour aux sources sans compromis de confort. Douche, toilettes, eau et électricité sont bien sûr opérationnels, tout comme la climatisation et la télévision, pour les plus inconditionnels des technologies modernes dans ces cabanes perchées sur pilotis au milieu de chênes verts avec une sublime terrasse panoramique où l'on prend le temps de se reposer.

MAISON REGIONALE DE L'EAU

33 bis, boulevard Grisolle

✆ 04 94 77 15 83

www.maisonregionaledeleau.org/contact/

Ouvert du lundi au vendredi de 9h à 12h et de 13h à 17h. Visite libre ou accompagnée.

Ce centre d'études sur les milieux aquatiques a été créé à l'initiative de plusieurs scientifiques appuyés par les collectivités territoriales. Il consacre son activité à l'exécution d'études sur le fonctionnement et l'écologie des biotopes d'eau douce montagnarde et des écosystèmes dulçaquicoles méditerranéens. Entre 40 et 60 études scientifiques sont conduites par an et plus de 900 animations sont organisées par an auprès des scolaires et du grand public.

LE CAFÉ DE L'EUROPE €

38, boulevard Grisolle

✆ 04 94 77 00 33

Ouvert toute l'année tous les jours à midi, et midi soir en été. Formule du jour : 15 €. Nouveau : pizzas !

Depuis plus de 30 ans, le Café de l'Europe est une institution à Barjols ! Sponsor sportif du village, siège des boulomanes barjolais dont Éric est d'ailleurs président ; on ne vient pas ici que pour se restaurer mais pour passer un vrai moment de convivialité ! Carole et Éric, la seconde génération, vous accueillent avec une grande gentillesse sur la belle terrasse ombragée, ou bien dans la grande salle fraîchement rénovée. Côté cuisine, un nouveau chef a intégré l'équipe et fait la part belle aux produits frais ! Les soirées d'été méritent elles aussi le détour.

LE PONT D'OR €

2, rue Eugène-Payan
✆ 04 94 77 05 23
www.hotel-barjols.com

Fermé du 1er au 15 janvier. Ouvert midi et soir du mardi au samedi et dimanche midi. Formule du midi 14,50 €. Chambres.

Situé en plein cœur du village, cet hôtel-restaurant familial, ancien relais de poste du XVIIIe siècle, dirigé depuis plus de trente ans par Nelly Gros, a su conserver son charme d'antan. En salle ou sur la petite terrasse aux 10 couverts, on y déguste une cuisine traditionnelle de terroir, mitonnée par le chef Joël Gros : terrine de gibier maison, pieds et paquets, truite du vivier, sans oublier les cannellonis à la crème (la spécialité) et l'aïoli du vendredi, toute l'année ! Les chambres sont très simples, mais conviendront pour une soirée étape.

BALADE HISTORIQUE EN CŒUR DE VILLE ★

✆ 04 94 59 25 89

Parcours libre. Brochure « Laissez-vous conter Saint-Maximin » disponible gratuitement à l'office de tourisme.

« Laissez-vous conter Saint-Maximin » ! Après vous êtes procuré la brochure correspondante à l'office de tourisme, suivez l'itinéraire pour découvrir le cœur historique de la ville. Du couvent royal à la place Malherbe, en passant par l'emplacement de la basilique primitive et du baptistère, les anciens remparts, le quartier juif, le pôle culturel La Croisée des Arts ou encore la place Martin Bidouré, Saint-Maximin n'aura bientôt plus de secret pour vous...

DOMAINE DES ROSEAUX ET SA MAISON DE PAYS

Route de Tavernes
✆ 04 94 37 74 54
www.domainedesroseaux.fr

Ouvert toute l'année du lundi au samedi.

Circuits courts, bonjour ! Hélène et André Sabatier, producteurs de vins et d'huile d'olive en agriculture biologique depuis 2000, ont créé cette belle Maison de Pays associative pour mettre à l'honneur les producteurs et les savoir-faire des villages environnants. Aujourd'hui, c'est leur fils Arnaud qui a repris les rênes du domaine, et la passion demeure. Outre les vins dans les trois couleurs, la maison de pays propose des produits de l'artisanal local et du terroir bio.

MASSIF DE LA SAINTE-BAUME ★★

À cheval sur le Var et les Bouches-du-Rhône, le massif est recouvert d'une forêt exceptionnelle, remarquable par sa double orientation. Cette forêt recouvre 140 hectares à une altitude comprise entre 680 et 1 000 mètres. Plus de cent dix espèces d'oiseaux nichent dans les bois. Cette forêt considérée comme une « relique » est aujourd'hui classée en réserve biologique domaniale. Elle est donc « hors de coupe », on n'y abat des arbres que pour assurer sa régénération.

VAR

SAINT-MAXIMIN-LA-SAINTE-BAUME ★★

Troisième tombeau de la chrétienté, Saint-Maximin se présente aujourd'hui comme un gros bourg provençal. Son principal attrait demeure sa magnifique basilique, édifiée selon la légende sur la crypte de sainte Marie-Madeleine, ensevelie en ce lieu au Ier siècle de notre ère. Dominant la ville, la basilique est considérée comme le plus grand édifice gothique de toute la Provence. À l'intérieur, on peut voir la crypte gallo-romaine du VIe siècle, la sarcophage de Sainte Marie, ainsi que plusieurs œuvres d'art et le grand orgue du XVIIIe siècle.

Au niveau des animations, un marché s'installe tous les mercredis matin, sur les places et les rues principales.

BASTIDE SAINT ESTÈVE €€€

Hameau de Saint-Esteve - **BRUE-AURIAC**
✆ 07 86 90 33 22
www.bastidesaintesteve.com

Ouvert toute l'année. 4 chambres en suite à partir de 140€ /basse saison et 240€/haute saison. Hammam, sauna, massage.

Cette bastide provençale du XVIIe siècle est une étape privilégiée nichée au cœur d'un hameau dans un écrin de verdure, de vignes, d'oliviers et de pinèdes. À l'étage, 400 m^2 ont été aménagés pour accueillir 9 personnes. Les 4 suites spacieuses avec salon et salle de bain privative ont été rénovées et décorées avec beaucoup de goût par Alissa et Cédric. Une cuisine très fonctionnelle et une salle à manger avec cheminée sont à disposition au même étage. Pour votre bien-être : piscine, terrain de pétanque, hammam et sauna et 2 solex en location pour balade vintage.

BASILIQUE SAINTE-MARIE-MADELEINE ★★★

6, place Jean Salusse
✆ 04 94 78 00 19
www.paroissesaintmaximin.fr
Ouvert toute l'année. Tous les jours de 7h30 à 19h15. Gratuit.

Avec ses 73 m de longueur, 43 m de largeur et 29 m de hauteur, l'imposante silhouette du plus grand édifice gothique de Provence s'aperçoit à des kilomètres à la ronde. La construction d'une basilique et d'un couvent de dominicains, au cœur de Saint-Maximin, a été décidée en 1295 par le comte de Provence et roi de Naples et de Sicile, Charles II d'Anjou, après les fouilles qui ont permis la découverte des reliques de sainte Marie-Madeleine en 1279. Les travaux vont se dérouler en plusieurs étapes, s'étaler sur plusieurs siècles, s'interrompre plusieurs fois pour différents problèmes, peste, pillages ou manque d'argent, et vont s'étaler jusqu'en 1532. La basilique prend forme et se compose d'une abside centrale polygonale flanquée de deux tourelles, de deux absidioles latérales, d'une grande nef de neuf travées, contrebutée par des arcs-boutants, et de seize chapelles. Les rois de France qui vont se succéder embelliront l'édifice avec les boiseries des stalles, la chaire, les orgues, le maître-autel et les retables des chapelles. Mais cette énorme construction ne sera jamais réellement terminée suivant les plans prévus. La nef principale a tout simplement été murée – il n'y a pas de rosace, de portail ni de clocher. Au Moyen Âge, l'endroit où se trouvent les reliques de sainte Marie-Madeleine devint un lieu de pèlerinage intensif. Saint-Maximin fut alors une étape incontournable sur la route de Saint-Jacques-de-Compostelle. Plus tard, à la Révolution française, la basilique subit d'innombrables dégradations, avant d'être classée sur la liste des monuments historiques en 1840, tout comme de nombreux éléments de son mobilier intérieur, les sarcophages de la crypte et le grand orgue et ses 2 960 tuyaux. En 2017, l'église a rejoint de célèbres « consœurs », comme la Sagrada Familia, en obtenant le titre de basilique mineure, qui désigne notamment des églises dont l'architecture est particulière.

À découvrir, au cœur de la basilique, la crypte, petite salle rectangulaire qui renferme quatre sarcophages de marbre datés de la fin du IVe siècle, de Marie-Madeleine, de sainte Marcelle, des saints Innocents et de saint Sidoine.

Le couvent royal, initialement dénommé couvent des Dominicains, jouxte la basilique. Composé de quatre bâtiments qui entourent un cloître de forme carrée, il est fermé en 1966, avant d'être vendu au département, puis occupé par un établissement hôtelier en 2017, et de nouveau fermé à l'expiration du bail en 2020.

LE CLOS GERALDY €€

135, chemin de Font-Trouvade
✆ 04 94 72 03 69
www.leclosgeraldy.com
Ouvert toute l'année. 3 chambres non-fumeur 114 € à 124 € la nuit, petit déjeuner inclus. Piscine. Spa hammam privatifs.

Bienvenue chez Thierry et Myane, vos hôtes attentionnés ! Si le Clos Geraldy est une belle maison d'hôtes avec vaste jardin de 1 hectare, petit vignoble privé, piscine extérieure et espace bien-être intérieur (hammam, sauna et bain à remous, et éléments de fitness sont au rendez-vous... gratuitement !), c'est aussi et surtout l'accueil de monsieur et ses gentilles attentions qui marqueront votre séjour. Idées de visites, conseils gourmands, il saura vous aviser personnellement et vous épauler si besoin pendant la durée de votre escapade.

L'ARDOISE D'AUDREY ET NICO €€

29, rue Gutemberg ✆ 04 94 77 40 89
www.lardoisedaudreyetnico.fr
Ouvert du lundi au samedi le midi (sauf le mercredi) + vendredi et samedi soir. Plat du jour 12 €. Carte : 30 € à 40 €.

Depuis leur rencontre il y a 11 ans, ils ne se sont plus quittés et travaillent ensemble depuis 9 ans. Audrey et Nicolas partagent les mêmes valeurs en cuisine : part belle aux circuits courts, valorisation des produits locaux et respect de la saisonnalité. Ici pas de menu, mais une ardoise bistronomique gourmande qui évolue en fonction de ces trois aspects, et de l'humeur de la chef. En cœur de ville, vous pourrez vous attabler en terrasse, ou en intérieur dans la petite salle.

LA TABLE DE BRUNO €€

32, avenue du Maréchal-Foch
✆ 04 94 80 50 39
https://latabledebruno.business.site
Ouvert toute l'année. Basse saison : fermé lundi mardi. Haute saison : fermé dimanche et lundi. Formule du midi : 29 €

C'est dans un tout nouveau décor, où le beige et le marron dominent, que Bruno Gazagnaire, ancien élève de l'école Ducasse, vous reçoit dans son restaurant affilié au Collège culinaire de France. La cuisine, faite maison, est maîtrisée de l'amuse-bouche au dessert, tant au niveau des assaisonnements que des cuissons. Vous apprécierez le foie gras de canard préparé par ses soins, les petits légumes de Provence farcis, le saint pierre pommes de terre fondantes et jus de bouillabaisse, le cochon fermier à la graine de moutarde, le calisson...

VAR

DOMAINE SAINT-JEAN-LE-VIEUX

317, avenue 8-Mai-1945
✆ 04 94 59 77 59
www.saintjeanlevieux.com
Ouvert du lundi au samedi de 8h à 12h30 et de 14h à 19h. Parking. Boutique en ligne. Visite du domaine sur rendez-vous.

Ce domaine familial de 63 ha, dirigé par les frères Boyer, vignerons indépendants adhérents depuis 2002 à la charte Terra Vitis, s'étale aux pieds du massif de la Sainte Baume. Le domaine produit les trois couleurs, rosé, rouge et blanc, en appellation AOP Coteaux-varois-en-Provence et en vin IGP du Var, ainsi que des vins effervescents, blanc, brut et demi-sec, et rosé brut, méthode traditionnelle, que vous pouvez déguster dans un caveau de vente aéré et lumineux.

DOMAINE SAINT-MITRE

1782, Chemin de Saint-Mitre ✆ 04 94 78 07 54
www.domainesaintmitre.com
Ouvert le lundi, le mercredi et le vendredi de 9h à 12h et de 14h à 17h. Dégustation gratuite. Parking.

Domaine familial de 35 hectares détenu par des vignerons originaires de Champagne, cette propriété très ancienne (bastide datant de 1817 et cave de 1898 !) a été entièrement rénovée : la bastide a retrouvé son lustre, le chai a été modernisé et équipé avec des outils et des équipements ultra modernes pour y vinifier de façon optimum les jus de raisins. Le vignoble, qui a connu une vague de plantations nouvelles, propose des vins en AOP Coteaux varois en Provence, dont la cuvée médaillée m en rosé, millésime 2000, et en IGP vin de Pays du Var dans les 3 couleurs.

VIGNOBLE ARNAUD

Quartier les Suies
✆ 04 94 72 14 82
Ouvert toute l'année. Parking. Dégustation gratuite, sauf pour les groupes de plus de 10 personnes.

Une exploitation familiale qui cultive le respect du terroir et le goût du travail bien fait. A Saint-Maximin, Anne et Nicolas ont pris la tête du vignoble fondé par Jean Luc Arnaud et son épouse. Un patrimoine d'une cinquantaine d'hectares doté d'une cave flambant neuve, parfaitement équipée. Le caveau de vente propose des produits artisanaux du Var : du miel de Riez, ou encore des terrines de Carcès. Là encore, ils sont tous élaborés sans colorant, de la manière la plus naturelle possible. Des expositions d'artistes sont aussi proposées dans ce caveau !

VARAGES ★★

Discrète par sa situation, aux portes du Verdon et au cœur de la Provence verte, Varages jouit d'un climat unique et se décline en une profusion de couleurs et de senteurs. Bâti sur une barrière naturelle de tuf, le village domine un paysage boisé de chênes verts. La région, fort argileuse, est généreusement desservie en eau par quatorze fontaines ainsi que par les canaux d'irrigation : le parfait combiné pour faire de la poterie une activité maîtresse. Aujourd'hui, la fameuse faïencerie de Varages et trois ateliers perpétuent encore avec brio ce savoir-faire de plus de 300 ans. Le musée des faïences est certainement à ne pas manquer.

MUSÉE DES FAÏENCES ★

12, place de la Libération
✆ 04 94 77 60 39
www.musee-faience-varages.fr
Fermé du 23 décembre au 31 janvier ; le premier week-end de juin et la semaine qui le précède. Adulte : 2,50 €.

Ce musée, créé en 1976 à la maison Gassendi, demeure du général d'Empire, retrace l'histoire de la production et les techniques de fabrication et de décoration de la faïence. Il se veut un lieu de conservation, mais également un lieu de recherches et de transmission, à la fois de la tradition stylistique et décorative, mais surtout du savoir-faire, du métier et du mode de vie des faïenciers de Varages. Des nombreuses pièces exposées, il faut remarquer deux plats fabriqués par Étienne Armand, les toutes premières œuvres de faïence connues à Varages !

DOMAINE DE LA BLAQUE €€

Quartier la Blaque ✆ 04 94 77 86 91
www.lablaque.com
Fermé du 4 janvier au 30 mars. 2 chambres de 95 à 105 € en fonction de la durée. Piscine extérieure. Parking.

Cette superbe bastide du XVIIIe siècle, rénovée dans l'esprit de la Provence et dans une démarche d'écotourisme, en total respect de l'environnement, est blottie au milieu de 300 hectares de forêt et de champs. Dans cette oasis de verdure, Caroline et Jean-Luc Plouvier vous proposent deux chambres d'hôtes de charme indépendantes, trois gîtes (de 3 à 6 personnes), ainsi qu'une maison familiale située à 800 mètres de la bastide principale. Jean-Luc fera partager sa passion de l'astronomie aux amateurs, depuis son observatoire équipé de lunettes et d'un télescope.

AUPS ★★

Porte sud des gorges du Verdon, l'histoire de ce village de caractère remonte au VIe siècle avant notre ère, avec l'implantation sur le plateau Saint-Marc, à proximité des grottes, d'une peuplade celto-ligure, les Verrucini. Aujourd'hui, le village est surtout connu pour son marché aux truffes, ouvert chaque année le dernier jeudi du mois de novembre par le président du syndicat des trufficulteurs du Var, et où les amateurs se donnent rendez-vous tous les jeudis matin de fin novembre à début mars, de 9h30 à 12h sur la place Mistral, pour constater l'évolution du cours et de la qualité de la truffe noire.

MAISON DE LA TRUFFE D'AUPS ET DU VERDON

Place Martin-Bidouré ✆ 07 49 95 46 42
www.maisondelatruffe-verdon.fr
Haute saison : du lundi au samedi de 9h à 12h et de 14h à 18h. Tarif adulte 3,50 €. Réduit 2,50 €. Parking.

Une plongée souterraine au cœur de l'un des secrets les mieux gardés de la gastronomie française… Située sur la route des gorges du Verdon, cette maison-musée inaugurée à l'occasion du premier marché aux truffes de la saison 2015, vous accueille, au cœur du village d'Aups, dans un ancien hospice du XVIIe siècle. Elle propose pour les experts, ou néophytes, une plongée ludique dans l'atmosphère souterraine et mystérieuse du diamant noir, autour de la visite de plusieurs espaces.

LE GRAND HÔTEL** €

2, place du Gendarme-Duchatel
✆ 04 94 70 10 82
www.grand-hotel-aups.com
Chambre double de 60 € à 77 €, chambre triple de 74 € à 82 €. Parking. Wifi. Restaurant. Animaux acceptés 10 € par nuit.

Vous apprécierez l'accueil soigné de la famille Meissel, dans cet ancien relais du XIXe siècle chargé d'histoire. Les chambres sont coquettes, et très bien tenues et la maison pratique une cuisine authentique à déguster sur la terrasse ombragée par un platane centenaire ou au coin de la cheminée en hiver, brouillade de truffes noires en hiver (nous sommes dans le fief de la tuber melanosporum !), œuf cocotte aux girolles et foie gras, pieds et paquets à la provençale… Un délice ! Une bonne adresse à tous points de vue. On recommande !

HÔTEL RESTAURANT LE PROVENÇAL €

Place Martin-Bidouré
✆ 04 94 70 00 24
www.hotelrestaurantleprovencal.fr
Chambre double de 60 € à 74 €. Pension complète : 61 € (par jour et par personne). Restaurant : menus 12,50 € à 50 €.

Depuis plus de 20 ans, cet hôtel, situé au centre du village, vous propose des chambres simples, douillettes et confortables. L'été, profitez de la terrasse ombragée par un mûrier bicentenaire, de la véranda entièrement rénovée, pour apprécier une bonne cuisine essentiellement provençale : salade de chèvre chaud au miel et pignons, terrine maison, tarte au citron meringuée… Aux premiers frimas, régalez-vous des spécialités de gibier et de truffes, brouillade de truffes par exemple.

© LAURENT BOSCHERO

© LAURENT BOSCHERO

VAR

© LE SAINT-MARC AUPS

© LE SAINT-MARC

LE SAINT MARC €€

Rue Jean-Pierre-Aloisi ✆ 04 94 70 06 08
http://lesaintmarc.com

En saison : tous les jours midi et soir. Hors saison : fermé lundi soir et mardi. Menus de 28€ à 36€. Formule midi : 12€

Dans un ancien moulin à huile, cet hôtel-restaurant vous accueille dans un cadre typiquement provençal. La cuisine du chef Alexandre Dimitch, réalisée avec des produits frais, rend hommage au terroir : poulpe à la plancha et son risotto au pesto de roquette et poivrons marinés ; pavé d'espadon à la plancha, caviar d'aubergine et émulsion mozzarella di bufala et basilic ; magret de canard poêlé, mousseline de céleri à l'huile de truffe et poire pochée... mais aussi tarte Tatin et glace yaourt. Aups étant capitale de la truffe, vous la retrouverez aussi au menu !

© LE SAINT-MARC AUPS

© LE SAINT-MARC AUPS

LA TRUFFE €€

10-12, rue du Maréchal-Foch
✆ 04 94 67 02 41
www.restaurantlatruffe.com
Ouvert du mer au dim 12h-14h30 et 19h-21h30. Carte de saison, cuisine à la truffe. Menus enfant et végétarien. Terrasse.

Maître Restaurateur, disciple d'Auguste Escoffier, Toques Blanches Internationales, membre du Grand Cordon d'or de Monaco et du Collège culinaire de France ; Sébastien Gaillard fait la part belle aux produits de saison. La passion, la créativité et la technique animent ce chef aux origines latines qui travaille en famille. Safran et figon confit du Haut-Var, truffes, œufs et légumes bio de Aups, escargots du Pradet, les circuits sont courts et hautement qualifiés. La Truffe propose la climatisation et le filtre Covid pour plus de confort l'été en salle.

CHÂTEAU DE TAURENNE

5800, route de Tourtour
✆ 04 98 10 21 35
www.taurenne.com
Basse saison : ouvert du lundi au samedi de 10h à 18h. Haute saison : tous les jours de 10h à 18h.

Situés sur les pentes sud du relief préalpin, entre 438 mètres et 580 mètres d'altitude, les 253 hectares du domaine bénéficient d'une situation privilégiée. Tout traitement chimique inutile est exclu et différentes variétés d'olives sont présentes sur le domaine. Elles sont récoltées tournantes afin de faire une huile, l'Or de Taurenne, AOP Provence. Six autres huiles sont également produites : quatre monovariétales (bouteillan, petit ribier, aglandau et frantoïo), une huile « goût à l'ancienne » et une huile aromatisée au citron.

MARCHÉ AUX TRUFFES

Place Frédéric-Mistral
De fin octobre à février.

Ce 3e marché de France de par son importance, se déroule sur la place Frédéric Mistral et au foyer Romano, tous les jeudis matins du dernier jeudi de novembre à fin mars si la production le permet. Il est ouvert aux grossistes et aux particuliers, le cours est fixé par les courtiers en fonction de la qualité et de l'importance des truffes présentées. Choisissez plutôt janvier ou février pour l'achat, c'est à cette époque qu'elles sont les meilleures ! Le marché aux truffes blanches (truffe d'été) a lieu quant à lui tous les mercredis matin de mi-juin à fin août.

BAUDUEN ★★

Construit en arc de cercle, adossé à la falaise, placé sur la voie romaine de Fréjus à Riez, le village a franchi les siècles en laissant de nombreuses traces de son passé : ruines du château fort qui n'a pas résisté aux guerres de Religion, rues étroites, portes Renaissance et vestiges de remparts, fenêtres à meneaux, vieille tour de défense du XVIe siècle. Après la création du lac de Sainte-Croix en 1973, ce village à vocation agricole a su, tout en gardant ses activités (élevages caprins et ovins…), se tourner vers le tourisme. Le port et le centre nautique sont devenus des points de rencontre incontournables pour les amateurs d'activités aquatiques.

DOMAINE DE MAJASTRE €€

Route des Salles-sur-Verdon
✆ 04 94 70 05 12
www.domaine-de-majastre.fr
Chambre double de 95 € à 150 € ; chambre triple à partir de 115 €. Petit déjeuner inclus. Lit supplémentaire : 15 €.

Depuis plus de 30 ans, Rosy et Philippe de Santis vous reçoivent dans leur vaste gentilhommière du XVIIe siècle, ancienne résidence des comtes de Blacas, dissimulée dans la verdure au milieu d'un domaine truffier de 5 hectares.

Les chambres sont toutes équipées d'un lit double, idéal pour un séjour en couple. Certaines disposent d'un lit supplémentaire afin d'accueillir les visites en famille. Chaque chambre est dotée d'une salle de bain moderne, équipée de cabine douche, lavabo et toilettes. Vous profiterez de nombreuses découvertes autour de la truffe.

JAS DE MAJASTRE €€

Route des Salles-sur-Verdon
✆ 04 94 70 05 12
www.domaine-de-majastre.fr
Menus de 75 € à 85 € (menu découverte et passion truffe). Carte estivale du 15 mai au 15 octobre, menu terroir à 35 €.

Un restaurant de terroir chaudement recommandé. Spécialisés en élevage de chien truffier jusqu'à la vente de truffes, la famille De Santis propose une cuisine de terroir raffinée, à base uniquement de produits bio de la ferme et du domaine. Le jeune chef Morgan Barra, fils de Philippe et ancien élève du lycée hôtelier Paul Augier à Nice, concocte avec créativité différentes recettes autour du diamant noir : brouillade aux truffes, feuilleté aux truffes, cappuccino de cèpe et chantilly aux truffes ou encore un dessert lacté aux lamelles de truffes…

VILLECROZE

A 350 m d'altitude, sur une route départementale qui mène au lac de Sainte-Croix et aux gorges du Verdon, Villecroze est protégée par un pan de montagnes, couvert de pins et de chênes verts, qui l'abrite du mistral. Son parc aux essences rares, ses grottes troglodytiques, sa cascade et ses nombreuses sources qui jaillissent aux environs lui apportent une touche fraîche et verdoyante. Le vieux village a conservé son caractère moyenâgeux avec ses arcades et ses rues étroites. Le campanile, l'ancien donjon qui jouxte le château, la chapelle Saint-Victor du XIIe siècle et l'église romane du XVIIe siècle méritent une visite approfondie.

CHÂTEAU THUERRY

RD 557

✆ 04 94 70 63 02

www.chateauthuerry.com

Haute saison : tous les jours et les jours fériés de 9h à 19h.

Le domaine s'étend sur les communes de Villecroze, Flayosc et Tourtour dont les appellations sont respectivement classées en AOP Coteaux-Varois en Provence, Côtes-de-Provence et IGP Coteaux du Verdon. On est au cœur du Parc régional naturel du Haut-Var-Verdon, l'accès depuis la route principale jusqu'au domaine de 340 hectares (dont 40 de vignes plantées), est un pur plaisir. A 400 mètres d'altitude on traverse les sous-bois et pénètre au cœur des terres de calcaire et d'argile, avant de découvrir la grandiose cave en béton aux allures de cathédrale.

BAUDINARD-SUR-VERDON

De nombreux vestiges et objets préhistoriques trouvés dans la grotte de l'église témoignent d'une occupation du site jusqu'à l'âge du fer. Le nom du village apparaît sur des écrits, en 1113, sous le nom de Bellum Dinarium, puis Beldinard. Le 26 mai 1389, Elzéar de Sabran, baron d'Ansouis, devient seigneur de Baudinard, par son mariage avec Beaucette. La seigneurie restera entre les mains de Sabran jusqu'à la Révolution. Aujourd'hui, ce village a conservé de belles maisons, reliées par des passages voûtés pleins de caractère.

LES SALLES-SUR-VERDON ★

Peu de vieilles pierres à découvrir dans ce village, ceci est dû en grande partie à un épisode dramatique de son histoire. En effet, le village a dû être sacrifié lors de la mise en eau de la retenue du lac de Sainte-Croix. Le village neuf, moderne, aéré, fleuri, a été reconstruit en promontoire sur le lac. Aujourd'hui, il est devenu une destination agréable pour la pratique de tous les loisirs aquatiques grâce au plan d'eau des 2 200 hectares du lac et à l'attrait de sa belle eau turquoise. En plein cœur du parc naturel du Verdon, la commune est idéalement située pour rayonner et pour découvrir la nature environnante par le réseau des sentiers de randonnée.

LAC DE SAINTE-CROIX ★

Lac de Sainte-Croix

© RAPHAEL COMBER SALES - SHUTTERSTOCK.COM

Mis en eau de novembre 1973 à avril 1975, le lac est alimenté par le Verdon qui prend sa source au col d'Allos et parcourt 175 kilomètres dont 30 kilomètres au fond des gorges éponymes. Il doit sa couleur émeraude à de micro-algues en suspension. Voué à la production hydroélectrique et à l'irrigation, ce lac qui mesure 11 kilomètres de long sur 4 kilomètres de large environ est également un éden pour les baigneurs, les adeptes de sports nautiques et les pêcheurs. Un des incontournables des Gorges du Verdon et quel bonheur de s'y baigner !

VAR

AIGUINES ★

Petit village perché à plus de 800 mètres d'altitude, Aiguines surplombe le lac de Sainte-Croix. Au sommet, à côté de la chapelle Saint-Pierre, une table d'orientation permet d'admirer le superbe panorama aux alentours du village. L'église paroissiale Saint-Jean, avec son beau clocher à baies, date du XIIIe siècle. Le château et ses caractéristiques, quatre hautes tourelles aux toits en poivrières recouvertes de tuiles vernissées polychromes, a été restauré en 1606 par Balthazar de Gauthier, avant d'être transformé et ses jardins aménagés, vers 1720, puis 1750. Racheté et rénové en 1989, il est devenu une résidence privée.

MUSÉE DES TOURNEURS SUR BOIS ★

Place de la Résistance ✆ 04 94 70 99 17
www.museedestourneurssurbois.com

Juillet-août, 10h-18h30. Juin, septembre, mai 10-18h sauf le dimanche. Tarif 3,50 €. Groupe 15 pers/réservation, 3 €.

A Aiguines, la tournerie sur bois est mentionnée dès la fin du XVIe siècle. C'est la présence d'un espace forestier rare qui l'a rendu possible. De tels villages de tourneurs ont existé et existent encore. Mais dans tout le sud-est, Aiguines fait figure d'exception. Le musée vous propose de découvrir son histoire à travers ses collections, qui représentent un patrimoine rare, témoignage d'un savoir-faire unique et où se côtoient le savoir-faire d'hier et la création contemporaine.

HÔTEL GRAND CANYON DU VERDON** €

RD71 ✆ 04 94 76 91 31
www.hotel-canyon-verdon.com

Chambre double de 90 à 115 €. Demi-pension : 160 € (à partir de, pour 2 personnes). Wifi gratuit. Animaux acceptés.

Cet hôtel est vraiment un de nos établissements préférés dans le Verdon ! C'est avant tout en raison de sa localisation unique et exceptionnelle. Il est en effet posé sur la sublime corniche du grand Canyon et la vue à-pic sur le canyon, à 300 mètres de hauteur, y est époustouflante. Les chambres, qui ont été restaurées récemment, sont confortables et cosy. Le restaurant, Les Cavaliers, offre une très belle vue panoramique sur le canyon du Verdon et une bonne cuisine du terroir.

DOMAINE DE CHANTERAINE €€

Chantereine
✆ 04 94 70 21 01
www.chanteraine.net

Ouvert de mars à octobre. 3 chambres. Chambre double à partir de 155 €. Petit déjeuner buffet inclus.

Ce domaine, fief seigneurial du XIIe siècle avec ses façades réaménagées au XVIIe siècle, ouvert sur un grand bassin à deux fontaines, domine les eaux bleues du lac de Sainte-Croix, posé au milieu de 2 200 hectares. Les chambres et les suites possèdent des meubles anciens patinés par le temps. L'établissement possède aussi une belle piscine, idéale pour la détente. A proximité du domaine, vous pourrez pratiquer de nombreuses activités de loisirs (escalade, parapente, randonnée...). Le domaine se situe à environ 1 kilomètre avant Les Salles-sur-Verdon.

VAR

© VINCENT FORMICA

Aiguines et le lac de Sainte-Croix.

LA BASTIDE DU CALALOU**** €€€

Route de Baudinard
✆ 04 94 70 17 91
www.bastide-du-calalou.com
Ecolabel européen. Ouvert toute l'année. 32 chambres + 2 appartements. Nuitée de 150 à 345 €. Restaurant. Piscine.

En plein cœur du Var, à proximité des Gorges du Verdon et de la Provence Verte, la Bastide du Calalou est un lieu de villégiature d'exception. Un hôtel-restaurant 4 étoiles offrant luxe et confort dans un écrin de nature unique. 32 chambres au total, des suites et deux logements de charme, un parc de 4 ha, piscine et tennis, puis espace bien-être pour assurer la détente après l'effort. L'hôtel bénéficie aussi de la présence d'un restaurant réputé, ouvert toute l'année midi et soir.

© HÔTELS DU SUD

© BASTIDE DU CALALOU

MOISSAC-BELLEVUE ★

Le village qui s'appelait originellement Moxiaco en 1052, puis Moisac en 1110, a été dirigé successivement par les seigneuries des Blacas, des Castellane et des Coriolis. En 1201, le seigneur d'Aups, Blacas, fait donation aux Templiers de sa part, située à Moissac. Au XIIIe siècle, le seigneur de Baudinard, Guillaume de Moissac, offre également ses biens aux Templiers et rejoint l'ordre. Une commanderie sera alors érigée. Ce village pittoresque, déployé en arc de cercle sur un promontoire à près de 600 mètres d'altitude, est composé de maisons anciennes voûtées au rez-de-chaussée, de rues étroites pentues, de passages arqués.

© ANNEKA - SHUTTERSTOK.COM

Village de Moissac-Bellevue.

LA BASTIDE DU CALALOU €€

Route de Baudinard
✆ 04 94 70 17 91
www.bastide-du-calalou.com
Ouvert tous les jours le midi et le soir. Ouvert l'après-midi en saison. Menus de 36 € à 115 €.

Au restaurant de la Bastide du Calalou, vous dégusterez une bonne cuisine provençale du terroir, élaborée à partir de produits frais par le chef Rodolphe Lewandovski. Les repas sont servis dans la grande salle chic sublimée d'une somptueuse et moderne cheminée, ou sur l'agréable terrasse extérieure en été. Goûtez par exemple les filets de rouget barbet juste saisis, carotte et gingembre, les ravioles de truffe noire Melanosporum et crème de panais ou encore pour finir en douceur, l'huile d'olive à la vanille et crémeux de citron.

VAUCLUSE

Partir à la découverte du Vaucluse, c'est une invitation à feuilleter un livre d'histoire à travers des siècles illustrés par de nombreux vestiges d'une richesse exceptionnelle, par de nombreux monuments classés à l'Unesco. C'est se balader dans deux parcs naturels régionaux. C'est vivre dans le « jardin de la France » où règne la douceur du climat, où à perte de vue s'étendent des prairies, des vignobles, des forêts, un lieu de prédilection pour les cultures maraîchères et fruitières. C'est admirer une mosaïque de villes, de villages bâtis par les hommes. C'est s'imprégner d'une culture forte à l'accent provençal, forte de sa musique, de ses danses, de ses théâtres, de ses festivals, de ses poètes engagés et de sa gastronomie aux accents du soleil. Vous êtes nombreux à nous envier ce territoire mais comment le visiter ? Quelles sont ses activités sportives ? Ses spécialités ? Que ramener de votre voyage ? ...suivez le guide !

ARDÈCHE
GARD
BOUCHES-DU-RHÔNE
Vers Montélimar
Vers Lyon
Vers Pont-St-Esprit
Vers Nîmes
Vers Marseille
Nyons
GRILLON
VALRÉAS
RICHERENCHES
VISAN
Lapalud
BOLLÈNE
MONDRAGON
UCHAUX
MORNAS
PIOLENC
STE CÉCILE-LES-VIGNES
Lagarde-Paréol
SÉRIGNAN-DU-COMTAT
CAIRANNE
RASTEAU
ROAIX
VAISON-LA-ROMAINE
PUYMÉRAS
ENTRECHAUX
CRESTET
SÉGURET
SABLET
MALAUCÈNE
SUZETTE
GIGONDAS
VACQUEYRAS
SAINT-HIPPOLYTE-LE-GRAVEYRON
LE BARROUX
LAFARE
LA ROQUE-ALRIC
BEAUMES-DE-VENISE
CAROMB
ORANGE
Jonquières
Caderousse
Sarrians
AUBIGNAN
COURTHÉZON
CARPENTRAS
MAZAN
BÉDARRIDES
CHÂTEAUNEUF-DU-PAPE
MONTEUX
SORGUES
Entraigues
PERNES-LES-FONTAINES
St-Didier
LA ROQUE-SUR-PERNES
VILLENEUVE-LEZ-AVIGNON
LE PONTET
Vedène
Jonquerettes
VELLERON
LES ANGLES
Morières
AVIGNON
Châteauneuf-de-Gadagne
LE THOR
L'ISLE-SUR-LA-SORGUE
LAGNES
CAUMONT-SUR-DURANCE
CABRIÈRES-D'AVIGNON
ROBION
CAVAILLON
Cheval-Blanc
Rhône
Aigues
Ouvèze
Durance
10 KM

Vaucluse
Autoroute
Nationale
Départementale
Ville
Forêt domaniale
HAUTES-ALPES
DRÔME
ALPES DE HAUTE-PROVENCE
VAR
BRANTES
Mont Ventoux
Mont Ventoux 1909 m
D164
D974
AUREL
ST TRINIT
Vers Forcalquier
FLASSAN
D1
SAULT
MONIEUX
D30
D942
ST CHRISTOL
FORÊT DE SAINT LAMBERT
D943
LAGARDE-D'APT
Monts de Vaucluse
SAINT-SATURNIN-LÈS-APT
MURS
RUSTREL
JOUCAS
VILLARS
Gignac
D4
D22
GARGAS
VIENS
CASENEUVE
ROUSSILLON
SAINT-PANTALÉON
APT
D900
GOULT
SAIGNON
Vers Digne-les-Bains
CASTELLET
LACOSTE
BUOUX
AURIBEAU
Vers AIGLUN
Sivergues
Vitrolles-en-Luberon
MÉNERBES
BONNIEUX
MONTAGNE DU LUBERON
PAR RÉGIONAL DU LUBERON
LA BASTIDE-DES-JOURDANS
Vers Manosque
CABRIÈRES-D'AIGUES
PEYPIN-D'AIGUES
VAUGINES
CUCURON
SAINT-MARTIN-DE-LA-BRASQUE
LOURMARIN
Parc naturel régional du Luberon
BEAUMONT-DE-PERTUIS
D973
LAURIS
LA MOTTE-D'AIGUES
PUGET-SUR-DURANCE
ANSOUIS
LA TOUR-D'AIGUES
CADENET
D956
LA BASTIDONNE
MIRABEAU
VILLELAURE
PERTUIS
Vers Aix-en-Provence
A51

PAGES

525 UCHAUX ★

Le nom d'Uchaux, Octavis Uchot apparaît par écrit pour la première fois au XIIe. On s'accorde à dire que ce nom d'origine romaine, devait correspondre à un emplacement numéroté par une borne militaire, la huitième certainement. Tout au long des siècles, la vocation rurale a perduré : vignes, céréales, betteraves à sucre et plus récemment, les cultures industrielles : maïs, tournesols, blés durs.

525 PIOLENC

526 CHÂTEAUNEUF-DU-PAPE ★

C'est étonnant de voir un si petit village reconnu dans le monde entier pour ses treize cépages. Depuis 2019, l'élaboration du vin de Châteauneuf-du-Pape est inscrite sur l'inventaire du Patrimoine Culturel Immatériel. Les vignerons sont des virtuoses qui écrivent leurs partitions dans un cadre très sévère. La reconnaissance ne date pas d'hier, elle commença en 1929.

528 SORGUES ★

529 JONQUIÈRES

529 COURTHÉZON

530 ●● PAYS DES SORGUES

530 CHÂTEAUNEUF-DE-GADAGNE

530 FONTAINE-DE-VAUCLUSE ★

-Vallis Clausa - inspira le nom actuel de ce village et détermina celui du département. Il est parmi les sites naturels, un des plus fréquentés du Vaucluse. Ce succès tient à sa source jaillissant au pied d'une falaise de 230 m de haut. Cette source, qu'on appelle ici fontaine, est la plus puissante de France et la 5ème au niveau mondial, avec un débit d'eau annuel de plus de 600 millions de m3 !

532 LAGNES

533 L'ISLE-SUR-LA-SORGUE ★★

La ville-île est traversée par plusieurs canaux, certains la surnomment d'ailleurs la Venise Provençale. Elle a été construite au XIIe siècle sur pilotis dans les marécages. Avec ses rues en calade, ses passages voûtés, c'est une invitation à la rêverie. Ses grandes roues à aube moussues alimentaient autrefois les moulins à papier et les filatures.

536 MALEMORT-DU-COMTAT

537 LE THOR

537 SAUMANE-DE-VAUCLUSE

538 ●● AUTOUR DU VENTOUX

538 VAISON-LA-ROMAINE ★★

Pur joyau de la Provence romaine, Vaison labellisée Plus Beaux Détours de France, vient d'obtenir la troisième fleur au concours des villes et villages fleuris. Elle possède un patrimoine architectural antique et médiéval d'une richesse exceptionnelle. Elle se dévoile prenant un peu de hauteur, là où tout a commencé. À nos pieds, une des villes les plus riches de la Narbonnaise.

PAGES

VAUCLUSE

PAGES

Village cramponné à un promontoire rocheux au-dessus de la plaine de la Durance, classé *Plus Beaux villages de France*, distingué par la couleur chaude de ses pierres, son château Renaissance classé aux Monuments historiques, bâti sur les fondements d'une forteresse du Moyen Âge. Poussez jusqu'à l'église paroissiale Saint-Martin, c'est ici que fut tournée la scène du mariage de Manon des Sources!

On flâne dans ses ruelles étroites, bordées de belles maisons anciennes et d'hôtels particuliers ; on se pose sur une placette ombragée... C'est la douceur de vivre à la provençale ! Les amateurs d'art seront servis, les galeries et les ateliers sont nombreux dans le centre. Le vendredi, c'est jour de marché, un bonheur pour remplir son panier de bons produits, d'artisanat.

AVIGNON ★★★★

Ancien centre celte, puis puissante cité romaine, ceinte par ses remparts, elle est à la fois capitale spirituelle, politique, économique et culturelle. Avignon peut s'enorgueillir de posséder un patrimoine architectural et artistique exceptionnel qui en fait aujourd'hui encore le plus grand et le plus bel ensemble gothique d'Europe. Son histoire commence sur le rocher des Doms, refuge naturel au-dessus du Rhône. Au XIIe siècle, c'est déjà une ville importante, grâce notamment au pont Saint-Bénezet, le fameux pont d'Avignon, qui lui assura une activité commerciale considérable. Plus tard, au XIVe siècle, Avignon sera le centre du monde chrétien, et demeure terre pontificale jusqu'à la Révolution. Célèbre aussi grâce au plus grand festival de théâtre vivant du monde, elle accueille des centaines de spectacles et des milliers de spectateurs chaque année. Ses musées, renfermant des expositions prestigieuses, répondent aussi aux attentes des visiteurs. Par un dédale de ruelles ponctuées de placettes, venez découvrir ses mille richesses. Outre le prestigieux Palais des Papes, le célèbre pont d'Avignon et les remparts encore intacts qui ceignent la ville, celle-ci recèle nombre de trésors à découvrir au fil des rues. Pour vous aider, l'office de tourisme a mis en place quatre promenades balisées (la promenade des Doms, la promenade Joseph Vernet, la promenade des Teinturiers et la promenade de la Carreterie) qui vous permettront de découvrir tous les attraits de la ville, les églises, les chapelles, les vieilles rues et les hôtels particuliers.

LA BARTHELASSE

La plus grande île fluviale de France pour se balader, faire du sport et se détendre.

La plus grande île fluviale de France ! Et aussi la promenade fraîcheur des Avignonnais pendant les mois d'été. On se balade sur ses pistes cyclables, son chemin de halage qui offre une vue imprenable et exceptionnelle sur le pont d'Avignon, le Rocher des Doms et le palais des Papes. Vous pouvez y accéder soit en voiture en traversant le pont Daladier qui conduit à Villeneuve, soit par la navette fluviale gratuite. À deux pas du centre historique, ces 700 hectares de calme et de verdure sont une invitation au repos et aux loisirs sportifs en plein air !

COLLECTION LAMBERT EN AVIGNON ★★

5, rue Violette ✆ 04 90 16 56 20
www.collectionlambert.fr

Ouvert toute l'année. Basse saison mar/dim de 11h à 18h. Haute saison : mar/dim de 11h à 19h. Visite guidée.

L'art contemporain, l'art minimal, l'art conceptuel, le land art représentent les piliers de la Collection Lambert ; le fonds est impressionnant (plus de 1 200 références) : des artistes des années soixante à nos jours, parmi lesquels on retrouve Cy Twombly, Daniel Buren ou Claude Lévêque… On navigue entre les collections permanentes et les expos temporaires de grande qualité ! Cette année, les œuvres de Yan Pei-Ming, Georges Tony Stoll, Quentin Lefranc, Daniel Buren.

LE JARDIN DES DOMS

Au-dessus du Palais des Papes
✆ 04 90 80 80 00
www.avignon-tourisme.com

Ouvert toute l'année : 7h30-18h d'octobre à mars, en avril, mai, août, septembre jusqu'à 20h, en juin et juillet 22h.

Ce jardin de 29 044 m2 de surperficie est certainement le plus visité et le plus surprenant des parcs de la ville… C'est ici qu'il faut venir se poser quand on veut fuir la foule tout en étant dans le cœur de la ville. Pour la petite histoire, c'est vers 1842 que des élus et des botanistes ont effectué les premières plantations sur ce bout de rocher qui surplombe la ville et qui offre une vue splendide. Une table d'orientation vous aidera à repérer Villeneuve-lez-Avignon, Châteauneuf-du-Pape, le mont Ventoux, les Alpilles et le Rhône.

MUSÉE ANGLADON - COLLECTION JACQUES DOUCET ★

5, rue du Laboureur ✆ 04 90 82 29 03
www.angladon.com

Avril à octobre, du mardi au dimanche de 13h à 18h.Novembre à mars, du mardi au samedi de 13h à 18h.

Ce musée est installé dans l'ancienne demeure de Jean et Paulette Angladon-Dubrujeaud, héritiers du couturier Jacques Doucet. Ce mécène passionné d'art passa sa vie à collectionner les œuvres des artistes majeurs de son temps. Le fonds fut finalement légué à une fondation avignonnaise créée par Paulette Angladon-Dubrujeaud. Impressionnante collection de tableaux, dessins, meubles et objets d'art signés Chardin, Vernet, Cézanne, Degas, Manet, Sisley, Van Gogh, Modigliani et Picasso.

MUSÉE CALVET ★

65, rue Joseph-Vernet
✆ 04 90 86 33 84
www.musee-calvet.org
Fermé 1er janvier. 1er mai. 25 décembre. Ouvert du mercredi au lundi de 10h à 13h et de 14h à 18h. Gratuit.

L'un des plus beaux musées des Beaux-Arts de France, tant par la qualité et la variété de ses collections que par l'hôtel particulier qui l'abrite. Né de la volonté d'un homme, Esprit Calvet (1728-1810), grand collectionneur avignonnais, il s'est enrichi au fil des siècles de milliers de donations et de legs de collectionneurs régionaux, français et italiens. Ses collections traitent des périodes allant de l'Antiquité à l'art moderne ; les arts grec, étrusque, romain, gallo-romain et égyptien sont présentés quant à eux au Musée lapidaire.

MUSEE DU PETIT PALAIS ★

Place du Palais des Papes
✆ 04 90 86 44 58
www.petit-palais.org
Ouvert toute l'année. Sauf 1er janvier, 1er mai et Noël. Du mercredi au lundi de 10h à 13h et de 14h à 18h. Gratuit.

Le Petit Palais est l'exemple éclatant d'une ancienne livrée cardinalice édifiée au XIVe du temps du pape Jean XXII. Classé au Patrimoine mondial de l'Unesco, c'est l'un des plus beaux musées d'Europe pour ses collections d'art médiéval et de la Renaissance italienne. Il abrite quelque 300 tableaux des Primitifs italiens parmi lesquels *La Vierge à l'Enfant* et *La Vénus aux trois Putti* de Botticelli, le *Christ à la Colonne* de Liberale da Verona, la *Vierge à l'Enfant* trônant entre deux anges de Vittore Crivelli, et le *Songe de Jacob* de Nicolas Dipre.

MUSÉE LOUIS VOULAND ★

17, rue Victor-Hugo
✆ 04 90 86 03 79
www.vouland.com
Ouvert du mardi au dimanche de 14h à 18h. Gratuit jusqu'à 12 ans. Visite guidée.

Situé dans l'hôtel particulier de Villeneuve-Esclapon fin du XIXe siècle, ce musée porte le nom du riche industriel qui en fit sa résidence principale en 1927. Amateur d'art des XVIIe et XVIIIe siècles, Louis Vouland collectionna meubles et objets de cette époque. L'hôtel particulier renferme de riches éléments d'arts décoratifs -tapisseries, porcelaines, lustres, dorures- des XVIIe et XVIIIe siècles, et des œuvres de peintres provençaux de la fin du XIXe et du début du XXe siècle. Des expositions temporaires complètent les collections permanentes.

MUSÉUM REQUIEN - MUSÉE D'HISTOIRE NATURELLE ★

67, rue Joseph-Vernet
✆ 07 63 72 80 27
Ouv toute l'année. Du mardi au samedi de 10h à 13h et de 14h à 18h. Fermé 1er mai, 1er janvier et 25 décembre. Gratuit.

C'est au botaniste avignonnais Esprit Requien (1758-1851) que l'on doit ce muséum d'Histoire naturelle. Installé dans l'hôtel Raphélis de Soissans (XVIIIe s.), c'est l'un des musées d'histoire naturelle les plus importants de la région avec quelque 400 000 échantillons de botanique, 416 150 de géologie, 1 077 de vertébrés et 45 300 d'invertébrés. Les douanes remettent régulièrement des objets au musée en vertu de la convention de Washington régissant le commerce des espèces protégées.

PONT D'AVIGNON (PONT SAINT-BÉNEZET) ★★

Boulevard de la Ligne ✆ 04 32 74 32 74
www.avignon-pont.com
Du 1er septembre au 1er novembre de 9h à 19h ; du 2 novembre à fin février de 9h30 à 17h45 ; en mars de 9h à 18h30.

C'est un pont que l'on chante dans toutes les langues. Tendez l'oreille et vous serez surpris ! L'autre surprise, c'est de découvrir que ce n'est qu'un morceau de pont. Il faut dire qu'il a été maintes fois cassé et reconstruit, ravagé à nouveau tant par la furie destructrice des soudards que par la colère du fleuve, puis définitivement abandonné au XVIIe siècle. N'empêche, il est classé patrimoine mondial par l'Unesco et pas moins de 400 000 visiteurs viennent le voir tous les ans.

LA RUE DES TEINTURIERS ★★

Dite « la rue des roues »

Cette rue part des remparts sud entre la Porte Thiers et la Porte Limbert. Avec ses roues à aubes qui tournent au courant de l'une des Sorgues, c'était le fief des « indienneurs » d'Avignon, fabricants de ces délicats tissus imprimés originaires de Madras. Ils étaient cinq cents à laver, teindre et sécher leurs tissus multicolores dans les eaux de la Sorgue. La rue est piétonne avec la rue de la Bonneterie dans son prolongement. Attention, pavée de galets ronds provenant de la Durance, mieux vaut éviter les talons aiguilles.

VAUCLUSE

PALAIS DES PAPES ★★★★

✆ 04 90 27 50 00
www.palais-des-papes.com
Ouvert tous les jours, toute l'année. Horaires variables suivant la saison. Adulte : 12 €.

Aux portes de la Provence, là où le Rhône rencontre la Durance, trône fièrement le Palais des Papes avec son allure de forteresse. Avec plus de 650 000 visiteurs par an, il fait partie des dix monuments les plus visités en France. Véritable symbole du rayonnement de l'Eglise sur l'Occident chrétien au XIVe siècle, ce monumental chef-d'œuvre de 15 000 m² est la plus grande forteresse du Moyen Age et le plus grand palais gothique d'Europe. Edifié en moins de vingt ans, à partir de 1335, le palais - classé sur la liste du Patrimoine mondial par l'Unesco en 1995 - est signé principalement par deux papes bâtisseurs, Benoît XII et Clément VI. Entre 1309 et 1418, neuf papes voient leur destinée liée à celle d'Avignon, cité qui se trouve au carrefour des grandes routes du monde occidental, et sept d'entre eux résident entre les murs du Palais des Papes. Avec son architecture imposante, le palais domine la ville de ses hautes murailles et exprime la toute-puissance du pouvoir pontifical. C'est un monument dont la façade nous écrase de toute sa hauteur, construit pour exprimer le pouvoir de l'église sur son royaume. Il possède toutes les caractéristiques d'une forteresse et est doté des éléments de l'architecture militaire et défensive, avec ses contreforts, ses deux tourelles, ses chemins de ronde, ses combles et ses crénelages. Mais cette redoutable citadelle, dont l'une des évidentes raisons d'être est la protection des papes, est aussi dotée de tout l'apanage du faste pontifical.

Mais comment expliquer la présence à Avignon d'un palais des papes ? Pour en comprendre les raisons, il faut se plonger dans une période tourmentée de l'histoire pontificale. Au début du XIVe siècle, il n'est pas rare que les papes séjournent en-dehors de Rome, au gré des tensions politiques et des luttes de pouvoir qui agitent l'Europe. Rome est une ville turbulente en proie à des intrigues et conflits permanents. Pour leur sécurité, les papes se déplacent entre les grandes villes des Etats pontificaux : on parle d'ailleurs de nomadisme pontifical. En 1305, le roi de France Philippe le Bel fait pression pour faire élire l'archevêque de Bordeaux, qui devient alors le second pape français sous le nom de Clément V. Sous son pontificat, Avignon entre dans la grande histoire de l'église en devenant la résidence officielle d'une partie du Collège des cardinaux. Son successeur, Jean XII, s'installe dans le palais épiscopal d'Avignon, alors installé à l'emplacement de l'actuel Palais des Papes, qu'il transforme. Ce n'est que sous Benoît XII, qui lui succède, que commence la construction du nouveau palais, en 1335. Ce pape bâtisseur reprend l'organisation de l'édifice existant et fait ériger la Tour du Pape, les appartements pontificaux, le cloître, l'aile du consistoire, plusieurs tours, les cuisines, les latrines, la chapelle, etc. Il décore richement son palais de mobilier et de peintures murales. Son successeur, Clément VI, continue quant à lui d'embellir le palais, ajoute de nouvelles tours et fait des extensions spectaculaires, notamment la salle de la Grande Audience et la Cour d'Honneur. A partir de 1378, deux courants rivaux divisent la chrétienté et l'Europe : le Grand Schisme voit deux papes régner simultanément sur la chrétienté, l'un installé à Rome, et l'autre à Avignon. Benoit XIII est le dernier pape à occuper le Palais des Papes d'Avignon, et le retour définitif des papes à Rome a lieu en 1420, sous Martin V.

Occupé ensuite par les Légats et Vices-légats dès le XVe, transformé en caserne jusqu'en 1906, le Palais des Papes fait l'objet de restaurations diverses depuis lors. Offrant d'innombrables et incomparables richesses, tant au niveau architectural que pictural, il fait revivre aux visiteurs tous les fastes de la cour pontificale. Aujourd'hui, 25 salles du Palais des Papes sont ouvertes aux visiteurs. Une bonne heure est nécessaire pour découvrir tous les lieux de visite : les salles d'apparat, les salles d'audience, les chapelles aux magnifiques fresques du célèbre Matteo Giovanetti et les appartements privés du pape et les trois jardins restaurés à l'identique de ce qu'ils étaient au Moyen Age. Grâce à l'Histopad, une tablette tactile de réalité augmentée, on peut faire un saut dans le passé et redécouvrir les différentes pièces telles qu'elles se présentaient à l'époque où les papes résidaient à Avignon. Les salles d'apparat retrouvent tout leur faste et les fresques murales leur état d'origine. Les jardins pontificaux ont été restaurés entre 2017 et 2020, et font désormais partie du circuit de la visite. Améliorés, agrandis et réaménagés par les occupants successifs du palais, ils donnent aujourd'hui à voir un verger de 1 000 m², ayant un accès aux anciennes cuisines, ainsi que le jardin privé du pape, de 600 m², auquel il avait un accès privé depuis ses appartements.

Le monument offre aussi au visiteur une animation culturelle régulière tout au long de l'année. Consultez le site Internet pour connaître les expositions thématiques et les visites à thème qui y sont organisées pendant votre séjour. Un éventail d'ateliers pédagogiques permet également aux plus jeunes de se frotter à des techniques et savoir-faire en voie d'extinction, comme la peinture sur céramique. Durant la saison estivale, une grande exposition d'art occupe la Grande Chapelle, alors que les représentations du célèbre Festival d'Avignon, créé par Jean Vilar en 1947, se déroulent au mois de juillet dans la Cour d'Honneur du palais.

VAUCLUSE

REMPARTS D'AVIGNON ★★★

Avignon est l'une des rares villes françaises à avoir conservé l'intégralité de ses anciens remparts (classés monuments historiques). Dès lors, difficile de dissocier la ville des témoins de son Histoire. Entre quatre et cinq kilomètres de dentelle de pierre datant du XIVe siècle ceinturent la vieille ville. Ils sont flanqués de trente-neuf tours et percés de sept portes principales : la porte de l'Oulle, la porte Dominique, la porte Saint-Roch, la porte de la République, la porte Saint-Michel, la porte Limbert et la porte Saint-Charles.

Au XXe siècle, grâce à la rénovation du Palais des Papes et l'apparition des congés payés, la ville devient un important centre touristique. La création du festival d'Avignon en 1947 par Jean Vilar permettra de développer le secteur touristique. En 2000, Avignon est la capitale européenne de la culture. Depuis 1995, le Palais des Papes, le pont Saint-Bénézet et l'hypercentre sont inscrits au patrimoine mondial de l'Unesco.

Fort d'un passé prestigieux, Avignon a su garder un patrimoine aussi riche qu'étonnant. La capitale de la Chrétienté au Moyen Âge a su évoluer avec son temps et concilier harmonieusement passé et présent. Une promenade en plein cœur de la cité des papes, c'est la promesse de fabuleuses découvertes : ruelles anciennes, façades restaurées, églises, chapelles, musées, édifices médiévaux, jardins, hôtels particuliers des XVIIIe et XIXe siècles... La liste est longue tant Avignon est indiscutablement le plus grand musée gothique à ciel ouvert d'Europe.

OFFICE DE TOURISME D'AVIGNON

41, cours Jean-Jaurès
✆ 04 32 74 32 74
www.avignon-tourisme.com

Qualité Tourisme. Ouvert toute l'année tous les jours de 9h à 17h. Fermé le dimanche.

L'office du tourisme est situé dans la rue principale en face de vous si vous arrivez par le train à la gare du centre-ville, vous y trouverez les brochures, les plans et les conseils pour organiser votre séjour : liste des multiples visites guidées assurées tout au long de l'année par des conférenciers, des loisirs, des manifestations, les hébergements, la vie pratique, la vie culturelle d'Avignon et de la Provence. On est aux petits soins avec vous !

LES GRANDS BATEAUX DE PROVENCE

Allée de l'Oulle
✆ 04 90 85 62 25
www.bateauxdeprovence.fr

Parking en face de l'embarcadère. Horaires et tarifs sur le site.

Bateau-restaurant *Le Mireio* ou bateau-promenade *Le Saône*. Vous choisissez celui que vous voulez dans la flotte des Grands Bateaux de Provence pour découvrir Avignon et ses alentours au fil du Rhône. Plusieurs formules au départ d'Avignon dont la promenade de 2 heures à bord du *Saône* (de mars à septembre) qui vous mène en journée jusqu'à Villeneuve-Lez-Avignon, sans accoster. Les formules Croisière d'une journée avec déjeuner à bord du *Mireio* sont à destination d'Arles ou Tarascon.

PETIT TRAIN TOURISTIQUE

Place du Palais des Papes
✆ 04 90 86 36 75

A partir du 15 mars 10h-18h /Juillet et Août 10h-20h. Départ toutes les 30 min, place du Palais-des-Papes. Durée 45 min.

Vous n'avez pas beaucoup de temps, vous avez des difficultés pour marcher, des enfants en bas âge ? Ce petit train vous permet de découvrir Avignon avec un audioguide, en 45 minutes et sans se fatiguer. L'achat du billet se fait dans le petit train. Le parcours : Le Palais des Papes, Le Musée du Petit Palais, Le Rocher des Doms, L'Hôtel des Monnaies, Le Pont Saint Bénezet (Pont d'Avignon), La Place Crillon, Musée Calvet, La Collection Lambert, La Place des Corps Saints, Le Musée Angladon, La Place Saint-Pierre, La Rue de la République, La Place de l'Horloge,

LES CORPS SAINTS** €

17, rue Agricol-Perdiguier
✆ 04 90 86 14 46
www.hotel-les-corps-saints.fr

Ouvert toute l'année. 16 chambres. Chambre double de 53 € à 76 €. Petit déjeuner : 9 €.

Ce petit hôtel de charme se situe dans une minuscule rue du centre historique tout près d'une des places animées de la cité papale : la place des Corps-Saints. C'est tout petit, les chambres aussi mais c'est fonctionnel et très bien optimisé et la literie est confortable. La déco joue la carte minimaliste un brin vintage, avec une palette de couleurs vives et acidulées en note tonique sur les murs, les tentures, les luminaires. Petit déjeuner sympa, nombreux restaurants à proximité. Pour se garer, le parking Jean Jaurès n'est pas loin.

VAUCLUSE

HO36 €

17, rue de la République
✆ 04 32 40 50 60
www.ho36hostels.com/avignon
Ouvert toute l'année. 22 chambres/ Salle de bains partagée. Chambres collectives pour 1/2 4/6/8 pers. Bar et tapas.

En plein centre d'Avignon, voici une adresse atypique logée à l'étage dans un immeuble XIXe, un concept original d'hébergement qui remporte tous les suffrages auprès d'une clientèle jeune et globe-trotteuse. On y retrouve l'esprit auberge de jeunesse dans des chambres collectives avec lits superposés et salle de bain partagée, mais avec un vrai confort, du mobilier contemporain, de beaux matériaux, parquets en chêne, une déco design et des services. Sur les murs de la couleur, sur les lits des matelas de qualité et un espace de rangement pour chacun.

CENTRAL HÔTEL*** €€

31, rue République ✆ 04 90 86 07 81
www.avignon-central-hotel.com
Ouvert toute l'année. 42 chambres. Chambre double 59 €. Festival 159 €. Petit déjeuner buffet 14 €. Wifi. Rooftop et bar.

Il fait partie de ces petits hôtels de ville hyper bien situés : il est dans la rue qui va de la gare au Palais des Papes. On entre par mégarde par un bar ou par l'autre côté qui donne sur une cour intérieure. Le bar propose des petites planches pour l'apéritif. Le hall d'accueil est accueillant. Une partie des chambres est accessible avec ascenseur, on a le charme du vieil immeuble. Les chambres sont refaites avec goût façon déco chic ou fleurie. La belle surprise, c'est la terrasse des petits déjeuners, cachée et au calme. Le nouvel espace rooftop est également à découvrir !

AU SAINT-ROCH** €

9, rue Paul-Mérindol
✆ 04 90 16 50 00
www.hotelstroch-avignon.com
Ouvert toute l'année. 27 chambres. Chambre simple de 60 à 68 € ; chambre double de 68 à 78 €. Petit déjeuner buffet.

Voici une bonne adresse aux abords immédiats du centre-ville et qui a l'avantage – rare – d'offrir un stationnement facile. C'est une vieille maison avec du cachet et une âme qui séduira les amoureux de tranquillité. Bucolique à souhait avec son jardin fleuri, ses vastes chambres – entre 15 et 25 m² – sont toutes simples et bien tenues, les salles de bain fonctionnelles. Nos amis les chiens sont les bienvenus dans les chambres au rez-de-chaussée côté jardin. On prend le petit déjeuner sous la treille. L'accueil est souriant.

AU COEUR D'AVIGNON €€

9, rue du Collège d'Annecy
✆ 06 87 72 32 77
www.aucoeurdavignon.com
Ouvert toute l'année. 3 chambres et 2 appartements à partir de 100 €/ nuit, petit déjeuner 15 €.

Invitation à la détente dans cette belle demeure du XVIIe siècle en plein cœur d'Avignon, à quelques pas de l'avenue de la République. Les chambres d'hôtes, pour une nuit ou un court séjour, sont spacieuses et lumineuses avec vue sur le jardin que rafraîchit un bassin d'agrément. En famille ou entre amis, vous apprécierez les appartements bien équipés avec cuisine. Le confort est partout, la déco est chic et raffinée : XIXe siècle dans les chambres, contemporaine et design dans les appartements. On petit-déjeune sous la véranda quelle que soit la saison.

CAMPING AUBERGE BAGATELLE €€

25, allées Antoine-Pinay ✆ 04 90 86 30 39
www.campingbagatelle.com
Ouvert toute l'année. Terrain de 3 ha. 220 emplacements. Emplacement + véhicule + 2 personnes. Aire pour camping-cars.

Camping, auberge de jeunesse, hôtel… Le Bagatelle a plusieurs cordes à son arc avec l'avantage d'un cadre sympa près du Rhône et de la proximité de la ville. Parfait pour les routards qui aiment voyager sac au dos, puisque des navettes permettent également le voyage depuis la gare TGV. En dehors de la saison il n'héberge pas que des vacanciers, il ouvre ses portes un vendredi soir, samedi soir ou un dimanche midi par mois à des animations comme ces Journées ou soirées marseillaises).

HÔTEL DE GARLANDE €€

20, rue Galante ✆ 04 90 80 08 85
www.hoteldegarlande.com
Ouvert toute l'année. 12 chambres, chambre double à partir de 55 €. Haute saison : chambre double à partir de 100 €.

Au cœur des ruelles pavées du centre avignonnais, tout près de la stratégique place de l'Horloge et du palais des papes, voici un hôtel de bon standing auquel les propriétaires Emmanuelle et Stéphane s'emploient à distiller un esprit « chambre d'hôtes », notamment avec les agréments de petits déjeuners copieux riches de gâteaux, de confitures et de yaourts maison. Les chambres sont au goût du jour, toutes différentes en surface et en décoration, calmes et confortables avec douche ou bain, plateau de courtoisie. Dans certaines, un lit bébé peut être installé.

HÔTEL MÉDIÉVAL*** €€

15, rue Petite-Saunerie ✆ 04 90 86 11 06
www.hotelmedieval.com
Fermé en janvier. Accueil jusqu'à 22h. 35 chambres, double de 70 à 200 €. Petit déjeuner buffet : 10 €. Garage vélos.

Vraiment à deux pas du Palais des Papes dans une ruelle calme et pittoresque, le Médiéval est d'un excellent rapport qualité-prix. Cette ancienne livrée cardinalice a du caractère avec son patio. Le confort est au rendez-vous. Deux chambres ont vue sur le Palais des Papes. Au rez-de-chaussée se trouvent la salle des petits déjeuners ainsi qu'un petit salon de lecture. Petits déjeuners copieux pour aller arpenter les ruelles de la ville ou monter les marches du Palais des Papes. Une formule studio avec kitchenette pourra vous être proposée à partir de trois jours.

HOTEL-RESTAURANT DU PALAIS DES PAPES*** €€

3, place du Palais ✆ 04 90 86 04 13
www.hotel-avignon.com
27 chambres. Chambre double à partir de 85 € ; suite à partir de 135 €. Animaux acceptés (supplément). Restauration.

Cette bâtisse du XVe siècle est au pied du palais des Papes, elle a l'avantage d'être très bien placée et l'accueil est sympathique. Il y a aussi deux restaurants, l'un dans une salle médiévale d'époque, l'autre avec une décoration plus bistrot-terrasse et qui est ouvert en service continu, ce qui est bon à savoir ! Les chambres ne se ressemblent pas, elles sont uniques dans un décor d'antan qui leur donne tout le charme dont une chambre se trouve en haut d'un escalier en colimaçon.

LES JARDINS DE BARACANE €€

12 rue Baracane ✆ 06 03 41 06 91
www.lesjardinsdebaracane.fr
D'avril à octobre inclus 5 chambres dont 2 suites de 160 € à 345 €. Petit déjeuner : 15 €. Parking 15 €.

Cette maison d'hôtes du XVIIe siècle est l'une des perles de la ville intra-muros. Elle ne manque pas d'atouts ! Tout d'abord, un jardin à l'abri des regards, un écrin de verdure suffisamment grand pour accueillir une belle piscine extérieure chauffée, un luxe en centre-ville. Les chambres sont des nids douillets qui respirent le bonheur de vivre en Provence ; elles ouvrent leurs fenêtres au sud sur le jardin luxuriant où sont servis les petits déjeuners. Tomettes anciennes, boutis, elles sont toutes différentes et décorées avec goût par Laurence et Olivier.

MAISON DE FOGASSES €€

37, rue des Fourbisseurs
✆ 04 90 87 25 02
www.maison-de-fogasses.com
Minimum 2 nuitées. 6 appartements dont un duplex avec 2 terrasses (2 à 5 pers.). Possibilité de louer la maison entière.

Endroit atypique et insolite qu'est cette maison d'hôtes en plein centre historique, ce fut jadis la propriété d'un évêque. Des volumes et un magnifique escalier pour grimper les trois étages. A votre disposition, six appartements et suites de charme avec vue sur le jardin, très bien équipés, grand salon, salle à manger ; pour la déco, vous avez le choix entre plusieurs ambiances : romantique ou bohème, vintage ou de style colonial. C'est aussi une galerie d'art avec des expositions et des événements réguliers. Un restaurant-bar est ouvert de mai à juillet.

VAUCLUSE

© BERTL123 - ISTOCKPHOTO

Avignon et son Palais des Papes.

REGINA HÔTEL** €€

6, rue de la République ✆ 04 90 86 49 45
www.regina-hotel.fr

27 chambres doubles de 69 à 129 €. Petit déjeuner buffet : 9,50 €. 20 % de réduction sur les parkings de la ville.

Situé sur l'artère principale du centre-ville, le Régina construit en 1913 a su conserver son cachet à commencer par sa belle façade Art déco. Le confort est partout ensuite dans les chambres qui ont été rénovées avec beaucoup de goût et un soin particulier dans les détails : têtes de lit, luminaires, tentures. Toutes différentes, elles ont de beaux volumes avec des hauteurs de plafond et de grandes fenêtres. Les petits déjeuners sont servis sous forme de buffet sucré-salé. En dehors des heures de service, un distributeur de boissons est à votre disposition.

HÔTEL CLOÎTRE SAINT-LOUIS**** €€€

20, rue Portail-Boquier ✆ 04 90 27 55 55
www.cloitre-saint-louis.com

Ouvert toute l'année. 80 chambres doubles. Petit déjeuner buffet : 15 €. Parking : 15 € (18 € pendant le festival).

Les architectes ont joué avec les contrastes en proposant une façade ultra moderne et en conservant toute la noblesse historique dans les parties communes. Qu'elles soient situées dans l'aile contemporaine ou dans le cloître XVIe, les chambres et suites jouent avec les tonalités apaisantes ; le mobilier épuré prédispose au repos et à la sérénité. Plateau de courtoisie dans les chambres. Le jardin s'ouvre à la belle saison ainsi que la piscine. On s'attable au restaurant avec plaisir.

AVIGNON GRAND HOTEL**** €€€

34, boulevard Saint-Roch ✆ 04 90 80 98 09
www.avignon-grand-hotel.com

Ouvert toute l'année. 80 chambres dont 16 suites. Petit déjeuner en sup. Animaux acceptés. Séminaires. Réceptions.

Le Grand Hôtel propose à sa clientèle des chambres à la décoration soignée et contemporaine dotées de tout le confort. Les suites de 60 m² - avec 2 pièces - sont idéales pour accueillir une famille entière par exemple. On profite de la piscine sur le toit de mai à fin septembre. Certes, l'hôtel se situe en bordure d'un boulevard passant, à côté de la gare centre, le long des remparts, mais les chambres sont bien insonorisées et les prestations sont à la hauteur d'un 4-étoiles. Il est très bien placé. Le personnel est très compétent.

HÔTEL D'EUROPE RESTAURANT LA VIEILLE FONTAINE***** €€€

12, place Crillon ✆ 04 90 14 76 76
www.heurope.com

Ouvert toute l'année. 44 chambres dont 5 suites de 760 à 1 100 €. Chambre double à partir de 290 €. Restauration.

Cette belle bâtisse fut en 1580 la demeure du marquis de Graveson avant de devenir un hôtel luxueux mais sans ostentation, l'Hôtel d'Europe est une villégiature privilégiée. En d'autres temps des hôtes illustres y ont séjourné, Bonaparte, Chateaubriand, Victor Hugo, Tennesse Williams, Jacky Kennedy. On est sous le charme dès l'entrée par le porche imposant qui donne sur un patio fleuri. Les chambres raffinées ont gardé les beaux volumes d'antan et la lumière rentre par les fenêtres.

LA BASTIDE DES ANGES €€€

1634, chemin des Vignes ✆ 04 90 82 56 04
www.la-bastide-des-anges.com

Ouvert toute l'année. 5 chambres doubles de 115 € à 145 €. Petit déjeuner inclus. Roulotte de 735 € à 840 € la semaine.

Au cœur de l'île de la Barthelasse, cette maison de maître du XVIIIe siècle a été rénovée et remaniée dans un style néoclassique parfois haut en couleur. Les chambres fleurent bon le calme et le romantisme. La suite (60 m²) est composée de deux chambres séparées ; l'accès à cette seconde chambre se fait par un petit escalier qui n'est pas adapté aux enfants de moins de 6 ans. Les sauvageons choisiront la chambre du rez-de-chaussée avec sa petite terrasse et son entrée indépendante. Ils oseront peut-être la roulotte à l'esprit bohème pour les séjours plus longs.

LE LIEU €€€

4, rue des Teinturiers
✆ 06 62 78 46 80
www.lelieuavignon.fr

2 appartements et une chambre d'hôtes de 60 € la nuit à 200 € selon la saison. Petit déjeuner 14 € et brunch.

A l'étage de cette belle demeure des XVIIe - XIXe siècle qui abrite un restaurant et un salon de thé se trouvent deux appartements et une chambre d'hôtes aménagés avec beaucoup de goût par les propriétaires. *Côté Jardin*, *Côté Couvent* et *Côté Sorgue* sont complétement indépendants et peuvent accueillir chacun 4 personnes (lit en 160 et canapé lit), idéal pour se retrouver en famille ou entre copains. Lumineux, ce sont des nids douillets pour vous poser le temps d'un week-end ou plus au cœur d'Avignon. Charmant jardin intérieur.

LA MIRANDE***** €€€

4, place de l'Amirande
✆ 04 90 85 93 93
www.la-mirande.fr

26 chambres doubles à partir de 454€/nuit, suites à partir de 1044€/nuit. Petit déjeuner 35€.

Livrée de Cardinal de Pellegrue au XIVe siècle puis Maison de Vervins au XVIIe, Hôtel Pamard au XVIIIe, cette belle demeure est devenue La Mirande en 1990, hôtel de charme, romantique et raffiné. La famille Stein s'est appliquée à faire revivre cette maison particulière où le temps semble s'être arrêté. Les salons donnent sur un charmant jardin luxuriant. Les chambres s'inspirent de l'esprit des Lumières, décorées avec soin jusque dans les tentures murales rééditions d'imprimés anciens.Tout est parfait jusqu'à la table étoilée de Florent Pietravalle.

AVENIO €€

19, rue des Trois-Faucons ✆ 04 90 03 14 41
www.restaurant-avenio.fr

Ouvert toute l'année du mardi au samedi midi et soir. Fermé vacances février et Toussaint et dernière semaine d'août.

Jérôme Nolin est un passionné et un amoureux de la bonne cuisine. Après avoir travaillé dans les cuisines de restaurants prestigieux tels que l'Oustau de Baumanière**, la maison Pic à Valence***, Le Petit Nice Passédat*** à Marseille, il a brillamment dirigé les cuisines en tant que chef du Belvédère* à Porto-Vecchio, puis a posé ses valises en Avignon avec sa femme Pauline qui a également travaillé dans de belles maisons. Cet établissement est situé dans une rue piétonne. Jérôme élabore une cuisine méditerranéenne, colorée, à base de produits frais et locaux.

LA BRASSERIE DU THÉÂTRE €€

36, Cours Jean Jaurès ✆ 04 90 27 18 18
www.brasseriedutheatre-avignon.fr

Ouvert tous les jours de 9h à 23h30. Formules de midi à partir de 14€. Menus de 24 € à 32 €.

En face de l'office de tourisme, la Brasserie du Théâtre c'est une cuisine généreuse et savoureuse, un cadre agréable et chaleureux, un personnel efficace et souriant. Ici la clientèle est choyée du petit café matinal au dîner jusque tard dans la soirée. Si la carte privilégie les grands classiques de la brasserie française, Choucroute de la mer ou alsacienne, coquillages et crustacés (sur place et à emporter) le chef Olivier Razoux nous propose aussi quelques plats signatures comme la souris d'agneau longuement mijotée et caramélisée aux saveurs de citron et thym.

LA COUR D'HONNEUR €€

58, rue Joseph-Vernet
✆ 04 90 86 64 53
www.cour-honneur.com

Ouvert toute l'année. D'avril à novembre ouvert 7j/7. Accueil des groupes. Terrasse.

Allez-y, poussez la porte de cet ancien hôtel particulier du XVIIIe siècle. Il en vaut le détour pour sa terrasse en plein cœur de la ville agréable et calme, à l'abri du Mistral, bien ombragée l'été avec ses deux platanes, un grand pin et une pergola végétale. On s'installe dès les premiers frimas sous une grande véranda donnant sur l'extérieur arboré. La cuisine est traditionnelle, les plats sont bien présentés, sur la carte vous pourrez vous régaler d'une souris d'agneau confite ou d'un filet de bar rôti. Les menus sont d'un très bon rapport qualité/prix....

LA CUISINE DE PAPA €€

7, rue Racine
✆ 04 90 82 56 01
www.lacuisinedepapa.fr

Ouvert toute l'année. Du mardi au dimanche midi et soir. Formules midi et soir de 26 € à 33 €.

Avec sa jolie devanture à l'ancienne bleue, le restaurant annonce tout de suite la couleur, celle d'un bistrot de quartier. Pascal Rondeau a créé les restaurants La Maison Ripert et Le Comptoir Saint-Didier, bien connus dans la cité papale, alors c'est une valeur sûre ! La cuisine est familiale dans tous les sens du terme, Pascal travaille avec son épouse et de ses deux fils. Lucien est aux fourneaux, il travaille des produits frais. Les bons vivants apprécieront l'andouillette, l'anguille fumée. Il y a également une belle carte de burgers pour les amateurs.

LA FOURCHETTE €€

17, rue Racine
✆ 04 90 85 20 93
www.la-fourchette.net

Ouvert du lundi au vendredi. Fermé en août. Menu unique à 38 €. A midi 25 €

Véritable institution avignonnaise, la Fourchette est une valeur sûre. Les touristes et les locaux s'y attablent toujours avec le même plaisir. L'accueil et le service sont d'une régularité exemplaire et la cuisine dans la tradition française oscille entre gastronomie et cuisine bistrot. A la carte, pieds-paquets à la provençale, daube de bœuf à l'avignonnaise, volaille de Bresse sauce foie gras, blanquette de veau à l'estragon, mousseline de Saint-Jacques. Dans le verre ? Que du bon ! Preuve d'un succès qui ne se dément pas, il est vivement conseillé de réserver.

LE GOÛT DU JOUR €€

20, rue Saint-Etienne
✆ 04 32 76 32 16
www.legoutdujour84.com
Menus de 25 € à 38 € (dont végétarien). Menu enfant 16 €.

Le Goût du jour propose une cuisine traditionnelle française bistronomique. Côté vin, plus de 60 références de la région vous seront proposées pour parfaire votre expérience gustative. Le fait maison s'allie parfaitement au cadre cosy, avec ses vieilles pierres et sa salle voûtée, en plein centre historique d'Avignon. C'était avant une ancienne bergerie. Le chef Julien Chazal originaire d'Avignon a toujours été passionné de cuisine dès son plus jeune âge. Il aime sublimer les produits de saison et locaux. Les assiettes sont raffinées et délicatement présentées.

IL CENTRO €€

5, Place Jérusalem
✆ 04 90 25 21 04
www.il-centro-restaurant-avignon.com/
Ouv du mardi au dimanche 12h-14h30/18h-22h30. Formule du midi. Bar à mozzarella. Tapas. Assiettes Charcuterie/Fromages.

Ah l'Italie ! Quel plaisir de pouvoir savourer ses spécialités en plein centre d'Avignon, à l'écart de la foule. Après la boutique rue Carnot « Italia Market » et ses produits italiens de grande qualité, on a « Il Centro ». Dès l'arrivée, on apprécie le personnel accueillant et souriant. Les plats sont savoureux, on y trouve tous les grands classiques : pâtes aux palourdes, lasagnes maison, baba au rhum... La terrasse prend tout son sens en été avec un large choix de vins de la botte, des planches apéritives, un bar à mozzarella et autres splendeurs à découvrir.

LE CHAPELIER TOQUÉ €€€

71, rue Guillaume-Puy
✆ 04 90 82 29 01
Ouvert toute l'année du mardi au samedi le midi et le soir. En juillet 7/7. Carte 35 € environ.

Le Chapelier Toqué ? C'est un tout petit restaurant presque caché, secret, entre les maisons qui se tiennent la main. Seule la vitrine indique que nous sommes au bon endroit. Au creux de belles assiettes design un concentré de couleurs, de textures et de saveurs. On se damne pour ses poissons et ses viandes fondants à souhait accompagnés de légumes entiers confits et brillants. Réserver est impératif. Une dernière chose ? On adore son mobilier aussi hétéroclite qu'harmonieux et les sols, des carreaux à damiers noirs et blancs.

LA MIRANDE €€€

4, place de l'Amirande
✆ 04 90 85 93 93
www.la-mirande.fr
La Mirande du jeudi au dimanche midi et soir, de 90 € à 190 €. Table Haute du mardi au samedi soir 120 €. Ateliers cuisine.

C'est la table la plus romantique et raffinée de la cité des Papes. Un patio-verrière, des espaces intimistes, deux salles où se restaurer, dont *la Cardinalice* ornée d'une tapisserie de Bruxelles du XVIIe, un ravissant jardin, le charme opère immédiatement, comme à table. Florent Pietravalle, le jeune chef étoilé, nous comble à chaque instant du repas qui flatte le palais et les autres sens. On peut s'attabler aussi à la Table Haute, l'autre restaurant de la Mirande tenu par Patrice Blain. Et au Marmiton, les chefs se succèdent pour les ateliers de cuisine.

RESTAURANT LA VIEILLE FONTAINE - HÔTEL D'EUROPE €€€

12, place Crillon ✆ 04 90 14 76 76
www.heurope.com
Ouvert du mardi au samedi le midi et le soir. Menus 52€ à 130 € Formule du midi 42 €. Jardin. Terrasse. Voiturier.

Voici l'une des belles tables étoilées d'Avignon, notre coup de cœur à plus d'un titre. Le chef Pascal Auger travaille avec précision les beaux produits de la région dans des recettes créatives tant en saveurs qu'en esthétique. Les desserts de Sophie, la cheffe pâtissière, nous enchantent en fin du repas et aussi à 4 heures au salon de thé. Une formule déjeuner convient aux petits budgets pour se faire très plaisir dans ce lieu chic et feutré. On peut s'attabler en extérieur l'été.

RESTAURANT SEVIN €€€

10, rue de Mons ✆ 04 90 86 16 50
https://www.restaurantsevin.fr
Maîtres Cuisiniers de France. Ouvert toute l'année. 1 étoile Michelin. Menus de 40 € à 180 €. Menu enfant à 25 €.

A quelques pas du palais, dans l'ancienne demeure du Camérier des Papes se dresse la Maison de Christian Étienne, l'une des figures emblématiques de la gastronomie régionale. En 2016, M. Étienne prend sa retraite, c'est son second depuis des années, Guilhem Sevin, qui reprend les rênes de l'excellence en rebaptisant les lieux Restaurant Sevin. Le chef travaille des produits simples pour les magnifier avec talent. Côté salle, Corinne est la maîtresse de maison, elle apporte sa touche féminine à travers la décoration florale, c'est une ancienne fleuriste !

BAR DE L'EUROPE - HÔTEL D'EUROPE

12, place Crillon
✆ 04 90 14 76 76
www.heurope.com
Ouvert tous les jours. Terrasse. Voiturier. Restauration. Animations. Concerts.

C'est chic, c'est raffiné tout en étant très cosy, on se sent bien au bar de l'Hôtel d'Europe. Pour un rendez-vous d'affaire, un apéro entre amis, un tête-à-tête en amoureux, les occasions sont nombreuses pour s'y poser. Alcools, digestifs, vins, champagnes et une belle carte de cocktails se dégustent sous le platane bicentenaire à l'abri dans la cour intérieure jusque-tard dans la saison. Salon de thé également avec les pâtisseries de Sophie. En été piano bar dans le jardin patio.

CAFÉ IN ET OFF

5, place du Palais
✆ 04 90 82 18 41
Fermé l'hiver. En saison haute ouvert tous les jours de 8h à 22h/jusqu'à 1h pendant le festival. Terrasse. Restauration.

La dédicace au festival d'Avignon ne vous a bien évidemment pas échappé ! La salle est contemporaine et cosy, à l'ambiance plutôt lounge. On y va surtout pour l'immense terrasse face au Palais des Papes, on sirote un verre ou un café absorbé par sa contemplation. Pendant le festival, l'endroit est évidemment noir de monde et les serveurs ne savent plus où donner de la tête. Anticiper votre repas si vous allez assister à une pièce. Surtout quand l'établissement invite des artistes pour animer la soirée. Vous pouvez demander la Wifi aussi.

LOU MISTRAU

13, place de l'Horloge
✆ 04 90 82 40 98
Ouvert toute l'année de 8h à 00h00. Service repas de 12h à 15h et de 19h à 22h30. Plat du jour à 13,50€ Terrasse.

Sur la place de l'Horloge, la plus ancienne brasserie d'Avignon qui a connu les heures glorieuses de Jean Vilar et Gérard Philippe. Des noms de prestigieux comédiens sont ainsi gravés dans des plaques dorées sur les dossiers des banquettes rouges dans la salle du bar... Balcon classé, boiseries rétro parisiennes et petites lampes sur les tables. L'été on s'attable pour un café et un croissant sur la terrasse côté platane pour l'ombre, sinon soleil. Même s'il y a du monde, le service est rapide. Pour la restauration, une brasserie en service continu en été.

LES ARTISANS DE LA BARTHELASSE

85, Rue de la Bonneterie
✆ 06 44 04 28 52
Ouvert du mardi au samedi de 10h à 19h. Expositions artistiques. Soirées évènements.

Cette nouvelle boutique d'artisans d'art est animée par une jeune association qui regroupe un ferronnier, des sculpteurs, des peintres, mais aussi des créateurs en bijouterie. Chacun peut trouver de quoi habiller son intérieur dans des styles très variés et pour tous types de budgets. Des petits objets aux tables massives avec piètement en métal et plateaux en bois. L'emplacement en hyper centre, intramuros, est une aubaine pour les flâneurs ou les amateurs d'art.

© MICHEL GRANSEIGNE

© MICHEL GRANSEIGNE

VAUCLUSE

MAISON FILLIÈRE

Place Pie - Les Halles
✆ 04 90 82 97 50
www.filliere.fr

Du mardi au dimanche de 7h30 à 13h30. Livraison possible, service traiteur, réception.

L'enseigne fait l'éloge de la belle charcuterie artisanale et de tradition depuis1895, sa réputation va bien au-delà de la cité papale ! Les produits suivent les saisons : Mignon d'Avignon, papeton de gibier, porcelet farci, boudin truffé, saucisses au chou, andouillettes provençales, caillettes, chipolatas aux olives de Nyons, aux herbes de Provence, au piment d'Espelette, merguez, soubressade... Le jambon d'Avignon, 9 mois d'âge, maturé dans les ateliers Fillière, rivalise avec les meilleurs jambons de Parme. Un rayon traiteur rend service aux clients pressés.

LES PÂTISSIERS DES PAPALINES

En vente chez les pâtissiers listés sur leur site Internet.

La Papaline, inscrite au patrimoine national des spécialités françaises de chocolaterie, cache sous sa robe rose façon chardon un cœur liquoreux d'origan, assemblage d'une soixantaine de plantes dont certaines cueillies sur les contreforts du mont Ventoux. L'origine remonterait à 1835 et ce sont les maîtres pâtissiers du Vaucluse qui la remirent à l´honneur en 1960. La recette est inchangée distribuée uniquement dans le Vaucluse via l'association les pâtissiers des Papalines.

VILLENEUVE-LES-AVIGNON ★★

A 3,5 km d'Avignon seulement, et indissociable de la cité des papes qui lui fait face seulement séparée par le Rhône, Villeneuve-lès-Avignon fut la résidence principale des cardinaux et hauts fonctionnaires de la cour papale au XIVe siècle. Trouvant trop exiguë l'enceinte des remparts d'Avignon, et appréciant sans doute la campagne, ils se firent construire de somptueuses demeures que l'on peut encore admirer. L'office de tourisme propose un guide de balades et de randonnées à Villeneuve et dans ses alentours. Une situation parfaite pour découvrir le Gard rhodanien ainsi que la Provence, du Vaucluse au Luberon, de la Durance aux calanques de Marseille.

L'ABBAYE SAINT-ANDRÉ ET SES JARDINS ✞ ★★★

Rue Montée-du-Fort ✆ 04 90 25 55 95
www.abbayesaintandre.fr

Ouvert du 1/03 au 30/10, horaires variables selon les saisons. Visite guidée 14 €. Visite libre des jardins 7 €.

L'abbaye Saint-André et ses Jardins Remarquables font face à Avignon. Une vidéo vous accueille, un circuit historique vous guide jusqu'aux cuisines de l'abbaye. Puis on déambule dans les magnifiques jardins en balcons créés par R. Bacou. Les jardins italiens et méditerranéens qui entourent un palais abbatial du XVIIIe siècle offrent une vue panoramique sur les Alpilles. Les « Rendez-vous aux jardins », au printemps, vous montrent les jardins sous un autre jour.

© MATTEI - FOTOLIA

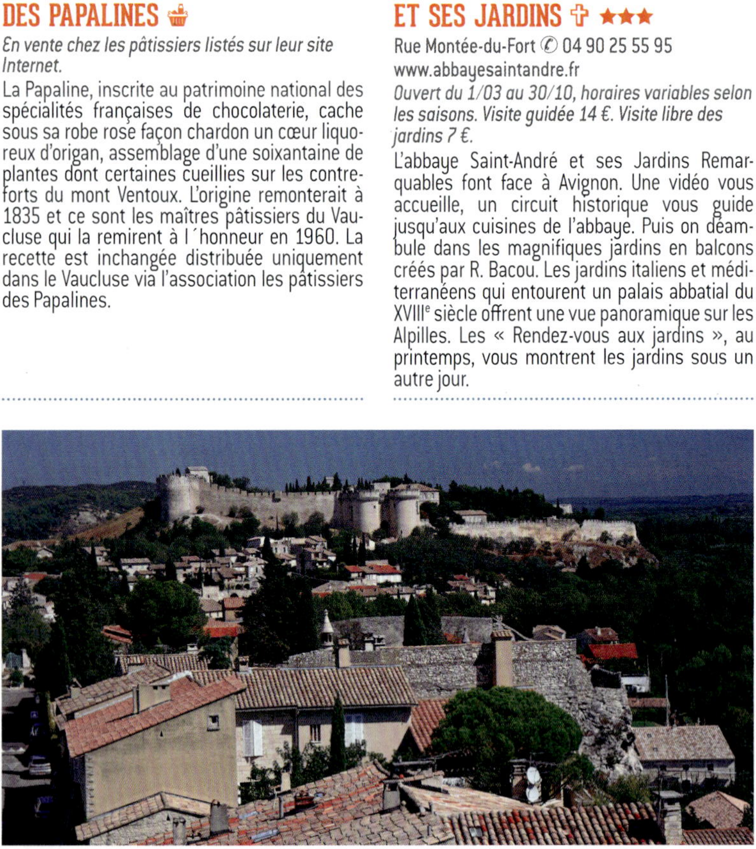

Le fort Saint-André.

VAUCLUSE

MAIRIE DE VILLENEUVE LEZ AVIGNON

2, rue de la République
✆ 04 90 27 49 49
www.villeneuvelezavignon.fr
Ouvert du lundi au jeudi de 8h30 à 12h30 et de 13h30 à 17h ; le vendredi de 8h30 à 12h.

Que faire, que voir à Villeneuve lez Avignon tout au long de l'année ? Pratique, l'agenda des manifestations culturelles se trouve sur le site de la mairie. Pour la petite histoire sachez que l'orthographe retenue par le Code officiel géographique de l'Insee est *Villeneuve-lès-Avignon*. Toutefois, la graphie alternative *Villeneuve lez Avignon*, avec un z sans traits d'union est utilisée au niveau local, par exemple dans tous les documents officiels de la Ville ainsi que sur son site web.

CHARTREUSE DU VAL DE BÉNÉDICTION ★★★★

58, rue de la République
✆ 04 90 15 24 24
www.chartreuse.org
Ouvert tous les jours de 10h à 17h. Haute saison : tous les jours de 9h30 à 18h30. Gratuit jusqu'à 18 ans.

La Chartreuse est l'un des plus vastes et remarquables monastères de l'ordre des Chartreux avec son église, ses trois cloîtres et leurs quarante cellules, ses nombreux jardins ou encore la chapelle ornée des fresques du célèbre peintre du Palais des Papes, Matteo Giovannetti. Dès le 26 janvier 1353, le pape Innocent VI fait venir à Avignon deux religieux de la Grande Chartreuse manifestement pour un projet de création d'une maison à Villeneuve-lès-Avignon. De décembre 1352 à septembre 1356, le pape fait procéder par l'intermédiaire de son neveu le cardinal Ardouin Aubert à l'acquisition de terres situées à l'est de sa résidence villeneuvoise, et à des travaux d'embellissements. Le 2 juin 1356, une bulle papale porte fondation d'une chartreuse jouxtant son palais. La chartreuse n'a conservé aucun mobilier car après la Révolution, elle a été transformée en de nombreuses habitations. Mais un prêtre de Villeneuve-lès-Avignon, Jean-Baptiste Lhermite, a pu sauver de nombreuses œuvres d'art en les entreposant dans deux lieux de culte autorisés : la collégiale Notre-Dame et la chapelle de l'hospice. À l'initiative de l'évêque de Nîmes et du maire, un musée est créé dans l'hospice en 1868 pour rassembler cette collection. Ce musée sera transféré en 1986 dans un hôtel particulier aménagé au XVIIe siècle. La Chartreuse a aussi vocation depuis plus de quarante ans à accueillir des résidences d'écriture et de créations théâtrales en lien avec le festival d'Avignon.

LE FORT SAINT-ANDRÉ ★★

✆ 04 90 25 45 35
www.fort-saint-andre.fr
Qualité Tourisme. Ouvert toute l'année tous les jours de 10h à 13h et de 14h à 17h. Haute saison 10h à 18h.

Le Fort Saint-André se dresse fièrement sur le mont Andaon comme sur un piedestal. Il fut édifié par Philippe Le Bel à partir de 1291 pour affirmer la puissance du Royaume de France face à l'Empire et aux Papes d'Avignon et protéger le bourg et son abbaye. Il fut occupé jusqu'à la Révolution française. On y accède par la montée du fort et on y pénètre par une porte flanquée d'impressionnantes tours jumelles. Créneaux, meurtrières, échauguettes et mâchicoulis donnent à ses deux tours des allures de citadelle imprenable. Il sert aussi de lieu d'expositions.

LA CABANE DE FRANÇOIS

14, rue de la République
✆ 06 64 91 18 77
lacabanedefrancois.fr
Ouvert du mardi au samedi de 10h à 12h30 et de 15h à 18h30 Commande en ligne sur le site www.lacabanedefrancois.fr

© FRANÇOIS LAVIE

Jeux de société, de construction, puzzles, cubes gigognes, maisons de poupées, cheval à bascule, draisienne, poupées russes, trains et circuits, voiliers, jeux de croquet, culbuto musical, piano miniature, dinette, boites à dent de lait, toupies, boites à musique... A la Cabane de François, les pitchouns sont comme au paradis. François ne propose dans sa boutique que des jeux et jouets en bois fabriqués en France et notamment de façon artisanale dans le Jura. Des jeux d'antan pour les tout petits mais aussi pour les grands, casse-tête et jeux de stratégie

VAUCLUSE

MUSÉE PIERRE DE LUXEMBOURG

3, rue de la République ✆ 04 90 27 49 66
www.villeneuvelesavignon.fr
Ouvert du mardi au dimanche. Avril à octobre 10h-12h30/14h-18h. Novembre à mars 14h-17h (mercredis 10h-12h et 14h-17h).

Ce magnifique palais du XIVe siècle fut la résidence du cardinal Pierre-de-Luxembourg, qui y serait décédé. Le musée abrite le chef-d'œuvre d'Enguerrand Quarton : *Le Couronnement de la Vierge* (1453), la célèbre Vierge en Ivoire (XIVe siècle) et présente aux premier et deuxième étage une très belle collection de peintures du XVIe au XVIIIe siècles : Simon de Châlons. Un cycle de conférences intitulé « Les après-midi au musée » s'adresse autant aux amateurs qu'aux néophites.

LA TOUR PHILIPPE LE BEL

Rue Montée-de-la-Tour
✆ 04 32 70 08 57
Ouvert du 01/02 au 31/12/2022. Fermé le lundi et les 24/12, 31/12, 1er mai, 1er novembre, 11 novembre et 25 décembre.

© MATTEI - FOTOLIA

Cette tour était l'extrémité du pont Bénézet. Véritable sentinelle à l'entrée de la ville et seul vestige d'une forteresse édifiée entre 1292 et 1307 sur les ordres de Philippe IV le Bel, soucieux de tenir Avignon en respect. Elle se compose de trois étages aux belles salles voûtées d'ogives. Au XVe siècle on lui ajouta une tour de guet. Du sommet, le panorama est exceptionnel sur le Rhône. Vous l'aurez compris, pour profiter de la vue, il faut être en forme et avoir les bonnes chaussures car vous devrez monter les nombreuses marches. Vous ne serez pas déçu.

BATEAUX PROMENADE DE VILLENEUVE

✆ 04 90 85 62 25
Fermé de janvier à mai et jours fériés. Ouvert 10h à 12h30 14h à 18h30. Haute saison : tous les jours de 11h à 21h.

Visiter la région sur les voies fluviales du Rhône, ça vous tente ? On n'y avait pas pensé ! 6 bâteaux promenade et 15 bâteaux-hôtels tenus par des compagnies différentes circulent sur le Rhône pour vous faire revivre l'époque du XIXe siècle où le Rhône était la voie royale, un axe de communication stratégique pour la circulation des hommes et des marchandises. On peut voguer à travers les régions, les bateaux offrent toujours une escale de 24h aux passagers afin de visiter la ville.

HÔTEL DE L'ATELIER*** €€

5, rue de la Foire
✆ 04 90 25 01 84
www.hoteldelatelier.com
Qualité Tourisme. Qualité Sud de France. Ouvert toute l'année. 22 chambres de 78 à 169 €, chambre triple de 118 à 169 €.

Idéalement situé au cœur de Villeneuve dans une maison du XVIe siècle, nous recommandons cet hôtel de charme dont les atouts font qu'on y revient. Les chambres sont ravissantes, leur salle de bain fonctionnelle et coquette. Le petit déjeuner copieux se prend dans le patio-jardin ou dans la petite salle à manger. À l'étage, la terrasse solarium est une invitation à lézarder au soleil ou sous un parasol. De là, la vue est superbe sur les toits de la ville. Dans le bel escalier – attention, pas d'ascenseur –, les toiles sont à la vente si vous avez un coup de cœur.

LE PRIEURÉ BAUMANIÈRE - HÔTEL RESTAURANT***** €€€

7, place du Chapitre ✆ 04 90 15 90 15
www.leprieure.com
Relais & Châteaux. Fermé du 31 octobre au 8 avril inclus. 38 chambres à partir de 201 €. Restauration.

Au cœur de Villeneuve, à quelques minutes d'Avignon, dans ce prieuré du XIVe siècle vous apprécierez les chambres et suites contemporaines raffinées, la cour intérieure fleurie de glycine, le jardin qui embaume à la belle saison, la piscine et le tennis pour la détente, du grand standing pour une étape Relais & Châteaux d'exception. Et aussi la table étoilée tenue par Marc Fontanne. On peut faire quelques emplettes à la boutique, vins, champagne, confitures Baumanière, linge de maison.

LE BISTROT DU MOULIN - MAISON BRONZINI €€

74, rue de la République
✆ 04 90 25 45 59
www.maisonbronzini.com

Ouvert toute l'année. Tous les jours le midi et le soir. Menus de 36 € à 39 €. Brunch le dimanche.

Le moulin à huile de la Chartreuse fonctionne depuis 650 ans, ses flacons sont médaillés d'or régulièrement. Attenante au moulin, la Maison Bronzini est un lieu à part, un concept global de restaurant-bar-salon de thé-boutique-moulin qui s'offre en partage. On passe du moulin où sont travaillées les olives en direct à la salle à manger aux petits salons à l'heure du thé devant la cheminée puis on monte ensuite à la boutique qui propose des objets en arts de la table et de la déco.

LE PRIEURÉ BAUMANIÈRE - HÔTEL RESTAURANT €€€

7, place du Chapitre ✆ 04 90 15 90 15
www.leprieure.com

Fermé nov-mars ; Restaurant fermé les mardis & mercredis au déjeuner et au dîner sauf en été. Jardin. Terrasse

Notre coup de cœur va toujours au Prieuré, l'une des maisons Baumanière, et à son chef étoilé Marc Fontanne qui nous régale d'une cuisine de haute volée. Marc sublime les produits du terroir dans des recettes créatives. Des amuse-bouches au dessert, tout est parfait. Nous aimons aussi l'accueil charmant, on est ici dans ce bel endroit, luxueux mais sans ostentation, comme dans une maison amie. Aux beaux jours, on s'installe sous la treille de glycine. Prolongez votre séjour à l'hôtel.

MOULIN À HUILE DE LA CHARTREUSE

74, rue de la République ✆ 04 90 25 45 59
www.maisonbronzini.com

Ouvert tous les jours de 8 à 19h. Visite et dégustation gratuites toute l'année. Label Qualité Tourisme et Sud de France

Le moulin à huile de la Chartreuse est l'un des plus vieux de France encore en activité. Il fut créé en 1358 par l'ordre des Chartreux, et, en 2009 ses bâtiments ont été inscrits au Patrimoine historique. Le moulin a été repris en 2008 par la famille Bronzin. C'est Philippe, maître moulinier passionné de son métier, qui s'occupe de la trituration des olives pour élaborer 3 huiles : la cuvée Terroir, issue d'un assemblage des variétés locales, la cuvée AOC Provence et la cuvée Bio.

RANDONNÉE VTT BALISÉE

Point de départ : la Tour Philippe le Bel

Une balade en vélo rafraichissante et assez facile. Les vignes, la garrigue et la faune vous accompagnent tout du long !

L'itinéraire propose trois boucles de 25 km au total. Il ne comporte pas de difficultés majeures et ravira les amateurs de nature. En suivant les balises de couleur le long du contre canal, vous pénétrez d'abord les terres puis les sous-bois qui vous mèneront jusqu'au barrage de Villeneuve. Traversez, dépassez le camping, il suffit de suivre les bornes ou les panneaux et de longer le Rhône pour revenir au point de départ, la Tour Philippe Le Bel. Une balade rafraîchissante et intéressante, entre eau, vigne, garrigue et faune diversifiée.

CAUMONT-SUR-DURANCE

Le premier site d'occupation humaine était situé sur l'oppidum de Bonpas, site qui domine la Chartreuse. La **chartreuse de Bonpas** (XIIe) est un monument historique classé. Jusqu'au Moyen Âge, la traversée de la Durance étant très difficile, le lieu prit le nom de « malus passus » *(mauvais pas)*. Avec la présence de la chartreuse, les moines ont fait le nécessaire, pour des raisons économiques et pratiques quotidiennes, pour améliorer cette traversée, qui prit rapidement le nom de « bonus passus » *(bon pas)*. Aujourd'hui, la chartreuse produit du vin. A voir des restes de fortifications du XIVe siècle, l' église Saint-Symphorien de style roman provençal.

LA CHARTREUSE DE BONPAS ★

1, chemin de Reveillac
✆ 04 90 23 67 98
www.bonpas.fr

Du lundi au jeudi 10h - 12h30 et 14h - 17h, le vendredi 10h - 12h30 et 14h - 16h. Gratuit jusqu'à 12 ans. Adulte 7€.

Au haut Moyen Age, on appelait ce lieu « Maupas » (de mauvais pas), car marchands et pèlerins étaient souvent détroussés par les bandes de brigands. Dès leur arrivée au XIIe siècle, les religieux y remirent de l'ordre et Maupas devint alors Bonpas. Surveillant le passage de la Durance, elle appartiendra successivement aux frères Pontifes, puis aux Hospitaliers de Saint-Jean de Jérusalem, et à partir de 1318, aux Chartreux par décision du pape Jean XXII qui fit construire l'église, le cloître et des cellules. A la Révolution, ce bâtiment fut en partie détruit.

VAUCLUSE

GRILLON

Tout à fait au nord de l'Enclave des Papes, en haut de son piton rocheux, se dresse Grillon. Sa position stratégique lui fit connaître gloire et abandon. Ses vestiges médiévaux rappellent qu'il fut longtemps un poste privilégié de surveillance. La vue panoramique laisse imaginer les conquêtes auxquelles a assisté la cité. L'organisation du quartier du Vialle est restée féodale. Le château, édifié au XIIe siècle était protégé de remparts à l'intérieur duquel le village s'est développé. L'édification de la nouvelle église en 1869, la construction de la gare en 1896, de l'école en 1900 n'ont pas pu arrêté l'inexorable déclin du Vialle.

RICHERENCHES ★

Ce tout petit village médiéval vaut vraiment le détour tellement il est charmant. Richerenches constituait la commanderie générale de Provence, fondée en 1136 par Arnaud de Bedos. Le village a gardé ses allures de forteresse avec ses quatre tours et ses remparts. La commanderie est l'une des mieux conservées de France. On y trouve encore le logis du commandeur et de ses chevaliers, le puits et l'église à nef étroite achevée par une abside en cul-de-four. Les samedis matin de novembre à mars, le marché aux truffes rappelle que Richerenches est un important centre de production. Le pays est également au cœur du vignoble des côtes-du-rhône.

LOGIS DU BOURG €€€

Route de Grignan ✆ 06 83 55 80 17
www.logisdubourg.com
Pour 28 pers (10 chambres). Tarif pour un gîte hors saison 2 000 à 4 000 €. Les 5 maisons de 4 000 à 6 500 € / semaine.

Au cœur de l'enclave des Papes, imaginez une villa romaine avec l'atrium au centre et des petites maisons tout autour et vous avez une petite idée de la structure étonnante de ce très grand logis. Il est idéal pour les grandes réunions de famille, et les groupes de yoga s'y régalent. Chaque maison est totalement autonome, avec cuisine et tout le nécessaire ; mais si on a envie d'être ensemble, on se retrouve dans le très grand séjour de la plus grande maison. Ces dernières ont toutes une décoration différente aux couleurs chaudes et de très bon goût.

AUBERGE DES PAPES €€

Route de Grignan
✆ 04 90 37 43 67
www.aubergedespapes.fr
Fermé octobre à avril. Hte saison ouvert tous les jours. Formule du midi. Chambres avec petit déjeuner. Demi-pension.

Le cadre est rustique et surtout rempli d'objets et de mobilier affectifs. Alors oui, c'est une adresse atypique. Mais si vous recherchez un accueil chaleureux et des plats savoureux, ne passez pas votre chemin. La cuisine de Marie Nicolas est un modèle de tradition provençale et typiquement locale. Et c'est donc sans surprise que l'on se régale avec la truffe. Elle parfume l'huile d'olive, se parsème en pétales ou se râpe en épais copeaux... Autres points forts : une terrasse fleurie très agréable, et un drôle de bar qui ferait penser à une caverne.

MUSÉE DE LA TRUFFE ET DU VIN

Office du Tourisme de Richerenche
✆ 04 90 28 05 34
www.richerenches.fr
Ouvert toute l'année et tous les jours : 9h30-12h30/13h30-17h30, le samedi 9h30-12h/14h-17h. Gratuit.

Situé dans la Commanderie des Templiers du 12e siècle, ce musée présente les us et coutumes du pays de Richerenches. Des photographies, des films et des bornes à consulter nous transportent dans l'univers de la truffe en révélant quelques secrets et quelques recettes des chefs étoilés ! Folklore et traditions sont présents dans la projection d'un film sur le ban des truffes, la messe de Saint Antoine, les confréries du Diamant noir et des Goutevins créées dans les années 80.

LODGES EN PROVENCE ••••• €€€

1400, Chemin de Bel-Air ✆ 04 75 00 72 33
www.lodges-en-provence.com
Cabanon (2-5 ps) 120 à 230€. Huttes (6 ps) 130 à 420 €. Bergerie (6 ps) 150 à 220€. Restauration. Privatisation. Mariages.

Vous recherchez un lieu de séjour insolite, en pleine nature, en tête à tête, en famille, entre amis, un lieu privatisable pour un mariage, un séminaire… Lodges en Provence, un concept d'hôtellerie en plein air 5 étoiles, vous offre le dépaysement total sur 3,5 ha arborés de chênes et des formules sur mesure. Vous vous installez au choix dans les cabanons aménagés en gîtes de charme, dans les huttes inspirées des tentes canadiennes en toile et bois ou dans les bergeries cosy au design brut et chaleureux, des écolodges entièrement équipés avec jardin privatif.

O' RABASSE €

5, Place Pompe
✆ 09 52 97 34 93
Orabasse.com
Fermé du 20 mars au 14 avril. Ouvert du jeudi soir au lundi soir. Menus 29€-130€. Menu du chef avril à octobre.

Ce couple de voyageurs décide de poser sa valise dans l'ancienne commanderie des templiers. Riche de nombreuses années en restauration, le chef Luc Baille propose une cuisine du terroir, raffinée qui s'inspire des cuisines d'ailleurs mais pas uniquement...il côtoie les rabassiers, ainsi il agrémente en saison ses menus de truffe locale. Le Petit Futé a testé en entrée : le pressé de volailles au tandoori massala, texture de potimarron - écumes d'herbes fraîches et pickles de courge. Que vous dire de plus, un moment magique. Un accueil très chaleureux.

L'ESCAPADE €€

Avenue de la Rabasse
✆ 04 90 28 01 46
www.alescapade.com
Ouvert toute l'année. 12h/14h - 19h/21h30. Fermé Dimanche et Lundi. Menu terroir à base de truffes en saison.

Installés depuis plusieurs années dans une avenue au nom évocateur, la Rabasse (truffe noire en provençal), Sandrine en salle et Nicolas en cuisine, officient dans ce restaurant. L'inspiration du chef se retrouve dans les assiettes, il suggère des mets traditionnels issus du terroir en accord avec les saisons et des bouchées plus audacieuses ; ne passez pas à côté de la brouillade de truffes d'été, de risotto. Une large carte de vins goûteux de la région issus de l'agriculture biologique ou raisonnée est proposée, n'hésitez pas à demander conseil !

DOMAINE SAINT-ALBAN

Chemin de Bourbouton
✆ 04 90 28 01 66
Ouvert de mi-novembre à fin mars, sur rendez-vous. Découverte des truffières, cavage et dégustation de vin.

Christian et son épouse sont avant tout des agriculteurs qui font découvrir leur terroir, leur façon de travailler, leurs passions : la truffe et le vin. Christian vous attend, paré de deux sacs : un pour la récolte et l'autre de biscuits pour récompenser l'artiste : le chien. Tous deux vous guident dans une truffière et vous font découvrir l'art du cavage. La démonstration terminée, sont servis des toasts au beurre truffé, à l'huile d'olive parsemée de brisures de truffes et le verre de l'amitié. Un bon moment de partage. Un conseil, réservez vite cette escapade.

LE MARCHÉ AUX TRUFFES

Avenue de la Rabasse
Ouvert le samedi de 9h à 13h. De mi-novembre à mi-mars, sauf le jour de la messe aux truffes.

Richerenches, capitale de la truffe de qualité : la fameuse « Tuber Melanosporum », a acquis sa renommée depuis longtemps. C'est le plus important marché aux truffes de France. Le marché en gros se déroule sur le cours du Mistral. Courtiers, trufficulteurs, touristes et curieux se retrouvent sur l'avenue de la Rabasse et le Cours du Mistral. On y retrouve la même atmosphère de murmures et de mystère qui donne à ce type d'événement son aura et cultive la rareté du produit. C'est à vivre une fois en observateur au moins. C'est la fierté de l'Enclave des papes.

VALRÉAS ★

Capitale de l'Enclave des Papes du Haut Vaucluse. On raconte que son nom est né au IXe quand un certain Valère (Valéracium) construisit son domaine sur les bords de la rivière. La ville s'appela aussi Valérias, Valrias (Vaurias en provençal), Vaulréas ou Vauréas. Son appellation actuelle n'arrivera qu'au XIXe siècle. La ville connut un véritable essor avec les papes qui voulaient étendre leur pouvoir et rachetaient villes et villages jusqu'à former cette enclave. Au XIXe siècle, elle se lança dans l'industrie et se spécialisa dans le cartonnage et la poterie. De ses deux époques flamboyantes restent, entre autres, de très beaux hôtels particuliers.

LA CHAPELLE DES PÉNITENTS BLANCS ★

Place Pie
Ouvert toute l'année. Tous les jours. Horaires consultez l'office du tourisme. Adulte : 1,50 €.

En 1509, des hommes pieux établissent dans la ville de Valréas une confrérie de Pénitents Blancs, dont l'apparition plus tardive que les Pénitents Noirs n'empêche pas la poursuite d'objectifs similaires : porter secours aux pauvres et aux malades, s'occuper des défunts... Sous l'égide de Monseigneur de Paganotis, les Pénitents acquièrent les Pères Cordeliers, l'ancienne chapelle des Pénitents Noirs, mais s'installent dans la chapelle actuelle, au nord de l'église paroissiale.

LE CHÂTEAU ET LA TOUR RIPERT

Ouvert tous les jours en juillet-août. Adulte : 1,50 € couplé avec chapelle des Pénitents blancs.

Tout près de la cité primitive de Valréas : le château Ripert, le château Dauphin et le château Saint-Jean. Les deux derniers furent détruits aux XVe et XIXe siècles. Il reste quelques ruines du château Ripert dont le donjon que l'on appelle la tour Ripert ou « Tour de l'Horloge ». Cette tour carrée de 17 m de haut sur 7 m de large comprend trois étages et une terrasse. En 1548 on y installa une horloge et sa cloche : la « charansole ». La forteresse féodale fut édifiée au XIIe.

NOTRE-DAME-DE-NAZARETH ★

Place Pie

Ouvert toute l'année. Tous les jours de 9h à 18h.

Classée par les Monuments historiques, cette église romane primitive du XIe siècle serait à l'origine de l'église Notre-Dame-de-Nazareth. La croix latine et les nefs latérales datent du XIIe siècle. A l'extérieur, les trois baies du portail latéral sont richement décorées de voussures, de chapiteaux travaillés de fleurs, de pétales et de figurines sculptées. Elles présentent une composition équilibrée de colonnettes, d'arcs en plein cintre. Le portail ouest est décoré d'élégantes colonnes des XIIIe et XIVe siècles. A l'intérieur, l'orgue du XVIe.

LE CIRCUIT DES BORNES PAPALES

Route de Saint-Pierre

Ces bornes sont l'expression la plus visible des enjeux politiques et économiques qui se sont abattus sur cette terre de transition à l'arrivée des papes en Avignon. Pour marquer leur territoire, les papes ont planté de manière autoritaire les bornes papales. Aujourd'hui, vingt-deux bornes délimitent l'Enclave des Papes actuelle. Ce sont des pavés sculptés d'1,50 m. Ils représentent d'un côté, le ou les blasons des seigneurs, propriétaires des terres à borner.

OFFICE DE TOURISME DE L'ENCLAVE DES PAPES

10, avenue Maréchal-Leclerc ✆ 04 90 35 04 71

www.grignanvalreas-tourisme.com

Sept à avr : du lun au vend 9h30-12h30 et 14h30-17h30, samedi 9h30-12h30. Juil et août 9h30-13h30 et 15h-19h.

Pays de Grignan - Enclave des Papes regroupe Chamaret, Chantemerle-lès-Grignan, Colonzelle, Grignan, Grillon, Le Pègue, Montbrison-sur-Lez, Montjoyer, Montségur-sur-Lauzon, Réauville, Richerenches, Roussas, Rousset-les-Vignes, Saint-Pantaléon-les-Vignes, Salles-sous-Bois, Taulignan, Valaurie, Valréas, Visan. C'est le relais culturel de la région. On y trouve certaines billetteries et un éventail de journées aux diverses thématiques est possible sur l'ensemble de l'Enclave hors été.

LE MUSÉE DU CARTONNAGE ET DE L'IMPRIMERIE ★

3, avenue Maréchal-Foch

✆ 04 90 35 58 75

www.vaucluse.fr

Ouvert toute l'année du mardi au samedi et le 1er dimanche du mois 10h-13h et 14h30-18h. Sur résa pour groupes.

Que connaissez vous de l'histoire des procédés de fabrication de la boîte en carton ? Comme nous tous : pas grand-chose ! Eh bien cette idée farfelue tient à l'histoire de la ville qui est la capitale historique du cartonnage français, de ses origines, au milieu du XIXe siècle, jusqu'à nos jours. Et on découvre mille choses inédites à travers un parcours thématique où sont reconstitués une chaîne de fabrication, des ateliers et le domicile de cartonnières.

CAMPING LA CORONNE*** €€

Route du Pègue

✆ 04 90 35 03 78

lacoronne.fr

Ouvert du 1er avril au 31 octobre. Emplacement + 2 personnes. Mobil-homes de 2 à 4 personnes. Aire pour camping-cars.

Un camping charmant pour les amoureux de la vie au grand air... Au bord de la Coronne, non loin du centre-ville en direction de Taulignan, ce camping est assez calme. Abondamment arborées de chênes, toutes les places sont ombragées et bien délimitées pour respecter l'intimité de chacun. Un terrain de pétanque, une piscine, une aire de jeux pour les enfants, une buvette-épicerie-snack (réservée aux campeurs), une nurserie, des animations en juillet-août. Côté restauration, des plats cuisinés chaque jour que l'on peut déguster sur la grande terrasse.

LA MAISON D'ANVERS €€

71, chemin des Anthelmes
✆ 04 90 62 51 87
www.maisondanvers.com
Ouvert toute l'année. Chambre double de 85 € à 100 € ; suite de 90 € à 110 €.

Ils sont belges et ils ont cette énergie toute particulière au plat pays qui est le leur. Quand ils ont trouvé leur paradis dans ce coin du Vaucluse, ils en ont fait une maison d'hôtes avec une table gourmande sur demande, il y a aussi le bistrot cuisine d'été où tout est préparé à la minute sur le gril. Les chambres et suites sont des petits nids douillets avec tout le confort dans un style épuré. Le gite est très sympa pour une famille avec une cuisine fonctionnelle, un salon où l'on apprécie la cheminée en hiver, 2 jolies chambres et un beau jardin.

LE MAS DES SORCIÈRES €€€

Route d'Orange ✆ 06 63 49 06 51
www.gite-de-provence.com
Fermé janvier et février. Ouvert de mars à sept 6 chambres (2 gîtes). Petit déjeuner. Restauration certains soirs.

Un havre de paix sur la route des châteaux de le Drôme. Ce mas du XVIe siècle entièrement restauré a conservé son escalier des plus majestueux : 5 chambres d'hôtes, 2 gîtes, un patio, une piscine. On peut dire que vous avez l'embarras du choix. Les 4 chambres de l'étage sont assez spacieuses et décorées avec un mobilier en teck, ce qui leur donne un petit air très contemporain. Les gîtes pour 4 et 6 personnes sont de facture plus classiques mais tout aussi confortables. Ils sont tous les deux mitoyens au mas des propriétaires. Un barbecue est à votre disposition.

CAFÉ DE LA PAIX €€

26, rue de l'Hôtel-de-Ville
✆ 04 90 46 88 25
www.cafedelapaix-valreas.fr
Ouvert toute l'année. Tous les jours le midi et le soir. fermé le dimanche. Réservation recommandée. Terrasse. Formule.

Classé monument historique, ce café du XIXe siècle, qui réunissait jadis les notables et les trufficulteurs du coin, vaut le détour non seulement pour sa carte bistronomique mais aussi pour sa grande salle de style Art nouveau, avec bar ancien, moulures aux plafonds et grands miroirs qui nous transportent à la Belle Epoque. Le cadre est planté, reste à découvrir la cuisine de Brice Lambeau avec ses plats généreux, des produits du terroir et notamment des truffes en hiver. L'accueil est très chaleureux. Belle carte des vins. L'été on profite de la terrasse.

AU DÉLICE DE PROVENCE €€

6, la Placette
✆ 04 90 28 16 91
www.audelicedeprovence.com
Ouvert toute l'année du jeudi au mardi. Menus de 27 à 56 €. Le midi en semaine. Vin au verre. Accueil des groupes.

C'est un drôle de lieu que cette ancienne synagogue du XVIe siècle. Les plafonds sont très hauts, et les arches donnent une touche solennelle. La une cuisine du maitre restaurateur mélange les épices du monde entier aux saveurs de notre Provence. Cela donne un choix entre un mi-cuit de foie gras au piment d'Espelette, confiture de kaki et coing ou un California maki au haddock, condiment guacamole. C'est un exemple très représentatif de ce qui vous attend. Le Petit Futé a testé en dessert un picodon au safran pané aux amandes et rôti.

VAUCLUSE

© HOCQUEL ALAIN - COLL. CDT VAUCLUSE

Valréas vu de la Tour Ripert.

VISAN

Paisible village au charme irrésistible qui a gardé son enceinte fortifiée du XIVe siècle et ses deux portes en pierres taillées à bossage, celles de Saint-Martin et du Puybaret. Du castel du XIIe siècle, seul un grand pan de mur, dit le Marot, continue à veiller de sa hauteur sur le village. Visan devient haute terre papale dès 1344 et sera rattachée au canton de Valréas en 1802. Aujourd'hui, on admire sur cette ancienne place forte de magnifiques hôtels particuliers, allant de la Renaissance à la fin du XVIIIe siècle. Les plus courageux grimperont jusqu'au castel pour profiter d'un panorama surprenant de beauté sur les villages des alentours.

LE MOULIN DE FRANÇOISE €€

209, Chemin de la Peine ✆ 06 07 08 74 71
www.lemoulindefrancoise.com

Ouvert toute l'année. 4 chambres (dont 3 suites). Chambre double à partir de 90 €. Table d'hôtes.

C'est en pleine campagne que cet authentique moulin à huile de Françoise restauré dans son jus vous accueille. Toutes les chambres sont lumineuses, feutrées, dotées de tout confort, meublées à la provençale, dont une avec son jardin. Le petit déjeuner qui vous est proposé en terrasse ou dans la salle à manger est élaboré de confitures maison, de produits frais et locaux dont certains viennent directement de la propriété. Le soir, une table d'hôtes afin de découvrir les produits du terroir est proposée. Accueil très chaleureux.

LA CHAPELLE NOTRE-DAME-DES-VIGNES ★

Les Bourdeaux

Visites de juin à octobre. Horaires au Point Tourisme.

C'est l'une des plus belles chapelles romanes du Vaucluse rural. Elle reste chère au cœur des Visannais car elle a la réputation de les avoir protégés de nombreux périls et notamment de la peste noire qui sévit au XVIIe siècle. Chapelle et presbytère sont classés par les Monuments historiques. Le décor intérieur est remarquable. Le retable et le tabernacle, sculptés en 1665-1666 par Pierre et Philippe-Antoine, sont les œuvres majeures du mobilier.

LES TROUBADOURS €€

Place Humbert-II
✆ 04 90 41 98 60
www.lestroubadours.fr

Fermé de fin septembre à mi octobre. Fermé mercredi/ jeudi à midi. Menus /Formule du midi.

Agnès et William dirigent dans un lieu unique ce restaurant installé dans les caves du château de Visan qui vous accueille l'hiver, l'été. Le cadre a de l'allure. Ils vous offrent une cuisine préparée à base de produits frais et de qualité. La carte des vins fait la part belle aux vignerons de Visan et de la vallée du Rhône. Ajoutons que la formule déjeuner change quotidiennement et que rien n'y est bâclé, ni le service prévenant, ni le contenu des assiettes. Nous avons testé le Marbré de betterave rouge et fromage frais de chèvre, parfumé à l'huile de noix.

HÔTEL DU MIDI** €€

5, avenue des Alliés
✆ 04 90 41 90 05
www.hotelrestaumidivisan.fr

Ouvert toute l'année. 17 chambres de 69 à 129 €. Petit déjeuner : 9,90 €. Lit supplémentaire : 10 €. Parking.

Bel hôtel de charme situé dans l'enclave des Papes. Les propriétaires de l'hôtel, suite à leurs expériences dans l'hôtellerie de luxe, attachent une importance toute particulière à prendre soin de leurs hôtes. L'hôtel en pierres propose des chambres spacieuses, confortables et décorées avec goût. L'ambiance cocooning et l'accueil chaleureux réservé par les propriétaires vous feront vous sentir comme à la maison lors de votre séjour dans la Drôme provençale. Un charme typiquement provençal parfait pour se reposer ou visiter la région.

CAVE LES CÔTEAUX DE VISAN

✆ 04 90 12 41 00
www.coteaux-de-visan.fr

9h30 à 12h30 / 14h à 18h30

Créée en 1897, la Cave de Visan rassemble 120 adhérents, tous viticulteurs au cœur de l'Enclave des Papes dans la partie nord de la Vallée du Rhône méridionale. Un espace est dédié à la dégustation des vins, Côtes-du-Rhône et Côtes-du-Rhône-Villages Visan. La gamme compte une dizaine de cuvées, des vins blancs et rosés très aromatiques, des rouges d'une grande finesse ainsi qu'une gamme issue de l'agriculture biologique ; la cuvée Notre-Dame des Vignes cuvée emblématique.

BOLLÈNE ★

Située à la croisée du Vaucluse, de la Drôme, de l'Ardèche et du Gard, campée sur le Lez, Bollène est considérée comme la porte de la Provence. On grimpe en haut de la ville, dans les jardins de la Collégiale où le panorama s'ouvre sur les Cévennes, la vallée du Rhône et les toits en tuiles rouges. Les ruelles étroites croisent les places au caractère provençal, aussi quelques hôtels particuliers. Au XIXe siècle, la Révolution Industrielle marque son empreinte. Une importante fabrique de produits réfractaires voit le jour grâce aux conséquents gisements d'argile, suivie, au XXe, de l'usine hydroélectrique Blondel avec l'aménagement du canal.

CENTRALE HYDROELECTRIQUE DE BOLLENE

1130, promenade Léon Perrier
www.lescircuitsdelenergie.fr
Ouvert d'avril à octobre. Réservation obligatoire sur le site internet. A partir de 8 ans. Adulte : 10€, enfant : 5 €.

Un chantier titanesque réalisé par la Compagnie Nationale du Rhône dans les années 1950. En détournant le Rhône sur 28 km entre Donzère et Mondragon et en construisant la plus haute écluse du monde et la centrale hydroélectrique la plus productive d'Europe, CNR faisait avancer la France sur le terrain des énergies renouvelables tout en facilitant la navigation sur le fleuve. Visite guidée passionnante, pédagogie et interactive, à la découverte d'un site impressionnant.

LA COLLINE DU PUY ET LA COLLÉGIALE SAINT-MARTIN ★

La Collégiale Saint-Martin a été classée Monument Historique en 1909.

L'histoire commence au VIIe siècle, quand Clovis II donna Bollène aux bénédictins de l'île Barbe, petite île à 6 km au nord de Lyon. Ils s'installent à Bollène dès le Xe siècle et construisent un prieuré qui sera détruit par les protestants au XVIe. Du haut de la tour Saint-Antoine, première défense du prieuré, le baron des Adrets fera précipiter les moines. Reconstruite, c'est en 1727 que l'édifice sera érigé en collégiale. Elle sera classée Monument Historique en 1909.

SAINTE-CÉCILE-LES-VIGNES ★

Les premiers tracés précis remontent au XIVe siècle. En 1791, en pleine période de la Révolution, les habitants prennent part à une fédération de communes du Haut Comtat et des environs de Carpentras, « l'Union de Sainte-Cécile », qui va regrouper 60 communes fidèles au pape. En 1793, Sainte-Cécile devient pour huit mois seulement, Cécile-la-Montagnarde. En 1918, une directive du ministère de l'Intérieur, visant à mettre fin aux confusions entre les communes enjoint ces dernières à ajouter des compléments à leurs appellations. En raison de la richesse de ses vignobles et de sa renommée, Sainte-Cécile devient donc Sainte-Cécile-les-Vignes en 1920.

CAMPAGNE, VIGNES & GOURMANDISES €€

Route de Suze-la-Rousse ✆ 04 90 63 40 11
www.restaurant-cvg.com
Fermé dimanche soir, lundi et mardi. Menu 41 €. Menu enfant 13 €. Formule du midi : 28 €. Terrasse.

S'il n'est qu'à quelques encablures du centre-ville de Sainte-Cécile, ce restaurant porte assurément bien son nom : face à lui, la campagne et surtout les vignobles des abords du village, et une cuisine toute en fraîcheur et créativité. Le chef mélange les anciens légumes et les produits nobles avec beaucoup de délicatesse. C'est sans conteste une des très belles tables des environs. L'ambiance est un mélange de vieilles pierres et d'art contemporain. Quant au service rien à redire.

CAVE DE CAIRANNE - CAMILLE ET CÉCILIA

Cours Maurice-Trintignant
✆ 04 90 30 83 25
www.chantecotes.com
Ouvert du lundi au samedi de 9h30 à 12h30/ 14h à 18h. Fermé dimanche et jours fériés.

En plein cœur des côtes du Rhône, de renommée internationale, le caveau Chantecôtes, connu pour ses vins médaillés et ses techniques douces (ramassage à la main, raisins triés à la vigne…) vous accueille sous une superbe voûte du XIVe siècle. Vous y découvrirez une large gamme allant du vin vif et léger au vin de garde. La variété des sols et expositions sont un atout que la cave exploite au mieux. Pour résumer, des cuvées d'une belle régularité au très bon rapport qualité/prix.

VAUCLUSE

ORANGE ★★★

Le peuple celto-ligure des Cavares l'appellait Arausio et elle était leur plus grande cité. En l'an 105 avant J-C., sa terre a été le théâtre d'une des plus sanglantes batailles menées par les armées romaines contre les germains. Elles y perdirent plus de 100 000 soldats. La ville, à l'époque gauloise de la tribu des Triscatini, devient romaine sous l'Empereur Auguste et prend le nom de de Colonia Julia Secundanorum Arausi. C'est dans cette ère de paix que la ville va devenir une des colonies les plus importantes avec une population qui représentera trois à quatre fois celle d'aujourd'hui. Cette période est faste et festive. Le théâtre est alors construit et sa renommée internationale ne s'est jamais démentie. Au XIIIe siècle, la ville appartient au royaume de Bourgogne. Elle deviendra alors une principauté, un fief du Saint Empire germanique. Au XVIe siècle, Guillaume de Nassau, qu'on surnommait Guillaume le Taciturne, est le prince d'Orange et décide de créer la République des Provinces-Unies. Il en devient le stathouder (chef de l'exécutif). En 1673, Louis XIV en guerre contre la Hollande et les Provinces-Unies, s'approprie la ville et l'annexe au Royaume de France en 1713. A la Révolution, Orange fait d'abord partie du département de la Drôme, puis de celui des Bouches du Rhône et enfin du Vaucluse. Avec ses petites places anciennes, ses ruelles étroites et ses maisons rénovées, la Cité apparaît comme un gros village où il fait bon flâner.

LA CATHÉDRALE NOTRE-DAME-DE-NAZARETH ✝

Place Clémenceau

Ouvert tous les jours de 9h à 18h30. Parking gratuit à 250 m, à la gare routière, cours Pourtoules.

Jusqu'à la Révolution, elle sera la cathédrale d'Orange. Consacrée le 26 octobre 1208 à Notre Dame de Nazareth, en présence du prince Guillaume des Baux, elle fut remaniée à plusieurs reprises au cours des siècles. Très discrète, elle s'ouvre sur la place Clemenceau par un portail du XIIe, modifié au XVIIe siècle. Son portail sud est caractéristique de l'art romano-provençal. C'est l'évêque Du Tillet qui fit restaurer l'édifice, en l'enrichissant avec les stalles du chapitre.

LA COLLINE SAINT-EUTROPE ★

Cette colline regorge de vestiges archéologiques. Une croix, datant du XVIIe siècle, marque l'emplacement de ce qui fut la basilique Saint-Eutrope ; une abbaye et une nécropole l'entouraient. Les guerres de Religion ruinèrent les constructions, en 1622-1623, noyées dans les fossés des fortifications de Maurice de Nassau. Un chemin conduit à une statue de la Vierge érigée en 1855, sur les ruines du château. Les affrontements entre les Provinces-Unies et le royaume de France transformèrent Orange en pièce maîtresse de l'échiquier politique européen au XVIIe siècle.

L'ARC DE TRIOMPHE ★★

Accès libre. Visite guidée sur rendez-vous auprès de l'office de tourisme du 6 juillet au 25 août.

Classé au Patrimoine mondial de l'Unesco. Datant du Ier siècle, il était, à l'époque, la porte principale de la cité. Situé sur la voie d'Agrippa et dédié à la gloire des vétérans fondateurs de la colonie romaine d'Orange, ce monument est essentiel dans l'art romano-provençal. Aujourd'hui, il est décalé du centre-ville. On le voit très bien du haut de la colline. La représentation de Gaulois captifs, sur les colonnes corinthiennes, symbolisait la domination de Rome. Sur l'attique, une scène de combat est retracée entre la cavalerie romaine et les Barbares.

LE THÉÂTRE ANTIQUE ★★★★

Rue Madeleine-Roch

✆ 04 90 51 17 60

www.theatre-antique.com

Jan, fév, nov et déc : 9h30-16h30. Mars et oct : 9h30-17h30. Avril, mai et sept : 9h-18h. Juin, juil et août : 9h-19h.

Théâtre romain le mieux conservé au monde parce qu'il a gardé son mur de scène avec l'élévation d'origine (103 m de large pour 37 m de haut et 1,80 m d'épaisseur). Construit sous le règne d'Auguste au Ier siècle, il fut tout de suite un lieu très fréquenté. Quand l'Empire décline, le Théâtre suit le mouvement. L'heure de sa fermeture sonne en 391, car le christianisme, devenu religion d'état, interdit toute représentation de pièces dépourvues de caractère religieux. Au XVIe siècle, il est envahi par des habitations abritant les réfugiés des guerres de religion.

VAUCLUSE

HÔTEL LE GLACIER*** €€

46, cours Aristide-Briand
✆ 04 90 34 02 01
www.le-glacier.com
Qualité Tourisme. Logis. Ouvert toute l'année. Fermé vacances de Noël. 33 chambres. Demi-pension. Petit déj buffet.

L'hôtel appartient à la même famille depuis trois générations et on peut dire que le professionnalisme s'est parfaitement transmis. Et pour ne rien gâcher, il est en plein centre historique. L'intérieur est plutôt coquet avec les différents petits niveaux, héritage de la réunion de plusieurs maisons qui lui donnent un charme tout à fait particulier. Les chambres, jaune, bleue, blanche, mignonnettes et personnalisées, sont calmes, insonorisées, climatisées et bénéficient de tout le confort nécessaire. Quant aux petits-déjeuners, ils ne trichent pas avec la qualité.

GRAND HÔTEL D'ORANGE**** €€€

6, place de Langes ✆ 04 90 11 40 40
www.grandhotelorange.com
Ouvert toute l'année. Groupe Elegant Properties Collection. 40 chambres. Wifi gratuit. Restauration.

Voici une nouvelle et belle adresse pour se loger au cœur d'Orange. Côté déco, sobriété et élégance avec en fil conducteur l'osier dont la culture en Provence est une tradition ; le mobilier et les teintes claires en sont inspirés. Dans les chambres, le souci du détail se conjugue à celui du confort. Les prestations haut de gamme sont à la hauteur des 4 étoiles, partout jusqu'à l'espace bien-être, la piscine en terrasse, le bain bouillonnant, le sauna et la salle de sport. L'accueil est sur mesure et la table bistronomique *Aurasice* est l'atout gourmand de l'hôtel.

AU PETIT PATIO €€

58, cours Aristide-Briand
✆ 04 90 29 69 27
Ouvert toute l'année midi et soir. Fermé le dimanche.

C'est l'une des vraies bonnes tables de la ville. On profite de sa salle à la fois décorée avec soin et intime. La terrasse est toute belle et reste petite alors pensez à réserver ! Dans l'assiette, une cuisine délicieuse et efficace avec les produits de la Provence travaillés par un chef définitivement dans le présent. En tout cas, le résultat est subtil pour les saveurs et très esthétique pour la présentation. La fraîcheur est bien sûr de mise, les somptueux cocktails fruités peuvent en témoigner ! Il ne reste plus qu'à venir se régaler.

LE BAR À VIN DU CHÂTEAU DU MOURRE DU TENDRE

50, cours Aristide Briand
✆ 04 90 34 48 53
Ouvert tous les jours et les jours fériés de 8h à 22h. Restauration.

Le bar à vin du Château du Mourre du Tendre se situe en face de l'office du tourisme et à proximité du théâtre antique, un lieu chic et feutré où se poser. On y vient le matin pour le petit-déjeuner ou tout au long de la journée pour déguster les vins remarquables du domaine. Vous pourrez savourer des planches de charcuterie, de fromages, des tartes maison, des tartines, des terrines, des veloutés, des salades… N'oubliez pas de faire un détour dans leur boutique à côté.

MORNAS

Le voyageur arrivant à Mornas ne se doute pas des souvenirs atroces attachés au château qui domine la ville. Pendant les guerres de religions, les protestants du Marquis de Montbrun précipitèrent les catholiques du haut de l'enceinte sur les piques de leurs soldats. Six ans plus tard, ce furent les protestants que les troupes de François de la Baume firent sauter sur leurs hallebardes... Depuis ces événements, les gens de Mornas furent appelés les Sauto-Barri (saute-rempart) ! Aujourd'hui, le château abrite une réserve ornithologique. Il est surtout très animé avec des reconstitutions historiques et des visites guidées très pédagogiques.

FORTERESSE DE MORNAS ★

Avenue Jean-Moulin
✆ 04 90 37 01 26
www.forteresse-de-mornas.com
Fermé décembre et janvier. Ouvert tous les jours de 10h30 à 17h. Haute saison : de 11h à 17h15. Animations.

La forteresse de Mornas domine la région depuis son piton de 137 m de haut. Vue incomparable sur les Dentelles de Montmirail et sur le mont Ventoux. Elle protège le village médiéval dont on vous contera l'histoire au cours de la visite. L'association « Les Amis de Mornas » anime la forteresse, et elle le fait avec brio et passion. Tout est fait pour vous faire changer d'époque. Alors retour au Moyen Age avec la découverte du château ou du village grâce aux visites animées. Les enfants adorent, et les adultes n'ont aucun mal à se prendre au jeu – c'est inoubliable.

VAUCLUSE

BÉDARRIDES

L'Ouvèze ne lui a jamais fait de cadeaux ! Ses crues l'ont souvent ravagée et pourtant Bédarrides fait front. Situé sur la route des vins, sa plaine est sillonnée de vignobles de côtes-du-rhône et de châteauneuf-du-pape. Pour venir par la jolie vue, prenez la petite route de Bédarrides qui arrive d'Entraigues (D16), elle vous évitera la nationale et vous donnera l'occasion d'une agréable balade touristique au milieu des terres agricoles. Le bourg conserve quelques vestiges des XVIIe et XVIIIe siècles dont deux portes des remparts : la porte du Poustarlon, façade décorée d'un écusson qui portait les armes des archevêques d'Avignon.

LE NUMÉRO 3 €

Menu du jour tous les midis sauf jours fériés et samedi. Plat-Dessert-Café : 15,90€.

Le Numéro 3 est idéalement placé à côté de l'Ouvèze. Pour prendre un verre ou pour manger, Bédarrides a trouvé sa petite perle. Large choix de vins, carte renouvelée tous les mois, produits locaux, terrasse très agréable, le bruit de l'eau qui coule en fond sonore... tout cela participe à créer une expérience unique très abordable. On adore y aller le midi pour lézarder au soleil en dégustant, par exemple, le fameux tartare et ses frites maison. Un endroit reposant où vous apprécierez le calme de la petite bourgade provençale et une savoureuse cuisine maison.

DOMAINE DU VIEUX TÉLÉGRAPHE

3, route de Châteauneuf
✆ 04 90 33 00 31
www.brunier.fr

Ouvert du lundi au vendredi de 9h à 12h et de 13h30 à 18h. Fermetures annuelles semaine de Noël et 15 jours en août.

Frédéric et Daniel Brunier affirment sur leur domaine qui s'étend sur 70 ha recouverts de vignes âgées en moyenne de 60 ans, leur savoir-faire en soutenant des principes d'agriculture raisonnée. « Elaborer des vins de terroir et non des vins de recette, des vins de repas plus que de dégustation, des vins dont la qualité finale n'a de valeur que par la noblesse des moyens mis en œuvre pour l'obtenir, là est notre vocation ». Il ne reste plus qu'à déguster.

SÉRIGNAN-DU-COMTAT

Diane de Poitiers à la fin de sa vie - en 1565 - choisit de s'installer dans le château familial, celui de son père, qui était alors le Seigneur des lieux. De ce château, il ne reste aujourd'hui qu'une tour adjacente à l'église Saint-Etienne. On peut y voir l'horloge de la commune et un campanile en fer forgé. Devant cette même église, qui abrite une très belle collection de statues en bois doré du XVIIIe siècle, un bronze représentant le célèbre entomologiste Jean Henri Fabre (1823-1915) qui a vécu au village de 1879 à sa mort, dans sa maison de campagne appelée l'Harmas, aujourd'hui devenue Musée. Le village est entouré de vignobles.

HARMAS JEAN-HENRI FABRE

445, route d'Orange
✆ 04 90 30 57 62
www.harmasjeanhenrifabre.fr

Fermé pendant les vacances de Noël, le 1er mai et tous les mercredis. Ouvert : d'avril à août. Téléphonez pour horaires.

Propriété du Muséum national d'Histoire naturelle et classé au titre des Monuments historiques, la maison et le jardin de Jean-Henri Fabre sont la première maison de mémoire dédiée à un naturaliste du XIXe siècle. Jean-Henri Fabre naturaliste-entomologiste-botaniste et écrivain tout, passa ici ses 36 dernières années. La salle à manger, le cabinet de travail reconstitués sont les lieux d'exposition des boîtes d'insectes, des fossiles et des minéraux, des manuscrits, quelques planches de l'herbier et d'une collection remarquable d'aquarelles de champignons.

LE NATUROPTÈRE ★

Route d'Orange
✆ 04 90 30 33 20
www.naturoptere.fr

Ouvert toute l'année. Se renseigner pour les jours et horaires sur le site internet. Accueil enfants.

En face de l'Harmas du célèbre naturaliste Jean-Henri Fabre, le Naturoptère est un centre culturel et pédagogique dédié à la nature. Lors de la visite des expositions et tout au long de votre parcours, des animateurs vous proposeront de courtes pilules de savoir sur la nature et ses habitants. Profitez également des jardins, véritables écrins de biodiversité riches de plantes et d'insectes. Toute l'année, découvrez de nombreuses activités en lien avec la nature : ateliers, balades, conférences, spectacles… Au Naturoptère, venez voir de plus près !

HÔTEL-RESTAURANT LE PRÉ DU MOULIN €€€

Route de Sainte-Cécile ✆ 04 90 70 14 55
www.predumoulin.com
Ouvert toute l'année. 12 chambres à partir de 74 €. Menus. Accueil groupes. Jardin. Terrasse. Piscine.

A Sérignan-du-Comtat, petit joyau provençal, l'hôtel-restaurant « Le Pré du Moulin » brille de mille couleurs. Dans une maison du XVIIe siècle entourée de vignobles, vous passerez un fabuleux séjour. Piscine extérieure, solarium, jardin arboré et terrasse ne sont qu'un exemple succinct de ce qui vous attend dans ce havre de paix. Les chambres sont spacieuses et parfaitement équipées et le restaurant propose des menus inspirés de la Provence avec des produits de saison.

UCHAUX ★

Le nom d'Uchaux, Octavis Uchot apparaît par écrit pour la première fois au XIIe. On s'accorde à dire que ce nom d'origine romaine, devait correspondre à un emplacement numéroté par une borne militaire, la huitième certainement. Mais rien n'est sûr. C'est entre le XVe et XVIIe siècle, que le village se dessine à l'image de ce que nous lui connaissons aujourd'hui. Tout au long des siècles, la vocation rurale a perduré : vignes, céréales, betteraves à sucre et plus récemment, les cultures industrielles : maïs, tournesols, blés durs, tomates de conserve. Au milieu du XIXe siècle, le village comptait 700 habitants. Cent ans après, la population a diminué de moitié.

PIOLENC

Piolenc est réputé pour l'exploitation du sable riche en fossiles, ses mines de lignite, aussi pour le musée Mémoire de la N7. Mais c'est avant tout la capitale régionale de l'ail, une fête où « Festiv'Ail » a lieu en août avec défilés de chars des associations, concours d'aïoli et autres recettes et dégustations choisies. Profitez de votre passage pour repérer les vestiges des remparts du XIVe siècle, l'église Saint-Pierre, très bel édifice roman. Ne manquez pas la visite du musée de Christian Devalque. Passionné depuis plus de 20 ans d'archéologie et de paléontologie, il vous dévoilera sa collection sur l'homme de Piolenc (5 000 ans av. J.-C).

CHÂTEAU DE MASSILLAN•••• €€€

730, Chemin de Massillan
✆ 04 90 40 64 51
www.chateaudemassillan.fr
32 chambres. Chambre double à partir de 140 € ; suite à partir de 270 €. Spa

Nous vous recommandons cet hôtel de charme pour vivre la vie de château dans le Vaucluse. Rénové avec beaucoup de goût, le château fut autrefois la demeure d'Henri II et de Diane de Poitiers. Les chambres sont spacieuses et toutes différentes, aménagées selon les préceptes du *feng shui*. Dans les chambres Luxe et Prestige le mobilier chiné et les étoffes choisies sont une ode à l'harmonie et à l'élégance. Pour la détente, un Spa bio luxueux, deux piscines et un parc de 10 hectares. On s'attable au M, le restaurant étoilé tenu par Mickaël Furnion.

© PHOTO VAUBAN

© PHOTO VAUBAN

VAUCLUSE

IL ÉTAIT UNE FOIS €€

4, rue de l'Ormeau
✆ 04 90 34 37 72
www.auculdepoule.net
5 chambres (dont 2 familiales pour 4 personnes). Chambre double à partir de 72 €. Restauration menus de 29 € à 36 €.

Ce tout petit hôtel de charme est comme un îlot paisible au cœur du village. Les chambres spacieuses sont à l'étage, dotées de grands lits confortables et dans un style rustique et campagne. L'atmosphère est intime l'hiver, bucolique quand on descend au jardin à la belle saison. On peut profiter de la demi-pension *Au Cul de Poule*, le restaurant de l'hôtel, la carte suit aussi les saisons : confit de canard, cocotte de légumes, souris d'agneau confite à l'ail et au romarin.. Vous apprécierez votre séjour et l'accueil d'Anne et Michel.

CHÂTEAUNEUF-DU-PAPE ★

C'est étonnant de voir un si petit village reconnu dans le monde entier pour ses treize cépages. Depuis 2019, l'élaboration du vin de Châteauneuf-du-Pape est inscrite sur l'inventaire du Patrimoine Culturel Immatériel. Les vignerons sont des virtuoses qui écrivent leurs partitions dans un cadre très sévère. La reconnaissance ne date pas d'hier. Elle commence en 1929 avec une action révolutionnaire lorsque le baron le Roy de Boiseaumarié ose organiser le premier syndicat pour la défense de l'appellation. Les appellations contrôlées n'existent que depuis 1936. Il reprend en grande partie les règles qualitatives de productions décrétées à Châteauneuf.

LE CHÂTEAU DES PAPES

✆ 04 90 83 71 08
chateauneuf-du-pape-tourisme.fr/
Accès à pied par des marches, emprunter la rue Joseph-Ducos, et en voiture par la route d'Orange. Parking gratuit.

Ce géant de pierre est certes en ruine mais il en impose toujours avec sa grande façade crénelée qui surplombe la ville. C'est le pape Jean XXII qui, de 1316 à 1333, le fit construire. Entouré de remparts, il se composait d'un important corps de logis et de quatre tours d'angle. Lors des guerres de religion, les protestants s'emparent du village, et château et églises sont pillés et incendiés. Les Allemands l'occupèrent à partir de 1942 et démolirent le donjon lors de leur retraite le 20 août 1944. Une vue à 360° offre un panorama superbe sur la vallée du Rhône.

MUSÉE DU VIN BROTTE ★

Avenue Saint-Pierre de Luxembourg
✆ 04 90 83 59 44
www.brotte.com
Ouvert toute l'année. Horaires variables selon saison. Label Tourisme.

Ce musée du vin fut créé en 1972 par Jeanne Brotte, grand-mère du propriétaire actuel et épouse de Charles Brotte, l'un des pionniers de la mise en bouteille des vins de la Vallée du Rhône qui s'est illustré en 1952 avec sa fameuse « Fiole du Pape » une bouteille tarabiscotée comme un cep de grenache et dont on peut voir un exemplaire d'époque au musée. La bouteille est toujours fabriquée, en vente sur place. Le musée présente de façon pédagogique et ludique les typicités de la vallée du Rhône et des métiers du vigneron, adapté aux plus jeunes.

LA SOMMELLERIE*** €€

2268, route de Roquemaure ✆ 04 90 83 50 00
www.la-sommellerie.fr
Fermé en janvier. 16 chambres (dont 2 suites familiales). Petit déjeuner. Parking fermé. Restauration.

Cette ancienne bergerie du XVIIe siècle transformée en hôtel-restaurant trois étoiles, a vraiment belle allure au milieu des vignes avec sa façade où court un lierre ancestral. A l'étage, les chambres toutes rénovées et décorées avec goût sont gaies et raffinées, avec tout le confort qui sied à un 3-étoiles. Le jardin avec sa piscine a été entièrement repensé. Côté restaurant, c'est chic et feutré, les tables sont nappées de blanc, le service est attentionné. C'est une bonne étape si vous souhaitez faire les domaines du coin.

THE WINE B&B €€

20, avenue Général-de-Gaulle
✆ 06 16 48 61 87
www.chateauneuf-wine-bb.com
Ouvert du 1er mai à fin septembre et sur rendez-vous hors saison. 4 chambres. Chambre double. Petit déjeuner inclus.

Pour profiter d'un séjour de charme dans sa demeure vigneronne mais aussi pour découvrir l'hôtesse passionnante qu'est Dany. Elle a aménagé trois chambres dans sa grande maison du centre-ville. Vous choisirez entre la chambre Carmen avec vue sur les vignobles de Châteauneuf, la chambre Li Baï au décor raffiné d'inspiration chinoise et la chambre Mireille, avec sa salle de bains balnéo, et enfin la Joséphine de style Empire avec un coin salon et la vue sur les dentelles de Montmirail au loin. L'ambiance est toujours conviviale le soir, autour de l'apéro.

ESPACE DE L'HERS €€€

5, chemin de l'Hers ✆ 06 22 65 41 18
www.espacedelhers.com
Ouvert toute l'année. 4 chambres 100 à 180 €. Gîte (6 pers.) 1300-1600 la semaine. Planches apéro.

Sa décoration très contemporaine, très pep's, contraste avec l'allure très imposante du domaine. Deux mots d'ordre pour les chambres : l'espace et la couleur. Au matin, petit-déjeuner avec des produits locaux, des pâtisseries, des confitures maison... Vous ne manquerez pas de découvrir le vignoble du Domaine du Château de l'Hers et de profiter d'une dégustation de ses vins sur demande. Pour des vacances longue durée, le gîte est là et tout équipé pour 6 personnes ! Et la privatisation pour les mariages vous assure un cadre à la hauteur de vos espérances..

HOSTELLERIE DU CHÂTEAU DES FINES ROCHES**** €€€

Route de Sorgues ✆ 04 90 83 70 23
www.chateaufinesroches.com
Ouvert toute l'année. 11 chambres. Chambre double de 150 € à 352 €. Demi-pension. Petit déjeuner inclus.

Pour un séjour hors du temps, comme dans un conte de fées, empruntez l'allée qui mène à ce château dont on aperçoit les tours crénelées, une fantaisie médiévale qui date de la fin du XIXe siècle. C'est une étape propice au calme en plein cœur du vignoble. Jolies chambres, petits salons-salles à manger, piscine et spa, terrasses pour dîners romantiques aux chandelles. La table vaut le coup, c'est le jeune Hugo Loridan Fombonne qui en tient les rênes, il a du talent et de l'enthousiasme.

LA MÈRE GERMAINE €€

3, rue Commandant-Lemaître
✆ 04 90 22 78 34
Ouvert toute l'année. Du mercredi soir au dimanche midi inclus. Menus de 70 € à 130 €.

Cette maison fut créée en 1922 par Germaine Vion, cuisinière à l'Élysée. Les années ont passé, les chefs se sont succédé. En 2021, consécration pour Camille Lacome qui obtient sa première étoile Michelin. En 2022, pour le centième anniversaire de la Mère Germaine, c'est le chef marseillais étoilé Jérémy Scalia que l'on retrouvera derrière les fourneaux. Ses influences méditerranéennes et provençales vous offriront une cuisine savoureuse et inspirée. Des saveurs franches et des jeux de textures inédits ponctueront les assiettes créatives de cette brillante recrue.

LE VERGER DES PAPES €€

4, rue du Château
✆ 04 90 83 50 40
www.vergerdespapes.com
Mardi au samedi 12h-13h30/19h-23h. Menus de 37€ à 55€.

C'est l'un des restaurants prisés du village. Et pour cause, depuis la terrasse vous avez la plus belle vue panoramique que l'on puisse imaginer. Mais elle se mérite ! Il faut se garer au parking du château s'il y a encore de la place... et descendre les marches pour y accéder. En hiver, on s'attable auprès de la cheminée, beaucoup de charme et d'authenticité. Le service et l'accueil sont à l'image des lieux, agréable et serviable. A la carte, des plats de tradition et de la région... La cave du Verger des Papes située un peu plus bas mérite le détour.

CHÂTEAU DE NALYS

1711, Route de Courthézon
✆ 33 4 90 83 72 52
www.nalys.com
Ouvert lun au ven 10-12/14-17 (basse saison). Lun au sam 10-12.30/14-18 (haute saison). Visite gratuite, guidée 10€.

En 2017, la famille Guigal acquiert le château de Nalys, charmée par ses terroirs et son prestigieux passé. A votre arrivée, ils vous remettent un livret afin de visiter la propriété en toute autonomie. Les 13 cépages autorisés dans l'appellation Châteauneuf-du-Pape sont cultivés sur le vignoble de 60 ha. Des panneaux vous apprennent les spécificités de chaque cépage. A l'intérieur, le petit musée met en avant d'anciennes machines viticoles. Vous finissez par la cave du XVIIIe siècle où le vin est élevé pendant plusieurs mois dans des foudres.

DISTILLERIE BLACHÈRE - LIQUEURS, PASTIS ET SIROPS

1695, Route de Sorgues
✆ 04 90 83 55 65
www.paccitron.com
Ouvert toute l'année du lundi au samedi 10h-12h/14h-18h.

Vous entrez dans la distillerie qui existe depuis 1835 et qui a créé le mythique Pac Citron ! C'était il y a 50 ans. C'est la plus ancienne distillerie de Provence. Le grand poète Frédéric Mistral lui offrit quelques vers. Elle fit sa fortune avec l'Origan du Comtat. C'est l'occasion de découvrir les liqueurs provençales : la Comtadine, l'Elixir du mont Ventoux et la toute nouvelle liqueur de lavande qui se marie si bien avec les sorbets abricot et melon.

DOMAINE DE BEAURENARD

10, avenue Pierre-de-Luxembourg
✆ 04 90 83 71 79
www.beaurenard.fr
Ouvert 7j/7 en saison (de Pâques à fin septembre) et du lundi au vendredi le reste de l'année de 9h à 17h30.

Beaurenard est l'un des fleurons de Châteauneuf-du-Pape en culture Biologique. Daniel et Frédéric Coulon rejoints par Victor et Antonin s'occupent de ce vignoble dans la famille depuis 8 générations. Un acte notarié de 1695 mentionne *Boisrenard* qui donne son nom à leur cuvée prestige, fruit d'une sélection de vignes âgées de 60 à 100 ans. Leur Rasteau, issu des plus beaux coteaux du terroir, offrent des vins tout aussi emblématiques. Passez par leur Musée du Vigneron à Rasteau, les murs sont couverts de diplômes et de médailles obtenues depuis plus d'un siècle.

L'ÎLE DE L'OISELAY

Logé entre le Rhône et l'Ouvèze, c'est un îlot de verdure où on ne croise que des pêcheurs et des randonneurs. Le sentier de randonnées fait 15,8 km. Il est plutôt destiné aux randonneurs confirmés même si certaines parties sont à l'ombre et la fraîcheur de l'eau rendent la balade très agréable même en été. Le parking de l'île est le point de départ du sentier écologique du bras des Arméniers. Pour le coup, avec ses 2,3 km, tout le monde peut en profiter. Le parcours est aussi pédagogique avec des balises qui racontent la flore et la faune que vous croiserez.

DOMAINE ROGER SABON

Avenue Impériale
✆ 04 90 83 71 72
www.roger-sabon.com
Ouvert du lundi au vendredi de 8h à 12h et de 13h à 17h. Samedi de 9h à 12h.

Cousin du Domaine Chante Cigale, ce domaine est constitué de deux propriétés : 15 ha à Châteauneuf-du-Pape et 28 ha sur la rive droite du Rhône, la Chapelle-de-Maillac, dans le département du Gard. Certaines vignes ont plus de 50 ans, d'autres plus de 80 ! La réputation du domaine est due en partie à une cuvée (bien nommée) issue d'une parcelle centenaire, Le Secret des Sabon, vendu uniquement sur réservation et dont les informations restent bien gardées par la famille. Le domaine dispose également de vieux millésimes et de magnums vendus au compte-goutte..

COUCOO GRANDS CÉPAGES €€

2061, chemin des Pompes ✆ 07 87 38 02 32
www.cabanesdesgrandscepages.com
Ouvert du 1er mars à fin novembre. 16 Cabanes flottantes duo ou famille. A partir de 250 € la nuit. (Accés en barque) !

Dormir dans des cabanes sur l'eau, sur pilotis et végétalisées, voici une adresse pour vous combler. Une expérience à vivre en immersion totale dans la nature sur le lac de la lionne dans un Domaine éco-responsable. Les cabanes de bois blond au design contemporain sont aménagées avec tout le confort : une salle d'eau fonctionnelle, des terrasses donnant sur le plan d'eau, certaines disposent d'un spa chauffé à 38 °C. Pas de cuisine juste de quoi vous préparer un café ou un thé dans les cabanes spa. Les petits déjeuners vous sont livrés le matin.

SORGUES ★

On en parle peu et pourtant certains vous diront que Sorgues mérite d'être connue. Son patrimoine monumental est riche d'histoire, comme en témoignent le château Saint-Hubert et le pont des Arméniers inscrits aux Monuments historiques, l'église Saint-Sixte et le centre ancien. P. Picasso, Braque et la reine Jeanne ont séjourné quelque temps dans la commune. Le passage de Jeanne laissa plusieurs fresques et une bâtisse aujourd'hui habitée . La colline de Vaucroze, façonnée par la garrigue, surplombe les vignes et offre un terrain idéal pour des randonnées pédestres ou en VTT. Tout au long de l'année, expositions et spectacles animent la petite cité.

LA TABLE DE SORGUES €€€

12, avenue du 19 mars 1962
✆ 04 90 39 11 02
www.latabledesorgues.fr
Fermé dimanche et lundi. Menus de 30€ à 56€. Réservation recommandée. Terrasse.

Une atmosphère feutrée dans une maison bourgeoise, une petite structure pour une quarantaine de couverts. Stéphane Riss le chef, est attentif aux beaux produits, il puise son inspiration dans les ressources alsaciennes et les recettes de la région. Produits de saison avec un menu unique au déjeuner, le soir vous avez le choix entre 3 menus et la carte. A toutes les étapes, c'est une cuisine précise, équilibrée, harmonie des saveurs et belle présentation sur l'assiette… La carte des vins est riche en crus (500 références avec des raretés), l'accueil est chaleureux.

JONQUIÈRES

Jonquières, terre viticole et agricole, est un village cordial, typiquement provençal, qui a le privilège de compter quatre châteaux : le château de Causans, le château de Pécoulette, le château de Beauregard et le château Malijay. Parmi eux, le château de Beauregard, magnifiquement restauré. L'élégance de ses salons lui permet d'organiser réceptions et séminaires. Le château Malijay, domaine viticole, peut s'admirer lors de rencontres artistiques (concerts, expos, récitals...). Les mélomanes et amateurs d'opéra s'y retrouvent chaque année, courant juillet, pour un concert lyrique de qualité. A 1 km du village, un petit étang aménagé avec une guinguette.

COURTHÉZON

L'histoire de cette cité médiévale prend racine à l'époque néolithique. On aime à raconter qu'il est le plus vieux village paysan d'Europe et qu'il appartient à la civilisation méditerranéenne de la pierre (6000 av. JC). Ses remparts du XIIe siècle en imposent encore et cachent un patrimoine tout en églises et quinze fontaines. Une petite rivière la Seille, traverse la cité pendant que l'Ouvèze borde la commune en partie. L'église Saint-Denis de style roman remonterait à Charlemagne, à l'intérieur découvrez de magnifiques orgues classées. Avancez-vous jusqu'à la mairie, ancien château du XIXe. Son vignoble est réputé, appellation Chateauneuf-du-Pape.

DOMAINE PAUL AUTARD

Route de Châteauneuf-du-Pape
✆ 04 90 70 73 15
www.paulautard.com
Ouvert du lundi au vendredi de 10h à 12h30 et de 14h à 18h. Le week-end sur rdv uniquement. Réservation recommandée.

© DOMAINE PAUL AUTARD

Pauline et Jules Autard désormais aux côtés de Jean-Paul, leur père, assurent la 5e génération de cette famille de viticulteurs dont le domaine, situé entre Courthézon et Châteauneuf-du-Pape, est reconnu et primé depuis plusieurs années pour ses blancs et ses rouges. Sur les 30 hectares de vignobles vendangés manuellement, une dizaine est en appellation Châteauneuf-du-Pape, le reste se répartit en Côtes du Rhône et Vin de Pays de Méditerranée. Depuis le caveau de dégustation, on voit les barriques alignées sous les voûtes basses d'un superbe chai.

CHÂTEAU DU MOURRE DU TENDRE €€

1028, Route de la Plaine
✆ 06 21 28 59 58
www.chateaudumourredutendre.com
Ouvert toute l'année. 2 chambres avec kitchenette 130 €. Parking fermé.

Les deux cottages de charme que vous propose la famille Paumel, Grenache et Mourvèdre, sont totalement indépendantes et disposent chacune d'une kitchenette équipée et d'une terrasse privative. Douche à l'italienne en marbre de Toscane, literie de qualité, écran plat, le confort est partout et la déco raffinée. On profite de la piscine en été, du parc arboré d'oliviers tout au long de l'année et l'on se balade dans les vignes du domaine familial après en avoir dégusté le nectar.

DOMAINE L'ABBÉ DÎNE

1 bis, chemin Louise-Michel
✆ 06 12 66 99 50
Ouvert tous les jours sur rendez-vous. Dégustation au chai, explication des cuvées, apéritifs et visites.

Sa *Réserve des Cieux 2016*, un Châteauneuf du Pape rouge, a remporté la 1ère place lors de la dégustation à l'aveugle du meilleur sommelier du monde 2007, Andréas Larsson. Nathalie Reynaud a le vent en poupe depuis qu'elle a repris les rênes du domaine familial en 2010. Dynamique et enthousiaste, Nathalie ne cesse de valoriser ses 18 hectares de vignes sur Chateauneuf-du-Pape, les vendanges sont manuelles et le pressage se fait sur place. L'Abbé Dine se décline en rouges et en blancs en Chateauneuf du Pape et Côtes du Rhône, également un rosé en vin de pays.

VAUCLUSE

CHÂTEAUNEUF-DE-GADAGNE

Le village sis sur le versant Est de la colline sépare la plaine du Rhône de celle du Comtat Venaissin. Dessiné au-dessus de ses remparts, Châteauneuf de Gadagne est encore protégé par les vestiges de son château féodal. Ses anciens remparts subsistent encore et sont largement visibles depuis le belvédère devant l'église Saint Jean Baptiste. En vous promenant vous croiserez des maisons bien rénovées, plusieurs portes anciennes comme celle située près de la Tour du Jas édifiée au XIVe siècle, une fontaine qui porte le nom du mécène du village, Marie Pierre d'Alcantra Goujon qui avait légué son château dans lequel naquit le mouvement du félibrige.

LA COLONNE DE PÉTRARQUE

Vous ne pouvez pas la manquer, elle siège au milieu de la place principale qu'elle domine du haut de ses 20 mètres. Érigée en 1804 face au gouffre en l'honneur du 500e anniversaire de Pétrarque, on la déplaça 20 ans plus tard au centre du village en présence de la Duchesse de Berry. François Pétrarque grand érudit, poète et humaniste italien du XIVe siècle vécut à Carpentras et séjourna à Fontaine. Le lieu était propice à la solitude et à la réflexion. Il s'y sentit si bien qu'il y installa sa bibliothèque. Mais pas que, il y trouva l'amour.

FONTAINE-DE-VAUCLUSE ★

Le site de « Vallis Clausa » inspira le nom actuel de ce village et détermina celui du département. Il est parmi les sites naturels, un des plus fréquentés du Vaucluse. Ce succès tient à cette extraordinaire source jaillissant au pied d'une falaise de 230 m de haut. Cette source, qu'on appelle ici fontaine, est la plus puissante de France et la cinquième au niveau mondial, avec un débit d'eau annuel de plus de 600 millions de mètres cubes ! C'est aussi grâce à cette source et à la Sorgue que s'établirent au XVe siècle, les premiers moulins à papier qui suscitèrent une véritable vocation industrielle assurant d'excellents profits à la ville.

MOULIN À PAPIER VALLIS CLAUSA ★

Chemin de la Fontaine
✆ 04 90 20 34 14
www.moulin-vallisclausa.com
Février et mars : 10h-12h30/14h-18h. Avril : 10h-12h30/14h-18h30. Mai et juin : 10h-12h30/14h-19h. Été : 10h-19h30.

Vallis Clausa est la reconstitution d'un moulin à eau qui produit du papier de haute qualité selon des techniques traditionnelles du XVe siècle. Au cours de la visite de l'atelier, vous suivez toutes les étapes de la production depuis le déchiquetage des tissus jusqu'au séchage. La pièce la plus impressionnante reste la grande roue à aubes de 7 m de diamètre avec ses 48 pales. Le papier est destiné à l'édition d'art, d'estampes et de gravures anciennes.

VAUCLUSE

© VALÉRY D'AMBOISE

Site de la Résurgence.

MUSÉE BIBLIOTHÈQUE FRANÇOIS-PÉTRARQUE ★

Rive gauche de la Sorgue
✆ 04 90 20 37 20
Ouvert du jeudi au lundi de 11h à 13h et de 14h à 18h. Ouvert toute l'année pour groupes et scolaires sur réservation.

Fondé en 1927 le musée expose une collection très riche sur Pétrarque et l'humanisme de la Renaissance : iconographie de dessins et d'estampes sur Pétrarque, Laure, Fontaine-de-Vaucluse et un fonds d'éditions anciennes de ses œuvres et de celles des pétrarquistes français et italiens. Aussi une bibliothèque spécialisée ouverte sur rendez-vous et une petite collection de gravures modernes qui réunit autour des textes de René Char ceux qu'ils nommaient ses « Alliés substantiels ».

MUSÉE D'HISTOIRE JEAN-GARCIN ★

271, chemin de la Fontaine
✆ 04 90 20 24 00
www.oti-delasorgue.fr
Fermé d´octobre à mars du jeudi au lundi de 11h à 13h et de 14h à 18h. Ouvert toute l'année pour groupes sur résa.

Plus de 10 000 objets et documents racontent ici la vie quotidienne des Français sous l'Occupation, la Résistance en Vaucluse et la liberté de l'esprit. Les éditions clandestines, les revues militaires côtoient des manuscrits de René Char et des œuvres originales de Henri Matisse ou Joan Miro. Le centre de documentation et de recherche attenant au musée travaille sur les trois dernières guerres marquantes de l'Histoire de France. Il est doté d'une bibliothèque d'art.

MUSÉE DU MONDE SOUTERRAIN ★

Chemin de la Fontaine
✆ 04 90 20 34 14
Mi-février - Mars - Avr - Oct - Mi-nov de 14h à 18h. Mai - Juin - Juil - Août - Sept de 10h à 12h30 et de 14h à 19h.

C'est dans un décor refait grandeur nature que vous pourrez découvrir les recherches et les différentes explorations de la Fontaine-de-Vaucluse. Les guides spéléologues commentent passionnément le parcours. Vous découvrirez les beautés des troublantes traces laissées par nos ancêtres, dès l'aube de l'humanité. La visite s'achève par la vision de 400 cristallisations recueillies par le pionnier Norbert Casteret (1897-1970). Un ensemble unique en Europe !

LES RUINES DU CHÂTEAU

Route de Cavaillon
✆ 04 90 20 31 79
Ouvert toute l'année, tous les jours. Accès libre.

Le village est dominé par les ruines romantiques du château des évêques de Cavaillon (XIIIe siècle). Philippe de Cabassole, ami de Pétrarque, y fit de fréquents séjours. Propriété de la famille Saignet, il sera détruit au XVIe siècle puis abandonné lorsque les industries s'implantant au bord de la Sorgue ont modifié la structure du village. Le début du chemin commence juste après le pont. Avant de vous lancer, sachez qu'il n'est pas balisé. Les bonnes chaussures sont obligatoires car certains passages sont assez escarpés et très glissants.

SOURCE DE LA FONTAINE DE VAUCLUSE ★★

✆ 04 90 20 32 22
www.avignon-et-provence.com
Accès libre et gratuit toute l'année.

D'où vient cette source parmi les plus importantes d'Europe avec un écoulement total moyen de 630 millions de m^3 par an ? À la fin du XIXe siècle, les explorations sous-marines se sont succédé pour tenter d'en découvrir le secret. Le commandant Cousteau envoie en 1967 un engin téléguidé qui plonge à 106 m. En 1989 le *Spélénaute* atteint les 315 m de profondeur Dans le sous-sol, galeries et cavités recueillent une grande partie des 900 mm de pluie tombant en moyenne chaque année..

HÔTEL DU POÈTE*** €€

✆ 04 90 20 34 05
www.hoteldupoete.com
3 étoiles. Fermé de novembre à mars. 23 chambres. Chambre double à partir de 135 €, suite à partir de 295 €.

L'hôtel du Poète est un ancien moulin rénové avec une ambiance cosy de mas provençal qui a toujours voulu privilégier le sens de l'accueil et du partage des valeurs de simplicité et de convivialité. Sous un berceau d'arbres, en plein cœur du village, mais à l'abri du va-et-vient, votre séjour sera placé sous le signe de la détente absolue. Les chambres sont de petits bijoux et les Junior Suites donnent sur des balcons suspendus. A l'extérieur, piscine, spa et parc en bord de rivière procurent des moments de relaxation privilégiés.

HOTEL-RESTAURANT DU PARC*** €€

Rue des Bourgades ✆ 04 90 15 65 20
www.hotelrestaurantduparc.fr

Hôtel 3-étoiles. Fermé de décembre à février. 12 chambres (double de 65 à 115 €, suite de 155 à 185 €).

C'est un hôtel légendaire. Vous dormez dans la chambre de Joe Dassin ou de Dalida et on peut même y voir leur dédicace. Rénovées dans un style à la fois contemporain et cosy, les chambres avec vue sur la Sorgue sont des nids douillets, les teintes choisies (beige, chocolat, gris) donnent une ambiance douce et raffinée. On s'attable au restaurant, en été sur la terrasse extérieure en surplomb de la Sorgue et dès les premiers frimas, on s'installe devant la grande verrière contemporaine.

PÉTRARQUE ET LAURE €€

Place de la Colonne
✆ 04 90 20 31 48
www.petrarque-et-laure.com/

Menus de 25,50 à 30,50 €. Formule douceur 18,50 €. Menu enfant 9,50 €. Mme Papille : épicerie fine du restaurant.

Le restaurant était un ancien relais à chevaux (1480) transformé en auberge. C'est en 1889 qu'il devient un hôtel-restaurant sous le nom du poète Pétrarque. Depuis 1981 il est uniquement restaurant. Vous découvrirez le savoir-faire des Valentin, maîtres des lieux depuis 3 générations, aujourd'hui incarné par l'exigence de Frédéric Valentin, chef du restaurant et de son frère Thierry, chef de salle qui veillera à votre confort tout au long du repas. Spécialité locale « la truite meunière » du vivier. Accueillant et bon rapport qualité-prix.

RESTAURANT PHILIP €€

Chemin de la Fontaine
✆ 09 75 59 28 63

Fermeture fin sept à fin mars. Menus de 34 à 80 €. Jardin. Terrasse.

Le restaurant est dans le fameux jardin de Pétrarque tout contre la cascade. Un emplacement exceptionnel qui dispose d'une vaste terrasse et d'une salle intérieure pour les jours de pluie (et si, et si...). On y travaille en famille et Camille, la fille de la maison, ajoute sa fantaisie. La cuisine est de saison avec les produits de la région. Ecrevisses, truites, cuisses de grenouilles, truffes, asperges... vous ne serez pas déçus. Pour faire l'accord dans le verre, quelques bons vins bien choisis. L'accueil est charmant, le service efficace et souriant.

CANOË-KAYAK

Ouvert tous les jours du 15 mai au 15 oct. Enfants -12 ans : 10 €. Adulte 20 €. Ado 15 €. Restauration au Cabanon.

La descente de la Sorgue est l'un des plaisirs, avec la pêche, qu'offre cette rivière classée 1re catégorie piscicole sur les trois quarts de son linéaire. Ses eaux sont très limpides et sa température est constante (13 °C). Tout au long de la promenade en canoë sur 6 km, on découvre une faune sauvage diversifiée, une nature luxuriante et aussi de belles propriétés privées et parfois une petite plage où il fait bon pique-niquer à l'ombre d'un saule pleureur. Si vous partez seul, la navigation n'est autorisée qu'entre 9h30 et 18h.

KAYAK VERT

1193, Avenue Robert Garcin
✆ 04 82 29 42 42
https://www.canoevert-vaucluse.fr/

Fermé de mi-septembre à mi-mai. Basse saison : ouvert du mardi au dimanche 9h-18h. Haute saison : tous les jours.

Parmi tous les loueurs de canoés, ce sont les plus sympas et ils proposent le plus attrayant et le plus long parcours. Nous l'avons testé pour vous ! Comptez 2h pour parcourir les 8 km tout en faisant une pose sur la petite place située à mi-chemin. Les enfants adorent les petits barrages, sensation assurée, mais en toute sécurité ! Le retour se fait en bus et vos effets personnels sont bien à l'abri dans un container étanche. Vous avez le choix entre des canoës 2, 3 ou 4 personnes (avec 2 jeunes enfants pour le dernier). On vous fournit les gilets de sauvetage.

LAGNES

Ce n'est plus la plaine mais pas encore le Luberon... Des collinettes aux paysages sages. On s'y arrête pour prendre un peu de hauteur avant d'attaquer le circuit des villages classés. Mais le village a ses propres atours comme les ruines de son château, ses deux tours rondes et cabossées, ses ruelles où les maisons sont classées monuments historiques et cachent fontaines et lavoirs... On baisse la tête sous les passages. On grimpe jusqu'au panorama avec un panier apéro pour ses couchers de soleil. Les randonneurs et les curieux pourront suivre le mur de la peste. Et tout cela sans personne ou presque.

VAUCLUSE

L'ISLE-SUR-LA-SORGUE ★★

Traversée par plusieurs canaux, celle que l'on nomme la Venise Comtadine fut construite au XIIe siècle sur pilotis dans les marécages. Ses grandes roues à aube moussues alimentaient autrefois les moulins à papier et les filatures. Au XIXe siècle, on comptait 62 roues à aubes dans la ville, seules 5 fonctionnent encore aujourd'hui. Les rues aux noms évocateurs – de la Loutre, de l'Anguille, de la Truite, de l'Ecrevisse – rappellent que l'Isle était autrefois un village de pêcheurs avec une confrérie au XVIe siècle. Avec ses rues en calade, ses passages voûtés, l'Isle sur la Sorgue est depuis les années 1970 la capitale des antiquaires et de la brocante.

LE MUSÉE DE L'ÉCOLE D'AUTREFOIS

54, chemin de l'École-de-Saint-Antoine
✆ 04 90 38 10 07
Ouvert toute l'année. Du mardi au jeudi de 14h à 17h. Adulte : 3 €. Enfant (de 10 à 14 ans) : 1,50 €.

Ce musée est bien évidement installé dans une vieille école, celle du quartier Saint-Antoine. Les nostalgiques des années cinquante retrouveront une classe reconstituée mais aussi un espace exposition avec tous ces objets qui, pour certains, ont marqué leur enfance comme les encriers avec les plumes qui faisaient les doigts bleus. Il y a aussi une drôle de machine à apprendre à lire confectionné par un instituteur du Thor pendant la Seconde Guerre mondiale. Elle est unique en France.

LA MANUFACTURE BRUN DE VIAN-TIRAN - MUSÉE

Avenue de la Libération
✆ 04 28 70 28 00
www.lafilaventure.com
Ouvert du lundi au samedi 10h-12h30 et 14h30-19h. Dimanche 12h-19h.

Brun de Vian-Tiran, entreprise familiale de lainiers, perpétuent depuis 1808 un savoir-faire ancestral. La manufacture textile, la dernière de la région, se visite ; un musée, à l'étage de la boutique, présente les différentes étapes de la transformation de la laine en étoffe et le métier de manufacturier. Outils et matières sont mis en scène dans un parcours interactif, immersif et sensoriel ; parcours guidé par Edgar le mouton pour les plus jeunes. Il est permis de toucher !

HÔTEL BEST WESTERN - DOMAINE DE LA PETITE ISLE**** €€

871, route d'Apt ✆ 04 82 78 03 94
www.domainedelapetiteisle.com
Ouvert toute l'année. 82 chambres. Chambre double à partir de 72 €. Petit déjeuner buffet. Prix moyen carte 20 €.

La surprise, c'est cette étendue de verdure qui descend jusqu'à la rivière. Et oui, ce sont 2 ha de terrain arboré que l'on voit depuis les chambres, la salle de restaurant et sa terrasse. Toutes les chambres sont contemporaines avec une déco très soignée et personnalisée avec des photos et des tableaux sur une thématique locale. Et pour ne rien gâcher, certaines sont équipées d'un balcon. En saison, en terrasse et devant la piscine, on se restaure de salades, viandes et poissons.

VAUCLUSE

© LAWRENCE BANAHAN - AUTHOR'S IMAGE

Les canaux à L'Isle-sur-la-Sorgue.

HÔTEL LES NEVONS*** €€

205, chemin du Nevon

✆ 04 90 20 72 00

www.hotel-les-nevons.com

Ouvert toute l'année. 44 chambres. Chambre double de 75 à 135 €. Petit déjeuner : 12 €. Animaux acceptés (15 €).

C'est une adresse peu coûteuse et très maligne pour séjourner à L'Isle-sur-la-Sorgue. Eh oui, l'hôtel est très proche du centre et a un parking privé. Et on connaît les problèmes pour se garer dans la ville en pleine saison... Pour le reste, l'hôtel a des allures de résidence avec une piscine et un solarium sur le toit. Mais vous pourrez aussi profiter du jardin au bord de l'eau. Les propriétaires mettent l'accent sur une ambiance familiale avec des confitures maison au petit déjeuner, des chambres triples et quadruples et les animaux sont acceptés.

DOMAINE DE PALERME €€€

725, chemin de Palerme ✆ 06 09 90 80 90

www.ledomainedepalerme.com

Ouvert toute l'année. 4 chambres. Chambres de 190 à 390 €. Suite pour 4 personnes 290 à 370 €. Petit déjeuner.

C'est un lieu d'exception, une grande bastide provençale avec un parc de 5 000 m² planté d'arbres centenaires. Albert Camus ne s'y était pas trompé en la choisissant comme résidence avant de se rendre à Lourmarin. Elle ne ressemble à aucune autre bastide de la région avec ses deux étages et ses volées de fenêtres qui rythment la façade où la végétation grimpe doucement. La rénovation tient du grand art avec une inspiration année 1950 revisitées. Le grand salon accueille les cérémonies qui se prolongent dans le parc et autour de la très grande piscine.

GRAND HÔTEL HENRI**** €€€

1, cours René-Char

✆ 04 90 38 10 52

www.grandhotelhenri.com

Ouvert toute l'année. Chambre double 115 à 283 €, suite 227 à 411 €. Restaurant Petit Henri, label Table Remarquable.

Le Grand Hôtel Henri résume l'art de recevoir à la française rentré dans le giron des prestigieux Châteaux & Hôtels Collection 3 mois après sa réouverture en 2016. Le lieu a acquis ses lettres de noblesse au XIXe siècle, l'impératrice Eugénie y vint en 1867 à l'occasion de l'inauguration du viaduc de Fontaine de Vaucluse, plus tard il fut inscrit sous le nom d'Hôtel Pétrarque et Laure dans le premier guide Michelin édité en 1900. Raffiné dans les moindres détails, feutré dans l'intimité des chambres, convivial dans les espaces de réception, bistronomique.

LA PRÉVÔTÉ €€€

4 bis, rue Jean-Jacques-Rousseau

✆ 04 90 38 57 29

www.la-prevote.fr

Ouvert toute l'année. 5 chambres doubles de 140 à 190 €. Petit déj inclus. Restauration (gastronomique) et bistrot.

Atmosphère raffinée, tendance et contemporaine. Des chambres dont le mobilier chiné sur place a été revisité dans des teintes actuelles. Pare-feuille, boutis, meubles patinés leur donnent une atmosphère raffinée. Elles sont situées au premier et deuxième étage (pas d'ascenseur) de cet ancien hôtel particulier. Spacieuses, offrent des vues sur la cour intérieure, la rivière, l'église ou les toits de la ville. Le restaurant en rez-de-chaussée ouvre sa terrasse au-dessus de l'eau et c'est magique les soirs d'été. L'hiver, on se laisse aller devant la cheminée.

LA BALADE DES SAVEURS €€

3, quai Jean-Jaurès

✆ 04 90 95 27 85

www.balade-des-saveurs.com

Maître Restaurateur. Ouvert du mercredi au dimanche midi et soir. Menus de 27,80 à 37,80 €. Semi-gastronomique.

Ce restaurant est un petit plaisir été comme hiver. L'été, on profite de la terrasse le long de la Sorgue (pensez à réserver car elle est assez petite). L'hiver et les jours de mistral (!), la salle est décorée avec goût, à la fois sobre et cossue. Les menus ont des bases classiques avec des produits très frais et de jolies présentations. Le chef travaille aussi bien le poisson que la viande et ses desserts sont pleins de fantaisie. C'est vrai qu'il n'hésite pas à emprunter des techniques culinaires du monde entier. Accueil chaleureux.

LE CAFÉ DU VILLAGE €€

2 bis, avenue de l'Égalité

✆ 04 90 15 47 49

www.lecafeduvillage.fr

Jeudi en juillet et août, vend, sam, dim, lun et certains jours fériés de 10h à 19h. Menu à 22 € et formule à 14,50 €.

Au cœur du village des antiquaires, on s'attable ici sans chichis, un peu dans l'esprit guinguette, pour un café-croissant le matin, à midi, à l'heure du thé et de l'apéro. On s'installe à l'intérieur dans une ambiance bistrot hors saison, aux beaux jours on privilégie les grandes tablées en enfilade sous les arbres. Les stands des antiquaires débordent sur la place, il y a de l'animation et du passage. Sur la carte courte, cuisine généreuse, os a moelle, salades, poke bowl, grillades et frites maison, andouillettes, tartares...

LE CARRÉ D'HERBES €€

13, avenue des Quatre-Otages
✆ 04 90 38 23 97
www.lecarredherbes.fr
Ouvert toute l'année. Du vendredi au mardi 12h-14h et 19h-21h30. Prix moyen carte 35 €.

En plein quartier des antiquaires, l'endroit idéal pour fuir les rumeurs de la ville. De plus, non seulement le cadre qu'il soit intérieur, très beau décor de bistrot d'antan, ou en terrasse à l'ombre de la volière, vaut déjà le détour. La cuisine d'inspiration provençale est basée sur les arrivages du marché avec de beaux produits (poissons, truffes, foie gras). La carte est semi-gastronomique, réalisée avec sérieux et application. Les assiettes sont bien garnies, colorées et très bien présentées, le service est souriant et discret.

UMAMI €€

33, rue Carnot
✆ 04 90 20 82 12
www.restaurant-umami.fr
Ouvert du mercredi au dimanche midi et soir. Formule du jour 15 €. Menus de 30 à 40 €.

A quelques pas de la mairie, le nom de ce restaurant, emprunté au japonais, désigne l'une des cinq saveurs fondamentales découverte par un sage japonais « en goûtant un bouillon d'algues »... Elles sont bien toutes là, les saveurs, dans les recettes que cuisine Fabrice. Ce jeune chef n'est pas en manque d'inspiration, sa carte change régulièrement comme les plats du jour, mais voici quelques tendances croustillant de volaille aux cacahuètes grillées et noix de cajou, chutney de mangues épicées et taboulé de mangues, citron vert et coriandre....

L'APARTÉ €€

1, avenue des Quatre-Otages
✆ 04 90 95 34 40
www.restaurantlaparte.com/
Été : mardi au dim midi sauf le sam midi. Hiver : tous les jours sauf samedi midi, dim soir et lundi. 12h-14h/19h30-21h

On aime bien cette adresse en bordure de la Sorgue pour son ambiance conviviale, le service agréable, des tarifs mini et surtout des assiettes sympathiques. On peut trouver sur l'ardoise une échine de porc confite aussi bien qu'un « croque du Sud-Ouest » au magret séché et fromage de brebis, des ris d'agneau, une pastilla de pintade, une daube provençale, un dos de cabillaud pois chiche et sauce yaourt à la menthe et toujours de gourmands desserts : fondant au chocolat, pavlova aux fruits rouges. La carte des vins met en avant les petits producteurs de la région.

LA PRÉVÔTÉ €€€

4 bis, rue Jean-Jacques-Rousseau
✆ 04 90 38 57 29
www.la-prevote.fr
Maître Restaurateur. Ouvert du jeudi au lundi midi et soir. Juillet et août fermé lundi midi, mardi et mercredi midi.

On s'attable soit à l'intérieur devant la cheminée en hiver ou en bordure de la Sorgue qui traverse le restaurant ou bien dans la cour-jardin ! La formule du midi permet de découvrir à prix attractif quelques belles suggestions saisonnières (salade de lentilles, œuf poché et lardons) et le dîner propose une balade gustative en Luberon. Le chef est nouveau depuis juillet 2019 mais le second de l'ancien chef Jean-Marie Alloin est toujours là ! Et si l'on souhaite prolonger le plaisir, l'établissement propose également des chambres d'hôtes à l'étage.

RENAUD'METS - BISTROT DE CHEF €€

52, rue Carnot ✆ 04 90 24 86 62
www.renaudmets.com
Maître Restaurateur. Ouvert lundi soir et du mardi au dimanche midi et soir. Fermé mercredi et jeudi. Menus : 29 à 47 €.

Aux manettes de Renaud Met's, Christophe Renaud est un jeune chef talentueux et créatif pour qui la cuisine est un partage d'émotions. Les mets se partagent sur la carte des entrées et des desserts si l'on veut goûter à tout : veloutés de saison, caviar d'aubergine, clafoutis, millefeuille... Les grands mets font honneur aux beaux produits viandes et poissons du jour. Cadre façon bistrot élégant, on s'attable en terrasse au bord de la Sorgue. Profitez de la formule attractive à midi.

RESTAURANT CAFÉ FLEURS €€€

9, rue Théodore-Aubanel ✆ 04 90 20 66 94
www.cafefleurs.com
Ouvert du mercredi au lundi midi et soir. Menus de 35 à 46 €. Formule du midi. Semi-gastronomique.

Le restaurant est en plein centre le long de la Sorgue. On y vient pour son ambiance très cosy voire british avec un style romantique tout en retenue. Les teintes sont douces, les chaises en fer forgé blanc et les mises de table fleuries. La cuisine est tout aussi soignée. Elle suit les saisons et alterne viandes et poissons. Le chef reste dans un classicisme parfumé. Les adeptes devraient apprécier ses ris de veau. La carte des vins tient le tempo. Dès les beaux jours, on profite de la terrasse qui surplombe la rue. Pensez à réserver.

LE VIVIER €€€

800, cours Fernande-Peyre
✆ 04 90 38 52 80
www.levivier-restaurant.com

Ouvert du mercredi au vendredi midi et soir ; le samedi soir le dimanche midi. Menus de 42 à 85 €. Vin au verre.

Le Vivier est la table étoilée de L'Isle sous la houlette de Patrick Fischnaller depuis 2005. Design et élégance pour cette adresse en surplomb de la Sorgue et dont les cuisines sont menées par Romain Gandolphe. L'assiette est aussi contemporaine en saveurs qu'en présentation. Pour le verre, la cave est superbe. Les plus gourmands doivent absolument se laisser tenter par le menu du même nom qui est composé de sept plats en dégustation piochant ici et là dans les dernières créations et les plats de saison à la carte. Pensez à réserver.

LA COUR AUX SAVEURS

4, rue Louis-Lopez
✆ 04 90 21 53 91
www.lacourauxsaveurs.fr

Ouvert du mardi au samedi de 9h30 à 12h30 et de 15h à 19h, dimanche et jours fériés de 9h30 à 13h.

Sylvie et Florian ont fait de cette cour le sanctuaire l'islois des croqueurs de chocolat, de nougat et de pains d'épices à l'ancienne. Ils sont au cœur de la cité. Attention, il ne faut pas louper cette petite rue transversale, car l'adresse est une pure invitation à la gourmandise. Florian, passionné de son métier, fabrique sur place des petites merveilles sans adjuvant ni conservateur, enrobe manuellement et sans stocker. Florian a sélectionné pour ses recettes de ganaches, pralinés le Grand Chocolat Valrhona dont il est partenaire, pur beurre de cacao.

CONFISERIE LILAMAND

13, rue de la République
✆ 04 90 92 13 45
confiserie-lilamand.com

Ouvert du lundi au samedi de 10h à 12h30 et de 14h30 à 19h ; le dimanche 10h-13h/14h30-18h.

Fondée en 1866 par Marius Lilamand, pâtissier-confiseur à Saint-Rémy-de-Provence, cette enseigne très gourmande et réputée sur la région a désormais pignon sur rue aussi en plein cœur historique de L'Isle-sur-la-Sorgue. Vous y retrouvez leurs fruits confits, les confitures, les calissons et des sirops de fruits, mais également du miel, du nougat, de la crème de marrons de fabrication artisanale. En 2019, ils ont reçu le trophée du jury des « entrepreneurs positifs ». Leur volonté est de préserver leur histoire, leur savoir-faire, la qualité de leurs fabrications.

FLOREL EN PROVENCE

25, avenue de la Libération
✆ 04 88 61 07 99
www.florel.fr

Ouvert tous les jours et les jours fériés de 10h à 19h. Thés, tisanes, accessoires.

Si les mentions Tisanes, Thés, Herbes Aromatiques, Épices et Sels n'apparaissaient pas sur la façade de Florel en Provence, on pourrait penser que cette belle boutique est une parfumerie. Fabricant et créateur d'infusions bio depuis 1989, Araquelle – une entreprise familiale et régionale – a réalisé cet écrin luxueux pour présenter la gamme des produits de ses 4 marques (Provence d'Antan, Romon Nature, Plant'asia et Florel). Quelque 250 références, des tisanes et thés 100 % bio mais aussi des plantes aromatiques culinaires cultivées en Provence.

GOURMAND'L'ISLE

17, place de la Liberté
✆ 04 90 38 94 61

Basse saison : ouvert du mercredi au dimanche de 10h à 19h. Haute saison : tous les jours de 10h à 0h30.

Ce glacier est installé devant l'église. Il faut dire qu'il compte une cinquantaine de parfums avec une mention spéciale pour celui au Caramel beurre salé ou le Rocher. Il sait aussi appâter les enfants avec ses glaces au Nutella... Et il sait aussi fidéliser les gens d'ici avec une belle carte de chocolats chauds Italiens, crêpes et gaufres pour les jours de froid et ses belles bûches de Noël au moment des fêtes. Et ne soyez pas trop déçus s'il n'y a plus de place en terrasse - elle est petite - et optez pour les cornets craquants !

MALEMORT-DU-COMTAT

Le village existait déjà à l'époque romaine sous le nom de Calvias. Son nom actuel, qui signifie « mauvaise mort », est apparu avec l'extermination du village par les Francs. On dit qu'après leur passage, il ne resta qu'une survivante, une vieille femme avec son coq qui est devenu l'emblème du village. Le Moyen Âge fut plus prospère. Les remparts comptèrent jusqu'à 11 tours qui faisaient aussi partie du château et 3 portes. Il reste de jolis monuments et fontaines dont celle qui trône au centre de la place depuis 1787, ornée de six mascarons, Notre-Dame-de Calvias, le lavoir date de 1771 ! Et on n'oublie pas venir fin juin pour la fête de la cerise.

LE THOR

Entre les bras de la Sorgue, s'étend la cité du Thor, capitale du raisin de table, le chasselas. Des remparts moyenâgeux, subsiste la magnifique porte du beffroi qui semble veiller sur sa ville, surmontée d'un campanile en fer forgé. Dans le square de la mairie, on peut voir les statues de Molière et Corneille sculptées par les frères Brian et dans le jardin, le monument élevé à la mémoire de Pierre Goujon d'Alcantara, bienfaiteur de la ville et fondateur des écoles publiques. Les pêcheurs s'alignent le long des berges tandis que les canoës kayak glissent sur les eaux claires. Dans la campagne environnante, les fabuleuses grottes de Thouzon.

LA GROTTE DE THOUZON ★

2083, route d'Orange
✆ 04 90 33 93 65
www.grottes-thouzon.com

Ouvert tous les jours du 01/04 au 06/11 10h-12h/14h-18h. Adulte 9,50 €, ado 8,8 €.

C'est LA visite à faire les jours de pluie ou de mistral quand on a des enfants ! La grotte a été découverte par hasard en 1902 lors de l'exploitation d'une carrière. On lui a donné un surnom : « grotte des fées », sans doute pour la féerie qu'elle dégage. Il faut dire qu'elle est demeurée intacte grâce à un aménagement immédiat. Alors soyez prêt pour un voyage dans un monde minéral où le travail de l'eau a laissé son empreinte. C'est aussi, dans le Vaucluse, la seule caverne naturelle (13°) aménagée pour le tourisme (galerie horizontale, accès facile).

MUSÉE PIERRE SALINGER ★

✆ 06 78 43 57 33
www.pierresalinger.org

Ouvert tous les jours de 14h30 à 19h. Fermé le mardi et en jours d'expo. Gratuit et sur rendez-vous le reste du temps.

Ce musée est installé dans la dernière propriété de Pierre Salinger, lequel était très engagé auprès de la famille Kennedy avant de se lancer dans le journalisme et le reportage. Son engagement restera toutefois intact puisqu'il décida de s'installer définitivement en France après l'élection de Bush. Au fil des photos (souvent inédites), des objets, des souvenirs, toute la vie de cet homme qui a cotoyé les plus grands de ce monde. Une salle est également dédiée à la famille. Chaque été est l'occasion de découvrir une nouvelle exposition thématique.

HOTEL RESTAURANT LE SAINT-LOUIS** €

route de l'Isle sur la Sorgue
✆ 04 90 33 70 70
www.hotel-saint-louis-provence.com

Ouvert toute l'année. 37 chambres à partir de 69 €. Demi-pension double 125-141 €. Restauration en semaine.

Cet hôtel construit à la façon des motels américains est de plain-pied autour d'une vaste piscine abrite des chambres fonctionnelles.. Un hôtel confortable avec le plaisir de prendre le petit déjeuner en terrasse. Cerise sur le gâteau, une esthéticienne propose ses services : soins visage, épilations, maquillage, manucure, modelage et soins du corps. Enfin, vous aurez tout loisir de vous restaurer « provençal » au Grand Jardin du Saint-Louis, le restaurant de l'hôtel.

LA BASTIDE ROSE €€€

99, chemin des Croupières ✆ 04 90 02 14 33
www.bastiderose.com

Fermé janvier/début avril. Chambres à partir de 198€, suites à partir de 265€, appt. de 430€, cottage 1650€/semaine.

Cet ancien moulin, propriété de Poppy Salinger et sa famille, est un havre de paix, on y est reçu comme des amis. On apprécie les chambres et suites raffinées et élégantes au confort moderne. L'une des chambres au rdc avec terrasse privative accueille les personnes à mobilité réduite. Le petit-déjeuner est servi en buffet sur la terrasse ou dans la chambre. Les gourmets réserveront la table d'Au Gusto pour déjeuner ou diner. Pour les amoureux d'histoire, le Musée Pierre Salinger présente les souvenirs personnels du journaliste et porte-parole du Président Kennedy.

SAUMANE-DE-VAUCLUSE

Il est beau et paisible ce petit village sur son éperon rocheux. Il domine la vallée de la Sorgue et plonge dans un magnifique cadre d'oliviers. D'abord sous la juridiction des comtes de Toulouse jusqu'au XIIIe siècle, il suivit le sort de l'enclave papale jusqu'à la Révolution française. Ses ruelles caladées croisent de belles fontaines; les vestiges des remparts très bien conservés, de jolies maisons anciennes et le donjon du XIIe siècle de l'antique castrum de Salmana. Le château se visite sur réservation. Construit au XIIe siècle, Baudet de Sade le transforma en véritable forteresse au milieu du XVe siècle, avec de nombreux passages dérobés.

VAISON-LA-ROMAINE ★★

La ville possède un patrimoine architectural antique et médiéval d'une richesse exceptionnelle. Elle se dévoile en prenant un peu de hauteur, là où tout a commencé, depuis cette colline rocheuse dominée par le château des comtes de Toulouse. A nos pieds, une des villes les plus riches de la Narbonnaise de l'époque romaine. Au IIIe siècle avant J.-C., Vasio était devenue la capitale des Voconces, cette peuplade d'origine celtique qui ne va pas à hésiter à descendre sur la rive droite. La cité est alors prospère. Entre 69 et 59 avant J.-C. et à l'inverse des colonies, Rome la reconnaît comme une alliée et lui offre un statut de cité fédérée. Avec la Pax Romana, la vallée va prendre son essor tandis que l'oppidum, le village perché, sera lui peu à peu délaissé. Les premières fermes apparaissent entre 50 et 30 avant J.-C. et vont se transformer au fil du temps en ville, avec, notamment, la création de voies de circulation et l'édification de grands monuments publics dans la seconde moitié du Ier siècle de notre ère : théâtre, aqueduc, thermes, ponts. C'est au IIe siècle que Vaison brille de toutes ses lumières : ses quartiers résidentiels arborent de très grandes demeures qui couvrent 2 000 à 5 000 m², les plus vastes connues en Gaule. Les vestiges visibles aujourd'hui datent, pour l'essentiel, de cette époque. Après la chute de l'Empire romain, la commune devient un centre religieux important avec un évêché qui verra passer deux conciles, en 442 et 529. Consécutivement à toutes les invasions subies à la suite des conflits entre les évêques successifs et les comtes de Toulouse, au XIIIe siècle, la population va se réfugier sur le rocher, au pied du château devenu propriété papale. Au XVIIe siècle, quelques agriculteurs se réinstallent dans la plaine, mais il faut attendre le XIXe siècle pour que le développement urbain se fasse ressentir et oblige une nouvelle fois la ville à quitter son belvédère. Pur joyau de la Provence romaine, Vaison labellisée Plus Beaux Détours de France, vient d'obtenir la troisième fleur au concours des villes et villages fleuris (plus que du simple fleurissement, cette fleur récompense un engagement en faveur du développement durable et du respect de la biodiversité). Tous les trois ans, la ville accueille les Choralies : avec des pointures internationales du monde et les chefs de chorales s'y donnent rendez-vous pour « faire chanter la terre » pendant huit jours.

CATHÉDRALE NOTRE-DAME-DE-NAZARETH ✝ ★

Rue Alphonse Daudet
✆ 04 90 36 05 65
Accès gratuit. Pour les visites guidées, se renseigner auprès de l'office de tourisme.

Bel exemple d'architecture romane provençale que la cathédrale Notre-Dame de Nazareth (XIe et XIIe siècles). Une fouille laissée ouverte à son chevet montre qu'elle prend appui sur des remplois d'édifice paléochrétien. A l'intérieur, on retrouve cet emprunt à l'antique renforcé par les tons blancs ou gris des colonnes de marbre et de l'autel. Sa nef est éclairée de fenêtres percées à la base des berceaux, et la belle coupole octogonale a été édifiée lors des travaux du XIIe siècle.

CHAPELLE SAINT-QUENIN ✝

Avenue de Saint-Quentin
✆ 04 90 36 02 11
www.vaison-la-romaine.com
Visites sur demande auprès du service patrimoine.

Implantée au nord de la ville sur une vaste zone sépulcrale, cette chapelle qui porte le nom du saint patron de la cité, évêque très estimé de Vaison au VIe siècle, a été édifiée au XIIe. Vous pourrez admirer son abside triangulaire. Son décor d'inspiration antique induisit en erreur, pendant longtemps, les historiens qui voyaient là un édifice romain. Les bâtiments qui le jouxtaient étaient occupés par les chanoines de la cathédrale Notre-Dame de Nazareth. A partir de la chapelle Saint-Quenin, un chemin champêtre et une calade agréable mènent à la cathédrale.

CHÂTEAU DES COMTES DE TOULOUSE

Montée du château
www.vaison-la-romaine.com
Accès libre.

Les vestiges du château féodal érigés sur un éperon rocheux sont visibles de toutes les directions. Il fut édifié au XIIe siècle par les comtes de Toulouse. Au XIIIe siècle, les bâtiments s'organisèrent autour de son haut donjon, mesurant vingt mètres de haut, aux pierres magnifiquement appareillées. Il faut être bien chaussé et crapahuter le rocher si l'on veut gagner l'ancien chemin de ronde sur la » terrasse supérieure » pour admirer la campagne environnante.

LE CLOÎTRE DE LA CATHÉDRALE ✝ ★★

Basse saison tous les jours de 10h à 12h et de 14h à 17h. Haute saison de 9h30 à 18h. Gratuit.

Edifié au nord de la cathédrale dans la deuxième partie du XIIe siècle pour les chanoines réguliers, ce magnifique cloître présente de grandes arcades reposant sur de robustes piliers. La décoration y est austère. Il faut regarder les chapiteaux sculptés de décors très fins et variés. Le jardin permettra de voir sous le meilleur angle le côté de la cathédrale, la frise qui la décore et une inscription mystique en vers latins, exhortant les chanoines à vivre dans la voie de Dieu.

LE MUSEE ARCHÉOLOGIQUE THEO DESPLANS

au cœur des vestiges archéologiques de Puymin, au centre ville.

✆ 04 90 36 50 48

Tous les jours de 9h30 à 12h30 et de 14h à 17h30.

Musée très riche en sculptures trouvées sur les sites archéologiques de Vaison. Les fouilles régulières ont livré de nouveaux objets. Un nouveau parcours muséographique est défini, à la fois chronologique et thématique. Il s'organise en plusieurs espaces : préhistoire et protohistoire, ville gallo-romaine, monuments publics, commerce et artisanat, religion, funéraire, maison gallo-romaine. Dans chaque espace, les objets sont mis en situation dans leur contexte d'utilisation.

SITES ARCHÉOLOGIQUES GALLO-ROMAINS

✆ 04 90 36 50 48 - www.vaison-la-romaine.com

Horaires variables. Billet Pass adulte 9 €, jeune 4 €. Gratuit jusqu'à 9 ans.

- **Le site de la Villasse :** quartier des commerçants et ensemble thermal. La rue des Boutiques constitue l'un des exemples les plus marquants de l'urbanisme d'alors. De grandes demeures luxueuses tournées sur leurs cours intérieures dont La « maison du Buste en Argent ».
- **Le site de Puymin** : La maison à l'Apollon lauré (2 000 m²). Le théâtre date du Ier siècle de notre ère. Aujourd'hui de nombreux spectacles s'y déroulent.
- **Le pont romain** jonction entre la ville basse et la ville haute.

CAMPING DU THÉÂTRE ROMAIN**** €€

205, chemin du Brusquet

✆ 04 90 28 78 66

www.camping-theatre.com

De mi-mars à novembre. 82 emplacements : véhicule + 2 personnes. Mobil-homes 2 à 4 personnes. Aire pour camping-car.

Le camping est installé à coté des vestiges romains, juste à l'entrée de la ville. Alors, pas d'animations mais le calme et une très belle piscine chauffée, une salle pour le billard. La taille des emplacements reste confortable. Ils sont pour la plupart bien ombragés et chose importante, les sanitaires sont grands et bien entretenus. Et le soir, si vous n'avez pas envie de bouger, les propriétaires proposent une petite restauration (pizzas maison, 1 à 2 fois par semaine).

HÔTEL BURRHUS*** €€

Place Montfort

✆ 04 90 36 00 11

www.burrhus.com

Centre-ville. Fermé déc et janvier. 38 chambres (1 appartement). Chambre double à partir de 69 €. Petit déjeuner : 11 €.

L'hôtel est sur la grande place Montfort, là où bat le cœur de la ville. D'extérieur, une simple maison de ville mais à l'intérieur c'est la belle surprise. Les propriétaires en ont fait un lieu dédié à l'art. Les chambres, de toutes tailles, sont décorées dans un style design arty. Dès que le printemps et les températures pointent le bout de leur nez. On déjeune sur une terrasse toute mimi à hauteur de platane. Les motards et les cyclistes apprécieront le garage fermé et gratuit. Les amateurs d'art profiteront des expositions organisées au Burrhus.

LA MAISON D'EUGÉNIE €€

1088, Chemin de Saume Longue

✆ 06 22 40 78 43

Ouv tte l'an. 4 chamb 95 € à 130 €. Petit déjeuner inclus. Possibilité de louer la maison de vacances minimum 2 nuitées.

Magali la maîtresse de maison avait un rêve : créer des chambres d'hôtes. C'est une maison spacieuse avec tout confort dont 4 chambres chacune avec son style (une au rez-de-chaussée), très bien équipées avec des prestations haut de gamme. Au 1er étage : la chambre de « Philomène » celle-ci en travertin et avec une cheminée en marbre et des murs grenat, l'esprit est plutôt minéral. Ensuite, dans un esprit atelier, la chambre de « Quenin » et la plus romantique, la chambre de « Appolonie » avec son lit à baldaquin noir, son coin salon et ses fauteuils crapaud.

VAUCLUSE

LES TILLEULS D'ÉLISÉE €€

1, avenue Jules-Mazen
✆ 04 90 35 63 04
www.vaisonchambres.info
Ouvert toute l'année. 5 chambres dont une triple. Chambre double de 70 à 120 €. Petit déjeuner inclus.

C'est l'histoire d'une famille qui se transmet une belle et grande maison. Chacun y a mis son empreinte. Les dalles de ciment dessinent un tapis au sol, les plafonds sont magnifiques, les murs aux couleurs douces jouent avec la lumière. Et il y a les volets bleus qui semblent là depuis longtemps tout comme les tilleuls... Les chambres au premier étage sont ravissantes, elles portent le nom des arbres de la propriété, tilleuls, micocouliers, oliviers, amandiers et figuiers. Elles ont vue sur le Mont Ventoux, sur la cité médiévale.

BASTIDE LA COMBE €€€

570, Chemin du Replat ✆ 06 86 07 47 74
bastide-lacombe.fr
Fermé novembre à avril. Chambre 140-175 €, suite 160-205 €. Petit déjeuner inclus. Table d'hôtes réservation. Piscine.

Dans la campagne avec vue sur les Dentelles de Montmirail, la bastide a été restaurée avec beaucoup de goût. Cette demeure provençale aux volumes imposants est dotée de tout le confort pour vous garantir un séjour des plus agréable, spacieux salon avec cheminée, une grande et lumineuse pièce à vivre agrémentée d'un billard, des terrasses, des jardins en restanque, une cuisine d'été. Dés que vous quittez la propriété, vous êtes dans les vignobles. Sur réservation, Marie vous convie à la table d'hôtes pour déguster la cuisine méditerranéenne. Beaucoup de charme ici.

HÔTEL LE BEFFROI*** €€€

2, rue de l'Evêché
✆ 04 90 36 04 71
www.le-beffroi.com
Fermé fév et mars. 22 chambres 76 à 175 €. Petit déjeuner buffet. Garage. Parking. Garage vélo/motos. Salle de réunion.

Au cœur de la ville médiévale, au pied du beffroi, cette demeure de caractère du XVIe siècle, avec annexe du XVIIe respire l'histoire. Escaliers à vis, chambres spacieuses, personnalisées et confortables décorées avec des meubles de style et de grand tapis douillets, équipées d'un minibar. D'agréables salons, salles de bains récentes. Certaines chambres ont la vue sur les magnifiques jardins en terrasse. Le petit déjeuner est servi en terrasse de laquelle vous profitez de la vue panoramique sur la ville basse mais peut aussi l'être en chambre.

LE BISTROQUET €

33, Cours Taulignan
✆ 04 90 36 04 26
Ouvert toute l'année. Fermé le dimanche. Menus de 20 € à 22 €. Terrasse. Accueil des groupes (max 20 sur réservation).

Très tôt le matin, c'est le passage ballet des entreprises, le mardi matin, jour de marché, le passage des camelots. C'est un petit bistrot dans lequel on a envie de se retrouver entre copains ou assis en terrasse afin d'apprécier l'ambiance vaisonnaise. Sylvia et Patrick vous accueillent mais c'est Patrick qui est aux fourneaux. Il propose une cuisine provençale, traditionnelle française toujours de qualité réalisée avec des produits frais et de saison et saura vous conseiller le vin local qui accompagnera votre repas. On réserve.

LE BATELEUR €€

Place Théodore-Aubanel
✆ 04 90 36 28 04
www.restaurant-lebateleur.com
Ouvert du mardi au samedi et jours fériés midi et soir. Menus de 20 à 42 € (menu du marché à midi slt). Menu enfant.

L'endroit est charmant une fois passé la porte avec sa décoration chic et moderne. Nicolas est en cuisine et Adriana est en salle et en cuisine. Leur cuisine vient des racines italo-franco-mexicaines, elle est composée de produits locaux, de saison ; de poissons sauvages, de viandes et épices d'ici et d'ailleurs, mélangés à des produits de Provence. Nous avons goûté un cochon fermier accompagnée d'une tortilla de maïs faite maison. Quant au pain, il est façonné sur place. Arrêtez-vous le mardi pour déguster le menu du marché connu au dernier moment.

BRASSERIE CHEZ FRED €€

19, Cours Taulignan
✆ 04 90 28 98 01
Fermé de février à avril. Fermé le jeudi. 11h à 22h. 2 Plats du jour 11 €. Groupes acceptés. Vente à emporter.

Fred est une figure dans le milieu de la restauration locale depuis plus d'une trentaine d'années ; il a été à la tête de plusieurs établissements. Avec son équipe il vous accueille dorénavant dans sa brasserie cosy située au cœur de la ville. Les cyclistes ou les randonneurs s'y arrêtent pour partager un déjeuner salé ou emporter leur pique-nique. La cuisine élaborée sur place avec des produits locaux frais et de qualité, des plats végétariens, des burgers que vous pourrez déguster en terrasse ombragée ou dans la salle climatisée.

LA TABLE €€€

16, rue Gaston de Gévaudan
✆ 04 90 28 84 08
www.maisonsduo.com
En hiver du jeudi au samedi le soir 19h15 - 21h30. Réservation recommandée. Menus 80 à 95 €. Bistrot panoramique.

Situé au bas de la cité médiévale de Vaison, ce restaurant a été aménagé dans les anciennes écuries du château des comtes de Toulouse, lui-même édifié au XIIe siècle. Le cadre séduit et aussi la cuisine du chef Philippe qui travaille avec talent les produits du moment dans un style original et subtil. L'accent est mis sur les saveurs, on a retenu le poulpe en carpaccio relevé d'une vinaigrette au citron confit. On aime aussi l'attention toute particulière faite sur la présentation des assiettes. Pour les vins, Gaëlle peut vous conseiller.

LOU CANESTEOU

10, rue Raspail
✆ 04 90 36 31 30
www.loucanesteou.com
Ouvert du lundi au samedi de 8h à 13h et de 15h à 19h15. Fromagerie, crèmerie. Charcuterie. Epicerie fine.

Josiane Déal meilleur ouvrier de France a cédé son établissement à Romain. Pas moins de 130 variétés fermières au lait cru. Quelques noms ? Roves de garrigues, Pélardon, Banon, Epoisses, Tommette de Lozère, Livarot, Trois cornes d'Aunis, Pigouille, Roquefort, Camembert affiné au Calvados... Le mieux, c'est encore d'y aller : amoureux du fromage, gare à la razzia ! Et comme chacun sait que fromage et vin vont de pair, le terroir est aussi à l'honneur grâce au rayon épicerie fine et charcuterie, enrichi de tapenade, foie gras, truffes.

DE NOS TERRES A L'ASSIETTE

15, rue des cèdres
✆ 04 90 35 58 38
Ouvert le lundi et le samedi de 8h à 13h ; du mardi au vendredi de 8h à 18h. Plats préparés à emporter. Pains.

Patricia agricultrice et Marlène proposent de sélectionner pour vous une large gamme de produits locaux du Vaucluse et de la Drôme Provençale (vins, huile d'olive, glaces artisanales, spiruline…). Marlène propose un large choix d'entrées, de terrines, de desserts à base de produits frais de la boutique, tous réalisés sur place. Elle fait revivre les légumes d'antan : le navet boule d'or.. Laissez-vous tenter par le flan panais/fenouil/ cumin, un délice.

PUYMÉRAS

Au nord-est de Vaison, Puyméras est perché sur une éminence rocheuse. Faites le tour des vestiges du château détruit par ses habitants lors de la Révolution Française, aujourd'hui propriété privée (ne se visite pas), puis de l'église romane Saint-Michel, remaniée maintes fois qui présente une façade avec un clocher aux trois cloches, très original. Rejoignez la Mairie pour gagner la Grand Rue en passant à côté du beffroi. Il subsiste des anciennes fortifications une porte, appelée le Portail de Sabrun où la tradition place un massacre à l'époque des guerres de religion. Sous les Barrys (rempart en provençal), on peut encore voir une tour de défense.

LE PUY DU MAUPAS €€

1678, Route de Nyons
✆ 04 90 46 47 43
www.puy-du-maupas.com
3 épis. Accueil du 15/03 au 15/10. 5 chambres de 85 € à 120 € avec petit déjeuner. Jardin. Piscine.

La famille Sauvayre vous reçoit sur son magnifique domaine viticole, 45 hectares en bio répartis sur les Appellations d'Origine Contrôlée : côtes-du-Rhône, côtes-du-Rhône villages, côtes-du-Rhône Villages Puyméras et Cru Vinsobres. Les chambres confortables et lumineuses à l'étage de la maison ont vue sur le vignoble. Pour la détente, terrasse, jardin non clos, salon d'été, coin lecture et télévision, ping-pong, piscine (16 m x 7 m) et, pour les inconditionnels de la pétanque, un jeu de boules. Table d'hôtes sur réservation et mise à disposition d'un barbecue.

CAVE LA COMTADINE

Route de Vaison
✆ 04 90 46 40 78
www.cavelacomtadine.com
Ouvert toute l'année.

« L'art de changer nos terres en vin », ce n'est plus un slogan c'est un acte de foi pour cette cave fondée en 1930 qui compte 280 vignerons dont le savoir-faire se concrétise chaque année par des vins médaillés. Le vignoble s'étend sur plus de 1 300 ha réparti sur 20 communes du Haut Vaucluse et de la Drôme Provençale. Les vins pour certains d'entre eux sont bio, chaleureux corsés et typés. Il ne vous reste plus qu'à vous avancer pour aller partager lors d'une dégustation la passion, le savoir-faire de ces vignerons qui respectent la vigne.

CAIRANNE ★

Ici plus de 80 % de la population vit de la vigne : plus de la moitié de sa superficie est occupée par des vignes ! Proche de « L'Enclave des Papes » et de la Drôme, le village offre deux aspects : la partie ouest avec une vie active et ses commerçants et à l'est, le vieux village chargé d'histoire qui domine les vignobles, le Ventoux et les Dentelles de Montmirail. Ici, la vue sur toute la plaine est somptueuse. Tour à tour propriété de l'ordre du Temple, puis jouissance du pape Jean XXIII dès 1317, le village garde quelques vestiges : le donjon et les remparts du XIIe siècle, mais aussi trois portes, trois tours et quatre chapelles.

AUBERGE CASTEL MIREÏO €€

Route de Carpentras ✆ 04 90 30 78 39
www.castelmireio.fr

5 chambres (de 80 à 120 €). Petit déjeuner inclus. Parking fermé. 2 gîtes (750 à 1 200 € la semaine). Bain bouillonnant.

David, après avoir tenu plusieurs établissements dont le dernier en date « le Bellerive » à Rasteau a transformé l'ancien hôtel en chambres d'hôtes. Cinq chambres, sobres, très confortables, équipées d'un mobilier tout neuf. Certaines profitent d'une terrasse. Le petit déjeuner est composé de produits locaux et frais. Un salon-bibliothèque est à la disposition des hôtes ainsi qu'un boulodrome. Deux gîtes peuvent accueillir 4 personnes. Le centre du village ne se trouve qu'à quelques minutes à pied, très pratique pour profiter des petites adresses locales.

LE PETIT AMEILLAUD €€€

250, chemin de l'Ameillaud ✆ 04 90 30 82 02
www.ameillaud.fr

Pour 10 personnes 5 chambres 1685 € la semaine. En basse saison, possibilité de louer le mas séparément. Fibre optique.

Se ressourcer en campagne, dans les anciennes écuries totalement réaménagées en font une maison de caractère. Et les amoureux ont là une très belle adresse pour célébrer leur mariage dans la salle de réception qui peut accueillir jusqu'à 70 personnes. La décoration est d'une élégance très soignée. On voit que chaque détail a été pensé pour que la Provence soit présente mais pas écrasante. Et les curieux pourront visiter la cave et suivre les vendanges… ou comment multiplier les moments agréables. En fonction de la saison, on peut louer le tout ou une partie.

LE TOURNE AU VERRE €€

5, route de Carpentras
✆ 04 90 30 72 18
www.letourneauverre.com

Ouvert toute l'année. Ouvert du mardi au samedi. Midi uniquement. Menus de 19 € à 25 €. Terrasse ombragée.

On ne résiste pas à ce petit coin à la terrasse ombragée de platanes et à la décoration intérieure soignée. La terrasse est prise d'assaut, particulièrement lors des belles journées ensoleillées, 450 références, du Cairanne, mais aussi des AOC Ventoux. Le menu est provençal avec des caillettes ou des papetons d'aubergine, un parmentier d'agneau confit..Les produits sont locaux et de saison. Quel que soit l'appétit, la formule invite à toutes les gourmandises, avec au choix un, deux ou trois plats. On sait vous conseiller le vin en accompagnement.

CÔTEAUX ET FOURCHETTES €€€

3340, route de Carpentras ✆ 04 90 66 35 99
www.coteauxetfourchettes.com

Ouvert tous les jours sauf dimanche soir, lundi soiret jeudi toute la journée. 12h-14h/19h-21h. Formule du midi : 25 €.

Voici une adresse épicurienne au cœur du vignoble. On y vient pour le restaurant et pour pour le caveau dans lequel vous retrouverez les 500 références de vins proposées sur la carte. Cyril Glémot propose une cuisine gastronomique et créative avec des produits du terroir. Sa carte est une ode à la gourmandise : velouté de lentilles à la crème d'Isigny et ses noix de St-Jacques ; demi pigeon rôti et sa cuisse confite et, pour terminer, un Paris-Brest revisité. Que des mets délicats et savoureux pour une expérience inoubliable.

VILLEDIEU

Charmant village bâti sur un promontoire dominant les vignobles. A la limite de la Drôme , il est réputé pour sa place centrale ombragée de platanes, qui a souvent servi de décor pour le cinéma. Des remparts restaurés à différentes époques offrent trois portes. Celle du milieu est le Beffroi, une tour-porche en arc brisé qui porte encore l'emplacement de la herse et l'écusson papal, le seul authentique encore en place dans le Comtat. L'horloge date du XIIe siècle. Un château restauré, supposé être l'ancienne Commanderie des Templiers avec le donjon des Templiers, l' église Saint-Michel, romane,paroissiale et la chapelle Saint-Laurent.

RASTEAU ★

Surplombant la vallée de l'Ouvèze, le village s'accroche à flanc de coteau. La découverte de vestiges dans ce dernier, montre que Rasteau fut un lieu résidentiel aisé à l'époque romaine. Une sépulture avec un riche mobilier a ainsi été découverte avec différents objets aujourd'hui exposés au Musée Calvet à Avignon. Au Moyen Âge, l' Evêque Pierre II de Mirabel en était le seigneur spirituel et temporel (1009). Le domaine passa dans les biens pontificaux en 1274. Au XVIIIe siècle, Mademoiselle de l'Apparent légua à la commune un grand terrain qu'elle désira réserver aux jeux des enfants. Partez en randonnée à la découverte du vignoble.

HOTEL-RESTAURANT BELLERIVE*** €€€

420, Chemin de la Motte ✆ 04 90 46 14 96
www.hotel-bellerive.fr
Fermé de novembre à mars. 20 chambres de 85 à 240 €. Petit déjeuner en sup. Demi-pension. Restaurant ouvert 7j/7.

Au cœur du vignoble avec vue panoramique sur les Dentelles de Montmirail et le Mont Ventoux et dans une quiétude totale, cet hôtel de charme est un appel au farniente. Les chambres ouvrent sur une loggia ; certaines de plain-pied donnant accès direct au parc et à la piscine. L'établissement propose une formule demi-pension le soir avec de belles recettes provençales à base de produits frais de saison. Même si vous ne séjournez pas dans l'hôtel, vous pouvez y venir dîner.

ORTAS CAVE DE RASTEAU

Route des Princes-d'Orange
✆ 04 90 10 90 14
www.rasteau.com
HS : ouv ts les jours 9h à 12h30 / 14h à 19h. BS : de 10h à 12h30 et de 14h à 18h. Animations œnologiques, gourmandes.

Fondée en 1925, la cave de Rasteau est l'une des plus anciennes caves de la Vallée du Rhône et le premier producteur de l'appellation Rasteau. Les 700 ha de vigne donnent des vins de qualité ; la maîtrise des rendements, la conduite du vignoble et le respect des traditions sont au cœur des préoccupations de la cave, qui doit sa notoriété à ses crus prestigieux dont Rasteau Vins Doux Naturels. Outre les dégustations gratuites, l'équipe du Caveau accueille toute l'année une clientèle individuelle et de groupe pour des balades guidées dans le vignoble.

BEAUMES-DE-VENISE

Le village est renommé pour son vin doux et sucré. Il est adossé à un véritable amphithéâtre de collines nommées Saint-Sauveur ou Montagne de Coyeux. On y trouve de nombreuses grottes (Saint-Amand, Montmirail) qui ont certainement servi d'habitat au néolithique. Et pour la petite histoire, les grottes sont appelées « baumo » en provençal et la contraction du mot « venaissin » en « venisse » puis « venise ». Les « grottes du venaissin » se sont transformées en poétique « Beaumes de Venise ». Le village est une « station verte » bien abritée des vents du nord par les fameuses Dentelles : on la présente comme l'un des endroits les plus chauds du Vaucluse.

NOTRE-DAME-D'AUBUNE ✝

Se renseigner auprès de l'office de tourisme.

La chapelle Notre-Dame-d'Aubune est au pied de la colline des « grottes d'Ambrosi », un peu à l'extérieur du village. Sa construction commence aux XIe et XIIe siècles. Elle est un témoin reconnu de l'art roman provençal. Pour y accéder en haut de la falaise, on suit un sentier balisé jusqu'au plateau, on contourne le rocher du Diable. C'est ici que reposent les sarcophages semi-enterrés de la nécropole paléochrétienne. Sur les rebords des falaises s'accroche le mur d'un site fortifié (oppidum des Courens). La balade se poursuit vers la chapelle Saint-Hilaire.

DOMAINE DE BELLEVUE €€

95, chemin des Seyrels
✆ 04 90 65 01 92
www.domainedebellevue.fr
4 chambres. Chambre double 79 €. Petit déjeuner inclus.

Au cœur du vignoble de Beaumes-de-Venise, c'est dans une bastide familiale du XVIIIe siècle que Céline et Bernard, viticulteurs, vous accueillent chaleureusement. La maison à l'ombre de platanes séculaires, entourée d'un parc de 2 ha, vous offre calme et fraîcheur. Elle a gardé tout son charme d'antan grâce à la conservation de ses tomettes et de sa cheminée. A la belle saison, le petit-déjeuner est servi sur la terrasse qui donne sur la nature et se compose de confitures maison, de fruits de saison et de produits régionaux. Un séjour de charme en Provence.

LE CLOS SAINT-SAOURDE €€€

chemin de la Daumace
✆ 04 90 37 35 20
www.leclossaintsaourde.com
Chambre double de 175 € à 260 € ; suite de 215 € à 320 €. Petit déjeuner inclus. Gîte 8/10 personnes de 1750 € à 3900 €.

La bastide est perdue au milieu des vignes avec une vue exceptionnelle sur les Dentelles de Montmirail. Beaucoup de cachet pour cette ferme construite à même la roche qui affleure dans les chambres. Elles sont très spacieuses et lumineuses, aménagées avec goût. Lits à baldaquin ou ciel de lit donnent l'ambiance romantique des 5 chambres d'hôtes. Dans l'ancienne grange transformée en gite pouvant accueillir 8 à 10 personnes, le charme opère de la même façon. Avec 2 piscines, une cuisine d'été et la nature environnante, ce Clos a tous les atouts pour vous séduire.

LE CLOS SAINT-SAOURDE €€€

chemin de la Daumace
✆ 04 90 37 35 20
www.leclossaintsaourde.com
Chambre 190-280 €, suite 230-340 € (toute l'année). Petit-déjeuner inclus. Gîte 8-10 pers 2 550-4 100 € (avril à oct.).

La bastide est perdue au milieu des vignes, avec une vue exceptionnelle sur les Dentelles de Montmirail. Beaucoup de cachet pour cette ferme du XVIIIe construite à même la roche qui affleure dans les chambres. Résolument atypiques, elles sont très spacieuses, lumineuses et raffinées.

Dans l'ancienne grange transformée en gîte, le charme opère de la même façon. Avec ses piscines, ses cuisines d'été, la nature environnante, ainsi que les nombreuses richesses œnologiques et gastronomiques de la région, ce Clos a tous les atouts pour vous séduire et vous retenir.

CÔTÉ VIGNES BY COCO €€

1515, route de Lafare
✆ 04 90 65 07 16
Ouvert tte l'année. Du mardi au vendredi, dimanches et jours fériés le midi. Menu unique. Formule du midi.

Dans un écrin de verdure et de vignes, voici une charmante adresse tenue par Harold en cuisine et Corinne. Une assiette bien décorée à base de produits frais et à petits prix qui embaume le fumet du four à bois et les plats grillés ou rôtis. Pensez à réserver même à midi, car l'adresse a ses fidèles. On est servi rapidement si l'on veut et toujours dans la bonne humeur. La terrasse est ombragée en été et donne sur les vignes de Beaumes de Venise (rare). Côté Vignes ne manque pas d'atouts. Soirée karaoké ou musicale toutes les semaines en été.

LA TABLE DES BALMES €€

Place de l'Eglise
✆ 04 90 46 58 98
Ouvert tous les jours. Novembre à fin mars dimanche soir et lundi. Menu unique. Carte : 15 € environ. Formule du midi.

C'est dans les murs de l'ancienne épicerie du village que la Table des Balmes s'est installée. Le cadre épuré aux tonalités jouant sur le gris clair, tables de belle allure, sièges en rotin à haut dossier confortables… Les formules du midi sont de bonnes aubaines : de grandes assiettes de salades composées, en fait un repas complet ou plat du jour. Le soir, la table - provençale - devrait tenir toutes ses promesses. Nous avons goûté les ravioles croustillantes de légumes, et l'œuf mollet accompagné de son velouté de cèpes. Il ne vous reste plus qu'à réserver.

© GOMBERT LUDOVIC - COLL. ADT VAUCLUSE

Beaumes de Venise.

DOMAINE DE DURBAN

2523, route de Durban
✆ 04 90 62 94 26
www.domainedurban.com
Ouvert du lundi au samedi de 9h à 12h et de 14h à 18h30. Fermé les jours fériés.

Le domaine est situé dans un cirque naturel sur les collines ; l'endroit est pittoresque avec vue sur les monts de Beaumes. Entrée dans la famille Leydier en 1967, cette seigneurie daterait de 1050... Il est reconnu pour son muscat riche et élégant. Les vendanges sont effectuées à la main. Ils produisent un vin blanc de pays Chardonnay/Viognier très fruité. On y retrouve la typicité du cépage avec son parfum abricoté ; ou bien une cuvée spéciale 100% Viognier. Leur cru Gigondas et cru Beaumes-de-Venise vieilles vignes sont conseillés pour les repas de gibiers.

DOMAINE DE LA PIGEADE

Route de Caromb ✆ 04 90 62 90 00
www.lapigeade.fr
Ouvert du lundi au samedi de 9h à 12h et de 14h à 18h. Fermeture annuelle la 1ère quinzaine de janvier.

On le découvre sur la petite route qui va de Beaumes à Caromb. Le domaine est un enchantement pour les yeux et pour le palais. Vigneron de père en fils, le couple est très sympathique et vous reçoit particulièrement bien. Les vignes ensoleillées exposées est-ouest donnent le meilleur d'elles-mêmes ; culture raisonnée, vendanges manuelles, tri rigoureux. On y va pour le muscat souvent primé, mais on aime aussi le vacqueyras rouge et le rosé à la robe saumonée et au bouquet floral subtil qui devrait en ravir plus d'un. On vous recommande de passer par ce caveau..

MOULIN À HUILE LA BALMÉENNE

82, avenue Jules-Ferry ✆ 04 90 62 93 77
www.labalmeenne.fr
Boutique du 1er avril à septembre du lundi au samedi de 10h à 13h et de 15h à 19h. Dimanche et fériés. Achats en ligne.

Avec 650 oléiculteurs qui livrent en moyenne de 300 à 400 tonnes d'olives (les bonnes années !) provenant exclusivement du Vaucluse pour une production annuelle de 60 à 100 000 litres d'huile d'olive vierge extra, le moulin à huile de la Balméenne est incontournable dans la région. Créée en 1925 la coopérative s'est évidemment modernisée mais le savoir-faire reste le même. Vous trouverez deux huiles à la boutique : une huile d'olive réalisée avec la verdale et l'AOC Provence.

LA SAVONNERIE DES DENTELLES

42, ZA La Barcillonne ✆ 04 90 37 61 80
www.savonneriedesdentelles.com
Ouvert du lundi au vendredi de 8h30 à 12h et de 14h à 18h30. Haute saison : le samedi de 10h à 12h et de 15h à 18h.

« La nature nous livre chaque jour un héritage complexe : le parfum. L'homme en est le traducteur, nous nous efforçons à en être l'humble serviteur ». Voilà ce qui inspire la Savonnerie des Dentelles, une petite entreprise artisanale et familiale. Philippe et Sandrine Serre sont formulateurs, fabricants et conditionneurs des savons, gels douche, parfums d'ambiance que vous trouverez dans cette boutique. A ramener les gammes Grain d'Olivier et Grain de Raisin à base d'extraits naturels

VIGNERONS DE BEAUMES DE VENISE

228, route de Carpentras
✆ 04 90 12 41 00
Ouvert toute l'année 10h à 12h30 et de 14h à 18h. Haute saison 9h30 à 19h. Dégustation gratuite sans rendez-vous.

Créée en 1956, depuis cette année elle s'associe à la cave des vignerons de Vacqueyras, le groupe s'appelle désormais Rhonéa. Un terroir magnifique, des raisins cueillis à maturité, un tout nouveau caveau accueillant et spacieux auquel s'ajoute un bon restaurant... Aujourd'hui, la cave s'attache à maintenir un travail en terme de qualité (vendanges manuelles, des rendements modérés de 35 à 38 hl/ha, des tanins souples), qui n'a rien à envier aux caves particulières.

VIGNOBLE ALAIN IGNACE

Route de Vacqueyras
✆ 04 90 62 99 06
www.vignobleignace.com
Accueil sur rendez-vous uniquement. Rencontre avec un sommelier-conseil. Rencontre avec un trufficulteur et son chien.

Alain Ignace, fils et petit-fils de vignerons redonne une âme à ce domaine éponyme de 13 hectares. Un vignoble conduit en agriculture biologique. Son muscat Petit Grain d'Antonin est d'une belle finesse et son muscat rouge. Une autre originalité : ils n'ont pas de cave et reçoivent leurs clients en toute simplicité, chez eux, et organisent des « rencontres » (avec un sommelier conseil, avec un trufficulteur et son chien, avec un chocolatier ou un fromager ou un passionné d'épices) : un effort original et louable en matière d'œnotourisme !

VAUCLUSE

RANDONNÉES PÉDESTRES

Les grandes balades sont balisées en rouge et jaune. Préférez les bleues si vous êtes avec de petits enfants. Vous aurez toujours une belle vision du vignoble parsemé de forêts. L'office de tourisme de Beaumes-de-Venise vous donnera les cartes, les conseils et de plus amples renseignements à propos de ces randonnées. Mais pensez toujours à vérifier la météo, les orages peuvent être rapides et très violents. Mettez de bonnes chaussures de marche, les sentiers sont caillouteux, pensez à emporter de l'eau, en été les températures montent rapidement.

LA CHAPELLE SAINT-CÔME-ET-DAMIEN

Route du Col du Cayron
✆ 04 90 65 86 90
www.gigondas-dm.fr
Ouvert toute l'année. Accès libre.

Elle est sur la route des Dentelles de Montmirail, au milieu de la nature. C'est une halte qui joue à cache-cache avec le village que l'on voit à travers les arbres. C'est apaisant. Une première chapelle fut bâtie au VIIe. Il en reste les soubassements. De belles absidioles datent du Xe et XIe siècles. Le reste, maintes fois restauré, est de style roman. Son aménagement extérieur permit la découverte de sépultures. Les vitraux racontent la vie de saint Côme et saint Damien.

GIGONDAS ★

Les Romains l'avaient baptisé Jucunditas ou Jucundus : « joie et allégresse ». Un patronyme qui prédestinait le village à la culture de la vigne. Toujours aussi surprenant, c'est surtout la culture de l'olivier qui caractérisait la ville jusqu'à la moitié du XXe siècle. Les grandes gelées des hivers de 1929 et 1956 en détruiront une grande partie des oliveraies. Les agriculteurs eurent la bonne idée de planter des vignes sur tous les coteaux dès le début des années soixante. Dix ans plus tard, il obtient l'appellation d'origine et depuis, ce sont plus de cinq millions de bouteilles qui sont commercialisées par les quelque 200 vignerons.

LE CHÂTEAU FÉODAL ET SES REMPARTS

Construits au Moyen Age, les remparts mesuraient 550 m de long, 5 à 8 m de haut sur 1,50 m de large. Quant au château, il a connu mille vies... Place forte des princes d'Orange, siège de la résistance des catholiques vaincus par les calvinistes en 1563, hospice en 1678, école... Un véritable pilier du temps ! Et si, aujourd'hui, c'est une place culturelle où l'on découvre le Cheminement de Sculptures, c'est aussi ici que se déroule le festival des Soirées Lyriques au mois d'août.

VAUCLUSE

© TANGOFOX - FOTOLIA

Gigondas.

LE MENHIR DE MONTMIRAIL

À Vacqueyras, direction Montmirail (hôtel) par la D233. Après l'hôtel, poursuivre sur le chemin carrossable. Le menhir est sur la droite du chemin (entre celui-ci et le ravin).

Ne cherchez pas les Bretons, c'est une sculpture naturelle qui rappelle la forme d'un menhir. Elle est haute de près de 7 m. Pour la trouver, il faut prendre le GR vers l'ancienne station thermale, à quelques pas de la célèbre source de l'eau verte. Il est composé de plusieurs blocs de pierre posés les uns sur les autres qui lui confèrent un aspect bien particulier donnant l'impression qu'il va s'écrouler d'un moment à l'autre. Le site a été classé en 1912 parmi les Monuments naturels à caractère artistique. Continuez votre promenade vers le col du Cayron.

PROMENADE ARCHÉOLOGIQUE ET BOTANIQUE

Association Gigondas d'Hier et d'Aujourd'hui
✆ 04 90 65 80 76

En accès libre toute l'année. Visites individuelles et groupes guidées sur demande. Langues parlées anglais et français.

Le départ de la promenade est au sommet du village. On découvre l'histoire ancienne du site, de la vigne et du vin de l'antiquité jusqu'à la fin du XIIIe siècle. Ce sentier pédestre, ponctué de restanques botaniques, de vignes sauvages, de variétés de cépages anciens, et d'essences méditerranéennes permet d'accéder aisément à la cime pour imaginer l'ampleur de la tour d'origine et de son enceinte. On découvre les palissages, les herbes aromatiques utilisées dans l'élaboration du vin.

LE BISTROT DE L'OUSTALET €

Place du Rouvis
✆ 04 90 65 85 30
www.nez-gigondas.com

Fermé le mardi soir, mercredi et le jeudi. Plats à la carte allant de 7 € à 19 €. Cuisine provençale. Terrasse.

Un cadre idyllique où la pierre est reine. Dès votre arrivée, l'accueil chaleureux du serveur augure une délicieuse expérience. Et, en effet, les papilles sont en extase à chaque plat. Des mets finement préparés par le chef qui a à cœur de représenter dignement son terroir. Une large carte des vins d'ici et d'ailleurs laisse le choix de la juste association mais si vous avez un doute, les conseils du serveur sauront vous satisfaire. L'été, il est possible de profiter de la terrasse. Ce bistrot est une très bonne petite adresse à retenir !

RESTAURANT LES FLORÊTS €€

Route des Dentelles ✆ 04 90 65 85 01
www.hotel-lesflorets.com

Fermé janvier/février. Ouvert du jeudi au mardi. Menus de 26 € à 44 €. Piscine (réservée aux clients de l'hôtel).

Cette table a ses inconditionnels, peut-être en raison de cette ambiance familiale comme on n'en rencontre plus guère. L'endroit est tellement charmant, que c'est idéal pour un moment romantique au pied des dentelles de Montmirail ! On y déguste une cuisine plutôt classique qui revisite les produits régionaux avec grâce. Selon la saison, vous choisirez la salle avec des patines cendrées ou la terrasse ombragée. Pour le verre, vous ne pourrez qu'être séduit par (l'imposant) livre de cave. Venez, ne serait-ce que pour prendre l'apéritif.

DU VERRE À L'ASSIETTE €€

Rue du Portail
✆ 04 90 12 36 64
www.duverrealassiette.com

Ouvert toute l'année : du jeudi au mardi le midi. Haute saison : midi et soir. Plancha, assiette, tartines, bar à vin.

On remarque vite cette petite terrasse très colorée, plantée au milieu du village. On vient ici pour grignoter autour d'un verre de vin ; on se régale avec une belle assiette méridionale ou on partage une planche de charcuterie avec une tartine gourmande, des mets qui viennent exclusivement de France et des meilleurs artisans. Il en va de même pour les fromages. C'est donc un instant gourmet qui vous attend. La salle et ses petits airs de brocante est tout aussi agréable. La carte des vins est pointue, n'hésitez pas à demander conseil.

DOMAINE LES PALLIÈRES

1307, Route de Lencieu
✆ 04 90 33 00 31
www.lespallieres.fr

Vin en vente au caveau dans le village (aussi à Bédarrides et Châteauneuf-du-Pape : Vignobles Brunier).

Les frères Brunier (Vieux Télégraphe, Domaine La Roquète) entendent à travers chaque vin restituer le caractère de sa terre d'origine. Ce domaine de 135 ha fait partie des propriétés majeures de Gigondas, notamment grâce à sa belle situation en terrasses.Réorganisé, modernisé, il bénéficie d'une démarche hautement qualitative. Le vignoble planté principalement en grenache (80%) donne un vin de toute beauté, racé à la robe rubis pourpre, très aromatique. Riche, puissant, bien équilibré et long en bouche, il se déguste bien chambré (autour de 17°).

DOMAINE LES TEYSSONNIERES

681, chemin des Teissonnières
✆ 04 90 12 31 31
www.domaine-les-teyssonieres.com

Vigneron Indépendant. Sur rendez-vous. Livraison possible (toutes les expéditions se font par carton de 12 bouteilles).

Sur les coteaux des Dentelles de Montmirail, Franck Alexandre, vigneron de père en fils depuis 5 générations (1838), n'hésitera pas à vous faire faire un tour de son vignoble et des 13 cépages qui font la particularité des vins de Gigondas. La dominante est le grenache qui le rend si puissant, si chatoyant et si charpenté. Avec sa finesse aromatique et ses notes de fruits rouges, c'est un vin qui vieillit bien, à garder 10 ans dans votre cave sans bouger.

GABRIEL MEFFRE

Caveau au Domaine de Longue Toque
✆ 04 90 12 30 21
www.gabriel-meffre.fr

Hors saison du mardi au samedi 10h-12h30 et 14h30-18h. Haute saison du lundi au samedi 10h-12h30 et 13h30-19h.

La maison Gabriel Meffre est devenue un acteur régional leader dans la production et la commercialisation en vins fins de la Vallée du Rhône, de la Provence. Négociant éleveur, la maison Gabriel Meffre est aussi propriétaire du Domaine de Longue Toque à Gigondas (et gère aussi le Château Grand Escalion en Costières de Nîmes). Le Domaine est certifié depuis 2020, les vins se déclinent dans les 3 couleurs. Des ateliers de dégustation sont programmés tout au long de l'année sur différents thèmes. Un sentier viticole sera balisé à partir de Pâques 2022.

GIGONDAS LACAVE - LES VIGNERONS DE GIGONDAS

589, route de Vaison
✆ 04 90 65 83 78
www.cave-gigondas.fr

Visite guidée suivie d'une dégustation.

Fondée en 1956, la cave réunit des propriétaires récoltants à la tête de plus de 150 ha de vignes. Au caveau, on vous conseillera comment déguster les vins, comme les rouges qui font la réputation de l'appellation. La cave produit aussi un rosé, ainsi qu'un muscat de Beaumes-de-Venise « Terre blonde » qui se sert à l'apéritif ou en dessert. Mais attention, la cave ne se contente pas de son activité de vente, elle propose également des prestations œnotouristiques.

LE BARROUX

Entre Carpentras et Malaucène, ce village perché sur son contrefort montagneux s'impose dans le paysage entre Dentelles de Montmirail, Ventoux et plaine du Comtat Venaissin. Les ruelles étroites aux diverses fontaines en font un village de charme. Les maisons anciennes sont rénovées avec goût, sans oublier l'église romane Saint-Jean-Baptiste, surmontée de son campanile. Les balades à pied sont un véritable enchantement à travers les vignes. Elles vous offriront un des plus beaux points de vue du département. Les origines du château remontent au XIe, le village servait de péage entre le Dauphiné et la Provence. Ne manquez pas l'abbaye Sainte-Madeleine.

L'ABBAYE SAINTE-MADELEINE DU BARROUX

1201, chemin des Rabassières
✆ 04 90 62 56 31
www.barroux.org

Participation aux frais selon vos possibilités.

Sur la route de Malaucène, sa silhouette massive s'impose. La messe et les offices y sont célébrés en latin et en chant grégorien. On peut même y faire des retraites. A l'entrée de l'église, vous apercevez la première pierre, sur laquelle est gravée la devise du monastère « Pax in lumine » (la paix dans la lumière). L'abbaye a été reconnue par le Saint Siège en 1989 comme monastère catholique bénédictin à part entière. Les moines appliquent la Règle de saint Benoît « ora et labora ».

© HOCQUEL ALAIN - COLL. CDT VAUCLUSE

Fontaine au Barroux.

CHÂTEAU DU BARROUX ★

Chemin de la Garenne ✆ 04 90 62 35 21
www.chateau-du-barroux.com

Mai à fin sept 10h30-18h45 ; oct à fin déc 10h30-13h/14h-17h45 ; mi-jan à fin avr 10h30-13h/14h-17h45. Adulte : 8,5 €.

C'est un château fortifié qui a appartenu aux seigneurs des Baux au XIe siècle. Il protégeait le Comtat Venaissin des invasions sarrasines et italiennes. Il est cédé à la papauté en 1229. En 1538, il sera transformé en château Renaissance par Henri de Rovigliasc qui le reçoit en règlement d'une dette. Durant la Seconde Guerre mondiale, des soldats allemands, attaqués l'incendièrent la veille de la libération de Paris. Il brûla pendant deux semaines. Il fut restauré à partir de 1960. Aujourd'hui le château accueille des manifestations artistiques et culturelles.

CRESTET

Situé sur une crête, à l'extrême nord du massif montagneux des Dentelles de Montmirail, le Crestet porte bien son nom. D'ailleurs, la petite route qui y mène serpente langoureusement dans les prés, ambiance montagne, c'est vraiment bucolique. Autour de son église Saint-Sauveur datant du XIe siècle, des maisons Renaissance se blottissent. Son château médiéval, aujourd'hui privé, a été récemment relevé de ses ruines. Autrefois, résidence des évêques de Vaison-la-Romaine, il servait notamment de refuge lors de conflits avec les comtes de Toulouse. Pour musarder dans ce paisible village perché, laissez votre voiture sur le parking du château.

LE GAJULEA - BISTROT L'ENTRE-PÔTES €€€

Cours Louise-Raymond
✆ 04 90 62 36 94
www.gajulea.fr

Ouvert du mardi au samedi le soir ; le dimanche midi. Réservation recommandée. Menus de 47 à 60 €. Terrasse.

Cette table est à l'image de son nom... tout en affection ! Gajuléa, c'est la contraction des 3 petits du chef, *Gabin, Jules et Léa*. Michel Philibert est un gourmet et sa cuisine provençale fleure bon la truffe, le foie gras, l'huile d'olive et tous les produits du terroir. La carte change en fonction des saisons mais les recettes signatures sont pérennes pour le plus grand bonheur d'une clientèle fidèle. Bien sûr on fait l'éloge du verre avec une belle sélection des vins des environs.

LA FLEUR BLEUE €€

1, chemin du Sublon
✆ 04 90 36 23 45
www.lafleurbleue.fr

Ouvert lundi, mardi, jeudi et vendredi le midi et le soir. Fermé samedi soir. Réservation recommandée. Formule du midi.

Le sourire de Fiejette, la charmante maîtresse des lieux, est plein de bienveillance et la carte tout aussi séduisante avec de belles associations nord-sud. C'est David en cuisine travaille des produits frais et locaux, aime proposer saveurs provençales et exotiques. Goûtez au tartare de betteraves avec hareng fumé et mariné, cheesecake aux fraises du Crestet. Il a aussi 2 gîtes pour y passer une semaine. La salle est vraiment pleine de charme avec son esprit brocante et ses chaises dépareillées, les miroirs de toutes les tailles aux murs, l'ocre talochée.

LA DISTILLERIE - CHÂTEAU DU BARROUX

La Garenne - 84330 Le Barroux (France)
✆ 06 59 13 13 21
contact@chateaudubarroux.com

Basse saison : ouvert tous les jours de 10h30 à 13h et de 14h à 17h45. Haute saison : tous les jours de 10h30 à 18h45

Œnologue et maître assembleur, Fanny a la passion de son métier et un savoir-faire - héritage familial - qu'elle partage avec son mari distillateur Jean-Baptiste. Amateurs de whisky, l'installation d'une distillerie artisanale leur est apparue comme une évidence lorsqu'ils ont repris le château. Élaborés à partir de la céréale emblématique de la région, le petit épeautre, les 5 whiskies de la gamme ont les saveurs de la Provence. Intéressante visite guidée pour découvrir les étapes de création.

LA TERRASSE DU CRESTET €€

La Placette ✆ 04 90 28 76 42
www.restaurant-glacier-crestet.fr

Fermé de novembre à mars. Ouvert tous les jours et les jours fériés midi et soir. Le soir sur résa. Accueil de groupes.

Il faut monter tout en haut de ce joli village médiéval tout en calade, pour trouver le restaurant perché à la cime. On y va surtout pour la vue dégagée sur les Monts du Vaucluse et les vignes : c'est à couper le souffle. Pas de carte, pas de menu. Originaire de Marseille, la cuisinière vous propose une bouillabaisse au lapin, sur réservation uniquement car à cette adresse on ne cuisine qu'avec des produits frais. Le Petit Futé a testé la salade chèvre chaud et la FritoMisto. Seul restaurant dans le village. Bon rapport qualité/prix.

VAUCLUSE

CHÊNE BLEU - LA VERRIERE

Chemin de la Verrière ✆ 04 90 10 06 30
www.visit.chenebleu.com

Panier pique-nique pour 2 / Déjeuner au Domaine avec une chênebox/Table du potager. Toutes ces formules sont sur résa.

Pas facile à trouver, ce Domaine se situe sur le lieu-dit de La Verrière, au bout d'une petite route qui serpente jusque dans ce coin perdu des Dentelles de Montmirail. Surtout venir par le Crestet et pas par Séguret sinon vous vous retrouverez perdu dans la montagne. Un chêne peint en bleu, visible au détour du chemin, vous guide jusqu'à cette propriété médiévale qui a été entièrement restaurée. Vignoble biologique, la biodynamie est expérimentée sur différentes parcelles. Dans le prieuré qui abrite la maison d'hôtes, il y a 7 chambres meublées avec style…

SÉGURET

C'est vrai qu'elle est belle, accrochée à son piton, Séguret est la seule commune des côtes-du-rhône classée parmi les plus beaux villages de France. Son caractère moyenâgeux y est pour beaucoup. Ses calades sont autant de pas dans l'histoire. Avec la porte Reynier, le beffroi du XVIIe siècle et son aiguille unique, la superbe fontaine des Mascarons, l'église Saint-Denis du Xe siècle à l'admirable nef romane rajoutée au XIIIe siècle, la chapelle Notre-Dame-des-Grâces du XVIIe siècle, l'étroite rue des Poternes bordée de maisons anciennes… Séguret ressemble à une crèche provençale grandeur nature qu'il faut découvrir en douceur pour mieux l'admirer.

SABLET

En 1274, Sablet devient propriété du Saint-Siège mais ne sera jamais inféodé. En 1721, la peste épargnant le village, une chapelle fut édifiée à Saint-Roch. Au milieu du XIXe siècle, lorsque le Phylloxera ravagea les vignobles, les vignerons le reconstituèrent grâce à François Leydier, Sablétain qui inventa la machine à greffer. Peine bien utile car Sablet est un côtes-du-rhône réputé. Village en forme de spirale, il vous livrera ses charmes et ses secrets que si vous y entrez, à pied. Ses petites places, ses ruelles, ses vieilles pierres, sa fontaine, son lavoir vous guident vers l'église du XIIe siècle autour de laquelle le village fut construit.

CHAPELLE SAINTE-THÈCLE

Rue des Poternes
✆ 04 90 46 91 06
www.seguret.fr

Expositions d'œuvres et de peintures d'avril à octobre.

Non loin du beffroi, cette chapelle du XVIIIe siècle ne garda pas très longtemps sa fonction de lieu de prière, elle fut transformée en lieu de réunion peu après la Révolution et fermée au culte. Elle commençait à tomber en ruine lorsqu'elle fut restaurée par les Amis de Séguret dans les années 1960. Aujourd'hui, des expositions de peintures ont lieu d'avril à octobre et des expositions de santons et des traditions de Noël au mois de décembre. Dans cette rue, un four à pain a été aménagé en 1988, pratiquement là où devait se trouver le four banal autrefois.

CAVE LE GRAVILLAS

76, Chemin de la Diffre
✆ 04 90 46 94 83
www.cave-le-gravillas.com

Ouvert du lundi au samedi de 9h à 12h et de 14h à 18h. Dimanches et jours fériés de 10h à 12h30 et de 14h30 à 18h.

La cave de Sablet, Le Gravillas, a été créée en 1935. Située sur la côte des Dentelles de Montmirail, elle regroupe une soixantaine de vignerons passionnés par leur terroir qui exploitent 306 ha dans les appellations Côtes-du-Rhône, Sablet Côtes-du-Rhône-Villages, Séguret Côtes-du-Rhône-Villages, Plan de Dieu Côtes-du-Rhône-Villages et Gigondas. Leurs vins sont régulièrement récompensés.aux concours d'Orange, Paris ou Mâcon. 2017 a vu le ralliement de la cave à celles d'Ortas, la cave de Rasteau, et de Visan sous l'intitulé du Cercle des Vignerons du Rhône.

LA TABLE DU DOMAINE DE CABASSE €€

Route de Sablet ✆ 04 90 46 91 12
www.cabasse.fr

Ouvert jusqu'à juin le soir sur résa. A partir du 1er juillet ouvert midi et soir. Appeler pour informations.

Cet hôtel de charme 3 étoiles est situé au pied du village de Séguret. Les différentes chambres, offrant un très bon confort, sont aménagées au premier et au second étage, inspirées par la culture du vin avec des noms comme Cuvée Spéciale, Millésime ou Grand Cru (pour les plus spacieuses). La Table de Cabasse propose une cuisine raffinée qui fait la part belle aux producteurs et artisans du Vaucluse. Le chef cuisine en fonction des saisons et avec les vins du Domaine.

LES VIGNERONS DE ROAIX SÉGURET

1865, route de Vaison ✆ + 33 4 90 46 91 13
www.vignerons-roaix-seguret.fr

De septembre à juin du lundi au samedi de 8h à 12h et de 14h à 18h. Dimanche & jours fériés 10h à 12h et de 14h à 18h.

Une alliance des vignerons de Roaix-Séguret a été concrétisée par la création de la cave coopérative en 1960. Les Vignerons de Roaix-Séguret se sont attachés, depuis une trentaine d'années, à l'amélioration de leurs produits, récompensés par leur classement en appellation « Villages » avec un nom de commune Roaix et Séguret, en 1967. Ils font partie des premiers villages à avoir obtenu l'appellation « Côtes-du-Rhône Villages » avec nom de commune. Sols argilo-calcaires, terrasses.

SUZETTE

Un délicieux village perché avec un petit air de bout du monde qui fait face aux Dentelles de Montmirail. Il fut longtemps un haut lieu de production d'abricots. Aujourd'hui, le paysage s'aligne au fil des vignes. Une table d'orientation entièrement réalisée en céramique vous explique la vue sur la plaine du Comtat. Au mois d'août, venez au frais dans l'église, un bijou de l'art roman, partager les concerts de musique classique. Suzette, c'est aussi le point de départ pour des randonnées pédestres dans le massif de Saint-Amand, point culminant des Dentelles à 734 m.

CHÂTEAU REDORTIER

La Grange Neuve ✆ 04 90 62 96 43
www.chateauredortier.canalblog.com

Ouvert en semaine de 9h à 12h et de 14h à 18h ; 10h-12h/14 h-17h30 le week-end. Visite de la cave de mai à septembre.

Son nom lui vient du latin *redortor* ou fortifié. Ces vignerons proposent des vins de Pays de Vaucluse en rouge et rosé, des Côtes de Ventoux en rouge uniquement, Côtes du Rhône en rouge (qui est très agréable), blanc et rosé, cru de Beaumes de Venise et Gigondas. Les vendanges sont manuelles et traditionnelles. Les vignes sont installées sur un terrain pentu. On peut les découvrir grâce à un chemin découverte qui passe des vignes à la forêt. C'est une autre façon de découvrir ce paysage viticole. Ne passez pas à côté du caveau, les vins sont très souvent primés.

VACQUEYRAS

Vous êtes dans l'un des trois villages qui produisent des grands crus des Côtes du Rhône. Il est plus agréable de commencer la visite en partant du haut du village. Il y a l'église avec son élégant clocher provençal qui se dresse au sommet d'une tour de garde du XIIe siècle. Elle est entourée du mur d'enceinte du château des Vassadel. Cette famille régna sur le village pendant près de 300 ans. Redescendez par les rues étroites qui toutes débouchent sur le cours Stassart qui est le plus animé notamment le 14 juillet lors de la grande fête des vins. Professionnels, amateurs et touristes s'y côtoient dans la bonne humeur autour d'un bon repas champêtre.

ESPACE BOTANIQUE DE COSTE DE COA

Visites libres ou guidées en avril et mai tous les mercredis à 17 h.

Il s'étend sur une colline à la sortie du village, en direction de Sarrians. Les sentiers se croisent. Le parcours fléché raconte la végétation qui pousse en Provence et les diverses essences d'arbres. A l'extrémité sud de la colline siège la chapelle Notre-Dame-de-Pitié (XVIIe). Trois circuits faciles et balisés :

- **Chemin des Kermès** : garrigue et visite 3 à 4 heures
- **Chemin du Bas** : chênaie verte, garrigue et visite 3 à 4 heures
- **Chemin de la Chapelle** : landes, garrigue et visite 1h30.

PARCOURS DU VIGNOBLE DE VACQUEYRAS

✆ 04 90 62 87 30

Accès libre. Toute l'année.

Le parcours est vraiment très bien fait. Le concept est simple : 15 panneaux et une table d'interprétation du paysage illustrés de nombreuses photos dévoilent tous les secrets du terroir. Comptez trois heures (environ huit kilomètres sans difficultés). C'est vraiment agréable et beau. On découvre l'importance de la chaîne d'élaboration du vin de Vacqueyras : climat, terroir, cépages et travail de l'homme. Pas de panique, rien de compliqué ! Renseignements au Syndicat d'Initiative.

VAUCLUSE

ARNOUX & FILS

Le Vieux Clocher, Place de l'église
✆ 04 90 65 84 18
www.arnoux-vins.com

3 couleurs en Côte du Rhône, Ventoux, Vacqueyras, Gigondas, Beaumes de Venise et Chateauneuf du Pape.

En 1717, le Comte François de Castellanne, Chevalier marquis d'Ampuis, seigneur foncier des lieux de Vacqueyras et de ses terroirs, fit don d'une parcelle de vigne à un ancêtre de la famille Arnoux : Pierre Bovis. Depuis ce jour, la tradition de la vigne et du vin se perpétue. C'est Aimé Arnoux qui impulsa ce nouvel élan. Depuis lors, la Maison a été dirigée successivement par ses deux fils. Aujourd'hui, le vignoble situé au pied des Dentelles de Montmirail s'étend sur 40 hectares. Un large choix de cuvées est à la vente, dont la Collection Bio.

DOMAINE DE LA COLLINE SAINT-JEAN

253, route de Carpentras
✆ 04 90 65 85 50
www.collinesaintjean.com

Ouvert du lundi au samedi de 9h à 12h30 et de 14h à 18h. Fermé dimanche et jours fériés.

Le domaine est situé à Vacqueyras sur 25 hectares de vignes. 10e génération à travailler la terre. Aujourd'hui le vigneron élabore deux cuvées par an : la cuvée Classique et la cuvée Vieilles Vignes. Il mise sur plus de fruit, de fraîcheur et pouvant se boire jeune. La cuvée « Classique » est un vin aromatique sur des notes de fruits rouges et d'épices, la cuvée « Vieilles Vignes » un vin puissant avec des tanins souples, des arômes de fruits mûrs et de fruits confits.

DOMAINE DE LA GARRIGUE

✆ 04 90 65 84 60
www.domaine-la-garrigue.fr

Ouvert du lundi au samedi de 8h à 12h et de 14h à 18h. Été ouvert jusqu'à 19h. Fermé dimanche et jours fériés.

Exploitées par la même famille depuis sa création en 1850, les parcelles du domaine se situent sur 3 types de sols : argilo-calcaires caillouteux argileux- coteaux et terrasses et sablonneux. De ses 80 hectares de vignes dont l'âge moyen va de 40-60 ans pour le syrah, certaines vignes de grenache ont entre 80 et 100 ans. Le domaine produit des cuvées en Vacqueyras et Gigondas, Côtes-du-Rhône dans les trois couleurs et le Beaumes-de-Venise. Cette discrète maison mérite d'être plus connue. Ce vin est tout simplement délicieux à des prix corrects !

VIGNERONS DE CARACTÈRE- RHONEA

258, Route de Vaison-la-Romaine
✆ 04 90 12 41 26
https://rhonea.fr/pages/nos-magasins

Ouvert toute l'année tous les jours. Été 10h-19h. Visite de la cave sur RDV. Dégustation possible.

Ils sont 80 vignerons à s'être associés pour créer cette cave dynamique. Ils travaillent dans un souci constant de qualité et cela paye puisqu'ils cumulent certifications et médailles. Le caveau : 500 m². C'est un bon point de départ pour tous ceux qui voudraient découvrir les appellations Vacqueyras, Gigondas, Côte du Rhône mais aussi Ventoux, Beaumes de Venise. Fin mai et fin septembre, on profite de soldes privées. La boutique vend des carafes ou des décanteurs.

BÉDOIN ★★

Bédoin est un village au pied du mont Ventoux. Dans des dédales de ruelles vous découvrez ça et là les traces de son histoire telles les fontaines qui jadis jouaient un rôle essentiel dans la vie quotidienne, les remparts et le château. De nombreux producteurs de vins AOC, de fruits et d'asperges. C'est aussi un carrefour où se croisent tous les amoureux d'une des routes du mont Ventoux. C'est la plus difficile et on y croise vélos, motos et bien sûr automobiles : un rond-point porte d'ailleurs le nom de Maurice Trintignant. Une des plus grandes forêts domaniales de France et labellisée Réserve de biosphère étend sa crinière sur plus 6 300 ha.

HÔTEL DES PINS - L'ESPRIT JARDIN*** €€

171, chemin des Crans ✆ 04 90 65 92 92
www.hoteldespins.net

Hôtel 3 étoiles. Fermé de novembre à mars. 22 chambres doubles (85 à 125 €), 4 suites (175 à 200 €). Demi-pension.

L'hôtel est planté dans une pinède, un peu à l'écart du village. Les chambres sont raffinées, aménagées avec beaucoup de goût, toutes différentes, baroques, design, romantiques ou contemporaines, certaines profitent d'une petite terrasse ou d'un balcon. Quatre belles suites sont également à votre disposition. Côté jardin où se mêlent les senteurs provençales on profite de la piscine dès les beaux jours. Bédoin est un des meilleurs points de départ de randonnées ou sorties cyclistes.

LILY ET PAUL €€

414, avenue Barral-des-Baux

✆ 04 90 12 96 11

Ouvert du 15 mars au 15 octobre. 15-20 € à la carte. Terrasse.

La maison de famille de Blandine se trouve dans le village - Lily et Paul étaient ses grands parents- et c'est très vivant. Dans la cour intérieure, les tables du restaurant sont dressées tout l'été ! L'atmosphère est légère et les plats ont les saveurs de la Provence. C'est bon et la clientèle qui le sait revient chaque année. Les chambres d'hôtes sont spacieuses, chacune dispose d'une salle de bain. Le bon goût est le maître mot avec les vieux meubles repeints et les tomettes qui brillent. L'ambiance est donc au vintage et c'est très réussi !

PASTA E BASTA €€

210, avenue Barral-des-Baux

✆ 04 90 12 81 13

Fermé de novembre à février. Ouvert le lundi midi ; du mercredi au dimanche. Menus 19,50 € et 29 €. Formule midi 16 €.

Pâtes fraiches maison, terrines, vitello tommato, tiramisu, la carte a toutes les saveurs de la Méditerranée. Tout est fait maison exceptés les glaces. Thomaï et Enrico sont installés depuis 28 ans dans ce petit village et leur restaurant a son lot de fidèles et notamment les gros appétits qui apprécient l'adresse. Les portions sont généreuses à l'instar de la bonne humeur qui règne ici. L'été on s'attable en terrasse sous la tonnelle pour partager les antipasti à l'heure de l'apéritif, l'hiver on refait le monde dans la salle à manger rustique et conviviale.

LES VIGNERONS DU MONT VENTOUX

620, Route de Carpentras ✆ 04 90 65 95 72

https://vignerons-du-mont-ventoux.fr/

Octobre à mai : 9h-12h/14h-18h30 du lundi au samedi.9h-12h30 le dimanche en mai, fermé d'octobre à avril.

Créée en 1924, la cave réunit plus de 200 coopérateurs. Dans ce bel espace, vous trouverez une large gamme de vins du Ventoux en rouge, blanc et rosé qui se segmentent en trois catégories : Premium (anciens millésimes), Valeurs (d'un bon rapport qualité/prix), Initiales (vins entrée de prix). Pas étonnant quand on sait que le groupement des vignerons du Ventoux couvre une superficie de 1 000 hectares, dont 750 ha en AOC Côtes-du-Ventoux, et 250 ha en vin de pays et vin de table.

CARPENTRAS ★★

La ville se dessine dès le Ier siècle. Alors appelée Carbentorate, elle changera plusieurs fois de nom, avant de devenir Carpentras au Moyen Âge. Cela vient du celte carbanto (le char) et rate (la forteresse). On imagine dès lors que la vocation de la ville était de veiller sur le passage des chars sur le gué de l'Auzon qui la borde. Une histoire plus prestigieuse débute en 1229, lorsqu'elle devient possession du Saint-Siège. A cette époque, le Comtat Venaissin formait avec l'État d'Avignon deux enclaves distinctes dans le royaume de France. Cette situation politique et géographique originale marquera profondément Carpentras et ses alentours dont le destin était lié à Rome (le pape Clément V y établira sa curie en 1313). Ce n'est qu'en 1791 que le Comtat devint français. La ville, au fil des siècles, s'est forgée une identité forte et originale de capitale qui, de nos jours encore, se retrouve à travers son patrimoine. De beaux hôtels particuliers, de nombreux monuments publics et religieux inspirés de l'architecture italienne, témoins du mécénat artistique et intellectuel des prélats, et un patrimoine de la culture juive unique avec notamment la synagogue la plus ancienne de France. La ville est aussi réputée pour son terroir. Le marché hebdomadaire est une véritable tradition qui remonte à l'origine de la ville et qui est classé Marché d'exception pour son ambiance et la qualité des produits. Le vignoble de Carpentras est renommé notamment avec le vin AOC Côtes du Ventoux. Cet héritage confère à Carpentras son caractère de Ville d'art et d'histoire.

L'HÔTEL-DIEU ★

180, place Aristide Briand

✆ 04 90 60 84 00

https://www.ventouxprovence.fr

Ouvert toute l'année. Accès libre. Du mardi au vendredi 12h-18h ; samedi 14h-18h ; dimanche 9h-12h.

L'hôtel-Dieu de Carpentras, construit au milieu du XVIIIe siècle, était l'un des hôpitaux de la capitale du Comtat Venaissin, avec ses 10 000 m² de surface, il fut le plus imposant. Il fut commandité par Joseph-Dominique d'Inguimbert, dit dom Malachie, évêque de Carpentras. Sa construction commença en 1750, et il fut desservi, selon la volonté de l'évêque, par des sœurs hospitalières à partir de 1764. Rénové magnifiquement, le bâtiment abrite depuis 2017 la Bibliothèque-Musée L'Inguimbertine. Visites commentées sont proposées par l'O.T. Inscription obligatoire.

VAUCLUSE

LE PORTAIL NEUF

AUBIGNAN

Une grande partie de la muraille qui se dressait au niveau de cette porte a été détruite en 1844 pour payer la réparation du clocher et de la toiture de l'église. Aujourd'hui, on voit encore l'emplacement où glissait la herse, dont la fermeture était actionnée depuis une pièce à l'étage de la porte. Les deux ouvertures qui correspondent aux anciennes portes de cette pièce sont aussi visibles. En revanche, la partie supérieure de la tour a disparu mais on suppose qu'elle était couronnée de créneaux et de merlons afin de compléter le dispositif défensif.

OFFICE DE TOURISME INTERCOMMUNAL VENTOUX PROVENCE

97, place du 25-Août-1944
✆ 04 90 63 00 78
www.ventouxprovence.fr

Ouvert toute l'année tous les jours, mais vérifier les horaires sur le site.

Brochures, dépliants en plusieurs langues sont en libre-service sur les présentoirs, les hôtesses d'accueil sont à votre disposition mais vous pouvez réserver vos visites directement sur le site Internet de l'office. L'office de tourisme qui regroupe le Mont Ventoux, Gigondas, les Dentelles de Montmirail, les Gorges de la Nesque et le Pays de Sault valorise le terroir local toute l'année par le biais d'animations-découvertes avec un Pass autour de la truffe, la fraise, le berlingot.

SYNAGOGUE DE CARPENTRAS ✡ ★★

Place Maurice-Charretier ✆ 04 90 63 39 97
www.synagoguedecarpentras.fr

Se renseigner à l'office de tourisme. Possibilité de visites commentées.

C'est la plus ancienne synagogue de France en activité et l'une des plus anciennes d'Europe, classée aux Monuments historiques en 1924. Elle est l'une des rares à présenter son état d'origine. Depuis l'époque romaine, il y a toujours eu une communauté juive à Carpentras. Chassés au XIIIe siècle, les juifs de France trouvèrent refuge en terre papale. Derrière la modeste façade datant de 1909, la synagogue construite en 1367 cache un véritable trésor. Au rez-de-chaussée et en sous-sol, le mikvé, ainsi que la boulangerie et les fours.

MAS SOLIGÉ €

1553, route de Bédoin ✆ 04 86 04 06 96
www.mas-solige.com

Ouvert d'avril à fin octobre. Chambre double de 69 € à 89 € ; suite de 75 € à 154. Petit déjeuner offert.

Corinne et Olivier sont heureux de vous accueillir dans un mas typiquement provençal du 18e siècle, situé au cœur de nombreux circuits touristiques prestigieux. Les chambres sont spacieuses et décorées aux couleurs du Sud. Vous apprécierez la table d'hôtes en compagnie des propriétaires qui sont fort sympathiques. Au menu, une cuisine familiale accompagnée des vins du Terroir. Voilà une occasion unique de découvrir la Provence et de profiter de moments magiques où les rencontres et le partage se mêlent à l'ambiance conviviale et chaleureuse de ce lieu.

© ROBERT PAUL VAN BEETS - SHUTTERSTOCK.COM

Synagogue de Carpentras.

LE BISTROT DU LARGE €€

57, chemin de Saint-Labre
✆ 09 81 24 50 00
www.bistrotdularge.fr
Ouvert du mardi au dimanche le midi et le soir. Formule du midi : 19,50 €.

Les produits de la mer c'est une histoire de famille chez les Berbudeau. Philippe, le fils, bon vivant, fait perdurer la tradition en ouvrant ce lieu convivial à la fois restaurant-brasserie-bistrot. On s'y régale de coquillages et de crustacés en plateaux ou en assiettes généreuses, de poissons en fonction des arrivages au menu du jour. Lors de notre passage, nous avons opté pour une poêlée de couteaux en entrée. En brasserie, la choucroute de la mer a ses adeptes. On y fait aussi l'éloge du verre avec notamment une centaine de vins blancs à la carte.

LA PETITE FONTAINE €€

13-17, place du Colonel-Mouret
✆ 04 90 60 77 83
http://lapetitefontaine84.fr/
Ouvert toute l'année. Fermé dimanche et lundi. Ouvert midi et soir. Réservation recommandée. Menus de 16 à 28 €.

Très anciennement la « Bibliothèque pour tous », puis « La cuisine de Pierre », ce restaurant semi-gastronomique est rebaptisé la « Petite Fontaine » en 2007. Confortablement installés, vous apprécierez la cuisine du chef, Sébastien Royer, tout autant que l'accueil. La carte est rythmée par les arrivages des produits de saison et notamment les truffes et les fraises de la région. Pas de grandes surprises mais une belle maîtrise, et des saveurs tout au long du repas. Aux beaux jours, la terrasse est agréable, auprès de la fontaine.

CHEZ SERGE €€

90, rue Cottier
✆ 04 90 63 21 24
https://chez-serge.fr/
Ouvert tous les jours midi et soir. Carte 40 € environ. Formule midi (2 plats 19 €). Accueil de groupes. Terrasse.

Serge tient cette table depuis 1987, le succès est toujours là, il accommode bons vins et produits frais finement cuisinés. Joli cadre dans l'épure, sympathique terrasse aux beaux jours, une belle carte qui fait l'éloge de la truffe et du vin Toute l'année les truffes embaument les plats et même les desserts. Les amateurs apprécieront les soirées « Vin et Truffe » en compagnie de vignerons et de leurs vins. La carte propose bien sûr d'autres suggestions tout aussi gourmandes. Tous les légumes sont issus d'agriculture biologique et les viandes d'origine France.

CONFISERIE SERGE CLAVEL

106, place Aristide-Briand
✆ 04 90 29 70 39
www.clavel-confiserie.com
Ouvert tte l'année tous les jours sauf lundi. 9h à 19h. Haute Saison 9h/22h. Démonstration de fabrication de berlingots.

Héritier d'un savoir-faire depuis 4 générations, Serge Clavel est l'ambassadeur du berlingot et du fruit confit à Carpentras. Les fruits sont de véritables œuvres d'art qui donnent une opulence fastueuse à la Table des Treize Desserts des Noëls provençaux. Depuis un an, Serge a développé la partie pâtisserie. Ses vitrines sont de véritables tentations, tout est fait sur place bien sûr. Nous on craque pour le Fraisichou, chou garni d'une ganache blanche et de fraises de Carpentras. L'été, les glaces artisanales font le bonheur des petits et des grands, 40 parfums !

PÂTISSERIE JOUVAUD

40, rue de l'Evêché
✆ 04 90 63 15 38
www.patisserie-jouvaud.com
Lundi 10h30-19h ; du mardi au jeudi 9h-19h ; du vendredi au dimanche 8h-19h. Salon de thé. Terrasse. Vente en ligne.

Véritable institution carpentrassienne, la maison Jouvaud a ouvert ses portes en 1948 ! Une longévité qui n'est pas étrangère à cette passion familiale – 3 générations s'y sont succédé – de la qualité, de l'inventivité... et de la gourmandise ! Au fil des années, l'offre s'est étoffée et diversifiée en passant par les macarons, les rocailles (sublimes meringues avec noisettes grillées caramélisées à l'intérieur). Les objets déco sélectionnés par Nicole et sa fille Maïe trouvent une sympathique résonance avec les douceurs du père et du fils.

MARCHÉ AUX TRUFFES

Tous les vendredis matin de mi-novembre à fin mars et de fin mai à fin août. De 8h à 12h.

Le marché aux truffes de Carpentras (première région productrice de France) se tient sous le porche et dans la cour d'honneur de l'Hôtel-Dieu chaque vendredi matin dès 8h en hiver. Sous le porche, les particuliers pourront choisir leurs tuber melanosporum, le « carré » de la cour d'honneur étant réservé aux professionnels, courtiers, restaurateurs et négociants. Ce marché intime, silencieux est empreint d'une atmosphère toute particulière. Les transactions se font dans un semblant de dérobée, c'est un marché de connaisseurs.

CAROMB

La nature est un décor splendide surnommé « l'amphithéâtre comtadin ». Caromb profite d'un panorama extraordinaire, avec en toile de fond le mont Ventoux et les dentelles de Montmirail. Son nom semble provenir de la langue celte « Car » (pierre) et de la langue romaine « Umbo » (monticule), mais en provençal on dit aussi « quairoun » (grosse pierre). Bertrand des Baux, un des Princes d'Orange, délimita le territoire de la cité au XIIIe siècle, et le Pape Jean XXII, au XIVe siècle, y introduisit la truffe. Etienne de Vesc, conseiller de Louis XI, puis ministre de Charles VIII, acheta la Seigneurie en 1484 et en fit le bourg le plus important du Comtat.

DOMAINE CHAUMARD

475, route d'Aubignan
✆ 04 90 62 43 38
Ouvert du lundi au samedi de 9h à 12h et de 14h30 à 18h30.

Œnologue et de famille vigneronne, Gilles élabore une petite production très qualitative de côtes-du-ventoux. C'est un vin d'ici qui ne se garde pas et s'apprécie en période estivale. Le blanc étonne par ses arômes floraux, le rosé élaboré en pressurage direct, d'une jolie robe rose orangée et de belle fraîcheur, s'ouvre sur un joli bouquet de notes fruitées. Le Ventoux rouge est riche en bouche et révèle d'agréables arômes d'épices. Le Vin de Pays 100 % Viognier, très agréable. Une adresse typique où vous trouverez un parfait accord accueil-plaisir-prix.

LE 6 À TABLE €€

6, place Nationale ✆ 04 90 62 37 91
www.pascal-poulain.com
Ouvert du mardi au samedi midi et soir. Entrées 8 €-22 €. Plats 19 €-29 €. Terrasse. Vente à emporter. Ateliers cuisine.

C'est dans l'ancienne pâtisserie du village que Pascal et Claire Poulain ont ouvert ce restaurant après avoir travaillé 10 ans au Four à Chaud. Le 6 à table est actuellement au Bib Gourmand, rien d'étonnant. Les assiettes arrivent comme des œuvres d'art, raffinées, colorées, pleine de saveurs délicates et surprenantes. Nous avons goûté pour vous les asperges vertes, œufs de saumon sauvage et condiment pommes vertes curcuma. A la saison des truffes, des noix de st-Jacques rôties avec un velouté de potimarron. sublime ! La carte des vins propose une belle sélection.

MOULIN À HUILE DU COMTAT - HAUT FRÈRE

108, avenue de la Baisse ✆ 04 90 62 42 05
www.moulinducomtat.com
Visite sur rdv mardi. En juillet et août ouvert du lundi au samedi et jours fériés de 9h à 12h et de 15h à 18h.

Les frères Haut exploitent le moulin depuis 5 générations. L'huile d'olive est broyée par des meules en pierre. L'extraction se fait ensuite dans une centrifugeuse horizontale. Le fruité vert est tiré de la variété aglandau, appelée plus communément « verdale de Carpentras » dans ce coin du département. Le moulin du Comtat commercialise l'huile de ses vergers et de quelques oléiculteurs, et propose aux particuliers de triturer par lot, et de repartir ainsi avec sa propre huile.

CAVE SAINT MARC

667, avenue de l'Europe
✆ 04 90 62 40 24
Du lundi au samedi de 9h à 12h30 et de 14h30 à 18h ; le dimanche et jours fériés de 9h à 12h et de 15h à 18h.

90 ans de passion font la notoriété de cette cave située au pied du Mont Ventoux, à Caromb. Elle s'impose comme l'une des unités de production les plus qualitatives de l'appellation Ventoux. La Cave Saint Marc possède un vrai savoir-faire humain. Une quinzaine de cuvées sont élaborées sur le site de Caromb. Citons, entre autres, le Domaine des Vignes Longues, un concentré de fruits noirs, ou encore la Cuvée Étienne de Vesc, élevée en fût de chêne 12 à 15 mois. En quittant la cave, soyez curieux et partez à la découverte du beau village.

© DAR1930 - FOTOLIA

Caromb.

CRILLON-LE-BRAVE ★

Joli village perché, dominé par la flèche de son église, en arrivant par la petite route qui part du centre de Bedoin. Anciennement fortifié, il perpétue depuis la fin du XIXe siècle le souvenir de son seigneur et héros, Louis Balbe-Berton de Crillon. Le village est paisible et très prisé des touristes qui découvrent ruelles caladées, soustets, arcs-boutants et dentelles de pierre. Des remparts du XVIe siècle ne subsistent malheureusement que la porte Guérin, restaurée au XVIIe siècle. On visite la chapelle Notre-Dame-des-Accès édifiée en 1721, ainsi que l'église romane Saint-Romain qui abrite un monument à la mémoire de Crillon le Brave (Cénotaphe).

BISTROT DE PAYS LE SAINT-ROMAIN ET GITES €€

46, rue du Capitaine-Crillon
✆ 04 90 65 34 25
www.lesaintromain.fr

Ouvert du mardi au samedi 9h-21h. Ardoise/Menu enfant. Formule du midi. Accueil des groupes (max 40 pers sur résa).

Entre son gîte et son bar, ce bistrot est une adresse précieuse. D'autant que l'été, des concerts y sont programmés le soir sur la très grande terrasse d'où la vue est sublime au coucher de soleil. Dans l'assiette, du frais car le restaurant adhère au label « Bistrot de pays ». Une cuisine traditionnelle, le petit épeautre de Sault et les fromages de chèvre fermier et le vin du Ventoux du producteur du coin. Le coin épicerie est bien pratique avec dépôt de pain.

HÔTEL CRILLON-LE-BRAVE €€€

Place de l'Eglise ✆ 04 90 65 61 61
www.crillonlebrave.com

Relais & Châteaux. Ouvert d'avril à novembre. 33 chambres et suites à partir de 295 €. Restaurant La Table du Ventoux.

Au cœur du village, 9 maisons datant des XVIIe et XVIIIe siècles constituent l'écrin de ce complexe hôtelier de luxe, les différents bâtiments s'articulent autour de petits jardins et terrasses. Un cadre exceptionnel ! Les chambres et suites jouent la carte de l'épure chic et du raffinement jusque dans le moindre détail. Le Spa des Écuries est un espace bien-être où tout est bien pensé pour la détente avec trois cabines, dont une cabine double sous les voûtes en pierre. La carte du restaurant gastronomique est sublimée par des produits raffinés,

MONTEUX

Le cœur du village ancien est resserré à l'intérieur de ses remparts fortifiés du XIVe dont subsiste la Porte Neuve percée dans une tour, qui a gardé le conduit des chaînes du pont-levis et ses tourelles d'angle. Quant à la tour Clémentine, elle était le donjon du château de Monteux. Sachez que c'est à Monteux que le pape Clément V – élu en 1305 – prépara la constitution du concile de Vienne et écrivit les Décrétables. Aujourd'hui terre de culture maraîchère dynamique, Monteux aime célébrer sa région. Monteux est réputé pour son pèlerinage de Saint-Gens, et son célèbre feu d'artifice qui attire chaque année des dizaines de milliers de personnes.

BOUTIQUE DE LA TRAVERSÉE DES ARTS

Place Alphonse-Reynaud
✆ 09 63 60 89 61

Toute l'année du mardi au vendredi 15h-19h, samedi 10h-12h/14h-19h. D'octobre à mai mardi à vendredi 15h-18h.

Si vous aimez les pièces uniques, les œuvres originales et si vous souhaitez soutenir les initiatives locales, 35 créateurs locaux s'exposent à la Boutique des Arts. Cet espace est une belle vitrine pour les talents d'ici. Leurs œuvres sont à la vente. La Boutique des Arts c'est aussi une Artothèque, une initiative originale née du partenariat avec l'association Monteux Cœur de Ville qui gère ce lieu, elle est réservée aux entreprises désireuses d'embellir le cadre de travail.

WAVE ISLAND

800, allée de Beaulieu ✆ 04 88 84 72 17
www.waveisland.fr

Ouvert tous les jours de juin à septembre. Gratuit moins de 4 ans. 29,90 €. 21,90 € pour les moins de 1,20 mètre.

On se croirait presque aux Caraïbes à Wave Island ! 1er parc à thème aquatique de France, Wave Island est un petit paradis de la glisse, une île des loisirs à vivre en famille dès les beaux jours. Près d'une vingtaine d'attractions sont proposées au cœur d'une végétation luxuriante. Pour les amateurs de sensations fortes, direction le simulateur de surf sur la plus haute vague artificielle du monde (DA WAVE culminant à plus de 3,50 m et homologuée au Guinness World Records) et les toboggans géants. Ceux qui ont envie de se détendre ou de nager, c 'est possible.

VAUCLUSE

MAZAN ★

Labellisé « Pays d'Art et d'Histoire », Mazan garde les vestiges de riches et parfois dramatiques événements : on a d'ailleurs découvert il y a peu, dans les combles de l'ancien hôtel particulier qui abrite l'office de tourisme, des peintures racontant les invasions des bandes protestantes du Baron des Adrets et du seigneur de Montbrun au XVIe siècle. Outre le musée communal installé dans l'ancienne chapelle des Pénitents blancs (XVIIe) dont on remarque le beau plafond peint par un maître de l'Ecole d'Avignon, on peut voir au nord-est du village, ceinturant le cimetière, 66 sarcophages paléochrétiens du VIe siècle, semblables à ceux des Alyscamps d'Arles. On sait maintenant qu'ils jalonnaient par centaines la voie antique Carpentras-Mormoiron. La richesse des fouilles archéologiques atteste de l'importance de la ville dès l'Antiquité. On a découvert trois fours de potier fonctionnant de l'an - 40 av. J.-C. à + 50 de notre ère. On y fabriquait des têtes de chevaux et de chiens en argile, à but culturel, et des plaques de parements de type Campana, destinées à orner les temples : une découverte unique en France. Puis c'est une amphore vinaire « de type italique Dressel » de - 40 av. J.-C. qui permit aux archéologues de conclure que nous sommes en présence de la preuve du plus vieux vignoble celto-ligure ou gallo-romain (après Massilia/Marseille). Notons que quelques seigneurs illustres ont laissé à Mazan de belles demeures, dont le Château de Sade, lieu de naissance du père et de l'oncle du Divin Marquis, le célèbre abbé de Sade.

LE JARDIN DE MAZAN €€

65, rue des Pénitents-Noirs ✆ 07 83 43 28 51
www.lejardindemazan.com

Ouvert toute l'année. 7 chambres. Chambre double de 140 € à 195 €. Restauration sur demande tous les jours en saison).

Situé dans le joli village de Mazan, en plein cœur de la Provence, au pied du mont Ventoux, à 20 minutes d'Avignon et d'Orange, Le Jardin de Mazan est une ancienne demeure datant des XIVe et XVIIe siècles, entièrement restaurée. Imaginez une grande maison de charme, vous ouvrez la porte et vous découvrez un magnifique escalier du XVIIe siècle, un jardin provençal plein de charme hébergeant un imposant cèdre centenaire et une piscine à 27 °C de mai à octobre. Sur commande, Eric se fera un plaisir de vous faire découvrir la cuisine du terroir élaborée par ses soins.

LE CHÂTEAU DE MAZAN**** €€€

8, place Napoléon ✆ 04 90 69 62 61
www.chateaudemazan.com

Fermé de novembre à avril. 31 chambres, double de 143 à 275 € ; suite à partir de 211 €. Restauration. Hammam.

C'est dans ce château que le Marquis de Sade donna son premier festival de théâtre en 1772. Le bar aux allures rétro et le restaurant L'Ingénue, avec salle et salons aux moulures centenaires, forment un bel ensemble. Les 25 chambres dans le bâtiment principal ont de beaux volumes, et la vue sur les jardins ou sur les toits de Mazan. « la maison », une bâtisse provençale du XVIIe siècle, offre plus d'intimité : cinq chambres et suites toutes plus ravissantes les unes que les autres. La cuisine du chef fait appel aux générosités du terroir.

CAVE CANTEPERDRIX

890, route de Caromb
✆ 04 90 69 41 67

Du lundi au samedi de 9h à 12h30 et de 14h30 à 18h ; le dimanche et jours fériés de 9h à 12h et de 15h à 18h.

Impossible de ne pas faire un détour par la Cave Canteperdrix située sur la commune de Mazan. Depuis 10 ans, elle accumule les médailles aux différents concours de vins et s'est placée dans le peloton de tête des caves les plus récompensées de l'appellation. Ce palmarès confirme le savoir-faire des 230 vignerons qui valorisent ces 1 200 hectares. Quelques cuvées : Canteperdrix en rouge, rosé et blanc ; Gentilice Rouge, issu de parcelles sélectionnées. En quittant la cave, allez visiter ce charmant village aux belles façades.

SAINT-DIDIER

La plus belle route pour se rendre à Saint-Didier est celle qui part de Venasque. Elle est sinueuse à souhait, on passe les cols dans la garrigue et les forêts de chênes. Les vues panoramiques apparaissent et s'éclipsent au gré des virages. Le village est connu pour sa langueur. Est-ce le château Renaissance, les vieilles fontaines, qui lui donnent cette atmosphère... ou peut-être la grande allée de platanes. Ne manquez pas son porche en pierre, (placé dans l'axe de la route) qui est surmonté d'une haute tour d'horloge. Ce porche marque l'entrée du château Thezan construit au XVe et agrandi au XVIIIe aujourd'hui transformé en clinique privée.

PERNES-LES-FONTAINES ★

« Entre toutes, elle brille par la grâce de Dieu », voici pour la maxime de la ville ! Il est vrai qu'elle aime se faire remarquer avec toutes ses 41 fontaines qui rafraîchissent l'air ! Classée un des plus beaux détours de France, elle a tout de la carte postale avec ses rues caladées, ses vestiges moyenâgeux. Pour la petite histoire, elle brille depuis qu'un Romain, Paternus, y a construit son domaine. C'est dire ! Vous découvrez sa collégiale romane, ses 14 anciens hôtels particuliers, en passant par le panorama au sommet de la Tour de l'Horloge (ancien château des Comtes de Toulouse) sans oublier les fresques du XIIIe siècle de la Tour Ferrande.

LES PORTES ET REMPARTS

Les premières fortifications datent du XIVe siècle. Elles étaient constituées, en plus des murailles, d'une quinzaine de portes et de huit tours. C'est au cours de ce même siècle que les remparts furent reconstruits et modernisés en conservant le même tracé. De cette enceinte médiévale, subsistent encore quelques portes dont la porte Villeneuve qui date du XIVe siècle durant lequel elle aurait été munie d'un pont-levis. La municipalité s'est toujours attachée à conserver ce patrimoine que les Américains proposèrent de racheter.

HÔTEL L'HERMITAGE*** €€

614, grande route de Carpentras
✆ 04 90 66 51 41
www.hotel-lhermitage.com

Fermé de novembre à mars. 20 chambres. Chambre double à partir de 98 € ; chambre triple à partir de 115 €.

Cette demeure bourgeoise du XIXe siècle qui a appartenu au neveu du capitaine Dreyfus a beaucoup de charme. Les chambres sont confortables et décorées avec goût. Un parc de 2 hectares jalonné de statues et de fontaines où l'on profite de la piscine. Un hammam aménagé dans une dépendance, des massages y sont proposés sur rendez-vous. Les petits-déjeuners sont préparés par la maîtresse de maison, avec des produits de qualité. Une salle de séminaire parfaitement équipée est à disposition. Une belle adresse à la sortie de Pernes en direction de Carpentras.

MORMOIRON

Situé entre le Mont Ventoux et le plateau du Vaucluse, Mormoiron est un petit village plein de charme, à deux pas des Gorges de la Nesque. Voilà encore un village où l'on trouve de l'ocre. C'est moins impressionnant qu'à Rustrel ou Roussillon, mais les façades des maisons en hauteur sont aussi colorées et on peut faire une jolie balade dans les petites carrières d'ocre qui sont restées assez sauvages. Le départ est au lac des Sablettes. Pensez à visiter son musée archéologique et paléontologique qui vous transportera de 600 millions d'années à notre ère pour découvrir l'histoire de l'humanité à travers les fossiles et vestiges de l'homme.

CHÂTEAU PESQUIE

1365 B, route de Flassan
✆ 04 90 61 94 08
www.chateaupesquie.com

Ouvert du lundi au samedi de 10h à 12h et de 14h à 18h. Ouvert le dimanche (de Pâques à fin septembre).

Le domaine familial compte plus de 100 hectares assis sur des coteaux de graves argilo-calcaires conduit en agriculture bio depuis 2010. Il est fréquemment primé et les honneurs en reviennent intégralement au savoir-faire de ses propriétaires perfectionnistes et passionnés. En témoigne *Quintessence*, issu de vignes de plus de 50 ans, élevé en barriques de chêne, très côté dans la belle restauration ; rouge ou blanc. Également *Les Terrasses* rosé ou rouge. Puis, une merveille, la cuvée Artemia, issue de vieilles vignes. Possibilité de visites guidées.

DOMAINE &LESCHANCEL

9D, chemin des Basses Briguières,
✆ 06 09 64 59 26
www.leschancel.com

Ouvert tous les jours en été et du lundi au vendredi en basse saison. Privatisation espace séminaire

Anne et Pierre Chancel ont démarré une nouvelle vie en créant, il y a 4 ans, ce domaine préservé de 30 hectares au pied du Ventoux (12 hectares cultivés en Bio entourés par 12 hectares de bois). Leurs premiers millésimes sont prometteurs dans les 3 couleurs et déjà sur de belles tables de Paris et de la région. Le domaine vallonné offre de superbes points de vue avec un circuit balisé *le Chemin Sensationnel,* une balade jalonnée d'activités (ateliers bien-être, lectures) qui se clôture par un pique-nique et la dégustation des vins. A découvrir absolument.

VENASQUE ★

C'est l'un des plus beau village du Vaucluse. Il le doit autant à ses vieilles pierres qu'à son implantation dans un paysage harmonieux. Perché sur ce rocher abrupt, il fait face à l'ancienne voie romaine. Venasque voit la fondation du Comtat Venaissin et il a conservé son patrimoine, ses monuments comme son baptistère.
C'est à la fin du VIe siècle, que l'évêque Saint-Siffrein, ayant choisi le village comme siège épiscopal pour l'évêché de Carpentras, fit construire ce merveilleux sanctuaire sur les fondations d'un édifice paléochrétien. Protégée au Moyen Age par un puissant mur d'enceinte d'où demeurent seulement trois tours et une porte fortifiée,

BAPTISTÈRE ★★

88, Grand'rue
✆ 04 90 66 62 01
www.venasque.fr
Ouvert tous les jours en haute saison 10h30-13h/14h-18h15. Tarif : 3€. Groupe : 2€. Gratuit pour les moins de 12 ans

Du VIe au Xe siècle, fuyant les invasions barbares qui sévissaient à Carpentras, les évêques auraient transféré le siège de l'évêché sur le rocher de Venasque. A cette époque, l'évêque célèbre le baptême des adultes par immersion deux fois par an, veilles de Pâques et de Pentecôte.

Le baptistère est un des plus anciens édifices religieux de France. Bâti fin VIe, il a été remanié aux XI, XII et XIIIe siècles. Sous l'impulsion de Prosper Mérimée, le monument a été restauré et classé sur la liste des Monuments Historiques en 1840.

HÔTEL LES REMPARTS €

36, rue Haute ✆ 04 90 66 02 79
www.hotellesremparts.com
Fermé de décembre à mars. 8 chambres simple à triple de 70€ à 127€. Petit déj. 8€. Parking fermé. Possibilité paniers repas.

© LES REMPARTS

Cet hôtel de charme est accroché à son piton sur les anciens remparts de Venasque. Depuis la terrasse et la véranda où sont servis les petits déjeuners, la vue est panoramique sur la vallée. Les chambres climatisées sont décorées avec goût : tomettes au sol, mobilier chiné. Certaines ont vue sur les toits du village et le Ventoux. On recommande le restaurant tenu par Cyril Martinez, disciple d'Escoffier et nouveau propriétaire avec Fah et Claude Réquena qui sont aux petits soins avec leur clientèle, notamment les cyclistes et les motards avec un accueil sur mesure.

MAS DE LA GONNETTE €€

502, chemin de la Gonnette
✆ 04 90 66 04 69
www.masdelagonnette-venasque.com
Chambres d'hôtes (tarifs dégressifs à partir de 2 nuitées) et 3 gîtes pour 2, 5 ou 7 personnes.

C'est un vieux mas du XIXe siècle sur la colline d'où la vue est exceptionnelle sur le Ventoux. Des bâtiments s'y sont greffés au fil du temps. Résultat, un joli mélange de niveaux et de terrasses. 3 gîtes sont à votre disposition que l'on peut louer également en formule chambre d'hôtes. Ils ont tous du charme, sont bien aménagés et ont des vues différentes mais toujours exceptionnelles car on est au beau milieu de la nature. Une chambre d'hôtes vient compléter l'offre d'hébergement. Les petits déjeuners 100 % bio sont préparés par Anne-Françoise.

SAULT ★

La ville commence son ascension le 22 avril 1561 quand Charles IX réunit à la Baronnie de Sault, tous les fiefs possédés par le Seigneur d'Agoult et érigea cet ensemble en Comté. En 1613, à la mort de Chrétienne d'Aguerre veuve de François d'Agoult, le Comté de Sault passa de la famille d'Agoult à celle de Créquy-Lesdiguières. Par la suite, le Comté échu à Louis Nicolas de Neufville, duc de Villeroy, en 1703. Le 25 juin 1793, la convention créa le département de Vaucluse, formé d'Avignon, du Comtat Venaissin, de la Principauté d'Orange, de la Viguerie d'Apt et du Comté de Sault en Provence. Aujourd'hui, Sault est une Station Verte de Vacances.

LE MUSÉE MUNICIPAL

Rue du Musée
✆ 04 90 64 12 75
www.mairie-sault-84.fr/
Ouvert du lundi au samedi de 14h30 à 18h. Juillet et août. Gratuit.

Fondé en 1859, c'est l'un des plus vieux musées municipaux de province. Aménagé à la fin du XIXe par un de ses fondateurs, Henri Chrestian, ses collections sont constituées en majeure partie de dons. Très riches et hétéroclites, datant de la préhistoire jusqu'à nos jours, elles évoquent le passé des Saltésiens à travers les objets de leur vie quotidienne et leurs souvenirs de voyages. Le visiteur découvre ainsi une riche collection de minéraux, des fossiles, des monnaies anciennes, des armes révolutionnaires, une momie égyptienne dans son sarcophage.

LA FERME AUX LAVANDES

2, Route du Mont Ventoux
✆ 06 82 93 52 09
www.la-ferme-aux-lavandes.com
Ouvert toute l'année. Visites de l'exploitation sur rdv même pendant la floraison. Aire de pique-nique à disposition.

C'est un grand et beau jardin qui fleure bon les traditions locales : champs de lavande et jardin botanique, roses anciennes, pâturages, petit épeautre, verger. Lors de la visite de l'exploitation – attention, il faut réserver-, Catherine vous présentera les différentes variétés de lavande : lavandins vivaces de petite ou grande taille, lavandes printanières, subtropicales... Si vous n'avez pas tout suivi, vous pourrez vous rattraper avec les livres publiés par la ferme. Aires de détente avec hamacs et chaises longues devant les lavandes.

HOSTELLERIE DU VAL DE SAULT**** €€€

Route de Saint-Trinit
✆ 04 90 64 01 41
www.valdesault.com
Labels « Logis d'exception », « Logis de France », « Relais du Silence », « Romantik Hôtels ». 20 chambres et suites.

Sur les hauteurs de Sault, ce hameau hôtelier est au cœur de cinq hectares de bois et sous-bois, la vue est sublime sur le val de Sault et le Ventoux, les chambres élégantes allient luxe discret et grand confort et disposent toutes d'une terrasse privative. Entre l'hébergement, la restauration et les activités offertes sur le site (spa, salle de sport et la piscine à débordement), votre séjour sera placé sous le signe du bien-être et de la détente.

HÔTEL-RESTAURANT LE LOUVRE €€

Place du Marché
✆ 04 90 64 08 88
www.louvre-provence.com
Qualité Tourisme. Ouvert d'avril à novembre. Fermé dimanche soir et lundi. Garage sécurisé. Formules à partir de 17€

Antoine Scibona aime sa région et ses produits, ses recettes de terroir en sont le reflet. Viandes, légumes et fruits, fromages, proviennent des environs. Testez les terrines de foie gras ou de lapereau faites maison ou la souris d'agneau confite. Une riche carte de Côtes du Ventoux est proposée. L'humeur toujours au beau fixe, Myriam, Antoine et leur petite équipe en cuisine et en salle sont adorables. Passez-y de notre part ! L'accueil est toujours souriant.

MAISON ANDRÉ BOYER

Place de l'Europe
✆ 04 90 64 00 23
www.nougat-boyer.fr
Ouvert toute l'année. Haute saison : tous les jours de 7h30 à 19h. Boutique en ligne disponible.

Nougat blanc et noir sont les fleurons de la production de cette enseigne, mais vous trouverez aussi des macarons à l'ancienne, des calissons, des tartinables, des guimauves à l'ancienne, des amandes enrobées en chocolat. Durant l'été, vous ne résisterez pas aux glaces artisanales à la lavande, calisson, nougat. La boutique a conservé son cadre d'époque, avec un petit musée d'ustensiles de cuisine (XVIIIe-XIXe siècle), composé notamment d'objets de torréfaction, de boîtes à bonbons, de vieilles barattes à beurre, sans oublier l'énorme pilon à broyer les amandes.

© BORIS STROUJKO - SHUTTERSTOCK.COM

Vue sur le village de Sault.

VAUCLUSE

COOPÉRATIVE AGRICOLE - LA MAISON DES PRODUCTEURS

Rue de la République
✆ 04 90 64 08 98

Ouvert toute l'année. Achat par correspondance possible.

Une boutique truffée de produits bio et de produits traditionnels. La Maison des Producteurs a été créée à l'initiative d'un groupe d'agricultrices du coin qui souhaitent faire connaître et apprécier les produits agricoles - bio et traditionnels - issus de leurs exploitations. A la vente des sachets de fleurs de lavande aux formes et dessins originaux, des cosmétiques (shampoing fabriqué par saponification à froid), des huiles essentielles ou des eaux florales à base de lavande.

DISTILLERIE AROMA'PLANTES

Route du Mont-Ventoux
✆ 04 90 64 14 73
www.distillerie-aromaplantes.com

Haute saison : ouvert tous les jours de 10h à 19h. Visite gratuite de la distillerie. Atelier 15 € par personne.

Les sentiers découverte, le lavandoscope, la plantothèque, la visite guidée vous plongent dans la lavande, sa culture, ses usages... Osez la coupe à la faucille, assistez à la distillation, suivez un atelier pour apprendre à faire du savon, à fabriquer des cosmétiques et ses produits ménagers naturels et bio, à confectionner un fuseau de lavande, etc. Faites escale à l'Arômatic' Bar, bar à tisanes et crêpes ou gaufres à la farine de petit épeautre, céréale antique de Haute-Provence.

CONNECTEZ-VOUS sur
petitfute.com

et partagez
VOS AVIS et BONS PLANS

CYCLOTOURISME

Le pays de Sault, station verte de vacances, compte plus de 160 km d'itinéraires de randonnées VTT et plus de 260 km d'itinéraires pédestres, figurant sur des cartes et des topoguides diffusés par l'office de tourisme. En somme, de belles balades en perspective, à travers forêts de chênes et de pins, champs de lavande et de petit épeautre. A votre disposition à l'office de tourisme, vous trouverez également un cyclo-guide comportant 9 circuits vélo au départ de Sault dont 66 km au travers des gorges de la Nesque et 33 km par le plateau d'Albion.

LAGARDE-D'APT

Ce village situé sur le plateau d'Albion est le plus élevé du département (1 100 m) et l'un des moins peuplés - 36 habitants au dernier recensement. Son point culminant à 1 256 m d'altitude (signal Saint-Pierre) est le plus haut sommet des monts du Vaucluse. Essentiellement agricole, Lagarde est le domaine des grands espaces : vastes champs de lavande, incomparable hêtraie, sous le ciel le plus pur d'Europe. L'Observatoire astronomique Sirene installé sur ce site offre une vue étendue jusqu'aux Alpes. Point de vue également à la chapelle Lamaron (XIe siècle, restaurée en 2003), lieu de pèlerinage naguère très fréquenté de toute la contrée.

L'OBSERVATOIRE ASTRONOMIQUE SIRENE

84400 Lagarde-d'Apt (France)
✆ 04 90 75 04 17
www.obs-sirene.com
sirene@obs-sirene.com

L'ancienne zone de lancement de missiles du plateau d'Albion (1100 m d'altitude) s'est transformée en observatoire astronomique. Le télescope de 635 mm de diamètre est premier appareil au monde accessible à tout le monde : Un excellent moyen pour y découvrir la voûte étoilée. A noter, plusieurs événements, surtout pendant l'été : les journées astronomiques à thèmes du plateau d'Albion, Nuit des étoiles en août, les soirées de comptage des étoiles filantes d'août...

LE BISTROT DE LAGARDE €

RD 34

✆ 04 90 74 57 23

www.lebistrotdelagarde.fr

Fermé lundi et mardi.Le reste de la semaine ouvert midi et soir. Réservation recommandée.

Le lieu est atypique : un ancien bunker qui servait de base de lancement entièrement transformé en mas. Pénélope et Lorenzo récemment installés aimeraient écrire une Histoire dans ce lieu atypique. Le chef lorenzo innove en cuisinant avec des produits du terroir et il lui arrive de revisiter des plats provençaux avec son Italian Touch.C"est bon, original et beau ! Ouvrez les papilles et pensez à réserver une quinzaine de jours à l'avance car malgré ou grâce à sa situation au bout du mont, le restaurant affiche complet ! Très bon accueil. On recommande vivement !

MONIEUX

A 650 m d'altitude, accroché au flanc sud-est du Ventoux, Monieux ouvre grand les portes des gorges de la Nesque, on y croise parfois des sangliers. Dominé par les vestiges d'une tour de guet d'époque médiévale et de la chapelle Saint-André auxquelles on peut encore accéder par un sentier, ce village médiéval est certainement le doyen du Pays de Sault. Baigné de lavandes et de céréales, il reste un lieu privilégié pour tous les passionnés de nature préservée. Ruelles et calades pittoresques bordées de maisons datant des XIIe, XVIIe et XVIIIe siècles, vous laissent deviner son histoire. L'histoire de Monieux est liée à celle des gorges de la Nesque.

GORGES DE LA NESQUE ★★

D942

Après les gorges du Verdon, les gorges de la Nesque sont les plus spectaculaires de Provence, l'une des plus belles percées hydrogéologiques du Midi. Un canyon grandiose et sauvage, où se dressent de fantastiques falaises percées de grottes, que l'on découvre depuis la route en encorbellement sur le précipice jalonnée de tunnels et de belvédères dont celui du Castelleras face à l' imposant rocher du Cire. En aval, après des infiltrations dans le lit calcaire fissuré, les eaux de la Nesque contribuent à alimenter la résurgence de Fontaine-de-Vaucluse.

LES LAVANDES €€

Place Léon-Doux

✆ 04 90 64 05 08

www.restaurant-les-lavandes.fr

Fermé le lundi toute la journée et dimanche soir. Réservation recommandée. Carte entre 18 et 28 €. Accueil de groupes.

Posée sur l'une des plus agréables places de la région, la terrasse entourant une fontaine est à l'ombre des platanes et des marronniers centenaires. La maison a conservé tout son pittoresque. Le décor est élégant, les spécialités réalisées à partir de produits du terroir sont gourmandes. La table, des lavandes met à l'honneur les trésors du terroir. Dans le verre, des vins régionaux ! Ne soyez pas refroidis par la route sinueuse qui mène jusqu'à Monieux – et oui nous sommes à l'entrée des gorges de la Nesque – vous ne regretterez pas le trajet !

FERME LE VIGUIER

Ferme agricole d'élevage d'Ovins

✆ 04 90 64 04 83

www.leviguier.com

Élevage agneaux de Sault. Également 5 chambres d'hôtes. Table d'hôtes. En saison, séjour découverte de la truffe.

Depuis de nombreuses années, dans leur ferme familiale, Samuel et Marc Giardini vous accueillent. C'est ici qu'ils produisent l'agneau de Sault, et c'est leur activité principale. Mais ils ont d'autres cordes à leur arc. Non seulement ils vous feront découvrir l'univers de la truffe noire avec à la clé des sorties cavage, mais pour mieux en profiter, ils proposent également des chambres d'hôtes labellisées 3 épis, ainsi qu'une sympathique table d'hôte, à base de produits de la ferme : agneaux, lapins, volailles, légumes de saison...

LES ÂNES DES ABEILLES

Col des Abeilles

✆ 04 90 64 01 52

abeilles.ane-et-rando.com/

Ouvert toute l'année. Horaires téléphoner. Tarifs promenade à la journée : 50 €, le week-end : 95 €, la semaine : 320 €.

Partir librement en randonnée avec un âne, découvrir la faune et la flore du mont Ventoux, une expérience unique à vivre avec vos enfants. L'âne donne un rythme et une âme à la randonnée et vous découvrirez très vite que sa présence ouvre les portes et délie les langues dans les hameaux traversés. Contrairement à sa légende, cet animal est intelligent, attachant, malin et câlin. Votre âne portera vos bagages (30 kg à 40 kg) ou l'un de vos enfants (sous la responsabilité des parents). Au départ de la randonnée, vous recevrez tous les conseils utiles.

VAUCLUSE

APT ★

Apt fut longtemps une ville un peu austère avec ses industries comme les ocres, les faïences ou les fruits confits, et où l'on se rendait surtout pour le marché. Aujourd'hui, les maisons se sont parées de vives couleurs autour des placettes pleines de charme et des musées. Il y a toujours eu une importante vie religieuse au sein de la cité qui a compté jusqu'à quinze ordres religieux et l'on peut toujours voir dans la vieille ville de nombreuses chapelles et hôtels particuliers. Aujourd'hui, Apt, reconnue « Capitale Mondiale du Fruit Confit », est labellisée Site Remarquable du Goût et son grand marché provençal est classé « Marché d'exception ».

CATHÉDRALE SAINTE-ANNE ★

187, Rue des Marchands
✆ 04 90 04 61 71
Visite guidée sur rendez-vous.

La cathédrale-basilique Sainte-Anne est l'une des plus anciennes de Provence et le monument le plus remarquable de la cité. Depuis l'édification de l'église primitive sur des cryptes mérovingiennes son architecture a été rehaussée à diverses reprises. Au XVIIe siècle, on construisit la chapelle royale en l'honneur d'Anne d'Autriche venue en pèlerinage pour remercier sa sainte patronne pour la naissance de Louis XIV. La basilique abrite des reliques et le trésor de Sainte-Anne, un vêtement d'honneur en lin orné, comme les califes en offraient souvent.

DOMAINE LES AGNELS

Route de Buoux
✆ 04 90 04 77 00
www.lesagnels.com
Ouvert d'avril à septembre, tous les jours, visite guidée chaque jour à 11h et 16h. D'octobre à mars du mardi au samedi.

La famille Agnel a commencé à récolter et à distiller la fleur de lavande en 1895. Depuis, cinq générations se sont succédé et c'est ainsi que s'est forgée la réputation de la distillerie connue et reconnue pour la qualité de ses produits bien au-delà de notre région. Vous assistez à la distillation de lavande et à la production d'huiles essentielles et d'eaux florales. Les installations permettent de distiller toute l'année toutes sortes de plantes aromatiques et des agrumes. Rassurez-vous, la lavande sous tous ses états y est vendue !

FONDATION BLACHÈRE ★★

384, avenue des Argiles ✆ 04 32 52 06 15
www.fondationblachere.org
Ouvert du lundi au samedi 14h à 18h. Et le dimanche en décembre (avant Noël). Label Tourisme & Handicap. Boutique.

A l'initiative de Jean-Paul Blachère, président fondateur de la société aptésienne *Blachère Illumination* et passionné d'Afrique, cette fondation est dédiée aux artistes contemporains du continent africain. Ce centre d'art, situé dans la zone industrielle près du plan d'eau, propose plusieurs espaces : un Centre d'art qui présente des expositions thématiques ou monographiques, et dans son prolongement le centre de documentation pour les amateurs qui souhaitent approfondir le sujet. A la Boutik, une sélection de réalisations de designers et créateurs africains.

© VINCENT FORMICA

Apt.

MAISON DU PARC NATUREL RÉGIONAL DU LUBERON

60, place Jean-Jaurès
✆ 04 90 04 42 00
www.parcduluberon.fr

Ouvert du lundi au vendredi de 8h30 à 12h et de 13h30 à 18h. Également le samedi matin de début avril à début septembre.

Située au cœur du centre ancien d'Apt, dans un hôtel particulier du XVIIIe siècle, cette instance veille à la préservation de l'environnement et gère l'aménagement et la valorisation du Luberon. Sa mission est également d'informer et d'éduquer le grand public. Sur place, des expositions permanentes sur la faune, la flore et l'habitat, et des animations ponctuelles vous feront découvrir cet espace protégé et privilégié du parc naturel régional du Luberon.

LA PROVIDENCE €€

Hameau les Martins
✆ 04 90 75 00 92
www.laprovidence-luberon.com

Ouvert toute l'année. Pour 15 pers 850 à 1 600 €/semaine selon saison. 3 maisons et 4 chambres d'hôtes. CB non acceptée.

A la sortie d'Apt en direction de Rustrel, La Providence conjugue design et vieilles pierres, couleurs vives ou douces, entre l'épure et la bohème, tout est bien vu, le mobilier ultra contemporain et les grandes tables chinées, le mobilier patiné, les tentures en lin. Posez vos valises dans cet ancien hameau restauré par Dominique et Jérome. Le chic et la simplicité font bon ménage. La Maison Grives est idéale pour les amoureux, toute en ouverture nichée sous les toits, avec la vue sur les vignes, les champs de lavande et les monts de Vaucluse.

LA CHASTELLE €€

423, avenue Victor-Hugo
✆ 04 90 04 92 30
www.restaurant-lachastelle.fr

Ouvert lundi, mardi, jeudi, vendredi, dimanche 12h/13h30 - 19h/21h. Samedi 19h/21h. Fermé le mercredi.

Une excellente cuisine, un cadre chaleureux et intime, ce restaurant à l'écart du centre-ville mérite ses lettres de noblesse. Fabrice, le chef disciple d'Escofier, maître restaurateur, y propose une cuisine d'inspiration totalement provençale, qui sent bon l'oignon, le basilic et les herbes aromatiques. La carte change régulièrement, les produits sont frais et les recettes alléchantes. Ajoutez à cela un personnel aussi discret qu'efficace et vous saurez exactement où aller déjeuner lors de votre prochain passage dans la ville.

MONA LISA €€

13, place Gabriel-Péri
✆ 06 78 20 66 55
www.mona-lisa-apt.com

Ouvert tous les jours midi et soir. Carte : 25 € environ. Plat du jour 14€-18€. Plat Vegan. Vin au verre. Terrasse.

Magret de canard, entrecôte et frites maison, souris d'agneau pommes de terre ou épaule avec truffes d'été, aïoli, chou farci, bœuf en daube, poisson servi avec du petit épeautre de Sault et grandes salades composées, gâteau châtaigne, gâteau sainte Anne, pudding aux fruits confits, tiramisu -les desserts sont maison-, fromages et vins d'ici...Chez Mona Lisa, on cuisine en famille avec l'objectif de faire plaisir. Toute l'année, on peut s'attabler au soleil en terrasse à toute heure, tôt le matin pour un petit café-croissant et en fin de soirée pour le digestif.

DOMAINE DU PUY MARQUIS

Route de Rustrel
✆ 04 90 74 51 87

Ouvert tous les jours de 9h à 12h et de 14h à 19h. Le reste de l'année : téléphoner. Livraison possible.

Sur la colline des Puy, la vue est superbe, c'est une bonne raison pour monter jusqu'à cette adresse où l'accueil de la famille Leclercq confortera votre décision. Claude Leclercq et ses fils, Alexandre et Benoît, exploitent un domaine de 30 ha, dont 10 ha plantés en vignes AOC Ventoux. Leurs cuvées AOC Ventoux se déclinent dans de jolis vins : un rosé à la robe saumon, au nez intense de fruits rouges et blancs ; c'est un vin d'humeur estivale. Tradition - une cuvée vieillie en fût de chêne, d'une robe rubis soutenue, avec des notes épicées.

LA MAISON DU FRUIT CONFIT

538, Quartier Salignan
✆ 04 90 76 31 43
www.lesfleurons-apt.com

Ouvert du lundi au samedi de 9h30 à 18h30. Ouverture les 3 dimanches qui précèdent Noël aux horaires habituels.

La Maison du Fruit Confit se situe dans l'enceinte des ateliers de fabrication d'Aptunion. L'espace Boutique propose à la vente directe fruits confits et spécialités provençales. A la suite, l'espace muséographique transporte le visiteur dans l'univers du fruit confit au cœur du Luberon. En libre accès et gratuit, ce parcours de découverte et multimédia stimule les 5 sens.. Des animations gourmandes et des ateliers culinaires sont régulièrement organisés tout au long de l'année.

VAUCLUSE

BONNIEUX ★

Bâti en pyramide autour de son piton rocheux, Bonnieux, un des plus beaux villages de France, domine la vallée et offre un panorama exceptionnel sur les monts et le village d'en face, dont il fut longtemps le rival lors des guerres de religion. Depuis le Néolithique, l'endroit est habité, à l'époque gallo-romaine, le village était au pied de son emplacement actuel. Territoire romain (Bitrona) au Ier siècle de notre ère, la route Cadix-Mila traversait le pays. Le pont Julien, construit dans la plaine faisait la jonction avec la voie secondaire vers Lourmarin. Ce n'est qu'au Moyen Âge, pour des raisons de sécurité, que les habitants remontent.

© VINCENT FORMICA

Bonnieux.

L'ÉGLISE HAUTE OU VIEILLE ÉGLISE ✝ ★

On l'appelle ainsi pour la distinguer de l'autre église du village. Pourquoi haute ? Parce qu'il vous faudra gravir 86 marches pour l'atteindre mais vous serez à l'ombre des cèdres centenaires et à l'abri du mistral ! C'est à cause de cette ascension qu'est née l'expression quelque peu lugubre : « Les morts enterrent les vivants ». C'est qu'il fallait, à dos d'homme, transporter les défunts. L'édifice, classé monument historique, a subi de nombreuses restaurations et des agrandissements.

LE PONT JULIEN

Chemin du Pont-Julien
✆ 04 90 75 80 06
Parking à proximité.

On dit qu'il porte le nom de la cité romaine la plus proche « Apta Julia ». Le pont Julien est l'ouvrage principal de la via Domitia qui traverse une bonne partie de la Provence. Il fut bâti au IIIe siècle avant J.-C. et il a encore toutes ses pierres ! Érigé en grand appareil, il mesure 80 m de long, 6 m de large et 11,50 m de haut. Ses 3 arches en plein cintre enjambent le Calavon. La qualité de sa construction et son niveau de conservation sont tout à fait remarquables, il a résisté à 2 000 ans d'exploitation, il n'a été fermé à la circulation qu'en 2005.

LA RESSENCE €€

D943
✆ 04 90 04 54 27
laressence.fr/
4 chambres. Chambre double à partir de 130 €. Petit déjeuner inclus.

La Ressence a un charme fou. Françoise et Thierry ont rénové cette superbe bâtisse du XIIe siècle nichée dans la Combe de Lourmarin. Les chambres sont très spacieuses et lumineuses, joliment décorées et bien agencées avec leur salle de bain privative. Les petits déjeuners sont faits avec des produits maison ou bio. Quand on ne profite pas de la piscine, on se retrouve avec plaisir dans le salon bibliothèque où crépite un bon feu en hiver. Pour dîner, Françoise peut vous préparer de belles assiettes de charcuterie, fromages et légumes de saison.

LE CLOS DU BUIS*** €€€

Rue Victor-Hugo
✆ 04 90 75 88 48
www.leclosdubuis.fr
Fermé de mi-novembre à mi-mars. 4 chambres (110 à 192 €). 1 studio (108 €). 3 gîtes (98 €/nuit). Petit déjeuner : 14 €.

Situé au sein même du magnifique village de Bonnieux, Le Clos du Buis, hôtel de charme en Luberon 3 étoiles, ancienne boulangerie du village, vous invite à la découverte de la culture provençale, une véritable pause d'authenticité pour partager un moment privilégié dans un lieu convivial qui a su garder son âme d'antan. Les chambres, aux atmosphères variées, sont décorées avec soin aux couleurs et senteurs de la région. La cuisine d'été, entièrement équipée, est à votre disposition. Pour vos moments de détente, profitez de la chaleur du salon.

L'AROME €€

2, rue Lucien-Blanc
© 04 90 75 88 62
www.laromerestaurant.com
Maître Restaurateur. Disciple d'Escoffier. Fermé de janvier à fin mars, le mercredi et le jeudi midi. Formule du midi.

Le restaurant se trouve au cœur du village. Jolie déco ! Quel plaisir de s'attabler alors dans l'une des salles voûtées du XIVe, creusées à même la roche. Le chef Jean-Michel Pagès concocte une cuisine gastronomique, les beaux produits se déclinent dans de savoureuses recettes ; coup de cœur pour les plats de poissons. L'accueil est charmant et le service attentionné. La boutique L'Art Home Concept Store jouxte le restaurant, Clara l'épouse de Jean-Michel y présente une sélection d'objets qui font l'éloge de l'art de la table et de la maison. Mérite le détour !

K. DÉLICES DE PROVENCE

2, rue Marceau
© 04 90 75 06 88
www.k-delices.fr
Basse saison du mardi au samedi de 10h à 18h. Haute saison tous les jours 10h à 14h30/ 16h30 à 21h.

Gourmande elle-même, Karine a ouvert cette enseigne dédiée aux douceurs uniquement : chocolat, fruits confits, meringues à l'ancienne XXL, calissons, nougats, orangettes, pâtes de fruits et dragées de chez Doucet. Tout est fabriqué dans la région, artisanal, même les sirops fabriqués à Mane dans les Alpes-de-Haute-Provence. Selon la saison, on se laisse tenter par de jolies créations chocolatées : sacs à main, escarpins, œufs et poulettes à Pâques. Karine est aux petits soins, l'hiver elle va vous offrir un café et une orangette si dehors la météo s'affole.

CABRIÈRES-D'AVIGNON

Village en pierre sèche à l'air un peu austère mais avec le charme et le calme d'un village provençal, avec ruelles, fontaines et lavoirs. Vous n'êtes qu'à 5 km du tumulte de Gordes. Au cœur du village, siège le château. il est privé, mais on peut en faire le tour pour admirer son enceinte féodale, ses remparts classés et ses fenêtres à meneaux. Construit au XIIe par le vicomte de Cavaillon, l'édifice fut reconstruit dans un style Renaissance à la fin du XVIe siècle, et servit plus tard à la sériciculture. Une stèle rappelle le sac de Cabrières des 19 et 20 avril 1545, lors duquel les Vaudois cabriérois, retranchés dans le château, furent massacrés.

CAVAILLON ★

C'est la porte du Parc naturel régional du Luberon. La ville roucoule au pied d'une falaise mais elle est surtout entourée d'une plaine agricole où pousse notamment le fameux melon, qui a fait sa réputation. Ne manquez pas la grande fête qui a lieu en juillet. On suit les cours où l'on découvre de jolies maisons à arcades. Aujourd'hui, c'est le cours Gambetta qui a la cote. Cavaillon a été par le passé, le chef-lieu des Cavares, vivant sur la colline Saint-Jacques surplombant la ville. A partir de 40 av. J.-C., elle devient une colonie romaine, puis un siège épiscopal dès le IVe siècle, pour en fin de compte passer aux mains du Saint-Siège.

CATHÉDRALE SAINT-VERAN ET SON CLOÎTRE ★

Place Voltaire
www.cavaillon.fr
Fermé du 1er octobre au 1er mai. Ouvert du lundi au samedi 9h-12h et 14h-18h, 17h le samedi. Gratuit.

L'édifice primitif de la fin du XIe siècle fut agrandi au siècle suivant pour atteindre les dimensions actuelles. Difficile d'apprécier le bâtiment de l'extérieur, tant la cathédrale est engoncée dans la ville. La meilleure vue reste sur la colline Saint-Jacques. L'intérieur est haut en couleur avec une décoration toute en dorures et polychromies. Tout brille, les couleurs éclatent au moindre petit rayon de soleil ! Faites un petit tour par le petit cloître.

LA COLLINE SAINT-JACQUES

Rue de la Colline-Saint-Jacques
Accès libre.

La colline fait partie de la ville au XVe siècle, les habitants ont taillé un escalier dans la roche derrière l'office de tourisme. Chaque palier donne une vision différente de la ville. La promenade « Vallons et Pinèdes » a été aménagée au cœur même de la colline ; elle parcourt sur 3,6 km un paysage méditerranéen diversifié. Adeptes de sensations fortes se lanceront dans la première via ferrata de ville en Europe. La chapelle du XIIe siècle abrite des vitraux contemporains réalisés par Frédérique Duran, maître-verrière qui réside à Gordes.

LE JARDIN NATUREL DU GRENOUILLET

Parking rue Alphonse-Jauffret

Ouvert tous les jours. Accès libre.

La boucle fait 1,4 kilomètre. Ce jardin de 11 hectares abrite des merveilles. Il y a les oiseaux : c'est un refuge. On cherche les nichoirs, arbustes et végétaux d'essences locales (laurier-tin, sureau...). Le verger est un conservatoire d'anciennes variétés fruitières typiques de la région (amandiers, plaqueminiers...). On n'oublie pas les îlots de cultures anciennes – témoins de l'industrie avec l'histoire du mûrier, de la garance et du charbon cardère.

SYNAGOGUE - MUSÉE JUIF COMTADIN

Rue Hébraïque ✆ 04 90 76 00 34

www.provenceguide.com

Ouverte toute l'année sauf mardi et dimanche. Accès gratuit. Pour les heures d'ouverture voir le site Internet.

Au cœur du centre ancien, la synagogue du XVIIIe est un chef-d'œuvre de l'art comtadin baroque unique au monde. La richesse de ses dorures et les couleurs utilisées (jaune, bleu et rose) surprennent. Le fauteuil du prophète Elie juché sur son petit nuage, au-dessus du fauteuil de la circoncision est lui aussi unique. A la fois lieu de prière, d'école et d'assemblée de la communauté, on y apprend que faute de place, les femmes devaient écouter la lecture de la Torah depuis le sous-sol.

LE MUSÉE JUIF COMTADIN ★★

Porte d'Avignon

✆ 04 90 72 26 86

www.cavaillon.com

2 mai-30 septembre 9h30-12h30/14h-18h (Fermé le mardi).1er octobre-30 avril 10h-12h/14h-17h (Fermé mardi et dimanche)

Il demeure le témoin majeur de la vie de la petite communauté juive du Comtat qui vécut à Cavaillon jusqu'à la Révolution avant de se disperser vers 1912 dans les grandes villes. On y découvre des objets rituels, des documents d'archives comme la ketouba (contrat de mariage). Beaucoup proviennent d'un cimetière de livres (guéniza), découvert en 1928 dans la charpente de la synagogue. Régulièrement, grâce à des dons ou des acquisitions, viennent s'ajouter régulièrement des « trésors » comme cette ketouba XVIIIe cédée récemment par une galerie parisienne.

HOTEL THE ORIGINALS DU PARC CAVAILLON*** €€

183, place François-Tourel ✆ 04 90 71 57 78

www.hotelduparccavaillon.com

Ouvert toute l'année. 40 chambres à partir de 72€. Petit déjeuner buffet 12€ Parking 10€ gratuit pour les 2 roues.

C'est un hôtel de charme au pied de la colline Saint-Jacques, une maison de maître du 19e nichée tout contre un parc tranquille. La façade en impose, dès l'entrée l'accueil est chaleureux, intime et le cadre est une invitation à la détente. On aime le patio arboré où coule une fontaine et la véranda jouxtant le bar, à l'heure de l'apéritif. Les chambres sont confortables, pas d'ascenseur pour celles qui sont à l'étage. Accueil des groupes avec emplacements pour autobus devant l'hôtel.

© HOCQUEL ALAIN - COLL. CDT VAUCLUSE

Cavaillon, chapelle St Jacques.

L'INSTANT GOURMAND €€

Place Gambetta
✆ 04 90 78 21 17
www.instantgourmand84.com
Ouvert du mardi midi au samedi soir. Menus de 29 € à 38 €. Formule du midi : 16 € (2 plats). Ouvert le lundi juil/août.

Riche de 14 ans d'expérience, le chef Simon propose authenticité et originalité dans ses plats travaillés avec des produits de saison, locaux et frais. La cuisine est plutôt orientée gastro, typiquement française. L'Instant Gourmand dispose d'une belle terrasse où il fait bon de s'attabler avec des amis ou la famille. Une riche carte de vins régionaux est à votre disposition. Menus découvert ou gourmand dont les assiettes sont bien fournies et colorées. Sans oublier l'alléchante sélection de viandes. Faites-vous plaisir, gâtez vos papilles !

VERSION LATINE €€

24, Rue Fleury-Mitifiot
✆ 04 32 50 21 98
Ouvert toute l'année et toute la semaine, sauf samedi et dimanche. Menu 25 € (3 plats). Plat moyen à la carte : 15 €.

Version Latine est un restaurant à connotation italienne. La terrasse s'est agrandie dans la rue piétonne ! Depuis 2004, ils accueillent la clientèle dans l'ancienne imprimerie. Tout comme l'établissement, la cuisine est conviviale et chaleureuse. Ils ont à cœur de vous concocter des plats à base de produits frais issus des producteurs locaux. Dans cette lignée, l'établissement est certifié « maître restaurateur » depuis novembre 2017, attestant que les plats sont faits maison. C'est dans une ambiance souriante et détendue que l'équipe vous reçoit !

RESTAURANT PRÉVÔT €€€

353, avenue de Verdun
✆ 04 90 71 32 43
www.maisonprevot.com
Fermé dimanche lundi. Menus midi 39 € - 60 € Menus 78€ à 95€. Atelier cuisine, repas, boissons inclus 120 €/pers. Jardin

C'est une institution depuis 1981 et nous aimons rappeler que Jean-Jacques Prévôt manie aussi bien le couteau que le pinceau ! Spécialiste du melon de Cavaillon, Jean-Jacques travaille son fruit fétiche dans de belles recettes et sur ses toiles en teintes acidulées ! On retrouve le melon sur la carte en fonction des saisons tout comme la truffe, l'asperge, les saint-Jacques et les champignons. La brigade de Prévôt s'est étoffée d'un chef en cuisine Géraud Dupuis et Quentin Tournemine en pâtisserie. Aux beaux jours on s'attable dans le jardin potager.

GORDES ★★★★

Gordes, classé parmi les *Plus Beaux villages de France,* est sans doute la perle la plus délicate du Luberon. Dés votre arrivée au village, vous êtes happés par une carte postale à vous couper le souffle : des maisons en pierre sèche, disposées en restanque, dominées par un imposant château Renaissance. A l'intérieur du village, des ruelles caladées, qui se faufilent à travers les demeures où l'on découvre des voûtes, des caves, des portes anciennes et des jardins. Gordes était une place-forte des Vordenses, une tribu celto-ligure qui lui a donné son nom, avec cette coutume de transformer le V initial en G (Gordenses) à l'époque gallo-romaine.

LA CHAPELLE DES PÉNITENTS BLANCS ✝

Galerie d'art pendant la saison.

Elle est en plein cœur du village et pourtant, on ne sait que peu de choses sur cette chapelle. Les archives ne parlent d'elle que depuis le XVIIe siècle. Elle aurait été durant plusieurs années sous la coupe de la confrérie des Pénitents blancs. Elle accueillit pendant longtemps une caserne de pompiers. Aujourd'hui, c'est une belle salle d'exposition. Dénuée de tout ornement, c'est un bel écrin pour ces artistes. Le programme des expositions est disponible à l'office de tourisme.

CHÂTEAU DE GORDES ★

✆ 04 90 72 98 64
www.gordes-village.com
Ouvert d'avril à la Toussaint, tous les jours de 10h à 17h30. Adulte : 5 €. Enfant : 4 €. Lieu d'expositions.

En arrivant à Gordes, à votre droite votre regard s'arrête sur le château imposant style Renaissance, très bien conservé. Dominant le village, il protégeait par le passé les habitants. Le château reconstruit en 1525 existait déjà en 1031. Puissamment défendu par de grosses tours rondes dont la couronne de mâchicoulis supporte une terrasse pour l'artillerie, les hauts murs sont percés de trois étages de fenêtre Renaissance. La façade sud s'ouvre face au vieux Gordes. Des expositions sont régulièrement présentées dans l'enceinte du château.

VAUCLUSE

Vue générale de Gordes.

© LAWRENCE BANAHAN - AUTHOR'S IMAGE

ABBAYE NOTRE-DAME DE SÉNANQUE ✝ ★★★★

Route de Sénanque
✆ 04 90 72 17 92
www.senanque.fr
Participation aux frais selon vos possibilités.

L'abbaye de Sénanque a été fondée en 1148 par des moines cisterciens originaires de l'abbaye de Mazan en Ardèche. L'église est consacrée trente ans plus tard par l'évêque de Cavaillon. Aux XIIIe et XIVe siècles, l'abbaye connait une période de prospérité économique et de rayonnement spirituel. Cependant, elle est dévastée au moment des guerres de religion. A la Révolution française, l'abbaye est vendue comme bien national. Elle est rachetée en 1854 par Dom Barnouin qui y réinstalle une communauté de moines cisterciens de l'Immaculée Conception. Au début du XXe siècle, les moines sont expulsés par les lois anticléricales. La vie communautaire ne reprend qu'en 1926. En 1969, les moines rejoignent leur maison mère sur l'île Saint-Honorat de Lérins puis reviennent de nouveau à Sénanque en 1988. Ils y partagent leur temps entre la prière, le travail (culture du lavandin) et l'accueil traditionnel bénédictin. L'abbaye se trouve dans un écrin de nature qui rend sa découverte particulièrement agréable. Elle domine plusieurs champs de lavandin dont les couleurs chatoyantes, pendant la floraison, viennent sublimer les bâtiments monastiques dont la sobriété est le premier attribut. Il n'est pas rare que des peintres installent leur chevalet pour immortaliser la scène. Bien qu'il soit encore en activité, le monastère est ouvert aux visiteurs plusieurs fois par jour, à heure fixe. Afin de ne pas perturber les moines dans leur recueillement, un guide conférencier se chargera de vous raconter l'histoire de l'abbaye et de vous faire découvrir ses parties accessibles, à savoir :

- **Le cloître**. Selon la coutume cistercienne, le cloître de l'abbaye est très dépouillé. Vous remarquerez que les statues sont peu nombreuses, à l'exception d'une Vierge à l'Enfant. Les chapiteaux des colonnes ne sont pas richement sculptés, mais sont simplement ornés de feuilles d'eau. Les galeries donnent sur une cour intérieure, très sobre elle aussi, et communiquent avec les différentes pièces de l'abbaye.

- **L'église abbatiale**. Edifiée en calcaire, elle est dotée d'une nef en forme de croix latine. Pour répondre aux contraintes de la vallée, l'abbatiale est orientée vers le nord, ce qui est très rare, les abbayes cisterciennes ayant traditionnellement une orientation est-ouest. Encore une fois, on est frappé par la sobriété et l'extrême dépouillement des lieux : aucun décor ne devait venir perturber les moines dans leur recueillement. La lumière pénètre essentiellement par les fenêtres du chœur et du clocher du transept, qui ne sont pas dotées de vitraux. C'est par les portes du fond que pénétraient les frères convers, qui n'étaient pas autorisés à utiliser les même passages que les moines.

- **Le dortoir des moines**. A l'origine, jusqu'à 30 moines couchaient sur de simples paillasses, dans cette vaste pièce dépourvue du moindre confort. D'environ 30 m de long, il est couvert d'une voûte en berceau brisé. Sur le mur occidental, une rosace laisse entrer la lumière. Le dortoir a été édifié dans le prolongement de l'église, pour permettre aux moines d'y accéder rapidement, la vie monastique étant essentiellement organisée autour de la prière. Le premier office avait lieu à 2 heures chaque matin. De nos jours, les moines bénéficient de cellules individuelles.

- **La salle capitulaire**. Important lieu de vie, c'est dans cette salle que les moines, installés sur les gradins, se réunissaient chaque jour autour de l'abbé. D'importantes décisions concernant la communauté y étaient prises. Cette pièce est la seule de l'abbaye dans laquelle les moines étaient autorisés à rompre leur vœu de silence.

- **Le chauffoir**. En dehors de la cuisine, le chauffoir (ou salle des moines) était la seule pièce chauffée, comme en atteste l'imposante cheminée romane. Dans cette petite pièce voûtée portée par une colonne massive, les moines effectuaient certaines tâches de la vie quotidienne, comme le raccommodage, la lecture spirituelle mais surtout l'écriture, puisque c'est ici que les moines copiaient les manuscrits.

Aujourd'hui, les moines de l'abbaye de Sénanque vivent grâce à la vente des produits issus de diverses activités agricoles, à savoir la culture du lavandin, l'oliveraie ou encore l'apiculture. Ils confectionnent leur propre miel, des biscuits, de l'huile d'olive, de l'huile essentielle de lavandin... Tous ces produits artisanaux sont en vente sur place mais aussi en ligne, aux côtés de produits fabriqués dans d'autres abbayes de la région. En dehors du recueillement, le travail, par la production agricole ou l'entretien du monastère, est l'activité à laquelle les moines consacrent la plus grande partie de leur temps.

En plus de la vente des produits fabriqués sur place et des visites, une partie des ressources de l'abbaye provient de son activité hôtelière. L'hôtellerie de l'abbaye Notre-Dame de Sénanque peut accueillir pour un séjour individuel (limité à 8 jours maximum) des personnes désirant partager la vie de prière de la communauté dans le silence et le recueillement. L'environnement sauvage de l'abbaye et son architecture dépouillée se prêtent parfaitement à la méditation et la prière. Les repas sont pris en silence. Le frère hôtelier est à votre disposition pour un entretien spirituel si vous le souhaitez. La communauté cistercienne organise aussi des retraites, en groupe, animées par un des moines de l'abbaye.

L'ÉGLISE SAINT-FIRMIN

Rue du Belvédère
✆ 06 31 79 18 22
http://restauronsleglisedegordes.com/
Ouverte toute l'année. 10h-17h30 tous les jours.

L'édifice, de style roman, était initialement dédié à Notre Dame et fut construit sur les bases d'une ancienne église du XIIIe siècle. Réédifiée au XVIIIe siècle, l'église fut ensuite consacrée à son protecteur, saint Firmin (on invoque saint Firmin contre les inflammations de toutes sortes. Il a fait une multitude de miracles, guérissant les aveugles, les sourds, les muets, les paralytiques, les lépreux, les boiteux, les possédés du démon). La tour carrée qui lui sert de clocher était probablement un beffroi qui pourrait dater du XIVe siècle.

LE MUSÉE DU VERRE ET DU VITRAIL ★

Route de Saint-Pantaléon
✆ 04 90 72 22 11
www.musee-verre-vitrail.fr
Ouvert d'avril au 30 octobre de 9h à 12h et de 14h à 18h. Visite guidée. Groupes sur réservation.

C'est un musée un peu à part qui plaira aux plus curieux. En fait, vous entrez chez l'artiste – Mlle Duran – qui a créé le musée il y a 40 ans maintenant. Et elle a tout imaginé et réalisé depuis le bâtiment jusqu'aux œuvres, parfois monumentales, qui sont plantées dans le jardin. Et le plus exceptionnel est sans aucun doute la collection d'objets qui sont exposés. On découvre le verre dans l'art, la vie quotidienne et les sciences. Bonne visite !

LE MOULIN DES BOUILLONS ★

1953, Route de Saint-Pantaléon
✆ 04 90 72 22 11
Fermé de nov à mars. Ouvert du lundi au vendredi de 9h à 12h et de 14h à 18h. Adulte : 7,50 €. Gratuit moins de 12 ans.

C'est en rénovant une maison qu'a été découvert ce site gallo-romain. Il y a 2 000 ans, on produisait déjà de l'huile d'olive ! La visite est étonnante parce qu'elle se fait dans le cellier de la maison. Mais la pièce la plus impressionnante est le pressoir en bois du XVIIe siècle. C'est un tronc de chêne de 7 t et long de 10 m qui est une merveille de technologie ! C'est le dernier du bassin méditerranéen. Vous verrez une très belle collection de lampes à huile mais aussi des jarres et des amphores et... l'histoire du savon de Marseille !

LES BORIES & SPA***** €€€

route de l'Abbaye de Sénanque
✆ 04 90 72 00 51
www.hotellesbories.com
Fermé janvier et février. 33 chambres de 320 € à 766 € ; suite de 659 à 1 236 €. Petit déjeuner buffet ou en chambre.

Sur les hauteurs de Gordes, à l'abri de l'agitation du monde, le cadre est superbe. C'est que le très grand domaine est planté de chênes verts et d'oliviers, de lavandes et de jardins aromatiques ; Les chambres et suites, toutes dans des tons clairs, sont baignées de lumière. Deux piscines, l'une extérieure chauffée, l'autre intérieure pour en profiter au fil des saisons. Et l'on prolonge la détente à l'espace bien-être (salle de fitness, hammam, sauna, soins et massages). On s'attable soit au restaurant gastronomique, soit au Bistrot.

MUSÉE DES BOUILLONS

Route de Saint-Pantaléon
✆ 04 32 50 28 35
Fermé de novembre à mars. Ouvert du lundi au vendredi de 9h à 12h et de 14h à 18h. Gratuit -12 ans. Adulte : 7,50 €.

Situé sur un site gallo-romain habité depuis 2 000 ans, ce moulin à huile est appelé moulin « à sang » (utilisant la force humaine ou animale). Classé monument historique, il est le moulin le plus ancien conservé avec tous ses éléments de travail. Depuis le Ier siècle se sont succédé plusieurs pressoirs. Le dernier, 7 tonnes et 10 m de long, date du XVIe. Ce moulin, aux cuves creusées dans le roc, avec ses canalisations romaines, relate tout ce qui a trait à l'huile d'olive, symbole méditerranéen, et à ses utilisations au fil du temps (éclairage, soin du corps...).

DOMAINE LES MARTINS €€€

Les Martins
✆ 04 90 72 09 56
www.domainelesmartins.com
Fermé de novembre à mars. 4 chambres d'hôte et 3 gîtes. Tarif sur demande.

Dans un ancien hameau agricole, le domaine Les Martins, fondé dans les années 1600, se trouve sur le territoire de la commune de Gordes. La bastide est immense, dans le style de toutes les maisons de Gordes en pierres sèches. David et Régis vous accueillent dans ce coin de Paradis. Les logements climatisés, superbement restaurés, équipés de tout le confort et de touches très délicates sont organisés autour de deux cours intérieures calmes, près d'un jardin provençal avec piscine chauffée et de nombreux espaces où se détendre. L'accueil est très chaleureux.

VILLAGE DES BORIES ★★★

✆ 04 90 72 03 48

www.levillagedesbories.com

Ouvert toute l'année. Tous les jours. Gratuit -12 ans. Juillet-août : deux visites commentées les mardis et jeudis.

Le village des bories se trouve à l'ouest de Gordes, à 270 m d'altitude, sur les pentes des Monts de Vaucluse. C'est un lieu plein de mystères qui a fasciné de nombreux chercheurs. Déambuler dans ces rues primitives, encadrées par ces constructions massives dont l'épaisseur des murs peut atteindre un mètre, plonge le visiteur au cœur de l'intrigue. Qui vécut ici, dans ces bories en pierre sèche ? À quelle époque ? Si aujourd'hui on en connaît plus sur la genèse du site, ces questions restèrent longtemps sans réponse, laissant le champ libre aux hypothèses les plus folles. Mais d'abord, qu'est-ce qu'une borie ? Ce n'est que depuis la deuxième moitié du XXe que ce terme est employé, auparavant – comme en atteste le cadastre napoléonien – l'appellation générique était tout simplement *cabane*. Le terme borie, principalement utilisé aujourd'hui, est l'équivalent français du provençal *bori* désignant une masure et vient du médiéval *boveria*, *boria* qui signifie étable pour les bœufs. Il est difficile de dater les habitations du village. On sait que l'origine de ce type de cabanes remonte à l'âge de bronze, mais pour le village des bories, peu d'informations sont à disposition. Certains ont affirmé qu'il datait du VIIe siècle, d'autres pensent qu'au vu des vestiges retrouvés, il n'est pas possible que le village ait vu le jour avant le XVe siècle ! Cette dernière est la thèse la plus commune. Il est aussi probable que le lieu ait été habité à plusieurs reprises, à différentes périodes. Ces cabanes en pierre sèche sont souvent vues comme des témoins de la croissance démographique du XVIIIe siècle, c'est d'ailleurs de cette période que datent les céramiques retrouvées dans le village. À cette époque, la campagne provençale voit se multiplier ce type d'habitation dont le matériel principal est une pierre provenant du substrat rocheux local, extraite lors du défrichage des champs. Les maisons de ce village étaient certainement habitées de façon temporaire lors des travaux agricoles saisonniers – l'absence de cimetière et de lieu de culte peut en témoigner. L'exploitation de la terre permettait aux travailleurs saisonniers de tirer un revenu supplémentaire, grâce notamment à la production d'olives et, par conséquent, d'huile. Si, en apparence, ces cabanes semblent d'une grande simplicité, elles sont en fait de véritables prouesses architecturales ! Les pierres ont été assemblées l'une sur l'autre sans aucune jointure formant, la plupart du temps, une voûte encorbellée. Les bories ont été construites sans mortier ni ciment : à chaque étage, les pierres sont de plus en plus inclinées vers l'intérieur. Pour construire une borie, il fallait en moyenne 120 tonnes de pierres ! On compte 29 bories dans le village et 17 correspondent au plan de la « nef gordoise », ce sont des édifices indépendants avec des plans rectangulaires caractérisés par leurs quatre encorbellements. Ces cabanes sont organisées en sept groupes distincts, chacune ayant un rôle bien précis. On y reconnaît par exemple des bergeries, des granges ou des étables, ce qui étend les fonctions attribuées à ces bories. Au fil du temps, les bories ont, en effet, abrité les bergers et leurs troupeaux mais aussi des outils ou des récoltes de graines, certaines sont même devenues des résidences secondaires !

On sait que le village des bories était occupé jusqu'à la fin du XIXe siècle. Aujourd'hui, après avoir sombré dans l'oubli durant presque un siècle, il est devenu un site muséal, ouvert aux visiteurs. C'est Pierre Viala, écrivain, comédien et grand voyageur, qui a œuvré le premier pour la sauvegarde des bories : dans les années 60, il a eu un véritable coup de foudre pour ce site où la nature avait déjà repris ses droits. Lorsqu'il l'a découvert, des pierres avaient disparu et les ronces avaient envahi les habitations qui étaient devenues au fil du temps des refuges de chasseurs. Une fois devenu propriétaire du site, il a entrepris des travaux de restructuration qui ont duré plus de huit ans. Les bories ont alors été remises en état et classées monuments historiques. Avec l'essor du tourisme, le site s'est aujourd'hui développé : un petit jardin de plantes aromatiques y a été aménagé ainsi qu'un bâtiment pour l'accueil, dont les murs en pierre ne défigurent pas le paysage. Il est intéressant d'opter pour une visite guidée qui vous permettra d'en apprendre plus sur l'histoire de ces mystérieuses habitations, une visite libre est, toutefois, tout à fait envisageable. On accède au village des bories en parcourant un sentier au cœur de la garrigue qui, par sa nature verdoyante, s'oppose à la sobriété des cabanes de pierre sèche, offrant un cadre unique. Aujourd'hui, le site appartient à la commune de Gordes, c'est l'un des plus visités du Vaucluse.

Pour compléter votre visite de ce coin de Provence, des sentiers de randonnées en pleine nature ont été mis en place. Vous pourrez par exemple emprunter le « sentier du petit patrimoine rural » ou celui des « bories de la Gariguette » qui vous mèneront à la découverte d'autres bories éparpillées dans la garrigue. Ces balades se mêlent donc parfaitement à votre précédente visite du village qui donne, quant à lui, un aperçu concentré de ces cabanes de pierre sèche typiques, à découvrir absolument lors de votre séjour dans le Vaucluse. Situé à deux pas de Gordes et non loin de l'abbaye Notre-Dame de Sénanque avec ses splendides étendues de lavande, le village des bories fait assurément partie des incontournables de la région !

L'ARTEGAL €€

Place Genty-Pantaly
✆ 04 90 72 02 54
Fermé du 15 novembre au 15 mars. Ouvert du jeudi au lundi le midi et le soir. Menu unique à 28 € (soir 38 €). Terrasse.

L'Artegal est tenu par un jeune couple, Sophie et Daniel depuis 13 ans déjà. Lorsqu'on est en terrasse, la vue est imprenable sur le château de Gordes ! En plus situé à côté d'une boutique qui vend de la lavande, ça sent bon ! L'endroit parait de prime abord assez simple, cela fait bistrot. Mais faut pas s'y méprendre, car l'assiette élaborée avec des produits frais et locaux est en fait plutôt bistronomique. L'assiette est très bien présentée et confectionnée par les 2 Nicolas. Une belle découverte, une adresse qui vaut le détour.

L'ESPRIT DES ROMARINS €€€

186, Route de Senanque
✆ 04 90 72 12 13
Fermé de novembre à février. Ouvert pendant les vacances de Noël. Haute saison : ouvert tous les jours midi et soir.

L'équipe lauréate du Prix Staub-Lebey du Meilleur Bistrot Parisien 2012 propose de bons plats traditionnels en bocaux. Des produits frais, rôtis ou mijotés, que le chef laisse au naturel, sans matière grasse. Des recettes savoureuses aux accents du Monde comme le porc au caramel ou les gnocchetti au Beaufort. Les terrines artisanales valent également le détour avec des alliances audacieuses : gardianne de taureau, tomme de brebis et pastis ; cochon de montagne, liqueur de thym & poivre de voatsiperifery. Des plats sains et originaux pour ravir vos papilles !

LA BASTIDE DE GORDES €€€

61, rue de la Combe
✆ 04 90 72 12 12
Ouvert tous les jours le midi et le soir. L'Orangerie carte 110 €. Brunch dimanche 110 €. Le Clover 90 €.

A la Bastide de Gordes, vous avez le choix entre deux belles tables. Dans le cadre élégant de l'Orangerie, les chefs font l'éloge de la gastronomie française avec une carte qui suit les saisons. Au Clover, Jean-François Piège cuisine les produits du terroir dans des recettes méditerranéennes, on s'attable dans une ambiance provençale qui sent les vacances. Chacun des restaurants dispose d'une terrasse en surplomb de la vallée. On patiente au bar, on descend dans les jardins et puis l'on prend une chambre si l'on décide de prolonger le séjour dans le Luberon.

LA TABLE D'AGLAE €€€

Route de Murs
✆ 04 32 50 21 02
www.petitpalaisdaglae-gordes.com
Ouvert tous les jours du 1er avril au 31 octobre. Fermé lundi, mardi et mercredi du 1/11 au 31/3. Menus. Formules.

Chaque plat allie émotions et saveurs, à savourer tout en profitant de la vue panoramique sur le Luberon à couper le souffle, avec un service haut de gamme. L'hôtel dispose d'un salon-bar et d'un restaurant gastronomique, la table d'hôtes d'Euphrosyne, qui est approvisionnée par son propre potager et son verger. La cuisine d'Aglaé propose midi et soir une large gamme de menus nature, végétariens ou adaptés à vos allergies alimentaires. Mais aussi des jus de fruits frais pressés et des « green » cocktails. Promenades, jardin en restanques, parcours zen.

LES BORIES & SPA €€€

route de l'Abbaye de Sénanque
✆ 04 90 72 00 51
www.hotellesbories.com
Ouvert toute l'année. Tous les jours. Plats de 25 € à 40 €.

De larges baies vitrées qui laissent entrer la lumière à flots. Une terrasse ombragée d'où l'on déguste le paysage. Un cadre exceptionnel où officie Julien Bontus, disciple de grands chefs étoilés tels que Patrick Henrirou. Lieu jaune sauvage et orange sanguine ; pigeon et pommes Granny-Smith sont autant de saveurs inattendues à découvrir dans ce lieu d'exception. Pour parfaire tout cela, vous pouvez lézarder au club piscine ou encore déguster cocktails et vins au bar. Les activités sont multiples et les souvenirs seront magiques !

MOULIN DU CLOS DES JEANNONS

Route de Saint-Pantaléon ✆ 04 90 72 68 35
http://moulinjeannons.com
Ouvert du lundi au samedi de 10h30 à 19h. Boutique. Huile d'olive AOP. La visite du moulin est gratuite.

Les propriétaires ont recréé l'intérieur d'une ferme et c'est réussi ! Dans le même esprit, l'huile élaborée au moulin se fait dans la tradition. Que ce soient les olives des 2 500 apporteurs ou celle de la famille qui possède 4 000 arbres, elles sont écrasées avec des meules de pierre. Vous les trouverez en bidons métalliques à la boutique ainsi que du miel, de la tapenade, du vin. Au cœur du village de Gordes, le moulin vous invite à visiter sa boutique avec sa cave du XIIe siècle.

VAUCLUSE

WINE SYNCHRO

✆ 06 22 83 75 47

www.wine-synchro.com

Dégustation privée à domicile 270 € minimum pour 2 à 5 personnes. Groupe à partir de 6 personnes (45€/personne).

Lætitia propose des dégustations à domicile. En fait, elle a choisi cette formule très personnalisée car elle aime partager son savoir et son expérience avec les gens et cela lui permet de prendre le temps, ce que ne peuvent pas toujours faire les cavistes. Et elle en sait quelque chose parce qu'elle a longtemps travaillé dans les domaines du Vaucluse. Elle fait partie de la promotion 2006 de la prestigieuse université du vin de Suze-la-Rousse. Vous pouvez aussi lui demander de vous organiser des parcours dans les différents domaines du département.

CASENEUVE

C'est un petit village plein de charme et pas si loin des sentiers battus. Il a connu la colonisation romaine avant de devenir un fief des Agoult-Simiane. Son château (XIe-XIIe) est l'une des plus anciennes forteresses médiévales presque intacte de la Provence, aujourd'hui propriété privée. Consolez-vous : à l'entrée du village vous découvrirez le plus grand oratoire de Provence, orné d'un Christ polychrome, signé des compagnons du Tour de France, construit avec le portail de l'ancienne chapelle Notre-Dame-des-Aumades. A l'intérieur de Caseneuve, on peut admirer la « Maison Commune », bâtisse du XVIIe siècle qui fut le siège du Conseil de Ville.

CHEVAL-BLANC

Cheval-Blanc, village situé sur le versant sud du Luberon, parsemé de coins nature propices aux balades. Le village est tout jeune, car il naît de la Révolution. Le hameau était le point de passage vers les Bouches-du-Rhône, avec les bacs qui traversaient la Durance. Il n'y avait pas encore de pont à Cavaillon à l'époque. En tout cas, le point de rendez-vous des commerçants était une auberge dont le cheval blanc tractait le bac faisant la traversée ; un animal si exceptionnel, du moins si apprécié, qu'il donna son nom au village. Les paysages s'harmonisent naturellement et subtilement entre l'eau et la montagne. Le canal de Carpentras rythme le paysage.

GARGAS

Entre les monts de Vaucluse et le petit Lubéron, trône le village. Au XIXe siècle, Gargas se lança dans l'industrie des ocres ; aujourd'hui, la commune peut s'enorgueillir d'être le dernier village d'Europe où l'ocre est encore exploitée. On peut découvrir de très belles falaises aux alentours. Au nord, la colline de Perréal (470 m) est un lieu de randonnée agréable ; des fouilles archéologiques ont mis au jour un habitat d'époque gallo-romaine. A son sommet – un ancien oppidum gaulois – se dresse la chapelle Sainte-Radegonde (milieu XVIe). Le GR6 parcourt le village et ses hameaux pour rejoindre Roussillon à travers un paysage ocrier pittoresque.

MATHIEU LUSTRERIE

Hameau des Sauvans

✆ 04 90 74 92 40

www.mathieulustrerie.com

Ouvert du lundi au jeudi 9h-12h/13h-17h ; le vendredi 9h-12h.

Cette entreprise familiale spécialisée dans la restauration de lustres et la reproduction de lustres historiques est réputée dans le monde entier. Régis Mathieu aux gouvernes de la Lustrerie depuis les années 90 a conforté cette réputation avec des chantiers de restauration d'envergure auprès des Monuments historiques, sur les lustres de l'Opéra Garnier par exemple, ceux de la galerie des Glaces de Versailles ou encore à l'Opéra de Philadelphie. Cet artisan passionné a aménagé son musée pour mettre en valeur les quelque 500 pièces de sa collection.

MINES DE BRUOUX

Route de Croagnes

✆ 04 90 06 22 59

www.minesdebruoux.fr

Ouvert de mi-mars à début novembre de 10h à 18h. Adulte 9,50 €. Enfant (de 6 à 17 ans) 7,50 €.

Alors que les carrières de Rustrel et de Roussillon sont à ciel ouvert, celles de Bruoux sont souterraines avec plus de 40 km de galeries creusées le plus souvent à la main. La visite est une boucle de 650 mètres, certaines galeries peuvent atteindre 15 mètres de haut : de véritables cathédrales pour un festival de couleurs et de sensations. La température avoisinant les 10 °C et le taux d'humidité étant important, il vaut mieux prévoir des vêtements adaptés. Il est aussi plus que recommandé de mettre de bonnes chaussures de marche car le sol est inégal.

COQUILLADE VILLAGE HÔTEL & SPA***** €€€

Le Perrotet ✆ 04 90 74 71 71
www.coquillade.fr
Fermé de novembre à avril. Relais & Châteaux. 63 chambres et suites 495 à 2850 €. Petit déjeuner inclus. Hammam, sauna.

Au milieu des vignes, Coquillade Village 5* est une villégiature exceptionnelle si vous aimez le calme et les grands espaces. Vous pourrez choisir votre chambre ou une suite dans l'une des bâtisses du domaine aménagé comme un hameau. Un espace luxueux et unique dans la région pour tous. Dans les chambres, le luxe est partout présent. Quant aux plaisirs de la table orchestrés par Thierry Enderlin, vous n'avez que l'embarras du choix avec 3 restaurants et 3 ambiances, tous gourmands.

GOULT

Passages voûtés, arcades, rues pittoresques, grandes places ombragées de micocouliers centenaires. Goult est une jolie pause hors des sentiers battus. Il tient son nom de la famille d'Agoult, dont la légende dit que l'un des membres a été élevé par des loups. Il a un petit air médiéval avec son château du XIIIe maintes fois remanié et aujourd'hui privé. On grimpe la côte pour voir le moulin à vent et l'église du XIIe, qui ne conserve que son abside, dans le style roman originel, ainsi que sa chapelle gothique attenante. Deux points de vue superbes : depuis la place de la Madeleine (vue sur le mont Ventoux) et depuis le moulin à vent (vue sur Oppède.).

HÔTELLERIE NOTRE-DAME DE LUMIÈRES*** €€

3, hameau de Lumières
✆ 04 90 72 22 18
www.notredamedelumieres.com
Ouvert toute l'année. 59 chambres. Chambre double de 70 à 190 €. Demi-pension. Petit déjeuner buffet. Séminaires.

Le bâtiment abritait autrefois un couvent. Les volumes sont superbes, associant le style authentique de l'édifice au cadre confortable et contemporain qui vaut à l'hôtel ses 3 étoiles. Les chambres sont claires, spacieuses et fonctionnelles. Tout est bien pensé pour placer votre séjour sous le signe de la détente : salle de fitness, piscine extérieure chauffée, parc d'une trentaine d'hectares. Au restaurant, la carte affiche une cuisine traditionnelle.

LE CARILLON €€

Avenue du Luberon
✆ 04 90 72 15 09
www.restaurant-goult.com
Ouvert du jeudi au lundi midi/soir. Formule du midi : 28 €. Menus 40 et 52 €. Terrasse.

Poussez la porte de ce Carillon, l'une des belles tables de Goult tenue par un couple charmant Lætitia et Bruce. Le cadre est élégant, l'ambiance cosy, la cuisine raffinée et créative et les tarifs vraiment raisonnables notamment la formule de midi. Bruce Rousselet travaille avec précision les beaux produits de la région : filets de St Pierre à la poudre de chorizo bellota, fricassée de légumes printaniers, huile d'olive du Moulin des Jeannons ou encore mignon de veau label rouge rissolé, fenouil braisé, purée de maïs, jus de viande.

LA BARTAVELLE €€€

29, Rue du Cheval-Blanc
✆ 04 90 72 33 72
www.labartavellegoult.com
Fermé de janvier à mars. Ouvert du jeudi soir au lundi soir et dimanche midi. Formules.

La Bartavelle, voici un joli nom d'oiseau qui nous ramène à la Provence de Pagnol dont on va retrouver toutes les saveurs dans l'assiette. Emmanuel Champion travaille les produits locaux dans des recettes bistronomiques. Au printemps, le taboulé de chou-fleur/quinoa, crevettes et guacamole accompagnent un savoureux ceviche de filet de bar et les desserts mêlent savamment chocolat et fruits exotiques. En été, ce sont les clafoutis aux cerises servis avec un caillé de chèvre aux zestes de citron qui flattent les palais gourmands.

AURETO VIGNOBLES

Caveau de Vente et de Dégustation
✆ 04 90 74 54 67
www.aureto.fr
Ouvert du lundi au samedi 10h-12h30 et 14h-18h. Été ts les jours de 10h à 19h. Dégustations commentées, visite de cave.

Aureto est le Domaine viticole de Coquillade 5-étoiles Village Relais & Châteaux. Les 36 ha de vignes sont cultivés en agriculture raisonnée en AOP Ventoux et AOP Luberon. La cave, équipée d'une cuverie en inox et d'un chai à barriques permet de vinifier dans les meilleures conditions. La qualité des vins est le premier objectif de la propriété, ce qui se traduit par de nombreuses médailles et des citations dans les meilleurs guides. Le caveau de dégustation est un lieu privilégié pour découvrir les cuvées déclinées en nom de vent (Autan, Tramontane, Maestrale...

CAVE DE LUMIÈRES

19 route de Joucas
✆ 04 90 72 20 04
www.cavedelumieres.com

Ouvert du lundi au samedi de 9h à 12h et de 14h à 18h. Ouvert le dimanche matin.

La cave est dans le hameau depuis sa création en 1925 et elle est excellente. Son vignoble est situé au sud de l'appellation Ventoux et au sud-est sur les communes de Goult, Gordes, Joucas, Roussillon... L'équipe dirigeante est dynamique et cherche sans cesse à innover. On déguste les vins - on aime le Ventoux blanc « Aubépine » sur les tables d'été. On en profite aussi pour choisir quelques produits de la région : tapenade, vinaigre, sel. L'accueil est toujours chaleureux d'où son obtention du meilleur échelon de la charte Qualité Accueil Caveau Inter-Rhône.

GAEC CANTA CABRA

2204, Chemin de la Begude
✆ 06 29 24 74 39

Basse saison : ouvert du lundi au samedi de 7h à 18h. Haute saison : tous les jours et les jours fériés de 7h à 18h.

Marie et François Grégoire passionnés, sont éleveurs de chèvres et fromagers. Leurs fromages sont des merveilles. Ils travaillent en bio, font leur propre fourrage et les céréales pour que l'alimentation de leur cheptel soit de qualité. Ils proposent tous les affinages du frais au plus sec, des tommes à l'ancienne et des grosses tommes mais aussi des yaourts. On les trouve sur le marché paysan de Coustellet le dimanche et à Lourmarin le vendredi. Leurs produits sont en vente sur place à la ferme. N'hésitez pas à aller les rencontrer !

JOUCAS

Joucas est un beau village étagé sur une butte située face aux ocres de Roussillon. Véritable havre de paix, le village vous permet d'apprécier ses somptueux paysages, un vrai dédale d'agréables et pittoresques petites rues sinueuses, pavées à l'ancienne, où vous flânerez à pied tranquillement. Vous admirerez de belles maisons en pierre, passerez par des petits recoins fleuris pour découvrir tous les charmes du village et ses nombreux détails architecturaux dont son église qui vous semble assez banale de l'extérieur mais qui, en fait, se révèle être à l'intérieur un véritable musée de l'art italien de la peinture en trompe l'oeil...c'est superbe!

LACOSTE ★

Le hameau est célèbre pour son château occupé, par le sulfureux marquis de Sade. Il est abîmé mais a gardé son allure médiévale et nous transporte dans d'autres temps. Autrefois, face à Bonnieux la catholique, Lacoste la protestante fut l'un des fiefs des Vaudois, qui y trouvèrent refuge au XVe siècle. De ce passé, Lacoste conserve encore son temple qui accueille aujourd'hui la mairie. L'église date des XVe et XVIe siècles. Les rues pentues de la Frescado ou de Sainte-Trophime conduisent à l'un des joyaux du village : le beffroi, joliment surmonté d'un campanile. En 2000, le couturier et mécène Pierre Cardin achète le château.

CHÂTEAU DE LACOSTE ★★

✆ 04 90 75 93 12

En période estivale (juin, juillet, août et septembre), visite des appartements du Marquis de Sade.

Le château de Lacoste fut la résidence du célèbre marquis de Sade. Longtemps clandestine et circulant sous le manteau, l'œuvre du marquis est depuis 1990 publiée aux éditions La Pléïade. Le marquis passa 27 années de sa vie en prison, s'enfuyait et, régulièrement, trouvait refuge dans son château de Lacoste. Réduit à l'état de ruine durant la Révolution, c'est Pierre Cardin qui entreprit la restauration. Mécène accompli, il a créé un festival d'art lyrique et de théâtre qui chaque été, au mois de juillet, anime les carrières du château.

LUMIÈRE

Le village abrite un lieu de culte important : Notre Dame-des-Lumières. La légende veut qu'en 1661, un vieillard souffrant d'une hernie hypertrophique vit des lumières auréolant un enfant dans les ruines de l'ancienne église. Guéri miraculeusement, le vieil homme fit reconstruire l'église. Les miracles se multiplièrent et firent de l'édifice un haut lieu de pèlerinage fréquenté par des milliers de fidèles. De nombreux témoins oculaires confirmeront ensuite des dizaines de miracles. Notre-Dame-des-Lumières renferme une impressionnante collection d'ex-voto peints, réalisés en guise de remerciement pour chaque vœu exaucé.

MAUBEC

Village perché qui offre une vue imprenable sur les monts de Vaucluse jusqu'au Ventoux. Son territoire est vaste entre la plaine et le Luberon mais c'est un tout petit village où l'on chemine au gré des petites calades et des ruelles pentues. Il a gardé les vestiges de ses remparts ainsi que la tour de l'Horloge du beffroi du XVIIe. Son église, également du XVIIe siècle, offre une façade baroque. De belles demeures à l'architecture provençale longent les calades, sur des places des norias et des puits. Maubec est un centre vinicole important, produisant des vins d'appellation contrôlée, des eaux-de-vie et des huiles de pépins de raisin.

L'ABBAYE DE SAINT-HILAIRE ★

2950, route de Lacoste ✆ 04 68 69 62 76
www.abbaye-saint-hilaire-vaucluse.com/
De mi-mai jusqu'à fin octobre, tous les jours de 10h à 18h. Visites guidées ang/fr. Gratuit pour les moins de 18 ans.

La meilleure façon de commencer votre visite : le parcours pédestre qui joue à cache cache avec l'abbaye. Rien de bien long, comptez 15 min, il vous permettra d'apprécier pleinement votre visite. Et la sortie de la forêt de chênes donne les frisson. Ce bel édifice a connu de nombreuses modifications, son architecture reste résolument gothique. L'austérité reste de mise. L'abbaye fut construite par les carmes sur un ancien site religieux en partie troglodyte, aujourd'hui privée.

DOMAINE FAVEROT

771, route de Robion (D29)
✆ 06 08 92 86 19
www.cottages-faverot.com
Ouvert tous les jours. Cottages minimum 7 nuitées (945 à 1610 €).

Cette magnifique et ancienne magnanerie du XVIIIe siècle s'est convertie en domaine viticole dans les années 1920. Le domaine de 6 ha prospère aujourd'hui sans engrais chimiques, avec des vendanges exclusivement manuelles… Les vins sont en AOP Luberon. Les propriétaires sont très engagés dans l'oenotourisme, alors on profite des balades à dos d'âne gourmandes avec un pique-nique dans les vignes ou simplement contemplatives avec dégustation de vin au retour. Les plus accros feront une halte dans l'un des quatre cottages très cosy.

LE MUSÉE DU TIRE-BOUCHON ★

601, Route de Cavaillon
✆ 04 90 72 41 58
www.museedutirebouchon.com
De mai à octobre tous les jours. De novembre à fin avril ouvert sauf week-end. Ouvert samedi à partir de Pâques.

Ce musée privé fait l'éloge du tire-bouchon avec plus de 1 200 pièces chinées par Yves Rousset-Rouard, des pièces uniques regroupées par thème du XVIIe siècle à nos jours, du premier tire-bouchon à l'objet d'art en or, en ivoire, en argent. Le musée se trouve dans l'enceinte du domaine viticole de la Citadelle, l'occasion de visiter les chais, de déguster les vins et aussi de découvrir le jardin botanique où poussent des plantes médicinales et aromatiques, des plantes sauvages et comestibles et aussi des plantes magiques. Pour curieux et amateurs d'insolite.

MÉNERBES ★

Dressé sur une étroite arête rocheuse, ce village classé parmi les Plus Beaux Villages de France a des airs graves et austères. Son panorama et sa lumière exceptionnels attirent peintres (P.Picasso..) et écrivains. C'est un lieu habité depuis des millénaires. Son nom évoque la période romaine, il est associé à la déesse Minerve. Le plus ancien signe de vie est le dolmen de la Pichouno de l'époque néolithique. Pour le Moyen Âge, on devine une grande activité dès le XIIe siècle grâce aux deux portes d'entrée (Saint-Sauveur et Notre-Dame), une imposante citadelle et de nombreux souterrains. Au XVIe siècle, il fut le centre du protestantisme régional.

HÔTEL DE TINGRY €€€

Rue Cornille
✆ 01 84 83 04 00
http://pierresdhistoire.com
Pierres d'Histoire. 4 chambres (dont une suite) à partir de 298 €. Galerie d'art.

Cet hôtel particulier du XVIIe siècle qui fut la demeure de la princesse de Tingry vous ouvre désormais ses portes pour un séjour en amoureux, en famille, entre amis. Vous y serez accueillis comme dans une maison de famille dans l'esprit de ce que Pierres d'Histoire propose déjà dans une douzaine d'autres lieux d'exception en France. Au charme de l'ancien empreint d'histoire, le confort d'aujourd'hui est partout. Des élégants salons en enfilade aux chambres intimistes et raffinées, au coin du feu l'hiver, au bord de la piscine l'été, vous vivrez hors du temps...

© HOCQUEL ALAIN - COLL. CDT VAUCLUSE

Ménerbes.

BISTROT LE 5 €€

5, place Albert-Roure
✆ 04 90 72 31 84
www.bistrotle5.com

Fermé de novembre à mars. Ouvert du mercredi au dimanche 11h30-01h00. Bistronomie décontractée. Fait maison.

La terrasse du 5 est dans le top 5 des plus belles terrasses du Luberon. La vue est bluffante, le mobilier design et l'ambiance décontractée un brin bobo. Par contre, oubliez la salle qui est minuscule et sans grand intérêt. Pensez à réserver car même si la terrasse est très grande, sachez que l'on y vient à toute heure de la journée pour se désaltérer, se restaurer ou assister à un concert avec le coucher de soleil en perspective. Dans l'assiette : de la fraîcheur, des produits locaux et de qualité, un zeste de tradition et beaucoup de gourmandise.

MAISON DE LA TRUFFE ET DU VIN

43, Place de l'Horloge
✆ 04 90 72 38 37

Tous les jours du 1 avril au 31 octobre de 10h à 12h30 et de 14h30 à 18h.

Ancien hospice municipal puis école de garçons jusqu'en 1953, l'Hôtel d'Astier de Montfaucon, propriété de la commune de Ménerbes depuis 1751. Restaurée en 2004, la bâtiment inscrit à l'inventaire supplémentaire des Monuments historiques abrite une boutique dédiée aux produits provençaux et notamment à la truffe. L'œnothèque permet de découvrir les petits trésors du Luberon et du Ventoux et le bar-restaurant de déguster la truffe et le vin dans les meilleures conditions.

MURS

Murs est habité depuis la nuits des temps, on y a même retrouvé des maillets qui servaient à la taille des silex pendant la Préhistoire. Il est aussi dominé par l'histoire de familles et de personnages célèbres. Les Agoult qui s'y implantèrent pendant 4 siècles, dès l'an 1000, sont à l'origine du château. Viennent ensuite les Astouaud, dont les grilles du château portent les armes. Au XVe siècle, ils participèrent avec vaillance au rattachement de la Provence à la France. Pendant les guerres de religion, les Vaudois trouveront refuge dans les grottes de Bérigoule, qui abritent de nombreuses galeries. Aujourd'hui, le château est une propriété privée.

LE MAS DU LORIOT €€

Route de Joucas
✆ 04 90 72 62 62
www.masduloriot.com

Ouvert toute l'année. 9 chambres. Chambre double de 99 à 174 €. Petit déjeuner buffet : 15,80 €.

Lorsqu'on arrive on se croirait presque en Toscane. C'est un petit hôtel très coquet avec de gros fauteuils confortables et fleuris, une lumière qui se tamise à la tombée de la nuit. Les chambres sont des nids douillets pour les couples romantiques, boutis fleuris, ciel de lit et teintes choisies, elles disposent toutes d'une terrasse privative. Pour se rendre à la piscine, on traverse le jardin sauvageon en restanques aux senteurs provençales. On dîne sur la belle terrasse et sa vue sur le coucher de soleil. Le silence est de mise.

HÔTEL-RESTAURANT LE CRILLON €€

✆ 04 90 72 60 31

www.lecrillon-luberon.com

8 chambres climatisées à partir de 85 €. Demi-pension. Restau tous les jours midi et soir (Fermé dim soir et lun soir).

Vincent Malbec vous accueille dans son établissement de charme. La décoration fait la part belle au tadelakt, aux pierres apparentes sur les murs et aux planchers chaleureux au sol... Les 8 chambres sont joliment décorées dans un esprit cosy, teintes claires et lumières douces. Côté restaurant, Vincent est aux fourneaux, il travaille les produits du terroir provençal - des produits frais et de saison - dans des recettes traditionnelles et revisitées.

LE CLOS D'OLEA €€

1367, route Des Petitons Minguets

✆ 06 59 05 18 16

www.leclosdolea.com

Gites pour 6 personnes à partir de 157 €/nuit, chambres à partir de 110 €/nuit selon la saison, petit déjeuner inclus.

Antoine et Charlotte vous accueillent avec tout le confort dans un lieu sublime à 5 minutes à pied du village. Aménagé et décoré avec beaucoup de goût, vous avez le choix entre des gîtes ou les chambres d'hôtes. Les gîtes sont parfaitement bien équipés, avec cuisine, salon et chambres individuelles avec salle de bain. Quant aux chambres d'hôtes, ce sont des nids douillet, intimes et chaleureux, toutes différentes, dans des teintes douces ou acidulées. Un petit déjeuner sucré/salé préparé par Charlotte, pains, confitures maison, fromages de la région...

OPPÈDE ★★

Oppède-le-Vieux est un tout petit village médiéval au caractère bien trempé ! Ses habitants se sont très souvent rebellés contre l'autorité en place, que ce soit les papes, les comtes ou les familles dominantes. La modernité a eu raison de ce magnifique endroit et dès le XIXe siècle, les habitants quittent les hauteurs et s'installent dans les plaines. D'où cette double nomination : Oppède et Oppède-le-Vieux. On visite surtout Oppède-le-Vieux parce que c'est un vrai bonheur ! Les habitants du nouveau village se démènent pour rebâtir les maisons. On n'hésite pas à y passer, pour le déjeuner par exemple ! On y croise de nombreuses vedettes du show biz.

LE MAS DES LÔNES €€€

380, chemin des Lônes

✆ 06 60 40 60 43

www.lemasdeslones.fr/

4 chambres. Tarifs sur devis, en passant par le site, ou par téléphone. Restauration.

Le Mas des Lônes vous accueille dans une ambiance provençale au coeur des vignes du Luberon. Sa décoration raffinée a su préserver l'âme de cette maison du XVIIème siècle. Les couleurs et les matières sont douces. Toutes les chambres ont leur personnalité en gardant une empreinte provençale. Un délicieux petit-déjeuner avec confitures maison, petits pains et fruits du marché est servi chaque matin pour démarrer la journée du bon pied. Aux heures les plus chaudes, vous apprécierez la fraicheur de la piscine, bercé par les cigales.

MUSÉE DE L'HUILE D'OLIVE

375, route de Sénancole

✆ 04 90 76 87 76

www.royere.com

Ouvert toute l'année. Du lundi au samedi de 9h/18h. Adulte : 4,50 €. Visite guidée (sur réservation).

C'est un musée dédié à l'huile d'olive : de la cueillette des olives à la fabrication de l'huile, des anciennes presses aux techniques d'aujourd'hui. Le musée propose un véritable voyage autour du produit phare de la cuisine méditerranéenne. La visite est rythmée par une mise en scène originale et des présentations multimédia. A la sortie, vous serez incollables. Dégustations gratuites d'huiles d'olive, de miel, de spiritueux... mais aussi de vins au Domaine de La Royère, où sont produits depuis plus de 30 ans des vins issus de l'appellation AOP Luberon.

CAFÉ DES POULIVETS €€

400, rue des Poulivets

✆ 04 90 05 88 31

bistrotdepays.com/bistro-les-poulivets

Bistrot de pays. De 7h30 à 15h30 et de 18h à 23h. Fermé le mercredi.

Voilà une petite adresse bien connue des habitants des environs. Elle n'est pas forcément sur les routes les plus touristiques mais elle est de fait très authentique. On aime le menu copieux, toujours bien travaillé et son prix raisonnable. La terrasse est ombragée et donne sur le centre du village (qui reste très calme !), elle est abritée du vent et du soleil par une treille. La salle a le charme désuet des bistrots de pays avec son grand comptoir et un tout petit point presse. Et pour ne rien gâcher, le service est des plus agréables.

DOMAINE LA GARELLE

4803, route de Menerbes
✆ 04 90 72 31 20
www.lagarelle.fr

Basse saison du lundi au vendredi 9h-12h et 14h-18h. Haute saison du lundi au samedi de 10h à 13h et de 15h à 19h.

Le domaine s'étend sur 28 ha au pied de la montagne du Luberon. C'est un terroir bien particulier, calcaire, sableux et caillouteux, sur lequel la vigne était déjà cultivée à l'époque gallo-romaine. Le domaine La Garelle produit des Côtes du Luberon AOP rouges, blancs et rosés, et des Vins de Pays de Vaucluse. Les chais sont climatisés et le pressoir pneumatique prend soin du raisin. La moyenne d'âge des vignes est de 25 ans en AOC, et de 15 ans en Vins de Pays. Alain Audet, ingénieur agronome, a toutes les cartes en mains pour élaborer les meilleurs vins !

MOULIN SAINT-AUGUSTIN

2800, route d'Apt
✆ 04 90 72 43 66
www.moulin-saintaugustin.fr/

Ouvert toute l'année du lundi au samedi 10h-12h30 et 14h-18h30. Visites guidées (au moins 10 personnes).

Au XIIe, dans le quartier des Hermitants, on fabrique des denrées (farine, vin, miel et l'huile d'olive) pour les ouvriers bâtisseurs de l'abbaye de Sénanque. Mais en 1210, les moines partent pour Sénanque et revendent la propriété au comte de Châteauneuf. Qui la revendra à son tour à la famille du marquis de Sade, à laquelle succéderont encore plusieurs générations de familles de Provence. Si les activités agricoles se maintiennent au fil des siècles, ce n'est qu'en 2001, avec l'arrivée de la famille Nibbio que l'huile d'olive est à nouveau produite.

ROUSSILLON ★★★

C'est sans doute le plus inclassable des joyaux du Luberon : perché au cœur de gisements d'ocres maintenant en sommeil et de ce fait, c'est un village de couleur. Cette terre a quelque chose de magique : les jaune, rouge, marron éclatent contre le vert de la pinède et le bleu du ciel, les falaises ont des formes étonnantes, façonnées par l'homme et le temps. Des artistes Jean Cocteau, Buffet, Carzou et bien d'autres se sont laissés prendre par cette palette d'authenticité. Côté village, le charme parle de lui-même : ruelles et placettes pittoresque, ici règne le bien-être. De nombreuses galeries d'art animent les ruelles très fréquentées en été.

LE CONSERVATOIRE DES OCRES ★

570, route d'Apt ✆ 04 90 05 66 69
www.okhra.com

Ouvert 7j/7 des vacances de février à celles d'octobre. Tarif plein 9,50€. Pour plus de précisions, consultez le site.

C'est dans l'usine d'ocre Mathieu de Roussillon, créée en 1921, qu'est installé le Conservatoire des ocres et de la couleur en 1994, animé toute l'année par la coopérative culturelle « ôkhra ». Vous y découvrez seul ou en visites accompagnées les bassins de lavage d'ocre, le four et les 3 moulins à couleurs (un rouge et 2 jaunes) sur un domaine de 5 ha. D'avril à octobre, un espace découverte de l'aquarelle est aménagé et des démonstrations de fabrication de peinture ont lieu.

SENTIER DES OCRES ★★★

Hameau des Ocres
✆ 04 90 05 60 25

Fermé de janvier à février. Ouvert tous les jours. Gratuit jusqu'à 10 ans. Adulte : 3 €.

Dépaysement total assuré, avec cette balade dans ces anciennes carrières d'ocre de Roussillon où l'homme et la nature se sont alliés pour façonner un paysage totalement irréel. Vous découvrirez, au départ de ce village deux parcours, l'un faisable en 30 min et l'autre en 1h qui vous conduiront, entre collines et vallons, dans un univers qui se décline en un camaïeu de couleurs allant du jaune clair au rouge vif. Vous n'en ressortirez d'ailleurs pas avec votre couleur d'origine, prévoyez des vêtements de rechange. Des pupitres explicatifs sont à disposition.

LES SABLES D'OCRE*** €€

Quartier Les Sablières
✆ 04 90 05 55 55
www.sablesdocre.com

Fermé de mi-novembre à fin mars. 22 chambres. Petit déjeuner buffet. Piscine.

A 500 m du centre de Roussillon, l'hôtel ressemble à une maison d'ici avec sa façade en ocre rouge. Le parc est immense et mixe pinède et pelouse. La piscine est tout près de la terrasse. Les chambres dotées d'une décoration provençale, sont confortables, équipées de la climatisation. C'est que l'esprit pension de famille garde ses adeptes. Les petits-déjeuners sucrés et salés élaborés à base de produits locaux et de saison, sont servis en terrasse, quand le temps le permet ! En journée ou en soirée, profitez du magnifique jardin pour vous relaxer.

VAUCLUSE

MONTGOLFIÈRE VOL TERRE

1066, route des Gaillanes
✆ 06 03 54 10 92
www.montgolfiere-luberon.com
Du 15 mars à fin octobre. Le matin au lever du soleil. 230 € par personne. Groupe sur devis.

© MONTGOLFIERE LUBERON VOL TERRE

Parce qu'il existe des rêves qui méritent d'être réalisés, Montgolfière Vol-Terre propose des baptêmes de l'air en montgolfière en Provence, à partir de Roussillon l'un des beaux village du Luberon. A bord de la montgolfière, dans un univers silencieux, le soleil dévoilera peu à peu le spectacle grandiose de Roussillon noyé dans les ocres aux multiples couleurs, de Gordes accroché à sa colline et du parc Régional du Luberon… avec une vue à 360° ! A l'atterrissage, le toast de l'aérostier et un certificat de vol seront offerts pour clore cette expérience unique

LE CLOS DE LA GLYCINE RESTAURANT DAVID €€

38, Place de la Poste
✆ 04 90 05 60 13
www.leclosdelaglycine.fr
Ouvert toute l'année midi/ soir. Fermé en basse saison mercredi, jeudi midi et dimanche soir. Menus 44 € à 62 € Terrasse

Élégance et bon goût caractérisent cette hostellerie de charme située sur les hauteurs de Roussillon, la vue est imprenable sur la vallée etles falaises d'ocre. Pour votre séjour, les chambres sont ravissantes, fer forgé, bois patiné, teintes choisies, éclairage tamisé, literie ultra confortable, certaines avec terrasse. Dans la suite duplex, spa extérieur sur la terrasse et baignoire jacuzzi dans la salle de bain. Le restaurant vaut le détour. La Glycine fête ses 20 ans cette année.

BISTROT DE ROUSSILLON €€

Place de la Mairie
✆ 04 90 05 74 45
Ouvert toute l'année. Menu unique à 24,50 €. Formule entre 15,50 et 18,50 €. Salade 11,50 €.

Allez vous y faire un tour après la visite du sentier des ocres, directement sur la terrasse panoramique façon pergola : la vue sur le village ocre, les toits en tuiles et la vallée de Roussillon est imprenable et très agréable. Ce bistrot dégage une âme, on s'y sent bien, l'accueil est sympathique. La cuisine provençale est faite avec des produits frais. Au menu ce jour-là, filet de rouget poché, sauce tomate, olives, câpres et flan de poireau. Mais on trouve aussi des grandes salades et des pâtes. On aime cet endroit, surtout pour la vue !

L'ESCALIER €€

26, rue Richard Casteau
✆ 04 90 74 11 92
Ouvert du 1er mars au 30 novembre. Ouvert le midi de 11h30 à 14h30 et le soir de 18h à 21h. Formule du midi : 16,50 €.

A l'escalier tout se passe en famille. Il se trouve dans la montée tout de suite à gauche en allant à vers l'église. On ne dirait pas de l'extérieur, mais il dispose d'une grande terrasse sur 2 niveaux, avec une vue panoramique sur les Ocres de Roussillon. Quel calme ! Le service est très accueillant, rapide. Et la carte est simple et provençale référençant des produits locaux et de qualité. En dessert, la tarte au citron revisitée. Que demander de mieux dans ce village classé parmi les plus beaux de France. Très bon rapport qualité/prix. Accueil chaleureux.

DOMAINE DE TARA

2005, route de Gordes
✆ 04 90 05 74 87
www.domainedetara.com
Ouvert tous les jours de 10h à 18h. Visite de groupe sur rendez-vous.

Le vignoble d'une vingtaine d'hectares est classé AOC Ventoux, et ce depuis 1973. Il produit des vins du Luberon de forte personnalité avec un travail très attentif des sols et d'une vinification douce, respectueuse du travail de la nature. Cela permet d'obtenir deux cuvées phares : la « Terre d'Ocres », très fruitée et dans les trois couleurs, et les « Hautes Pierres » en rouge et blanc, au goût puissant. Ainsi que des vins doux. Le domaine a reçu de nombreux prix. Les vins sont très bons. A noter que son caveau accueille régulièrement des expositions d'artistes.

© IRÈNE ALASTRUEY - AUTHOR'S IMAGE

Vue générale de Roussillon.

MAISON BREMOND 1830

21, rue Richard Casteau
✆ 09 67 23 24 62
www.mb-1830.com/
Ouvert toute l'année. Produits du terroir.

Faire goûter de l'huile française aux Français : l'idée est très efficace. Car à travers cette marque, Maison Bremond 1830, vous pourrez découvrir des huiles qui se déclinent en un véritable voyage au cœur des terroirs. Classées selon leur fruité, les huiles sont sélectionnées parmi les meilleurs crus provençaux. Une belle manière de rendre hommage à ces hommes et femmes respectueux d'un terroir et qui perpétuent un savoir-faire ancestral. Vous verrez d'ailleurs leurs portraits tapisser les murs de cette boutique au charme d'antan.

LE ROCHER DE BELLEVUE DE SAIGNON ★

Parking au-dessous du village sur la D48 en venant d'Apt. L'accès au Rocher se fait à pied, en 10 minutes.

Du haut de ses 35 mètres, le rocher de Saignon semble monter la garde sur la vallée du Calavon. De là, vous aurez un splendide panorama sur le Mont Ventoux, la vallée du Calavon, la Montagne de Lure et la ville d'Apt en contrebas. Refuge pendant les invasions, il est creusé de puits, de salles, d'escaliers et a servi d'appui à des châteaux-forteresses médiévaux (remparts, chemin de ronde...). L'accès au Rocher se fait à pieds, en 10 minutes. Table d'orientation au sommet.

VAUCLUSE

SAIGNON ★

Le village est sur un éperon rocheux à 500 m d'altitude et cela lui donne des allures de nid d'aigle au-dessus de la ville d'Apt. Dès l'Antiquité, le rocher de Saignon fut utilisé en tant qu'observatoire et devait certainement servir à l'émission de signaux : de signum a découlé le nom de Sagnio puis Saignon. Embrassez du regard vallée du Rhône, Alpilles et Cévennes ! Le village a été couronné par 3 châteaux : le rocher Majeur, le château Méjean et le château de Grigière. A pas feutrés, dans les ruelles caladées, on croise sa place de la Fontaine ornée des statues de l'Agriculture et de l'Abondance,ses maisons datées du XIIe au XVIIIe siècle.

VALSORGUES €€€

✆ 06 14 48 88 71
www.valsorgues.fr
Ouvert toute l'année. 6 à 8 personnes (3 chambres). De 1 200 à 2 800 € la semaine selon saison.

Cette grande bastide du XVIIIe siècle est dans un écrin de champs de lavande qui n'en finissent plus. La piscine ajoute au charme incontournable provençal de cet endroit reposant. La rénovation intérieure est plus dans l'esprit campagne chic-élégante avec un rez-de-chaussée en pierres apparentes et de très beaux meubles rustiques. Les chambres sont spacieuses et lumineuses. Tout a été chiné avec le meilleur goût pour rappeler l'esprit d'une maison de famille avec des miroirs dorés, des parures de lits en lin. Vous n'avez plus qu'à poser vos valises.

RUSTREL ★★

Le village est après Apt et on sent que la montagne commence à changer le paysage. Et ici, il est assez exceptionnel avec le « Colorado provençal » aux mille couleurs d'ocres. En le parcourant, vous êtes sur un site qui doit sa beauté au travail réalisé par quatre générations d'ocriers et de paysans. Utilisant au mieux les richesses naturelles, minerais, sols fertiles et l'eau, ces hommes ont créé un équilibre entre jardins maraîchers des vallons et chantiers d'ocre des collines. Depuis l'arrêt des exploitations, cet équilibre est fragile. A découvrir, le prieuré Saint-Julien et le moulin à huile du XVIIIe, et le sentier des charbonniers.

LA FORGE €€€

5445, Notre-Dame-des-Anges ✆ 04 90 04 92 22
www.chambre-dhote-luberon.fr/

Fermé de novembre à mars. 4 chambres de 135 à 199 € dont 1 suite. Accès parking privé ombragé. Parc. Piscine chauffée.

Nichée en plein cœur du Colorado provençal, cette ancienne fonderie (jusqu'en 1890) est aujourd'hui une demeure au caractère un peu austère... Lieu magique et insolite, l'atmosphère de ces bâtiments classés du XIXe siècle invite au repos. Les 3 chambres au beau volume sont décorées dans un style campagne chic et chacune a accès direct au jardin. Le calme sera sans nul doute votre compagnon privilégié. Le petit déjeuner vous est servi au bord de la piscine en été, qui est en plus chauffée pour en profiter les jours de mistral ! Accueil chaleureux. Très beau cadre.

COLORADO PROVENÇAL ★★

D22
✆ 04 90 04 96 07
www.coloradoprovencal.fr

Ouvert toute l'année, tous les jours. Pour les horaires, consultez le site. Parking payant.

Roussillon n'est pas le seul village à posséder son Colorado provençal. Le Colorado de Rustrel est sans conteste un site majeur. Classée au titre des monuments historiques, cette ancienne carrière d'ocres, qui a fermé en 1993, est un témoin privilégié de l'histoire géologique de la région, mais aussi de son histoire industrielle. Ouverte en 1871, cette carrière a fait vivre de nombreuses familles, jusqu'à ce que, au début du XXe siècle, l'apparition des colorants industriels et la crise de 1929 provoquent son déclin et mettent un point final à l'aventure.

SAINT-SATURNIN-LÈS-APT

C'est un gros bourg adossé à un rocher. Avec sa chapelle romane, son moulin à vent des XVIIe-XVIIIe siècles, son château du XIe, un barrage (1763) et sa porte Ayguier qui a conservé une partie de son système de défense. Le tout forme un bel ensemble dans une atmosphère apaisante et une lumière incomparable. A travers les ruelles, on découvre des demeures aux portes décorées de cariatides et des encadrements de fenêtres sculptés. L'église Saint-Etienne reconstruite en 1860 abrite une pietà datant des XIVe et XVe siècles. Aux alentours, les nombreux sentiers balisés (plus de 250 km) sur les anciens chemins de transhumance feront la joie des randonneurs.

VAUCLUSE

© LUISAPUCCINI

Les ocres, le colorado provençal.

DOMAINE PERRÉAL

Lieu dit les Boussicaux Gargas
84490 Saint-Saturnin-lès-Apt (France)
✆ 04 90 72 62 17 - www.perreal.com
contact@perreal.com info@perreal.com
4 gîtes et 4 chambres d'hôtes. Table d'hôtes d'avril à septembre.

Les nouveaux propriétaires du domaine ont le goût du partage, c'est sans doute ce qui fait de Perreal un lieu unique et attachant. On s'y arrête pour ses vins et son huile d'olive, on s'y donne rendez-vous à la table d'hôtes tenue par Julien Lafoix -un jeune chef natif du Luberon-, on s'y pose le temps d'un séjour dans l'un des gîtes ou l'une des suites de charme aménagées dans le mas du XIXeme siècle. Une villégiature privilégiée au cœur du vignoble quelque soit la saison : la piscine, les randonnées et la pétanque entre copains, la douceur de vivre en Provence.

DOMAINE DES ANDÉOLS €€€

Les Andéols
✆ 04 90 75 50 63
www.domaine-des-andeols.com
Fermé du 30/11 au 14/02. 19 maisons indépendantes et suites à partir de 356 € selon saison. Restauration. Spa.

Au cœur d'un espace boisé de plus d'une trentaine d'hectares, le Domaine des Andéols est un des joyaux cachés de Saint-Saturnin-lès-Apt, dans le Luberon. Le domaine développe ici une nouvelle philosophie de l'hôtellerie prônant un équilibre entre l'art, la nature, le bien-être et la gastronomie. Le concept a de quoi séduire une clientèle exigeante. Dans le parc, 11 maisons indépendantes avec piscine privée et 8 « Suites Natures » ont été aménagées en privilégiant la vue, à chaque fois un nouveau tableau sous les yeux. Luxe, calme et volupté à chaque instant.

MOULIN À HUILE JULLIEN ET MIEL DU PAYS BLEU

24, Chemin du Moulin-à-Huile
✆ 04 90 75 56 24
www.moulin-huile-jullien.com
Basse saison : ouvert du mardi au vendredi de 10h à 12h et de 14h à 17h. Haute saison : de 10h à 12h et de 14h à 18h.

Dans la famille Jullien, on fait de l'huile d'olive depuis presque un siècle et on se consacre à une variété : l'aglandau qui aime le sol aride et le climat rude. Les huiles produites au moulin sont donc monovariétales, déclinées en trois fruités. Le noir, le vert ainsi qu'une huile « fruité mûr » en version biologique. C'est aussi une belle balade à faire avec les enfants qui chercheront les petits panneaux et apprendront la culture de l'olive. N'hésitez pas à déguster aussi le miel.

PROVENCE HIPPOSERVICES

Domaine de la Séoule
✆ 07 81 18 98 78
www.provencehipposervices.com
Valeurs Parc naturel régional. 2 circuits à partir de 90 € par personne.

Découvrez le massif des ocres et le Luberon en calèche avec Olivier, des mines de Bruoux au sentier des ocres de Roussillon en passant par le Conservatoire des Ocres. Olivier vous contera l'histoire de ce pigment naturel mêlé aux sables des falaises et celle de la faune et de la flore locales. La balade vous mène dans les hameaux typiques de la région avec une pause pour une dégustation de jus de fruits et de vins des domaines alentour. Olivier organise aussi des visites de vignobles en automne ou des champs de plantes aromatiques au printemps.

VIENS

Ce village perché a conservé son allure de place forte médiévale, ceinturé de remparts (XIe-XIIIe siècle). Sa singularité réside dans la cohésion de la population qui a racheté les franchises communales à son seigneur. Commencez la visite par la porte Sarrasine percée dans les remparts. Les rues sont étroites, la maison de Monier de la Quarrée, l'église Saint-Hilaire et, plus loin, la chapelle Saint-Ferréol. Une rue de la Juiverie atteste qu'une communauté juive a trouvé refuge au XIVe siècle. Poussez jusqu'au château Renaissance (remanié au XIXe siècle mais privé). Le belvédère, situé à la sortie du village, offre de de beaux panoramas.

LES GORGES DU CALAVON

Se garer au parking du Grand Vallat en bordure de la D201. Durée moyenne de 2 heures ; distance de 5 km environ.

Du village de Viens, le panorama s'ouvre sur les gorges encaissées du Calavon. D'une profondeur d'environ 150 m, ce site splendide abrite une faune très riche dans un milieu humide et rupestre. Pour la visite, un circuit pédestre balisé de trois heures vous guidera au-dessus des gorges. Il faut tout de même un bon équipement et ce n'est peut-être pas recommandé pour les familles avec des petits enfants. Ne jamais improviser la sortie sans avoir consulté la météo. Penser à prendre de l'eau, en Lubéron les températures montent rapidement et surprennent.

DOMAINE LES DAVIDS - LES HAMEAUX €€

Route de Banon et Route d'Oppedette
✆ 04 90 74 68 67
www.lesdavids.fr

Ouvert toute l'année. Location à partir de 1 610 € la semaine selon la maison. Restauration (service traiteur sur résa).

Au cœur d'un domaine de 20 ha, les maisons en pierres sèches des deux hameaux ont été restaurées à l'identique de ce qu'elles étaient autrefois mais avec tout le confort d'aujourd'hui et une décoration raffinée, bohème et tendance, chambres spacieuses, salons avec cheminée ! La Maison du Berger, la Maison Rose ou la Grande Maison au Hameau de Cournille et la Maison Basse et la Maison Haute au Hameau de Treimars ont des capacités d'accueil de 6 à 12 personnes.

DOMAINE LES DAVIDS

Route de Banon
✆ 04 90 04 97 48
www.lesdavids.fr

Ouvert du lundi au vendredi de 9h à 19h ; le samedi de 9h à 18h. Visite du domaine et dégustation pour groupes.

Ce domaine remonterait au XVIe siècle à l'époque où la famille Davids cultivait les vignes pour le compte de Sinety, seigneur des Treimars. Depuis 2000, les nouveaux propriétaires ont valorisé le domaine en polyculture biologique, avec une répartition équitable et nourricière sur ce beau terroir : 15 ha de vignes vendangés à la main donnent des vins puissants en arômes, 6 hectares de vergers, 1,5 ha de maraîchages, des truffières, des amandiers, des oliviers. A la boutique, une gamme de produits fabriqués sur place, en circuits courts et distribution locale.

SIVERGUES

Le village « au bout du monde » évoqué par Henri Bosco dans son double roman *Le Trestoulas* et *L'habitant de Sivergues*. Ancien fief Vaudois du Luberon, est situé en cul de sac dans un environnement très nature. C'est sans doute le village qui a inventé « l'authentique ». A l'origine de son nom (IVe/ Ve siècle) peut-être une Arlésienne dont la famille vivait dans le Luberon. Epouse de saint Castor, évêque d'Apt, elle aurait fondé un couvent avec six compagnes, d'où le nom de Sivergues (« six vierges ») serait issu. Ils sont 42 à habiter au bout de cette route en cul-de-sac encerclée de ravins ! C'est assez grandiose à voir et à vivre aussi sans doute.

VILLARS

Ici se mêlent harmonieusement architectures et belle nature. Vous êtes dans le pays des ocres, des belles pierres, de la vigne et des champs de cerisiers.... tous ces fabuleux décors ont inspiré le peintre Paul Guigou qui y naquit en 1834. Onze hameaux sont un petit paradis pour les randonneurs et les amateurs de calme et de sérénité. Le village authentique, s'enroule au sommet de la colline. Ses ruelles étroites abritent fontaines, lavoirs, oratoires et chapelles sur fond d'ocre où se détachent des cultures traditionnelles comme les cerisiers, abricotiers, vignes et lavandins. N'hésitez surtout pas à emprunter ses circuits balisés en jaune.

VILLAGE VACANCES EN LUBERON LA COLLINE DES OCRES €€

1649, Route des Trécassats ✆ 04 90 75 44 58
www.lacollinedesocres.com

Ouvert toute l'année. Week-end à thème. 6 mobil-homes, 8 maisonnettes et 5 chalets « Prestige ». Piscine. Animations.

A seulement 6 kilomètres d'Apt, au cœur du Parc naturel régional du Luberon, niché dans un hameau perdu dans les collines, ce domaine vous ouvre ses portes toute l'année. En pleine nature et sur 5 ha, vous apprécierez l'accueil, la discrète convivialité, les emplacements, la piscine à débordement et la vue sur les vallons environnants. Pour se loger, les Chalets Prestige très bien équipés, des maisonnettes pour 6 personnes avec terrasse avec auvent en été et des mobil-homes.

LA TABLE DE PABLO €€

Les Petits Cléments ✆ 04 90 75 45 18
www.latabledepablo.com

Ouvert du jeudi au mardi. Fermé jeudi et samedi midi. Réservation recommandée. Menus de 35 à 52 €. Vin au verre.

C'est une table réputée que Thomas Gallardo orchestre avec talent depuis plus de 14 ans. Il est originaire d'ici et connait bien les produits et les producteurs de la région. Pas de carte, Thomas propose un menu surprise en 3, 4, ou 5 services. Cela pourrait être en entrée une daurade marinée, chantilly wasabi mini champignons et salade de pousses de moutarde rouge vinaigrette framboise ou une endive au lait de coco et vanille et tartine croustillante, suivie d'une St-Jacques snackée avec une tombée de poireaux et carottes. En dessert, la mousse de mascarpone.

CHÂTEAU SAINT-PONS

Saint-Pons ✆ 04 90 75 55 84
www.saintpons.com
Ouvert tous les jours. Visites et dégustations sur réservation : 45 minutes, 8€/ personne (minimum 4 personnes).

Les vignes du château Saint-Pons sont situées sur la colline des Puits. Le domaine s'étend sur 9 ha de coteaux. Les cépages sont typiques de l'appellation ventoux : grenache, syrah, cinsault, carignan, mourvèdre, clairette, roussanne. La devise du château, « Ex uva vinum » (le vin, c'est d'abord du raisin), souligne bien le soin apporté ici à la vigne : travail du sol, taille courte, ébourgeonnage, vendange manuelle.

Oenotourisme : gite 4 à 6 pers dans les vignes, pique-nique dans le vignoble, visite commentée des chais, circuit pédestre dans les vignes.

ANSOUIS ★★

Village cramponné à un promontoire rocheux au-dessus de la plaine de la Durance, classé *Plus Beaux villages de France*, distingué par la couleur chaude de ses pierres, son château Renaissance classé Monuments historiques est bâti sur les fondements d'une forteresse du Moyen Âge. Jusqu'à il y a peu, le château appartenait encore à la famille de Sabran-Pontévès. Les ruelles du village sont pleines de charme, plusieurs belles maisons datent des XVIe et XVIIe siècles ; poussez jusqu'à l'église paroissiale Saint-Martin (inscrite à l'inventaire des Monuments historiques en 1925). C'est dans l'église que fut tournée la scène du mariage de Manon des Sources!

LE CHÂTEAU D'ANSOUIS ★

✆ 04 90 77 23 36
www.chateauansouis.fr
Ouvert d'avril à Toussaint du jeudi au lundi. Toute l'année pour les groupes. Visite guidée à 15h par les propriétaires.

Si le Vaucluse compte de nombreux châteaux, celui d'Ansouis édifié à la fin du Xe siècle est l'un des plus beaux, classé Monument historique en 1948. Remanié à plusieurs reprises, il a conservé un donjon et des tourelles de forteresse, ses remparts sont dotés de créneaux et de mâchicoulis. Les jardins à la française sont magnifiques. De la terrasse, la vue est superbe. Depuis 2008, une nouvelle famille a succédé aux Sabran-Pontévès qui en étaient les propriétaires depuis le XIIe siècle, Frédérique et Gérard Rousset-Rouvière ont remeublé salles et salons.

L'ÉGLISE PAROISSIALE SAINT-MARTIN

Place Saint Elzéar
✆ 04 90 09 83 79
Ouvert toute l'année, tous les jours. Parking autocar. Gratuit.

C'est vers la fin du XIe siècle qu'apparaît, dans les textes, l'église paroissiale d'Ansouis telle une dépendance du chapitre cathédrale d'Aix dont elle constitua jusqu'à la Révolution l'une des prébendes. L'édifice actuel date XIIIe siècle ; il fut la salle de justice du château des Sabran avec de nombreuses marques de tâcherons et des éléments sculptés. Lors de la réfection de la toiture, deux nouvelles cloches, Sainte-Roselyne et Saint-Martin sont venues rejoindre leurs aînées.

VAUCLUSE

© HOCQUEL ALAIN - COLL. CDT VAUCLUSE

Vue générale d'Ansouis.

MUSÉE DES ARTS ET DES MÉTIERS DU VIN ★

Route de Pertuis
✆ 04 90 09 83 33
www.chateau-turcan.com/

Ouvert toute l'année. Pour les horaires consultez le site.

Ce superbe musée présente sur 1 300 m² plus de 3 000 outils et matériels de viticulture et de tonnellerie, un véritable conservatoire patrimonial, avec notamment des pressoirs monumentaux dont une pièce unique de 14 tonnes, datée du XIVe siècle et classée Monument historique. Parmi les 5 espaces d'exposition, la salle dédiée à la verrerie d'art vaut que l'on s'y attarde : flacons précieux, carafes, verres ciselés y sont bien mis en valeur, pour nous offrir un voyage dans le temps.

LE MUSÉE EXTRAORDINAIRE DE GEORGES MAZOYER ★

Quartier du Colombier ✆ 04 90 09 82 64
musee-extraordinaire.fr/

Ouvert toute l'année. Basse saison : de 14h à 18h. Haute saison : tous les jours et les jours fériés de 10h à 19h.

Georges Mazoyer était un plongeur émérite et un peintre de talent. En 1975, il eut la folie de créer un musée de la mer. Les sculptures monumentales érigées devant l'entrée de la bâtisse provençale donnent un aperçu de la fantaisie de l'artiste. Aujourd'hui, sa fille et son gendre présentent les collections et vous plongent dans un univers féerique et notamment lorsque l'on pénètre dans la grotte bleue. Au 1er étage, coquillages, animaux marins de la Martinique, de la Réunion...

BAR DES SPORTS €€

Place des Hôtes
✆ 04 90 08 44 31

Ouvert toute l'année tous les jours à partir de 7h. Restauration à midi. Terrasse.

Pour boire un café tôt le matin, un jus de fruit dans l'après-midi, déguster une glace en famille ou pour se restaurer à midi, ce bar est l'adresse qu'il vous faut. Depuis toujours, les anciens et les jeunes du village s'y retrouvent. C'est convivial, la cuisine est sans chichi avec des plats brasserie faits maison -andouillette, entrecôte, burger, tartare, blanquette- et des pizzas en été. A la saison de la truffe, la brouillade sera peut-être à la carte...On s'attable sur la terrasse presque toute l'année. Recommandez-vous de nous auprès de Stéphane, le patron.

LA CLOSERIE €€

Boulevard des Platanes
✆ 04 90 09 90 54
www.lacloserieansouis.com

Fermé en janvier. Fermé mercredi et jeudi. Réservation recommandée. Formule du midi : 36 €.

Olivier Alemany, le chef étoilé Michelin, cuisine au gré des saisons les beaux produits du terroir provençal. Il revisite les classiques avec brio, avec des plats signatures comme la tête de veau croustillante en sauce ravigote ou le pigeonneau rôti aux baies de cassis. Créatif, il emballe les palais avec la gaufre et l'œuf nacré à la truffe d'été en entrée d'un menu estival et la canette rôtie aux abricots qui suit est une douceur confite, pour faire la transition avec un plateau de fromages de producteurs locaux. Delphine son épouse, vous accueille.

L'ART GLACIER

Les Hautes Terres
✆ 04 90 77 75 72
www.artglacier.com

Ouvert 7/7 en été, du mercredi au dimanche hors saison. Livraison (pour les pièces de cérémonie). Sur place et à emporter.

La glace est un art dans la famille Perrière, maîtres artisans glaciers de père et mère en fils. Olivier qui a pris la suite de ses parents il y a déjà quelques années nous régale de ses glaces et sorbets, plus de 60 parfums, des classiques aux saveurs inédites, miel, lavande, melon, poivre, noisette, coquelicot, violette, rose, réglisse... vous pourrez les déguster sur la terrasse dominant la vallée, sublime panorama notamment au soleil couchant. Jolie salle à l'intérieur si le temps ne le permet pas. Glaces et sorbets sont en vente à la boutique attenante au labo.

CHÂTEAU TURCAN

Route de Pertuis
✆ 04 90 09 83 33
www.chateau-turcan.com

Ouvert 9h30-12h et 14h30-18h. Fermé le lundi matin, mercredi et dimanche. Juillet et août, ouvert tous les jours.

C'est un domaine qui se transmet de génération en génération, dans un site privilégié. Il regroupe la cave, le musée des Arts et des Métiers du vin.L'occasion de découvrir des pressoirs anciens monumentaux et de l'outillage viticole ancien, une salle de réception et un gîte installé dans un logis datant de 1750. Dominé par le Mourre Nègre, le vignoble de 18 ha est d'un seul tenant groupé autour des chais. Naissent ainsi dans la tradition des vins rouges à forte personnalité, concentrés, équilibrés. Coup de cœur : « L'Agitateur » du nom d'une pièce du musée.

BEAUMONT-DE-PERTUIS

Au détour de la route, le village surgit, vaisseau minéral ancré à la colline pour l'éternité. La première référence concernant Beaumont apparaît en 1079, « Baùmoun » en Provençal signifie aussi la grotte. Les habitations se blottissent les unes contre les autres, dans un enchevêtrement de toitures. Au sommet des ruelles escarpées se dresse l'église Saint-Jean-Baptiste du XIIe siècle.. Au détour des ruelles, la fontaine moussue et le lavoir, les fortifications, la chapelle Notre-Dame de Beauvoir. Des jardins en terrasses émergent les cyprès pointus. Dans ce coin préservé de Provence, une amitié ensoleillée se cache derrière chaque porte...

LA MAISON DE BEAUMONT €€

1, place de la colonne ✆ 07 56 84 00 22
www.lamaisondebeaumont.com
4 appartements et 2 studios de 75 à 110 €. Résidence d'artistes, concerts, expositions.

Demeure seigneuriale au 18e puis mairie au 20e siècle et école du village, la Maison de Beaumont entièrement rénovée est aujourd'hui une villégiature de charme. Dans les appartements et studios aux belles finitions tout est bien pensé : cuisine ou kitchenette fonctionnelle, literie confortable, salle de bain et rangements. La maison donne sur la place du village. Les propriétaires accueillent des artistes en résidence et programment des concerts tout au long de l'année dans une salle voûtée. Cette maison de passage et de partage respire les vacances.

CABRIÈRES-D'AIGUES

Le vallon de la Gaye sépare le village en deux. Il semblerait que les Protestants occupaient les gradins du flanc de la rive droite, et les Catholiques, ceux de la rive gauche. En 1532, la décision du pape de faire enlever femmes et enfants protestants du village provoqua un soulèvement spontané des villages vaudois. Aujourd'hui, tout ceci est terminé, le village vit en parfaite harmonie – sauf pendant les élections ou durant une partie de pétanque ! A voir : quelques façades riches en détails architecturaux, les vestiges de l'église Saint-Jean, le quartier du vieux château et les habitations rupestres, au flanc de l'éperon, face au vieux village.

CADENET

Le village est calé sur la colline au bord de la Durance. Son nom vient de la tribu des Caudellenses qui s'était installée sur l'oppidum des Castellar. C'était à l'époque protohistorique. Elle devint naturellement la première capitale du pays d'Aigues. Au Moyen Âge, la vie s'organisait autour du château construit au XIe siècle par le seigneur Rostaing de Cadenet. Ce château, plusieurs fois reconstruit, puis brûlé à la Révolution et finalement démonté ne nous apparaît aujourd'hui que grâce à quelques ruines. Après avoir subi plusieurs revers, Cadenet retrouve, dans la première moitié du XIXe, une certaine prospérité avec le développement de la vannerie.

LE MUSÉE LA VANNERIE ★

Avenue Philippe-de-Girard
✆ 04 90 68 06 85
www.vaucluse.fr
Ouvert du jeudi au lundi 10h30-13h et 14h30-18h. Pour les groupes toute l'année sur rdv.

On dit que deux tiers des familles du village ont vécu de la vannerie jusqu'en 1978. Leur excellence était reconnue dans tout le pays. Et d'ailleurs, les pièces qui sont dans le musée ont été fabriquées par les habitants. Et vous serez surpris par les chapeaux, berceaux, jouets, chaises et paniers bien sûr. Le musée est installé dans un ancien atelier de vannerie : La Glaneuse. Les enfants devraient se passionner pour les techniques de fabrication dans la vannerie de 1780 à nos jours et le montage audiovisuel sur la vie quotidienne des ouvriers vanniers.

LE VILLAGE

Cadenet compte 12 fontaines et lavoirs hors de l'enceinte des remparts jusqu'à la fin du XVIIe siècle. La fontaine Basse (1535) est la plus ancienne. La Fontaine dite aux Pois Chiches (1830) veut que son eau permette une meilleure cuisson des pois chiches ! La Grande Fontaine (1806) rappelle la fontaine des Quatre Dauphins d'Aix-en-Provence. Les vanniers mettaient l'osier à tremper dans la fontaine aux osiers. Côté rue, la rue Pasteur est l'une des plus pittoresques avec les plus vieilles maisons. La place du Tambour-d'Arcole du XIXe recevait le marché au bétail.

LES AROMATES €

2, Place du Tambour d'Arcole
✆ 04 90 68 35 35
www.restaurant-lesaromates-cadenet.fr
Ouvert mardi, mercredi, du vendredi au dimanche et jours fériés midi et soir. Menu 28 €. Formule midi 19 €.

Nous suivons Jonathan depuis ses débuts toujours avec le même plaisir. Nous nous attablons dans son petit restaurant familial, cette fois-ci sur la terrasse pour un veau façon daube, tendre et délicieux, et la mousse au chocolat et cacahuètes qui n'a pas fait un pli. Au menu du soir, on a le choix entre 3 entrées, 4 plats et 4 desserts, c'est selon les produits du marché et l'inspiration du chef. Sur la carte les pieds et paquets, l'aïoli du vendredi, le foie gras mi-cuit, le moelleux au chocolat et le Baba au Grand Marnier sont des incontournables.

CHEZ FÉLICIEN €€

46, Avenue Philippe-de-Girard
✆ 04 90 68 19 79
www.chez-felicien.com
Fermé lundi et mardi. Formule du midi : 22 €. Vente à emporter.

Chez Félicien, on se sent bien ! Laurence et Eric nous régalent depuis 10 ans et l'endroit leur ressemble. L'ambiance est conviviale, la déco est chinée, la terrasse-tonnelle a des airs de guinguette. Leur cuisine met en avant les produits locaux comme le petit épeautre de Sault, les asperges, les tomates, les fraises et les melons de Lourmarin. Les desserts sont des tueries, dacquoise mousse au chocolat praliné et glaçage au chocolat noir, profiteroles au caramel beurre salé avec des choux. En fromage, sans hésiter le Saint Félicien rôti aux lardons

LES L DU MOULIN €€

4, rue Viala
✆ 04 90 77 68 27
www.lesldumoulin.fr
Maître Restaurateur. Ouvert lundi, mardi, vendredi et samedi jeudi soir, dimanche midi. Fermé le jeudi midi.

Entre Lourmarin et Lauris, l'équipe du restaurant Les L du Moulin vous accueille dans son ancien moulin à huile d'olive où la meule d'origine a été conservée ainsi que les pierres apparentes du bâtiment composant à l'époque les remparts du château. Venez déguster une cuisine maison et de saison, élaborée par le chef cuisinier Cyril Lapeyre : filets de rouget avec sa purée d'ail doux, suprême de pintade fermière... et en dessert laissez-vous tenter par le fondant au chocolat Marilena. Le restaurant dispose d'une terrasse ombragée et d'une jolie salle voûtée.

BASTIDE DU LAVAL

199, chemin de la Royère
✆ 04 90 08 95 80
www.bastidedulaval.com
Ouvert sauf le dimanche 10h-13h et 15h-19h. En janvier, février et mars sur rendez-vous. Boutique, location de gîtes.

Cette bastide tire son nom du ruisseau tout proche qui traverse Cadenet avant de se jeter dans la Durance. Carine et Roland Coupat exploitent 4 000 oliviers sur 15 ha autrefois plantés en vigne. 95 % des arbres sont de variété aglandau. Salonenque et picholine complètent le verger. Le domaine est certifié bio. Soucieux à tous points de vue de la qualité de l'huile qu'ils produisent, ils triturent eux-mêmes leurs olives. Il en résulte un fruité vert ou « goût intense » AOC Provence et un fruité noir tradition aux arômes d'olive noire.

CUCURON

Le nom donne lieu aux étymologies les plus fantaisistes. Il y a la version historique : *cur current*? (« pourquoi courent-ils? »), attribuée à Jules César, voyant la débandade des habitants face à ses légions. La version géologique s'appuie sur la colline Saint-Michel, dont le sommet ferait songer à la cuculle d'un moine. Reste la racine kur-, commune à d'autres lieux en France et qui signifie l'éminence. Ce village où il fait bon vivre, daterait du XIe siècle. On le cite pour la première fois sous le nom de Castrum Cucurone en 1024. En 1400, il bénéficie d'un gouvernement autonome l'autorisant à posséder un hôtel-ville, un beffroi.

LES ENCEINTES MÉDIÉVALES

✆ 04 90 77 28 37

Pas moins de trois enceintes entourèrent successivement le village. Il reste aujourd'hui la Porte de l'Horloge avec le donjon Saint-Michel. La seconde enceinte encerclait la partie est de la commune et on la traversait par les Portes de l'Etang (ou de Cabrières) et de Giroux, la tour de la Citadelle et la tour dite « tour carrée ». Vous pourrez découvrir leur histoire à l'occasion des 4 marches guidées, nocturnes organisées en juillet-août. Tous les renseignements sont disponibles à l'office de tourisme (04 90 77 28 37). Pensez à vous inscrire.

CHÂTEAU LA SABLE €€

2944 A, Route de Lourmarin ✆ 06 95 25 79 98
www.chateaulasable.com/fr/le-domaine
3 chambres. Chambre et suite à partir de 110 €. Petit déjeuner inclus. Dégustation et vente des vins.

La vie de château en Provence ! Virginie et Jean-Marc ont fait l'acquisition de ce superbe domaine viticole en 2017, les deux millésimes donnent de très beaux vins en blanc, rouge et rosé. Vous pourrez prolonger la dégustation par un séjour dans la bastide du XVIIIe siècle flanquée de tours crénelées. Trois chambres spacieuses sont aménagées à l'étage avec vue sur le parc. Les petits déjeuners gourmands sont servis sur la terrasse aux beaux jours ou bien dans la salle à manger conviviale. Depuis votre villégiature, vous rayonnerez en vélo dans le Luberon.

DOMAINE LA PARPAILLE €€

Chemin de Blanqui
✆ 04 90 68 28 25
www.domaine-la-parpaille.com
Gîte à partir de 1195€/semaine piscine privée chauffée.Chambres à partir de 153€/nuit petit déj inclus. Table d'hôtes

Le Domaine, avec son imposante bâtisse du XVIIe siècle rénovée dans un esprit contemporain bohème, est un lieu ressourçant dans un écrin de verdure. L'ambiance est au lâcher-prise, en mode slowlife, quel que soit l'hébergement que vous aurez choisi, en chambres d'hôtes, dans le loft ou dans la Maison sous l'Amandier. Eve, la maîtresse des lieux, propose des petits déjeuners gourmands et certains soirs une table d'hôtes et des apéros conviviaux. Séjours à thème autour du bien-être et de la gastronomie du Sud, et possibilité de privatiser La Parpaille.

HÔTEL RESTAURANT LA DAME JEANNE €€

rue de l'Eglise
✆ 04 86 78 68 99
www.la-dame-jeanne.com
6 chambres. Chambre double à partir de 90 €. Wifi gratuit. Restauration.

Voici un petit hôtel de charme, comme une pension de famille, au cœur du village, avec sa façade de carte postale, au style désuet d'antan. Les chambres à l'étage (sans ascenseur) sont spacieuses, claires et joliment décorées, l'une d'entre elles d'une capacité de 4 personnes. On prend son petit déjeuner sur la placette en été. Côté restaurant, le chef Thomas Richard propose une jolie carte en fonction des saisons, une cuisine du marché savoureuse et généreuse. Allez-y de notre part.

LES CHAMBRES DE CHARLOTTE €€

39, rue de la Place
✆ 06 19 63 50 73
les-chambres-de-charlotte.com
Ouvert toute l'année. 3 Chambres double 70€ et 80€, 1 suite 80€ et 90€. Petit déjeuner 10€

Les chambres de Charlotte sont une invitation à la douceur de vivre en Provence. A l'étage de cette maison de maître du 19e, les chambres spacieuses sont comme des nids douillets, claires et lumineuses. Chacune dispose d'une salle de bain. Les petits déjeuners sont servis dans la salle à manger que prolonge une cuisine à l'ancienne. On se retrouve en fin de journée dans le petit salon raffiné avant de s'attabler dans l'un des restaurants alentours, conseillé par Thibaut ou Charlotte.

© LES CHAMBRES DE CHARLOTTE

© LES CHAMBRES DE CHARLOTTE

VAUCLUSE

© VALÉRY D'AMBOISE

Vue du village de Cucuron.

LA PETITE MAISON DE CUCURON €€€

Place de l'Étang

✆ 04 90 68 21 99

www.lapetitemaisondecucuron.com

Ouvert du mercredi au dimanche midi et soir. Hors saison fermé le dimanche soir. Menus 60 et 90 €. Table d'hôtes 60 €.

Tout près du grand bassin qui fait le succès pittoresque de Cucuron, La Petite Maison, réputée pour sa cuisine et son authenticité toute provençale conforte chaque année son étoile Michelin. La cuisine d'Éric Sapet est une cuisine du cœur, ses assiettes sont magnifiques et généreuses, il privilégie les saveurs provençales d'autrefois... Sur la carte, des volailles savoureuses, des légumes farcis à l'ancienne. La *Table d'Hôtes* est ouverte toute l'année.

LA GLACIÈRE

place de l'Etang

Du samedi au mercredi 14h-19h. Fermé d'octobre à avril. Sur place ou à emporter.

La Glacière, c'est le bébé d'Anne-Sophie, gourmande blogueuse que nous suivons sur Le garde manger du Sud. Pétillante et enthousiaste, cette jolie brunette est une enfant du pays comme on dit, elle a aménagé dans ce lieu qui était autrefois le garage de son grand-père, sur la Place de l'Étang, au cœur du village. Il manquait une terrasse au village pour déguster une bonne glace, voilà qui est fait. Anne-Sophie derrière son comptoir, propose des glaces 100% artisanales, des classiques vanille, noisette, rhum-raisin, café au sorbet mojito rafraîchissant en été.

LA CAVALE

3017, route de Lourmarin

✆ 04 90 08 31 92

www.domaine-lacavale.com

Renseignements et réservations par tél ou par mail. Horaires d'ouverture sur le site Internet.

Venez à La Cavale découvrir le Luberon au travers des vins issus de l'agriculture biologique, des huiles d'olive et du miel, reflets de la vision de Paul Dubrule, son propriétaire. Dans le magnifique chai, vous aurez la possibilité de déguster les vins ou d'effectuer une visite guidée de la cave. Vous pourrez flâner dans la boutique, proposant une offre diverse autour de l'univers du vin et des spiritueux du monde. Vous aurez aussi la possibilité de prendre un verre sur la terrasse au cœur du Luberon accompagné de spécialités locales sucrées ou salées.

GRAMBOIS ★

Ce tout petit village est une carte postale. Chaque ruelle, chaque monument ici parle de la Provence. Le temps semble suspendu à ces vieilles pierres, la place du village semble tout droit sortie d'un film. Et d'ailleurs, elle a servi de cadre aux films *La gloire de mon père* et *Le château de ma mère*, d'après Marcel Pagnol. Un chêne multiséculaire orne le blason de ce village juché sur un coteau escarpé. Ses rues pavées, la fontaine romaine Fountvierano, le passages des Templiers... Tout contribue ici à donner une atmosphère particulière. Avant de repartir, prenez la pose devant la fontaine des Bartavelles, comme le petit Marcel Pagnol et son père.

LA BASTIDE-DES-JOURDANS

S'arrêter au village c'est se poser à la jonction de la Basse et de la Haute Provence, point de départ de la route que les marchands doivent emprunter pour aller à Sisteron ou dans la vallée de la Durance. Dominé par les vestiges d'un château du XIIIe siècle, date à laquelle fut fondé le village par le Comte de Forcalquier, La Bastide des Jourdans doit son nom à Guillaume et Pierre JOURDAN dont le patronyme se lia à celui du lieu "Bastida" qui signifie fortification rurale. A voir la chapelle Notre-Dame de la Consolation du XVIe siècle, classée M.H, le beffroi du XVIIe siècle, l'église Notre-Dame et Saint-Pierre-aux-Liens du XIIIe siècle.

LA BASTIDONNE

C'est pas mal de commencer la visite du village par la rue du Four, qui conduira vos pas sur une placette pittoresque pour profiter d'une très belle vue sur le Luberon, la Durance et la montagne de la Sainte-Victoire. En redescendant, vous admirerez une des plus belles magnaneries de la région. Flânant entre jardinets, fontaines et lavoirs, vous visiterez l'église du XIIIe, dédiée à Notre-Dame de Benaduc. Pour rejoindre le berceau natal du village, il faut prendre la direction de Mirabeau, puis, sur la droite, le chemin menant à la colline Saint-Julien et à ce qu'il reste de sa chapelle et de son ermitage. Faites un tour au domaine du Grand Réal.

OH MY DEUCHE

6, route de Manosque © 04 90 77 60 71
www.ohmydeuche.fr

Location dès 119 € (jusqu'à 4 personnes, assurance incluse). Pique-nique du terroir à partir de 19 €. ANCV accepté.

Une virée en Deuche décapotable sur les petites routes de Provence en mode vintage et bucolique au gré de vos envies, avec une halte pique-nique dans un vallon, une pinède, au bord de l'eau, sur une journée ou plus. Nous avons testé pour vous une jolie balade depuis le Luberon jusqu'à Saint Michel l'Observatoire avec pique-nique sous les étoiles. A votre disposition un roadbook, des balades thématiques sur mesure, des jeux de piste ou chasses aux trésors à faire en famille pour découvrir la région. Paniers de pique-nique chic, boules de pétanque et plaids fournis.

LE CHEVAL BLANC €€

5, Route de Forcalquier
© 04 90 07 40 23
https://chevalblanc-bastide.fr/

Mens de 36 à 49 €. Vin au verre. Accueil des groupes. Jardin. Terrasse.

Située au centre du village, cette immense bâtisse en pierre apparente, ancien relais à chevaux, abrite un hôtel-restaurant sympathique. L'hôtel a beaucoup de charme, les 4 chambres sont spacieuses et lumineuses. Jolie déco, ambiance cosy. Dans l'élégante salle du restaurant, vous dégusterez la cuisine de Laurent Pin, un enfant du pays, précédemment au Café Bacchus à Pierrevert. Les produits sont frais et le plus souvent locaux. En ce moment, dégustez par exemple un filet d'agneau bio de la ferme du Pic rôti avec topinambours de trois façons et un jus de lavande.

LA TERRASSE D'OLIVIER €€

3, rue des Ferrages
© 04 90 09 97 70
www.laterrasse-dolivier.com

Ouvert le mardi et du jeudi au samedi midi et soir ; le dimanche et les jours fériés midi. Jardin, terrasse. Animations.

Jolie table orchestrée par Olivier Brissy qui travaille les produits frais et de saison. Dans l'assiette, les Saint-Jacques ouvrent l'automne avec panais et cèpes, figues et raisin en dessert, truffes, champignons et gibier sont les stars de l'hiver, suivent les asperges, les artichauts dans des recettes printanières pour accompagner viandes et poissons, et la carte estivale décline toutes les saveurs de la Méditerranée. Olivier a fêté ses 40 ans de métier en 2021, il a du talent, de l'inspiration. Tout est parfait de l'entrée au dessert. Y compris l'accueil.

DOMAINE CHANTE COUCOU

1907, Chemin De Galance
© 04 90 09 74 39
www.chantecoucou-luberon.com

Ouvert tous les jours. Sur rendez-vous téléphonique préalable. Gîte de 90 m2 pour 2 à 6 personnes.

Le domaine appartient à sa famille depuis le XVIIIe siècle, mais c'est dans les années 2000 que Jean-Louis Joseph a planté les 7 hectares de son oliveraie. La production va donc s'accroître avec les années. Pour l'heure, M. Joseph s'est spécialisé dans une huile à l'ancienne, très douce, estampillée AOC Provence fruité noir olives maturées. Les fruits sont issus des variétés aglandau, salonenque, bouteillan et cayon et sont récoltés de façon traditionnelle à la main puis broyés par les meules en granit du moulin du Grand Réal à 1 km de là.

LA TOUR-D'AIGUES

Avec son château Renaissance qui se dresse tel un décor de théâtre au soleil de Provence, cette charmante bourgade a plus d'un atout. Au XIIIe siècle, elle appartenait à un Sabran, une des familles les plus puissantes du Languedoc et de la vallée du Rhône. Au début du XVe siècle, elle passe aux mains des seigneurs d'Agoult, et au XVIe siècle, à celles du baron de Bolliers qui, sur les vestiges du château fait bâtir l'actuel château Renaissance avec une magnificence exceptionnelle pour la région. Au fil des ruelles, on découvre quelques beaux hôtels et maisons des XVIIe et XVIIIe, un ancien prieuré médiéval et une église au patrimoine riche.

© HOCQUEL ALAIN - COLL. CDT VAUCLUSE

Château de La Tour d'Aigues.

CHÂTEAU MUSÉE ★

place Jean Jaurès ✆ 04 90 07 42 10
www.luberoncotesud.com

Fermé d´octobre à mars. Ouvert du mardi au samedi de 9h30 à 12h30 et de 13h30 à 17h30. Visite gratuite de la cour.

Classé Monument historique, son architecture contraste avec celle des châteaux de la région. Au XVIe siècle Jean-Louis-Nicolas de Bouliers, seigneur de La Tour d'Aigues, transforme son château médiéval en un véritable palais de la Renaissance. Il confie à un artisan, François Auriol, la réalisation pour la chapelle d'un pavement en faïence polychrome imitant les décors des châteaux Renaissance du Nord de la France. Durant la seconde moitié du XVIIIe siècle, La Tour-d'Aigues a été un centre de production de faïences, grâce à Jean-Baptiste-Jérôme de Bruny.

L'ÉGLISE NOTRE-DAME-DE-ROMEGAS

Place de l'Eglise
✆ 04 90 07 50 29

Visites : contacter M. le curé : ✆ 04 90 07 42 74.

L'église Notre-Dame-de-Romegas (XIe et XIIe) est construite sur l'emplacement d'un temple primitif romain. L'intérieur renferme des trésors incroyables comme un autel néo-roman ou encore une chaire construite au XVIIe siècle, en bois naturel, représentant l'Assomption de la Vierge. Une particularité intéressante est la large bande de peinture noire sur certains piliers. Cette dernière correspond en réalité à la litre, ceinture déposée dans les églises à la mort du Roi.

LE MUSÉE DES FAÏENCES ★

Place Jean-Jaurès
✆ 04 90 07 42 10

Fermé d´octobre à mars. Ouvert du mardi au samedi de 9h30 à 12h30 et de 13h30 à 17h30. Adulte : 3,50 €. Enfant : 1,50 €.

Le musée présente les céramiques -faïences, porcelaines, terres vernissées, carreaux de pavement- découvertes au cours des fouilles du château. Le musée compte aujourd'hui dans ses collections plus de 2 000 pièces inventoriées. Parmi lesquelles les faïences et porcelaines acquises par les seigneurs du lieu auprès des fabriques françaises et étrangères les plus prestigieuses. On peut y voir également la collection de figurines typiquement provençales de Pierre Graille (1915-2014), employé des Postes à Grambois, faïencier, sculpteur sur bois et santonnier.

OFFICE DE TOURISME LUBÉRON CÔTÉ SUD

Le Château
✆ 04 90 07 50 29
www.luberoncotesud.com

Ouverture : de pâques à septembre, du mardi au samedi : 10h – 12h30 et 14h30 – 18h.

Situé dans le Château de La Tour-d'Aigues, classé Monument historique. Vous y trouverez tous les renseignements pour découvrir le Luberon Côté Sud dont Ansouis, La Bastide-des-Jourdans, La Bastidonne, Beaumont-de-Pertuis, Cabrières-d'Aigues, Cadenet, Cucuron, Grambois, Mirabeau, La Motte-d'Aigues, Peypin-d'Aigues, Saint-Martin-de-la-Brasque, Sannes, La Tour-d'Aigues, Villelaure et Vitrolles-en-Luberon. Pratique sur place, services de wi-fi gratuit et vente de ticket de bus.

LE DIAMANT NOIR €€

Chemin de la Lachaude
✆ 09 82 12 64 21
Bienvenue à la Ferme. Midi et soir sur réservation. Démonstrations de cavage, menu 70 €. Terrasse. Vente à emporter.

À 3 minutes du centre de la Tour d'Aigues, au milieu des vignes et des chênes truffiers, Le Diamant Noir est une halte atypique, ferme-auberge et exploitation agricole (truffes et poules pondeuses) avec un espace de vente. Les truffes récoltées sur la propriété se retrouvent dans la cuisine d'Alexandra, accommodées dans de belles recettes saisonnières et bien sûr des brouillades à la truffe avec les œufs de la maison. La cuisine est ouverte sur la salle à manger, l'ambiance est chaleureuse. Des séances de cavage sont organisées avec un menu dégustation à la suite

À L'OMBRE DE L'OLIVIER

90, boulevard de la République
✆ 04 90 68 24 10
www.olive-oil-only.fr
Ouvert mardi, jeudi, vendredi et samedi 9h-12h15 et 15h-18h30, mercredi et dimanche 9h30-12h30. Toute la semaine en été.

Ne quittez pas la Tour d'Aigues sans avoir poussé la porte de cette boutique dédiée à l'huile d'olive. Alexandra et Rémi vous proposent les meilleurs crus issus de petits domaines de la région (Luberon, Aix, Alpes de Hautes Provence et Vallée des Baux ; vendus en bouteille, en coffret dégustation ou en bidon de 3l). Des fruités verts aux arômes herbacés, d'artichaut ou de pomme verte, des fruités noirs sans amertume et sans ardence, longs et ronds en bouche, des fruités mûrs aux saveurs d'amandes ou de fruits à coque...Il ne reste plus qu'à déguster !

CHÂTEAU LA DORGONNE

2991, Route de Mirabeau
✆ 04 90 07 50 18
www.chateauladorgonne.com
Ouvert du mardi au samedi 10h-18h. Hte saison : ts les jours 10h-19h. Ouvert jours fériés (sauf 25 déc et 1er janv).

Entre la Tour-d'Aigues et Mirabeau, le domaine est situé à quelque 350 m d'altitude sur les contreforts du Luberon, Les 28 ha de vignes sont cultivés en bio, les vendanges manuelles cépage par cépage préservent la qualité du raisin. Les vins se déclinent dans les trois couleurs, puissants et à la belle robe pour les rouges, fruités et aromatiques pour les blancs et les rosés. La Dorgonne est réputée pour son huile d'olive en fruité vert et fruité mûr en vente sur place. Découvrez le domaine en promenades balisées avec explications sur le travail de la vigne.

DOMAINE LE NOVI

850, Route de Cabrières d'Aiguës
✆ 06 22 07 90 60
Caveau de dégustation. Producteur Bio. Visites guidées sur rdv exclusivement. Parking.

Romain Dol est un jeune viticulteur à la tête d'une trentaine d'hectares de vignes dans le Luberon, le domaine Le Novi, certifié agriculture biologique. Lorsque nous le rencontrons, il évoque sa première cuvée indépendante et raconte les vignes de sa famille ; cette cave indépendante, il la construit depuis plus de 10 ans ! Après avoir travaillé sur l'architecture des 12 cépages, il se lance dans l'agriculture biologique. Son long voyage dans l'hémisphère Sud a participé à la création de son vin : élégant, délicat et léger, comme une brise d'été en fin de soirée.

DOMAINE LES PERPETUS

441, Route de la Bastidonne à Mirabeau
✆ 04 90 08 85 23
www.domainelesperpetus.fr
Ouvert mardi, mercredi et vendredi 10h-12h/14h-18h et le samedi 10h-12h30/14h-19h30.

Le domaine est situé en limite de la Tour d'Aigues sur la RD 973, pour y accéder prenez la direction de La Bastidonne-Mirabeau, il est ensuite bien fléché. Avec une petite quarantaine d'hectares de vignes et 6 d'oliviers, ce domaine familial a traversé les générations (5 depuis 1800 !). Claire et Romain secondent aujourd'hui leurs parents Christine et Robert Michel-Queirel. Chacun contribue à valoriser les fruits de ce beau terroir. Les vins tout d'abord nourris par ces terres arides et calcaires, dont la cuvée Perpetus blanc gorgée de soleil.

FOREST SENSATION

Route de Pipallier
✆ 06 78 43 22 91
www.forestsensation.com
Ouvert les week-ends de mars à novembre et tous les jours en juillet et août.

Vous recherchez une aire de jeux dans le Luberon, voici un parcours accrobranches ludique et convivial dans un écrin naturel boisé de 2 ha à mi-chemin entre La Tour d'Aigues, Mirabeau et La Bastidonne. Les amateurs de cette discipline ont de quoi s'amuser sur les 9 parcours proposés. Entièrement sécurisés via une ligne de survie continue, les parcours sont classés par niveaux de difficulté. Avant de vous élancer, un moniteur vous évaluera sur un parcours d'initiation obligatoire. Les plus téméraires grimperont jusqu'à 6 m de hauteur avec des passages vertigineux !

SPA LA TOUR

125, rue Antoine de Très
✆ 04 90 07 33 16
www.latourinstitutspa.com
Ouvert du mardi au samedi de 9h30 à 18h30.

Luxe et volupté sont les termes appropriés si l'on devait qualifier cet institut de beauté classé 2e dans le Trophée des Spas de France pour la qualité de son accueil. Laurence et son équipe sont aux petits soins, les prestations sont à la hauteur des spas et instituts citadins qui ont pignon sur rue. Le cadre est superbe : 200 m² dans un bâtiment du XVIe siècle. Salles de massage et de soins esthétiques, hammam, tisanerie, chaque espace est conçu comme un cocon intime et raffiné. Pour la silhouette, l'institut s'est doté des meilleurs outils LPG et Supra Sculpt.

LOURMARIN ★★★

D'abord appelée Luzmari au début du XIe, ce n'est que cent ans plus tard que la ville devient Lucemarino, une petite bourgade bâtie autour de deux monastères bénédictins. Au XVe siècle, une importante colonie vaudoise s'était installée dans le village et travaillait la terre. Les attaques des Catholiques furent nombreuses pendant les guerres de religion. En avril 1545, le village est mis à feu et à sang par les troupes de Paulin de La Garde, sous l'autorité du premier président du parlement d'Aix, Jean Maynier, seigneur d'Oppède. Le massacre des Vaudois en Luberon s'écrit à l'encre rouge. Aujourd'hui, Lourmarin est l'un des villages les plus visités du sud Luberon. On flâne dans ses ruelles étroites, bordées de belles maisons anciennes et d'hôtels particuliers ; on se pose sur une placette ombragée... C'est la douceur de vivre à la provençale où chaque instant est accompagné par le chant mélodieux et incomparable des cigales ! Les amateurs d'art seront servis, les galeries et les ateliers sont nombreux dans le centre. Le vendredi, c'est jour de marché, un bonheur pour remplir son panier de bons produits, d'artisanat et même pour s'habiller à prix mini ; les bonnes affaires pullulent dans les stands le long du pré vous séparant du château. Ce dernier est le premier château Renaissance de Provence construit au XVe et XVIe siècles par la Famille d'Agoult. Classé monument historique depuis 1973, il est aujourd'hui un lieu culturel à la programmation riche et variée. Depuis ses terrasses, on profite d'un point de vue exceptionnel sur le village de Lourmarin et sur le massif du Luberon.

CHÂTEAU DE LOURMARIN ★★

24, avenue Laurent-Vibert
✆ 04 90 68 15 23
www.chateau-de-lourmarin.com/accueil
Adulte 7,50 €, réduit 6 €, de 6 à 16 ans 3 €. Fermeture annuelle en janvier. Consultez les horaires sur le site.

Le château de Lourmarin fait partie des trois résidences majeures du Luberon, avec celles d'Ansouis et de la Tour d'Aigues. Des châteaux édifiés par les familles puissantes des Comtes de Forcalquier, aux allures éprouvées par les siècles. C'est une magnifique bâtisse dont une partie date du XVe siècle et l'autre de la moitié du XVIe et du tout début de la Renaissance. La visite se fait librement et pour les familles, un jeu de piste est proposé aux enfants pour découvrir les lieux de façon ludique. De nombreux panneaux explicatifs jalonnent le parcours de visite.

LE CHEMIN TOURISTIQUE

Accès par la rue Henri de Savornin ou par la place du Temple.

Le chemin touristique a été de tout temps un sentier de balade pour les Lourmarinois. Il démarre aux Tilleuls, tout près de la fontaine Laurent-Vibert et contourne le village à ses pieds, d'un côté façades de vieilles maisons, de l'autre, séparés par endroits par des tunnels (attention baissez la tête !), jardinets, prairies ou vergers. Autrefois, on y voyait pousser légumes et fleurs à foison, aujourd'hui subsistent quelques petits jardins entretenus. Ce chemin touristique débouche rue Henri de Savornin. Evitez les talons aiguilles et les chaussures fragiles !

LA COMBE DE LOURMARIN

C'est la seule route qui permet de passer d'un côté à l'autre du Luberon. Elle part d'Apt ou Bonnieux coté nord et arrive à Lourmarin côté sud. Cette combe creusée dans le massif calcaire par le ruisseau de l'Aigue brun est impressionnante, tant les falaises qui dominent la route sont vertigineuses. Vous pourrez parfois apercevoir les sportifs les escalader, c'est assez impressionnant. Restez prudent, la route est très fréquentée, tortueuse, on ne s'arrête pas n'importe où pour photographier ! Très jolie promenade en voiture !

CHÂTEAU SAINT-PIERRE DE MEJANS

2, voie communale Jas de Puyvert - **PUYVERT**
✆ 04 90 08 70 10
www.saintpierredemejans.com

Ouvert du mardi au samedi 10h-18h. Visite du domaine, dégustation. Privatisation. Mariage, séminaire. Chambres d'hôtes.

Inscrivez Saint-Pierre de Mejans comme étape œnotouristique dans le Luberon, la viticulture y est ancestrale. Jean-Marc et Wendy Gobbi, les nouveaux propriétaires ont redonné ses lettres de noblesse à ce prieuré bénédictin fortifié du XIIe siècle en valorisant le vignoble de 13 ha. Les vins -médaillés aux concours de San Francisco et Houston- se déclinent en rouges puissants, en rosés gouleyants, en blancs tout en finesse. Miel, huile d'olive et lavande du Domaine en vente sur place.

LE TEMPLE

Boulevard Raoul-Dautry

Inscrit au titre des monuments historiques depuis le 10 mai 1991. Ouvert dans le cadre d'expositions et de concerts.

Le temple a pu être construit grâce aux dons de toute une communauté de protestants. Il se dresse entre le château et le village. Construit en 1818, c'est le plus grand temple du Vaucluse et l'un des plus anciens. Son porche à la grecque est superbe. Pour la petite histoire, sa trop belle prestance aurait forcé les catholiques à rehausser le clocher de leur église ! On peut facilement accéder à la chaire grâce à un escalier à double volée. Admirez son orgue monumental. Le culte s'y déroule un dimanche sur 2 en alternance avec le temple de Pertuis.

LES TOMBES DE CAMUS ET BOSCO ★

Avenue Henri-Bosco

Ces écrivains d'adoption lourmarinoise reposent au cimetière. Ne vous attendez pas à voir un grand monument funéraire. La tombe de Camus et de son épouse Francine Faure ressemble à deux jardinets piqués de romarin. Sur une grosse pierre, sont inscrites des dates : 1913-1960. Pour Bosco (1888-1976), c'est une simple dalle au sol. Sur la stèle, un losange et des caractères grecs ésotériques dont la signification serait que l'âme humaine passe par le cœur pour rejoindre le paradis.

CHÂTEAU SAINT-PIERRE DE MEJANS €€

2, voie communale Jas de Puyvert - **PUYVERT**

✆ 04 90 08 70 10

www.saintpierredemejans.com

5 chambres à partir de 120€, un gîte pour 6 pers. Séminaires, réceptions, mariages. Vente vins et huile d'olive du domaine.

Pour les amoureux des vieilles pierres historiques, ce prieuré bénédictin du XIIe siècle est la villégiature à inscrire comme étape tout près de Lourmarin. Les chambres très spacieuses ont été aménagées avec beaucoup de goût par Wendy, la maîtresse des lieux. Les pièces de réception - salons et salle à manger - donnent sur la cour intérieure. Sur le domaine, le Mas de Puyvert, une grande villa, est également proposé à la location, idéal pour les vacances en famille ou entre copains.

LE CAFÉ DE LA FONTAINE €€

Rue Henri-de-Savornin

✆ 04 86 39 97 12

Basse saison ouvert du mardi au dimanche et jours fériés midi et soir. Haute saison : 7/7 jours. Service en continu.

Le Café de la Fontaine est au cœur de Lourmarin. Leur spécialité, la cuisson des viandes à la plancha : entrecôte charolaise, filet de bœuf façon Rossini, magret de canard, côte de veau, gambas grillées. Également des plats du jour et des spécialités corses ; charcuterie, fromages et vins et de Provence aussi. Fiadone et brocciu au miel en dessert et aussi tiramisu et crème brûlée. Tout est fait maison. Cadre sympa, beau comptoir ouvragé et petite salle cosy à l'intérieur l'hiver, sinon on s'attable en terrasse auprès de la fontaine.

GINA CAFÉ CUISINE €€

Route d'Apt

✆ 04 90 79 12 82

www.ginacafecuisine.com

Ouvert du jeudi au mardi 9h/19h. Haute saison : tous les jours de 9h à 19h. Plat du jour à partir de 12 €. Terrasse.

A deux pas de l'office de tourisme, cette charmante adresse a des accents italiens non seulement sur la carte des plats saisonniers mais aussi côté épicerie avec des pâtes, des fromages, de la charcuterie, des huiles d'olive, des panettones, de quoi garnir votre panier de pique-nique de bons produits toute l'année. Pour vous servir et vous régaler, Nanou toujours souriante, a vécu à Bologne, c'est sa belle-mère -la fameuse Gina de l'enseigne- qui lui a appris à faire les pâtes, les gnocchis, les sauces et les plats typiques. Nanou cuisine aussi des burgers.

L'INSOLITE €€

Place de la Fontaine

✆ 04 90 68 02 03

www.brasserie-linsolite.fr

Ouvert toute l'année, tous les jours midi et soir. Accueil des groupes. Terrasse.

Bar, restaurant, salon de thé, l'Insolite vous reçoit tout au long de la journée, depuis le petit café du matin jusqu'aux cocktails de fin de soirée ! Le cadre est cosy, un brin feutré. Le service est souriant, les assiettes savoureuses avec une carte qui change selon la saison. En dehors des planches apéritives, la carte propose des plats classiques et locaux comme l'andouillette de Lauris de la Maison Pourcin, le faux-filet affiné ou encore l'île flottante. En vin, essentiellement ceux du coin ainsi qu'un large choix de digestifs.

CAFÉ DE LA FONTAINE

Place de la Fontaine
✆ 04 90 68 36 96
Basse saison : ouvert tous les jours à partir de 8h. Haute saison : tous les jours de 6h30 à 2h. Terrasse. Animations.

Nous on aime s'installer ici en toute saison. La terrasse donne sur la fontaine, on s'y attable avec plaisir. On s'arrête pour un café, un thé avec une patisserie, pour siroter une limonade, un jus de fruit, un verre de vin du pays ou un pastis, et grignoter quelques spécialités corses (charcuterie, figatelli…). On se laisse aller à refaire le monde sous le doux soleil provençal. La cuisine est simple, la carte variée, les assiettes colorées, copieuses. Le personnel est aux petits soins. Ici, ça sent les vacances toute l'année.

LAURIS ★

Du haut de ses remparts, Lauris offre un panorama grandiose sur les Alpilles, la montagne Sainte-Victoire et le Luberon. Depuis la route en contrebas, la façade de son château intrigue. Sa succession d'arches et ses jardins en terrasse sont un lieu de spectacle. Le plus ancien témoignage de la présence du village date de 1079. Il faut visiter le vieux village où le passé se fait sentir : petites ruelles sinueuses desservant de belles demeures des XVIe et XVIIe siècles, dévoilant ici des lavoirs et le campanile en fer forgé de l'église, là des fontaines ou des oratoires au pied du château, lui-même surmontant de belles terrasses aménagées en un jardin.

LE CHÂTEAU ★

Place du Château
✆ 04 90 08 39 30
Visite libre. Terrasse et jardins.

On le voit de loin en passant par la grande route de Pertuis à Cavaillon. Bâti sur le roc, il se dresse sur l'aplomb d'une impressionnante falaise qui domine la plaine de la Durance. Il ne reste rien ou presque de l'ancienne forteresse médiévale. Le château fut entièrement reconstruit au XVIIIe siècle et maintes fois remanié notamment en 1964 et 1994. En plein cœur de la garrigue, ses terrasses et jardins sont splendides et respirent la Provence. Son entrée monumentale donne accès à une cour transformée en carré d'artistes et artisans.

DOMAINE DE FONTENILLE €€€

Route de Roquefraîche ✆ 04 13 98 00 00
www.domainedefontenille.com
Fermé janvier/ février. 19 chambres et suites de 250 € à 661 €. SPA et restaurants.

Fontenille ou l'art de vivre en Provence. On doit cette très belle adresse dans le Luberon à Frédéric Biousse et Guillaume Foucher, amateurs d'art éclairés et épicuriens, tombés sous le charme de cette propriété. Ici, depuis qu'ils l'ont rénovée en 2015, tout n'est que luxe, calme, douceur et volupté. On y réside comme dans une maison de famille. La bastide du XVIIe siècle, imposante et chaleureuse, donne sur le parc paysager. Au-delà foisonnent les vignes du Domaine. Pour vous restaurer, la table étoilée, Le Champ des Lunes, et La Cuisine d'Amélie.

LA TABLE DE MARGOT - MAGASIN GÉNÉRAL €€

9, avenue Joseph-Garnier
✆ 04 90 08 40 40
www.latabledemargot.com
Ouvert du mercredi au dimanche matin à partir de 10h30 et de 15h30 à 19h.

On suit la Table de Margot depuis ses débuts. Le concept a évolué. Le lieu s'est transformé en *magasin général* avec un rayon épicerie fine, des ustensiles de cuisine, des cosmétiques made in Provence, des articles saisonniers (espadrilles, paniers) des cartes postales illustrées des beaux villages du Luberon. Sur l'ardoise du jour, assiettes gourmandes, tartes salades, tartares, soupes, desserts maison, dans le verre des vins du pays. Que du bonheur !

LE CHAMP DES LUNES - LA CUISINE D'AMÉLIE €€€

Route de Roquefraîche
✆ 04 13 98 00 00
www.domainedefontenille.com
Menus 88 €, 128 €. À la Cuisine d'Amélie à la carte 40€.

C'est Michel Marini qui tient les cuisines de cette belle villégiature. Ce jeune chef succède à Jérôme Faure grâce auquel le Champs des Lunes fut étoilé dès l'ouverture. L'excellence se poursuit, Michel Marini cuisine les produits de Provence dans des recettes d'inspiration méditerranéenne. On s'attable au restaurant étoilé ou bien en rez-de-jardin à la Cuisine d'Amélie. Quel que soit votre choix, la carte propose de savoureux mets arrangés à l'envie selon l'inspiration du chef !

HAUT LES PAINS

Rond point de la D973

✆ 04 90 77 83 87

Ouvert du mardi au samedi de 10h30 à 19h.

100%bio, 100% gourmande, le bon pain ne court pas les boulangeries. Hauts les Pains se démarque non seulement pour les qualités gustatives, les textures croustillantes ou moelleuses de ses pains, mais aussi pour les ingrédients sains qu'utilise Pascal Coutaz architecte dans une première vie, a eu envie de concrétiser son désir d'un monde meilleur dans tous les sens du terme. Son levain est naturel, ses farines biologiques, le petit épeautre, le Khorasan, le seigle, le blé, le riz, le sarrasin aux saveurs typées viennent de chez un paysan meunier de la région.

LES GORGES DU REGALON

Balade d'une heure et demie, A/R. Impraticable par temps pluvieux. Bonnes chaussures recommandées.

Attention à prendre quelques précautions. Pas de balades les jours de pluie, il peut y avoir des éboulements. Pas recommandé avec les très jeunes enfants.. Pour le reste, on pénètre un surprenant canyon creusé par les cours d'eau dans les massifs calcaires du Luberon. Du parking, il faut traverser une oliveraie avant d'atteindre l'entrée de ces gorges impressionnantes. Elles se sont formées il y a plus de 6 millions d'années au moment de l'élévation des Alpes. Lorsque 4 millions d'années après, la mer a recouvert la région, les gorges ont formé une calanque.

MÉRINDOL

Mérindol reste dans l'histoire pour avoir été le théâtre de la répression des Vaudois, minorité religieuse venue s'y installer au XVIe . Aujourd'hui encore, ce sanglant épisode demeure vivace à travers les noms de rues et mille autres témoignages du passé. Comme beaucoup d'autres villages tout le long de la route d'Oppède, le village fut détruit en 1545 ; sa population put éviter l'extermination en se réfugiant dans la montagne. On quitte la nationale pour faire un petit tour à travers les ruelles, le moulin à huile du XVIIe siècle (toujours actif), et l'église Sainte-Anne achevée au XVIIIe siècle et inscrite à l'inventaire des Monuments historiques.

OBSERVATOIRE ORNITHOLOGIQUE DE MERINDOL

La Garrigue

✆ 04 90 71 32 01

Accès libre toute l'année. Départ en sous-bois de la Garrigue

Le Parc naturel régional du Luberon a installé une grande cabane en bois tout près du barrage EDF de Mallemort, sur la berge de la Durance, site propice à l'observation discrète de la faune avec une paire de jumelles et un peu de patience. Des panneaux explicatifs aident à les reconnaître : sarcelle d'été, grèbe huppé, aigrette garzette, foulque et poule d'eau, de préférence le matin. Le soir, ce sont surtout les castors qui sortent. La petite randonnée balisée en jaune suit la digue.

ÉGLISE SAINTE-ANNE

Inscrite à l'Inventaire supplémentaire des Monuments historiques.

Véritable confirmation de la déroute protestante. A l'origine, c'était une petite chapelle de bois, construite en 1667 par le père dominicain Antoine. Devenu trop petit après la conversion des habitants, l'édifice sera plusieurs fois modifié. Mais la véritable raison de son agrandissement, un peu ridicule par rapport à la place qu'elle occupe dans le minuscule centre du village avec son clocher chapeauté à la savoyarde (bulbe sararrazin unique dans la région), c'est que les catholiques ont voulu faire grand pour écraser la religion adverse.

LA TERRASSE DES CIGALES €€

21, Rue des Cigales

✆ 09 80 42 66 49

Ouvert toute l'année. Du mardi au dimanche le midi. Menu unique à 31 €. Plat du jour : 12,50 €.

Voici un restaurant ouvert à l'année, chose rare dans ces petits villages du Luberon. Les gens du coin le recommandent et s'y retrouvent régulièrement. C'est tout simple, sans chichi et chaleureux. La carte propose des plats provençaux et des spécialités corses -Serge et Laetitia, les patrons, ont leurs racines sur la belle île -. Thon à la bonnifacienne, piccata de poulet, daube de sanglier ou de poulpes... tiramisu à la châtaigne. Rien de compliqué. La terrasse ombragée de mûriers platane et d'un beau figuier est prise d'assaut l'été, aussi par les cigales !

MOULIN DU VIEUX CHÂTEAU

8, rue du Moulin-à-Huile

✆ 04 90 72 86 76

Ouvert d'août à octobre du lundi au samedi 10h-12h puis sur rdv, de novembre à décembre tous les jours non-stop.

Le lieu est intiment lié à l'histoire du village : après le massacre des Vaudois au XVIe siècle, le moulin, bâti au cœur de Mérindol au XVIIe siècle va symboliser le renouveau au village. Deux siècles plus tard, il va entrer dans la famille Boudoire. Depuis cinq générations, Francine et son mari René perpétuent toujours la tradition. Trois huiles sont produites au moulin : l'AOC Provence, fruité vert, une huile fruité mûr, composée d'aglandau et de salonenque, et un fruité noir goût à l'ancienne, où les olives sont volontairement laissées à la fermentation.

CHÂTEAU DE CLAPIER

1833, route de Manosque ✆ 04 90 77 01 03

www.chateau-de-clapier.com

Ouvert du lundi au samedi de 9h30 à 12h30 et de 14h à 18h. Fermé les jours fériés et entre Noël et le 1er de l'An.

Dominé par le Mourre-Nègre et situé à l'écart du village de Mirabeau, le Château de Clapier est un domaine familial depuis 1880 étendu sur 40 ha. Thomas Montagne, vigneron indépendant, conçoit 12 vins AOP Luberon très personnels à l'instar de la cuvée Soprano issue d'un assemblage unique de Syrah, Grenache noir et de... Pinot noir (Médaille d'Or au Concours des Grands Vins de Mâcon). Autres beaux flacons à découvrir : la cuvée Tessiture, une micro-cuvée au nez intense de fruits noirs macérés et à la bouche soyeuse et riche qui résume tout le travail du vigneron.

MIRABEAU ★

Cette petite commune perchée sur une colline est surplombée par un château (privé), construit au XVIIe siècle par le marquis de Mirabeau, ancêtre du turbulent député des États généraux. Elle connaîtra un essor considérable en obtenant, en 1364, la création d'un pont sur la Durance. A voir : la chapelle Sainte-Madeleine (XIIIe siècle), et les vestiges de l'ancien pont suspendu. A l'intérieur du village, ne manquez pas : les tours de remparts, l'église Saint-Pierre (XIIIe siècle), ses porches et quelques belles maisons des XVIe et XVIIe siècles. Les sportifs tenteront d'escalader la falaise Mirabeau, site référencé par la Fédération d'escalade, qui possède 30 voies.

PERTUIS

Pertus en latin veut dire « passage », et c'est effectivement le rôle joué entre la Méditerranée et les Alpes, un comptoir très important pour le développement économique de cette région. En 1460, le roi René se remarie avec Jeanne de Laval et lui offre la ville de Pertuis. Au centre de la cité, tout un réseau de constructions aux portails des XVIe et XVIIe, de magnifiques fontaines-lavoirs, des façades d'hôtels particuliers d'une rare splendeur. L'église Saint-Nicolas, plus bel exemple de style gothique édifié en Provence, la place de l'Ange avec sa fontaine, la plus ancienne de la ville ainsi que de très beaux immeubles comme celui de François Ier.

VAUCLUSE

CHEZ LUNI €€

Place de la Fontaine

✆ 04 90 77 00 22

Basse saison ouvert dim, lun, jeu midi ; ven et sam midi/soir. Été dim à mar midi ; jeu au sam midi/soir.

Daube de poulpe et légumes du moment, tartine ricotta lard à la truffe, paleron de veau écrasé de pommes de terre, pieds et paquets, voici quelques suggestions sur l'ardoise du jour et de la cuisine au feu de bois De belles recettes, une cuisine généreuse, savoureuse et bien servie. Ludovic le chef travaille les produits frais du coin et de saison, il privilégie les circuits courts pour les fruits et légumes, les fromages. On s'attable à l'intérieur cosy et aux beaux jours sur la terrasse où Emmanuelle Béart incarna la *Manon des Sources* de Claude Berri en 1986.

JARDIN DU CHÂTEAU DE VAL JOANIS

Route de Villelaure

✆ 04 90 79 20 77

www.val-joanis.com

Jardin labellisé Jardin Remarquable de juillet à octobre 7/7.

Conçu en 1978 dans l'esprit des jardins du XVIIIe siècle, le jardin labellisé *Jardin Remarquable* s'étale sur trois terrasses ; tout d'abord le potager à l'ancienne planté de légumes provençaux et d'herbes aromatiques, puis le jardin floral une symphonie de couleurs et de parfums et enfin l'espace planté d'arbres et d'essences rares On y accède par ce que l'on appelle le couloir à autruches, un sentier dallé sous une tonnelle envahie de roses anciennes, de glycines et de chèvrefeuille.

CHÂTEAU VAL JOANIS

2404, route de Villelaure
✆ 04 90 79 20 77
www.val-joanis.com

Ouvert toute l'année. Dégustation, apéros et concerts en été. Possibilité de privatisation ; Visite des Jardins

Au pied du Grand Luberon, au nord d'Aix-en-Provence, le Château Val Joanis s'étend sur 400 ha de nature préservée avec 110 ha de vignes implantées entre pinèdes et oliviers. La grande diversité des terroirs (calcaires, galets roulés, argiles rouges) permet de produire des rouges riches et élégants, des blancs fins et racés et des rosés frais et gourmands. Ici les vins riment avec convivialité, notamment en été avec les Apéros de Val Jo et le Festival Les Musicales dans les Vignes de Provence. Les jardins classés « Jardins remarquables » méritent la visite.

© VAL JOANIS

© VAL JOANIS

DE BOIS EN BOIS €€

549, rue Gabriel-Turc ✆ 06 11 05 20 10
www.deboisenbois.com

Chambre double à partir de 90 €. Petit déjeuner inclus. Lit supplémentaire (sur demande). Lit bébé et chaise haute.

Trois belles chambres d'hôtes ont été aménagées en rez-de-jardin de cette maison d'architecte en bois, aux lignes ultra contemporaines. Chaque chambre donne sur la terrasse arborée et la piscine traitée au sel. La déco joue la carte des vacances : gai et lumineux. Dans les salles de bains privatives, douches à l'italienne et beaux matériaux. Deux chambres disposent d'un mini-réfrigérateur et dans un espace cellier-buanderie, machine à laver, fer et table à repasser sont à disposition. Les petits déjeuners sont gourmands (confitures maison, pain, viennoiseries).

BEST WESTERN SÉVAN PARC HÔTEL**** €€€

914, route de la Bastidonne ✆ 04 90 79 19 30
www.sevanparchotel.com

48 chambres ; doubles à partir de 85 € ; 3 cabanes duo à partir de 150 €. Demi-pension. Petit déjeuner : 16 €.

A la sortie de Pertuis, ce complexe hôtelier dispose de trois hectares de parc paysager, au calme, piscine et terrasses ombragées bienvenues dès les beaux jours… Le restaurant L'Olivier vous accueille de façon gourmande et vous propose une cuisine traditionnelle. Au fil des saisons, on s'attable dans la salle à manger lumineuse, en terrasse ou en bordure de piscine en saison (les clients du restaurant y ont également accès). Les volumes sont spacieux, l'endroit est très agréable.

AUX BONS VIVANTS €€

Allée des Prés Verts
✆ 04 90 08 94 39
www.auxbonsvivantspertuis.fr

Ouvert du mardi au samedi le midi et le soir. Terrasse. Vente à emporter. Animations. Afterwork et soirées à thème.

Les Bons Vivants portent bien leur nom. Paul et son équipe ont donné leur enthousiasme à ce nouveau lieu convivial qui mérite largement le détour. Certes la zone active dans laquelle se situe le restaurant n'est pas glamour mais on l'oublie dès que l'on est chez eux. A l'équipe il faut rajouter Rémy le chef et papa de Paul qui excelle en cuisine en revisitant avec brio des plats brasserie. Cuisson parfaite des viandes et mention très bien pour ses pâtés en croûte, réalisés de A à Z dans sa cuisine. On se régale y compris au moment du dessert ! Jolie carte de vins.

RESTAURANT LES BARBUS €€

72, place Jean-Jaurès
✆ 09 87 15 38 08
Ouvert du mardi au samedi le midi et le soir. Menu unique à 35 €. Formule du midi : 16 €. Vin au verre. Terrasse.

Dans le pays d'Aix, ils font l'unanimité depuis 2017. Romain et Fabien, les barbus, prônent le bien manger et le bien boire. Fabien cuisine en direct des produits ultra-frais. Les recettes sont originales et mettent en avant les saveurs des poissons et des viandes dont les cuissons sont particulièrement soignées. La carte est courte avec une suggestion à midi qui change tous les jours : épaule d'agneau confite et palourdes, tournedos de veau et polenta de châtaigne, chou praliné au coing. Tout est fait sur place, des fonds de sauce aux glaces, un gage de saveurs !

LE TIKI €€

1677, Route de la Bastidonne
✆ 04 90 07 44 02
Ouvert du mardi au samedi le midi et le soir. À emporter le midi. Animations.

En sortant de Pertuis, en direction de la Bastidonne, Le Tiki a du succès auprès d'une clientèle locale, c'est l'assurance si vous êtes de passage d'être à la bonne adresse et notamment si vous êtes en famille, les enfants sont ici les bienvenus. L'ambiance est conviviale, le service efficace et dans la bonne humeur. A midi, une formule attractive et des suggestions du jour vous laissent du choix et le soir vous piochez sur la carte ou sur l'ardoise : souris d'agneau miel romarin écrasée de carottes et petits légumes. Les desserts sont aussi alléchants !

CHÂTEAU GRAND CALLAMAND

Route de la Loubière
✆ 04 90 09 61 00
www.chateaugrandcallamand.fr
Ouvert tous les jours sauf dimanche et fériés, sur rdv. Accueil des groupes jusqu'à 25 personnes. Visite et dégustation.

Située sur le premier contrefort du Luberon, dans un paysage sublime, cette imposante demeure fortifiée appartenait au XVIe siècle au parlementaire aixois Malherbes. En 2004, Nathalie et Albert Souzan ont racheté ce domaine viticole ancestral. Sur l'exploitation de 22 ha, c'est Nathalie qui, suite à une formation à Suze-la-Rousse, assure le rôle passionnant de vigneron. Très bien secondée par toute la famille, les vendanges et les mises en bouteilles se succèdent. Les étiquettes se conjuguent en Je, Tu, Elle, Nous, Vous, Ils, dans les trois couleurs.

PUGET

C'est un village très discret entre Mérindol et Lauris. Calé sur les contreforts du Luberon, il est même tellement discret qu'on ne sait pas grand-chose sur son histoire. Il n'est même pas cité pendant les grandes pestes. C'est dire ! La richesse de Puget n'est pas dans son patrimoine architectural ou historique mais dans la nature qui l'entoure, il cache des petites merveilles dans ses vignobles. Chênes verts et buissons vous conduisent à d'agréables sous- bois entrecoupés de rochers et de falaises. Vous accédez facilement à la célèbre forêt de Cèdres, au site du Portalas et à de très beaux points de vue sur la vallée de la Durance.

CHÂTEAU LA VERRERIE

1810, route du Luberon
✆ 04 90 08 97 97
www.chateau-la-verrerie.com
Ouv tte l'année. Balade ludique sur le sentier viticole et dégustation gratuite. Visites guidées/ master class sur résa.

Situé au sud du massif du Luberon, presque en bordure de Durance, ce vignoble de 54 hectares inséré dans une belle propriété appartient à la famille Descours depuis 1981. Château La Verrerie est l'un des fleurons de l'appellation. Petits rendements, vendanges manuelles, vinification par gravité… un soin extrême est porté à l'élaboration des vins afin de maîtriser pleinement leur qualité. Les vins sont produits dans les trois couleurs. La Verrerie est également producteur d'huiles d'olive en trois fruités : noir, mûr et vert.

SANNES

Au milieu d'un univers marqué par la présence du vignoble, Sannes presque invisible, est un des plus petits villages du Luberon (seulement 177 habitants), à proximité du sommet le Mourre Nègre, la vue sur la montagne y est magnifique. L'attrait majeur du village n'est pas tellement la découverte historique du village, qui possède un petit patrimoine culturel (la chapelle romane Saint-Pierre-des-Vignes, le château de Sannes et sa chapelle (XVIIe), le moulin à vent et l'oratoire Sainte-Anne), mais est lié à son emplacement au beau milieu de vignes et champs de cerisiers, tout près de l'Étang de la Bonde. Excellent point de départ pour les randonnées.

VAUCLUSE

CHÂTEAU DE SANNES

1580, RD 37
✆ 04 90 07 78 04
http://www.chateaudesannes.fr
Ouvert 7/7 en juillet/aout, du mardi au samedi de septembre à juin. Privatisation possible.

Coup de cœur pour ce domaine de 70 ha situé au sein du Parc naturel du Luberon, près d'Ansouis : un voyage dans une Provence secrète et historique. À la boutique, les productions du domaine avec des huiles d'olive, des miels et une gamme de vins bio, aromatiques et typés : des rosés frais et fruités, des blancs floraux et complexes, des rouges élégants et puissants. À déguster en découvrant une exposition Miró - Prévert. Également sentier œnotouristique avec découverte de la biodiversité locale, ateliers de bien-être et rencontres culturelles et musicales.

VAUGINES

Le village est à l'abri des contreforts. Il a connu de belles années qui se sont inscrites dans ses charmantes placettes, dans la rue des Amazones, on découvre la commanderie, ancien hôtel seigneurial des XVIe et XVIIe siècles. Tout près de l'ancienne maison commune se trouve la capitainerie datant de la même époque et comportant de belles fenêtres à meneaux. Quant à la chapelle Saint-Joseph, elle a été transformée en salle d'exposition et en bibliothèque. Ne manquez pas la charmante place principale de Vaugines, sur laquelle on trouve l'hôtel de ville édifié en 1845 et une imposante fontaine. Sur la route de Cucuron se dresse l'église Saint-Barthélemy.

AUX DEUX FONTAINES €€

78, rue de la Fontaine
✆ 06 08 41 71 51
www.auxdeuxfontaines.com
2 suites indépendantes 2-4 pers avec kitchenette/ coin repas 100 à 120€/nuit, 630 à 756€/semaine, terrasses et fontaines.

C'est notre coup de cœur à Vaugines. Beaucoup de charme, une vue sublime depuis la terrasse dans le ciel sur les toits du village, la Sainte-Victoire, le Luberon et l'accueil chaleureux de la maîtresse des lieux sont les atouts de cette Maison d'hôtes en Provence ouverte en 2021. Les suites Faugas et Tournesols ont chacune leur entrée. Tout est bien pensé : salles de bains, kitchenette dans l'une, coin repas équipé dans l'autre, grande terrasse pour la Faugas. Le salon voûté se partage pour regarder la TV ou se lover auprès du feu en amoureux ou en famille.

VILLELAURE

Le village est petit et rural avec vergers, des prairies où gambadent les chevaux. Il a un petit côté bucolique dès que l'on sort des sentiers battus. On dit aussi que c'est un pays de châteaux... Bon, soyons honnête, l'appellation est un peu pompeuse ! Mais il a bien un château, le Château de Trésémines, témoin du passé tumultueux du village dont vous pourrez apercevoir les vestiges. Après être passé entre les mains de plusieurs seigneurs, le village actuel naquit en 1512 avec 19 habitants. On passe forcement par l'église Saint-Marc, le château Verdet-Kléber et la fontaine Double toute en classicisme. Prenez le temps de vous perdre dans le village.

PARC AUTRUCHES VILLELAURE

2148, chemin des Iscles de Durance
✆ 06 09 50 46 81
Du 2/9 au 31/10, tous les mercredis, samedis et dimanches de 14h à 19h. Vente d'œufs d'autruche, de légumes, de safran.

En pleine campagne, entre Villelaure et Pertuis, l'autruche est au centre de ce parc que vous pourrez visiter en famille sous forme d'un mini-safari en 4x4. Un dépaysement à 100% car cet animal à l'allure singulière est totalement exotique : c'est un oiseau coureur et aussi le plus grand oiseau du monde. Il y en a une trentaine, ils se sont parfaitement adaptés au climat. Cet élevage commercialise sa viande qui est transformée dans la région en steaks et terrines diverses.

FERME LA GRANDE BASTIDE

1139, chemin des Iscles-de-Durance
✆ 04 90 79 57 67
grandebastide.wordpress.com/
Distribution le lundi et le vendredi de 18h à 19h. Production de légumes et céréales, paniers bio.

Les Follet se sont installés en bordure de Durance depuis une bonne dizaine d'années, exploitant 28 hectares cultivés en bio, en production céréalière et maraîchage. Chaque semaine, leurs paniers légumes et céréales de saison – croquants et savoureux à souhait – font bien des heureux. Engagez la discussion et peut-être que les sympathiques propriétaires vous permettront de visiter la ferme dans son ensemble et vous expliqueront leur mode de production. Vous pourrez suivre leur aventure sur le blog et connaître les horaires qui peuvent parfois changer.

ORGANISER SON SÉJOUR

Au Petit futé plus qu'ailleurs, nous savons bien qu'il existe différents types de voyageurs. En complément du voyageur instinctif et improvisateur, le voyageur organisé aime planifier son voyage, organiser son séjour. L'un et l'autre des voyageurs peuvent d'ailleurs se compléter car il n'est jamais totalement inutile d'en apprendre au préalable un minimum sur le territoire où l'on se rend. Dans cette rubrique très pratique, vous trouverez tous nos conseils les plus malins pour vous rendre en Provence, vous y déplacer une fois arrivé mais aussi comment bien se loger et rester informé des actualités locales sans totalement perdre le fil même si le sens premier de bonnes vacances est de complètement déconnecter. Alors que vous vous laissiez porter ou que vous soyez le planificateur bien organisé, laissez-vous guider. Il ne vous reste plus qu'à apprécier votre séjour, rendu encore un peu plus facile par nos soins.

S'Y RENDRE

Se rendre en Provence est sans aucun doute une chose plus aisée que de la quitter. Façon de parler bien sûr car les transports fonctionnent dans les deux sens rassurez-vous, mais votre cœur vous en dira peut-être autrement. Bénéficiant d'un emplacement géographique idéal, dans la vallée du Rhône, entre Côte d'Azur et Languedoc, de nombreuses gares, grands axes routiers et aménagements judicieux vous permettront de faciliter votre séjour sur place. La porte principale de la Provence reste sans conteste la fameuse autoroute du Soleil mais nombre de voyageurs optent désormais pour une venue rapide et pratique en TGV. Les gares d'Avignon, Aix-en-Provence et Marseille desservent bien les environs, grâce à des navettes routières bien connectées. Tout comme le principal aéroport de la région, le bien-nommé Marseille-Provence, situé à Marignane, à partir duquel vous rejoindrez rapidement votre destination.

AÉROPORT AVIGNON-PROVENCE

335, avenue Clément-Ader
AVIGNON
✆ 04 90 81 51 51
www.avignon.aeroport.fr
Aviation d'affaires 04 90 81 51 31. Navette Aéroport–Avignon, gare centre-ville. Bus ligne 30. Service Taxi.

Cet aéroport propose des liaisons internationales avec des vols vers la Belgique, Anvers, avec la compagnie TUI Fly. D'autres destinations et vols sur mesure via l'aviation d'affaires. L'aéroport propose également une découverte de notre terre provençale vue du ciel grâce à des vols en ULM et en hélicoptère et des baptêmes de l'air toute l'année ! Hôtels et restaurants à proximité. Accès facile par la N7, l'aéroport est à 5 min de l'entrée de l'autoroute A7 (sortie Avignon-Sud).

AÉROPORT INTERNATIONAL DU CASTELLET

3100, route des Hauts-du-Camp
LE CASTELLET
✆ 04 94 98 39 39
www.aeroportducastellet.com
Ouvert 7/7 jours de 9 h à 17 h (18 h l'été). Grille tarifaire disponible sur le site web.

A 5 km au nord du Castellet, l'aéroport international se trouve également à proximité du circuit Paul Ricard. Il a subit de nombreux aménagements et est géré depuis avril 2016 par l'aéroport Toulon-Hyères. Transportant quelque 6 000 passagers par an, il s'agit surtout d'un aéroport d'affaires haut de gamme. L'architecture du lieu se marie parfaitement avec le style provençal de la région. Un bon plan pour se déplacer à condition d'en avoir les moyens.

AÉROPORT INTERNATIONAL MARSEILLE-PROVENCE

Aéroport
MARIGNANE
✆ 08 20 81 14 14
www.marseille.aeroport.fr
Ouvert tous les jours et les jours fériés.

A vingt minutes de Marseille, bien desservi par une navette depuis la gare, l'aéroport Marseille-Provence est une porte ouverte sur le monde. Une centaine de liaisons assurées et des compagnies internationales. Le terminal 2 (ancien Mp2) est lui consacré aux Low-cost avec des liaisons à bas coût en plein essor. Des travaux réalisés en 2016 mettent l'accent sur le confort avec la présence de boutiques, de restaurants.. Au total, plus de 9 millions de passagers y transitent tous les ans.

AÉROPORT TOULON HYÈRES

Boulevard de la Marine - **HYÈRES**
✆ 08 25 01 83 87
www.toulon-hyeres.aeroport.fr
5 compagnies opèrent depuis Toulon-Hyères : Air Corsica (en saison), Tui Fly, Luxair, Transavia et EasyJet.

L'aéroport Toulon-Hyères est le principal aéroport du Var. Son emplacement stratégique, au cœur du Var et aux portes de la Provence et de la Côte d'Azur, en fait aussi l'aéroport le plus proche de Saint-Tropez (à 45 minutes). EasyJet propose des liaisons régulières depuis/vers Roissy CDG et Londres Gatwick ; Transavia dessert quant à elle Paris Orly, Nantes, Brest et Rotterdam ; Luxair opère depuis/vers le Luxembourg, Tui Fly depuis/vers Brest et Bruxelles Sud ; et en saison estivale, Air Corsica assure des liaisons depuis/vers Bastia et Ajaccio.

GARE SAINT-CHARLES

Esplanade Saint-Charles
MARSEILLE (1er)
✆ 36 35 034
Ouvert tous les jours et les jours fériés de 5h à 22h. Parking - ascenseur.
Reliée aux principales gares de France et d'Europe, la gare Saint-Charles propose plus d'une quinzaine de trajets Marseille/Paris par jour, en 3 heures 30 environ. Sur place aux guichets et bornes, ou sur le site Internet, comparez les tarifs et réductions. Vous trouverez sur place toutes les infos sur les lignes TER, sans oublier la gare routière au coeur de la gare. Pour patienter, pensez à la salle d'attente chauffée avec sièges, les terrasses au soleil, les boutiques commerciales, bars et restaurations rapides, consignes à bagages...

GARE SNCF D'AVIGNON CENTRE

Boulevard Saint-Roch
AVIGNON
Ouvert du lundi au vendredi de 4h30 à 23h30 ; le week-end de 5h à 23h30.
Située en plein centre-ville et à deux pas de la gare routière, la gare d'Avignon Centre est desservie par près de 180 trains par jour. Pratique : la desserte en train entre Avignon-Centre et Avignon TGV en 5 minutes, avec ses 35 allers-retours par jour. Dans le hall de la gare, on apprécie encore le bureau d'information même si le personnel est en nombre réduit. Se trouvent aussi pour patienter, une salle d'attente chauffée, un kiosque à journaux et débit tabac et un coin boulangerie.

PORT DE BANDOL

6, Capitainerie
BANDOL
✆ 04 94 29 42 64
www.portbandol.fr
1 500 places et 100 pour le passage en saison, 50 hors saison.
Le port de Bandol, neuvième port de France, est vraiment un port privilégié pour les vacanciers. Situé entre Marseille et Toulon, il permet de rallier rapidement les îles de Porquerolles et les sublimes calanques de Marseille. Équipé d'une aire de carénage pourvue de postes de 5 à 40 mètres, il est facile d'y effectuer ses réparations et entretiens courants. Le port dispose bien sûr d'une station à carburant. C'est aussi un port agréable pour une petite balade au bord de l'eau pour admirer les bateaux de Bandol et du monde entier.

PORT DE SAINT-TROPEZ

Capitainerie
SAINT-TROPEZ
✆ 04 94 56 68 70
www.portsainttropez.com
734 mouillages.
C'est l'un des pôles majeurs d'escale en Méditerranée, où les gens se promènent rien que pour voir tous ces gros bateaux amarrés dans le vieux port. Un spectacle à ne pas louper. En plein cœur du village il offre une capacité de 734 mouillages repartis en deux bassins pour une superficie de neuf hectares. Une station de carburant, une aire technique clôturée, située au sud du bassin Lescudier est à la disposition des usagers. Si vous voulez louer des bateaux pour la journée, c'est également possible au niveau du grand parking.

PORT DE SANARY-SUR-MER

SANARY-SUR-MER
✆ 04 94 74 20 95
Ouvert tous les jours et les jours fériés de 8h à 12h et de 14h à 18h. 650 places.
Sanary-sur-Mer c'est un peu comme Saint-Tropez, mais en moins surfait. Ou c'est peut-être le Saint-Tropez d'avant la folie glamour qui s'en est emparé avec toutes les starlettes et les yachts qui envahissent notamment son port l'été. A l'inverse, Sanary-sur-Mer a gardé son petit port de pêcheurs et il reste très authentique. On peut notamment y admirer ces jolis bateaux de pêcheurs colorés appelés « les pointus ». Vous allez adorer les prendre en photos, c'est tellement pittoresque et typique de Sanary-sur-Mer ! Vous l'avez compris, une balade au port est un must.

PORT PRIVÉ DE SAINTE-MAXIME

Quai Léon Condroyer
SAINTE-MAXIME
✆ 04 94 96 05 12
https://portmaxime.com/
400 places dont 30 environ sont réservées aux bateaux de passage en saison et 60 hors saison. Label « Pavillon bleu ».
Situé à l'entrée de la ville en arrivant de Fréjus, le port de plaisance de Sainte-Maxime et sa capitainerie accueille notamment 400 bateaux de plaisance ainsi que cinq pêcheurs avec leur étal de vente, un club nautique et l'association des plaisanciers. Il propose de nombreux services, notamment un quai d'accueil, une station d'avitaillement en carburant pour les bateaux 24h/24, ainsi que parking, navettes et taxis maritimes, restauration, accastillage, chantier naval...

SÉJOURS ET CIRCUITS

Le pays provençal a un avantage principal : de par sa vaste superficie et sa grande diversité de paysages, il offre la possibilité de varier les types de séjours et de trouver de nombreuses offres différentes selon vos centres d'intérêt et envies du moment. Il faut bien l'avouer, plusieurs venues vous seront nécessaires pour réellement connaître la totalité du territoire. Et encore, dit-on. Partie intégrante de la région Sud, ex-région Provence-Alpes-Côte-d'Azur, la Provence est très visitée et touristique. Elle est une destination privilégiée par des millions de visiteurs depuis des décennies ce qui a pour principal atout d'avoir créé un vaste réseau d'agences qualitatives et de professionnels du tourisme proposant circuits et excursions. Si le cœur vous en dit et si l'idée de voyager par vous-même ne vous satisfait pas, laissez-vous guider et inspirer par notre sélection de professionnels.

LA BELLE ÉCHAPPÉE

AIX-EN-PROVENCE
✆ 06 51 41 83 21
labelleechappee.fr
À partir de 79€/45min

C'est une belle échappée que vous propose Éric à bord de ses side-cars pour sillonner la région en mode vintage. Du sur-mesure toute l'année pour 45 minutes, 2 heures, en demi-journée ou en journée. Du littoral à l'arrière-pays, vous trouverez des circuits en fonction de votre séjour, dans les gorges du Verdun, les vignobles de Cassis à Bandol, les champs de lavande ou les villages perchés du Luberon, dans le pays d'Aix avec une virée vers la Sainte-Victoire, à Marseille ou encore pour les amateurs de bière au gré des nombreuses brasseries artisanales locales.

OH MY DEUCHE

6, route de Manosque
LA BASTIDE-DES-JOURDANS ✆ 04 90 77 60 71
www.ohmydeuche.fr
Location dès 119 € (jusqu'à 4 personnes, assurance incluse). Pique-nique du terroir à partir de 19 €. ANCV accepté.

Une virée en Deuche décapotable sur les petites routes de Provence en mode vintage et bucolique au gré de vos envies, avec une halte pique-nique dans un vallon, une pinède, au bord de l'eau, sur une journée ou plus. Nous avons testé pour vous une jolie balade depuis le Luberon jusqu'à Saint Michel l'Observatoire avec pique-nique sous les étoiles. A votre disposition un roadbook, des balades thématiques sur mesure, des jeux de piste ou chasses aux trésors à faire en famille pour découvrir la région. Paniers de pique-nique chic, boules de pétanque et plaids fournis.

EMOTIKA VOYAGES

178, Rue Jean-Jacques Rousseau
BANDOL
✆ 06 48 36 76 28
www.emotikavoyages.fr
Ouvert du lundi au samedi de 8h à 20h.

Emotika Voyages est l'option idéale pour ceux qui souhaitent vivre une expérience inoubliable, hors des sentiers battus, sans pour autant passer à côté des incontournables. La particularité de cette agence est de faire découvrir en toute sécurité des destinations hautes en couleurs, en rencontrant la population ou en immersion au cœur de la nature, avec des visites originales et de qualité. Véritable spécialiste des voyages sur mesure en Namibie, Emotika Voyages organise également des circuits cousus main dans tous les pays d'Amérique latine.

TOURS IN PROVENCE

AIX-EN-PROVENCE
✆ 06 24 19 29 91
www.tours-in-provence.com
Labellisé marque Valeurs Parc Naturel Régional.

Cécile propose 4 circuits thématiques pour découvrir la Provence de la Camargue au Verdon en passant par les Alpilles et le Luberon à bord de son mini van climatisé. Cécile évoque le patrimoine culturel et gastronomique, les produits du terroir, la vigne. Bénévole à la LPO, elle est passionnée d'ornithologie et vous propose de découvrir les nombreuses espèces d'oiseaux sédentaires ou de passage - guépier d'Europe, flamands roses, cygnes sauvages, échasses blanches, avocettes, rousserolles, martinets-. Les jumelles sont fournies si vous n'en avez pas,

SE DÉPLACER

Une fois sur place, vous aurez tout le loisir de privilégier votre mode de déplacement en Provence. Son territoire vaste offre de nombreux points d'intérêt parfois éloignés et il est vrai qu'au Petit futé, nous ne sommes pas avares en bons conseils piquant votre curiosité. Vous vous retrouvez soudain attiré par une abbaye de ce côté-ci de la région, puis une forêt naturelle de l'autre, à moins de faire trempette sur une plage de rêve à 80 km de là. Pas de panique, nous avons pensé à tout et n'allons pas vous laisser sans solution. Voiture de location, cars régionaux et navettes interurbaines, trains : tout ce qu'il faut savoir se trouve ici. Gardez simplement à l'esprit que certaines zones rurales et reculées de la région sont plus difficiles d'accès que les villes ou le littoral par exemple, très bien desservis par le train. La voiture de location semble être la meilleure solution pour circuler librement et sans contrainte de timing.

LA MÉRIDIONALE

Immeuble Calypso 48 quai du Lazaret CS62345
MARSEILLE (2e)
✆ 09 70 83 20 20
www.lameridionale.fr
Ouvert du lundi au vendredi de 8h15 à 18h et le samedi de 8h15 à 15h30.

La Méridionale est la compagnie historique pour les traversées entre Marseille et la Corse. À bord, l'accueil est chaleureux, vous bénéficiez d'une cabine confortable et profiterez d'un savoureux repas d'inspiration corse concocté par le chef et sa brigade, suivi d'un paisible moment de détente à l'un de ses bars. On y voyage sous le signe de la convivialité. Les traversées s'effectuent de nuit à bord de navires à taille humaine et 93% des clients se déclarent satisfaits de leurs traversées à bord (enquête auprès de 2661 clients en juillet-août 2020).

LIGNES RÉGIONALES ZOU !

✆ 08 09 40 00 13
Réservations, horaires et tarifs sur le site internet ou en gare.

Depuis 2018, tous les transports régionaux ont été rassemblés sous une seule et même dénomination : Zou ! On ne parle donc plus à proprement parler de TER ou de LER, ou encore de bus Cartreize et Varlib. Désormais, c'est le logo Zou ! qui orne la flotte de bus et les nombreux trains qui sillonnent la région provençale. Des dizaines de connexions entre les villes principales, avec des arrêts dans les villes secondaires. Le territoire est bien quadrillé. Les bus vous permettront d'accéder à des localités non desservies par les trains. Tarifs très attractifs.

NAVETTE AIX - MARSEILLE

Rue Honorat - **MARSEILLE** (1er)
✆ 04 42 93 59 00
www.navetteaixmarseille.com
Départ toutes les 5 minutes en heure de pointe. Bus de 5h45 à minuit. Wifi. De 20 à 50 min selon trafic. 6 € aller.

Rapide et efficace, les navettes Aix Marseille sont le moyen le plus simple de se rendre d'une ville à l'autre. Les gares routières sont dans les deux cas proches des points d'intérêt. Laissez-vous conduire afin d'arriver détendu avant vos visites. La flotte de bus a été renouvelée récemment, confort garanti. Certains bus passent par Arenc Euromed (ligne 49), la zone commerciale de Plan-de-Campagne ou la commune des Milles (bus 53). Le bus 50 qui part du quai 10 à Marseille est le direct autoroute. Le billet aller-retour est plus avantageux que l'aller simple.

DEUCHE FOREVER

14, chemin des Jeannettes
LE THOR
✆ 06 60 05 84 47
www.location-deuche-forever.com
185 € par jour, forfaits week-end et semaine.

Elle est mythique la 2CV et parfaite pour se laisser aller sur nos petites routes du Vaucluse ! Laurent Estibal, passionné par cette voiture indémodable vous propose de la partager durant votre séjour. Il en possède quatre qu'il a nommées affectueusement Marguerite, Jacinthe, Anémone ou First Lady. A la journée, à la semaine ou au mois, vous pouvez même laisser votre véhicule personnel à l'agence au Thor, tout près d'Avignon. Si vous souhaitez vous laisser conduire, Laurent sera votre chauffeur- accompagnateur et vous fera découvrir les belles routes secrètes.

OH MY DEUCHE

6, route de Manosque
LA BASTIDE-DES-JOURDANS ✆ 04 90 77 60 71
www.ohmydeuche.fr
Location dès 119 € (jusqu'à 4 personnes, assurance incluse). Pique-nique du terroir à partir de 19 €. ANCV accepté.

Une virée en Deuche décapotable sur les petites routes de Provence en mode vintage et bucolique au gré de vos envies, avec une halte pique-nique dans un vallon, une pinède, au bord de l'eau, sur une journée ou plus. Nous avons testé pour vous une jolie balade depuis le Luberon jusqu'à Saint Michel l'Observatoire avec pique-nique sous les étoiles. A votre disposition un roadbook, des balades thématiques sur mesure, des jeux de piste ou chasses aux trésors à faire en famille pour découvrir la région. Paniers de pique-nique chic, boules de pétanque et plaids fournis.

SIXT LOCATION DE VÉHICULE

16, boulevard de la République
AIX-EN-PROVENCE
✆ 04 42 24 31 84
Ouvert du lundi au samedi de 8h à 12h et de 14h à 18h ; dimanche de 8h à 13h. Réservation en ligne. Livraison possible.

Cette enseigne présente partout en France et en Europe cumule les atouts : qualité de service, véhicule irréprochable et dans toutes les gammes de confort, accueil souriant et disponibilité dans les agences, où le personnel est aux petits soins. Très bien placée en tarif, et notamment sur de la location de moyenne et longue durée, l'agence travaille en partenariat avec de nombreux hôtels sur la région. Mise à disposition de véhicules et réservation en ligne rapide et efficace.

SIXT TOULON GARE

Place de l'Europe
TOULON
✆ 04 22 07 00 47
www.sixt.fr
Ouvert du lundi au dimanche. Retour 24h/24.

Louer son véhicule pour visiter Toulon et ses alentours est possible dans l'une des antennes du fameux organisme de location. Berline, 4x4, minibus, cabriolet, monospace, break : pensez à réserver tôt en haute saison ! Renseignements par téléphone et devis possibles depuis le site Internet de l'agence. Un groupe très sérieux qui a largement fait ses preuves sur le territoire français comme à l'international. Sixt cumule les bons points : qualité de service, véhicule irréprochable, accueil souriant et disponibilité dans les agences...

SUD RENT

971, boulevard Ernest-Genevet
CHÂTEAURENARD
✆ 04 90 94 17 17
www.sudrent.com
Ouvert du lundi au vendredi de 8h à 12h et de 14h à 18h.

L'accueil est vraiment professionnel et le personnel accueillant et prêt à vous rendre service, même si vous avez légèrement débordé sur les heures d'ouverture. Personne ne regarde sa montre. Les explications sont claires, les contrats pareillement et les véhicules en bon état. Quant aux tarifs, ils sont tout à fait compétitifs. Une bonne adresse pour trouver un véhicule de dépannage ou même un véhicule principal pour la durée des vacances et rouler l'esprit tranquille. Parfait pour découvrir la région en laissant son véhicule à la maison.

ASSOCIATION TAXIS RADIO AIXOIS

Avenue de l'Europe
AIX-EN-PROVENCE
✆ 04 42 27 71 11
www.taxisradioaixois.fr
24h/24 et 7j/7.

Les taxis radio aixois sont à votre service depuis 1973. Disposant d'une flotte de 53 véhicules (jusqu'à 8 personnes transportées), ils peuvent effectuer toutes distances, assurer vos transferts vers la gare d'Aix-en-Provence TGV ou vers l'aéroport Marseille-Provence. Les Taxis aixois proposent aussi des circuits touristiques de plusieurs heures : circuit Cézanne, les villages du Lubéron... Egalement des services adaptés aux entreprises. Possibilité de réserver par mail de 7h à 21h.

CALANQUES TAXI-VTC-MOTO

LA CIOTAT
✆ 06 50 95 21 73
www.taxi-la-ciotat.com
24/24 et 7j/7.

Richard Bild est un taxi fortement apprécié sur Cassis, Ceyreste et la Ciotat. De la petite course aux transferts sur l'ensemble des Bouches-du-Rhône, il est disponible 24h/24 et 7j/7, et trouve toujours une solution pour vous dépanner. Transports vers les aéroports, ports, gares, hôtels, et pour les sorties de discothèques, Richard est très pro et pense aussi à votre bien-être, avec un véhicule 7 places ultra-confortable, et des petites attentions à bord qui font la différence : connexion wifi 4G offerte, chargeurs smartphone en libre service.

GENTLE PROVENCE

10, rue du Bon Pasteur - **AIX-EN-PROVENCE**
✆ 06 66 50 20 06
www.gentleprovence.com
Ouvert aux excursions ouvertes tout les jours d'avril à fin octobre. Toute l'année pour les déplacements.

Gentle Provence propose des services de transferts en Véhicule Transport avec Chauffeur dans le plus grand confort et la plus grande tranquillité à partir d'Aix-en-Provence. De multiples destinations comme Marseille, la gare TGV Aix-en-Provence, aéroports, Nice, etc. sont accessibles à partir d'une réservation faites au préalable dans les 24h.

Spécialisée dans les excursions oenotouristiques, la société propose des excursions dans les plus belles aires viticoles de Provence : le Luberon, pays d'Aix Sainte Victoire, Alpilles...

NATURE BIKE

1, rue de la République - **ORANGE**
✆ 04 90 34 75 08
www.nature-bike-provence.com
Location de vélos, voir site pour les tarifs.

On y loue des VTC, VTT, vélo route ou vélo électrique. On vous propose des parcours au départ de la ville :

- **Circuit de la Pierre aux Galets :** 32 km de niveau déjà un peu expert. Le parcours est valloné et traverse les vignobles. 3h
- **Circuit d'Orange à Serignan du Comtat** : 26 km. Découverte du village de Piolenc des vignobles colorés alternent avec oliviers et chênes avec pour toile de fond le Mont Ventoux et les Dentelles de Montmirail. Visite du village de Sérignan du Comtat, belles maisons provençales. Les plans sont disponibles à l'Office de tourisme.

LE VÉLO MARSEILLE PROVENCE MÉTROPOLE

MARSEILLE (1er) ✆ 01 30 79 29 13
www.levelo-mpm.fr
Abonnement annuel 5 €. 7 jours : 1 €. Premières 30 min gratuites puis 1 € par heure (ticket 7j) ou 0,50 € (annuel).

Le vélo fait sa révolution dans une ville très motorisée. Accessible 24h/24 et 7j/7 pour un prix modique, le vélo MPM est la solution parfaite pour pallier les lacunes du réseau de transport, les zones non desservies ou encore un retour tardif chez soi. Plus d'une centaine de stations couvre le centre-ville. Faire du vélo à Marseille demande une grande prudence. Les voies cyclables ne sont pas encore nombreuses. Il est cependant temps de privilégier ce mode de transport écologique.

VÉLOS EN VILLE

24, rue Moustier - **MARSEILLE** (1er)
✆ 09 54 58 88 77
www.velosenville.org
Ouvert du lundi au samedi. Les horaires varient selon la disponibilité des bénévoles. Adhésion : 18 € ; réduit : 9 €.

La mise en service du vélo est une réussite. La pratique du vélo vers les plages du Prado est agréable, mais encore trop dangereuse dans le centre-ville. Une voie cyclable sur la corniche est en préparation. L'association marseillaise militante Vélos en ville œuvre pour une meilleure considération de ce transport. Un réel combat à l'échelle de Marseille. Dans les locaux, des réunions autour de réflexions communes sont organisées, mais aussi des ateliers de réparation. Il faut que le vélo se démocratise en ville et cela passera par le travail de Vélos en ville.

ACA (AUTOMOBILE CLUB COVOITURAGE D'AIX)

7, boulevard Jean-Jaurès
AIX-EN-PROVENCE
✆ 04 42 23 33 73
Ouvert du lundi au jeudi de 8h30 à 12h et de 13h à 17h ; le vendredi de 8h30 à 16h.

L'Automobile Club d'Aix a mis en place depuis une dizaine d'années un service gratuit de covoiturage. Désormais en partenariat avec l'application ridygo, une plateforme de covoiturage : il vous suffit de la télécharger, de renseigner votre identité avec pièces justificatives et vous accédez à un service performant. L'accès aux parkings-relais d'Aix et aux bus urbains est également gratuit. L'ACA propose en outre des stages de récupération de points.

S'INFORMER

Bien maîtriser son sujet en amont de votre voyage, voilà ce que nous vous proposons ici. Même si le plaisir de tout découvrir sur place est encore plus immense, il est souvent judicieux de se renseigner et de s'informer au préalable, avant de vous rendre dans une région aussi riche que la Provence. Riche en culture, en événements et avec une histoire dense. Tous ces sujets méritent d'être abordés et le seront brillamment grâce à toute une série de médias d'information que nous vous proposerons ici. Radios et magazines sur la Provence ne manquent pas et seront vos compagnons de route au quotidien pendant votre séjour. Quoi de plus malin que de se tenir informé des événements du jour même tout en gardant à l'esprit cette petite touche d'improvisation si nécessaire à de bonnes vacances ? Un vrai plus dont vous auriez tort de vous priver. Relaxez-vous et suivez-nous dans nos suggestions assurément locales.

DESTINATION FRANCE

3, rue Chateaubriand
CHAMALIÈRES

La France fait rêver les voyageurs du monde entier. Découvrez Destination France, le magazine de voyage 100 % France…

Il y a Paris, bien sûr, la Provence et la Côte d'Azur, les châteaux de la Loire, les massifs montagneux en été comme en hiver, mais aussi des destinations moins connues, et pourtant tout aussi magiques... Notre patrimoine, nos paysages, notre gastronomie, nos vins, notre art de vivre attirent toujours autant de visiteurs étrangers. Quant à nos régions, elles constituent la principale destination touristique de nos compatriotes. En ce sens, *Destination France* s'adresse aussi bien aux lecteurs français qu'aux touristes étrangers.

106 SUD RADIO

BORDEAUX
www.sudradio.fr

Libourne 106 FM ; Bordeaux 106/DAB+ ; Bassin d'Arcachon 100.4 FM.

Sud Radio est une radio généraliste qui diffuse à Bordeaux. Elle propose des programmes musicaux, des talk-shows, du sport et de l'information locale tout au long de la journée. En matinale, vous entendrez Benjamin Glaise décrypter les actualités avec de nombreux invités et chroniqueurs. Toute la journée, Cécile de Ménibus, Patrick Roger, André Bercoff, Brigitte Lahaie et bien d'autres animateurs divertissent les auditeurs. Le rugby y a une place importante avec la retransmission de tous les matchs de la pro D2 du Top 14 et de l'équipe de France.

FRANCE 3 PROVENCE-ALPES

47, avenue de la Roseraie
TOULON
✆ 04 94 16 60 80

Grilles de programme et news sur le site Internet.

France 3 Provence-Alpes fait la part belle à toute la culture, les curiosités et les informations locales grâce à ses éditions régionales quotidiennes du 12/13 et du 19/20. La chaîne diffuse aussi de belles émissions hautes en couleur : Vaqui (en langue provençale et sous titré, nous balade à travers les plus beaux sites de la région) ; Parcours de Vie (des personnalités et gens de la région partagent leur vie dans un témoignage de 5 mn après le 19h) ; ou encore Mediterranéo le samedi à 11h30, qui offre une découverte hebdomadaire du monde méditerranéen.

88.9 RCF

145, rue de Saint-Genès - **BORDEAUX**
✆ 05 56 56 68 00
www.rcf.fr

Radio généraliste, antenne régionale de Radio chrétienne en France. Ouvert du lundi au vendredi de 9h à 17h.

Anciennement *Radio Harmonie*, la radio chrétienne francophone (*RCF*) est l'une des premières radios chrétiennes à avoir vu le jour en France. C'est en 1982 que la radio est créée. Depuis 64 radios locales ont vu le jour dont *RCF Bordeaux*. La journée est rythmée par les actualités locales et les agendas du jour et par des moments forts autour de la foi, mais pas seulement ! Redécouverte de la Bible, écoute entre chrétiens, moments de prière, prise de conscience écologique... *RCF* propose des programmes pour se « nourrir culturellement et spirituellement ».

ÉCOUTER
PLUS LOIN
QUE LE BOUT
DE SON NEZ
CONCEPTION/CRÉATION
FM
DAB+
MOBILE
INTERNET
PODCAST
rcf.fr
RCF
RADIO
RCF, RADIO CHRÉTIENNE FRANCOPHONE,
UN RÉSEAU DE 64 RADIOS LOCALES.
LA JOIE SE PARTAGE

CARNETS DE VOYAGE

36, Boulevard de la Bastille
PARIS (12e)
phoenix-publications.com

Trimestriel consacré à des destinations de voyage avec des focus dédiés à la découverte des régions.

Trimestriel consacré à des destinations de voyage avec des focus dédiés à la découverte des régions, *Carnets de Voyage*, le magazine des voyages réussis. Tous les 3 mois, la revue vous invite à découvrir à travers ses reportages le meilleur des destinations. Grande ou petite escapade à la découverte d'une ville, d'une région, en France, en Europe ou dans le monde à travers des reportages photo uniques complétés de conseils pratiques et de bonnes adresses pour nous faciliter le voyage avec enfin, un agenda des rendez-vous à ne pas manquer.

RCF MÉDITERRANÉE

93, rue Charles Goujon
SAINT-RAPHAËL ✆ 04 94 17 84 85
www.rcf.fr

Radio Chrétienne Francophone.

Deux radios est et ouest de RCF Méditerranée sur trois fréquences : 99.0 FM Fréjus-Saint-Raphaël-Golfe de Saint-Tropez ; 91.0 FM Draguignan et sa région et 105.1 FM Toulon et sa région. Radio Dialogue RCF : sur ses quatre fréquences FM : Aix-en-Provence, Aubagne, Martigues, Marseille. RCF Vaucluse sur ses trois fréquences FM : Apt, Avignon, Pertuis. RCF Alpes de Haute-Provence sur deux fréquences : Digne 92.0 et 98.8 FM Manosque. Les émissions sont publiées en réécoute et en podcast sur le site Internet de RCF.

DESTINATION FRANCE

3, rue Chateaubriand
CHAMALIÈRES

La France fait rêver les voyageurs du monde entier. Découvrez Destination France, le magazine de voyage 100 % France…

Il y a Paris, bien sûr, la Provence et la Côte d'Azur, les châteaux de la Loire, les massifs montagneux en été comme en hiver, mais aussi des destinations moins connues, et pourtant tout aussi magiques... Notre patrimoine, nos paysages, notre gastronomie, nos vins, notre art de vivre attirent toujours autant de visiteurs étrangers. Quant à nos régions, elles constituent la principale destination touristique de nos compatriotes. En ce sens, *Destination France* s'adresse aussi bien aux lecteurs français qu'aux touristes étrangers.

ESCAPADE MAGAZINE

7, rue Leonard De Vinci
ANTONY
✆ 01 60 11 10 94
https://www.cppresse.fr/

Envie de voyager ? Peut-être même autrement ? En Corse, en France et à travers le monde, embarquez sur *Escapade Magazine*, un magazine qui fait voyager hors des sentiers battus. On vous y fera découvrir un plein de bonnes adresses, hôtels, restaurants, spas… mais aussi beaucoup de bons conseils pour votre prochain city trip, retraite *healthy*, tourisme durable. Vous y trouverez également des interviews de grands chefs ou de personnalités, ainsi que des idées shopping et de livres pour vos vacances. Un magazine complet et éclectique tout autour du voyage.

DETOURS EN FRANCE

22, rue Letellier - **PARIS** (15e)
✆ 01 43 23 45 72 - www.detoursenfrance.fr

Magazine dédié au tourisme en France qui propose de faire découvrir à chaque numéro, une région de France.

Depuis 1991, *Détours en France* est au nombre des rares magazines (bi-média) tourisme et évasion consacrés aux régions de France. Titre de référence en son secteur, *Détours en France* invite ses lecteurs, à chacun de ses numéros, de partir à la découverte ou redécouverte d'un petit bout de France à travers son patrimoine culturel avec des idées de balades, des itinéraires ainsi qu'une sélection de bonnes adresses (hôtels, restaurants, artisanat, produits locaux, etc.) sans oublier des pages shopping, livres, etc. à consommer sans modération.

FRANCE BLEU VAUCLUSE

25, rue de la République
AVIGNON
✆ 04 90 14 04 04
www.francebleu.fr

98.8 FM

Première radio généraliste dans le département et radio de proximité par excellence, France Bleu Vaucluse, partenaire de nombreux événements locaux, remplit sa mission de radio de service public en affichant les valeurs d'entraide, de générosité et de solidarité dans un climat convivial. Info locale et nationale, billet d'humeur, magazine sportif, bons plans, agenda des sorties, rubriques et émissions thématiques et rendez-vous avec des spécialistes qui répondent aux questions des auditeurs, France Bleu vous tend le micro, toujours à votre écoute.

6H-8H30 | APOLLINE MATIN
APOLLINE
COMME
VOUS
RMC
INFO TALK SPORT
Photos @Jérôme Dominé - Abacapress
DeBonneville-Orlandini
APOLLINE DE MALHERBE
ÉCOUTEZ RMC PARTOUT TOUT LE TEMPS
EN TV CANAL 23
RMC
STORY

JOURNAL FARANDOLE

Avenue de la Première-Division-France-Libre
ARLES
✆ 04 90 99 08 78
www.journal-farandole.com
Disponible dans les offices de tourismes et chez de nombreux commerçants.
Le journal Farandole est le mensuel des sorties et des loisirs sur plus de quarante communes. Il recense tous les événements festifs, des fêtes de village aux brocantes, en passant par les expositions et les carnavals. Farandole est édité par l'Association pour le Développement de l'Information Culturelle et Touristique (A. D. I. C. T.). Il est disponible chez de nombreux commerçants, offices de tourisme, etc. Le site Internet est très riche en information. De nombreuses rubriques sont proposées, toutes orientées sur la découverte du territoire.

RMC

2, Rue du Général Boissieu
PARIS
(15e) ✆ 3216
https://rmc.bfmtv.com/
Une radio qui privilégie depuis quelques années l'actualité sportive et les talk-shows. RMC « info et sport » fait également la part belle aux rendez-vous d'opinion avec notamment son émission « les grandes gueules » où actualité et liberté de ton se conjuguent à l'antenne en présence d'invités aux opinions variées. Chaque matin, différents thèmes d'actualité mettent également en avant une certaine liberté d'expression avec des invités politiques qui réagissent sur les sujets chauds du moment. Très professionnel et bien rodé. A écouter sans modération.

LA MARSEILLAISE

19, cours Honoré-d'Estienne-d'Orves
MARSEILLE (1er)
✆ 04 91 57 75 00
www.lamarseillaise.fr
Abonnement papier et numérique : 34,50 € par mois. Offre 100% numérique mensuelle : 9,90 €.
Journal clandestin et résistant à ses débuts en 1943, le journal verra son premier numéro légal édité le 25 août 1944, au lendemain de la libération de la cité phocéenne. Un moment de l'histoire fondateur puisque l'obédience communiste constitue un peu l'identité de la Marseillaise. Depuis Avril 2015, le quotidien propose une édition pour le Gard et l'Hérault, une autre pour les Bouches-du-Rhône et enfin une troisième pour le Var, le Vaucluse et les Alpes-de-Haute-Provence. Un bout d'histoire modernisée pour une actualité marseillaise alternative.

LA PROVENCE

248, avenue Roger-Salengro - **MARSEILLE** (15e)
✆ 04 91 84 45 45
www.laprovence.com
Vendu en kiosque ou en téléchargement sur Internet. Abonnement numérique mensuel 11,90 € ; annuel 130,90 €.
Une couverture quotidienne de l'actualité régionale sans oublier les grandes lignes nationales et internationales. Tous les domaines sont abordés, de l'économie à la politique, en passant par la finance, les loisirs, les sports et la météo. Une diffusion d'environ 130 000 exemplaires, des suppléments weekend (TV, Femina), le quotidien gratuit *Marseille Plus*, un site Internet et une Web télé. *La Provence*, c'est aussi un groupe propriétaire du magazine *Gens du Sud*. La Provence est bel et bien le journal numéro un de la région, que ce soit en kiosque ou sur internet.

FRANCE BLEU PROVENCE - 103.6

560, avenue Mozart - **AIX-EN-PROVENCE**
✆ 04 42 99 13 13
www.francebleu.fr/provence
Sur le site Internet, des podcasts d'émissions à écouter ou télécharger pour écouter en différé.
France Bleu, c'est un réseau de 44 radios généralistes de proximité qui fédère un public familial et populaire. Dans les Bouches-du-Rhône et le Var, France Bleu Provence favorise le lien géographique, social et affectif. Au cœur des territoires, à chaque moment de la journée, elle accompagne ses auditeurs dans leur vie quotidienne. Ce sont 10 h de programmes locaux consacrés à la gastronomie, au divertissement, à la découverte des régions et de leur patrimoine, au sport et à l'humour.

RADIO GRENOUILLE

41, rue Jobin
MARSEILLE (3e)
✆ 04 95 04 95 15
www.radiogrenouille.com
Fréquence : 88.8 MHz.
Radio associative créée en 1981, le « 3 8 » est une radio métissée et alternative de grande qualité. Une sorte de Radio Nova locale, toute proportion gardée. On y déroule une bande-son alternant les styles, du funk au hip hop, de l'electro au rock alternatif en passant par le reggae et les musiques méditerranéennes. Les artistes locaux y sont régulièrement invités pour des interviews, DJ sets live et concerts. Radio Grenouille organise également régulièrement des événements à la Friche Belle-de-Mai, là même où elle est basée. Un état d'esprit qu'on adore !

FG.
radioFG.com
FeelGood.

RADIO NOVA

www.nova.fr

Fréquence FM à Nantes : 87.8 fm

Depuis 1981, *Radio Nova* est libre, curieuse et créative. Et même avec la quarantaine, elle reste une radio musicale de référence, qui révèle à ses auditeurs ce que la production musicale recèle comme trésors cachés du soir au matin. De la world music à l'électro en passant par le hip-hop, *Radio Nova* s'est imposée comme un média musical d'avant-garde, qui poursuit son travail de défrichage et de prescription en soutenant les nouveaux talents en leur ouvrant son antenne et les scènes de ses événements live comme « Les Nuits Zébrées ».

RADIO FG

51, rue de Rivoli - **PARIS** (1er)

✆ 01 40 13 88 00

www.radiofg.com

Fréquence : 98.2 FM.

Radio FG est la radio musicale de référence électro. Elle propose un programme axé sur la deep et la house-music. Acteur unique du paysage radiophonique français, Radio FG est la radio « Feel Good ». FG diffuse son programme dans 28 villes françaises. Radio FG est à l'origine du mouvement French Touch. C'est le découvreur et l'incubateur des nouveaux talents, pionnier dans la diffusion et le rayonnement de l'électro en France et dans le monde depuis 1992. Ecoutez FG en FM, DAB+, sur radioFG.com, Applis, Boxes, Satellite et 4G.

SUD RADIO

104, avenue du Président-Kennedy

PARIS (16e) ✆ 08 26 30 03 00

www.sudradio.fr

Fréquence FM Gers : 102.

Née dans les années 1960 en Andorre, la station Sud Radio n'a cessé de se développer. Allongeant ses ondes tout d'abord dans le Sud-Ouest, elle a conquis l'Ile-de-France, et donc Cergy-Pontoise et ses environs, en 2011. La radio propose un programme de débats et de libre expression. L'animation est assurée par des personnalités reconnues. Enfin, même si elle émet dorénavant exclusivement de Paris, elle conserve une journaliste correspondante à Toulouse et reste fidèle à l'Ovalie en faisant une large part aux retransmissions de matches de rugby.

RMC INFO [103.1]

PARIS (15e)

www.rmcinfo.fr

Talk-shows et interactivité permanente, *RMC Info* fait reposer une bonne partie de sa grille sur ces deux piliers. Outre l'actualité, la station propose une grille de programme variée allant de la vie pratique (maison, auto, internet...) au monde du poker en passant par les rendez-vous bien connus comme la matinale de Jean-Jacques Bourdin, qui passe chaque jour une personnalité politique sous le feu de questions. *RMC Info*, c'est aussi la radio n° 1 sur le sport avec des dizaines d'heures d'antenne chaque semaine, avec créneaux animés par d'anciens sportifs.

LE RAVI

11, boulevard National - **MARSEILLE** (1er)

✆ 04 91 08 78 77

www.leravi.org

Abonnement, un an numérique et papier : 44 €. Formule de soutien : 99 € par an. Adhésion pour petits revenus : 28 €/an.

Le but de ce journal satirique local ? Favoriser le débat sur les enjeux politiques, sociaux, économiques, culturels et environnementaux. Sans langue de bois, tous les sujets et toutes les opinions étant représentés. Ainsi, chaque mois Le Ravi teste incognito un conseil municipal en région Paca, scrute la vie locale des grandes villes comme des petits villages, croquent des personnalités médiatiques dans ses portraits « poids lourds ». Nombreux dessins satiriques et humoristiques de ses artistes. N'hésitez pas à soutenir ce journal associatif avec des dons !

KISS FM - L'ESPRIT DU SUD

1390, avenue du Campon

LE CANNET

✆ 04 22 52 05 20

www.kissfm.fr

Radio locale. 94.6 FM à Cannes et 90.9 FM à Nice.

Depuis plus de 30 ans, Kiss FM est LA radio musicale de la Côte d'azur, de la Provence et du Mercantour. Première radio indépendante de la région SUD, Kiss FM diffuse une programmation variée (Les hits d'hier et d'aujourd'hui) et développe sa notoriété grâce à de nombreux partenariats, jeux, événements et concerts privés. Son atout est la proximité avec les informations régionales, les bons plans sortie, l'info trafic...

AURON
96.1
ISOLA 2000
89.0
KISS FM
L'ESPRIT DU SUD
NICE
90.9 / DAB+
ANTIBES
90.9 / 94.6
DAB+
CANNES
94.6 / DAB+
DRAGUIGNAN
97.8
AIX - EN - PROVENCE
DAB+
SAINT - RAPHAËL
90.8
FRÉJUS
90.8
MARSEILLE
DAB+
LA CIOTAT
101.6
HYÈRES
DAB+
TOULON
DAB+
VOTRE RADIO
RÉGIONALE
WWW.KISSFM.FR

INDEX

E

F

G

H

I

J

K

L

© GAMUT - STOCK.ADOBE.COM

Port-Cros.

EDITION

Directeurs de collection et auteurs : Dominique AUZIAS et Jean-Paul LABOURDETTE

Avec la collaboration de Céline OUDOT-ANDREIS, Isabelle DREZEN, Véronique DARDOIZE, STE 2M1, Adrien BRAGER, BOSCHERO Laurent

Auteurs : Arnaud LEPARNI, Anne FLORES, Thibault BARLE, Sophie CLEMENSON, Bérengère BOSSY, Delphine DUCHÊNE, Jeremy CAPITANO, Gérard BERNAR, Alexandre ANDREO, Florent CATANZARO, Hervé MICHEL, Pascale VINCENS, Lise IRLANDES, Jean-Paul LABOURDETTE, Dominique AUZIAS et alter

Directeur Editorial : Stéphan SZEREMETA

Rédaction France : Briséis CREAC'H-MENUT, Mélanie COTTARD, Audrey VEDOVOTTO, Nicolas WODARCZAK

Rédaction Monde : Laure CHATAIGNON, Morgane VESLIN, Pierre-Yves SOUCHET, Natalia COLLIER

FABRICATION

Maquette et Montage : Romain AUDREN, Julie BORDES, Delphine PAGANO

Iconographie et Cartographie : Anne DIOT, Julien DOUCET

WEB ET NUMERIQUE

Directeur Web : Louis GENEAU DE LAMARLIERE

Développeurs : Guillaume BARBET, Adeline CAUX et Roland SPOUTIL

Intégrateur Web : Mickael LATTES, Antoine DION

Webdesigner : Caroline LAFFAITEUR

Community Traffic Manager : Alice BARBIER, Mariana BURLAMAQUI et Noémie LE SAUX

DIRECTION COMMERCIALE

Directeur commercial : Guillaume VORBURGER

Coordinatrice des Régies commerciales : Manon GUERIN assistée de Jonas HESOL

Account Manager Marketplace : Leila ROUGEOT assistée de Lola FAVRE-MOT

Responsable Régies locales : Michel GRANSEIGNE

Responsables Développement régie inter : Jean-Marc FARAGUET et Guillaume LABOUREUR et Camille ESMIEU

Chefs de Publicité Régie nationale : Caroline AUBRY, François BRIANCON-MARJOLLET, Perrine DE CARNE MARCEIN, Jonathan TOUTOUX et Amélie NOEL

DIFFUSION ET PROMOTION

Directrice des Ventes : Bénédicte MOULET assistée d'Aissatou DIOP

Responsable des ventes : Jean-Pierre GHEZ assisté de Nelly BRION

Relations Presse-Partenariats : Jean-Mary MARCHAL

ADMINISTRATION

Président : Jean-Paul LABOURDETTE

Directrice des Ressources Humaines : Dina BOURDEAU assistée de Sandra DOS REIS et Eva BAELEN

Directrice Administrative et Financière : Valérie DECOTTIGNIES

Comptabilité : Guillaume PETIT, Aminata BAGAYOKO, Jeannine DEMIRDJIAN

Recouvrement : Fabien BONNAN assisté de Sandra BRIJLALL

Responsable informatique : Elie NZUZI-LEBA

PETIT FUTÉ PROVENCE

LES NOUVELLES EDITIONS DE L'UNIVERSITE
18, rue des Volontaires - 75015 Paris.
✆ 01 53 69 70 00 - Fax 01 42 73 15 24
Internet : www.petitfute.com
SAS au capital de 1 000 000 € - RC PARIS B 309 769 966
Couverture : Lavandes et mont Ventoux
© Jis - stock.adobe.com
Impression : IMPRIMERIE CHIRAT - 42540 Saint-Just-la-Pendue
Achevé d'imprimer : juin 2022
Dépôt légal : 23/07/2022
ISBN : 9782305074870

Pour nous contacter par email, indiquez le nom de famille en minuscule suivi de @petitfute.com
Pour le courrier des lecteurs : info@petitfute.com

IMPRIMÉ EN FRANCE